Kohlhammer

Studienreihe Rechtswissenschaften

herausgegeben von
Professor Dr. Winfried Boecken und Professor Dr. Heinrich Wilms (†)

fortgeführt von
Professor Dr. Winfried Boecken und Professor Dr. Stefan Korioth

Staatsrecht II

Grundrechte

begründet von

Prof. Heinrich Wilms

fortgeführt von

Professor Dr. jur. Heinrich Lang
Dipl. Sozialpäd. Greifswald

2., bearbeitete Auflage

Verlag W. Kohlhammer

2. Auflage 2020

Alle Rechte vorbehalten
© W. Kohlhammer GmbH Stuttgart
Gesamtherstellung: W. Kohlhammer GmbH, Stuttgart

Print:
ISBN 978-3-17- 023343-0

E-Book-Formate:
pdf: ISBN 978-3-17-029921-4
epub: ISBN 978-3-17-029922-1
mobi: ISBN 978-3-17-029923-8

Dieses Werk einschließlich aller seiner Teile ist urheberrechtlich geschützt. Jede Verwendung außerhalb der engen Grenzen des Urheberrechts ist ohne Zustimmung des Verlags unzulässig und strafbar. Das gilt insbesondere für Vervielfältigungen, Übersetzungen, Mikroverfilmungen und für die Einspeicherung und Verarbeitung in elektronischen Systemen.
Für den Inhalt abgedruckter oder verlinkter Websites ist ausschließlich der jeweilige Betreiber verantwortlich. Die W. Kohlhammer GmbH hat keinen Einfluss auf die verknüpften Seiten und übernimmt hierfür keinerlei Haftung.

Vorwort

Ziel der Studienreihe Rechtswissenschaften ist eine kompakte Wissensvermittlung der Rechtsgebiete, die Gegenstand der ersten juristischen Prüfung sind. Sie wendet sich in erster Linie an Studenten der Rechtswissenschaften, darüber hinaus aber auch an alle diejenigen, die einen Einstieg in für sie neue Lehrgebiete oder einfach nur einen Überblick über die jeweiligen Fächer erhalten wollen.
Obwohl dieser Band, ebenso wie der erste Teil, Staatsrecht I, nur als Grundriss konzipiert ist, besitzt er ein Druckvolumen von etwa 420 Seiten. Trotz des Umfangs ist es nicht möglich gewesen, wissenschaftliche Fragestellungen vertieft abzuhandeln. Die Darstellung orientiert sich daher vor allem an der Rechtsprechung des Bundesverfassungsgerichts, die allerdings besonders im grundrechtlichen Bereich in den letzten 20 Jahren einen Umfang genommen hat, der ein geringeres Volumen nur mit substantiellen Abstrichen bei wesentlichen Entscheidungen gestattet hätte.
Für die Unterstützung bei der Herstellung des Manuskripts habe ich meinen wissenschaftlichen Mitarbeitern, vor allem Dr. Marianne Wiedemann, Wirtschaftsjuristin Univ. Melanie Figge und Julia Bakeberg B.A. zu danken.

Friedrichshafen, im April 2010   Heinrich Wilms

Vorwort zur 2. Auflage

Neun Jahre sind seit der ersten Auflage vergangen. Dass ein so ungewöhnlich langer Zeitraum zwischen den beiden Auflagen verstrich, beruht in erster Linie darauf, dass der Autor der Erstauflage, mein Freund und Kollege Prof. Dr. Heinrich Wilms im Jahre 2011 und viel zu früh verstorben ist. Gerne habe ich das ehrenvolle Angebot angenommen, das Werk fortzuführen. Der Aufbau und das Konzept des Buches blieben unberührt. Natürlich sind nach so langer Zeit auch Änderungen und Akzentverschiebungen unvermeidlich. Sie sind da, wo sie zu Abweichungen zur Erstauflage führen im Geiste von Heinrich Wilms gehalten, der Wissenschaft stets auch im Sinne der Veränderung und der Neukonzeption verstanden hat.
Für allfällige Fehler oder Ungenauigkeiten übernehme selbstverständlich ich die volle Verantwortung.
Für die Unterstützung bei der Herstellung des Manuskripts habe ich zum einen meinen wissenschaftlichen Mitarbeitern, allen voran Herrn Max Hügel und Herrn Martin Choinowski zu danken. Die Diskussion mit ihnen, ihre kritische Lektüre und die zahlreichen hilfreichen Anmerkungen bereiteten wissenschaftliche Freude und haben zum Gelingen des Werkes beigetragen. Dank schulde ich zum anderen auch den studentischen Mitarbeitern des Lehrstuhls für ihr ganz außergewöhnliches Engagement. Erwähnt seien hier vor allem Frau Ann-Sofie Kusch, Herr Antonio Chaves sowie Frau Charlotte Rieger.

Greifswald, im August 2019   Heinrich Lang

Inhaltsverzeichnis

Vorwort V
Vorwort zur 2. Auflage. VI
Abkürzungsverzeichnis XXI
Literaturverzeichnis. XXV

Teil I: Grundrechte – Allgemeine Lehren 1
A. Geschichte und Begriff. 1
   § 1 Der Begriff der Grundrechte 1
   § 2 Geschichte der Grundrechte 2
      I. Ideengeschichtlicher Hintergrund der Grundrechte 3
      II. Magna Charta und frühe Grundrechtsverbürgungen. 5
      III. Die Entwicklung in England. 6
      IV. Die Entwicklung in Nordamerika 7
      V. Die Entwicklung in Frankreich 9
      VI. Die Entwicklung in Deutschland. 11
   § 3 Die Grundrechte im Grundgesetz 16
      I. Grundrechte, grundrechtsgleiche und grundrechtsähnliche Rechte. 17
      II. Grundrechte und ergänzende Regelungen 17
B. Grundlagen: Allgemeine Grundrechtslehren. 18
   § 4 Einteilung und Funktionen der Grundrechte 18
      I. Funktionen der Grundrechte 18
         1. Grundrechte als Abwehrrechte. 18
         2. Grundrechte als Elemente objektiver Wertordnung 19
         3. Ausstrahlungswirkung der Grundrechte auf das einfache Recht. 20
         4. Schutzfunktion der Grundrechte 21
         5. Grundrechte und Organisations-/Verfahrensrecht. 25
         6. Grundrechte als Leistungs- und Teilhaberechte 26
      II. Grundrechtsarten 28
         1. Freiheitsrechte. 29
         2. Gleichheitsrechte. 29
         3. Leistungsrechte. 30
         4. Prozessuale Grundrechte 30
         5. Staatsbürgerliche Rechte 30
      III. Objektive Grundrechtsfunktionen und subjektive Rechte . . . 31
   § 5 Die Grundrechtsträger. 31
      I. Begriff und Bedeutung der Grundrechtsfähigkeit 31

Inhaltsverzeichnis

	II.	Natürliche Personen als Grundrechtsträger	32
		1. Jedermann-Grundrechte und Deutschen-Grundrechte . .	33
		2. Beginn und Ende der Grundrechtsfähigkeit natürlicher Personen.	34
		3. Grundrechtsmündigkeit Minderjähriger	35
		a) Das Verhältnis des Minderjährigen zur Staatsgewalt	35
		b) Das Verhältnis des Minderjährigen zu seinen Eltern.	36
		c) Prozessfähigkeit des Minderjährigen im Verfassungsbeschwerdeverfahren	36
	III.	Juristische Personen als Grundrechtsträger.	37
		1. Juristische Personen des Privatrechts.	37
		2. Juristische Personen des öffentlichen Rechts	38
		3. Inländische juristische Personen.	39
		4. Anwendbarkeit der Grundrechte „dem Wesen nach" . . .	40
	IV.	Grundrechtsverwirkung	41
	V.	Grundrechte im „besonderen Gewaltverhältnis".	42
§ 6	**Die Grundrechtsadressaten**		43
	I.	Begriff und Bedeutung.	44
	II.	Die Grundrechtsbindung der Gesetzgebung.	44
	III.	Die Grundrechtsbindung der vollziehenden Gewalt	45
		1. Kreis der als „vollziehende Gewalt" Grundrechtsverpflichteten	45
		2. Umfang der Grundrechtsbindung der vollziehenden Gewalt	46
		a) Verwaltungsprivatrecht	46
		b) Hilfsgeschäfte der Verwaltung.	46
		c) Erwerbswirtschaftliche Tätigkeit	47
		d) Neuere Entwicklung	47
	IV.	Die Grundrechtsbindung der Rechtsprechung	47
	V.	Die Geltung der Grundrechte zwischen Privaten („mittelbare Drittwirkung")	48
	VI.	Die deutschen Grundrechte und die supranationale Hoheitsgewalt der EU	50
		1. Europäisches Primärrecht.	51
		2. Europäisches Sekundärrecht.	51
		3. Verbleibende Kontrollvorbehalte und Reservefunktion des BVerfG	52
		a) im Wesentlichen vergleichbarer Grundrechtsschutz	52
		b) Ultra-Vires-Kontrolle.	53
		c) Identitätskontrolle	53
§ 7	**Aufbau der Grundrechtsprüfung bei Verletzung eines Freiheitsrechts**		54
	I.	Schutzbereich	55
		1. Persönlicher Schutzbereich	55
		2. Sachlicher Schutzbereich	55
		3. Begrenzungen des Schutzbereichs.	57

II.	Eingriff in den Schutzbereich		58
	1.	Begriff	58
		a) Der „klassische" Grundrechtseingriff	58
		b) Der erweiterte Eingriffsbegriff	59
		c) Problemfelder und Operationalisierung	61
		d) Zusammenfassung zum Grundrechtseingriff	62
		e) Rechtsprechungsbeispiele	62
		f) Geringfügige Beeinträchtigungen	64
	2.	„Grundrechtsverzicht"	64
		a) Allgemeines	64
		b) Dispositionsbefugnis des Grundrechtsberechtigten	65
		c) Wirksame Einwilligungserklärung	66
III.	Verfassungsrechtliche Rechtfertigung von Eingriffen in ein Grundrecht		66
	1.	Überblick	66
	2.	Verfassungsunmittelbare Schranken	68
	3.	Einschränkungen kraft Gesetzesvorbehalts	68
		a) Allgemeines	68
		b) Wesentlichkeitstheorie; Parlamentsvorbehalt	69
		c) Einfache Gesetzesvorbehalte	70
		d) Qualifizierte Gesetzesvorbehalte	70
	4.	Einschränkungen kraft kollidierenden Verfassungsrechts (verfassungsimmanente Grundrechtsschranken)	71
	5.	Anforderungen an grundrechtseinschränkende Gesetze (Schranken-Schranke)	74
		a) Das Verhältnismäßigkeitsprinzip	74
		b) Die Wesensgehaltsgarantie gemäß Art. 19 Abs. 2	76
		c) Das Zitiergebot gemäß Art. 19 Abs. 1 S. 2	78
		d) Das Verbot des Einzelfallgesetzes gemäß Art. 19 Abs. 1 S. 1	79
		e) Bestimmtheitsgebot	80
IV.	Grundrechtskonkurrenzen		81
	1.	Tatbestandsabgrenzung	81
	2.	Unechte Grundrechtskonkurrenz	82
	3.	Echte Grundrechtskonkurrenz	82

§ 8 **Verhältnis zu anderen Grundrechtsgewährleistungen** 82
    I. Die Grundrechte in den Landesverfassungen 82
    II. Die Grundrechte im Völkerrecht 84
    III. Die Grundrechte und das Recht der Europäischen Gemeinschaften 87

Teil II: Die einzelnen Grundrechte 90
A. Die Freiheitsrechte 90
   § 9 **Der Schutz der Menschenwürde gemäß Art. 1 Abs. 1 als Leitprinzip der Verfassung** 90
    I. Überblick und Normstruktur 92
      1. Zur Bedeutung der Menschenwürde 92

		2.	Die Grundrechtsqualität der Menschenwürde	93
	II.	Schutzbereich		95
		1.	Der persönlicher Schutzbereich	95
		2.	Der sachliche Schutzbereich	97
			a) Konturierungsprobleme	97
			b) Bereichsspezifische Ausprägungen und Verdichtungen	100
	III.	Eingriffe		106
	IV.	Keine verfassungsrechtliche Rechtfertigung		107
	V.	Achtungs- und Schutzpflichten aus Art. 1 Abs. 1		108

§ 10 Die allgemeine Handlungsfreiheit gemäß Art. 2 Abs. 1 108
    I. Überblick und Normstruktur 109
    II. Schutzbereich 110
        1. Persönlicher Schutzbereich 110
        2. Sachlicher Schutzbereich. 111
            a) Allgemeine Verhaltensfreiheit 111
            b) Wirkungen des weiten Schutzbereichsverständnisses. 114
    III. Eingriffe 118
    IV. Verfassungsrechtliche Rechtfertigung. 119
        1. Schrankentrias des Art. 2 Abs. 1 119
            a) Verfassungsmäßige Ordnung. 119
            b) Rechte anderer. 120
            c) Sittengesetz 120
        2. Schranken-Schranke 120

§ 11 Das allgemeine Persönlichkeitsrecht gemäß Art. 2 Abs. 1 i. V. m. Art. 1 Abs. 1 121
    I. Überblick und Normstruktur 122
    II. Schutzbereich 123
        1. Der persönliche Schutzbereich. 123
        2. Der sachliche Schutzbereich des allgemeinen Persönlichkeitsrechts. 124
            a) Deutungs- und Entwicklungsoffenheit. 124
            b) Sphärenmodell 126
    III. Eingriffe 138
    IV. Verfassungsrechtliche Rechtfertigung. 139
        1. Schranke. 139
        2. Schranken-Schranke 139

§ 12 Der Schutz des Lebens, der körperlichen Unversehrtheit und der Freiheit der Person gemäß Art. 2 Abs. 2, 104 141
    I. Überblick und Normstruktur 142
    II. Das Grundrecht auf Leben 143
        1. Schutzbereich. 143
            a) Vorüberlegung und Grundaussagen. 143
            b) Beginn des grundrechtlichen Lebensschutzes 144
            c) Ende des grundrechtlichen Lebensschutzes 145
            d) Negative Seite des Lebensgrundrechts 146

	2.	Eingriffe	147
	3.	Verfassungsrechtliche Rechtfertigung	148
		a) Schranke	148
		b) Schranken-Schranke	148
III.	Das Grundrecht auf „körperliche Unversehrtheit".		150
	1.	Schutzbereich	150
		a) Persönlicher Schutzbereich	150
		b) Sachlicher Schutzbereich	150
	2.	Eingriffe	153
		a) Grundsätze	153
		b) Ärztliche Heilbehandlung	153
	3.	Verfassungsrechtliche Rechtfertigung	155
		a) Schranke	155
		b) Schranken-Schranke	155
IV.	Staatliche Schutzpflichten		156
V.	Die Freiheit der Person gemäß Art. 2 Abs. 2 S. 2		158
	1.	Schutzbereich	158
		a) Persönlicher Schutzbereich	158
		b) Sachlicher Schutzbereich	159
	2.	Eingriffe	159
	3.	Verfassungsrechtliche Rechtfertigung	160
		a) Schranke	160
		b) Beschränkungen der Freiheit gemäß Art. 104 Abs. 1 S. 1	161
		c) Besondere Anforderungen an Freiheitsentziehungen nach Art. 104 Abs. 2–4	161
		d) Schranken-Schranke	162

§ 13 Die Glaubens- und Gewissensfreiheit gemäß Art. 4 ... 163

I.	Überblick und Normstruktur		163
	1.	Art. 4 Abs. 1 und 2 als einheitliches Grundrecht	163
	2.	Ergänzung des Art. 4 durch andere Vorschriften des Grundgesetzes	164
II.	Die Glaubens- und Bekenntnisfreiheit gemäß Art. 4 Abs. 1, Abs. 2		166
	1.	Schutzbereich	168
		a) Persönlicher Schutzbereich	168
		b) Sachlicher Schutzbereich	170
	2.	Eingriffe	177
	3.	Verfassungsrechtliche Rechtfertigung	179
		a) Zur Schrankenfrage bei Art. 4 Abs. 1, 2	179
		b) Gesetzesvorbehalt, Art. 136 Abs. 1 WRV	179
		c) Verfassungsimmanente Schranken	181
		d) Weitere Schrankenermächtigungen	183
III.	Das Grundrecht der Gewissensfreiheit		184
	1.	Abgrenzung	184
	2.	Schutzbereich	185
		a) Persönlicher Schutzbereich	185

Inhaltsverzeichnis

		b)	Sachlicher Schutzbereich	185
	3.	Eingriffe...................................		188
	4.	Verfassungsrechtliche Rechtfertigung		188
		a)	Kein Gesetzesvorbehalt....................	188
		b)	Schranken-Schranke.....................	188
IV.	Das Grundrecht der Kriegsdienstverweigerung gemäß Art. 4 Abs. 3			188
	1.	Überblick.................................		189
	2.	Schutzbereich.............................		189
		a)	Persönlicher Schutzbereich.................	189
		b)	Sachlicher Schutzbereich..................	189
	3.	Eingriffe.................................		190
	4.	Verfassungsrechtliche Rechtfertigung		191
	5.	Verpflichtung zur Leistung des Ersatzdienstes; Länge des Zivildienstes..........................		191

§ 14 Die Freiheit der Meinung, der Information, der Presse, des Rundfunks und des Films gemäß Art. 5 Abs. 1. 192

I.	Überblick und Normstruktur			193
II.	Die Grundrechte des Art. 5 Abs. 1 im Einzelnen			194
	1.	Die Freiheit der Meinungsäußerung, Art. 5 Abs. 1 S. 1 Hs. 1		194
		a)	Überblick	194
		b)	Schutzbereich	194
	2.	Die Informationsfreiheit, Art. 5 Abs. 1 S. 1 Hs. 2......		202
		a)	Überblick	203
		b)	Schutzbereich	203
	3.	Die Pressefreiheit, Art. 5 Abs. 1 S. 2 Hs. 1		205
		a)	Überblick	206
		b)	Schutzbereich	207
	4.	Die Rundfunkfreiheit, Art. 5 Abs. 1 S. 2 Hs. 2........		210
		a)	Überblick	211
		b)	Schutzbereich	212
	5.	Die Filmfreiheit, Art. 5 Abs. 1 S. 2 Hs. 2		215
		a)	Überblick	216
		b)	Schutzbereich der Filmfreiheit	216
III.	Eingriffe in die Schutzbereiche der Kommunikationsfreiheiten			216
	1.	Grundsätze.................................		216
	2.	Besonderheiten der einzelnen Freiheiten.............		217
		a)	Eingriffe in die Meinungsfreiheit	217
		b)	Eingriffe in die Informationsfreiheit	217
		c)	Eingriffe in die Pressefreiheit	217
		d)	Eingriffe in die Rundfunk- und Filmfreiheit......	218
IV.	Verfassungsrechtliche Eingriffsrechtfertigung			218
	1.	Der qualifizierte Gesetzesvorbehalt des Art. 5 Abs. 2 ...		218
		a)	Die Schranke der „allgemeinen Gesetze"	218

			b)	Schutz der Jugend und Recht der persönlichen Ehre	220
		2.		Wechselwirkungslehre	221
		3.		Verfassungsimmanente Schranken	222
	V.			Das Zensurverbot gemäß Art. 5 Abs. 1 S. 3	222

§ 15 Die Freiheit der Kunst, der Wissenschaft, der Forschung und der Lehre gemäß Art. 5 Abs. 3 ... 223

    I. Die Kunstfreiheit ... 224
        1. Überblick und Normstruktur ... 224
        2. Schutzbereich ... 224
            a) Persönlicher Schutzbereich ... 224
            b) Sachlicher Schutzbereich ... 225
        3. Eingriffe ... 228
        4. Verfassungsrechtliche Rechtfertigung ... 229
            a) Kein Gesetzesvorbehalt ... 229
            b) Schranken-Schranke ... 230
        5. Objektiver Gehalt ... 230
    II. Die Wissenschaftsfreiheit ... 231
        1. Schutzbereich ... 232
            a) Persönlicher Schutzbereich ... 232
            b) Sachlicher Schutzbereich ... 232
        2. Eingriffe ... 235
        3. Verfassungsrechtliche Rechtfertigung ... 235
            a) Kein Gesetzesvorbehalt ... 235
            b) Schranken-Schranke ... 236
        4. Objektiver Gehalt ... 236

§ 16 Der Schutz von Ehe und Familie gemäß Art. 6 ... 237

    I. Überblick und Normstruktur ... 239
        1. Abwehrrechte ... 240
        2. Gleichheitsrechte ... 240
        3. Schutzrechte ... 240
        4. Leistungsrechte ... 241
        5. Objektiv-rechtlicher Gehalt ... 241
    II. Der Schutz der Ehe, Art. 6 Abs. 1 ... 242
        1. Schutzbereich ... 242
            a) Persönlicher Schutzbereich ... 242
            b) Sachlicher Schutzbereich ... 243
            c) Geschütztes Verhalten ... 245
        2. Eingriffe ... 246
        3. Verfassungsrechtliche Rechtfertigung ... 247
            a) Kein Gesetzesvorbehalt ... 247
            b) Schranken-Schranke ... 248
    III. Der Schutz der Familie, Art. 6 Abs. 1 ... 248
        1. Schutzbereich ... 248
            a) Persönlicher Schutzbereich ... 248
            b) Sachlicher Schutzbereich ... 248
        2. Eingriffe ... 249

Inhaltsverzeichnis

		3.	Verfassungsrechtliche Rechtfertigung	249
			a) Kein Gesetzesvorbehalt.....................	249
			b) Schranken-Schranke.......................	249
	IV.	Das Elternrecht, Art. 6 Abs. 2 und Abs. 3		249
		1.	Schutzbereich...............................	249
		2.	Eingriffe...................................	250
		3.	Verfassungsrechtliche Rechtfertigung	251
			a) Qualifizierter Gesetzesvorbehalt	251
			b) Schranken-Schranke.......................	252

§ 17 Die Versammlungsfreiheit gemäß Art. 8 252
    I. Überblick und Normstruktur 253
    II. Der Schutzbereich der Versammlungsfreiheit............ 254
        1. Persönlicher Schutzbereich 254
        2. Sachlicher Schutzbereich....................... 255
            a) Leitbegriff der Versammlung 255
            b) Geschütztes Verhalten...................... 258
        3. Beschränkungen des Schutzbereichs 260
            a) Friedlichkeit 260
            b) Waffenlosigkeit 262
    III. Eingriffe 262
    IV. Verfassungsrechtliche Rechtfertigung von Einschränkungen der Versammlungsfreiheit........................... 263
        1. Abgrenzung von Versammlungen unter freiem Himmel und sonstigen Versammlungen.................... 263
        2. Schranke bei Versammlungen unter freiem Himmel ... 264
        3. Schranke bei Versammlungen in geschlossenen Räumen...................................... 266
        4. Schranken-Schranke 266

§ 18 Die Vereinigungs- und Koalitionsfreiheit gemäß Art. 9 267
    I. Überblick und Normstruktur 268
    II. Die Vereinigungsfreiheit gemäß Art. 9 Abs. 1 270
        1. Der Schutzbereich............................ 270
            a) Persönlicher Schutzbereich................... 270
            b) Sachlicher Schutzbereich 271
        2. Eingriffe.................................... 274
        3. Verfassungsrechtliche Rechtfertigung 275
            a) Bei Vereinsverboten 275
            b) Bei sonstigen Eingriffen 277
            c) Schranken-Schranken....................... 278
    III. Die Koalitionsfreiheit gemäß Art. 9 Abs. 3 278
        1. Schutzbereich............................... 278
            a) Persönlicher Schutzbereich................... 278
            b) Der sachliche Schutzbereich der Koalitionsfreiheit . 279
        2. Eingriffe.................................... 282
        3. Verfassungsrechtliche Rechtfertigung 284
            a) Vorbehaltlos gewährtes Grundrecht............ 284

| | | | b) | Anforderungen an Beschränkungen (Schranken-Schranke) | 285 |

§ 19 Das Brief-, Post- und Fernmeldegeheimnis gemäß Art. 10 285
- I. Überblick und Normstruktur 286
- II. Schutzbereich 287
  - 1. Persönlicher Schutzbereich 287
  - 2. Sachlicher Schutzbereich 288
    - a) Das Briefgeheimnis 288
    - b) Das Postgeheimnis........................ 288
    - c) Das Fernmeldegeheimnis 289
    - d) Abgrenzungsprobleme: 290
- III. Eingriffe 290
- IV. Verfassungsrechtliche Rechtfertigung von Eingriffen 291
  - 1. Schranke. 291
    - a) Der einfache Gesetzesvorbehalt des Art. 10 Abs. 2 S. 1 291
    - b) Die besonderen Eingriffsbefugnisse des Art. 10 Abs. 2 S. 2 292
  - 2. Schranken-Schranke 292

§ 20 Die Freizügigkeit gemäß Art. 11. 292
- I. Schutzbereich und Normstruktur 293
- II. Schutzbereich 293
  - 1. Persönlicher Schutzbereich 293
  - 2. Sachlicher Schutzbereich 294
- III. Eingriffe 295
- IV. Verfassungsrechtliche Rechtfertigung................. 296
  - 1. Schranke. 296
  - 2. Schranken-Schranke 297

§ 21 Die Berufsfreiheit gemäß Art. 12 297
- I. Überblick und Normstruktur 299
- II. Schutzbereich 302
  - 1. Persönlicher Schutzbereich 302
  - 2. Sachlicher Schutzbereich 303
- III. Eingriffe 305
  - 1. Problemstellung 305
  - 2. Klassische Eingriffe 305
  - 3. Regelungen mit objektiv berufsregelnder Tendenz..... 306
- IV. Verfassungsrechtliche Rechtfertigung................. 308
  - 1. Schranke: Regelungsvorbehalt des Art. 12 Abs. 1 S. 2... 308
  - 2. Schranken-Schranke: Die Drei-Stufen-Theorie 309
    - a) Überblick 309
    - b) Anforderungen an Berufsausübungsregelungen (1. Stufe) 310
    - c) Anforderungen an subjektive Zulassungsvoraussetzungen (2. Stufe) 310
    - d) Anforderungen an objektive Berufswahlregelungen (3. Stufe) 311

Inhaltsverzeichnis

		e) Bestimmung der Eingriffsstufe; Abgrenzungsschwierigkeiten	312
	V.	Verhältnis zu anderen Grundrechten	313
	VI.	Arbeitszwang und Zwangsarbeit, Art. 12 Abs. 2 und 3	314
		1. Überblick und Normstruktur	314
		2. Arbeitszwang	314
		3. Zwangsarbeit	316

§ 22 Die Unverletzlichkeit der Wohnung gemäß Art. 13 316
- I. Überblick und Normstruktur 317
- II. Schutzbereich 318
  - 1. Persönlicher Schutzbereich 318
  - 2. Sachlicher Schutzbereich 319
    - a) Wohnung 319
    - b) Ein- und Abgrenzungen 319
- III. Eingriffe 321
- IV. Verfassungsrechtliche Rechtfertigung 322
  - 1. Eingriffsvarianten und Schrankenanforderungen ... 322
    - a) Durchsuchungen nach Abs. 2 323
    - b) Maßnahmen technischer Überwachung nach Abs. 3–6 325
    - c) Sonstige Eingriffe und Beschränkungen nach Abs. 7 . 326
    - d) Betretungs- und Besichtigungsrechte für Betriebs- und Geschäftsräume 326
  - 2. Schranken-Schranke 327

§ 23 Der Schutz des Eigentums gemäß Art. 14 327
- I. Überblick und Normstruktur 329
- II. Schutzbereich 331
  - 1. Persönlicher Schutzbereich 331
  - 2. Sachlicher Schutzbereich 332
    - a) Schutzdimensionen 332
    - b) Abgrenzungen 337
- III. Eingriffe 339
- IV. Verfassungsrechtliche Rechtfertigung 340
  - 1. Trennungsgrundsatz 340
    - a) Die Enteignung, Art. 14 Abs. 3 340
    - b) Die Inhalts- und Schrankenbestimmung, Art. 14 Abs. 1 S. 2 342
    - c) Abgrenzung von Inhalts- und Schrankenbestimmung und Enteignung 343
  - 2. Rechtmäßigkeitsprüfung bei Enteignungen 345
    - a) Qualifizierter Gesetzesvorbehalt 345
    - b) Gemeinwohlzweck 345
    - c) Junktimklausel 345
    - d) Keine Entschädigung unmittelbar aus Art. 14 (analog) 346
  - 3. Rechtmäßigkeitsprüfung bei Inhalts- und Schrankenbestimmungen 347

			a)	Überblick	347
			b)	Die Rechtfertigungsprüfung im Einzelnen	348
		4.		Rechtmäßigkeitsprüfung bei Sozialisierungen, Art. 15	350
	V.	Gewährleistung des Erbrechts			350

B. Die Gleichheitsrechte 350

§ 24 Vorbemerkung. 350

§ 25 Der allgemeine Gleichheitssatz 352
- I. Maßstab und Aufbau 353
- II. Grundrechtsträger 354
- III. Ungleichbehandlung 354
- IV. Rechtfertigung der Ungleichbehandlung 355
  1. Willkürverbot 355
  2. Neue Formel. 356
  3. Gleitender Maßstab und Operationalisierung über Fallgruppen 357
- V. Die Bindung der Exekutive an Art. 3 Abs. 1 358
- VI. Die Bindung der Judikative an Art. 3 Abs. 1 359
- VII. Die Bindung der Legislative an Art. 3 Abs. 1 361

§ 26 Die besonderen Gleichheitssätze 361
- I. Die besonderen Gleichheitssätze des Art. 3 Abs. 3 S. 1 362
- II. Die Gleichberechtigung von Mann und Frau, Art. 3 Abs. 2 und Abs. 3 S. 1. 364
- III. Das Verbot der Benachteiligung von Menschen mit Behinderungen, Art. 3 Abs. 3 S. 2 366

§ 27 Die Rechtsfolgen von Gleichheitsverstößen 369

C. Die prozessualen Rechte 370

§ 28 Die Rechtsschutzgarantie gemäß Art. 19 Abs. 4 370
- I. Überblick und Normstruktur 371
- II. Ausübung öffentlicher Gewalt. 372
- III. Mögliche Rechtsverletzung 373
- IV. Rechtsweg 374
- V. Effektivität des Rechtsschutzes. 374

§ 29 Das Recht auf den gesetzlichen Richter gemäß Art. 101 Abs. 1 S. 2. 375
- I. Überblick und Normstruktur 376
- II. Tatbestandliche Voraussetzungen 377
  1. Berechtigung 377
  2. Inhalt. 377
- III. Eingriffe 378
- IV. Verfassungsrechtliche Rechtfertigung 378

§ 30 Der Anspruch auf rechtliches Gehör gemäß Art. 103 Abs. 1 ... 379
- I. Überblick und Normstruktur 379
- II. Tatbestandliche Voraussetzungen 379
  1. Berechtigung 379
  2. Inhaltliche Anforderungen. 380
- III. Eingriffe 382
- IV. Verfassungsrechtliche Rechtfertigung 382

Inhaltsverzeichnis

§ 31 Der Grundsatz „nulla poena sine lege" gemäß Art. 103 Abs. 2 . 382
    I. Überblick und Normstruktur 383
    II. Tatbestandliche Gewährleistungen................... 383
        1. Das Gesetzlichkeitsprinzip 383
        2. Das Bestimmtheitsgebot 384
        3. Das Analogieverbot........................... 384
        4. Rückwirkungsverbot 384
§ 32 Der Grundsatz „ne bis in idem" gemäß Art. 103 Abs. 3 385
D. Grundrechte im Verfassungsprozess 386
   § 33 Die Verfassungsbeschwerde 386
    I. Allgemeines..................................... 387
    II. Die Zulässigkeit der Verfassungsbeschwerde............ 388
        1. Beteiligtenfähigkeit 388
        2. Beschwerdegegenstand......................... 389
        3. Beschwerdebefugnis 390
            a) Möglichkeit der Rechtsverletzung 390
            b) Selbst, gegenwärtig, unmittelbar............... 390
        4. Rechtswegerschöpfung 392
        5. Subsidiarität................................. 394
        6. Beschwerdefrist............................... 394
        7. Ordnungsgemäßer Antrag 395
        8. Prozessfähigkeit............................... 395
        9. Beschwerdehindernis der Rechtskraft 395
        10. Rechtsschutzbedürfnis.......................... 395
    III. Die Begründetheit der Verfassungsbeschwerde 396
        1. Überblick.................................... 396
        2. Umfassender grundrechtlicher Prüfungsmaßstab des BVerfG..................................... 396
        3. Verstoß gegen sonstiges Verfassungsrecht. 397
    IV. Sonderfall Urteilsverfassungsbeschwerde 397
        1. Typische Fragestellungen im Rahmen der Prüfung der Zulässigkeit von Urteilsverfassungsbeschwerden 398
            a) Beschwerdegegenstand 398
            b) Gerügte Grundrechtsverletzung................ 398
            c) Prüfung der Beschwerdebefugnis. 398
        2. Typische Probleme in Urteilsverfassungsbeschwerdeverfahren 399
            a) Prüfungsmaßstab in Urteilsverfassungsbeschwerdeverfahren................................. 400
            b) Weiterer Aufbau........................... 401
   § 34 Die einstweilige Anordnung im Verfassungsbeschwerdeverfahren.. 401
   § 35 Weitere Verfahrensarten................................ 402

Teil III: Übersichten – Schemata – Definitionen 404
A. Übersichten 404
   Übersicht 1: Grundrechte 404

	Übersicht 2: Grundrechtsgleiche Rechte	405
	Übersicht 3: Grundrechtsähnliche Rechte	405
	Übersicht 4: Grundrechte mit einfachem Gesetzesvorbehalt	405
	Übersicht 5: Grundrechte mit qualifiziertem Gesetzesvorbehalt	405
	Übersicht 6: Grundrechte ohne Gesetzesvorbehalt	406
	Übersicht 7: Arten von Grundrechten	406
	Übersicht 8: Funktionen von Grundrechten	407
	Übersicht 9: Jedermann-Grundrechte und Deutschengrundrechte	409
	Übersicht 10: Natürliche Personen als Grundrechtsträger	410
	Übersicht 11: Juristische Personen als Grundrechtsträger	411
	Übersicht 12: Grundrechtsadressaten	412
B.	**Schemata**	**413**
	Schema 1: Prüfungsaufbau bei Verletzung eines Freiheitsrechts	413
	Schema 2: Prüfungsaufbau bei Verletzung des allgemeinen Gleichheitssatzes	414
	Schema 3: Besondere Gleichheitssätze	416
	Schema 4: Prüfungsaufbau der Verfassungsbeschwerde	416
C.	**Problemkreise**	**421**
	1. Schutzbereich	421
	2. Eingriff	421
	3. Verfassungsrechtliche Rechtfertigung	422
	4. Konkurrenz und Kollision von Grundrechten	423
	5. Drittwirkung von Grundrechten	424
	6. Begriff der Menschenwürde	424
	7. Schutzbereich des allgemeinen Persönlichkeitsrechts	425
	8. Schutzbereich der allgemeinen Handlungsfreiheit	426
	9. Schranken der allgemeinen Handlungsfreiheit	427
	10. Verletzung des allgemeinen Gleichheitssatzes	427
	11. Begriff der Meinung	428
	12. Allgemeine Gesetze i. S. d. Art. 5 Abs. 2	429
	13. Schutzbereich der Kunstfreiheit	429
	14. Schutzbereich der Versammlungsfreiheit	430
	15. Schutz von Arbeits-, Betriebs- und Geschäftsräumen	431
D.	**Theorien**	**433**
	Sphärentheorie	433
	Überlagerungstheorie	433
	Wechselwirkungslehre	434
	Drei-Stufen-Theorie	434
E.	**Definitionskalender**	**436**
F.	**Leitentscheidungen**	**462**
	1. Grundsatzentscheidungen des Bundesverfassungsgerichts (nach Stichworten geordnet)	462
	2. Grundsatzentscheidungen des Bundesverfassungsgerichts (nach Register geordnet)	467
Sachverzeichnis		**473**

Abkürzungsverzeichnis

A. A.; a. A.	anderer Ansicht
a. a. O.	am angegebenen Ort
abl.	ablehnend
ABlEG	Amtsblatt der Europäischen Gemeinschaften
Abs.	Absatz
a. E.	am Ende
a. F.	alte Fassung
allg.	allgemein
Alt.	Alternative
Anh.	Anhang
Anm.	Anmerkung(en)
AöR	Archiv des öffentlichen Rechts (Zeitschrift)
Art.	Artikel
Aufl.	Auflage
Az.	Aktenzeichen
BAG	Bundesarbeitsgericht
BAGE	Entscheidungssammlung des Bundesarbeitsgerichts
BAnz.	Bundesanzeiger
Bay., bay.	Bayern, bayerisch
BayVBl.	Bayerische Verwaltungsblätter (Zeitschrift)
BayVGH	Bayerischer Verwaltungsgerichtshof
Bd.	Band
ber.	berichtigt
BGB	Bürgerliches Gesetzbuch
BGBl.	Bundesgesetzblatt
BGH	Bundesgerichtshof
BGHZ	Entscheidungssammlung des Bundesgerichtshofs in Zivilsachen
BK	Bonner Kommentar zum Grundgesetz
BR	Bundesrat
BR-Drs.	Drucksachen des Deutschen Bundesrates
bspw.	beispielsweise
BT	Bundestag
BT-Drs.	Drucksachen des Deutschen Bundestages
BVerfG	Bundesverfassungsgericht
BVerfGE	Entscheidungssammlung des Bundesverfassungsgerichts
BVerfGG	Bundesverfassungsgerichtsgesetz
BVerfG-K	Bundesverfassungsgericht, Entscheidung durch Kammer
BVerwG	Bundesverwaltungsgericht
BVerwGE	Entscheidungssammlung des Bundesverwaltungsgerichts
BW	Baden-Württemberg
bzw.	beziehungsweise
ders.	derselbe
d. h.	das heißt

Abkürzungsverzeichnis

dies.	dieselbe(n)
diff.	differenzierend
Dok.	Dokument(e)
DÖV	Die Öffentliche Verwaltung (Zeitschrift)
Drs.	Drucksache
DVBl.	Deutsches Verwaltungsblatt (Zeitschrift)
EG	Europäische Gemeinschaft(en)
EGMR	Europäischer Gerichtshof für Menschenrechte
EGV	Vertrag zur Gründung der Europäischen Gemeinschaft
Einl.	Einleitung
einschl.	einschließlich
EMRK	Europäische Konvention zum Schutz der Menschenrechte
ESVGH	Entscheidungssammlung des HessVGH und des VGH BW
etc.	et cetera
ETS	European Treaty Series
EU	Europäische Union
EuGH	Europäischer Gerichtshof
EuGRZ	Europäische Grundrechte-Zeitschrift
EUV	Vertrag zur Gründung der Europäischen Union
ev.	eventuell
f.	folgende
ff.	fortfolgende
Fn.	Fußnote
FS	Festschrift
GBl.	Gesetzblatt
gem.	gemäß
GG	Grundgesetz für die Bundesrepublik Deutschland
ggf.	gegebenenfalls
GMBl.	Gemeinsames Ministerialblatt
grds.	grundsätzlich
GS	Gedächtnisschrift
GVBl.	Gesetz- und Verordnungsblatt
HessVGH	Hessischer Verwaltungsgerichtshof
h. M.	herrschende(r) Meinung
hrsg.	herausgegeben
Hrsg.	Herausgeber
Hs.	Halbsatz
i. d. F.	in der Fassung
i. d. R.	in der Regel
i. d. S.	in diesem Sinne
i. e. S.	im engeren Sinn
insb.	insbesondere
i. S. d.	im Sinne der/des
i. V. m.	in Verbindung mit
i. w. S.	im weiteren Sinn
JA	Juristische Arbeitsblätter (Zeitschrift)
JöR	Jahrbuch des öffentlichen Rechts der Gegenwart (Zeitschrift)
JR	Juristische Rundschau (Zeitschrift)
Jura	Juristische Ausbildung (Zeitschrift)
JuS	Juristische Schulung (Zeitschrift)
JZ	Juristenzeitung (Zeitschrift)

krit.	kritisch
lit.	litera
Lit.	Literatur
MDR	Monatsschrift des deutschen Rechts (Zeitschrift)
MedR	Medizinrecht (Zeitschrift)
MMR	Multimedia und Recht (Zeitschrift)
m. w. N.	mit weiteren Nachweisen
n. F.	neue Fassung
NJ	Neue Justiz (Zeitschrift)
NJW	Neue Juristische Wochenschrift (Zeitschrift)
NJW-RR	NJW-Rechtsprechungsreport (Zeitschrift)
Nr.	Nummer(n)
NRW	Nordrhein-Westfalen
NVwZ	Neue Zeitschrift für Verwaltungsrecht
NVwZ-RR	NVwZ-Rechtsprechungsreport (Zeitschrift)
NZA	Neue Zeitschrift für Arbeits- und Sozialrecht
OVG	Oberverwaltungsgericht
Parl. Rat	Parlamentarischer Rat
Plenarprot.	Plenarprotokoll
Prot.	Protokoll
RGBl.	Reichsgesetzblatt
RL	Richtlinie
Rn.	Randnummer
Rs.	Rechtssache
Rspr.	Rechtsprechung
RVO	Rechtsverordnung
S.	Satz; Seite
s.	siehe
Slg.	Entscheidungen des EuGH, amtliche Sammlung
s. o.	siehe oben
sog.	so genannt(e/er/es)
Sp.	Spalte
ständ.	ständig(e/er/es)
StGB	Strafgesetzbuch
StPO	Strafprozessordnung
str.	streitig
s. u.	siehe unten
u.	und
u. a.	und andere; unter anderem
unstr.	unstreitig
usw.	und so weiter
u. U.	unter Umständen
v.	von, vom
v. a.	vor allem
VBlBW	Verwaltungsblätter für Baden-Württemberg (Zeitschrift)
Verf.	Verfasser
VereinsG	Vereinsgesetz
VersG	Versammlungsgesetz
VerwArch.	Verwaltungsarchiv (Zeitschrift)

Abkürzungsverzeichnis

VG	Verwaltungsgericht
VGH	Verwaltungsgerichtshof
vgl.	vergleiche
VO	Verordnung
Vorb.	Vorbemerkung
VR	Verwaltungsrundschau (Zeitschrift)
VwGO	Verwaltungsgerichtsordnung
VwVfG	Verwaltungsverfahrensgesetz
WRV	Weimarer Reichsverfassung
z. B.	zum Beispiel
ZfmE	Zeitschrift für medizinische Ethik
Ziff.	Ziffer(n)
ZPO	Zivilprozessordnung
ZRP	Zeitschrift für Rechtspolitik

Literaturverzeichnis

AK-GG, Denninger/Hoffmann-Riem/Schneider/Stein, Alternativkommentar zum Grundgesetz, 3. Aufl., München 2001
BeckOK Ausländerrecht, Kluth/Heusch (Hrsg.), Beck'scher Online-Kommentar zum Ausländerrecht, Stand: 22. Edition, München, 1.5.2019
BeckOK BGB, Bamberger/Roth/Hau/Poseck (Hrsg.), Beck'scher Online-Kommentar zum Bürgerlichen Gesetzbuch, Stand: 50. Edition, München, 1.5.2019
BeckOK BVerfGG, Walter/Grünewald (Hrsg.), Beck'scher Online-Kommentar zum Bundesverfassungsgerichtsgesetz, Stand: 7. Edition, München, 1.6.2019
BeckOK GG, Epping/Hillgruber (Hrsg.), Beck'scher Online-Kommentar zum Grundgesetz, Stand: 41. Edition, München, 15.5.2019
Bleckmann, Staatsrecht – Die Grundrechte, 3. Aufl., Köln 1989
Bonner Kommentar, Kahl/Waldhoff/Walter (Hrsg.), Kommentar zum Grundgesetz, Stand: 198. Ergänzungslieferung, München 2019
Callies/Ruffert, EUV/AEUV Kommentar, 5. Aufl., München 2016
Degenhart, Staatsrecht I, Staatsorganisationsrecht, 34. Aufl., Heidelberg 2018
Dietlein, Examinatorium Staatsrecht, 2. Aufl., Köln 2005
Dreier, Grundgesetz, Kommentar, 3 Bände, 3. Aufl., Tübingen 203
Enneccerus/Nipperdey, Allgemeiner Teil des Bürgerlichen Rechts 1. Band, 1. Halbband, 14. Aufl., Marburg 1952
Epping, Grundrechte, 8. Aufl., Heidelberg 2019
ErfK, Müller-Glöge/Preis/Schmidt, (Hrsg.), Erfurter Kommentar zum Arbeitsrecht, 19. Aufl., München 2019
Friauf/Höfling, Berliner Kommentar zum Grundgesetz, Loseblattsammlung, Berlin, Stand: 2019
Gersdorf/Paal, Beck'scher Online-Kommentar zum Informations- und Medienrecht, Stand 24. Edition, München, 1.5.2019
Gola/Schomerus, Kommentar zum Bundesdatenschutzgesetz, 12. Aufl., München 2015
Grabitz/Hilf/Nettesheim, Das Recht der Europäischen Union, Stand: 67. Ergänzungslieferung, München 2019
Hailbronner, Asyl- und Ausländerrecht, 4. Aufl., Stuttgart 2016
HStR, Isensee/Kirchhof (Hrsg.), Handbuch des Staatsrechts der Bundesrepublik Deutschland, 13 Bände, 3. Aufl., Heidelberg 2003–2009
HGR, Merten/Papier (Hrsg.), Handbuch der Grundrechte in Deutschland und Europa, 12 Bände, Heidelberg 2003
Herdegen, Europarecht, 20. Aufl., München 2018
Herdegen, Völkerrecht, 18. Aufl., München 2019
Hillgruber/Goos, Verfassungsprozessrecht, 4. Aufl., Heidelberg 2015
Hömig/Wolff, Kommentar zum Grundgesetz für die Bundesrepublik Deutschland, 12. Aufl., Baden-Baden 2018
Hufen, Staatsrecht II, Grundrechte, 7. Aufl., München 2018
Ipsen, Staatsrecht II, Grundrechte, 21. Aufl., München 2018
Jarass/Pieroth, Grundgesetz für die Bundesrepublik Deutschland, Kommentar, 15. Aufl., München 2018
Katz, Staatsrecht, 18. Aufl., Heidelberg 2010
Kriele, Einführung in die Staatslehre, 6. Aufl., Stuttgart 2003

Literaturverzeichnis

Kopp/Ramsauer, Kommentar zum Verwaltungsverfahrensgesetz, 19. Auflage, München 2018
Korioth, Staatsrecht I, 4. Aufl., Stuttgart 2018
Kingreen/Poscher, Grundrechte – Staatsrecht II, 34. Aufl., Heidelberg 2018
Manssen, Staatsrecht II – Grundrechte, 16. Aufl., München 2019
Maunz/Dürig, Grundgesetz, Kommentar, Loseblattsammlung, 6 Bände, Stand: 86. Ergänzungslieferung, München 2019
Maunz/Schmidt-Bleibtreu/Klein/Bethge, Kommentar zum Bundesverfassungsgerichtsgesetz, Stand: 56. Ergänzungslieferung, München, 02/2019
Maurer, Staatsrecht I, 6. Aufl., München 2010
Michael/Morlok, Grundrechte, 6. Aufl., Baden-Baden 2017
NK-GA, Boecken/Düwell/Diller/Hanau (Hrsg.), Gesamtes Arbeitsrecht, Kommentar, 3 Bände, Baden-Baden 2016
Oppermann/Classen/Nettesheim, Europarecht, 8. Aufl., München 2018
Ricker/Weberling, Handbuch des Presserechts, 6. Aufl., München 2012
Sachs, GG, Grundgesetz-Kommentar, 8. Aufl., München 2018
Sachs, Verfassungsrecht II, Verfassungsrecht II, Grundrechte, 3. Aufl., Berlin 2017
Schmidt-Bleibtreu/Hofmann/Henneke, Kommentar zum Grundgesetz, 14. Aufl, Köln 2017
Schoch/Schneider/Bier, Verwaltungsgerichtsordnung, Kommentar, Loseblatt, Stand: 36. Ergänzungslieferung, München 2019
Schwarze/Becker/Hatje/Schoo, EU-Kommentar, 4. Aufl., München 2019
Sodan/Ziekow, Verwaltungsgerichtsordnung, Großkommentar, 5. Aufl., Baden-Baden 2018
Stein/Frank, Staatsrecht, 21. Aufl., Tübingen 2010
Stein/v. Buttlar/Kotzur, Völkerrecht, 14. Auflage, München 2017
Stern, StaatsR, Das Staatsrecht der Bundesrepublik Deutschland, 5 Bände, 3. Aufl., München 1984–2006
Stern/Becker, Grundrechte-Kommentar, 3. Aufl., Köln 2018
Streinz, EUV/AEUV, Kommentar, 3. Aufl., München 2018
Streinz, Europarecht, 10. Aufl., München 2016
Streinz/Ohler/Herrmann, Der Vertrag von Lissabon zur Reform der EU, 3. Aufl. München 2010
Studkomm., GG, Gröpl/Windhorst/v. Coelln, Studienkommentar zum Grundgesetz, 3. Aufl., München 2017
Umbach/Clemens, Grundgesetz, Kommentar, 2 Bände, München 2002
v. Mangoldt/Klein/Starck, Kommentar zum Grundgesetz, 3 Bände, 7. Aufl., München 2018
v. Münch/Kunig, Grundgesetz-Kommentar, 3 Bände, 6. Aufl., München 2012
Zippelius/Würtenberger, Deutsches Staatsrecht, 33. Aufl., München 2018

Teil I: **Grundrechte – Allgemeine Lehren**

A. Geschichte und Begriff
§ 1 Der Begriff der Grundrechte

Unter *Grundrechten* sind diejenigen Rechte des Einzelnen zu verstehen, die ihm – in der Regel durch die Verfassung – als *Elementarrechte* gegenüber dem Staat verbürgt werden.[1] **1**

Eine wesentliche Funktion der Verfassung liegt in der Begrenzung staatlicher Herrschaftsgewalt.[2] Diese Begrenzung hat zwei Komponenten: Sie regelt zunächst, in welcher Form diese Herrschaftsgewalt agiert und wie sie sich organisiert, d. h. letztlich, wie sich der staatliche Wille bildet und wie er ausgeübt wird. Dieser Teil des Verfassungsrechts findet sich im Staatsorganisationsrecht. Die andere Begrenzung staatlicher Herrschaftsgewalt ergibt sich aus dem rechtlichen Status der Gewaltunterworfenen. Da die Bildung der staatlichen Gewalt und damit auch die Unterwerfung unter diese Gewalt ein Produkt der Volkssouveränität ist, muss diese Volkssouveränität auch in Gestalt jedes einzelnen Mitgliedes der Volksgemeinschaft dieser Herrschaftsgewalt Grenzen auferlegen. Diese Grenzen formuliert das Grundgesetz in den Grundrechten. **2**
Die Grundrechte sind damit die äußerste Grenze der staatlichen Herrschaftsgewalt im Hinblick auf die ihr unterworfenen Rechtssubjekte.

Neben dieser allgemeinen Definition wird der Begriff der Grundrechte in der deutschen Rechtswissenschaft auch enger verstanden: Danach sind Grundrechte diejenigen Rechte, die dem Einzelnen in Art. 1 bis 19 GG gewährt werden.[3] **3**

Ihrer Rechtsnatur nach sind die Grundrechte *subjektiv*-öffentliche Rechte. Unter einem *subjektiven Recht* ist ein Recht zu verstehen, das dem Einzelnen die Rechtsmacht verleiht, von einem anderen ein Tun oder Unterlassen zu fordern.[4] Bei den Grundrechten handelt es sich um subjektiv-öffentliche Rechte, die *die Staatsgewalt beschränken* und die Rechtsbeziehungen zwischen dem Staat und den Bürgern regeln.[5] Sie sind darauf ausgelegt, dass die von ihnen bezweckten günstigen Wirkungen für den Betroffenen auch *gerichtlich durchsetzbar* sind.[6] **4**

---

1 Ähnlich *Creifelds*, Rechtswörterbuch, 22. Aufl. München 2017; ähnlich *Stern*, in: HGR I, § 1 Rn. 51, grundlegende konstitutionelle Rechte als Freiheits-, Gleichheits-, politische Rechte und justizielle Garantien.
2 Dazu und zu weiteren Funktionen der Verfassung *Lang*, in: HStR, XII, § 266 Rn. 5 ff.
3 Dazu ausführlich Rn. 65.
4 Vgl. *Maurer*, Staatsrecht, § 9 Rn. 17; s. a. § 194 BGB.
5 Vgl. *Ipsen*, Staatsrecht II, Rn. 54 ff. und *Maurer*, Staatsrecht, § 9 Rn. 17.
6 Vgl. *Sachs*, Verfassungsrecht II, Teil I, Kap. 4 Rn. 11.

Bsp.: Art. 8 Abs. 1 gewährleistet ein subjektives Recht. Wird durch staatliches Handeln eine Versammlung gestört, können die Betroffenen gerichtlich dagegen vorgehen und sich auf Art. 8 Abs. 1 berufen.

Art. 20a enthält dagegen kein subjektives (Grund-)Recht: Gegen staatliche Maßnahmen, die zu Umweltverschmutzung oder Tiersterben führen, kann ein Bürger nicht allein unter Berufung auf Art. 20a gerichtlich vorgehen.

§ 2 Geschichte der Grundrechte

5 Die modernen Verfassungsstaaten setzen Grundrechte als selbstverständlich voraus.

Es ist jedoch ein langer, mühevoller Bewusstwerdungsprozess gewesen, der zu der Erkenntnis der Unverzichtbarkeit von Grundrechten in Staatsverfassungen geführt hat. Selbst die Schweiz, die eine herausragende Rolle im geschichtlichen Prozess der Entwicklung der Verfassungsstaaten gespielt hat, hat umfassende Grundrechte in ihrer Bundesverfassung erst 1999 geregelt.

Die Unverzichtbarkeit von Grundrechtskatalogen in Staatsverfassungen hat sich im Grunde erst nach dem Zweiten Weltkrieg durchgesetzt.

Der geschichtliche Prozess der Erkenntnis der Notwendigkeit von Grundrechten ist zudem nicht geradlinig verlaufen, sondern, im Gegenteil, von vielen Rückschritten begleitet gewesen, wie die Geschehnisse in der nationalsozialistischen Diktatur zeigen.

Ausgehend von dem rein zeitlichen Entwicklungsprozess entstanden Regelungen zur Staatsorganisation stets vor der Gewährleistung verfassungsrechtlicher Grundrechte. So akzeptierte das antike Griechenland – das Land, aus dem der Begriff der Demokratie stammt – die Sklaverei, ebenso die Vereinigten Staaten von Amerika bis zur Mitte des 19. Jahrhunderts. Erst die Auseinandersetzung mit dem offenkundigen Widerspruch, der in der Entrechtung eines erheblichen Teiles des Volkes gesehen werden musste, hat grundrechtliche Garantien neben den staatsorganisationsrechtlichen Regelungen etablieren können. Aber auch die äußeren Existenzbedingungen der Staaten waren mitursächlich für die unterschiedliche Entwicklungsgeschwindigkeit von Staatsorganisationsrecht und Grundrechten. Angesichts der unzähligen Kriege und der mit diesen notwendig verbundenen Sicherung des Überlebens der Staatsorganisation war offenkundig die Sicherung der organisatorischen Gewalt wichtiger als die Etablierung von Individualrechten. Schließlich spielte die geänderte Position des Individuums, die mit der Säkularisierung und der Aufklärung einherging, eine wichtige Rolle für die Gewichtsverlagerung der rechtlichen Positionen innerhalb der Staaten vom Staatsorganisationsrecht zu den Grundrechten.

6 *Menschenrechte als positiv-rechtliche Gewährleistungen der Freiheit des Individuums* haben sich unter dem Einfluss des späten Naturrechts in der zweiten Hälfte des 18. Jahrhunderts herausgebildet.

7 Der Begriff der „*Grundrechte*" ist ein typisch deutscher Begriff, der zum ersten Mal in der Paulskirchenverfassung von 1848 formuliert wurde.[1] Mit dem Begriff sollte

---

1 Zur Vorbildfunktion des Grundrechtskatalogs der Paulskirchenverfassung vgl. nur *Kühne*, Die Reichsverfassung der Paulskirche, 2. Aufl. 1998, S. 159 ff.

verdeutlicht werden, dass es sich bei diesen Rechten um die fundamentalen Positionen handelt, auf denen die Verfassung aufbaut.²
In vielen Verfassungen wird zwischen „*Menschenrechten*" und „*Bürgerrechten*" unterschieden. Im Allgemeinen will man damit zum Ausdruck bringen, dass Menschenrechte allen Menschen zustehen, Bürgerrechte aber nur den Mitgliedern des jeweiligen Staatsverbandes.
Die geschichtlichen Ursprünge heutiger Grundrechte reichen weit zurück, wobei man zwischen ideengeschichtlicher Tradition und verfassungsrechtlichen Verbürgungen unterscheiden muss. Vielfach gab es nämlich grundrechtliche Positionen, die nicht in Verfassungen niedergelegt, sondern bloß einfachgesetzlich formuliert waren oder auch nur auf bloßer Tradition beruhten.

I.   Ideengeschichtlicher Hintergrund der Grundrechte

Grundrechtsgedanken gab es bereits in der antiken Philosophie. Bei *Aristoteles* und *Platon* finden sich Begriff und Idee der Freiheit.³ Diese Freiheit war allerdings nicht universalistisch gedacht und ging auch nicht von einer Idee der Gleichheit der Menschen aus. Dies zeigt die Tatsache, dass auch im griechischen Staatsideal eine grundsätzliche Akzeptanz von Sklaven, also Rechtlosen, nicht in Frage gestellt wurde.
Bei den *Stoikern* finden sich ethisch und philosophisch begründete, den Menschen angeborene Rechte, wie etwa die Lehre von der Gleichheit der Menschen.⁴

Die antiken philosophischen Ansätze führten jedoch zu keinen Veränderungen in der politischen und ökonomischen Ordnung, geschweige denn zu einer Anerkennung von Grundrechten.

Dem *frühchristlichen Mittelalter* entstammt die Vorstellung der Gottesebenbildlichkeit des Menschen. Aus dieser wird die Freiheit und Gleichheit aller Menschen abgeleitet. Dennoch wurde der weitere Schritt von der Gleichheit vor Gott zur Anerkennung von Freiheit und Gleichheit aller Menschen – in Form eines unantastbaren Menschenrechts – nicht vollzogen.⁵
Das *Hochmittelalter* war durch die Auseinandersetzung zwischen den zwei Gewalten, der geistlichen und weltlichen Macht, geprägt. Dieser Dualismus führte zur *Entwicklung von Theorien zur Beschränkung der Herrschaftsgewalt*. So wurde zum Beispiel ein Widerstandsrecht der Untertanen gegen Willkür des Herrschers anerkannt.
Nach *Thomas von Aquin* war es die Pflicht des Herrschers, der Beauftragter Gottes auf Erden war, nicht gegen die *dignitas humana* zu handeln, zu der Leben, Freiheit und Eigentum des Menschen gehörten. Falls er dies dennoch tat, durfte man ihm den Gehorsam verweigern und Widerstand leisten.⁶
Diese Gedanken der Begrenzung der Herrschermacht wirkten im *Vernunft- und Naturrechtsgedanken des Spätmittelalters* fort.

---

2   Sutter, Die Entwicklung der Grundrechte: ein Forschungsbeitrag zum Schutz der Persönlichkeit im Mittelalter als Baustein zu einer Geschichte der Grundrechte in Österreich, 1982, S. 106.
3   Vgl. im Einzelnen F. Berber, Das Staatsideal im Wandel der Weltgeschichte, 2. Aufl. 1978, S. 88 ff.
4   Vgl. Oestreich, Geschichte der Menschenrechte und Grundfreiheiten im Umriss, 2. Aufl. 1978, S. 16 f.
5   Vgl. Oestreich, Geschichte der Menschenrechte und Grundfreiheiten im Umriss, 2. Aufl. 1978, S. 15 ff.
6   Vgl. Stern, Staatsrecht III/1, § 59, S. 59 ff.

11 Der grundlegende Schritt zu einer Entwicklung des Menschenrechtsgedankens erfolgte durch die *Naturrechtslehre am Beginn der Neuzeit*. Im Gegensatz zur religiösen Legitimation der Herrschaftsmacht des Mittelalters wird nun die Macht des Herrschers zunehmend durch einen *Gesellschaftsvertrag* begründet und dem Recht und damit der Herrschaftsgewalt eine vom Glauben unabhängige Geltung zugesprochen.

12 Nach der älteren Naturrechtslehre (17. bis frühes 18. Jahrhundert) herrscht zunächst der Naturzustand, in dem jeder angeborene Rechte, *iura connata*, besitzt. Diese Rechte gelten als Vorläufer liberaler Freiheitsrechte. Bei *Pufendorf*, *Thomasius* und *Wolff* finden sich Kataloge dieser Rechte. Hierzu zählen z. B. bei *Wolff* die natürliche Freiheit, die natürliche Gleichheit, das Recht der Sicherheit sowie das Recht des Menschen über sich selbst, das Recht auf guten Namen und das Recht, alle erschaffenen Dinge zu gebrauchen.[7]
Allerdings gelten diese Rechte nur im Naturzustand und stellen die Organisation einer positiven Rechtsordnung nicht in Frage.
Der nächste logische Schritt ist die Überwindung des Naturzustandes durch den freiwilligen Eintritt in den Rechtszustand. Dies geschieht durch den (fiktiven) Abschluss eines so genannten *Staatsvertrages*, der den Zustand der permanenten Bedrohung mit Gewalt, die im Naturzustand herrscht, beseitigt. Der Staatsvertrag ist deshalb fiktiv, weil ihm keine konkrete historische Realität zukommt.
Da im Naturzustand nach *Thomas Hobbes* (1588–1679) ein Krieg aller gegen alle herrscht, verzichten die Untertanen im Staatsvertrag auf ihr ursprüngliches Recht auf Selbstverteidigung. Im Gegenzug wird ihnen vom (absolutistischen) Staat Schutz von Leib und Leben gewährt.
Das bedeutet, dass diese *Rechte im Unterschied zu den späteren Freiheitsrechten nicht absolut* sind, denn sie können jederzeit aufgehoben werden, zudem können sie nicht als Abwehrrechte dem Handeln des Staates entgegengesetzt werden.[8]

13 Da die ältere Naturrechtslehre darauf gerichtet war, den Ausbau des absolutistischen Staates voranzubringen, wurde der Gedanke des Gesellschaftsvertrages zur Begründung des *völligen Verlustes der Freiheit des Individuums im Staat* herangezogen.
Erst in der zweiten Hälfte des 18. Jahrhunderts tritt der Gedanke der Begrenzung von Herrschaft in den Vordergrund, zunächst als moralisch verpflichtende Selbstbindung des Herrschers.[9]

14 Die *jüngere Naturrechtslehre* führte Ende des 18. Jahrhunderts zur *Annahme echter Freiheitsrechte*, die den Untertanen gestatteten, begrenzte Lebensbereiche autonom zu gestalten. Diese Entwicklung fand vor dem Hintergrund des Übergangs von einer starren Ständeordnung zu einer bürgerlichen Gesellschaft statt. Aus den natürlichen, aber abdingbaren iura connata wurden *unveräußerliche Grundrechte*, die auch der Staat nicht entziehen kann.

15 *Damit veränderte sich der Gesellschaftsvertrag*. Nicht die bloße Sicherung von Leib und Leben wurde als Kern des Staatszwecks angesehen, sondern die *Gewährleis-*

---

[7] Überblick bei *Klippel*, Politische Freiheit und Freiheitsrechte im deutschen Naturrecht des 18. Jh., 1976, S. 75.
[8] Vgl. *Klippel*, Politische Freiheit und Freiheitsrechte im deutschen Naturrecht des 18. Jh., 1976, S. 76 ff.
[9] Vgl. *Pieroth*, Jura 1984, 568, 571.

tung der natürlichen Rechte des Einzelnen. Der Staat wurde zum Garanten der natürlichen unveräußerlichen Freiheitsrechte der Individuen.[10]
Inhaltlich umfasste der Freiheitsbegriff die persönliche Freiheit, die Abschirmung der Privatsphäre gegen den Staat, sowie die Herstellung und Sicherstellung eines Bereichs der Öffentlichkeit durch die Pressefreiheit. Außerdem wurde die Ausklammerung des Ökonomischen aus der staatlichen Tätigkeit durch Eigentums, Handels- und Gewerbefreiheit sowie Rechtssicherheit durch Bindung des Fürsten an das positive Recht gefordert.[11]

Die ideengeschichtliche Entwicklung von Grund- und Menschenrechten spiegelt sich seit dem Mittelalter in *geschriebenen Deklarationen* wider. Erste verfassungsrechtliche Verbürgungen von Grund- und Menschenrechten finden sich jedoch erst in der zweiten Hälfte des 18. Jahrhunderts.

II. Magna Charta und frühe Grundrechtsverbürgungen

Heute gilt als *allgemein anerkannt*, dass die Magna Charta aus dem Jahr 1215 die *erste verbürgte Grundrechtserklärung gewesen ist.*

Historisch gesehen ist dies aus zweierlei Gründen nicht richtig: Zum einen gab es *frühere Rechtsverbürgungen und durchaus nicht nur in England*; hierzu gehören die Freiheitsbriefe, die sich die *Cortes von Léon*, die Ständische Versammlung der Bischöfe, Magnaten und Bürger in Spanien 1188 bestätigen ließ. In diesen waren etwa das Recht aller Einwohner auf Wahrung des anerkannten Gewohnheitsrechts, das Recht des Angeklagten auf ein ordnungsgemäßes Verfahren, sowie die Unverletzlichkeit des Lebens, der Ehre, des Hauses und des Eigentums enthalten.[12] Zum anderen enthielt die Magna Charta *gar keine Grundrechte, in dem Sinne, wie wir sie heute verstehen*. Die in ihr enthaltenen Freiheitsverbürgungen haben vielmehr den *Charakter von Privilegien und korporativen Rechten.*[13]

Die Magna Charta wurde von den Baronen und dem Klerus dem englischen König Johann (1199–1216, genannt Ohneland) abgetrotzt und enthielt in nur ganz geringfügigem Umfang Rechtsverbürgungen, zumal diese sich mehr auf die *Garantien der Privilegien des Adels* richteten und vor allem in keinem einzigen Punkt allgemeine Rechtsgleichheit gewährleisteten.[14] Immerhin enthielt sie Gewährleistungen für den Adel, die Einfluss auf die spätere Rechtsentwicklung haben sollten. So garantierte der König in Abschnitt 39 der Magna Charta, dass er keinen freien Mann gefangen nehmen oder des Landes verweisen oder verfolgen werde, außer aufgrund rechtmäßigen Urteils seiner Standesgenossen oder auf Grund des Landesrechts.[15] Freie Männer, also „Freiherren", waren nach mittelalterlichem Rechtsverständnis nur Adlige. Schließlich durften die Steuern nur mit Zustimmung des Adels erhoben werden. *Der König verpflichtete sich, diese Rechte zu achten und zu*

---

10 Vgl. *Kröger*, Grundrechtsentwicklung in Deutschland – von ihren Anfängen bis zur Gegenwart, 1998, S. 5.
11 Vgl. *Klippel*, Politische Freiheit und Freiheitsrechte im deutschen Naturrecht des 18. Jh., 1976, S. 204 f.
12 Vgl. *Oestreich*, Geschichte der Menschenrechte und Grundfreiheiten im Umriss, 2. Aufl. 1978, S. 26.
13 Vgl. *Stern*, Staatsrecht III/1, S. 62.
14 Vgl. insbesondere *Hartung/Commichau/Murphy*, Die Entwicklung der Menschen- und Bürgerrechte, 6. Aufl., 1998.
15 „Nisi per legale iudicium parium suorum vel per legem terrae.".

halten. Bei einer Verletzung dieser Rechte sollten die Barone die Untertanen zum Widerstand anführen.

20 Trotz ihrer nur beschränkten Rechtsgeltung fand die Magna Charta über das *common law* Einzug in das allgemeingültige Recht Englands.

21 Es gibt *weitere Beispiele für ähnliche Rechtsgewährleistungen in Europa*, neben den erwähnten Freiheitsbriefen der Cortes von Léon gibt es Charten aus Dänemark (1282), Belgien (1316), Tirol (1342), die „Joyeuse Entrée" in Brabant (1356) und Tübingen (1514).[16] In diesen Urkunden kommt der Gedanke der Beschränkung der Herrschaftsgewalt durch objektives staatliches Recht zum Ausdruck.[17]
Diese Erklärungen sind als sog. *Herrschaftsverträge* zu verstehen, in welchen der Herrscher mit den Ständen einen Vertrag über die Bedingungen seiner Herrschaft schließt. Die darin enthaltenen Rechte sind objektiven Charakters, die nicht individuell, sondern korporativ gewährt wurden.[18]

22 Rechtsverbürgungen, die dem heutigen Grundrechtscharakter weit näher kommen, haben sich erst in späteren Jahrhunderten, zunächst in England, später auch auf dem Kontinent, entwickelt.

III. Die Entwicklung in England

23 Auch nach der Magna Charta ging der Streit zwischen König und Adel um feudale Privilegien weiter. Als Vertretung der Stände gewann das *Parlament* eine immer stärkere Position.[19] Wegen der im Vergleich zum europäischen Kontinent durchlässigeren Ständeordnung galt das Parlament bald als Repräsentant aller Untertanen. In der frühen Neuzeit kam es zur *Ausarbeitung von „Rechten der Engländer"*, die an die Stelle ständischer Sonderrechte getreten sind.[20] Die ersten sind die Petition of Right von 1628, die Habeas-Corpus-Akte von 1679 und die Bill of Rights von 1689.

24 Die *Petition of Right* wurde gegen König Karl I. (1625–1649) 1627 durchgesetzt. Sie knüpfte an die Magna Charta an und war lediglich eine Bestätigung bereits vorhandener Gesetze und Statuten des Reiches. Die Diskussion um die Petition of Right hat insbesondere *Sir Edward Coke* (1552–1634) geprägt. Er wies auf die Bedeutung von „fundamental rights" der Engländer hin.[21] Für ihn stand die grundrechtliche Trias von Leben, Freiheit und Eigentum im Vordergrund. Jedoch handelte es sich bei diesen um Rechte des englischen Bürgers, nicht des Menschen schlechthin.

25 Erst mit der *Habeas-Corpus-Akte* wurde 1679 gegen König Karl II. (1649–1685) eine wirkliche Rechtsgewährleistung mit Verfahrensgarantien bei Freiheitsentziehung durchgesetzt. Sie beinhaltet einen *Schutz vor willkürlichen Verhaftungen*. Der Erlass war Produkt der Auseinandersetzung zwischen dem englischen Parlament und dem König, der das Ziel hatte, England in einen absolutistischen Staat zu verwandeln. Erstmals gab es hier nicht nur einen Schutz vor willkürlicher Freiheitsentzie-

---

16 Vgl. *Stern*, Staatsrecht III/1, S. 63.
17 Vgl. *Stern*, Staatsrecht III/1, S. 64.
18 Vgl. *Stern*, Staatsrecht III/1, S. 64.
19 Vgl. *Pieroth*, Jura 1984, 568, 572.
20 Vgl. *Stourzh*, Die Konstitutionalisierung der Individualrechte, JZ 1976, 397, 397.
21 Vgl. *Stern*, Staatsrecht III/1, S. 77.

hung überhaupt, sondern auch *Vorschriften im Fall der Freiheitsentziehung*, wie etwa die Benennung des Haftgrundes und die Notwendigkeit der Hinzuziehung eines Haftrichters sowie zeitliche Vorgaben für das Verfahren.

Die fortlaufenden Auseinandersetzungen zwischen Volk, Parlament und König Jacob II. (1685–1688) führten zur so genannten *Glorious Revolution von 1688*, in der die englische Nation ihr Widerstandsrecht gegen den des Verfassungsbruchs bezichtigten König Jacob ausübte. Infolge dieser Revolution kam es zur Manifestierung der *Bill of Rights*, die als Reaktion auf die Unterdrückungsaktivitäten König Jacobs umfangreiche Garantien durch den neuen Herrscher William III. (1689–1702) gewährte. Im Einzelnen wurden *Rechte des Parlaments, sowie etliche individuelle Rechte* gewährt, darunter das Recht, Petitionen an den König zu richten, und das Verbot von Verhaftung und gerichtlicher Verfolgung aufgrund solcher Petitionen.[22]

Doch die endgültige Durchsetzung der Grund- und Menschenrechte erfolgte erst durch die Revolutionen am Ende des 18. Jahrhunderts in Nordamerika und Frankreich.

IV. Die Entwicklung in Nordamerika

Die Entstehung der Grundrechtskataloge[23] in Nordamerika wurde von mehreren besonderen historischen Faktoren geprägt.

Zunächst spielten die *Vorgaben der Englischen „Civil Liberties"* eine Rolle. Gerade im Konflikt mit der englischen Krone konnten sich die Kolonisten auf den Präzedenzfall der Glorious Revolution von 1689 berufen und so die Ausübung ihres Widerstandsrechts begründen.[24]
Hinzu kam die *einzigartige Situation der Neubesiedelung des nordamerikanischen Kontinents*. Institutionen des öffentlichen Lebens mussten erst eingerichtet werden, wobei man nicht an eine feudale Gesellschaftsordnung gebunden war. So ergab sich die *Möglichkeit einer vollständigen gesellschaftlichen Neuordnung*, bei der die Gedanken der Naturrechtslehre bestimmend werden konnten.[25]
Die Geschichte der nordamerikanischen Rechtsverfassungen beginnt mit Abkommen und Deklarationen, die zunächst überwiegend wirtschaftliche Gesichtspunkte enthielten. Die Siedler der Neu-England-Staaten schlossen zunächst so genannte *Pflanzungsverträge*, die Basis für die Rechtmäßigkeit ihrer ökonomischen Handlungen werden sollten.[26] Inhaltlich sind es Verträge der englischen Ansiedler über ihre religiösen und politischen Prinzipien, die sie bei der Gründung der Kolonien einhalten wollten.[27] Hierzu gehören der *„Mayflower Compact"* von 1620 zur Gründung von New-Plymouth, die Verträge von Massachusetts 1629 und Providence 1636, sowie Connecticut 1638.

Daneben gab es *erste zaghafte Freiheitsverbürgungen*, wie beispielsweise die Concessions and Agreements of the Proprietors, Freeholders and Inhabitants of the Pro-

---
22 Vgl. dazu *Ipsen*, Staatsrecht II, Rn. 14 f.; *Dreier*, in: Dreier, GG, Vorb. Rn. 8 f.
23 Umfassende Darstellung bei *Kukk*, Verfassungsgeschichtliche Aspekte zum Grundrecht der allgemeinen Handlungsfreiheit, 2000, S. 71 ff.
24 Vgl. *Stourzh*, JZ 1976, 397, 398.
25 Vgl. *Pieroth*, Jura 1984, 568, 571.
26 Vgl. *Stern*, Staatsrecht III/1, S. 81 f.
27 Vgl. *Stern*, Staatsrecht III/1, S. 82.

vince of West New Jersey vom 3.3.1677[28], sowie die New York Charter of Liberties von 1683[29].
Was die allgemeine Rechtsgeltung anging, so schuf man zunächst kein neues Recht, sondern *rezipierte die englischen „birth-rights" aus den „fundamental laws"*, wie sie Coke lehrte und die in den *„Commentaries on the laws of England"* von William Blackstone ihren Niederschlag (und Höhepunkt) gefunden hatten.[30] Bei diesen Rechten handelte es sich allerdings um *Bürgerrechte gegenüber der englischen Krone* und nicht um Rechte, die eine politische Partizipation oder gar so etwas wie Selbstbestimmung gewährten und deren Begründung letztlich durch den (weit entfernten) englischen Staat vermittelt wurde. Es waren letztlich Rechte, deren Nutzen in der neuen Welt geringfügig war, die also nur der Anfang einer Rechtsstatuierung sein konnten.

31 Die Ferne des Mutterlandes, die Unterdrückung durch den englischen Staat bei gleichzeitig geringer Durchsetzung und Garantie von rechtlichen Positionen sowie die Erhebung vielfältiger Steuern bei gleichzeitig mangelnder Mitbestimmung forderten eine eigenständige rechtliche und politische Entwicklung dieser Staaten geradezu heraus. Diese Situation mündete letztlich in den *amerikanischen Unabhängigkeitskrieg* zwischen 1764 und 1776. In dieser Zeit gab es vielfältige – geistige – Auseinandersetzungen um die zukünftige rechtliche Basis der unabhängigen Kolonien.
Erstmals enthielt die *Bostoner Erklärung der Rechte der Kolonisten* vom 20.11.1772 die Garantie einer allgemeinen Handlungsfreiheit. Erweitert wurde diese in der *Declaration of Independence* vom 4.7.1776, dem eigentlichen Ergebnis des Unabhängigkeitskrieges, deren Wortlaut allerdings nicht Bestandteil der späteren Bundesverfassung wurde:

> Satz: 2:
> *We hold these truths to be self-evident, that all men are created equal, that they are endowed by their creator with certain unalienable rights, that among these are life, liberty and the pursuit of happiness.*

32 In der Folge gab es eine Flut von *revolutionären Verfassungen, Rechtskodifikationen und Deklarationen in den Einzelstaaten*. 1776 tagte in Philadelphia ein Kongress der Kolonien, die zur Abspaltung vom Mutterland entschlossen waren. Elf Kolonien nahmen an diesem Kongress teil, in dessen Folge es zu einer Reihe von Deklarationen kam: Virginia Bill of Rights vom 12.6.1776, Declaration of Rights von Pennsylvania vom 16.8.1776, Declaration of Rights von Delaware vom 11.9.1776, Declaration of Rights von North Carolina vom 14.12.1776, Declaration of Rights von Vermont vom 8.7.1777, die Constitution of New York von 1777, die Constitution of South Carolina von 1778, die Declaration of the Rights of the Inhabitants of the Commonwealth of Massachusetts vom 2.3.1780, und die Bill of Rights of New Hampshire von 2.6.1784.

33 Die *erste vollständige Erklärung der Menschenrechte* enthielt die oben genannte *Virginia Bill of Rights* vom 12.6.1776. Sie formulierte:

---

28 Vgl. *Perry/Cooper*, The Sources of our Liberties, Chicago, 1978, S. 184 ff.; weitere Nachweise bei *Kukk*, Verfassungsgeschichtliche Aspekte zum Grundrecht der allgemeinen Handlungsfreiheit, 2000, S. 72 ff.
29 Vgl. *Kukk*, Verfassungsgeschichtliche Aspekte zum Grundrecht der allgemeinen Handlungsfreiheit, 2000, S. 73.
30 Vgl. *Stourzh*, JZ 1976, 397, 397.

> *„Alle Menschen sind von Natur aus gleichermaßen frei und unabhängig und besitzen gewisse angeborene Rechte, deren sie, wenn sie den Status einer Gesellschaft annehmen, durch keine Abmachung ihre Nachkommenschaft berauben oder entkleiden können, und zwar den Genuss des Lebens und der Freiheit und dazu die Möglichkeit, Eigentum zu erwerben und zu besitzen und Glück und Sicherheit zu erstreben und zu erlangen."*[31]

34 Neben den hier genannten Rechten auf Leben, Freiheit und Eigentum sind in der Virginia Bill of Rights die Versammlungsfreiheit, die Pressefreiheit, die Freizügigkeit, bzw. das Recht auf Auswanderung, das Petitionsrecht und der Anspruch auf Rechtsschutz enthalten.[32]

35 Am 4.7.1776 folgte die Declaration of Independence *(amerikanische Unabhängigkeitserklärung)*, in der *Thomas Jefferson* (1743–1826) formulierte:
> *„Wir halten es für eine Wahrheit, die keines Beweises bedarf, dass alle Menschen vor ihrem Schöpfer gleich sind; dass er ihnen gewisse unveräußerliche Rechte verliehen hat, und dass zu diesen Rechten Leben, Freiheit und das Streben nach Glück gehören."*[33]

36 Am 28.9.1776 wurde mit der *Verfassung von Pennsylvania* die erste amerikanische Vollverfassung erlassen. Anders als in der Bill of Rights in Virginia, die noch neben der Verfassung von Virginia stand, wurde in ihr die Rechteerklärung mit einem besonderen Abschnitt, genannt *„Frame of Government"*, zur *„Constitution of the Commonwealth of Pennsylvania"* verbunden. Erstmals gab es eine Verfassung mit Grundrechts- und Organisationsteil.[34]

37 Am 17.9.1787 trat die *Unionsverfassung* in Kraft, die allerdings erst 1789 um einen *Grundrechtskatalog* erweitert wurde. Diese *ersten zehn Zusatzartikel (amendments)*, die so genannte *„Bill of Rights"*, enthielten die Religions-, die Meinungsäußerungs-, die Presse-, die Versammlungs- und die Petitionsfreiheit.[35] Ein generelles Freiheitsrecht war diesem Verfassungsdenken noch fremd.

V. Die Entwicklung in Frankreich

38 Bis 1789 war Frankreich eine *absolutistische Monarchie*, das sog. *Ancien Régime*, in der *den Untertanen keine Grundrechte zuerkannt* wurden. Im Unterschied zu England, wo das Parlament ein Gegengewicht zur königlichen Herrschaftsgewalt darstellte, konzentrierte sich in Frankreich die Macht fast vollständig in den Händen des *Königs*. Diese Machtfülle geriet immer mehr in Gegensatz zu den im 17. und 18. Jahrhundert vertretenen natur- und vernunftrechtlichen Ideen sowie den politischen Ansprüchen des *Bürgertums*, das sich immer mehr als soziale und wirtschaftliche Macht entfaltete.

39 Am 11.7.1789 legte der *Marquis de La Fayette* (1757–1834), Mitkämpfer in der amerikanischen Revolutionsarmee, der in Paris zusammengetretenen französischen *Nationalversammlung* einen ausformulierten Katalog von Menschenrechten vor und beantragte ihre Aufnahme in die neue Verfassung.[36] *Thomas Jefferson*,

---
31 Vgl. *Ipsen*, Staatsrecht II, Rn. 18; *Stourzh*, JZ 1976, 397, 399.
32 Virginia Bill of Rights ist abgedruckt bei *Hartung/Commichau/Murphy*, a. a. O. S. 70 ff.
33 Vgl. *Oestreich*, Geschichte der Menschenrechte und Grundfreiheiten im Umriss, 2. Aufl. 1978, S. 29.
34 Vgl. *Pieroth*, Jura 1984, 568, 572; *Stourzh*, JZ 1976, 397, 401.
35 Vgl. *Ipsen*, Staatsrecht II, Rn. 24.
36 Vgl. *Stern*, Staatsrecht III/1, S. 94 *Oestreich*, Geschichte der Menschenrechte und Grundfreiheiten im Umriss, 2. Aufl. 1978, S. 29/30.

damals amerikanischer Gesandter in Paris, hatte ihn dabei unterstützt.[37] Beiden waren die amerikanischen Texte bekannt und sie orientierten sich an ihnen. Zunächst wurde im Plenum und im Verfassungsausschuss heftig diskutiert, wobei durchaus konträre Meinungen hervortraten. Ein Teil der Abgeordneten lehnte gar eine Menschenrechtserklärung grundsätzlich ab.[38] Letztlich wurde am 26.8.1789 die *französische Menschen- und Bürgerrechtserklärung „Declaration des droits de l'homme et du citoyen"* verabschiedet.

40 Nach Art. 1 der Erklärung sind die Menschen frei und gleich an Rechten. In Art. 2 wird der Erhalt der natürlichen und unabdingbaren Menschenrechte zum Endzweck jeder politischen Vereinigung erklärt. Diese Rechte sind Freiheit, Eigentum, Sicherheit und Widerstand gegen Unterdrückung. Art. 3 ist ein Bekenntnis zur Volkssouveränität. Art. 4 und 5 definieren die Freiheit dahingehend, alles tun zu können, was einem anderen nicht schadet. In Art. 7 bis 9 sind strafprozessuale Rechte geregelt. Art. 10 enthält die Religions- und Gewissensfreiheit, Art. 11 die Gedanken- und Meinungsfreiheit. Art. 16 stellt fest: „Jede Gesellschaft, in der weder die Garantie der Rechte zugesichert, noch die Trennung der Gewalten festgelegt ist, hat keine Verfassung." Art. 17 regelt Eigentum und Enteignung.[39]

41 Im Unterschied zu Nordamerika bestand Frankreich aus einem *feudalen, absolutistischen Herrschaftssystem* mit einer jahrhundertealten Tradition. Die Funktion der Menschen- und Bürgerrechtserklärung war u. a. die Ablösung dieses politischen Regimes. Die Menschen und Bürgerrechte hatten zunächst einmal eine *revolutionäre, zerstörende Funktion*.

42 Weil der französische Kampf vor allem ein *Abwehrkampf gegen das traditionelle Regime* war, verwundert es nicht, dass die französischen Menschenrechtserklärungen in erheblichem Umfang andere Gegenstände betonen, wie die amerikanischen. Da es galt, gegen den Adel, den Klerus und ein feudales, ständestaatliches Denken zu kämpfen, war die *Idee sozialer Gleichheit*, um nicht zu sagen sozialer Gerechtigkeit mindestens genauso wichtig wie der *Freiheitsgedanke*. Diese Idee war dem amerikanischen Rechtsdenken fremd, zum einen deshalb, weil es in den Kolonien ein derartiges feudales Unterdrückungssystem nicht gab, zum anderen, weil man selbst in einem größeren Maße für wirtschaftliche Unabhängigkeit sorgte. Dass das überhaupt möglich war, lag in den Kolonien auch darin begründet, dass die geografische Situation, das Vorhandensein von Ressourcen und die Weite des Landes günstige ökonomische Entwicklungen gestatteten. Diese Voraussetzungen existierten in Frankreich schlechterdings nicht. Es verwundert deshalb nicht, *dass das französische Denken eine Idee der „fraternité"* (Brüderlichkeit) *formuliert, das amerikanische hingegen nicht*.

43 Ein weiterer Unterschied zwischen den Erklärungen und den Rechtsentwicklungen in Nordamerika und in Frankreich liegt in der praktischen Ausgestaltung der Deklarationen. Die französische Erklärung beruft sich in einem sehr viel höheren Maße auf einen *philosophischen Grundanspruch*. Die Texte werden geradezu *als überpositives Recht formuliert*. Es geht um Grundsätze, die selbst den Verfassungsgeber binden sollen, nicht um praktische Regeln. Gerade wegen der Höhe des französi-

---

37 Vgl. *Oestreich*, Geschichte der Menschenrechte und Grundfreiheiten im Umriss, 2. Aufl. 1978, S. 29/30.
38 Vgl. *Stern*, Staatsrecht III/1, S. 94.
39 Vgl. *Pieroth*, Jura 1984, 568, 573.

schen Anspruchs blieb seine Auswirkung in der praktischen Rechtswirklichkeit gering.

Die Erklärung der Menschenrechte wurde in die französische Verfassung vom 3.9.1791 **44** *aufgenommen*, die zudem noch weitere „natürliche und bürgerliche Rechte, wie Freizügigkeit, Versammlungs- und Meinungsfreiheit" enthielt,[40] doch wurde diese bereits am 10.8.1792 *wieder suspendiert*. Nach der Abschaffung der Monarchie am 21.9.1792 mündete die Revolution allmählich in den Terror. Die neue Verfassung vom 24.6.1793 enthielt zwar eine noch ausführlichere Menschenrechtserklärung; in ihr waren auch soziale Rechte, wie die freie Berufswahl, das Recht auf Arbeit sowie Unterstützung bei Arbeitsunfähigkeit und Anspruch auf Unterricht enthalten; sie trat aber nie in Kraft. Die Terrorherrschaft nahm ihren bekannten Lauf.[41] 1795 folgte eine weitere Verfassung, in der den Menschenrechten erstmals die Funktion zukam, die nunmehr etablierte bürgerliche Ordnung zu legitimieren. Diese Verfassung wurde bereits 1799 durch die *Konsulatsverfassung*, welche die Deklaration der Menschenrechte gar nicht erst aufnahm, wieder abgelöst. Die *Napoleonische Verfassung* von 1804 befasste sich nicht mehr mit Grundrechten. In der *Charte Constitutionelle* von 1814 waren Teile der Menschen- und Bürgerrechtserklärung enthalten.

In der Französischen Verfassung von 1958 wird auf die Grundrechte der Menschen- und Bürgerrechtserklärung von 1789 verwiesen. Sie sind damit geltendes Verfassungsrecht.[42]

VI. Die Entwicklung in Deutschland

Literatur:
Berber, F., Das Staatsideal im Wandel der Weltgeschichte, 2. Aufl. 1978; *Böckenförde, E.-W.*, Geschichte der Rechts- und Staatsphilosophie, 2002; *Gusy, C.*, Die Grundrechte in der Weimarer Republik, Zeitschrift für neuere Rechtsgeschichte 1993, 163; *Hartung, F./Commichau, G./Murphy, R.*, Die Entwicklung der Menschen- und Bürgerrechte von 1776 bis zur Gegenwart, 6. Aufl. 1997; *Hofmann, H.*, Zur Herkunft der Menschenrechtserklärungen, JuS 1988, 841; *ders.*, Die Grundrechte 1789–1949–1989, NJW 1989, 3177; *Klippel, D.*, Politische Freiheit und Freiheitsrechte im deutschen Naturrecht des 18. Jahrhunderts, 1976; *Kriele, M.*, Zur Geschichte der Grund- und Menschenrechte, FS Scupin, 1973, S. 187; *Kühne, J.-D.*, Die Reichsverfassung der Paulskirche, 2. Aufl. 1998; *Kröger, K.*, Grundrechtsentwicklung in Deutschland – von ihren Anfängen bis zur Gegenwart, 1998; *Kukk, A.*, Verfassungsgeschichtliche Aspekte zum Grundrecht der allgemeinen Handlungsfreiheit, 2000; *Link, Chr.*, Menschenrechte und bürgerliche Freiheit, FS Geiger, 1974, S. 277; *Oestreich, G.*, Geschichte der Menschenrechte und Grundfreiheiten im Umriss, 2. Aufl. 1978; *ders.*, Die Idee der Menschenrechte in ihrer geschichtlichen Entwicklung; *Perry, R./Cooper, J. C.*, The Sources of our Liberties, Chicago, 1978; *Pieroth, B.*, Geschichte der Grundrechte, Jura 1984, 568; *Stourzh, G.*, Die Konstitutionalisierung der Individualrechte, JZ 1976, 397.

Häufig wird darauf hingewiesen, dass die Geschichte der Grundrechte in Deutschland **45** im Vergleich zu England, Frankreich und anderen Ländern mit einiger Verspätung beginne.[43] Dies entspricht insoweit den Tatsachen, als man die Geschichte der Grundrechte als eine von Verfassungsurkunden abhängige Geschichte ansehen will. Dies ist allerdings eine stark verkürzte Sichtweise.

---

40 Vgl. *Pieroth*, Jura 1984, 568, 573.
41 *Kriele*, Einführung in die Staatslehre, S. 144.
42 Vgl. *Ipsen*, Staatsrecht II, Rn. 31; *Bleckmann*, Staatsrecht II – Die Grundrechte, S. 27 f.
43 So z. B. *Ipsen*, Staatsrecht II, Rn. 32.

46 *Aus ideengeschichtlicher Sicht ist der deutsche Beitrag zur Grundrechtsgeschichte beachtlich.* Die europäische Naturrechtstradition, die die Idee eines vom Staat und schließlich sogar vom Glauben unabhängigen Rechtsdenkens formuliert hat, ist neben der spanischen Spätscholastik und dem holländischen Rechtsdenker Hugo Grotius eine in großen Teilen deutsche Entwicklung. Für die Formulierung dieser naturrechtlichen Ansätze sind vor allem Samuel *Pufendorf* (1632–1694), Gottfried Wilhelm *Leibniz* (1646–1716), Christian *Thomasius* (1655–1728) und Christian *Wolff* (1679–1754) zu nennen.[44] Das Naturrecht des späten Mittelalters gipfelte schließlich in der *Aufklärung* und fand in der transzendentalphilosophischen Fundierung der Philosophie und damit auch der Ethik und des Rechtsdenkens bei Immanuel *Kant* seinen Höhepunkt. Der Begriff der Menschenwürde entstammt letztlich dieser geistigen Tradition und führte die Idee der Grund- und Menschenrechte zu einer neuen Dimension.

47 Zutreffend an der Einschätzung der deutschen Geschichte ist weiterhin, dass die Zahl der den Fürsten abgetrotzten *Rechtsgarantien in Form von verbrieften Verfassungsurkunden im Vergleich zu England gering* ist. Solche „Freiheitsrechte", die seit dem hohen Mittelalter in Form von schriftlichen Zusicherungen zwischen Fürst und Ständen – d.h. dem hohen Adel, der Ritterschaft, der Geistlichkeit, manchmal auch der Bauernschaft – festgelegt wurden, hatten das Ziel, die Gewalt des Fürsten zu begrenzen. Ein Beispiel hierfür ist der *Tübinger Vertrag von 1514*, in dem der politisch gescheiterte Fürst seinen Ständen gewisse Rechte einräumte, etwa die Freiheit der Auswanderung und das Recht zum Widerstand, falls die monarchische Gewalt gegen den Vertrag verstieß.[45]
Eine wesentliche Bestimmung des Vertrages war die Klausel, dass niemand in Sachen, „wo es Ehre, Leib und Leben betrifft, anders als mit Urteil und Recht gestraft oder getötet, sondern einem jeden nach seinem Verschulden Recht gestattet werden solle".[46] *Diese Rechte betrafen jedoch nur den Adel*, die einzige Gesellschaftsschicht, die „frei" war, während die anderen Schichten in einem abgestuften Schutz- und Dienstverhältnis zum Adel standen. Unter Freiheit wurde in diesem Zusammenhang eine Privilegierung verstanden, in der sich die Herrschaft konkretisierte.[47]

48 Mittelalterliche Vorläufer der neuzeitlichen Verfassungen waren die *„leges fundamentales"*. Diese Rechtsnormen, die meist in Urkunden niedergelegt wurden, behandelten grundlegende Fragen der Organisation des Reiches, insbesondere zur Begrenzung der Herrschaft des Kaisers oder Königs oder zu den Rechten der Stände. Der jeweilige Herrscher war an die leges fundamentales gebunden und konnte sie nicht einseitig abändern. Beispiele hierfür sind das *Wormser Konkordat von 1122, die Goldene Bulle von 1356*, in der die Königswahl und besondere Vorrechte der Kurfürsten festgelegt wurden, sowie die *Reichsreformgesetze Maximilian I. von 1495*.

49 Die eigentliche, als Begrenzung der staatlichen Gewalt verstandene Manifestierung von Grundrechten beginnt im deutschsprachigen Raum am Ende des 18. Jahrhunderts.
Im Unterschied zu Frankreich und Nordamerika wurden grundrechtliche Positionen *zunächst nicht von der Basis des Volkes her durchgesetzt*. Sie waren vielmehr

---

44 Weitere Nachweise bei *Hofmann*, Zur Herkunft der Menschenrechtserklärung, JuS 1988, 841, 842 ff.
45 Vgl. *Oestreich*, Geschichte der Menschenrechte und Grundfreiheiten im Umriss, 2. Aufl. 1978, S. 28.
46 Vgl. *Oestreich*, Geschichte der Menschenrechte und Grundfreiheiten im Umriss, 2. Aufl. 1978, S. 12.
47 Vgl. *Pieroth*, Jura 1984, 568, 570.

Produkte aufgeklärter Fürsten, wie z. B. Friedrichs des Großen oder Josephs II. von Österreich.
So enthielt der *Entwurf zum Allgemeinen Gesetzbuch für die Preußischen Staaten* von 1791 in seiner Einleitung Bestimmungen über das Verhältnis des Staates zu seinen Bürgern. § 79 EinlPrAGB lautet:

> „Die Gesetze und Verordnungen des Staates dürfen die natürliche Freyheit und Rechte der Bürger nicht weiter einschränken, als es der gemeinschaftliche Endzweck erfordert."

In dem Abschnitt „Von den Quellen des Rechts" finden sich weitere Regelungen, die das *grundsätzliche Verhältnis des preußischen Staatsdenkens zu den Menschenrechten* beleuchten:

> § 90: Die allgemeinen Rechte des Menschen begründen sich auf die natürliche Freyheit, sein eigenes Wohl, ohne Kränkung der Rechte eines Andern, suchen und befördern zu können.
> § 92: Rechte und Pflichten, welche aus Handlungen oder Begebenheiten entspringen, werden allein durch die Gesetze bestimmt.
> § 94: Handlungen, welche weder durch natürliche noch durch positive Gesetze verboten werden, werden erlaubt genannt.

Im Abschnitt über die Ausübung der Rechte wird formuliert:

> § 95: Soweit jemand ein Recht hat, ist er dasselbe in den gesetzmäßigen Schranken auszuüben befugt.

Die Vorschrift des § 79 EinlPrAGB, die der heutigen Idee des Verhältnismäßigkeitsgrundsatzes nahe kommt, wurde in das nun allgemeine Landrecht für die preußischen Staaten nicht aufgenommen. Die §§ 90 bis 95 wurden allerdings wörtlich in die §§ 83, 85, 87 und 88 des allgemeinen Landrechts übertragen. Dies ist zwar keine verfassungsrechtliche, sondern der Form nach eine bloß *einfachrechtliche Garantie*. Diese Garantie formuliert jedoch eine allgemeine Akzeptanz des Naturrechts und nimmt damit bereits ein generelles Freiheitsrecht vorweg, wie wir es erst in Art. 2 Abs. 1 des Grundgesetzes wieder finden.
Diese einfachgesetzliche Formulierung von Garantien, die eigentlich Gegenstand einer Verfassungsurkunde sind, sind für die deutschen Staaten durchaus typisch. Da die Verfassungshistoriker, durch das angelsächsische Rechtsdenken geleitet, zumeist solche Rechtsgewährleistungen in Verfassungsurkunden suchen, die in Deutschland selten sind, ist die *stark verbreitete, aber unzutreffende These* entstanden, *in Deutschland hätte es keine grundrechtlichen Garantien in der Geschichte gegeben*. Teilweise wird behauptet, diese seien erst ein „Import" ausländischen Verfassungsdenkens.
Einfaches Gesetzesrecht und in Verfassungsurkunden niedergelegtes Recht unterschiedlich zu bewerten, dürfte aber zumindest für Verfassungsurkunden, die vor dem 19. Jahrhundert entstanden sind, ein rechtstheoretischer Trugschluss sein. Was die Verfassungsurkunde von dem einfachen Gesetz unterscheidet, ist, wenn sie etwas qualitativ Besonderes sein will, vor allen Dingen ihre erschwerte Abänderbarkeit. *Diese erschwerte Abänderbarkeit findet sich in Deutschland allerdings erst im Grundgesetz.* Sie galt nicht einmal für die Weimarer Reichsverfassung. Auch in anderen Staaten ist sie erst seit dem 20. Jahrhundert typisch. Eine Ausnahme bildet lediglich die Verfassung der Vereinigten Staaten von Amerika, die bereits von Anfang an qualifizierte Anforderungen an ihre Abänderbarkeit stellte.[48]

---

48 Siehe Article V, Constitution of the United States.

53 In Österreich erging das *Allgemeine bürgerliche Gesetzbuch für die Gesamten deutschen Erbländer* am 1.6.1811, wo bereits von Rechten der Bürger, allgemeinen Rechten der Person, bürgerlichen Rechten und Personenrechten gesprochen wurde. In diesem Zusammenhang ist darauf hinzuweisen, dass die – nicht als Verfassungsurkunden fixierten allgemeinen bürgerlichen Gesetze – eine sehr viel höhere Rechtsgarantie im Einzelnen aufwiesen, als die Verfassungsurkunden der angelsächsischen Staaten.

Anfang des 19. Jahrhunderts entstand in den deutschen Ländern auch allmählich eine verfassungsrechtliche Dimension von Grundrechten. Ihre Ausarbeitung verlief allerdings zunächst parallel zu den rein staatsorganisationsrechtlich zu verstehenden Verfassungen. Erste Einräumungen von Rechten, aber auch Pflichten, sind in der *Verfassungsurkunde des Königreichs Baiern* vom 26.5.1818 genannt. In der *Verfassungsurkunde für das Großherzogthum Baden* vom 22.8.1818 sind „staatsbürgerliche und politische Rechte der Badener und besondere Zusicherungen" enthalten. Am 25.9.1819 trat die *Verfassungsurkunde für das Königreich Württemberg* mit „allgemeinen Rechtsverhältnissen der Staats-Bürger" in Kraft.

Allerdings darf man nicht verschweigen, dass die in diesen Urkunden genannten Rechte im eigentlichen Sinne *nur Rechtsgewährungen von der Gnade der Fürsten* waren. Sie wurden nicht als Grundrechte begriffen, die jenseits der fürstlichen Einräumung Bestand haben konnten.

54 Dass die tatsächliche und rechtliche Durchsetzung der Grundrechte in Deutschland erst Mitte des 19. Jahrhunderts begann, liegt an einigen besonderen Faktoren.[49] Das Bürgertum als Träger des Grundrechtsgedankens war in Deutschland zahlenmäßig klein und aufgrund der Aufteilung des Deutschen Reiches *in viele Einzelstaaten zersplittert*. Wegen der im Vergleich zu England langsameren wirtschaftlichen Entwicklung hin zu einer Industriegesellschaft erstarkte das Wirtschaftsbürgertum erst später. Auch kämpfte der landbesitzende Adel lange Zeit gegen die Aufgabe seiner Privilegien, die eine allgemeine Grundrechtsgewährleistung mit sich gebracht hätte.[50]

55 Die *erste wirkliche Gewährung von Grundrechten* – auch unter Verwendung dieses Begriffes – ist in der *Reichsverfassung der Frankfurter Nationalversammlung von 1848/1849*, der so genannten *Paulskirchenverfassung*, zu sehen. Sie enthielt im sechsten Abschnitt erstmals einen Katalog der „Grundrechte des deutschen Volkes".[51] Geregelt waren die Freizügigkeit und Berufsfreiheit (§ 133), die Freiheit der Person (§ 138), die Meinungs- und Pressefreiheit (§ 143), die Glaubens- und Gewissensfreiheit (§ 144), die Freiheit der Religionsausübung (§ 145), die Freiheit von Wissenschaft und Lehre (§ 152), die Versammlungsfreiheit (§ 161) und die Vereinigungsfreiheit (§ 162). Auch Eigentum und Enteignung (§ 164) waren geregelt.

56 Der Grundrechtskatalog ist *von liberalen Vorstellungen geprägt*, er enthält die klassischen Freiheitsrechte der Französischen Revolution. Damit sollte auch eine *Abkehr vom Polizeistaat der Zeit des Vormärzes* erreicht werden, unter dem insbesondere die liberalen Verfasser der Paulskirchenverfassung zu leiden hatten. Die Grundrechte waren zum einen als subjektive Rechte des Einzelnen ausgestaltet, gegen deren Verletzung die Möglichkeit der Verfassungsbeschwerde beim Reichsgericht bestehen sollte.

---

49 Vgl. *Kröger*, Grundrechtsentwicklung in Deutschland – von ihren Anfängen bis zur Gegenwart, 1998, S. 5 f.
50 Vgl. *Oestreich*, Geschichte der Menschenrechte und Grundfreiheiten im Umriss, 2. Aufl. 1978, S. 56.
51 Eingehend *Kühne*, Die Reichsverfassung der Paulskirche, 2. Aufl. 1998.

Zum anderen dienten sie als objektiv-rechtliche Prinzipien der Verfassung. Exekutive und Legislative waren an sie gebunden.

Die Reichsverfassung scheiterte zwar; der Grundrechtsteil war jedoch seit Dezember 1848 als Reichsgesetz unter dem Titel *„Gesetz, betreffend die Grundrechte des deutschen Volkes"* in Kraft. Er wurde erst nach dem endgültigen Scheitern der Reichsverfassung 1851 wieder aufgehoben.

Das Scheitern der Reichsverfassung führte jedoch nicht dazu, dass das Grundrechtsdenken endgültig in Vergessenheit geriet. In der *preußischen Verfassungsurkunde* vom 31.1.1850 war ein *Grundrechtskatalog* enthalten, der im Wesentlichen dem der Reichsverfassung entsprach. Auch die Verfassung von Oldenburg von 1852 enthielt einen derartigen Grundrechtskatalog. Mängel wies dieser Grundrechtskatalog insbesondere im Hinblick auf den Gleichheitssatz auf, der nach preußischer Auffassung nur nach Maßgabe des Gesetzes und nicht für die Gesetze galt, weshalb die Möglichkeit der Einrichtung eines Dreiklassenwahlsystems bestand.

In der *Zeit der Reaktion* bestimmten Verfassung und Gesetz, das vom *Dreiklassenwahlrecht* geprägt war, die Bedingungen, unter denen die staatsbürgerlichen Rechte erworben, ausgeübt und verloren wurden. *Politische Freiheit wurde unterdrückt, wirtschaftliche Freiheit hingegen gefördert.*[52] Von der umfassend gewährleisteten Pressefreiheit der Paulskirchenverfassung blieb einzig das Zensurverbot bestehen, über das hinaus „jede andere Beschränkung der Pressfreiheit" im Weg der Gesetzgebung möglich war.[53] Auch bestand die Tendenz, die Freiheitsrechte weiter als bisher einzugrenzen und dort, wo bisher keine Gesetzesvorbehalte bestanden, welche einzufügen.

Im Hinblick auf die Gesamtkonzeption des zukünftigen Reiches war es um das Grundrechtsdenken schlecht bestellt. Sowohl die Verfassung des Norddeutschen Bundes von 1866 als auch Bismarcks Reichsverfassung von 1871 enthielten keinen Grundrechtskatalog. In der Reichsverfassung von 1871 findet sich einzig die Niederlassungs- und Gewerbefreiheit in Art. 3. Da *Grundrechte in den einzelstaatlichen Verfassungen niedergelegt* waren und daher die Exekutive der Einzelstaaten als Grundrechtsadressat galt, wurde auf einen Grundrechtskatalog verzichtet.[54]

Später wurde das Fehlen von Grundrechten als Mangel empfunden und auf der Ebene unterhalb der Verfassung wurden *im Wege der einfachen Gesetzgebung einheitliche Grundrechtsregelungen geschaffen*, die materielles Verfassungsrecht[55] enthielten. 18 solcher gesetzlicher Grundrechtsnormierungen wurden insgesamt geschaffen, darunter die Freizügigkeit, die Gewerbefreiheit und die Koalitionsfreiheit.[56] Auch das Rückwirkungsverbot, die Gewährung des Rechtswegs, die Unabhängigkeit der Gerichte und die Unverletzlichkeit der Wohnung zählten hierzu. *Jedoch fehlte es an einigen klassischen Garantien*, z. B. an der Gleichheit vor dem Gesetz, der Eigentumsgarantie, dem Selbstbestimmungsrecht der Religionsgemeinschaften und der

---

52 Vgl. *Pieroth*, Jura 1984, 568, 575.
53 Vgl. *Kröger*, Grundrechtsentwicklung in Deutschland – von ihren Anfängen bis zur Gegenwart, 1998, S. 30 f.
54 Vgl. *Pieroth*, Jura 1984, 568, 575; *Stern*, Staatsrecht III/1, S. 119.
55 Zur heutigen Bedeutung etwa im Wahlrecht vgl. *Grzeszick/Lang*, Wahlrecht als materielles Verfassungsrecht, 2012.
56 Vgl. *Kröger*, Grundrechtsentwicklung in Deutschland – von ihren Anfängen bis zur Gegenwart, 1998, S. 38 ff.

Wissenschaftsfreiheit. *Zudem war die Position der Grundrechte schwach.* Dadurch, dass keine dem Art. 1 Abs. 3 vergleichbare Vorrangregelung bestand, konnten die Grundrechte durch einfaches Gesetz aufgehoben werden.[57]

61 Erst die Verfassung des Deutschen Reiches vom 11.8.1919, die so genannte *Weimarer Reichsverfassung*, enthielt in ihrem zweiten Hauptteil *„Grundrechte und Grundpflichten der Deutschen"* (Art. 109–165), die an die Grundrechte von 1848 anknüpften. Die ersten beiden der insgesamt fünf Abschnitte (Die Einzelperson, Das Gemeinschaftsleben, Religion und Religionsgesellschaften, Bildung und Schule, Das Wirtschaftsleben) enthielten *klassische Freiheitsrechte*, wie zum Beispiel Freiheit der Person, Freizügigkeit und Meinungsfreiheit.[58] Im Dritten Abschnitt waren die Glaubens- und Gewissensfreiheit, sowie das Verhältnis von Staat und Kirche geregelt. Im 4. und 5. Abschnitt gab es Bestimmungen, die soziale und wirtschaftliche Aspekte der Grundrechte berücksichtigten. Die Weimarer Reichsverfassung enthielt somit neben den traditionellen liberalen und demokratischen Rechten *auch sozialistische Forderungen*.[59]

Jedoch war die konkrete Ausgestaltung der einzelnen Grundrechte unterschiedlich. Bei solchen, die individuelle Freiheitspositionen zum Inhalt hatten, wurde unmittelbare Geltung angenommen, während die wirtschaftlichen und sozialen Grundrechte als Programmsätze aufgefasst wurden, die nicht einklagbar waren.[60] Die Schwäche der Weimarer Reichsverfassung bestand in der *Aushöhlbarkeit der Grundrechte*, da sie durch *Notverordnungen des Reichspräsidenten* nach Art. 48 zeitweilig außer Kraft gesetzt werden konnten. Sie waren anfällig für Missbrauch, was sich sofort nach der Machtübernahme der Nationalsozialisten im Januar 1933 zeigte.

§ 3 Die Grundrechte im Grundgesetz

➡ Anhang A Ü 1 ff. Rn. 1306 ff.

62 Im Gegensatz zur Weimarer Reichsverfassung finden sich die Grundrechte im *1. Abschnitt des Grundgesetzes*. Durch diese Hervorhebung sollte die Abkehr von der nationalsozialistischen Diktatur deutlich gemacht werden.[1]

Die *herausragende Bedeutung der Grundrechte* kommt vor allem in Art. 1 Abs. 2 zum Ausdruck:

> „Das deutsche Volk bekennt sich darum zu unverletzlichen und unveräußerlichen Menschenrechten als Grundlage jeder menschlichen Gemeinschaft, des Friedens und der Gerechtigkeit in der Welt."

63 Gemäß Art. 1 Abs. 3 binden die Grundrechte Gesetzgebung, vollziehende Gewalt und Rechtsprechung als *unmittelbar geltendes Recht*. Darin liegt ebenfalls eine bewusste Abwendung von der Rechtsordnung der Weimarer Republik, in der viele

---

57 Vgl. *Pieroth*, Jura 1984, 568, 576; zu den Gründen, die dazu führten, dass keine Vorrangregelung der Grundrechte aufgenommen wurde s. etwa *Kühne*, Die Entstehung der Weimarer Reichsverfassung, 2018, S. 71 ff.
58 Vgl. *Kingreen/Poscher*, Grundrechte, Rn. 36 f.
59 Vgl. *Oestreich*, Geschichte der Menschenrechte und Grundfreiheiten im Umriss, 2. Aufl. 1978, S. 40.
60 Vgl. *Pieroth*, Jura 1984, 568, 577.
1 *v. Münch*, in: v. Münch/Kunig, GG, Vorb. Art. 1–19 Rn. 5.

Grundrechte als bloße Programmsätze verstanden wurden, die gerichtlich nicht durchgesetzt werden konnten.[2]

Als Normen des Verfassungsrechts nehmen die Grundrechte *in der Normenhierarchie den obersten Rang* ein. Wegen des normativ in Art. 1 Abs. 3 zum Ausdruck kommenden Vorrangs der Verfassung müssen alle anderen Rechtsnormen und Rechtsakte mit den Grundrechten vereinbar sein.[3] Die Grundrechte sind daher bei der Anwendung und Auslegung des gesamten Rechts durch die Rechtsprechung und Verwaltung zu beachten.[4] Im Rahmen einer *grundrechtskonformen Auslegung*, einem Unterfall der verfassungskonformen Auslegung, muss von mehreren Auslegungsmöglichkeiten diejenige gewählt werden, die die Grundrechte am besten zur Geltung bringt.[5]

I. Grundrechte, grundrechtsgleiche und grundrechtsähnliche Rechte

Der *1. Abschnitt des Grundgesetzes* trägt die Überschrift „Die Grundrechte". Art. 1–19 garantieren dem Einzelnen wesentliche subjektiv-öffentliche Rechte[6], die er mit der Verfassungsbeschwerde durchsetzen kann (vgl. Art. 93 Abs. 1 Nr. 4a). Die Vorschriften des 1. Abschnitts enthalten indes nicht nur selbständige Grundrechte, sondern auch ergänzende und begrenzende Bestimmungen sowie sonstige Hilfsnormen.[7]

Weitere Grundrechtsgewährleistungen, bei deren Verletzung Verfassungsbeschwerde erhoben werden kann, finden sich in anderen Abschnitten des Grundgesetzes. Art. 93 Abs. 1 Nr. 4a nennt insofern das Widerstandsrecht (Art. 20 Abs. 4), das Recht auf Zugang zu öffentlichen Ämtern (Art. 33), das aktive und passive Wahlrecht nach Art. 38 sowie die prozessualen Rechte der Art. 101, 103 und 104. Man spricht hier von *grundrechtsgleichen Rechten*.[8]

Darüber hinaus gewährt das Grundgesetz weitere Individualrechte, die subjektive Rechtspositionen des Einzelnen begründen und auch gerichtlich geltend gemacht werden können, allerdings nicht zur Erhebung der Verfassungsbeschwerde berechtigen. Sie werden als *grundrechtsähnliche Rechte* bezeichnet. Hierzu zählen etwa das Recht auf Gründung von Parteien aus Art. 21 oder die Rechte des Wahlkreisbewerbers aus Art. 48.

II. Grundrechte und ergänzende Regelungen

Literatur:
Kröger, K., Die Entstehung des Grundgesetzes, NJW 1989, 1318; *Sachs, M.*, Die Entstehungsgeschichte des Grundgesetzes, Jura 1984, 519; *Stern, K.*, Altes und Neues aus der Genese der Grundrechte des Grundgesetzes, JA 1984, 642.

---

[2] Vgl. *Jarass*, in: Jarass/Pieroth, GG, Art. 1 Rn. 31.
[3] Siehe zum Rang des Verfassungsrechts in der Normenhierarchie *Maurer*, Staatsrecht, § 1 Rn. 32 ff.
[4] Hierzu *Kingreen/Poscher*, Grundrechte, Rn. 40.
[5] Vgl. *Kingreen/Poscher*, Grundrechte, Rn. 8c. Siehe zum Einfluss der Grundrechte auf die Auslegung strafrechtlicher Vorschriften BVerfGE 45, 187 – *lebenslange Freiheitsstrafe*.
[6] Zum Begriff oben Rn. 4.
[7] Vgl. *Sachs*, in: Sachs, GG, vor Art. 1 Rn. 17.
[8] Siehe *Jarass*, in: Jarass/Pieroth, GG, Vorb. vor Art. 1 Rn. 1 m.w.N.

Rechtsprechung:
BVerfGE 6, 376 – *kommunale Verfassungsbeschwerde*; BVerfGE 6, 445 – *Mandatsverlust durch Parteiverbot*; BVerfG-K, NVwZ 1988, 523 – *Rangierbahnhof München-Nord*.

68 Über die selbständigen Grundrechtsgewährleistungen hinaus sind in den Vorschriften des 1. Abschnitts weitere Bestimmungen enthalten, die die Grundrechtsnormen ergänzen. Hierbei handelt es sich zum einen um *Einschränkungen der Grundrechte durch Gesetzesvorbehalte*, so etwa in Art. 2 Abs. 2 S. 3, Art. 5 Abs. 2, Art. 8 Abs. 2, Art. 12 Abs. 1 S. 2 und Art. 17a. Zum anderen enthalten Art. 1–19 weitere *Normen, die die Grundrechte im Allgemeinen betreffen*. Hierzu zählen insbesondere die unmittelbare Grundrechtsbindung aller staatlichen Gewalt (Art. 1 Abs. 3), das Verbot des Einzelfallgesetzes (Art. 19 Abs. 1 S. 1), das Zitiergebot (Art. 19 Abs. 1 S. 2), die Wesensgehaltsgarantie (Art. 19 Abs. 2) und die Geltung der Grundrechte für inländische juristische Personen (Art. 19 Abs. 3).[9] Mit Ausnahme des Zitiergebots gelten diese allgemeinen Normen auch für die grundrechtsgleichen Rechte.[10]

69 Des Weiteren finden sich im 1. Abschnitt des Grundgesetzes *organisationsrechtliche Regelungen*, die dem Einzelnen keine subjektiven Rechte verleihen, aber einen thematischen Bezug zu den Grundrechten aufweisen.[11] Dies gilt vor allem für Art. 7, der das staatliche Schulwesen regelt und zugleich die Privatschulfreiheit garantiert,[12] sowie für Art. 18, der die Grundrechtsverwirkung zum Gegenstand hat.[13]

B. Grundlagen: Allgemeine Grundrechtslehren
§ 4 Einteilung und Funktionen der Grundrechte
I. Funktionen der Grundrechte

70 Die Grundrechte entfalten im Verhältnis zwischen Staat und Bürger unterschiedliche rechtliche Wirkungen zugunsten des jeweiligen Schutzgutes.
Folgende Funktionen kommen dabei in Betracht:
- Abwehrrechtliche Funktion („status negativus")
- objektiv-rechtliche Wertentscheidung
- Begründung von Schutzpflichten
- Einfluss auf Organisations- und Verfahrensrecht
- Begründung von Leistungs- und Teilhaberechten
- Ausstrahlungswirkung

1. Grundrechte als Abwehrrechte
Literatur:
Böckenförde, E., Wie werden in Deutschland die Grundrechte im Verfassungsrecht interpretiert?, EuGRZ 2004, 598; *Jarass, H. D.*, Die Grundrechte: Abwehrrechte und objektive Grund-

---

[9] Zu diesen allgemeinen Vorschriften ausführlich Rn. 125 ff. (Art. 19 Abs. 3), Rn. 145 ff. (Art. 1 Abs. 3), Rn. 278 ff. (Art. 19 Abs. 2), Rn. 281 ff. (Art. 19 Abs. 1 S. 2), Rn. 285 ff. (Art 19 Abs. 1 S. 1).
[10] *Jarass*, in: Jarass/Pieroth, GG, Art. 19 Rn. 4.
[11] *Jarass*, in: Jarass/Pieroth, GG, Vorb. vor Art. 1 Rn. 1.
[12] Siehe zur Rechtsnatur und Bedeutung des Art. 7 etwa *Hemmrich*, in: v. Münch/Kunig, GG, Art. 7 Rn. 1 ff.
[13] Ausführlich zu Art. 18 unten Rn. 139 ff.

satznormen, in: FS 50 Jahre Bundesverfassungsgericht, 2001, Bd. II, S. 35; *Kube, H.*, Der subjektive Abwehrgehalt der Grundrechte – Zur grundrechtlichen Rüge der Verletzung von Rechten Dritter, DVBl 2005, 721; *Lübbe-Wolff, G.*, Die Grundrechte als Eingriffsabwehrrechte, 1988; *Poscher, R.*, Grundrechte als Abwehrrechte, 2002; *Schlink, B.*, Freiheit durch Eingriffsabwehr – Rekonstruktion der klassischen Grundrechtsfunktion, EuGRZ 1984, 457; *Stern, K.*, Die Schutzpflichtenfunktion der Grundrechte: Eine juristische Entdeckung, DöV, 241; *Vosgerau, U.*, Zur Kollision von Grundrechtsfunktionen, AöR 2008, 346; *Voßkuhle, A./Kaiser, A.-B.*, Grundwissen- Öffentliches Recht: Funktionen der Grundrechte, JuS 2011, 411.

Rechtsprechung:
BVerfGE 7, 198 – *Lüth.*

Historisch sind die Grundrechte als *Abwehrrechte des Bürgers gegen Eingriffe der* **71**
staatlichen Gewalt entwickelt worden; hierin liegt nach wie vor ihre primäre Funktion.[1] Zur klassischen Bedeutung der Grundrechte als *„status negativus"*[2] führt das BVerfG aus:

> *„Ohne Zweifel sind die Grundrechte in erster Linie dazu bestimmt, die Freiheitssphäre des Einzelnen vor Eingriffen der öffentlichen Gewalt zu sichern; sie sind Abwehrrechte des Bürgers gegen den Staat. Das ergibt sich aus der geistesgeschichtlichen Entwicklung der Grundrechtsidee wie aus den geschichtlichen Vorgängen, die zur Aufnahme von Grundrechten in die Verfassungen der einzelnen Staaten geführt haben. Diesen Sinn haben auch die Grundrechte des Grundgesetzes, das mit der Voranstellung des Grundrechtsabschnitts den Vorrang des Menschen und seiner Würde gegenüber der Macht des Staates betonen wollte."*[3]

Die Grundrechte als Abwehrrechte des Bürgers gegen den Staat schützen die Freiheitssphäre des Einzelnen gegen Eingriffe der öffentlichen Gewalt und garantieren dem Bürger dadurch einen Bereich eigener Entscheidungsfreiheit.[4] Als *unmittelbar geltendes Recht* begründen sie *Unterlassungs- und Beseitigungsansprüche gegen den Staat.*[5] Grundrechtsverpflichtete sind nach Art. 1 Abs. 3 die Legislative, die Exekutive und die Judikative; dies ist gleichbedeutend mit dem Begriff „alle staatliche Gewalt" in Art. 1 Abs. 1 S. 2.[6] Dadurch und durch die weite Auslegung des Schutzbereichs des Art. 2 Abs. 1 wird eine lückenlose Grundrechtsbindung der gesamten öffentlichen Gewalt gewährleistet.[7] **72**

Über ihre Funktion als subjektive Abwehrrechte hinaus hat das BVerfG eine Reihe **73**
weiterer Dimensionen der Grundrechte entwickelt. Dieser Wandel des Grundrechtsverständnisses hat zu einer erheblichen Erweiterung ihrer Funktionen geführt.[8]

2. Grundrechte als Elemente objektiver Wertordnung
Literatur:
Alexy, R., Grundrechte als subjektive Rechte und als objektive Normen, Der Staat 1990, 49; *Böckenförde, E.*, Wie werden in Deutschland die Grundrechte im Verfassungsrecht interpretiert?, EuGRZ 2004, 598; *Borowski, M.*, Grundrechte als Prinzipien, 2007; *Dolderer, M.*, Objektive Grundrechtsgehalte, 2000; *Dreier, H.*, Subjektiv- und objektiv-rechtliche Grundrechtsge-

---

1 Vgl. *v. Münch*, in: v. Münch/Kunig, GG, Vorb. Art. 1–19 Rn. 15. Ausführlich zu den Grundrechten als Abwehrrechte *Stern*, Staatsrecht III/1, S. 619 ff.
2 Einteilung nach *G. Jellineks* „Statuslehre", vgl. G. Jellinek, System der subjektiven öffentlichen Rechte, 2. Aufl. 1905; ausführlich auch *Hufen*, Staatsrecht II, § 5 Rn. 1.
3 BVerfGE 7, 198, 204 – *Lüth*. Siehe hierzu *Stern*, Staatsrecht III/1, S. 558 ff., 899 ff.
4 Zur Funktion der Grundrechte als Eingriffsabwehrrechte *Müller-Franken*, in: Schmidt-Bleibtreu/Hofmann/Henneke, GG, Vorb. v. Art. 1 Rn. 17; *Starck*, in: v. Mangoldt/Klein/Starck, GG, Art. 1 Rn. 182 ff.
5 Vgl. *Maurer*, Staatsrecht, § 9 Rn. 23; *Kingreen/Poscher*, Grundrechte, Rn. 116 ff.
6 So auch *Höfling*, in: Sachs, GG, Art. 1 Rn. 85 f.
7 Siehe *Herdegen*, in: Maunz/Dürig, GG, Art. 1 Abs. 3 Rn. 3; *Lang*, BeckOK, GG, Art. 2 Rn. 8 ff.
8 Näher zur Entwicklung im Einzelnen v. *Münch*, in: v. Münch/Kunig, GG, Vorb. Art. 1–19 Rn. 17 ff.

halte, Jura 1994, 505; *Dürig, G.*, Zum „Lüth-Urteil" des Bundesverfassungsgerichts vom 15.1.1958, DÖV 1958, 194; *Gostomzyk, T.*, Grundrechte als objektiv-rechtliche Ordnungsidee, JuS 2004, 949; *Jarass, H. D.*, Grundrechte als Wertentscheidungen bzw. objektive Prinzipien in der Rechtsprechung des Bundesverfassungsgerichts, AöR 110 (1985), 363; *Ladeur, K.*, Die objektiv-rechtliche Dimension der wirtschaftlichen Grundrechte, DÖV 2007, 1.

Rechtsprechung:
BVerfGE 7, 198 – *Lüth*; BVerfGE 49, 89 – *Kalkar*; BVerfGE 89, 214 – *Bürgschaft Familienangehöriger*.

74 Nach ständiger Rechtsprechung des BVerfG enthalten die grundrechtlichen Verbürgungen nicht nur subjektive Abwehrrechte des Einzelnen gegen den Staat, sondern stellen zugleich *objektiv-rechtliche Wertentscheidungen der Verfassung* dar, die für alle Bereiche der Rechtsordnung gelten und als Richtlinien für Gesetzgebung, Verwaltung und Rechtsprechung dienen.[9] So hat das BVerfG bereits in der *Lüth*-Entscheidung ausgeführt,

> *„dass das Grundgesetz, das keine wertneutrale Ordnung sein will, in seinem Grundrechtsabschnitt auch eine objektive Wertordnung aufgerichtet hat und dass gerade hierin eine prinzipielle Verstärkung der Geltungskraft der Grundrechte zum Ausdruck kommt. Dieses Wertsystem, das seinen Mittelpunkt in der innerhalb der sozialen Gemeinschaft sich frei entfaltenden menschlichen Persönlichkeit und ihrer Würde findet, muss als verfassungsrechtliche Grundentscheidung für alle Bereiche des Rechts gelten; Gesetzgebung, Verwaltung und Rechtsprechung empfangen von ihm Richtlinien und Impulse."*[10]

75 Im Laufe der Zeit hat das BVerfG hinsichtlich dieses objektiven Ansatzes verschiedene Begrifflichkeiten verwendet. Neben der bereits angesprochenen „objektiven Wertordnung" handelt es sich dabei insbesondere um „wertentscheidende Grundsatznormen", „Wertentscheidung", oder „objektivrechtlicher Gehalt". Letztlich ist unter allen Formulierungen eine objektive Bindung des Staates an die Grundrechte zu verstehen.[11]

76 Der objektiv-rechtliche Gehalt der Grundrechte entfaltet eine *Ausstrahlungswirkung auf die gesamte Rechtsordnung*.[12] Darüber hinaus werden aus der in den Grundrechten verankerten objektiven Wertordnung *zusätzliche Grundrechtsfunktionen* hergeleitet, die über ihre abwehrrechtliche Bedeutung hinausgehen.[13] Dies gilt insbesondere für die staatlichen Schutzpflichten und die grundrechtlichen Leistungs- oder Teilhaberechte.[14]

3. Ausstrahlungswirkung der Grundrechte auf das einfache Recht

Literatur:
Bleckmann, A., Neue Aspekte der Drittwirkung der Grundrechte, DVBl. 1988, 938; *Böckenförde, E.*, Wie werden in Deutschland die Grundrechte im Verfassungsrecht interpretiert?, EuGRZ 2004, 598; *Classen, C. D.*, Die Drittwirkung der Grundrechte in der Rechtsprechung des Bundesverfassungsgerichts, AöR 122 (1997), 65; *Dürig, G.*, Zum „Lüth-Urteil" des Bundesverfassungsgerichts vom 15.1.1958, DÖV 1958, 194; *Erichsen, H.-U.*, Die Drittwirkung der Grundrechte, Jura 1996, 527; *Höfling, W.*, Die Grundrechtsbindung der Staatsgewalt, JA 1995, 431; *Oeter, S.*, „Drittwirkung" der Grundrechte und die Autonomie des Privatrechts, AöR 1994, 529; *Pietzcker, J.*,

---

9 BVerfGE 49, 89, 141 f. – *Kalkar*; BVerfGE 89, 214, 229 – *Bürgschaft Familienangehöriger*.
10 BVerfGE 7, 198, 205 – *Lüth*.
11 *Hufen*, Staatsrecht II, § 5 Rn. 3.
12 Siehe zur Bedeutung der Grundrechte als Wertordnung *Herdegen*, in: Maunz/Dürig, GG, Art. 1 Abs. 3 Rn. 52 f.
13 Vgl. *Jarass*, in: Jarass/Pieroth, GG, Vorb. vor Art. 1 Rn. 3.
14 Dazu sogleich Rn. 79 ff. und 91 ff.

Drittwirkung – Schutzpflicht – Eingriff, in: FS Dürig, 1990, S. 345; *Rüfner, W.*, Drittwirkung der Grundrechte, GS Martens, 1987, S. 215; *Scherzberg, A.*, Das subjektiv-öffentliche Recht – Grundfragen und Fälle, Jura 2006, 839; *Schnapp, F. E.*, Die Grundrechtsbindung der Staatsgewalt, JuS 1989, 1; *Wagner, R./ de Wall, H.*, Die sogenannte Drittwirkung der Grundrechte, JA 2011, 734.
Rechtsprechung:
BVerfGE 7, 198 – *Lüth*; Blinkfüer' BVerfGE 45, 187 – *lebenslange Freiheitsstrafe*.

Die Grundrechte haben aufgrund ihrer Stellung im Verfassungsgefüge und ihrer Funktion als objektive Wertordnung eine *Ausstrahlungswirkung* in dem Sinne, dass ihnen Einfluss auf die Bedeutung der Vorschriften sämtlicher Rechtsbereiche zukommt.[15] Die Grundrechte sind demnach bei der Anwendung und Auslegung des gesamten Rechts durch die Rechtsprechung und Verwaltung zu beachten.[16] Im Rahmen einer *grundrechtskonformen Auslegung*, einem Unterfall der verfassungskonformen Auslegung, muss von mehreren Auslegungsmöglichkeiten diejenige gewählt werden, die die Grundrechte am besten zur Geltung bringt.[17]

Von erheblichem Gewicht ist die Ausstrahlung der Grundrechte im *Privatrecht*. Sie bedeutet über die Selbstverständlichkeit hinaus, dass sämtliche Normen des Privatrechts mit der Verfassung und insbesondere den Grundrechten in Einklang stehen müssen, dass die Normen des bürgerlichen Rechts *bei ihrer Anwendung* im Lichte der besonderen Bedeutung der Grundrechte auszulegen sind (*mittelbare Drittwirkung der Grundrechte*).[18] Als „Einbruchstellen" oder „Einfallstore" der Grundrechte als Auslegungsdirektiven dienen vor allem unbestimmte Rechtsbegriffe (vgl. § 315 BGB) und die zivilrechtlichen Generalklauseln (§§ 138, 242, 626, 826 BGB)[19], in deren Auslegung die Wertentscheidungen der Grundrechte einfließen.[20]

> **Bsp.:** Eine Umweltschutzorganisation ruft zum Boykott einer Schnellrestaurantkette auf, weil deren Verpackungen extrem viel Müll verursachen. Der Inhaber der Schnellrestaurants verklagt daraufhin die Umweltschutzorganisation auf Schadensersatz aus § 826 BGB. Der Richter hat nun zu beurteilen, ob der Boykottaufruf eine „sittenwidrige" Schädigung ist. Bei der Auslegung dieses unbestimmten Rechtsbegriffs muss er die Meinungsfreiheit (Art. 5 Abs. 1) angemessen berücksichtigen.[21]

4. Schutzfunktion der Grundrechte
Literatur:
Böckenförde, E., Wie werden in Deutschland die Grundrechte im Verfassungsrecht interpretiert?, EuGRZ 2004, 598; *Brüning, C.*, Voraussetzungen und Inhalt eines grundrechtlichen Schutzanspruchs BVerwG, NVwZ 1999, 1234, JuS 2000, 955; *Dietlein, J.*, Die Lehre von den grundrechtlichen Schutzpflichten, 2005; *Hain, K.-E.*, Der Gesetzgeber in der Klemme zwischen Übermaß- und Untermaßverbot?, DVBl. 1993, 982; *Isensee, J.*, Das Grundrecht auf Sicherheit: Zu den Schutzpflichten des freiheitlichen Verfassungsstaates, 1983; *ders.*, Das Grundrecht als Abwehrrecht und als staatliche Schutzpflicht, in: ders./Kirchhof, P. (Hrsg.), Handbuch des Staatsrechts der Bundesrepublik Deutschland, Band V, 2. Auflage 2000, S. 143; *Klein, E.*, Grundrechtliche

---
15 Vgl. *Sachs*, in: Sachs, GG, vor Art. 1 Rn. 32 m.w.N.
16 Hierzu *Kingreen/Poscher*, Grundrechte, Rn. 5.
17 Vgl. *Kingreen/Poscher*, Grundrechte, Rn. 8a ff. Siehe zum Einfluss der Grundrechte auf die Auslegung strafrechtlicher Vorschriften BVerfGE 45, 187 – *lebenslange Freiheitsstrafe*.
18 Seit BVerfGE 7, 198, 205 – *Lüth* ständige Rechtsprechung, vgl. BVerfGE 42, 143, 148 – *Deutschland-Magazin*; BVerfGE 89, 214, 229 – *Bürgschaftsvertrag*; BVerfGE 137, 273, 313, Rn. 109 – *kirchliches Arbeitsverhältnis*; jüngst BVerfG, NVwZ 2019, 959, 960 f., Rn. 15 – *Entsperren des Accounts eines sozialen Netzwerks*.
19 Vgl. dazu auch den Fall bei Rn. 596 (Gewissensfreiheit im Arbeitsrecht).
20 Vgl. *Herdegen*, in: Maunz/Dürig, Art. 1 Abs. 3 Rn. 65; BVerfGE 7, 198, 205 – *Lüth*; zu den Maßstäben zur Beurteilung derartiger Boykottaufrufe vgl. unten Rn. 626 im Rahmen des Art. 5.
21 Vgl. zu Boykottaufrufen BVerfGE 7, 198, 205 – *Lüth* und andererseits BVerfGE 25, 256 – *Blinkfüer*.

Schutzpflicht des Staates, NJW 1989, 1633; *Klein, H. H.*, Die grundrechtliche Schutzpflicht, DVBl. 1994, 489; *Klein, O.*, Das Untermaßverbot – Über die Justiziabilität grundrechtlicher Schutzpflichterfüllung, JuS 2006, 960; *Krings, G.*, Grund und Grenzen grundrechtlicher Schutzansprüche, 2003; *Murswiek, D.*, Die staatliche Verantwortung für die Risiken der Technik: Verfassungsrechtliche Grundlagen und immissionsschutzrechtliche Ausformungen, 1985; *Pietrzak, A.*, Die Schutzpflicht im verfassungsrechtlichen Kontext – Überblick und neue Aspekte, JuS 1994, 748; *Stern, K.*, Die Schutzpflichtenfunktion der Grundrechte: Eine juristische Entdeckung, DöV, 241; *Unruh, P.*, Zur Dogmatik der grundrechtlichen Schutzpflichten, 1996; *Vosgerau, U.*, Zur Kollision von Grundrechtsfunktionen, AöR 2008, 346; *Voßkuhle, A./Kaiser, A.-B.*, Grundwissen- Öffentliches Recht: Funktionen der Grundrechte, JuS 2011, 411.

Rechtsprechung:
BVerfGE 39, 1 – *Schwangerschaftsabbruch I*; BVerfGE 46, 160 – *Schleyer*; BVerfGE 49, 89 – *Kalkar I*; BVerfGE 53, 30 – *Mülheim-Kärlich*; BVerfGE 56, 54 – *Fluglärm*; BVerfGE 66, 39 – *NATO-Doppelbeschluss/Pershing II*; BVerfGE 77, 170 – *C-Waffen*; BVerfGE 81, 310 – *Kalkar II*; BVerfGE 88, 203 – *Schwangerschaftsabbruch II*; BVerfGE 92, 26 – *Zweitregister*; BVerfGE 93, 1 – *Kruzifix*; BVerwGE 51, 15 *Verkehrslärm*; BVerfG, NJW 1983, 2931 – *Luftreinhaltung*; BVerfG-K, NJW 1997, 2509 – *Elektrosmog*.

79 Aus dem objektiv-rechtlichen Gehalt der Grundrechte hat das BVerfG *staatliche Schutzpflichten gegenüber Eingriffen Dritter* entwickelt.[22] Sie verpflichten den Staat, die durch die Grundrechte gewährleisteten Rechtsgüter vor Beeinträchtigungen oder Gefährdungen durch private Dritte zu schützen.[23] Das lässt sich am besten an der Konstellation des Schwangerschaftsabbruchs erläutern, dessen juristische Bewältigung die Schutzpflichtenlehre entscheidend bestimmt hat.

80 So hat das BVerfG unmittelbar aus Art. 2 Abs. 2 S. 1 eine objektiv-rechtliche Schutzpflicht abgeleitet, die den Staat zu *Maßnahmen des Lebensschutzes* und zur Abwehr schwerer Gefahren für die körperliche Unversehrtheit verpflichtet.[24] Der grundrechtliche Schutzauftrag des Staates, jedes menschliche Leben zu schützen, gilt *auch zugunsten des ungeborenen Lebens*:
„Die Schutzpflicht des Staates ist umfassend. Sie verbietet nicht nur – selbstverständlich – unmittelbare staatliche Eingriffe in das sich entwickelnde Leben, sondern gebietet dem Staat auch, sich schützend und fördernd vor dieses Leben zu stellen, d. h. vor allem, es auch vor rechtswidrigen Eingriffen von Seiten anderer zu bewahren. An diesem Gebot haben sich die einzelnen Bereiche der Rechtsordnung, je nach ihrer besonderen Aufgabenstellung, auszurichten. Die Schutzverpflichtung des Staates muss umso ernster genommen werden, je höher der Rang des in Frage stehenden Rechtsgutes innerhalb der Wertordnung des Grundgesetzes anzusetzen ist. Das menschliche Leben stellt, wie nicht näher begründet werden muss, innerhalb der grundgesetzlichen Ordnung einen Höchstwert dar; es ist die vitale Basis der Menschenwürde und die Voraussetzung aller anderen Grundrechte."[25]

81 Schutzpflichtenrechtliche Konstellationen unterscheiden sich von der gewohnten grundrechtlichen Perspektive. Sie verändert sich von einer bipolaren Betrachtung

---

22 Siehe zu den grundrechtlichen Schutzpflichten *v. Münch*, in: v. Münch/Kunig, GG, Art. 1 Rn. 22; *Höfling*, in: Sachs, GG, vor Art. 1 Rn. 35 ff., sowie die Rechtsprechungshinweise im Folgenden.
23 Vgl. *Maurer*, Staatsrecht, § 9 Rn. 25. Ausführlich zum grundrechtlichen Schutzauftrag des Staates *Stern*, Staatsrecht III/1, S. 931 ff.
24 Siehe im Einzelnen *Starck*, in: v. Mangoldt/Klein/Starck, GG, Art. 2 Rn. 208 ff., 229 ff.; vgl. auch *Ipsen*, Staatsrecht II, Rn. 252 f.; *Katz*, Staatsrecht, Rn. 697 m. w. N. Aus der Rechtsprechung des BVerfG BVerfGE 39, 1 – *Schwangerschaftsabbruch I*; BVerfGE 46, 160 – *Schleyer*; BVerfGE 66, 39 – *NATO-Doppelbeschluss/Pershing II*; BVerfGE 77, 170 – *C-Waffen*; BVerfGE 88, 203 – *Schwangerschaftsabbruch II*.
25 BVerfGE 39, 1, 42 – *Schwangerschaftsabbruch I*.

(Verhältnis Bürger/Staat) hin zu einer *Dreiecksstruktur*. Jenes Dreieck wird gebildet von privatem Störer, privatem Opfer und dem Staat.[26] Im erwähnten Abtreibungskonflikt etwa stoßen unterschiedliche grundrechtliche Berechtigungen aufeinander. Auf Seiten der Mutter die Grundrechte auf freie Entfaltung der Persönlichkeit, ggf. auch auf Leben und Gesundheit, die in durchaus tragischer Weise mit dem Grundrecht des Kindes auf Leben in Konflikt geraten.

Greift der Staat in diesen Konflikt durch gesetzliche Regelungen oder auf andere Weise ein, muss man in Bezug auf den Grundrechtsschutz zwei unterschiedliche Problemsichten auseinanderhalten. Blickt man auf die Seite des „Störers", so passen sich staatliche Eingriffe in die Rechte der Mutter, etwa deren Grundrecht auf freie Entfaltung der Persönlichkeit in das klassische Grundrechtsbild „eingreifender Staat und grundrechtsberechtigter Bürger" ein. Das Grundrecht unterliegt einem Gesetzesvorbehalt und der Staat ist bei seinen Eingriffen an das *Übermaßverbot* gebunden. 82

Mit Blick auf die grundrechtlichen Berechtigungen des Kindes sehen die Dinge anders aus. Es liegt auf der Hand, dass das Instrument des Übermaßverbots dessen Situation nicht adäquat erfasst. Denn das Übermaßverbot stellt die Grenze dar, bis zu der der Staat in den Rechtskreis eines Bürgers handelnd eingreifen darf, das Grundrecht auf Leben des Kindes gefährdet aber nicht der Staat, sondern ein Privater, i. d. R. die Mutter oder ein Arzt. 83

Der Staat dagegen ist zunächst in den Konflikt gar nicht involviert, ist untätig und aus verfassungsrechtlicher Perspektive stellte sich die Frage, ob sich auch insoweit eine relevante Grenze feststellen lässt, eine Grenze, ab der das Untätigbleiben des Staates verfassungswidrig wird. Jene Grenze wird allgemein mit dem Begriff des *Untermaßverbots* umschrieben. 84
Danach muss der Staat zur Erfüllung seiner Schutzpflicht ausreichende Maßnahmen normativer und tatsächlicher Art ergreifen, die dazu führen, dass ein – unter Berücksichtigung entgegenstehender Rechtsgüter – angemessener und als solcher wirksamer Schutz erreicht wird.

Durch die Bezugnahme auf die entgegenstehenden Rechtsgüter wird deutlich, dass auch der Störer Grundrechtsschutz genießt und staatliche Schutzmaßnahmen sich ihm gegenüber als Eingriffe darstellen. Insoweit ist dann auch das Übermaßverbot zu beachten. Staatliche Maßnahmen zur Erfüllung einer Schutzpflicht bewegen sich daher in einem Korridor zwischen Unter- und Übermaßverbot. Dabei muss dem Gesetzgeber ein breiter Gestaltungsspielraum zustehen, auf welche Weise er die Schutzpflicht verwirklicht. 85

Schutzpflichten erschöpfen sich – auch soweit sie sich auf Art. 2 Abs. 2 beziehen – nicht in den beschriebenen Abtreibungsfällen. Zahlreiche Entscheidungen des BVerfG, die die staatliche Schutzpflicht für Leben und Gesundheit zum Gegenstand haben, sind zur *Gefahrenvorsorge im Rahmen des Immissions- und Umweltschutzes* ergangen.[27] Der staatliche Schutzauftrag aus Art. 2 Abs. 2 S. 1 gilt vor allem auch für die verwaltungsrechtliche Genehmigung potentiell gefährlicher techni- 86

---

26 Schutzpflichten setzen ein solches Dreieck aber nicht zwingend voraus.
27 Vgl. etwa BVerfGE 56, 54 – *Fluglärm*; BVerwGE 51, 15 – *Verkehrslärm*; BVerfG, NJW 1983, 2931 – *Luftreinhaltung*. Eingehend zu dieser Thematik Kunig, in: v. Münch/Kunig, GG, Art. 2 Rn. 68; siehe auch *Stein/Frank*, Staatsrecht, § 33 II 2b).

scher Anlagen, die ein privater Dritter in Betrieb nehmen will.[28] In jüngerer Zeit erlangen Schutzpflichten besondere Bedeutung im Bereich biomedizinischer Forschung.

87 Obwohl sich die Rechtsprechung in vielen Fällen mit den staatlichen Schutzpflichten aus Art. 2 Abs. 2 S. 1 befasst hat, ist der grundrechtliche Schutzauftrag nicht auf den Schutz des Lebens und der körperlichen Unversehrtheit beschränkt. Staatliche Schutzpflichten kommen *für die Schutzgegenstände aller Abwehrrechte* in Betracht.[29] Beispielsweise erlegt Art. 4 dem Staat die Pflicht auf, Einzelnen und religiösen Gemeinschaften

> „einen Betätigungsraum zu sichern, in dem sich die Persönlichkeit auf weltanschaulich-religiösem Gebiet entfalten kann, und sie vor Angriffen oder Behinderungen von Anhängern anderer Glaubensrichtungen oder konkurrierender Religionsgruppen zu schützen".[30]

88 Die grundrechtlichen Schutzpflichten führen in aller Regel nicht zu einem Anspruch auf eine konkrete staatliche Maßnahme oder Regelung.[31] Vielmehr kommt dem Gesetzgeber bei der Erfüllung der staatlichen Schutzpflichten ein *weiter Einschätzungs-, Wertungs- und Gestaltungsspielraum* zu.[32] Das gilt jedenfalls dann, wenn die Herleitung der Schutzpflichten leistungs- und nicht abwehrrechtlich erfolgt. Die erwähnten Spielräume beziehen sich auch auf die Frage, mit welchen Mitteln der Staat seiner Handlungspflicht nachkommen will:

> „Wie der Staat seine Verpflichtung zu einem effektiven Schutz des [...] Lebens erfüllt, ist in erster Linie vom Gesetzgeber zu entscheiden. Er befindet darüber, welche Schutzmaßnahmen er für zweckdienlich und geboten hält, um einen wirksamen Lebensschutz zu gewährleisten."[33]

89 Bei der Erfüllung verfassungsrechtlicher Schutzpflichten hängen Notwendigkeit und Inhalt rechtlicher Regelungen von *der Art, der Nähe und dem Ausmaß möglicher Gefahren*, der Art und dem Rang des verfassungsrechtlich geschützten Rechtsguts sowie von den bereits vorhandenen Regelungen ab.[34] In technischen Fragen ist eine *Risikoabschätzung* erforderlich:

> „Vom Gesetzgeber im Hinblick auf seine Schutzpflicht eine Regelung zu fordern, die mit absoluter Sicherheit Grundrechtsgefährdungen ausschließt, die aus der Zulassung technischer Anlagen und ihrem Betrieb möglicherweise entstehen können, hieße die Grenzen menschlichen Erkenntnisvermögens verkennen und würde weithin jede staatliche Zulassung der Nutzung von Technik verbannen. Für die Gestaltung der Sozialordnung muss es insoweit bei Abschätzungen anhand praktischer Vernunft bewenden."[35]

90 Bei der Wahl der Schutzvorkehrungen darf ein bestimmtes Maß nicht unterschritten werden.[36] Dieses *Untermaßverbot* verpflichtet den Staat, zur Erfüllung seiner Schutzpflicht ausreichende Maßnahmen normativer und tatsächlicher Art zu ergreifen, die dazu führen, dass ein angemessener und wirksamer Schutz erreicht

---

28 Siehe BVerfGE 49, 89 – *Kalkar I*; BVerfGE 53, 30 – *Mülheim-Kärlich*; BVerfGE 81, 310 – *Kalkar II*. Näher hierzu *Di Fabio*, in: Maunz/Dürig, GG, Art. 2 Abs. 2 Rn. 90 ff.
29 So auch *Höfling*, in: Sachs, GG, vor Art. 1 Rn. 35.
30 BVerfGE 93, 1, 16 – *Kruzifix*; siehe auch BVerfGE 41, 29, 49 – *Simultanschule*.
31 Ebenso *Jarass*, in: Jarass/Pieroth, GG, Vorb. vor Art. 1 Rn. 8.
32 Vgl. BVerfG-K, NJW 1997, 2509 – *Elektrosmog* m. w. N.
33 BVerfGE 39, 1, 44 – *Schwangerschaftsabbruch I*.
34 Vgl. BVerfGE 49, 89, 142 – *Kalkar I*; BVerfGE 56, 54, 78 – *Fluglärm*.
35 BVerfGE 49, 89 – *Kalkar I*.
36 Siehe zum Untermaßverbot *Ipsen*, Staatsrecht II, Rn. 105 ff.

wird.³⁷ Nach Auffassung des BVerfG kann eine Verletzung der Schutzpflicht allerdings

> „nur festgestellt werden, wenn die öffentliche Gewalt Schutzvorkehrungen überhaupt nicht getroffen hat oder die getroffenen Maßnahmen gänzlich ungeeignet oder völlig unzulänglich sind, das gebotene Schutzziel zu erreichen, oder erheblich dahinter zurückbleiben.³⁸

5. Grundrechte und Organisations-/Verfahrensrecht

Literatur:
Blümel, W., Grundrechtsschutz durch Verfahrensgestaltung, in: ders. (Hrsg.), Frühzeitige Bürgerbeteiligung bei Planungen, 1982, S. 23; *Borowski, M.*, Grundrechte als Prinzipien, 2007; *Goerlich, H.*, Grundrechte als Verfahrensgarantien, 1981; *Schroeder, D.*, Die Justizgrundrechte des Grundgesetzes, JA 2010, 167; *Schucht, C.*, Grundrechtsschutz durch Verfahren – Zur Risikobewertung im Produktsicherheitsrecht, DÖV 2014, 21.

Rechtsprechung:
BVerfGE 35, 79 – *Hochschulurteil*; BVerfGE 46, 325 – *Zwangsvollstreckung II*; BVerfGE 48, 292 – *vorläufiges Berufsverbot*; BVerfGE 49, 220 – *Zwangsvollstreckung III*; BVerfGE 52, 380 – *Prüfungsverfahren*; BVerfGE 53, 30 – *Mülheim-Kärlich*; BVerfGE 63, 131 – *Gegendarstellung*; BVerfGE 65, 1 – *Volkszählungsurteil*; BVerfGE 69, 315 – *Brokdorf II*; BVerfGE 73, 280 – *Auswahl von Notarbewerbern*; BVerfGE 75, 318 – *Betretensrecht des Sachverständigen*; BVerfGE 84, 34 – *Juristische Staatsprüfung*; BVerfGE 90, 60 – 8. *Rundfunkurteil/Rundfunkgebühren*.

Für die prozessualen Grundrechte (*Justizgrundrechte*) folgt der verfahrensrechtliche Charakter bereits aus dem Gewährleistungsinhalt. Zu den *Verfahrensgrundrechten* zählen insbesondere das Gebot des effektiven Rechtsschutzes (Art. 19 Abs. 4), das Recht auf den gesetzlichen Richter (Art. 101), der Anspruch auf rechtliches Gehör (Art. 103 Abs. 1) und die Verfahrensgarantien des Art. 104.³⁹ **91**

Darüber hinaus hat das BVerfG den *materiellen Grundrechten* verfahrensrechtliche Wirkungen zuerkannt, **92**

> „wonach die Grundrechte nicht nur die Ausgestaltung des materiellen Rechts beeinflussen, sondern zugleich Maßstäbe für eine den Grundrechtsschutz effektuierende Organisationsgestaltung und Verfahrensgestaltung sowie für eine grundrechtsfreundliche Anwendung vorhandener Verfahrensvorschriften setzen."⁴⁰

Die materiellen Grundrechte haben somit eine *organisations- und verfahrensrechtliche Dimension*, die sich auf die Anwendung und Auslegung, aber auch auf die Ausgestaltung des Organisations- und Verfahrensrechts auswirkt.⁴¹ Insbesondere darf die verfahrensrechtliche Ausgestaltung nicht zu der Gefahr einer Entwertung materieller Grundrechtspositionen führen.⁴² **93**

Organisationsrechtliche Grenzen der gesetzgeberischen Gestaltungsfreiheit hat das BVerfG für die staatlichen Organisationsnormen im Bereich des Hochschulwesens aus der *Wissenschaftsfreiheit* (Art. 5 Abs. 3) hergeleitet.⁴³ **94**

---

37 Vgl. BVerfGE 88, 203, 254 – *Schwangerschaftsabbruch II*.
38 BVerfG-K, NJW 1997, 2509 – *Elektrosmog* m. w. N.; vgl. auch BVerfGE 92, 26, 46 – *Zweitregister*.
39 Zu den Justizgrundrechten bereits oben Rn. 66.
40 BVerfGE 69, 315, 355 – *Brokdorf II*.
41 Vgl. *Maurer*, Staatsrecht, § 9 Rn. 27; *Höfling*, in: Sachs, GG, vor Art. 1 Rn. 34; *v. Münch*, in: v. Münch/Kunig, GG, Vorb. Art. 1-19 Rn. 25. Ausführlich zu den Grundrechtswirkungen für Organisation und Verfahren *Stern*, Staatsrecht III/1, S. 953 ff.
42 Vgl. BVerfGE 63, 131, 143 – *Gegendarstellung*.
43 BVerfGE 35, 79, 123 f. – *Hochschulurteil*.

Für die *Festsetzung der Rundfunkgebühren* verlangt die Rundfunkfreiheit ein Verfahren, das dem öffentlich-rechtlichen Rundfunk die zur Erfüllung seiner Aufgabe im dualen System erforderlichen Mittel gewährleistet und ihn vor Einflussnahmen auf das Programm wirksam sichert.[44]

95 Das BVerfG hat überdies aus einer Reihe von Abwehrgrundrechten *verfahrensrechtliche Konsequenzen* gezogen.[45] So hat das Gericht im Volkszählungsurteil den Gesetzgeber aufgrund des *Rechts auf informationelle Selbstbestimmung* dazu verpflichtet, organisatorische und verfahrensrechtliche Vorkehrungen zu treffen, welche der Gefahr einer Verletzung des Persönlichkeitsrechts entgegenwirken.[46]
Das *Grundrecht auf Leben und körperliche Unversehrtheit* ist bei der verfassungskonformen Anwendung materiell- und verfahrensrechtlicher Vorschriften für die Genehmigung von Kernkraftwerken zu berücksichtigen.[47]
Die grundrechtsfreundliche Anwendung und Auslegung von Verfahrensvorschriften gebietet im Versammlungsrecht ein *„versammlungsfreundliches Verfahren"*, zumal Art. 8 auch einen wesentlichen verfahrens- und organisationsrechtlichen Gehalt aufweist.[48]
Besondere Anforderungen an *berufsbezogene Prüfungsverfahren* folgen aus dem Grundrecht der Berufsfreiheit. Aus Art. 12 Abs. 1 ergibt sich etwa der allgemeine Bewertungsgrundsatz, dass eine vertretbare und mit gewichtigen Argumenten folgerichtig begründete Lösung nicht als falsch bewertet werden darf.[49]
Überdies hat das BVerfG aus der *Eigentumsgarantie* des Art. 14 die Pflicht hergeleitet, bei Eingriffen in dieses Grundrecht einen effektiven Grundrechtsschutz zu gewähren. Dies gilt beispielsweise im Rahmen von Zwangsversteigerungen.[50]

6. Grundrechte als Leistungs- und Teilhaberechte

Literatur:
Berg, W., Rechtsfragen zum numerus clausus, Jura 1970, 635; *Böckenförde, E.*, Wie werden in Deutschland die Grundrechte im Verfassungsrecht interpretiert?, EuGRZ 2004, 598; *Borowski, M.*, Grundrechtliche Leistungsrechte, JöR 2002, 301; *ders.*, Grundrechte als Prinzipien, 2007; *Friauf, K. H.*, Zur Rolle der Grundrechte im Investitions- und Leistungsstaat, DVBl. 1971, 674; *Heintschel v. Heinegg, W./Haltern, M. R.*, Grundrechte als Leistungsansprüche des Bürgers gegen den Staat, JA 1995, 333; *Hufen, F.*, Die Studienplatzvergabe für Humanmedizin ist teilweise verfassungswidrig, JuS 2018, 305; *Müller, F./Pieroth, B./Fohmann, L.*, Leistungsrechte im Normbereich einer Freiheitsgarantie, 1982; *Murswiek, D.*, Grundrechte als Teilhaberechte, soziale Grundrechte, in: Isensee, J./Kirchhof, P. (Hrsg.), Handbuch des Staatsrechts der Bundesrepublik Deutschland, Band V, 2. Auflage 2000, § 112; *v. Mutius, A.*, Grundrechte als „Teilhaberechte" – zu den verfassungsrechtlichen Aspekten des numerus clausus, VerwArch. 64 (1973), 183.

Rechtsprechung:
BVerfGE 33, 303 – *numerus clausus I*; BVerfGE 43, 291 – *numerus clausus II*; BVerfGE 133, 377 – *Lebenspartnerschaft, Ehegattensplitting*; BVerfGE 134, 1, Rn. 55 – *Studiengebühr, Landeskinderregelung*; BVerfG, NJW 2018, 361 – *numerus clausus III*.

---

44 BVerfGE 90, 60 – *8. Rundfunkurteil/Festsetzung der Rundfunkgebühr*.
45 Siehe hierzu die Beispiele bei *Starck*, in: v. Mangoldt/Klein/Starck, GG, Art. 1 Rn. 201.
46 BVerfGE 65, 1, 44 – *Volkszählung*.
47 BVerfGE 53, 30, 65 f., 72 f. – *Mülheim-Kärlich*.
48 BVerfGE 69, 315, 355 – *Brokdorf II*.
49 BVerfGE 84, 34, 45 ff. – *Juristische Staatsprüfung*.
50 BVerfGE 46, 325 – *Zwangsversteigerung II*; BVerfGE 49, 220 – *Zwangsversteigerung III*; BVerfGE 51, 150 – *Teilungsversteigerung*.

Während bei Abwehrrechten die Gefahr für die Freiheit des Einzelnen von Handlungen des Staates ausgeht („Abwehr gegen den Staat"), kommt es hinsichtlich der Leistungs- und Teilhaberechte zu einer anderen Konstellation. Hier ist die Frage, ob der Staat die individuelle Freiheit vergrößern kann, indem er etwas unternimmt („Schutz durch den Staat"). Anders gesagt, würde die Freiheit geschmälert werden, wenn sich der Staat zurückzieht.[51]

Im Grundgesetz sind Leistungsgrundrechte nur ausnahmsweise vorgesehen. Anders als die Freiheitsrechte sind sie nicht auf ein staatliches Unterlassen gerichtet, sondern fordern gerade ein *positives Handeln des Staates*.[52] Dies gilt insbesondere für den Anspruch jeder Mutter auf Schutz und Fürsorge der Gemeinschaft (Art. 6 Abs. 4).
Fraglich ist, inwieweit darüber hinausgehende Leistungsansprüche gegen den Staat, die *nicht ausdrücklich als Leistungsgrundrechte normiert* sind, aus den Grundrechten hergeleitet werden können.[53] Hierbei ist zwischen derivativen und originären Leistungsansprüchen zu unterscheiden.

Derivative Leistungsansprüche („Teilhaberechte an Vorhandenem") betreffen die gleiche Beteiligung an bereits bestehenden staatlichen Einrichtungen und Leistungssystemen.[54] Als Grundlage des Teilhabeanspruchs dient Art. 3 Abs. 1: Sofern der Staat in vergleichbaren Fällen Leistungen gewährt, muss bei ihrer Zuteilung der *Gleichheitssatz* gewahrt werden.[55] Ein Leistungsanspruch kann sich dabei auch aus dem Grundsatz der Selbstbindung der Verwaltung ergeben.[56] Allerdings kann diese Selbstbindung der Verwaltung jederzeit aus sachgerechten Erwägungen für die Zukunft geändert werden, ohne dass damit gegen Art. 3 Abs. 1 verstoßen würde.[57]

Ein derivativer Teilhabeanspruch besteht beispielsweise bei der *Zulassung zum Hochschulstudium* im Rahmen der vorhandenen Ausbildungseinrichtungen:[58]

> „Je stärker der moderne Staat sich der sozialen Sicherung und kulturellen Förderung der Bürger zuwendet, desto mehr tritt im Verhältnis zwischen Bürger und Staat neben das ursprüngliche Postulat grundrechtlicher Freiheitssicherung vor dem Staat die komplementäre Forderung nach grundrechtlicher Verbürgung der Teilhabe an staatlichen Leistungen. [...] Selbst wenn grundsätzlich daran festzuhalten ist, dass es auch im modernen Sozialstaat der nicht einklagbaren Entscheidung des Gesetzgebers überlassen bleibt, ob und wieweit er im Rahmen der darreichenden Verwaltung Teilhaberechte gewähren will, so können sich doch, wenn der Staat gewisse Ausbildungseinrichtungen geschaffen hat, aus dem Gleichheitssatz i. V. m. Art. 12 Abs. 1 und dem Sozialstaatsprinzip Ansprüche auf Zutritt zu diesen Einrichtungen ergeben. Das gilt besonders, wo der Staat – wie im Bereich des Hochschulwesens – ein faktisches, nicht beliebig aufgebbares Monopol für sich in Anspruch genommen hat und wo – wie im Bereich der Ausbildung zu akademischen Berufen – die Beteiligung an staatlichen

---

51 Dazu *Hufen*, Staatsrecht II, § 5 Rn. 8.
52 Vgl. zu den Funktionen der Leistungsgrundrechte *Jarass*, in: Jarass/Pieroth, GG, Vorb. vor Art. 1 Rn. 19.
53 Ausführlich zu den Grundrechten als Leistungsrechte *Stern*, Staatsrecht III/1, S. 687 ff.
54 Vgl. *v. Münch*, in: v. Münch/Kunig, GG, Vorb. Art. 1–19 Rn. 20; *Maurer*, Staatsrecht, § 9 Rn. 28.
55 VGH BW, B. v. 17. Dezember 2018, Az 6 S 2448/18, Rn. 15; näher zu staatlichen Leistungen und Gleichheitssatz *Starck*, in: v. Mangoldt/Klein/Starck, GG, Art. 3 Rn. 141 ff.
56 Siehe *Nußberger*, in: Sachs, GG, Art. 3 Rn. 54.
57 BVerwG, B. v. 26. Juni 2007, Az 1 WB 12.07, Rn. 29, juris.
58 Vgl. BVerfGE 33, 303, 330 f. – *numerus clausus I*.

Leistungen zugleich notwendige Voraussetzung für die Verwirklichung von Grundrechten ist."[59]

100 Zweifelhaft ist allerdings, ob darüber hinaus auch ein *originärer Leistungsanspruch* („echter Leistungsanspruch auf etwas noch nicht Vorhandenes") auf *Erweiterung* nicht ausreichender Kapazitäten in Betracht kommt. Für die Hochschulzulassung hatte das BVerfG zwar die Frage aufgeworfen,

> „ob aus den grundrechtlichen Wertentscheidungen und der Inanspruchnahme des Ausbildungsmonopols ein objektiver sozialstaatlicher Verfassungsauftrag zur Bereitstellung ausreichender Ausbildungskapazitäten für die verschiedenen Studienrichtungen folgt."[60]

101 Ob sich daraus unter besonderen Voraussetzungen ein einklagbarer Individualanspruch des Staatsbürgers auf Schaffung von Studienplätzen herleiten ließe, hatte das BVerfG jedoch ausdrücklich offen gelassen. Jedenfalls stünde ein Teilhaberecht unter dem *Vorbehalt des Möglichen*:

> „Auch soweit Teilhaberechte nicht von vornherein auf das jeweils Vorhandene beschränkt sind, stehen sie doch unter dem Vorbehalt des Möglichen im Sinne dessen, was der Einzelne vernünftigerweise von der Gesellschaft beanspruchen kann. Dies hat in erster Linie der Gesetzgeber in eigener Verantwortung zu beurteilen, der bei seiner Haushaltswirtschaft auch andere Gemeinschaftsbelange zu berücksichtigen und nach der ausdrücklichen Vorschrift des Art. 109 Abs. 2 den Erfordernissen des gesamtwirtschaftlichen Gleichgewichts Rechnung zu tragen hat."[61]

102 In seiner neuesten Numerus-Clausus-Entscheidung ist das BVerfG unter Hinweis auf die Entscheidungsbefugnisse des demokratisch legitimierten Gesetzgebers und dessen haushaltswirtschaftlicher Verantwortung zurückgerudert. Das Teilhaberecht reiche nicht so weit, dass es einen individuellen Anspruch begründen könnte, Ausbildungskapazitäten in einem Umfang zu schaffen, welcher der jeweiligen Nachfrage gerecht wird. Das Recht auf chancengleichen Zugang zum Hochschulstudium bestehe damit nur in dem Rahmen, in dem der Staat tatsächlich Ausbildungskapazitäten zur Verfügung stelle.[62] In der Tat setzte die Gewährung originärer Leistungs- und Teilhaberechte erhebliche finanzielle Aufwendungen voraus, so dass die Sicherstellung ihrer Finanzierung regelmäßig mit einem *Eingriff in die Haushaltsverantwortung des Gesetzgebers* verbunden wäre.[63] Das BVerfG hat daher einen verfassungsunmittelbaren Leistungsanspruch bislang *nur in seltenen Ausnahmefällen* anerkannt.[64] Dies gilt insbesondere mit Rücksicht auf Art. 7 Abs. 4 S. 1 für die staatliche Subventionierung privater Ersatzschulen.[65]

II. Grundrechtsarten

➡ s. a. Anhang A Ü 7 Rn. 1312

---

59 BVerfGE 33, 303, 331 f. – *numerus clausus I*.
60 BVerfGE 33, 303, 333 – *numerus clausus I*.
61 BVerfGE 33, 303, 333 – *numerus clausus I*.
62 BVerfG, NJW 2018, 361, Rn. 105 – *numerus clausus III* mit Anmerkung von *v. Coelln*, NJW 2018, 380. sowie *Hufen*, JuS 2018, 305 ff.
63 Siehe zu dieser Problematik *Starck*, in: v. Mangoldt/Klein/Starck, GG, Art. 3 Rn. 189.
64 Vgl. hierzu die Nachweise bei *Nußberger*, in: Sachs, GG, Art. 3 Rn. 55.
65 BVerfGE 75, 40 – *Privatschulfinanzierung*.

Die Grundrechte des Grundgesetzes lassen sich nach dem *Inhalt ihrer Gewährleistung* wie folgt unterteilen:[66]
- Freiheitsrechte
- Gleichheitsrechte
- Leistungsrechte
- prozessuale Grundrechte
- staatsbürgerliche Rechte

1. Freiheitsrechte

Überwiegend handelt es sich bei den Grundrechten um *Freiheitsrechte*. Diese schützen bestimmte *Handlungsfreiheiten, Freiräume, Freiheitsrechte oder Rechtsgüter* des Einzelnen gegen staatliche Eingriffe oder Verletzungen.[67] Geschützt sind die menschliche Existenz (Recht auf Leben und körperliche Unversehrtheit, Art. 2 Abs. 2 S. 1), die Freiheit der Person i. S. d. körperlichen Bewegungsfreiheit (Art. 2 Abs. 2 S. 2) und eine Reihe einzelner Lebensbereiche wie die Glaubens- und Gewissensfreiheit (Art. 4 Abs. 1 und 2), Meinungs-, Informations-, Presse-, Rundfunk- und Filmfreiheit (Art. 5 Abs. 1), Kunst- und Wissenschaftsfreiheit (Art. 5 Abs. 3), Versammlungsfreiheit (Art. 8 Abs. 1), Vereinigungs- und Koalitionsfreiheit (Art. 9 Abs. 1 und 3), Brief-, Post- und Fernmeldegeheimnis (Art. 10 Abs. 1), Freizügigkeit (Art. 11 Abs. 1), Berufsfreiheit (Art. 12 Abs. 1), Unverletzlichkeit der Wohnung (Art. 13 Abs. 1) und das Eigentum (Art. 14 Abs. 1 S. 1). Darüber hinaus enthält die Verfassung eine generelle Freiheitsgewährleistung in der allgemeinen Handlungsfreiheit, die die Freiheit umfassend schützt. Die allgemeine Handlungsfreiheit hat damit die Funktion eines *Auffanggrundrechtes* (Art. 2 Abs. 1).[68] Es ergänzt die speziellen Freiheitsrechte, indem es Elemente der Persönlichkeit schützt, die nicht bereits durch die traditionellen Freiheitsgarantien erfasst werden,[69] und stellt dadurch die Lückenlosigkeit des grundrechtlichen Freiheitsschutzes sicher.[70]

> **Bsp.:** Wird einem Einzelnen vom Staat der Besuch des Gottesdienstes verboten, so ist vorrangig die Religionsfreiheit (Art. 4 Abs. 1) zu prüfen, die allgemeine Handlungsfreiheit tritt dahinter zurück.[71] Verbietet eine Behörde dagegen das Reiten im Walde, so findet sich kein spezielles Grundrecht. Das Verbot ist dann an der allgemeinen Handlungsfreiheit (Art. 2 Abs. 1) zu messen.[72]

2. Gleichheitsrechte

Im Gegensatz zu den Freiheitsrechten, die vor staatlichen Eingriffen in bestimmte Freiheiten und Rechtsgüter des Grundrechtsträgers schützen, zielen die Gleichheitsrechte auf *Gleichbehandlung und Nichtdiskriminierung*; sie führen zu einer relativen Verpflichtung des Staates.[73] Der *allgemeine Gleichheitssatz des Art. 3 Abs. 1* gebietet rein textlich, die Gleichbehandlung aller Menschen vor dem Gesetz, beinhaltet im Kern aber die staatliche Verpflichtung, wesentlich Gleiches gleich und

---

66 Siehe zu Systematik und Inhalt der Grundrechte *Maurer*, Staatsrecht, § 9 Rn. 4 ff.; *Stein/Frank*, Staatsrecht, § 26 II.
67 Vgl. *Kingreen/Poscher*, Grundrechte, Rn. 37.
68 Ausführlich zur allgemeinen Handlungsfreiheit unten Rn. 360 ff.
69 Vgl. BVerfGE 54, 148, 153 – *Eppler*; BVerfGE 72, 155, 170 – elterliche Vertretungsmacht.
70 Siehe *Murswiek/Rixen*, in: Sachs, GG, Art. 2 Rn. 56. Näher zu dieser Funktion des Art. 2 Abs. 1 *Stern*, Staatsrecht IV/1, S. 893 ff.
71 Zur Subsidiarität der allgemeinen Handlungsfreiheit unten Rn. 366 ff.
72 Vgl. BVerfGE 80, 137– *Reiten im Walde*.
73 Vgl. zu den Funktionen der Gleichheitsgrundrechte *Jarass*, in: Jarass/Pieroth, GG, Vorb. vor Art. 1 Rn. 5.

wesentlich Ungleiches ungleich zu behandeln.[74] Ein Gleichheitsverstoß liegt insbesondere vor, wenn „eine Gruppe von Normadressaten im Vergleich zu anderen Normadressaten anders behandelt wird, obwohl zwischen beiden Gruppen keine Unterschiede von solcher Art und solchem Gewicht bestehen, dass sie die ungleiche Behandlung rechtfertigen können."[75] Die Differenzierungsverbote der *speziellen Gleichheitsrechte* knüpfen an bestimmte Merkmale oder Eigenschaften des Grundrechtsträgers an. Dazu zählen Geschlecht, Abstammung, Rasse, Sprache, Heimat und Herkunft, der Glaube sowie die religiösen oder politischen Anschauungen (Art. 3 Abs. 3 S. 1). Des Weiteren darf niemand wegen seiner Behinderung benachteiligt werden (Art. 3 Abs. 3 S. 2). Die Gleichberechtigung von Männern und Frauen ist explizit in Art. 3 Abs. 2 verankert. Zu den speziellen Gleichheitsrechten gehört ferner Art. 6 Abs. 5, wonach nichteheliche den ehelichen Kindern gleichzustellen sind.

3. Leistungsrechte

106 Anders als die Freiheitsrechte sind Leistungsrechte nicht auf ein staatliches Unterlassen gerichtet, sondern fordern gerade ein *positives Handeln des Staates*.[76] Im Grundgesetz sind Leistungsgrundrechte die *Ausnahme*. Zu nennen sind etwa der Anspruch jeder Mutter auf Schutz und Fürsorge der Gemeinschaft (Art. 6 Abs. 4) sowie das Petitionsrecht des Art. 17,[77] das den Staat verpflichtet, auch außerhalb eines gerichtlichen Verfahrens vorgetragene Belange zur Kenntnis zu nehmen.[78]

4. Prozessuale Grundrechte

107 Die prozessualen Grundrechte (*Justizgrundrechte*) stehen im Zusammenhang mit dem Rechtsstaatsprinzip, aus dem sich das *Gebot eines fairen rechtsstaatlichen (Straf-)Verfahrens* ergibt.[79] Zu den Verfahrensgrundrechten zählen insbesondere das Gebot des effektiven Rechtsschutzes (Art. 19 Abs. 4) und der Anspruch auf rechtliches Gehör (Art. 103 Abs. 1). Prozessgrundrechte sind darüber hinaus das Recht auf den gesetzlichen Richter (Art. 101), der Bestimmtheitsgrundsatz und das Rückwirkungsverbot im Strafrecht („nulla poena sine lege", Art. 103 Abs. 2), das Verbot mehrfacher Bestrafung („ne bis in idem", Art. 103 Abs. 3) und die besonderen verfahrensrechtlichen Anforderungen an Freiheitsbeschränkungen und Freiheitsentziehungen (Art. 104).

5. Staatsbürgerliche Rechte

108 Die staatsbürgerlichen Rechte (*Aktivbürgerrechte*) betreffen die politischen Mitwirkungsbefugnisse, durch die der Einzelne *seine Freiheit im und für den Staat betätigt*.[80] Zu den Staatsbürgerrechten gehören vor allem das aktive und passive Wahlrecht (Art. 38), der Anspruch auf Zugang zu öffentlichen Ämtern (Art. 33 Abs. 2), das Widerstandsrecht (Art. 20 Abs. 4) sowie das Recht, zwischen Wehr- und Ersatzdienst zu wählen (Art. 4 Abs. 3, Art. 12a Abs. 2).

---

74 BVerfGE 3, 58, 135 f. – *Beamtenurteil*; BVerfGE 133, 377, Rn. 76 – *Lebenspartnerschaft, Ehegattensplitting*; BVerfGE 134, 1, Rn. 55 – *Studiengebühr, Landeskinderregelung*.
75 BVerfGE 55, 72, 88 – *Präklusion*.
76 Vgl. zu den Funktionen der Leistungsgrundrechte *Jarass*, in: Jarass/Pieroth, GG, Vorb. vor Art. 1 Rn. 19.
77 Ausführlich zu diesem Grundrecht *Hufen*, Staatsrecht II, § 43.
78 Zur Bedeutung des Art. 17 *Pagenkopf*, in: Sachs, GG, Art. 17 Rn. 6; *Jarass*, in: Jarass/Pieroth, GG, Art. 17 Rn. 1.
79 Siehe zu den Anforderungen an ein rechtsstaatliches Strafverfahren *Jarass*, in: Jarass/Pieroth, GG, Art. 20 Rn. 137 ff.; zur Normstruktur der prozessualen Grundrechte *Stein/Frank*, Staatsrecht, § 53.
80 „Status activus", vgl. *Kingreen/Poscher*, Grundrechte, Rn. 95 ff.

III. Objektive Grundrechtsfunktionen und subjektive Rechte

Literatur:
Alexy, R., Grundrechte als subjektive Rechte und als objektive Normen, Der Staat 1990, 49; *Cremer, W.*, Freiheitsgrundrechte, 2003; *Dolderer, M.*, Objektive Grundrechtsgehalte, 2000; *Dreier, H.*, Subjektiv- und objektiv-rechtliche Grundrechtsgehalte, Jura 1994, 505; *Scherzberg, A.*, Das subjektiv-öffentliche Recht – Grundfragen und Fälle, Jura 2006, 839.

Unter der Bezeichnung „objektive Grundrechtsfunktionen" werden im Allgemeinen alle *zusätzlichen Grundrechtsfunktionen* zusammengefasst, die sich aus dem objektiv-rechtlichen Gehalt der Grundrechte, die als wertentscheidende Grundsatznormen verstanden werden, ergeben und über die abwehrrechtliche Bedeutung der Grundrechte hinausreichen.[81] Der Begriff der *„objektiven Dimension"* der Grundrechte darf indes nicht missverstanden werden. Denn die Anerkennung der Grundrechte als objektive Wertordnung führt dazu, dass aus den Grundrechten weitergehende *subjektive Rechte* des Einzelnen hergeleitet werden.[82] Dies gilt etwa für Ansprüche aus staatlichen Schutzpflichten zugunsten grundrechtlich garantierter Rechtsgüter, individuelle Leistungs- und Teilhaberechte oder verfahrensrechtliche Rechtspositionen.

Darüber hinaus verstärkt die in den Grundrechten verkörperte objektive Wertordnung ihre Bedeutung als subjektiv-öffentliche Rechte:

> „[Die] Befugnis des einzelnen Grundrechtsträgers, gegenüber der öffentlichen Gewalt die Beachtung der wertentscheidenden Grundsatznorm durchsetzen zu können, gehört zum Inhalt des Individualgrundrechts, dessen Wirkungskraft dadurch verstärkt wird."[83]

§ 5 Die Grundrechtsträger

I. Begriff und Bedeutung der Grundrechtsfähigkeit

Unter *Grundrechtsfähigkeit* versteht man die Fähigkeit einer natürlichen oder juristischen Person, Träger von Grundrechten zu sein.[1] *Grundrechtsträger und damit Grundrechtsberechtigter* ist derjenige, dem das Grundrecht zusteht.[2] Die Grundrechtsfähigkeit ist mit der zivilrechtlichen Rechtsfähigkeit vergleichbar, aber nicht identisch.[3]

Von der Grundrechtsfähigkeit zu unterscheiden ist die Frage der *Grundrechtsmündigkeit*, also die Fähigkeit natürlicher Personen, Grundrechte, die ihnen zustehen, selbständig ausüben zu dürfen.[4] Obwohl Parallelen zur Geschäftsfähigkeit und zur Prozessfähigkeit bestehen, können diese Begriffe mit der Grundrechtsmündigkeit nicht gleichgesetzt werden.[5] Insbesondere können auch Minderjährige, die weder nach dem BGB geschäfts- noch nach den Prozessordnungen prozessfähig sind,

---

[81] Zur Bedeutung der *Lüth*-Entscheidung oben Rn. 77 ff. sowie unten Rn. 163 ff.
[82] Siehe zu diesen Zusammenhängen auch *Kingreen/Poscher*, Grundrechte, Rn. 103 ff.
[83] BVerfGE 35, 79, 116 – *Hochschulurteil*.
[1] *v. Münch*, in: v. Münch/Kunig, GG, Vorb. Art. 1–19 Rn. 7 m. w. N.
[2] Siehe auch *Stein/Frank*, Staatsrecht, § 27 vor I.
[3] Dies gilt vor allem für Beginn und Ende der Grundrechtsfähigkeit, hierzu sogleich unter Rn. 116 ff.; siehe zu den Unterschieden im Einzelnen v. *Münch*, in: v. Münch/Kunig, GG, Vorb. Art. 1–19 Rn. 8 f.
[4] Vgl. die Begriffsbestimmung bei *Grabenwarter*, in: Maunz/Dürig, GG, Art. 5 Abs. 1, 2, Rn. 25 f.
[5] Ebenso v. *Münch*, in: v. Münch/Kunig, GG, Vorb. Art. 1–19 Rn. 11. Ausführlich zur Grundrechtsmündigkeit Minderjähriger unten Rn. 118 ff.

beteiligtenfähig in Verfassungsbeschwerden sein, wenn sie die Rechtsordnung in dem in Rede stehenden Teilbereich als mündig genug ansieht, die eigenen Rechte geltend zu machen. Ein häufiges Klausurbeispiel findet sich im Bereich religiöser Freiheit, in dem Minderjährige ab Vollendung des 14. Lebensjahres als grundrechtsmündig und damit auch als beteiligtenfähig i. S. v. § 90 Abs. 1 BVerfGG angesehen werden.[6]

113 Bei der Prüfung einer *Verfassungsbeschwerde* ist die Grundrechtsfähigkeit im Rahmen der Zulässigkeit und der Begründetheit von Bedeutung:
- „Jedermann" i. S. d. § 90 Abs. 1 BVerfGG und damit beteiligtenfähig ist derjenige, der *Träger eines als verletzt gerügten Grundrechts* sein kann.[7] Die Grundrechtsfähigkeit ist daher bereits innerhalb der Zulässigkeit der Verfassungsbeschwerde zu prüfen.
- Für die materielle Grundrechtsprüfung im Rahmen der Begründetheit der Verfassungsbeschwerde gilt, dass der *persönliche Schutzbereich des Grundrechts* nur eröffnet ist, wenn der Beschwerdeführer hinsichtlich des als verletzt gerügten Grundrechts auch grundrechtsfähig ist.[8]

II. Natürliche Personen als Grundrechtsträger
➡ Anhang A Ü 9, 10 Rn. 1314 ff.

Literatur:
Arndt, C., Die Herausgabe der Stasi-Unterlagen Prominenter, NJW 2004, 3157; *Bauer, H./ Kahl, W.*, Europäische Unionsbürger als Träger von Deutschen-Grundrechten?, JZ 1995, 1077; *Buschmann, A.*, Die Fortentwicklung des Persönlichkeitsrechts nach dem Tode, NJW 1970, 2081; *Fehnemann, U.*, Die Innehabung und Wahrnehmung von Grundrechten im Kindesalter, 1983; *Hailbronner, K.*, Ausländerrecht und Verfassung, NJW 1983, 2105; *Harks, T.*, Der Schutz der Menschenwürde bei der Entnahme fötalen Gewebes, NJW 2002, 716; *Hartleb, T.*, Grundrechtsvorwirkungen in der bioethischen Debatte – alternative Gewährleistungsdimensionen von Art. 2 II 1 GG und Art. 1 I GG, DVBl. 2006, 672; *Heun, W.*, Embryonenforschung und Verfassung – Lebensrecht und Menschenwürde der Embryos, JZ 2002, 517; *Quaritsch, H.*, Der grundrechtliche Status der Ausländer, in: Isensee, J./Kirchhof, P. (Hrsg.), Handbuch des Staatsrechts der Bundesrepublik Deutschland, Band V, 2. Auflage 2000, § 120; *v. Mangoldt, H.*, Die deutsche Staatsangehörigkeit als Voraussetzung und Gegenstand der Grundrechte, in: Isensee, J./Kirchhof, P. (Hrsg.), Handbuch des Staatsrechts der Bundesrepublik Deutschland, Band V, 2. Auflage 2000, § 119; *Lücke, J.*, Zur Europarechtskonformität der Deutschen-Grundrechte. Europarechtskonforme Auslegung oder Rechtsfortbildung der Deutschen-Grundrechte?, EuR 2001, 112; *v. Mutius, A.*, Grundrechtsfähigkeit, Jura 1983, 30; *ders.*, Die Grundrechtsmündigkeit, Jura 1987, 272; *Pabst, H.*, Der postmortale Persönlichkeitsschutz in der neueren Rechtsprechung des BVerfG, NJW 2002, 999; *Rittstieg, H.*, Ausländerrecht und Verfassung, NJW 1983, 2746; *Roell, M.*, Die Geltung der Grundrechte für Minderjährige, 1984; *Rüfner, W.*, Grundrechtsträger, in: Isensee, J./Kirchhof, P. (Hrsg.), Handbuch des Staatsrechts der Bundesrepublik Deutschland, Band V, 2. Auflage 2000, § 116; *Störmer, R.*, Gemeinschaftsrechtliche Diskriminierungsverbote versus nationale Grundrechte?, AöR 123 (1998), 541; *Wernsmann, R.*, Die Deutschengrundrechte des Grundgesetzes im Lichte des Europarechts, Jura 2000, 657; *Würtenberger, T.*, Religionsmündigkeit, FS Obermayer, 1986, S. 113.

Rechtsprechung:
BVerfGE 30, 137 – *Mephisto*; BVerfGE 28, 243 – *Kriegsdienstverweigerung*; BVerfGE 35, 382 – *Ausländerausweisung*; BVerfGE 39, 1 – *Schwangerschaftsabbruch I*; BVerfGE 49, 169 – *Aufent-*

---
6 Näher unten Rn. 529.
7 Siehe zur Beteiligtenfähigkeit i. S. d. § 90 Abs. 1 BVerfGG *Manssen*, Grundrechte, Rn. 878 ff.
8 Näher zum persönlichen Schutzbereich der Grundrechte unten Rn. 187.

haltserlaubnis; BVerfGE 78, 179 – *Heilpraktikergesetz*; BVerfGE 83, 37 – *Ausländerwahlrecht Schleswig-Holstein*; BVerfGE 88, 203 – *Schwangerschaftsabbruch II*; BVerfG, NVwZ 2016, 1804 – *Krypta*.

1. Jedermann-Grundrechte und Deutschen-Grundrechte

Für den Geltungsbereich der einzelnen Grundrechte muss zwischen Jedermann-Grundrechten und Deutschen-Grundrechten differenziert werden.

Die *Jedermann*-Grundrechte, die auch als *Menschenrechte* bezeichnet werden, stehen jeder natürlichen Person unabhängig von ihrer Staatsangehörigkeit zu. Ersichtlich ist dies aus Formulierungen wie „jeder", „jedermann", „alle Menschen" oder „niemand".[9] Gleiches gilt, wenn der Verfassungstext einen unpersönlichen Begriff verwendet, um den Schutzbereich eines Grundrechts zu umschreiben.[10]

Einige Grundrechte gelten nach ihrem ausdrücklichen Wortlaut nur für Deutsche (Deutschen-Grundrechte *oder Bürgerrechte*), wie z.B. die Versammlungsfreiheit (Art. 8 Abs. 1), die Vereinigungsfreiheit (Art. 9 Abs. 1), die Freizügigkeit (Art. 11 Abs. 1), die Berufsfreiheit (Art. 12 Abs. 1), der Schutz vor Entziehung der Staatsangehörigkeit (Art. 16 Abs. 1) und das Auslieferungsverbot (Art. 16 Abs. 2). Darüber hinaus sind politische und staatsbürgerliche Rechte ausschließlich Deutschen vorbehalten (vgl. Art. 33 Abs. 1 und 2 und nach h.M. obschon im Wortlaut nicht angelegt auch Art. 38 Abs. 1). *Deutsche i.S.d. Grundgesetzes* sind nach Art. 116 Abs. 1 deutsche Staatsangehörige und die sog. Statusdeutschen.[11]

Soweit der Geltungsbereich einzelner Grundrechte auf Deutsche beschränkt ist, genießen *Ausländer und Staatenlose* Grundrechtsschutz über das subsidiäre Grundrecht der allgemeinen Handlungsfreiheit gemäß Art. 2 Abs. 1.[12] Dies betrifft insbesondere die thematischen Bereiche der Berufsfreiheit, der Versammlungsfreiheit und des Freizügigkeitsrechts.[13]

Nach Auffassung des BVerfG darf der Rückgriff auf Art. 2 Abs. 1 jedoch nicht dazu führen, dass der Ausländer denselben Schutz beanspruchen kann, den das spezielle Freiheitsrecht den Deutschen gewährt.[14] *Auf den Grundrechtsschutz von Ausländern finden daher die Schranken des Art. 2 Abs. 1 Anwendung*, zu denen vor allem die verfassungsmäßige Ordnung zählt:[15]

> „Die Unanwendbarkeit des Art. 12 Abs. 1 auf Ausländer bedeutet nicht, dass die Verfassung sie in diesem Bereich schutzlos lässt. Der systemgerechte Ansatz liegt vielmehr bei dem subsidiären allgemeinen Freiheitsrecht des Art. 2 Abs. 1. Das darf allerdings nicht so verstanden werden, dass der Nichtdeutsche, dem die Berufung auf die Berufsfreiheit verwehrt ist, denselben Schutz über Art. 2 Abs. 1 beanspruchen könnte. Eine solche Auffassung ließe das Spezialitätsverhältnis zwischen Art. 12 Abs. 1 und Art. 2 Abs. 1 außer Acht. Das allgemeine Freiheitsrecht ist insoweit nur anwendbar, als es im Rahmen der in ihm geregelten Schranken die Handlungsfreiheit gewährleistet. […] Schutz

---

9   Bsp.: Art. 2 Abs. 1; Art. 2 Abs. 2 S. 1; Art. 3 Abs. 1; Art. 3 Abs. 3; Art. 5 Abs. 1 S. 1; Art. 9 Abs. 3; Art. 17; Art. 101 Abs. 1 S. 2, Art. 103 Abs. 1; Art. 103 Abs. 3.
10 Bsp.: Art. 1 Abs. 1; Art. 4 Abs. 1 und 2; Art. 5 Abs. 3; Art. 6 Abs. 1; Art. 10 Abs. 1; Art. 13 Abs. 1; Art. 14 Abs. 1 S. 1; Art. 103 Abs. 2; Art. 104.
11 Vgl. zum Begriff des Statusdeutschen *Renner*, in: Hailbronner/Renner, Staatsangehörigkeitsrecht, Art. 116 GG Rn. 21 ff.
12 Vgl. BVerfGE 35, 382, 393 – *Ausländerausweisung*; BVerfGE 49, 169, 180 – *Aufenthaltserlaubnis*; BVerfGE 78, 179, 196 f. – *Heilpraktikergesetz*. Ausführlich zur Reservefunktion der allgemeinen Handlungsfreiheit für Ausländer *Di Fabio*, in: Maunz/Dürig, GG, Art. 2 Abs. 1 Rn. 28 ff.; *Lang*, BeckOK, GG, Art. 2 Rn. 20 ff.
13 Näher hierzu v. *Münch*, in: v. Münch/Kunig, GG, Art. 2 Rn. 3.
14 Vgl. BVerfGE 78, 179, 196 f. – *Heilpraktikergesetz*.
15 Siehe BVerfGE 35, 382, 393 – *Ausländerausweisung*; BVerfGE 49, 169, 180 – *Aufenthaltserlaubnis*.

bietet Art. 2 Abs. 1 nur vor Eingriffen, die von seinen Schranken nicht mehr gedeckt sind und nicht vom speziellen Regelungsbereich des Art. 12 Abs. 1 erfasst werden."[16]

115 Für den Grundrechtsschutz von *Staatsangehörigen der EU-Mitgliedstaaten* gelten aufgrund gemeinschaftsrechtlicher Vorgaben besondere Grundsätze. Vor allem mit Rücksicht auf das allgemeine Diskriminierungsverbot des Art. 18 AEUV ist eine Gleichbehandlung von Unionsbürgern und Deutschen erforderlich.[17] Besteht darüber Einigkeit ist umstritten, wie die gebotene Gleichstellung konstruktiv zu bewirken ist. Zum Teil wird mit Blick auf den Vorrang des Europarechtes angenommen, dass die Privilegierung Deutscher in den sog. Deutschengrundrechten vor Art. 18 Abs. 1 AEUV keinen Bestand haben könne.[18] Das wohl überwiegende Schrifttum steht dieser Konstruktion ablehnend gegenüber.[19] Die Einbeziehung der Unionsbürger in den persönlichen Schutzbereich der Deutschen-Grundrechte sei mit dem eindeutigen Wortlaut des Verfassungstextes („alle Deutschen") nicht vereinbar.[20] Staatsangehörigen der EU-Mitgliedstaaten ist daher im Bereich der speziellen Freiheitsrechte durch eine *erweiterte Auslegung des Art. 2 Abs. 1* ein gleichwertiger Grundrechtsschutz zu gewähren.[21] Konstruktiv wird dies dadurch bewältigt, dass für Unionsbürger Art. 2 Abs. 1 zunächst wie bei allen Ausländern Auffangwirkung im Bereich der Deutschenrechte entfaltet, dass aber bei Staatsangehörigen von EU-Mitgliedsstaaten – insoweit anders als bei anderen Ausländern – im Rahmen der verfassungsrechtlichen Rechtfertigung von Eingriffen die Schranken des Spezialgrundrechts Anwendung finden.

2. Beginn und Ende der Grundrechtsfähigkeit natürlicher Personen

116 Träger von Grundrechten kann grundsätzlich *jede lebende natürliche Person* sein.[22] So lässt auch das bürgerliche Recht die Rechtsfähigkeit des Menschen *mit der Vollendung der Geburt* beginnen (vgl. § 1 BGB). Die Grundrechtsfähigkeit natürlicher Personen endet mit dem Tod. Welcher Zeitpunkt den Tod markiert, ist umstritten und noch nicht bundesverfassungsgerichtlich geklärt. Insoweit käme der sog. Hirntod (also der irreversible Funktionsverlust des Gehirns in seiner Gesamtheit) in Betracht.[23] Nach anderer und richtiger Auffassung markiert den verfassungsnormativen Todeszeitpunkt das irreversible Herz-Kreislaufversagen.[24]

117 Die Rechtsprechung hat in Einzelfällen *Ausnahmen* von diesen Grundsätzen anerkannt. So kommen die Menschenwürde und das Recht auf Leben „jedenfalls ab dem 14. Tag nach der Empfängnis" auch dem *Nasciturus* zugute.[25] Ob er Grund-

---

16 BVerfGE 78, 179, 196 f. – *Heilpraktikergesetz*.
17 Siehe aus der Rechtsprechung des EuGH das Urteil vom 13.2.1985, Rs 293/83, Slg. 1985, 593, 606 ff. – *Gravier*.
18 Etwa *Lücke*, EuR, 2001, 112 ff.
19 Vgl. *Rossi*, in: BeckOK Ausländerrecht, Art. 18 AEUV, Rn. 42 m. w. N.
20 Vgl. etwa *Mann*, in: Sachs, GG, Art. 12 Rn. 35; ebenso *v. Münch*, in: v. Münch/Kunig, GG, Vorb. Art. 1–19 Rn. 77.
21 Ebenso *Starck*, in: v. Mangoldt/Klein/Starck, GG, Art. 1 Rn. 208; zurückhaltend *Di Fabio*, in: Maunz/Dürig, GG, Art. 2 Abs. 1 Rn. 35.
22 Vgl. *Jarass*, in: Jarass/Pieroth, GG, Art. 19 Rn. 10; *Kingreen/Poscher*, Grundrechte, Rn. 179.
23 *Starck*, in: v. Mangoldt/Klein/Starck, GG, Art. 2 Rn. 192; siehe auch *Kingreen/Poscher*, Grundrechte, Rn. 179, unter Hinweis auf § 3 Abs. 2 Nr. 2 TPG.
24 Dazu noch unten Rn. 463 sowie *Lang*, in: BeckOK, GG, Art. 2 Rn. 60 ff. m. w. N.
25 Siehe BVerfGE 39, 1, 37 – *Schwangerschaftsabbruch I*; BVerfGE 88, 203, 251 – *Schwangerschaftsabbruch II*; vertiefend zum verfassungsrechtlichen Lebensbeginn unten Rn. 459 ff.

rechtsträger[26] oder nur Begünstigter einer staatlichen Schutzpflicht[27] ist, ist streitig, das BVerfG hat dies bislang offen gelassen. Ebenfalls umstritten ist, ob auch eine Grundrechtsberechtigung vor diesem Zeitpunkt in Betracht kommt.[28] Anerkannt ist ferner ein allgemeiner Achtungsanspruch des Verstorbenen (*postmortaler Persönlichkeitsschutz*). Die Rechtsgrundlage ist jedoch umstritten. Während ein Schutz des Verstorbenen aus Art. 2 Abs. 1 als Folge des allgemeinen Persönlichkeitsrechts von den Zivilgerichten bejaht wird,[29] leiten das BVerfG[30] und das Schrifttum[31] den postmortalen Schutz ausschließlich aus dem Schutz der Menschenwürde nach Art. 1 Abs. 1 her.

3. Grundrechtsmündigkeit Minderjähriger

Die *Grundrechtsmündigkeit* bezeichnet die Fähigkeit natürlicher Personen, Grundrechte selbstständig ausüben zu dürfen.[32] Diese Frage ist streng zu trennen von der Überlegung, ob jemand grundrechts*fähig* ist. Auch Minderjährige sind selbstverständlich Träger von Grundrechten, es geht nur darum, ob sie dieses Grundrecht auch selbständig ausüben können.[33]

Obwohl Parallelen nicht von der Hand zu weisen sind, ist die Grundrechtsmündigkeit weder mit der Geschäftsfähigkeit noch mit der Prozessfähigkeit identisch.[34]

a) Das Verhältnis des Minderjährigen zur Staatsgewalt. Zur Grundrechtsmündigkeit Minderjähriger werden im Schrifttum unterschiedliche Auffassungen vertreten. Teils wird auf die natürliche Einsichtsfähigkeit als Voraussetzung eigenverantwortlicher Grundrechtsausübung abgestellt.[35] Anderer Ansicht nach seien für die Grundrechtsmündigkeit bestimmte gesetzlich festgelegte Altersgrenzen entscheidend. So soll sich die Grundrechtsmündigkeit an den Vorschriften des BGB zur Geschäftsfähigkeit orientieren, wenn die Grundrechtsausübung mit privatrechtlichen Rechtsgeschäften verbunden ist (z. B. Art. 12 Abs. 1, Art. 14 Abs. 1).[36] Knüpfen Grundrechte hingegen allein an die menschliche Existenz an (z. B. Art. 1 Abs. 1, Art. 2 Abs. 2), soll ihre Ausübung nicht vom Erreichen einer Altersgrenze abhängen.[37] Eine weitere Auffassung, die die Grundrechtsmündigkeit aller Minderjährigen anerkennt, will im Verhältnis des Minderjährigen zum Staat auf Altersgrenzen gänzlich verzichten.[38] Das Grundgesetz selbst sieht mit Ausnahme der

---

26 So *Jarass*, in: Jarass/Pieroth, GG, Art. 2 Rn. 85 m. w. N.; *Murswiek*, in: Sachs, GG, Art. 2 Rn. 146; v. *Münch*, in: v. Münch/Kunig, GG, Art. 2 Rn. 47; *Starck*, in: v. Mangoldt/Klein/Starck, GG, Art. 2 Rn. 203.
27 *Manssen*, Grundrechte, Rn. 222.
28 *Lang*, in: BeckOK, GG, Art. 2 Rn. 60 ff. m. w. N.
29 Siehe etwa BGHZ 50, 133, 136 f.; BGHZ 143, 214, 218.
30 Vgl. BVerfGE 30, 173, 194 – *Mephisto*; BVerfG, NVwZ 2016, 1804, Rn. 56 – *Krypta*.
31 Siehe dazu *Starck*, in: v. Mangoldt/Klein/Starck, GG, Art. 2 Rn. 43; v. *Münch*, in: v. Münch/Kunig, GG, Art. 2 Rn. 39 m. w. N.; *Lang*, BeckOK, GG, Art. 2 Rn. 48.
32 Vgl. die Begriffsbestimmung bei *Grabenwarter*, in: Maunz/Dürig, GG, Art. 5 Abs. 1, 2 Rn. 25 f.
33 Wie hier *Hufen*, Staatsrecht II, § 6 Rn. 41.
34 Ebenso v. *Münch*, in: v. Münch/Kunig, GG, Vorb. Art. 1–19 Rn. 11.
35 So etwa *Herdegen*, in: Maunz/Dürig, GG, Art. 1 Abs. 3 Rn. 49; für einzelne Grundrechte auch *Starck*, in: v. Mangoldt/Klein/Starck, GG, Art. 1 Rn. 210.
36 Vgl. v. *Münch*, in: v. Münch/Kunig, GG, Vorb. Art. 1–19 Rn. 13.
37 Vgl. v. *Münch*, in: v. Münch/Kunig, GG, Vorb. Art. 1–19 Rn. 13.
38 *Stein/Frank*, Staatsrecht, § 27 II, „…Grundgesetz bietet keinerlei Anhaltspunkte für solche Schlechterstellung der Minderjährigen"; s. a. *Jarass*, in: Jarass/Pieroth, GG, Art. 19 Rn. 13; differenzierend auch *Kingreen/Poscher*, Grundrechte, Rn. 184 ff.

Art. 12a Abs. 1 und Art. 38 Abs. 2 kein Mindestalter des (Grundrechts) Berechtigten vor.

121 **b) Das Verhältnis des Minderjährigen zu seinen Eltern.** Im Verhältnis des Minderjährigen zu seinen Eltern kann es bei der Grundrechtsausübung zu Kollisionen mit dem Elternrecht (vgl. Art. 6 Abs. 2) kommen. Derartige Kollisionen sind nicht mit dem gängigen dogmatischen Zugriff „Schutzbereich, Eingriff, Rechtfertigung" zu erfassen, weil Private nicht in Grundrechte anderer Privater eingreifen können.[39] Art. 6 Abs. 2 gewährt den Eltern also kein Eingriffsrecht gegenüber den minderjährigen Kindern[40], es ist vielmehr Aufgabe des Gesetzgebers, normative Regelungen für auftretende Konfliktlagen (etwa im Kontext religiöser Selbstbestimmung oder der körperlichen Unversehrtheit) zu treffen.[41] Das Elternrecht erstreckt sich auf alle Gegenstände der Personen- (§§ 1626 ff. BGB) und der Vermögensorge (§§ 1638 ff. BGB), beinhaltet mithin die Sorge für das körperliche Wohl (Pflege), die seelische und geistige Entwicklung, die Bildung und Ausbildung des Kindes (Erziehung),[42] also eine umfassende Verantwortung der Eltern für die Lebens- und Entwicklungsbedingungen des Kindes.[43] Aus dem Elternrecht folgt ein allgemeines, aber nicht unbegrenztes Entscheidungsrecht der Eltern gegenüber dem minderjährigen Kind.[44] Die Befugnisse aus dem Elternrecht nehmen mit zunehmendem Alter des Kindes ab und erlöschen mit dessen Volljährigkeit (vgl. auch § 1626 Abs. 2 BGB).[45]

122 *Sonderregelungen* zur eigenständigen Grundrechtswahrnehmung durch Minderjährige bestehen für den Bereich der Religionsausübung (sog. *Religionsmündigkeit*). § 5 des Gesetzes über die religiöse Kindererziehung (RelKErzG)[46] lautet:

> „Nach der Vollendung des 14. Lebensjahrs steht dem Kind die Entscheidung darüber zu, zu welchem religiösen Bekenntnis es sich halten will. Hat das Kind das 12. Lebensjahr vollendet, so kann es nicht gegen seinen Willen in einem anderen Bekenntnis als bisher erzogen werden."

123 **c) Prozessfähigkeit des Minderjährigen im Verfassungsbeschwerdeverfahren.** Das BVerfGG enthält keine Vorschriften zur Prozessfähigkeit der Beteiligten. Die Regeln des allgemeinen Prozessrechts, wonach sich der Minderjährige in einem Rechtsstreit von seinen gesetzlichen Vertretern vertreten lassen muss (vgl. §§ 51 ZPO, 62 Abs. 1 Nr. 1 VwGO), können nicht ohne weiteres auf das Verfassungsbeschwerdeverfahren übertragen werden.[47] Vielmehr ist nach der Rechtsprechung des BVerfG

> „die Prozessfähigkeit zur Erhebung einer Verfassungsbeschwerde [...] auch bei einem noch nicht Volljährigen gegeben, wenn er die nötige Einsicht in die Voraussetzungen und den Zweck einer Verfassungsbeschwerde gegen die ergangenen Entscheidungen und an der Fähigkeit zur ordnungsgemäßen und selbstständigen Führung des Verfassungsbeschwerdeverfahrens hat."[48]

---

39 Man spricht statt von „Eingriff" insofern richtigerweise vom „Übergriff".
40 *Kingreen/Poscher*, Grundrechte, Rn. 188.
41 Beispiele sind etwa § 5 RelErzG oder § 1631d BGB.
42 So *Kingreen/Poscher*, Grundrechte, Rn. 757.
43 Vgl. *v. Coelln*, in: Sachs, GG, Art. 6 Rn. 53.
44 Zu den Grenzen elterlicher Bestimmungsrechte etwa *Höfling*, in: HStR VII, § 155, Rn. 80 ff.
45 Vgl. BVerfGE 59, 360, 382 – *Schweigepflicht des Schülerberaters*; näher zu dieser Thematik *Stein/Frank*, Staatsrecht, § 36 III m. w. N.
46 Gesetz v. 15.7.1921 (RGBl. S. 939).
47 So auch *Sturm*, in: Sachs, GG, Art. 93 Rn. 83.
48 BVerfGE 28, 243 – *Kriegsdienstverweigerung*.

Da es für die Prozessfähigkeit auf die *Einsichtsfähigkeit* des Beschwerdeführers ankommt, ist ein 14-Jähriger bezüglich des Grundrechts der Glaubens- und Bekenntnisfreiheit (vgl. § 5 RelKErzG) und ein 17-Jähriger für das Recht auf Kriegsdienstverweigerung als prozessfähig anzusehen.[49] **124**

Sind die sorgeberechtigten Eltern wegen eines Interessenkonflikts an der Wahrnehmung der Interessen ihres Kindes im Verfassungsbeschwerdeverfahren verhindert, muss ein *Ergänzungspfleger* bestellt werden.[50]

III. Juristische Personen als Grundrechtsträger

Literatur:
Badura, P., Grundrechte der Gemeinde?, BayVBl. 1989, 1; *ders.*, Die Unternehmensfreiheit der Handelsgesellschaften. Ein Problem des Grundrechtsschutzes juristischer Personen des Privatrechts, DÖV 1990, 353; *Bethge, H.*, Die Grundrechtsberechtigung juristischer Personen nach Art. 19 Abs. 3 GG, 1985; *ders.*, Grundrechtsschutz der Medienpolizei? Zur Grundrechtsfähigkeit der Landesmedienanstalten, NJW 1995, 557; *Bleckmann, A./Helm, F.*, Die Grundrechtsfähigkeit juristischer Personen, DVBl. 1992, 9; *Cremer, H.*, Der Osho-Beschluss des BVerfG – BVerfGE 105, 279; *C.*, Grundrechtsschutz ausländischer juristischer Personen bei wirtschaftlicher Betätigung im Inland, EuGRZ 1981, 161; *Dreier, R.*, Zur Grundrechtssubjektivität juristischer Personen des öffentlichen Rechts, FS Scupin, 1973, S. 81; *Guckelberger, A.*, Zum Grundrechtsschutz ausländischer juristischer Personen, AöR (2004) 129, 618; *Hasenstab, S.*, „Kein Grundrechtsschutz für angloamerikanische Großkanzleien und deren Mandanten?, IWRZ 2019, 3; *Hummel, L.*, Zur Grundrechtsberechtigung grundrechtsdienender juristischer Personen des öffentlichen Rechts, DVBl. 2008, 1215; *Isensee, J.*, Anwendung der Grundrechte auf juristische Personen, in: ders./Kirchhof, P. (Hrsg.), Handbuch des Staatsrechts der Bundesrepublik Deutschland, Band V, 2. Auflage 2000, § 118; *Krausnick, D.*, Grundfälle zu Art. 19 III GG, JuS 2008, 869; *Mertens, H.-J.*, Die Grundrechtsfähigkeit juristischer Personen und das Gesellschaftsrecht, JuS 1989, 857; *Pieroth, B.*, Die Grundrechtsberechtigung gemischt-wirtschaftlicher Unternehmen, NWVBl. 1992, 85; *Rüfner, W.*, Der personale Grundzug der Grundrechte und der Grundrechtsschutz juristischer Personen, in: FS 50 Jahre Bundesverfassungsgericht, 2001, Bd. II, S. 55; *Schoch, F.*, Grundrechtsfähigkeit juristischer Personen, Jura 2001, 201; *Windthorst, K.*, Zur Grundrechtsfähigkeit der Deutschen Telekom AG, VerwArch 2004, 377; *Zimmermann, N.*, Der grundrechtliche Schutzanspruch juristischer Personen des öffentlichen Rechts, 1993.

Rechtsprechung:
BVerfGE 3, 383 – *Zulassung politischer Parteien zur Landtagswahl*; BVerfGE 6, 45 – *Grundrechtsverletzung des Fiskus*; BVerfGE 15, 256 – *universitäre Selbstverwaltung*; BVerfGE 19, 206 – *Kirchenbausteuer*; BVerfGE 21, 362 – *Sozialversicherungsträger*; BVerfGE 31, 314 – 8. *Rundfunkurteil/Tätigkeit der Rundfunkanstalten*; BVerfGE 39, 302 – *Allgemeine Ortskrankenkassen*; BVerfGE 45, 63 – *Stadtwerke Hameln*; BVerfGE 61, 82 – *Sasbach*; BVerfGE 68, 193 – *Zahntechnikerinnung*; BVerfGE 70, 1 – *Orthopädietechnikerinnung*; BVerfGE 75, 192 – *Sparkasse*; BVerfGE 78, 101 – *Grundrechtsfähigkeit der Rundfunkanstalten*; BVerfGE 128, 226 – *Fraport*; BVerfGE 143, 246 – *Atomausstieg 2011*; BVerfG, GRUR 2012, – *Grundrechtsschutz juristischer Personen aus der EU*, BVerfG, NJW 2018, 2392 – *Beschwerdeberechtigung ausländischer juristischer Personen – VW-Diesel-Skandal*.

Die Grundrechtsträgerschaft von juristischen Personen und Personenvereinigungen bestimmt sich nach *Art. 19 Abs. 3*. Danach gelten die Grundrechte auch für inländische juristische Personen, soweit sie *ihrem Wesen nach auf diese anwendbar* sind. **125**

1. Juristische Personen des Privatrechts

Das einfache Recht versteht unter *juristischen Personen* Personenmehrheiten und Organisationen, denen das Privatrecht oder das öffentliche Recht Rechtspersön- **126**

---

[49] Siehe hierzu die Nachweise bei *Pieroth*, in: Jarass/Pieroth, GG, Art. 93 Rn. 81.
[50] Vgl. BVerfGE 72, 122, 135 – *Sorgerechtsentzug*.

lichkeit und Rechtsfähigkeit zuerkennt, also *die Fähigkeit, Träger von Rechten und Pflichten zu sein*.[51] Hierzu zählen im Privatrecht vor allem Aktiengesellschaften (AG), Gesellschaften mit beschränkter Haftung (GmbH), rechtsfähige Vereine (e. V.), Stiftungen und Genossenschaften.

127 Der Begriff der juristischen Person i. S. d. Art. 19 Abs. 3 geht indes über den Kreis der rechtsfähigen juristischen Personen des Privatrechts hinaus. Erfasst werden auch *nichtrechtsfähige Personenvereinigungen*, soweit diese wenigstens *teilrechtsfähig* sind.[52] Dies gilt insbesondere für den nichtrechtsfähigen Verein, die OHG, die KG, die Partnerschaftsgesellschaft und die Gesellschaft bürgerlichen Rechts.[53]

128 Erforderlich ist eine feste körperschaftsähnliche Organisationsstruktur der nichtrechtsfähigen Vereinigung.[54] Maßgeblich ist außerdem, ob das jeweilige Grundrecht ausschließlich individuell oder auch korporativ ausgeübt werden kann.[55] Nur wenn

> „die Bildung und Betätigung einer juristischen Person Ausdruck der freien Entfaltung der privaten, natürlichen Personen sind, wenn insbesondere der Durchblick auf die hinter den juristischen Personen stehenden Menschen es als sinnvoll und erforderlich erscheinen lässt, ist es gerechtfertigt, juristische Personen als Grundrechtsinhaber anzusehen und sie kraft dessen auch in den Schutzbereich bestimmter materieller Grundrechte einzubeziehen."[56]

2. Juristische Personen des öffentlichen Rechts

129 Schwierigkeiten kann auch die Frage bereiten, ob und inwieweit sich *juristische Personen des öffentlichen Rechts* auf die Grundrechte berufen können. Zu ihnen gehören u. a. Bund, Länder und Gemeinden, die berufsständischen Kammern (Rechtsanwalts-, Ärzte-, Handwerks- und Handelskammern), die Sozialversicherungsträger, die öffentlich-rechtlichen Rundfunkanstalten, die staatlichen Universitäten und die Kirchen.

130 Grundsätzlich sind juristische Personen des öffentlichen Rechts – wie Art. 1 Abs. 3 zeigt – *nicht Grundrechtsberechtigte, sondern Grundrechtsverpflichtete*.[57] Da sie selbst Teil der Staatsgewalt sind, fehlt es an einer grundrechtstypischen Gefährdungslage:[58]

> „Wenn die Grundrechte das Verhältnis des Einzelnen zur öffentlichen Gewalt betreffen, so ist es damit unvereinbar, den Staat selbst zum Teilhaber oder Nutznießer der Grundrechte zu machen; er kann nicht gleichzeitig Adressat und Berechtigter der Grundrechte sein."[59]

131 Juristische Personen des öffentlichen Rechts können sich daher grundsätzlich nicht auf die Grundrechte berufen, soweit sie öffentliche Aufgaben wahrnehmen.[60] Gleiches gilt nach der Rechtsprechung des BVerfG *auch im Bereich privatrechtlicher Betätigung*:

---

51 Vgl. *Kingreen/Poscher*, Grundrechte, Rn. 158.
52 Vgl. *Jarass*, in: Jarass/Pieroth, GG, Art. 19 Rn. 20.
53 Siehe die Beispiele bei *Huber*, in: v. Mangoldt/Klein/Starck, GG, Art. 19 Rn. 238.
54 So VGH München, NJW 1984, 2116.
55 Vgl. *Katz*, Staatsrecht, Rn. 604. – Siehe zu den Grundsatzfragen der Auslegung des Art. 19 Abs. 3 GG *Stern*, Staatsrecht III/1, S. 1097 ff.
56 BVerfGE 61, 82, 101 – *Sasbach*; vgl. auch BVerfGE 68, 193, 205 f. – *Zahntechnikerinnung*.
57 Sog. Konfusionsargument, vgl. *Maurer*, Staatsrecht, § 9 Rn. 34; *Sachs*, in: Sachs, GG, Art. 19 Rn. 90.
58 So auch *Krüger/Sachs*, in: Sachs, GG, Art. 19 Rn. 91 m. w. N.
59 BVerfGE 21, 362, 369 – *Sozialversicherungsträger*.
60 Vgl. BVerfGE 21, 362, 369 – *Sozialversicherungsträger*; BVerfGE 39, 302, 312 ff. – *Allgemeine Ortskrankenkassen*; BVerfGE 68, 193, 205 ff. – *Zahntechnikerinnung*.

„Die Frage, ob einer Gemeinde außerhalb des Bereichs der Wahrnehmung öffentlicher Aufgaben das Grundrecht aus Art. 14 Abs. 1 S. 1 zusteht, ist zu verneinen; die Gemeinde befindet sich auch bei Wahrnehmung nicht-hoheitlicher Tätigkeit in keiner ‚grundrechtstypischen Gefährdungslage'; sie wird auch in diesem Raum ihres Wirkens durch einen staatlichen Hoheitsakt nicht in gleicher Weise wie eine Privatperson ‚gefährdet' und ist mithin auch insoweit nicht ‚grundrechtsschutzbedürftig'. [...] Art. 14 als Grundrecht schützt nicht das Privateigentum, sondern das Eigentum Privater."[61]

132 Nicht grundrechtsberechtigt sind auch juristische Personen des Privatrechts, die von einem Träger öffentlicher Verwaltung gegründet werden, um öffentliche Aufgaben, vor allem im Bereich der *Daseinsvorsorge*, durchzuführen.[62] Dies gilt ebenso für gemischt-wirtschaftliche Unternehmen, die von der öffentlichen Hand beherrscht werden; von einer die Grundrechtsbindung auslösenden Beherrschung ist regelmäßig dann auszugehen, wenn mehr als die Hälfte der Anteile im Eigentum der öffentlichen Hand stehen.[63]

133 Die Grundrechtsfähigkeit juristischer Personen des öffentlichen Rechts wird allerdings in *zwei Ausnahmefällen* anerkannt. Es besteht Einigkeit darüber, dass sich juristische Personen des öffentlichen Rechts, ebenso wie ausländische juristische Personen, auf die *prozessualen Grundrechte* (z. B. Art. 19 Abs. 4, Art. 101 Abs. 1, Art. 103 Abs. 1) berufen können, da es sich hierbei um objektive Verfahrensgrundsätze handelt, die für alle an einem gerichtlichen Verfahren Beteiligten gelten.[64] Des Weiteren wird ihre Grundrechtsfähigkeit bejaht, wenn ausnahmsweise die betreffende juristische Person des öffentlichen Rechts „unmittelbar dem durch die Grundrechte geschützten Lebensbereich zuzuordnen ist".[65] Aus diesem Grund hat das BVerfG die Grundrechtsfähigkeit der *Universitäten und Fakultäten* für das Grundrecht der Wissenschaftsfreiheit anerkannt.[66] Gleiches gilt für die öffentlich-rechtlichen *Rundfunkanstalten* als Träger der Rundfunkfreiheit.[67] Auch die als Körperschaften des öffentlichen Rechts organisierten *Kirchen*[68] können sich auf die Grundrechte berufen, denn sie wurzeln trotz ihrer öffentlich-rechtlichen Organisation im außerstaatlich-gesellschaftlichen Bereich.[69] Man spricht insoweit von der Ausnahmetrias des Art. 19 Abs. 3.

3. Inländische juristische Personen

134 Eine juristische Person ist inländisch, wenn sich ihr *Sitz in Deutschland* befindet.[70] Entscheidend ist nicht der rechtliche Sitz, sondern *der effektive, tatsächliche Sitz*

---

61 BVerfGE 61, 82, 108 f. – *Sasbach*.
62 Vgl. BVerfGE 45, 63, 78 ff. – *Stadtwerke Hameln*; zur privatwirtschaftlichen Betätigung auch BVerfGE 75, 192, 195 – *Sparkasse*; Maurer, Staatsrecht, § 9 Rn. 34.
63 BVerfGE 128, 226, 246 f. – *Fraport*; kritisch *Höfling*, in: Sachs, GG, Art. 1 Rn. 109.
64 Vgl. BVerfGE 6, 45 – *Grundrechtsverletzung des Fiskus*.
65 BVerfGE 21, 362, 373 – *Sozialversicherungsträger*.
66 Vgl. BVerfGE 15, 256, 262 – *universitäre Selbstverwaltung*.
67 Vgl. BVerfGE 31, 314, 322 – *2. Rundfunkurteil/Tätigkeit der Rundfunkanstalten*; BVerfGE 59, 231, 254 – *freier Rundfunkmitarbeiter*; BVerfGE 78, 101 – *Grundrechtsfähigkeit der Rundfunkanstalten*; BVerfGE 83, 238 – *6. Rundfunkurteil/WDR*.
68 Siehe Art. 140 GG i. V. m. Art. 137 Abs. 5 WRV.
69 BVerfGE 18, 385, 386 f. – *innerkirchliche Maßnahmen*; BVerfGE 75, 192, 196 – *Sparkasse*; zur Grundrechtsfähigkeit der Religionsgesellschaften auch *Sachs*, in: Sachs, GG, Art. 19 Rn. 94, und *Maurer*, Staatsrecht, § 9 Rn. 35 m. w. N.
70 Sog. Sitztheorie, vgl. etwa *Ipsen*, Staatsrecht II, Rn. 63 m. w. N; *Kingreen/Poscher*, Grundrechte, Rn. 210.

der juristischen Person.[71] Auf die Staatsangehörigkeit der zusammengeschlossenen natürlichen Personen kommt es nicht an.[72]

135 Das gilt auch, sofern es sich um eine inländische juristische Person handelt, die vollständig im Eigentum eines ausländischen Staates steht. Das in diesem Zusammenhang vorgebrachte Konfusionsargument, nach welchem sich Grundrechtsberechtigung und Grundrechtsverpflichtung gegenseitig ausschließen, kann hier nicht durchgreifen, da der fremde Staat von vornherein nicht verpflichtet ist, die Grundrechte der Menschen in Deutschland zu garantieren und sie entsprechend zu schützen.[73] Eine von einem ausländischen Staat gehaltene juristische Person des Privatrechts, die ausschließlich als Wirtschaftssubjekt agiert, verfügt wie andere, rein private Marktteilnehmer weder unmittelbar noch mittelbar über innerstaatliche Machtbefugnisse. Einer solchen juristischen Person droht zudem insofern eine spezifische Gefährdungssituation, als sie – falls ihr die Berufung auf die Grundrechte völlig versagt bleibt – im Gegensatz zu allen anderen Marktteilnehmern gegenüber staatlichen Eingriffen und wirtschaftslenkenden Maßnahmen, die unmittelbar durch Gesetz erfolgen, rechtsschutzlos ist.[74] In diesen Fällen ist eine offene Auslegung des Art. 19 Abs. 3 auch mit Blick auf die unionsrechtlich geschützte Niederlassungsfreiheit vorzunehmen.[75] Auf diese Weise können auch Brüche zwischen der deutschen und der europäischen Rechtsordnung vermieden werden. Art. 54 Abs. 2 AEUV differenziert in Bezug auf die Niederlassungsfreiheit nach Art. 49 AEUV nicht zwischen öffentlich-rechtlich organisierten und anderen Unternehmen.[76] Somit sind inländische juristische Personen, die im Alleineigentum eines ausländischen Staates stehen, grundsätzlich Grundrechtsträger.[77]

136 Auf *ausländische juristische Personen* sind die Grundrechte grundsätzlich nicht anwendbar. Eine *Ausnahme* gilt für juristische Personen, die ihren *Sitz in einem anderen EU-Mitgliedstaat* haben. Ihnen hat das BVerfG mit Blick auf den Anwendungsvorrang der Grundfreiheiten im Binnenmarkt (Art. 26 Abs. 2 AEUV) und das allgemeine Diskriminierungsverbot des Art. 18 Abs. 1 AEUV Grundrechtsschutz zugebilligt und diese angesichts des Wortlauts des Art. 19 Abs. 3 begründungsbedürftige Interpretation konstruktiv auf eine „vertraglich veranlasste Anwendungserweiterung" des Art. 19 Abs. 3 gestützt.[78]
Darüber hinaus ist anerkannt, dass sich alle ausländischen juristischen Personen auf die *Verfahrensgrundrechte* (z. B. Art. 19 Abs. 4, Art. 101 Abs. 1, Art. 103 Abs. 1) berufen können. Aus Gründen der Rechtsstaatlichkeit stehen die prozessualen Grundrechte jedem zu, der von dem Verfahren eines Gerichts der Bundesrepublik Deutschland unmittelbar betroffen wird.[79]

4. Anwendbarkeit der Grundrechte „dem Wesen nach"

137 Ob ein Grundrecht dem Wesen nach auf eine Personenvereinigung anwendbar ist, muss *für jedes Grundrecht gesondert festgestellt* werden. Sofern der Grundrechtsschutz an

---

71 Vgl. *Sachs*, in: Sachs, GG, Art. 19 Rn. 54; *Krebs*, in: v. Münch/Kunig, GG, Art. 19 Rn. 32.
72 Vgl. *Kingreen/Poscher*, Grundrechte, Rn. 210; *Sachs*, Verfassungsrecht II, Teil I Kap 6 Rn. 56.
73 BVerfG 143, 246, 315 – *Atomausstieg 2011*.
74 BVerfG 143, 246, 315 – *Atomausstieg 2011*.
75 BVerfG 143, 246, 317 – *Atomausstieg 2011*.
76 BVerfG 143, 246, 317 – *Atomausstieg 2011*.
77 BVerfG 143, 246, 317 – *Atomausstieg 2011*.
78 BVerfG, GRUR 2012, 53, Rn. 68 – *Grundrechtsschutz juristischer Personen aus der EU*; s. a. *Rossi*, BeckOK, Ausländerrecht, Art. 18 AEUV Rn. 42; s. a. *Krüger/Sachs*, in: Sachs, GG, Art. 19 Rn. 55.
79 Ständ. Rspr., vgl. etwa BVerfGE 12, 6 – *Societe Anonyme*; BVerfGE 61, 1 – *National Iranian Oil Company*.

"Eigenschaften, Äußerungsformen oder Beziehungen anknüpft, die nur natürlichen Personen wesenseigen sind", kommt eine Erstreckung auf juristische Personen als bloße Zweckgebilde der Rechtsordnung nicht in Betracht.[80] Dies gilt vor allem für Grundrechte, die auf die physische Existenz des Menschen bezogen sind.[81] Entscheidend ist außerdem, ob das jeweilige Grundrecht nur individuell oder auch korporativ ausgeübt werden kann.[82] Geht es um eine juristische Person des öffentlichen Rechts, ist entscheidend, ob sich diese in einer grundrechtstypischen Gefährdungslage befinden. Dies trifft nach der berühmten Ausnahmetrias des Art. 19 Abs. 3 für Kirchen, Universitäten und Rundfunkanstalten zu.[83]

138 Das BVerfG hat z. B. die allgemeine Handlungsfreiheit (Art. 2 Abs. 1)[84], den allgemeinen Gleichheitssatz (Art. 3 Abs. 1)[85] und die Berufsfreiheit (Art. 12 Abs. 1)[86] für ihrem Wesen nach auf juristische Personen anwendbar erklärt. Dagegen kann sich eine juristische Person nicht auf das Recht auf Leben und körperliche Unversehrtheit berufen, da dies die physische Existenz einer natürlichen Person voraussetzt. Nicht anwendbar sind ferner die Menschenwürde (Art. 1 Abs. 1), die Freiheit der Person (Art. 2 Abs. 2 S. 2 i. V. m. Art. 104), die Gewissensfreiheit (Art. 4 Abs. 1) und der Schutz von Ehe und Familie (Art. 6 Abs. 1).[87]

IV. Grundrechtsverwirkung

Literatur:
Brenner, M., Grundrechtsschranken und Verwirkung von Grundrechten, DÖV 1995, 60; *Butzer, H./Clever, M.*, Grundrechtsverwirkung nach Art. 18 GG: Doch eine Waffe gegen politische Extremisten?, DÖV 1994, 637; *Hlawaty, E.*, Die Grundrechtsverwirkung des Art. 18 des Bonner Grundgesetzes, 1953; *Kessler, H.*, Die Grundrechtsverwirkung des Art. 18 GG, 1953; *Klemmer, P.*, Die Verwirkung von Grundrechten (Artikel 18 des Grundgesetzes), 1954.

Rechtsprechung:
BVerfGE 10, 118 – *behördliches Presseverbot*; BVerfGE 11, 282 – *Zweiter Vorsitzender der SRP*; BVerfGE 25, 44 – *KPD-Mitglied*; BVerfGE 38, 23 – *Deutsche National-Zeitung*.

139 Die Verwirkung von Grundrechten ist in Art. 18 geregelt. Nach dieser Vorschrift können bestimmte enumerativ genannte Grundrechte, vor allem Kommunikationsgrundrechte wie die Meinungs- und Pressefreiheit, die Versammlungs- und Vereinigungsfreiheit, aber auch das Eigentum verwirkt werden, wenn sie *zum Kampf gegen die freiheitliche demokratische Grundordnung missbraucht* werden (vgl. Art. 18 S. 1).

140 Die Aufnahme dieser Norm in das Grundgesetz beruhte auf der Erkenntnis, dass die Weimarer Reichsverfassung über keine hinreichenden Sicherungsmechanismen zu ihrer eigenen Verteidigung verfügte.[88] Die Vorschrift ist *Ausdruck des Prinzips der "streitbaren oder wehrhaften Demokratie"*[89]. Sie steht im Zusammenhang

---

80 BVerfGE 95, 220, 242 – *Aufzeichnungspflicht*.
81 Ebenso *Sachs*, in: Sachs, GG, Art. 19 Rn. 68.
82 *Katz*, Staatsrecht, Rn. 604.
83 Vgl. schon oben Rn. 133.
84 BVerfGE 19, 206, 216 f. – *Kirchenbausteuer*.
85 BVerfGE 3, 383, 391 f. – *Zulassung politischer Parteien zur Landtagswahl*.
86 BVerfGE 30, 292, 312 – *Erdölbevorratung*.
87 Vgl. die Beispiele bei *Sachs*, in: Sachs, GG, Art. 19 Rn. 68; *Manssen*, Grundrechte, Rn. 76.
88 Siehe zum verfassungshistorischen Hintergrund *Brenner*, in: v. Mangoldt/Klein/Starck, GG, Art. 18 Rn. 1 ff.
89 Vgl. BVerfGE 28, 36, 48 – *Zitiergebot*; *Jarass*, in: Jarass/Pieroth, GG, Art. 18 Rn. 1 m. w. N.

mit Art. 9 Abs. 2, wonach Vereinigungen verboten werden können, die sich gegen die verfassungsmäßige Ordnung richten.[90] In diesem Zusammenhang ist auch Art. 21 Abs. 2 betreffend das Verbot verfassungswidriger Parteien zu sehen.[91]

141 Art. 18 dient der *Bekämpfung individueller verfassungsfeindlicher* Tätigkeit,[92] d. h.

„der Abwehr von Gefahren, die der freiheitlich-demokratischen Grundordnung durch individuelle Betätigung drohen können. Er richtet sich gegen den Einzelnen, der kraft seiner Fähigkeiten und der ihm zur Verfügung stehenden Mittel eine um der Erhaltung der Verfassung willen zu bekämpfende Gefahr schafft."[93]

142 Die Grundrechtsverwirkung und ihr Ausmaß werden durch das *BVerfG* ausgesprochen (vgl. Art. 18 S. 2). Das Gericht verfügt, wie auch im Rahmen des Parteiverbots, über das *Entscheidungsmonopol*.[94] Das Verfahren zur Entscheidung über die Grundrechtsverwirkung richtet sich nach §§ 13 Nr. 1, 36 ff. BVerfGG. Gibt das Gericht dem Antrag statt, hat dies zur Folge, dass der Antragsgegner sich nicht mehr auf die verwirkten Grundrechte berufen kann.[95] Bisher wurden allerdings alle Anträge nach Art. 18 vom BVerfG als nicht hinreichend begründet zurückgewiesen.[96]

V. Grundrechte im „besonderen Gewaltverhältnis"

Literatur:
Erichsen, H.-U., Grundrechtseingriffe im besonderen Gewaltverhältnis, VerwArch 1972, 441; *Kempf, E.*, Grundrechte im besonderen Gewaltverhältnis, JuS 1972, 701; *Loschelder, W.*, Grundrechte im Sonderstatus, in: Isensee, J./Kirchhof, P. (Hrsg.), Handbuch des Staatsrechts der Bundesrepublik Deutschland, Band V, 2. Auflage 2000, § 123; *Müller-Dietz, H.*, Grundrechtsbeschränkungen im Strafvollzug, JuS 1976, 88; *v. Münch, I.*, Die Grundrechte des Strafgefangenen, JZ 1958, 73; *Sachs, M.*, Wiederbelebung des besonderen Gewaltverhältnisses?, NWVBl. 2004, 209.

Rechtsprechung:
BVerfGE 33, 1 – *Strafgefangene*.

143 Mit dem Begriff „besonderes Gewaltverhältnis" (gelegentlich auch *Sonderstatusverhältnis* oder *Sonderrechtsverhältnis* genannt) bezeichnete man früher Rechtsverhältnisse, in denen der Einzelne *in einer besonders engen Rechts- und Pflichtenbeziehung zum Staat* steht, wie dies etwa bei Beamten, Soldaten, Ersatzdienstleistenden, Schülern und Strafgefangenen der Fall ist.[97] Die h. M. sah es früher als rechtmäßig an, dass die Grundrechte der in einem Sonderstatusverhältnis Stehenden auch ohne gesetzliche Grundlage oder Ermächtigung, etwa allein durch Dienstordnungen oder Verwaltungsvorschriften, eingeschränkt werden konnten.[98]

144 Das *BVerfG* hat sich dieser Auffassung nicht angeschlossen.[99] Zur Begründung verwies das Gericht vor allem auf *Art. 1 Abs. 3*, der eine umfassende Bindung aller

---

90 Zu den Voraussetzungen im Einzelnen unten Rn. 913.
91 Näher zum Parteiverbot *Korioth*, Staatsrecht I, Rn. 828 ff; s. a. *Kluth*, in: BeckOK, GG, Art. 21 Rn. 205 ff.
92 BVerfGE 25, 44 – *KPD-Mitglied*.
93 BVerfGE 38, 23, 24 f. – *Deutsche National-Zeitung*.
94 Siehe BVerfGE 10, 118 – *behördliches Presseverbot*.
95 Vgl. *Maurer*, Staatsrecht, § 23 Rn. 15; *Manssen*, Grundrechte, Rn. 138.
96 BVerfGE 11, 282 – *Zweiter Vorsitzender der SRP*; BVerfGE 38, 23 – *Deutsche National-Zeitung*. Siehe im Übrigen die Nachweise bei *Maurer*, Staatsrecht, § 23 Rn. 16.
97 Siehe zur früher vertretenen Lehre vom besonderen Gewaltverhältnis die Darstellung bei *Herdegen*, in: Maunz/Dürig, Art. 1 Abs. 3 Rn. 47 m. w. N.
98 Vgl. hierzu die Darstellung bei *Katz*, Staatsrecht, Rn. 653 f.
99 Siehe hierzu BVerfGE 33, 1 – *Strafgefangene*.

Staatsgewalt an die Grundrechte vorsieht, und auf Art. 19 Abs. 1 S. 1 („soweit ein Grundrecht ‚durch Gesetz oder aufgrund eines Gesetzes' eingeschränkt werden kann...").[100] Demnach ist der Staat auch im „besonderen Gewaltverhältnis" in vollem Umfang unmittelbar an die Grundrechte gebunden, so dass Grundrechtseingriffe aufgrund eines Gesetzesvorbehalts oder durch kollidierendes Verfassungsrecht gerechtfertigt sein müssen.[101]

§ 6 Die Grundrechtsadressaten

➡ Anhang A Ü 12 Rn. 1317

Literatur:
Augsberg, I./Viellechner, L., Die Drittwirkung der Grundrechte als Aufbauproblem, JuS 2008, 406; *Buschle, D.*, Ein neues „Solange"? – Die Rechtsprechung aus Karlsruhe und Straßburg im Konflikt, VBlBW 2005, 293; *Canaris, C. W.*, Grundrechte und Privatrecht, 1999; *ders.*, Grundrechte und Privatrecht, AcP 184 (1984), 201; *Dürig, G.*, Zum „Lüth-Urteil" des Bundesverfassungsgerichts vom 15.1.1958, DÖV 1958, 194; *Erichsen, H.-U.*, Die Drittwirkung der Grundrechte, Jura 1996, 527; *Fischer-Lescano, A./Maurer, A.*, Grundrechtsbindung von privaten Betreibern öffentlicher Räume, NJW 2006, 1393; *Forsthoff, E.*, Die Grundrechtsbindung des Staats als Auftraggeber, BayVBl. 1964, 101; *Gamillscheg, F.*, Die Grundrechte im Arbeitsrecht, AcP 164 (1964), 385; *Guckelberger, A.*, Die Drittwirkung der Grundrechte, JuS 2003, 1151; *Hager, J.*, Grundrechte im Privatrecht, JZ 1994, 373; *Hesse, K.*, Verfassungsrecht und Privatrecht, 1988; *Höfling, W.*, Die Grundrechtsbindung der Staatsgewalt, JA 1995, 431; *Hößlein, M.*, Die Schuldner der Grundrechte, JZ 2007, 271; *Hummrich, M.*, BVerfG und EuGH: Kooperation oder Konfrontation, DRiZ 2005, 361; *Jochum, G.*, Die Grundrechtsbindung der Deutschen Bahn, NVwZ 2005, 779; *Kersten, J./Meinel, F.*, Grundrechte in privatisierten öffentlichen Räumen, JZ 2007, 1127; *Klein, E.*, Grundrechtsdogmatische und verfassungsprozessuale Überlegungen zur Maastricht-Entscheidung des Bundesverfassungsgerichts, GS Grabitz, 1995, S. 271; *Lang, M.*, Die Grundberechtigung der Nachfolgeunternehmen im Eisenbahn-, Post- und Telekommunikationswesen, NJW 2004, 3601; *Lücke, J.*, Die Drittwirkung der Grundrechte an Hand des Art. 19 Abs. 3 GG, JZ 1999, 377; *Mikesic, I.*, Versammlungs- und Demonstrationsrecht auf Flughafengelände, NVwZ 2004, 788; *Möller, K.*, Verfassungsrechtlicher Grundrechtsschutz gegen Gemeinschaftsrecht, Jura 2006, 91; *Nipperdey, H. C.*, Grundrechte und Privatrecht, 1961; *Novak, R.*, Zur Drittwirkung der Grundrechte, EuGRZ 1984, 133; *Oeter, S.*, „Drittwirkung" der Grundrechte und die Autonomie des Privatrechts, AöR 1994, 529; *Oldiges, M.*, Neue Aspekte der Grundrechtsgeltung im Privatrecht, in: FS Friauf, 1996, S. 281; *Pieroth, B./Hartmann, B.*, Grundrechtsschutz gegen wirtschaftliche Betätigung der öffentlichen Hand, DVBl. 2002, 421; *Pietzcker, J.*, Drittwirkung – Schutzpflicht – Eingriff, in: FS Dürig, 1990, S. 345; *Remmert, B.*, Grundfreiheiten und Privatrechtsordnung, Jura 2003, 13; *Schnapp, F. E.*, Die Grundrechtsbindung der Staatsgewalt, JuS 1989, 1; *ders./Kaltenborn, M.*, Grundrechtsbindung nichtstaatlicher Organisationen, JuS 2000, 937; *Schwabe, J.*, Die sogenannte Drittwirkung der Grundrechte, 1971; *ders.*, „Drittwirkung" und kein Ende, NJW 1973, 229; *Streinz, R.*, Bundesverfassungsgerichtlicher Grundrechtsschutz und Europäisches Gemeinschaftsrecht, 1989; *de Wall, H./Wagner, R.*, Die sogenannte Drittwirkung der Grundrechte, JA 2011, 734.

Rechtsprechung:
BVerfGE 7, 198 – *Lüth*; BVerfGE 25, 256 – *Blinkfüer*; BVerfGE 33, 1 – *Strafgefangene*; BVerfGE 37, 271 – *Solange I*; BVerfGE 49, 89 – *Kalkar*; BVerfGE 52, 203 – *rechtliches Gehör*; BVerfGE 73, 261 – *Sozialplan*; BVerfGE 73, 339 – *Solange II*; BVerfGE 81, 242 – *Wettbewerbsverbot des Handelsvertreters*; BVerfGE 89, 155 – *Maastricht*; BVerfGE 89, 214 – *Bürgschaftsvertrag*; BVerfGE

---

[100] Vgl. BVerfGE 33, 1 – *Strafgefangene*.
[101] Vgl. etwa *Kingreen/Poscher*, Grundrechte, Rn. 1162.

102, 147 – *Bananenmarktverordnung*; BVerfGE 102, 347 – *Benetton-Schockwerbung I*; BVerfGE 107, 275 – *Benetton-Schockwerbung II*; BVerfGE 123, 267 – *Lissabon*; BVerfGE 126, 286 – *Honeywell*; BVerfGE 128, 226 – *Fraport*; BVerfGE 134, 366 – *OMT-Beschluss*; BVerfGE EuZW 2014, 192 – *EuGH Vorlage zur Vereinbarkeit des Ankaufs von Staatsanleihen durch die EZB mit EU-Recht*; BVerfG NStZ 2016, 546 – *europäischer Haftbefehl*; BVerfG NJW 2016, 3153 – *diskriminierende Preisgestaltung durch ein kommunales Freizeitbad*. BAGE 1, 185; BAGE 4, 274; BAGE 48, 122 – *Sozialarbeiter als Zivildienstbeauftragter*; BGHZ 36, 91 – *Gummistrümpfe*; BGHZ 52, 325; BGHZ 91, 84; BGHZ 97, 312; EuGH Rs 6/64, Slg. 1964, 1251 – *Costa /E.N.E.L.*

I. Begriff und Bedeutung

145 Grundrechtsadressaten sind *diejenigen, die durch die Grundrechte verpflichtet werden*. Nach Art. 1 Abs. 3 sind dies die Legislative, die Exekutive und die Judikative; dies ist gleichbedeutend mit dem Begriff „alle staatliche Gewalt" in Art. 1 Abs. 1 S. 2.[1] Dadurch wird eine *lückenlose Grundrechtsbindung der gesamten öffentlichen Gewalt* gewährleistet.[2]

146 Gemäß Art. 1 Abs. 3 binden die Grundrechte die Gesetzgebung, vollziehende Gewalt und Rechtsprechung als *unmittelbar geltendes Recht*. Darin liegt eine bewusste Abkehr vom Grundrechtsverständnis der Weimarer Reichsverfassung, wonach nur die Verwaltung, nicht aber die Gesetzgebung an die Grundrechte gebunden war.[3] Die Grundrechte galten somit nur im Rahmen der Gesetze, während die Gesetze heute nur dann gelten, wenn sie die Grundrechte nicht in unzulässiger Weise einschränken, Art. 1 Abs. 3. Darüber hinaus wurden viele Grundrechte der Weimarer Reichsverfassung als bloße Programmsätze angesehen, deren Verletzung keine rechtlichen Sanktionen zur Folge hatte.[4]

147 Art. 1 Abs. 3 ergänzt für den besonderen Bereich der Grundrechte die Bindungsklausel des Art. 20 Abs. 3, wonach die Gesetzgebung an die verfassungsmäßige Ordnung, die vollziehende Gewalt und die Rechtsprechung an Gesetz und Recht gebunden sind.[5] Achtung und Schutz der Menschenwürde ist nach Art. 1 Abs. 1 S. 2 die Verpflichtung „aller staatlichen Gewalt". Dies entspricht zugleich dem Begriff der „öffentlichen Gewalt" in Art. 93 Abs. 1 Nr. 4a.[6]

II. Die Grundrechtsbindung der Gesetzgebung

148 Zur Gesetzgebung[7] i. S. v. Art. 1 Abs. 3 zählen Bundestag und Bundesrat sowie die Länderparlamente, nicht dagegen die Gemeinden. Erfasst sind alle *gesetzgebenden Organe auf Bundes- und Landesebene*.[8]

---

1 So auch *Höfling*, in: Sachs, GG, Art. 1 Rn. 83; vgl. auch *Jarass*, in: Jarass/Pieroth, GG, Art. 1 Rn. 35.
2 Siehe *Herdegen*, in: Maunz/Dürig, GG, Art. 1 Abs. 3 Rn. 3; *Höfling*, in: Sachs, GG, Art. 1 Rn. 84.
3 Vgl. zum Grundrechtsverständnis der WRV *Kingreen/Poscher*, Grundrechte, Rn. 180.
4 Vgl. zur unterschiedlichen Grundrechtsbindung nach WRV und GG *Kingreen/Poscher*, Grundrechte, Rn. 228.
5 Ausführlich zur Verfassungs-, Gesetzes- und Rechtsbindung *Korioth*, Staatsrecht I, Rn. 176 ff.
6 Ebenso *Höfling*, in: Sachs, GG, Art. 1 Rn. 83 m. w. N.
7 Es ist zweifelhaft, ob der Erlass von Rechtsverordnungen und Satzungen der Legislative oder der Exekutive zuzurechnen ist; der Streit ist im Ergebnis ohne praktische Bedeutung, da beide gleichermaßen an die Grundrechte gebunden sind. Vgl. dazu *Höfling*, in: Sachs, GG, Art. 1 Rn. 92.
8 So auch *Ipsen*, Staatsrecht II, Rn. 67.

149 Die Grundrechtsbindung der Gesetzgebung hat zur Folge, dass die Legislative beim Normerlass die Grundrechte nicht missachten darf. Art. 1 Abs. 3 *verbietet das grundrechtswidrige Gesetz.*[9] Gesetze, die den Grundrechten widersprechen, sind materiell verfassungswidrig und können *vom BVerfG für nichtig erklärt* werden (vgl. § 31 Abs. 2 BVerfGG).

150 Über diese negative *Verbotswirkung* der Bindungsklausel hinaus, in der vor allem der abwehrrechtliche Gehalt der Grundrechte zum Ausdruck kommt, entfaltet Art. 1 Abs. 3 auch eine positive *Gebotswirkung*, die auf eine grundrechtsmäßige Ausgestaltung der Gesetze gerichtet ist.[10] Denn die Grundrechte stellen *objektiv-rechtliche Wertentscheidungen der Verfassung* dar, die für alle Bereiche der Rechtsordnung gelten und der Gesetzgebung als Richtlinien dienen.[11]

151 Die Grundrechtsbindung des Gesetzgebers gilt auch für den verfassungsändernden Gesetzgeber. Diese Bindung ergibt sich aus Art. 79 Abs. 3 und den sich daraus ergebenden Wertungen.[12]

III. Die Grundrechtsbindung der vollziehenden Gewalt

152 Aufgrund der Verfassungsbindung der Legislative kann die gesetzmäßig handelnde vollziehende Gewalt mit den Grundrechten nicht in Konflikt kommen, sofern sie eine gebundene Entscheidung zu treffen hat. Der Grundrechtsbindung der Exekutive kommt allerdings eine eigenständige Bedeutung zu, wenn sie über *eigene Entscheidungsspielräume* verfügt, namentlich wenn ihr *Ermessen* eingeräumt ist.[13]

1. Kreis der als „vollziehende Gewalt" Grundrechtsverpflichteten

153 Die vollziehende Gewalt wird funktional in die Bereiche *Regierung und Verwaltung* aufgeteilt.[14] Die Verwaltung definiert sich als Teil der vollziehenden Gewalt überwiegend negativ. *Verwaltung* ist demnach die staatliche Tätigkeit, die funktional nicht Gesetzgebung oder Rechtsprechung ist und auch keine Ausübung von Regierungsfunktionen beinhaltet.[15] Positiv definiert, besteht Verwaltungshandeln aus der Wahrnehmung öffentlicher Aufgaben (Gemeinwohlaufgaben) durch konkrete Maßnahmen, die Regierungsentscheidungen und Gesetzesinhalte ausführen (vollziehen).[16]

Auch diejenigen *juristischen Personen des öffentlichen Rechts,* die ausnahmsweise selbst Grundrechtsberechtigte sein können, unterliegen Dritten gegenüber einer unmittelbaren Grundrechtsbindung.[17] Dies gilt etwa für die berufsständischen Kammern (Rechtsanwalts-, Ärzte-, Handwerks- und Handelskammern), die Sozialversicherungsträger, die öffentlich-rechtlichen Rundfunkanstalten und die staatlichen Universitäten.[18]

---

9 Ähnlich *Höfling,* in: Sachs, GG, Art. 1 Rn. 83.
10 Ausführlich hierzu *Stern,* Staatsrecht III/1, S. 1258 ff.
11 Vgl. BVerfGE 49, 89, 141 f. – Kalkar.
12 Vgl. dazu ausführlich *Hufen,* Staatsrecht II, § 7 Rn. 2.
13 Vgl. *Sachs,* Verfassungsrecht II, A 5 Rn. 9.
14 Ausführlich zum Begriff der Exekutive *Korioth,* Staatsrecht I, Rn. 716 ff.
15 Vgl. *Schröder,* in: HStR III, § 67 Rn. 19 ff.
16 Vgl. *Stern,* Staatsrecht II, S. 697.
17 Ebenso *Jarass,* in: Jarass/Pieroth, GG, Art. 1 Rn. 36.
18 Siehe die Grundrechtsberechtigung juristischer Personen des öffentlichen Rechts oben Rn. 129 ff.

Grundrechtsgebunden sind des Weiteren die sog. *Beliehenen*, d. h. private Rechtssubjekte, die mit der Wahrnehmung hoheitlicher Verwaltungsaufgaben im eigenen Namen betraut sind.[19] Typische Beispiele für Beliehene sind die Privatschulen, die Sachverständigen des TÜV und der Bezirksschornsteinfeger.[20]

2. Umfang der Grundrechtsbindung der vollziehenden Gewalt

154 Die Grundrechtsbindung der vollziehenden Gewalt ist unzweifelhaft, soweit es um öffentlich-rechtliches Handeln der Exekutive geht.[21] Nimmt die öffentliche Hand hingegen *Verwaltungsaufgaben in privatrechtlicher Form* wahr, so wurden bisher drei Fallgruppen unterschieden:

155 a) **Verwaltungsprivatrecht.** Der Staat hat im Rahmen der Leistungsverwaltung die Möglichkeit, entweder in öffentlich-rechtlicher oder privatrechtlicher Form tätig zu werden. Dies gilt insbesondere für staatliche Leistungen der Daseinsvorsorge, wie z. B. die Wasser- oder Energieversorgung, aber auch für das Erbringen von Subventionen.[22] Da die öffentliche Gewalt hier ungeachtet der privatrechtlichen Rechtsform zur Erfüllung öffentlicher Aufgaben tätig wird, darf sie sich ihrer unmittelbaren Grundrechtsbindung nicht dadurch entziehen, dass sie sich im Rahmen ihrer Verwaltungstätigkeit für die Organisationsform des Privatrechts entscheidet (keine „Flucht ins Privatrecht").[23] Die Grundrechte binden die öffentliche Verwaltung somit auch dort, wo sie sich bei der Wahrnehmung hoheitlicher Aufgaben einer privatrechtlichen Handlungsform bedient (sog. Verwaltungsprivatrecht).[24] Über die in Fällen des sog. Verwaltungsprivatrechts bestehende volle Grundrechtsbindung bestand schon bisher und besteht weiterhin Konsens. Umstritten war indes, ob und in welchem Maße in den beiden nachfolgenden Konstellationen, also bei den sog. Hilfsgeschäften der Verwaltung und bei erwerbswirtschaftlicher Tätigkeit des Staates eine Grundrechtsverpflichtung besteht.

156 b) **Hilfsgeschäfte der Verwaltung.** Hilfsgeschäfte der Verwaltung dienen nicht der Erfüllung öffentlicher Aufgaben, sondern der Beschaffung der für die Verwaltung erforderlichen Sachgüter. Hierzu gehören der Kauf von Büromaterial, die Anschaffung von Dienstfahrzeugen, die Vergabe eines Auftrags an einen Handwerker wie auch die Anmietung von Verwaltungsgebäuden.[25] Man bezeichnet diese Hilfsgeschäfte auch als fiskalische Tätigkeit der Verwaltung. Da diese auf privatrechtlichen Verträgen beruht, lehnte die zivilgerichtliche Rechtsprechung in diesem Bereich eine Grundrechtsbindung der Verwaltung ab.[26] Trotz des Vertragsschlusses durch einen Verwaltungsträger komme den Rechtsbeziehungen der Beteiligten ausschließlich privatrechtlicher Charakter zu, weshalb sie nicht von der unmittelbaren Bindung an die Grundrechtsnormen erfasst werden könnten.[27]

---

19 Zum Begriff des Beliehenen *Dreier*, in: Dreier, GG, Art. 1 III, Rn. 39.
20 Vgl. auch die Beispiele bei *Kingreen/Poscher*, Grundrechte, Rn. 232.
21 Siehe zur Grundrechtsbindung der Exekutive bei öffentlich-rechtlichem Verwaltungshandeln *Höfling*, in: Sachs, GG, Art. 1 Rn. 100 f.; zur Bindung der vollziehenden Gewalt im Allgemeinen *Stern*, Staatsrecht III/1, S. 1318 ff.
22 Siehe zum Verwaltungsprivatrecht *Kingreen/Poscher*, Grundrechte, Rn. 230.
23 Vgl. zu den Einzelheiten des Verwaltungsprivatrechts *Maurer*, Allgemeines Verwaltungsrecht, § 17.
24 Vgl. BGHZ 52, 325, 328 f.; BGHZ 91, 84, 97; aus der Literatur *Starck*, in: v. Mangoldt/Klein/Starck, GG, Art. 1 Rn. 227; *Höfling*, in: Sachs, GG, Art. 1 Rn. 102.
25 Siehe zu den Hilfsgeschäften der Verwaltung *Kingreen/Poscher*, Grundrechte, Rn. 234.
26 Vgl. BGHZ 36, 91, 96 – *Gummistrümpfe*; BGHZ 97, 312, 315 f.
27 So auch BGHZ 36, 91, 96 – *Gummistrümpfe*.

c) **Erwerbswirtschaftliche Tätigkeit.** Die erwerbswirtschaftliche Tätigkeit des 157
Staates dient nicht der Erfüllung öffentlicher Aufgaben, sondern vor allem der
Gewinnerzielung. Dies gilt namentlich für den Betrieb privatwirtschaftlicher Unternehmen durch den Staat (z. B. Staatsweingut, Staatsbrauerei) oder seine Beteiligung hieran (z. B. Anteile des Landes Niedersachsen an der Volkswagen AG).[28]
Wie auch bei den fiskalischen Hilfsgeschäften wurde im Rahmen einer erwerbswirtschaftlichen staatlichen Tätigkeit die Grundrechtsbindung der Verwaltung
überwiegend abgelehnt.[29]

d) **Neuere Entwicklung.** Das BVerfG hat in seiner Fraport-Entscheidung dieser 158
an die unterschiedlichen Ziele des Verwaltungshandelns anknüpfenden Unterscheidung eine Absage erteilt. Es hat ausgeführt:

> „*Grundrechtsgebundene staatliche Gewalt im Sinne des Art. 1 Abs. 3 GG ist [...] jedes Handeln staatlicher Organe oder Organisationen, weil es in Wahrnehmung ihres dem Gemeinwohl verpflichteten Auftrags erfolgt.*"[30]

Damit liegt nicht nur Grundrechtsbindung vor, *wenn* Gemeinwohlzwecke verfolgt
werden, sondern *weil* solche Zwecke verfolgt werden. Das BVerfG hat damit eine
umfassende Bindung der Verwaltung an die Grundrechte für alle drei Fallgruppen,
also unabhängig von den Zielen des Verwaltungshandelns, anerkannt.[31]

IV. Die Grundrechtsbindung der Rechtsprechung

Zur *Rechtsprechung i. S. d. Art. 1 Abs. 3* zählen die Gerichte des Bundes und der 159
Länder sowie die Rechtsprechungsorgane der mittelbaren Staatsverwaltung.[32]

Die Grundrechtsbindung der Rechtsprechung wirkt sich zum einen dahinge- 160
hend aus, dass die Gerichte im Rahmen von Prozessen die *Verfahrensgrundrechte*
der Beteiligten, vor allem Art. 101, 103 und 104, zu beachten haben.[33] Das
BVerfG führt hierzu aus:

> „Im gerichtlichen Verfahren tritt der Richter den Verfahrensbeteiligten formell und in
> unmittelbarer Ausübung staatlicher Hoheitsgewalt gegenüber. Er ist daher nach Art. 1
> Abs. 3 bei der Urteilsfindung an die insoweit maßgeblichen Grundrechte gebunden
> und zu einer rechtsstaatlichen Verfahrensgestaltung verpflichtet. Das gilt nicht nur für
> öffentlich-rechtliche Streitigkeiten, sondern auch für den Zivilprozess."[34]

Darüber hinaus ist die Rechtsprechung an die *materiellen Grundrechte* gebunden, 161
die für den Verlauf des gerichtlichen Verfahrens und das inhaltliche Ergebnis der
Entscheidung von Bedeutung sein können.[35] Dies gilt in erster Linie für öffentlich-rechtliche Streitigkeiten und im Strafprozess; im Zivilprozess ist hingegen die
mittelbare Drittwirkung der Grundrechte von Bedeutung.[36]

---

28 Vgl. zur erwerbswirtschaftlichen Betätigung auch *Kingreen/Poscher*, Grundrechte, Rn. 234.
29 Siehe hierzu die Nachweise bei *Höfling*, in: Sachs, GG, Art. 1 Rn. 104, und bei *Starck*, in: v. Mangoldt/Klein/Starck, GG, Art. 1 Rn. 228.
30 BVerfGE 128, 226, 244 – *Fraport*.
31 BVerfG NJW 2016, 3153 Rn. 24 ff., 27 – *diskriminierende Preisgestaltung durch ein kommunales Freizeitbad*; *Sachs*, Verfassungsrecht II, Teil I Kap 5 Rn. 17; *Kingreen/Poscher*, Grundrechte, Rn. 235.
32 *Ipsen*, Staatsrecht II, Rn. 67; ausführlich zur Grundrechtsbindung der Rechtsprechung *Stern*, Staatsrecht III/1, S. 1422 ff.
33 Vgl. *Höfling*, in: Sachs, GG, Art. 1 Rn. 106.
34 BVerfGE 52, 203, 207 – *rechtliches Gehör*.
35 Vgl. *Kunig*, in: v. Münch/Kunig, GG, Art. 1 Rn. 62.
36 So auch *Herdegen*, in: Maunz/Dürig, GG, Art. 1 Abs. 3 Rn. 98; dazu sogleich unter Rn. 163 ff.

162 Im Rahmen des gerichtlichen Verfahrens sind die Gerichte ferner befugt, die entscheidungserheblichen Normen auf ihre Verfassungsmäßigkeit, also auch auf ihre Vereinbarkeit mit den Grundrechten, zu überprüfen. *Vorkonstitutionelle Gesetze* sowie nachkonstitutionelles Recht, das kein förmliches Gesetz des Bundes oder eines Landes ist, darf jedes Gericht wegen Grundrechtswidrigkeit verwerfen.[37] Handelt es sich hingegen um ein *nach dem 23.5.1949 verkündetes Parlamentsgesetz*, so besteht ein Verwerfungsmonopol des *BVerfG* (vgl. Art. 100 Abs. 1).[38]

V. Die Geltung der Grundrechte zwischen Privaten („mittelbare Drittwirkung")

163 Gemäß Art. 1 Abs. 3 binden die Grundrechte Gesetzgebung, vollziehende Gewalt und Rechtsprechung als unmittelbar geltendes Recht. Aus der Funktion der Grundrechte und dem Wortlaut des Art. 1 Abs. 3 ergibt sich, dass die Grundrechte *im Verhältnis der Bürger untereinander grundsätzlich keine unmittelbare Wirkung* entfalten.[39]

Eine direkte Grundrechtsbindung Privater kommt vielmehr nur in sehr seltenen Fällen in Betracht.[40] So findet sich die einzige unmittelbare Drittwirkungsklausel des Grundgesetzes in Art. 9 Abs. 3 S. 2.[41] Danach sind Abreden nichtig, die die Koalitionsfreiheit einschränken oder zu behindern suchen; hierauf gerichtete Maßnahmen sind rechtswidrig.[42]

Dies bedeutet jedoch nicht, dass den Grundrechten in der Privatrechtsordnung keine normative Wirkung zukommt.[43] Die *Reichweite der Ausstrahlung der Grundrechte* auf das Privatrecht war in der Rechtsprechung jedoch lange Zeit umstritten.

164 Das BAG folgte in seinen frühen Entscheidungen der von *Nipperdey*[44] begründeten „Lehre von der unmittelbaren Drittwirkung", wonach die Grundrechte nicht nur den Staat verpflichten, sondern auch eine unmittelbare privatrechtliche Wirkung entfalten sollen.[45] Danach sollten die Grundrechte auch im Privatrechtsverkehr unmittelbar anwendbar sein, also nicht erst aufgrund von Gesetzen, die vom einfachen Gesetzgeber in Ausführung der Grundsatznorm erlassen worden sind.[46] Konsequenz dieser Auffassung war, dass sich *auch die Bürger untereinander* im Privatrechtsverkehr auf die verfassungsrechtlich gewährleisteten Grundrechte sollten berufen können. Eine Grundrechtsverletzung führte nach dieser Ansicht wegen Verstoßes gegen ein gesetzliches Verbot zur *Nichtigkeit des Rechtsgeschäfts* (§ 134 BGB).[47] Dies wurde damit begründet, dass die wirtschaftliche Entwicklung zu einem veränderten Kräfteverhältnis zwischen den verschiedenen Privatrechtssubjekten, vor allem zwischen natürlichen Personen und mächtigen Großkonzernen,

---

37 Siehe *Kunig*, in: v. Münch/Kunig, GG, Art. 1 Rn. 64 m. w. N.
38 Näher zum Vorlagegegenstand nach Art. 100 *Jarass*, in: Jarass/Pieroth, GG, Art. 100 Rn. 6 ff.
39 Vgl. *Jarass*, in: Jarass/Pieroth, GG, Art. 1 Rn. 46; *Höfling*, in: Sachs, GG, Art. 1 Rn. 111.
40 Näher zur unmittelbaren Drittwirkung *Jarass*, in: Jarass/Pieroth, GG, Art. 1 Rn. 47.
41 *Höfling*, in: Sachs, GG, Art. 9 Rn. 124; ausführlich zu Art. 9 Abs. 3 S. 2 *Stern*, Staatsrecht IV/1, S. 2092 ff.
42 Siehe zu den Einzelheiten unten Rn. 835.
43 Vgl. *Höfling*, in: Sachs, GG, Art. 1 Rn. 111.
44 *Enneccerus-Nipperdey*, Allgemeiner Teil des Bürgerlichen Rechts, 1. Band, 1. Halbband, S. 91 ff.
45 Vgl. BAGE 1, 185, 191 ff.; bestätigt von BAGE 4, 274, 276 f.
46 *Enneccerus-Nipperdey*, Allgemeiner Teil des Bürgerlichen Rechts, 1. Band, 1. Halbband, S. 93.
47 Vgl. BAGE 4, 274, 276 f.

geführt habe. Dieses Kräfteverhältnis komme dem hierarchischen Verhältnis zwischen Staat und Bürger näher als die für das Privatrecht prägende, überkommene Sichtweise einer Gleichordnung der Bürger.[48] Auch wenn die Beschreibung faktisch zutreffen mag, die skizzierte Lesart verkehrte die Funktion der Grundrechte.[49] Anstatt als Freiheitsrechts des Bürgers gegen den Staat zu fungieren, drohten sie zu Grundrechtsverpflichtungen Privater untereinander zu denaturieren. Auch ihre grundsätzliche Funktion, im Verhältnis von Bürger und Staat letzterem die Rechtfertigungslast für Eingriffe zuzuweisen, ginge letztlich wohl verloren.

165 Es verwundert daher nicht, dass das BAG die Lehre von der unmittelbaren Drittwirkung der Grundrechte zwischenzeitlich *wieder aufgegeben hat*.[50]

166 Auch das BVerfG hat ihr in der *Lüth*-Entscheidung eine Absage erteilt. *Lüth*, ein Hamburger Senator hatte im Jahre 1950 dazu aufgerufen, den Film „Unsterbliche Geliebte" zu boykottieren. Der Grund hierfür lag nicht im Inhalt oder der Form des Films, sondern in der Person des Regisseurs dieses Films, den *Veit Harlan* inszeniert hatte, jener *Veit Harlan*, der im Dritten Reich den Film „Jud Süß" gedreht hatte. *Lüth* hielt *Veit Harlan* für ungeeignet, den im dritten Reich zerstörten Ruf des deutschen Films wiederherzustellen und rief deshalb zum Boykott des Filmes auf. Derartige Boykottaufrufe stellen zivilrechtlich eine unerlaubte Handlung dar, die Unterlassungsansprüche nach sich ziehen. Dementsprechend hatte das LG Hamburg auf Antrag der Filmproduktionsgesellschaft eine einstweilige Unterlassungsverfügung erlassen, die das OLG Hamburg bestätigte. Dagegen wandte sich *Lüth* mit einer Verfassungsbeschwerde und rügte die Verletzung seines Grundrechts auf freie Meinungsäußerung, Art. 5 Abs. 1 S. 1. Das BVerfG gab *Lüth* Recht. Über den abwehrrechtlichen Gehalt hinaus sieht das Gericht die *Grundrechte als Elemente objektiver Wertordnung*. Deshalb kommt ihnen eine *Ausstrahlungswirkung* auf die gesamte Rechtsordnung zu. Grundrechte entfalten daher über das Verhältnis Bürger/Staat hinausgehend eine Drittwirkung und gelten damit mittelbar auch im Verhältnis der Bürger zueinander. Im Lüth-Urteil hat das BVerfG darauf hingewiesen, dass der Gesetzgeber die *Verfassungsbeschwerde* als besonderen Rechtsbehelf zur Wahrung der Grundrechte an sich *nur gegen Akte der öffentlichen Gewalt* gewährt hat.[51] Zugleich hat der Senat jedoch ausdrücklich festgestellt, dass das GG keine wertneutrale Ordnung sein will, sondern in seinem Grundrechtsabschnitt auch eine objektive Wertordnung aufgestellt hat.[52] Dieses Wertsystem

> „muss als verfassungsrechtliche Grundentscheidung für alle Bereiche des Rechts gelten; Gesetzgebung, Verwaltung und Rechtsprechung empfangen von ihm Richtlinien und Impulse. So beeinflusst es selbstverständlich auch das bürgerliche Recht; keine bürgerlich-rechtliche Vorschrift darf in Widerspruch zu ihm stehen, jede muss in seinem Geiste ausgelegt werden."[53]

---

48 BAGE 1, 185, 191: Zwar nicht alle, aber doch eine Reihe bedeutsamer Grundrechte der Verfassung sollen nicht nur Freiheitsrechte gegenüber der Staatsgewalt garantieren, sie sind vielmehr Ordnungsgrundsätze für das soziale Leben, die in einem aus dem Grundrecht näher zu entwickelnden Umfang unmittelbare Bedeutung auch für den Rechtsverkehr der Bürger untereinander haben".
49 *Kingreen/Poscher*, Grundrechte, Rn 239; *de Wall/Wagner*, JA 2011, 734, 736.
50 Siehe etwa BAGE 48, 122, 138 f. – *Sozialarbeiter als Zivildienstbeauftragter*.
51 Vgl. BVerfGE 7, 198, 205 – *Lüth*.
52 Vgl. BVerfGE 7, 198, 205 – *Lüth* m. w. N.
53 BVerfGE 7, 198, 205 f. – *Lüth*.

167 Das *BVerfG* vertritt seither in ständiger Rechtsprechung die „*Lehre von der mittelbaren Drittwirkung der Grundrechte*". In späteren Entscheidungen sprach das Gericht wertneutral von „Elementen objektiver Ordnung",[54] die als „objektive Grundentscheidungen für alle Bereiche des Rechts, also auch für das Zivilrecht, gelten",[55] ohne dass damit ein Unterschied in der Sache einherginge.[56]

168 Die Ausstrahlungswirkung der Grundrechte auf das bürgerliche Recht hat zur Folge, *dass das einfache Gesetzesrecht im Lichte der besonderen Bedeutung der Grundrechte auszulegen ist*.[57] Daraus können sich grundrechtliche Schutzpflichten ergeben.[58] Als „Einbruchstellen" der Grundrechte als Auslegungsdirektiven dienen vor allem *unbestimmte Rechtsbegriffe* (vgl. § 315 BGB) sowie die zivilrechtlichen *Generalklauseln* (§§ 138, 242, 826 BGB).[59] Eine unmittelbare Grundrechtsbindung Privater lehnt die h. M. demgegenüber ab, sofern eine solche nicht, wie in Art. 9 Abs. 3 S. 2, ausdrücklich im GG vorgesehen ist.[60]

VI. Die deutschen Grundrechte und die supranationale Hoheitsgewalt der EU

169 *Art. 1 Abs. 3* hat nach allgemeiner Auffassung nur die Grundrechtsbindung der *deutschen Staatsgewalt* zum Gegenstand.[61] Ausländische Staaten und supranationale Organisationen wie die Europäische Union sind daher nicht an den Grundrechtskatalog des Grundgesetzes gebunden.[62]

170 Das *Rangverhältnis von Europarecht und nationalem Verfassungsrecht* ist für die Frage von Bedeutung, ob europäisches Sekundärrecht an den Grundrechten des Grundgesetzes zu messen ist.[63] Im Kern geht es um die *Kompetenzabgrenzungsprobleme*, die sich namentlich aus dem Hineinwirken des Unionsrechts in das mitgliedstaatliche und damit eben auch deutsche (Verfassungs-)Recht ergeben.[64] *Prozessrechtlich* hat das etwa im Rahmen der Zulässigkeitsprüfung einer Verfassungsbeschwerde – dort bei der Bestimmung des Beschwerdegegenstandes bzw. der Prüfung der Beschwerdebefugnis[65] – oder im Rahmen der Zulässigkeitserörterung eines abstrakten Normenkontrollverfahrens – dort bei der Klärung des Verfahrensgegenstandes[66] – Bedeutung.[67]
Hinweis: In der Fallbearbeitung muss man sich also darüber klarwerden, was in einem bundesverfassungsgerichtlichen Verfahren als Prüfungsmaßstab und was als -gegenstand fungiert.

---

54 BVerfGE 73, 261, 269 – *Sozialplan*.
55 BVerfGE 81, 242, 254 – *Wettbewerbsverbot des Handelsvertreters*.
56 Vgl. *Richardi*, in: MünchArbR, Bd. 1, § 12 Rn. 10.
57 Vgl. BVerfGE 7, 198, 205 – *Lüth*.
58 Siehe etwa *Herdegen*, in: Maunz/Dürig, GG, Art. 1 Abs. 3 Rn. 65 m. w. N.
59 Vgl. *Herdegen*, in: Maunz/Dürig, GG, Art. 1 Abs. 3 Rn. 65; BVerfGE 7, 198, 205 – *Lüth*.
60 Vgl. hierzu *Höfling*, in: Sachs, GG, Art. 1 Rn. 111; *Schmidt*, in: ErfK Einl. GG Rn. 15 ff. Fallbeispiel mit Einkleidung in eine Verfassungsbeschwerde unten Rn. 596 (Fall 16).
61 Vgl. *Höfling*, in: Sachs, GG, Art. 1 Rn. 86; *Stern*, Staatsrecht III/1, S. 1229 m. w. N.
62 Siehe *Jarass*, in: Jarass/Pieroth, GG, Art. 1 Rn. 43 m. w. N.
63 Vgl. zum Rangverhältnis zwischen nationalem Recht und dem Recht der Europäischen Gemeinschaften *Herdegen*, Europarecht, § 10 Rn. 1 ff.; *Streinz*, Europarecht, Rn. 194 ff.; *Oppermann/Classen/Nettesheim*, Europarecht, § 10, Rn. 1 ff.
64 Vgl. *Walter*, in: Maunz/Dürig, GG, Art. 93 Rn. 155.
65 Dazu auch unten Rn. 1256.
66 Statt von Verfahrensgegenstand kann man auch vom Prüfungsgegenstand sprechen.
67 BVerfG, NJW 2018, 2109, Rn. 20 – *staatliches Informationshandeln*.

*Nach Auffassung des EuGH*⁶⁸ hat das Gemeinschaftsrecht stets Vorrang vor dem nationalen Recht, also auch vor dem Verfassungsrecht der Mitgliedstaaten. Denn

> „dem aus dem Vertrag als einer autonomen Rechtsquelle fließenden Recht können wegen dieser seiner Eigenständigkeit keine wie immer gearteten innerstaatlichen Rechtsvorschriften vorgehen, wenn ihm nicht sein Charakter als Gemeinschaftsrecht aberkannt und wenn nicht die Rechtsgrundlage der Gemeinschaft selbst in Frage gestellt werden soll."⁶⁹

Demnach soll das BVerfG nicht befugt sein, Rechtsakte der Europäischen Gemeinschaft auf ihre Vereinbarkeit mit den Grundrechten des Grundgesetzes zu prüfen:

> Nach gefestigter Rechtsprechung [scil.des EuGH] kann nämlich nach dem Grundsatz des Vorrangs des Unionsrechts, der die Unionsrechtsordnung wesentlich prägt […], die Geltung des Unionsrechts in einem Mitgliedstaat nicht dadurch beeinträchtigt werden, dass dieser Staat Vorschriften des nationalen Rechts, und haben sie auch Verfassungsrang, geltend macht […]."⁷⁰

Nach Auffassung des *BVerfG* sind die Abgrenzungsfragen dagegen aufgrund einer *mehrfachen Differenzierung* zu beantworten. Zunächst ist hinsichtlich der Anwendbarkeit des Prüfungsmaßstabes der deutschen Grundrechte und damit der (verfassungsgerichtlichen) Überprüfung danach zu unterscheiden, ob Prüfungsgegenstand das sog. europäische Primärrecht (nachfolgend 1.) ist oder ob es um die Kontrolle daraus abgeleiteten Sekundärrechts geht (nachfolgend 2.). Sodann sind die verbleibenden verfassungsgerichtlichen Kontrollvorbehalte darzustellen (nachfolgend 3.).

1. Europäisches Primärrecht

Das *europäische Primärrecht* wird in erster Linie durch die Verträge (etwa AEUV, EUV etc.)⁷¹ sowie das Gewohnheitsrecht⁷² (vor allem die allgemeinen Rechtsgrundsätze des Unionsrechts) gebildet. Rechtsakte der EU als solche sind nicht von Art. 1 Abs. 3 erfasst und damit *nicht Gegenstand der Bindungswirkung* des Grundgesetzes und insbesondere seiner Grundrechte.⁷³ Das BVerfG kann also nicht über die Gültigkeit oder Ungültigkeit einer Vorschrift des Gemeinschaftsrechts entscheiden.⁷⁴

Das europäische Primärrecht ist durch völkerrechtliche Verträge entstanden und wird heute durch die Änderungen dieser Verträge fortentwickelt. Die dafür erforderlichen *Zustimmungsgesetze* stellen, weil insoweit der deutsche Gesetzgeber in Ausübung deutscher Staatsgewalt tätig wird, *Akte der deutschen Staatsgewalt* dar und können als solche auch vom BVerfG überprüft werden.⁷⁵

2. Europäisches Sekundärrecht

Bei sog. *Sekundärrecht* handelt es sich um Recht, das auf Grundlage des Primärrechts von den Organen der Europäischen Union geschaffen wird. Diese können sich dabei der in Art. 288 AEUV genannten Instrumente, Verordnungen, Richtlinien etc. bedienen.

---

68 EuGH, Rs 6/64, Slg. 1964, 1251 – *Costa/E. N. E. L.*
69 EuGH, Rs 6/64, Slg. 1964, 1251, 1270 – *Costa/E. N. E. L.*
70 EuGH, NJW 2013, 1215, Rn. 59 m. w. N. – *Melloni*.
71 Näher *Ruffert*, in: Calliess/Ruffert, EUV/AEUV, 5. Auflage 2016, Art. 1 AEUV, Rn. 8.
72 Dazu *Schroeder*, in: Streinz, EUV/AEUV, 3. Auflage 2018; Art. 288 AEUV Rn. 18.
73 *Sachs*, Verfassungsrecht II, Teil I, Kap 5 Rn. 24.
74 BVerfGE 37, 271, 281 f. – *Solange I*.
75 BVerfGE 123, 267, 328 ff. – *Lissabon*.

3. Verbleibende Kontrollvorbehalte und Reservefunktion des BVerfG

176 **a) im Wesentlichen vergleichbarer Grundrechtsschutz.** Die Dinge komplizieren sich bei der Kontrolle des Sekundärrechts durch weitere Differenzierungen.

177 **aa) Kontrolle des europäischen Sekundärrechts selber.** Historisch stand im Vordergrund der bundesverfassungsgerichtlichen Kontrolle zunächst die Sicherung der Grundrechte gegenüber der Rechtssetzung der EU. Sie verbindet sich mit dem bekannten Schlagwort der sog. *Solange-Rechtsprechung* des BVerfG. Nach dieser Rechtsprechung prüft das Gericht abgeleitetes Gemeinschaftsrecht nicht mehr am Maßstab der Grundrechte des Grundgesetzes,

> „solange die Europäischen Gemeinschaften, insbesondere die Rechtsprechung des Gerichtshofs der Gemeinschaften einen wirksamen Schutz der Grundrechte gegenüber der Hoheitsgewalt der Gemeinschaften generell gewährleisten, der dem vom Grundgesetz als unabdingbar gebotenen Grundrechtsschutz im Wesentlichen gleich zu achten ist."[76]

178 Während das BVerfG im Jahre 1974 davon ausging, dass das Gemeinschaftsrecht noch keinen Grundrechtsschutz bietet, der dem Grundrechtsstandard des GG vergleichbar war (*Solange I*)[77], sah das Gericht im Jahre 1986 diese Voraussetzung nunmehr als erfüllt an, ging also von einem *im Wesentlichen vergleichbaren Grundrechtsschutz* auf europäischer Ebene aus und zog daraus folgende Konsequenz, dass solange dieser Gleichklang besteht,

> „...das Bundesverfassungsgericht seine Gerichtsbarkeit über die Anwendbarkeit von abgeleitetem Gemeinschaftsrecht, das als Rechtsgrundlage für ein Verhalten deutscher Gerichte und Behörden im Hoheitsbereich der Bundesrepublik Deutschland in Anspruch genommen wird, nicht mehr ausüben und dieses Recht mithin nicht mehr am Maßstab der Grundrechte des Grundgesetzes überprüfen [wird]; entsprechende Vorlagen nach Art. 100 Abs. 1 GG sind somit unzulässig."[78]

Den in der Solange-Rechtsprechung entwickelten und in weiteren Entscheidungen fortgeführten Maßstab des im „Wesentlichen vergleichbaren Grundrechtsschutzes" fand im Europarechtsartikel des GG Aufnahme, Art. 23 Abs. 1 S. 1. Für den Rechtsanwender bedeutet dies, dass die Zulässigkeit bundesverfassungsgerichtlicher Rechtsbehelfe nur bejaht werden kann, wenn anhand einer *Gegenüberstellung des grundgesetzlichen Grundrechtsschutzes mit dem auf Gemeinschaftsebenen bestehenden Schutzniveau* festgestellt würde, dass die europäische Rechtsentwicklung einschließlich der Rechtsprechung des EuGH unter den erforderlichen Grundrechtsstandard abgesunken sei.[79] Ein solcher Nachweis kann angesichts des erreichten Entwicklungsstandes des europäischen Grundrechtsschutzes kaum gelingen. Die Reservefunktion des BVerfG bleibt damit derzeit theoretischer Natur.[80]

179 **bb) Kontrolle bei Umsetzung und Vollzug europäischen Sekundärrechts.** Wird europäisches Sekundärrecht durch deutsche Gesetze (*Transformationsgesetze*) umgesetzt bzw. europäisches Sekundärrecht *vollzogen*, ist wiederum zu differenzieren. Insoweit kommt es darauf an, ob das Unionsrecht den Mitgliedstaaten *Handlungsspielräume* belässt oder nicht.

---

76 BVerfGE 73, 339, 378 – *Solange II*.
77 Siehe BVerfGE 37, 271, 285 – *Solange I*.
78 Siehe BVerfGE 73, 339, 378 – *Solange II*.
79 BVerfGE 102, 147, 164 – *Bananenmarktverordnung*.
80 *Walter*, in: Maunz/Dürig, GG, Art. 93 Rn. 167; *Voßkuhle*, in: v. Mangoldt/Klein/Starck, GG, Art. 93 Rn. 83a.

Besteht ein solcher Spielraum nicht, weil das Unionsrecht *zwingende Vorgaben* **180** macht, ist das innerstaatliche Recht grundsätzlich *nicht am Maßstab der Grundrechte* des Grundgesetzes, sondern am Unionsrecht und damit auch den durch dieses gewährleisteten Grundrechten zu messen.[81]

Geht demgegenüber das *nationale Recht über die Vorgaben* des Unionsrechts hinaus – **181** etwa indem das Unionsrecht *Härtefallregelungen* eröffnet, die dann grundrechtskonform genutzt werden können[82], findet Art. 1 Abs. 3 Anwendung.[83] Gegebenenfalls ist die Frage des Bestehens eines Umsetzungsspielraums im Wege der Vorlage an den EuGH nach Art. 267 Abs. 1 AEUV zu klären[84]; wird dort das Vorhandensein eines Umsetzungsspielraums bejaht, kann das BVerfG die Überprüfung der Norm auf seine Übereinstimmung mit dem GG prüfen.

b) Ultra-Vires-Kontrolle. Das BVerfG hat sich in seiner an die Solange-Rechtspre- **182** chung anschließenden Auseinandersetzung mit der Frage des Verhältnisses von Europarecht und nationalem Verfassungsrecht *weitere Reserve- bzw. Kontrollfunktionen* vorbehalten. Das BVerfG sieht sich in einem *Kooperationsverhältnis* zum EuGH. Zwar übe es seine

> „Gerichtsbarkeit über die Anwendbarkeit von abgeleitetem Gemeinschaftsrecht in Deutschland in einem ‚Kooperationsverhältnis' zum Europäischen Gerichtshof aus, in dem der Europäische Gerichtshof den Grundrechtsschutz in jedem Einzelfall für das gesamte Gebiet der Europäischen Gemeinschaften garantiert, das Bundesverfassungsgericht sich deshalb auf eine generelle Gewährleistung der unabdingbaren Grundrechtsstandards beschränken kann."[85]

Gleichzeitig aber behalte es sich vor, zu prüfen,

> „ob Rechtsakte der europäischen Einrichtungen und Organe sich in den Grenzen der ihnen eingeräumten Hoheitsrechte halten oder aus ihnen ausbrechen."[86]

Man spricht insoweit von einer *Ultra-Vires-Kontrolle*. Das BVerfG würde aber nur einschreiten, wenn der *Kompetenzverstoß hinreichend qualifiziert* wäre.[87] Das wäre insbesondere dann der Fall, wenn das kompetenzwidrige Handeln der Unionsgewalt offensichtlich sei und der angegriffene Akt im Kompetenzgefüge zwischen Mitgliedstaaten und Union im Hinblick auf das Prinzip der begrenzten Einzelermächtigung und die rechtsstaatliche Gesetzesbindung erheblich ins Gewicht falle.[88]

c) Identitätskontrolle. Die Rechtsprechung des BVerfG zum Verhältnis zum **183** EuGH wurde im Lissabon-Urteil[89], der Honeywell-Entscheidung[90] und in der Entscheidung zum europäischen Haftbefehl[91] fortentwickelt. Das BVerfG behält sich neben der schon erwähnten Ultra-Vires-Kontrolle auch eine *Identitätskontrolle* vor,

---

81 BVerfGE 142, 74, Rn. 115 – *Sampling*; BVerfGE 133, 277, Rn. 88; – *Antiterrordatei*; BVerfGE 129, 186, 198 f. – *Griechenlandhilfe Euro-Rettungsschirm, EFS*.
82 *Michael/Morlok*, Grundrechte, § 6 Rn. 74.
83 BVerfG, NJW 2018, 2109, Rn. 20 – *staatliches Informationshandeln*.
84 BVerfGE 129, 186, 199 f. – *Griechenlandhilfe Euro-Rettungsschirm, EFS*.
85 BVerfGE 89, 155, 174 f. – *Maastricht*.
86 BVerfGE 89, 155, 174 f. – *Maastricht*.
87 BVerfGE 126, 286, 304 f. – *Honeywell*.
88 BVerfGE 126, 286, 304 – *Honeywell*; BVerfG EuZW 2014, 192, Rn. 37 – *EuGH-Vorlage zur Vereinbarkeit des Ankaufs von Staatsanleihen durch die EZB mit EU-Recht*.
89 BVerfGE 123, 267 – *Lissabon*.
90 BVerfGE 126, 286 ff. – *Honeywell*.
91 BVerfG NStZ 2016, 546 – *europäischer Haftbefehl*.

also eine Kontrolle in Bezug auf die Verfassungsidentität der Bundesrepublik gem. Art. 23 Abs. 1 S. 3 i. V. m. Art. 79 Abs. 3.⁹² Im Beschluss zur verfassungsrechtlichen Prüfungspflicht bei der Auslieferung zur Vollstreckung eines italienischen Abwesenheitsurteils führt der Zweite Senat dazu aus:

> *"Soweit Maßnahmen eines Organs oder einer sonstigen Stelle der Europäischen Union Auswirkungen zeitigen, die durch Art. 79 Abs. 3 GG in Verbindung mit den in Art. 1 und 20 GG niedergelegten Grundsätze geschützte Verfassungsidentität berühren, gehen sie über die grundgesetzlichen Grenzen offener Staatlichkeit hinaus. Auf einer primärrechtlichen Ermächtigung kann eine derartige Maßnahme nicht beruhen, weil auch der mit der Mehrheit des Art. 23 Abs. 1 S. 3 GG in Verbindung mit Art. 79 Abs. 2 GG entscheidende Integrationsgesetzgeber der Europäischen Union keine Hoheitsrechte übertragen kann, mit deren Inanspruchnahme eine Berührung der von Art. 79 Abs. 3 GG geschützten Verfassungsidentität einherginge. … Auf eine Rechtsfortbildung zunächst verfassungsmäßiger Einzelermächtigungen kann sie ebenfalls nicht gestützt werden, weil das Organ oder die Stelle der Europäischen Union damit ultra vires handelte."*⁹³

Auf Grundlage dieser Identitätskontrolle hat das BVerfG ein in Anwendung europäischen Rechts ergangenes Urteil (eines deutschen Gerichts) wegen Verstoßes gegen Art. 1 Abs. 1 aufgehoben und eine Auslieferung untersagt, weil Mindestanforderungen an das Schuldprinzip, welches in Art. 1 Abs. 1 enthalten ist, nicht gewahrt wurden.⁹⁴

Zugleich betont das BVerfG – wohl in gewisser Distanzierung zum Lissabon-Urteil – erneut das Kooperationsverhältnis zum EuGH und führt aus:

> *"Vor der Annahme eines Ultra-Vires-Akts der europäischen Organe und Einrichtungen ist deshalb dem Gerichtshof im Rahmen eines Vorabverfahrens nach Art. 267 AEUV die Gelegenheit zur Vertragsauslegung sowie zur Entscheidung über die Gültigkeit und die Auslegung der fraglichen Rechtsakte zu geben. Solange der Gerichtshof keine Gelegenheit hatte, über die aufgeworfenen unionsrechtlichen Fragen zu entscheiden, darf das BVerfG für Deutschland keine Unanwendbarkeit des Unionsrechts feststellen".*⁹⁵

184 Wie belastbar sich dieses Kooperationsverhältnis künftig erweisen wird, bleibt abzuwarten. Immerhin hat das BVerfG auf der skizzierten Grundlage dem EuGH die Frage vorgelegt, ob die Ankündigung des Ankaufs von Staatsanleihen durch die Europäische Zentralbank gegen deren geld- und währungspolitisches Mandat oder gegen das Verbot monetärer Haushaltsfinanzierung verstößt und damit ein Ultra-vires-Akt vorliegt.⁹⁶

§ 7 Aufbau der Grundrechtsprüfung bei Verletzung eines Freiheitsrechts

185 Der Fallaufbau bei Verletzung eines Freiheitsrechts folgt einer *Drei-Stufen-Prüfung*. Zunächst ist zu fragen, ob das Verhalten des Betroffenen in den *Schutzbereich* des Grundrechts fällt. In einem weiteren Schritt ist festzustellen, ob ein staatlicher *Eingriff* in den Schutzbereich gegeben ist. Wird dies bejaht, so muss untersucht

---

92 BVerfGE 126, 286, 354 – *Honeywell*.
93 BVerfG NStZ 2016, 546, Rn. 42 – *europäischer Haftbefehl*.
94 BVerfG NStZ 2016, 546, Rn. 51 ff. – *europäischer Haftbefehl*.
95 BVerfGE 126, 286, 307 – *Honeywell*; vertiefend zum Verständnis der Honeywell-Entscheidung etwa Callies, in: Maunz/Dürig, GG, Art. 24 Rn. 136 ff.
96 BVerfGE 134, 366 ff. – *OMT-Beschluss*.

werden, ob dieser Eingriff *verfassungsrechtlich gerechtfertigt* ist. Ist dies nicht der Fall, liegt ein Verstoß gegen das Grundrecht vor.
➡ Vgl. auch die Prüfungsschemata in Anhang B Rn. 1318; Anhang C Rn. 1322-1324

I. Schutzbereich

Im Rahmen des Schutzbereichs eines Freiheitsrechts ist zwischen dem persönlichen und dem sachlichen Schutzbereich des Grundrechts zu unterscheiden.

1. Persönlicher Schutzbereich

Der persönliche Schutzbereich betrifft die Frage der *Grundrechtsträgerschaft*.[1] Darunter versteht man die Fähigkeit einer natürlichen oder juristischen Person, Träger von Grundrechten zu sein.[2] Grundrechtsträger und damit *Grundrechtsberechtigter* ist derjenige, dem das Grundrecht zusteht.[3]
Vom persönlichen Schutzbereich eines Grundrechts werden alle Personen erfasst, die *hinsichtlich dieses Grundrechts grundrechtsfähig* sind, also Träger des möglicherweise verletzten Grundrechts sein können.[4]

2. Sachlicher Schutzbereich

Der sachliche Schutzbereich beschreibt den *grundrechtlich geschützten Lebensbereich*,[5] den Gewährleistungsinhalt des Grundrechts in sachlicher Hinsicht.[6] Dies betrifft die menschlichen Verhaltensweisen, Rechtsgüter oder Eigenschaften des Grundrechtsträgers, die ihm das Grundrecht verbürgt, also etwa die Äußerung seiner Meinung (vgl. Art. 5 Abs. 1), sein Leben und seine körperliche Unversehrtheit (vgl. Art. 2 Abs. 2) oder seine Herkunft (vgl. Art. 3 Abs. 3).[7]
Der Schutzbereich eines Grundrechts wird bisweilen gleichbedeutend als *Tatbestand* bezeichnet.[8] Auch wird der Begriff des *Normbereichs* eines Grundrechts verwendet. Dieser soll den Ausschnitt der sozialen Wirklichkeit umfassen, der durch die jeweilige Norm gestaltet wird.[9] Vom Schutzbereich zu unterscheiden ist der *Regelungsbereich* eines Grundrechts. Damit wird der natürliche Lebensbereich bezeichnet, dem das Grundrecht gilt und in dem es den rechtlichen Schutzbereich erst bestimmt (Bsp.: alle – auch „unfriedliche" – Versammlungen in Art. 8 Abs. 1, wohingegen nur friedliche und waffenlose Versammlungen in den Schutzbereich der Norm fallen).[10]

Die Grundrechtsausübung erfasst nicht nur das Handeln des Einzelnen im Schutzbereich des Grundrechts, welches im Verfassungstext in aller Regel positiv formuliert ist (sog. *positive Freiheit*); grundrechtlich gewährleistet ist vielmehr auch die Freiheit, die fraglichen Handlungen zu unterlassen (sog. *negative Freiheit*).[11]

---
1 Zum Kreis der Grundrechtsträger bereits oben Rn. 111 ff.
2 V. *Münch/Kunig*, in: v. Münch/Kunig, GG, Vorb. Art. 1–19 Rn. 27 m. w. N.
3 Siehe auch *Stein/Frank*, Staatsrecht, § 27 vor I.
4 Näher zur Grundrechtsfähigkeit oben Rn. 114 ff.
5 *Kingreen/Poscher*, Grundrechte, Rn. 255 f.
6 *Sachs*, in: Sachs, GG, Vor Art. 1 Rn. 77.
7 Vgl. *Jarass*, in: Jarass/Pieroth, GG, Vorb. vor Art. 1 Rn. 19 f.
8 Kritisch zum Begriff des „Schutzbereichs" *Ipsen*, Staatsrecht II, Rn. 123.; *Stern*, Staatsrecht III/2, S. 34 f.
9 Vgl. *Stein/Frank*, Staatsrecht, § 26 V.
10 Vgl. zu den Begriffen im Einzelnen *Kingreen/Poscher*, Grundrechte, Rn. 197.
11 Siehe hierzu *Kingreen/Poscher*, Grundrechte, Rn. 253 f.; *Sachs*, Verfassungsrecht II, Teil I, Kap. 7 Rn. 20.

190 Der sachliche Schutzbereich ist *durch Auslegung der Grundrechtsnorm zu ermitteln*.[12] Dabei kommt es in erster Linie auf den objektivierten Willen des Verfassungsgebers an, wie er sich aus Wortlaut und Systematik ergibt, wohingegen die Entstehungsgeschichte der Norm von eher untergeordneter Bedeutung ist.[13] Rückschlüsse auf den Schutzbereich können sich ferner aus den ausdrücklich normierten Grundrechtsschranken ergeben.[14]

> **Beispiel:** Aus der Erwähnung der Schranke der persönlichen Ehre in Art. 5 Abs. 2 lässt sich schließen, dass ehrbeeinträchtigende Äußerungen in den Schutzbereich des Art. 5 Abs. 1 fallen, weil andernfalls die Erwähnung der Schranke „Recht der persönlichen Ehre" sinnlos wäre.

191 Die Bestimmung des sachlichen Schutzbereichs eines Grundrechts kann *im Einzelfall mit erheblichen Schwierigkeiten verbunden* sein. Häufig betreffen die Grundrechte Rechtsgüter oder Verhaltensweisen, die einer rechtlichen Definition nur sehr schwer zugänglich sind (Bsp.: „Kunst").[15] Doch auch vermeintlich anschauliche Begriffe können zahlreiche Auslegungsfragen aufwerfen (Bsp.: „Leben").[16] Ungeachtet dieser Schwierigkeiten *kann auf die Definition des Schutzbereichs* eines Grundrechts *nicht verzichtet werden*. Das BVerfG hat auf dieses Erfordernis im Rahmen der Kunstfreiheit hingewiesen:

> „Die Unmöglichkeit, Kunst generell zu definieren, entbindet […] nicht von der verfassungsrechtlichen Pflicht, die Freiheit des Lebensbereichs Kunst zu schützen, also bei der konkreten Rechtsanwendung zu entscheiden, ob die Voraussetzungen des Art. 5 Abs. 3 S. 1 vorliegen."[17]

192 Bei der Auslegung der Grundrechtsnormen gilt der *Grundsatz der größtmöglichen Grundrechtseffektivität*. So hat das BVerfG den Grundsatz aufgestellt,

> „wonach in Zweifelsfällen diejenige Auslegung zu wählen ist, welche die juristische Wirkungskraft der Grundrechtsnorm am stärksten entfaltet".[18]

193 In vielen Fällen wird dieser Grundsatz eine *weite Auslegung* der Grundrechtsbestimmungen zur Folge haben. Im Schrifttum wird allerdings im Rahmen der Bestimmung des sachlichen Schutzbereichs *eine allgemeine Freiheitsvermutung* („in dubio pro libertate") zugunsten des Einzelnen verneint.[19] Eine sorgfältige Schutzbereichsbestimmung muss jedenfalls der Gefahr beggnen, dass das grundrechtliche „Abwägungsspiel von Grund und Gegengrund" banalisiert wird.[20]

194 Zahlreiche Grundrechtsnormen sind *sachlich bestimmt*, knüpfen also an natürliche Verhaltensweisen oder Rechtsgüter an, wie z.B. das Recht auf Leben und körperliche Unversehrtheit (Art. 2 Abs. 2), die Glaubens- und Gewissensfreiheit (Art. 4

---

12 Zu den Einzelheiten v. *Münch/Kunig*, in: v. Münch/Kunig, GG, Vorb. Art. 1–19 Rn. 36 m.w.N.
13 Vgl. v. *Münch/Kunig*, in: v. Münch/Kunig, GG, Vorb. Art. 1–19 Rn. 36 m.w.N. Ausführlich zu den allgemeinen juristischen Auslegungsmethoden *Larenz*, Methodenlehre der Rechtswissenschaft, S. 312 ff.; *Rüthers*, Rechtstheorie, § 22.
14 Siehe zu den Kriterien der Schutzbereichsbestimmung auch *Herdegen*, in: Maunz/Dürig, GG, Art. 1 Abs. 3 Rn. 34.
15 Siehe zum Schutzbereich der Kunstfreiheit unten Rn. 724 ff.
16 Näher dazu unten Rn. 458 ff.
17 BVerfGE 67, 213, 225 – *anachronistischer Zug*.
18 BVerfGE 39, 1, 38 – *Schwangerschaftsabbruch I*; BVerfGE 51, 97, 110 – *Zwangsvollstreckung I*.
19 V. *Münch/Kunig*, in: v. Münch/Kunig, GG, Vorb. Art. 1–19 Rn. 36; vertiefende Darstellung bei *Merten*, in: HGR, § 56 Rn. 50 ff. sowie *Sachs*, in: Stern, StaatsRIII/2, § 77, S. 63 ff. die beide der Formel allerdings kritisch gegenüberstehen.
20 Ähnlich *Kingreen/Poscher*, Grundrechte, Rn. 282.

Abs. 1 und 2), die Versammlungsfreiheit (Art. 8 Abs. 1), die Berufsfreiheit (Art. 12 Abs. 1) und die Unverletzlichkeit der Wohnung (Art. 13 Abs. 1).[21]

Darüber hinaus kennt das Grundgesetz auch *Grundrechte mit normgeprägtem Schutzbereich*. Sie sind dadurch gekennzeichnet, dass ihr Schutzgut der rechtlichen Ausgestaltung durch den Gesetzgeber bedarf.[22] Dies gilt etwa für grundrechtliche Schutzgegenstände wie die Ehe (Art. 6 Abs. 1), den Verein (vgl. Art. 9 Abs. 1) und das Eigentum (Art. 14 Abs. 1). 195

Im Rahmen der normgeprägten Grundrechte scheint ein Widerspruch darin zu liegen, dass der Gesetzgeber auch an diese Grundrechte unmittelbar gebunden ist (vgl. Art. 1 Abs. 3), andererseits aber ihren Schutzbereich rechtlich konkretisieren muss.[23] Eine denkbare Lösung besteht darin, dass der Gesetzgeber nicht befugt ist, beliebig über das Grundrecht zu verfügen, sondern die Bestimmung des Schutzbereichs durch dessen *rechtliche Ausgestaltung bestimmten Grenzen* zu unterliegen hat.[24] So soll nach der in der Weimarer Zeit entwickelten *Lehre von der Einrichtungsgarantie* der Kernbereich bestimmter Rechtsinstitute gegen eine Beseitigung oder Antastung durch den Gesetzgeber besonders geschützt sein.[25] Nach der Rechtsprechung des BVerfG sichert beispielsweise Art. 6 Abs. 1

„*den Kern der das Familienrecht bildenden Vorschriften insbesondere des bürgerlichen Rechts gegen eine Aufhebung oder wesentliche Umgestaltung und schützt gegen staatliche Maßnahmen, die bestimmende Merkmale des Bildes von der Familie, das der Verfassung zugrunde liegt, beeinträchtigen*".[26]

Umstritten ist allerdings, welche Strukturprinzipien von diesem „Kernbestand der Ehe und Familie" im Einzelnen umfasst sein sollen.[27] 196

3. Begrenzungen des Schutzbereichs

Einschränkungen des Schutzbereichs eines Grundrechts können sich bereits aus dem *Verfassungstext* ergeben. So gewährleistet Art. 8 Abs. 1 die Versammlungsfreiheit nur für *friedliche Versammlungen ohne Waffen*. Beide Gebote begrenzen von vornherein den sachlichen Schutzbereich des Art. 8 Abs. 1.[28] Daraus lässt sich allerdings kein allgemeiner „Friedlichkeitsvorbehalt" für die anderen Grundrechte ableiten.[29] 197

Darüber hinaus haben Rechtsprechung und Schrifttum *für einzelne Grundrechte weitere Schutzbereichsbegrenzungen* angenommen.[30] 198
So sollen *erwiesen oder bewusst unwahre Tatsachenbehauptungen* nach h. M. nicht in den Schutzbereich der Meinungsfreiheit fallen (Bsp.: Auschwitzlüge[31]).[32] Das

---

21 Siehe zu den sachgeprägten Grundrechten *Maurer*, Staatsrecht I, § 9 Rn. 44.
22 Vgl. zu den normgeprägten Grundrechten *Ipsen*, Staatsrecht II, Rn. 162 f.
23 Siehe zu dieser Frage im Rahmen des Art. 14 *Maurer*, Staatsrecht I, § 9 Rn. 45.
24 Vgl. *Kingreen/Poscher*, Grundrechte, Rn. 270 ff.
25 Ausführlich zu Idee und Entwicklung der Einrichtungsgarantien *Stern*, Staatsrecht III/1, S. 756 ff.
26 BVerfGE 80, 81, 92 – *Erwachsenenadoption*.
27 Ausführlich hierzu *Stern*, Staatsrecht IV/1, S. 420 ff. Siehe auch unten Rn. 722 ff.
28 So auch *Kunig*, in: v. Münch/Kunig, GG, Art. 8 Rn. 22; *Depenheuer*, in: Maunz/Dürig, GG, Art. 8 Rn. 79. Zur umstrittenen Frage, ob insofern Art. 2 Abs. 1 anwendbar ist, unten Rn. 857.
29 *Hufen*, Staatsrecht II, § 6 Rn. 20.
30 Siehe hierzu die Abschnitte zu den jeweiligen Einzelgrundrechten.
31 BVerfGE 90, 241, 247 – *Auschwitzlüge*.
32 Vgl. *Bethge*, in: Sachs, GG, Art. 5 Rn. 28 m. w. N.; vgl. auch *Jarass*, in: Jarass/Pieroth, GG, Art. 5 Rn. 7; a. A. *Wendt*, in: v. Münch/Kunig, GG, Art. 5 Rn. 10; *Ipsen*, Staatsrecht II, Rn. 418; *Kingreen/Poscher*, Grundrechte, Rn. 655.

BVerfG klammert sie aus dem Schutzbereich des Art. 5 Abs. 1 aus, weil sie zu der verfassungsrechtlich gewährleisteten Meinungsbildung nichts beitragen können.[33] Gleiches gilt für unrichtige Zitate.[34]

Der Schutzbereich der Kunstfreiheit erfasst nach h. M. nicht die „*unfriedliche*" *Kunst*, die mit Gewaltanwendung verbunden ist.[35] Dies ist z. B. beim Besprühen von Bauwerken mit Graffiti der Fall.[36] Zur Beschädigung fremden Eigentums hat das BVerfG ausgeführt:

> „*Diese Gewährleistung [der Kunstfreiheit] hat das Grundgesetz mit keinem Vorbehalt versehen; ihre Reichweite erstreckt sich aber von vorneherein nicht auf die eigenmächtige Inanspruchnahme oder Beeinträchtigung fremden Eigentums zum Zwecke der künstlerischen Entfaltung (sei es im Werk- oder Wirkbereich der Kunst).*" [37]

199 Gleiches gilt, wenn durch „unfriedliche Kunst" andere Rechtsgüter Dritter wie Leben, Freiheit oder Ehre eigenmächtig beeinträchtigt werden.[38]

200 Im Übrigen ist bei der Annahme von Schutzbereichsbegrenzungen *Zurückhaltung geboten*.[39] Grundrechtsbeschränkungen durch kollidierendes Verfassungsrecht sind in aller Regel erst im Rahmen der verfassungsrechtlichen Rechtfertigung des Eingriffs zu prüfen.[40] Dies gilt nach überwiegender Auffassung auch für vorbehaltlos gewährleistete Grundrechte.[41]

II. Eingriff in den Schutzbereich

➡ Anhang B Sch 1 Rn. 1318; Anhang C Rn. 1323

201 Eingriffe der öffentlichen Gewalt in den Schutzbereich eines Grundrechts lösen das Erfordernis einer verfassungsrechtlichen Rechtfertigung des staatlichen Handelns aus. Ein Eingriff kann durch einen *rechtlichen Einzelakt* wie z. B. ein Urteil oder einen Verwaltungsakt, durch eine *Rechtsnorm* (Gesetz, Rechtsverordnung, Satzung), aber auch *faktisch durch einen Realakt* der vollziehenden Gewalt erfolgen.[42]

1. Begriff

202 **a) Der „klassische" Grundrechtseingriff.** Der sog. *klassische* Begriff des *Eingriffs* bildet auch heute noch den Kern der abwehrrechtlichen Grundrechtsdogmatik. Seine Kenntnis ist erforderlich, um aktuelle Problemstellungen – etwa wann und warum eine staatliche Warnung einen Eingriff in ein Grundrecht darstellt – verstehen und in der Fallbearbeitung entwickeln zu können. Nach dem „klassischen" Eingriffsbegriff stellt ein finales staatliches Handeln durch Rechtsakt, das mit Befehl und Zwang gegen den Betroffenen durchgesetzt werden kann, einen Eingriff in den Schutzbereich

---

33 BVerfGE 61, 1, 8 – *Wahlkampf, Meinungsäußerung im Wahlkampf*; BVerfGE 90, 241, 247 – *Judenverfolgung, Auschwitzlüge*; BVerfG, B. v. 28. März 2017, Az 1 BvR 1384/16, Rn. 15 – *Verletzung der Meinungsfreiheit durch Verurteilung wegen Volksverhetzung*.
34 Siehe *Bethge*, in: Sachs, GG, Art. 5 Rn. 28 m. w. N.
35 Ebenso *Bethge*, in: Sachs, GG, Art. 5 Rn. 198c.
36 Siehe BVerfG, NJW 1984, 1293 – *Sprayer von Zürich*.
37 BVerfG, NJW 1984, 1293, 1294 – *Sprayer von Zürich*.
38 Vgl. *Kingreen/Poscher*, Grundrechte, Rn. 724.
39 Näher hierzu *Herdegen*, in: Maunz/Dürig, GG, Art. 1 Abs. 3 Rn. 36 ff. Vgl. dazu auch ausführlich *Hufen*, Staatsrecht II, § 6 Rn. 15 ff.
40 Hierzu unter Rn. 235 ff.
41 Ebenso *Kingreen/Poscher*, Grundrechte, Rn. 369 ff., m. w. N. zur Gegenauffassung.
42 Vgl. den Überblick bei *Starck*, in: v. Mangoldt/Klein/Starck, GG, Art. 1 Rn. 265. Kritisch zum Begriff des Grundrechtseingriffs *Ipsen*, Staatsrecht II, Rn. 136 ff.

eines Grundrechts dar.[43] Das BVerfG fasst die Merkmale eines „Eingriffs im herkömmlichen Sinne" wie folgt zusammen:

> „Danach wird unter einem Grundrechtseingriff im Allgemeinen ein rechtsförmiger Vorgang verstanden, der unmittelbar und gezielt (final) durch ein vom Staat verfügtes, erforderlichenfalls zwangsweise durchzusetzendes Ge- oder Verbot, also imperativ, zu einer Verkürzung grundrechtlicher Freiheiten führt."[44]

Der klassische Begriff des Grundrechtseingriffs wird somit durch die vier Kriterien *Finalität, Unmittelbarkeit, Rechtsförmlichkeit und Imperativität* bestimmt.[45]

Finalität oder Zielgerichtetheit des Staatshandelns[46] bedeutet, dass die staatliche Maßnahme sich nicht nur als unbeabsichtigte Folge eines auf andere Ziele gerichteten staatlichen Handelns darstellt,[47] dieses vielmehr gerade einen Eingriff in die Grundrechte bezweckt.[48]

Unmittelbarkeit der staatlichen Maßnahme ist gegeben, wenn sie primär auf bestimmte Rechtsfolgen gerichtet, also nicht nur zwar beabsichtigte, aber mittelbare Folge des staatlichen Handelns ist.[49]

Rechtsförmlichkeit meint ein staatliches Handeln durch einen Rechtsakt (Gesetz, Verwaltungsakt, Gerichtsurteil), das Rechtswirkungen auslösen soll, dem also nicht nur eine tatsächliche Wirkung zukommt.[50]

Imperativität meint, dass der Staat das Handeln, das er dem Einzelnen mit Befehl und Zwang verbindlich aufgibt oder verbietet und notfalls zwangsweise durchsetzen kann.[51]

Der klassische Grundrechtseingriff besteht in einem *Befehl, Gebot oder Verbot*.[52] Typische Beispiele sind belastende Verwaltungsakte wie die Administrativenteignung, die Verweigerung einer Erlaubnis (z. B. Baugenehmigung, Gaststättenerlaubnis) oder das Verbot einer Tätigkeit (z. B. Gewerbeuntersagung, Berufsverbot), die Polizeiverfügung (z. B. Auflösung einer Versammlung), aber auch die Legalenteignung sowie Gerichtsurteile.[53]

b) Der erweiterte Eingriffsbegriff. Es besteht Einigkeit darüber, dass der „klassische" Eingriffsbegriff nicht alle Grundrechtsbeeinträchtigungen erfasst, die einer verfassungsrechtlichen Rechtfertigung bedürfen. Der Begriff des Grundrechtseingriffs ist daher in mehreren Richtungen erweitert worden. Eine einheitliche No-

---

43 Siehe etwa *Sachs*, Verfassungsrecht II, Teil I, Kap. 8 Rn. 6 ff.; *Kingreen/Poscher*, Grundrechte, Rn. 294 ff. Ausführlich zum Begriff des „klassischen" Grundrechtseingriffs *Sachs*, in: Stern, Staatsrecht III/2, S. 82 ff.
44 BVerfGE 105, 279, 299 f. – *Osho*.
45 Vgl. zu den Kriterien des klassischen Eingriffsbegriffs auch v. *Münch/Kunig*, in: v. Münch/Kunig, GG, Vorb. Art. 1–19 Rn. 32 ff.; *Maurer*, Staatsrecht I, § 9 Rn. 46; vertiefend *Sachs*, in: Stern, StaatsR III/2, S. 82 ff. sowie *Peine*, in: HGR, § 57 Rn. 20 ff.
46 *Sachs*, in: Sachs, GG, Vor Art. 1 Rn. 81.
47 Vgl. *Kingreen/Poscher*, Grundrechte, Rn. 294 ff.
48 *Epping*, Grundrechte, Rn. 392.
49 Vgl. *Kingreen/Poscher*, Grundrechte, Rn. 294.
50 Vgl. *Sachs*, in: Stern, StaatsR III/2, S. 127.
51 Ebenso BVerfGE 105, 279, 300 – *Osho*.
52 So auch *Sachs*, in: Sachs, GG, Vor Art. 1 Rn. 80; *Maurer*, Staatsrecht I, § 9 Rn. 46.
53 Weitere Beispiele bei *Sachs*, Verfassungsrecht II, Teil I Kap 8 Rn. 10.

menklatur hat sich dafür allerdings ebenso wenig gebildet[54] als Einigkeit über die Kriterien besteht, die hinreichende Relevanz besitzen, um das Erfordernis der grundrechtlichen Rechtfertigungsprüfung auszulösen.[55]

Diese Erweiterung betrifft alle vier Aspekte des klassischen Grundrechtseingriffs. So können Grundrechte auch durch faktische Einwirkungen verletzt werden, insbesondere durch Realakte wie staatliche Warnungen, Wertungen und Kritik.[56] Darüber hinaus können auch mittelbare Einwirkungen zu erheblichen Grundrechtsbeeinträchtigungen führen. Das BVerfG stellt zu dieser Entwicklung fest:

> *"Unter der Geltung des Grundgesetzes ist der Grundrechtsschutz nicht auf Eingriffe im herkömmlichen Sinne begrenzt, sondern auf faktische und mittelbare Beeinträchtigungen ausgedehnt worden. Damit reagiert die Rechtsordnung auf geänderte Gefährdungslagen. Zugleich ist der Gesetzesvorbehalt ausgedehnt worden, und zwar nicht nur im Interesse des Schutzes subjektiver Rechte, sondern auch zur Stärkung der parlamentarischen Verantwortung und damit der demokratischen Legitimation staatlichen Handelns."*[57]

210 Unter einem *faktischen Eingriff* ist eine Beeinträchtigung durch tatsächliches Verwaltungshandeln (Realakte) zu verstehen.[58] Ihre Auswirkung besteht regelmäßig darin, dass sie nicht zu einer verbindlichen Regelung im Grundrechtsbereich führt, sondern die *Grundrechtsausübung behindert oder gefährdet*.[59]

211 Um *mittelbare Eingriffe* handelt es sich bei Regelungen, die nicht gezielt auf eine Einschränkung des Grundrechts gerichtet sind, aber dennoch negative Auswirkungen auf die Grundrechtsausübung haben.[60] Für *Dritte* kann sich ein mittelbarer Eingriff daraus ergeben, dass der Adressat einer belastenden staatlichen Maßnahme die Beeinträchtigung auf Dritte überwälzt.[61]

212 In Kombination der Ausweitungstendenzen
- von der Imperativität zu schlicht hoheitlichem Handeln,
- vom rechtsförmlichen Handeln zu Realakten,
- von finalen Einwirkungen zu unbeabsichtigten Wirkungen
- und schließlich von unmittelbaren zu mittelbaren Beeinträchtigungen

entsteht ein weiter Eingriffsbegriff, der als Eingriff in ein Grundrecht *jedes staatliche Handeln* qualifiziert, *welches dem Grundrechtsträger ein Verhalten, das in den Schutzbereich eines Grundrechts fällt, ganz oder teilweise unmöglich macht*.[62] Dies gilt zunächst unabhängig davon, ob diese Wirkung final oder unbeabsichtigt, unmittelbar oder mittelbar, rechtlich oder tatsächlich, mit oder ohne Befehl und Zwang erfolgt.[63] Die Grundrechtsbeeinträchtigung muss der öffentlichen Gewalt jedoch mindestens *zurechenbar* sein.[64]

---

54 Gesprochen wird vom erweiterten, modernen oder weiten Eingriffsbegriff; z. T. wird insoweit auch, um Missverständnissen vorzubeugen, der Begriff „Eingriff" vermieden und stattdessen der klassische Eingriff von „sonstigen Grundrechtsbeeinträchtigungen" abgegrenzt, vgl. etwa *Sachs*, in: Stern, StaatsR III/2, S. 128.
55 *Sachs*, in: ders., GG, vor Art. 1 Rn. 83; *Peine*, in: HGR, § 57 Rn. 33: „Über die genauen Einzelheiten des Eingriffsverständnisses herrscht Unsicherheit".
56 Siehe hierzu die Nachweise bei v. *Münch/Kunig*, in: v. Münch/Kunig, GG, Vorb. Art. 1–19 Rn. 34.
57 BVerfGE 105, 279, 299 – *Osho*.
58 *Maurer*, Staatsrecht I, § 9 Rn. 47.
59 Vgl. *Jarass*, in: Jarass/Pieroth, GG, Vorb. vor Art. 1 Rn. 28.
60 Siehe *Maurer*, Staatsrecht I, § 9 Rn. 47.
61 Vgl. *Jarass*, in: Jarass/Pieroth, GG, Vorb. vor Art. 1 Rn. 28.
62 Vgl. *Kingreen/Poscher*, Grundrechte, Rn. 292 m. w. N.; *Katz*, Staatsrecht, Rn. 637a.
63 *Kingreen/Poscher*, Grundrechte, Rn. 292 m. w. N.
64 Vgl. BVerfGE 66, 39, 57 – *Pershing II*.

c) **Problemfelder und Operationalisierung.** Es liegt auf der Hand, dass aufgrund der skizzierten Ausweitungstendenzen die Konturen eines Grundrechtseingriffs und die erforderliche Abgrenzung zwischen Verantwortungsbereich des grundrechtsgebundenen Staats und allgemeinem Lebensrisiko ins Nebulöse abzugleiten drohen.

Ausgangspunkt der erforderlichen Ab- und Eingrenzung ist zunächst, dass es für die Qualifizierung staatlichen Handelns auf dessen Rechtsförmlichkeit nicht ankommt. Wirkt eine staatliche Maßnahme – wie etwa der Schlagstockeinsatz eines Polizisten – unmittelbar und faktisch auf den grundrechtlich geschützten Bereich ein, steht die mangelnde Rechtsförmlichkeit der Annahme eines Grundrechtseingriffs nicht entgegen. Unmittelbare faktische Eingriffe sind also ebenso Grundrechtseingriffe wie rechtsförmliche Eingriffe.

Schwieriger gestaltet sich die Einordnung der mittelbaren Einwirkungen. Hier bietet es sich an, zwischen finalen und unbeabsichtigten Auswirkungen einer Maßnahme zu unterscheiden. Gegen die Grundrechtsbindung solcher Maßnahmen, mit denen der Staat zwar eine indirekte, aber beabsichtigte Verhaltenssteuerung bewirken will, lassen sich keine durchgreifenden Bedenken erheben.

Bei durch den Staat nicht beabsichtigten mittelbaren Beeinträchtigungen kann danach differenziert werden, ob sich solche Beeinträchtigungen als typisch (dann mittelbarer Grundrechtseingriff) oder atypisch (dann kein Grundrechtseingriff) darstellen.

Diese Grundsätze lassen sich anschaulich an der eingriffsdogmatischen Bewältigung von *Warnungen, Hinweisen, Informationen und geschäftsschädigenden Äußerungen* der öffentlichen Gewalt exemplifizieren.

Warnt der Staat beispielsweise vor dem Kauf glykolhaltiger Weine und geht daraufhin der Absatz belasteter Weine zurück, gilt Folgendes: Die staatliche Warnung führt zu einer mittelbaren Beeinträchtigung, mittelbar, weil nicht das staatliche Handeln selbst, sondern erst die sinkende Nachfrage der Verbraucher zum Umsatzrückgang führt, die aber beabsichtigt ist, weil die Warnungen gerade dazu dienen sollten, dass Verbraucher vom Verzehr glykolhaltiger Weine Abstand nehmen. Es handelt sich daher um einen mittelbaren Grundrechtseingriff.

Führt die Warnung vor dem Verzehr glykolhaltiger Weine dazu, dass Verbraucher auch unbelastete Weine meiden, kommt es für die Qualifizierung der mittelbaren Beeinträchtigung als Eingriff zunächst auf deren Vorhersehbarkeit an. Waren die Auswirkungen auf die grundrechtlichen Schutzgüter vorhersehbar, kommt ihnen jedenfalls nach der Rechtsprechung Eingriffsqualität zu, wenn die Wirkungen keinen Bagatellcharakter haben, sondern ihnen eine gewisse Schwere zukommt. Unvorhersehbare oder atypische Auswirkungen stellen keine Eingriffe dar.

Im Einzelnen bestehen hinsichtlich der Reichweite des weiten Eingriffsbegriffs *noch zahlreiche Unklarheiten*.[65] Dies gilt insbesondere für die Frage, wann die *Schwelle zum Grundrechtseingriff überschritten* ist. Überwiegend wird auf den Schutzzweck des jeweiligen Grundrechts sowie die Schwere und Voraussehbarkeit der Beeinträchtigung abgestellt.[66] Teilweise wird vorgeschlagen, sich hinsichtlich der Schutzfunktion des einzelnen Grundrechts und der Intensität des Eingriffs am klassischen Grundrechtsbegriff zu orientieren.[67] Dieser Auffassung wird entgegen-

---

65 Vgl. dazu ausführlich *Sachs*, in: Sachs, GG, Vor Art. 1 Rn. 83 ff. m. w. N.
66 Ebenso *Maurer*, Staatsrecht I, § 9 Rn. 47.
67 Vgl. *Starck*, in: v. Mangoldt/Klein/Starck, GG, Art. 1 Rn. 265.

gehalten, dass dadurch die umfassende Schutzwirkung der Grundrechte zu pauschal verkürzt werde.[68]

216 **d) Zusammenfassung zum Grundrechtseingriff.** Klar ist: Erfüllt staatliches Handeln die Merkmale des klassischen Grundrechtseingriffs, liegt ohne weiteres ein Grundrechtseingriff vor. In Fallbearbeitungen braucht dann nicht (mehr) auf den weiten Eingriffsbegriff eingegangen zu werden. Bei mittelbar bewirkten Beeinträchtigungen ist zu differenzieren: Erfolgen diese beabsichtigt, liegt ebenfalls ein Grundrechtseingriff vor. Führt mittelbares staatliches Handeln zu unbeabsichtigten Beeinträchtigungen, kommt es auf deren Typizität und Intensität an. Für die erforderliche Abgrenzung zwischen Bagatellen und Eingriff kann auf die Schutzzwecklehre oder die Schwere des Eingriffs abgestellt werden.

217 **e) Rechtsprechungsbeispiele.** Zum Grundrechtseingriff durch die schon thematisierten *staatlichen Warnungen, Hinweise, Informationen und geschäftsschädigende Äußerungen* der öffentlichen Gewalt sind mehrere Urteile des BVerfG ergangen, die die Religionsfreiheit (Art. 4 Abs. 1 und 2) bzw. die Berufsfreiheit (Art. 12 Abs. 1) betreffen.

218 In der *Osho-Entscheidung*[69] hatte das BVerfG darüber zu befinden, ob die Osho-Religionsgemeinschaft durch verschiedene öffentliche Äußerungen der Bundesregierung in ihrem Grundrecht aus Art. 4 verletzt war.[70] Zur Zulässigkeit mittelbar-faktischer Grundrechtsbeeinträchtigungen durch staatliches Informationshandeln führt das BVerfG in den Urteilsgründen aus:

> „Die Unterrichtung der Öffentlichkeit über Vorgänge und Entwicklungen, die für den Bürger und das funktionierende Zusammenwirken von Staat und Gesellschaft von Wichtigkeit sind, ist von der der Regierung durch das Grundgesetz zugewiesenen Aufgabe der Staatsleitung auch dann gedeckt, wenn mit dem Informationshandeln mittelbar-faktische Grundrechtsbeeinträchtigungen verbunden sind [...]. Die Zuweisung einer Aufgabe berechtigt grundsätzlich zur Informationstätigkeit im Rahmen der Wahrnehmung dieser Aufgabe, auch wenn dadurch mittelbar-faktische Beeinträchtigungen herbeigeführt werden können. Der Vorbehalt des Gesetzes verlangt hierfür keine darüber hinausgehende besondere Ermächtigung durch den Gesetzgeber, es sei denn, die Maßnahme stellt sich nach der Zielsetzung und ihren Wirkungen als Ersatz für eine staatliche Maßnahme dar, die als Grundrechtseingriff im herkömmlichen Sinne zu qualifizieren ist."[71]

219 Auch für den Fall, dass das staatliche Informationshandeln zu mittelbar-faktischen Grundrechtsbeeinträchtigungen führt, hielt das BVerfG eine eigene gesetzliche Ermächtigungsgrundlage für entbehrlich, da sich die *Informationskompetenz der Bundesregierung* bereits aus der Aufgabe der Staatsleitung ergebe. Obwohl sich die angegriffenen Äußerungen noch im Rahmen dieser Informationskompetenz bewegt haben, hielt das Gericht die Verfassungsbeschwerde der Osho-Religionsgemeinschaft für begründet, da die Bundesregierung den Verhältnismäßigkeitsgrundsatz nicht gewahrt habe.[72]

---

68 So etwa *Sachs*, Verfassungsrecht II, Teil I, Kap. 8 Rn. 19.
69 BVerfGE 105, 279 – *Osho*.
70 Zum Gegenstand der Entscheidung bereits oben Rn. 177.
71 BVerfGE 105, 279, 299 f. – *Osho*.
72 BVerfGE 105, 279, 308 ff. – *Osho*.

Die schon angesprochene *Glykol-Entscheidung*[73] hatte die Rechtmäßigkeit einer **220** staatlichen Warnung vor dem Genuss diethylenglykolhaltiger Weine zum Gegenstand. Das Bundesgesundheitsministerium hatte als Reaktion auf den „Glykolskandal" eine Liste belasteter Weine veröffentlicht, auf der die betroffenen Abfüllbetriebe namentlich genannt waren, um dem Verbraucher eine Identifizierung des beanstandeten Weins zu ermöglichen.
Nach Auffassung des BVerfG beeinträchtigen

> „marktbezogene Informationen des Staates [...] den grundrechtlichen Gewährleistungsbereich der betroffenen Wettbewerber nicht, sofern der Einfluss auf wettbewerbserhebliche Faktoren ohne Verzerrung der Marktverhältnisse nach Maßgabe der rechtlichen Vorgaben für staatliches Informationshandeln erfolgt. Verfassungsrechtlich von Bedeutung sind das Vorliegen einer staatlichen Aufgabe und die Einhaltung der Zuständigkeitsordnung sowie die Beachtung der Anforderungen an die Richtigkeit und Sachlichkeit von Informationen."[74]

Darüber hinaus sei die Verbreitung von Informationen unter Berücksichtigung **221** möglicher nachteiliger Wirkungen für die betroffenen Wettbewerber auf das zur Informationsgewährung Erforderliche zu beschränken. Nach den Feststellungen des BVerfG waren die von der Bundesregierung verbreiteten Informationen *inhaltlich zutreffend und mit angemessener Zurückhaltung formuliert* worden, weshalb das Gericht eine Beeinträchtigung des Grundrechts aus Art. 12 Abs. 1 verneint hat.

Beide Entscheidungen sind in Teilen des Schrifttums *auf Kritik gestoßen*.[75] Bedenken **222** wurden vor allem hinsichtlich des Verzichts auf eine gesetzliche Grundlage für die Informationstätigkeit der Bundesregierung geäußert. Eine solche sei erforderlich, da nicht von der Aufgabe auf die Befugnis geschlossen werden könne.[76] Allgemeine Aufgabenzuweisungen seien als Ermächtigungsgrundlage für einen Grundrechtseingriff nicht ausreichend.[77] Auch verwische das BVerfG durch in den Schutzbereich vorverlagerte Abwägungsentscheidungen die Grenze zwischen Schutzbereich und Eingriff.[78]

Das BVerfG scheint auf die Kritiker zuzugehen.[79] In einer zu Voraussetzungen **223** und Grenzen staatlicher Informationstätigkeit im Kontext beruflicher Betätigung ergangenen Entscheidung stellt das Gericht zwar zunächst klar, dass die Berufsfreiheit grundsätzlich nicht vor bloßen Veränderungen der Marktdaten und Rahmenbedingungen der unternehmerischen Tätigkeit schütze. Vielmehr unterliege die Wettbewerbssituation und damit auch die erzielbaren Erträge dem Risiko laufender Veränderung. Regelungen, die die Wettbewerbssituation

---

[73] BVerfGE 105, 252 – *Glykol*.
[74] BVerfGE 105, 252 – *Glykol*. Hinsichtlich der Einhaltung des damit angesprochenen Sachlichkeitsgebots verlangt das BVerfG, dass die mitgeteilten Tatsachen zutreffend wiedergegeben werden, dass etwaige Werturteile nicht auf sachfremden Erwägungen beruhen, der sachlich gebotene Rahmen nicht überschritten wird und eine zutreffende bzw. jedenfalls sachgerechte Würdigung der Tatsachen erfolgt, vgl. BVerfGE 105, 252, 272 f. – *Glykol*.
[75] Vgl. *Cremer*, JuS 2003, 747; *Murswiek*, NVwZ 2003, 1.
[76] So etwa *Manssen*, in: v. Mangoldt/Klein/Starck, GG, Art. 12 Rn. 109.
[77] Siehe *Manssen*, in: v. Mangoldt/Klein/Starck, GG, Art. 12 Rn. 109.
[78] *Höfling*, Kopernikanische Wende rückwärts? in: Muckel (Hrsg.), Kirche und Religion im sozialen Rechtsstaat, Festschrift für Rüfner zum 70. Geburtstag, 2003, 329, 338.
[79] BVerfG, NJW 2018, 2109 – *staatliches Informationshandeln*. Für den studentischen Gebrauch sehr lehrreich aufbereitete Besprechungen der Entscheidung bei *Muckel*, JA 2018, 638 ff. und *Sachs*, JuS 2018, 827 ff.

der Unternehmen lediglich im Wege faktisch-mittelbarer Auswirkungen beeinflussen, berührten den Schutzbereich der Berufsfreiheit daher grundsätzlich nicht. Demgemäß sei nicht jedes staatliche Informationshandeln, das die Wettbewerbschancen von Unternehmen am Markt nachteilig verändert, ohne Weiteres als Grundrechtseingriff zu bewerten.[80]

Zwar ohne sich explizit von der Osho- bzw. Glykol-Entscheidung zu distanzieren, dennoch in deutlicher Abkehr hiervon führt das Gericht aber nunmehr aus:

> Die Grundrechtsbindung aus Art. 12 I GG besteht jedoch dann, wenn Normen, die zwar selbst die Berufstätigkeit nicht unmittelbar berühren, aber Rahmenbedingungen der Berufsausübung verändern, in ihrer Zielsetzung und ihren mittelbar-faktischen Wirkungen einem Eingriff als funktionales Äquivalent gleichkommen [...], die mittelbaren Folgen also kein bloßer Reflex einer nicht entsprechend ausgerichteten gesetzlichen Regelung sind [...]. Das gilt auch für die Grundrechtsbindung des Staates bei amtlichem Informationshandeln. Die amtliche Information der Öffentlichkeit kann in ihrer Zielsetzung und ihren mittelbar-faktischen Wirkungen einem Eingriff als funktionales Äquivalent jedenfalls dann gleichkommen, wenn sie direkt auf die Marktbedingungen konkret individualisierter Unternehmen zielt, indem sie die Grundlagen der Entscheidungen am Markt zweckgerichtet beeinflusst und so die Markt- und Wettbewerbssituation zum wirtschaftlichen Nachteil der betroffenen Unternehmen verändert.[81]

224 Das BVerfG hat in der Entscheidung die grundrechtlichen Kriterien, nach denen staatliches Informationshandeln zu behandeln ist, verdeutlicht.[82] Der Senat stellt klar, dass staatliches Informationshandeln und seine gesetzlichen Grundlagen als mittelbar-faktisches Handeln jedenfalls dann an den Grundrechten zu messen sind, wenn die Wettbewerbsbedingungen gezielt und zweckgerichtet zu Lasten einzelner Unternehmen beeinflusst werden.[83]

225 **f) Geringfügige Beeinträchtigungen.** Umstritten ist, ob für Grundrechtseingriffe ein Bagatellvorbehalt besteht. Überwiegend wird davon ausgegangen, dass kein Eingriff in ein Grundrecht vorliegt, wenn es sich um eine gänzlich unbedeutende oder geringfügige Beeinträchtigung handelt.[84] Dies gilt insbesondere für reine Bagatellen, alltägliche Lästigkeiten und subjektive Empfindlichkeiten.[85] Andererseits setzt die Annahme eines Grundrechtseingriffs nicht voraus, dass die Beeinträchtigung schwerwiegend oder nachhaltig ist.[86] Sie muss jedoch das Maß einer als sozialadäquat eingestuften Beeinträchtigung übersteigen.[87]

2. „Grundrechtsverzicht"

226 **a) Allgemeines.** Grundrechtseingriffe erfordern in aller Regel ein staatliches Handeln gegen den Willen des Betroffenen. Liegt eine wirksame Einwilligung des

---

80 BVerfG, NJW 2018, 2109 – *staatliches Informationshandeln*, Rn. 27.
81 BVerfG, NJW 2018, 2109 – *staatliches Informationshandeln*, Rn. 28.
82 *Muckel*, JA, 2018, 638, 640.
83 *Sachs*, JuS 2018, 827, 829.
84 Vgl. *Kingreen/Poscher*, Grundrechte, Rn. 301 f.; *Katz*, Staatsrecht I, Rn. 638 m.w.N.; *Manssen*, Grundrechte, Rn. 147; a. A. *Stern*, Staatsrecht III/2, S. 204 ff: keine allgemeine Geringfügigkeitsgrenze für Grundrechtsbeeinträchtigungen; vgl. auch *Sachs*, in: Sachs, GG, Vor Art. 1 Rn. 94: nicht gemeinte Bagatellfälle sollen bereits vom Schutzbereich her ausgeschlossen werden.
85 So *Kingreen/Poscher*, Grundrechte, Rn. 301 ff. Siehe zur Eingriffsschwelle auch *Jarass*, in: Jarass/Pieroth, GG, Vorb. vor Art. 1 Rn. 29.
86 Ebenso *Manssen*, Grundrechte, Rn. 147.
87 BVerfG, NJW 1999, 3399 – *Organentnahme*.

Grundrechtsträgers in eine staatliche Maßnahme vor, so fehlt es an einem Eingriff[88] in den Schutzbereich des Grundrechts.[89]

Üblicherweise wird diese Einwilligung als *„Grundrechtsverzicht"* bezeichnet. Dieser Begriff ist indes *missverständlich*, da nicht pauschal auf ein Grundrecht als solches verzichtet werden kann.[90] Zulässig ist *lediglich ein Verzicht auf einzelne durch das Grundrecht geschützte Befugnisse und Handlungsweisen*.[91] Die Einwilligung darf jedoch, sofern wirksam, nicht unbeachtlich bleiben, da es auch zur Freiheit des Einzelnen gehört, dass ihm grundrechtliche Rechtspositionen nicht gegen seinen Willen aufgezwungen werden.[92] **227**

Durch die *rechtliche Bindungswirkung* unterscheidet sich der Grundrechtsverzicht von der negativen Freiheit des Berechtigten, ein grundrechtlich geschütztes Handeln zu unterlassen, also von einem ihm zustehenden Grundrecht keinen Gebrauch zu machen.[93] **228**

Ein wirksamer Grundrechtsverzicht setzt voraus, dass das jeweilige Grundrecht zur Disposition des Einzelnen steht und dass der Grundrechtsträger eine wirksame Verzichtserklärung abgegeben hat. **229**

b) Dispositionsbefugnis des Grundrechtsberechtigten. Zunächst muss dem Einwilligenden die Dispositionsbefugnis über das Grundrecht zustehen. Dies setzt die grundsätzliche Verzichtbarkeit des Grundrechtsschutzes voraus.[94] Sie hängt von der Funktion des jeweiligen Grundrechts ab und muss durch Auslegung der jeweiligen Grundrechtsnorm festgestellt werden.[95] Bei Grundrechten, die der persönlichen Entfaltung oder der Freiheit des Einzelnen dienen, kann im Allgemeinen von einer Zulässigkeit des Verzichts ausgegangen werden.[96] Beispiele hierfür sind die Durchsuchung einer Wohnung mit Einverständnis des Berechtigten oder das Installieren einer Fangschaltung am Telefon mit Einwilligung des Anschlussinhabers.[97] **230**

Eine Grenze der Dispositionsbefugnis ergibt sich aus der Garantie der *Menschenwürde*. Nach ganz herrschender Auffassung kann der Einzelne auf das Grundrecht der Menschenwürde *nicht „verzichten"*.[98] Nicht geklärt ist damit indes, ob und inwieweit das Verzichtsverbot gerade auch das konkret in Rede stehende Verhalten erfasst.[99] Der vorschnelle Rekurs auf den Satz, der Schutz der Menschenwürde sei unverzichtbar, birgt jedenfalls Gefahren. Immerhin ist von Art. 1 Abs. 1 gerade auch die eigenverantwortliche, selbstbestimmte und in freier Autonomie getroffene Entscheidung „über **231**

---

88 Anders *Hufen*, Staatsrecht II, § 6 Rn. 42, der die Problematik des „Grundrechtsverzichts" nicht auf Eingriffs-, sondern auf Rechtfertigungsebene verortet.
89 Siehe hierzu *Jarass*, in: Jarass/Pieroth, GG, Vorb. vor Art. 1 Rn. 36.
90 Vgl. *Starck*, in: v. Mangoldt/Klein/Starck, GG, Art. 1 Rn. 301; *Jarass*, in: Jarass/Pieroth, GG, Vorb. vor Art. 1 Rn. 36; siehe auch *Ipsen*, Staatsrecht II, Rn. 82.
91 So auch v. *Münch/Kunig*, in: v. Münch/Kunig, GG, Vorb. Art. 1–19 Rn. 44; *Katz*, Staatsrecht, Rn. 655.
92 Vgl. *Sachs*, in: Sachs, GG, Vor Art. 1 Rn. 52.
93 Siehe hierzu *Kingreen/Poscher*, Grundrechte, Rn. 257. Zu den positiven und negativen Freiheiten bereits oben Rn. 189.
94 *Manssen*, Grundrechte, Rn. 141.
95 Siehe *Sachs*, in: Sachs, GG, Vor Art. 1 Rn. 55.
96 Vgl. *Kingreen/Poscher*, Grundrechte, Rn. 195; *Sachs*, in: Sachs, GG, Vor Art. 1 Rn. 57.
97 Siehe die Beispiele bei *Sachs*, Verfassungsrecht II, Teil I, Kap. 8 Rn. 35 ff.
98 So auch *Kunig*, in: v. Münch/Kunig, GG, Art. 1 Rn. 12 m. w. N.
99 Näher Stern, StaatsR III/2, S. 923.

sich selbst" erfasst.[100] Von Bedeutung war diese Frage etwa in der Entscheidung des BVerwG zur Sittenwidrigkeit von Peep-Shows, in der das Gericht die Versagung der gewerberechtlichen Erlaubnis wegen Verletzung der Menschenwürde der zur Schau gestellten Frauen bestätigt hat.[101]

232 Bei den übrigen Grundrechten kommt es für die Frage der Verzichtbarkeit insbesondere auf *Intensität und Dauer des Verzichts* an, des Weiteren auf die *Funktion des jeweiligen Grundrechts*.[102] Während auf Grundrechte, die der Freiheit der persönlichen Entfaltung dienen, in der Regel verzichtet werden kann, ist ein Verzicht auf Grundrechte, die für den staatlichen Willensbildungsprozess von Bedeutung sind, regelmäßig unzulässig.[103]

233 c) **Wirksame Einwilligungserklärung.** Des Weiteren muss eine freiwillige, rechtlich verbindliche Einwilligungserklärung abgegeben worden sein.[104] Täuschung oder Drohung schließen die Freiwilligkeit aus.[105] Erforderlich sind darüber hinaus die hinreichende Bestimmtheit der Einwilligung und die Absehbarkeit ihrer Folgen für den Betroffenen.[106]

234 Das Vorliegen einer wirksamen Verzichtserklärung muss *mit Sicherheit festgestellt* werden können, so dass bei mehrdeutigen Erklärungen nicht voreilig auf einen Grundrechtsverzicht geschlossen werden darf.[107]

III. Verfassungsrechtliche Rechtfertigung von Eingriffen in ein Grundrecht

➡ Anhang B Sch 1 Rn. 1318; Anhang C Rn. 1325

1. Überblick

235 Der Eingriff in den Schutzbereich eines Grundrechts stellt nur dann eine Grundrechtsverletzung dar, wenn das staatliche Handeln nicht *verfassungsrechtlich gerechtfertigt* ist. Ob dies der Fall ist, muss in einer *Zwei-Stufen-Prüfung* festgestellt werden.

236 Zunächst ist wegen des aus dem Rechtsstaatsprinzip folgenden *Grundsatzes des Vorbehalts des Gesetzes* stets erforderlich, dass der Grundrechtseingriff auf einer gesetzlichen Grundlage beruht. Über die allgemeinen verfassungsrechtlichen Regeln hinaus muss das beschränkende Gesetz auch die speziellen Anforderungen des jeweiligen Grundrechts erfüllen, also entweder den besonderen Voraussetzungen eines qualifizierten Gesetzesvorbehalts genügen oder, bei vorbehaltlos gewährleisteten Grundrechten, der Konkretisierung kollidierenden Verfassungsrechts dienen.

237 In einem zweiten Schritt ist zu prüfen, ob das grundrechtseinschränkende Gesetz seinerseits formell und materiell verfassungsmäßig ist (sog. *Schranken-Schranken* oder *Gegenschranken*). So muss das Gesetz *formell ordnungsgemäß zu-*

---

100 *Mertens*, in: HGR, § 73 Rn. 35.
101 Siehe BVerwGE 64, 274, 279 ff. – *Sittenwidrigkeit von Peep-Shows*. Kritisch zu dieser Rechtsprechung *Ipsen*, Staatsrecht II, Rn. 242 f. m. w. N. Näher hierzu unten Rn. 329.
102 Vgl. *Manssen*, Grundrechte, Rn. 144; *Jarass*, in: Jarass/Pieroth, GG, Vorb. vor Art. 1 Rn. 36.
103 Vgl. *Kingreen/Poscher*, Grundrechte, Rn. 199.
104 Ebenso *Jarass*, in: Jarass/Pieroth, GG, Vorb. vor Art. 1 Rn. 36; *Sachs*, in: Sachs, GG, Vor Art. 1 Rn. 56.
105 Zur Freiwilligkeit der Einwilligung *Sachs*, Verfassungsrecht II, Teil I, Kap. 8 Rn. 41.
106 Vgl. *Katz*, Staatsrecht, Rn. 655; *Jarass*, in: Jarass/Pieroth, GG, Vorb. vor Art. 1 Rn. 36.
107 Ebenso *Manssen*, Grundrechte, Rn. 142.

stande gekommen sein, d. h. unter Einhaltung der Kompetenzordnung des Grundgesetzes (Art. 70 ff.)[108] und des Gesetzgebungsverfahrens (Art. 76 ff. bei Bundesgesetzen).[109]

238 Das ist auf den ersten Blick erstaunlich, weil sich fragen lässt, inwiefern ein Verstoß gegen die außerhalb des Grundrechtskatalogs stehenden Kompetenznormen zugleich eine Grundrechtsverletzung bewirken kann. Es handelt sich hier um eine wesentliche Frucht einer in etwa mit der Elfes-Entscheidung des BVerfG begonnenen Rechtsprechungsentwicklung. In der Elfes-Entscheidung hatte das Gericht erkannt, dass nur ein in jeder Hinsicht formell und materiell verfassungsgemäßes Gesetz die allgemeine Handlungsfreiheit wirksam beschränken könne. Dieser Gedanke wird heute auf alle Grundrechte übertragen.

> **Hinweis zur Fallbearbeitung**: Deshalb muss im Rahmen der Prüfung der Begründetheit einer Verfassungsbeschwerde neben der materiellen Verfassungsmäßigkeit auch die formelle Verfassungsmäßigkeit eines ein Grundrecht einschränkenden Gesetzes überprüft werden. Zu beachten ist, dass dies in Verfassungsbeschwerdeverfahren nur gleichsam inzident geschieht. Der Obersatz der Begründetheitsprüfung muss also auch in Fällen, in denen unmittelbar oder mittelbar die Rüge der Verfassungswidrigkeit des Gesetzes erhoben wird, von einer Grundrechtsverletzung ausgehen. Falsch wäre es, den für abstrakte Normenkontrollklagen geltenden Obersatz zu verwenden, etwa in dem Sinne, dass die Verfassungsbeschwerde begründet sei, wenn das Gesetz formell oder materiell verfassungswidrig sei. Richtigerweise muss etwa wie folgt formuliert werden. Die Verfassungsbeschwerde ist begründet, wenn die staatliche Maßnahme Grundrechte des Beschwerdeführers verletzt. In Betracht kommen die Grundrechte X und Y. Im Rahmen der Erörterung dieser Grundrechte wird dann im Rahmen der Prüfung der verfassungsrechtlichen Rechtfertigung des Eingriffs die formelle und materielle Verfassungsmäßigkeit des den Eingriff tragenden Gesetzes untersucht. *In materieller Hinsicht* sind insbesondere das Verhältnismäßigkeitsprinzip, der Bestimmtheitsgrundsatz und das Rückwirkungsverbot zu beachten,[110] des Weiteren die in Art. 19 verankerten Anforderungen an Grundrechtseinschränkungen (Verbot des Einzelfallgesetzes, Zitiergebot und Wesensgehaltsgarantie).[111]

239 Grundrechte enthalten vielfach einen *Gesetzesvorbehalt*, können also *durch Gesetz oder aufgrund eines Gesetzes* beschränkt werden. Falls an das Schrankengesetz über die allgemeinen Regeln hinaus keine weiteren Anforderungen gestellt werden, handelt es sich um einen *einfachen Gesetzesvorbehalt*.[112] Sofern das Grundgesetz außerdem verlangt, dass das einschränkende Gesetz an bestimmte Situationen anknüpft, bestimmten Zwecken dient oder bestimmte Mittel benutzt, liegt ein *qualifizierter Gesetzesvorbehalt* vor.[113]

240 Andere Grundrechte weisen überhaupt keinen Gesetzesvorbehalt auf.[114] Dies bedeutet allerdings nicht, dass in solche *vorbehaltlos gewährleisteten Grundrechte* nicht

---

108 Vgl. zu den Gesetzgebungskompetenzen *Korioth*, Staatsrecht I, Rn. 269 ff.
109 Vgl. zum Gesetzgebungsverfahren für Bundesgesetze *Korioth*, Staatsrecht I, Rn. 859 ff.
110 Siehe zum Verhältnismäßigkeitsprinzip im Rahmen der Grundrechtsprüfung unten Rn. 265 ff.
111 Ausführlich hierzu unten Rn. 278 ff., Rn. 281 ff. und Rn. 285 ff. Zu diesen allgemeinen Vorschriften ausführlich, Rn. 278 ff. (Art. 19 Abs. 2), Rn. 281 ff. (Art. 19 Abs. 1 S. 2), Rn. 285 ff. (Art 19 Abs. 1 S. 1) und Rn. 290 (Bestimmtheitsgrundsatz).
112 Vgl. *Kingreen/Poscher*, Grundrechte, Rn. 305; *Manssen*, Grundrechte, Rn. 161; hierzu sogleich unter Rn. 251 f. – Bsp.: Art. 2 Abs. 2 S. 3; Art. 8 Abs. 2; Art. 10 Abs. 2 S. 1; Art. 12 Abs. 1 S. 2; Art. 14 Abs. 1 S. 2.
113 Vgl. *Kingreen/Poscher*, Grundrechte, Rn. 307; hierzu sogleich unter Rn. 253 f. – Bsp.: Art. 5 Abs. 2; Art. 6 Abs. 3; Art. 10 Abs. 2 S. 2; Art. 11 Abs. 2; Art. 14 Abs. 3 S. 2; Art. 16 Abs. 2 S. 2.
114 Bsp.: Art. 4 Abs. 1; Art. 4 Abs. 2; Art. 5 Abs. 3 S. 1; Art. 6 Abs. 1; Art. 8 Abs. 1.

eingegriffen werden darf. Einschränkungen können aufgrund *kollidierenden Verfassungsrechts* gerechtfertigt sein. Als *verfassungsimmanente Schranken* kommen Grundrechte Dritter oder andere Rechtsgüter von Verfassungsrang in Betracht, wobei im Kollisionsfall ein *Ausgleich im Wege der praktischen Konkordanz* herbeizuführen ist.[115]

241 Manche Grundrechte werden *ausnahmslos* gewährleistet, können also auch durch kollidierendes Verfassungsrecht nicht eingeschränkt werden. Dies gilt für die Garantie der Menschenwürde (Art. 1 Abs. 1), das Verbot der Todesstrafe (Art. 102), die Grundsätze des Art. 103 Abs. 2 (nulla poena sine lege) und Art. 103 Abs. 3 (ne bis in idem) sowie das Zensurverbot (Art. 5 Abs. 1 S. 3).[116]

2. Verfassungsunmittelbare Schranken

242 Des Weiteren wird vereinzelt vertreten, dass in bestimmten Grundrechten verfassungsunmittelbare Schranken zu finden seien. Dies soll der Fall sein, wenn die Grundrechtsnorm selbst eine *zusätzliche normative Beschränkung* vorsieht, die den Normbereich von Verfassungs wegen *unmittelbar einschränkt*.[117] Enthalten seien verfassungsunmittelbare Schranken in Art. 2 Abs. 1, Art. 5 Abs. 2, Art. 8 Abs. 1, Art. 13 Abs. 2 und Abs. 3, des Weiteren in Art. 9 Abs. 2, wonach Vereinigungen verboten sind, deren Zwecke oder deren Tätigkeit den Strafgesetzen zuwiderlaufen oder die sich gegen die verfassungsmäßige Ordnung oder gegen den Gedanken der Völkerverständigung richten.[118] Die h. M. versteht Art. 9 Abs. 2 indes als qualifizierten Gesetzesvorbehalt, so dass die Auflösung einer Vereinigung stets eine konstitutiv wirkende Behördenentscheidung voraussetzt.[119]

243 Der Begriff der „verfassungsunmittelbaren Schranken" ist *missverständlich*. Denn es handelt sich richtiger Auffassung zufolge nicht um eine Frage der Grundrechtsbeschränkung, sondern der Bestimmung des sachlichen Gewährleistungsinhalts.[120] Verfassungsunmittelbare Beschränkungen sind daher nicht im Rahmen der verfassungsrechtlichen Rechtfertigung, sondern bereits bei der Definition des sachlichen Schutzbereichs zu prüfen.[121]
Beispiel: Nach Art. 8 Abs. 1 haben alle Deutschen das Recht, sich ohne Anmeldung oder Erlaubnis friedlich und ohne Waffen zu versammeln. Unfriedliche oder bewaffnete Versammlungsteilnehmer können sich nicht auf den Schutz des Art. 8 Abs. 1 berufen, auf die Schranken der Versammlungsfreiheit kommt es insoweit gar nicht mehr an.

3. Einschränkungen kraft Gesetzesvorbehalts

244 a) **Allgemeines.** Der Grundsatz des Vorbehalts des Gesetzes besagt, dass die vollziehende Gewalt nur dann tätig werden darf, wenn ihr Handeln auf einer gesetzlichen Ermächtigung beruht. Negativ formuliert bedeutet dies das Verbot, ohne

---

115 Ausführlich zur Grundrechtseinschränkung durch kollidierendes Verfassungsrecht unten Rn. 255 ff.
116 Vgl. *Maurer*, Staatsrecht I, § 9 Rn. 63.
117 Siehe etwa *Katz*, Staatsrecht, Rn. 640.
118 Beispiele für „verfassungsunmittelbare Schranken" bei *Katz*, Staatsrecht, Rn. 640.
119 Vgl. *Löwer*, in: v. Münch/Kunig, GG, Art. 9 Rn. 58; *Scholz*, in: Maunz/Dürig, GG, Art. 9 Rn. 113. Siehe zu den Voraussetzungen eines Vereinsverbots die Fallbesprechung bei *Dietlein*, Examinatorium Staatsrecht, S. 253 f., sowie unten Rn. 908 ff.
120 So auch v. *Münch*, in: v. Münch/Kunig, GG, 5. Auflage, 2000, Vorb. Art. 1–19 Rn. 49.
121 Zu den Begrenzungen des Schutzbereichs oben Rn. 197 f.

gesetzliche Grundlage tätig zu werden.[122] Gesetzliche Grundlage meint in diesem Zusammenhang ein förmliches Parlamentsgesetz.
Der Gesetzesvorbehalt entspringt vornehmlich dem Grundsatz der rechtsstaatlichen Gesetzesbindung der vollziehenden Gewalt gemäß Art. 20 Abs. 3. Bei Verwaltungshandeln, das mit Eingriffen in Grundrechte verbunden ist, gilt zudem das *spezielle Erfordernis einer gesetzlichen Ermächtigungsgrundlage (vgl. Art. 19 Abs. 1 S. 1)*. Auch das rechtsstaatliche Gebot der Gewaltenteilung und das Demokratieprinzip fordern, dass die Exekutive sich auf eine gesetzliche Ermächtigung stützt.[123]
Ein staatliches Handeln, das in die grundrechtlich geschützten Freiräume des Bürgers („Eigentum und Freiheit") eingreift, bedarf daher einer *gesetzlichen Ermächtigung*. Damit der Bürger Beschränkungen seiner geschützten Freiräume voraussehen kann und diese für ihn berechenbar sind, müssen die Eingriffsbefugnisse der vollziehenden Gewalt *nach Inhalt, Zweck und Ausmaß hinreichend bestimmt* und begrenzt sein.[124]

245 Die in den Grundrechten enthaltenen Gesetzesvorbehalte sind *nicht einheitlich formuliert*. Teilweise ist der Gesetzesvorbehalt ausdrücklich als solcher benannt (z. B. in Art. 2 Abs. 2 S. 3, Art. 8 Abs. 2, Art. 10 Abs. 2 S. 1, Art. 11 Abs. 2), auch sieht das Grundgesetz ein Regelungsrecht (Art. 12 Abs. 1 S. 2) oder eine Ausgestaltungsbefugnis (Art. 14 Abs. 1 S. 2) des Gesetzgebers vor, vereinzelt wird der Gesetzesvorbehalt auch nicht explizit im Normtext zum Ausdruck gebracht (vgl. Art. 13 Abs. 2).[125]

246 *Keine Gesetzesvorbehalte* stellen die *Ermächtigungen zur Regelung des Näheren* dar, wie sie etwa in Art. 4 Abs. 3 S. 2, Art. 38 Abs. 3 oder Art. 104 Abs. 2 S. 4 enthalten sind.[126] Sie verleihen dem Gesetzgeber keine Befugnis, die jeweiligen Gewährleistungen einzuschränken, sondern verpflichten ihn zu einer *verfahrensmäßigen Ausgestaltung*, die eine Ausübung dieser Grundrechte und grundrechtsgleichen Rechte überhaupt erst ermöglicht.[127]

247 b) **Wesentlichkeitstheorie; Parlamentsvorbehalt.** Grundrechte können durch Gesetze im formellen Sinn, d. h. Parlamentsgesetze („durch Gesetz"), aber auch durch Gesetze im materiellen Sinn (Rechtsverordnungen, Satzungen) eingeschränkt werden, sofern diese materiellen Gesetze ihrerseits ihre Grundlage in einem förmlichen Parlamentsgesetz haben („aufgrund eines Gesetzes").[128] Sofern vereinzelt Ausnahmen gelten, sind diese im Grundgesetz ausdrücklich geregelt. So kann gemäß Art. 104 Abs. 1 S. 1 die Freiheit der Person „nur auf Grund eines förmlichen Gesetzes" beschränkt werden. Gleiches gilt für Art. 13 Abs. 2, wonach bei Wohnungsdurchsuchungen die handelnden Organe und die vorgeschriebene Form in den Gesetzen vorgesehen sein müssen.

248 Sofern der Gesetzgeber die Exekutive zum Eingriff in Grundrechte ermächtigen will, enthält Art. 80 besondere Anforderungen für den Erlass von *Rechtsverordnun-*

---

122 Vgl. *Sachs*, in: Sachs, GG, Art. 20 Rn. 113.
123 Siehe *Maurer*, Allgemeines Verwaltungsrecht, § 6 Rn. 4 ff.
124 Ausführlich zum Vorbehalt des Gesetzes *Korioth*, Staatsrecht I, Rn. 185 ff.
125 Siehe zu den verschiedenen Formulierungen *Sachs*, Verfassungsrecht II, Teil I, Kap. 9 Rn. 5.
126 Vgl. *Jarass*, in: Jarass/Pieroth, GG, Vorb. vor Art. 1 Rn. 41; *Sachs*, in: Sachs, GG, Vor Art. 1 Rn. 102.
127 Vgl. *Maurer*, Staatsrecht I, § 9 Rn. 64; *Kingreen/Poscher*, Grundrechte, Rn. 266.
128 Näher hierzu *Kingreen/Poscher*, Grundrechte, Rn. 312.

gen. Insbesondere müssen Inhalt, Zweck und Ausmaß der erteilten Ermächtigung gesetzlich bestimmt sein (Art. 80 Abs. 1 S. 2).[129]
Welche Fragen hierbei dem Vorbehalt einer parlamentarischen Regelung unterliegen (*Parlamentsvorbehalt*), ist nach der *Wesentlichkeitstheorie* zu bestimmen.[130] Es ist ständige Rechtsprechung,

> „dass der Gesetzgeber verpflichtet ist, – losgelöst vom Merkmal des ‚Eingriffs' – in grundlegenden normativen Bereichen, zumal im Bereich der Grundrechtsausübung, soweit diese staatlicher Regelung zugänglich ist, alle wesentlichen Entscheidungen selbst zu treffen. [...] In welchen Bereichen danach staatliches Handeln einer Rechtsgrundlage im förmlichen Gesetz bedarf, lässt sich nur im Blick auf den jeweiligen Sachbereich und die Intensität der geplanten oder getroffenen Regelung ermitteln. Die verfassungsrechtlichen Wertungskriterien sind dabei in erster Linie den tragenden Prinzipien des Grundgesetzes, insbesondere den vom Grundgesetz anerkannten und verbürgten Grundrechten zu entnehmen."[131]

249 Die Verpflichtung des Gesetzgebers, alle wesentlichen Entscheidungen selbst zu treffen, besteht in erster Linie für Entscheidungen, die *für die Grundrechtsausübung wesentlich* sind. Alle Maßnahmen, die in Grundrechte eingreifen, müssen daher vom Gesetzgeber zumindest in den wesentlichen Grundzügen selbst bestimmt werden, anstatt die Festlegung der Grundrechtsgrenzen dem Ermessen der Exekutive zu überlassen.[132] Der Gesetzesvorbehalt erstarkt insoweit zum Parlamentsvorbehalt.[133] Maßgebend für die Abgrenzung ist vor allem die *Intensität der Grundrechtsbetroffenheit*.[134]

250 Grundsätzlich muss das einschränkende Gesetz neben den Voraussetzungen, die einen Eingriff möglich machen, auch Angaben zum Hintergrund der Rechtfertigung machen, insbesondere das Ziel der Einschränkung.[135]

251 c) **Einfache Gesetzesvorbehalte.** Unterliegt ein Grundrecht einem einfachen Gesetzesvorbehalt, so kann es durch Gesetz oder aufgrund eines Gesetzes beschränkt werden. An das einschränkende Gesetz werden hier über die allgemeinen verfassungsrechtlichen Regeln hinaus keine weiteren Anforderungen gestellt.[136] Das grundrechtseinschränkende Gesetz muss lediglich in formeller und materieller Hinsicht verfassungsmäßig sein.

252 Beispiele für Grundrechte mit einfachem Gesetzesvorbehalt sind:
- das Recht auf Leben und körperliche Unversehrtheit, Art. 2 Abs. 2 S. 1 und 3;
- die Freiheit der Versammlung unter freiem Himmel, Art. 8 Abs. 1 und Abs. 2;
- das Brief-, Post- und Fernmeldegeheimnis, Art. 10 Abs. 1 und Abs. 2 S. 1;
- die Berufsfreiheit (vgl. Art. 12 Abs. 1 S. 2);
- die Eigentumsgarantie (vgl. Art. 14 Abs. 1 S. 2).

253 d) **Qualifizierte Gesetzesvorbehalte.** Qualifizierte Gesetzesvorbehalte sehen zusätzliche, besondere Voraussetzungen vor, die das grundrechtseinschränkende Gesetz erfüllen muss. Sie fordern nicht nur eine gesetzliche Grundlage für den

---

129 Siehe zur Rechtsverordnung *Korioth*, Staatsrecht I, Rn. 926 ff.
130 Siehe zur Wesentlichkeitstheorie *Korioth*, Staatsrecht I, Rn. 931 ff.
131 BVerfGE 49, 89, 126 f. – *Kalkar I*.
132 Vgl. *Katz*, Staatsrecht, Rn. 641.
133 *Kingreen/Poscher*, Grundrechte, Rn. 315.
134 Vgl. *Sachs*, in: Sachs, GG, Art. 20 Rn. 117; *Jarass*, in: Jarass/Pieroth, GG, Art. 20 Rn. 720.
135 Vgl. *Hufen*, Staatsrecht II, § 9 Rn. 4.
136 Vgl. *Kingreen/Poscher*, Grundrechte, Rn. 309; *Manssen*, Grundrechte, Rn. 161.

Grundrechtseingriff, sondern verlangen des Weiteren, dass das einschränkende Gesetz an eine bestimmte Situation anknüpft, bestimmten Zwecken dient oder bestimmte Mittel benutzt.[137] Das Schrankengesetz muss somit über die formelle und materielle Verfassungsmäßigkeit hinaus weiteren inhaltlichen Anforderungen genügen, die sich den jeweiligen Grundrechtsbestimmungen entnehmen lassen.

Bsp. für Grundrechte mit qualifiziertem Gesetzesvorbehalt sind: **254**
- die Kommunikationsfreiheiten des Art. 5 Abs. 1 (vgl. Art. 5 Abs. 2);
- das Elternrecht des Art. 6 Abs. 2 (vgl. Art. 6 Abs. 3);
- das Brief-, Post- und Fernmeldegeheimnis (vgl. Art. 10 Abs. 2 S. 2);
- die Freizügigkeit (vgl. Art. 11 Abs. 2);
- die Eigentumsgarantie (vgl. Art. 14 Abs. 3 S. 2);
- der Schutz vor Auslieferung (vgl. Art. 16 Abs. 2 S. 2).

4. Einschränkungen kraft kollidierenden Verfassungsrechts (verfassungsimmanente Grundrechtsschranken)

Einige Grundrechte des Grundgesetzes enthalten ihrem Wortlaut nach keine Einschränkungen, wie z.B. die Glaubens- und Gewissensfreiheit (Art. 4 Abs. 1 und 2), die Kunst- und die Wissenschaftsfreiheit (Art. 5 Abs. 3 S. 1), der Schutz von Ehe und Familie (Art. 6 Abs. 1) und die Freiheit der Versammlung in geschlossenen Räumen (Art. 8 Abs. 1).[138] **255**

Dies bedeutet allerdings nicht, dass diese *vorbehaltlos gewährleisteten Grundrechte* keinen Beschränkungen unterliegen. Grundrechte, die keinen ausdrücklichen Gesetzesvorbehalt aufweisen, sind *zwar vorbehaltlos, aber nicht schrankenlos.*[139] Das BVerfG betont allerdings, dass die Schranken vorbehaltloser Grundrechte „nur von der Verfassung selbst zu bestimmen sind."[140] Im Einzelnen führt das Gericht hierzu aus:

> „Nur kollidierende Grundrechte Dritter und andere mit Verfassungsrang ausgestattete Rechtswerte sind mit Rücksicht auf die Einheit der Verfassung und die von ihr geschützte gesamte Wertordnung ausnahmsweise imstande, auch uneinschränkbare Grundrechte in einzelnen Beziehungen zu begrenzen. Dabei auftretende Konflikte lassen sich nur lösen, indem ermittelt wird, welche Verfassungsbestimmung für die konkret zu entscheidende Frage das höhere Gewicht hat. Die schwächere Norm darf nur so weit zurückgedrängt werden, wie das logisch und systematisch zwingend erscheint; ihr sachlicher Grundwertgehalt muss in jedem Fall respektiert werden."[141]

Einschränkungen vorbehaltloser Grundrechte können demnach nur durch *kollidierendes Verfassungsrecht* gerechtfertigt werden. Es handelt sich dabei um *verfassungsimmanente Grundrechtsschranken*.[142] In Betracht kommen Grundrechte Dritter und andere mit Verfassungsrang ausgestattete Rechtswerte. Voraussetzung ist jedoch stets eine *gesetzliche Eingriffsermächtigung*. In vorbehaltlos gewährleistete Grundrechte kann somit durch ein Gesetz eingegriffen werden, welches kollidierendes Verfassungsrecht, d.h. Grundrechte Dritter oder andere Rechtsgüter von **256**

---

137 Siehe *Kingreen/Poscher*, Grundrechte, Rn. 307. Ausführlich zu den qualifizierten Gesetzesvorbehalten *Stern*, Staatsrecht III/2, S. 466 ff.
138 Vgl. v. *Münch/Kunig*, in: v. Münch/Kunig, GG, Vorb. Art. 1–19 Rn. 41; *Starck*, in: v. Mangoldt/Klein/Starck, GG, Art. 1 Rn. 275. Weitere Beispiele bei *Stern*, Staatsrecht III/2, S. 516 ff.
139 BVerfGE 30, 173, 193 – *Mephisto*.
140 BVerfGE 30, 173, 193 – *Mephisto*; BVerfGE 47, 327, 369 – *hessisches Universitätsgesetz*.
141 BVerfGE 28, 243, 261 – *Kriegsdienstverweigerung*.
142 Zur uneinheitlichen Terminologie im Schrifttum v. *Münch/Kunig*, in: v. Münch/Kunig, GG, Vorb. Art. 1–19 Rn. 41 f.

Verfassungsrang, konkretisiert.¹⁴³ Erforderlich sind ferner eine *Güterabwägung* und ein *Ausgleich* der kollidierenden Güter *im Wege der praktischen Konkordanz*. Im Ergebnis kommt diese Konfliktlösung einem Gesetzesvorbehalt gleich, der dadurch qualifiziert ist, dass das Schrankengesetz dem Schutz kollidierenden Verfassungsrechts dienen muss.¹⁴⁴

257 Anderen Lösungswegen hat das BVerfG eine Absage erteilt. Dies gilt insbesondere für den Versuch, *die Schranken anderer Grundrechte auf die vorbehaltlos gewährleisteten Grundrechte zu* übertragen.¹⁴⁵ So ist etwa die in Art. 5 Abs. 2 geregelte Schranke der allgemeinen Gesetze bereits aus systematischen Gründen nicht auf die Kunst- und Wissenschaftsfreiheit des Art. 5 Abs. 3 anwendbar, da sie allein auf die Grundrechte des Art. 5 Abs. 1 bezogen ist.¹⁴⁶ Auch die Schrankentrias des Art. 2 Abs. 1 kann nicht analog auf andere Grundrechte angewandt werden.¹⁴⁷

258 Als kollidierendes Verfassungsrecht kommt z. B. in Betracht:¹⁴⁸
– der Schutz der freiheitlichen demokratischen Grundordnung (Art. 20);
– das allgemeine Persönlichkeitsrecht (Art. 2 Abs. 1 i. V. m. Art. 1 Abs. 1);
– die Schutzpflicht zugunsten des Lebens und der körperlichen Unversehrtheit (Art. 2 Abs. 2 S. 1);
– der Jugendschutz (Art. 5 Abs. 2);
– die Leistungs- und Funktionsfähigkeit der Hochschulen (Art. 5 Abs. 3);
– die staatliche Schulhoheit (Art. 7 Abs. 1);
– das Eigentum Dritter (Art. 14);
– das Staatsziel des Tierschutzes (Art. 20a);
– die hergebrachten Grundsätze des Berufsbeamtentums (Art. 33 Abs. 5);
– die Einrichtung und die Funktionsfähigkeit der Bundeswehr (Art. 12a, Art. 87a);
– Bestand und Funktionsfähigkeit der Sozialversicherung (Art. 74 Abs. 1 Nr. 12).

259 Soll ein vorbehaltloses Grundrecht durch kollidierendes Verfassungsrecht eingeschränkt werden, setzt dies eine *konkrete normative Aussage im Grundgesetz* voraus.¹⁴⁹ Nicht ausreichend ist der Hinweis auf bloße Kompetenz-, Ermächtigungs- und Organisationsvorschriften.¹⁵⁰ Ebenso wenig genügt der Verweis auf den „Schutz der Verfassung" oder die Funktionstüchtigkeit der Strafrechtspflege.¹⁵¹ Vielmehr ist es nach der Rechtsprechung des BVerfG geboten,

„anhand einzelner Grundgesetzbestimmungen die konkret verfassungsrechtlich geschützten Rechtsgüter festzustellen, die bei realistischer Einschätzung der Tatumstände

---

143 Vgl. aus der Rechtsprechung BVerfGE 28, 243, 261 – *Kriegsdienstverweigerung*; BVerfGE 30, 173, 193 – *Mephisto*; BVerfGE 83, 130, 139 ff. – *Josephine Mutzenbacher*.
144 Ähnlich *Sachs*, in: Sachs, GG, Vor Art. 1 Rn. 125.
145 Siehe hierzu die Nachweise bei *Starck*, in: v. Mangoldt/Klein/Starck, GG, Art. 1 Rn. 275. Eine Übersicht zu früheren Vorschlägen findet sich außerdem bei *Maurer*, Staatsrecht I, § 9 Rn. 59.
146 Vgl. BVerfGE 30, 173, 191 f. – *Mephisto*.
147 Vgl. BVerfGE 30, 173, 191 f. – *Mephisto*.
148 Siehe die Beispiele bei v. *Münch*, in: v. Münch/Kunig, GG, 5. Auflage, 2000, Vorb. Art. 1–19 Rn. 57; *Sachs*, Verfassungsrecht II, Teil I, Kap. 9 Rn. 36 ff.; *Maurer*, Staatsrecht I, § 9 Rn. 60; *Katz*, Staatsrecht, Rn. 644. Ausführlich zu den einschlägigen Verfassungsbestimmungen im Einzelnen *Stern*, Staatsrecht III/2, S. 571 ff.
149 So *Sachs*, in: Sachs, GG, Vor Art. 1 Rn. 121.
150 *Jarass*, in: Jarass/Pieroth, GG, Vorb. vor Art. 1 Rn. 46.
151 Siehe BVerfGE 77, 240, 255 – *Herrnburger Bericht*.

der Wahrnehmung des [vorbehaltlos gewährleisteten Grundrechts] widerstreiten, und diese in Konkordanz zu diesem Grundrecht zu bringen."[152]

Wegen des aus dem Rechtsstaatsprinzip folgenden Grundsatzes des Vorbehalts des Gesetzes erfordert die Grundrechtseinschränkung durch kollidierendes Verfassungsrecht *stets eine hinreichend bestimmte gesetzliche Grundlage*.[153] Denn die einen Eingriff rechtfertigenden immanenten Schranken ersetzen lediglich den Gesetzesvorbehalt, nicht aber das für einen Eingriff notwendige ermächtigende Gesetz.[154] **260**

Ausgangspunkt des BVerfG ist der Grundsatz der Einheit der Verfassung und die von ihr geschützte Wertordnung.[155] Konflikte aus kollidierendem Verfassungsrecht lassen sich daher nicht lösen, indem eine bestimmte Rangordnung der Grundrechte und sonstigen Verfassungsgüter aufgestellt wird.[156] Vielmehr ist eine *Einzelfallabwägung* vorzunehmen, die die Besonderheiten des jeweiligen Grundrechts berücksichtigt und eine Harmonisierung des Grundrechtskonflikts bewirkt.[157] Ziel ist die Herbeiführung eines angemessenen Interessenausgleichs durch *Herstellung praktischer Konkordanz*,[158] d. h. ein **261**

„verhältnismäßiger Ausgleich der gegenläufigen, gleichermaßen verfassungsrechtlich geschützten Interessen mit dem Ziele ihrer Optimierung."[159]

Dies bedeutet, dass ein *schonender Ausgleich* in dem Sinne herbeizuführen ist, dass alle beteiligten Verfassungsgüter *zu optimaler Wirksamkeit gelangen* können:[160] **262**

„Beide Verfassungswerte müssen daher im Konfliktsfall nach Möglichkeit zum Ausgleich gebracht werden; lässt sich dies nicht erreichen, so ist unter Berücksichtigung der falltypischen Gestaltung und der besonderen Umstände des Einzelfalles zu entscheiden, welches Interesse zurückzutreten hat."[161]

Hinweis für die Fallbearbeitung: In Übungsarbeiten formuliert man zur Operationalisierung des Grundsatzes praktischer Konkordanz am besten, dass der Grundsatz gebiete, jedes Grundrecht soweit als möglich zu entfalten und dabei nur soweit als notwendig zu begrenzen.

Nicht einheitlich beurteilt wird die Frage, ob der Anwendungsbereich kollidierenden Verfassungsrechts als Eingriffsrechtfertigung *auf vorbehaltlose Grundrechte beschränkt* ist, oder ob damit darüber hinaus auch Eingriffe in Grundrechte gerechtfertigt werden können, die einem einfachen oder qualifizierten Gesetzesvorbehalt unterliegen.[162] **263**

---

152 BVerfGE 77, 240, 255 – *Herrnburger Bericht*.
153 Vgl. *Jarass*, in: Jarass/Pieroth, GG, Vorb. vor Art. 1 Rn. 48; *Herdegen*, in: Maunz/Dürig, GG, Art. 1 Abs. 3 Rn. 45.
154 So auch v. *Münch/Kunig*, in: v. Münch/Kunig, GG, Vorb. Art. 1–19 Rn. 41 m. w. N.
155 Vgl. BVerfGE 28, 243, 261 – *Kriegsdienstverweigerung*.
156 Ebenso v. *Münch/Kunig*, in: v. Münch/Kunig, GG, Vorb. Art. 1–19 Rn. 50 m. w. N.
157 Vgl. zu den Fallgruppen und Entscheidungskriterien im Einzelnen *Katz*, Staatsrecht, Rn. 644.
158 Siehe hierzu *Sachs*, in: Sachs, GG, vor Art. 1 Rn. 124 ff.; *Jarass*, in: Jarass/Pieroth, GG, Vorb. vor Art. 1 Rn. 49; v. *Münch/Kunig*, in: v. Münch/Kunig, GG, Vorb. Art. 1–19 Rn. 50; *Kingreen/Poscher*, Grundrechte, Rn. 376 ff.; *Maurer*, Staatsrecht I, § 9 Rn. 60; *Katz*, Staatsrecht, Rn. 643 und 649.
159 BVerfGE 81, 278, 292 – *Bundesflagge*.
160 Vgl. v. *Münch/Kunig*, in: v. Münch/Kunig, GG, Vorb. Art. 1–19 Rn. 50 m. w. N.
161 BVerfGE 35, 202, 225 – *Lebach*.
162 Verneinend *Kingreen/Poscher*, Grundrechte, Rn. 384; wohl auch *Jestaedt*, in: HGR, § 102 Rn. 59; zurückhaltend weiter *Maurer*, Staatsrecht I, § 9 Rn. 62; bejahend *Merten*, in: HGR, § 60 Rn. 90; *Jarass*, in: Jarass/Pieroth, GG, Vorb. vor Art. 1 Rn. 47. Das BVerfG hat solche Rückgriffe gelegentlich zugelassen, BVerfGE 111, 147, 157 – *NPD-Kundgebung (Bochum)*; BVerfGE 66, 116, 136 – *Springer/Wallraff*. Wer der zuletzt genannten Auffassung folgt, muss, um die gesetzlichen Vorbehalte nicht zu unterlaufen, diese vorrangig prüfen, so auch *Jarass*, in: Jarass/Pieroth, GG, Vorb. vor Art. 1 Rn. 48.

5. Anforderungen an grundrechtseinschränkende Gesetze (Schranken-Schranke)

264 Die verfassungsrechtliche Rechtfertigung eines Grundrechtseingriffs setzt voraus, dass das grundrechtseinschränkende Gesetz seinerseits in formeller und materieller Hinsicht mit der Verfassung in Einklang steht (sog. *Schranken-Schranken* oder *Gegenschranken*). Die Begriffe bezeichnen die Beschränkungen, denen der Gesetzgeber unterliegt, wenn er der Grundrechtsausübung Schranken zieht.[163] In anderen Worten gelten auch Grundrechtsschranken nicht unbeschränkt.[164]

Das einschränkende Gesetz muss zunächst *formell ordnungsgemäß zustande gekommen* sein, d. h. unter Einhaltung der Kompetenzordnung des Grundgesetzes (Art. 70 ff.) und des Gesetzgebungsverfahrens (Art. 76 ff. bei Bundesgesetzen). *In materieller Hinsicht* sind insbesondere das Verhältnismäßigkeitsprinzip, der Bestimmtheitsgrundsatz und das Rückwirkungsverbot zu beachten, des Weiteren die in Art. 19 verankerten Anforderungen an Grundrechtseinschränkungen (Verbot des Einzelfallgesetzes, Zitiergebot und Wesensgehaltsgarantie).

265 a) **Das Verhältnismäßigkeitsprinzip.** Das Verhältnismäßigkeitsprinzip – auch als Übermaßverbot bezeichnet – besagt, dass der Zweck jedes staatlichen Handelns in angemessenem Verhältnis zu dem gewählten Mittel stehen muss.[165] Die Freiheit des Einzelnen darf nur soweit eingeschränkt werden, wie dies im Interesse des Allgemeinwohls unabdingbar ist. Ursprünglich als rechtsstaatliche Anforderung an die Rechtmäßigkeit von Eingriffen durch die Verwaltung in die konstitutionellen Freiheitsrechte („Eigentum und Freiheit") entwickelt, gehört das Verhältnismäßigkeitsprinzip zu den Leitsätzen, die die Rechtmäßigkeit jeglichen staatlichen Handelns betreffen,[166]

> „die sich als übergreifende Leitregeln allen staatlichen Handelns zwingend aus dem Rechtsstaatsprinzip ergeben und deshalb Verfassungsrang haben".[167]

266 Das Verhältnismäßigkeitsprinzip findet seine klassische Anwendung im Verhältnis Staat-Bürger in der Grundrechtslehre, wo zu den *Voraussetzungen eines rechtmäßigen Eingriffs* auch die Verhältnismäßigkeit gehört:

> „Nach diesem mit Verfassungsrang ausgestatteten Grundsatz sind Eingriffe in die Freiheitssphäre nur dann und insoweit zulässig, als sie zum Schutz öffentlicher Interessen unerlässlich sind; die gewählten Mittel müssen in einem vernünftigen Verhältnis zum angestrebten Erfolg stehen."[168]

267 Die Anwendung des Verhältnismäßigkeitsgrundsatzes erfolgt in zwei Schritten. Zuerst ist der angestrebte *Zweck des staatlichen Handelns* zu bestimmen und außerdem festzulegen, aus welchem *Mittel* das staatliche Handeln besteht, mit dem der angestrebte Erfolg bewirkt werden soll. Anschließend sind der Zweck und das dafür gewählte staatliche Mittel zueinander in Beziehung zu setzen. Ein Mittel ist danach nur verhältnismäßig, wenn es zur Verwirklichung des angestrebten Zwecks *geeignet, erforderlich und angemessen* ist. Dieser letzte Schritt stellt die eigentliche

---

163 Vgl. *Kingreen/Poscher*, Grundrechte, Rn. 326; *Katz*, Staatsrecht, Rn. 646; kritisch *Ipsen*, Staatsrecht II, Rn. 183.
164 So *Hufen*, Staatsrecht II, § 9 Rn. 14.
165 Vgl. zum Verhältnismäßigkeitsprinzip im Allgemeinen *Korioth*, Staatsrecht I, Rn. 202 ff.
166 Vgl. *Stern*, Staatsrecht I, S. 861 m. w. N. Siehe zu den Rechtsgrundlagen des Verhältnismäßigkeitsprinzips auch v. *Münch/Kunig*, in: v. Münch/Kunig, GG, Vorb. Art. 1–19 Rn. 35 ff.
167 BVerfGE 23, 127, 133 – *Zeugen Jehovas* m. w. N.
168 BVerfGE 35, 382, 401 – *Ausländerausweisung*.

Verhältnismäßigkeitsprüfung dar (Verhältnismäßigkeit im engeren Sinne, Proportionalität).

Der Grundsatz der Verhältnismäßigkeit hat in der Rechtsprechung des BVerfG für einzelne Grundrechte besondere Ausprägungen erfahren. Dies gilt insbesondere für die *Wechselwirkungslehre* zu Art. 5 Abs. 1 und die *Drei-Stufen-Theorie* im Rahmen des Art. 12 Abs. 1.[169]

aa) Verfassungslegitimer Zweck. Für die *Ermittlung des Zwecks des staatlichen Handelns* ist zunächst darauf abzustellen, was die staatlichen Stellen selbst als angestrebten Erfolg verlautbaren. So lässt sich das Ziel, das der Gesetzgeber durch den Erlass eines Gesetzes verwirklichen will, aus dem Gesetzestext, aus der Gesetzesbegründung oder den parlamentarischen Beratungen ermitteln.[170] Bei der Wahl des zu verfolgenden Zwecks und der dafür einzusetzenden Mittel ist der Gesetzgeber freier als die Verwaltung, die im Rahmen ihrer Vollzugstätigkeit an die gesetzgeberische Entscheidung gebunden ist.[171]

Grundsätzlich kommen dem Gesetzgeber bei der Frage, welche Zwecke er mit welchen Mitteln verfolgen will, eine *Einschätzungsprärogative* und ein weiter Gestaltungsspielraum zu. Die Zweckbestimmung kann sich allerdings auch aus dem Gesetzesvorbehalt des Grundrechts ergeben, wie dies etwa bei Art. 5 Abs. 2 der Fall ist.[172]

Stets muss das staatliche Handeln einem *legitimen Zweck* dienen. Dies bedeutet, dass der verfolgte Zweck mit der staatlichen Ordnung, insbesondere *mit der Verfassung vereinbar* sein muss. Innerhalb dieses Rahmens überschreitet der Gesetzgeber seinen Beurteilungsspielraum nur,

> „wenn seine Erwägungen so offensichtlich fehlsam sind, dass sie vernünftigerweise keine Grundlage für gesetzgeberische Maßnahmen abgeben können."[173]

Beispielsweise können wirtschaftliche oder soziale Aspekte zu einem solchen legitimen Zweck führen.[174]

bb) Geeignetheit. Geeignet ist jedes Mittel, das prinzipiell *für die Verwirklichung des angestrebten Zwecks dienlich* ist. Dies ist der Fall,

> „wenn mit seiner Hilfe der gewünschte Erfolg gefördert werden kann".[175]

Das gewählte Mittel muss nicht das bestmögliche sein und nicht in jedem Einzelfall Wirkung entfalten.[176] Es besteht kein Optimierungsgebot.[177] Vielmehr genügt es, wenn die abstrakte Möglichkeit der Zweckerreichung besteht, die staatliche Maßnahme also *„nicht von vornherein untauglich"* ist,[178] sondern einen Beitrag zur

---

169 Näher zu den speziellen Ausprägungen des Verhältnismäßigkeitsgrundsatzes *Sachs*, Verfassungsrecht II, Teil I Kap. 10 Rn. 42 ff. Siehe zur Wechselwirkungslehre unten Rn. 654 ff.; zur Drei-Stufen-Prüfung unten Rn. 926 ff.
170 Siehe zur Ermittlung des verfassungslegitimen Zwecks *Korioth*, Staatsrecht I, Rn. 205.
171 Vgl. *Kingreen/Poscher*, Grundrechte, Rn. 333 ff.
172 Vgl. *Ipsen*, Staatsrecht II, Rn. 185 f.
173 BVerfGE 30, 292, 317 – *Erdölbevorratung*; BVerfGE 77, 84, 106 – *Arbeitnehmerüberlassung*.
174 Vgl. die Beispiele bei *Hufen*, Staatsrecht II, § 9 Rn. 19.
175 BVerfG, NJW 2018, 2109, Rn. 37 – *staatliches Informationshandeln*; BVerfGE 126, 112, 144 – *privater Rettungsdienst*.
176 Ebenso *Jarass*, in: Jarass/Pieroth, GG, Art. 20 Rn. 118.
177 *Sachs*, in: Sachs, GG, Art. 20 Rn. 150.
178 BVerfGE 100, 313, 373 – *Telekommunikationsüberwachung*.

Zielerreichung leistet.¹⁷⁹ Je nach Fallkonstellation kann es eine große Anzahl von geeigneten Mitteln neben dem gewählten geben.

274 **cc) Erforderlichkeit.** Erforderlich ist das Mittel, das von allen geeigneten, gleich wirksamen Mitteln *die am wenigsten einschneidende Maßnahme* darstellt. Eine staatliche Maßnahme darf – wie das BVerfG formuliert hat – mithin nicht über das zur Verfolgung ihres Zwecks erforderliche Maß hinaus- und nicht weitergehen, als der mit ihr intendierte Schutzzweck reicht.¹⁸⁰ Im klassischen Staat-Bürger-Verhältnis ist damit das Mittel erforderlich, das den Bürger am wenigsten belastet (*Grundsatz des geringstmöglichen Eingriffs*).¹⁸¹ An der Erforderlichkeit fehlt es, wenn

> „ein gleich wirksames, aber für den Grundrechtsträger weniger und Dritte und die Allgemeinheit nicht stärker belastendes Mittel zur Erreichung des Ziels zur Verfügung steht".¹⁸²

275 Nicht erforderlich ist das Mittel, wenn ein milderes Mittel ausreicht.¹⁸³ Es muss sich eindeutig feststellen lassen, dass zur Erreichung des verfolgten Zwecks andere, weniger einschneidende Mittel zur Verfügung stehen.¹⁸⁴ Dies ist nicht nur im Hinblick auf den Betroffenen selbst, sondern auch im Hinblick auf Dritte zu entscheiden.¹⁸⁵

276 **dd) Angemessenheit.** Die *Verhältnismäßigkeit im engeren Sinne (Angemessenheit, Zumutbarkeit oder Proportionalität)* verlangt, dass die Maßnahme in angemessenem Verhältnis zu dem Gewicht und der Bedeutung des Grundrechts steht.¹⁸⁶ Dies erfordert, dass

> „bei einer Gesamtabwägung zwischen der Schwere des Eingriffs und dem Gewicht und der Dringlichkeit der ihn rechtfertigenden Gründe die Grenze der Zumutbarkeit gewahrt bleibt, die Maßnahme also die Betroffenen nicht übermäßig belastet."¹⁸⁷

277 Die Angemessenheitsprüfung besteht in einer umfassenden *Abwägung* zwischen den grundrechtlich geschützten Rechtsgütern und den entgegenstehenden öffentlichen Interessen, die eine Einschränkung des Grundrechts erfordern.¹⁸⁸ Angemessen ist ein erforderliches Mittel nur, wenn der mit der Maßnahme verbundene Eingriff *nicht außer Verhältnis zur Bedeutung der Sache* steht.¹⁸⁹ Bildlich gesprochen darf man nicht „mit Kanonen auf Spatzen schießen". Handelt es sich um einen besonders intensiven Eingriff, so muss die Zumutbarkeit gegebenenfalls durch Übergangs-, Ausgleichs- oder Ausnahmevorschriften sichergestellt werden.¹⁹⁰

278 **b) Die Wesensgehaltsgarantie gemäß Art. 19 Abs. 2.** Art. 19 Abs. 2 bestimmt, dass ein Grundrecht in keinem Falle in seinem Wesensgehalt angetastet werden

---

179 Vgl. *Jarass*, in: Jarass/Pieroth, GG, Art. 20 Rn. 118 m. w. N.
180 BVerfG NJW 2018, 2109, Rn. 47 – *staatliches Informationshandeln*; BVerfGE 110, 1, 28 – *erweiterter Verfall*.
181 Zur Geltung des Verhältnismäßigkeitsgrundsatz im Staatsorganisationsrecht, vgl. *Heusch*, Der Grundsatz der Verhältnismäßigkeit im Staatsorganisationsrecht, 2003.
182 BVerfG, NJW 2018, 2109, Rn. 47 – *staatliches Informationshandeln*; BVerfGE 113, 167, 259 – *Risikostrukturausgleich*; BVerfGE 135, 90, 118 – *Anwalts-GmbH*.
183 BVerfGE 67, 157, 173 – *G 10*.
184 BVerfGE 53, 135, 145 – *Schokoladenosterhase*.
185 *Manssen*, Grundrechte, Rn. 200.
186 BVerfG, NJW 2018, 2109, Rn. 49 – *staatliches Informationshandeln*; BVerfGE 67, 157, 173 – *G 10*.
187 BVerfGE 83, 1, 19 – *Gebührenbegrenzung für Sozialrechtsanwälte*.
188 Vgl. BVerfGE 133, 277, 322 – *Antiterrordatei*; *Maurer*, Staatsrecht I, § 8 Rn. 57.
189 BVerfGE 67, 157, 173 – *G 10*.
190 Siehe *Manssen*, Grundrechte, Rn. 202.

darf. Dieser Wesensgehalt ist für jedes einzelne Grundrecht gesondert zu bestimmen.[191]
Die Wesensgehaltsgarantie gilt *für alle Grundrechte und grundrechtsgleichen Rechte*. Insbesondere ist ihr Anwendungsbereich nicht auf Grundrechte, die unter Gesetzesvorbehalt stehen, beschränkt.[192]

Umstritten ist, ob der Wesensgehalt eines Grundrechts absolut oder relativ zu bestimmen ist.
Nach der *Theorie vom absoluten Wesensgehalt* besitzt jedes Grundrecht einen *unantastbaren Kernbereich*, der unabhängig von einer Abwägung im jeweiligen Einzelfall feststeht.[193] Dieser absolut geschützte Kernbestand stellt die „Grundsubstanz" eines Grundrechts,[194] seinen „unverzichtbaren Mindestinhalt" dar.[195]
Demgegenüber geht die *Theorie vom relativen Wesensgehalt* davon aus, dass in jedem einzelnen Fall unter Berücksichtigung aller beteiligten Interessen anhand einer *Abwägung* festzustellen ist, ob der Wesensgehalt eines Grundrechts angetastet ist.[196] Eine Verletzung des Wesensgehalts scheidet danach aus, wenn im Einzelfall dem Grundrecht das geringere Gewicht für die konkret zu entscheidende Frage beizumessen ist.[197] Gegen diese Auffassung spricht jedoch, dass die Bedeutung des Art. 19 Abs. 2 damit nicht über die Prüfung des Grundsatzes der Verhältnismäßigkeit hinausginge.[198]

Darüber hinaus ist umstritten, ob die Wesensgehaltsgarantie *generell*, d. h. im Hinblick auf die grundsätzliche Bedeutung des Grundrechts innerhalb der Verfassungsordnung, oder *individuell*, also bezogen auf seine Bedeutung für den jeweiligen Grundrechtsberechtigten zu interpretieren ist.[199] Richtigerweise ist zu differenzieren. Jedenfalls für staatliche Eingriffe in das Recht auf Leben, die aufgrund des Art. 2 Abs. 2 S. 3 nicht prinzipiell ausgeschlossen sind, kann die Wesensgehaltsgarantie nur im Hinblick auf die Gewährleistung für die Allgemeinheit verstanden werden, da ein Eingriff die Rechtsposition des betroffenen Grundträgers vollständig beseitigt.[200] Andernfalls ließe die Verfassung in Art. 2 Abs. 2 S. 3 etwas zu (nämlich einen Eingriff in das Grundrecht auf Leben), das durch Art. 19 Abs. 2 (Wesensgehaltssperre) ausgeschlossen wäre. Eine solche Interpretation kann aber nicht das Ergebnis einer zutreffenden systematischen Auslegung sein kann.[201] Das Problem lässt sich auch nicht über eine Hierarchisierung der Vorschriften

---

191 Vgl. *Jarass*, in: Jarass/Pieroth, GG, Art. 19 Rn. 9 m. w. N.; *Hofmann*, in: Schmidt-Bleibtreu/Hofmann/Henneke, GG, Art. 19 Rn. 17.
192 Ebenso *Krebs*, in: v. Münch/Kunig, GG, Art. 19 Rn. 19; a. A. *Jarass*, in: Jarass/Pieroth, GG, Art. 19 Rn. 8, wonach Art. 19 Abs. 2 auf andere grundrechtsrelevante Regelungen analoge Anwendung finden soll.
193 Vertreten von *Jarass*, in: Jarass/Pieroth, GG, Art. 19 Rn. 9; *Sachs*, in: Sachs, GG, Art. 19 Rn. 43; *Krebs*, in: v. Münch/Kunig, GG, Art. 19 Rn. 23; *Ipsen*, Staatsrecht II, Rn. 212, 219; *Stein/Frank*, Staatsrecht, § 30 VI; *Stern*, Staatsrecht III/1, S. 865 ff.
194 *Katz*, Staatsrecht, Rn. 661. Ein absoluter Ansatz findet sich auch bei BVerfGE 80, 367, 373 – *Tagebuch* und BVerfGE 84, 212, 228 – *Aussperrung*.
195 *Sachs*, Verfassungsrecht II, Teil I, Kap. 10 Rn. 29.
196 So etwa *Remmert*, in: Maunz/Dürig, GG, Art. 19 Abs. 2 Rn. 15 ff.; siehe auch die Nachweise bei *Huber*, in: v. Mangoldt/Klein/Starck, GG, Art. 19 Rn. 142 ff.
197 Siehe BVerwGE 47, 330, 358 – Übernahme in den Beamtendienst.
198 Vgl. auch *Kingreen/Poscher*, Grundrechte, Rn. 360; *Sachs*, in: Sachs, GG, Art. 19 Rn. 42; *Manssen*, Grundrechte, Rn. 207.
199 Zu diesem Streit etwa *Manssen*, Grundrechte, Rn. 206 f.
200 Vgl. *Sachs*, Verfassungsrecht II, Teil I, Kap. 10 Rn. 30; *Kingreen/Poscher*, Grundrechte, Rn. 359.
201 *Lang*, in: BeckOK, GG, Art. 2 Rn. 70.

lösen. Jedenfalls hinsichtlich ursprünglicher Verfassungsnormen sind etwaige Spannungsverhältnisse nach Maßgabe des Grundsatzes der Einheit der Verfassung aufzulösen. Für alle anderen Grundrechte ist der Wesensgehalt hingegen *im Zweifel individuell* zu bestimmen.[202]

281 c) **Das Zitiergebot gemäß Art. 19 Abs. 1 S. 2.** Art. 19 Abs. 1 S. 2 bestimmt, dass ein grundrechtseinschränkendes Gesetz das Grundrecht unter Angabe des Artikels nennen muss. Dem Zitiergebot kommt eine Warn- und Besinnungsfunktion für den Gesetzgeber zu („psychologische Schranke"[203]):

> „Indem das Gebot den Gesetzgeber zwingt, solche Eingriffe im Gesetzeswortlaut auszuweisen, will es sicherstellen, dass nur wirklich gewollte Eingriffe erfolgen; auch soll sich der Gesetzgeber über die Auswirkungen seiner Regelungen für die betroffenen Grundrechte Rechenschaft geben (Warn- und Beweisfunktion)."[204]

282 Außerdem hat das Zitiergebot eine *Klarstellungsfunktion* für die Gesetzesauslegung durch die rechtsanwendenden Organe.[205] Darüber hinaus dient die Vorschrift der Rechtsklarheit, da auch der Bürger, der nicht über juristische Kenntnisse verfügt, den Gesetzen das Ausmaß der Grundrechtseinschränkungen soll entnehmen können (sog. *Informationsfunktion*).[206]
Verstößt der Gesetzgeber gegen Art. 19 Abs. 1 S. 2, so hat dies die *Nichtigkeit des Gesetzes* zur Folge.[207]
Ein Beispiel für die Befolgung des Zitiergebots findet sich in § 20 VersG.

283 Infolge der restriktiven Handhabung des Art. 19 Abs. 1 S. 2 durch die Rechtsprechung des BVerfG ist die *praktische Bedeutung des Zitiergebots gering*.[208] Einleuchtend ist, dass Art. 19 Abs. 1 S. 2 *auf vorkonstitutionelle Gesetze keine Anwendung* findet, denn da Art. 19 Abs. 2 noch nicht galt, konnte er vom Gesetzgeber auch nicht eingehalten werden.[209] Gleiches soll aber gelten, wenn ein nachkonstitutionelles Gesetz lediglich bereits geltende Grundrechtsbeschränkungen unverändert oder mit geringen Abweichungen wiederholt.[210]
Art. 19 Abs. 1 S. 2 betrifft seinem Wortlaut entsprechend zudem nur den Fall, dass *„ein Grundrecht durch Gesetz oder aufgrund eines Gesetzes eingeschränkt werden"* soll, da das Zitiergebot andernfalls eine „die Gesetzgebung unnötig behindernde leere Förmlichkeit"[211] wäre. Das Zitiergebot dient nur

> „zur Sicherung derjenigen Grundrechte, die aufgrund eines speziellen, vom Grundgesetz vorgesehenen Gesetzesvorbehalts über die im Grundrecht selbst angelegten Grenzen hinaus eingeschränkt werden können."[212]

---

202 Ebenso *Kingreen/Poscher*, Grundrechte, Rn. 358; für ein individuelles Verständnis auch *Stein/Frank*, Staatsrecht, § 30 VI.
203 *Remmert*, in: Maunz/Dürig, GG, Art. 19 Abs. 1 Rn. 48.
204 BVerfGE 64, 72, 80 – *Prüfingenieur*. Ausführlich zur Zielsetzung des Zitiergebots *Huber*, in: v. Mangoldt/Klein/Starck, GG, Art. 19 Rn. 69 ff.
205 Vgl. *Maurer*, Staatsrecht I, § 9 Rn. 52; *Kingreen/Poscher*, Grundrechte, Rn. 363.
206 Vgl. *Ipsen*, Staatsrecht II, Rn. 203.
207 So auch *Krebs*, in: v. Münch/Kunig, GG, Art. 19 Rn. 18; *Stein/Frank*, Staatsrecht, § 30 IV.
208 Kritisch hierzu *Sachs*, Verfassungsrecht II, Teil I, Kap. 10 Rn. 15 ff.; *Ipsen*, Staatsrecht II, Rn. 204 ff.
209 Vgl. BVerfGE 5, 13, 16 – *Zitiergebot*.
210 Siehe BVerfGE 5, 13, 16 – *Zitiergebot*; kritisch hierzu *Krebs*, in: v. Münch/Kunig, GG, Art. 19 Rn. 17, und *Sachs*, in: Sachs, GG, Art. 19 Rn. 28.
211 So BVerfGE 64, 72, 80 – *Prüfingenieur*.
212 BVerfGE 64, 72, 80 – *Prüfingenieur*; vgl. auch BVerfGE 24, 367, 396 – *Deichordnungsgesetz*.

Art. 19 Abs. 1 S. 2 findet daher nach Auffassung des BVerfG auf vorbehaltlos gewährleistete Grundrechte keine Anwendung.[213] Das Zitiergebot bezieht sich überdies nicht auf die allgemeine Handlungsfreiheit des Art. 2 Abs. 1, da diese von vornherein nur unter dem Vorbehalt der verfassungsmäßigen Ordnung gewährleistet ist und die Einhaltung des Zitiergebots zur „reinen Förmelei" verkäme.[214] Auch allgemeine Gesetze i. S. d. Art. 5 Abs. 2 fallen nicht unter den Zitierzwang.[215] Von Art. 19 Abs. 1 S. 2 ausgenommen sind ferner berufsregelnde Gesetze[216] sowie Inhalts- und Schrankenbestimmungen i. S. d. Art. 14 Abs. 1 S. 2.[217] **284**

d) Das Verbot des Einzelfallgesetzes gemäß Art. 19 Abs. 1 S. 1. Art. 19 Abs. 1 S. 1 verlangt, dass grundrechtseinschränkende Gesetze allgemein und nicht nur für den Einzelfall gelten. Die Vorschrift enthält eine Konkretisierung des allgemeinen Gleichheitssatzes, indem sie dem Gesetzgeber verbietet, aus einer Reihe gleichartiger Sachverhalte willkürlich einen Fall herauszugreifen und zum Gegenstand einer Ausnahmeregelung zu machen.[218] Darüber hinaus steht das Verbot des Einzelfallgesetzes in Zusammenhang mit dem Gewaltenteilungsprinzip.[219] Der Gesetzgeber soll daran gehindert werden, in der Form des Gesetzes so konkret und individuell tätig zu werden, wie dies die Sache der Verwaltung ist.[220] Wird das Verbot des Einzelfallgesetzes missachtet, so führt dieser Verstoß zur *Nichtigkeit des Gesetzes*.[221] **285**

Fraglich ist, ob die Reichweite des Art. 19 Abs. 1 S. 1 ebenso wie der Anwendungsbereich des Zitiergebots zu beschränken ist. Obwohl der Wortlaut der Vorschrift diesen Schluss nahe legt, so soll das Verbot des Einzelfallgesetzes nach h. M. für *alle grundrechtsrelevanten Gesetze* gelten.[222] Die praktischen Auswirkungen dieser Frage sind indes gering.[223] **286**

Ein *Einzelfallgesetz* liegt vor, wenn das Gesetz nur für einen abschließend bestimmten Adressatenkreis gilt und seine Anwendung auf weitere, zukünftige Fälle von vornherein ausgeschlossen ist.[224] Art. 19 Abs. 1 S. 1 will verhindern, dass zielgerichtet Grundrechte einzelner Personen eingeschränkt werden.[225] **287**
Ein Verstoß gegen das Verbot des Einzelfallgesetzes ist auch gegeben, wenn sich das Gesetz nach der Intention des Gesetzgebers auf einen konkreten Fall beschränken soll, diese Absicht jedoch durch eine abstrakt-generelle Formulierung des Ge-

---

213 Siehe für die Kunstfreiheit BVerfGE 83, 130, 154 – *Josephine Mutzenbacher*.
214 BVerfGE 10, 89, 99 – *Erftverband*.
215 BVerfGE 28, 282, 289 – *Kriegsdienstgegner*.
216 BVerfGE 64, 72, 79 f. – *Prüfingenieur*.
217 BVerfGE 24, 367, 396 ff. – *Deichordnungsgesetz*.
218 BVerfGE 25, 371, 399 – *lex Rheinstahl*. Ausführlich zu Allgemeinheitsgebot und Gleichheitssatz *Huber*, in: v. Mangoldt/Klein/Starck, GG, Art. 19 Rn. 16 ff.
219 Ebenso *Herzog*, in: Maunz/Dürig, GG, Art. 19 Abs. 1 Rn. 27.
220 Vgl. *Kingreen/Poscher*, Grundrechte, Rn. 361 f.; ausführlich zu Sinn und Zweck des Art. 19 Abs. 1 S. 1 *Stern*, Staatsrecht III/2, S. 712 ff.
221 So auch *Krebs*, in: v. Münch/Kunig, GG, Art. 19 Rn. 13.
222 Vgl. *Huber*, in: v. Mangoldt/Klein/Starck, GG, Art. 19 Rn. 45 f.; *Krebs*, in: v. Münch/Kunig, GG, Art. 19 Rn. 13; *Sachs*, in: Sachs, GG, Art. 19 Rn. 17; a. A. *Jarass*, in: Jarass/Pieroth, GG, Art. 19 Rn. 1, wonach Art. 19 Abs. 1 S. 1 auf sonstige Regelungen im Grundrechtsbereich analoge Anwendung finden soll.
223 Siehe *Jarass*, in: Jarass/Pieroth, GG, Art. 19 Rn. 1.
224 Vgl. *Sachs*, Verfassungsrecht II, Teil I, Kap. 10 Rn. 10.
225 Siehe *Ipsen*, Staatsrecht II, Rn. 198.

setzes verschleiert wird.²²⁶ Nach der Rechtsprechung des BVerfG handelt es sich um ein *getarntes Individualgesetz,*

> „wenn der Gesetzgeber ausschließlich einen bestimmten Einzelfall oder eine bestimmte Gruppe von Einzelfällen regeln will und zur Verdeckung dieser Absicht generell formulierte Tatbestandsmerkmale dergestalt in einer Norm zusammenfasst, dass diese nur auf jene konkrete Sachverhalte Anwendung finden kann, die dem Gesetzgeber vorschwebten und auf die die Norm zugeschnitten ist. Es muss also zunächst die Feststellung gerechtfertigt sein, dass der Sache nach ein Individualgesetz vorliegt; erst dann ist für die weitere Prüfung Raum, ob der Gesetzgeber einer Norm absichtlich eine Formulierung gegeben hat, die deren Individualcharakter verbergen soll."²²⁷

288 Art. 19 Abs. 1 S. 1 schließt hingegen die gesetzliche Regelung eines Einzelfalles dann nicht aus,

> „wenn der Sachverhalt so beschaffen ist, dass es nur einen zu regelnden Fall dieser Art gibt und die Regelung dieses singulären Sachverhalts von sachlichen Gründen getragen wird."²²⁸

289 Ein unzulässiges Einzelfallgesetz liegt nicht schon dann vor, wenn der Gesetzgeber anlässlich eines konkreten Sachverhalts oder in einer bestimmten historischen Situation tätig wird. Vielmehr handelt es sich hierbei um ein sog. *Maßnahmegesetz* (*Anlassgesetz*), das von Art. 19 Abs. 1 S. 1 nicht erfasst wird.²²⁹ Entscheidend ist, dass das Gesetz nach seiner abstrakt gehaltenen Fassung Geltung für eine Vielzahl von Fällen beansprucht, so dass sich nicht übersehen lässt, auf wie viele und auf welche Fälle das Gesetz Anwendung findet.²³⁰

290 e) **Bestimmtheitsgebot.** Das Rechtsstaatsprinzip (Art. 20 Abs. 3) gebietet, dass die Adressaten einer Regelung ihr Verhalten auf deren Wirkungen und Folgen einstellen können.²³¹ Das können sie aber nur tun, wenn sie überhaupt erkennen können, was die Norm von ihnen verlangt. Aus diesem Grund müssen Gesetze *hinreichend bestimmt* sein.
Die Anforderungen des Bestimmtheitsgebots hängen ganz wesentlich von der Wirkungskraft bzw. Eingriffsintensität der in Rede stehenden Norm ab. Je stärker eine Regelung Freiheitsrechte von Bürgern beschränkt, desto schärfere Maßstäbe gelten für ihre Bestimmtheit.²³² Das zeigt sich besonders deutlich bei *Strafgesetzen*, deren Bestimmtheit sogar nochmals explizit vom Grundgesetz gefordert wird (Art. 103 Abs. 2). Da präventive Freiheitsentziehungen ebenso intensiv in Art. 2 Abs. 2 eingreifen wie Freiheitsstrafen, enthält Art. 104 Abs. 1 ein dem Art. 103 Abs. 2 vergleichbares Bestimmtheitsgebot, der Gesetzgeber muss deshalb also auch Freiheitsentziehungen in berechenbarer, messbarer und kontrollierbarer Weise regeln.²³³ Das Bestimmtheitsgebot steht allerdings der Verwendung von *Generalklauseln* oder *unbestimmten Rechtsbegriffen* nicht entgegen. Diese sind vielmehr unverzichtbar,

---

226 Vgl. hierzu *Sachs,* in: Sachs, GG, Art. 19 Rn. 22 m. w. N.; *Ipsen,* Staatsrecht II, Rn. 200.
227 BVerfGE 10, 234, 244 f. – *Platow-Amnestie.*
228 BVerfGE 25, 371, 399 – *lex Rheinstahl.*
229 Vgl. *Jarass,* in: Jarass/Pieroth, GG, Art. 19 Abs. 2; *Sachs,* in: Sachs, GG, Art. 19 Rn. 22; siehe aus der Rechtsprechung etwa BVerfGE 25, 371, 396 – *lex Rheinstahl.*
230 Ebenso BVerfGE 24, 33, 52 – *Finanzvertrag.*
231 BVerfG NJW 2018, 2619, Rn. 77 – *Fixierung psychisch kranker Untergebrachter*; s. a. *Jarass,* in: Jarass/Pieroth, GG, Art. 20 Rn. 84; *Sachs,* Verfassungsrecht II, Teil I, Kap. 10, Rn 53.
232 Vgl. *Manssen,* Grundrechte, Rn. 184; *Sachs,* Verfassungsrecht II, Teil I, Kap. 10 Rn. 53.
233 BVerfG NJW 2018, 2619, Rn. 79 – *Fixierung psychisch kranker Untergebrachter*; BVerfGE 134, 33, Rn. 111 – *Therapieunterbringungsgesetz*; BVerfGE 131, 268, 306 – *vorbehaltene Sicherungsverwahrung.*

damit Regelungen überhaupt abstrakt-generell wirken und auf diese Weise eine Vielzahl von Einzelfällen erfassen können.[234]

> **Beispiele:** „Öffentliche Sicherheit und Ordnung" in den polizeirechtlichen Generalklauseln (z. B. §§ 13, 16 SOG M-V), „gute Sitten" (§§ 138, 826 BGB), „Treu und Glauben" (§ 242 BGB) oder auch „Unzuverlässigkeit" (§ 35 Abs. 1 GewO).

Auch wenn der *Wortlaut* einer Regelung zunächst unklar oder mehrdeutig erscheint, ist sie allein deswegen nicht in verfassungswidriger Weise unbestimmt. Sofern sich ihre Bedeutung mithilfe historischer, systematischer oder teleologischer *Auslegung* ermitteln lässt oder sie durch eine langjährige Rechtsprechung konkretisiert wurde, ist ihre Wirkungsweise mit hinreichender Bestimmtheit erkennbar.[235] Das Bestimmtheitsgebot enthält also nur einen *Mindeststandard* für die Formulierung von Normen.

> **Hinweis für die Fallbearbeitung**: Eine Regelung ist erst dann als unbestimmt anzusehen, wenn eine Auslegung keine Klarheit herstellen kann. Nur aufgrund eines mehrdeutigen Wortlauts darf nicht gefolgert werden, dass eine Regelung verfassungswidrig ist. Es gilt: *Auslegung vor Unbestimmtheit!*

IV. Grundrechtskonkurrenzen

291 Eine *Grundrechtskonkurrenz* ist gegeben, wenn ein Verhalten in den Schutzbereich mehrerer Grundrechte oder grundrechtsgleicher Rechte *desselben Grundrechtsberechtigten* fällt.[236]

292 Von der Grundrechtskonkurrenz ist die Grundrechtskollision zu unterscheiden. Eine *Grundrechtskollision* liegt vor, wenn eines oder mehrere Grundrechte verschiedener Grundrechtsträger miteinander in Widerstreit geraten.[237] Es besteht also ein Konflikt mit den Rechtsgütern *eines anderen Grundrechtsträgers*.[238] Die Grundrechtskollision ist im Rahmen der verfassungsrechtlichen Rechtfertigung zu erörtern.[239]

1. Tatbestandsabgrenzung

293 Vorab ist zu prüfen, ob eine Grundrechtskonkurrenz bereits dadurch ausgeschlossen werden kann, dass der *Schutzbereich der betroffenen Grundrechte näher gegeneinander abgegrenzt* wird.[240]
So soll beispielsweise nach der neueren Rechtsprechung des BVerfG die Pressefreiheit gegenüber der Meinungsfreiheit zurücktreten, wenn es um die Zulässigkeit einer gedruckten Meinungsäußerung, ungeachtet ihres Verbreitungsmediums, geht.[241]

---

234 Vgl. *Schnapp*, in: v. Münch/Kunig, Art. 20 Rn. 39.
235 Vgl. *Hofmann*, in: Schmidt-Bleibtreu/Hofmann/Henneke, Art 20 Rn. 85.
236 Vgl. *Jarass*, in: Jarass/Pieroth, GG, Vorb. vor Art. 1 Rn. 17; v. *Münch/Kunig*, in: v. Münch/Kunig, GG, Vorb. Art. 1–19 Rn. 47; *Sachs*, in: Sachs, GG, Vor Art. 1 Rn. 136. Ausführlich zum Problem der Grundrechtskonkurrenzen *Stern*, Staatsrecht III/2, S. 1366 ff.
237 Vgl. v. *Münch/Kunig*, in: v. Münch/Kunig, GG, Vorb. Art. 1–19 Rn. 49; *Jarass*, in: Jarass/Pieroth, GG, Vorb. vor Art. 1 Rn. 45.
238 Siehe *Starck*, in: v. Mangoldt/Klein/Starck, GG, Art. 1 Rn. 319.
239 Zur Eingriffsrechtfertigung durch kollidierendes Verfassungsrecht oben Rn. 255 ff.
240 Vgl. hierzu *Sachs*, Verfassungsrecht II, Teil I, Kap. 11 Rn. 2 f.; *Kingreen/Poscher*, Grundrechte, Rn. 376 f. m. w. N.
241 Siehe BVerfGE 86, 122, 127 f. – *Meinungsäußerung eines Berufsschülers*.

2. Unechte Grundrechtskonkurrenz

294 Eine unechte Grundrechtskonkurrenz ist gegeben, wenn ein Verhalten eines Grundrechtsträgers in den Schutzbereich mehrerer Grundrechte fällt, von denen eines als *lex specialis* anzusehen[242] ist. Dies führt dazu, dass das spezielle Grundrecht das allgemeine Grundrecht in dem betreffenden Fall verdrängt.[243]
Dies gilt beispielsweise im Verhältnis der allgemeinen Handlungsfreiheit des Art. 2 Abs. 1 zu den anderen Freiheitsrechten (*logische Spezialität*) und im Verhältnis der Koalitionsfreiheit zur Vereinigungsfreiheit (*normative Spezialität*).[244]

3. Echte Grundrechtskonkurrenz

295 Echte Grundrechtskonkurrenz liegt hingegen vor, wenn ein Verhalten eines Grundrechtsträgers in den Schutzbereich mehrerer Grundrechte fällt (etwa ein Berufsverbot für Zeitungsredakteure), von denen keines einen deutlich stärkeren Bezug zu dem zu prüfenden Sachverhalt aufweist.[245] Es handelt sich um einen Fall der *Idealkonkurrenz* mit der Folge, dass *beide Grundrechte parallel zur Anwendung kommen*.[246]
Dies kann allerdings zu Schwierigkeiten führen, wenn die nebeneinander anwendbaren Grundrechte *divergierenden Schrankenregelungen* unterworfen sind.[247] Nach wohl überwiegender Auffassung muss der staatliche Eingriff auch den Anforderungen der engeren Grundrechtsschranke genügen.[248]

§ 8 Verhältnis zu anderen Grundrechtsgewährleistungen

I. Die Grundrechte in den Landesverfassungen

Literatur:
Boehl, H.J., Verfassungsgebung im Bundesstaat, 1997; *Böckenförde, E.-W./Grawert, R.*, Kollisionsfälle und Geltungsprobleme im Verhältnis Bundesrecht und Landesrecht, DÖV 1971, 119; *Dietlein, J.*, Landesgrundrechte im Bundesstaat, Jura 1994, 57; *ders.*, Die Rezeption von Bundesgrundrechten durch Landesverfassungsrecht, AöR 120 (1995), 1; *ders.*, Die Kontrollbefugnis der Landesverfassungsgerichte, Jura 2000, 19; *Gallwas, H.-U.*, Konkurrenz von Bundes- und Landesgrundrechten, JA 1981, 536; *Hain, K.-E.*, Zur Überprüfung der Anwendung von Bundesrecht durch die Landesverfassungsgerichte, JZ 1998, 620; *Lang, H.*, Zur Effizienz des Rechtsschutzes in getrennten Verfassungsräumen, DÖV 1999, 712; *Lange, K.*, Kontrolle bundesrechtlich geregelter Verfahren durch Landesverfassungsgerichte, NJW 1998, 1278; *Sachs, M.*, Die Grundrechte im Grundgesetz und in den Landesverfassungen, DÖV 1985, 469; *ders.*, Die Landesverfassung im Rahmen der bundesstaatlichen Rechts- und Verfassungsordnung, ThürVBl. 1993, 161; *Wittreck, F.*, Das Bundesverfassungsgericht und die Kassationsbefugnis der Landesverfassungsgerichte, DÖV 1999, 634.

---

242 Vgl. zur unechten Grundrechtskonkurrenz *Jarass*, in: Jarass/Pieroth, GG, Vorb. vor Art. 1 Rn. 18.
243 So auch *Jarass*, in: Jarass/Pieroth, GG, Vorb. vor Art. 1 Rn. 18; *Hufen*, Staatsrecht II, § 6 Rn. 45.
244 Näher zu beiden Begriffen *Kingreen/Poscher*, Grundrechte, Rn. 393 ff.
245 Vgl. zur echten Grundrechtskonkurrenz *Jarass*, in: Jarass/Pieroth, GG, Vorb. vor Art. 1 Rn. 18.
246 Ebenso *Jarass*, in: Jarass/Pieroth, GG, Vorb. vor Art. 1 Rn. 18.
247 Ausführlich zu den verschiedenen Lösungsvorschlägen v. *Münch/Kunig*, in: v. Münch/Kunig, GG, Vorb. Art. 1–19 Rn. 48.
248 So auch *Starck*, in: v. Mangoldt/Klein/Starck, GG, Art. 1 Rn. 291; siehe auch *Kingreen/Poscher*, Grundrechte, Rn. 397 f.; *Sachs*, Verfassungsrecht II, Teil I, Kap. 11 Rn. 9.

Rechtsprechung:
BVerfGE 36, 342 – *Landesgrundrechte*; BVerfGE 96, 345 – *Landesverfassungsgerichte*; BayVerfGH, NJW 1987, 1543; HessStGH, NJW 1999, 49.

Zu den grundlegenden Kompetenzen der Bundesländer gehört das Recht, sich eine eigene Verfassung zu geben.[1] Im Rahmen ihrer *Verfassungsautonomie* sind die *Länder* auch befugt, einen Grundrechtskatalog in ihre Verfassung aufzunehmen. In den meisten Verfassungen der Länder sind daher eigene Grundrechtsbestimmungen enthalten.[2] Dies gilt insbesondere für Landesverfassungen, die vor dem Grundgesetz in Kraft getreten sind.[3] Obwohl die praktische Bedeutung der *Landesgrundrechte* eher gering geblieben ist, so vermochten sie doch einige inhaltliche Impulse für die in das Grundgesetz aufgenommenen Grundrechte zu liefern.[4]

296

Zwischen den grundrechtlichen Gewährleistungen der einzelnen Bundesländer bestehen *erhebliche Unterschiede*. Manche Verfassungen *verzichten gänzlich auf Grundrechte*, so etwa die Verfassung der Freien und Hansestadt Hamburg.[5] Einige Landesverfassungen, wie z. B. die Bayerische Verfassung,[6] weisen einen eigenen, auch *sehr ausführlichen Grundrechtsteil* auf. Wieder andere Länder, wie etwa Baden-Württemberg[7] und Nordrhein-Westfalen,[8] *erklären die im Grundgesetz für die Bundesrepublik Deutschland festgelegten Grundrechte* und staatsbürgerlichen Rechte *zum Bestandteil ihrer Verfassung* und zu unmittelbar geltendem Recht.
Zahlreiche Landesverfassungen enthalten *weitere Grundrechte*, die im Grundgesetz nicht, oder zumindest nicht ausdrücklich, vorgesehen sind. So findet sich in der Verfassung des Landes Baden-Württemberg ein „unveräußerliches Menschenrecht auf die Heimat".[9] Nach der Bayerischen Verfassung hat jeder Bewohner Bayerns „Anspruch auf eine angemessene Wohnung".[10] Des Weiteren regelt die Landesverfassung von Nordrhein-Westfalen, dass „jeder Anspruch auf Schutz seiner personenbezogenen Daten" hat.[11]

297

Das *Verhältnis der Landesgrundrechte zu den Grundrechten des Grundgesetzes* richtet sich nach *Art. 142*, der nach richtiger Ansicht lex specialis zu Art. 31 ist.[12]
Gemäß Art. 142 bleiben die grundrechtlichen Bestimmungen der Landesverfassungen insoweit in Kraft, als sie *in Übereinstimmung mit Art. 1–18* Grundrechte gewährleisten. Fraglich ist allerdings, *wann die Grundrechte der Landesverfassungen* mit den entsprechenden Rechten des Grundgesetzes übereinstimmen. Nach der Rechtsprechung des BVerfG ist dies der Fall,

298

---

1 Vgl. zur Staatsqualität der Länder und ihrer Verfassungsautonomie *Korioth*, Staatsrecht I, Rn. 253 ff.
2 *Sachs*, in: Sachs, GG, vor Art. 1 Rn. 18 m. w. N.
3 Ein Überblick über die Grundrechte in den vorgrundgesetzlichen Landesverfassungen findet sich bei *Sachs*, Verfassungsrecht II, Teil I Kap 2 Rn. 15 f.
4 Näher hierzu *Stern*, Staatsrecht III/1, S. 342.
5 Vom 6.6.1952 (HmbGVBl. S. 106).
6 Vom 8.12.1946, in der Fassung der Bekanntmachung vom 15.12.1998 (GVBl. 1998, S. 991), Art. 98–123: „Grundrechte und Grundpflichten".
7 Art. 2 Abs. 1 der Verfassung des Landes Baden-Württemberg vom 11.11.1953 (GBl. S. 173).
8 Art. 4 Abs. 1 der Verfassung für das Land Nordrhein-Westfalen vom 28.6.1950 (GV NW 1950 S. 127/ GS NW S. 3).
9 Art. 2 Abs. 2 LV BW.
10 Art. 106 Abs. 1 BayV.
11 Art. 4 Abs. 1 LV NW.
12 Vgl. *Huber*, in: Sachs, GG, Art. 142 Rn. 3; *Pieroth*, in: Jarass/Pieroth, GG, Art. 142 Rn. 1.

„wenn der Gewährleistungsbereich der jeweiligen Grundrechte und ihre Schranken einander nicht widersprechen. Diese Widerspruchsfreiheit besteht bei Grundrechten, die inhaltsgleich sind, weil sie den gleichen Gegenstand in gleichem Sinne, mit gleichem Inhalt und in gleichem Umfang regeln [...]."[13].

Soweit die Landesgrundrechte einen über das grundgesetzliche Niveau hinausgehenden Schutz gewähren, läge darin nur dann eine Kollision zwischen Bundes- und Landesrecht, wenn dem Bundesgrundrecht zugleich der Normbefehl entnommen werden könnte, einen weitergehenden Schutz zu unterlassen[14]; allerdings sind die Landesgrundrechte über Art. 142 im Kollisionsfall nicht davor geschützt, durch Bundesrecht jeden Ranges gebrochen zu werden.[15]

299 Art. 142 betrifft lediglich die Vereinbarkeit der Landesgrundrechte mit den Grundrechten des Grundgesetzes. Für ihr *Verhältnis zum einfachgesetzlichen Bundesrecht* gilt hingegen die *allgemeine Regel des Art. 31*, wonach im Kollisionsfall dem Bundesrecht jeder Rangordnung Vorrang gegenüber dem Landesrecht, auch dem Landesverfassungsrecht, zukommt.[16] Voraussetzung hierfür ist allerdings, dass beide Normen verfassungsmäßig sind, insbesondere auch kompetenzgerecht erlassen wurden.[17]

300 Da die Landesgrundrechte nur innerhalb des jeweiligen Bundeslandes gelten, können sie für das BVerfG nicht Prüfungsmaßstab sein.[18] Ihre Verletzung ist daher vor dem jeweiligen *Landesverfassungsgericht* geltend zu machen.[19]

Schwierige Rechtsfragen wirft hierbei der *Umfang der* den Landesverfassungsgerichten zustehenden *Prüfungskompetenz* auf, wenn es (auch) um die Anwendung von Bundesrecht geht.[20]

II. Die Grundrechte im Völkerrecht

Literatur:
Bleckmann, A., Verfassungsrang der Europäischen Menschenrechtskonvention?, EuGRZ 1994, 149; *Ehlers, D.*, Die Europäische Menschenrechtskonvention, Jura 2000, 372; *Grupp, K./Stelkens, U.*, Zur Berücksichtigung der Gewährleistungen der Europäischen Menschenrechtskonvention bei der Auslegung deutschen Rechts, DVBl. 2005, 133; *Häde, U.*, Die Auslieferung – Rechtsinstitut zwischen Völkerrecht und Grundrechten, Staat 1997, 1; *Klose, B.*, Grundrechtsschutz in der Europäischen Union und die Europäische Menschenrechtskonvention, DRiZ 1997, 122; *Simma, B.*, Soziale Grundrechte und das Völkerrecht. Der Internationale Pakt über wirtschaftliche, soziale und kulturelle Rechte in der gegenwärtigen Verfassungsdiskussion, FS Peter Lerche, 1993, 83; *Staebe, E.*, Die Europäische Menschenrechtskonvention und ihre

---

13 BVerfGE 96, 345, 365 – Landesverfassungsgerichte; *März*, in: v. Mangoldt/Klein/Starck, GG, Art. 31 Rn. 107; *Boehl*, Verfassungsgebung im Bundesstaat, 1997, S. 211 ff.
14 BVerfGE 96, 345, 365 – *Landesverfassungsgerichte*.
15 *Krings*, in: Friauf/Höfling, GG, Art. 142 Rn. 17.
16 So auch *Sachs*, Verfassungsrecht II, Teil I Kap 2 Rn. 22; vgl. weiterhin BVerfGE 96, 345, 365 – *Landesverfassungsgerichte*.
17 Näher zum Vorrang des Bundesrechts gemäß Art. 31 *Korioth*, Staatsrecht I, Rn. 258. Siehe zur Anwendung des Art. 31 im Bereich des Landesverfassungsrechts BVerfGE 36, 342 – *Landesgrundrechte*.
18 Vgl. *Kingreen/Poscher*, Grundrechte, Rn. 81.
19 Ausführlich zur Landesverfassungsbeschwerde wegen Verletzung von Landesgrundrechten *Degenhart*, Staatsorganisationsrecht, Rn. 921 ff.
20 Näher hierzu v. *Münch*, in: v. Münch/Kunig, GG, Vorb. Art. 1–19 Rn. 46 ff., und *Degenhart*, Staatsorganisationsrecht, Rn. 921 ff., jeweils m.w.N.; zu Fragen der Effizienz des Rechtsschutzes in den unterschiedlichen Verfassungsräumen, vgl. *Lang*, DÖV 1999, 712 ff.

Bedeutung für die Rechtsordnung der Bundesrepublik Deutschland, JA 1996, 75; *Weigend, T.*, Die Europäische Menschenrechtskonvention als deutsches Recht – Kollisionen und ihre Lösungen, StV 2000, 384; *Wilms, H.*, Der Kosovo-Einsatz und das Völkerrecht, ZRP 1999, 227.

Rechtsprechung:
BVerfGE 15, 25 – *jugoslawische Militärmission*; BVerfGE 74, 358 – *Unschuldsvermutung*; BVerfGE 96, 68 – *Diplomatische Immunität und Staatennachfolge*; BVerfGE 111, 307 – *Umfang innerstaatlicher Bindungswirkung der Entscheidungen des EGMR*; BVerfGE 112, 1 – *Enteignungen in der SBZ zwischen 1945 und 1949*; BVerfGE 117, 141 – *Argentinien Anleihen*; BVerfGE 128, 326 – *Zwangsbehandlung zur Erreichung des Vollzugsziels*; BVerfG, NJW 2004, 3407 – *Görgülü-Beschluss*; BVerfG, NJW 2016, 1295 – *Treaty Override*; EGMR, NJW 2004, 2647 – *Caroline von Monaco*.

Nach dem in Art. 25, Art. 59 Abs. 2 S. 1 niedergelegten Verständnis geht das Grundgesetz davon aus, dass das Völkerrecht und das nationale Recht selbstständige und zu unterscheidende Rechtsordnungen darstellen (sog. *Dualismus*).[21] Aus diesem Grund kann das Völkerrecht auch erst dann innerstaatliche Wirkung entfalten, wenn es in national verbindliches Recht transformiert worden ist.

301

Art. 25 bestimmt, dass das Völkergewohnheitsrecht sowie die allgemein anerkannten Grundsätze des Völkerrechts Bestandteil des Bundesrechts sind und diesem im Rang vorgehen.[22] Dieser Vorrang erstreckt sich aber nicht auf die Verfassung. Die allgemeinen Regeln des Völkerrechts stehen daher im Rang oberhalb der (einfachen) Gesetze, aber unterhalb der Verfassung, man spricht insoweit von einem Zwischenrang.[23] *Allgemeine Regeln des Völkerrechts* liegen vor, wenn sie „von der überwiegenden Mehrheit der Staaten – nicht notwendigerweise auch von der Bundesrepublik Deutschland – anerkannt werden".[24]

Die Umsetzung von *Völkervertragsrecht* fordert hingegen einen besonderen Transformationsakt durch den nationalen Gesetzgeber, ein sog. Zustimmungsgesetz nach Art. 59 Abs. 2 S. 1. Das Zustimmungsgesetz – und damit die mit ihm in das nationale Recht transponierten völkerrechtlichen Regelungen – sind nicht mit Verfassungsrang ausgestattet.[25] Art. 59 Abs. 2 Satz 1 bestimmt also nicht nur die Methodik, durch die völkervertragliche Regelungen in der nationalen Rechtsordnung wirksam werden, sondern auch den Rang, der dem für anwendbar erklärten Völkervertragsrecht innerhalb der nationalen Rechtsordnung zukommt.[26]

Dementsprechend räumt der Rechtsanwendungsbefehl im Sinne von Art. 59 Abs. 2 Satz 1 einem völkerrechtlichen Vertrag innerhalb der Normenhierarchie keinen Rang über den Gesetzen ein.[27] Dies gilt auch für das Übereinkommen der

---

21 Vgl. nur *Jarass*, in: Jarass/Pieroth, GG, Art. 25 Rn. 2; im Gegensatz dazu geht die monistische Theorie davon aus, dass Völkerrecht und nationales Recht Bestandteile einer einheitlichen Rechtsordnung sind, d. h. es besteht ein „Primat des Völkerrechts". – Siehe zum Verhältnis von Völkerrecht und innerstaatlichem Recht auch *Herdegen*, Völkerrecht, § 22; *Stein/v. Buttlar*, Völkerrecht, Rn. 173 ff.
22 Vgl. BVerfGE 117, 141, 149 – *Argentinien-Anleihen*; BVerfGE 96, 68, 86 – *Diplomatische Immunität und Staatennachfolge*.
23 BVerfG, NJW 2016, 1295 Rn. 41 – *Treaty Override*; BVerfGE 112, 1, 24, 26 – *Enteignungen in der SBZ zwischen 1945 und 1949*; aus dem Schrifttum etwa *Jarass*, in: Jarass/Pieroth, GG, Art. 25 Rn. 18.
24 BVerfGE 15, 25, 34 – *jugoslawische Militärmission*.
25 Eindeutig etwa BVerfG, NJW 2016, 1295 LS 2 – *Treaty Override*.
26 BVerfG, NJW 2016, 1295, Rn. 46 – *Treaty Override*; vgl. zur Transformation in innerstaatliches Recht auch *Koriоth*, Staatsrecht I, Rn. 979 f.
27 BVerfG, NJW 2016, 1295, Rn. 46 – *Treaty Override*, BVerfGE 128, 326, 367 – *Zwangsbehandlung zur Erreichung des Vollzugsziels*; BVerfGE 111, 307, 317 – *Umfang innerstaatlicher Bindungswirkung der Entscheidungen des EGMR*.

Vereinten Nationen über die Rechte von Menschen mit Behinderung (BRK).[28] Aufgrund der Völkerrechtsfreundlichkeit des Grundgesetzes sind völkerrechtliche Regelungen aber bei der Auslegung des deutschen Rechts und auch des deutschen Verfassungsrechts zu beachten.[29]

302 In der Bundesrepublik Deutschland gelten derzeit folgende *völkerrechtliche Verträge*, die im Bereich der Grundrechte von Bedeutung sind:
- der Internationale Pakt über bürgerliche und politische Rechte vom 19.12.1966,[30]
- der Internationale Pakt über wirtschaftliche, soziale und kulturelle Rechte vom 19.12.1966,[31]
- die Europäische Konvention zum Schutze der Menschenrechte und Grundfreiheiten vom 4.11.1950[32] nebst ihren Zusatzprotokollen,
- die Europäische Sozialcharta vom 18.10.1963[33] sowie
- das Übereinkommen der Vereinten Nationen über die Rechte von Menschen mit Behinderung (BRK) vom 13.12.2006.[34]

Keine völkerrechtliche Verbindlichkeit kommt hingegen der Allgemeinen Erklärung der Menschenrechte der Vereinten Nationen vom 10.12.1948 zu.[35]

303 Besondere praktische Bedeutung besitzt die *Europäische Menschenrechtskonvention (EMRK)* vom 4.11.1950, die von allen Mitgliedstaaten des Europarates ratifiziert wurde.[36] Sie enthält in erster Linie *klassische Abwehrrechte* wie das Recht auf Leben (Art. 2 EMRK), das Verbot der Folter (Art. 3 EMRK), das Recht auf ein faires Verfahren (Art. 6 EMRK), das Recht auf Achtung des Privat- und Familienlebens (Art. 8 EMRK), die Gedanken-, Gewissens- und Religionsfreiheit (Art. 9), die Freiheit der Meinungsäußerung (Art. 10 EMRK) sowie die Versammlungs- und Vereinigungsfreiheit (Art. 11 EMRK). Weitere wesentliche Rechte wie das Eigentum (Art. 1 Zusatzprotokoll), das Verbot der Kollektivausweisung von Ausländern (Art. 4 Protokoll Nr. 4) und das Verbot der Todesstrafe (Art. 1 Protokoll Nr. 6) sind in den Zusatzprotokollen zur EMRK geregelt.[37]

Um die Einhaltung der EMRK sicherzustellen, wurde der *Europäische Gerichtshof für Menschenrechte* mit Sitz in Straßburg eingerichtet, der seine Aufgaben als ständiger Gerichtshof wahrnimmt (vgl. Art. 19 EMRK). Der EGMR kann von jeder natürlichen Person, nichtstaatlichen Organisation oder Personengruppe mit der Behauptung angerufen werden, durch eine Vertragspartei in einem ihrer Rechte

---

28 BVerfGE 128, 282, 306 – *Zwangsbehandlung zur Erreichung des Vollzugsziels*; aus dem Schrifttum etwa *Streinz*, in: Sachs, GG, Art. 59 Rn. 65a.
29 BVerfGE 111, 307, 315 – *Umfang innerstaatlicher Bindungswirkung der Entscheidungen des EGMR*; zur Bedeutung der BRK für die Auslegung von Art. 3 Abs. 3 S. 2 und Art. 38 Abs. 1 *Lang*, Verfassungsrechtlicher Teil, in: BMAS (Hrsg.), Studie zum aktiven und passiven Wahlrecht von Menschen mit Behinderung, Forschungsbericht 470 (2016), S. 195 ff.
30 BGBl. 1973 II, 1534.
31 BGBl. 1973 II, 1569.
32 BGBl. 1952 II, 685, 953.
33 BGBl. 1964 II, 1261.
34 Gesetz zu dem Übereinkommen der Vereinten Nationen vom 13.12.2006 über die Rechte von Menschen mit Behinderungen sowie zu dem Fakultativprotokoll vom 13.12.2006 zum Übereinkommen der Vereinten Nationen über die Rechte von Menschen mit Behinderungen (BGBl. II, S. 1419), in Kraft getreten am 24.3.2009.
35 Resolution 217 A (III) vom 10.12.1948.
36 Siehe zum Ratifikationsstand http://conventions.coe.int (SEV-Nr. 005).
37 Eine Übersicht der Rechte aus der EMRK und den Protokollen findet sich bei *Schweitzer*, Staatsrecht III, 11. Auflage 2016, Rn. 713.

aus der EMRK verletzt zu sein (sog. *Individualbeschwerde*, Art. 34 EMRK). Darüber hinaus können sich auch die Mitgliedstaaten im Falle einer Konventionsverletzung an den EGMR wenden (sog. *Staatenbeschwerde*, Art. 33 EMRK). In beiden Fällen ist die Beschwerde allerdings erst zulässig, wenn alle innerstaatlichen Rechtsbehelfe erschöpft sind (vgl. Art. 35 Abs. 1 EMRK).

Nach h. M. gilt die EMRK innerhalb der deutschen Rechtsordnung nicht als allgemeine Regel des Völkerrechts, sondern als *Bundesgesetz*.[38] Da die Rechte der EMRK nicht im Verfassungsrang gelten, kann auf ihre Verletzung auch *keine Verfassungsbeschwerde* gestützt werden.[39] **304**
Ihr Rang als Bundesgesetz führt jedoch dazu, dass die deutschen Gerichte die Konvention wie anderes Gesetzesrecht des Bundes *im Rahmen methodisch vertretbarer Auslegung zu beachten und anzuwenden* haben.[40] Das BVerfG führt hierzu aus:

> „Bei der Auslegung des Grundgesetzes sind auch Inhalt und Entwicklungsstand der Europäischen Menschenrechtskonvention in Betracht zu ziehen, sofern dies nicht zu einer Einschränkung oder Minderung des Grundrechtsschutzes nach dem Grundgesetz führt, eine Wirkung, die die Konvention indes selbst ausgeschlossen wissen will (Art. 60 EMRK). Deshalb dient insoweit auch die Rechtsprechung des Europäischen Gerichtshofs für Menschenrechte als Auslegungshilfe für die Bestimmung von Inhalt und Reichweite von Grundrechten und rechtsstaatlichen Grundsätzen des Grundgesetzes. Auch Gesetze [...] sind im Einklang mit den völkerrechtlichen Verpflichtungen der Bundesrepublik Deutschland auszulegen und anzuwenden, selbst wenn sie zeitlich später erlassen worden sind als ein geltender völkerrechtlicher Vertrag; denn es ist nicht anzunehmen, dass der Gesetzgeber, sofern er dies nicht klar bekundet hat, von völkerrechtlichen Verpflichtungen der Bundesrepublik Deutschland abweichen oder die Verletzung solcher Verpflichtungen ermöglichen will."[41]

III. Die Grundrechte und das Recht der Europäischen Gemeinschaften

Literatur:
Badura, P., Stellenwert von Länderverfassungen und Verfassungskonflikten am bayerischen Beispiel, BayVBl. 2007, 193; *Brenne, A.*, Soziale Grundrechte in den Landesverfassungen, 2003; *Buschle, D.*, Ein neues „Solange"? – Die Rechtsprechung aus Karlsruhe und Straßburg im Konflikt, VBlBW 2005, 293; *Calliess, C.*, Die Charta der Grundrechte der Europäischen Union – Fragen der Konzeption, Kompetenz und Verbindlichkeit, EuZW 2001, 261; *Egger, A.*, Sanktionen – Grundrechte und Rechtsschutz: Strenge Vorgaben aus Luxemburg, EuZW 2019, 326; *Finkelnburg, K.*, Zehn Jahre Verfassungen der neuen Bundesländer, NJ 2004, 1; *Grabenwarter, C.*, Die Charta der Grundrechte für die Europäische Union, DVBl. 2001, 1; *Hatje, A./Kindt, A.*, Der Vertrag von Lissabon – Europa endlich in guter Verfassung?, NJW 2008, 1761; *Holz, W.*, Grundrechtsimmunes Gesetzesrecht, NVwZ 2007, 1153; *Kober, M.*, Der Grundrechtsschutz in der Europäischen Union, 2008; *Lindner, J.*, Grundrechtsschutz in Europa – System einer Kollisionsdogmatik, EuR 2007, 160; *Oster, J.*, Grundrechtsschutz in Deutschland im Lichte des Europarechts, JA 2007, 96; *Menzel, J.*, Landesverfassungsrecht, 2002; *Pache, E./Rösch, F.*, Europäischer Grundrechtsschutz nach Lissabon – die Rolle der

---

38 BVerfGE 74, 358, 370 – *Unschuldsvermutung*; BVerfG NJW 2004, 3407, 3408 – *Görgülü-Beschluss*, s. a. BVerfGE 111, 307, 317 – *Umfang innerstaatlicher Bindungswirkung der Entscheidungen des EGMR*.
39 Vgl. BVerfGE 128, 326, 367 – *Zwangsbehandlung zur Erreichung des Vollzugsziels*; BVerfGE 111, 307, 317, 319 f. – *Umfang innerstaatlicher Bindungswirkung der Entscheidungen des EGMR*; Streinz, in: Sachs, GG, Art. 59 Rn. 65a; Hofmann, in: Schmidt-Bleibtreu/Hofmann/Henneke, GG, Art. 20 Rn. 92; Herdegen, in: Maunz/Dürig, GG, Art. 1 Abs. 2 Rn. 41.
40 BVerfG NJW 2004, 3407, 3408 – *Görgülü-Beschluss*.
41 BVerfGE 74, 358, 370 – *Unschuldsvermutung*.

EMRK und der Grundrechtecharta in der EU, EuZW 2008, 519; *Ruffert, M.*, Die Europäische Menschenrechtskonvention und innerstaatliches Recht, EuGRZ 2007, 245; *Sauer, H.*, Rechtsschutz gegen völkerrechtsdeterminiertes Gemeinschaftsrecht?, NJW 2008, 3685; *Scholz, R.*, Zur Europäischen Grundrechtscharta, FS für Maurer, 2001, 993; *ders.*, Der Schutz der Grundrechte durch den EuGH, NJW 2005, 3459; *Szczekalla, P.*, Grenzenlose Grundrechte, NVwZ 2006, 1019; *Tettinger, P. J.*, Die Charta der Grundrechte der Europäischen Union, NJW 2001, 1010; *Wermeckes, B.*, Landesgrundrechte – Bestandssicherung durch Kollisionsvermeidung, DÖV 2002, 110; *Wiethoff, J.*, Das konzeptionelle Verhältnis von EuGH und EGMR, 2008.

Rechtsprechung:
BVerfGE 37, 271 – *Solange I*; BVerfGE 73, 339 – *Solange II*; BVerfGE 89, 155 – *Maastricht*; BVerfGE 102, 147 – *Bananenmarktverordnung*; EuGH Rs 11/70 Slg.1970, 1125 – *Internationale Handelsgesellschaft*; EuGH Rs 4/73 Slg. 1974, 491 – *Nold*; EuGH Rs 44/79 Slg. 1979, 3727 – *Hauer*.

305 In den Verträgen der Europäischen Union war lange Zeit *kein Grundrechtskatalog* enthalten. Die im AEUV geregelten *Grundfreiheiten können nicht als Grundrechte angesehen werden*, da sie auf die Gewährleistung des Binnenmarktes abzielen und damit keine klassischen Abwehrrechte des Bürgers gegen den Staat darstellen.[42]

306 Grundrechte des Europarechts wurden indes *durch die Rechtsprechung des EuGH entwickelt*. Zwar stellte der Gerichtshof fest, dass gegen die Gültigkeit von Handlungen der Unionsorgane nicht geltend gemacht werden könne, dass die Grundrechte oder die Strukturprinzipien der nationalen Verfassung verletzt seien.[43] Der EuGH hat jedoch einen *ungeschriebenen Grundrechtsstandard als Teil der allgemeinen Rechtsgrundsätze des Unionsrechts* entwickelt, wobei auf die EMRK und die gemeinsamen Verfassungstraditionen der Mitgliedstaaten zurückgegriffen wurde.[44] Hierzu führt der EuGH aus:

> „Die Grundrechte gehören zu den allgemeinen Rechtsgrundsätzen, die der Gerichtshof zu wahren hat. Bei der Gewährleistung dieser Rechte hat der Gerichtshof von den gemeinsamen Verfassungsüberlieferungen der Mitgliedstaaten auszugehen, so dass in der Gemeinschaft keine Maßnahmen als Rechtens anerkannt werden können, die unvereinbar sind mit den von den Verfassungen dieser Staaten geschützten Grundrechten. Auch die internationalen Verträge über den Schutz der Menschenrechte, an deren Abschluss die Mitgliedstaaten beteiligt waren oder denen sie beigetreten sind, können Hinweise geben, die im Rahmen des Gemeinschaftsrechts zu berücksichtigen sind."[45]

307 Mit der EU-Grundrechtecharta und deren Inkorporation in den Bestand der europäischen Verträge durch Art. 6 Abs. 1 EUV haben die Grundrechte allerdings einen ganz erheblichen Bedeutungszuwachs erfahren. Die *Charta der Grundrechte der Europäischen Union* wurde 1999/2000 von einem Konvent unter dem Vorsitz von Bundespräsident a. D. *Roman Herzog* erarbeitet und am 7.12.2000 in Nizza feierlich verkündet.[46] In der Grundrechtecharta wurde erstmals auf Unionsebene der Grundrechtsstandard niedergelegt, der sich aus der EMRK und den gemeinsamen Verfassungsüberlieferungen der Mitgliedstaaten ergibt. Ungeachtet zunächst

---

42 Ebenso *Oppermann/Classen/Nettesheim*, Europarecht, § 22, Rn. 9; vgl. auch *Ipsen*, Staatsrecht II, Rn. 48.
43 EuGH, Rs 11/70, Slg. 1970, 1125 – *Internationale Handelsgesellschaft*.
44 Vgl. EuGH, Rs 11/70, Slg. 1970, 1125 – *Internationale Handelsgesellschaft*; EuGH, Rs 4/73, Slg. 1974, 491 – *Nold*; EuGH, Rs 44/79, Slg. 1979, 3727 – *Hauer*. Hierzu *Herdegen*, Europarecht, § 3 Rn. 1 ff.
45 EuGH, Rs 44/79, Slg. 1979, 3727 – *Hauer*.
46 ABlEG 2000 Nr. C 364 vom 18.12.2000.

fehlender Verbindlichkeit kam diesem Grundrechtstandard im Rahmen der *Rechtsprechung des EuGH* eine nicht unerhebliche Bedeutung zu.[47]
Die Charta der Grundrechte der Europäischen Union wurde in den *Vertrag über eine Verfassung für Europa* integriert, der am 29.10.2004 von den Staats- und Regierungschefs der EU-Mitgliedstaaten in Rom unterzeichnet wurde, dessen Ratifizierung allerdings nicht erfolgreich abgeschlossen werden konnte.[48] Vielmehr scheiterte der Ratifikationsprozess im Jahr 2005 an den Referenden in Frankreich und den Niederlanden. In der darauf folgenden Phase versuchten die Regierungen die Hauptursachen des Scheiterns der Verfassung zu erkennen und Abhilfe zu schaffen. Im Ergebnis führte dies dazu, dass zwar der Inhalt der Verfassung in weiten Teilen weiter verfolgt wurde, aber nicht als Verfassung, sondern im Rahmen des „Vertrags von Lissabon zur Änderung des Vertrages über die Europäische Union und des Vertrags zur Gründung der Europäischen Gemeinschaft". Dieser wurde am 13.12.2007 durch die Staats- und Regierungschefs unterzeichnet; er ist am 1.12.2009 in Kraft getreten.[49]
Die Charta ist damit Bestandteil des Primärrechts[50], steht also hierarchisch auf deren Stufe.[51] Die Union verfügt damit erstmals über einen geschriebenen, rechtverbindlichen Grundrechtskatalog. Die in ihm enthaltenen Rechte lassen sich in sechs große Kapitel unterteilen, sie umfassen Regelungen zur Würde des Menschen, zu dessen Freiheiten, zur Gleichheit und zur Solidarität, zu den Bürgerrechten und justizielle Rechte. Den ursprünglichen Webfehler der Gewährleistungen, das Fehlen einer die Verbindlichkeit der Grundrechte vergleichbar zu Art. 1 Abs. 3 ausdrückenden Norm, wurde durch Art. 6 Abs. 1 EUV beseitigt. Nunmehr werden die Union, ihre Organe und die Mitgliedstaaten auf die Einhaltung der Grundrechte verpflichtet.[52]

---

47 Näher zu Inhalt und Bedeutung der Charta *Herdegen*, Europarecht, § 8 Rn. 24 ff.
48 Vollständiger Text der Verfassung sowie aktueller Stand der Ratifizierung unter http://europa.eu.int/constitution/index_de.htm.
49 ABl. EG 2007 Nr. C 306, S. 1. Vgl. zu der Entwicklung von einer Verfassung für Europa zum Vertrag von Lissabon *Streinz*, in: Streinz/Ohler/Herrmann, Der Vertrag von Lissabon zur Reform der EU, § 2.
50 *Kingreen*, in: Calliess/Ruffert, EUV/AEUV, Art. 6 Rn. 12.
51 *Schorkopf*, in: Grabitz/Hilf/Nettesheim, Das Recht der Europäischen Union, Art. 6 EUV Rn. 28.
52 Zur Bindungswirkung etwa *Hatje*, in: Schwarze/Becker/Hatje/Schoo, EU-Kommentar, Art. 6 EUV Rn. 5.

Teil II: **Die einzelnen Grundrechte**

A.   Die Freiheitsrechte

§ 9   Der Schutz der Menschenwürde gemäß Art. 1 Abs. 1 als Leitprinzip der Verfassung

Literatur:
Badura, P., Generalprävention und Würde des Menschen, JZ 1964, 337; *Birnbacher, D.*, Annäherungen an das Instrumentalisierungsverbot, in: Brudermüller/Seelmann, Menschenwürde, 2008, S. 9 ff.; *Benda, E.*, Menschenwürde und Persönlichkeitsrecht, in: Benda, E./Maihofer, W./Vogel, H.-J. (Hrsg.), Handbuch des Verfassungsrechts der Bundesrepublik Deutschland, 2. Auflage 1994, S. 161; *Bamberger, H./Moll, D.*, „Folter im Rechtsstaat", Recht und Politik 2007, 142; *Baumann*, Das Urteil des BVerfG zum Luftsicherheitseinsatz der Streitkräfte, Jura 2006, 447; *Berger, M.*, Embryonenschutz und Klonen beim Menschen, 2007; *Böckenförde, W.*, Menschenwürde als normatives Prinzip. Die Grundrechte in der bioethischen Debatte, JZ 2003, 809; *Classen, C. D.*, Die Forschung mit embryonalen Stammzellen im Spiegel der Grundrechte, DVBl. 2002, 141; *Discher, T.*, Die Peep-Show-Urteile des BVerwG, JuS 1991, 642; *Dreier, H.*, Menschenwürdegarantie und Schwangerschaftsabbruch, DÖV 1995, 1036; *Dürig, G.*, Der Grundrechtssatz von der Menschenwürde, AöR 81 (1956), 117; *Ekardt, F.*, Folterverbot, Menschenwürde und absoluter Lebensschutz, NJ 2006, 64; *Elsner, T./Schobert, K.*, Gedanken zur Abwägungsresistenz der Menschenwürde, DVBl. 2007, 278; *Enders, C.*, Die Menschenwürde in der Verfassungsordnung, 1997; *Fink, U.*, Der Schutz des menschlichen Lebens im Grundgesetz – zugleich ein Beitrag zum Verhältnis des Lebensrechts zur Menschenwürdegarantie, Jura 2000, 210; *Frenz, W.*, Menschenwürde und Persönlichkeitsrecht versus Opferschutz und Fahndungserfolg, NVwZ 2007, 631; *Götz, H.*, Das Urteil gegen Daschner im Lichte der Werteordnung des Grundgesetzes, NJW 2005, 953; *Graf Vitzthum, W.*, Die Menschenwürde als Verfassungsbegriff, JZ 1985, 201; *Hartleb, T.*, Grundrechtsvorwirkungen in der bioethischen Debatte – alternative Gewährleistungsdimensionen von Art. 2 II 1 GG und Art. 1 I GG, DVBl. 2006, 672; *Herdegen, M.*, Die Menschenwürde im Fluss des bioethischen Diskurses, JZ 2001, 773; *Heun, W.*, Embryonenforschung und Verfassung – Lebensrecht und Menschenwürde des Embryo, JZ 2002, 517; *Hillgruber, C.*, Der Staat des Grundgesetzes – nur bedingt abwehrbereit?, JZ 2007, 209; *Hinrichs, K.*, Leistungen und Sanktionen – zur Neudefinition der Menschenwürde durch die „Hartz IV-Gesetze", KJ 2006, 195; *Hinrichs, U.*, „Big Brother" und die Menschenwürde, NJW 2000, 2173; *Höfling, W.*, Die Unantastbarkeit der Menschenwürde – Annäherungen an einen schwierigen Verfassungsrechtssatz, JuS 1995, 857; *Hömig, D.*, Die Menschenwürdegarantie des Grundgesetzes in der Rechtsprechung der Bundesrepublik Deutschland, EuGRZ 2007, 633; *Hoerster, N.*, Kompromisslösungen zum Menschenrecht des Embryos auf Leben?, JuS 2003, 529; *Hofmann, H.*, Die versprochene Menschenwürde, AöR 118 (1993), 353; *Ipsen, J.*, Die Zukunft der Embryonenforschung, NJW 2004, 268; *ders.*, Der „verfassungsrechtliche Status" des Embryos in vitro, JZ 2001, 989; *Jakobs, M.*, Terrorismus und polizeilicher Todesschuss, DVBl. 2006, 83; *Jestaedt, M.*, „Die Werbung ist ein lächelndes Aas" – Das Benetton-Urteil des Bundesverfassungsgerichts, Jura 2002, 552; *Kinzig, J.*, Zur Verfassungsmäßigkeit der gefährlichkeitsbedingten Vollstreckung der lebenslangen Freiheitsstrafe und zu deren Anforderungen, JR 2007, 165; *Krawitz, W.*, Gewährt Art. 1 Abs. 1 GG dem Menschen ein Grundrecht auf Achtung und Schutz seiner Würde?, in: GS für F. Klein, 1977, S. 245; *Kreß, H.*, Menschenwürde, Embryonenschutz und gesundheitsori-

entierte Forschungsperspektiven in ethisch-rechtlicher Abwägung, ZRP 2006, 219; *Lang, H.*, Mäanderndes Existenzminimum?, in: W. Höfling (Hrsg.), Kommentierte Verfassungsrechtsdogmatik, Festgabe für Karl Heinrich Friauf, 2011, S. 309; *ders.*, „Alles, was wir geben mussten". Die Inanspruchnahme der Leiblichkeit für andere, JÖR 2012, (Bd. 60), S. 265; *ders.*, Minimalstandards im Sozial- und Gesundheitsrecht, in: J.P. Brune/H. Lang/M. Werner (Hrsg.), Konzepte normativer Minimalstandards, 2016, S. 97; *Lindner, J.*, Die Würde des Menschen und sein Leben, DÖV 2006, 577; *Luhmann, N.*, Grundrechte als Institution, 5. Aufl. 2009; *Nettesheim, M.*, Die Garantie der Menschenwürde zwischen metaphysischer Erhöhung und bloßem Abwägungstopos, AöR 2005, 71; *ders.*, „Leben in Würde": Art. 1 Abs. 1 GG als Grundrecht hinter den Grundrechten, JZ 2019, 1; *Pestalozza, C.*, Inlandstötungen durch die Streitkräfte – Reformvorschläge aus ministeriellem Hause, NJW 2007, 492; *Poscher, P.*, „Die Würde des Menschen ist unantastbar", JZ 2004, 765; *Rogall, K.*, Ist der Abschuss gekaperter Flugzeuge widerrechtlich?, NStZ 2008, 1; *Schill, S./Steinhauer, F.*, Würde- und Lebensschutz des Embryo in vitro am Beispiel der Präimplantationsdiagnostik, JA 2006, 122; *Schlink, B.*, Aktuelle Fragen des pränatalen Lebensschutzes, 2002; *Schmidt-Jortzig, E.*, Zum Streit um die korrekte dogmatische Einordnung und Anwendung von Art. 1 Abs. 1 GG, in: FS Isensee, 2007, S. 491; *Sendler, H.*, Menschenwürde, PID und Schwangerschaftsabbruch, NJW 2001, 2148; *Starck, C.*, Verfassungsrechtliche Grenzen der Biowissenschaft und Fortpflanzungsmedizin, JZ 2002, 1065; *Stern, K.*, Menschenwürde als Wurzel der Menschen- und Grundrechte, in: FS Scupin, 1983, S. 627; *Taupitz, J.*, Der rechtliche Rahmen des Klonens zu therapeutischen Zwecken, NJW 2001, 3433; *Thiele, C.*, Plastinierte „Körperwelten", Bestattungszwang und Menschenwürde, NVwZ 2000, 405; *Vogler, T.*, Auslieferung bei drohender Todesstrafe – ein Dauerthema, NJW 1994, 1433; *Wallerath, M.*, Zur Dogmatik eines Rechts auf Sicherung des Existenzminimums, JZ 2008, 157; *Walther, H.*, Die lebenslange Freiheitsstrafe, JA 1996, 755; *Wilms, H.*, Der Menschenwürdebegriff in der neuen schweizerischen Bundesverfassung im Vergleich zu Deutschland und den Vereinigten Staaten, in: FS für Steinberger, 2002, S. 1015; *Wittreck, F.*, Menschenwürde und Folterverbot – Zum Dogma von der ausnahmslosen Unabwägbarkeit des Art. 1 GG, DÖV 2003, 873.

Rechtsprechung:
BVerfGE 6, 32 – *Elfes*; BVerfGE 22, 21 – *Ladung zum Verkehrsunterricht*; BVerfGE 30, 1 – *Abhörurteil*; BVerfGE 30, 173 – *Mephisto*; BVerfGE 39, 1 – *Schwangerschaftsabbruch I*; BVerfGE 45, 187 – *lebenslange Freiheitsstrafe*; BVerfGE 47, 239 – *zwangsweise Veränderung der Haar- und Barttracht zur Gegenüberstellung mit einem Zeugen*; BVerfGE 49, 286 – *Transsexuelle I*; BVerfGE 50, 256 – *Friedhofszwang für Urnen*; BVerfGE 72, 105 – *lebenslange Freiheitsstrafe*; BVerfGE 75, 1 – *ne bis in idem*; BVerfGE 76, 143 – *Ahmadiyya-Glaubensgemeinschaft*; BVerfGE 82, 60 – *steuerfreies Existenzminimum*; BVerfGE 87, 209 – „*Tanz der Teufel*"; BVerfGE 88, 203 – *Schwangerschaftsabbruch II*; BVerfGE 96, 375 – *Kind als Schaden*; BVerfGE 102, 347 – *Benetton*; BVerfGE 109, 133 – *Sicherungsverwahrung*; BVerfGE 109, 279 – *Großer Lauschangriff*; BVerfGE 115, 118 – *Luftsicherheitsgesetz*; BVerfGE 116, 69 – *Jugendstrafvollzug, Postkontrolle*; BVerfGE 117, 71 – *lebenslange Freiheitsstrafe; Strafrestaussetzung*; BVerfGE 123, 267 – *Vertrag von Lissabon*; BVerfGE 125, 175 – *Hartz IV (1)*; BVerfGE 126, 286 – *Ultra-vires-Kontrolle – Fall Honeywell*; BVerfGE 129, 124 – *Griechenland-Hilfe*; BVerfGE 131, 268 – *Sicherungsverwahrung*; BVerfGE 132, 134 – *Asylbewerberleistungsgesetz*; BVerfGE 132, 287 – *Staatsschuldenkrise im Euro-Währungsgebiet*; BVerfG, JR 2007, 468 – *Resozialisierungsanspruch*; BVerfG, NJW 1993, 3190 – *Zellenverunreinigung im Strafvollzug*; BVerfG, NJW 2002, 2699 – *Rechtswidrigkeit der Unterbringung Strafgefangener*; BVerfG, NJW 2005, 656 – *Androhung von Folter im strafrechtlichen Ermittlungsverfahren (Fall Daschner)*; BVerfGE 123, 267 – *Lissabon-Vertrag*; BVerfGE 129, 124 – *Griechenlandhilfe Euro-Rettungsschirm, EFS*; BVerfGE 135, 317 – *ESM, Fiskalpakt*; BVerfG NJW 2016, 1149 – *Schuldgrundsatz*; BVerfG, B. v. 23.7.2014, Az 1 BvL 10/12, – *Hartz IV (2)*; BVerfG, NVwZ 2016, 1804 – *Krypta*; BVerfG, B. v. 6.5.2016, Az 2 BvR 890/16, Rn. 20 – *Auslieferung*; BVerfG, B. v. 13.7.2016, Az 1 BvR 826/13 – *menschenunwürdige Haftbedingungen bei Unterbringung in Gemeinschaftshaft*; BVerfG NJW 2017, 611 – *NPD-Verbotsverfahren II*; BVerfG, B. v. 10.10.2017, Az 1 BvR 2019/16, – *Transsexualität II*; BVerfG, B. v. 18.12.2017, Az 2 BvR 2259/17 – *drohende Abschiebung in die Türkei*; BVerwGE 1, 159 – *Fürsorgeanspruch*; BVerwGE 63, 332 – *Auslieferung nach Verurteilung im italienischen Abwesenheitsverfahren*; BVerwGE 64, 274 –

Sittenwidrigkeit von Peep-Shows; BVerwGE 67, 184 – *Folter als Asylgrund;* BGHZ 107, 394 – *Emil Nolde;* BerlVerfGH, NJW 1993, 515 – *Honecker;* VG Neustadt, NVwZ 1993, 98 – *Zwergenweitwurf;* BGH, NJW 2019, 1741 - *Haftung wegen Lebenserhaltung durch künstliche Ernährung.*

I. Überblick und Normstruktur

1. Zur Bedeutung der Menschenwürde

308 Art. 1 Abs. 1 erklärt die Menschenwürde für unantastbar. Sie zu achten und zu schützen ist Verpflichtung aller staatlichen Gewalt. Die *Garantie der Menschenwürde als Ausgangspunkt der Verfassung* „stellt klar, dass der Staat um des Menschen willen da ist und nicht umgekehrt".[1]

309 Der *Parlamentarische Rat* stellte das Bekenntnis zur Menschenwürde an die Spitze des Grundgesetzes, „um den ganzen Geist des neuen Staatswesens in seinem Gegensatz zu der im Mai 1945 vernichteten Staatsordnung darzutun."[2] Das *neue Staatsverständnis in Abkehr von der nationalsozialistischen Diktatur* zeigte sich bereits im Bekenntnis zur Menschenwürde, das in die *vorkonstitutionellen Landesverfassungen* der Länder Bayern (1946), Hessen (1946) und Bremen (1947) aufgenommen worden war.[3]

310 Das BVerfG führt zur Bedeutung des Art. 1 Abs. 1 aus:

„Achtung und Schutz der Menschenwürde gehören zu den Konstitutionsprinzipien des Grundgesetzes. Die freie menschliche Persönlichkeit und ihre Würde stellen den höchsten Rechtswert innerhalb der verfassungsmäßigen Ordnung dar."[4]

311 Als oberster Verfassungswert sind die in Art. 1 niedergelegten Grundsätze *einer Verfassungsänderung entzogen* (vgl. Art. 79 Abs. 3).

Klausurhinweis: Neben den typischen Fallgruppen des Art. 1 Abs. 1[5] kann die Menschenwürdegarantie bei Verfassungsänderungen über Art. 79 Abs. 3 zum Prüfungsmaßstab eines verfassungsändernden Gesetzes werden. Es muss dann geprüft werden, ob eine Verfassungsänderung mit den in Art. 1 niedergelegten Grundsätzen vereinbar ist. Eine Verfassungsänderung unmittelbar an anderen Grundrechten zu prüfen wäre dagegen fehlerhaft.

312 Die sog. Ewigkeitsgarantie des Art. 79 Abs. 3 erfasst über den durch Art. 1 vermittelten Schutz der Menschenwürde hinaus *auch den Menschenwürdegehalt der sonstigen Grundrechte*, soweit deren Schutzbereich mit dem des Art. 1 Abs. 1 übereinstimmt.[6]

Bsp.: Der Bundestag möchte in Deutschland den Islam auf Grund steigender islamistischer Terroranschläge verbieten. Um Probleme mit Art. 4 Abs. 1 zu vermeiden, beschließt er ein verfassungsänderndes Gesetz, das einen Abs. 2a mit folgendem Wortlaut in Art. 4 einfügt: „Die Ausübung des Islam ist verboten". Wäre das Gesetz materiell verfassungsgemäß?
Da eine Verfassungsänderung in Rede steht, wäre es falsch, das Gesetz an Art. 4 Abs. 1 und 2 zu prüfen. Prüfungsmaßstab ist vielmehr Art. 79 Abs. 3 (Ewigkeitsgarantie) i. V. m. Art. 1 Abs. 1. Teil der Menschenwürde ist auch ein sog. religiöses Existenzmini-

---

1 *Starck,* in: v. Mangoldt/Klein/Starck, GG, Art. 1 Rn. 12; ebenso *Herdegen,* in: Maunz/Dürig, GG, Art. 1 Abs. 1 Rn. 1 unter Hinweis auf Art. 1 Abs. 1 HerrenChE.
2 Abgeordneter *v. Mangoldt,* Schriftlicher Bericht zum Entwurf des GG, Anlage zum stenografischen Bericht der 9. Sitzung des Parlamentarischen Rates am 6.5.1949, S. 6.
3 Siehe zur Entstehungsgeschichte des Art. 1 *Herdegen,* in: Maunz/Dürig, GG, Art. 1 Abs. 1 Rn. 15.
4 BVerfGE 45, 187, 227 – *lebenslange Freiheitsstrafe.*
5 Zu diesen sogleich Rn. 331 ff.
6 Vgl. BVerfGE 109, 279, 310 – *Großer Lauschangriff; Kingreen/Poscher,* Grundrechte, Rn. 410.

mum, d. h. das Recht, seinen Glauben zumindest im Privaten zu leben.[7] Die Abschaffung der Religionsfreiheit für eine bestimmte Religion stellt daher einen Verstoß gegen Art. 79 Abs. 3 i. V. m. Art. 1 Abs. 1 dar. Das Gesetz ist verfassungswidrig. Zur Klarstellung: Art. 19 Abs. 2 bildet insoweit keinen Prüfungsmaßstab, da diese Norm zwar den einfachen, nicht aber den verfassungsändernden Gesetzgeber bindet.[8]

Weil die Menschenwürde innerhalb der verfassungsmäßigen Ordnung des Grundgesetzes den höchsten Rechtswert darstellt[9], gehört ihre Achtung und ihr Schutz zu den Konstitutionsprinzipien des Grundgesetzes.[10] Sie weist deshalb auch einen Bezug zum Demokratieprinzip auf. Das BVerfG hat dazu ausgeführt:
„Das Grundgesetz geht insoweit vom Eigenwert und der Würde des zur Freiheit befähigten Menschen aus und verbürgt im Recht der Bürger, in Freiheit und Gleichheit durch Wahlen und Abstimmungen die sie betreffende öffentliche Gewalt personell und sachlich zu bestimmen, zugleich den menschenrechtlichen Kern des Demokratieprinzips.[11]
Das darf aber nicht missverstanden werden. Gemeint ist, wie sich aus dem Kontext der Entscheidungen ergibt, die grundsätzliche Möglichkeit der Bürger, in Freiheit und Gleichheit an Wahlen teilzunehmen und damit die Herrschaftsausübung zu legitimieren.[12]

Die u. a. in der Menschenwürde zum Ausdruck kommende Verfassungsidentität ist dabei auch integrationsfest. Ihr muss trotz der in der Präambel und in Art. 23 Abs. 1 S. 1 zum Ausdruck kommenden und vom BVerfG mehrfach betonten Europarechtsfreundlichkeit des Grundgesetzes[13] Rechnung getragen werden.[14]

2. Die Grundrechtsqualität der Menschenwürde

Umstritten ist, ob Art. 1 Abs. 1 ein Grundrecht darstellt oder lediglich Verfassungsprinzip ist. Dies ist vor allem für die Frage bedeutsam, ob eine Verletzung der Menschenwürde zur Erhebung der *Verfassungsbeschwerde* berechtigt (vgl. Art. 93 Abs. 1 Nr. 4a).[15]

Die h. M. qualifiziert die Menschenwürdegarantie zutreffend als *Grundrecht*.[16] Die Gegenauffassung verweist auf den Wortlaut des Art. 1 Abs. 3, wonach „die nachfolgenden Grundrechte" Gesetzgebung, vollziehende Gewalt und Rechtspre-

---

7 Vgl. BVerfGE 76, 143, 159 – *Ahmadiyya-Glaubensgemeinschaft*.
8 BVerfGE 109, 279, 310 f. – *Großer Lauschangriff*; Sachs, in: Sachs, GG, Art. 19 Rn. 35.
9 BVerfGE 117, 71, 89 – *lebenslangen Freiheitsstrafe*; *Strafrestaussetzung*; BVerfGE 30, 173, 193 – *Mephisto (Kunstfreiheit bei Ehrverletzungen)*.
10 BVerfGE 131, 268, 286 – *Sicherungsverwahrung*.
11 BVerfG NJW 2017, 611, Rn. 542 – *NPD-Verbotsverfahren II*; unter Hinweis auf BVerfGE 123, 267, 341 – *Lissabon-Vertrag*; BVerfGE 129, 124, 169 – *Griechenlandhilfe Euro-Rettungsschirm, EFS*; BVerfGE 135, 317, 386, Rn. 125 – *ESM, Fiskalpakt*.
12 BVerfGE 123, 367, 341 – *Lissabon-Vertrag*; BVerfG, NJW 2017, 611, Rn. 542 – *NPD-Verbotsverfahren II*, eine Funktion, die im Kontext der Herrschaftsausübung durch die EU kontrovers diskutiert worden war und die in einem „Führerstaat" gänzlich aufgehoben wäre.
13 BVerfGE 132, 287, Rn. 11 – *Staatsschuldenkrise im Euro-Währungsgebiet*; BVerfGE 129, 124, 172 – *Griechenland-Hilfe*; BVerfGE 126, 286, 303 – *Ultra-vires-Kontrolle – Fall Honeywell*; BVerfGE 123, 267, 354 – *Vertrag von Lissabon*.
14 BVerfG NJW 2016, 1149, Rn. 49 – *Schuldgrundsatz*, deswegen sieht sich das BVerfG befugt, im Wege der Identitätskontrolle den gem. Art. 23 Abs. 1 S. 1 i. V. m. Art. 79 Abs. 3 und Art. 1 Abs. 1 unabdingbar gebotenen Grundrechtsschutz uneingeschränkt und im Einzelfall zu gewährleisten.
15 Vgl. hierzu Herdegen, in: Maunz/Dürig, GG, Art. 1 Abs. 1 Rn. 29.
16 Vgl. *Kunig*, in: v. Münch/Kunig, GG, Art. 1 Rn. 3; Herdegen, in: Maunz/Dürig, GG, Art. 1 Abs. 1 Rn. 29; *Kingreen/Poscher*, Grundrechte, Rn. 408; *Ipsen*, Staatsrecht II, Rn. 234; *Katz*, Staatsrecht, Rn. 672.

chung als unmittelbar geltendes Recht binden. Aus dem Wort „nachfolgend" sei zu schließen, dass Art. 1 Abs. 1 kein Grundrecht enthalte.
Das BVerfG hat die Frage teils explizit, teils implizit beantwortet und auf Art. 1 Abs. 1 gestützte Verfassungsbeschwerden zugelassen, das Gericht geht damit offensichtlich auch von einem subjektiv-rechtlichen Charakter der Menschenwürde aus.[17] Für den Grundrechtscharakter der Menschenwürde sprechen zudem *Entstehungsgeschichte und Systematik des Art. 1*:[18] So steht Art. 1 innerhalb des ersten Abschnitts des Grundgesetzes, dessen amtlicher Titel „Die Grundrechte" lautet. Auch wurde die Menschenwürde bewusst an den Beginn der Verfassung gesetzt, um die verfassungsnormative Grundaussage zu verdeutlichen, dass der Staat um des Menschen willen besteht und nicht umgekehrt. Sie bildet den Ausgangspunkt der Verfassungsordnung des Grundgesetzes[19], dessen strukturgebende Fundamentalnorm[20], sie ist – wie es im parlamentarischen Rat plastisch formuliert wurde – „der eigentliche Schlüssel für das Ganze".[21] Aus dieser Perspektive erscheint es in der Tat systemwidrig, ausgerechnet der Grundnorm einer „immanent-anspruchsfreundlichen"[22] Verfassung keine subjektiv-rechtliche Funktion beizumessen. Vielmehr müssen sich objektive und subjektive Funktion von Art. 1 Abs. 1 gegenseitig verstärken.[23]

317 Das Verhältnis von Art. 1 Abs. 1 zu den anderen Grundrechtsbestimmungen des Grundgesetzes bedarf differenzierter Betrachtung, die sich mit dem Grundsatz der partiellen Spezialität und Subsidiarität umschreiben lässt.[24] Sofern Einzelgrundrechte einschlägig sind, ist vorrangig auf diese abzustellen, was wegen der mit der Prüfung des Verhältnismäßigkeitsgrundsatzes verbundenen Rationalisierungsfunktion von Vorteil ist. Demgegenüber führt eine an sich gutgemeinte, aber vorschnelle Bezugnahme auf Art. 1 Abs. 1 wegen dessen Abwägungsresistenz nicht selten in ein wenig hilfreiches „alles oder nichts".[25] Da die Menschenwürdegarantie durch die nachfolgenden Grundrechte konkretisiert wird, sind im Rahmen der verfassungsrechtlichen Prüfung die *Einzelgrundrechte* also *vorrangig zu prüfen*.[26] Dies führt dazu, dass ein zusätzlicher Rückgriff auf Art. 1 in aller Regel entfällt.[27] Allerdings kann bei „besonderer Schwere" zusätzlich zur Verletzung des sachlich einschlägigen Grundrechts zugleich auch eine Verletzung der Menschenwürde ge-

---

17 BVerfGE 109, 133, 151 – *Sicherungsverwahrung*: „Die Sicherungsverwahrung wegen fortdauernder Gefährlichkeit verstößt mit Blick auf die Gemeinschaftsgebundenheit des Individuums nicht gegen das Grundrecht aus Art. 1 Abs. 1 GG": s. a. BVerfG, Nichtannahmebeschluss vom 14. Dezember 2004 – 2 BvR 1249/04 –, Rn. 7, juris „Grundrechte des Beschwerdeführers aus Art. 1 Abs. 1 GG und…".
18 So auch *Kingreen/Poscher*, Grundrechte, Rn. 407 m. w. N.
19 BVerfG, U. v. 17.1.2017, Az 2 BvB 1/13, LS 3a) – *NPD-Verbotsverfahren II*.
20 *Höfling*, in: Sachs, GG, Art. 1 Rn. 6.
21 Etwa von *Schmidt*, 9. Sitzung des Plenums des Parlamentarischen Rates v. 6.5.1949, Der Parlamentarische Rat, 1948-1949, Akten und Protokolle, Bd. 9, 1966, S: 437; *Enders*, in: Friauf/Höfling, GG, Art. 1 Rn. 18.
22 Formulierung bei *Höfling*, in: Sachs, GG, Art. 1 Rn. 6.
23 Vgl. *Hufen*, Staatsrecht II, § 10 Rn. 12.
24 *Höfling*, in: Sachs, GG, Art. 1 Rn. 67.
25 Zum Verhältnis von Art. 1 Abs. 1 und Einzelgrundrechten im Kontext der Sicherung des Existenzminimums s. a. *Lang*, Minimalstandards im Sozial- und Gesundheitsrecht, in: Brune/Lang/Werner, Konzepte normativer Minimalstandards, 2016, S. 97, 114 ff.
26 Ebenso *Jarass*, in: Jarass/Pieroth, GG, Art. 1 Rn. 5; *Kunig*, in: v. Münch/Kunig, GG, Art. 1 Rn. 69.
27 So auch *Jarass*, in: Jarass/Pieroth, GG, Art. 1 Rn. 5; *Kunig*, in: v. Münch/Kunig, GG, Art. 1 Rn. 69. Allerdings kann sich der gleiche Lebenssachverhalt sowohl in einem Einzelgrundrecht als auch Art. 1 Abs. 1 auswirken.

geben sein; schließlich kann Art. 1 Abs. 1 auch verletzt sein, obschon kein Verstoß gegen ein spezielles Freiheitsrecht vorliegt.[28]

Klausurhinweis: Auch in juristischen Klausuren und Hausarbeiten ist zunächst zu prüfen, ob die speziellen Grundrechte verletzt sind, ehe auf die Menschenwürdegarantie als *„last refuge"*[29] zurückgegriffen werden darf.

II. Schutzbereich

1. Der persönliche Schutzbereich

Die Menschenwürde besitzt zunächst *jeder lebende Mensch* „ohne Rücksicht auf seine Eigenschaften, seine Leistungen und seinen sozialen Status".[30] Sie steht *ausnahmslos allen natürlichen Personen* zu, selbstverständlich auch Minderjährigen, körperlich oder geistig beeinträchtigten Menschen, Bewusstlosen, Straftätern, Ausländern und Staatenlosen.[31]
Das BVerfG hat zutreffend festgestellt:

> „Wo menschliches Leben existiert, kommt ihm Menschenwürde zu; es ist nicht entscheidend, ob der Träger sich dieser Würde bewusst ist und sie selbst zu wahren weiß. Die von Anfang an im menschlichen Sein angelegten potentiellen Fähigkeiten genügen, um die Menschenwürde zu begründen."[32]

Das BVerfG spricht ferner auch dem *ungeborenen Leben* den Schutz aus Art. 1 Abs. 1 zu.[33] Das ist zutreffend und konsequent, eben weil das Menschsein einzige Bedingung des Würdeschutzes ist und sich das ungeborene Leben *als* Mensch, *nicht zum* Menschen entwickelt.[34] Das Gericht hat allerdings offen gelassen, ob der *Nasciturus* selbst Grundrechtsträger[35] oder aufgrund mangelnder Rechts- und Grundrechtsfähigkeit „nur" Begünstigter einer objektiven staatlichen Schutzpflicht[36] ist. Es liegt in der Konsequenz des die Grundrechte beherrschenden subjektiven Verständnisses, den Nasciturus als Grundrechtsträger anzusehen. Von der Grundannahme her, dass, wo Leben ist, auch der Würdeschutz greift, sind auch die neuerdings aufgeworfenen Fragen nach der Bedeutung der Menschenwürde im Bereich der Biowissenschaften zu beantworten. Weil Leben im verfassungsrechtlichen Sinne mit der Vorkernverschmelzung beginnt[37], sind Maßnahmen wie etwa die Präimplantationsdiagnostik, die Behandlung überzähliger Embryonen aus künstlichen Befruchtungen oder etwa die sog. „verbrauchende Embryonenforschung" auch an Art. 1 Abs. 1 zu messen. Für den Schutz der Menschenwürde kommt es auch nicht auf die Art und Weise der Entstehung des Lebens – ob auf

---

28 Ausführlich zum Verhältnis des Art. 1 zu anderen Grundrechten *Stern*, in: Stern Staatsrecht IV/1, S. 74 ff.
29 *Höfling*, in: Sachs, GG, Art. 1 Rn. 67.
30 BVerfGE 87, 209, 228 – *„Tanz der Teufel"*.
31 Vgl. *Kunig*, in: v. Münch/Kunig, GG, Art. 1 Rn. 11 f.; *Jarass*, in: Jarass/Pieroth, GG, Art. 1 Rn. 7.
32 BVerfGE 39, 1, 41 f. – *Schwangerschaftsabbruch I*.
33 Siehe BVerfGE 39, 1 – *Schwangerschaftsabbruch I*; BVerfGE 88, 203 – *Schwangerschaftsabbruch II*. Vgl. zum Schutz des ungeborenen Lebens auch *Hofmann*, in: Schmidt-Bleibtreu/Hofmann/Henneke, GG, Art. 1 Rn. 21 ff. Ausführlich zu dieser Kontroverse etwa *Hufen*, Staatsrecht II, § 10 Rn. 20 ff., der einem „Stufungs- und Wachstumskonzept der Menschenwürde" den Vorrang gibt; für den hier vertretenen Gleichklang von Leben und Würde etwa *Isensee*, in: HGR, § 87 Rn. 200 ff.
34 BVerfGE 39, 1, 37 – *Schwangerschaftsabbruch I*; BVerfGE 88, 203, 242 – *Schwangerschaftsabbruch II*.
35 So *Höfling*, in: Sachs, GG, Art. 1 Rn. 60; *Starck*, in: v. Mangoldt/Klein/Starck, GG, Art. 1 Rn. 19 ff.; mit ausführlicher Argumentation *Stern*, in: ders., Staatsrecht IV/1, S. 34 ff.
36 So *Ipsen*, Staatsrecht II, Rn. 228; *Manssen*, Grundrechte, Rn. 224.
37 Näher unten Rn. 461.

natürlichem oder artifiziellem Weg – an. Das gilt auch im Falle des Klonens. Tragend hierfür ist – wie im Schrifttum zu Recht herausgestellt wird – die normative Äquivalenz von totipotenten[38] menschlichen Zellen, die einmal auf dem Befruchtungswege, das andere Mal als Resultat eines Zellkerntransfers entstanden sind.[39] Auch wenn der „Ursprungsakt" verschieden ist, ist doch das Ergebnis insofern gleich als in beiden Fällen die Entwicklung bzw. das Entwicklungspotential zu einem „vollständigen" Menschen vorliegt.[40] Deshalb kommt auch Embryonen, die im Wege des reproduktiven oder therapeutischen Klonens erzeugt würden, Menschenwürde zu.[41]

320 Schließlich hat das BVerfG einen *allgemeinen Achtungsanspruch des Verstorbenen* aus Art. 1 Abs. 1 hergeleitet (*postmortaler Persönlichkeitsschutz*).[42] Denn es wäre

> „mit dem verfassungsverbürgten Gebot der Unverletzlichkeit der Menschenwürde, das allen Grundrechten zugrunde liegt, unvereinbar [...], wenn der Mensch, dem Würde kraft seines Personseins zukommt, in diesem allgemeinen Achtungsanspruch auch nach seinem Tode herabgewürdigt oder erniedrigt werden dürfte. Dementsprechend endet die in Art. 1 Abs. 1 aller staatlichen Gewalt auferlegte Verpflichtung, dem Einzelnen Schutz gegen Angriffe auf seine Menschenwürde zu gewähren, nicht mit dem Tode."[43]

Die Intensität des Schutzes wird allerdings durch Zeitablauf geringer:

> „Die Dauer des postmortalen Persönlichkeitsschutzes lässt sich nicht generell festlegen. Sie hängt von den Umständen des Einzelfalles ab. [...] Das Schutzbedürfnis schwindet in dem Maße, in dem die Erinnerung an den Verstorbenen verblasst und im Laufe der Zeit auch das Interesse an der Nichtverfälschung des Lebensbildes abnimmt."[44]

321 Aktuelle Referenzgebiete, in denen das postmortale Persönlichkeitsrecht Bedeutung erlangt, findet sich im Bereich der Transplantationsmedizin oder etwa im Bestattungsrecht, namentlich bei Obduktionen und bestimmten Bestattungsarten.[45] Das (verfassungsrechtliche) postmortale Persönlichkeitsrecht knüpft daran an, dass die der staatlichen Gewalt auferlegte Verpflichtung, dem Einzelnen Schutz gegen Angriffe auf seine Menschenwürde zu gewähren, nicht mit dem Tode endet.[46] Postmortalen Schutz genießen dabei der allgemeine Achtungsan-

---

38 Eine totipotente embryonale Zelle ist dadurch gekennzeichnet, dass sie sich teilen und zu einen Individuum auszudifferenzieren vermag, vgl. § 8 Abs. 1 ESchG.
39 *Höfling*, in: Sachs, GG, Art. 1 Rn. 61.
40 *Höfling*, Reprogenetik und Verfassungsrecht, 2001, 18; *Isensee*, in: HGR, § 87 Rn. 212; *Lang*, in: BeckOK, GG, Art. 2 Rn. 59.
41 *Höfling*, in: Sachs, GG, Art. 1 Rn. 61; *Hufen*, Staatsrecht II, § 10 Rn. 17; abweigies „Tötungsgebot" daher in § 6 Abs. 2 ESchG, dazu *Lang*, JÖR 2012, (Bd. 60), S. 265, 275.
42 Jüngst etwa BVerfG, NVwZ 2016, 1804, Rn. 56 – *Krypta*; ebenso BVerfG, B. v. 22. August 2006, Az 1 BvR 1637/05, Rn. 20; sowie bereits BVerfGE 1, 97, 104 – *Hinterbliebenenrente*; zur prämortalen Geltendmachung des postmortalen Persönlichkeitsrechts BayVGH, U. v. 31. Januar 2018, Az 4 N 17.1197, Rn. 13. Die Zivilgerichte leiten den Schutz des Verstorbenen aus Art. 2 Abs. 1 als Folge des allgemeinen Persönlichkeitsrechts ab, vgl. etwa BGHZ 50, 133, 136 f. – *Mephisto*; BGHZ 143, 214, 218 – *Marlene Dietrich*.
43 BVerfGE 30, 173, 194 – *Mephisto*; BVerfG, NVwZ 2016, 1804, Rn. 56 – *Krypta*.
44 BGHZ 107, 394 – *Emil Nolde*.
45 So kennt beispielsweise das BestattG MV in § 8 Abs. 1 S. 2 eine Regelung, wonach eine (klinische) Obduktion vorgenommen werden darf, wenn die Angehörigen informiert werden und nicht innerhalb einer Frist von mindestens 24 Stunden der Obduktion widersprechen. Das überzeugt insbesondere in den Fällen nicht, in denen die Obduktion im (ausschließlichen) wissenschaftlichen Interesse der Klinik erfolgt, hier sollte eine Zustimmung zur Obduktion eingeholt werden.
46 BVerfGE 30, 173, 194 – *Mephisto*; aus neuerer Zeit etwa BVerfG, NVwZ 2016, 1804, Rn. 56 – *Krypta*; zur prämortalen Geltendmachung des postmortalen Persönlichkeitsrechts vgl. BayVGH, U. v. 31. Januar 2018, Az 4 N 17.1197, Rn. 13.

spruch, der dem Menschen kraft seines Personseins zusteht, aber auch der sittliche, personale und soziale Geltungswert, den die Person durch ihre eigene Lebensleistung erworben hat.[47] Das postmortale Persönlichkeitsrecht schützt den Grundrechtsträger (nur) davor, in einer die Menschenwürde verletzenden Weise ausgegrenzt, verächtlich gemacht, verspottet oder in anderer Weise herabgewürdigt zu werden.[48] Das so konturierte postmortale Persönlichkeitsrecht wird durch eine Organentnahme auf Basis des Hirntodkonzepts bei Vorliegen einer Zustimmung durch den reinen Entnahmeakt nicht berührt. Anders kann es liegen, wenn die Organentnahme im Kontext der Widerspruchslösung aufgrund einer fiktiven Zustimmung, aber gegen den (geäußerten) Willen des Betroffenen erfolgt, etwa wenn der Betroffene mit der Entnahme nicht einverstanden war und sein Widerspruch aus dem Staat zurechenbaren Gründen – beispielsweise bei kollusivem Zusammenwirken – keine Beachtung gefunden hat.

322 Auf juristische Personen und Personenvereinigungen ist das Grundrecht der Menschenwürde seinem Wesen nach *nicht* anwendbar (vgl. Art. 19 Abs. 3).[49]

2. Der sachliche Schutzbereich

323 a) **Konturierungsprobleme.** Die Bestimmung des sachlichen Schutzbereichs der Menschenwürdegarantie stellt sich als äußerst schwierig dar.[50] Dies gilt insbesondere vor dem Hintergrund, dass es einer möglichst allgemeingültigen Definition bedarf.[51]

324 Das BVerfG versteht die Menschenwürde, positiv formuliert, als den *„sozialen Wert- und Achtungsanspruch des Menschen"*,[52] als den „allgemeinen Eigenwert, der dem Menschen kraft seines Personseins zukommt".[53] Um den mit einer (positiven) Bestimmung des Begriffs der Menschenwürde verbundenen Konkretisierungsschwierigkeiten zu entgehen, „springt" das BVerfG unter Verwendung der sog. Objektformel allerdings nicht selten von der Schutzbereichsebene direkt zur Eingriffsfrage.[54] Negativ umschreibt das BVerfG den Schutzbereich der Menschenwürde dann dahingehend, dass der Mensch nicht „zum *bloßen Objekt des Staates*" gemacht oder einer Behandlung, die *„seine Subjektqualität prinzipiell in Frage stellt"*, ausgesetzt werden dürfe (sog. *Objektformel*).[55] Mit der Menschenwürde als tragendem Konstitutionsprinzip des Systems der Grundrechte sei

> „…der soziale Wert- und Achtungsanspruch des Menschen verbunden, der es verbietet, den Menschen zum bloßen Objekt des Staates zu machen oder ihn einer Behandlung auszusetzen, die seine Subjektqualität prinzipiell in Frage stellt."[56]

---

47 Etwa BVerfG, BeckRS 2006, 19680 – *Nichtannahmebeschluss*.
48 So schon BVerfGE 1, 97, 104 – *Hinterbliebenenrente*; s.a. BVerfG 30, 173, 194; BVerfG, NVwZ 2016, 1804, Rn. 56. Zum Fragenkreis auch Lang, Deutscher Bundestag, Ausschussdrucksache 19 (45) 95 (19), S. 12 f.
49 So auch *Jarass*, in: Jarass/Pieroth, GG, Art. 1 Rn. 7.
50 Plastisch *Isensee*, in: HGR I, § 87 Rn. 6 „…Dunkel, das den Menschenwürde-Satz umgibt, nicht völlig aufzulösen…"; ausführlich zu den Auffassungen im Einzelnen auch *Stern*, in: Stern Staatsrecht IV/1, S. 17 ff.
51 Vgl. *Hufen*, Staatsrecht II, § 10 Rn. 13.
52 BVerfGE 87, 209, 228 – *„Tanz der Teufel"*.
53 BVerfGE 30, 173, 214 – *Mephisto* abw. Votum.
54 Vgl. etwa BVerfG, Kammerbeschluss vom 21. April 1993 – 2 BvR 930/92 –, Rn. 12, juris, „Was den Grundsatz der Unantastbarkeit der Menschenwürde angeht, so hängt alles von der Festlegung ab, unter welchen Umständen sie verletzt sein kann."; *Isensee* spricht hstl. dieser Vorgehensweise vom „Schutzbereich als Schranke", *Isensee*, in: HGR I, § 87 Rn. 106.
55 Vgl. jüngst BVerfG, U. v. 17.1.2017, Az 2 BvB 1/13, Rn. 540 – *NPD-Verbotsverfahren II*.
56 BVerfGE 87, 209, 228 – *„Tanz der Teufel"*.

325 Die Trennung von „Subjektsqualität wahren" und „Objektivierung vermeiden" kann manchmal zu subtilen Differenzierungen nötigen. So hat das BVerfG in der Entscheidung zum Luftsicherheitsgesetz erkannt, dass bei einem Abschuss einer (nur mit Entführern) besetzten Maschine diese nicht zum bloßen Objekt staatlichen Handelns gemacht würden, vielmehr knüpfe die staatliche Reaktion gerade an deren selbstverantwortete Entscheidung (Flugzeugentführung) an. Die unschuldigen Opfer der Entführung würden hingegen verzweckt, wenn die mit Entführern und Entführten besetzte Maschine abgeschossen würde. Letztere würden zum Objekt staatlichen Handelns gemacht, da sie auf die Gefährdungslage weder Einfluss genommen hätten noch nehmen könnten.[57]

326 Einen Verstoß gegen Art. 1 Abs. 1 hat das BVerfG weiterhin angenommen bei einer *„willkürlichen Missachtung"* der Menschenwürde, einer *„verächtlichen Behandlung"* des Menschen durch den Staat:

> „[...] oder dass in der Behandlung im konkreten Fall eine willkürliche Missachtung der Würde des Menschen liegt. Die Behandlung des Menschen durch die öffentliche Hand, die das Gesetz vollzieht, muss also, wenn sie die Menschenwürde berühren soll, Ausdruck der Verachtung des Wertes, der dem Menschen kraft seines Personseins zukommt, also in diesem Sinne eine ‚verächtliche Behandlung' sein."[58]

Das Abstellen auf diesen „Verachtungsaspekt" ist im Interesse der Operationalisierung der Objektformel verständlich, birgt aber die Gefahr, dass das Motiv des Täters zum Maßstab der Schutzbereichseröffnung wird. Die Herabwürdigungsformel ist daher mit Vorsicht zu handhaben.

327 Die vom BVerfG verwendeten Formeln werden auch als *zu unbestimmt* kritisiert.[59]
Unabhängig davon erscheint es sinnvoll, die Menschenwürdegarantie anhand *typischer Gefährdungslagen* in einzelnen Lebensbereichen zu konkretisieren.[60]

328 Darüber hinaus versuchen andere im Schrifttum vertretene Auffassungen, den Begriff der Menschenwürde positiv zu umschreiben.[61] So versteht die *„Mitgifttheorie"* die Menschenwürde als den Eigenwert des Menschen, der ihm von Gott[62] oder der Natur[63] mitgegeben wurde. Nach der *„Leistungstheorie"* soll hingegen die Leistung der Identitätsbildung, also das eigene selbst bestimmte Verhalten des Menschen entscheidend sein.[64] Würde ist dann eine Leistung, die der einzelne erbringen, die aber auch verfehlt werden kann.[65] Diese Auffassung führt allerdings

---

57 Vgl. zu diesem nach wie vor klausurträchtigen Problem BVerfGE 115, 118, 151 f. – *Luftsicherheitsgesetz*.
58 BVerfGE 30, 1, 26 – *Abhörurteil*.
59 Vgl. etwa *Kingreen/Poscher*, Grundrechte, Rn. 423.
60 Diese Konkretisierungsversuche unterscheiden sich freilich in den Einzelheiten, *Kingreen/Poscher*, Grundrechte, Rn. 426 etwa unterscheiden drei; *Höfling*, in Sachs, GG, Art. 1 Rn. 20 ff. vier; *Stern*, in: ders., Staatsrecht IV/1, S. 23 fünf solcher bereichsspezifischer Konturierungen der Menschenwürde. Siehe dazu im Einzelnen sogleich Rn. 301 ff.
61 Siehe zu den verschiedenen Ansätzen *Herdegen*, in: Maunz/Dürig, GG, Art. 1 Abs. 1 Rn. 34 f.; *Stein/Frank*, Staatsrecht, § 29 III 2.
62 Nähere Darstellung dieser Grundlage des grundgesetzlichen Menschenwürdeverständnisses anhand der christlichen imago-dei-Lehre etwa bei *Isensee*, in: HGR I, § 87 Rn. 58.
63 Näher *Seelmann*, in: Brudermüller/Seelmann, Menschenwürde, 2008, S. 67 ff.
64 Vertreten von *Luhmann*, Grundrechte als Institution, S. 53 ff. für *Luhmann* (S. 68) ist die Würde des Menschen weder eine Naturausstattung noch ein Wert, den der Mensch hat oder in sich trägt, Würde muss für ihn vielmehr „konstituiert werden"; s. a. *Podlech*, in: AK-GG, Art. 1 Rn. 11 ff. sowie die Darstellung bei *Kingreen/Poscher*, Grundrechte, Rn. 412 m. w. N.
65 *Podlech*, in: AK-GG, Art. 1 Rn. 11.

zu unbefriedigenden Ergebnissen, wenn eine Person aufgrund von *Handlungs- oder Willensunfähigkeit* zur Identitätsbildung außerstande ist.[66] Für die Anerkennungstheorie liegt der Grund der Würde in der Anerkennung, die sich Menschen als freie und gleiche gegenseitig schulden und gewähren.[67] Das BVerfG weist zu Recht darauf hin, dass die Menschenwürde die Fähigkeit des Einzelnen zu sinnhaftem Handeln nicht voraussetzt:

> „Menschenwürde [...] ist nicht nur die individuelle Würde der jeweiligen Person, sondern die Würde des Menschen als Gattungswesen. Jeder besitzt sie, ohne Rücksicht auf seine Eigenschaften, seine Leistungen und seinen sozialen Status. Sie ist auch dem eigen, der aufgrund seines körperlichen oder geistigen Zustands nicht sinnhaft handeln kann. Selbst durch ‚unwürdiges' Verhalten geht sie nicht verloren. Sie kann keinem Menschen genommen werden. Verletzbar ist aber der Achtungsanspruch, der sich aus ihr ergibt."[68]

Ein eigenes *„würdeloses" Verhalten* führt somit nicht dazu, dass der Grundrechtsträger den Schutz des Art. 1 Abs. 1 verliert.[69]

Schwierig zu beantworten ist die Frage des Grundrechtsverzichts[70], der sich bei genauerer Betrachtung als Problem der Zulässigkeit eines Grundrechtsausübungsverzichts darstellt.[71] Hinter den zum Fragenkreis jeweils vertretenen Auffassungen stehen meist unterschiedlich deutlich akzentuierte grundrechtstheoretische Vorannahmen. Vielfach finden sich Differenzierungen zwischen disponiblen und nicht disponiblen Einzelelementen des Grundrechtsschutzes.[72] Jedenfalls eine offene Grundrechtsinterpretation wird zentral auf die Selbstbestimmung und das Selbstverständnis des Grundrechtsträgers abstellen. Diskussionswürdig wird es jedenfalls dann, wenn trotz Vorliegens einer frei verantworteten Entscheidung des Grundrechtsträgers staatliche Schutzmaßnahmen auf Belange des Grundrechtsträgers selbst gestützt und gegen ihn und seine Selbstbestimmung in Stellung gebracht werden.

Vieldiskutierte Beispiele dazu sind das Betreiben einer sog. „Peep-Show" oder die Veranstaltung eines sog. „Zwergenweitwurfs". Im Peep-Show-Fall hat das BVerwG die Auffassung vertreten, dass die Tänzerin wie eine Sache zur sexuellen Stimulation „angeboten" werde: Sie habe keinen Blickkontakt zu den Kunden, diese schauten auf die Frau wie auf Waren in einem Automaten. Insofern sei die Menschenwürde der Frau betroffen.[73] Vergleichbar hat das VG Neustadt die Veranstaltung des sog. Zwergenweitwurfs als mit Art. 1 Abs. 1 unvereinbar angesehen, weil der geworfene Mensch – sei er nun kleinwüchsig oder auch besonders leicht – zum Zwecke der allgemeinen Belustigung zum bloßen Objekt der Werfer aus dem Publikum gemacht werde.[74] In beiden Fällen haben die Gerichte es als unerheblich angesehen, dass die

---

66 Ebenso *Windhorst*, in: StudKomm., GG, Art. 1 Rn. 22.
67 Dazu *Hofmann*, AöR 118 (1993), 353, 364 ff. Zur Darstellung der Vor- und Nachteile der Theorien und deren „Kombinationsmöglichkeiten" auch bei *Kingreen/Poscher*, Grundrechte, Rn. 412 ff. m. w. N.
68 BVerfGE 87, 209, 228 – *„Tanz der Teufel"*.
69 BVerfGE 72, 105, 115 – *lebenslange Freiheitsstrafe*.
70 Das BVerfG hat es jüngst ausdrücklich offengelassen, ob auf den Schutz des Art. 1 Abs. 1 teilweise wirksam verzichtet werden könne, vgl. BVerfG, NVwZ 2016, 1804, Rn. 57 – *Krypta*.
71 *Starck*, in: v. Mangolt/Klein/Starck, GG, Art. 1 Rn. 301. Dazu bereits oben Rn. 226 ff.
72 S.a. etwa *Kunig*, in: v. Münch/Kunig, GG, Art. 1 Rn. 12 und 34, der zwischen dem (unverzichtbaren) Schutz der Menschenwürde im Rechtssinne und der Preisgabe der Würde durch den Grundrechtsträger unterscheidet. Auf dieser Linie hat das BVerfG in der erwähnten Kryptaentscheidung zwischen einem „Kernbereich" und einer „Schutzbereichsperipherie" unterschieden, vgl. BVerfG, NVwZ 2016, 1804, Rn. 57 – *Krypta*.
73 BVerwGE 64, 274, 278 f. – *Sittenwidrigkeit von Peepshows*.
74 VG Neustadt, NVwZ 1993, 98, 99 – *Zwergenweitwurf*.

jeweils Geschützten freiwillig agierten und die Veranstaltung selbst nicht als ihre Würde verletzend angesehen haben. Entscheidend sei, dass die „Würde des Menschen ein *objektiver, unverfügbarer Wert*" sei, auf dessen Beachtung der Einzelne nicht wirksam verzichten könne.[75]

330 Nicht selten wird die Menschenwürde bei Sachverhalten mit angesprochen, die auch andere Grundrechte betreffen.[76]

331 **b) Bereichsspezifische Ausprägungen und Verdichtungen.** Auch wenn keine abschließende Aufzählung der Anwendungsfälle des Art. 1 Abs. 1 möglich ist, lässt sich die weitere Konturierung anhand bereichsspezifischer Ausprägungen und Verdichtungen bzw. Problemfälle strukturieren.[77]

332 **aa) Körperliche oder seelische Integrität; Verfahrensrechte. – (1) Strafrechtliche Sanktionen.** Der einfachrechtlich in § 46 Abs. 1 S. 1 StGB verankerte Grundsatz „nulla poene sine culpa" (keine Strafe ohne Schuld) hat seine verfassungsrechtlichen Grundlage nicht nur im Rechtsstaatsprinzip und Art. 103 Abs. 2, er folgt unmittelbar auch aus Art. 1 Abs. 1.[78] Die Garantie der Menschenwürde bietet zudem Schutz gegen staatliche Eingriffe in einen Kernbereich der körperlichen und geistigen Integrität.[79] Grausame, unmenschliche oder erniedrigende Behandlung oder Strafen stellen einen Verstoß gegen die Menschenwürde dar.[80] Mit körperlicher Gewaltanwendung verbundene Strafen sind daher ausgeschlossen.[81]

333 Die *lebenslange Freiheitsstrafe* für Mord ist nach der Rechtsprechung des BVerfG nur dann mit der Menschenwürde vereinbar, wenn für den Verurteilten „eine konkrete und grundsätzlich realisierbare Chance" besteht, seine Freiheit irgendwann wiederzuerlangen.[82] Dazu genügt die Inaussichtstellung einer potentiellen Begnadigung nicht. Es bedarf vielmehr einer einheitlichen gesetzlichen Regelung, die sowohl die Voraussetzungen für die Aussetzung der Vollstreckung als auch das anzuwendende Verfahren normiert.[83] Grundsätzlich muss eine Freiheitsstrafe daran ausgerichtet sein, dem Verurteilten nach Verbüßung seiner Strafe ein straffreies Leben in Freiheit zu ermöglichen.[84] Dazu gehört auch die anzustrebende Resozialisierung.[85]

---

75 BVerwGE 64, 274, 279 – *Sittenwidrigkeit von Peepshows*; VG Neustadt, NVwZ, 98, 99 – *Zwergenweitwurf.*
76 So zum Beispiel bei der Frage nach der Verfassungsmäßigkeit des Luftsicherheitsgesetzes, BVerfGE 115, 118 – *Luftsicherheitsgesetz*. Dazu unten Rn. 430.
77 Im zweiten NPD-Verbotsverfahren hat das BVerfG insbesondere auf die Wahrung personaler Individualität, die Identität und Integrität sowie die elementare Rechtsgleichheit abgestellt, BVerfG, U. v. 17.1.2017, Az 2 BvB 1/13, LS 3a – *NPD-Verbotsverfahren II;* vgl. *Höfling*, in: Sachs, GG, Art. 1 Rn. 19 ff. sowie *Hufen*, Staatsrecht II, § 10 Rn. 47 ff.
78 BVerfG, NJW 2016, 1149, Rn. 48 – *Schuldgrundsatz.*
79 Vgl. zu den Kriterien der Würdeverletzung bei Eingriffen in die körperliche und geistige Integrität namentlich auch soweit der biowissenschaftliche Komplex betroffen ist *Höfling*, in: Sachs, GG, Art. 1 Rn. 20 ff.
80 Siehe auch BVerfGE 75, 1 – *ne bis in idem.*
81 Vgl. etwa *Kunig*, in: v. Münch/Kunig, GG, Art. 1 Rn. 36 „Prügelstrafen".
82 BVerfGE 45, 187, 229 – *lebenslange Freiheitsstrafe.*
83 BVerfGE 45, 187, 242 ff. – *lebenslange Freiheitsstrafe.*
84 BVerfGE 45, 187 – *lebenslange Freiheitsstrafe*; dies gilt insbesondere auch für den Jugendstrafvollzug, vgl. BVerfGE 116, 69 – *Jugendstrafvollzug, Postkontrolle.*
85 BVerfGE 45, 187 – *lebenslange Freiheitsstrafe*. In letzter Zeit dazu erneut BVerfGE 117, 71 – *lebenslange Freiheitsstrafe; Strafrestaussetzung*; BVerfG, JR 2007, 468, 469.

334 Ob die einfachgesetzliche Wiedereinführung der *Todesstrafe* unter Aufhebung des Art. 102 zulässig wäre, ist umstritten, wird inzwischen jedoch überwiegend zu Recht verneint.[86] In der Verhängung und Vollstreckung der Todesstrafe läge ein Verstoß gegen die Garantie der Menschenwürde, die nach Art. 79 Abs. 3 einer Verfassungsänderung entzogen ist.[87] Zur Begründung wird darüber hinaus auf die staatliche Schutzpflicht für das Leben sowie die Gefahr eines irreparablen Eingriffs im Falle eines Fehlurteils verwiesen.[88] Auch ist kaum ein Vollzug der Todesstrafe denkbar, der mit der Menschenwürde in Einklang steht.

335 (2) **Folterverbot.** Ebenso ist die Folter wegen Verstoßes gegen die Menschenwürde unzulässig.[89] Ausdrücklich geregelt ist das Folterverbot in Art. 3 EMRK,[90] im UN-Übereinkommen gegen Folter vom 16.12.1984[91] sowie für festgehaltene Personen in Art. 104 Abs. 1 S. 2.

336 Praktische Bedeutung erlangt das Verbot der Folter insbesondere in *ausländer- und asylrechtlichen Verfahren*, wenn eine Person in einen Staat abgeschoben oder an einen Staat ausgeliefert werden soll, in dem sie damit rechnen muss, der Folter unterworfen zu werden.[92]

337 Weitere verbotene Vernehmungsmethoden enthält § 136a StPO.[93]

338 Da sich das Folterverbot aus der Menschenwürde ableitet, gilt es absolut.[94]

> **Fall 1**:[95] Es gilt als sicher, dass H einen kleinen Jungen entführt hat. Es besteht der dringende Verdacht, dass H den Jungen versteckt hält und sich das Kind in akuter Lebensgefahr befindet. Da H den Aufenthaltsort des Jungen nicht preisgibt, droht ihm im Rahmen seiner Vernehmung der zuständige Polizist die Zufügung starker Schmerzen an, sollte er nicht reden. Verfassungsrechtlich zulässig?
>
> **Lösung Fall 1**: Die Androhung von starken Schmerzen fällt in den Bereich der Folter, so dass Art. 1 Abs. 1 verletzt sein könnte. Mit Blick auf solche Fallkonstellationen hat man allerdings thematisiert, ob das grundsätzliche Folterverbot uneingeschränkt aufrechterhalten werden solle. Ein auch hier geltendes absolutes Folterverbot ließe außer Acht, dass es dem Staat nicht in erster Linie um die Erringung eines prozessualen Vorteils, sondern um eine präventive Maßnahme gehe, die den Tod des Jungen verhindern solle.[96] Zugespitzt lautet die Frage, ob eine „gutgemeinte" Folter verfassungsrecht-

---

86 So auch etwa *Degenhart*, in: Sachs, GG, Art. 102 Rn. 7 m.w.N. zu beiden Positionen. Siehe auch unten Rn. 424.
87 Vgl. *Gusy*, in: v. Mangoldt/Klein/Starck, Art. 102 Rn. 33; *Degenhart*, in: Sachs, GG, Art. 102 Rn. 7; *Lang*, in: BeckOK, GG, Art. 2 Rn. 69; *Hillgruber*, in: Umbach/Clemens, GG, Art. 2 Rn. 312.
88 Vgl. *Degenhart*, in: Sachs, GG, Art. 102 Rn. 3.
89 Vgl. *Jarass*, in: Jarass/Pieroth, GG, Art. 1 Rn. 21 m.w.N.; *Höfling*, in: Sachs, GG, Art. 1 Rn. 20.
90 Europäische Menschenrechtskonvention vom 4.11.1950 (BGBl. 1952 II, S. 687).
91 BGBl. 1990 II, S. 246.
92 Hierzu etwa BVerwGE 67, 184 – *Folter als Asylgrund*; vgl. jüngst BVerfG, B. v. 18.12.2017, Az 2 BvR 2259/17, Rn. 17 – *drohende Abschiebung in die Türkei*, drohende Folter und Gefahr unmenschlicher und erniedrigender Inhaftierungsbedingungen als Beeinträchtigung von Art. 1 Abs. 1. Zur präventiv-polizeilichen Folter sogleich unter Rn. 308.
93 Vgl. jüngst etwa BVerfG, B. v. 6.5.2016, Az 2 BvR 890/16, Rn. 20 – *Auslieferung*, Zwang zur Selbstbezichtigung berührt zugleich die Würde des Menschen, dessen Aussage als (Beweis-)mittel gegen ihn selbst verwendet wird; ein dahingehendes Schweigerecht wird in der Rechtsprechung als selbstverständlicher Ausdruck einer staatlichen Grundhaltung, die auf dem Leitgedanken der Achtung vor der Menschenwürde beruhe unter Hinweis auf BVerfGE 38, 105, 113 – *Rechtsbeistand*; BVerfGE 56, 37, 43 – *Selbstbezichtigung des Gemeinschuldners*.
94 Vgl. zur Unantastbarkeit der Menschenwürde noch unten Rn. 321 f.
95 Vgl. zu diesem Fall BVerfG, NJW 2005, 656 – *Folterandrohung* (Fall Daschner).
96 Auf dieser Linie etwa *Brugger*, JZ 2000, 165 ff.; s. a. *Birnbacher*, in: Brudermüller/Seelmann, Menschenwürde, 2008, S. 9, 21 f.

lich zulässig sein kann, ob also an sich durch Art. 1 Abs. 1 inkriminierte Handlungen gerechtfertigt werden können, wenn sie ihrerseits dem Schutz der Würde oder des Lebens eines Entführten dienen. Zutreffend ist, dass derartige Fälle in ein kaum auflösbares ethisches Dilemma führen, weil dem Staat scheinbar nur die Option bleibt, zwischen verschiedenen Würdeverletzungen zu wählen. Immerhin enthält Art. 1 Abs. 1 nicht nur eine an den Staat adressierte unbedingte Achtungs-, sondern auch eine unbedingte Schutzverpflichtung.[97] Im o. a. Entführungsfall etwa führt der Schutz des Täters (also das Absehen von Folter) dazu, dass gleichzeitig das Leben und die Würde des entführten Kindes bedroht sind. In ethischer Perspektive wird man im Konflikt zwischen dem Handlungsverbot (also dem Unterlassen der Folter) und der Schutzverpflichtung (also der Anwendung der Folter), dem Unterlassen den Vorrang einräumen dürfen.

Die Haltung des BVerfG jedenfalls ist eindeutig: Es hat zum Fall Daschner u. a. ausgeführt:

„… die – hier vom Landgericht bejahte – Anwendung von Folter macht die Vernehmungsperson zum bloßen Objekt der Verbrechensbekämpfung unter Verletzung ihres verfassungsrechtlich geschützten sozialen Wert- und Achtungsanspruchs und zerstört grundlegende Voraussetzungen der individuellen und sozialen Existenz des Menschen".[98]

339 **(3) Verfahrensrechte. Insbesondere Gewährung rechtlichen Gehörs.** Nach der Rechtsprechung des BVerfG „gehört es zu den elementaren Anforderungen des Rechtsstaats, […], dass niemand zum bloßen Gegenstand eines ihn betreffenden staatlichen Verfahrens gemacht werden darf"; ein solches staatliches Handeln verletze überdies die Menschenwürde des Einzelnen.[99] Eine besondere Ausformung dessen sei das Gebot der Gewährung rechtlichen Gehörs vor Gericht (vgl. Art. 103 Abs. 1).[100] Der Beschuldigte müsse daher

„[…] im Rahmen der von der Verfahrensordnung aufgestellten, angemessenen Regeln die Möglichkeit haben und auch tatsächlich ausüben können […], auf das Verfahren einzuwirken, sich persönlich zu den gegen ihn erhobenen Vorwürfen zu äußern, entlastende Umstände vorzutragen, deren umfassende und erschöpfende Nachprüfung und gegebenenfalls auch Berücksichtigung zu erreichen."[101]

340 Obwohl diese Grundsätze vor allem für das *Strafverfahren* gelten, besteht auch im *Verwaltungsverfahren* ein grundsätzlicher Anspruch des Bürgers auf rechtliches Gehör.[102] § 28 VwVfG regelt daher das Recht auf Anhörung des Beteiligten, in dessen Rechte durch den Erlass eines Verwaltungsaktes eingegriffen werden soll.[103]

341 Umstritten ist, ob die Durchführung eines Strafverfahrens gegen einen *todgeweihten Angeklagten* gegen den Schutz der Menschenwürde verstößt.[104]

---

97 Worauf *Brugger*, JZ 2000, 165, 169 zu Recht hingewiesen hat.
98 BVerfG, NJW 2005, 656, 657 – *Folterandrohung (Fall Daschner)*.
99 BVerfGE 63, 332, 337. – *Auslieferung nach Verurteilung im italienischen Abwesenheitsverfahren*.
100 Siehe zu Art. 103 Abs. 1 unten Rn. 1221 ff.
101 BVerfGE 63, 332, 337 f. – *Auslieferung nach Verurteilung im italienischen Abwesenheitsverfahren*.
102 Vgl. *Kopp/Ramsauer*, VwVfG, § 28 Rn. 3 m. w. N.
103 *Kopp/Ramsauer*, VwVfG, § 28 Rn. 1 näher zu Funktion und Bedeutung der Anhörung Rn. 2 f. sowie zur inhaltsgleichen Regelung im SGB X *Lang*, in: Diering/Timme/Stähler, SGB X, 5. Auflage 2019, § 24 Rn. 1 m. w. N.
104 Verneint von *Starck*, in: v. Mangoldt/Klein/Starck, GG, Art. 1 Rn. 64, und *Höfling*, in: Sachs, GG, Art. 1 Rn. 42; a. A. BerlVerfGH, NJW 1993, 515 – *Honecker*. In der Tat stellt sich ja die Frage, welcher staatliche Strafanspruch insoweit noch verwirklicht werden soll.

Im Strafprozess gegen *Erich Honecker* hat der Berliner VerfGH die Aufrechterhaltung der Untersuchungshaft trotz einer schweren und unheilbaren Krankheit des Angeklagten, an welcher er mit an Sicherheit grenzender Wahrscheinlichkeit vor Abschuss des Strafverfahrens sterben wird, als Verstoß gegen die Menschenwürde angesehen.[105]

(4) Strafvollstreckung. Für das Strafvollstreckungsrecht folgt aus Art. 1 Abs. 1 das Verfassungsgebot menschenwürdiger Haftbedingungen. Daraus resultiert, dass der Gesetzgeber die Basisvoraussetzungen individuellen und sozialen Daseins auch während der Haftstrafe eines Gefangenen sicherstellen muss:[106]

342

> Bsp.:[107] H ist Gefangener in der Strafhaft. Weil andere Gefangene immer wieder Gegenstände in den sanitären Anlagen herunterspülen, verstopfen regelmäßig die Leitungen. Auf Grund fehlerhafter Abwasserleitungen wird die Zelle des H im Erdgeschoss dadurch vom Abwasser überflutet, was zu einer Verunreinigung mit Fäkalien und starken Geruchsbelästigungen führt. Die Anstaltsleitung lehnt eine Verlegung des H ab, da keine andere Zelle zur Verfügung stünde.
> Indem H immer wieder massiv von Gestank belästigt wird und mit starken Ekelgefühlen leben muss, gerät ihm das tägliche Leben zur Qual. Unter derartigen Umständen gefangen gehalten zu werden, berührt H daher in seiner Menschenwürde (Art. 1 Abs. 1). Der Eingriff kann nicht gerechtfertigt werden,[108] das Verhalten der Anstaltsleitung ist grundrechts- und damit verfassungswidrig.

Menschenwürdige Haftbedingungen gebieten weiterhin, dass der Gefangene die Möglichkeit hat, zu anderen Menschen in Kontakt zu treten. Seine *völlige Isolation in einer Einzelzelle* für einen längeren Zeitraum ist daher verfassungswidrig.[109]

343

> Allerdings kann gleichsam umgekehrt die Unterbringung von mehreren Häftlingen in einem zu kleinen Raum gegen die Menschenwürde verstoßen.[110] Insoweit ist eine Gesamtschau der tatsächlichen, die Haftsituation bestimmenden Umstände vorzunehmen, wobei als Faktoren in räumlicher Hinsicht in erster Linie die Bodenfläche pro Gefangenen und die Situation der sanitären Anlagen, namentlich die Abtrennung und Belüftung der Toilette, zu beachten sind.[111] Die fachgerichtliche Rechtsprechung hat z. T. auf die bloße Größe des Haftraums[112], z. T. zusätzlich darauf abgestellt, ob eine (auch geruchliche) Abtrennung der Toilette möglich ist.[113]

Kontaktsperren dürfen nur unter den engen Voraussetzungen der §§ 31 ff. EGGVG angeordnet werden.[114]

344

---

105 BerlVerfGH, NJW 1993, 515 – *Honecker*; vgl. hierzu *Klein/Haratsch*, JuS 1994, 559, 562 f.
106 BVerfGE 45, 187, 228 – *lebenslange Freiheitsstrafe*.
107 Angelehnt an BVerfG, NJW 1993, 3190 f. – *Zellenverunreinigung im Strafvollzug*.
108 Dazu unten Rn. 321 f.
109 So auch *Starck*, in: v. Mangoldt/Klein/Starck, GG, Art. 1 Rn. 66.
110 BVerfG, NJW 2002, 2699– *Rechtswidrigkeit der Unterbringung Strafgefangener*; zwei Häftlinge in einem Einzelhaftraum von 7,6 qm.
111 BVerfG, B. v. 13.7.2016, Az 1 BvR 826/13, Rn. 14 – *menschenunwürdige Haftbedingungen bei Unterbringung in Gemeinschaftshaft*; BVerfG, NJW 2016, 389, Rn. 12 – *Entschädigungsanspruch wegen menschenunwürdiger Haftbedingungen*; BVerfG, NJW 2016, 1872, Rn. 27.
112 Einen Schwellenwert von 5 qm pro Gefangenen setzen etwa das OLG Düsseldorf, B. v. 16.11. 201, Az 18 W 31/11 –, juris und das OLG Hamm, NStZ-RR 2009, 326 an; in der Sache ähnlich, wenngleich ohne festen Schwellenwert OLG Frankfurt a. M., NJW 2003, 2843, 2845; OLG Hamburg, U. v. 14.1.2005, Az 1 U 43/04 –, juris, Rn. 42; OLG Koblenz, U. v. 15.3.2006, Az 1 U 1286/05 –, juris, Rn. 11 ff.
113 OLG Frankfurt a. M. NStZ-RR 2005, 155, 156; Schleswig-Holsteinisches OLG, U. v. 19.6.2008, Az 11 U 24/07 –, juris, Rn. 26.
114 Zur Verfassungsmäßigkeit der §§ 31 ff. EGGVG BVerfGE 49, 24 – *Kontaktsperregesetz*.

Besonderen Schutz verdient die *Kommunikation des Gefangenen* mit seinem Ehepartner und anderen nahen Angehörigen.[115]

> Der freie briefliche Kontakt von Ehegatten unterfällt demnach dem verfassungsrechtlichen Gebot der Achtung der Intimsphäre, sodass der die Briefe der Untersuchungsgefangene kontrollierende Richter, diesem Verfassungsgebot besondere Bedeutung beimessen muss.[116]

345 bb) **Schutz der personalen Identität.** Die Wahrung der personalen Identität und Integrität betrifft einen *„Prozess möglichst autonomer Selbstdarstellung"*[117].

> So hatte das BVerfG schon im Jahre 1978 entschieden, dass „die Eintragung des männlichen Geschlechts eines Transsexuellen im Geburtenbuch jedenfalls dann zu berichtigen [ist], wenn es sich nach den medizinischen Erkenntnissen um einen irreversiblen Fall von Transsexualismus handelt und eine geschlechtsanpassende Operation durchgeführt worden ist."[118] Nach heutigem Erkenntnisstand stellen Varianten der Geschlechtsentwicklung (sog. Disorders of Sex Development, DSD) wie Trans- oder Intersexualität weder in medizinischer noch in (verfassungs-)normativer Perspektive eine Krankheiten dar.[119] Zu Recht hat das BVerfG 2017 den Schutz der geschlechtlichen Identität dem Allgemeinen Persönlichkeitsrecht zugeordnet und auch auf Personen erstreckt, deren geschlechtliche Identität weder dem weiblichen noch dem männlichen Geschlecht zuzuordnen ist.[120]

346 Fragen der personalen Identität können zugleich den Schutzbereich des *allgemeinen Persönlichkeitsrechts* (Art. 2 Abs. 1 i. V. m. Art. 1 Abs. 1) berühren.[121]

> Dies gilt z. B. für die *Gendiagnostik* (Gentests, Genomanalyse), die die Ermittlung sensibler personenbezogener Daten ermöglicht.[122]
> Biowissenschaftliche Bereiche wie die *Fortpflanzungsmedizin, Reproduktionsgenetik und Gentherapie* werden ebenfalls unter dem Aspekt der personalen Identität und Integrität erörtert, betreffen jedoch auch das Recht auf Leben und körperliche Unversehrtheit (Art. 2 Abs. 2).[123]

347 cc) **Gewährleistung elementarer Rechtsgleichheit.** Die Menschenwürde ist in dem Sinne egalitär als sie ausschließlich in der Zugehörigkeit zur menschlichen Gattung gründet.[124] Sie ist damit unabhängig von Merkmalen wie Herkunft, Rasse, Lebensalter oder Geschlecht; der so bewirkte Achtungsanspruch des Einzelnen als Person ist die Anerkennung als gleichberechtigtes Mitglied in der rechtlich verfassten Gemeinschaft immanent.[125] Schutz und Achtung der Menschenwürde verbieten infolgedessen auch jede Form der *Sklaverei oder Leibeigenschaft* (vgl. auch Art. 4 Abs. 1 EMRK).[126] Dieses Verbot gewinnt im Rahmen des *Frauen- und Kin-*

---

115 Vgl. für festgehaltene Personen auch Art. 104 Abs. 4.
116 BVerfGE 35, 35 – *Untersuchungsgefangener*.
117 *Höfling*, in: Sachs, GG, Art. 1 Rn. 35.
118 BVerfGE 49, 286, 298 – *Transsexuelle I*. Siehe hierzu *Stein/Frank*, Staatsrecht, § 29 V.
119 Vertiefend zu damit verbundenen (krankenversicherungsrechtlichen) Problemstellungen *Lang*, in: Becker/Kingreen, SGB V, 6. Aufl. 2018, § 27 Rn. 26.
120 BVerfG, B. v. 10.10.2017, Az 1 BvR 2019/16, Rn. 40 – *Transsexualität II*.
121 *Katz*, Staatsrecht, Rn. 676. – Ausführlich zum allgemeinen Persönlichkeitsrecht unten Rn. 391 ff.
122 Vgl. *Höfling*, in: Sachs, GG, Art. 1 Rn. 45 m. w. N.
123 Vgl. *Höfling*, in: Sachs, GG, Art. 1 Rn. 23 ff.; *Kingreen/Poscher*, Grundrechte, Rn. 427. Ausführlich zur Fortpflanzungsmedizin sowie zum reproduktiven und therapeutischen Klonen *Kersten*, Das Klonen von Menschen, 2004 sowie *Müller-Terpitz*, Der Schutz des pränatalen Lebens, 2007; s. a. *Starck*, in: v. Mangoldt/Klein/Starck, GG, Art. 1 Rn. 95 ff.
124 *Isensee*, in: HGR IV, § 87 Rn. 168.
125 BVerfG, NJW 2017, 611, Rn. 541 – *NPD-Verbotsverfahren II* unter Hinweis auf *Herdegen*, in: Maunz/Dürig, GG, Art. 1 Abs. 1 Rn. 120.
126 *Jarass*, in: Jarass/Pieroth, GG, Art. 1 Rn. 11 f.

derhandels zunehmend an Bedeutung.[127] Der Anspruch auf Rechtsschutzgleichheit folgt aus Art. 3 Abs. 1 i. V. m. Art. 20 Abs. 3.[128]

348 *(Unmittelbare) Diskriminierungen* können nicht nur den Gleichheitssatz verletzen, sondern auch gegen die Menschenwürde verstoßen. Dies gilt insbesondere für Diskriminierungen, die auf objektiver oder subjektiver *Willkür in der Rechtsanwendung* beruhen[129] oder *rassistisch motiviert* sind.[130]

349 **dd) Sicherung des Existenzminimums als materielle Lebensgrundlage.** Aus dem Schutz der Menschenwürde i. V. m. dem Sozialstaatsprinzip folgt schließlich ein Grundrecht auf Gewährleistung eines menschenwürdigen Existenzminimums.[131] Dies gilt insbesondere für die *Gewährung der notwendigen Daseinshilfe* bei Arbeitslosigkeit, Obdachlosigkeit, Alter, Krankheit oder Behinderung.[132] Rechtsprechung und Literatur begrenzen diesen Anspruch auf diejenigen, die die für ihre materiellen Lebensgrundlagen notwendigen Mittel weder aus eigener Erwerbstätigkeit oder eigenem Vermögen noch durch Zuwendungen Dritter erlangen können, die also gleichsam unverschuldet nicht in der Lage sind, selbst für ihre materielle Lebensgrundlage zu sorgen.[133] Der Anspruch ist nicht darauf begrenzt, das „nackte Überleben" sicherzustellen. Das BVerfG hat den zunächst vom BVerwG[134] entwickelten und dann in der fachgerichtlichen Rechtsprechung weiter ausdifferenzierten Anspruch[135] zuletzt ebenfalls auf das sog. soziokulturelle Existenzminimum bezogen und ausgeführt:

> „Der verfassungsrechtlich garantierte Leistungsanspruch auf Gewährleistung eines menschenwürdigen Existenzminimums erstreckt sich nur auf die unbedingt erforderlichen Mittel zur Sicherung sowohl der physischen Existenz als auch zur Sicherung eines Mindestmaßes an Teilhabe am gesellschaftlichen, kulturellen und politischen Leben".[136]

Bei der Wahrnehmung des *Verfassungsauftrags zur Sozialgesetzgebung* räumt das BVerfG dem Gesetzgeber Gestaltungsspielraum ein[137], verpflichtet ihn aber zugleich, zur Konkretisierung des Anspruchs die existenznotwendigen Aufwendungen „folgerichtig" und in einem „transparenten und sachgerechten Verfahren" zu ermitteln.[138]

> „[Der Sozialstaatsgrundsatz] enthält zwar einen Gestaltungsauftrag an den Gesetzgeber. Angesichts seiner Weite und Unbestimmtheit lässt sich daraus jedoch regelmäßig kein Gebot entnehmen, soziale Leistungen in einem bestimmten Umfang zu gewähren. Zwingend ist lediglich, dass der Staat die Mindestvoraussetzungen für ein menschenwürdiges Dasein seiner Bürger schafft. […] Soweit es nicht um die genannten Mindestvoraussetzungen geht, steht es in der Entscheidung des Gesetzgebers, in welchem Um-

---

127 Zum Menschenhandel als Eingriff in Art. 1 *Kingreen/Poscher*, Grundrechte, Rn. 426.
128 BVerfG, B. v. 13.7.2016, Az 1 BvR 826/13, Rn. 10 – *menschenunwürdige Haftbedingungen bei Unterbringung in Gemeinschaftshaft*.
129 Vgl. zur würdeverletzenden Willkür *Herdegen*, in: Maunz/Dürig, GG, Art. 1 Abs. 1 Rn. 120.
130 BVerfG, NJW 2017, 611, Rn. 541 – *NPD-Verbotsverfahren II*; plastisch auch *Jarass*, in: Jarass/Pieroth, GG, Art. 1 Rn. 12, „keine Menschen zweiter Klasse".
131 BVerfGE 125, 175, LS 1. – *Hartz IV (1)*.
132 Siehe zum Inhalt des Sozialstaatsprinzips *Korioth*, Staatsrecht I, Rn. 339 ff.
133 Vgl. BVerfGE 125, 175, 222 – *Hartz IV (1)*; *Höfling*, in: Sachs, GG, Art. 1 Rn. 31 f.
134 Vgl. BVerwGE 1, 159 – *Fürsorgeanspruch*.
135 Überblick bei *Lang*, Festgabe für Friauf, 2011, S. 309, 313 ff.
136 BVerfG, B.v. 23.7.2014, Az 1 BvL 10/12, Rn. 74 – *Hartz IV (2)* unter Hinweis auf BVerfGE 125, 175, 223 – *Hartz IV (1)*; BVerfGE 132, 134, 160, Rn. 64 – *Asylbewerberleistungsgesetz*.
137 BVerfGE 82, 60, 80 – *steuerfreies Existenzminimum*.
138 BVerfGE 125, 175, 225 – *Hartz IV (1)*.

fang soziale Hilfe unter Berücksichtigung der vorhandenen Mittel und anderer gleichrangiger Staatsaufgaben gewährt werden kann und soll. Dabei steht ihm ein weiter Gestaltungsraum zu."

350 Das BVerfG zählt zu den Mindestvoraussetzungen, die der Staat für ein menschenwürdiges Dasein zu schaffen hat (Art. 1 i. V. m. dem Sozialstaatsprinzip), auch die *Steuerfreiheit des Existenzminimums*.[139]

III. Eingriffe

351 Wie die Bestimmung des Schutzbereichs bereitet auch die Qualifizierung einer Maßnahme als Eingriff in die Menschenwürde Schwierigkeiten. Das BVerfG hatte wohl wegen der Unabwägbarkeit der Menschenwürde Eingriffe zunächst mit drastischen Begriffen umschrieben.[140] Heute wird zur Bestimmung eines Eingriffes meist auf die von *Günter Dürig* begründete Objektformel zurückgegriffen. Danach darf der Einzelnen weder zum bloßen Objekt staatlicher Willkür gemacht noch darf ihm seine Subjektsqualität genommen werden.[141] Die Objektformel beinhaltet – vor allem, wenn sie verkürzt wiedergegeben und angewandt wird – Missverständnispotential.

> In Klausuren und Hausarbeiten muss man sich davor hüten, die Objektformel vorschnell so zu verstehen als dürfe der Einzelne oder sein Verhalten niemals zum Gegenstand staatlichen Handelns gemacht werden.

Denn im Rechtsstaat ist der Einzelne sehr häufig Normen und Regelungen unterworfen, etwa Straßenverkehrsregelungen oder steuerrechtlichen Bestimmungen. Das BVerfG hat die Objektformel bisweilen um einen subjektiven Aspekt angereichert, wonach die in Rede stehende Maßnahme Ausdruck von Verächtlichmachung sein müsse.[142] Als Eingriff in die Menschenwürde sind jedenfalls die Maßnahmen zu qualifizieren, die die Subjektqualität des Menschen und den daraus folgenden Achtungsanspruch grundsätzlich in Frage stellen[143], seinen Wert an sich verneinen.[144]

> **Beispiele:** Sklaverei, Leibeigenschaft, Frauen- und Kinderhandel; Folter und andere Formen der massiven Verletzung der physischen oder psychischen Integrität; Herstellung von Embryonen zum alleinigen Zweck ihrer Nutzung als „Rohstoff".

352 Eingriffe in die Menschenwürde können „klassisch" bewirkt werden, sich aber auch (erst) unter Anwendung des weiten Eingriffsbegriffs ergeben. Klassische Eingriffe, also imperative, rechtsförmliche, finale und unmittelbare Beeinträchtigungen des Schutzguts der Menschenwürde stellen nicht nur Maßnahmen der Exekutive (etwa Durchführung der Folter) oder Legislative (etwa ein Gesetz, das Sklavenhandel er-

---

139 Siehe BVerfGE 82, 60 – *steuerfreies Existenzminimum*.
140 BVerfGE 1, 97, 104 – Hinterbliebenenrente, mit der Formulierung, der Schutz der Menschenwürde richte sich nur „gegen Angriffe wie Erniedrigung, Brandmarkung, Verfolgung, Ächtung etc." hatte das BVerfG übrigens den Schutz vor materieller Not verneint, den das BVerwG (BVerwGE 1, 159 ff.) drei Jahre später aus Art. 1 Abs. 1 ableitete und damit den verfassungsrechtlichen Schutz des sog. Existenzminimums begründete, den das BVerfG heute ebenfalls Art. 1 Abs. 1 zuordnet (dazu bereits oben Rn. 349); zur verwaltungs- und verfassungsgerichtlichen Rechtsprechung zur Sicherung des Existenzminimums *Lang*, Festgabe für Friauf, 2011, S. 309, 315 ff.
141 BVerfGE 109, 133, 150 – *Sicherheitsverwahrung*.
142 BVerfGE 96, 375, 399 f. – Kind als Schaden; zur Problematik dieser letztlich motivationalen Betrachtung bereits oben Rn. 326; kritisch auch *Isensee*, in: HGR IV, § 87 Rn. 179.
143 BVerfG, U. v. 17.1.2017, Az 2 BvB 1/13, Rn. 540 – *NPD-Verbotsverfahren II*.
144 *Hufen*, Staatsrecht II, § 10 Rn. 31.

laubte) dar, sie können sich auch aus Urteilen ergeben (etwa wenn ein Schadensersatzanspruch trotz menschenwürdiger Unterbringung in einer Haftanstalt verneint wird).[145] Ob sich gleichsam umgekehrt auch aus der Zuerkennung eines Schadenersatzanspruches eine Verletzung der Menschenwürde ergebenen kann, ist in der Rechtsprechung des BVerfG angesichts divergierender Entscheidungen der beiden Senate zum Fragenkreis „Kind als Schaden"[146] noch ungeklärt. Der BGH hat es jüngst im Ergebnis offengelassen, ob es Art. 1 Abs. 1 ausschließe, *Schadensersatz für* wirtschaftliche Belastungen zuzusprechen, die mit dem *eigenen Dasein* verbunden sind; jedenfalls bestehe im konkreten Fall der Schutzzweck etwa verletzter Aufklärungs- und Behandlungspflichten im Zusammenhang mit lebenserhaltenden Maßnahmen nicht darin, den Patienten vor wirtschaftlichen Belastungen, die mit seinem – wenn auch *leidensbehafteten* – *Weiterleben* verbunden waren, zu schützen.[147]

Auch rein faktische Handlungen, etwa herabwürdigende Äußerungen können sich (unter Anwendung des weiten Eingriffsbegriffs) als Eingriffe in das Grundrecht der Menschenwürde darstellen.[148] Bei der inhaltlichen Festlegung muss man sich allerdings darüber im Klaren sein, dass angesichts der Unabwägbarkeit der Menschenwürde die überkommene verfassungsrechtliche Rechtfertigungsprüfung modifiziert ist und mit der Festlegung des Eingriffs „steht und fällt". Das – und der Charakter der Menschenwürde als „last refuge" – nötigen nicht nur zu einer eher restriktiven Auslegung des Schutzbereichs, sondern auch zu einer besonders sorgfältigen Eingriffsprüfung. **353**

IV. Keine verfassungsrechtliche Rechtfertigung

Da die Menschenwürde nach Art. 1 Abs. 1 S. 1 „unantastbar" ist, unterliegt ihre Garantie *keinerlei Beschränkungsmöglichkeiten*.[149] Der Schutz der Menschenwürde gilt „absolut ohne die Möglichkeit eines Güterausgleichs".[150] Das Grundrecht der Menschenwürde kann somit *auch nicht durch kollidierendes Verfassungsrecht, insbesondere dem Schutz der Menschenwürde oder des Lebens eines anderen*, als verfassungsimmanente Schranke eingeschränkt werden.[151] Aus der Unantastbarkeit der Menschenwürde **354**

---

145 Vgl. dazu BVerfG, NJW 2016, 389, Rn. 15 – *Geldentschädigung wegen Unterbringung in zu kleiner Einzelzelle*; es besteht allerdings kein zwingendes Junktim zwischen Menschenwürdeverletzung und der Zuerkennung einer Geldentschädigung (BVerfG, NJW 2006, 1580, Rn. 15 – *Haftunterbringung, Entschädigungsanspruch*; *Sachs*, Verfassungsrecht II, Teil II, Kap 13 Rn. 28.
146 Zwischen dem Ersten und dem Zweiten Senat des BVerfG ist umstritten, ob in den mit dem Schlagwort „Kind als Schaden" beschriebenen Fallkonstellationen (fehlgeschlagene Sterilisation oder Abtreibung etc.) die Zuerkennung eines Schadensersatzanspruchs die Würde des Kindes verletzt. Während es der Zweite Senat als ausgeschlossen ansieht, die Geburt eines Kindes als Quelle eines Schadens anzusehen (BVerfGE 88, 203, 296 – *Schwangerschaftsabbruch II*), sieht der Erste Senat in der Zuerkennung eines solchen Anspruchs keine Verletzung des Art. 1 Abs. 1, weil nicht das Kind, sondern die (erhöhten) Unterhaltsaufwendungen als anspruchsauslösend anzusehen seien (BVerfGE 96, 375, 399 – *Kind als Schaden*); zum Fragenkreis etwa *Di Fabio*, in: Maunz/Dürig, GG, Art. 2 Rn. 221 ff.
147 BGH, NJW 2019, 1741, Rn. 29, 32 – *Haftung wegen Lebenserhaltung durch künstliche Ernährung*; In der Entscheidung ging es um die Klage eines Erben gegen den Arzt seines verstorbenen Vaters, weil der Arzt nicht früher die Fortführung der künstlichen Ernährung des Vaters unterbunden und damit eine sinnlose Verlängerung dessen krankheitsbedingten Leidens bewirkt habe.
148 Plastische Beispiele bei *Sachs*, Verfassungsrecht II, Teil II, Kap 13 Rn. 28.
149 Vgl. *Höfling*, in: Sachs, GG, Art. 1 Rn. 11; *Jarass*, in: Jarass/Pieroth, GG, Art. 1 Rn. 15.
150 BVerfGE 75, 369, 380 – *Strauß-Karikatur*.
151 Siehe *Herdegen*, in: Maunz/Dürig, GG, Art. 1 Abs. 1 Rn. 73 („kategorisches Verletzungsverbot").

folgt mithin, dass jeder Eingriff in die Menschenwürde zugleich einen Verstoß gegen sie begründet und somit verfassungswidrig ist.[152]

V. Achtungs- und Schutzpflichten aus Art. 1 Abs. 1

355 Art. 1 Abs. 1 S. 2 *verpflichtet alle staatliche Gewalt zum Schutz und zur Achtung der Menschenwürde.* Über die bereits erwähnte Gewährleistung menschenwürdiger Existenzbedingungen hinaus bedeutet dies auch eine *staatliche Verpflichtung, die Achtung der Menschenwürde durch Dritte zu gewährleisten,* indem sie durch die Rechtsordnung, aber auch durch ein aktives Einschreiten des Staates bei Gefährdung oder Verletzung der Menschenwürde durch private Dritte sichergestellt wird.[153]

356 *Schutz vor Beeinträchtigungen der Menschenwürde durch Private* gewähren vor allem die Normen des *Strafrechts,* wie etwa die Vorschriften über Straftaten gegen die sexuelle Selbstbestimmung (§§ 174 ff. StGB), Körperverletzungsdelikte (§§ 223 ff. StGB) oder Straftaten gegen die persönliche Ehre (§§ 185 ff. StGB), sowie das *Recht der Gefahrenabwehr.*[154] Auch die Ausgestaltung der *Privatrechtsordnung* muss die staatliche Schutzpflicht berücksichtigen, insbesondere durch die Bestimmungen des vertrags- und deliktsrechtlichen Würdeschutzes (§§ 134, 823 BGB).[155]

§ 10 Die allgemeine Handlungsfreiheit gemäß Art. 2 Abs. 1

Literatur:
Britz, G., Freie Entfaltung der Persönlichkeit (Art. 2 I GG) – Verfassungsversprechen zwischen Naivität und Hybris?, NVwZ 2019, 672; *Coester-Waltjen, D.,* Die Grundsätze der Vertragsfreiheit, Jura 2006, 436; *Degenhart, C.,* Die allgemeine Handlungsfreiheit des Art. 2 I GG, JuS 1990, 161; *Duttge, G.,* Freiheit oder allgemeine Handlungsfreiheit?, NJW 1997, 3553; *Erichsen, H.-U.,* Das Grundrecht aus Art. 2 I GG, Jura 1987, 367; *ders.,* Allgemeine Handlungsfreiheit, in: Isensee, J./Kirchhof, P. (Hrsg.), Handbuch des Staatsrechts, Band VI, 2. Auflage 2000, § 152; *Hochhuth, M.,* Lückenloser Freiheitsschutz und die Widersprüche des Art. 2 Abs. 1 GG, JZ 2002, 743; *Kahl, W.,* Das Grundrecht der Sprachenfreiheit, JuS 2007, 201; *ders.,* Grundfälle zu Art. 2 I GG, JuS 2008, 499, 595; *Kube, H.,* Die Elfes-Konstruktion, JuS 2003, 111; *Kunig, P.,* Der Reiter im Walde (BVerfGE 80, 137), Jura 1990, 523; *Lindner, J.,* Grundrechtsfragen aktiver Sterbehilfe, JZ 2006, 373; *Lege, J.,* Die allgemeine Handlungsfreiheit gemäß Art. 2 I GG, Jura 2002, 753; *Pieroth, B.,* Der Wert der Auffangfunktion des Art. 2 Abs. 1 GG. Zu einem bundesverfassungsgerichtsinternen Streit um die allgemeine Handlungsfreiheit, AöR 115 (1990), 33; *Rennert, K.,* Das Reiten im Walde – Bemerkungen zu Art. 2 I GG, NJW 1989, 3261; *Schenke, R.,* Das Grundrecht aus Art. 2 Abs. 1 GG, JuS 1987, L 65.

Rechtsprechung:
BVerfGE 4, 7 – *Investitionshilfegesetz;* BVerfGE 6, 32 – *Elfes;* BVerfGE 9, 83 – *Eingriffsfreiheit;* BVerfGE 10, 89 – *Erftverband;* BVerfGE 17, 306 – *Mitfahrzentrale;* BVerfGE 20, 150 – *Sammlungsgesetz;* BVerfGE 20, 323 – *nulla poena sine culpa;* BVerfGE 23, 12 – *Unfallversicherung;* BVerfGE 35, 382 – *Ausländerausweisung;* BVerfGE 44, 353 – *Suchtkrankenberatungsstelle;* BVerfGE 49, 12 – *Volksentscheid Oldenburg;* BVerfGE 49, 89 – *„Schneller Brüter";* BVerfGE 49, 169 – *Aufenthaltserlaubnis;*

---

152 Vgl. *Enders,* in: Friauf/Höfling, GG, Art 1 Rn. 52; *Kingreen/Poscher,* Grundrechte, Rn. 431; *Kunig,* in: v. Münch/Kunig, GG, Art. 1 Rn. 4; *Windhorst,* in: StudKomm, GG, Art. 1 Rn. 67.
153 Vgl. *Starck,* in: v. Mangoldt/Klein/Starck, GG, Art. 1 Rn. 40 ff.; zum aktiven staatlichen Schutz *Hofmann,* in: Schmidt-Bleibtreu/Hofmann/Henneke, GG, Art. 1 Rn. 8.
154 Vgl. zu dieser Funktion des Strafrechts *Ipsen,* Staatsrecht II, Rn. 238.
155 Näher hierzu *Herdegen,* in: Maunz/Dürig, GG, Art. 1 Abs. 1 Rn. 78.

BVerfGE 50, 290 – *Mitbestimmung*; BVerfGE 54, 143 – *Taubenfütterungsverbot*; BVerfGE 54, 148 – *Eppler*; BVerfGE 59, 275 – *Schutzhelmpflicht für Motorradfahrer*; BVerfGE 63, 88 – *Altershilfe für Landwirte*; BVerfGE 75, 108 – *Künstlersozialversicherungsgesetz*; BVerfGE 78, 179 – *Heilpraktikergesetz*; BVerfGE 78, 232 – *Landwirtschaftliche Altershilfe*; BVerfGE 80, 137 – *Reiten im Walde*; BVerfGE 87, 153 – *Grundfreibetrag*; BVerfGE 89, 214 – *Bürgschaftsverträge*; BVerfGE 90, 145 – *Cannabis*; BVerfGE 91, 186 – *Kohlepfennig*; BVerfGE 92, 277 – *Strafbarkeit der Spionage für die DDR*; BVerfGE 95, 173 – *Hinweispflicht vor Tabakgefahren*; BVerfGE 95, 267 – *Altschulden*; BVerfGE 97, 332 – *Kindergartengebühren*; BVerfGE 98, 218 – *Rechtschreibreform*; BVerfGE 103, 89 – *Inhaltskontrolle von Eheverträgen*; BVerfGE 104, 337 – *Schächterlaubnis*; BVerfGE 105, 17, – *Sozialpfandbrief*; BVerfGE 108, 1 – *Rückmeldegebühr*; BVerfGE 113, 29 – *Sicherstellung und Beschlagnahme nach StPO*; BVerfGE 113, 88 – *Elternunterhalt*; BVerfGE 114, 1 – *Bestandsübertragung*; BVerfGE 114, 54 – *fehlerhafter Rechenschaftsberichte für staatliche Parteienfinanzierung*; BVerfGE 115, 25 – *Nikolausbeschluss*; BVerfGE 116, 202 – *Tariftreueregelung*; BVerfGE 117, 163 – *Anwaltliche Erfolgshonorare*; BVerfGE 128, 193 – *Geschiedenenunterhalt*; BVerfGE 134, 204 – *Nutzungsvergütung für Urheber*; BVerfG NJW 1981, 673 – *Unverhältnismäßige Erschwerung des Falknerjagdscheins*; BVerfG NJW 1985, 1385 – *Zahntechnikerinnung*; BVerfG, NJW 1987, 180 – *Gurtpflicht für Kraftfahrzeuginsassen*; BVerfG NJW 1992, 2143 – „*Trucksystem*"; BVerfG NJW 1995, 2279, 2280 – *unzulässige Bewährungsauflage*; BVerfG NJW 1998, 3109 – *Verletzung des Vertrauensschutzprinzips aufgrund der Umgestaltung sozialversicherungsrechtlicher Rechtspositionen*; BVerfG, NJW 2006, 596 – *Xavier Naidoo*; BVerfG, NVwZ 2007, 808 – *Zwangsmitgliedschaft, Jagdgenossenschaft*; BVerfG NZA 2007, 42 – *Berliner Tariftreueregelung*; BVerfG, NVwZ 2007, 808 – *Zwangsmitgliedschaft, Jagdgenossenschaft*; BVerfG NJW 2008, 3698 – *Bemessungsgrundlage Sozialversicherung*; BVerfG NJW 2008, 1137 – *Geschwisterbeischlaf*; BVerfG, NJW 2014, 2176 – *Leistungspflicht der gesetzlichen Krankenversicherung für neue Behandlungsmethoden*; BVerfG NJW-RR 2016, 1349 – „*Bestellerprinzip*" *bei Maklerprovisionen für Wohnraummietverträge*; BVerfG NZS 2016, 20 – *Versorgung mit Medizinprodukt in der gesetzlichen Krankenversicherung*; BVerfG NZS 2017, 582, 584 – *Notstandsähnliche Lage*; BVerfG BeckRS 2017, 119141 – *Freiheit vor „unnötiger" Inanspruchnahme*; BVerwGE 104, 154 – *Autorallye*; BVerfG NVwZ 2017, 617 – *Zweitwohnsitzsteuer*; BVerwG, NJW 1999, 3503 – *Rechtschreibreform*; BVerwG, NVwZ 2017, 70 – *DIHK*; BVerwG, NVwZ 2018, 73, Rn. 39 – *Freier Zutritt zum Meeresstrand*.

I. Überblick und Normstruktur

Nach Art. 2 Abs. 1 hat jeder das Recht auf die freie Entfaltung seiner Persönlichkeit, soweit er nicht die Rechte anderer verletzt und nicht gegen die verfassungsmäßige Ordnung oder das Sittengesetz verstößt. Die Norm kann, obschon schutzbereichsbezogen knapp formuliert, als „Grund-" oder „Basisnorm" der nachfolgenden bereichsspezifischen Aspekte der Persönlichkeitsentfaltung verstanden werden.[1] Das BVerfG führt dazu aus

> „Die allgemeine Handlungsfreiheit ist umfassender Ausdruck der persönlichen Freiheitssphäre und zugleich Ausgangspunkt aller subjektiven Abwehrrechte des Bürgers gegen den Staat".[2]

Wie aus der knappen Textfassung („Recht auf freie Entfaltung seiner Persönlichkeit") nicht ohne weiteres ersichtlich ist, enthält Art. 2 Abs. 1 zwei unterschiedliche Grundrechte[3]: Die nachfolgend dargestellte allgemeine Handlungsfreiheit und das in § 11 behandelte allgemeine Persönlichkeitsrecht.
Der in einem einzigen Satz zusammengefasste Art. 2 Abs. 1 beinhaltet außerdem die sog. Schrankentrias (Rechte anderer, Sittengesetz, verfassungsmäßige Ordnung).

357

---

1 *Lang*, in; BeckOK, GG, Art. 2 Rn. 36.
2 BVerfGE 49, 15, 23 – *Volksentscheid Oldenburg*.
3 Statt vieler *Höfling*, in: Friauf/Höfling, GG, Art. 2 Rn. 3; *Lang*, in: BeckOK, GG, Art. 2 Rn. 1.

II. Schutzbereich

1. Persönlicher Schutzbereich

358 Das Recht der allgemeinen Handlungsfreiheit ist als Menschenrecht ausgestaltet; auf seinen Schutz kann sich daher *jede natürliche Person* berufen, nicht aber Verstorbene, weil diese sich nicht (mehr) entfalten können.[4] Eine potentielle Entfaltungsmöglichkeit kommt zwar dem Nasciturus zu, sein grundrechtlicher Schutz wird aber in erster Linie über das Grundrecht auf Leben (Art. 2 Abs. 2 S. 1)[5] und den Würdeschutz des Art. 1 Abs. 1 bewirkt.[6]

Nach ständiger Rechtsprechung des BVerfG kommt die allgemeine Handlungsfreiheit *auch inländischen juristischen Personen* zugute.[7] Gleiches gilt für teilrechtsfähige Personenvereinigungen des Privatrechts (vgl. Art. 19 Abs. 3). So können sich Handelsgesellschaften auf die allgemeine Handlungsfreiheit berufen, auch wenn sie keine juristischen Personen im Sinne des Zivilrechts sind.[8]

Die Anwendung auf juristische Personen des öffentlichen Rechts ist nicht von vornherein ausgeschlossen, scheidet aber aus, wenn der Aufgabenbereich „Wahrnehmung gesetzlich zugewiesener und geregelter öffentlicher Aufgaben" in Rede steht.[9]

359 Soweit einzelne Grundrechte ausdrücklich Deutschen vorbehalten sind, genießen *Ausländer und Staatenlose* Grundrechtsschutz über das subsidiäre allgemeine Freiheitsrecht des Art. 2 Abs. 1.[10]

Dies betrifft insbesondere die thematischen Bereiche der Berufsfreiheit, der Versammlungsfreiheit und des Freizügigkeitsrechts.[11] Denn mit der Beschränkung einzelner Grundrechte auf Deutsche geht keine explizite Versagung subsidiären Freiheitsschutzes für Ausländer in dem entsprechenden Lebensbereich einher. Andernfalls könnte dem Grundanliegen des Art. 2 Abs. 1, unter der Herrschaft des Grundgesetzes lückenlosen Grundrechtsschutz zu gewährleisten[12], keine Rechnung getragen werden.[13]

Nach Auffassung des BVerfG darf der Rückgriff auf Art. 2 Abs. 1 allerdings nicht dazu führen, dass Nichtdeutsche im Bereich der Deutschenrechte den selben Schutzumfang, den das Spezialgrundrecht gewährt, über das Grundrecht der allgemeinen Handlungsfreiheit einfordern könnten.[14] *Auf den Grundrechtsschutz von Ausländern finden daher die Schranken des Art. 2 Abs. 1 Anwendung,* zu denen vor

---

4   *Kunig,* in: v. Münch/Kunig, GG, Art. 2 Rn. 5; *Starck,* in: v. Mangoldt/Klein/Starck, GG, Art. 2 Rn. 43; *Di Fabio,* in: Maunz/Dürig, GG, Art. 2 Abs. 1 Rn. 226. Siehe zum postmortalen Persönlichkeitsschutz oben Rn. 320 f.
5   *Lang,* in: BeckOK, GG, Art. 2 Rn. 64.
6   Siehe *Höfling,* in: Friauf/Höfling, GG, Art. 2 Rn. 79; *Kunig,* in: v. Münch/Kunig, GG, Art. 2 Rn. 5; *Di Fabio,* in: Maunz/Dürig, GG, Art. 2 Abs. 1 Rn. 227; *Jarass,* in: Jarass/Pieroth, GG, Art. 2 Rn. 6.
7   Siehe BVerfGE 20, 323, 336 – *nulla poena sine culpa;* BVerfGE 23, 12, 30 – *Unfallversicherung;* BVerfGE 44, 353, 372 – *Suchtkrankenberatungsstelle;* BVerfGE 113, 29, 45 – *Sicherstellung und Beschlagnahme nach StPO.*
8   BVerfGE 10, 89, 99 – *Erftverband;* ausführlich zur Grundrechtsfähigkeit juristischer Personen oben Rn. 125 ff.
9   BVerfG NJW 1985, 1385, 1386 – *Zahntechnikerinnung.*
10 Vgl. BVerfGE 35, 382, 399 – *Ausländerausweisung;* BVerfGE 49, 169, 180 – *Aufenthaltserlaubnis;* BVerfGE 78, 179, 196 f. – *Heilpraktikergesetz.* Ausführlich zur Reservefunktion der allgemeinen Handlungsfreiheit für Ausländer *Di Fabio,* in: Maunz/Dürig, GG, Art. 2 Abs. 1 Rn. 28 ff.
11 Näher hierzu *Kunig,* in: v. Münch/Kunig, GG, Art. 2 Rn. 3.
12 Dazu näher unten Rn. 366 ff., 374.
13 *Kunig,* in: v. Münch/Kunig, GG, Art. 2 Rn. 3; *Lang,* in: BeckOK, GG, Art. 2 Rn. 20.
14 Vgl. BVerfGE 78, 179, 196 f. – *Heilpraktikergesetz.*

allem die verfassungsmäßige Ordnung zählt.[15] Besondere Grundsätze gelten für den Grundrechtsschutz von *Unionsbürgern*. Hier besteht im Ergebnis Einigkeit darüber, dass Unionsbürgern im Bereich der Deutschengrundrechte der gleiche Grundrechtsschutz wie Deutschen zusteht.[16]

2. Sachlicher Schutzbereich
a) Allgemeine Verhaltensfreiheit

> **Fall 2:**[17] Wegen Verunreinigungen an Gebäuden und hygienischen Bedenken erlässt die Stadt S eine Satzung, in der bestimmt wird, dass in Teilen der Innenstadt das Füttern von Tauben verboten ist. Dadurch sollen die Tiere einen Anreiz verlieren, sich in der Innenstadt anzusammeln. Rentner R, der gerne Tauben füttert, ist empört und hält es für undenkbar, dass das Grundgesetz ein solches Verbot zulasse. Ist der sachliche Schutzbereich eines Grundrechts eröffnet?

360 Art. 2 Abs. 1 spricht von der freien Entfaltung der Persönlichkeit. Diese Formulierung lässt nicht ohne weiteres erahnen, dass der Schutzinhalt dieses Grundrechts heute in die „banale" Formulierung gekleidet wird, „jeder kann tun und lassen was er will". Man kann Art. 2 Abs. 1 damit i. S. einer allgemeinen Verhaltensfreiheit interpretieren. Dieses weite Verständnis des Schutzbereichs lag der Interpretation des Art. 2 Abs. 1 aber nicht von Anfang an zugrunde. Vielmehr wurde anfänglich unter dem Einfluss der sog. „Persönlichkeitskerntheorie" Art. 2 Abs. 1 so interpretiert, dass der Schutzbereich der Vorschrift auf einen Kernbereich der Persönlichkeit beschränkt war; darauf, was das Wesen des Menschen als geistig-sittliche Person ausmache.

361 Ein grundlegender Wandel vollzog sich spätestens mit der berühmten Elfes-Entscheidung[18] des BVerfG.

> *Elfes*, ein rheinischer CDU-Politiker und innerparteilicher Gegenspieler von *Konrad Adenauer*, wurde die Verlängerung seines Reisepasses unter Hinweis auf eine Vorschrift des Passgesetzes, nach der ein Pass zu versagen ist, wenn der Antragsteller die innere oder äußere Sicherheit oder sonstige erhebliche Belange der Bundesrepublik gefährde, verweigert. *Elfes* wollte sich damit nicht zufriedengeben und klagte erfolglos vor den Fachgerichten. Seine gegen deren Entscheidungen gerichtete und im Wesentlichen auf Art. 11 gestützte Verfassungsbeschwerde hatte ebenfalls keinen Erfolg.

Das BVerfG verneinte zunächst die Eröffnung des Schutzbereichs der Freizügigkeit (Art. 11 Abs. 1). Die Vorschrift schütze (Wortlautargument: Freizügigkeit *im* Bundesgebiet) nur die Einreise-, nicht aber die Ausreisefreiheit.
Gleichzeitig entschied das BVerfG die zuvor[19] noch offen gelassene Frage, wie der Schutzbereich des Art. 2 Abs. 1 zu konturieren sei. Es wies die Persönlichkeitskerntheorie u. a. mit einem auf die Schranken des Grundrechts bezogenen Argument zurück:

> „Das Grundgesetz kann mit der ‚freien Entfaltung der Persönlichkeit' nicht nur die Entfaltung innerhalb jenes Kernbereichs der Persönlichkeit gemeint haben, der das Wesen des Menschen als geistig-sittliche Person ausmacht, denn es wäre nicht verständlich, wie die Entfaltung innerhalb dieses Kernbereichs gegen das Sittengesetz, die

---

15 Siehe BVerfGE 35, 382, 399 – *Ausländerausweisung*; BVerfGE 49, 169, 180 – *Aufenthaltserlaubnis*.
16 Zur dogmatischen Konstruktion der Schutzangleichung vgl. oben Rn. 115.
17 Angelehnt an BVerfGE 54, 143 – *Taubenfütterungsverbot*.
18 BVerfGE 6, 32, 32 ff. – *Elfes*.
19 BVerfGE 4, 7, 15 f. – *Investitionshilfegsetz*.

Rechte anderer oder sogar gegen die verfassungsmäßige Ordnung einer freiheitlichen Demokratie sollte verstoßen können."[20]

Seitdem und bis heute wird Art. 2 Abs. 1 so verstanden, dass von seinem Schutzbereich die allgemeine Handlungsfreiheit im umfassenden Sinne erfasst wird.[21] Ihr Schutzgegenstand ist kein bestimmter, begrenzter Lebensbereich, sondern *jegliches menschliche Verhalten*".[22]

362 Der Schutzbereich des Art. 2 Abs. 1 ist damit sehr weit, er darf aber nicht gänzlich konturenlos sein. Die erforderliche *Konkretisierungsarbeit* kann auf die Erkenntnis Bezug nehmen, dass bestimmte, abgegrenzte Teilbereiche der allgemeinen Handlungsfreiheit normative Verdichtungen aufweisen (etwa die Privatautonomie oder die Vertragsfreiheit), die sie von den genannten banalen Verhaltensfreiheiten (Taubenfüttern, Reiten im Walde) abheben. Es handelt sich um noch nicht dem Gewährleistungsgehalt des Allgemeinen Persönlichkeitsrechts zuzurechnende Segmente des durch Art. 2 Abs. 1 gewährten Schutzes, die aber gegenüber der bloßen Gewährleistung allgemeiner Handlungsfreiheit *Verdichtungen* aufweisen.[23]

Angesprochen sind damit neben den schon genannten Bereichen der *Privatautonomie* (d. h. der „Selbstbestimmung des Einzelnen im Rechtsleben"[24]) und der *Vertragsfreiheit*[25] (d. h. dem Recht, Verträge im Rahmen der zivilrechtlichen Ordnung frei zu schließen und aufzulösen[26], sie inhaltlich zu gestalten oder zu kündigen[27]) auch die *Ausreisefreiheit*[28] oder der *Schutz vor* kompetenzwidrigen oder sonst rechtswidrigen *Abgaben*.[29] Das BVerfG aktiviert Art. 2 Abs. 1 auch gegenüber der Pflichtmitgliedschaft in Kammern bzw. der damit verbundenen Beitragslast.[30]. Werden Aufgaben wahrgenommen, die außerhalb der Kompetenz einer Kammer liegen, kann aus Art. 2 Abs. 1 ein Austrittsanspruch entstehen.[31] Die skizzierten unbenannten Freiheitsrechte fallen – überwiegend wohl aufgrund rechtlicher Verfestigungen in anderen Teilen der Rechtsordnung – nach allen Auffassungen in den Schutzbereich des Art. 2 Abs. 1. Ihre gewisse Privilegierung gegenüber sonstigen Ausprägungen menschlicher Handlungsfreiheit zeigt sich zuvörderst in einer strikteren Anwendung des Verhältnismäßigkeitsgrundsatzes mit erhöhter Rechtfertigungslast seitens des Staates bei Eingriffen.[32]

---

20 BVerfGE 6, 32, 36 – *Elfes*.
21 BVerfG NJW 2008, 3698, Rn. 8 – *Bemessungsgrundlage Sozialversicherung*; BVerfGE 114, 54, 81 – *fehlerhafter Rechenschaftsberichte für staatliche Parteienfinanzierung*; BVerfGE 80, 137, 152 – *Reiten im Walde*.
22 Vgl. *Kingreen/Poscher*, Grundrechte, Rn. 436; *Katz,* Staatsrecht, Rn. 684.
23 Man spricht im Unterschied zu den benannten grundrechtlichen Gewährleistungen anderer Artikel von den unbenannten Freiheitsrechten oder auch Innominatsfreiheitsrechten, zur Terminologie BVerfGE 54, 148, 153 – *Eppler*; näher zum Fragenkreis *Lang*, in: BeckOK, GG, Art. 2 Rn. 5b; *Kahl*, in: HGR V, § 124 Rn. 65.
24 BVerfGE 114, 1, 34 – *Bestandsübertragung*; Siehe BVerfGE 95, 267, 303 f. – *Altschulden*.
25 BVerfG NJW-RR 2016, 1349 Rn. 49 – „*Bestellerprinzip*" *bei Maklerprovisionen für Wohnraummietverträge*; BVerfG NZA 2007, 42, 45 – *Berliner Tariftreueregelung*; BVerfGE 117, 163, 181 – *Anwaltliche Erfolgshonorare*; BVerfGE 134, 204, 67 – *Nutzungsvergütung für Urheber*.
26 *Di Fabio*, in: Maunz/Dürig, GG, Art. 2 Abs. 1 Rn. 101.
27 *Starck*, in: v. Mangoldt/Klein/Starck, GG, Art. 2 Rn. 145.
28 BVerfGE 6, 32 ff. – *Elfes*.
29 BVerfGE 87, 153 – *Grundfreibetrag*; BVerfGE 97, 332 – *Kindergartengebühren*; BVerfGE 108, 1 – *Rückmeldegebühr*.
30 BVerfG BeckRS 2017, 119141 Rn. 80 – *Freiheit vor „unnötiger" Inanspruchnahme*.
31 BVerwG, NVwZ 2017, 70, Rn. 18 – *DIHK*.
32 *Lang*, in: BeckOK, GG, Art. 2 Rn. 5b.

Jenseits dessen eröffnet sich aufgrund des weiten Schutzbereiches eine potentiell unendliche *Bandbreite* menschlicher *Verhaltensweisen*, die den Schutz des Art. 2 Abs. 1 genießen können. Die Bandbreite reicht vom „Banalen" bis zum wahrhaft „Existentiellen", vom Taubenfüttern oder dem Reiten im Walde bis zu einem aus Art. 2 Abs. 1 i. V. m. dem Sozialstaatsprinzip abgeleiteten verfassungsunmittelbaren Anspruch auf Krankenbehandlung in Fällen lebensbedrohlicher oder regelmäßig tödlich verlaufender Erkrankungen.[33]

363

Geschützt wird alles menschliche Verhalten, ohne dass es darauf ankäme, ob es sich um eine unter *sozialethischen Gesichtspunkten* wertvolle Verhaltensweise handelt oder ob sich das in Rede stehende Handeln lediglich als Ausdruck personaler Willkür darstellt.[34] *Auch* bei auf die Rechtspositionen anderer *übergreifenden*[35], *sozialschädlichen*[36], *gefährlichen*[37] oder auch *selbstgefährdenden*[38] Verhaltensweisen ist die Berufung auf den Schutzbereich nicht ausgeschlossen.

> **Hinweis**: Gerade die Unterschutzstellung der zuletzt genannten Verhaltensweisen kann Verständnisschwierigkeiten bereiten. Man muss sich dabei klarmachen, dass die Bejahung der Eröffnung des Schutzbereichs nicht automatisch dazu führt, dass das in Rede stehende Verhalten nicht reglementiert oder verboten werden dürfte. Die Zuordnung eines Verhaltens zum Schutzbereich eines Grundrechts stellt nicht das Ende, sondern den Anfang des grundrechtlichen Abwägungsspiels von „Grund und Gegengrund" (*Alexy*) dar. Im Zweifel gebietet eine weite Tatbestandslehre und der Gedanke, dass Grundrechte die Rechtfertigungslast für Eingriffe dem Staat aufbürden, eine möglichst weite Fassung des Schutzbereichs. Unerwünschte Ergebnisse können und sollen über die Schrankenziehungen korrigiert werden.

Mit dem BVerfG ist daher davon auszugehen, dass das Grundrecht des Art. 2 Abs. 1 „jede Form menschlichen Handelns ohne Rücksicht darauf erfasst, welches Gewicht der Betätigung für die Persönlichkeitsentfaltung zukommt".[39]

> **Lösung zu Fall 2**: Die Satzung[40] der Stadt S könnte materiell gegen Grundrechte verstoßen. Da keine spezielleren Grundrechte einschlägig sind, ist sie an der allgemeinen Handlungsfreiheit (Art. 2 Abs. 1) zu messen. Dazu müsste der sachliche Schutzbereich eröffnet sein. Die enge Auslegung des Art. 2 Abs. 1 fordert eine gesteigerte Relevanz des Taubenfütterns in der Innenstadt von S für die Persönlichkeitsentfaltung des R. Dies kann kaum angenommen werden. Nach zutreffender Auffassung genügt aber jedes menschliche Verhalten, um den Schutzbereich des Art. 2 Abs. 1 in sachlicher Hinsicht zu eröffnen. Taubenfüttern ist ein menschliches Verhalten, der Schutzbereich also betroffen.[41]

---

33 Grundlegend BVerfGE 115, 25 – *Alternativmedizin (Nikolausbeschluss)*; anschließend BVerfG NZS 2017, 582, 584, Rn. 22 f. – *off label use*; BVerfG NZS 2016, 20, Rn. 18 – *Versorgung mit Medizinprodukt in der gesetzlichen Krankenversicherung*; BVerfG, NJW 2014, 2176, Rn. 14 – *Leistungspflicht der gesetzlichen Krankenversicherung für neue Behandlungsmethoden*.
34 BVerfGE 90, 145, 171 – *Cannabis*.
35 Vgl. BVerwG, NVwZ 2018, 73, Rn. 39 – *Freier Zutritt zum Meeresstrand* – allgemeinen Handlungsfreiheit umfasst „...*nicht nur die Betätigung auf eigenen oder der entsprechenden Benutzung gewidmeten Grundstücken, sondern auch das Betreten sonstiger fremder Grundstücke im Rahmen der jeweils geltenden, verfassungsmäßigen Rechtsordnung.*" sog. sozialschädliche oder strafbaren Handlungen.
36 Ebenso Murswiek/Rixen, in: Sachs, GG, Art. 2 Rn. 53.
37 Etwa die Veranstaltung von Autorennen auf öffentlichen Straßen, vgl. BVerwGE 104, 154 – *Autorallye*.
38 Etwa der Weigerung einen Sicherheitsgurt im Auto anzulegen (BVerfG NJW 1988, 180) oder beim Motorradfahren einen Schutzhelm zu benutzen.
39 BVerfGE 80, 137, 152 – *Reiten im Walde*.
40 Das Beruhen der Satzung auf einer verfassungsmäßigen gesetzlichen Ermächtigungsgrundlage sei unterstellt. Zum Gesetzesvorbehalt noch unten Rn. 403 ff.
41 Das Verbot stellt einen Eingriff dar. Dieser ist aber gerechtfertigt: Das Verbot ist insbesondere verhältnismäßig: Der Schutz des Privateigentums und der Gesundheit der Anwohner überwiegt das Interesse des R am Füttern von Tauben.

364 Eine trennscharfe Markierung oder abschließende Beschreibung aller von Art. 2 Abs. 1 umfassten Verhaltensweisen ist naturgemäß nicht möglich, aber auch nicht erforderlich[42]. Entscheidend ist das Verständnis von Art. 2 Abs. 1 als *Auffanggrundrecht*, das immer dann Schutz bietet, wenn kein anderes Grundrecht einschlägig ist.

365 **b) Wirkungen des weiten Schutzbereichsverständnisses.** Mit diesem weiten Verständnis von Art. 2 Abs. 1 i. S. d. allgemeinen Handlungsfreiheit (Verhaltensfreiheit) sind drei wesentliche Konsequenzen verbunden, die für die weitere Grundrechtsentwicklung und -verwirklichung von fundamentaler Bedeutung waren und sind.

366 **aa) Auffang- und Reservefunktion.** Der weiten Auslegung des Art. 2 Abs. 1 im Sinne einer umfassenden Verhaltensfreiheit kommt eine ganz erhebliche materiellrechtliche Wirkung zu. In sachlicher Hinsicht führt sie dazu, dass der Schutzbereich des Art. 2 Abs. 1 offen bleibt, zukünftige Entwicklungen und Bedrohungen menschlicher Freiheit aufzunehmen und grundrechtlich zu umfangen[43] und zwar namentlich dann, wenn diese Verhaltensweisen keinem anderen Grundrecht unterfallen. Art. 2 Abs. 1 fungiert als Auffanggrundrecht.[44]

367 Im Verhältnis zu den spezielleren Grundrechten gilt, dass die allgemeine Handlungsfreiheit zurücktritt, also alles menschliche Verhalten erfasst, das nicht in den Schutzbereich eines speziellen Grundrechts fällt[45]. Wird ein bestimmtes Verhalten dagegen dem Schutzbereich eines speziellen Freiheitsrechts zugeordnet, scheidet Art. 2 Abs. 1 als Prüfungsmaßstab aus.[46]
So schützt etwa Art. 2 Abs. 1 allgemein auch die Vertragsfreiheit[47]. Für bereichsspezifische Inanspruchnahmen der Freiheit, Verträge zu schließen, zu gestalten, zu kündigen etc. greifen aber die Spezialgrundrechte ein, wenn es sich um berufsbezogene (Art. 12) oder eigentumsrelevante (Art. 14) Verträge handelt.[48] Vergleichbares gilt hinsichtlich der unternehmerischen Entscheidungsfreiheit. Nur wenn diese nicht von speziellen Grundrechten erfasst wird, kommt Art. 2 Abs. 1 in seiner Auffangfunktion als Prüfungsmaßstab zum Tragen.[49]

> **Klausurhinweis**: Für den Aufbau der Falllösung bedeutet dies, dass die *allgemeine Handlungsfreiheit nach den speziellen Freiheitsrechten zu prüfen ist*. Nur wenn kein spezielles Grundrecht einschlägig ist, darf auf Art. 2 Abs. 1 zurückgegriffen werden.

368 Nicht vollständig geklärt ist freilich, wodurch genau die *Spezialität ausgelöst* wird. Hier sind mehrere Positionen denkbar. In der Literatur wird teilweise davon ausgegangen, dass die Verdrängungswirkung des Spezialgrundrechts schon dann eintritt, wenn der Regelungsbereich eines Spezialgrundrechts betroffen ist.[50] Andere verlangen hingegen eine Schutzbereichseröffnung.[51]

---

[42] Übersicht über wichtige Entscheidungen zur allgemeinen Handlungsfreiheit bei *Lang*, in: BeckOK, GG, Art. 2 Rn. 6 sowie etwa *Kahl*, in: HGR V, § 124 Rn. 67.
[43] *Di Fabio*, in: Maunz/Dürig, GG, Art. 2 Rn. 2. Man kann insoweit auch von einer Reservefunktion sprechen, siehe etwa *Lang*, in: BeckOK, GG, Art. 2 Rn. 9.
[44] *Höfling*, in: Friauf/Höfling, GG, Art. 2 Rn. 33; *Lang*, in: BeckOK, GG, Art. 2 Rn. 9; *Kahl*, in: HGR V, § 124 Rn. 32.
[45] BVerfGE 80, 137, 154 – *Reiten im Walde*.
[46] Siehe etwa *Hufen*, Staatsrecht II, § 14 Rn. 16; *Kunig*, in: v. Münch/Kunig, GG, Art. 2 Rn. 12.
[47] Vgl. oben Rn. 362.
[48] Vgl. *Kingreen/Poscher*, Grundrechte, Rn. 437 m. w. N.
[49] Siehe BVerfGE 50, 290, 366 – *Mitbestimmung*.
[50] Vgl. *Kahl*, in: HGR V, § 124 Rn. 33 m. w. N.
[51] *Kingreen/Poscher*, Grundrechte, Rn. 439.

Beispiel: Der Unterschied lässt sich anhand von unfriedlichen Versammlungen aufzeigen. Folgt man der ersten Auffassung, sind unfriedliche Versammlungen verfassungsrechtlich nicht geschützt. Nach Art. 8 Abs. 1 nicht, weil die Vorschrift unfriedliche Versammlungen explizit vom Schutz ausnimmt und nach Art. 2 Abs. 1 nicht, weil diese Vorschrift aus Spezialitätsgründen verdrängt werde. Für diese Auffassung wird angeführt, dass andernfalls die verfassungsrechtliche Wertung eines Nichtschutzes – etwa von unfriedlichen Versammlungen – unterlaufen werde.[52] Nach der Gegenauffassung greift die Spezialität des Art. 8 Abs. 1 hier nicht ein, weil unfriedliche Versammlungen zwar in den Regelungsbereich, nicht aber den Schutzbereich des Art. 8 Abs. 1 fallen. Sie sind dann also über Art. 2 Abs. 1 geschützt.[53] Für diese Auffassung lässt sich die Idee lückenlosen Grundrechtsschutzes ins Feld führen.

Nach der Rechtsprechung des BVerfG wird die Spezialität durch die Einschlägigkeit des Grundrechtstatbestandes – verstanden als Summe von Schutzbereich und Eingriff – ausgelöst. Fehlt einer Vorschrift also etwa die berufsregelnde Tendenz, liegt mithin kein für Art. 12 Abs. 1 relevanter Eingriff vor, prüft das BVerfG die in Rede stehende Vorschrift (noch) an Art. 2 Abs. 1.[54]

Fall 3: Aus Gründen des Umweltschutzes und der Verkehrssicherheit führt die Bundesregierung ein allgemeines Tempolimit auf Autobahnen von 120 km/h ein. B ist Inhaber eines Kurierdienstes. Eilige Sendungen werden von seinen Mitarbeitern im PKW zum Empfänger gebracht. B glaubt, dass das Tempolimit dazu führt, dass er nicht mehr die gewohnte Schnelligkeit an den Tag legen könne und er deshalb Kunden verlieren werde. Ist B durch das Verbot in seinen Grundrechten verletzt?

Lösung Fall 3: Zunächst könnte die Berufsfreiheit (Art. 12 Abs. 1) des B verletzt sein. Das Betreiben des Kurierservice ist ein Beruf im Sinne des Art. 12 Abs. 1, der Schutzbereich also eröffnet. Dem Verbot fehlt es allerdings an einer berufsregelnden Tendenz, da nicht gerade die Berufsausübung geregelt wird.[55] Es liegt kein Eingriff in Art. 12 Abs. 1 vor. Somit ist das Verbot an Art. 2 Abs. 1 zu messen. Dessen Schutzbereich ist zwar eröffnet und es liegt auch ein Eingriff vor, dieser stellt sich jedoch als verhältnismäßige Beschränkung der allgemeinen Handlungsfreiheit dar. Die angeführten Belange des Allgemeinwohls und privaten Rechtsgüter (z. B. Leben der Verkehrsteilnehmer, vgl. Art. 2 Abs. 2) wiegen schwerer als das Recht „auf freie Fahrt".

Klarstellend sei noch auf folgendes hingewiesen. Die besonderen Grundrechtsnormen sperren für ihren Bereich die Anwendung des Art. 2 Abs. 1 nur dann, wenn eine Verletzung des Art. 2 Abs. 1 und einer besonderen Grundrechtsnorm unter *demselben sachlichen Gesichtspunkt* in Betracht kommt.[56] Ist ein Grundrecht spezieller, wird die *Subsidiarität* auch dann ausgelöst (d. h. Art. 2 Abs. 1 nicht mehr geprüft), wenn das in Rede stehende Verhalten das Spezialgrundrecht nicht verletzt.[57] Im Übrigen ist zu beachten, dass das dargestellte Spezialitätsverhältnis nur zwischen Freiheitsrechten bestehen kann. Mit Art. 3 Abs. 1 bzw. den anderen Gleichheitsrechten des Grundgesetzes besteht daher regelmäßig Idealkonkurrenz.[58]

Ob ein spezielleres Grundrecht einschlägig ist, ist bisweilen durchaus umstritten. So schützt nach h. M. das Grundrecht der Vereinigungsfreiheit nicht vor einer *Zwangs-*

---

52 *Kahl*, in: HGR V, § 124 Rn. 33.
53 *Kingreen/Poscher*, Grundrechte, Rn. 396.
54 BVerfG NJW 1992, 2143, 2144 – „*Trucksystem*".
55 Dazu ausführlich unten Rn. 1001 ff.
56 BVerfG NJW 1995, 2279, 2280 – *unzulässige Bewährungsauflage*; *Lang*, in: BeckOK, GG, Art. 2 Rn. 29.
57 BVerfGE 95, 173, 188 – *Hinweispflicht vor Tabakgefahren*; s. a. BVerfGE 116, 202, 221 – *Tariftreueregelung*.
58 *Lang*, in: BeckOK, GG, Art. 2 Rn. 30.

mitgliedschaft in öffentlich-rechtlichen Verbänden. In Art. 9 Abs. 1 in seiner negativen Ausprägung sei lediglich die Freiheit garantiert, privatrechtlichen Vereinigungen fernzubleiben.[59] Folgt man dem, sind derartige Zwangsmitgliedschaften „nur" am Prüfungsmaßstab der allgemeinen Handlungsfreiheit zu messen.[60]

372 Man könnte daran denken, Gesetze über *Steuern*[61] *und sonstige Abgaben*[62] in ihrer freiheitsbeschränkenden Wirkung an der Eigentumsgarantie des Art. 14 Abs. 1 zu messen. Bekanntlich hat das BVerfG dem eine Absage erteilt.[63] Derartige Gesetze sind damit allein an Art. 2 Abs. 1 zu messen. Sie dürfen aber *„keine erdrosselnde Wirkung"* haben.[64] Auch die Aufhebung einer Steuerbefreiung betrifft den Schutzbereich des Art. 2 Abs. 1.[65] Ähnliche Anforderungen sind auch im Rahmen des Elternunterhalts zu stellen.[66]

373 Die dargestellte Auffangwirkung hat auch Auswirkungen auf die persönlichen Schutzbereiche. Sie betrifft die oben schon angeführte Auffangwirkung im Bereich der Ausländern aus persönlichen Gründen verwehrten Schutzbereiche der Deutschengrundrechte.

374 bb) **Lückenloser Grundrechtsschutz.** Die *weite Auslegung* des Schutzbereichs des Art. 2 Abs. 1 und die skizzierte Auffangwirkung der allgemeinen Handlungsfreiheit haben zudem die Wirkung, dass alles menschliche Verhalten grundrechtsgeschützt ist, es bestehen mithin keine grundrechtsfreien Räume. Jedenfalls über Art. 2 Abs. 1 wird somit unter der Herrschaft des Grundgesetzes ein *lückenloser Grundrechtsschutz* verwirklicht.

375 cc) **Auswirkungen auf das Prozessrecht.** Hinsichtlich der (verfassungs-)prozessrechtlichen Auswirkungen der weiten Auslegung kann man zunächst danach differenzieren, ob sich eine Verfassungsbeschwerde gegen ein Gesetz richtet oder ob mit einer Urteilsverfassungsbeschwerde die fehlerhafte Anwendung des Gesetzes gerügt wird.

376 Das Verständnis des Art. 2 Abs. 1 als allgemeines Freiheitsrecht hat grundsätzlich zur Folge, dass die *Befugnis zur Erhebung von Verfassungsbeschwerden erheblich erweitert* wird.[67] Denn mit Hilfe von Art. 2 Abs. 1 kann „jedermann" im Wege der Verfassungsbeschwerde geltend machen, ein seine Handlungsfreiheit beschränkendes Gesetz gehöre nicht zur verfassungsmäßigen Ordnung, weil es (formell oder inhaltlich) gegen einzelne Verfassungsbestimmungen verstoße.[68] Die allgemeine Handlungsfreiheit gewährt damit allgemein das vor dem BVerfG durchsetzbare Recht, nur durch oder auf Grund verfassungsmäßiger Gesetze Verbote oder Gebote auferlegt zu bekommen.

---

59 Vgl. BVerfGE 10, 89, 102 – *Erftverband.* Näher hierzu unten Rn. 899 f.
60 BVerfG, NVwZ 2007, 808 – *Zwangsmitgliedschaft, Jagdgenossenschaft.* Näher hierzu *Jarass,* in: Jarass/Pieroth, GG, Art. 2 Rn. 26 m. w. N.
61 BVerfGE 87, 153, 169 – *Grundfreibetrag.* Vgl. zum Steuerrecht als Eingriff in die allgemeine Handlungsfreiheit *Hofmann,* in: Schmidt-Bleibtreu/Hofmann/Henneke, GG, Art. 2 Rn. 56 ff.
62 BVerfGE 78, 232, 244 f. – *Landwirtschaftliche Altershilfe.*
63 Nachweise in den Fn. zuvor.
64 Siehe BVerfGE 87, 153, 169 – *Grundfreibetrag.*
65 Vgl. BVerfGE 105, 17, 32 f. – *Sozialpfandbrief.*
66 BVerfGE 113, 88 – *Elternunterhalt.*
67 Näher *Starck,* in: v. Mangoldt/Klein/Starck, GG, Art. 2 Rn. 26.
68 BVerfGE 6, 32, 41 – *Elfes;* BVerfGE 91, 186, 200 f. – *Kohlepfennig,* Dieser Gedanke wird heute auf alle Grundrechte ausgedehnt.

Bsp.: Die in Fall 2 angesprochene Taubenfütterungsverbotssatzung wird nicht von der Stadt S, sondern vom Landratsamt L erlassen, das dafür aber nicht zuständig ist. Wieder ist der Schutzbereich der allgemeinen Handlungsfreiheit eröffnet, es liegt auch ein Eingriff vor. Verfassungsrechtlich gerechtfertigt ist der Eingriff aber nur, wenn er auf einer gesetzlichen Ermächtigung beruht. Diese Ermächtigung fehlt hier, denn das Gesetz erlaubt zwar der S ein solches Verbot zu erlassen, nicht aber L. Die Fütterungsverbotssatzung ist damit verfassungswidrig, obwohl das Verbot an sich materiell verfassungsgemäß, insbesondere verhältnismäßig ist.

Es ist aber nicht nur der Grundsatz vom Vorbehalt des Gesetzes, der über die Hebelwirkung des Art. 2 Abs. 1 verfassungsbeschwerdefähig wird.[69] Das Gleiche gilt hinsichtlich des Rechtsstaats-[70] und Vertrauensschutzprinzips[71] oder etwa der Kompetenztitel im Rahmen der sog. Sonderabgabenjudikatur.[72]

Es war nicht zuletzt diese Subjektivierung des Grundsatzes vom Vorbehalt des Gesetzes, der in den neunziger Jahren des vorigen Jahrhunderts zu einem erneuten Aufleben der Kritik an der weiten Auslegung des Schutzbereichs der allgemeinen Handlungsfreiheit geführt hat. *Grimm* etwa vertritt in einem Sondervotum die Auffassung, Art. 2 Abs. 1 schütze nicht jedes erdenkliche menschliche Tun oder Unterlassen, sondern nur ein individuelles Verhalten, das „eine gesteigerte, dem Schutzgut der übrigen Grundrechte vergleichbare Relevanz für die Persönlichkeitsentfaltung" besitzt.[73] Insbesondere verweisen die Vertreter dieser Ansicht darauf, dass sonst die Verfassungsbeschwerde quasi zur „allgemeinen Normenkontrolle"[74] würde und wegen jedes noch so kleinen Verbots oder Gebots erhoben werden könne.

Die weite Auslegung des Art. 2 Abs. 1 hat sich indes aus entstehungsgeschichtlichen[75], systematischen und vor allem teleologischen Erwägungen heraus zu Recht durchgesetzt.[76] Nur dieses Normverständnis garantiert die *Lückenlosigkeit des grundrechtlichen Freiheitsschutzes*.[77] Zudem sichert die Konstruktion lückenlosen Grundrechtsschutzes die mit den Grundrechten grundsätzlich dem Staat aufgebürdete Eingriffsrechtfertigungslast.[78] Denn aufgrund der weiten Auslegung fungiert Art. 2 Abs. 1 in der Tat als allgemeine Eingriffsfreiheit.[79]

---

69 BVerfGE 80, 137, 153 – *Reiten im Walde*; BVerfGE 49, 89, 126 f – „*Schneller Brüter*".
70 BVerfG NVwZ 2017, 617 Rn. 22 – *Zweitwohnsitzsteuer*; BVerfG NStZ 1995, 25 – *Bewährungsauflage*; BVerfG NJW 1981, 673 – *Unverhältnismäßige Erschwerung des Falknerjagdscheins*; BVerfGE 80, 137, 153 – *Reiten im Walde*; BVerfGE 75, 108, 154 f. – *Künstlersozialversicherungsgesetz*.
71 BVerfGE 80, 137, 153 – *Reiten im Walde*; BVerfGE 74, 129, 152 – *betriebliche Altersversorgung*; BVerfG NJW 1998, 3109 – *Verletzung des Vertrauensschutzprinzips aufgrund der Umgestaltung sozialversicherungsrechtlicher Rechtspositionen*; BVerfG NJW 1998, 891 – *Neugliederung von OLG-Bezirken*.
72 BVerfG NJW 1987, 3115 – *Künstlersozialversicherung*; BVerfG NVwZ 1991, 53 – *Zulässigkeit von Sonderabgaben*; BVerfG NJW 1995, 381 – *Kohlepfennig*.
73 Abweichende Meinung des Richters Grimm, in: BVerfGE 80, 137, 165 – *Reiten im Walde*. Auch Hesse versteht Art. 2 Abs. 1 als „Gewährleistung der engeren persönlichen, freilich nicht auf rein geistige und sittliche Entfaltung beschränkten, Lebenssphäre", Hesse, Grundzüge des Verfassungsrechts, Rn. 428. Siehe zum Fragenkreis die Darstellung bei *Di Fabio*, in: Maunz/Dürig, GG, Art. 2 Abs. 1 Rn. 12; zur Rechtsentwicklung auch *Stein/Frank*, Staatsrecht, § 31 II 2b).
74 So die abweichende Meinung in BVerfGE 80, 137, 168 – *Reiten im Walde*.
75 Ausführlich zu den Verfassungsberatungen *Kunig*, in: v. Münch/Kunig, GG, Art. 2 Rn. 13.
76 Vertiefend *Höfling*, in: Friauf/Höfling, GG, Art. 2 Rn. 19 ff.; *Hufen*, StaatsR II, § 14 Rn. 1 ff.; *Sachs*, Verfassungsrecht II, Teil II Kap 14 Rn. 10 ff.
77 So auch *Murswiek/Rixen*, in: Sachs, GG, Art. 2 Rn. 56. Näher zu dieser Funktion des Art. 2 Abs. 1 *Stern*, Staatsrecht IV/1, S. 893 ff.
78 *Lang*, in: BeckOK, GG, Art. 2 Rn. 2.
79 *Sachs*, in: Stern, Staatsrecht III/2, 548 f.; Alexy, Theorie der Grundrechte, 2001, 311; Pieroth AöR 1990, 33.

378 Wohl auch in der Befürchtung, aufgrund der weiten Auslegung des Schutzbereichs von Art. 2 Abs. 1 die Arbeitsfähigkeit in einer Flut von Verfassungsbeschwerden zu verlieren, hat das BVerfG in die Prüfung der Beschwerdebefugnis ein weiteres ungeschriebenes Erfordernis eingebaut. Während Art. 93 Abs. 1 Nr. 4a GG, § 90 Abs. 1 BVerfGG insoweit nur verlangen, dass der Beschwerdeführer geltend machen kann, durch die staatliche Maßnahme in seinen Grundrechten verletzt zu sein (sog. *Möglichkeitstheorie*) verlangt das BVerfG in ständiger Rechtsprechung zudem noch, dass ein Beschwerdeführer selbst, gegenwärtig und unmittelbar betroffen sein muss.[80]

379 Schwierigkeiten bereitet das weite Verständnis des Art. 2 Abs. 1 auch im Hinblick auf Urteilsverfassungsbeschwerden. Wenn Art. 2 Abs. 1 nach dem Ausgeführten so zu verstehen ist, dass die Vorschrift ein Recht enthält, von rechtswidrigen staatlichen Maßnahmen verschont zu bleiben, würde das an sich auch für Urteile gelten. Jede das einfache Recht fehlerhaft anwendende fachgerichtliche Entscheidung würde dann aber mit der Verfassungsbeschwerde angreifbar. Auf diesem Wege würde das BVerfG dann aber doch zu einer Superrevisionsinstanz; das ist der Hintergrund des bei Urteilsverfassungsbeschwerden ggf. besonders zu beachtenden Erfordernisses der Verletzung spezifischen Verfassungsrechts.[81]

> **Verwaltungsprozessrechtlicher Vertiefungshinweis:** Die weite Auslegung des Art. 2 Abs. 1 hat auch für die verwaltungsgerichtliche Anfechtungsklage Bedeutung. Nach § 42 Abs. 2 VwGO hängt die Zulässigkeit einer solchen Klage davon ab, dass der Kläger klagebefugt ist, was nach der schon erwähnten Möglichkeitstheorie dann der Fall ist, wenn eine Rechtsverletzung nicht offensichtlich und eindeutig nach jeder in Betracht kommenden Sichtweise ausgeschlossen ist. Aufgrund der weiten Auslegung von Art. 2 Abs. 1 lässt sich mit der sog. Adressatentheorie vertreten, dass der Adressat eines belastenden Verwaltungsakts stets klagebefugt ist, weil ein rechtswidriger belastender Verwaltungsakt zumindest über Art. 2 Abs. 1 abgewehrt werden kann. Das ist übrigens auch der Hintergrund, dass sich bei Anfechtungsklagen die Begründetheitsprüfung trotz § 113 Abs. 1 S. 1 VwGO („…der Verwaltungsakt rechtswidrig ist und der Kläger dadurch in seinen Rechten verletzt ist") meist in einer Prüfung der Rechtswidrigkeit des Verwaltungsakts erschöpft.

III. Eingriffe

380 Ein *Eingriff* in die allgemeine Handlungsfreiheit liegt grundsätzlich in *jeder individuellen oder generellen staatlichen Maßnahme*, die das durch Art. 2 Abs. 1 geschützte Verhalten regelt.[82]

Um zu verhindern, dass die dadurch eröffnete Möglichkeit der Erhebung von Verfassungsbeschwerden ausufert, wird vorgeschlagen, im Rahmen des Art. 2 Abs. 1 auf den klassischen Eingriffsbegriff zurückzugreifen[83] bzw. die Forderung nach „qualifizierten Eingriffskriterien" erhoben.[84] Dies soll insbesondere bei *mit-*

---

[80] Näher dazu Rn. 1261 ff. Die Prüfung der Beschwerdebefugnis erfolgt also in zwei Schritten. Zunächst wird festgestellt, ob die Möglichkeit der Grundrechtsverletzung gegeben ist. Im zweiten Schritt wird dann geprüft, ob der Beschwerdeführer durch die staatliche Maßnahme selbst, gegenwärtig und unmittelbar betroffen ist.
[81] Näher dazu. Rn. 1297 ff.
[82] Vgl. *Jarass*, in: Jarass/Pieroth, GG, Art. 2 Rn. 9.
[83] Siehe etwa *Kingreen/Poscher*, Grundrechte, Rn. 455 f.
[84] Diskussion bei *Höfling*, in: Friauf/Höfling, GG, Art. 2 Rn. 61 ff.

telbar wirkenden faktischen Beeinträchtigungen gelten.[85] Ein Eingriff in die allgemeine Handlungsfreiheit ist danach nur anzunehmen, wenn es sich um eine rechtliche Maßnahme handelt, die gegen den betroffenen Einzelnen und nicht einem Dritten gegenüber ergeht.[86]

> *Ausnahmen* lässt die Rechtsprechung bei einer *Verletzung der Wettbewerbsfreiheit* durch die Erteilung von Ausnahmebewilligungen an Konkurrenten[87] oder die Vergabe von Subventionen[88] zu.

IV. Verfassungsrechtliche Rechtfertigung

1. Schrankentrias des Art. 2 Abs. 1

Art. 2 Abs. 1 gewährt jedem das Recht auf die freie Entfaltung seiner Persönlichkeit, „soweit er nicht die Rechte anderer verletzt und nicht gegen die verfassungsmäßige Ordnung oder das Sittengesetz verstößt". **381**

Die sog. *Schrankentrias* des Art. 2 Abs. 1 ist als *Gesetzesvorbehalt* zu verstehen. Einschränkungen der allgemeinen Handlungsfreiheit müssen daher stets auf einer gesetzlichen, selbst in jeder Hinsicht verfassungsgemäßen Eingriffsermächtigung beruhen.[89] **382**

a) **Verfassungsmäßige Ordnung.** Das BVerfG versteht unter der *verfassungsmäßigen Ordnung* i. S. d. Art. 2 Abs. 1 die Gesamtheit der Rechtsnormen, die *formell und materiell mit der Verfassung* in Einklang stehen,[90] also die gesamte verfassungsmäßige Rechtsordnung.[91] Die Schranke der verfassungsmäßigen Ordnung kommt damit einem einfachen Gesetzesvorbehalt gleich.[92] Die Notwendigkeit der so weit gehenden Beschränkungsmöglichkeit folgt aus der weiten Schutzbereichsinterpretation.[93] **383**

> Man muss darauf achten, dass der in der Verfassung (z. B. in Art. 9 Abs. 2, 20 Abs. 3, 28 Abs. 1 S. 1, 28 Abs. 3, 98 Abs. 2) mehrfach verwandte Begriff der verfassungsmäßigen Ordnung unterschiedlich verwandt wird. Nur im Rahmen des Art. 2 Abs. 1 wird der Begriff weit in dem Sinne interpretiert, dass damit alle Rechtsnormen erfasst werden, die formell und materiell mit der Verfassung in Einklang stehen.[94]

Das Grundrecht der allgemeinen Handlungsfreiheit kann durch *unmittelbar eingreifende Gesetze* eingeschränkt werden, aber auch durch *untergesetzliche Rechtsnormen*, die ihrerseits auf einer formell-gesetzlichen Eingriffsermächtigung beruhen.[95] Vorausset- **384**

---

85 Differenzierend *Starck*, in: v. Mangoldt/Klein/Starck, GG, Art. 2 Rn. 20; *Kunig*, in: v. Münch/Kunig, GG, Art. 2 Rn. 18.
86 *Kingreen/Poscher*, Grundrechte, Rn. 455.
87 BVerwGE 65, 167, 174 – *Ladenschluss*.
88 BVerwGE 30, 191, 198 – *Subventionierung von Winzergenossenschaften*.
89 Näher hierzu *Di Fabio*, in: Maunz/Dürig, GG, Art. 2 Abs. 1 Rn. 38 m. w. N.
90 Ständ. Rspr. seit BVerfGE 6, 32, 37 f. – *Elfes*; vgl. auch BVerfGE 63, 88, 108 f. – *Altershilfe für Landwirte* und BVerfGE 80, 137, 153 – *Reiten im Walde*; BVerfGE 128, 193, 206 – *Geschiedenenunterhalt*.
91 Vgl. *Hufen*, Staatsrecht II, § 14 Rn. 21; *Murswiek/Rixen*, in: Sachs, GG, Art. 2 Rn. 89.
92 So auch *Murswiek/Rixen*, in: Sachs, GG, Art. 2 Rn. 90; a. A. *Kunig*, in: v. Münch/Kunig, GG, Art. 2 Rn. 23: Rechtsvorbehalt.
93 Vgl. *Kunig*, in: v. Münch/Kunig, GG, Art. 2 Rn. 14, 19.
94 Vgl. *Lang*, in: BeckOK, GG, Art. 2 Rn. 24.
95 Zur Schranke der verfassungsmäßigen Ordnung im Allgemeinen *Jarass*, in: Jarass/Pieroth, GG, Art. 2 Rn. 13; *Di Fabio*, in: Maunz/Dürig, GG, Art. 2 Abs. 1 Rn. 39 ff.

zung ist stets die *formelle und materielle Verfassungsmäßigkeit* der die Handlungsfreiheit begrenzenden Norm.[96]

385 Im Rahmen der verfassungsrechtlichen Rechtfertigung eines Eingriffs in Art. 2 Abs. 1 kommt vor allem dem *Grundsatz der Verhältnismäßigkeit* erhebliche Bedeutung zu.[97] Das BVerfG führt hierzu aus:

> „Je mehr dabei der gesetzliche Eingriff elementare Äußerungsformen der menschlichen Handlungsfreiheit berührt, umso sorgfältiger müssen die zu seiner Rechtfertigung vorgebrachten Gründe gegen den grundsätzlichen Freiheitsanspruch des Bürgers abgewogen werden. Das bedeutet vor allem, dass die Mittel des Eingriffs zur Erreichung des gesetzgeberischen Ziels geeignet sein müssen und den Einzelnen nicht übermäßig belasten dürfen."[98]

386 b) **Rechte anderer.** Die „Rechte anderer" i. S. d. Art. 2 Abs. 1 umfassen *alle durch die Rechtsordnung geschützten privaten oder subjektiv-öffentlichen Rechte*, einschließlich der Grundrechte und grundrechtsgleichen Rechte.[99] Bloße Interessen anderer sind nicht erfasst.[100]

387 Da ein Eingriff zum Schutz von Rechten Dritter stets auf einer gesetzlichen Ermächtigung beruhen muss, werden die „Rechte anderer" bereits von der Schranke der verfassungsmäßigen Ordnung erfasst.[101] Ihnen kommt daher als Grundrechtsschranke im Rahmen des Art. 2 Abs. 1 *keine eigenständige Bedeutung* zu.[102]

388 c) **Sittengesetz.** Die Reichweite des *„Sittengesetzes"* i. S. d. Art. 2 Abs. 1 entspricht inhaltlich der *Auslegung der Begriffe „gute Sitten"* oder *„Treu und Glauben"* i. S. d. §§ 138, 242, 826 BGB.[103] Auf historisch tradierte Moralvorstellungen kommt es hingegen nicht an, da die Auffassungen über den Inhalt des Sittengesetzes einem ständigen Wandel unterliegen.[104]

389 Auch der Schranke des Sittengesetzes kommt *keine praktische Bedeutung* zu, da ein Verstoß gegen das Sittengesetz zugleich einen Verstoß gegen die verfassungsmäßige Ordnung darstellt.[105]

2. Schranken-Schranke

390 Hinsichtlich der sog. Schranken-Schranken gelten die allgemeinen Regeln.[106] Besondere Bedeutung kommt dem Verhältnismäßigkeitsgrundsatz zu. Er bietet den allgemeinen verfassungsrechtlichen Maßstab, nach dem die Handlungsfreiheit ein-

---

96 Ausführlich zu den formellen und materiellen Anforderungen an die Eingriffsrechtfertigung *Di Fabio*, in: Maunz/Dürig, GG, Art. 2 Abs. 1 Rn. 41 f; vgl. auch oben das Beispiel bei Rn. 389.
97 Näher hierzu *Starck*, in: v. Mangoldt/Klein/Starck, GG, Art. 2 Rn. 30 f.; siehe auch die Beispiele bei *Hofmann*, in: Schmidt-Bleibtreu/Hofmann/Henneke, GG, Art. 2 Rn. 10 f. – Vgl. zum Verhältnismäßigkeitsprinzip im Allgemeinen *Korioth*, Staatsrecht I, Rn. 202 ff.
98 BVerfGE 17, 306, 314 – *Mitfahrzentrale*.
99 Vgl. *Ipsen*, Staatsrecht II, Rn. 779; *Katz*, Staatsrecht, Rn. 690.
100 Ebenso *Kingreen/Poscher*, Grundrechte, Rn. 462; *Kunig*, in: v. Münch/Kunig, GG, Art. 2 Rn. 20.
101 Vgl. *Jarass*, in: Jarass/Pieroth, GG, Art. 2 Rn. 14; *Kunig*, in: v. Münch/Kunig, GG, Art. 2 Rn. 19.
102 So auch *Jarass*, in: Jarass/Pieroth, GG, Art. 2 Rn. 14; *Kunig*, in: v. Münch/Kunig, GG, Art. 2 Rn. 19; *Lang*, in: BeckOK, GG, Art. 2 Rn. 24.
103 Vgl. *Kingreen/Poscher*, Grundrechte, Rn. 465; *Katz*, Staatsrecht, Rn. 691.
104 Vgl. *Kingreen/Poscher*, Grundrechte, Rn. 463; *Ipsen*, Staatsrecht II, Rn. 788.
105 Siehe *Murswiek/Rixen*, in: Sachs, GG, Art. 2 Rn. 99; *Lang*, in: BeckOK, GG, Art, 2 Rn. 24.
106 Dazu oben Rn. 235 ff.

geschränkt werden darf.¹⁰⁷ Gesteigerte Bedeutung kommt Verhältnismäßigkeitsgesichtspunkten bei der Prüfung von Strafvorschriften zu.¹⁰⁸

§ 11 Das allgemeine Persönlichkeitsrecht gemäß Art. 2 Abs. 1 i. V. m. Art. 1 Abs. 1

➡ Anhang C Rn. 1328

Literatur:
Albers, M., Informationelle Selbstbestimmung, 2005; *Benda, E.*, Menschenwürde und Persönlichkeitsrecht, in: Benda, E./Maihofer, W./Vogel, H.-J. (Hrsg.), Handbuch des Verfassungsrechts der Bundesrepublik Deutschland, 2. Auflage 1994, S. 161; *Britz, G.*, Vertraulichkeit und Integrität informationstechnischer Systeme, DÖV 2008, 211; *Degenhart, C.*, Das allgemeine Persönlichkeitsrecht, Art. 2 I i. V. m. Art. 1 I GG, JuS 1992, 361; *Ehmann, H.*, Zur Struktur des allgemeinen Persönlichkeitsrechts, JuS 1997, 193; *Eifert, M.*, Informationelle Selbstbestimmung im Internet – Das BVerfG und die Online-Durchsuchungen, NVwZ 2008, 521; *Erichsen, H.-U.*, Das Grundrecht aus Art. 2 Abs. 1 GG, Jura 1987, 367; *Gallwas, H.-U.*, Der allgemeine Konflikt zwischen dem Recht auf informationelle Selbstbestimmung und der Informationsfreiheit, NJW 1992, 2785; *Geis, M.-E.*, Der Kernbereich des Persönlichkeitsrechts – Ein Plädoyer für die „Sphärentheorie", JZ 1991, 112; *Gröschner, R.*, Pater semper incertus? Vaterschaftstests im Verfassungsstreit, Jura 2008, 132; *Hager, J.*, Persönlichkeitsschutz gegenüber Medien, Jura 1995, 566; *ders.*, Persönlichkeitsrecht, JA 2018, 865; *ders.*, Persönlichkeitsrecht, Zustellung von E-Mails ohne Einwilligung, JA 2019, 67; *Hörnle, T.*, Das Verbot des Geschwisterinzests – Verfassungsgerichtliche Bestätigung und verfassungsrechtliche Kritik, NJW 2008, 2085; *Hufen, F.*, Schutz der Persönlichkeit und Recht auf informationelle Selbstbestimmung, in: FS 50 Jahre Bundesverfassungsgericht, 2001, Bd. II, S. 105; *Isensee, J.*, Grundrecht auf Ehre, in: FS für Kriele, 1997, S. 5; *Jahn, M.*, Der strafprozessuale Zugriff auf Telekommunikationsverbindungsdaten – BVerfG, NJW 2006, 976; *Jarass, H. D.*, Das allgemeine Persönlichkeitsrecht im Grundgesetz, NJW 1989, 857; *Jestaedt, M.*, „Die Werbung ist ein lächelndes Aas" – Das Benetton-Urteil des Bundesverfassungsgerichts, Jura 2002, 552; *Kahl, W./Ohlendorf, L.*, Grundfälle zu Art. 2 I i. V. m. 1 I GG, JuS 2008, 682; *Kläver, M.*, Rechtliche Entwicklungen zum Allgemeinen Persönlichkeitsrecht, JR 2006, 229; *Kramer, U.*, Übungsklausur – Öffentliches Recht: Der langhaarige Polizist, JuS 2007, 35; *Krause, P.*, Das Recht auf informationelle Selbstbestimmung, JuS 1984, 268; *Kriele, M.*, Ehrenschutz und Meinungsfreiheit, NJW 1994, 1897; *Kunig, P.*, Der Grundsatz informationeller Selbstbestimmung, Jura 1993, 595; *Kutscha, M.*, Mehr Schutz von Computerdaten durch ein neues Grundrecht?, NJW 2008, 1042; *Merten, D.*, Das Recht auf freie Entfaltung der Persönlichkeit. Art. 2 Abs. 1 GG in der Entwicklung, JuS 1976, 345; *Muckel, S.*, Automatisierte Erfassung von KfZ-Kennzeichen zum Datenabgleich, JA 2019, 311; *Obergfell, E.*, Dichtung oder Wahrheit? Anmerkungen zum Spannungsverhältnis zwischen Kunstfreiheit und Persönlichkeitsrechtsschutz sowie zum Beschluss des BVerfG ZUM 2007, 829 – Esra, ZUM 2007, 910; *Sachs, M.*, Erfassung von Kraftfahrzeugkennzeichen contra informationelle Selbstbestimmung, JuS 2008, 825; *ders./Krings, T.*, Das neue Grundrecht auf Gewährleistung der Vertraulichkeit und Integrität informationstechnischer Systeme, JuS 2008, 481; *Schoch, F.*, Das Recht auf informationelle Selbstbestimmung, Jura 2008, 352; *Scholz, R./Konrad, K.*, Meinungsfreiheit und allgemeines Persönlichkeitsrecht, AöR 123 (1998), 60; *Schmitt Glaeser, W.*, Schutz der Privatsphäre, in: Isensee, J./Kirchhof, P. (Hrsg.), Handbuch des Staatsrechts, Band VI, 2. Auflage 2000, § 129; *Schröder, M.*, Die Je-desto-Formel des Bundesverfassungsgerichts in der Esra-Entscheidung und ihre Bedeutung für Grundrechtsabwägungen, DVBl. 2008, 146; *Starck, C.*, Zur Frage der Reichweite des Grundrechts

---

107 BVerfGE 80, 137, 153 – *Reiten im Walde*; BVerfGE 75, 108, 154 f. – *Künstlersozialversicherung*.
108 BVerfG NJW 2008, 1137, 1138 – *Geschwisterbeischlaf*; BVerfGE 90, 145, 172 – *Cannabis*; BVerfGE 92, 277, 326 – *Strafbarkeit der Spionage für die DDR*.

auf Schutz der Persönlichkeit gegen Abbildungen von Prominenten über deren Privatleben, JZ 2008, 634; *Tangermann, C.*, Die Schulstrafe, BayVBl. 2008, 357, 393; *Volkmann, U.*, Die Verabschiedung der Rasterfahndung als Mittel der vorbeugenden Verbrechensbekämpfung, Jura 2007, 132; *ders.*, Verfassungsmäßigkeit der Vorschriften des Verfassungsschutzgesetzes von Nordrhein-Westfalen zur Online-Durchsuchung und zur Internet-Aufklärung, DVBl. 2008, 590; *Wanckel, E.*, Der Schutz der Persönlichkeit bei künstlerischen Werken, NJW 2006, 578; *Wandtke, A.-A.*, Persönlichkeitsschutz versus Internet, MMR 2019, 142; *Wellenhofer, M.*, Das neue Gesetz zur Klärung der Vaterschaft unabhängig vom Anfechtungsverfahren, NJW 2008, 1185.

Rechtsprechung:
BVerfGE 6, 389 – *Homosexuelle*; BVerfGE 27, 1 – *Mikrozensus*; BVerfGE 30, 173 – *Mephisto*; BVerfGE 32, 373 – *Krankenakten*; BVerfGE 34, 238 – *heimliche Tonbandaufnahmen*; BVerfGE 34, 269 – *Soraya*; BVerfGE 35, 202 – *Lebach*; BVerfGE 45, 187 – *lebenslange Freiheitsstrafe*; BVerfGE 49, 286 – *Transsexuelle I*; BVerfGE 54, 148 – *Eppler*; BVerfGE 54, 208 – *Heinrich Böll*; BVerfGE 65, 1 – *Volkszählung*, BVerfGE 72, 155 – *elterliche Vertretungsmacht*; Vgl. BVerfGE 78, 77 – *Entmündigung*; BVerfGE 79, 256 – *Kenntnis eigener Abstammung*; BVerfGE 80, 367 – *Tagebuch*; BVerfGE 84, 239 – *Bürgschaft Familienangehöriger*; BVerfGE 89, 69 – *Cannabis*; BVerfGE 90, 255 – *Briefüberwachung in JVA*; BVerfGE 90, 263 – *Abstammung*; BVerfGE 96, 56 – *Vaterschaftsauskunft*; BVerfGE 97, 125 – *Caroline v. Monaco I*; BVerfGE 100, 313 – *G 10*; BVerfGE 101, 361 – *Caroline v. Monaco II*; BVerfGE 102, 347 – *Benetton*; BVerfGE 103, 21 – *genetischer Fingerabdruck*; BVerfGE 103, 44 – *Politbüro-Prozess*; BVerfGE 108, 82 – *biologischer Vater*; BVerfGE 109, 279 – *großer Lauschangriff*; BVerfGE 110, 33 – *Zollkriminalamt*; BVerfGE 114, 339 – *Mehrdeutige Meinungsäußerung*; BVerfGE 115, 166 – *Telekommunikationsdatenüberwachung*; BVerfGE 115, 320 – *Rasterfahndung, Schläfer*; BVerfGE 116, 243 – *ausländischer Transsexueller*; BVerfGE 116, 69 – *Jugendstrafvollzug*; BVerfGE 117, 202 – *heimlicher Vaterschaftstest*; BVerfGE 118, 168 – *Kontenabfrage durch Strafverfolgungs- und Finanzbehörden*; BVerfGE 119, 1 – *Esra*; BVerfGE 120, 224 – *Inzestverbot*; BVerfGE 120, 180 – *Caroline v. Monaco IV*; BVerfG, NJW 2007, 3197 – *Contergan-Film*; BVerfGE 120, 274 – *Online-Durchsuchung*; BVerfG, NJW 2008, 1287 – *erzwungener Umgang*; BVerfGE 120, 378 – *automatisierte Kennzeichenerfassung*; BVerfG, NJW 2019, 827 – *Kfz-Kennzeichenerfassung 2*; BVerfG, NJW 2008, 3117 – *Transsexuellengesetz*; BVerfG, NJW-Spezial 2008, 729 – *erweiterte einstweilige Anordnung, Vorratsdatenspeicherung*; BVerfG, NVwZ 2008, 543 – *einstweilige Anordnung, Vorratsdatenspeicherung*; BVerfG-K, NJW 2006, 116 – *Einsichtsanspruch in Krankenhausunterlagen*; BVerwGE 121, 115 – *Herausgabe von Stasi-Akten über Helmut Kohl*; BGH, NJW 1995, 2407 – *Sterilisation*; BGH NJW 2018, 3506 – *Eingriff in* Persönlichkeitsrecht durch Direktmailing; EGMR, NJW 2004, 2647 – *Caroline v. Monaco*; BVerfGK 14, 310, 315 – *Kontrollbetreuer*.

I. Überblick und Normstruktur

391 Beim allgemeinen Persönlichkeitsrecht handelt es sich um das zweite aus Art. 2 Abs. 1 hergeleitete Grundrecht.[1] Es weist Parallelen, aber auch deutliche Unterschiede zur allgemeinen Handlungsfreiheit auf.[2]
Der Schutz des allgemeinen Persönlichkeitsrechts wurde von den Zivilgerichten *im Wege richterlicher Rechtsfortbildung entwickelt* und später vom BVerfG als grundrechtliche Gewährleistung anerkannt.[3] Bei seiner Verwendung im Verfassungsrecht muss man sich allerdings der Differenzen zum zivilrechtlichen Begriff des allgemeinen Persönlichkeitsrechts bewusst bleiben, verfassungsrechtliches und zivilrechtliches Persönlichkeitsrecht sind – wie etwa die unterschiedliche Verankerung des postmortalen Persönlichkeitsrechts zeigt – nicht identisch.[4]

---
1 Dazu schon oben Rn. 357.
2 Näher unten Rn. 400.
3 Vgl. BVerfGE 34, 269, 281 f. – *Soraya*.
4 Näher *Lang*, in: BeckOK, GG, Art. 2 Rn. 33.

Als verfassungsnormative Basis des allgemeinen Persönlichkeitsrechts führt das BVerfG Art. 2 Abs. 1 i. V. m. Art. 1 Abs. 1 an.[5]

Diese Zitierweise darf nicht so verstanden werden, dass wegen der Inbezugnahme auf Art. 1 Abs. 1 – in Parallele zur Dogmatik bei der Menschenwürdegarantie – Eingriffe in das allgemeine Persönlichkeitsrecht keiner Rechtfertigung zugänglich werden. Die Mitzitierung von Art. 1 Abs. 1 soll zwar den engen Bezug der Persönlichkeitsentfaltung zur Menschenwürde verdeutlichen, führt im Übrigen aber nicht zur Unzulässigkeit von Eingriffen, sondern nur dazu, dass diese einer „angereicherten" Verhältnismäßigkeitsprüfung unterzogen werden.

Der Persönlichkeitsschutz des Art. 2 Abs. 1 wird damit beeinflusst und konkretisiert durch den Schutz der Menschenwürde.[6] Denn 392

„im Mittelpunkt der grundgesetzlichen Ordnung stehen Wert und Würde der Person, die in freier Selbstbestimmung als Glied einer freien Gesellschaft wirkt."[7]

Die *Herleitung des allgemeinen Persönlichkeitsrechts aus Art. 2 Abs. 1* führt zur *Geltung der Schrankentrias* der allgemeinen Handlungsfreiheit, insbesondere der Schranke der „verfassungsmäßigen Ordnung".[8] Das allgemeine Persönlichkeitsrecht steht somit unter einem einfachen Gesetzesvorbehalt.[9] 393
Verletzungen des allgemeinen Persönlichkeitsrechts können mit der *Verfassungsbeschwerde* gerügt werden.[2]

II. Schutzbereich

1. Der persönliche Schutzbereich

Wie schon der Wortlaut („Jeder ...") des Art. 2 Abs. 1 erkennen lässt, handelt es sich beim allgemeinen Persönlichkeitsrecht um ein Jedermann-Grundrecht, so dass *jede natürliche Person* Träger dieses Grundrechts ist. Der Schutz des allgemeinen Persönlichkeitsrechts ist nicht auf Deutsche i. S. d. Art. 116 Abs. 1 beschränkt, sondern steht *auch Ausländern und Staatenlosen* zu.[10] Auch *Minderjährige* können sich auf das allgemeine Persönlichkeitsrecht berufen.[11] 394

Anerkannt ist ferner ein allgemeiner Achtungsanspruch des Verstorbenen (*postmortaler Persönlichkeitsschutz*)[12] Die Rechtsgrundlage ist jedoch umstritten. Während ein Schutz des Verstorbenen aus Art. 2 Abs. 1 als Folge des allgemeinen Persönlichkeitsrechts von den Zivilgerichten bejaht wird,[13] leiten das BVerfG[14] und das Schrifttum[15] den postmortalen Schutz zu Recht ausschließlich aus Art. 1 Abs. 1 her. Denn das allgemeine Persönlichkeitsrecht schützt die Integrität der Grundrechtsträger. Dies setzt aber die (Fort-)Existenz einer Person voraus, da der 395

---

[5] BVerfGE 54, 148, 153 – *Eppler*.
[6] Ebenso *Kunig*, in: v. Münch/Kunig, GG, Art. 2 Rn. 30; *Jarass*, in: Jarass/Pieroth, GG, Art. 2 Rn. 36; *Murswiek/Rixen*, in: Sachs, GG, Art. 2 Rn. 62 f. *Starck*, in: v. Mangoldt/Klein/Starck, GG, Art. 2 Rn. 15, 86.
[7] BVerfGE 65, 1, 41 – *Volkszählung*.
[8] Vgl. hierzu *Jarass*, in: Jarass/Pieroth, GG, Art. 2 Rn. 58.
[9] *Di Fabio*, in: Maunz/Dürig, GG, Art. 2 Abs. 1 Rn. 133; ausführlich unten Rn. 403 ff.
[10] Ebenso *Jarass*, in: Jarass/Pieroth, GG, Art. 2 Rn. 51.
[11] Vgl. BVerfGE 53, 185, 203 – *Oberstufenreform*; *Starck*, in: v. Mangoldt/Klein/Starck, GG, Art. 2 Rn. 43.
[12] Dazu ausführlich oben Rn. 291 f.
[13] So etwa BGHZ 50, 133, 136 f.; BGHZ 143, 214, 218.
[14] Vgl. BVerfGE 30, 173, 194 – *Mephisto*; BVerfG NJW 2008, 549, 550; vgl. auch BVerfG NJW 2001, 594.
[15] Vgl. dazu *Starck*, in: v. Mangoldt/Klein/Starck, GG, Art. 2 Rn. 43; *Lang*, in: BeckOK, GG, Art. 2 Rn. 48; *Kunig*, in: v. Münch/Kunig, GG, Art. 2 Rn. 5 f.

grundrechtliche Schutz prinzipiell auch um der Entfaltungsmöglichkeiten des Geschützten willen gewährt wird. Eine rein retrospektive Sicherung von Pietät oder der Schutz des Angedenkens Verstorbener bleiben dem Menschenwürdegrundrecht des Art. 1 Abs. 1 überantwortet.[16]

396 Der Persönlichkeitsschutz des ungeborenen Lebens wird vielfach unter Hinweis auf den über Art. 2 Abs. 2 bestehenden Schutz verneint.[17] Das überzeugt nicht. Gegen den Ausschluss des Nasciturus aus dem Schutzbereich spricht, dass die Fähigkeit des Menschen zu bestimmten, persönlichkeitsbestimmenden Aktivitäten in der Form von Handlungsfähigkeit oder auch nur Erlebnisfähigkeit gerade keine zur Voraussetzung des Persönlichkeitsschutzes darstellt. erhoben wird.[18] Auch greift die die Ablehnung des *postmortalen* Schutzes tragende Begründung, die Persönlichkeitsentfaltung setze „die Existenz einer wenigstens potentiell oder zukünftig handlungsfähigen Person als unabdingbar voraus"[19] beim *pränatalen* Persönlichkeitsschutz nicht. Noch nicht geborenes und damit noch nicht vollumfänglich handlungsfähiges Leben verfügt jedenfalls über eine solchermaßen geforderte Potentialität. Ein pränataler Persönlichkeitsrechtsschutz aus Art. 2 Abs. 1 ist demnach grundsätzlich zu bejahen.[20]

397 *Umstritten* ist darüber hinaus, ob sich auch *juristische Personen i. S. d. Art. 19 Abs. 3* auf das allgemeine Persönlichkeitsrecht berufen können.
Der *BGH* hat einen allgemeinen Persönlichkeitsschutz im Wettbewerbsrecht bejaht, soweit eine Personenvereinigung in ihrem „*sozialen Geltungsanspruch als Arbeitgeber* oder als Wirtschaftsunternehmen betroffen wird".[21]
Das *BVerfG* differenziert hingegen nach dem *Gegenstand des Schutzbegehrens*. Eine Personenvereinigung kann sich nicht auf das allgemeine Persönlichkeitsrecht berufen, sofern es um Eigenschaften, Äußerungsformen oder Beziehungen geht. Diese sind allein einer natürlichen Person weseneigen.[22]
Im *Schrifttum* wird überwiegend die Auffassung vertreten, dass der Menschenwürdegehalt des allgemeinen Persönlichkeitsrechts einer Grundrechtsträgerschaft juristischer Personen entgegensteht, ihnen insofern jedoch der *Schutz der allgemeinen Handlungsfreiheit* zukommt.[23]

2. Der sachliche Schutzbereich des allgemeinen Persönlichkeitsrechts

398 a) **Deutungs- und Entwicklungsoffenheit.** Der Schutzbereich des allgemeinen Persönlichkeitsrechts ist aus mindestens drei Gründen nicht leicht zu fassen. Das liegt zunächst in seinem Verhältnis zu sonstigen Grundrechtsbestimmungen begründet, die ebenfalls dem Schutz der Persönlichkeit dienen. Weiter weist Art. 2

---

16 BVerfGE 30, 173, 194 – *Mephisto*; *Lang*, in: BeckOK, GG, Art. 2 Rn. 49; ausführlich zum Schutz des postmortalen Persönlichkeitsrechts im Rahmen des Art. 1 Abs. 1 *Höfling*, in: Sachs, GG, Art. 1 Rn. 58 m. w. N.; zu dessen prämortaler Geltendmachung BayVGH, U. v. 31. Januar 2018, Az 4 N 17.1197, Rn. 13.
17 *Dreier*, in: Dreier, GG, Abs. 1 Rn. 81; *Jarass*, in: Jarass/Pieroth, GG, Art. 2 Rn. 51; *Kunig*, in: v. Münch/Kunig, GG, Art. 2 Rn. 5.
18 *Kunig*, in: v. Münch/Kunig, GG, Art. 2 Rn. 5.
19 BVerfGE 30, 173, 194 – *Mephisto*.
20 *Lang*, in: BeckOK, GG, Art. 2 Rn. 49.
21 So z. B. BGHZ 98, 94, 97 f.
22 BVerfGE 95, 220, 242 – *Aufzeichnungspflicht*.
23 Vgl. *Kunig*, in: v. Münch/Kunig, GG, Art. 2 Rn. 39 m. w. N.; siehe auch *Jarass*, in: Jarass/Pieroth, GG, Art. 2 Rn. 52; differenzierend *Murswiek/Rixen*, in: Sachs, GG, Art. 2 Rn. 77, und *Starck*, in: v. Mangoldt/Klein/Starck, GG, Art. 2 Rn. 47.

Abs. 1 die Besonderheit auf, dass ein und demselben Verfassungstext mit der allgemeinen Handlungsfreiheit und dem allgemeinen Persönlichkeitsrecht zwei unterschiedliche Grundrechte entnommen werden. Schließlich kontrastiert die Beschränkung auf die Schutzgutsbezeichnung „Persönlichkeit" mit einer Vielzahl von Ausprägungen und Fallgruppen, die eine Systematisierung des allgemeinen Persönlichkeitsrechts erschweren.

399 Das Verhältnis des über Art. 2 Abs. 1 vermittelten Persönlichkeitsschutzes zu sonstigen Grundrechtsbestimmungen, die ebenfalls dem Schutz der Persönlichkeit dienen, lässt sich wie folgt skizzieren. Für einen ersten Zugriff lässt sich der Aufbau der Grundrechtsbestimmungen im GG so interpretieren, dass Art. 2 Abs. 1 als Grundnorm im Bereich der Freiheitsrechte fungiert. Die in Art. 2 Abs. 1 angesprochene Persönlichkeitsentfaltung wird dann in den nachfolgenden Grundrechten weiter ausdifferenziert: so etwa in Art. 4 für den Bereich des Glaubens, Art. 5 Abs. 1 S. 1 1. Alt. sichert die freie Entfaltung der Persönlichkeit in der geistigen Auseinandersetzung durch das Recht, die eigene Meinung frei zu äußern, Art. 12 Abs. 1 die Entfaltung der Persönlichkeit im Bereich der beruflichen Betätigung. Vergleichbares gilt für die anderen Freiheitsrechte. Die Art. 2 Abs. 1 nachfolgenden Grundrechte fungieren in dieser Lesart als bereichsspezifische Ausprägungen der Persönlichkeitsentfaltung. Von diesem Verständnis bereichsspezifischer Ausdeutung her, lässt sich das Verhältnis des allgemeinen Persönlichkeitsrechts zu den benannten Freiheitsrechten erfassen. Aufgabe des allgemeinen Persönlichkeitsrechts ist es, Elemente der Persönlichkeit, die nicht Gegenstand der besonderen Freiheitsgarantien des GG sind, diesen aber in ihrer konstituierenden Bedeutung für die Persönlichkeit nicht nachstehen, grundrechtlich zu umfangen.[24] Insoweit kommt dem Grundrecht eine lückenschließende Gewährleistungsfunktion zu, um neuartigen Gefährdungen zu begegnen, zu denen es im Zuge des wissenschaftlich-technischen Fortschritts und gewandelter Lebensverhältnisse kommen kann[25] Grundrechte wie die Unantastbarkeit der Wohnung (Art. 13) oder das Post- und Fernmeldegeheimnis (Art. 10) gehen daher dem allgemeinen Persönlichkeitsrecht vor, soweit sie in Teilbereichen Persönlichkeitsinteressen schützen.[26]

400 Näherer Betrachtung bedarf noch das Verhältnis der beiden in Art. 2 Abs. 1 verankerten Grundrechte, also der allgemeinen Handlungsfreiheit und des allgemeinen Persönlichkeitsrechts. Die gebotene Abgrenzung lässt sich (wenngleich faustformelhaft) von deren unterschiedlichen Funktionen her vornehmen. Danach kommt der *allgemeinen Handlungsfreiheit* insoweit ein *aktives Element der Persönlichkeitsentfaltung* zu als es seine Aufgabe ist, das auf Veränderung ausgerichtete Verhalten des Grundrechtsträgers grundrechtlich zu umfangen.[27] Demgegenüber

---

24 BVerfG NJW 2016, 1939 Rn. 32 – *Kenntnis der eigenen Abstammung*; BVerfGE 114, 339, 346 – *Mehrdeutige Meinungsäußerung*; BVerfGE 120, 274, 303 – *Online-Durchsuchung*; BVerfGE 99, 185, 193 – *Scientology*.

25 Vgl. BVerfG NJW 2016, 1939 Rn. 32 – *Kenntnis der eigenen Abstammung*; BVerfG NJW 2007, 2464, 2465 – *Kontenabfrage*; BVerfGE 54, 148, 153 – *Eppler*; BVerfGE 72, 155, 170 – *elterliche Vertretungsmacht*; zu dieser Funktion des Art. 2 Abs. 1 auch *Stein/Frank*, Staatsrecht, § 31 II 2c)bb); s. a. *Kube*, in: in: HStR VII, § 148 Rn. 29.

26 BVerfG NJW 2005, 2603, 2604 – *Telekommunikationsüberwachung*; BVerfGE 100, 313, 358 – *G 10*; BVerfGE 110, 33, 53 – *Zollkriminalamt*; aus dem Schrifttum etwa *Jarass*, in: Jarass/Pieroth, GG, Art. 2 Rn. 38. *Lang*, in: BeckOK, GG, Art. 2 Rn. 54b; siehe zum besonderen Privatsphärenschutz der Wohnung *Stern*, Staatsrecht IV/1, S. 212 ff.

27 BVerfGE 27, 1, 6 f. – *Mikrozensus*; *Dreier*, in: Dreier, GG, Art. 2 Rn. 27; *Starck*, in: v. Mangoldt/Klein/Starck, GG, Art. 2 Rn. 14 f.; *Hillgruber*, in: Umbach/Clemens, GG, Art. 2 Rn. 37 f.

zielt das *allgemeine Persönlichkeitsrecht* auf ein eher *passives Moment*, ihm kommt die Aufgabe zu, einen abgrenzbaren geschützten „Raumes" zu sichern, innerhalb dessen die einzelne Person ihre Individualität in unterschiedlichen Sphären der Selbstbewahrung, Selbstbestimmung und Selbstdarstellung selbstbestimmt entwickeln und (be)wahren kann.

401 **b) Sphärenmodell.** Angesichts der prinzipiellen Entwicklungsoffenheit des Schutzbereichs[28], die durch einen fixierten Schutzbereich konterkariert würde, lässt sich das allgemeine Persönlichkeitsrecht am besten über Fallgruppen konkretisieren, die im Interesse einer Operationalisierung der Eingriffsrechtfertigungsprüfung anhand der sog. Sphärentheorie strukturiert werden können.
Dabei werden unterschiedliche Sphären unterschieden, wobei umso strengere Anforderungen an die Verhältnismäßigkeit staatlicher Eingriffe gestellt werden, je mehr im Bild konzentrischer Kreise der innere Bereich berührt wird.

> Dogmatisch handelt es sich bei der vom BVerfG entwickelten Sphärentheorie um eine spezielle Ausprägung des Verhältnismäßigkeitsgrundsatzes, also eine Schranken-Schranken-Konstruktion, auf die aber auch zurückgegriffen wird, um die Schutzgehalte der allgemeinen Persönlichkeitstheorie zu umschreiben. An der Sphärentheorie ist ungeachtet notwendiger Modifikationen und Ausdifferenzierungen trotz anhaltender Kritik (zu unscharf) festzuhalten, weil sie nach wie vor ein geeignetes Instrument darstellt, der Vielfalt der Fallgruppen eine Struktur zu geben, auf deren Basis auch neue Fallgruppen verifiziert oder falsifiziert werden können.[29]

Im Zentrum des Art. 2 Abs. 1 steht nach dessen Wortlaut die freie Entfaltung der Persönlichkeit. Dabei kann die Verfassung nur die Bedingungen und Möglichkeiten der Freiheit der Persönlichkeitsentfaltung sichern.[30] Das ist auf mehreren Ebenen/Sphären denkbar. Deren Bezeichnung erfolgt durchaus unterschiedlich. Allerdings sind die Sphären ohnedies nicht im Sinne eines starren Korsetts zu begreifen, Übergänge und Abgrenzungen vielmehr eine Frage des Einzelfalls.[31] Wichtiger als die Bezeichnung ist, sich die Funktion des Sphärenbildes klar zumachen, bei dem es letztlich um die Maßstabsbildung einer abgestuften Eingriffsrechtfertigungsprüfung geht.

402 **aa) Schutz der Privatheit (Selbstbewahrung) als Voraussetzung der Persönlichkeitsentfaltung.** Hinsichtlich der Privatheit als Voraussetzung der Persönlichkeitsentfaltung kann differenziert werden zwischen einer – eng abzusteckenden und prinzipiell unantastbaren – Intimsphäre und der Privatsphäre in ihren weiteren Ausprägungen.

> **Fall 4:** Auch in Deutschland finden zunehmend sog. digitale Sprachassistenten Verbreitung. Dabei handelt es sich meist um Lautsprecher mit eingebauten Computern und Mikrofonen; einige Modelle sind sogar mit einer smarten Kamera kombiniert, die etwa beim Aussuchen von Kleidern helfen soll. Einmal ins Heimnetzwerk eingebunden, lauschen die Assistenten auf ihr Aktivierungswort. Sagt der Nutzer dann etwa Siri, Google Now, Cortana, Alexa oder ein ähnliches Codewort, aktiviert sich der mit einem Server des Betreibers verbundene Assistent und führt auf Kommando Aktionen aus. So kann der Nutzer mit Hilfe des Assistenten etwa E-Mails oder SMS diktieren und verschicken, Termine verwalten oder eine Pizza bestellen. Die Länder und der Bund planen neue Gesetze zur „Effektivierung der Gefahrenabwehr" und

---

28 BVerfG NJW 2008, 39, 4 – Esra.
29 *Lang*, in: BeckOK, GG, Art. 2 Rn. 36; s. a. *Sachs*, Verfassungsrecht II, Teil II, Kap 14 Rn. 55.
30 BVerfG NJW 2016, 1939, Rn. 32 – *Kenntnis der eigenen Abstammung*.
31 BVerfGE 109, 279, 314 f. – *großer Lauschangriff*.

zur „Bekämpfung des Terrorismus". Geplant sind auch Regelungen zu den digitalen Assistenten. Danach sollen die digitalen Assistenten, die normalerweise durch den Zuruf des vereinbarten Codewortes aktiviert werden und nach Angaben der Betreiber sonst „nicht zuhören", permanent im „Zuhörmodus" bleiben. Sofern in der Unterhaltung bestimmte Schlüsselbegriffe fallen – etwa „Terroranschlag", „Dschihad", „Bin Laden" – sollen sich die digitalen Assistenten aktivieren und die nachfolgend geführten Gespräche aufzeichnen und an Server der Polizei senden. Dort soll die Möglichkeit bestehen, nach Prüfung der „Ungefährlichkeit" der Unterhaltung den jeweiligen Assistenten wieder in den Standby-Modus zurück zu fahren. Der in einem Einzimmerappartement wohnende Student S meint das Gesetz stelle eine Verletzung seiner Intimsphäre dar. Erst neulich habe er seiner Freundin, die er mit seinem Motorrad vom Bahnhof abholen wollte, über den digitalen Sprachassistenten eine SMS geschickt „Batterie leer, bin laden" und habe nun Sorge, dass das ganze gemeinsame Wochenende aufgezeichnet und ausgewertet worden sei und er vollkommen zu Unrecht des Terrorismus verdächtigt werde. Wäre die gesetzlichen Regelungen mit dem allgemeinen Persönlichkeitsrecht vereinbar?

(1) Intimsphäre. Die höchste Schutzintensität genießt wegen der besonderen Nähe zur Menschenwürde die Intimsphäre.[32] Sie ist unantastbar und der Einwirkung der öffentlichen Gewalt entzogen.[33] Selbst überwiegende Interessen der Allgemeinheit können einen Eingriff in diesen absolut geschützten Kernbereich privater Lebensgestaltung nicht rechtfertigen.[34]

Die Intimsphäre umfasst dabei vor allem jene Aspekte der Persönlichkeit, in die der Einzelne keinem anderen Einblick gewähren möchte und über die er mit keinem Dritten kommunizieren will[35], klassisches Beispiel: Tagebuch. Teil dieses innersten Geheimbereiches des Individuums können aber auch Kommunikationsvorgänge sein, wenn sie im engsten Familienbereich bzw. unter (Ehe-)Partnern getätigt werden.[36] Hierher gehört grundsätzlich auch die Sexualität. Allerdings sind nicht alle mit dem Sexualleben und der sexuellen Selbstbestimmung zusammenhängende Fragen der Lebensgestaltung vom unantastbaren Bereich des Persönlichkeitsrechts erfasst.[37] Das erklärt sich aus dem Drittbezug der Sexualität, die staatliche Maßnahmen mit Blick auf ihrerseits grundrechtlich geschützte Interessen anderer oder überwiegende Interessen der Allgemeinheit unter strikter Wahrung der Verhältnismäßigkeit rechtfertigen können.

Ob ein Sachverhalt dem unantastbaren Kernbereich zuzuordnen ist, hängt davon ab, ob er nach seinem Inhalt höchstpersönlichen Charakters ist.[38] Insoweit kommt es bei der gebotenen Einzelfallbetrachtung auch darauf an, in welcher Art und Intensität er aus sich heraus die Sphäre Anderer oder Belange der Gemeinschaft berührt.[39]

Lösung Fall 4: Fraglich ist, ob der betroffene Lebensbereich zur Intimsphäre gehört. Das gemeinsam mit seiner Freundin verbrachte Wochenende und insbesondere die darin getätigten Kommunikationsvorgänge gehören zum innersten Geheimbereich des

---

32 BVerfGE 80, 367, 373 – *Tagebuch*.
33 BVerfGE 109, 279, 313 – *großer Lauschangriff*; BVerfGE 89, 69, 82 f. – *Cannabis*; BVerfGE 34, 238, 246 – *Soraya*; ähnlich bereits BVerfGE 6, 32, 41 – *Homosexuelle*; vgl. auch *Hillgruber*, in: Umbach/Clemens, GG, Art. 2 Rn. 49.
34 BVerfGE 109, 279, 313 – *großer Lauschangriff*; BVerfGE 34, 238, 245 – *Soraya*.
35 BVerfGE 80, 367 ff. – *Tagebuch*; *Lang*, in BeckOK, GG, Art. 2 Rn. 39.
36 BVerfG (K) NJW 1995, 1477, 1478.
37 BVerfGE 120, 224 – *Inzestverbot* (juris Rn. 33); BVerfGE 27, 344, 351 – *Mikrozensus*; 65, 1, 44– *Volkszählung*; BVerfGE 96, 56, 61 – *Durchsuchungsanordnung*.
38 BVerfGE 34, 238, 248 – *Soraya*; BVerfGE 80, 367, 374 -*Tagebuch*.
39 BVerfGE 109, 279, 314 f. – großer Lauschangriff; BVerfG NJW 2008, 113 – *Geschwisterinzest*.

Individuums. Die Gespräche der Lebenspartner können höchstpersönlichen Charakter haben und sollen nicht nach außen dringen. Das gilt besonders auch deshalb, weil es vorliegend um eine kleine Einzimmerwohnung handelt und somit in besonderer Weise die Gefahr eines Eindringens in den Intimbereich besteht. Ein Berühren der Sphäre anderer und der Belange der Allgemeinheit ist bei solchen höchstpersönlichen Angelegenheiten gerade nicht zu sehen. Daher gehört der geschützte Lebensbereich in die Intimsphäre. Die gesetzlichen Regelungen stellten einen nicht gerechtfertigten Eingriff in das allgemeine Persönlichkeitsrecht dar.

404 (2) **Privatsphäre.** Die Privatsphäre ist der Intimsphäre in der Schutzintensität nachgelagert. Zwar dient auch sie dem Schutz des engeren persönlichen Lebensbereichs. Im Gegensatz zur Intimsphäre weist die Privatsphäre aber bereits einen signifikanten Sozialbezug auf, die sie rechtlicher Regelung zugänglich macht.[40] Eingriffe in dieser Sphäre sind nur im überwiegenden Interesse der Allgemeinheit unter strikter Beachtung des Verhältnismäßigkeitsprinzips zulässig.[41]

> **Fall 5:**[42] A wird eines Diebstahls verdächtigt, behauptet aber, zur fraglichen Zeit seinen Hausarzt H aufgesucht zu haben. Um das Alibi zu überprüfen, beschlagnahmte die Polizei – nach richterlicher Anordnung – die Patientenkarteikarte des A. Auf der Karteikarte findet sich eine Auflistung der Besuche des A mit Vermerken zu den jeweils durchgeführten Untersuchungen und Diagnosen. Ist der Schutzbereich des allgemeinen Persönlichkeitsrechts eröffnet?

405 Das allgemeine Persönlichkeitsrecht schützt „die *engere persönliche Lebenssphäre und die Erhaltung ihrer Grundbedingungen*".[43] Es verleiht dem Grundrechtsträger das Recht, „sich zurückzuziehen, abzuschirmen, für sich und allein zu bleiben"[44]. Ihm soll ein *privater Bereich* zur Verfügung stehen, den er selbst gestalten kann, und der einer staatlichen Kontrolle und dem Einblick Dritter entzogen ist.[45] Der Persönlichkeitsschutz sichert dem Einzelnen einen

> „autonomen Bereich privater Lebensgestaltung, in dem der Einzelne seine Individualität entwickeln und wahren kann".[46]

406 Zum allgemeinen Persönlichkeitsrecht gehört die

> „Befugnis des Einzelnen, grundsätzlich selbst zu entscheiden, wann und innerhalb welcher Grenzen persönliche Lebenssachverhalte offenbart werden".[47]

407 Der Schutz der Privatsphäre umfasst „zum einen Angelegenheiten, die *wegen ihres Informationsinhalts typischerweise als ,privat'* eingestuft werden"[48], zum anderen „einen *räumlichen Bereich*, in dem der Einzelne zu sich kommen, sich entspannen oder auch gehen lassen kann"[49]. Diese Privatsphäre ist nicht auf den häuslichen Bereich beschränkt, sondern erfasst auch andere Rückzugsbereiche, die erkennbar von der Öffentlichkeit abgeschieden sind.[50] Das gilt auch für das Arzt-Patienten-Verhältnis.

---

40 BVerfG NJW 2008, 39, 42 – *Esra*; BVerfGE 80, 367, 374 – *Tagebuch*; BVerfGE 101, 361 – *Caroline v. Monaco II*; BVerfG BeckRS 2012, 60164.
41 BVerfGE 27, 344 – *Mikrozensus*, 351; BVerfGE 65, 1, 43 f – *Volkszählung*.
42 Angelehnt an BVerfGE 32, 373 – *Krankenakten*.
43 BVerfGE 54, 148, 153 – *Eppler*; BVerfGE 72, 155, 170 – *elterliche Vertretungsmacht*.
44 Kingreen/Poscher, Grundrechte, Rn. 444.
45 Vgl. *Murswiek/Rixen*, in: Sachs, GG, Art. 2 Rn. 69; *Kunig*, in: v. Münch/Kunig, GG Art. 2 Rn. 33
46 BVerfGE 35, 202, 220 – *Lebach*; BVerfGE 79, 256, 268 – *Abstammung*.
47 BVerfGE 80, 367, 373 – *Tagebuch*.
48 BVerfGE 101, 361, 383 f. – *Caroline v. Monaco II*.
49 BVerfGE 101, 361, 383 – *Caroline v. Monaco II*, unter Hinweis auf BVerfGE 27, 1, 6 – *Mikrozensus*.
50 Vgl. BVerfGE 101, 361, 383 f. – *Caroline v. Monaco II*.

Lösung Fall 5: Hier könnte der Schutzbereich des allgemeinen Persönlichkeitsrechts (Art. 2 Abs. 1 i. V. m. Art. 1 Abs. 1) eröffnet sein. Dies umfasst unter anderem das Recht auf Privatsphäre. Grundlage jeder ärztlichen Behandlung ist das Vertrauen des Patienten, dass die erhobenen Befunde nur dem jeweiligen Arzt, nicht aber Dritten bekannt werden. Müsste der Einzelne fürchten, Befunde könnten regelmäßig auch anderen zugänglich werden, bestünde die Gefahr, dass der Patient Umstände verheimlicht oder einen Arzt gar nicht erst aufsucht. Ärztliche Erkenntnisse und diesbezügliche Aufzeichnungen des Arztes sind folglich der Privatsphäre des Patienten zuzuordnen.[51]

bb) Schutz der Selbstbestimmung als Voraussetzung der Persönlichkeitsentfaltung. Der vom allgemeinen Persönlichkeitsrecht umfasste Schutz der Selbstbestimmung kann sich als personale Selbstbestimmung als auch in der Selbstbestimmung über Daten zeigen.

(1) Personale Selbstbestimmung. Zur personalen Selbstbestimmung gehört namentlich die private Sexualsphäre – soweit sie nicht schon dem unantastbaren Bereich der Intimsphäre zugeordnet ist.[52] Das allgemeine Persönlichkeitsrecht sichert dem Einzelnen „das Recht zu, seine Einstellung zum Geschlechtlichen selbst zu bestimmen [...] und grundsätzlich selbst darüber [zu] befinden, ob, in welchen Grenzen und mit welchen Zielen er Einwirkungen Dritter auf diese Einstellung hinnehmen will".[53]

Die vom allgemeinen Persönlichkeitsrecht umfasste sexuelle Selbstbestimmung ist insbesondere dann verletzt, wenn bei der rechtlichen Bestimmung der Geschlechterzugehörigkeit allein auf das nach äußeren Geschlechtsmerkmalen bestimmte und nicht auf das empfundene Geschlecht abgestellt wird. Das betrifft namentlich verschiedene Varianten der Geschlechtsentwicklung wie die Trans- und die Intersexualität. Beide können heute weder in medizinischer noch verfassungsrechtlicher Perspektive als Krankheit angesehen werden.[54] Staatliche Maßnahmen die insoweit auf die geschützte sexuelle Selbstbestimmung einwirken, unterliegen mit Blick auf die Bedeutung der sexuellen Selbstbestimmung und den Verhältnismäßigkeitsgrundsatz erhöhten Anforderungen.

Auch die *Schwangerschaft* fällt in den Schutzbereich des allgemeinen Persönlichkeitsrechts.[55] Ebenso muss der Staat die Entscheidung einer Frau oder eines Mannes respektieren, durch einen medizinischen Eingriff die eigene *Fortpflanzungsfähigkeit* zu verlieren.[56] Die grundsätzliche Pflicht, dass Eltern Umgang mit ihrem

---

51 Der Eingriff ist hier auch nicht verfassungsmäßig gerechtfertigt und damit verfassungswidrig. Zum Schutz von Patientenakten und von ärztlichen Befunden vgl. BVerfGE 32, 373, 379 ff. – *Ärztekartei*; zu relevanten Ausnahmen (etwa bei Seuchengefahren oder der Aufklärung von Straftaten) vgl. BVerfGE 32, 373, 381 – *Ärztekartei*; zum (unzulässigen) Abhören von Selbstgesprächen im Krankenzimmer s. BVerfG NJW 2005, 3295 – *Akustische Wohnraumüberwachung eines Krankenzimmers*.
52 *Jarass*, in: Jarass/Pieroth, GG, Art. 2 Rn. 48.
53 BVerfGE 47, 46, 73 – *Sexualkundeunterricht*; zur verfassungsrechtlichen Beurteilung des sog. Inzestverbots vgl. BVerfGE 120, 224 – *Inzestverbot*; zur Kritik etwa *Lang*, in: BeckOK, GG, Art. 2 Rn. 39 m. w. N.
54 BVerfG BeckRS 2017, 132346, Rn. 7 – *Gutachten Transsexualität*; BVerfG NJW 2017, 3643 Rn. 9 – *Transsexualität II*; s. auch bereits BVerfGE 128, 109, 124 – *Transsexuellengesetz*; s. a. *Lang*, in: Becker/Kingreen, SGB V, 6. Aufl. 2018, § 27 Rn. 26.
55 Vgl. BVerfGE 39, 1, 42 – *Schwangerschaftsabbruch I*.
56 Vgl. BGH, NJW 1995, 2407, 2409 – *Sterilisation*.

Kind pflegen müssen, betrifft auch das allgemeine Persönlichkeitsrecht. Inwiefern dies zwangsweise möglich ist, hängt letztlich davon ab, was dem Kindeswohl dient.[57]

412 Besondere Beachtung verdient die personale Selbstbestimmung weiter im Betreuungsrecht. Hier gilt es dessen grundsätzliche Wertung als Erwachsenenschutzrecht zu beachten. Das Gesetz will gerade die Selbstbestimmung Betreuter so weit als möglich erhalten und nur soweit wie notwendig einschränken. Die Betreuung führt deshalb nicht etwa zur Unwirksamkeit von Willenserklärungen Betreuter, Betreute sind entgegen landläufiger Meinung insbesondere nicht entmündigt. Deshalb steht der von Art. 2 Abs. 1 i. V. m. Art. 1 Abs. 1 umfasste autonome Bereich privater Lebensgestaltung, der der Entwicklung und Wahrung der Individualität dient, auch Betreuten zu.[58] Da die Betreuung – vor allem, wenn sie auf alle Angelegenheiten bezogen ist – die Selbstbestimmung der Person insgesamt trifft[59], bedarf ihre Ausgestaltung bestimmter materieller und verfahrensmäßiger Sicherungen (vgl. §§ 271 ff. FamFG). Verfahrensmäßig führt der von Art. 2 Abs. 1 erfasste Schutz der Selbstbestimmung dazu, dass etwa eine Betreuerbestellung ohne vorherige Anhörung des Betroffenen Art. 2 Abs. 1 i. V. m. Art. 1 Abs. 1 verletzt.[60]

413 Selbstbestimmung hat auch eine soziale und wirtschaftliche Dimension. Deshalb gewährt Art. 2 Abs. 1 i. V. m. Art. 1 Abs. 1 Schutz vor Selbstbezichtigung[61] und beinhaltet ein Recht auf Resozialisierung.[62] Dem Grundrechtsträger muss es möglich sein, nach Verbüßung seiner Haftstrafe sich wieder in die Gesellschaft zu integrieren.[63]

414 Das Persönlichkeitsrecht ist auch betroffen, wenn in einem Roman Personen geschildert werden, die anhand der Beschreibungen ihre realen Vorbilder erkennen lassen.[64] Eine Persönlichkeitsrechtsverletzung kann andererseits abzulehnen sein, wenn die Schilderung eines grundsätzlich realen Sachverhalts soweit abgewandelt wird, dass die Erkennbarkeit des Verhaltens einzelner Personen nicht mehr möglich ist.[65]

415 Auch die behördliche Anordnung, zum Nachweis der Eignung zum Führen von Kraftfahrzeugen ein *medizinisch-psychologisches Gutachten* beizubringen, das Befunde über den Gesundheitszustand, die seelische Verfassung und den Charakter des Betroffenen enthält, stellt einen Eingriff in das allgemeine Persönlichkeitsrecht dar, der eine verfassungsrechtliche Rechtfertigung erfordert.[66]

416 Die vom allgemeinen Persönlichkeitsrecht umfasste wirtschaftliche Selbstbestimmung verpflichtet den Gesetzgeber etwa dazu, sicherzustellen, dass junge Erwach-

---

57 BVerfG, NJW 2008, 1287 – *erzwungener Umgang*. Dazu auch noch Rn. 748.
58 Vgl. BVerfGE 117, 202, 225 – *heimlicher Vaterschaftstest*.
59 BVerfGK 14, 310, 315 – *Kontrollbetreuer*.
60 BVerfG NJW 2016, 2559 Rn. 15 – *Betreuungsanordnung*.
61 BVerfG BeckRS 2016, 46112 Rn. 20 – *europäischer Haftbefehl*; BVerfGE 56, 37, 4 – Selbstbezichtigung des Gemeinschuldners.
62 Vgl. etwa BVerfGE 116, 69, 89 – *Jugendstrafvollzug*; BVerfGE 35, 202, 235 ff. – *Lebach*.
63 BVerfGE 35, 202, 235 f. – *Lebach*.
64 Dazu BVerfGE 119, 1 – *Esra*. Dazu auch noch unten Rn. 683.
65 Vgl. BVerfG, NJW 2007, 3197, 3199 – *Contergan-Film*.
66 Vgl. BVerfGE 89, 69, 82 f. – *Cannabis*.

Allg. Persönlichkeitsrecht gem. Art. 2 Abs. 1 i. V. m. Art. 1 Abs. 1 **417, 418**

sene nicht durch Maßnahmen im Rahmen der elterlichen Vertretungsmacht hochverschuldet „in die Volljährigkeit ' entlassen werden".[67]

Schließlich sind Verständnis und Entfaltung der Individualität i. S. personaler **417** Selbstbestimmung eng mit der Kenntnis der für sie konstitutiven Faktoren verbunden. Dazu zählt neben anderen die *Abstammung*.[68] Art. 2 Abs. 1 i. V. m. Art. 1 Abs. 1 gibt dabei zwar keinen Anspruch auf Verschaffung, schützt aber vor der Vorenthaltung verfügbarer *Abstammungsinformationen*.[69] Das allgemeine Persönlichkeitsrecht gewährleistet nicht nur, dass ein Kind ein Recht auf Kenntnis seiner Abstammung hat. Vielmehr ist auch das Recht des Mannes geschützt, hinsichtlich der „Abstammung eines ihm rechtlich zugeordneten Kindes" Kenntnis zu erlangen.[70]

> **Fall 6:**[71] T ist die 20-jährige Tochter der M, die seit 25 Jahren mit V verheiratet ist. T gilt demnach als (eheliches) Kind des V (§ 1592 Nr. 1 BGB). T hat Zweifel an dessen Vaterschaft. Für eine gerichtliche Klärung ist nach § 1596 Abs. 1 i. V. m. § 1593 BGB (a. F.) die Anfechtung der Ehelichkeit Voraussetzung. Diese ist nur in bestimmten Fällen (z. B. Scheidung der Eltern) möglich. Ist das Persönlichkeitsrecht der T betroffen?
>
> **Lösung Fall 6**: Der Schutzbereich des allgemeinen Persönlichkeitsrechts (Art. 2 Abs. 1 i. V. m. Art. 1 Abs. 1) umfasst auch die selbst bestimmte Persönlichkeitsentfaltung und damit die Integrität des Selbstverständnisses. Der Bezug zu den Vorfahren nimmt eine Schlüsselstellung für das Selbstverständnis des Einzelnen ein. Zu einer selbst bestimmten Persönlichkeitsentfaltung gehört die Kenntnis der eigenen Wurzeln.[72] Das allgemeine Persönlichkeitsrecht umfasst daher auch ein Recht auf Kenntnis der eigenen Abstammung. Indem es die gesetzliche Regelung der T unmöglich macht, ihre Abstammung rechtlich klären zu lassen, ist der Schutzbereich des allgemeinen Persönlichkeitsrechts vorliegend eröffnet.[73]

(2) Selbstbestimmung und Daten (Recht auf informationelle Selbstbestimmung). Die vom Schutzbereich des allgemeinen Persönlichkeitsrechts erfasste Selbstbestimmung wird auch durch die Möglichkeiten moderner Datenverarbeitung herausgefordert. Schon früh hat das BVerfG diese Gefahren erkannt und das im sog. Volkszählungsurteil das Recht auf informationelle Selbstbestimmung im Wege richterlicher Rechtsfortbildung entwickelt.[74] Das Gericht hat ein besonderes Schutzbedürfnis des Einzelnen im Hinblick auf die Bedingungen der *automatischen Datenverarbeitung* gesehen.[75] Denn „bei Entscheidungsprozessen [müsse] nicht mehr wie früher auf manuell zusammengetragene Karteien und Akten zurückgegriffen werden [muss], **418**

---

67 Vgl. BVerfGE 72, 155, 170 ff. – *elterliche Vertretungsmacht*.
68 So BVerfGE 79, 256, 268 – *Kenntnis der eigenen Abstammung*; BVerfG NJW 2007, 753 – *heimlicher Vaterschaftstest*.
69 Vgl. BVerfG NJW 2016, 1939 Rn. 38 – *Kenntnis der eigenen Abstammung, Abstammungserklärung* unter Hinweis auf BVerfGE 79, 256, 268 f. – *Kenntnis der eigenen Abstammung*; BVerfGE 90, 263, 270 f. – *Ehelichkeitsanfechtung*; BVerfGE 96, 56, 6 – *Durchsuchungsanordnung*.
70 Vgl. BVerfGE 117, 202 – *heimlicher Vaterschaftstest*; s. a. BGH NJW 2005, 497; u. BGH NJW 2006, 1657: heimlicher Vaterschaftstest unzulässig und zivilprozessual nicht verwertbar; jüngst hat das BVerfG judiziert, dass das allgemeine Persönlichkeitsrecht den Gesetzgeber nicht dazu verpflichte, neben dem Vaterschaftsfeststellungsverfahren nach § 1600d BGB auch ein Verfahren zur isolierten, sog. rechtsfolgenlosen, Klärung der Abstammung von einem mutmaßlich leiblichen, aber nicht rechtlichen Vater bereitzustellen, BVerfG NJW 2016, 1939 Rn. 48 ff.
71 Angelehnt an BVerfGE 79, 256 – *Abstammung*.
72 So auch BVerfGE 79, 256, 268 ff. – *Abstammung*; BVerfGE 90, 263, 270 f. – *Abstammung*.
73 Die Regelung stellt im Übrigen auch einen unverhältnismäßigen Eingriff dar und ist daher verfassungswidrig.
74 BVerfGE 65, 1 – *Volkszählung*; kritisch hierzu Ipsen, Staatsrecht II, Rn. 317 f.
75 Näher BVerfGE 65, 1, 42 ff. – *Volkszählung*.

vielmehr [seien] heute mit Hilfe der automatischen Datenverarbeitung Einzelangaben über persönliche oder sachliche Verhältnisse einer [...] Person technisch gesehen unbegrenzt speicherbar und jederzeit ohne Rücksicht auf Entfernungen in Sekundenschnelle abrufbar [...]".[76] Darüber hinaus ist bei Durchsuchung eines elektronischen Kommunikationsmediums die Grenze zum höchstpersönlichen Bereich des Einzelnen nicht bzw. nur schwer erkennbar.[77] Die freie Entfaltung der Persönlichkeit setze daher

> „den Schutz des Einzelnen gegen unbegrenzte Erhebung, Speicherung, Verwendung und Weitergabe seiner persönlichen Daten voraus."[78]

Dieses Recht auf informationelle Selbstbestimmung umfasse

> „die Befugnis des Einzelnen, grundsätzlich selbst über die Preisgabe und Verwendung seiner persönlichen Daten zu bestimmen".[79]

419 Dabei ist der Inhalt der Informationen nur eingeschränkt von Bedeutung. So reicht es beispielsweise aus, wenn bei einer Kontenabfrage durch Behörden die Kontostammdaten (Kontonummer, Name und Geburtstag des Inhabers, Tag der Kontoeröffnung) von Personen gespeichert und weiterverarbeitet werden.[80] Das Recht auf informationelle Selbstbestimmung ist aufgrund seiner persönlichkeitsrechtlichen Grundlage *nicht auf die automatische Datenverarbeitung beschränkt*,[81] wird durch diese aber besonders herausgefordert. Denn wegen der Besonderheit von Maßnahmen der elektronischen Datenverarbeitung, die eine Menge an sich belangloser Daten verarbeiten, kombinieren und verknüpfen können, gibt es unter den Bedingungen der elektronischen Datenverarbeitung *kein* schlechthin, also ungeachtet des Verwendungskontextes, *belangloses personenbezogenes Datum* mehr.[82]

420 Bei der Überwachung von Telekommunikationsdaten muss das Recht auf informationelle Selbstbestimmung unter Umständen von den Rechten aus Art. 13 und Art. 10 abgegrenzt werden.[83]

421 Das Recht auf informationelle Selbstbestimmung schützt beispielsweise *Ehescheidungsakten, Patientenkarteien und Steuerdaten*.[84]

422 Diesbezüglich kann sich auch ein Anspruch ergeben, wonach der Einzelne einen Anspruch auf Einsichtnahme beispielsweise in seine eigenen *Krankenhausunterlagen* haben kann. Dies ergibt sich daraus, dass man grundsätzlich das Recht haben muss, auf das Wissen Dritter hinsichtlich der eigenen Person zuzugreifen.[85]

423 Von Bedeutung ist dieses Recht weiterhin bei der Feststellung und Speicherung des *genetischen Fingerabdrucks*[86]. Es schützt etwa auch vor der Preisgabe von Infor-

---

76 BVerfGE 65, 1, 42 – *Volkszählung*.
77 Vgl. dazu *Hufen*, Staatsrecht II, § 12 Rn. 5.
78 BVerfGE 65, 1, 43 – *Volkszählung*.
79 BVerfGE 65, 1, 43 – *Volkszählung*; BVerfGE 84, 192, 194 – *Entmündigung*.
80 Dazu BVerfGE 118, 168 – *Kontenabfrage durch Strafverfolgungs- und Finanzbehörden*.
81 Vgl. BVerfGE 78, 77, 84 – *Entmündigung*; *Jarass*, in: Jarass/Pieroth, GG, Art. 2 Rn. 42; ausführlich *Di Fabio*, in: Maunz/Dürig, GG, Art. 2 Abs. 1 Rn. 176.
82 BVerfG, NJW 2019, 827, Rn. 38 – *Kfz-Kennzeichenerfassung 2*; BVerfGE 120, 378, 398 f. – *automatisierte Kennzeichenerfassung*; *Lang*, in: BeckOK, GG, Art. 2 Rn. 45a.
83 Dazu sehr interessant BVerfGE 115, 166 – *Telekommunikationsdatenüberwachung*.
84 Vgl. *Jarass*, in: Jarass/Pieroth, GG, Art. 2 Rn. 44 m. w. N.; *Manssen*, Grundrechte, Rn. 246. Siehe hierzu auch sogleich Rn. 350.
85 Dazu BVerfG-K, NJW 2006, 116 – *Einsichtsanspruch in Krankenhausunterlagen*.
86 BVerfG, NJW 2001, 2320, 2321 – *genetischer Fingerabdruck*; vgl. auch BVerfG, NJW 1996, 771 – *Blutprobe*.

mationen über genetische Merkmale einer Person, aus denen sich in Abgleich mit den Daten einer anderen Person Rückschlüsse auf die Abstammung ziehen lassen[87] und damit auch vor einem Abstammungsklärungsanspruch.[88] Art. 2 Abs. 1 i. V. m. Art. 1 Abs. 1 ist weiterhin betroffen bei der Anforderung eines *„Drogenscreenings"*,[89] der Datenübermittlung zum Zwecke der *Rasterfahndung* zur Terrorismusbekämpfung,[90] der *Videoüberwachung sog. „Kriminalitätsbrennpunkte"*,[91] der *Herausgabe von Stasi-Unterlagen*, die personenbezogene Informationen enthalten,[92] und der *Vorratsdatenspeicherung*.[93] Aufgrund der unterschiedlichen Aufgaben von Polizeibehörden und Nachrichtendiensten folgt aus dem Recht auf informationelle Selbstbestimmung grundsätzlich ein informationelles Trennungsprinzip, so dass Daten grundsätzlich nicht ausgetauscht werden dürfen. Einschränkungen der Datentrennung sind nur ausnahmsweise zulässig.[94]

Als rechtfertigungsbedürftigen Eingriff in das allgemeine Persönlichkeitsrecht wertet die Rechtsprechung auch sog. „Hygiene-Ampeln", die zur Beurteilung der behördlichen Risikobewertung eines Lebensmittelbetriebs eingesetzt werden.[95]

Im sog. Politbüro-Prozess wurde das Anfertigen von *Ton- und Fernsehaufnahmen während der Gerichtsverhandlung* mit Rücksicht auf das allgemeine Persönlichkeitsrecht der Angeklagten untersagt.[96]

> **Fall 7:**[97] Um den Fahndungserfolg zu erhöhen, beschließen einige Landesregierungen polizeirechtliche Regelungen zu erlassen, welche allgemein die Möglichkeit zur automatisierten Kennzeichenerfassung vorsehen. Demnach sollen die Kennzeichen der vorbeifahrenden Fahrzeuge erfasst, ausgewertet und mit der Datenbank der gesuchten Kennzeichen abgeglichen werden. Wird durch diese Maßnahme in das Grundrecht auf informationelle Selbstbestimmung der Autofahrer eingegriffen?

„Grundsätzlich muss [daher] der Einzelne Einschränkungen seines Rechts auf informationelle Selbstbestimmung *im überwiegenden Allgemeininteresse hinnehmen*".[98] Dies setzt eine verfassungsmäßige gesetzliche Grundlage voraus, die dem rechtsstaatlichen Gebot der Normenklarheit und dem Verhältnismäßigkeitsprinzip gerecht wird.[99] Erforderlich ist eine *bereichsspezifische Regelung*, die Zweck, Anlass und Umfang der Datenerhebung und -speicherung konkretisiert.[100] Die Datenschutzgesetze des Bundes und der Länder konkretisieren das Recht auf informatio-

---

87 BVerfGE 117, 202, 228– *heimlicher Vaterschaftstest*.
88 BVerfG NJW 2016, 1939, Rn. 56 – *Kenntnis der eigenen Abstammung, Abstammungserklärung*.
89 BVerfGE, NJW 2002, 2378 – *Fahrerlaubnisentzug bei Cannabisbesitz*; BVerwG, NJW 1997, 269 – *Drogenscreening*.
90 BVerfGE 115, 320 – *Rasterfahndung, Schläfer*; OLG Frankfurt a. M., NVwZ 2002, 626; OLG Düsseldorf, NVwZ 2002, 629.
91 VGH BW, VBlBW 2004, 20; das gilt auch bei einer offenen polizeilichen Videoüberwachung (im konkreten Fall auf der Reeperbahn), vgl. BVerwG NVwZ 2012, 757, 758; zum Fragenkreis auch die Fallbesprechung bei *Dietlein*, Examinatorium Staatsrecht, S. 170 ff.
92 BVerfGE 121, 115 – *Herausgabe von Stasi-Akten über Helmut Kohl*; BVerwG, NJW 2002, 1815, 1817.
93 Vgl. BVerfGE 125, 260 – *Vorratsdatenspeicherung*, wo eine Verletzung des allgemeinen Persönlichkeitsrechts zwar gerügt war, das BVerfG aber vorrangig Art. 10 Abs. 1 als Prüfungsmaßstab heranzog; s. a. BVerfG ZD 2016, 433 – *Eilbeschluss zur neuen Vorratsdatenspeicherung*.
94 BVerfG NJW 2013, 1499 Rn. 123 – *Antiterrordatei*; *Lang*, in: BeckOK, GG, Art. 2 Rn. 45.
95 OVG NRW BeckRS 2016, 112698 Rn. 43.
96 Vgl. BVerfGE 103, 44 – *Politbüro-Prozess*.
97 Abgewandelt nach BVerfG, NJW 2019, 827, Rn. 38 – *Kfz-Kennzeichenerfassung 2*; s. a. BVerfGE 120, 378 – *automatisierte Kennzeichenerfassung*.
98 BVerfGE 65, 1, 44 – *Volkszählung*.
99 Vgl. BVerfGE 65, 1, 44 – *Volkszählung*.
100 Vgl. *Murswiek/Rixen*, in: Sachs, GG, Art. 2 Rn. 121.

nelle Selbstbestimmung, indem sie Anforderungen an die Erhebung, Speicherung und Löschung von personenbezogenen Daten festlegen und Einsichts- und Berichtigungsrechte gewähren.[101]

> **Lösung Fall 7:** Bei der automatischen Kennzeichenerfassung handelt es sich um eine informationsbezogene Maßnahme, die mittels elektronischer Datenverarbeitung Informationen über Personen ermitteln kann. Dies betrifft z. B. den Umstand, dass eine Person einen Standort zu einer bestimmten Zeit passiert hat. Eventuell hat der Fahrzeuglenker an diesem Umstand ein Geheimhaltungsbedürfnis. Der Schutzbereich der informationellen Selbstbestimmung ist eröffnet. Hinsichtlich der Eingriffsqualität hatte die Rechtsprechung zunächst differenziert. Bei einem sog. „echten Treffer", bei dem bei Übereinstimmung des im Bild festgehaltenen Kraftfahrzeugkennzeichens mit dem Fahndungsbestand – ohne dass Fahrzeugführer oder -halter informiert würden – Daten gespeichert und zur Grundlage weiterer Maßnahmen gemacht werden, ging sie von einem Eingriff aus.[102] Demgegenüber sollten sog. „Nichttreffer", bei denen der Abgleich der erfassten Kennzeichens mit dem Fahndungsbestand negativ ausfiel, keinen Eingriff darstellen, wenn zusätzlich rechtlich und tatsächlich gesichert war, dass die Daten anonym bleiben und sofort spurenlos gelöscht wurden.[103] Von dieser Differenzierung hat sich das BVerfG gelöst. Es knüpft bei einer automatisierten Kennzeichenerfassung für die eingriffsrechtliche Zuordnung jetzt anders als zuvor nicht mehr an das Erfordernis eines Treffers an, sondern qualifiziert auch den sog. „Nichttreffer" als Eingriff in das Grundrecht auf informationelle Selbstbestimmung und zwar auch, wenn die in diesem Kontext erhobenen Daten sogleich gelöscht werden.[104] An der Eingriffsqualität fehlt es allerdings nach wie vor, wenn Daten ungezielt und allein technikbedingt zunächst miterfasst, aber unmittelbar nach der Erfassung technisch wieder anonym, spurenlos und ohne Erkenntnisinteresse für die Behörden ausgesondert werden[105], mithin kein verdichtetes behördliches Interesse an den Daten besteht.[106] Indem im vorliegenden Fall die Daten gespeichert und nicht augenblicklich wieder gelöscht werden, wird auch eingegriffen, da zumindest die Möglichkeit der Weiterverarbeitung gegeben ist. Als Eingriffe in das Recht auf informationelle Selbstbestimmung sind gesetzliche Ermächtigungen zur automatisierten Kraftfahrzeugkennzeichenkontrolle am Verhältnismäßigkeitsgrundsatz zu messen.[107] Auch müssen sie den Grundsätzen der Normenklarheit und Bestimmtheit genügen.[108]

426 **(3) Selbstbestimmung und Daten (Recht auf Vertraulichkeit und Integrität informationstechnischer Systeme).** Mit dem Recht auf informationelle Selbstbestimmung lässt sich aber nicht allen Gefahren der Datenverarbeitung begegnen. Deshalb hat das BVerfG aus dem allgemeinen Persönlichkeitsrecht ein Recht auf *Vertraulichkeit und Integrität informationstechnischer Systeme* abgeleitet.[109]

Für die Persönlichkeitsentwicklung des Einzelnen nehmen der PC, Smartphones und andere informationstechnische Systeme zunehmend eine Schlüsselrolle ein. Eine Vielzahl von persönlichen Informationen, wie E-Mails, Bankdaten, private Fotos oder „digitale Tagebücher" werden auf Rechnern hinterlegt. Zudem erzeugen moderne Softwaresysteme auch Informationen über das Nutzungsverhalten

---

101 Vgl. Gola, in: Gola/Schomerus, Bundesdatenschutzgesetz (BDSG), 9. Auflage, 2007, § 1 Rn. 6 ff.
102 BVerfGE 120, 378, 397 – *automatisierte Kennzeichenerfassung*; BVerwG, U. v. 22. Oktober 2014, Az 6 C 7.13, Rn. 27.
103 BVerfGE 120, 378, 399 – *automatisierte Kennzeichenerfassung*.
104 BVerfG, NJW 2019, 827, Rn. 45 – *Kfz-Kennzeichenerfassung 2*.
105 BVerfGE 115, 320, 343 – *Rasterfahndung*; BVerfGE 100, 313, 366 – *Telekommunikationsüberwachung*.
106 BVerfG, NJW 2019, 827, Rn. 48 – *Kfz-Kennzeichenerfassung 2*.
107 Näher zu den insoweit zu beobachtenden Anforderungen BVerfG, NJW 2019, 827, Rn. 82 ff. – *Kfz-Kennzeichenerfassung 2*.
108 BVerfGE 141, 220, 265, Rn. 94 – *BKA-Gesetz*.
109 Grundlegend BVerfG, NJW 2008, 822 – *Online-Durchsuchung*.

des Anwenders, ohne dass dieser einen Einfluss darauf oder überhaupt nur Kenntnis davon hätte.

> **Bsp.**: Beim Surfen im Internet wird auf dem Rechner ein „Verlauf" angelegt, aus dem die besuchten Internetadressen ersichtlich sind. Im Cache werden lokal auf dem Rechner die abgerufenen Inhalte zwischengespeichert und sind so rekonstruierbar. Schließlich enthalten Cookies zusätzliche Informationen über die besuchten Seiten wie beispielsweise den Inhalt von Warenkörben von Internet-Shops.

Aus dieser Erkenntnis hat das BVerfG gefolgert, dass das Vertrauen des Nutzers in die Integrität informationstechnischer Systeme für die Entwicklung seiner Persönlichkeit inzwischen ein herausragendes Gewicht besitzt und daher als Aspekt des allgemeinen Persönlichkeitsrechts grundrechtlich geschützt ist.[110]

Geschützt sind in erster Linie solche informationstechnischen Systeme,

> „die allein oder in ihren technischen Vernetzungen personenbezogene Daten des Betroffenen in einem Umfang und in einer Vielfalt enthalten können, dass ein Zugriff auf das System es ermöglicht, einen Einblick in wesentliche Teile der Lebensgestaltung einer Person zu gewinnen oder gar ein aussagekräftiges Bild der Persönlichkeit zu erhalten".[111]

Dazu gehören insbesondere PCs und Laptops, auch wenn sie geschäftlich genutzt werden. Diese erzeugen in aller Regel Daten, die Rückschlüsse auf die Persönlichkeit des Einzelnen zulassen.

Geschützt ist zunächst die Vertraulichkeit des Systems. Die dort gespeicherten, erzeugten oder verarbeiteten Inhalte sind vor jedem (staatlichen) Zugriff geschützt, der nicht vom jeweiligen Nutzer autorisiert ist.

> **Bsp.**: In den Schutzbereich fallen etwa das Kopieren der Inhalte der Festplatte oder des Arbeitsspeichers durch eingeschleuste Viren oder Trojaner. Gleiches gilt für Keylogger, die die betätigten Tasten der Tastatur protokollieren und so Dritten das Auslesen geschriebener Texte, vor allem aber von Passwörtern und ähnlichem ermöglichen. Unerheblich ist, ob sie als Softwareroutine eingeschleust wurden oder als zusätzliches Hardwareteil zwischen Tastatur und PC gesetzt werden.
> Das Abgreifen und Analysieren der elektromagnetischen Abstrahlung des Systems beeinträchtigt ebenfalls die Vertraulichkeit der verarbeiteten Daten.

Geschützt ist auch die Integrität des Systems, also das Vertrauen des Nutzers darauf, exklusiv auf die Speicher und die Systemleistung zugreifen zu können.

> **Bsp.**: Viren installieren sich ohne Kenntnis des Nutzers auf einem PC und führen dann selbstständig Routinen aus, die Rechenzeit beanspruchen und unter Umständen Inhalte auf den Festplatten oder anderen Speichermedien manipulieren.
> Sogenannte Trojaner eröffnen Dritten die Möglichkeit, auf ein Computersystem zuzugreifen und es quasi fernzusteuern. Auch hierbei nutzt der Eindringling die Rechenzeit des betroffenen Systems und liest Inhalte des Hauptspeichers oder der Massenspeicher aus, ohne dazu befugt zu sein. In beiden Fällen ist die Integrität des Systems beeinträchtigt.

Derartige Vorgänge stellen meist die Vorbereitung eines Ausspähens dar, weshalb bereits die Integrität des Systems vom Schutzbereich umfasst ist.

Beide Varianten der Selbstbestimmung über Daten (also sowohl das Recht auf informationelle Selbstbestimmung als auch das Recht auf Vertraulichkeit und

---

110 BVerfG, NJW 2008, 822, 825 – *Online-Durchsuchung*.
111 BVerfG, NJW 2008, 822, 827 – *Online-Durchsuchung*.

Integrität informationstechnischer Systeme) sind von zahlreichen anderen Grundrechten abzugrenzen:[112]
- Das Fernmeldegeheimnis (Art. 10 Abs. 1)[113] ist heranzuziehen, soweit es sich ausschließlich um die Überwachung einer Telekommunikation handelt, auch wenn diese mittels informationstechnischer Systeme durchgeführt wird (Internet-Telefonie).
- Art. 13 Abs. 1[114] schützt vor der Kenntnisnahme von Handlungen, die innerhalb der geschützten Räumlichkeiten stattfinden, also etwa auch vor der Analyse der elektromagnetischen Abstrahlung eines PCs, der in einer Privatwohnung steht. Die nicht-körperliche Infiltration eines Computers ist hingegen nicht vom Schutzbereich des Rechts auf Unverletzlichkeit der Wohnung umfasst. Hierfür kommt es auf den Standort des Rechners nicht an. Oftmals wird dieser dem Angreifer sogar unbekannt sein (etwa bei Laptops).
- Das allgemeine Persönlichkeitsrecht (Art. 2 Abs. 1 i. V. m. Art. 1 Abs. 1) in seiner Ausprägung als Schutz der Privatsphäre[115] schützt einen Bereich eigener Lebensgestaltung, der fremdem Einblick grundsätzlich verwehrt bleibt. In informationstechnischen Anlagen gespeicherten Daten lässt sich ihre „Privatheit" aber oftmals nicht sofort ansehen. Der Schutz jeglicher Daten, die auf bestimmten Systemen gespeichert sind, geht daher weiter.
- Das Recht auf informationelle Selbstbestimmung[116] (ebenfalls eine Ausprägung des allgemeinen Persönlichkeitsrechts) schützt vor der Erhebung, Speicherung oder Verarbeitung personenbezogener Daten. Geschützt sind dabei alle Daten, nicht nur solche, die auf einem Computersystem des Einzelnen hinterlegt sind. Andererseits schützt das Recht auf Integrität und Vertraulichkeit informationstechnischer Systeme auch dann vor dem Zugriff auf Computersysteme, wenn überhaupt keine weitere Datenverarbeitung mehr notwendig ist, um die gewünschten Erkenntnisse zu erlangen.

Fall 8: X leidet an einem Gehirntumor. Die Ergebnisse einer radiologischen Untersuchung hat er als Bilder auf einer DVD erhalten, um sie anderen Ärzten vorlegen zu können. X schaut sich die Bilder auf seinem heimischen PC an. Dieser wird von der Polizei heimlich mittels eines eingeschleusten Programms (Trojaner) überwacht, die betrachteten Bilder werden per Internet an einen Polizeirechner übermittelt.

434 Eingriffe in das Recht auf Vertraulichkeit und Integrität informationstechnischer Systeme sind nur auf gesetzlicher Grundlage zulässig. Nach der Rechtsprechung des BVerfG ist zudem erforderlich, dass eine konkrete Gefahr für ein überragend wichtiges Rechtsgut Tatbestandsvoraussetzung für den Eingriff ist.[117] Die Maßnahme muss zudem unter den Vorbehalt richterlicher Anordnung gestellt werden.[118] Eingriffe in den absolut geschützten Kernbereich privater Lebensgestaltung sind in jedem Fall zu vermeiden.[119]

---

112 Vgl. zum Folgenden BVerfG, NJW 2008, 822, 825 ff. – *Online-Durchsuchung*.
113 Vgl. dazu unten Rn. 953 ff.
114 Dazu ausführlich unten Rn. 1036 ff.
115 Siehe dazu oben Rn. 402 ff.
116 Dazu soeben Rn. 418 ff.
117 BVerfG NJW 2008, 822, 830 ff. – *Online-Durchsuchung*.
118 BVerfG NJW 2008, 822, 832 – *Online-Durchsuchung*.
119 BVerfG NJW 2008, 822, 833 f. – *Online-Durchsuchung*; nicht jede Erfassung höchstpersönlicher Informationen wird dabei von der Rechtsprechung als Verfassungsverstoß gesehen; sie stellt darauf ab, ob dem absoluten Kernbereichsschutz sowohl bei der Erhebung und der Verwertung von Daten ausreichend Rechnung getragen wurde (dazu jüngst BVerfG NJW 2016, 1781 Rn. 124 ff. – *Ermittlungsbefugnisse des BKA zur Terrorismusbekämpfung*.

Lösung Fall 8: Zum Kernbereich privater Lebensführung gehören insbesondere Erkenntnisse über den eigenen Gesundheitszustand. Die Bilder erlauben (ggf. mit sachverständiger Beratung) einen Rückschluss auf die gesundheitliche Verfassung des X. Die Polizei muss daher dafür Sorge tragen, dass die Bilder überhaupt nicht übermittelt werden oder jedenfalls sofort auf ihren höchstpersönlichen Charakter überprüft und in diesem Fall gelöscht werden.

cc) Schutz der öffentlichen Selbstdarstellung als Voraussetzung der Persönlichkeitsentfaltung (Sozialsphäre). Üblicherweise wird der Schutz der Selbstdarstellung der Sozialsphäre zugeordnet. Da es hier um die gesamte Teilnahme des Grundrechtsträgers am öffentlichen Leben geht, ist sie naturgemäß weit. Wegen des Bezugs nach außen sind Eingriffe unter weniger strengen Voraussetzungen zulässig.[120] Das allgemeine Persönlichkeitsrecht schützt den Einzelnen „vor *verfälschenden oder entstellenden Darstellungen seiner Person [in der Öffentlichkeit]*, die von nicht ganz unerheblicher Bedeutung für die Persönlichkeitsentfaltung sind".[121] Der Einzelne soll grundsätzlich

> „selbst entscheiden können, wie er sich Dritten oder der Öffentlichkeit gegenüber darstellen will, ob und inwieweit von Dritten über seine Persönlichkeit verfügt werden kann".[122]

Insofern hat jeder Einzelne das Entscheidungsmonopol darüber, was sein eigener sozialer Geltungsanspruch bedeutet.[123] Zudem ist das Recht erfasst, sich vor unerbetener heimlicher Wahrnehmung zu schützen.[124]

Zum *Schutz des Rechts der Selbstdarstellung in der Öffentlichkeit* zählen insbesondere das Recht am eigenen Bild[125] und am eigenen Wort,[126] das Recht auf Gegendarstellung,[127] das Recht am Namen[128] und der Schutz der persönlichen Ehre[129], der aber nicht umfasst nur so dargestellt oder von Dritten wahrgenommen zu werden, wie man sich selbst in der Öffentlichkeit sehen möchte[130].

Das *Recht am eigenen Bild* beinhaltet zwar kein „allgemeines und umfassendes Verfügungsrecht über die Darstellung der eigenen Person".[131] Es „gewährleistet

---

120 BVerfG NJW 2006, 3406, 3408 – *Ablichtung der als Betreiberin eines Imbissstandes tätigen „Uschi-Glas-Rivalin"*.
121 BVerfGE 99, 185, 194 – *Scientology*; vgl. auch BVerfGE 97, 125, 149 – *Caroline v. Monaco I*.
122 BVerfGE 54, 148, 155 – *Eppler*.
123 BVerfGE 54, 148, 155 f. – *Eppler*.
124 *Kingreen/Poscher*, Grundrechte, Rn. 397.
125 BVerfGE 35, 202, 220 – *Lebach*; BVerfGE 101, 361, 381 – *Caroline v. Monaco II*, hierzu EGMR, NJW 2004, 2647. BVerfG NJW 2005, 3271 – *Bildmanipulation*, zum Schutz vor Verwendung manipulierter Fotos einer Person, die in Zeitungen als echt ausgegeben werden, unzulässig.
126 BVerfGE 54, 148, 155 – *Eppler*. BVerfGE 106, 28, 44 – *Recht am gesprochenen Wort einer GmbH*.
127 BVerfGE 63, 131, 142 f. – *Gegendarstellung*; BVerfGE 97, 125, 146 – *Caroline v. Monaco I*; BVerfG, NJW 1999, 483, 484. BVerfGE 63, 131 ff. – *Gegendarstellung*; BVerfG NJW 1999, 483 ff.
128 BVerfGE 78, 38, 49 – *Familienname*. BVerfGE 97, 391, 399 – *Missbrauchsvorwurf*; *di Fabio*, in: Maunz/Dürig, GG, Art. 2 Rn. 203.
129 BVerfGE 54, 208, 217 – *Heinrich Böll*. Näher hierzu *Stern*, Staatsrecht IV/1, S. 196 ff.BVerfG NJW 2002, 3458 – *Chick Corea*; BVerfG NJW 2006, 207, 208 – *IM Sekretär*; amtliche Äußerungen („Licht aus") dürfen sich nicht abträglich auf das Ansehen in der Öffentlichkeit auswirken und müssen das Sachlichkeitsgebot wahren, vgl. BVerwG BeckRS 2017, 135056 Rn. 26 ff.; OVG NRW BeckRS 2016, 55264 Rn. 30.
130 BVerfG NJW 2011, 511 – *Herabsetzende Kritik durch Bundeszentrale für politische Bildung*; BVerfG NJW 2012, 756, 757.
131 So ausdrücklich BVerfGE 101, 361, 381 m.w.N. – *Caroline v. Monaco II*, hierzu EGMR, NJW 2004, 2647.

dem Einzelnen [jedoch] Einfluss- und Entscheidungsmöglichkeiten, soweit es um die *Anfertigung und Verwendung von Fotografien oder Aufzeichnungen* seiner Person durch andere geht".[132] Die Rechtfertigung von Eingriffen in das Recht am eigenen Bild kann sich insbesondere aus §§ 22, 23 KunstUrhG ergeben.

439 Das *Recht am eigenen Wort* betrifft die Befugnis des Einzelnen,

„selbst und allein zu bestimmen, wer sein Wort aufnehmen soll sowie ob und von wem seine auf einen Tonträger aufgenommene Stimme wieder abgespielt werden darf".[133]

440 Der Einzelne soll demnach selbst über den Adressatenkreis – allein sein Gesprächspartner, ein bestimmter Kreis, die Öffentlichkeit – seines gesprochenen Wortes entscheiden.[134]

441 Sowohl das Recht am eigenen Bild als auch das Recht am eigenen Wort beinhalten das *Recht auf Gegendarstellung*.[135] Zwar ist es

„der Presse [...] nicht verwehrt, nach sorgfältiger Recherche auch über Vorgänge oder Umstände zu berichten, deren Wahrheit im Zeitpunkt der Veröffentlichung nicht mit Sicherheit feststeht."[136]

442 Erweist sich jedoch im Nachhinein eine Tatsachenbehauptung als unwahr, so entsteht eine *Verpflichtung zur Gegendarstellung und Berichtigung*. Diese Pflicht schränkt die Pressefreiheit nicht unangemessen ein.[137] Das Recht auf Gegendarstellung ist einfachgesetzlich in den *Landespressegesetzen* geregelt.

III. Eingriffe

443 In das allgemeine Persönlichkeitsrecht kann durch *rechtliche Einwirkungen*, also durch Ge- oder Verbote eingegriffen werden.[138]

444 Eingriffe können *auch faktischer Natur* sein und durch schlichthoheitliches Verwaltungshandeln erfolgen.[139]

445 In Betracht kommen beispielsweise die *Erhebung, Speicherung und Übermittlung personenbezogener Daten*, Maßnahmen der *Videoüberwachung*, der *Einsatz von V-Leuten* oder die heimliche Anfertigung von *Tonbandaufnahmen*.[140]

446 Darüber hinaus kann in das allgemeine Persönlichkeitsrecht auch durch die Verweigerung von Auskünften eingegriffen werden.[141] Dies gilt insbesondere für die *Nichtgewährung von Akteneinsicht*.[142]

---

132 BVerfGE 101, 361, 381 m.w.N. – *Caroline v. Monaco II;* jüngst wieder BVerfGE 120, 180 – *Caroline v. Monaco IV.*
133 BVerfGE 34, 238, 246 – *heimliche Tonbandaufnahmen.*
134 BVerfGE 54, 148, 155 – *Eppler.*
135 Vgl. BVerfGE 97, 125, 145 ff. – *Caroline v. Monaco I.*
136 BVerfGE 97, 125– *Caroline v. Monaco I.*
137 Vgl. BVerfGE 97, 125, 149 – *Caroline v. Monaco I.*
138 Vgl. *Jarass*, in: Jarass/Pieroth, GG, Art. 2 Rn. 53; *Murswiek/Rixen*, in: Sachs, GG, Art. 2 Rn. 87.
139 Vgl. *Jarass*, in: Jarass/Pieroth, GG, Art. 2 Rn. 53; *Murswiek/Rixen*, in: Sachs, GG, Art. 2 Rn. 87.
140 Vgl. *Jarass*, in: Jarass/Pieroth, GG, Art. 2 Rn. 53 f. m.w.N.; *Murswiek/Rixen*, in: Sachs, GG, Art. 2 Rn. 87 ff. m.w.N. Siehe zu den faktischen Beeinträchtigungen auch *Manssen*, Grundrechte, Rn. 258.
141 *Jarass*, in: Jarass/Pieroth, GG, Art. 2 Rn. 55.
142 Vgl. hierzu BVerwGE 82, 45, 50 f.

An einer Verletzung des allgemeinen Persönlichkeitsrechts *fehlt es, wenn der Betroffene wirksam in die Beeinträchtigung eingewilligt hat*.[143] Dies setzt voraus, dass die Einwilligung freiwillig und nicht in einer Zwangslage erteilt wurde.[144] 447

IV. Verfassungsrechtliche Rechtfertigung

1. Schranke

Die Herleitung des allgemeinen Persönlichkeitsrechts aus Art. 2 Abs. 1 i. V. m. Art. 1 Abs. 1 hat zur Folge, dass die *Schrankentrias der allgemeinen Handlungsfreiheit* Anwendung findet.[145] Aufgrund der weiten Auslegung der Schranke der *verfassungsmäßigen Ordnung*[146] unterliegt das allgemeine Persönlichkeitsrecht daher einem *einfachen Gesetzesvorbehalt*.[147] 448

Einschränkungen können sich auch durch *kollidierendes Verfassungsrecht* ergeben, wie etwa durch die Rechte des Art. 5 Abs. 1 oder das Persönlichkeitsrecht anderer, sofern diese Grundrechte gesetzlich konkretisiert sind.[148] 449

2. Schranken-Schranke

Eingriffe in das allgemeine Persönlichkeitsrecht erfordern stets eine *gesetzliche Grundlage*, die ihrerseits *formell und materiell verfassungsmäßig* ist[149] und insbesondere ein hohes Maß an *Bestimmtheit* aufweisen.[150] Das Zitiergebot des Art. 19 Abs. 1 S. 2 ist hingegen nicht zu beachten.[151] 450

Von besonderer Bedeutung ist darüber hinaus der *Grundsatz der Verhältnismäßigkeit*. Nach ständiger Rechtsprechung des BVerfG sind solche Freiheitsbeschränkungen zulässig, die *„zum Schutz öffentlicher Interessen unerlässlich"*[152] sind. Für Eingriffe in das allgemeine Persönlichkeitsrecht hat das BVerfG die sog. *Sphärentheorie* entwickelt.[153] 451

> **Fall 9**: T ist dringend verdächtig, den O getötet zu haben. Wegen eines Unfalls hält T sich derzeit in einer Klinik auf. Während einer akustischen Überwachung seines Krankenzimmers wird ein Selbstgespräch des T aufgenommen, in dem er u. a. äußert: „Zum Glück habe ich O erschossen!". Ist es verfassungsrechtlich zulässig, diese Tonbandaufnahme in einem Strafverfahren gegen T zu verwenden?

Eingriffe in die *Intimsphäre* sind *stets unzulässig*.[154] Hierbei handelt es sich um einen 452

---

143 So auch *Di Fabio*, in: Maunz/Dürig, GG, Art. 2 Abs. 1 Rn. 228 f.; zur Unzulässigkeit einer Einwilligung BVerfG, NJW 1982, 375.
144 Vgl. *Jarass*, in: Jarass/Pieroth, GG, Art. 2 Rn. 54; siehe auch BVerfG, NJW 1982, 375.
145 Vgl. *Jarass*, in: Jarass/Pieroth, GG, Art. 2 Rn. 58 m. w. N.; *di Fabio*, in: Maunz/Dürig, GG, Art. 2 Abs. 1 Rn. 133.
146 Vgl. hierzu beispielsweise *Kunig*, in: v. Münch/Kunig, GG, Art. 2 Rn. 22 ff.; *Starck*, in: v. Mangoldt/Klein/Starck, GG, Art. 2 Rn. 25 ff.
147 *Di Fabio*, in: Maunz/Dürig, GG, Art. 2 Abs. 1 Rn. 133.
148 Vgl. *Jarass*, in: Jarass/Pieroth, GG, Art. 2 Rn. 59a.
149 Siehe etwa BVerfGE 65, 1, 43 f. – *Volkszählung*.
150 *Starck*, in: v. Mangoldt/Klein/Starck, GG, Art. 2 Rn. 23; siehe auch BVerfGE 65, 1, 44 – *Volkszählung*.
151 *Jarass*, in: Jarass/Pieroth, GG, Art. 2 Rn. 58.
152 Vgl. BVerfGE 19, 342, 349 – *Untersuchungshaft*; BVerfGE 65, 1, 44 – *Volkszählung*; BVerfGE 84, 239, 279 f. – *Bürgschaft Familienangehöriger*.
153 Ausführlich zur Entwicklung der Rechtsprechung *Stern*, Staatsrecht IV/1, S. 205 ff; zur Sphärentheorie auch schon oben Rn. 401.
154 Vgl. BVerfGE 80, 367, 373 f. – *Tagebuch*.

„letzten unantastbaren Bereich privater Lebensgestaltung (an), der der öffentlichen Gewalt schlechthin entzogen ist".[155]

453 Auch schwerwiegende Interessen der Allgemeinheit vermögen Eingriffe in die Intimsphäre nicht zu rechtfertigen, denn insbesondere ist *eine Abwägung* im Rahmen des Verhältnismäßigkeitsgrundsatz nicht vorzunehmen.[156] Charakteristisch für diesen Bereich sind sein *höchstpersönlicher Charakter* sowie sein mangelnder Sozialbezug.[157] Des Weiteren soll der Wille des Betroffenen zur Geheimhaltung maßgeblich sein.[158]

> **Lösung Fall 9**: Das allgemeine Persönlichkeitsrecht gewährt auch ein Recht auf Privatsphäre.[159] Das in dem Glauben für sich alleine zu sein geführte Selbstgespräch fällt in den Schutzbereich dieses Rechts, die Aufzeichnung und deren spätere Verwendung stellen jeweils einen Eingriff in den Schutzbereich dar. Eine Rechtfertigung wäre von vornherein ausgeschlossen, wenn in die Intimsphäre des T eingegriffen wurde. Diese ist absolut geschützt. Vorliegend äußert T seine Gedanken in einem Krankenzimmer, das ihm für die Zeit des Klinikaufenthalts als einziger Rückzugsraum zur Verfügung steht. Seine Äußerungen dienen der Auseinandersetzung mit der eigenen Situation, sie weisen also insgesamt keinen Sozialbezug auf. An dem Wunsch, das Selbstgespräch geheim zu halten bestehen keine Zweifel. Danach ist das Selbstgespräch der Intimsphäre des T zuzuordnen, die Anfertigung von Bändern darüber sowie die Verwertung dieser Bänder zu Lasten des T ist eine Verletzung von Art. 2 Abs. 1 i. V. m. Art. 1 Abs. 1.

454 Die *Privatsphäre* kennzeichnet hingegen den engeren persönlichen Lebensbereich, in dem der Einzelne

> „allein zu bleiben, seine Entscheidungen in eigener Verantwortung zu treffen und von Eingriffen jeder Art nicht behelligt zu werden wünscht".[160]

455 Staatliche Maßnahmen, die *„im überwiegenden Interesse der Allgemeinheit unter strenger Beachtung des Verhältnismäßigkeitsgrundsatzes vorgenommen werden, sofern sie nicht in den unantastbaren Bereich privater Lebensgestaltung eingreifen"*[161], sollen zulässig sein.

> **Weiteres Bsp.:**[162] T ist verdächtig den O getötet zu haben. Er hat die Art und Weise der Begehung der Tat in seinem Tagebuch ausführlich festgehalten. Kann dieses im Prozess gegen ihn verwendet werden?
> Hier ist wieder die Zuordnung der Tagebücher zur Intimsphäre zu prüfen. Nun hat T seine Gedanken aber schriftlich fixiert und damit dem Risiko der Kenntnisnahme durch Dritte preisgegeben.[163] Ferner weist die Schilderung der Tötung eines anderen Menschen einen gewissen Sozialbezug auf – auch wenn die Tagebuchaufzeichnung ersichtlich eher der Auseinandersetzung mit dem eigenen Ich dient.[164] In einem auch intern umstrittenen Urteil[165] hat das BVerfG derartige Tagebuchaufzeichnungen der

---

155 BVerfGE 6, 32, 41 – *Elfes*; BVerfGE 54, 143, 146 – *Taubenfütterungsverbot*; so wörtlich BVerfGE 80, 367, 373 – *Tagebuch*; BVerfGE 101, 361, 371 – *Caroline v. Monaco II*; BVerfG, NJW 2001, 594, 595.
156 BVerfGE 34, 238, 245 – *heimliche Tonbandaufnahme*; BVerfGE 80, 367, 373 – *Tagebuch*.
157 Vgl. *Jarass*, in: Jarass/Pieroth, GG, Art. 2 Rn. 65 m. w. N.
158 Vgl. BVerfGE 80, 367, 374 – *Tagebuch*.
159 Vgl. dazu die obigen Ausführungen.
160 BVerfGE 27, 1, 6 – *Mikrozensus*; so wörtlich BVerfGE 34, 269, 282 f. – *Soraya*; vgl. auch BVerfGE 54, 148, 153 – *Eppler*.
161 Vgl. BVerfGE 35, 35, 39 – *Untersuchungshaft*.
162 Vgl. BVerfGE 80, 367 – *Tagebuch*.
163 So die Richter Träger, Klein, Kruis und Kirchhof in BVerfGE 80, 367, 376 – *Tagebuch*.
164 So zu Recht die abweichende Meinung in BVerfGE 80, 367, 381 ff. – *Tagebuch* „ausschließlich höchstpersönlichen Charakter".
165 BVerfGE 80, 367 – *Tagebuch*: Wegen Stimmengleichheit (4 zu 4) konnte ein Verfassungsverstoß nicht festgestellt werden, vgl. § 15 Abs. 4 S. 3 BVerfGG.

Privatsphäre, nicht der Intimsphäre, zugeordnet und einen Eingriff bei schwersten Straftaten (hier: Tötungsdelikt) für verhältnismäßig und damit verfassungsgemäß erachtet.

§ 12 Der Schutz des Lebens, der körperlichen Unversehrtheit und der Freiheit der Person gemäß Art. 2 Abs. 2, 104

Literatur:
Anderheiden, M., „Leben" im Grundgesetz, KritV 2001, 353; *Bäcker, M.,* Zum Thema Rauchverbot – Anmerkungen zum Urteil des BVerfG vom 30.7.2008, Aktenzeichen 1 BvR 3262/07, abgedruckt in DVGL 2008, 1110 ff, DVBl. 2008, 1180; *Baumann,* Das Urteil des BVerfG zum Luftsicherheitseinsatz der Streitkräfte, Jura 2006, 447; *Brugger, W.,* Abtreibung – ein Grundrecht oder ein Verbrechen?, NJW 1986, 896; *Classen, C. D.,* Die Forschung mit embryonalen Stammzellen im Spiegel der Grundrechte, DVBl. 2002, 141; *Dehner, F./Jahn, R. M.,* Anschnallpflicht und Bußgeldbewehrung als Grundrechtsproblem, JuS 1988, 30; *Donner, H./Simon, J.,* Genomanalyse und Verfassung, DÖV 1990, 907; *Ebel, F./Kunig, P.,* Die Abschaffung der Todesstrafe – Historie und Gegenwart, Jura 1998, 617; *Fink, U.,* Der Schutz des menschlichen Lebens im Grundgesetz – zugleich ein Beitrag zum Verhältnis von Lebensrecht zur Menschenwürdegarantie, Jura 2000, 210; *Geiger, J./v. Lampe, C.,* Das zweite Urteil des Bundesverfassungsgerichts zum Schwangerschaftsabbruch, Jura 1994, 20; *Hähnchen, S.,* Der werdende Mensch – Die Stellung des Nasciturus im Recht, Jura 2008, 161; *Hauck, E.,* Gestaltung des Leistungsrechts der gesetzlichen Krankenversicherung durch das Grundgesetz?, NJW 2007, 1320; *Hillgruber, C.,* Der Staat des Grundgesetzes – nur bedingt abwehrbereit?, JZ 2007, 209; *Höfling, W.,* Um Leben und Tod – Transplantationsgesetzgebung und Grundrecht auf Leben, JZ 1995, 26; *ders.* Organspende oder Organgewinnung?, ZRP 2019, 2; *Höfling, W./Lang, H.,* Das Selbstbestimmungsrecht. Normativer Bezugspunkt im Arzt-Patienten-Verhältnis, in: Feuerstein/Kuhlmann (Hrsg.), Neopaternalistische Medizin. Der Mythos der Selbstbestimmung im Arzt-Patienten-Verhältnis, 1999, 17; *Höfling, W.,* Selbsttötung und Selbsttötungsassistenz – einige grundrechtsdogmatische Überlegungen, in: FS für Jarass, 2015, S. 201; *Höfling, W./Lang, H.,* Richterliche Disziplinierung der Transplantationsmedizin? NJW 2014, 3398; *Hoerster, N.,* Das „Recht auf Leben" der menschlichen Leibesfrucht – Rechtswirklichkeit oder Verfassungslyrik?, JuS 1995, 192; *Klein, H./DiBella, M.,* Unterbringung und unterbringungsähnliche Maßnahmen im Rahmen der Psychiatriegesetze der Länder, RDG 2019, 64; *Kuchenbauer, K.,* Recht auf Leben – Recht auf Selbsttötung?, ZfL 2007, 98; *Kühn, H. C.,* Schutz vor Todesstrafe im Ausland, ZRP 2001, 542; *Lang, H.,* Aktuelle Probleme der Transplantationsmedizin, ZfL 2015, 2; *Langenfeld, C./v. Bargen, O./Müller, T.,* Anfängerhausarbeit – Öffentliches Recht: Nichtraucherschutz in Gaststätten, JuS 2008, 795; *Laufs, A.,* Selbstverantwortetes Sterben, NJW 1996, 763; *Lehmann, M.,* Die In-vitro-Fertilisation und ihre Folgen, 2007; *Lorenz, D.,* Recht auf Leben und körperliche Unversehrtheit, in: Isensee, J./Kirchhof, P. (Hrsg.), Handbuch des Staatsrechts, Band VI, 2. Auflage 2000, § 128; *Merkel, R.,* Hirntod und kein Ende – Zur notwendigen Fortsetzung einer unerledigten Debatte, Jura 1999, 113; *ders.,* Wann und warum darf der Staat töten?, JZ 2007, 373; *Müller, D.,* Gibt es eine staatliche Schutzpflicht für Leben und körperliche Unversehrtheit im Normgefüge des Verkehrsrechts?, NZV 2019, 161; *Rixen, S.,* Impfpflicht und Organspende – Gesundheitspolitik ohne Grundrechte?, ZRP 2019, 93; *Sachs, M.,* Die Pflicht zum Einsatz von Leben und Gesundheit in öffentlich-rechtlichen Dienstverhältnissen, BayVBl. 1983, 463 und 489; *Schreiber, M.,* Einführung des „genetischen Steckbriefs", ZRP 2019, 105; *Schwarz, S.,* Hinweispflicht des Arztes auf eigene Behandlungsfehler?, JR 2008, 89; *Starck, C.,* Der verfassungsrechtliche Schutz des ungeborenen menschlichen Lebens, JZ 1993, 816; *Stürner, R.,* Die Unverfügbarkeit ungeborenen menschlichen Lebens und die menschliche Selbstbestimmung, JZ 1990, 709; *Taupitz, J.,* Um Leben und Tod: Die Diskussion um ein Transplantationsgesetz, JuS 1997, 203; *ders.,* Der rechtliche Rahmen des Klonens zu therapeutischen Zwecken, NJW 2001, 3433.

Rechtsprechung:
BVerfGE 16, 194 – *Liquorentnahme*; BVerfGE 17, 108 – *Hirnkammerluftfüllung*; BVerfGE 39, 1 – *Schwangerschaftsabbruch I*; BVerfGE 46, 160 – *Schleyer*; BVerfGE 47, 239 – *Veränderung der Haar- und Barttracht*; BVerfGE 49, 89 – *Kalkar*; BVerfGE 51, 324 – *Verhandlungsunfähigkeit des Angeklagten*; BVerfGE 52, 171 –; BVerfGE 53, 30 – *Mülheim-Kärlich*; BVerfGE 56, 54 – *Fluglärm*; BVerfGE 60, 348 – *Auslieferung*; BVerfGE 66, 39 – *NATO-Doppelbeschluss, Pershing II*; BVerfGE 77, 170 – *C-Waffen*; BVerfGE 79, 174 – *Straßenverkehrslärm*; BVerfGE 88, 203 – *Schwangerschaftsabbruch II*; BVerfGE 89, 120; BVerfGE 115, 25 – *Alternativmedizin (Nikolausbeschluss)*; BVerfGE 115, 118 – *Luftsicherheitsgesetz*; BVerfGE 121, 317 – *Rauchverbot*; BVerfGE 125, 25 – *Alternativmedizin (Nikolausbeschluss)*; BVerfGE 133, 112 – *medizinische Zwangsbehandlung III*; BVerfGE 129, 269 – *medizinische Zwangsbehandlung II*; BVerfGE 128, 282 – *medizinische Zwangsbehandlung*; BVerfG, NJW 2008, 3053 – *Polizeiliche Anordnung der Entnahme einer Blutprobe und Verwertungsverbot*; BVerfG v. 12.11.2008 – 1 BvR 2456/06 – *Aufbewahrung von Kernbrennstoffen*; BVerwGE 9, 78 – *Impfzwang*; BVerwGE 46, 1 – *Haarerlass*; BVerwGE 51, 15 – *Verkehrslärm*; BVerwGE 54, 211 – *Vorbeugender Rechtsschutz gegen Bebauungsplan*; BVerwGE 78, 285 – *Abschiebung bei im Ausland drohender Todesstrafe*; BVerfG-K, NJW 1997, 2509 *Elektrosmog*; VGH Mannheim, DÖV 1979, 338 – *Röntgenzwang für Studenten*; VGH Kassel, NJW 1990, 336 – *Schutzpflicht des Staates bei Umgang mit der Gentechnologie*; BVerfG NJW 1999, 3399 – *Organentnahme bei Lebenden*; BVerfG NJW 2016, 1505 – *G-BA demokratische Legitimation*; BVerfG NZS 2017, 582 – *off label use*; BVerwG NJW 2017, 2215 – *Staatliche Beteiligung an Selbsttötung*; BVerfG, NJW 2017, 2982 – *medizinische Zwangsbehandlung IV*; BVerfG NJW 2017, 545 – *Meldung als nicht transplantabel*.

I. Überblick und Normstruktur

456 Art. 2 Abs. 2 enthält mit dem Recht auf Leben und körperliche Unversehrtheit sowie der Garantie der Freiheit der Person insgesamt drei Grundrechte. Diese elementaren Rechte bilden die unverzichtbaren Grundlagen menschlicher Freiheit.[1] Für Freiheitsbeschränkungen gelten ergänzend die besonderen Anforderungen des Art. 104.[2]

Die explizite Garantie eines Grundrechts auf Leben stellt verfassungsrechtlich ein Novum dar. Ein ausdrücklicher Grundrechtsschutz für Leib und Leben war in den deutschen Verfassungen vor 1945 noch nicht vorgesehen, wohl aber in einigen Nachkriegsverfassungen der Länder.[3] Das Grundrecht auf Leben und körperliche Unversehrtheit ist *vor dem Hintergrund nationalsozialistischer Verbrechen* wie der Judenverfolgung, Euthanasie, Zwangssterilisationen sowie einer perfiden Diskriminierung sog. „lebensunwerten" Lebens[4] in das Grundgesetz aufgenommen worden.

Das BVerfG führt zur Bedeutung des Art. 2 Abs. 2 aus:

> „Die ausdrückliche Aufnahme des an sich selbstverständlichen Rechts auf Leben in das Grundgesetz – anders als etwa in der Weimarer Verfassung – erklärt sich hauptsächlich als Reaktion auf die ‚Vernichtung lebensunwerten Lebens', auf ‚Endlösung' und ‚Liquidierung', die vom nationalsozialistischen Regime als staatliche Maßnahmen durchgeführt wurden. Art. 2 Abs. 2 S. 1 enthält ebenso wie die Abschaffung der Todesstrafe durch Art. 102 ein Bekenntnis zum grundsätzlichen Wert des Menschenlebens und zu einer Staatsauffassung, die sich in betonten Gegensatz zu den Anschauungen eines politischen Regimes stellt, dem das einzelne Leben wenig bedeutete und das deshalb

---

1 Ausführlich zur Bedeutung des Art. 2 Abs. 2 *Höfling*, in: Friauf/Höfling, GG, Art. 2 (3. Teil), Rn. 1 ff.
2 Siehe auch Rn. 490, 501 ff.
3 Ausführlich zur Rechtsentwicklung *Sachs*, in: Stern, Staatsrecht IV/1, S. 125 ff.
4 Näher zur Entstehungsgeschichte des Art. 2 Abs. 2 *Kunig*, in: v. Münch/Kunig, GG, Art. 2 Rn. 44; *Starck*, in: v. Mangoldt/Klein/Starck, GG, Art. 2 Rn. 189.

mit dem angemaßten Recht über Leben und Tod des Bürgers schrankenlosen Missbrauch trieb."[5]

Dieser Hintergrund und die gegen derartige Relativierungen des Lebensschutzes gerichtete Zielrichtung beeinflussen auch noch die heutige Auslegung der Vorschrift.[6] **457**
Das Leben stellt – wie es das BVerfG in seiner ersten Entscheidung zum Schwangerschaftsabbruch ausgedrückt hat – einen „Höchstwert" innerhalb der grundgesetzlichen Ordnung dar und ist „die vitale Basis der Menschenwürde und die Voraussetzung aller anderen Grundrechte".[7]
Art. 2 Abs. 2 S. 1 enthält in erster Linie ein *subjektives Abwehrrecht* gegen rechtswidrige Eingriffe der öffentlichen Gewalt in die geschützten Rechtsgüter.[8] Dass das Grundrecht auf Leben aber nicht nur durch den Staat, sondern namentlich auch durch Übergriffe privater Dritter bedroht sein kann, hat zur Entwicklung der sog. Schutzpflichtenlehre geführt.[9] Sie gebietet dem Staat, sich schützend und fördernd vor gefährdetes menschliches Leben zu stellen, es insbesondere vor rechtswidrigen Übergriffen Dritter zu bewahren.[10] Eine Verletzung dieser Pflicht liegt aber nur dann vor, wenn die öffentliche Gewalt Schutzvorkehrungen überhaupt nicht getroffen hat oder die ergriffenen Maßnahmen gänzlich ungeeignet oder völlig unzulänglich sind, das gebotene Schutzziel zu erreichen oder erheblich dahinter zurückbleiben (Verstoß gegen das *Untermaßverbot*).[11] Besondere Bedeutung hat Art. 2 Abs. 2 S. 1 auch im Hinblick auf negative Einwirkungen der Umwelt (Lärm, Immissionen u. Ä.) auf den Einzelnen, vor allem da es kein spezielles „Umweltgrundrecht" gibt.[12]

II. Das Grundrecht auf Leben

1. Schutzbereich

a) **Vorüberlegung und Grundaussagen.** Anders als in der gängigen – auch diesem Lehrbuch zugrundeliegenden – Grundrechtsdogmatik die zwischen persönlichem und sachlichem Schutzbereich differenziert, ist diese Unterscheidung für das Grundrecht auf Leben angesichts der Wechselbezüglichkeit der Tatbestandsmerkmale „Leben" und „jeder" problematisch.[13] Deshalb werden die mit dem Schutzgut Leben verbundenen Konkretisierungsprobleme an den strittigen Punkten (Beginn und Ende des Lebens) dargestellt. **458**
Das Recht auf Leben ist das Recht zu leben.[14] Geschützt ist das körperliche Dasein im Sinne der biologisch-physischen Existenz.[15] Jenseits dieser Grundaussagen wirft

---

5 BVerfGE 39, 1, 36 f. – *Schwangerschaftsabbruch I*; BVerfGE 18, 112, 117 – *Auslieferung*.
6 BVerfGE 39, 1, 36 – *Schwangerschaftsabbruch I*; *Lang*, in: BeckOK, GG, Art. 2 Rn. 55.
7 BVerfGE 39, 1, 42 – *Schwangerschaftsabbruch I* und BVerfGE 88, 203, 251 ff. – *Schwangerschaftsabbruch II* sowie etwa BVerfG NJW 1999, 3399, 3401 – *Organentnahme bei Lebenden*.
8 So auch *Starck*, in: v. Mangoldt/Klein/Starck, GG, Art. 2 Rn. 190.
9 Näher dazu im Kontext von Art. 2 Abs. 2 unten Rn. 492 ff.
10 BVerfGE 39, 1, 41 – *Schwangerschaftsabbruch I*; BVerfGE 53, 30, 57 – *atomrechtliche Verfahrensvorschriften*.
11 BVerfGE 56, 54, 81 – *Fluglärm*; BVerfG, NVwZ 2010, 702, 703 f. – *schwarze Löcher*.
12 So *Hufen*, Staatsrecht II, § 13 Rn. 3.
13 Näher *Höfling*, in: Friauf/Höfling, GG, Art 2 (3. Teil), Rn. 19 ff.
14 *Kingreen/Poscher*, Grundrechte, Rn. 471.
15 Vgl. BVerfGE 115, 116, 139 – *Halbteilungsgrundsatz*; *Jarass*, in: Jarass/Pieroth, GG, Art. 2 Rn. 81; ebenso *Manssen*, Grundrechte, Rn. 285.

die Auslegung des Art. 2 Abs. 2 sowohl im Hinblick auf den Beginn als auch das Ende des grundrechtlichen Schutzes schwierige Fragen auf.

459 **b) Beginn des grundrechtlichen Lebensschutzes.** Nach der Rechtsprechung des BVerfG *beginnt* der grundrechtliche Lebensschutz (spätestens) *mit der Nidation*, d. h. der Einnistung der befruchteten Eizelle in der Gebärmutter.[16] Der *Nasciturus* genießt nach dieser Auffassung jedenfalls ab dem 14. Tag nach der Empfängnis den Schutz des Art. 2 Abs. 2 S. 1.
Ob der grundrechtliche Lebensschutz *bereits vor der Nidation* eingreift, ist umstritten.[17]

> Dies ist insbesondere für die verfassungsrechtliche Beurteilung der *Forschung an menschlichen Embryonen* bedeutsam.[18]

460 Das BVerfG musste diese Frage angesichts des auf die Verfassungsmäßigkeit der Regelungen zum Schwangerschaftsabbruch bezogenen Verfahrensgegenstandes bisher nicht entscheiden, in den dazu ergangenen Entscheidungen stand jeweils nur der Lebensbeginn ab Nidation in Rede. Die Ausführungen in der zweiten Entscheidung zum Schwangerschaftsabbruch lassen aber erkennen, dass das Gericht für einen deutlich früher einsetzenden Lebensschutz votiert:

> „Es bedarf im vorliegenden Verfahren keiner Entscheidung, ob, wie es Erkenntnisse der medizinischen Anthropologie nahe legen, menschliches Leben bereits mit der Verschmelzung von Ei und Samenzelle entsteht".[19]

461 Im überwiegenden Schrifttum wird der Beginn des verfassungsrechtlichen Lebensschutzes jedenfalls bereits mit der (prozesshaften) Befruchtung, genauer dem Eindringen der Samen- in die Eizelle und der Bildung und Vereinigung von mütterlichem und väterlichem Vorkernen, angesetzt.[20] Zu diesem Zeitpunkt wird die individuelle genetische Identität fixiert. Hierfür spielt der Entstehungs- bzw. „Herstellungsakt" keine Rolle, ob die Vorkernverschmelzung also auf natürlichem Weg oder in vitro erfolgt, ist verfassungsrechtlich unerheblich.[21] Der Zeitpunkt der Vorkernverschmelzung erscheint auch deshalb als plausibel, weil im Verlaufskontinuum der Befruchtung (oder Herstellung) und Entwicklung jede weitere Zäsur als willkürlich erscheint. Das Postulat effektiven Grundrechtsschutzes schließlich gebietet es, den Schutz des elementaren Rechtsgutes Leben so früh wie möglich einsetzen zu lassen.[22]
Der Nasciturus ist dabei selbst Grundrechtsträger[23], nicht nur Begünstigter der staatlichen Schutzpflicht.[24] Die Ausführungen im zweiten Urteil zum Schwangerschaftsabbruch lassen erkennen, dass auch das BVerfG dieser Auffassung zuneigt:

---

16 Siehe BVerfGE 39, 1, 37 – *Schwangerschaftsabbruch I*; BVerfGE 88, 203, 251 – *Schwangerschaftsabbruch II*.
17 Hierzu *Müller-Terpitz*, in: HStR VII, § 147 Rn. 12 ff.
18 Näher zum Embryonenschutzgesetz und zur Stammzellenforschung *Höfling*, in: Friauf/Höfling, GG, Art. 2 (Teil 3) Rn. 43 ff.
19 BVerfGE 88, 203, 251 – *Schwangerschaftsabbruch II*.
20 Siehe etwa *Kunig*, in: v. Münch/Kunig, GG, Art. 2 Rn. 49 m. w. N.; *Lang*, in: BeckOK, GG, Art. 2 Rn. 59; vertiefend zum Fragenkreis *Höfling*, in: Friauf/Höfling, GG, Art. 2 (Teil 3) Rn. 19 ff.
21 *Höfling*, in: Friauf/Höfling, GG, Art. 2 (Teil 3) Rn. 61 u. 62; *Lang*, in: BeckOK, GG, Art. 2 Rn. 59.
22 *Hillgruber*, in: Umbach/Clemens, GG, Art. 2 II Rn. 294b; *Höfling*, in: Friauf/Höfling, GG, Art. 2 (3. Teil), Rn. 59; *Lang*, in: BeckOK, GG, Art. 2 Rn. 59; *Murswiek/Rixen*, in: Sachs, GG, Art. 2 Rn. 20; *Kunig*, in: v. Münch/Kunig, Art. 2 Rn. 49; *Fink*, in: HGR IV, § 88 Rn. 20; *Müller-Terpitz*, in: HStR VII, § 147 Rn. 6; *Starck*, in: v. Mangoldt/Klein/Starck, Art. 2 Rn. 203.
23 So *Jarass*, in: Jarass/Pieroth, GG, Art. 2 Rn. 85 m. w. N.; *Murswiek/Rixen*, in: Sachs, GG, Art. 2 Rn. 146; *Kunig*, in: v. Münch/Kunig, GG, Art. 2 Rn. 47; *Starck*, in: v. Mangoldt/Klein/Starck, Art. 2 Rn. 203.
24 So *Ipsen*, Staatsrecht II, Rn. 250; *Manssen*, Grundrechte, Rn. 289.

„Dieses Lebensrecht, das nicht erst durch die Annahme seitens der Mutter begründet wird, sondern dem Ungeborenen schon aufgrund seiner Existenz zusteht, ist das elementare und unveräußerliche Recht, das von der Würde des Menschen ausgeht;..."[25]

Auch dem Nasciturus steht also das Lebensgrundrecht im Sinne eines subjektivrechtlichen (Abwehr-)Rechts zur Seite.[26]

c) **Ende des grundrechtlichen Lebensschutzes.** Der grundrechtliche Lebensschutz endet mit dem Tod. Diese scheinbar banale Aussage wird durch die Möglichkeiten der modernen Medizin herausgefordert. In verfassungsrechtlicher Perspektive ist klarzustellen, dass der Mensch entweder lebt oder tot ist, ein drittes Stadium gibt es also nicht.[27] Die exakte Fixierung des Todes(-Zeitpunktes) kann aus juristischer Perspektive auch nicht dahingestellt bleiben, weil sie in zahlreichen Referenzgebieten von Belang ist. So muss etwa ganz allgemein feststehen, wann der grundrechtliche Schutz endet, der Arzt muss wissen, wann seine Behandlungspflicht endet, das Erbrecht knüpft an den Todeszeitpunkt Erbfolgen usw. Das Ende des menschlichen Lebens ist insbesondere bei der *Entnahme von Organen* verstorbener Organspender von Bedeutung.[28]

Das menschliche Leben endet entgegen der wohl noch h. L.[29] – eine Entscheidung des BVerfG steht noch aus – *nicht mit dem Hirntod.* Der Hirntod kennzeichnet nach deutschem Recht den Zustand der irreversibel erloschenen Gesamtfunktion des Großhirns, des Kleinhirns und des Hirnstamms[30]. Er wird als Tod des Menschen angesehen, weil mit ihm der Organismus seine Fähigkeit verliere, zu einer funktionellen Ganzheit zusammengefasst zu werden. Infolgedessen gehe unwiderruflich jede Steuerung verloren. Damit habe der menschliche Organismus bei biologischer Betrachtung als autonomes Leben keine Aussicht auf Fortbestand.[31] Die neurologische Forschung widerlegt indes die Annahme über den engen zeitlichen und kausalen Zusammenhang zwischen dem diagnostizierten Hirntod und der Desintegration der körperlichen Funktionen. Vielmehr stellt die Integration offensichtlich eine emergente Eigenschaft des ganzen Organismus dar. Hierfür sprechen nicht zuletzt eine Fülle von Vitalzeichen, die hirntote Menschen aufweisen.[32] Schließlich spricht gegen das Hirntodkonzept ein kohärenztheoretisches Argument: Bei ihm harmonieren Lebens- und Todesbegriff nicht miteinander. Denn während für den Beginn des menschlichen Lebens auf die – frühestens am 35. Tag nach der Empfängnis einsetzende – Hirntätigkeit abgestellt wird, soll der Tod mit ebenjenem Ende der Hirntätigkeit einsetzen. Überzeugender ist es, den hirntoten Menschen als im (unumkehrbaren) Sterbeprozess befindlich anzusehen, ihm den Schutz des Art. 2 Abs. 2

---

25 BVerfGE 88, 203, 252 – *Schwangerschaftsabbruch II.*
26 *Höfling*, in: Friauf/Höfling, GG, Art. 2 (3. Teil), Rn. 81 m. w. N.
27 *Höfling*, in: Friauf/Höfling, GG, Art. 2 (3. Teil) Rn. 23, tertium non datur.
28 Näher zum Hirntod als Voraussetzung einer Organentnahme *Höfling/Rixen*, in: Höfling, TPG, 2. Aufl. 2013, § 3 Rn 4 ff.
29 *Di Fabio*, in: Maunz/Dürig, GG, Art. 2 Abs. 2 S. 1 Rn. 21 f.
30 *Starck*, in: v. Mangoldt/Klein/Starck, GG, Art. 2 Rn. 192; kritisch hierzu *Stern*, Staatsrecht IV/1, S. 146 ff.
31 *Di Fabio*, in: Maunz/Dürig, GG, Art. 2 Abs. 2 S. 1 Rn. 20; *Schultze-Fielitz*, in: Dreier, GG, Bd. I, 2. Aufl. 2004, Art. 2 II Rn. 30 f.; *Sodan*, GG, 2009, Art. 2 Rn. 20; *Starck*, in: v. Mangoldt/Klein/Starck, GG, Art. 2 Rn. 191.
32 Näher *Lang*, in: BeckOK, GG, Art. 2 Rn. 61, beispielsweise können hirntote Patienten ihren Stoffwechsel aufrechterhalten, ihre Temperatur regulieren, Infektionen und Verletzungen bekämpfen, Exkremente produzieren und ausscheiden, auf Schmerzreize mit Blutdruckanstieg und Stresshormonen reagieren, Schwangerschaften über Monate aufrechterhalten und (gesunde) Kinder gebären.

nicht zu entziehen und den Tod des Menschen mit dem irreversiblen Herz-Kreislauf-Tod gleichzusetzen.³³

464 d) **Negative Seite des Lebensgrundrechts.** Vom *sachlichen* Schutzbereich des Grundrechts auf Leben soll nach h. M. die *„negative Freiheit"*, *Selbstmord zu begehen* oder die Vornahme lebensverlängernder Maßnahmen zu verweigern („Recht auf den Tod") nicht umfasst sein; insoweit müsse auf die allgemeine Handlungsfreiheit des Art. 2 Abs. 1 zurückgegriffen werden.³⁴ Das ist nicht überzeugend. Art. 2 Abs. 2 S. 1 schützt nicht nur das Leben und die körperliche Integrität, sondern auch das diesbezügliche Selbstbestimmungsrecht.³⁵ Für das Grundrecht auf körperliche Unversehrtheit hat das BVerfG die Verankerung jenes Selbstbestimmungsrechts in Art. 2 Abs. 2 S. 1 vielfach anerkannt.³⁶ Für das Grundrecht auf Leben gilt nichts anderes, davon umfasst ist auch die Berufung auf die negative Seite jener grundrechtlichen Schutzbereiche, namentlich also auch die selbstbestimmte Entscheidung „zum Tod".³⁷

465 Ob in Extremfällen auch ein Anspruch darauf besteht, dass sich der Staat an der Selbsttötung beteiligt, wird nicht einheitlich beurteilt.³⁸

> **Beispiel:** A ist vom Hals abwärts gelähmt und muss künstlich beatmet werden. Er leidet unter dem Zustand sowohl körperlich als auch seelisch. Eine Rücksprache mit den behandelnden Ärzten ergab, dass eine Besserung seines Zustandes nicht absehbar ist. A will nach reiflicher Überlegung sein Leben durch die Einnahme eines sehr starken Betäubungsmittels beenden. Er beantragt beim Bundesinstitut für Arzneimittel (BfArM), ihm zur Durchführung eines begleiteten Suizids den Erwerb von 15 g Natrium-Pentobarbital zu erlauben. Das BfArM lehnt den Antrag ab, die dagegen vor dem VG und OVG eingelegten Rechtsmittel bleiben erfolglos. Wesentlich gründen sich die Entscheidungen darauf, dass die Abgabe von Natrium-Pentobarbital zum Zweck der Selbsttötung aufgrund des Sinns und Zwecks des BtMG und der Regelungssystematik der §§ 5 Abs. 1 Nr. 6 und 13 Abs. 1 BtMG nicht erlaubnisfähig sei. Eine Abgabe zur Selbsttötung diene erkennbar nicht dazu, die medizinische Versorgung der Bevölkerung sicherzustellen.

Das BVerwG hat demgegenüber einen derartigen Anspruch auf Erwerb des fraglichen Betäubungsmittels im Wege „grundrechtskonformer Auslegung" bejaht, wenn sich der Suizidwillige wegen einer schweren und unheilbaren Erkrankung in einer extremen Notlage befinde.³⁹ Eine solche werde mit Hilfe von drei Kriterien bestimmt:

---

33 *Höfling*, in: Friauf/Höfling, GG, Art. 2 (3. Teil) Rn. 65 ff.; *Höfling*, in: Sachs, GG, Art. 1 Rn. 63; *Murswiek/Rixen*, in: Sachs, GG, Art. 2 Rn. 142; *Jarass*, in: Jarass/Pieroth, GG, Art. 2 Rn. 81; *Lang*, in: BeckOK, GG, Art. 2 Rn. 60 f.; *Hillgruber*, in: BeckOK, GG, Art. 1 Rn. 18; *Fink*, in: HGR IV, § 88 Rn. 32; *Lang*, ZfL 2015, 2, 6 ff.; grundlegend *Rixen*, Lebensschutz am Lebensende, 1999.

34 *Jarass*, in: Jarass/Pieroth, GG, Art. 2 Rn. 81; *Stern*, Staatsrecht IV, S. 148 f.; *Manssen*, Grundrechte, Rn. 285; *Hufen*, Staatsrecht II, § 13 Rn. 5. vgl. etwa *Dreier*, in: ders., GG, Art. 2 I Rn. 29; *Schulze-Fielitz*, in: Dreier, GG, Art 2 II Rn. 32; *Murswiek/Rixen*, in: Sachs, GG, Art. 2 Rn. 211; s. a. BVerwG NJW 2017, 2215, Rn. 23 – *Staatliche Beteiligung an Selbsttötung*.

35 *Höfling/Lang*, Das Selbstbestimmungsrecht. Normativer Bezugspunkt im Arzt-Patienten-Verhältnis, in: Feuerstein/Kuhlmann (Hrsg.), Neopaternalistische Medizin. Der Mythos der Selbstbestimmung im Arzt-Patienten-Verhältnis, 1999, 17 ff.

36 BVerfG, NJW 2017, 2982, Rn. 26 – *medizinische Zwangsbehandlung IV*; zuvor schon BVerfGE 133, 112, Rn. 49 – *medizinische Zwangsbehandlung III*; BVerfGE 129, 269, 280 – *medizinische Zwangsbehandlung II*; BVerfGE 128, 282, 300 – *medizinische Zwangsbehandlung I*.

37 *Fink*, in: HGR IV, § 88 Rn. 48; *Kingreen/Poscher*, Grundrechte, Rn. 471; *Höfling*, in: Friauf/Höfling, GG, Art. 2 (3. Teil), Rn. 190; ders, Selbsttötung und Selbsttötungsassistenz – einige grundrechtsdogmatische Überlegungen, in: FS für Jarass, 2015, S. 201; *Lang*, in: BeckOK, GG, Art. 2 Rn. 63c.

38 Näher dazu *Lang*, in: BeckOK, GG, Art. 2 Rn. 63i ff.

39 BVerwG NJW 2017, 2215 – *Staatliche Beteiligung an Selbsttötung*.

1. Die schwere und unheilbare Erkrankung muss mit gravierenden körperlichen Leiden, insbesondere starken Schmerzen verbunden sein, die bei dem Betroffenen zu einem unerträglichen Leidensdruck führen und nicht ausreichend gelindert werden können.
2. Der Betroffene ist entscheidungsfähig und entscheidet sich frei und ernsthaft, sein Leben beenden zu wollen.
3. Eine andere zumutbare Möglichkeit zur Verwirklichung des Sterbewunsches steht nicht zur Verfügung.[40]

Auch wenn sich die vom Gericht entwickelten Kriterien auf den ersten Blick plausibel oder jedenfalls vertretbar lesen und verständlich sein mag, dass Richter im konkreten Fall „helfen wollen"[41], ist die Entscheidung doch zu Recht hochumstritten.[42] Denn sie wirft da, wo sie doch eigentlich Klarheit schaffen wollte, schwierige Fragen auf. Unklar ist zunächst die grundrechtsdogmatische Konstruktion des Anspruchs (ob abwehr- oder schutzpflichtenrechtlich, lässt das BVerwG letztlich offen).[43] Vor allem aber vermag die Zuweisung der Entscheidungskompetenz einer derart existenziellen Frage an das BfArM nicht zu überzeugen[44], zumal das Gericht es dabei als unschädlich ansieht, dass konkretisierende gesetzlich fixierte Kriterien fehlen.[45] Schließlich droht die Gefahr, dass das Gericht mit dieser Entscheidung den Gesetzgeber zwingt, materielle Kriterien zur (staatlichen) Beteiligung am Suizid zu formulieren und ihn damit auf einen Weg zu zwingen, den dieser – wie die Materialien zur Gesetzgebungsgeschichte des § 217 StGB belegen – gerade nicht beschreiten wollte. Angesichts dieser offenen Fragen bleibt nur zu hoffen, dass die vom BVerwG gewählte Konstruktion in der Praxis angesichts der Möglichkeiten der modernen Palliativmedizin obsolet wird.[46]

2. Eingriffe

Ein Eingriff in das Recht auf Leben stellt jede hoheitliche Maßnahme dar, die die gewollte oder auch ungewollte Tötung eines Menschen bewirkt.[47]

Beispiele: Verhängung und Vollstreckung der Todesstrafe; Schwangerschaftsabbruch.[48]

Eine *Gefährdung des Lebens* kann einer Grundrechtsverletzung gleichzustellen sein. Dies gilt jedenfalls dann, „wenn ernsthaft zu befürchten ist", dass der Betroffene „sein Leben einbüßen würde".[49]

Umstritten ist, ob die *Auslieferung eines Straftäters* an einen anderen Staat einen Eingriff in das Recht auf Leben darstellt, wenn die Tat dort mit der Todesstrafe bedroht

---

40 BVerwG NJW 2017, 2215 Rn. 31– *Staatliche Beteiligung an Selbsttötung*.
41 Ob der vom BVerwG konkret entschiedene Fall sich unter diesem Blickwinkel eignete, darf aber bestritten werden. Im Zeitpunkt der Entscheidung des BVerwG war die Patientin bereits seit mehreren Jahren verstorben.
42 Die Entscheidung verteidigen etwa *Brade/Tänzer*, NVwZ 2017, 1435, 1439: „…richtiges und richtungsweisendes Urteil…"; *Jansen*, GuP 2017, 161, 162; harsche Kritik dagegen in der Ad-Hoc-Empfehlung des Ethikrates: unauflöslicher Wertungswiderspruch zu den Grundwertungen des parlamentarischen Gesetzgebers, auf denen die Neuregelung des § 217 StGB beruhe, *Ethikrat*, Ad-Hoc-Empfehlung, Suizidprävention statt Suizidunterstützung, 2017, 2; *Hillgruber* JZ 2017, 777, 782 f.
43 Vgl. BVerwG NJW 2017, 2215 Rn. 26 u. 27 – *Staatliche Beteiligung an Selbsttötung*.
44 *Lang*, in: BeckOK, GG, Art. 2 Rn. 63l.
45 BVerwG NJW 2017, 2215 Rn. 40 – *Staatliche Beteiligung an Selbsttötung*.
46 Vgl. *Schütz/Sitte*, NJW 2017, 2155, 2158.
47 So *Murswiek/Rixen*, in: Sachs, GG, Art. 2 Rn. 152.
48 Siehe die Beispiele bei *Kingreen/Poscher*, Grundrechte, Rn. 473, und *Kunig*, in: v. Münch/Kunig, GG, Art. 2 Rn. 51 ff.
49 Vgl. BVerfGE 51, 324, 347 – *Verhandlungsunfähigkeit des Angeklagten*.

ist.[50] *Auslieferungsverträge* sehen hier in aller Regel ein Recht zur Verweigerung der Auslieferung vor. Darüber hinaus bestimmt § 8 des Gesetzes über die Internationale Rechtshilfe in Strafsachen (IRG)[51] für die Bundesrepublik Deutschland, dass, falls die Tat nach dem Recht des ersuchenden Staates mit der Todesstrafe bedroht ist, die Auslieferung nur zulässig ist, wenn dieser Staat zusichert, die Todesstrafe nicht zu verhängen und nicht zu vollstrecken.

3. Verfassungsrechtliche Rechtfertigung

469 a) **Schranke.** Eingriffe in das Recht auf Leben sind nur auf Grund eines Gesetzes zulässig (vgl. Art. 2 Abs. 2 S. 3). Es handelt sich um einen einfachen Gesetzesvorbehalt.[52] Weil Art. 2 Abs. 2 S. 1 als Voraussetzungsgrundrecht aller anderen grundrechtlichen Gewährleistungen gesehen werden kann, wird in Teilen des Schrifttums von einer Überlagerung von Lebensrecht und Menschenwürdegarantie ausgegangen und insoweit Eingriffen in das Leben auch die Unantastbarkeit der Menschenwürde entgegengesetzt.[53] Mit dem Wortlaut der Verfassung und vor allem deren Systematik ist das nicht vereinbar.[54] Andernfalls würde Art. 2 Abs. 2 S. 3 etwas erlauben, das nach Art. 1 Abs. 1 verboten ist, die Verfassung geriete in einen unauflösbaren Selbstwiderspruch. Ursprüngliche Verfassungsnormen sind nämlich so zu interpretieren, dass sie einander nicht widersprechen.[55] Eingriffe in das Grundrecht auf Leben können in speziellen Fällen auch menschenwürderelevant sein, sie sind das aber nicht ausnahmslos und in jedem Fall.

470 Nach der *Wesentlichkeitstheorie* folgt aus dem hohen Rang des betroffenen Rechtsgutes, dass das Recht auf Leben nur durch ein *formelles*, also vom parlamentarischen Gesetzgeber im verfassungsmäßig vorgesehenen Gesetzgebungsverfahren erlassenes *Gesetz* eingeschränkt werden darf (*Parlamentsvorbehalt*).[56]

471 b) **Schranken-Schranke.** Eine Schranken-Schranke für Eingriffe in das Recht auf Leben stellt das *Verbot der Todesstrafe* gemäß Art. 102 dar. Ob ihre einfachgesetzliche Wiedereinführung nach einer Aufhebung des Art. 102 zulässig wäre, ist umstritten, wird inzwischen jedoch zu Recht überwiegend verneint.[57] Obwohl Art. 102 in der Ewigkeitsgarantie des Art. 79 Abs. 3 nicht genannt ist, so läge in der Verhängung und Vollstreckung der Todesstrafe *jedenfalls ein Verstoß gegen die Garantie der Menschenwürde*, die nach Art. 79 Abs. 3 einer Verfassungsänderung entzogen ist.[58] Zudem ist kaum ein menschenwürdiges staatliches Tötungsverfahren denkbar.[59] Zur Begründung wird darüber hinaus auf die *staatliche Schutzpflicht für das Leben* sowie die Gefahr eines irreparablen Eingriffs im Falle eines Fehlurteils verwiesen.[60]

---

50 Vgl. BVerfGE 60, 348, 354 – *Auslieferung*.
51 IRG vom 27.6.1994 (BGBl. I, S. 1537), zuletzt geändert durch Art. 4 G. vom 8.7.2014 (BGBl. I, S. 890).
52 *Murswiek/Rixen*, in: Sachs, GG, Art. 2 Rn. 164.
53 Vgl. *Starck*, in: v. Mangoldt/Klein/Starck, GG, Art. 2 Rn. 205, „Eingriffsverbote".
54 Ebenso *Fink*, in: HGR IV, § 88 Rn. 7.
55 *Hesse*, Grundzüge des Verfassungsrechts der Bundesrepublik Deutschland, 20. Aufl. 1995, Rn. 71 und Rn. 20 „Einheit der Verfassung".
56 Vgl. zur Wesentlichkeitstheorie *Korioth*, Staatsrecht I, Rn. 185, 931; zur Unterscheidung zwischen Gesetzen im formellen und im materiellen Sinn *Korioth*, Staatsrecht I, Rn. 846 ff.
57 Dagegen etwa *Degenhart*, in: Sachs, GG, Art. 102 Rn. 7 m. w. N. zu beiden Positionen.
58 Vgl. *Kingreen/Poscher*, Grundrechte, Rn. 480; *Degenhart*, in: Sachs, GG, Art. 102 Rn. 7; *Stern*, Staatsrecht IV/1, S. 154 m. w. N.
59 *Lang*, in: BeckOK, GG, Art. 2 Rn. 69.
60 Vgl. etwa *Kingreen/Poscher*, Grundrechte, Rn. 487.

Eine weitere Schranken-Schranke könnte die Wesensgehaltsgarantie[61] aus Art. 19 Abs. 2 darstellen, denn der Entzug des Lebens lässt „vom Leben nichts mehr übrig".[62] Zumindest im Hinblick auf den Schutz des Lebens ist Art. 19 Abs. 2 aber in Bezug auf die *Allgemeinheit* zu verstehen: Eingriffe in das Leben Einzelner sind danach grundsätzlich zulässig.[63]

> **Fall 10**: Bankräuber B wurde in Baden-Württemberg bei einem Raub von der Polizei überrascht und hat sich mit einigen Geiseln im Schalterraum verschanzt. B fordert ein Fluchtfahrzeug und droht damit, als Beweis der Ernsthaftigkeit seines Vorhabens eine Geisel zu töten. Daraufhin dringen Spezialkräfte in die Bank ein und sehen, wie B einer Geisel die Pistole an den Kopf hält. Scharfschütze S feuert daher mehrfach gezielt auf Kopf und Hals von B, der sofort verstirbt (sog. „polizeilicher Rettungsschuss"). Wäre dies verfassungsrechtlich zu beanstanden?

In materieller Hinsicht kommt bei staatlichen Maßnahmen, die das Recht auf Leben betreffen, dem Verhältnismäßigkeitsgrundsatz besonderes Gewicht zu.[64] Dessen besondere Bedeutung resultiert aus der Überlegung, dass es beim Grundrecht auf Leben – anders als sonst – kein „mehr oder weniger", also keine Differenzierung nach der Intensität des Eingriffs geben kann. Vielmehr bedeutet ein Eingriff in das Leben immer den Tod. Die verhältnismäßige Abwägung muss auf diese „Alles-oder-Nichts"-Konstellation Bedacht nehmen.

Die gezielte Tötung eines Menschen durch einen polizeilichen Todesschuss (*„finaler Rettungsschuss"*) etwa ist nur höchst ausnahmsweise als *ultima ratio* zulässig, wenn eine Gefahr für das Leben oder eine schwere Gefahr für die körperliche Unversehrtheit eines Dritten nicht auf andere Weise abgewendet werden kann.[65]

Mit Rücksicht auf den *Bestimmtheitsgrundsatz* können die polizeirechtlichen Generalklauseln allerdings nicht als ausreichende Ermächtigungsgrundlage angesehen werden, weshalb in einigen Landespolizeigesetzen spezielle Regelungen enthalten sind.[66]

Stets kann der polizeiliche Schusswaffengebrauch auch im Einzelfall *nur unter strikter Beachtung des Grundsatzes der Verhältnismäßigkeit* gerechtfertigt sein.[67] § 54 Abs. 2 PolG BW[68] etwa bestimmt hierzu:

> „Ein Schuss, der mit an Sicherheit grenzender Wahrscheinlichkeit tödlich wirken wird, ist nur zulässig, wenn er das einzige Mittel zur Abwehr einer gegenwärtigen Lebensgefahr oder der gegenwärtigen Gefahr einer schwerwiegenden Verletzung der körperlichen Unversehrtheit ist."

---

61 Dazu ausführlich oben Rn. 250 ff.
62 *Kingreen/Poscher*, Grundrechte, Rn. 485. Siehe auch die Fallbesprechung bei *Dietlein*, Examinatorium Staatsrecht, S. 156 ff.
63 Dazu ausführlich oben Rn. 252 sowie *Lang*, in: BeckOK, GG, Art. 2 Rn. 70.
64 Siehe hierzu die Beispiele bei *Katz*, Staatsrecht, Rn. 703 m. w. N.
65 Siehe *Murswiek/Rixen*, in: Sachs, GG, Art. 2 Rn. 182; *Kunig*, in: v. Münch/Kunig, GG, Art. 2 Rn. 85.
66 Vgl. *Kunig*, in: v. Münch/Kunig, GG, Art. 2 Rn. 86. Ausführlich zu den Anforderungen an die Bestimmtheit des in Art. 2 Abs. 2 eingreifenden Gesetzes *Stern*, Staatsrecht IV/1, S. 160 f. Auch Standardmaßnahmen, die den gezielten Todesschuss nicht explizit regeln, sondern – wie etwa § 109 Abs. 1 SOG M-V – den Schusswaffengebrauch nur zulassen, um Personen „angriffs- oder fluchtunfähig zu machen" stellen keine taugliche Rechtsgrundlage dar, vgl. *Lang*, in: Schütz/Classen (Hrsg.), Landesrecht M-V, 3. Aufl. 2014, § 3 Rn. 270.
67 Siehe *Di Fabio*, in: Maunz/Dürig, GG, Art. 2 Abs. 2 S. 1 Rn. 37.
68 PolG BW i. d. F. vom 13.1.1992 (GBl. S. 1, ber. S. 596), zuletzt geändert durch Gesetz vom 28.11.2017 (GBl. S. 631) mit Wirkung zum 8.12.2017.

Lösung Fall 10: Der Schutzbereich des Art. 2 Abs. 2 S. 1 ist offensichtlich berührt und es wurde in diesen eingegriffen. Fraglich ist die Rechtfertigung. Wie dargelegt ist die Handlung des Polizisten durch eine verfassungsgemäße Ermächtigungsgrundlage gedeckt. Auch war das Leben einer Geisel in Gefahr. Fraglich ist allerdings, ob der finale Rettungsschuss als ultima ratio tatsächlich angebracht war. Unter Umständen kann das Erschießen des Täters nicht nötig sein, wenn die Gefahr durch einen Schuss in den Arm o. ä. des Täters abgewehrt werden kann. Allerdings hielt B bereits die Pistole an den Kopf einer Geisel, so dass davon ausgegangen werden kann, dass der finale Rettungsschuss als einziges Mittel tatsächlich die Geisel schützen konnte.

477 Schwieriger wird die angestellte Überlegung, wenn Personen durch den Staat getötet werden, von denen die Gefahr nicht ausgeht.

Fall 11:[69] Die Bundesregierung plant ein Gesetz, durch das der staatliche Abschuss von entführten Passagierflugzeugen im Notfall erlaubt werden soll. Hintergrund sei die wachsende terroristische Gefahr. Nach dem Gesetz ist ein solcher Abschuss erlaubt, wenn mit Sicherheit davon ausgegangen werden kann, dass das Flugzeug dazu eingesetzt werden soll größere Menschenmengen am Boden zu töten und es keine andere Möglichkeit gibt dies zu verhindern. Ist dies verfassungsrechtlich möglich?

Lösung Fall 11: Neben dem Lebensrecht der Flugzeugpassagiere betrifft ein solches Gesetz auch deren Menschenwürde. Dem kann auch nicht entgegengehalten werden, dass das Leben der Menschen am Boden gerettet werden muss. Andernfalls werden die Flugzeugpassagiere zum Objekt des Staates. Etwas anderes gilt nur dann, wenn es sich um ein Flugzeug handelt, das ausschließlich mit den Tätern besetzt ist. Die geplante Regelung ist in dieser Form mithin verfassungswidrig.

III. Das Grundrecht auf „körperliche Unversehrtheit"

1. Schutzbereich

478 **a) Persönlicher Schutzbereich.** Träger des Grundrechts auf körperliche Unversehrtheit sind *alle lebenden Menschen*.[70] Auf juristische Personen ist Art. 2 Abs. 2 S. 1 nicht anwendbar.[71]

479 **b) Sachlicher Schutzbereich.** Das Recht auf „körperliche Unversehrtheit" gewährleistet in sachlicher Hinsicht die körperliche Integrität. Nach *Dürig* umfasst die körperliche Unversehrtheit die „Freiheit vor Unfruchtbarmachung, Freiheit vor Verletzung der körperlichen Gesundheit, Freiheit vor Schmerzen und Freiheit vor Verunstaltung".[72]

480 Art. 2 Abs. 2 schützt darüber hinaus auch den *geistig-seelischen Bereich*, also das psychische Wohlbefinden, sofern die Einwirkung körperlichen Schmerzen vergleichbar ist.[73] Das BVerfG geht davon aus, dass

„[...] zumindest solche nichtkörperlichen Einwirkungen von Art. 2 Abs. 2 erfasst würden, die ihrer Wirkung nach körperlichen Eingriffen gleichzusetzen seien. Das sind

---

69 Abgewandelt nach BVerfGE 115, 118 – *Luftsicherheitsgesetz*. Über die hier behandelten Fragestellungen hinaus war der Sachverhalt problematisch, da der Abschuss seitens der Streitkräfte vorgesehen war. Demnach kam als zusätzliche Problemstellung die Verfassungsmäßigkeit des Einsatzes der Streitkräfte im Inland hinzu.
70 So auch *Kunig*, in: v. Münch/Kunig, GG, Art. 2 Rn. 61; *Murswiek/Rixen*, in: Sachs, GG, Art. 2 Rn. 147.
71 BVerwGE 54, 211, 220 – *Vorbeugender Rechtsschutz gegen Bebauungsplan*; *Lang*, in: BeckOK, GG, Art. 2 Rn. 64a.
72 Vorauflage zu *Di Fabio*, in: Maunz/Dürig, GG, Art. 2 Abs. 2 S. 1 Rn. 55.
73 So auch *Jarass*, in: Jarass/Pieroth, GG, Art. 2 Rn. 83.

jedenfalls solche, die das Befinden einer Person in einer Weise verändern, die der Zufügung von Schmerzen entspricht."[74]

Bsp.: A wohnt in der Nähe eines größeren Militärflughafens der Bundeswehr. Startende Maschinen fliegen in einer Höhe von 600 m über sein Haus, dabei entsteht eine Lärmkulisse von maximal 90 dB.
Hier ist nicht auszuschließen, dass es durch den Lärm zu psychischen Reaktionen wie stark erhöhter Reizbarkeit und reduzierter Entspannungsfähigkeit kommt. Der Schutzbereich des Art. 2 Abs. 2 ist mithin eröffnet.[75]

Der weite Gesundheitsbegriff der Weltgesundheitsorganisation – Gesundheit als „der Zustand des vollständigen körperlichen, geistigen und sozialen Wohlbefindens und nicht nur das Freisein von Krankheit und Gebrechen"[76] – kann Art. 2 Abs. 2 hingegen nicht zugrunde gelegt werden.[77] Erfasst ist vielmehr die Gesundheit im biologisch-physiologischen Sinn.[78] Nach *h.M.* soll damit aber *kein Recht auf Gesundheit* verbunden sein. Auf dieser Linie hat das BVerfG ausgeführt, dass aus Art. 2 Abs. 2 S. 1 GG *regelmäßig* kein verfassungsrechtlicher Anspruch auf Bereitstellung bestimmter Gesundheitsleistungen bestehe.[79] Es kann also nicht jede Behandlung gestützt auf die Verfassung verlangt werden. Das BVerfG hat allerdings in der Entscheidung zur sog. Überkreuzspende Art. 2 Abs. 2 S. 1 aber jedenfalls dann als berührt angesehen, wenn staatliche Regelungen dazu führten, dass kranken Menschen eine nach dem Stand der medizinischen Forschung prinzipiell zugängliche Therapie, mit der eine Verlängerung des Lebens, mindestens aber eine nicht unwesentliche Minderung des Leidens verbunden ist, versagt bleibt.[80] Auch hat es im sog. *Nikolausbeschluss* einen über die Regelungen des Rechts der gesetzlichen Krankenversicherung (SGB V) hinausgehenden[81] *unmittelbaren verfassungsrechtlichen Leistungsanspruch* in Fällen lebensbedrohlicher Erkrankungen bejaht, für deren Behandlung die Schulmedizin keine Behandlungsmethode bereithält, aber eine auf Indizien gestützte, nicht ganz fern liegende Aussicht auf Heilung durch eine alternative Behandlungsmethode besteht.[82]

Art. 2 Abs. 2 S. 1 schützt nicht nur die körperliche Integrität im oben beschriebenen Sinne, sondern auch das diesbezügliche Selbstbestimmungsrecht.[83] Dieses Selbstbestimmungsrecht besteht nicht lediglich nach Maßgabe seines jeweiligen konkreten Gesundheitszustandes.[84] Deshalb endet die Selbstbestimmung des Patienten nicht etwa dann, wenn ärztlicherseits mit Blick auf die Möglichkeit der Selbstbestimmung oder deren Inhalt ein „pathologischer" Zustand diagnostiziert wird, ihre Wahrung verlangt im Gegenteil in Fällen (vermeintlicher) „prekärer Selbstbestimmung" beson-

---

74 BVerfGE 56, 54, 75 – *Fluglärm*.
75 Vgl. BVerfGE 56, 54 – *Fluglärm*.
76 Satzung der WHO vom 22.7.1946.
77 Ebenso *Starck*, in: v. Mangoldt/Klein/Starck, GG, Art. 2 Rn. 193; zum Krankheitsbegriff der gesetzlichen Krankenversicherung vertiefend *Lang*, in: Becker/Kingreen, SGB V, 6. Aufl. 2018, § 27 Rn. 14 ff.
78 Vgl. BVerfGE 56, 54, 73 ff. – *Fluglärm*; ebenso *Starck*, in: v. Mangoldt/Klein/Starck, GG, Art. 2 Rn. 193.
79 BVerfGE 79, 174, 202 – *Straßenverkehrslärm*; 77, 170, 215 – *C-Waffen*.
80 BVerfG NJW 1999, 3399, 3400 – *Organentnahme bei Lebenden*.
81 Vgl. jetzt aber § 2 Abs. 1a SGB V.
82 BVerfGE 125, 25, 49 – *Alternativmedizin (Nikolausbeschluss)*; s. a. BVerfG NJW 2016, 1505 Rn. 18 – *G-BA demokratische Legitimation*; BVerfG NZS 2017, 582, Rn. 22 – *off label use*.
83 BVerfG, NJW 2017, 2982, Rn. 26 – *medizinische Zwangsbehandlung IV*; s. a. BVerfGE 133, 112, Rn. 49 – *medizinische Zwangsbehandlung III*; BVerfGE 129, 269, 280 – *medizinische Zwangsbehandlung II*; BVerfGE 128, 282, 300 – *medizinische Zwangsbehandlung I*.
84 BVerfGE 89, 120, 130 – *verhandlungsunfähiger Angeklagter*.

dere Achtsamkeit.⁸⁵ Selbstbestimmung i. S. d. Art. 2 Abs. 2 S. 1 beinhaltet also vor allem auch die Selbstbestimmung in und zur Krankheit sowie im Kontext von Sterbegleitung und Tod.⁸⁶

482a Jene Selbstbestimmung wird durch einen aktuellen Gesetzentwurf zur sog. Widerspruchslösung im Organtransplantationsrecht besonders herausgefordert. Die Entscheidung über die Organentnahme gehört zur Selbstbestimmung über die eigene Leiblichkeit, die nach hier vertretener Ansicht systematisch in Art. 2 Abs. 2 verankert ist. Denn mit der Entscheidung zur Organspende wird zugleich über die Art und Weise des eigenen Sterbens bestimmt. Ausgangspunkt der rechtlichen Beurteilung ist der allgemeine Konsens, dass eine Organentnahme ohne Zustimmung des Organspenders verfassungswidrig ist. Derzeit liegt dem deutschen Transplantationsrecht im Interesse der Wahrung der Selbstbestimmung die sog. erweiterte Zustimmungslösung zugrunde, wonach eine Organspende nur zulässig ist, wenn ihr zu Lebzeiten der Organspender oder nach seinem Tod die im Gesetz näher bezeichneten Angehörigen bzw. nahe stehende Personen zustimmen.

482b Der angesprochene Gesetzentwurf (BT-Drs. 19/11096) sieht demgegenüber vor, grundsätzlich jeden, der nicht zu Lebzeiten einer Organentnahme widersprochen hat, als Organspender anzusehen. Die verfassungsrechtliche Zulässigkeit dieser engen **Widerspruchslösung** (im Gesetzentwurf euphemistisch als doppelte Widerspruchslösung bezeichnet) ist **umstritten**.⁸⁷

482c Schon die Geeignetheit und die Erforderlichkeit der Regelung sind problematisch.⁸⁸ Jedenfalls aber fehlt es an der Angemessenheit im engeren Sinne. Unterkomplex ist in diesem Kontext die These, durch die Widerspruchslösung werde **keine** Duldung einer postmortalen Explantation verlangt, sondern dem Bürger nur eine **einfache Erklärungslast** auferlegt. Wenn mit der Widerspruchslösung tatsächlich nur eine bloße Erklärungslast verbunden wäre, wäre bei einem Verstoß gegen jene Last nur schlicht keine Erklärung abgegeben. Vor diesem Hintergrund **deutet** die **Widerspruchslösung um**, sie muss nämlich die unterbliebene **Erklärung als Zustimmung werten**, weil sonst eine Organentnahme ohne Zustimmung erfolgte. Auch bürdet sie dem Bürger das **Risiko einer Missachtung des Widerspruchs** durch unglückliche Umstände auf und erfasst nicht nur diejenigen Personen, die innerlich mit einer postmortalen Explantation einverstanden sind, dies aber nicht ausdrücklich erklärt haben. Unangemessen ist des Weiteren die Heranziehung der Unentschlossenen, also derjenigen, die in der Beurteilung ihrer Spendebereitschaft noch zu keinem abschließenden Ergebnis gelangt sind. Zudem ist denkbar, dass der Betroffene eine Organentnahme ablehnt, dies aber nicht offenbaren will.⁸⁹ Schließlich existiert **keine Pflicht, durch Zurverfügungstellung des eigenen Körpers** Dritten in Form der Organspende zu helfen, was im Übrigen auch bereits im Ausdruck Organspende zum Ausdruck kommt. Die besseren Gründe dürften dafür sprechen, dass die **Widerspruchslösung** in der Gestalt, die sie in BT-Drs. 19/11096 gefunden hat, das

---

85 *Lang*, in: BeckOK, GG, Art. 2 Rn. 63b.
86 Näher *Lang*, in: BeckOK, GG, Art. 2 Rn. 63 ff. m. w. N.
87 Dafür *Hufen*, A-Drs. 19(4)95(6), 6 f.: dagegen *Lang*, A-Drs. 19(4)95(19), 13 ff.; wohl auch *Kluth*, A-Drs. 19(4)95(2), 9: „gut begründbares Verdikt der Verfassungswidrigkeit".
88 Näher dazu *Lang*, BeckOK, Art. 2 Rn. 63o ff.
89 Dazu bereits *Maurer*, DÖV 1980, 7 (12).

Selbstbestimmungsrecht des potentiellen Organspenders **nicht hinreichend wahrt.**

2. Eingriffe

a) Grundsätze. In das Schutzgut der körperlichen Unversehrtheit wird durch jede gegen den Willen des Grundrechtsträgers erfolgende Beeinträchtigung – auch faktischer oder mittelbarer Art – des Körpers eingegriffen.[90]

> **Beispiele**: Menschenversuche, Zwangssterilisationen und -kastrationen;[91] körperliche Strafen und Züchtigungen;[92] Blutentnahme im Strafprozessverfahren auf der Grundlage des § 81a StPO[93] (dies heißt allerdings nicht, dass weitere Verwendung einer solchen Blutentnahme im Strafprozess nicht möglich wäre, auch wenn die Entnahme an sich nicht verfassungsrechtlich gerechtfertigt wäre[94]); gerichtliche Anordnung einer Liquorentnahme[95] oder einer Hirnkammerluftfüllung[96] zur Prüfung der Zurechnungsfähigkeit; gesetzlich angeordneter Impfzwang.[97]
> Auch die zwangsweise Änderung der Haar- und Barttracht eines Beschuldigten zum Zwecke seiner Gegenüberstellung mit Zeugen stellt einen Eingriff in Art. 2 Abs. 2 dar.[98]

Die *Gefährdung des geschützten Rechtsguts*, d. h. seine drohende Verletzung kann unter bestimmten Voraussetzungen einem Eingriff gleichzusetzen sein.[99]

> **Beispiele**: Stationierung nuklearer Mittelstreckenraketen;[100] Betriebsgefahren eines Kernkraftwerks;[101] Mobilfunk-Masten.[102]

Auch *geringfügige Beeinträchtigungen* der körperlichen Unversehrtheit (*Bagatelleingriffe*) sind richtiger Auffassung zufolge ein Eingriff in den Schutzbereich des Art. 2 Abs. 2.[103] Allerdings ist die geringere Eingriffsintensität in der Prüfung der verfassungsrechtlichen Rechtfertigung zu berücksichtigen.[104]

b) Ärztliche Heilbehandlung. – aa) Grundsätze. Auch eine *ärztliche Heilbehandlung* kann einen Eingriff in die körperliche Unversehrtheit darstellen. Sie bewirkt aber keine Verletzung des Grundrechts, wenn eine *wirksame Einwilligung* des Betroffenen vorliegt.[105] Dies setzt voraus, dass die Einwilligung bewusst und freiwil-

---

90 Vgl. *Murswiek/Rixen*, in: Sachs, GG, Art. 2 Rn. 151, 154; zur Einordnung transplantationsmedizinischer Entscheidungen vgl. BVerfG NJW 2017, 545 Rn. 13 – *Meldung als nicht transplantabel*; sowie *Höfling/Lang* NJW 2014, 3398, 3399f.
91 Vgl. *Jarass*, in: Jarass/Pieroth, GG, Art. 2 Rn. 87; *Kingreen/Poscher*, Grundrechte, Rn. 475.
92 Vgl. *Jarass*, in: Jarass/Pieroth, GG, Art. 2 Rn. 87; *Kingreen/Poscher*, Grundrechte, Rn. 475.
93 BVerfG, NJW 1996, 771 – *Blutentnahme*.
94 BVerfG, NJW 2008, 3053 – *polizeiliche Anordnung der Entnahme einer Blutprobe und Verwertungsverbot*.
95 BVerfGE 16, 194 – *Liquorentnahme*.
96 BVerfGE 17, 108 – *Hirnkammerluftfüllung*.
97 BVerwGE 9, 78 – *Impfzwang*.
98 BVerfGE 47, 239 – *Veränderung der Haar- und Barttracht*.
99 Näher hierzu BVerfGE 66, 39, 46 – *Pershing II*. Zur staatlichen Schutzpflicht für Leben und körperliche Unversehrtheit sogleich unter Rn. 492ff.
100 BVerfGE 66, 39 – *Pershing II*; vgl. zur Stationierung von ABC-Waffen als Sonderproblem des Art. 2 Abs. 2 *Hofmann*, in: Schmidt-Bleibtreu/Hofmann/Henneke, GG, Art. 2 Rn. 67.
101 BVerfGE 53, 30 – *Mülheim-Kärlich*.
102 Vgl. weitere Beispiele bei *Hufen*, Staatsrecht II, § 13 Rn. 9.
103 Vgl. *Murswiek/Rixen*, in: Sachs, GG, Art. 2 Rn. 163; *Jarass*, in: Jarass/Pieroth, GG, Art. 2 Rn. 87; a.A. BVerwGE 46, 1, 7 – *Haarerlass* (kein Schutz vor unwesentlichen Beeinträchtigungen); *Katz*, Staatsrecht, Rn. 700.
104 So auch *Kingreen/Poscher*, Grundrechte, Rn. 474; *Murswiek/Rixen*, in: Sachs, GG, Art. 2 Rn. 163.
105 Ausführlich zur Einwilligung oben Rn. 202ff.; vgl. auch *Jarass*, in: Jarass/Pieroth, GG, Art. 2 Rn. 89; *Kunig*, in: v. Münch/Kunig, GG, Art. 2 Rn. 65.

lig erteilt wurde und eine zureichende ärztliche Aufklärung über die Risiken des Heileingriffs erfolgt ist.[106] Man spricht insoweit vom Erfordernis der sog. informierten Einwilligung (informed consent).[107] Auch damit soll die Selbstbestimmung (Patientenautonomie) gewahrt werden. Dies wird indes besonders herausgefordert, wenn sich die Krankheit entweder auf die Selbstbestimmung unmittelbar auswirkt oder der Mensch tödlich erkrankt ist.

487 bb) **Zwangsbehandlungen.** Denkbar ist zunächst, dass eine (seelische) Erkrankung dazu führt, dass an einer autonomen Entscheidung zu zweifeln ist. Hier muss man sich vor vorschnellem Paternalismus hüten. Die Selbstbestimmung über den eigenen Körper und die eigene Gesundheit berechtigt auch zu „unvernünftigen" Entscheidungen.[108] Deshalb endet die Selbstbestimmung des Patienten in den genannten Fällen auch dann nicht, wenn ärztlicherseits mit Blick auf den Inhalt einer Entscheidung des Patienten „pathologischer" Zustand diagnostiziert wird. Sie verlangt dann vielmehr – gleichsam umgekehrt – gerade im Rahmen der Aufklärung ein besonders sorgfältiges Vorgehen.[109]
Gleichwohl kann ein nach medizinisch-psychologischer Beurteilung objektiv indizierter ärztlicher Eingriff bzw. eine Heilbehandlung dem sog. natürlichen Willen eines Betroffenen widersprechen. Sollen die in Rede stehenden Maßnahmen gegen den natürlichen Willen erfolgen, spricht man von einer Zwangsbehandlung (vgl. § 1906a Abs. 1 BGB). Handelt es sich dabei um eine betreute Person i. S. d. Betreuungsrechts richtet sich die Zulässigkeit der Zwangsbehandlung nach §§ 1906, 1906a BGB. Im Rahmen öffentlich-rechtlicher Unterbringung sind nach der Rechtsprechung des BVerfG bei Zwangsbehandlungen ebenfalls besondere materielle (eindeutige gesetzliche Grundlage) und verfahrensmäßige Sicherungen erforderlich (vor allem die ärztliche Anordnung und Überwachung der Zwangsbehandlung, deren Dokumentation und außerhalb von Notfällen eine vorhergehende Prüfung der fraglichen Behandlung durch objektive Dritte.[110]

488 cc) **Behandlung am Lebensende.** Die zweite Herausforderung des Selbstbestimmungsrechts betrifft die Situation am Lebensende, den Prozess des Sterbens. Ausgangspunkt der grundrechtlichen Beurteilung ist auch hier das archimedische Zentrum des Arzt-Patienten-Verhältnisses, die informierte Einwilligung. Solange der Patient dies will, sind die medizinischen Maßnahmen, einschließlich palliativmedizinischer Maßnahmen, die in der letzten Phase des Lebens erfolgen, darauf gerichtet, das Leben zu verlängern und jedenfalls Leiden zu mildern.[111] Die Redeweise von der (indirekten) Sterbehilfe sollte daher vermieden werden.
Schwierige Abgrenzungsfragen entstehen auch dann, wenn sich das Therapieziel aufgrund der Aussichtslosigkeit der Situation des Patienten und der Tatsache ändert, dass die kurative Medizin an ihre Grenzen gestoßen ist. Auch hier kommt der Autonomie des Patienten besondere Bedeutung zu. Die Rechtspre-

---

106 Zu den Anforderungen im Einzelnen *Di Fabio*, in: Maunz/Dürig, GG, Art. 2 Abs. 2 S. 1 Rn. 69 f.
107 Dazu *Höfling/Lang*, Das Selbstbestimmungsrecht. Normativer Bezugspunkt im Arzt-Patienten-Verhältnis, in: G. Feuerstein/E. Kuhlmann (Hrsg.), Neopaternalistische Medizin. Der Mythos der Selbstbestimmung im Arzt-Patienten-Verhältnis, 1999, S. 17 ff.
108 Vgl. BVerfG NJW 2017, 53 Rn. 74 f. – *Meldung als nicht transplantabel*.
109 *Lang*, in: BeckOK GG, Art 2 Rn. 63b.
110 BVerfG NJW 2017, 2982 Rn. 30 ff – *Zwangsbehandlung IV*.
111 Nationaler Ethikrat, Selbstbestimmung und Fürsorge am Lebensende, 2006, S. 54.

chung stellt darauf ab, ob ein Behandlungsabbruch dem tatsächlichen oder mutmaßlichen Patientenwillen entspricht (§ 1901a BGB) und dazu dient, einem ohne Behandlung zum Tode führenden Krankheitsprozess seinen Lauf zu lassen.[112] Besondere Bedeutung kommt dabei der Einhaltung der verfahrensrechtlichen Absicherungen der §§ 1901a, 1901b BGB zu. Patientenverfügungen dürfen nicht ihrem Inhalt zuwider als Vorwand benutzt werden, um aus unlauteren Motiven auf eine Lebensverkürzung schwer erkrankter Patienten hinzuwirken.[113]

3. Verfassungsrechtliche Rechtfertigung

a) Schranke. Wie beim Recht auf Leben sind auch Eingriffe in die körperliche Unversehrtheit nur auf Grund eines Gesetzes zulässig (vgl. Art. 2 Abs. 2 S. 3). Es muss sich gemäß der Wesentlichkeitstheorie um ein formelles Gesetz handeln (Parlamentsvorbehalt).[114]

Zu den Eingriffsermächtigungen, die aufgrund des Art. 2 Abs. 2 S. 3 ergangen sind, zählen die Vorschrift des § 81a StPO, wonach *zu strafprozessualen Zwecken körperliche Untersuchungen*, insbesondere die Entnahme von Blutproben angeordnet werden können, sowie die Möglichkeit behördlicher Maßnahmen nach dem *Infektionsschutzgesetz*.[115]

b) Schranken-Schranke. Art. 104 Abs. 1 S. 2 enthält eine *spezielle Schranken-Schranke* für das Recht auf körperliche Unversehrtheit.[116] Die Vorschrift verbietet die körperliche oder seelische Misshandlung festgehaltener Personen. Der Begriff der *Misshandlung* ist in einem weiten Sinne zu verstehen, da die Norm andernfalls mit Rücksicht auf Art. 1 Abs. 1 entbehrlich wäre.[117]

Eingriffe in die körperliche Unversehrtheit sind nach dem *Verhältnismäßigkeitsprinzip* nur insoweit zulässig, als sie zum Schutz des öffentlichen Wohls oder gleichwertiger privater Rechte unerlässlich sind.[118]
So fordert das BVerfG im Rahmen der Zulässigkeit von Maßnahmen nach § 81a StPO

> „[…] eine dem Sinn der Grundrechte Rechnung tragende Gesetzesanwendung, dass der beabsichtigte Eingriff in angemessenem Verhältnis zu der Schwere der Tat steht, damit nicht die mit der Aufklärung der Tat verbundenen Folgen den Täter stärker belasten als die zu erwartende Strafe. Der Richter ist daher verfassungsrechtlich gehalten, im einzelnen Fall eine gesetzlich an sich zulässige Maßnahme auch am Übermaßverbot zu messen."[119]

---

112 Vgl. BGH NJW 2010, 2963, Rn. 31 ff. – *„Fuldaer Fall"*; zur strafrechtlichen Bedeutung der Entscheidung etwa *Schneider*, in: Joecks/Miebach, MünchKomm StGB, 3. Aufl. 2017, Vor §§ 211 ff. Rn. 161 ff., 169.
113 BGH NJW 2011, 161 Rn. 13 – *Kölner Fall*; s. a. *Höfling*, FS für Jarass 2015, 196 f.; s.a. Lang, in: BeckOK GG, Art. 2 Rn. 63h.
114 Siehe schon oben Rn. 219 ff.; zur körperlichen Unversehrtheit im Besonderen: *Starck*, in: v. Mangoldt/Klein/Starck, GG, Art. 2 Rn. 198. – a. A. die umstrittene Entscheidung BVerwGE 46, 1 zur Regelung von Länge und Tragweise des Haupthaares von Soldaten.
115 IfSG vom 20.7.2000 (BGBl. I, S. 1045), zuletzt geändert durch Artikel 4 G. vom 7.8.2013 (BGBl. I, S. 3154)).
116 *Murswiek/Rixen*, in: Sachs, GG, Art. 2 Rn. 166.
117 Vgl. *Kingreen/Poscher*, Grundrechte, Rn. 478; zu den Einzelheiten *Jarass*, in: Jarass/Pieroth, GG, Art. 104 Rn. 7 f.
118 *Starck*, in: v. Mangoldt/Klein/Starck, GG, Art. 2 Rn. 201.
119 BVerfGE 16, 194, 202 – *Liquorentnahme*.

IV. Staatliche Schutzpflichten

492 Obschon Schutzpflichten sich auch aus anderen Grundrechten ergeben können, stellt Art. 2 Abs. 2 S. 1 nach wie vor den zentralen Ort der Herleitung staatlicher Schutzpflichten dar. *Schutzpflichten* wurden in erster Linie vom BVerfG ausgehend von der Erkenntnis entwickelt, dass Situationen denkbar sind, in denen Gefährdungen für grundrechtlich geschützte Rechtsgüter nicht auf staatliches Handeln zurückzuführen sind, sondern auf dem *Verhalten privater Dritter* beruhen, die ihrerseits grundrechtsberechtigt sind. Beispielhaft kann insoweit die Situation beim Schwangerschaftsabbruch angeführt werden, wo Kind, Mutter und schutzverpflichteter Staat die schutzpflichtenrechtliche Dreiecksstruktur abbilden.[120]

Es besteht Einigkeit, dass der Staat in bestimmten Bedrohungskonstellationen nicht untätig bleiben darf, sondern positiv zu einem bestimmten Handeln zum Schutz der Grundrechte verpflichtet ist. Schutzpflichten im Rahmen des Art. 2 Abs. 2 S. 1 hat das BVerfG namentlich für den Schutz des ungeborenen Lebens entwickelt. Hier hat das BVerfG früh klargestellt, dass die staatliche Schutzpflicht *auch zugunsten des ungeborenen Lebens* eingreift. Sie gebietet dem Staat,

> „sich schützend und fördernd vor dieses Leben zu stellen, d. h. vor allem, es auch vor rechtswidrigen Eingriffen von Seiten anderer zu bewahren".[121]

493 Schutzpflichten sind aber nicht auf den Schutz ungeborenen Lebens beschränkt. Sie sind auch in anderen Referenzgebieten, etwa dem Sozial- und Gesundheitsrecht, aber auch dem Betreuungsrecht denkbar. Ihr Anwendungsbereich ist auch nicht auf den Schutz des Lebens begrenzt, sondern deckt die gesamte Breite des Schutzbereichs des Art. 2 Abs. 2 S. 1 ab.

> **Beispiel:**[122] Die Länder entscheiden sich auf Grund der gesundheitlichen Gefahren des Passivrauchens, das Rauchen in Gaststätten und Diskotheken zu verbieten. Dabei soll allerdings folgende Ausnahme gelten: Nur Gaststättenbetreiber sollen die Möglichkeit erhalten, in abgetrennten Räumen Raucherzimmer einzurichten.

494 Das Recht auf Leben und körperliche Unversehrtheit stellt also nicht nur ein *subjektives Abwehrrecht* gegen rechtswidrige Eingriffe der öffentlichen Gewalt in die geschützten Rechtsgüter dar, sondern beinhaltet auch *Schutzpflichten des Staates*,[123] die ihn zu Maßnahmen des Lebensschutzes und zur Abwehr schwerer Gefahren für die körperliche Unversehrtheit verpflichten.[124]

> **Lösung:** Aus Art. 2 Abs. 2 S. 1 ergibt sich grundsätzlich die Pflicht des Staates, seine Bürger vor Gesundheitsgefahren zu schützen. Dabei hat er auch einen Einschätzungsspielraum. Insofern ist es dem Gesetzgeber unbenommen, die Gefahren des Passivrauchens als Gesundheitsgefahr einzuordnen, vor der die Bürger geschützt werden müssen. Allerdings muss ein solcher Schutz in Einklang mit den Grundrechten anderer stehen. In Frage kommen dabei neben der allgemeinen Handlungsfreiheit der

---

120 Zur Frage, ob Schutzpflichten stets an das Vorliegen einer solche Dreiecksstruktur gebunden sind, vgl. etwa *Lang*, in: BeckOK, GG, Art. 2 Rn. 75.
121 BVerfGE 39, 1 – *Schwangerschaftsabbruch I*.
122 BVerfGE 121, 317 – *Rauchverbot*.
123 Eine solche Schutzpflicht des Staates kann auch durch andere Grundrechte ausgelöst werden, dazu bereits oben Rn. 79 ff. Hinsichtlich des Schutzbereichs des Art. 2 Abs. 2 S. 1 GG ist dies aber besonders deutlich.
124 Siehe im Einzelnen *Starck*, in: v. Mangoldt/Klein/Starck, GG, Art. 2 Rn. 208 ff., 229 ff.; vgl. auch *Ipsen*, Staatsrecht II, Rn. 258; *Katz*, Staatsrecht, Rn. 697 m. w. N.

Raucher vor allem die Eigentums- und Berufsfreiheit der Gaststätten- und Diskothekenbetreiber.¹²⁵ Darüber hinaus muss der Gleichheitssatz gewahrt werden. Dies ist im obigen Beispiel nicht der Fall. Somit ist eine verfassungsrechtliche Rechtfertigung nicht möglich.

Eine solche Schutzpflicht gilt darüber hinaus vor allem für die Gefahrenvorsorge im Rahmen des *Immissions- und Umweltschutzes*,¹²⁶ etwa bei der verwaltungsrechtlichen Genehmigung potentiell gefährlicher Anlagen.¹²⁷ **495**

Beispiele: Schutz vor Fluglärm;¹²⁸ Schutz vor Verkehrslärm;¹²⁹ Maßnahmen der Luftreinhaltung;¹³⁰ atomrechtliche Genehmigung des Betriebs eines Kernkraftwerkes;¹³¹ atomrechtliche Genehmigung zur Aufbewahrung von Kernbrennstoffen in dezentralen Zwischenlagern.¹³²

Bei der Erfüllung der staatlichen Schutzpflicht für die körperliche Unversehrtheit kommt dem Gesetzgeber ein *weiter Einschätzungs-, Wertungs- und Gestaltungsspielraum* zu:¹³³ **496**

„Eine Verletzung der Schutzpflicht kann nur festgestellt werden, wenn die öffentliche Gewalt Schutzvorkehrungen überhaupt nicht getroffen hat oder die getroffenen Maßnahmen gänzlich ungeeignet oder völlig unzulänglich sind, das gebotene Schutzziel zu erreichen, oder erheblich dahinter zurückbleiben.¹³⁴

Erforderlich ist eine *Risikoabschätzung*: **497**

„Vom Gesetzgeber im Hinblick auf seine Schutzpflicht eine Regelung zu fordern, die mit absoluter Sicherheit Grundrechtsgefährdungen ausschließt, die aus der Zulassung technischer Anlagen und ihrem Betrieb möglicherweise entstehen können, hieße die Grenzen menschlichen Erkenntnisvermögens verkennen und würde weithin jede staatliche Zulassung der Nutzung von Technik verbannen. Für die Gestaltung der Sozialordnung muss es insoweit bei Abschätzungen anhand praktischer Vernunft bewenden."¹³⁵

Aus Art. 2 Abs. 2 S. 1 kann sich auch eine Schutzpflicht dergestalt ergeben, dass die gesetzliche Krankenversicherung bestimmte Behandlungsmethoden übernehmen muss.¹³⁶ Denn **498**

„(ü)bernimmt der Staat mit dem System der GKV [sic. Gesetzlichen Krankenversicherung] Verantwortung für Leben und körperliche Unversehrtheit der Versicherten, [...] gehört die Vorsorge in Fällen einer lebensbedrohlichen oder regelmäßig tödlichen Erkrankung unter den genannten Voraussetzungen zum Kernbereich der Leistungspflicht der von Art. 2 Abs. 2 S. 1 GG geforderten Mindestversorgung."¹³⁷

---

125 Dazu auch unten Rn. 1006.
126 Eingehend hierzu *Kunig*, in: v. Münch/Kunig, GG, Art. 2 Rn. 68; siehe auch *Stein/Frank*, Staatsrecht, § 33 II 2b).
127 Näher hierzu *Di Fabio*, in: Maunz/Dürig, GG, Art. 2 Abs. 2 S. 1 Rn. 90 ff.
128 BVerfGE 56, 54 – *Fluglärm*.
129 BVerwGE 51, 15 – *Verkehrslärm*.
130 BVerfG, NJW 1983, 2931 – *Luftreinhaltung*.
131 Hierzu BVerfGE 49, 89 – *Kalkar*; BVerfGE 53, 30 – *Mülheim-Kärlich*.
132 BVerfG v. 12.11.2008 – 1 BvR 2456/06 – *Aufbewahrung von Kernbrennstoffen*.
133 Vgl. BVerfGE 77, 170, 214 – *C-Waffen*; BVerfG-K, NJW 1997, 2509 – *Elektrosmog* m. w. N.
134 BVerfG-K, NJW 1997, 2509 – *Elektrosmog* m. w. N.
135 BVerfGE 49, 89 – *Kalkar*.
136 Vgl. dazu BVerfGE 115, 25, 49 – *Alternativmedizin (Nikolausbeschluss)*; s. a. BVerfG NJW 2016, 1505 Rn. 18 – *G-BA demokratische Legitimation*; BVerfG NZS 2017, 582, Rn. 22 – *off label use* sowie oben Rn. 481.
137 BVerfGE 115, 25, 49 – *Alternativmedizin (Nikolausbeschluss)*.

V. Die Freiheit der Person gemäß Art. 2 Abs. 2 S. 2

Literatur:
Grabitz, E., Freiheit der Person, in: Isensee, J./Kirchhof, P. (Hrsg.), Handbuch des Staatsrechts, Band VI, 2. Auflage 2000, § 130; *Gusy, C.*, Freiheitsentziehung und Grundgesetz, NJW 1992, 457; *Hantel, P.*, Das Grundrecht der Freiheit der Person nach Art. 2 II 2, 104 GG, JuS 1990, 865; *Herzmann, K.*, Ausgangssperren auch in Deutschland?, DÖV 2006, 678; *Jescheck, H.-H./ Triffterer, O.* (Hrsg.), Ist die lebenslange Freiheitsstrafe verfassungsmäßig?, 1978; *Klein, H./ DiBella, M.*, Unterbringung und unterbringungsähnliche Maßnahmen im Rahmen der Psychiatriegesetze der Länder, RDG 2019, 64; *Müller-Dietz, H.*, Lebenslange Freiheitsstrafe und bedingte Entlassung, Jura 1994, 72; *Neumann, V.*, Freiheitssicherung und Fürsorge im Unterbringungsrecht, NJW 1982, 2588; *Rosenau, H./Peters, M.*, Zur Verfassungsmäßigkeit der nachträglichen Anordnung der Sicherheitsverwahrung, JZ 2007, 584; *Schemel, J.*, Freiheitsentziehung durch Fixierung, DVBl 2019, 277; *Schieder, A.*, Die richterliche Bestätigung polizeilich veranlasster Freiheitsentziehungen, KritV 2000, 218; *Starck, C.*, Die lebenslange Freiheitsstrafe, JZ 1994, 189; *Tiemann, A.*, Der Schutzbereich des Art. 2 II 2 GG, NVwZ 1987, 10; *Ullenbruch, T.*, Das Gesetz zur Einführung der nachträglichen Sicherungsverwahrung bei Verurteilungen nach Jugendstrafrecht – ein Unding?, NJW 2008, 2609; *Walther, H.*, Die lebenslange Freiheitsstrafe, JA 1996, 755.

Rechtsprechung:
BVerfGE 10, 302 – *Aufenthaltsbestimmungsrecht*; BVerfGE 14, 174 – *Gesetzesvorbehalt im Strafrecht*; BVerfGE 16, 119 – *Benachrichtigungspflicht bei Freiheitsentziehung*; BVerfGE 22, 21 – *Verkehrsunterricht*; BVerfGE 22, 311 – *Arreststrafe*; BVerfGE 36, 264 – *Untersuchungshaft*; BVerfGE 45, 187 – *lebenslange Freiheitsstrafe*; BVerfGE 58, 208 – *Erzwingungshaft*; BVerfGE 65, 317 – *Unterbringung*; BVerfGE 66, 191 – *Anhörungspflicht bei Unterbringung psychisch Kranker*; BVerfGE 70, 297 – *Unterbringung in psychiatrischer Klinik*; BVerfGE 76, 363 – *Beugehaft*; BVerfGE 82, 106 – *Unschuldsvermutung*; BVerfGE 86, 288 – *lebenslange Freiheitsstrafe*; BVerfGE 91, 1 – *Entziehungsanstalt*; BVerfGE 94, 166 – *Flughafenverfahren*; BVerfGE 105, 239 – *Abschiebung*; BVerfGE 109, 133 – *Sicherungsverwahrung*; BVerfGE 110, 1 – *Erweiterter Verfall*; BVerfGE 117, 71 – *Strafrestaussetzung*; BVerfG, NJW 2006, 3483 – *nachträgliche Sicherungsverwahrung*.

499 Das nach Art. 2 Abs. 2 S. 2 gewährleistete Grundrecht der Freiheit der Person geht auf die *Habeas-Corpus-Akte* des britischen Rechts zurück.[138] Es besitzt „unter den grundrechtlich verbürgten Rechten ein besonderes Gewicht"[139] und ist letztlich Grundlage und Voraussetzung der Entfaltungsmöglichkeiten des Bürgers.[140]

1. Schutzbereich

500 a) **Persönlicher Schutzbereich.** In *persönlicher* Hinsicht sind alle natürlichen Personen vom Schutzbereich erfasst. Der Schutz erstreckt sich selbstredend auch auf psychisch Kranke, Betreute oder nicht voll geschäftsfähige Personen.[141] Gerade in Fällen „prekärer" Selbstbestimmung ist die Selbstbestimmung besonderen Ingerenzen ausgesetzt[142] und just bei diesem Personenkreis besteht die Notwendigkeit, etwaige Freiheitsbeschränkungen besonders sorgfältig zu begründen und den Betroffenen gegenüber „einfühlsam" zu erläutern.[143] Juristische Personen ist die Berufung auf Art. 2 Abs. 2 S. 2 mit Blick auf Art. 19 Abs. 3 allerdings verwehrt.[144]

---

138 Zur Geschichte des Grundrechts der Freiheit der Person *Stein/Frank,* Staatsrecht, § 34 II 1.
139 BVerfGE 65, 317, 322 – *Unterbringung*.
140 BVerfGE 128, 326, 372 – *Sicherungsverwahrung*.
141 BVerfG NJW 2018, 2619, Rn. 66 – *Fixierung psychisch kranker Untergebrachter*.
142 *Lang*, in: BeckOK, GG, Art. 2 Rn. 85.
143 BVerfG NJW 2018, 2619 Rn. 66 – *Fixierung psychisch kranker Untergebrachter*; BVerfG NJW-RR 2016, 193 Rn. 16 f.
144 *Lang*, in: BeckOK, GG, Art. 2 Rn. 85; *Kunig*, in: v. Münch/Kunig, GG, Art. 2 Rn. 73.

b) Sachlicher Schutzbereich. Der sachliche Schutzbereich des Art. 2 Abs. 2 S. 2 **501**
umfasst die *tatsächliche körperliche Bewegungsfreiheit*.[145] Gemeint ist die körperliche
Fortbewegungsfreiheit als das *Recht, einen Ort aufzusuchen oder ihn zu verlassen*.[146]
Der Gewährleistungsinhalt des Art. 2 Abs. 2 S. 2 umfasst allerdings

> „nicht eine Befugnis, sich unbegrenzt überall aufhalten und überall hin bewegen zu
> dürfen. Demgemäß liegt eine Freiheitsbeschränkung nur vor, wenn jemand durch die
> öffentliche Gewalt gegen seinen Willen daran gehindert wird, einen Ort oder Raum
> aufzusuchen oder sich dort aufzuhalten, der ihm an sich (tatsächlich und rechtlich)
> zugänglich ist."[147]
>
> **Beispiel:** A beantragt politisches Asyl in der Bundesrepublik. Während des Asylverfahrens erhält er eine Aufenthaltsgestattung, die auf den Landkreis Hof beschränkt ist. A fühlt sich aber in der bayerischen Provinz „eingesperrt" und beruft sich auf Art. 2 Abs. 2 S. 2.
> Art. 2 Abs. 2 S. 2 gewährt kein Recht, jeden Ort im Bundesgebiet aufzusuchen. Da A sich in einem räumlich großen Gebiet frei bewegen kann, ist der Schutzbereich des Art. 2 Abs. 2 S. 2 schon nicht eröffnet.[148]

Das Recht auf Freiheit der Person gewährt sowohl Schutz vor freiheitsbeschränkenden (vgl. Art. 104 Abs. 1) als auch vor freiheitsentziehenden Maßnahmen (Art. 104 Abs. 2); zur Abgrenzung sogleich im Text.

2. Eingriffe

Das BVerfG grenzt die Eingriffsvarianten der Freiheitsbeschränkung und der Frei- **502**
heitsentziehung nach der Intensität des Eingriffs ab.[149] Bei einer Freiheitsbeschränkung wird eine Person ohne oder gegen ihren Willen – „kurzzeitig" – in
ihrer körperlichen Bewegungsfreiheit beeinträchtigt,[150] also

> „…durch die öffentliche Gewalt gegen seinen Willen daran gehindert .., einen Ort oder
> Raum aufzusuchen oder sich dort aufzuhalten, der ihm an sich (tatsächlich und rechtlich) zugänglich ist."[151]

Die *Freiheitsentziehung* (vgl. Art. 104 Abs. 2) ist ein Unterfall der Freiheitsbeschrän- **503**
kung. Sie stellt den schwersten Eingriff in das Recht auf Freiheit der Person dar[152]
und liegt vor,

> „wenn die – tatsächlich und rechtlich an sich gegebene – körperliche Bewegungsfreiheit durch staatliche Maßnahmen nach jeder Richtung hin aufgehoben wird."[153]

Dies ist der Fall, „wenn jemand gegen oder ohne seinen Willen durch die öffentli- **504**
che Gewalt an einem bestimmten, eng umgrenzten Ort festgehalten wird."[154]

---

145 Siehe BVerfGE 94, 166, 198 – *Flughafenverfahren*.
146 Vgl. *Starck*, in: v. Mangoldt/Klein/Starck, GG, Art. 2 Abs. 2 Rn. 196 m. w. N.; *Kunig*, in: v. Münch/Kunig, GG, Art. 2 Rn. 74 m. w. N.; *Murswiek/Rixen*, in: Sachs, GG, Art. 2 Rn. 228 f.; *Gusy*, in: HGR I, § 93 Rn. 4–7.
147 BVerfGE 94, 166 198 – *Flughafenverfahren*.
148 Vgl. BVerfG, NVwZ 1983, 603 – *Räumliche Aufenthaltsbeschränkung für Asylbewerber*.
149 BVerfG NJW 2018, 2619 Rn. 67 – *Fixierung psychisch kranker Untergebrachter*; BVerfGE 105, 239, 248 – *Abschiebungshaft*.
150 BVerfG NJW 2018, 2619 Rn. 64 – *Fixierung psychisch kranker Untergebrachter*.
151 BVerfGE 94, 166, 198 – *Flughafenverfahren*; BVerfGE 105, 239, 248 – *Abschiebung*.
152 BVerfGE 10, 302, 323 – *Aufenthaltsbestimmungsrecht*.
153 BVerfGE 94, 166, 198 – *Flughafenverfahren*; BVerfGE 105, 239, 248 – *Abschiebung*.
154 *Dürig*, in Maunz/Dürig, GG, Art. 104 Rn. 6.

505 *Typische Eingriffe in die Freiheit der Person* sind neben der Verhängung und Vollstreckung einer Freiheitsstrafe[155], die Anordnung und der Vollzug von Untersuchungshaft, die Unterbringung psychisch Kranker in psychiatrischen Anstalten, aber auch kurzfristige polizeiliche Maßnahmen wie die vorläufige Festnahme zum Zweck der Identitätsfeststellung[156], die Mitnahme zur Dienststelle (Sistierung) oder die Vorführung zur Vernehmung als zwangsweise Durchsetzung einer Vorladung.[157] Auch eine 5-Punkt- oder 7-Punkt-Fixierung, bei der sämtliche Gliedmaßen des Betroffenen mit Gurten am Bett festgebunden werden, stellt eine Freiheitsentziehung dar, es sei denn, es handelt sich um eine lediglich kurzfristige Maßnahme. Von einer kurzfristigen Maßnahme geht die Rechtsprechung aus, wenn sie absehbar die Dauer von ungefähr einer halben Stunde unterschreitet.[158]

> Umstritten ist die Geltung des Art. 2 Abs. 2 S. 2 für den *Platzverweis* als vorübergehend wirkendes Gebot, einen bestimmten Ort zu verlassen.[159]

506 Bei Erscheinenspflichten muss hinzukommen, dass die Möglichkeit besteht, die Rechtspflicht im Wege des *unmittelbaren Zwangs* durchzusetzen.[160]

> **Fall 12:** Schüler S hat wiederholt die Hausaufgaben nicht gemacht und wird von seinem Lehrer zum „Nachsitzen" einbestellt. Während zweier Stunden am Nachmittag soll er unter Aufsicht des Lehrers L Mathematikaufgaben lösen, während seine Kameraden ins Schwimmbad gehen. S hält das für einen Freiheitsentzug.
>
> **Lösung Fall 12:** Ein Eingriff in Art. 2 Abs. 2 S. 2 kommt nur in Betracht, wenn die Rechtspflicht mittels unmittelbaren Zwangs durchgesetzt werden kann. Die Anordnung des „Nachsitzens" ist eine einfache schulordnerische Maßnahme. L darf S nicht zwangsweise in den Klassenraum verbringen oder ihn dort festhalten, vielmehr kann S jederzeit gehen (was wiederum weitere Ordnungsmaßnahmen zur Folge hätte). Ein Eingriff in das Recht auf Freiheit der Person liegt also nicht vor. Sollte L das Klassenzimmer aber abschließen, liegt es nahe, einen Eingriff zu bejahen.

507 Auch die *Verpflichtung zur Teilnahme am Verkehrsunterricht* stellt beispielsweise keine Freiheitsbeschränkung dar, solange die Vorladung bei Nichtbeachtung nicht mit unmittelbarem Zwang, wie der zwangsweisen Vorführung oder Verurteilung zu einer Haftstrafe, durchgesetzt werden kann.[161]

508 Keine Freiheitsbeschränkung liegt vor im Falle der *Einwilligung des Betroffenen*, soweit diese auf einer freien Entscheidung beruht.[162]

3. Verfassungsrechtliche Rechtfertigung

509 **a) Schranke.** Für das Recht auf Freiheit der Person gilt der einfache Gesetzesvorbehalt des Art. 2 Abs. 2 S. 3, der in verfahrensrechtlicher Hinsicht durch die *besonderen Vorschriften des Art. 104 Abs. 1–4* ergänzt wird.[163] Es handelt sich um einen *qualifizier-*

---

155 BVerfGE 35, 185, 190 – *Haftgrund Wiederholungsgefahr*.
156 *Murswiek/Rixen*, in: Sachs, GG, Art. 2 Rn. 236.
157 Siehe hierzu die Beispiele bei *Kunig*, in: v. Münch/Kunig, GG, Art. 2 Rn. 78; *Starck*, in: v. Mangoldt/Klein/Starck, GG, Art. 2 Rn. 240 ff.; *Murswiek/Rixen*, in: Sachs, GG, Art. 2 Rn. 236 f.; *Lang*, in: BeckOK, GG, Art. 2 Rn. 86.
158 BVerfG NJW 2018, 2619, Rn. 68 – *Fixierung psychisch kranker Untergebrachter*.
159 Vgl. *Murswiek/Rixen*, in: Sachs, GG, Art. 2 Rn. 240 m. w. N. zum Streitstand.
160 So auch *Kunig*, in: v. Münch/Kunig, GG, Art. 2 Rn. 76; vgl. auch *Jarass*, in: Jarass/Pieroth, GG, Art. 2 Rn. 115, und *Ipsen*, Staatsrecht II, Rn. 271 f.
161 Siehe BVerfGE 22, 21, 26 – *Verkehrsunterricht*; vgl. hierzu die Fallbesprechung bei *Dietlein*, Examinatorium Staatsrecht, S. 160 f.
162 Vgl. *Jarass*, in: Jarass/Pieroth, GG, Art. 2 Rn. 116.
163 Siehe zur Auslegung des Art. 104 *Gusy*, in: v. Mangoldt/Klein/Starck, GG, Art. 104 Rn. 11.

ten Gesetzesvorbehalt, der die Durchführung eines rechtsstaatlichen und fairen Verfahrens gewährleisten soll.[164]
Bei der Anwendung des Art. 104 ist zwischen Freiheitsbeschränkungen und Freiheitsentziehungen zu unterscheiden. Art. 104 Abs. 1 erfasst alle Arten von *Freiheitsbeschränkungen*, wohingegen die besonderen Anforderungen des Art. 104 Abs. 2–4 nur für den Unterfall der *Freiheitsentziehung* gelten.[165]

b) Beschränkungen der Freiheit gemäß Art. 104 Abs. 1 S. 1. Nach Art. 104 Abs. 1 S. 1 kann die Freiheit der Person nur auf Grund eines förmlichen Gesetzes und nur unter Beachtung der darin vorgeschriebenen Formen beschränkt werden. Dadurch wird der schon in Art. 2 Abs. 2 S. 3 enthaltene Gesetzesvorbehalt aufgenommen und verstärkt.[166] Freiheitsbeschränkungen setzen danach ein im vorgeschriebenen Gesetzgebungsverfahren beschlossenes Parlamentsgesetz voraus. Dieser Anforderung genügt eine Rechtsverordnung selbst dann nicht, wenn sie auf einer Ermächtigung eines Gesetzes im formellen Sinne beruht.[167] Anderes soll nach Auffassung des BVerfG jedoch gelten, wenn der Gesetzgeber im förmlichen Gesetz hinreichend klar bestimmt hat, was strafbar ist und wie die Art und das Maß der Strafe ausgestaltet sein soll. Denn dann verbleibt dem Verordnungsgeber allein die Spezifizierung des Straftatbestandes.[168]

510

Art. 104 Abs. 1 S. 1 stellt – wie Art. 93 Abs. 1 Nr. 4a zeigt – ein *grundrechtsgleiches Recht* dar, dessen Verletzung zur Erhebung der *Verfassungsbeschwerde* berechtigt.

511

c) Besondere Anforderungen an Freiheitsentziehungen nach Art. 104 Abs. 2–4. Die Freiheitsentziehung ist der schwerste Eingriff in das Recht auf Freiheit der Person. Die Abgrenzung zur Freiheitsbeschränkung richtet sich nach Intensität und Dauer des Eingriffs.[169] Der Tatbestand einer Freiheitsentziehung kommt nur in Betracht, wenn die „– tatsächlich und rechtlich an sich gegebene – körperliche Bewegungsfreiheit durch staatliche Maßnahmen nach jeder Richtung hin aufgehoben wird".[170]

512

> **Beispiele** für *Freiheitsentziehungen*: Straf-, Untersuchungs-, Abschiebe- und Auslieferungshaft, die Unterbringung in einer geschlossenen Anstalt, die Sicherungsverwahrung, jede Art von Gewahrsam oder Arrest[171] sowie die nicht nur kurzfristige (d.h. mehr als 30-minütige) 5- oder 7-Punktfixierung.[172]
> **Beispiele** für *Freiheitsbeschränkungen*: Festhalten einer Person zur Identitätsfeststellung, zwangsweise Vorführung zur Durchsetzung einer Vorladung oder Verbringung zur Blutentnahme.[173]

Nach Art. 104 Abs. 2 S. 1 muss über die Zulässigkeit und Fortdauer einer Freiheitsentziehung in jedem Fall ein Richter entscheiden (*Richtervorbehalt*). Erfolgt die Freiheitsentziehung ausnahmsweise *ohne vorherige richterliche Anordnung*, so ist *unverzüglich*

513

---

164 Vgl. *Degenhart*, in: Sachs, GG, Art. 104 Rn. 1.
165 Vgl. zur Systematik des Art. 104 *Jarass*, in: Jarass/Pieroth, GG, Art. 104 Rn. 1.
166 BVerfG, NStZ 1998, 77 – *Organisationshaft*, eben weil nicht nur ein förmliches Gesetz verfassungsrechtlich eingefordert wird, sondern zugleich auch eine verfassungsrechtliche Verpflichtung besteht, dessen Formvorschriften zu beachten.
167 BVerfGE 14, 174, 187 – *Gesetzesvorbehalt im Strafrecht*.
168 BVerfGE 14, 174, 187 – *Gesetzesvorbehalt im Strafrecht*.
169 Siehe BVerfGE 105, 239, 248 – *Abschiebung*.
170 BVerfGE 94, 166, 198 – *Flughafenverfahren*.
171 Vgl. *Kingreen/Poscher*, Grundrechte, Rn. 501; *Degenhart*, in: Sachs, GG, Art. 104 Rn. 6.
172 BVerfG NJW 2018, 2619, Rn. 68 – *Fixierung psychisch kranker Untergebrachter*.
173 Vgl. *Degenhart*, in: Sachs, GG, Art. 104 Rn. 5a.

eine richterliche Entscheidung herbeizuführen (vgl. Art. 104 Abs. 2 S. 2). Die vorherige richterliche Anordnung darf allerdings nur unterbleiben, wenn „der mit der Freiheitsentziehung verfolgte verfassungsrechtlich zulässige Zweck nicht erreichbar wäre, wenn der Festnahme die richterliche Entscheidung vorausgehen müsste".[174] Wurde dem Betroffenen aufgrund richterlicher Entscheidung bereits die Freiheit entzogen, wird der Richtervorbehalt erneut ausgelöst, wenn es etwa im Rahmen einer Unterbringung zu einer weiteren Freiheitsentziehung beispielsweise in Form einer 5-Punkt- oder einer 7-Punktfixierung von nicht nur kurzfristiger Dauer kommt.[175]

514 Weitere Anforderungen an die Zulässigkeit von Freiheitsentziehungen sind in Art. 104 Abs. 2 S. 3 und Abs. 3 enthalten. Nimmt die Polizei eine Person in Gewahrsam, so muss sie *„unverzüglich"*, jedoch nicht später als „bis zum Ende des Tages nach dem Ergreifen" (Abs. 2 S. 3) bzw. bei Verdacht einer strafbaren Handlung „spätestens am Tage nach der Festnahme" (Abs. 3) eine richterliche Entscheidung herbeiführen. Daraus ergibt sich, dass ein vorläufig Festgenommener maximal 48 Stunden lang aus eigener Machtvollkommenheit der Polizei festgehalten werden darf.[176]

515 Von jeder richterlichen Entscheidung über eine Freiheitsentziehung muss unverzüglich ein *Angehöriger des Festgehaltenen* oder eine Person seines Vertrauens *benachrichtigt* werden (Abs. 4). Auf dieses Recht kann der Festgehaltene jedoch verzichten.[177]

516 **d) Schranken-Schranke.** Bei der verfassungsrechtlichen Rechtfertigung von Freiheitsbeschränkungen und Freiheitsentziehungen kommt dem *Grundsatz der Verhältnismäßigkeit* eine erhebliche Bedeutung zu.[178] So darf die *Untersuchungshaft* nur unter den engen Voraussetzungen der §§ 112 ff. StPO angeordnet werden. Der Beschuldigte kann jederzeit eine gerichtliche Haftprüfung beantragen (vgl. § 117 StPO). Nach Ablauf von sechs Monaten ist der Haftbefehl aufzuheben, sofern nicht das OLG die Fortdauer der Untersuchungshaft anordnet (vgl. § 121 f. StPO). Im Rahmen der Untersuchungshaft darf insbesondere nicht gegen die *Unschuldsvermutung* verstoßen werden.[179]

517 Die *lebenslange Freiheitsstrafe* ist nach der Rechtsprechung des BVerfG nur verhältnismäßig, „wenn der Verurteilte eine konkrete und grundsätzlich auch realisierbare Chance hat, zu einem späteren Zeitpunkt die Freiheit wiedergewinnen zu können".[180] Dazu genügt die Inaussichtstellung einer potentiellen Begnadigung nicht. Um den Voraussetzungen des Rechtsstaatsprinzips gerecht zu werden, bedarf es einer einheitlichen gesetzlichen Regelung, die sowohl die Voraussetzungen für die Aussetzung der Vollstreckung als auch das anzuwendende Verfahren normiert.[181]

---

174 BVerfGE 22, 311, 317 – *Arreststrafe*.
175 BVerfG NJW 2018, 2619 Rn. 64 – *Fixierung psychisch kranker Untergebrachter*. Eine 5-Punktfixierung besteht in dem Festbinden eines Betroffenen mit einem geeigneten Gurtsystem an allen vier Extremitäten unter zusätzlicher Verwendung eines Bauchgurtes); eine 7-Punktfixierung erfolgt unter zusätzlicher Verwendung eines zweiten Bauch- und eines Kopfgurtes; dazu auch *Lang*, in: BeckOK, GG, Art. 2 Rn. 87c.
176 Gerechnet ab 0:00 Uhr bis maximal 24 Uhr des Folgetages.
177 So auch *Kunig*, in: v. Münch/Kunig, GG, Art. 104 Rn. 39.
178 Siehe etwa BVerfGE 70, 297, 307 ff. – *Unterbringung in psychiatrischem Krankenhaus*.
179 Vgl. hierzu BVerfGE 82, 106, 104 f. – *Unschuldsvermutung*; BVerfGE 110, 1, 23 – *Erweiterter Verfall*.
180 BVerfGE 45, 187, 245 – *Lebenslange Freiheitsstrafe*.
181 BVerfGE 45, 187, – *Lebenslange Freiheitsstrafe*.

Dennoch verfassungsrechtlich möglich ist eine Sicherungsverwahrung,[182] diese kann unter Umständen auch nachträglich angeordnet werden.[183] Allerdings bedarf es in solchen Fällen einer strengen Verhältnismäßigkeitsprüfung.[184]

§ 13 Die Glaubens- und Gewissensfreiheit gemäß Art. 4

I. Überblick und Normstruktur

Die Glaubens- und Gewissensfreiheit gehört zu den *ältesten ausdrücklichen Grundrechtsverbürgungen*. Sie fand sich bereits in der Bill of Rights von Virginia (Art. 16) und der französischen Menschen- und Bürgerrechtserklärung (Art. 10), aber auch in der Paulskirchenverfassung (§§ 144 ff.) und der Weimarer Reichsverfassung (Art. 135 f.). Die Glaubensfreiheit kann daher auf eine *lange verfassungsrechtliche Tradition* zurückblicken.[1] Sie hat die historische Entwicklung der Freiheitsrechte entscheidend geprägt.[2] Gerade in der heutigen Zeit gewinnt Art. 4 insbesondere im Hinblick auf den Islam wieder an Bedeutung.[3]
Das als unverletzlich gewährleistete Grundrecht der Glaubens- und Bekenntnisfreiheit steht – wie das Bundesverfassungsgericht wiederholt betont hat – in enger Beziehung zur Menschenwürde als dem obersten Wert im System der Grundrechte und muss wegen seines Ranges daher extensiv ausgelegt werden.[4]
Art. 4 schützt die Freiheit des Glaubens, des Gewissens und die Freiheit des religiösen und weltanschaulichen Bekenntnisses (Abs. 1) sowie die ungestörte Religionsausübung (Abs. 2). Art. 4 Abs. 2 hebt damit für die Religionsfreiheit die Ausübungsfreiheit besonders hervor, wegen der Konzeption als einheitliches Grundrecht kommt dem aber keine eigenständige Bedeutung zu. Darüber hinaus gewährleistet Abs. 3 das Recht der Kriegsdienstverweigerung.

1. Art. 4 Abs. 1 und 2 als einheitliches Grundrecht

Eine unbefangene Deutung des Verfassungstextes legt den Schluss nahe, dass Art. 4 fünf selbständige Grundrechtsgarantien verbürgt.[5] Dieses Verständnis gewährleistet indes keinen *lückenlosen Grundrechtsschutz*.

Die Übergänge zwischen den in Art. 4 Abs. 1 und Abs. 2 genannten Verhaltensweisen sind fließend. Insbesondere können das religiöse Bekenntnis und die Ausübung der Religion *nicht deutlich voneinander abgegrenzt* werden.[6] Gleiches gilt für die Begriffe der Religion und der Weltanschauung.
Darüber hinaus führt eine strikte Orientierung am Verfassungstext zu *Lücken im Grundrechtsschutz*.[7] So spricht Art. 4 Abs. 1 nur von der Freiheit des weltanschaulichen Bekenntnisses, nicht aber von der Freiheit, eine Weltanschauung zu bilden.

---

182 BVerfGE 109, 133 – *Sicherungsverwahrung*.
183 BVerfG, NJW 2006, 3483 – *Nachträgliche Sicherungsverwahrung*.
184 Vgl. zu einer ähnlichen Konstellation BVerfGE 117, 71 – *Strafrestaussetzung*.
1 Ausführlich zur geschichtlichen Entwicklung der Religionsfreiheit *v. Campenhausen*, in: HStR VI, § 136 Rn. 6 ff.; *Stein/Frank*, Staatsrecht, § 32 I; Überblick bei *Ipsen*, Staatsrecht II, Rn. 376.
2 Zur Entwicklung und Bedeutung der Glaubens- und Gewissensfreiheit *Katz*, Staatsrecht, Rn. 715.
3 Dazu *Hufen*, Staatsrecht II, § 22 Rn. 3.
4 BVerfG, NJW 2017, 2333, Rn. 53 – *Kopftuchverbot für Referendarinnen in Hessen*; BVerfGE 24, 236, 246 – *Rumpelkammer*; BVerfGE 35, 366, 375 f. – *Kreuz im Gerichtssaal*.
5 Vgl. zur „unvoreingenommenen" Auslegung des Art. 4 *Herzog*, in: Maunz/Dürig, GG, Art. 4 Rn. 5 ff.
6 Zu dieser Problematik *Sachs*, Verfassungsrecht II, Teil II, Kap. 16, Rn. 3.
7 Ausführlich zu den möglichen Schutzlücken *Kingreen/Poscher*, Grundrechte, Rn. 604 f.

Des Weiteren erfasst der Wortlaut des Art. 4 Abs. 2 nur die ungestörte Religionsausübung, ohne dass auch die Betätigung einer Weltanschauung in der Vorschrift erwähnt wird. Demgegenüber sehen Art. 33 Abs. 3 S. 2, Art. 137 Abs. 2 und Abs. 7 WRV eine Gleichsetzung von Religion und Weltanschauung vor.[8]

521 Mit Blick auf mögliche Schutzlücken und Abgrenzungsschwierigkeiten versteht das BVerfG Art. 4 Abs. 1 und 2 als ein *einheitliches Grundrecht der Glaubens- und Bekenntnisfreiheit*.[9] Insofern handelt es sich bei der durch Art. 4 Abs. 2 gewährleisteten ungestörten Religionsausübung nur um einen Bestandteil der Glaubens- und Bekenntnisfreiheit.[10] Diese schützt – so das BVerfG – nicht nur die *Freiheit des Denkens*, also die innere Freiheit, zu glauben oder nicht zu glauben (das sog. forum internum), sondern auch die *Freiheit des Äußerns*, d. h. einen Glauben zu bekennen, zu verschweigen, sich von dem bisherigen Glauben loszusagen und einem anderen Glauben zuzuwenden, sowie die *Freiheit des kultischen Handelns*, des Werbens und der Propaganda (sog. forum externum).[11] Hierbei ist gleichgültig, ob es sich um ein religiöses oder ein weltanschauliches Bekenntnis handelt.

Obwohl das Verständnis des Art. 4 als einheitliches Grundrecht der Glaubens- und Bekenntnisfreiheit zunehmend auf Kritik stößt,[12] hat sich das Schrifttum der Auffassung des BVerfG weitgehend angeschlossen.[13] Teilweise wird allerdings eine andere Bezeichnung, insbesondere *Religions- und Weltanschauungsfreiheit*, bevorzugt.[14]

522 Art. 4 enthält somit *drei eigenständige Grundrechte*:
– das einheitliche Grundrecht der Glaubens- und Bekenntnisfreiheit und der ungestörten Religionsausübung (Religions- und Weltanschauungsfreiheit),
– das Grundrecht der Gewissensfreiheit und
– das Recht der Kriegsdienstverweigerung.

2. Ergänzung des Art. 4 durch andere Vorschriften des Grundgesetzes

523 Die in Art. 4 verankerte Glaubens- und Bekenntnisfreiheit stellt, wie alle Freiheitsrechte, ein Abwehrrecht des Einzelnen gegen Eingriffe des Staates dar. Ergänzt wird dieses Grundrecht durch *weitere glaubensbezogene Vorschriften*, die *parallel zu Art. 4* angewandt werden.[15] Dies gilt etwa für das spezielle Gleichheitsrecht des Art. 3 Abs. 3 S. 1, wonach niemand wegen seines Glaubens oder wegen seiner religiösen Anschauungen benachteiligt oder bevorzugt werden darf. Art. 33 Abs. 3 bestimmt, dass der Genuss bürgerlicher und staatsbürgerlicher Rechte, die Zulassung zu öffentlichen Ämtern sowie die im öffentlichen Recht erworbenen Rechte

---

8 Vgl. *Kingreen/Poscher*, Grundrechte, Rn. 604 f.
9 Vgl. etwa BVerfGE 24, 236, 245 f. – *Rumpelkammer*.
10 Siehe bereits BVerfGE 24, 236, 245 – *Rumpelkammer*; aus neuerer Zeit etwa BVerfG NJW 2017, 381 Rn. 58 – *Kopftuchverbot für Erzieherinnen an öffentlichen Kindertagesstätten* sowie BVerfGE 125, 39, 79 – *Berliner Ladenöffnungszeiten*; BVerfGE 108, 282, 297 – *Kopftuch für Lehrerin*.
11 BVerfGE 24, 236, 245 – *Rumpelkammer*; BVerfG NJW 2017, 381 Rn. 58 – *Kopftuchverbot für Erzieherinnen an öffentlichen Kindertagesstätten*; vgl. zu dieser Systematik auch *Katz*, Staatsrecht, Rn. 716.
12 Vgl. *Kingreen/Poscher*, Grundrechte, Rn. 604 ff. m. w. N.
13 Vgl. *v. Campenhausen*, in: HStR VI, § 136 Rn. 36; *Jarass*, in: Jarass/Pieroth, GG, Art. 4 Rn. 1; *Kokott*, in: Sachs, GG, Art. 4 Rn. 13.
14 So *Jarass*, in: Jarass/Pieroth, GG, Art. 4 Rn. 2; *Mager*, in: v. Münch/Kunig, GG, Art. 4 Rn. 11; *Kingreen/Poscher*, Grundrechte, Rn. 604 ff.
15 Vgl. zur Abgrenzung des Art. 4 zu anderen Vorschriften *Jarass*, in: Jarass/Pieroth, GG, Art. 4 Rn. 6 f.

vom religiösen Bekenntnis unabhängig sind. Fragen des Religionsunterrichts sind in Art. 7 Abs. 2 und Abs. 3 geregelt.

Darüber hinaus enthält *Art. 140 GG i. V. m. Art. 136 ff. WRV* bedeutsame Ergänzungen zu Art. 4. So garantiert Art. 136 WRV die individuelle Glaubensfreiheit und -gleichheit; Art. 137 ff. WRV regeln das *Verhältnis von Staat und Kirche* (sog. *Staatskirchenrecht*). **524**

Die Inkorporation der Weimarer Kirchenartikel in das Grundgesetz durch Art. 140 ist das *Ergebnis eines Verfassungskompromisses*, der notwendig wurde, weil die aus der Mitte des Parlamentarischen Rates unterbreiteten Vorschläge für eine Regelung des Verhältnisses von Staat und Kirche keine Mehrheit finden konnten.[16] Im Ergebnis wurde die Religionsfreiheit zwar in den Grundrechtskatalog des Grundgesetzes aufgenommen, das Staatskirchenrecht der WRV jedoch mit Hilfe der Inkorporationsvorschrift des Art. 140 GG unverändert aufrechterhalten. Die Art. 136 ff. WRV sind damit **525**

> „vollgültiges Verfassungsrecht der Bundesrepublik Deutschland geworden und stehen gegenüber den anderen Artikeln des Grundgesetzes nicht etwa auf einer Stufe minderen Ranges".[17]

Das *Verhältnis zwischen Staat und Kirche* ist in der Bundesrepublik Deutschland einerseits vom *Grundsatz der religiösen und weltanschaulichen Neutralität des Staates* geprägt, der die Einführung staatskirchlicher Rechtsformen ebenso wie die Privilegierung bestimmter Bekenntnisse untersagt.[18] Ihre eigenen Angelegenheiten regelt jede Religionsgemeinschaft selbstständig im Rahmen der allgemeinen Gesetze (vgl. Art. 137 Abs. 3 WRV, *Verfassungsgarantie der kirchlichen Selbstbestimmung*).[19] Andererseits ist die *Trennung von Staat und Kirche* nicht ohne Ausnahmen vorgesehen. So ist nach Art. 7 Abs. 3 der Religionsunterricht in den öffentlichen Schulen ordentliches Lehrfach. Gemäß Art. 141 WRV sind die Religionsgesellschaften zur Vornahme religiöser Handlungen zuzulassen, soweit im Heer, in Krankenhäusern, Strafanstalten oder sonstigen öffentlichen Anstalten das Bedürfnis nach Gottesdienst und Seelsorge besteht. Weitere Verbindungen finden sich in Art. 137 Abs. 5 und 6 (Religionsgesellschaften als Körperschaften des öffentlichen Rechts) und in Art. 139 WRV (Sonn- und Feiertagsruhe). Das Grundverhältnis zwischen Staat und Kirche wird daher als *Verhältnis einer „hinkenden Trennung"*, als wechselseitige Selbständigkeit innerhalb eines Koordinationssystems oder als Partnerschaft zwischen Kirche und Staat charakterisiert.[20] **526**

Für weitere Einzelheiten ist auf die Darstellungen zum Staatskirchenrecht zu verweisen.[21]

---

16 Siehe zu den Vorschlägen im Einzelnen BVerfGE 19, 206, 218 f. – *Kirchenbausteuer*.
17 BVerfGE 19, 206, 219 – *Kirchenbausteuer*.
18 Siehe BVerfGE 19, 206, 216 – *Kirchenbausteuer*; jüngst auch BVerfG, NJW 2017, 2333, Rn. 47 – *Kopftuchverbot für Rechtsreferendarinnen in Hessen*; vgl. auch Art. 137 Abs. 1 WRV („Es besteht keine Staatskirche.") Näher zum Grundsatz religiös-weltanschaulicher Neutralität des Staates *Mager*, in: v. Münch/Kunig, GG, Art. 4 Rn. 3.
19 Vgl. zu Art. 137 Abs. 3 WRV: BVerfGE 46, 73, 83, 85 – *Betriebsrat im katholischen Krankenhaus*; BVerfGE 53, 366, 387 f., 390 f. – *konfessionelles Krankenhaus*; BVerfGE 72, 278, 289 – *kirchliche Berufsbildung*.
20 So BVerfGE 42, 312, 331 – *Abgeordnetenmandat*. – Demgegenüber gilt in Frankreich das sog. Principe de laïcité. Art. 1 S. 1 der französischen Verfassung lautet: „La France est une république indivisible, laïque, démocratique et sociale.".
21 Zum Staatskirchenrecht einführend *Sachs*, Verfassungsrecht II, B 4 Rn. 33 ff.; ausführlich *v. Campenhausen*, Staatskirchenrecht.

II. Die Glaubens- und Bekenntnisfreiheit gemäß Art. 4 Abs. 1, Abs. 2

Literatur:
Abel, R. B., Die Entwicklung der Rechtsprechung zu neueren Glaubens- und Weltanschauungsgemeinschaften, NJW 2003, 264; *Bader, J.*, Die Kopftuch tragende Schöffin, NJW 2007, 2964; *Badura, P.*, Der Schutz von Religion und Weltanschauung durch das Grundgesetz, 1989; *Bertrams, M.*, Lehrerin mit Kopftuch? Islamismus und Menschenbild des Grundgesetzes, DVBl. 2003, 1225; *Brohm, W.*, Glaubensfreiheit und Gesetzesgehorsam, FS für E. Stein, 2002, S. 3; *Campenhausen, A. Fr. v.*, Religionsfreiheit, in: Isensee, J./Kirchhof, P. (Hrsg.), Handbuch des Staatsrechts, Band VI, 2. Auflage 2000, § 136; *Cremer, H.-J.*, Der Osho-Beschluss des BVerfG – BVerfGE 105, 279, JuS 2003, 747; *Dietz, A.*, Das Schächten im Spannungsfeld zwischen Religionsfreiheit und Tierschutz, DÖV 2007, 489; *Eckert, M.*, Zulässigkeit eines Kopftuchverbots in privaten Unternehmen: EuGH-Entscheidungen, BC 2017, 482; *Frenz, W.*, Verdrehte Religionsfreiheit?, DÖV 2007, 690; *Fülbier, U.*, Die Religionsfreiheit in der Bundesrepublik Deutschland und den Vereinigten Staaten von Amerika, 2003; *Gehm, M.*, Aktuelle Rechtsprechung des BFH zur Kirchensteuer, NVwZ 2007, 56; *Germann, M.*, Die Verfassungsmäßigkeit des Gesetzes über den Umfang der Personensorge bei einer Beschneidung des männlichen Kindes vom 20.12.2012, MedR 2013, 412; *Groh, K.*, Übungsklausur – Öffentliches Recht: Eine Muslima als Schöffin?, JuS 2007, 538; *Häberle, P.*, Grenzen aktiver Glaubensfreiheit, DÖV 1969, 385; *Haftmann, R.*, Der Streit um die „Lehrerin mit Kopftuch". Die Religionsfreiheit von Beamten im Konflikt mit dem religiös-weltanschaulichen Neutralitätsgebot des Staates, NVwZ 2000, 862; *Hain, K.-E./Unruh, P.*, Neue Wege in der Grundrechtsdogmatik? Anmerkungen zum Schächt-Urteil des BVerfG nach Änderung des Art. 20a GG, DÖV 2003, 147; *Heckel, M.*, Religionsfreiheit und Staatskirchenrecht in der Rechtsprechung des Bundesverfassungsgerichts, FS 50 Jahre BVerfG, 2001, Bd 2, 379; *Heckmann, D.*, Verfassungsmäßigkeit des Ethikunterrichts – BVerwG, DVBl. 1998, 1344, JuS 1999, 228; *Heinig, H. M.*, Öffentlich-rechtliche Religionsgesellschaften, 2003; *ders./Morlok, M.*, Von Schafen und Kopftüchern: das Grundrecht auf Religionsfreiheit in Deutschland vor den Herausforderungen religiöser Pluralisierung, JZ 2003, 777; *Hillgruber, C.*, Staat und Religion, DVBl. 1999, 1155; *Höfling, W.*, Die Entscheidung über die Beschneidung männlicher Kinder als Element des verfassungsrechtlichen Elternrechts, GesR 2013, 463; *Hollerbach, A.*, Der verfassungsrechtliche Schutz kirchlicher Organisationen, in: Isensee, J./Kirchhof, P. (Hrsg.), Handbuch des Staatsrechts, Band VI, 2. Auflage 2000, § 139; *Holzke, F.*, Die „Neutralität" des Staates in Fragen der Religion und Weltanschauung, NVwZ 2002, 903; *Hoppe, C./Groffy, G.*, „Solange IV"? Religiöse Symbole am Arbeitsplatz im Spiegel der deutschen Rechtsprechung und des EuGH, ArbR 2019, 211; *Huber, P.*, Die öffentliche Förderung der Schwangerenberatungsstellen in Bayern, NJW 2007, 2374; *Ipsen, J.*, Glaubensfreiheit als Beeinflussungsfreiheit? – Anmerkung zum „Kruzifix-Beschluss" des Bundesverfassungsgerichts, in: FS für Kriele, 1997, S. 301; *ders.*, Karlsruhe locuta, causa non finita – Das Bundesverfassungsgericht im so genannten Kopftuchstreit, NVwZ 2003, 1210; *Isensee, J.*, Grundrechtliche Konsequenz wider geheiligte Tradition. Der Streit um die Beschneidung, JZ 2013, 317; *Janz, N./Rademacher, S.*, Das Kopftuch als religiöses Symbol oder profaner Kleidungsgegenstand?, JuS 2001, 440; *Kästner, K.-H.*, Das tierschutzrechtliche Verbot des Schächtens aus der Sicht des Bundesverfassungsgerichts, JZ 2002, 491; *Kremser, H.*, Das verfassungsrechtliche Verhältnis von Religions- und Ethikunterricht dargestellt am Beispiel Berlins, DVBl. 2008, 607; *Kunig, P./Mager, U.*, Schulsport und Islam, Jura 1992, 364; *Leitmeier, L.*, Verhüllungsverbot im Gericht, ZRP 2018, 246; *Lücke, J.*, Zur Dogmatik der kollektiven Glaubensfreiheit – eine Neubestimmung des Verhältnisses von Kirche und Staat am Beispiel des staatlichen Rechtsschutzes gegenüber Maßnahmen der Religionsgesellschaften, EuGRZ 1995, 651; *Maleki, N.*, Ein mögliches Islamgesetz in Deutschland, ZRP 2019, 19; *Mandla, Ch.*, Gesetz über den Umfang der Personensorge bei einer Beschneidung des männlichen Kindes, FPR 2013, 244; *Mertesdorf, C.*, Weltanschauungsgemeinschaften, 2008; *Michael, L.*, Verbote von Religionsgemeinschaften, JZ 2002, 482; *Mikat, P.*, Staat, Kirchen und Religionsgemeinschaften, in: Benda, E./Maihofer, W./Vogel, H.-J. (Hrsg.), Handbuch des Verfassungsrechts der Bundesrepublik Deutschland, 2. Auflage 1994, S. 1425; *Müller-Franken, S.*, Kirchenfinanzierung im freiheitlichen Staat des Grundgeset-

zes, BayVBl. 2007, 33; *Muckel, S.*, Körperschaftsrechte für die Zeugen Jehovas?, Jura 2001, 456; *Murswiek, D.*, Staatliche Warnungen, Wertungen, Kritik als Grundrechtseingriff, DVBl. 1997, 1021; *ders.*, Das Bundesverfassungsgericht und die Dogmatik mittelbarer Grundrechtseingriffe – Zu der Glykol- und der Osho-Entscheidung vom 26.6.2002, NVwZ 2003, 1; *Neureither, G.*, Kopftuch – BVerwG, NJW 2002, 3344, JuS 2003, 541; *ders.*, Schächten – BVerfG 104, 337, JuS 2002, 1168; *ders.*, Grundfälle zu Art. 4 I, II GG, JuS 2006, 1067, 2007, 20; *Öztürk, I.*, Das Kopftuch sorgt weiterhin für Gesprächsstoff in Deutschland, DÖV 2007, 993; *Pauly, W./ Pagel, C.*, Die Gewährleistung ungestörter Religionsausübung, NVwZ 2002, 441; *Pieroth, B./ Görisch, C.*, Was ist eine „Religionsgemeinschaft"?, JuS 2002, 937; *Pieroth, B./Kingreen, T.*, Das Verbot von Religions- und Weltanschauungsgemeinschaften, NVwZ 2001, 841; *Poscher, R.*, Vereinsverbote gegen Religionsgemeinschaften?, KritV 2002, 298; *Reidel, A-I.*, Die Zulässigkeit von Gesichtsverhüllungsverboten im öffentlichen Dienst, öAT 2019, 71; *Renck, L.*, Über positive und negative Bekenntnisfreiheit, NVwZ 1994, 544; *Reus, A./Mühlhausen, P.*, Mit dem Kopftuch im Gerichtssaal? – Zur Zulässigkeit im juristischen Vorbereitungsdienst, VR 2019, 73; *Rixen, St.*, Das Gesetz über den Umfang der Personensorge bei einer Beschneidung des männlichen Kindes, NJW 2013, 257; *Rohe, M.*, Islamisierung des deutschen Rechts?, JZ 2007, 801; *Sacksofsky, U.*, Die Kopftuch-Entscheidung – von der religiösen zur föderalen Vielfalt, NJW 2003, 3297; *Sagan, A.*, Unionaler Diskriminierungsschutz gegen Kopftuchverbote am Arbeitsplatz, EuZW 2017, 457; *Sarcevic, E.*, Religionsfreiheit um den Ruf des Muezzins, DVBl. 2000, 519; *Schlachter, M.*, Kopftuchverbot auf „Kundenwunsch"? – Die Religionsfreiheit als notweniger Bestandteil der Rechtfertigungsprüfung im Diskriminierungsrecht, EuZA 2018, 173; *Schoch, F.*, Die Grundrechtsdogmatik vor den Herausforderungen einer multikonfessionellen Gesellschaft, FS für Hollerbach, 2001, S. 149; *Spickhoff, A.*, Grund, Voraussetzungen und Grenzen des Sorgerechts bei Beschneidung männlicher Kinder, FamRZ 2013, 337; *Stein, A.*, Kopftuchverbot am Arbeitsplatz – Hat der EuGH das letzte Wort gesprochen?, NZA 2017, 828; *Steiner, U.*, Das Grundrecht auf Glaubens- und Gewissensfreiheit (Art. 4 Abs. 1 und Abs. 2 GG), JuS 1982, 157; *Sydow, G.*, Ausnahmegenehmigung für das Schächten, Jura 2002, 615; *Tangermann, C.*, Glauben ist alles, Jura 2005, 119; *Tillmanns, R.*, Die Religionsfreiheit (Art. 4 I, II GG), Jura 2004, 619; *Trute, H. H.*, Das Schächten von Tieren im Spannungsfeld von Tierschutz und Religionsfreiheit, Jura 1996, 462; *Volkmann, U.*, Schächterlaubnis für muslimischen Metzger, DVBl. 2002, 332; *v. Ungern-Sternberg, A.*, Religionsfreiheit in Europa, 2008; *Walter, C.*, Religiöse Freiheit als Gefahr? Eine Gegenrede, DVBl. 2008, 1073; *ders.,/v. Ungern-Sternberg, A.*, Verfassungswidrigkeit des nordrhein-westfälischen Kopftuchverbots für Lehrerinnen, DÖV 2008, 488; *Wilms, H.*, Selbstverständnistheorie und Definitionsmacht bei Grundrechten, dargestellt am Beispiel der Glaubensfreiheit; in: FS für Kriele, 1997, S. 341, *ders.*, Glaube und Weltanschauung – ein Abgrenzungsproblem; in: FS für Maurer, 2001, S. 493; *ders.*, Glaubensgemeinschaften als Körperschaften des öffentlichen Rechts, NJW 2003, 1083; *ders.*, Amthaftung der Kirchen für Äußerungen ihrer Sektenbeauftragten, NJW 2003, 2070.

Rechtsprechung:
BVerfGE 12, 1 – *Tabak für Kirchenaustritt*; BVerfGE 19, 129 – *Umsatzsteuer für Religionsgesellschaften*; BVerfGE 19, 206 – *Kirchenbausteuer*; BVerfGE 24, 236 – *Aktion Rumpelkammer*; BVerfGE 28, 243 – *Kriegsdienstverweigerung*; BVerfGE 30, 415 – *Kirchensteuer*; BVerfGE 32, 98 – *Gesundbeter*; BVerfGE 33, 23 – *Eidesverweigerung aus Glaubensgründen*; BVerfGE 35, 366 – *Kreuz im Gerichtssaal*; BVerfGE 41, 29 – *Simultanschule*; BVerfGE 44, 37 – *Übergangsfrist für Kirchenaustritt*; BVerfGE 46, 73 – *Betriebsrat im katholischen Krankenhaus*; BVerfGE 49, 375 – *Religionszugehörigkeit auf Lohnsteuerkarte*; BVerfGE 52, 223 – *Schulgebet*; BVerfGE 53, 366 – *konfessionelles Krankenhaus*; BVerfGE 65, 1 – *Volkszählung*; BVerfGE 70, 138 – *Loyalitätspflicht*; BVerfGE 72, 278 – *kirchliche Berufsbildung*; BVerfGE 83, 130 – *Josephine Mutzenbacher*; BVerfGE 83, 341 – *Baha'i*; BVerfGE 93, 1 – *Kruzifix*; BVerfGE 102, 370 – *Zeugen Jehovas*; BVerfGE, 104, 337 – *Schächterlaubnis*; BVerfGE 105, 279 – *Osho*; BVerfGE 107, 75 – *Ethikunterricht*; BVerfGE 108, 282 – *Kopftuch Ludin*; BVerfGE 138, 296 – *pauschales Kopftuchverbot*; BVerfG, NJW 1989, 3269 – *Jugendsekte*; BVerfG, NJW 1993, 455 – *Steuerpflicht*; BVerfG, NJW 2002, 2227 – *Ausschluss eines Scientologen aus politischer Partei*; BVerfG, NJW 2017, 381 – *Kopftuchverbot für Erzieherinnen an öffentlichen Kindertagesstätten*; BVerfG, NJW 2017, 2333 –

Kopftuchverbot für Rechtsreferendarinnen in Hessen; BVerwGE 68, 62 – *liturgisches Glockengeläut*; BVerwGE 82, 76 – *Transzendentale Meditation*; BVerwGE 90, 112 – *Osho*; BVerwGE 94, 82 – *koedukativer Sportunterricht*; BVerwGE 99, 1 – *Schächten*; BVerwGE 105, 117 – *Zeugen Jehovas*; BVerwGE 105, 313 – *Scientology*; BVerwGE 107, 75 – *Ethikunterricht*; BVerwGE 112, 227 – *Schächten*; BVerwGE 112, 314 – *Cannabisanbau*; BVerwGE 116, 359 – *Kopftuch*; BVerwGE 121, 140 – *Kopftuch*; BVerwG, DVBl. 1994, 168 – *koedukativer Schwimmunterricht*; BVerwG, DVBl. 1998, 1344 – *Ethikunterricht*; BVerwGE 127, 183 – *Ausnahmegenehmigung zum Schächten*; BVerwG, NJW 2006, 1303; BVerwG, NVwZ 2014, 81 – *Befreiung vom koedukativen Schwimmunterricht*; BAGE 79, 319; BGHZ 78, 274; BVerwG, NVwZ 2011, 737 – *Kruzifix im Klassenzimmer*; VGH Mannheim, NVwZ 1989, 279; EGMR, NZA-RR 2017, 62 – *Kopftuchverbot an öffentlicher Klinik*; LG Bremen, NJW-RR 2014, 206 – *Kopftuchverbot im Fitnessstudio*; VGH Mannheim, NJW 2001, 2899 – *Kopftuch*.

1. Schutzbereich

527 **a) Persönlicher Schutzbereich.** Die Glaubens- und Bekenntnisfreiheit ist ein Jedermann-Grundrecht, sie steht also jedem lebenden Menschen zu.

528 **aa) Minderjährige.** Insbesondere im Rahmen der Glaubens- und Bekenntnisfreiheit kann die Frage problematisch werden, inwieweit Minderjährigen im Bereich religiöser und weltanschaulicher Bekenntnisse Grundrechtsmündigkeit zuzubilligen ist.[22]

529 Im Verhältnis des Kindes zu seinen Eltern finden die Grundrechte nicht unmittelbar Anwendung, da die Eltern nicht grundrechtsgebunden sind. Andererseits muss der Staat sicherstellen, dass auch Kinder ihr Recht auf Glaubensfreiheit ausüben können.[23] Er wird dabei aber wiederum durch das Erziehungsrecht der Eltern beschränkt.[24] Das Gesetz über die religiöse Kindererziehung (KErzG) stellt einen Ausgleich dieser widerstreitenden Rechte dar. Nach § 5 S. 1 KErzG kann ein Kind nach Vollendung des 12. Lebensjahrs gegen seinen Willen nicht gezwungen werden, das bisherige Bekenntnis zu ändern. Mit Vollendung des 14. Lebensjahres kann der Minderjährige frei von elterlichem Einfluss über religiöse Fragen entscheiden.[25] Diese Sichtweise hat auch prozessrechtliche Konsequenzen für Verfassungsbeschwerdeverfahren. Da das BVerfGG keine explizite Regelung zur Prozessfähigkeit enthält, wird nicht zuletzt wegen der dienenden Funktion des Prozessrechts als maßstäblich angesehen, ob die sonstige Rechtsordnung den Minderjährigen als im Stande ansieht, seine Rechte geltend zu machen. Deshalb ist mit Blick auf § 5 S. 1 KErzG ein Minderjähriger ab Vollendung des 14. Lebensjahres prozessfähig.

530 **bb) Glaubensgemeinschaften.** Die Grundrechtsträgerschaft einer religiösen oder weltanschaulichen Vereinigung ist zu bejahen, wenn sich die Vereinigung „die Pflege und Förderung eines religiösen Bekenntnisses und die Verkündung des Glaubens ihrer Mitglieder zum Zweck gesetzt hat."[26] Vereinigungen, die unter dem „Deckmantel" der Religiosität in erster Linie wirtschaftliche Ziele verfolgen, können sich hingegen nicht auf die kollektive Religionsfreiheit berufen.[27]

---

22 Zur Unterscheidung zwischen Grundrechtsfähigkeit und Grundrechtsmündigkeit vgl. allgemein oben Rn. 111 ff.
23 So auch *Epping*, Grundrechte, Rn. 301.
24 Vgl. *Jarass*, in: Jarass/Pieroth, GG, Art. 4 Rn. 18.
25 Ausführlich oben Rn. 118 ff.
26 BVerfGE 102, 370, 383 – *Zeugen Jehovas*.
27 Siehe hierzu BVerfGE 105, 279, 293 – *Osho*.

Bsp.: Für die *Church of Scientology* wird vermutet, dass die Verfolgung religiöser Ziele dieser Organisation nur als Vorwand für wirtschaftliche Aktivitäten dient. Soweit dies zutrifft, könnte sich die Church of Scientology also nicht auf Art. 4 Abs. 1 und 2 berufen.[28]

Für die Abgrenzung ist das *Gesamtbild der Tätigkeit* der Vereinigung entscheidend.[29] Des Weiteren kann bei der Auslegung der sich aus einem bestimmten Bekenntnis oder einer Weltanschauung ergebenden Religionsausübung das Selbstverständnis der Gemeinschaft nicht außer Betracht bleiben.[30] Umstritten ist, ob sich die Grundrechtsträgerschaft der Religions- und Weltanschauungsgemeinschaften unmittelbar aus Art. 4 ergibt. Im Schrifttum wird überwiegend auf *Art. 19 Abs. 3* zurückgegriffen.[31]

531

> **Klausurhinweis**: Diesem Streit kommt nur dann Bedeutung zu, wenn sich ausländische Religions- und Weltanschauungsgemeinschaften auf die kollektive Glaubens- und Bekenntnisfreiheit berufen. Greift man auf Art. 19 Abs. 3 zurück, bleibt ausländischen Glaubensgemeinschaften der Schutz des Art. 4 verwehrt, die andere Ansicht gewährt den Schutz auch für ausländische Glaubensgemeinschaften. Soweit es sich um inländische juristische Personen handelt, ist der Streit nur kurz zu erwähnen, er kann dann aber offen gelassen werden.[32]

cc) Insbesondere Kirchen als Körperschaften des öffentlichen Rechts. Die christlichen Kirchen sind nach Inkrafttreten des Grundgesetzes als Körperschaften des öffentlichen Rechts organisiert geblieben (vgl. Art. 140 i. V. m. Art. 137 Abs. 5 S. 1 WRV). Anderen Religionsgesellschaften kann auf Antrag der öffentlich-rechtliche Status verliehen werden, wenn sie durch ihre Verfassung und die Zahl ihrer Mitglieder die Gewähr der Dauer bieten (vgl. Art. 137 Abs. 5 S. 2 WRV).[33] Der Status einer Körperschaft des öffentlichen Rechts soll

532

> „die Eigenständigkeit und Unabhängigkeit der Religionsgemeinschaften unterstützen. Die Religionsgemeinschaften mit öffentlich-rechtlichem Status sind in gleichem Umfang grundrechtsfähig wie Religionsgemeinschaften privatrechtlicher Rechtsform. Sie stehen dem Staat als Teile der Gesellschaft gegenüber. [...] Damit unterscheiden sich die korporierten Religionsgemeinschaften im religiös-weltanschaulich neutralen Staat des Grundgesetzes, der keine Staatskirche oder Staatsreligion kennt, grundlegend von den Körperschaften des öffentlichen Rechts im verwaltungs- und staatsorganisationsrechtlichen Verständnis. Sie nehmen keine Staatsaufgaben wahr, sind nicht in die Staatsorganisation eingebunden und unterliegen keiner staatlichen Aufsicht."[34]

---

28 Die Anerkennung der *Church of Scientology* als Religions- oder Weltanschauungsgemeinschaft i. S. d. Art. 4 wurde offen gelassen von BVerfG, NJW 2002, 2227 und 3458, 3459, ebenso das BVerwG, das einzelnen Mitgliedern von Scientology den Grundrechtsschutz aber zuspricht, NJW 2006, 1303, 1303 f. Das BAG hat ihre Eigenschaft als Religions- oder Weltanschauungsgemeinschaft ausdrücklich verneint, vgl. BAGE 79, 319, 338 ff. Demgegenüber hat der BGH sie ohne weitere Begründung bejaht, vgl. BGHZ 78, 274, 278.
29 *Manssen*, Grundrechte, Rn. 324. Ähnlich *Morlok*, in: Dreier, GG, Art. 4, Rn. 107.
30 BVerfGE 24, 236, 247 f. – *Rumpelkammer*.
31 Vgl. *v. Campenhausen*, in: HStR VI, § 136 Rn. 78; *Kokott*, in: Sachs, GG, Art. 4 Rn. 10; *Mager*, in: v. Münch/Kunig, GG, Art. 4 Rn. 45; a. A. *Jarass*, in: Jarass/Pieroth, GG, Art. 4 Rn. 19 f., die einen Rückgriff auf Art. 19 Abs. 3 nicht für erforderlich halten. Das BVerfG hat zu dieser Frage bislang nicht Stellung genommen, vgl. etwa BVerfGE 19, 129, 132 – *Umsatzsteuer für Religionsgesellschaften*, und BVerfGE 19, 206, 215 – *Kirchenbausteuer*.
32 So auch *Epping*, Grundrechte, Rn. 303 f.
33 Siehe zu den verfassungsrechtlichen Voraussetzungen für die Anerkennung einer Religionsgemeinschaft als öffentlich-rechtliche Körperschaft BVerfGE 102, 370, 384 ff. – *Zeugen Jehovas*.
34 BVerfGE 102, 370, 387 f. – *Zeugen Jehovas*; vgl. ausführlich zu den Voraussetzungen der Verleihung des Status als Körperschaft des öffentlichen Rechts *Wilms*, NJW 2003, 1083.

533 Auch die Kirchen, die als Körperschaften des öffentlichen Rechts organisiert sind, können sich also in vollem Umfang auf die Grundrechte berufen.

534 Soweit die Religionsgemeinschaften, wie insbesondere bei der *Erhebung der Kirchensteuer* (vgl. Art. 140 i. V. m. Art. 137 Abs. 6 WRV), öffentliche Gewalt ausüben, sind sie jedoch in gleicher Weise wie beliehene Private an die Grundrechte gebunden.[35]

535 b) **Sachlicher Schutzbereich.** Art. 4 beinhaltet ein einheitliches Recht der Glaubens- und Bekenntnisfreiheit. Nach der Rechtsprechung des BVerfG umfasst dies

„– gleichgültig, ob es sich um ein religiöses Bekenntnis oder eine religionsfremde oder religionsfreie Weltanschauung handelt – nicht nur die innere Freiheit, zu glauben oder nicht zu glauben, d. h. einen Glauben zu bekennen, zu verschweigen, sich von dem bisherigen Glauben loszusagen und einem anderen Glauben zuzuwenden, sondern ebenso die Freiheit des kultischen Handelns, des Werbens, der Propaganda."[36]

536 Dies bedeutet

„mehr als religiöse Toleranz, d. h. bloße Duldung religiöser Bekenntnisse oder irreligiöser Überzeugungen. [Die Glaubensfreiheit] umfasst daher nicht nur die (innere) Freiheit zu glauben oder nicht zu glauben, sondern auch die äußere Freiheit, den Glauben zu manifestieren, zu bekennen und zu verbreiten. Dazu gehört auch das Recht des Einzelnen, sein gesamtes Verhalten an den Lehren seines Glaubens auszurichten und seiner inneren Glaubensüberzeugung gemäß zu handeln."[37]

537 aa) **Begriffsbestimmungen (Glaube, Religion, Weltanschauung).** Gegenstand des Glaubens sind die Grundfragen der menschlichen Existenz. Dazu gehören die Frage nach dem Ursprung der Welt und des menschlichen Lebens, der Stellung und der Aufgabe des Menschen in der Welt, dem Sinn des menschlichen Lebens und der Bedeutung des Todes.[38] Glaube und Religion sind durch Wahrheitsüberzeugungen gekennzeichnet, die sich im Gegensatz zu wissenschaftlichen Erkenntnissen dem Beweis entziehen.[39] Unerheblich ist, ob die Überzeugung in einem religiösen Glauben oder in einer religionsfreien Weltanschauung besteht.

538 Die Bestimmung des *Begriffs des Glaubens* stellt sich als äußerst schwierig dar. Einerseits kann das Selbstverständnis des Grundrechtsberechtigten allein nicht ausschlaggebend sein.[40] Im Einzelnen umstritten ist aber, in welchem Ausmaß das Selbstverständnis des Grundrechtsträgers für die inhaltliche Ausdeutung der Begriffe Glauben, Weltanschauung oder Religion zu berücksichtigen ist.[41] Die Figur des grundrechtlichen Selbstverständnisses spielt nicht nur bei der Auslegung der Schutzbereiche des Art. 4 (Glauben, Religion, Religionsgemeinschaft, Gewissen) eine Rolle, sondern sie hat auch Bedeutung für andere Grundrechte, etwa für die Beantwortung der Frage, wann Kunst i. S. v. Art. 5 Abs. 3 vorliegt oder ob es sich bei einer bestimmten Tätigkeit um einen Beruf i. S. v. Art. 12 Abs. 1 handelt.

---

35 Vgl. *Kingreen/Poscher*, Grundrechte, Rn. 622 m. w. N.
36 BVerfGE 24, 236, 245 – *Rumpelkammer*.
37 BVerfGE 32, 98, 106 – *Gesundbeter*.
38 Vgl. *Ipsen*, Staatsrecht II, Rn. 380; *Mager*, in: v. Münch/Kunig, GG, Art. 4 Rn. 13.
39 Vgl. *Ipsen*, Staatsrecht II, Rn. 380.
40 So auch *Starck*, in: v. Mangoldt/Klein/Starck, GG, Art. 4 Rn. 10.
41 Allgemein zur Figur des grundrechtlichen Selbstverständnisses etwa *Isensee*, Wer definiert die Freiheitsrechte, 1980; *Höfling*, Offene Grundrechtsinterpretation, 1987, *Morlok*, Selbstverständnis als Rechtskriterium, 1993, *Britz*, Kulturelle Rechte und Verfassung, 2000; nähere Darstellung im Rahmen religiöser Freiheit bei *Muckel*, in: HGR IV, § 96 Rn. 54.

Das BVerfG betont, dass bei der Zuordnung eines bestimmten Verhaltens des Grundrechtsträgers zum Schutzbereich des Art. 4 Abs. 1, 2 das Selbstverständnis nicht außer Betracht bleiben dürfe und[42] nimmt zur Vermeidung eines zu subjektiven Einschlags der Grundrechte eine sog. Plausibilitätskontrolle vor.[43] Es verlangt deshalb etwa, dass es sich nach geistigen Gehalt und äußerem Erscheinungsbild auch tatsächlich um eine Religion bzw. Religionsgemeinschaft handeln muss.[44] Die Anforderungen an jene Plausibilitätskontrolle dürfen freilich ihrerseits nicht überspannt werden. Immerhin untersagt das *Gebot der weltanschaulich-religiösen Toleranz und Neutralität des Staates* die Einführung staatskirchlicher Rechtsformen.[45] Es ist dem Staat daher verwehrt, bestimmte Bekenntnisse zu privilegieren[46] oder den Glauben oder Unglauben seiner Bürger zu bewerten.[47] Religionsparodien wie etwa die „Kirche des Fliegenden Spaghettimonsters" unterfallen allerdings nicht dem Schutzbereich.[48]

Einer vielfach verwendeten Begriffsbestimmung zufolge, betrifft der Glaube eine *Überzeugung des Einzelnen von der Stellung des Menschen in der Welt und seiner Beziehung zu höheren Mächten und tieferen Seinsschichten*.[49] Allerdings weist auch diese Definition Unklarheiten auf. Da das entscheidende Kriterium des Glaubens die mangelnde Eignung zur wissenschaftlichen Erkenntnis ist, bietet es sich an, in Anlehnung an eine Formulierung Kants den Glauben als *jede Erklärung für das Sein insgesamt, die nicht auf einer wissenschaftlichen Erkenntnis beruht*, zu definieren. Der Glaube ist somit negativ zu bestimmen; er erschließt sich vom Begriff der Wissenschaft her.[50]

> **Bsp.**: Die 16jährige N glaubt an Paul, der Sänger ist: Täglich um 16 Uhr sieht N sich eine Musiksendung im Fernsehen an, in der unter anderem über Paul berichtet wird. Jedes seiner Worte wird von N dabei als reine Wahrheit rezipiert. Höchster Wunsch der N ist es, Paul einmal unmittelbar zu begegnen und ihm ihre Verehrung direkt ausdrücken zu dürfen. Liegt ein Glaube im Sinne des Art. 4 Abs. 1 und 2 vor?
> Ein Glaube (religiös wie weltanschaulich) setzt eine umfassende Erklärung für das Sein insgesamt voraus. Obwohl N den Paul teilweise wie eine Gottheit verehrt, fehlt es doch an solch einem geschlossenen Erklärungssystem: So fehlen Aussagen zur Entstehung des Menschen und seinen Zielen, zur Unterscheidung von richtigen und falschen Verhaltensweisen usw. Es liegt also kein Glaube im Sinne des Art. 4 Abs. 1 und 2 vor.

Infolge der staatlichen Neutralitätspflicht ist der Schutzbereich der Glaubens- und Bekenntnisfreiheit *nicht auf die überlieferten Religionen*, insbesondere des christlich-abendländischen Kulturkreises, *beschränkt*.[51] Daher kommt auch Sekten und frem-

---

42 BVerfG NJW 2017, 2333, Rn. 47 – *Kopftuchverbot für Rechtsreferendarinnen in Hessen*; BVerfGE 108, 282, 298 f. – *Kopftuch Ludin*; BVerfGE 24, 236, 247 f. – *Rumpelkammer*.
43 BVerfGE 83, 341, 353 – *Baha'i*.
44 BVerfGE 83, 341, 353 – *Baha'i*.
45 Näher zum Grundsatz religiös-weltanschaulicher Neutralität des Staates *Mager*, in: v. Münch/Kunig, GG, Art. 4 Rn. 3.
46 Siehe BVerfGE 19, 206, 216 – *Kirchenbausteuer*; BVerfG, NJW 2017, 2333, Rn. 47 – *Kopftuchverbot für Rechtsreferendarinnen in Hessen*; BVerfGE 93, 1, 17 – *Kruzifix*.
47 BVerfG, NJW 2017, 381, Rn. 67 – *Kopftuchverbot für Erzieherinnen an öffentlichen Kindertagesstätten*; BVerfGE 138, 296, 339 – *Kopftuchverbot*; BVerfGE 12, 1, 4 – *Tabak für Kirchenaustritt*.
48 VG Potsdam, U. v. 13. November 2015, Az 8 K 4253/13, Rn. 26, juris.
49 *Stein/Frank*, Staatsrecht, § 32 II 1a); ebenso *Manssen*, Grundrechte, Rn. 317; vgl. zu weiteren Definitionsversuchen des Glaubens *Wilms*, FS für Maurer, S. 493, 498 f.
50 Vgl. dazu ausführlich *Wilms*, FS für Maurer, S. 493, 499 ff.
51 So auch *Sachs*, Verfassungsrecht II, Teil II, Kap. 16, Rn. 5; vgl. weiterhin VGH Mannheim, NVwZ 1989, 279.

den Glaubensgemeinschaften der Schutz des Art. 4 zugute. Nicht erforderlich ist außerdem, dass andere Angehörige einer Glaubensgemeinschaft die Glaubensüberzeugung teilen.[52] Die Glaubens- und Bekenntnisfreiheit schützt daher auch vereinzelt auftretende Glaubensüberzeugungen, die von den Lehren der Kirchen und Religionsgemeinschaften abweichen,[53] wie dies etwa bei verschiedenen Lehren des Islam der Fall ist. Auf die zahlenmäßige Stärke der Gemeinschaft oder ihre soziale Relevanz kommt es ebenfalls nicht an.[54] Darüber hinaus hat jegliche Bewertung des Inhalts der Glaubensüberzeugung zu unterbleiben.[55]

541 Für den Begriff der *Religion* wird in der Regel auf einen Bezug zu Gottheiten abgestellt, während man atheistische und antireligiöse Erklärungsversuche zu den *Weltanschauungen* rechnet.[56] Diese Unterscheidung ist nicht unproblematisch. So ist etwa dem Buddhismus, der zu den Weltreligionen zählt, in seiner ursprünglichen Form eine Gottesvorstellung fremd.[57] Da das Grundrecht der Glaubens- und Bekenntnisfreiheit Religion und Weltanschauung in gleicher Weise schützt, kann auf eine Abgrenzung im Rahmen des Art. 4 indes verzichtet werden.[58]

> **Fall 13**:[59] Die „Naturio"-Bewegung verspricht Ausgeglichenheit und Gesundheit nach einem alten fernöstlichen Rezept. Dazu seien Entspannungs- und Konzentrationsübungen durchzuführen und bei Krankheiten bestimmte homöopathische Mittel zu verwenden. Andere Medizin lehnt die Bewegung ab. Die Bundesregierung warnt vor der unkritischen Anwendung dieser Technik, insbesondere die Ablehnung moderner Schulmedizin könne bei schwerwiegenden Krankheiten einen tödlichen Verlauf nehmen.[60] Kann sich der „Naturio Deutschland e. V." auf die Freiheit der Weltanschauung, Art. 4 Abs. 1 und 2, berufen?

542 Für die Einbeziehung einer *Weltanschauung* in den Schutzbereich des Art. 4 Abs. 1 und 2 wird im Schrifttum überwiegend gefordert, dass ihr Gedankensystem über eine ähnliche Geschlossenheit und Breite verfügt wie die im abendländischen Kulturkreis bekannten Religionen.[61] Eine Weltanschauung i. S. d. Art. 4 Abs. 1 muss demnach im Hinblick auf ihre Geschlossenheit und Sinngebungskraft *Religionen vergleichbar sein*.[62]

> **Lösung Fall 13**: Vom persönlichen Schutzbereich des Art. 4 Abs. 1 und 2 sind zumindest inländische juristische Personen umfasst, soweit sie sich der Pflege einer Religion oder einer Weltanschauung widmen.[63] Entscheidend ist, ob der sachliche Schutzbereich eröffnet ist. Dann müsste es sich bei der „Naturio"-Bewegung um eine Weltanschauung handeln. Der „Naturio"-Bewegung fehlt es an einer Geschlossenheit, die einer Religion vergleichbar ist: Sie enthält ausschließlich medizinische Ratschläge und Vorschläge zur Steigerung des körperlichen und psychischen Wohlbefindens. Eine Erklärung des Weltganzen oder der Bedeutung des Menschen fehlt. Sie kann sich daher nicht auf die Freiheit der Weltanschauung, Art. 4 Abs. 1 und 2, berufen.

---

52 Vgl. *Manssen*, Grundrechte, Rn. 324 f.
53 BVerfGE 33, 23, 28 f. – *Eidesverweigerung aus Glaubensgründen*.
54 BVerfGE 32, 98, 106 – *Gesundbeter*.
55 Ebenso *Mager*, in: v. Münch/Kunig, GG, Art. 4 Rn. 13.
56 Vgl. *Sachs*, Verfassungsrecht II, Teil II, Kap. 16, Rn. 5.
57 Kritisch zur h. M. *Wilms*, FS für Maurer, S. 493 ff.
58 Ebenso *Jarass*, in: Jarass/Pieroth, GG, Art. 4 Rn. 7; *Starck*, in: v. Mangoldt/Klein/Starck, GG, Art. 4 Rn. 10 und 32.
59 Mit starker Abwandlung angelehnt an BVerwGE 82, 76 und BVerfG, NJW 1989, 3269.
60 Zu Warnungen vgl. oben Rn. 214.
61 So *Herzog*, in: Maunz/Dürig, GG, Art. 4 Rn. 67; *Starck*, in: v. Mangoldt/Klein/Starck, GG, Art. 4 Rn. 33.
62 Vgl. *Mager*, in: v. Münch/Kunig, GG, Art. 4 Rn. 14; *Jarass*, in: Jarass/Pieroth, GG, Art. 4 Rn. 8.
63 Dazu oben Rn. 530.

bb) **Der Schutz des sog. forum internum.** Die Glaubensfreiheit schützt die Freiheit des forum internum, die Freiheit des Denkens im Bereich des Glaubens,[64] also die inneren Gedankenvorgänge und Prozesse der Überzeugungs- und Gewissensbildung.[65] Das BVerfG umschreibt dies als die „innere Freiheit, zu glauben oder nicht zu glauben."[66] Ihr Schutzgut ist die persönliche oder weltanschauliche Gewissheit.[67]

543

Aus dem Schutz der Gedankenfreiheit im religiösen und weltanschaulichen Bereich ergibt sich, dass es dem Staat untersagt ist, Einfluss auf die Glaubensbildung zu nehmen oder Vor- oder Nachteile an die Glaubensüberzeugung des Einzelnen zu knüpfen.[68]

544

cc) **Der Schutz des sog. forum externum.** Die in Art. 4 Abs. 2 geregelte Freiheit der ungestörten Religionsausübung ist lediglich ein Bestandteil der dem Einzelnen wie der religiösen oder weltanschaulichen Vereinigung zustehenden Glaubens- und Bekenntnisfreiheit.[69]

545

Die Religionsausübung erfasst

546

> „kultische Handlungen und Ausübung sowie Beachtung religiöser Gebräuche wie Gottesdienst, Sammlung kirchlicher Kollekten, Gebete, Empfang der Sakramente, Prozession, Zeigen von Kirchenfahnen, Glockengeläute".[70]

Darüber hinaus erstreckt das BVerfG den Schutz der Religionsausübung auch auf die

547

> „religiöse Erziehung, freireligiöse und atheistische Feiern sowie andere Äußerungen des religiösen und weltanschaulichen Lebens."[71]

Es besteht also ein

548

> „Recht des Einzelnen, sein gesamtes Verhalten an den Lehren seines Glaubens auszurichten und seiner inneren Glaubensüberzeugung gemäß zu handeln".[72]

Aufgrund der weiten Interpretation der Bekenntnis- und Religionsausübungsfreiheit besteht die Gefahr, dass der Schutzbereich seine Konturen verliert.[73] Das BVerfG hat daher verschiedene *Kriterien* entwickelt, um den Gewährleistungsinhalt des Art. 4 *näher zu präzisieren.*

549

In früheren Entscheidungen hat das BVerfG die Auffassung vertreten, auf die Glaubensfreiheit könne sich nicht berufen,

550

> „wer die Schranken übertritt, die die allgemeine Wertordnung des Grundgesetzes errichtet hat. Das Grundgesetz hat nicht irgendeine, wie auch immer geartete freie Betätigung des Glaubens schützen wollen, sondern nur diejenige, die sich bei den heutigen

---

64 Vgl. *Herzog*, in: Maunz/Dürig, GG, Art. 4 Rn. 66.
65 *Katz*, Staatsrecht, Rn. 716.
66 BVerfGE 24, 236, 245 – *Rumpelkammer.*
67 *Mager*, in: v. Münch/Kunig, GG, Art. 4 Rn. 16.
68 Siehe *Kokott*, in: Sachs, GG, Art. 4 Rn. 27.
69 BVerfGE 24, 236, 245 – *Rumpelkammer.*
70 So schon BVerfGE 24, 236, 246 – *Rumpelkammer*; s. a. BVerfG NJW 2017, 381, Rn. 58 – *Kopftuchverbot für Erzieherinnen an öffentlichen Kindertagesstätten.*
71 BVerfGE 24, 236, 246 – *Rumpelkammer*; kritisch *Ipsen*, Staatsrecht II, Rn. 382.
72 BVerfGE 32, 98, 106 – *Gesundbeter*; ebenso BVerfGE 108, 282, 297 – *Kopftuch Ludin.*
73 *Kingreen/Poscher*, Grundrechte, Rn. 611.

Kulturvölkern auf dem Boden gewisser übereinstimmender sittlicher Grundanschauungen im Laufe der geschichtlichen Entwicklung herausgebildet hat."[74]

551 Diese Rechtsprechung hat das Gericht später wieder aufgegeben.[75] Um das Grundrecht der Glaubens- und Gewissensfreiheit in Anspruch nehmen zu können, muss es sich nach der neueren Rechtsprechung des BVerfG

„auch tatsächlich, nach geistigem Gehalt und äußerem Erscheinungsbild, um eine Religion oder Religionsgemeinschaft handeln".[76]

552 Nicht ausreichend ist allein die Behauptung und das Selbstverständnis, eine Gemeinschaft bekenne sich zu einer Religion und sei eine Religionsgemeinschaft. Darüber hinaus muss die Behauptung, ein Handeln sei glaubens- oder gewissensgeleitet, auch *plausibel* sein.

553 Als nicht hinreichend dargelegt erachtete das BVerwG die Glaubensüberzeugung einer Mutter, die aus religiösen Gründen die Befreiung ihrer Tochter vom *koedukativen (d. h. für Jungen und Mädchen gemeinsam durchgeführten) Schwimmunterricht* begehrt hatte.[77] Den zur Begründung angeführten Bibelstellen[78] konnte das Gericht keine wenigstens ansatzweise objektiv nachvollziehbaren Anhaltspunkte für eine Glaubens- und Gewissensnot der Klägerin entnehmen.
Anders entschied das Gericht für die Befreiung einer 12-jährigen *Schülerin islamischen Glaubens*, deren Teilnahme am koedukativ erteilten Sportunterricht im Hinblick auf die *Bekleidungsvorschriften des Korans*, die sie als für sich verbindlich ansah, zu einem Gewissenskonflikt geführt hatte. Das BVerwG bejahte hier einen aus Art. 4 Abs. 1 und 2 folgenden Anspruch auf Befreiung vom Sportunterricht, solange dieser nicht nach Geschlechtern getrennt angeboten wird.[79] Auch die Weigerung einer muslimischen Schülerin, an einem koedukativen Schwimmunterricht teilzunehmen, fällt in den Schutzbereich des Art. 4 Abs. 1, 2.[80] Vergleichbares gilt für das religiös motivierte Tragen eines Kopftuchs.[81]

554 Nach der Rechtsprechung des BVerfG berührt die *Steuerzahlungspflicht* nicht den Schutzbereich des Grundrechts der Gewissensfreiheit. Die Zahlung des Teils der Einkommensteuer, der prozentual dem Anteil des Verteidigungs- am Bundeshaushalt entspricht, kann daher nicht mit Hinweis auf eine Gewissensentscheidung, die Organisation und Finanzierung der Verteidigung ablehnt, verweigert werden.[82]

555 Demgegenüber schützt Art. 4 Abs. 1 eine Glaubensüberzeugung, die jeden *Zeugeneid*, also auch den ohne Anrufung Gottes in „weltlicher" Form geleisteten

---

74 BVerfGE 12, 1, 14 – *Tabak für Kirchenaustritt*; ähnlich BVerfGE 24, 236, 246 – *Rumpelkammer*.
75 Siehe BVerfGE 41, 29, 50 – *Simultanschule*.
76 BVerfGE 83, 341, 353 – *Baha'i*.
77 BVerwG, DVBl. 1994, 168 – *koedukativer Schwimmunterricht*.
78 Die Mutter hatte sich auf den 1. Brief des Apostels Paulus an Timotheus berufen („Ebenso sollen auch die Frauen in würdiger Haltung mit Ehrgefühl und Zucht sich schmücken, nicht mit Haarflechten, Gold, Perlen oder teurem Kleid, sondern, wie es Frauen geziemt, die sich zur Gottesfurcht bekennen, mit guten Werken. Die Frau soll sich ruhig verhalten und lernen in aller Unterordnung.").
79 BVerwGE 94, 82 – *koedukativer Sportunterricht*; siehe hierzu die Fallbesprechung bei *Dietlein*, Examinatorium Staatsrecht, S. 298 ff.
80 Vgl. BVerwG, NVwZ 2014, 81, Rn. 11 – *Befreiung vom koedukativen Schwimmunterricht*.
81 BVerfG, NJW 2017, 2333, Rn. 39 – *Kopftuchverbot für Rechtsreferendarinnen in Hessen*.
82 BVerfG, NJW 1993, 455 – *Steuerpflicht*.

Eid, als religiös bezogene und deshalb durch göttlichen Spruch verbotene Handlung ablehnt.[83]

Von Art. 4 geschützt ist ferner die Glaubensüberzeugung, dass der Verzehr des Fleischs von Tieren zwingend eine betäubungslose Schlachtung (*Schächten*) voraussetzt.[84] **556**
Der Übergriff auf grundrechtlich geschützte Rechtspositionen anderer – wie sie etwa die religiös motivierte Knabenbeschneidung kennzeichnet – führt nicht zwangsläufig dazu, dass die Berufung auf die religiösen Garantien des Art. 4 Abs. 1, 2 ausscheidet.[85]

dd) Bekenntnisfreiheit. Auch die Bekenntnisfreiheit verlässt den Bereich des forum internum und „erlaubt auszusprechen und auch zu verschweigen, dass und was man glaubt oder nicht glaubt."[86] Sie wird überwiegend als Spezialfall der Meinungsfreiheit angesehen.[87] Die in Art. 4 Abs. 2 geregelte Freiheit der Religionsausübung geht inhaltlich in der Bekenntnisfreiheit auf.[88] **557**

Die Freiheit des religiösen und weltanschaulichen Bekenntnisses beinhaltet **558**
> „die äußere Freiheit, den Glauben zu manifestieren, zu bekennen und zu verbreiten. Dazu gehört auch das Recht des Einzelnen, sein gesamtes Verhalten an den Lehren seines Glaubens auszurichten und seiner inneren Glaubensüberzeugung gemäß zu handeln. Dabei sind nicht nur Überzeugungen, die auf imperativen Glaubenssätzen beruhen, durch die Glaubensfreiheit geschützt. Vielmehr umspannt sie auch religiöse Überzeugungen, die für eine konkrete Lebenssituation eine ausschließlich religiöse Reaktion zwar nicht zwingend fordern, diese Reaktion aber für das beste und adäquate Mittel halten, um die Lebenslage nach der Glaubenshaltung zu bewältigen."[89]

Art. 4 schützt das *gesamte bekenntnisorientierte Leben und Handeln.*[90] **559**
> Dazu zählen beispielsweise der Eintritt, das Verbleiben und der Austritt aus einer Religions- oder Weltanschauungsgemeinschaft, die religiöse oder weltanschauliche Kindererziehung, das Sammeln und Spenden aus religiösen Gründen, das Tragen besonderer Kleidung sowie die Befolgung religiöser Speisevorschriften.[91]

Die Bekenntnisfreiheit umfasst auch die Werbung für den eigenen Glauben sowie die Abwerbung von einem fremden Glauben.[92] **560**

ee) Kollektive Glaubens- und Bekenntnisfreiheit. Das Grundrecht der Religions- und Weltanschauungsfreiheit umfasst **561**

---

83 Ständ. Rspr., vgl. etwa BVerfGE 33, 23, 30 f. – *Eidesverweigerung aus Glaubensgründen.*
84 BVerfGE 104, 337 – *Schächterlaubnis*; siehe zur Erteilung einer Ausnahmegenehmigung nach § 4a Abs. 2 Nr. 2 TierSchG auch BVerwGE 112, 227 und BVerwGE 99, 1, sowie die Fallbesprechungen bei *Dietlein*, Examinatorium Staatsrecht, S. 292 ff. und 295 ff.
85 Zu Beschneidungsverbot für Knaben vgl. jetzt § 1631d BGB; s. a. die die Diskussion auslösende Entscheidung des LG Köln, FamRZ 2012, 1421 sowie etwa BVerfG FamRZ 2013, 685; *Rixen*, NJW 2013, 257; *Germann*, MedR 2013, 412; *Mandla*, FPR 2013, 244; *Spickhoff*, FamRZ 2013, 337; *Isensee*, JZ 2013, 317; *Höfling*, GesR 2013, 463.
86 BVerfGE 12, 1, 4 – *Tabak für Kirchenaustritt.*
87 Vgl. *Herzog*, in: Maunz/Dürig, GG, Art. 4 Rn. 3; *Kokott*, in: Sachs, GG, Art. 4 Rn. 34; *Mager*, in: v. Münch/Kunig, GG, Art. 4 Rn. 34.
88 Siehe BVerfGE 24, 236, 245 – *Rumpelkammer;* vgl. auch BVerfGE 33, 23, 28 – *Eidesverweigerung aus Glaubensgründen.*
89 BVerfGE 32, 98, 106 – *Gesundbeter.*
90 Siehe hierzu auch die Beispiele bei *v. Campenhausen*, in: HStR VI, § 136 Rn. 54.
91 Vgl. *Starck*, in: v. Mangoldt/Klein/Starck, GG, Art. 4 Rn. 37 ff.
92 BVerfGE 12, 1, 4 – *Tabak für Kirchenaustritt.*

„neben der Freiheit des Einzelnen zum privaten und öffentlichen Bekenntnis seiner Religion oder Weltanschauung auch die Freiheit, sich mit anderen aus gemeinsamem Glauben oder gemeinsamer weltanschaulicher Überzeugung zusammenzuschließen. Die durch den Zusammenschluss gebildete Vereinigung selbst genießt das Recht zu religiöser oder weltanschaulicher Betätigung, zur Verkündigung des Glaubens, zur Verbreitung der Weltanschauung sowie zur Pflege und Förderung des jeweiligen Bekenntnisses."[93]

562 Diese *kollektive Glaubens- und Bekenntnisfreiheit* steht der religiösen oder weltanschaulichen Gemeinschaft als solcher zu.[94] Davon zu unterscheiden ist das individuelle Recht, sich zu religiösen oder weltanschaulichen Vereinigungen zusammenzuschließen.[95] Da dieses Recht bereits durch Art. 4 Abs. 1 und 2 garantiert wird, hat Art. 137 Abs. 2 S. 1 WRV („die Freiheit der Vereinigung zu Religionsgesellschaften wird gewährleistet") insofern lediglich deklaratorische Bedeutung.[96]
Der Schutzbereich der kollektiven Glaubens- und Bekenntnisfreiheit erfasst zum einen die Freiheit der Bestimmung über *Organisation, Normsetzung und Verwaltung* der eigenen Angelegenheiten (vgl. Art. 137 Abs. 3 WRV).[97] Darüber hinaus schützt Art. 4 Abs. 1 und 2 *alle nach außen gerichteten Tätigkeiten der Gemeinschaft*, auf die nach ihrem religiösen Selbstverständnis nicht verzichtet werden kann.[98]

> Beispiele: Krankenhaus in konfessioneller Trägerschaft,[99] Errichtung von kirchlichen Bauten,[100] Werbung für den eigenen Glauben und die eigene Überzeugung,[101] karitative Sammlungen und Spenden.[102]

563 Für Religions- oder Weltanschauungsgemeinschaften gelten darüber hinaus die Kirchenrechtsartikel der Art. 137 ff. WRV, die durch die Inkorporationsvorschrift des Art. 140 GG in das Grundgesetz übernommen wurden.[103]

564 **ff) Negative Glaubens- und Bekenntnisfreiheit.** Die Gewährleistungen des Art. 4 Abs. 1 und 2 beinhalten des Weiteren die negative Glaubens- und Bekenntnisfreiheit. Dazu gehören die Freiheit, nicht zu glauben sowie das Recht, seine Glaubensüberzeugung verschweigen zu dürfen.[104] Die negative Glaubensfreiheit erfasst auch die Freiheit, eine religiöse oder weltanschauliche Überzeugung abzulehnen.[105] Hierzu zählt auch

> „die Freiheit, kultischen Handlungen eines nicht geteilten Glaubens fernzubleiben. Diese Freiheit bezieht sich ebenfalls auf die Symbole, in denen ein Glaube oder eine Religion sich darstellt. Art. 4 Abs. 1 überlässt es dem Einzelnen zu entscheiden, welche

---

93 BVerfGE 105, 279, 293 – *Osho*.
94 Zur Grundrechtsträgerschaft religiöser Vereinigungen vgl. oben Rn. 530.
95 Siehe zur kollektiven Religions- und Weltanschauungsfreiheit auch *Kingreen/Poscher*, Grundrechte, Rn. 607 ff.
96 Ebenso *Ipsen*, Verfassungsrecht II, B 4 Rn. 6.
97 BVerfGE 53, 366, 401 – *konfessionelles Krankenhaus*; BVerfGE 72, 278, 289 – *kirchliche Berufsbildung*.
98 Vgl. *Jarass*, in: Jarass/Pieroth, GG, Art. 4 Rn. 15.
99 BVerfGE 53, 366 – *konfessionelles Krankenhaus*.
100 BVerfGE 19, 206 – *Kirchenbausteuer*.
101 BVerfGE 105, 279 – *Osho*.
102 BVerfGE 24, 236 – *Rumpelkammer*.
103 Zur Entstehungsgeschichte des Art. 140 bereits oben Rn. 525 f. Ausführlich dazu auch *Hufen*, Staatsrecht II, § 23 Rn. 1 ff.
104 Vgl. zur negativen Bekenntnisfreiheit BVerfGE 52, 223, 238 – *Schulgebet*; BVerfGE 65, 1, 39 – *Volkszählung*; *Kingreen/Poscher*, Grundrechte, Rn. 617.
105 *Jarass*, in: Jarass/Pieroth, GG, Art. 4 Rn. 13.

religiösen Symbole er anerkennt und verehrt und welche er ablehnt. Zwar hat er in einer Gesellschaft, die unterschiedlichen Glaubensüberzeugungen Raum gibt, kein Recht darauf, von fremden Glaubensbekundungen, kultischen Handlungen und religiösen Symbolen verschont zu bleiben. Davon zu unterscheiden ist aber eine vom Staat geschaffene Lage, in der der Einzelne ohne Ausweichmöglichkeiten dem Einfluss eines bestimmten Glaubens, den Handlungen, in denen dieser sich manifestiert, und den Symbolen, in denen er sich darstellt, ausgesetzt ist."[106]

Beispiel: Die Anbringung von Kreuzen oder Kruzifixen in den Klassenzimmern staatlicher Pflichtschule fällt nach Ansicht des BVerfG in den sachlichen Schutzbereich der negativen Glaubensfreiheit.[107]

Die negative Glaubens- und Bekenntnisfreiheit beinhaltet auch die *Freiheit, glaubensgeleitete Handlungen zu unterlassen*.[108] Spezialvorschriften zur negativen Religions- und Weltanschauungsfreiheit finden sich in den durch Art. 140 in das Grundgesetz übernommenen Weimarer Kirchenrechtsartikeln. So ist nach Art. 140 GG i. V. m. Art. 136 Abs. 3 WRV *niemand verpflichtet, seine religiöse Überzeugung zu offenbaren*; die Behörden haben nur soweit das Recht, nach der Zugehörigkeit zu einer Religionsgesellschaft zu fragen, als davon Rechte und Pflichten abhängen oder eine gesetzlich angeordnete statistische Erhebung dies erfordert. Darüber hinaus darf niemand zu einer kirchlichen Handlung oder Feierlichkeit oder zur Teilnahme an religiösen Übungen oder zur Benutzung einer religiösen Eidesform gezwungen werden (Art. 136 Abs. 4 WRV). Ebenfalls von der negativen Glaubens- und Bekenntnisfreiheit umfasst ist der Austritt aus einer Religionsgemeinschaft.[109]

2. Eingriffe

Ein Eingriff in das Grundrecht der Glaubens- und Bekenntnisfreiheit liegt vor, wenn der Staat eine vom Schutzbereich des Art. 4 Abs. 1 und 2 erfasste Tätigkeit *regelt oder faktisch in erheblicher Weise behindert*.[110] Dazu gehören alle staatlichen Verbote, eine durch die Glaubens- und Bekenntnisfreiheit geschützte Betätigung auszuüben, sowie alle staatlichen Gebote, sich entsprechend zu verhalten.[111] Eine Beeinträchtigung der kollektiven Glaubensfreiheit kann ferner in der Ungleichbehandlung verschiedener Religionsgemeinschaften bestehen.[112]

Eingriffe in die Freiheit des *forum internum*, also die *Freiheit des Denkens* im Bereich des Glaubens,[113] sind eher selten. Sie kommen vor allem im Bereich des staatlichen Schulwesens in Betracht.

Beispiel: Das BVerfG hat die *staatlich angeordnete Anbringung von Kreuzen oder Kruzifixen in staatlichen Pflichtschulen* als Eingriff die Glaubens- und Bekenntnisfreiheit angesehen, da Kreuze in Unterrichtsräumen zusammen mit der allgemeinen Schulpflicht dazu führten, dass die Schüler während des Unterrichts von Staats wegen und ohne Ausweichmöglichkeit gezwungen werden, „unter dem Kreuz" als dem Symbol der missionarischen Ausbreitung des Christentums zu lernen.[114]

---

106 BVerfGE 93, 1, 16 – *Kruzifix*.
107 BVerfGE 93, 1 – *Kruzifix*.
108 Vgl. *Kingreen/Poscher*, Grundrechte, Rn. 617; siehe aus der Rechtsprechung BVerfGE 52, 223, 238 – *Schulgebet*; BVerfGE 65, 1, 39 – *Volkszählung*.
109 *Hufen*, Staatsrecht II, § 22 Rn. 14.
110 *Jarass*, in: Jarass/Pieroth, GG, Art. 4 Rn. 22.
111 Siehe *Starck*, in: v. Mangoldt/Klein/Starck, GG, Art. 4 Rn. 81.
112 *Manssen*, Grundrechte, Rn. 328.
113 Vgl. *Herzog*, in: Maunz/Dürig, GG, Art. 4 Rn. 66.
114 BVerfGE 93, 1, 18 – *Kruzifix*; zum Kruzifix im Klassenzimmer auch EGMR, NVwZ 2011, 737 – *Kruzifix im Klassenzimmer*.

568 Dagegen liegt kein Eingriff in die Glaubens- und Bekenntnisfreiheit vor, wenn die nicht am Religionsunterricht teilnehmenden Schüler verpflichtet werden, stattdessen einen weltanschaulich und religiös neutralen *Ethikunterricht* zu besuchen.[115]

569 In der überwiegenden Zahl der Fälle handelt es sich um *Eingriffe in die Freiheit des Bekenntnisses und der ungestörten Religionsausübung.*

Beispiele für Eingriffe in Art. 4:
– die Verweigerung einer von einem gläubigen muslimischen Metzger beantragten Ausnahmegenehmigung, Tiere ohne Betäubung zu schlachten (*zu schächten*);[116]
– das an eine im öffentlichen Dienst tätige Muslima gerichtete *Verbot, im Dienst ein Kopftuch zu tragen*;[117]
– die *Verpflichtung zur Teilnahme am koedukativ erteilten Sportunterricht*, die eine Schülerin mit der Begründung ablehnt, dass hierdurch gegen islamische Bekleidungsvorschriften verstoßen werde;[118]
– die Verpflichtung zur Teilnahme am koedukativen Schwimmunterricht,[119]
– die staatlich angeordnete Anbringung von *Kreuzen oder Kruzifixen in den Klassenräumen* staatlicher Pflichtschulen;[120]
– die Schulpflicht in einer christlichen Gemeinschaftsschule;[121]
– Geräuschimmissionen durch liturgisches Glockengeläute der Kirchen[122] oder den Ruf eines Muezzins.[123]

570 Eingriffe in den Schutzbereich der Glaubens- und Bekenntnisfreiheit können dadurch vermieden werden, dass der Staat dem Einzelnen *Ausweichmöglichkeiten oder Alternativen eröffnet*, die nicht gegen seine religiöse oder weltanschauliche Überzeugung verstoßen.[124]

So kann die Rechtsordnung etwa zulassen, einen ohne Anrufung Gottes in sog. „weltlicher Form" geleisteten Zeugeneid abzulegen.[125]

571 Mittelbar-faktische Beeinträchtigungen der Religions- und Weltanschauungsfreiheit können insbesondere durch *staatliche Warnungen vor Sekten* erfolgen.

572 Entscheidungen des BVerfG ergingen beispielsweise zur Zulässigkeit ministerieller Warnungen vor einer Meditationsbewegung („transzendentale Medita-

---

115 BVerwGE 107, 75 – *Ethikunterricht.*
116 BVerfGE 104, 337 – *Schächterlaubnis;* siehe zur Erteilung einer Ausnahmegenehmigung nach § 4a Abs. 2 Nr. 2 TierSchG auch BVerwGE 112, 227 – *Schächten* und BVerwGE 99, 1 – *Schächten*, sowie die Fallbesprechungen bei *Dietlein*, Examinatorium Staatsrecht, S. 292 ff. und 295 ff.
117 BVerfGE 108, 282 – *Kopftuch Ludin*; hierzu auch BVerfGE 121, 140 – *Kopftuch*; BVerfG, NJW 2017, 2333 – *Kopftuchverbot für Rechtsreferendarinnen in Hessen*; BVerfG, NJW 2017, 381 – Kopftuchverbot für Erzieherinnen an öffentlichen Kitas; BVerfGE 138, 296 – *pauschales Kopftuchverbot*; s. a. EGMR, NZA-RR 2017, 62 – *Kopftuchverbot an öffentlicher Klinik*; zu Kopftuchverboten an sonstigen Arbeitsplätzen etwa Stein, Kopftuchverbot am Arbeitsplatz – Hat der EuGH das letzte Wort gesprochen?, NZA 2017, 828; zum Kopftuchverbot im Fitnessstudio etwa LG Bremen, NJW-RR 2014, 206.
118 BVerwGE 94, 82 – *koedukativer Sportunterricht*; siehe hierzu die Fallbesprechung bei *Dietlein*, Examinatorium Staatsrecht, S. 298 ff.
119 BVerwG, NVwZ 2014, 81, Rn. 11 – *Befreiung vom koedukativen Schwimmunterricht*; das BVerwG (a. a. O., Rn. 24 ff.) hat allerdings die Teilnahmeverpflichtung in einer Bekleidung, die muslimischen Regeln entspricht („Burkini") als zumutbar angesehen; die dagegen gerichtete Verfassungsbeschwerde hat das BVerfG mangels hinreichender Substantiierung nicht zur Entscheidung angenommen, BVerfG, NVwZ 2017, 227, Rn. 30 – *koedukativer Schwimmunterricht*.
120 BVerfGE 93, 1 – *Kruzifix.*
121 BVerfGE 41, 29 – *Simultanschule.*
122 BVerwGE 68, 62 – *liturgisches Glockengeläut.*
123 VG Gelsenkirchen, U. v. 1. Februar 2018, Az 8 K 2964/15, Rn. 44 – juris.
124 Siehe hierzu *Kingreen/Poscher*, Grundrechte, Rn. 629 f.
125 Vgl. BVerfGE 33, 23 – *Eidesverweigerung aus Glaubensgründen.*

tion")[126] und zur Verfassungswidrigkeit der staatlichen Förderung eines Vereins zur Öffentlichkeitsaufklärung über neue religiöse Bewegungen.[127]

Im Zusammenhang mit den Osho-Religionsgemeinschaften sprach die Bundesregierung von „Sekten", „Jugendsekten", „sog. Psychosekten", „pseudoreligiösen und destruktiven Psycho-Gruppen", „deren Mitglieder weitgehend unter Ausschluss der Öffentlichkeit in ihrem Verhalten manipuliert werden."[128]

Das BVerfG kam bei der Beurteilung, ob hier ein Grundrechtseingriff vorlag, zu einer differenzierten Lösung. *Nach Auffassung des Gerichts berührten Teile dieser Äußerungen schon nicht den Schutzbereich* des Grundrechts der Religions- oder Weltanschauungsfreiheit. Das gelte etwa für die Bezeichnungen als Sekte, Jugendreligion, Jugend- oder Psychosekte. Art. 4 Abs. 1 schütze nur

> „gegen diffamierende, diskriminierende oder verfälschende Darstellungen einer religiösen oder weltanschaulichen Gemeinschaft. Nicht aber sind der Staat und seine Organe gehalten, sich mit derartigen Fragen überhaupt nicht zu befassen. Auch der neutrale Staat ist nicht gehindert, das tatsächliche Verhalten einer religiösen oder weltanschaulichen Gruppierung oder das ihrer Mitglieder nach weltlichen Kriterien zu beurteilen, selbst wenn dieses Verhalten letztlich religiös motiviert ist."[129]

Hinsichtlich der Kennzeichnung der Osho-Religionsgemeinschaften als „destruktiv" und „pseudoreligiös" verneinte das BVerfG zwar einen klassischen Eingriff, prüfte die Äußerungen dann aber anhand der für mittelbar faktische Grundrechtseingriffe entwickelten Maßstäbe und sah sie nicht als mit Art. 4 Abs. 1, 2 in Einklang stehend an.[130]

3. Verfassungsrechtliche Rechtfertigung

a) **Zur Schrankenfrage bei Art. 4 Abs. 1, 2.** Art. 4 Abs. 1 und Abs. 2 enthalten *keinen Gesetzesvorbehalt*. Es ist umstritten, ob die Schrankenregelungen anderer Grundrechtsbestimmungen auf die Glaubens- und Bekenntnisfreiheit übertragen werden können, oder ob es sich um ein vorbehaltlos gewährleistetes Grundrecht handelt, das nur aufgrund kollidierenden Verfassungsrechts eingeschränkt werden kann. Klar ist nur, dass die Übertragung der Schranken des Art. 2 Abs. 1 oder des Art. 5 Abs. 2 („Schrankenleihe") aus systematischen Gründen nicht in Frage kommt, da das Grundgesetz vom Prinzip der Schrankenspezialität ausgeht.[131]

b) **Gesetzesvorbehalt, Art. 136 Abs. 1 WRV.** Eine beachtliche Literaturmeinung sieht *Art. 136 Abs. 1 WRV*, wonach „die bürgerlichen und staatsbürgerlichen Rechte und Pflichten durch die Ausübung der Religionsfreiheit weder bedingt noch beschränkt werden", als einen für die Glaubens- und Bekenntnisfreiheit des Art. 4 Abs. 1 und 2 geltenden *Gesetzesvorbehalt* an.[132] Obwohl die Vorschrift nicht ausdrücklich in diesem Sinne formuliert sei, sei sie doch dahingehend zu verste-

---

126 BVerwGE 82, 76, 76 ff. – *Transzendentale Meditation*.
127 BVerwGE 90, 112, 118 ff. – *Osho*.
128 BVerfGE 105, 279 – *Osho*.
129 BVerfGE 105, 279, 294 – *Osho*.
130 Vgl. BVerfGE 105, 279, 295, 301 ff. – *Osho*.
131 So nunmehr auch *Starck*, in: v. Mangoldt/Klein/Starck, GG, Art. 4 Rn. 85 f.; im Ergebnis ebenso *Hufen*, Staatsrecht II, § 22 Rn. 27. Ablehnend auch BVerfGE 32, 98, 107 – *Gesundbeter*. Näher zur Schrankenspezialität *v. Campenhausen*, in: HStR VI, § 136 Rn. 81 m. w. N.
132 Vertreten von *Ehlers*, in: Sachs, GG, Art. 140 Rn. 4, 11; *Mager*, in: v. Münch/Kunig, GG, Art. 4 Rn. 48 f.; *Starck*, in: v. Mangoldt/Klein/Starck, GG, Art. 4 Rn. 87 f.; *Jarass*, in: Jarass/Pieroth, GG, Art. 4 Rn. 28; jeweils m. w. N.

hen, dass die dort genannten Pflichten, die durch die Gesetze begründet werden, der Religionsausübung vorgehen und diese daher beschränken können.[133] Bereits in der Weimarer Republik wurde gelehrt, dass die Religionsfreiheit durch die „allgemeinen Staatsgesetze" begrenzt sei.[134]

Art. 4 GG weise – was sich teilweise entstehungsgeschichtlich nachweisen lässt – nur deshalb keinen Gesetzesvorbehalt auf, weil ein solcher mit den inkorporierten Kirchenrechtsartikeln der WRV zur Verfügung stehe.[135] Die inkorporierten Artikel der WRV stellten nach der Rechtsprechung des BVerfG vollgültiges Verfassungsrecht dar und bilden mit Art. 4 ein „organisches Ganzes". Die „Verschiebung" des Staatskirchenrechts in die Art. 140 i. V. m. den Vorschriften der WRV beruhe auf Schwierigkeiten des Parlamentarischen Rates mit dieser Materie, nicht auf sachlichen Gründen. Art. 136 Abs. 1 WRV spreche von den bürgerlichen Rechten und Pflichten, von deren Beachtung die Religionsfreiheit nicht suspendiere. Dazu zähle insbesondere auch die Gesetzesbefolgungspflicht. Die Vorschrift unterstelle damit religiöse Freiheit dem Vorbehalt der allgemeinen Gesetze. Gemeint seien damit solche Gesetze, die kein Sonderrecht gegen die Religionsfreiheit enthalten.[136] Die Gegenauffassung laufe praktisch auf eine Außerkraftsetzung des Art. 140 i. V. m. Art. 136 Abs. 1 WRV hinaus.[137]

578 Demgegenüber lehnt das BVerfG die Heranziehung des Art. 136 Abs. 1 WRV als Schranke der Glaubens- und Bekenntnisfreiheit ab. Gegen eine Heranziehung dieser Schranke spreche schon der Wortlaut des Art. 4 GG, der keine Schrankenregelung enthalte, diese Wertung dürfe nicht durch eine Schrankenleihe übergangen werden. Auch habe die im Wege mühsamen Kompromisses gefundenen und als Zusatzgarantien inkorporierten Kirchenrechtsartikel der WRV die durch Art. 4 GG gewährte Rechtsposition nicht schwächen wollten. Auch das BVerfG rekurriert für seine Sichtweise auf die Entstehungsgeschichte; der ursprünglich angefügte Art. 4 Abs. 2 S. 2 („Die allgemeinen Gesetze bleiben [durch die Religionsausübung] unberührt") sei nach längeren Diskussionen gestrichen worden. Nach der Rechtsprechung des BVerfG wird Art. 136 Abs. 1 WRV durch Art. 4 GG überlagert, so dass insbesondere der Gesetzesvorbehalt des Art. 136 Abs. 1 WRV derogiert werde. Zur Begründung führt das Gericht verfassungssystematische sowie entstehungsgeschichtliche Argumente an („Überlagerungstheorie"):

> „Der Grundgesetzgeber hat die Glaubens- und Gewissensfreiheit aus dem Zusammenhang der Kirchenartikel der Weimarer Reichsverfassung gelöst und ohne jeden Gesetzesvorbehalt in den an der Spitze der Verfassung stehenden Katalog unmittelbar verbindlicher Grundrechte aufgenommen. Art. 136 WRV ist deshalb im Lichte der gegenüber früher (vgl. Art. 135 WRV) erheblich verstärkten Tragweite des Grundrechts der Glaubens- und Gewissensfreiheit auszulegen; er wird nach Bedeutung und innerem Gewicht im Zusammenhang der grundgesetzlichen Ordnung von Art. 4 Abs. 1 überlagert. Welche staatsbürgerlichen Pflichten i. S. d. Art. 136 Abs. 1 WRV mit staatlichem Zwang durchgesetzt werden dürfen, lässt sich unter der Herrschaft des Grundgesetzes nur nach Maßgabe der in Art. 4 Abs. 1 getroffenen Wertentscheidung feststellen."[138]

---

[133] Siehe *Sachs*, Verfassungsrecht II, Teil II, Kap. 16, Rn. 19.
[134] Vgl. *Anschütz*, Reichsverfassung, Art. 136 Bem. 1.
[135] Vertiefend dazu *St. Muckel*, Religiöse Freiheit und staatliche Letztentscheidung. Die verfassungsrechtlichen Garantien religiöser Freiheit unter veränderten gesellschaftlichen Verhältnissen, 1997.
[136] Vgl. *v. Campenhausen*, in: HStR VI, § 136 Rn. 82; *Jarass*, in: Jarass/Pieroth, GG, Art. 4 Rn. 28; *Mager*, in: v. Münch/Kunig, GG, Art. 4 Rn. 47 f.
[137] So etwa *v. Campenhausen*, in: v. Mangoldt/Klein/Starck, GG, Art. 140/Art. 136 WRV Rn. 4; *Ehlers*, in: Sachs, GG, Art. 140 Rn. 4, 11.
[138] BVerfGE 33, 23, 30 f. – *Eidesverweigerung aus Glaubensgründen*.

Zum gleichen Ergebnis gelangt man, wenn man Art. 136 Abs. 1 WRV – ähnlich wie **579** die Art. 3 Abs. 3, 33 Abs. 3 – als Diskriminierungsverbot deutet, die Vorschrift verbietet dann lediglich die Bevorzugung oder Benachteiligung wegen einer Religionszugehörigkeit.

Nach h. M. und insbesondere in der Rechtsprechung des BVerfG vertretener Auffassung handelt es sich bei Art. 4 Abs. 1 und 2 also um ein *vorbehaltlos gewährleistetes Grundrecht*, das nur durch die verfassungsimmanente Schranke *kollidierenden Verfassungsrechts* eingeschränkt werden kann.[139] Eine solche Sichtweise vermeidet auch einen gewissen verfassungssystematischen Bruch, der darin liegt, dass bei einem Rekurs auf die Schrankenregelung des Art. 140 i. V. m. Art. 136 Abs. 1 WRV die Gewissensfreiheit, die von Art. 136 Abs. 1 WRV unstreitig nicht erfasst wird, stärker geschützt würde als die übrigen Freiheiten des Art. 4 Abs. 1, 2.

> **Klausurhinweis:** Bei einer Prüfung von Art. 4 Abs. 1 und 2 sollte im Rahmen der verfassungsrechtlichen Rechtfertigung stets die Frage diskutiert werden, ob Art. 140 GG i. V. m. Art. 136 Abs. 1 WRV die Religionsfreiheit einschränken kann. Dabei ist selbstverständlich jedes Ergebnis vertretbar, sofern dafür eine nachvollziehbare Begründung gegeben wird. Ein Abweichen von einer in ständiger Rechtsprechung zum Ausdruck gebrachten Auffassung des BVerfG zieht allerdings eine erhebliche Begründungslast nach sich.

c) Verfassungsimmanente Schranken

> **Fall 14:** M und V sind die Eltern der 11jährigen T. Die Eltern wollen T von der Schule abmelden und zu Hause unterrichten, da die staatlichen Lerninhalte nicht mit dem Wort Gottes in der Interpretation von M und V vereinbar seien. Die Schulbehörde lehnt dies ab und verweist auf die allgemeine Schulpflicht.[140] M und V halten diese für eine Verletzung ihres Grundrechts auf Glaubensfreiheit, von dem auch die religiöse Kindererziehung umfasst sei. Zu Recht?

Einigkeit besteht darüber, dass Art. 4 jedenfalls durch *kollidierendes Verfassungsrecht* **580** beschränkt werden kann, wobei ein *Ausgleich* der kollidierenden Güter *nach dem Grundsatz der praktischen Konkordanz* herzustellen ist.[141]

> **Lösung Fall 14:** Die Bekenntnisfreiheit des Art. 4 Abs. 1 und 2 umfasst (i. V. m. Art. 6) die religiöse Erziehung der eigenen Kinder.[142] Der verpflichtende Schulbesuch stellt einen Eingriff in Art. 4 Abs. 1 und 2 dar. Eine Rechtfertigung dieses Eingriffs kann sich nur auf Grund kollidierenden Verfassungsrechts ergeben: Art. 7, wonach der Staat das Recht hat, die Kindererziehung im Rahmen eines staatlichen Schulsystems zu organisieren, ist mit dem Recht der Eltern auf religiöse Erziehung in einen Ausgleich zu bringen. Die Schulgesetze gestalten den Schulbesuch grundsätzlich verpflichtend. Andererseits wird aber gewährleistet, dass die Schule sich religiöser Wertungen enthält. Zudem steht den Eltern ausreichend Zeit zur Verfügung, ihre religiösen Überzeugungen den Kindern zu vermitteln. Die allgemeine Schulpflicht stellt sich damit nach dem Grundsatz der Herstellung praktischer Konkordanz als verfassungsmäßig dar.

Als *verfassungsimmanente Grundrechtsschranken* kommen Grundrechte Dritter und **581** andere mit Verfassungsrang ausgestattete Rechtswerte in Betracht.

> **Beispiel:** A rollt seinen Gebetsteppich auf einer belebten Kreuzung in der Greifswalder Innenstadt aus, um dort um 17 Uhr zu beten. Dadurch kommt es zu erheblichen Verkehrsbe-

---

[139] Vgl. BVerfG, NJW 2017, 381, Rn. 61 – *Kopftuchverbot für Erzieherinnen an öffentlichen Kindertagesstätten*; BVerfGE 138, 296, 333 – *pauschales Kopftuchverbot*; 108, 282, 297 – *Kopftuch Ludin*; auch BVerfGE 32, 98, 107 f. – *Gesundbeter*.
[140] Vgl. bspw. § 72 ff. SchulG BW.
[141] Allgemein hierzu bereits oben Rn. 255 ff.
[142] Dazu schon oben Rn. 553.

hinderungen, weil A die Kreuzung teilweise blockiert. Zwar gehören Zeit und Ort der Religionsausübung zur Religionsausübungsfreiheit, allerdings darf der Polizist P gleichwohl A ohne Verstoß gegen Art. 4 Abs. 1, 2 auffordern, die Kreuzung unverzüglich zu verlassen. P kann sich darauf berufen, bei seiner Anordnung zum Schutz der Grundrechte Dritter (hier der allgemeinen Handlungsfreiheit der anderen Verkehrsteilnehmer) aus Art. 2 Abs. 1 tätig zu werden. Im Übrigen dürften für A auch Gefahren für Leib und Leben (Art. 2 Abs. 2) bestehen, so dass P auch aus diesem Grund einschreiten darf. Bei der dann gebotenen Abwägung im Sinne praktischer Konkordanz zwischen der Religionsfreiheit des A und der allgemeinen Handlungsfreiheit der anderen Verkehrsteilnehmer bzw. der Gesundheit des A wird im Ergebnis die Religionsfreiheit des A zurücktreten müssen.

Wer übrigens zugunsten einer Schrankenübertragung der WRV votiert, muss prüfen, ob StVG und StVO sich spezifisch gegen die Religionsfreiheit richten und sodann eine Verhältnismäßigkeitsprüfung vornehmen. Dabei dürfte sich die je gefundenen Ergebnisse kaum unterscheiden.

582 Auf Grundrechte Dritter als verfassungsimmanente Schranke wird auch abgestellt, wenn gegen die Religionsfreiheit des einen die negative Religionsfreiheit anderer in Stellung gebracht wird.[143]

> **Fall 15**: A erzieht ihr Kind B streng nach christlichen Grundsätzen. Ihrer Meinung nach ist es nötig, dass in dem Klassenzimmer ihres Kindes ein Kruzifix hängt. Nur so könne B auch in der Schule an die christlichen Werte erinnert werden.
>
> **Lösung Fall 15**: Die *Anbringung von Kruzifixen in den Klassenzimmern staatlicher Pflichtschulen* kann nicht im Hinblick auf die Glaubensfreiheit der Eltern und Schüler christlichen Glaubens gerechtfertigt werden.[144] Art. 4 Abs. 1 verleiht keinen uneingeschränkten Anspruch darauf, die Glaubensüberzeugung im Rahmen staatlicher Institutionen zu betätigen. Soweit die Schule dafür Raum lässt wie beim Religionsunterricht, o. ä., müssen Andersdenkende *zumutbare Ausweichmöglichkeiten* haben. Dies ist bei der Anbringung von Kreuzen, deren Präsenz man sich nicht entziehen kann, nicht der Fall.[145] Demnach ist also die Glaubensfreiheit von A und B durch die negative Glaubensfreiheit anderer Eltern und Schüler – und die staatliche Pflicht zur Neutralität – eingeschränkt.

583 Als sonstige Rechtsgüter von Verfassungsrang, die die vorbehaltlos gewährte Religionsfreiheit begrenzen können, hat das BVerfG etwa das staatliche Neutralitätsgebot, wie es sich aus Art. 4 Abs. 1, Art. 3 Abs. 3 S. 1, Art. 33 Abs. 3, Art. 140 i. V. m. Art. 136 Abs. 1 und 4 WRV, Art. 137 Abs. 1 WRV ergibt, angeführt.[146] Hinsichtlich der Erteilung einer Ausnahmegenehmigung nach § 4a Abs. 2 Nr. 2 TierSchG für das Schächten von Tieren ist die in Art. 20a verankerte Staatszielbestimmung des Tierschutzes in die Abwägung einzustellen.[147]

Voraussetzung für die Rechtfertigung eines Eingriffs ist jedoch stets eine *gesetzliche Ermächtigung*. Das folgt aus dem Grundsatz vom Vorbehalt des Gesetzes.[148]

> **Hinweis für Fallbearbeitungen:** Man darf sich deshalb nicht mit der bloßen Erwähnung des Rechtsguts, das der Glaubensfreiheit entgegengesetzt werden soll, begnügen, sondern muss auch eine gesetzliche Grundlage anführen, die das verfassungsmäßige Gegenrecht ausdrückt und den staatlichen Eingriff tragen kann. Wird etwa einer sich weigernden muslimischen Schülerin aufgegeben, am koedukativen Schwimmunterricht teilzunehmen, wird

---

143 Zur negativen Glaubensfreiheit als verfassungsimmanente Schranke etwa BVerfG, NJW 2017, 381, Rn. 61 – *Kopftuchverbot für Erzieherinnen an öffentlichen Kindertagesstätten*.
144 BVerfGE 93, 1 – *Kruzifix*.
145 BVerfGE 93, 1 – *Kruzifix*.
146 BVerfG, NJW 2017, 381, Rn. 61 – *Kopftuchverbot für Erzieherinnen an öffentlichen Kindertagesstätten*; BVerfGE 138, 296, 333 – *pauschales Kopftuchverbot*; BVerfGE 108, 282, 299 – *Kopftuch Ludin*.
147 BVerwGE 127, 183; vor der Verfassungsänderung sind ergangen: BVerfGE 104, 337 – *Schächterlaubnis*, BVerwGE 112, 227 – *Schächten* und BVerwGE 99, 1 –*Schächten*.
148 Näher dazu *Korioth*, in: Staatsrecht I, Rn. 185.

der vorbehaltlos gewährten Religionsfreiheit der Schülerin als verfassungsimmanente Schranke die staatliche Schulaufsicht (Art. 7 Abs. 1) entgegengesetzt. Gleichwohl ist eine entsprechende schulische Maßnahme gegen die Schülerin nur dann verfassungsgemäß, wenn dieser Belang auch auf einer das entgegengesetzte verfassungsmäßige Rechtsgut konkretisierenden (formell und materiell verfassungsgemäßen) gesetzlichen Grundlage beruht und auch die Einzelfallmaßnahme verfassungsgemäß wäre.

Auch in vorbehaltlos gewährte Grundrechte wie die Glaubens- und Bekenntnisfreiheit kann somit nur durch ein Gesetz eingegriffen werden, welches kollidierendes Verfassungsrecht, d. h. Grundrechte Dritter oder andere Rechtsgüter von Verfassungsrang, konkretisiert.[149]

> **Beispiel**: So hat das BVerfG entschieden, dass ein Verbot für Lehrkräfte, in Schule und Unterricht ein islamisches Kopftuch zu tragen, ohne hinreichend bestimmte gesetzliche Grundlage das Grundrecht der Glaubens- und Bekenntnisfreiheit aus Art. 4 Abs. 1 und 2 sowie das Recht auf gleichen Zugang zu öffentlichen Ämtern aus Art. 33 Abs. 2 verletzt.[150] Dennoch kann grundsätzlich bei Vorliegen eines solchen Gesetzes auf Grund des verfassungsrechtlichen *Gebots der religiösen und weltanschaulichen Neutralität* des Staates jedenfalls von Lehrern an öffentlichen Grund- und Hauptschulen verlangt werden, im Unterricht auf das *Tragen eines islamischen Kopftuchs* zu verzichten.[151] Vergleichbares gilt für Richterinnen und Staatsanwältinnen.[152]

In Fällen, in denen *staatliches Informationshandeln* zu mittelbar-faktischen Grundrechtsbeeinträchtigungen[153] führt, hält das BVerfG eine eigene gesetzliche Ermächtigungsgrundlage in aller Regel für entbehrlich, da sich die *Informationskompetenz der Bundesregierung* bereits aus der Aufgabe der Staatsleitung ergebe. Im Schrifttum ist diese Rechtsprechung *auf Kritik gestoßen*.[154] Bedenken wurden vor allem hinsichtlich des Verzichts auf eine gesetzliche Grundlage für die Informationstätigkeit der Bundesregierung geäußert. Eine solche sei erforderlich, da nicht von der Aufgabe auf die Befugnis geschlossen werden könne.[155] Allgemeine Aufgabenzuweisungen seien als Ermächtigungsgrundlage für einen Grundrechtseingriff nicht ausreichend.[156] Andererseits weist das BVerfG nicht ohne Berechtigung darauf hin, dass eine entsprechende gesetzliche Grundlage nur derart allgemein formuliert sein, dass sie als Generalklausel jedenfalls hinsichtlich ihrer Bestimmtheit mit keinem deutlichen Gewinn hinsichtlich der Maßstabsbildung verbunden wäre.[157]

584

d) Weitere Schrankenermächtigungen. Nach Art. 140 i. V. m. Art. 137 Abs. 3 S. 1 WRV sind die Religionsgesellschaften befugt, „ihre Angelegenheiten selbstständig innerhalb der Schranken des für alle geltenden Gesetzes" zu ordnen und zu ver-

585

---

149 Vgl. aus der Rechtsprechung BVerfGE 28, 243, 261 – *Kriegsdienstverweigerung*; BVerfGE 30, 173, 193 – *Mephisto*; BVerfGE 83, 130, 139 ff. – *Josephine Mutzenbacher*.
150 Vgl. BVerfGE 108, 282 – *Kopftuch Ludin*. Sehr anschaulich aufbereitet bei *Hufen*, Staatsrecht II, § 22 Rn. 44.
151 BVerfGE 116, 359; hierzu BVerfGE 108, 282 – *Kopftuch Ludin*, und darauf folgend BVerwGE 121, 140 – *Kopftuch*; BVerGE 138, 296 – *pauschales Kopftuchverbot*; BVerfG, NJW 2017, 381 – *Kopftuchverbot für Erzieherinnen an öffentlichen Kindertagesstätten*;BVerfG, NJW 2017, 2333 – *Kopftuchverbot für Rechtsreferendarin in Hessen*; EGMR, NZA-RR 2017, 62 – *Kopftuchverbot an öffentlicher Klinik*; LG Bremen, NJW-RR 2014, 206 – *Kopftuchverbot im Fitnessstudio*; VGH Mannheim, NJW 2001, 2899 – *Kopftuch*.
152 BayVerfGH, Entscheidung v. 14. März 2019, Az Vf. 3-VII-18, Rn. 27, 29, 34, juris.
153 Vgl. zu mittelbar-faktischen Eingriffen in Art. 4 Abs. 1 und 2 oben Rn. 572 ff. und allgemein oben Rn. 209 ff.
154 Vgl. *Cremer*, JuS 2003, 747; *Murswiek*, NVwZ 2003, 1.
155 So etwa *Manssen*, in: v. Mangoldt/Klein/Starck, GG, Art. 12 Rn. 110.
156 Siehe *Manssen*, in: v. Mangoldt/Klein/Starck, GG, Art. 12 Rn. 110.
157 BVerfGE 105, 279, 305 – *Osho*.

walten. Die kollektive Glaubensfreiheit unterliegt daher im Bereich rein innerkirchlicher Angelegenheiten nicht dem Vorbehalt des allgemeinen Gesetzes.[158]

586 Gemäß Art. 136 Abs. 3 ist niemand verpflichtet, seine religiöse Überzeugung zu offenbaren. Die Behörden haben nur soweit das Recht, nach der Zugehörigkeit zu einer Religionsgesellschaft zu fragen, als davon Rechte und Pflichten abhängen oder eine gesetzlich angeordnete statistische Erhebung dies erfordert. Art. 136 Abs. 3 S. 2 ist als Eingriffsrechtfertigung für Beeinträchtigungen der negativen Glaubens- und Bekenntnisfreiheit allgemein anerkannt. Dies gilt insbesondere für die *Frage nach der Konfessionszugehörigkeit*.[159]

III. Das Grundrecht der Gewissensfreiheit

Literatur:
Beaucamp, G./Maihold, H., Steuerverweigerung aus Gewissensgründen, JA 1997, 213; *Bethge, H.*, Gewissensfreiheit, in: Isensee, J./Kirchhof, P. (Hrsg.), Handbuch des Staatsrechts, Band VI, 2. Auflage 2000, § 137; *Böckenförde, E.-W.*, Das Grundrecht der Gewissensfreiheit, VVDStRL 28 (1970), 33; *Caspar, J.*, Freiheit des Gewissens oder Freiheit der Lehre? – Zur Tierversuchsproblematik im Studium, NVwZ 1998, 814; *Droege, M./Fischer-Lescano, A.*, Gewissensfreiheit in der Bundeswehr – Berufung auf die Völkerrechtswidrigkeit des Irakkrieges als Ungehorsamsgrund?, NVwZ 2006, 171; *Filmer, F.*, Das Gewissen als Argument im Recht, 2000; *Franke, D.*, Gewissensfreiheit und Demokratie, AöR 1989, 7; *Kotzur, M.*, Gewissensfreiheit contra Gehorsamspflicht oder: der Irak-Krieg auf verwaltungsgerichtlichem Prüfstand, JZ 2006, 25; *Luhmann, N.*, Die Gewissensfreiheit und das Gewissen, AöR 90 (1965), 257; *Muckel, S.*, Die Grenzen der Gewissensfreiheit, NJW 2000, 689; *Rupp, H. H.*, Verfassungsprobleme der Gewissensfreiheit, NVwZ 1991, 1033; *Sachs, M.*, Grundrechte: Eigentumsgarantie und Gewissensfreiheit, JuS 2019, 279; *Sailer, C.*, Kein Pardon für Jagdgegner?, NVwZ 2006, 174; *Tiedemann, P.*, Der Gewissensbegriff in der höchstrichterlichen Rechtsprechung, DÖV 1984, 61.

Rechtsprechung:
BVerfGE 12, 45 – *Kriegsdienstverweigerung I*; BVerfGE 19, 135 – *Ersatzdienstverweigerer*; BVerfGE 23, 191 – *Zivildienstverweigerung*; BVerfGE 28, 21 – *Robenstreit*; BVerfGE 41, 261 – *ärztlicher Notfalldienst*; BVerfGE 48, 127 – *Wehrpflichtnovelle*; BVerfGE 67, 26 – *Krankenkassenleistungen für Schwangerschaftsabbrüche*; BVerfGE 78, 391 – *Dienstflucht Zeuge Jehovas*; BVerfG-K, NVwZ 2007, 808 – *Zwangsmitgliedschaft, Jagdgenossenschaft*; BVerwG, NVwZ 1998, 853 – *Teilnahme an Tierversuchen im Biologiestudium*; BVerwG, NVwZ 2006, 92 – *Zwangsmitgliedschaft in Jagdgenossenschaft*; BAGE 47, 363.

1. Abgrenzung

587 Glaube und Weltanschauung sind Überzeugungen, die regelmäßig von – mehr oder weniger vielen – anderen Menschen geteilt werden.[160] Hingegen ist das Gewissen ein *individuelles Phänomen*, das eine Gemeinschaft nicht notwendig voraussetzt.[161] Maßgeblich ist die vom Einzelnen als für sich bindend und unbedingt

---

158 BVerfGE 72, 278, 289 – *kirchliche Berufsbildung*; kritisch: *Jarass*, in: Jarass/Pieroth, GG, Art. 140/Art. 137 WRV Rn. 10 m. w. N.
159 Vgl. BVerfGE 46, 266, 267 zur Frage bei der Aufnahme in ein Städtisches Krankenhaus; BVerfGE 49, 375 zur Eintragung der Religionszugehörigkeit auf der Lohnsteuerkarte; BVerfGE 65, 1, 38 f. – *Volkszählung*.
160 Vgl. *Morlok*, in: Dreier, GG, Art. 4 Rn. 72: „Eine strikt individuelle Vorstellung stellt keinen „Glauben" im Sinne des Grundgesetzes dar."
161 Vgl. *Starck*, in: v. Mangoldt/Klein/Starck, GG, Art. 4 Rn. 63; *Ipsen*, Staatsrecht II, Rn. 389.

verpflichtend erlebte innere sittliche Überzeugung, die auf einer Religion oder Weltanschauung beruhen kann, aber nicht muss.[162]

2. Schutzbereich

a) Persönlicher Schutzbereich. Träger des Grundrechts der Gewissensfreiheit aus Art. 4 Abs. 1 ist der lebende Mensch.
Da das Gewissen höchstpersönliche Wertungen des Einzelnen betrifft, ist die Gewissensfreiheit ihrem Wesen nach nicht auf Personenvereinigungen gleich welcher Art anwendbar, diese sind also nicht geschützt (vgl. Art. 19 Abs. 3).[163]

b) Sachlicher Schutzbereich. – aa) Begriff des Gewissens. Die Bestimmung des Begriffs des Gewissens stellt sich als äußerst schwierig dar.[164] Wie bereits bei der Definition des Glaubensbegriffs aufgezeigt, kann einerseits das Selbstverständnis des Grundrechtsberechtigten nicht allein ausschlaggebend sein; andererseits ist es dem Staat verwehrt, den Inhalt der Gewissensentscheidung objektiv festzulegen und zu bewerten.[165]

Nach der Rechtsprechung des BVerfG ist als *Gewissen* im Sinne des allgemeinen Sprachgebrauchs und somit auch i. S. d. Art. 4 Abs. 3 ein

> „(wie immer begründbares, jedenfalls aber) real erfahrbares seelisches Phänomen zu verstehen, dessen Forderungen, Mahnungen und Warnungen für den Menschen unmittelbar evidente Gebote unbedingten Sollens sind. [...] Als eine Gewissensentscheidung ist somit jede ernste sittliche, d. h. an den Kategorien von ‚Gut' und ‚Böse' orientierte Entscheidung anzusehen, die der Einzelne in einer bestimmten Lage als für sich bindend und unbedingt verpflichtend innerlich erfährt, so dass er gegen sie nicht ohne ernste Gewissensnot handeln könnte."[166]

Feste Überzeugungen stellen hingegen keine Gewissensentscheidung dar; für sie gilt der Schutz der Meinungsfreiheit gemäß Art. 5 Abs. 1.[167]

> **Beispiel**: Die Verpflichtung eines Rechtsanwalts, vor Gericht in Amtstracht aufzutreten, verletzt nicht das Grundrecht der Gewissensfreiheit.[168]
> Gleiches gilt für die Entscheidung eines niedergelassenen Facharztes, nicht am allgemeinen ärztlichen Notfalldienst teilzunehmen.[169]

Allerdings muss – wie bei anderen Grundrechten auch – darauf geachtet werden, dass der Schutzbereich nicht zu stark verengt wird und bestimmte Aspekte erst im Rahmen der Rechtfertigung gelöst werden.[170]

bb) Inhalt der Gewissensfreiheit. Die von der Verfassung gewährleistete Gewissensfreiheit

> „umfasst nicht nur die Freiheit, ein Gewissen zu haben, sondern grundsätzlich auch die Freiheit, von der öffentlichen Gewalt nicht verpflichtet zu werden, gegen Gebote und Verbote des Gewissens zu handeln."[171]

---

162 Ebenso *Sachs*, Verfassungsrecht II, Teil II, Kap. 16, Rn. 55.
163 So auch *Jarass*, in: Jarass/Pieroth, GG, Art. 4 Rn. 47 m. w. N.
164 Vgl. dazu ausführlich *Bethge*, in: HStR VI, § 136 Rn. 6 ff.
165 Siehe zu dieser Problematik *Starck*, in: v. Mangoldt/Klein/Starck, GG, Art. 4 Rn. 66 f.
166 BVerfGE 12, 45, 54 f. – *Kriegsdienstverweigerung I*.
167 Ebenso *Jarass*, in: Jarass/Pieroth, GG, Art. 4 Rn. 45.
168 BVerfGE 28, 21, 36 – *Robenstreit*.
169 BVerwGE 41, 261, 268 – *ärztlicher Notfalldienst*.
170 Sehr gute Beispiele hierfür bei *Hufen*, Staatsrecht II, § 24 Rn. 3.
171 BVerfGE 78, 391, 395 – *Dienstflucht Zeuge Jehovas*.

594 Die Gewissensfreiheit schützt somit das *forum internum*, d. h. den Bereich der Bildung und des Innehabens eines Gewissens, gegen jeden staatlichen Zugriff, etwa durch Indoktrination, Gehirnwäsche oder ähnliches (*innere Gewissensfreiheit*).[172]

595 Die Gewissensfreiheit schützt neben dem Denken auch das Äußern und das *Handeln nach der Gewissensentscheidung*, also das vom Gewissen ausgelöste und von ihm bestimmte Handeln (*forum externum*).[173] Erforderlich ist, dass der Betroffene glaubhaft macht, dass sein Handeln aufgrund der von ihm getroffenen Gewissensentscheidung *aus seiner Sicht verpflichtend* ist.[174] Die Gewissensgeleitetheit seines Handelns muss *plausibel* sein.[175]

> **Fall 16**: A ist seit Jahren Arbeiter in einem Unternehmen der Stahlindustrie. Seit kurzem stellt das Unternehmen auch Rohre für Panzergeschütze her. A kann es unmöglich mit seinem Gewissen vereinbaren, an der Herstellung von Kriegswaffen mitzuwirken. Daraufhin erteilt ihm der B eine arbeitsrechtliche Abmahnung. A sei bei ihm angestellt und habe gefälligst die Arbeiten zu erledigen, die er ihm auftrage. Als A sich gleichwohl weiterhin weigert, an der Produktion der Waffen mitzuwirken, wird er von B fristlos entlassen. B steht auf dem Standpunkt, es stehe dem A frei, sich seinem Gewissen entsprechend zu verhalten, nur müsse er dann eben auch die Konsequenzen seiner Entscheidung tragen. Zudem könne der A nicht Grundrechtsschutz gegenüber ihm als privaten Arbeitgeber verlangen. Aus seinem im zweiten Semester abgebrochenen Jurastudium wisse er noch, dass Grundrechte Abwehrrechte gegen den Staat darstellten. A ist empört. In dem von ihm angestrengten Kündigungsschutzprozess meint er, von seiner Gewissensfreiheit bleibe nicht viel übrig, wenn er nicht auch seinem Gewissen entsprechend handeln könne. Nachdem letztlich auch das Bundesarbeitsgericht die gegen ihn ausgesprochene Kündigung bestätigt, wendet sich A an seinen Freund F. Von F weiß er, dass dieser bereits an mehreren Vorlesungen im öffentlichen Recht teilgenommen hat und deshalb „fit in Grundrechten" ist. Welchen Rat wird der F seinem Freund erteilen?[176]

596 Aufgrund ihrer *mittelbaren Drittwirkung* ist die Gewissensfreiheit insbesondere auch im *Arbeitsrecht* von Bedeutung. In Urteilsverfassungsbeschwerdeverfahren eingekleidete Drittwirkungsfälle werfen aufbaumäßig und in der dogmatischen Bewältigung allerdings Schwierigkeiten auf. Nicht empfehlenswert ist es, im Rahmen der Begründetheitsprüfung schlicht den gewohnten Aufbau Schutzbereich/Eingriff/Rechtfertigung abzuarbeiten. Vielmehr sollte in Fällen, in denen die verfassungswidrige Anwendung von (an sich verfassungsgemäßem) einfachem Recht in Rede steht, eingangs der Begründetheitsprüfung der Prüfungsmaßstab des BVerfG näher entfaltet werden. Dabei sind dann auch Drittwirkungsfragen zu erörtern. Insoweit entsteht ein Kompetenzabgrenzungsproblem, weil Art. 1 Abs. 3 die Fachgerichte an die Beachtung der Grundrechte bindet, gleichzeitig aber das BVerfG der Durchsetzung der Grundrechte dient. Dabei fungiert das BVerfG nicht als „Superrevisionsinstanz", es steht nicht als weitere Instanz über den jeweiligen Fachgerichten. Deshalb stellt die Verfassungsbeschwerde keinen weiteren, sondern einen außerordentlichen Rechtsbehelf dar. Die Gestaltung des Verfahrens, die Feststellung und Würdigung des Tatbestandes, die Auslegung des einfachen Rechts sowie seine Anwendung auf den einzelnen Fall sind allein Sache der Fachgerichte. Das BVerfG kann demgegenüber nur eingreifen, wenn spezifisches Verfassungsrecht verletzt ist.

---

172 Vgl. *Kokott*, in: Sachs, GG, Art. 4 Rn. 100.
173 So auch *Kingreen/Poscher*, Grundrechte, Rn. 625.
174 Vgl. *Jarass*, in: Jarass/Pieroth, GG, Art. 4 Rn. 46.
175 *Kingreen/Poscher*, Grundrechte, Rn. 625.
176 Fall nach BAG, BB 1985, 1853 ff.

Wann eine solche Verletzung spezifischen Verfassungsrechts vorliegt, lässt sich 597
nicht nach allgemeinen Kriterien beantworten, sondern stellt eine Frage des Einzelfalles dar. Es haben sich aber Fallgruppen gebildet, bei denen von einer Verletzung spezifischen Verfassungsrechts auszugehen ist.[177] Sie kommt danach in Betracht, wenn das Fachgericht bei der Feststellung und Würdigung des Tatbestandes sowie der Auslegung und Anwendung einfachen Rechts den *Einfluss der Grundrechte grundlegend verkannt* hat;[178] die fachgerichtliche Entscheidung *grob und offensichtlich willkürlich* ist (Willkür bei der Gestaltung des Verfahrens, der Feststellung des Sachverhalts oder der Rechtsanwendung)[179] oder das Fachgericht die bei der Rechtsfindung gezogenen verfassungsrechtlichen Grenzen missachtet hat (*unzulässige richterliche Rechtsfortbildung*).[180] Dabei kann sich die Fehlanwendung auf den Schutzbereich, auf die Rechtfertigung eines Eingriffs in den Schutzbereich und auf jede andere Grundrechtswirkung beziehen.

Allerdings kann ein Fachgericht nur dann Grundrechte fehlerhaft anwenden oder 598
gar übersehen, wenn die Grundrechte die in Rede stehende Rechtsbeziehung beeinflussen. Das ist bei zivilrechtlichen Streitverfahren nicht ohne weiteres gegeben, weil die Grundrechte nicht zwischen Privaten gelten. Zudem wird eine grundrechtsfreie Rechtsbeziehung nicht schon dadurch grundrechtlich durchwirkt, dass ein Gericht entscheidet. Sicher sind die Gerichte bei ihren Entscheidungen an die Prozessgrundrechte gebunden. Auf einer anderen Ebene liegt indes die Frage einer Grundrechtsbindung im Blick auf den *Inhalt* der durch den Fachrichter gesetzten Akte. Hier hängt die Bindungswirkung von dem Grad der Einwirkung der Grundrechte auf die zu beurteilenden Rechtsbeziehungen und die einschlägigen materiell-rechtlichen Normen ab, die den Maßstab der richterlichen Entscheidungen darstellen. Das ist aufbaumäßig der Ort, an dem eine Auseinandersetzung mit der sog. mittelbaren Drittwirkung erfolgt.[181] Die *Ausstrahlungswirkung* der Grundrechte auf das einfache Recht erfordert es, dass Regeln der Rechtsordnung so auszulegen sind, dass Konflikte zwischen der Gewissensentscheidung und der allgemeinen Rechtsordnung möglichst durch die Eröffnung geeigneter *Verhaltensalternativen* zu bewältigen sind.

> **Lösung Fall 16**: F wird seinem Freund A zur Erhebung einer Verfassungsbeschwerde raten, wenn diese zulässig und begründet ist. Dabei ist vorab zu beachten, dass in derartigen Fällen das bei Urteilsverfassungsbeschwerden, die zivil- oder arbeitsgerichtliche Entscheidungen zum Gegenstand haben, das Superrevisions- und Drittwirkungsproblem in der Fallbearbeitung an zwei Stellen virulent werden kann. Es ist zunächst nach Maßgabe der Möglichkeitstheorie im Rahmen der Prüfung der Beschwerdebefugnis und sodann eingangs der Begründetheitsprüfung vertieft anzusprechen. Dort sollten zunächst die obigen Ausführungen zum Fragenkreis „Superrevisionsinstanz" erfolgen. Anschließend wäre an eine der Fallgruppen anknüpfend (hier: Grundrechte übersehen) in etwa wie folgt zu formulieren. Unter Anwendung dieses Maßstabes kommt ein (spezifischer) Verfassungsverstoß durch das Urteil des BAG nur in Betracht, wenn B bei seiner Kündigungserklärung das Grundrecht des A aus Art. 4 Abs. 1 beachten und das Gericht deswegen die Unwirksamkeit der Kündigung feststellen musste. Nach der Lehre von der mittelbaren Drittwirkung der Grundrechte fließen die Grundrechte über die

---

177 Vgl. dazu auch unten Rn. 1299.
178 Vgl. BVerfGE 89, 276, 285 – *geschlechtsbezogene Diskriminierung;* BVerfGE 43, 130, 136 – *politisches Flugblatt.*
179 Vgl. *Pieroth,* in: Jarass/Pieroth, GG, Art. 93 Rn. 131; *Kingreen/Poscher,* Grundrechte, Rn. 1354 f. m. w. N.
180 BVerfGE 34, 269, 280 – *Soraya.*
181 Zu Aufbau und Lösung im Rahmen einer Urteilsverfassungsbeschwerde *Lang,* JuS 1998, L 20-24.

Generalklauseln des Zivilrechts in die Zivilrechtsbeziehungen ein. Eine solche Generalklausel stellt § 626 BGB und dort die Formulierung „aus wichtigem Grund" dar. Da sich der Arbeitgeber im Rahmen seiner Kündigung ebenfalls auf Grundrechte (Art. 12 Abs. 1) berufen kann, muss ein Ausgleich im Rahmen praktischer Konkordanz erfolgen. Hier ist insbesondere zu berücksichtigen, ob B dem A auch eine alternative Arbeit zuweisen kann, die den Gewissenskonflikt des A beseitigt.[182]

3. Eingriffe

599 Die Gewissensfreiheit wird beeinträchtigt, wenn der Staat die innere Gewissensfreiheit (forum internum) oder das Handeln nach der Gewissensentscheidung (forum externum) *regelt oder faktisch in erheblicher Weise behindert*.[183] In Betracht kommen insbesondere Verpflichtungen zu einem Handeln oder Unterlassen, das gegen einen Gewissensruf des Einzelnen verstößt.[184]

4. Verfassungsrechtliche Rechtfertigung

600 **a) Kein Gesetzesvorbehalt.** Die Gewissensfreiheit steht nicht unter Gesetzesvorbehalt, ist also *vorbehaltlos gewährleistet*. Ein Rückgriff auf die Schrankenbestimmung des Art. 136 Abs. 1 WRV ist bereits nach dem Wortlaut der Vorschrift („die Ausübung der Religionsfreiheit") ausgeschlossen. Einschränkungen der Gewissensfreiheit sind daher *nur aufgrund kollidierenden Verfassungsrechts* möglich. Als verfassungsimmanente Schranken kommen Grundrechte Dritter sowie andere Rechtsgüter mit Verfassungsrang in Betracht. Mit Rücksicht auf den Grundsatz des Vorbehalts des Gesetzes ist jedoch stets eine *gesetzliche Konkretisierung* des kollidierenden Verfassungsrechts erforderlich.[185]

601 **b) Schranken-Schranke.** Wie andere vorbehaltlos gewährte Grundrechte kann die Gewissensfreiheit nur eingeschränkt werden zum Schutz der Grundrechte Dritter oder sonstiger Rechtsgüter von Verfassungsrang. Die kollidierenden Rechtsgüter sind dann unter Zuhilfenahme der dafür entwickelten Formel der praktischen Konkordanz zum Ausgleich zu bringen.

IV. Das Grundrecht der Kriegsdienstverweigerung gemäß Art. 4 Abs. 3

Literatur:
Aldanmaz, O., Wehrdienstverweigerung als Menschenrecht, 2006; *Berg, W.*, Das Grundrecht auf Kriegsdienstverweigerung in der Rechtsprechung des Bundesverwaltungsgerichts, AöR 107 (1982), 585; *ders.*, Neue Fragen zum Grundrecht der Kriegsdienstverweigerung, JA 1983, 632; *Eckertz, R.*, Die Kriegsdienstverweigerung aus Gewissensgründen als Grenzproblem des Rechts, 1986; *Gusy, C.*, Kriegsdienstverweigerung – das veraltete Grundrecht – BVerfGE 48, 127, JuS 1979, 254; *Listl, J.*, Gewissen und Gewissensentscheidung im Recht der Kriegsdienstverweigerung, DÖV 1985, 801; *Schoch, F.*, Das neue Kriegsdienstverweigerungsrecht, Jura 1985, 127; *ders.*, Das Urteil des Bundesverfassungsgerichts zum neuen Kriegsdienstverweigerungsrecht, Jura 1985, 465.

Rechtsprechung:
BVerfGE 12, 45 – *Kriegsdienstverweigerung I*; BVerfGE 19, 135 – *Ersatzdienstverweigerer*; BVerfGE 23, 127 – *Zivildienstverweigerung durch Zeugen Jehovas*; BVerfGE 28, 243 – *Dienstpflichtverweigerung*; BVerfGE 48, 127 – *Wehrpflichtnovelle*; BVerfGE 69, 1 – *Kriegsdienstverweige-*

---

182 Vgl. zu den anzuwendenden Kriterien BAG, BB 1985, 1853; BAGE 47, 363.
183 Siehe *Jarass*, in: Jarass/Pieroth, GG, Art. 4 Rn. 48.
184 Vgl. *Kingreen/Poscher*, Grundrechte, Rn. 628.
185 Vgl. ausführlich zu den Schranken der Gewissensfreiheit *Bethge*, in: HStR VI, § 137 Rn. 22 ff.

rung II; BVerfGE 80, 354 – *Totalverweigerung*; BVerwG, NVwZ-RR 1996, 671 – *Rückzahlung für Studium während der Dienstzeit bei der Bundeswehr.*

1. Überblick

Das Grundrecht,[186] nicht gegen sein Gewissen zum Kriegsdienst mit der Waffe gezwungen zu werden, ist *lex specialis zu Art. 4 Abs. 1.* Art. 4 Abs. 3 regelt die Wirkungen der Gewissensfreiheit im Bereich der Wehrpflicht abschließend, so dass ein Rückgriff auf die allgemeine Gewissensfreiheit nicht in Betracht kommt.[187] Die Bedeutung des ehedem im Zentrum einer auch politischen Auseinandersetzung stehenden Rechts auf Kriegsdienstverweigerung hat mit dem Wehrrechtsänderungsgesetz deutlich abgenommen. Seit 1. Juli 2011 ist die Verpflichtung zum Grundwehrdienst ausgesetzt, an seine Stelle ist ein freiwilliger Wehrdienst getreten, der Zivildienst wurde abgeschafft. Die Wehrpflicht bleibt aber weiterhin im Grundgesetz verankert. Für den Spannungs- und Verteidigungsfall besteht die Möglichkeit zur Einberufung ohnedies fort (vgl. § 2 Wehrpflichtgesetz), so dass für diese Fälle auch Art. 4 Abs. 3 Bedeutung behält. Im Übrigen bezieht sich Art. 4 Abs. 3 auch auf Berufs- sowie Zeitsoldaten und -soldatinnen.[188]

2. Schutzbereich

a) **Persönlicher Schutzbereich.** Die durch Art. 4 Abs. 3 geschützte Gewissensentscheidung bezieht sich auf ein persönliches Verhalten – den Dienst mit der Waffe – und ist daher wesensmäßig nicht auf juristische Personen anwendbar.[189]

b) **Sachlicher Schutzbereich.** *Kriegsdienst* ist die Teilnahme an bewaffneten Konflikten zwischen Staaten, aber auch an bewaffneten Kampfeinsätzen internationaler Friedenstruppen und in Bürgerkriegssituationen.[190] Kriegsdienst ist indes nicht nur der Dienst im Krieg, wie der Wortlaut nahe legt, sondern der für den Krieg geeignete Dienst, also auch der Dienst mit der Waffe im Frieden, z. B. die Ausbildung mit der Waffe.[191] Das BVerfG sieht Art. 4 Abs. 3 dahin verdeutlicht,

> „dass er jedenfalls […] nach Einführung der allgemeinen Wehrpflicht das Recht umfasst, den Dienst mit der Waffe schon im Frieden zu verweigern. Das ist auch sinnvoll – nicht nur, weil der Staat kein Interesse daran haben kann, Wehrpflichtige mit der Waffe auszubilden, die im Kriegsfall die Waffenführung verweigern werden, sondern auch vom Standpunkt des Einzelnen aus, dem eine Ausbildung nicht aufgezwungen werden darf, die einzig den Zweck hat, ihn zu einer Betätigung vorzubereiten, die er aus Gewissensgründen ablehnt."[192]

Kriegsdienst „mit der Waffe" setzt nicht zwingend die eigenhändige Betätigung einer Kriegswaffe voraus, so dass auch die Mitwirkung im arbeitsteiligen Dienst einer Armee dieses Kriterium erfüllen kann.[193] Voraussetzung ist allerdings, dass die Tätigkeit in einem nach dem Stand der jeweiligen Waffentechnik *unmittelbaren Zusammenhang mit dem Einsatz von Kriegswaffen* steht.[194] Kein Kriegsdienst mit

---

186 Zur Grundrechtsqualität von Art. 4 Abs. 3 *Bethge*, in: HStR VI, § 137 Rn. 46.
187 BVerfGE 19, 135, 138 – *Ersatzdienstverweigerer*; BVerfGE 23, 127, 132 – *Zivildienstverweigerung durch Zeugen Jehovas.*
188 BVerwG, NVwZ-RR 2010, 156 Rn. 7; *Sachs*, Verfassungsrecht II, Teil II Kap 16 Rn. 74.
189 *Sachs*, Verfassungsrecht II, Teil II Kap. 16 Rn. 74; *Germann*, in: BeckOK, GG, Art. 4 Rn. 103.
190 So auch *Sachs*, Verfassungsrecht II, Teil II, Kap 16 Rn. 70.
191 BVerfGE 12, 45, 56 – *Kriegsdienstverweigerung I*; siehe auch BVerfGE 80, 354, 358 – *Totalverweigerung.*
192 BVerfGE 12, 45, 56 – *Kriegsdienstverweigerung I.*
193 Ebenso *Sachs*, Verfassungsrecht II, Teil II, Kap. 16, Rn. 71.
194 BVerfGE 69, 1, 56 – *Kriegsdienstverweigerung II.*

der Waffe sind daher nach der Rechtsprechung des BVerfG Tätigkeiten im Sanitätsdienst oder in der Militärverwaltung.[195]

606 Das Recht der Kriegsdienstverweigerung setzt voraus, dass der Betroffene eine *Gewissensentscheidung gegen den Kriegsdienst mit der Waffe* getroffen hat. Diese muss sich auf den mit dem Kriegsdienst verbundenen Zwang zum Töten beziehen.[196] Denn der Kerngehalt des Grundrechts aus Art. 4 Abs. 3 besteht darin,

> „den Kriegsdienstverweigerer vor dem Zwang zu bewahren, in einer Kriegshandlung einen anderen töten zu müssen, wenn ihm sein Gewissen eine Tötung grundsätzlich und ausnahmslos zwingend verbietet".[197]

607 Nicht geschützt soll die sog. *situationsbedingte Kriegsdienstverweigerung* sein.[198] Nicht das Grundrecht aus Art. 4 Abs. 3 in Anspruch nehmen kann daher derjenige, der geltend macht,

> „sein Gewissen verbiete ihm nicht den Kriegsdienst mit der Waffe schlechthin, sondern lediglich die Teilnahme an bestimmten Kriegen, etwa am Kriege gegen bestimmte Gegner, unter bestimmten Bedingungen, in bestimmten historischen Situationen, mit bestimmten Waffen. Dabei ist es gleichgültig, ob er eine solche Erklärung schon bei der Einberufung zum Friedenswehrdienst allgemein für den Fall abgibt, dass er je zur Teilnahme an Kriegen solcher Art gezwungen werden sollte, oder ob er erst im Kriegsfall den Dienst mit der Waffe aus diesem Grunde verweigert."[199]

Im Text des Art. 4 Abs. 3 lässt sich diese Restriktion nicht finden. Die Ratio der erstmals nach dem Zweiten Weltkrieg in das Verfassungsrecht aufgenommenen Gewissensentscheidung gegen den Kriegsdienst könnte auch darauf erstreckt sein, die Beteiligung an einem bestimmten, als „unzulässig" angesehenen Krieg zu verweigern.[200]

608 Unzulässig ist die sog. *Totalverweigerung*, d. h. die Verweigerung nicht nur des Kriegsdienstes mit der Waffe, sondern *auch des zivilen Ersatzdienstes*.[201] Nach Auffassung des BVerfG regelt Art. 4 Abs. 3 die Wirkungen der Gewissensfreiheit im Bereich der Wehrpflicht abschließend, so dass ein Rückgriff auf die allgemeine Gewissensfreiheit nicht in Betracht kommt.[202] Demgegenüber geht das Schrifttum überwiegend davon aus, dass die Ersatzdienstverweigerung vom Schutzbereich des Art. 4 Abs. 1 erfasst wird.[203]

3. Eingriffe

609 Als Eingriff in das Recht auf Kriegsdienstverweigerung ist jede Form der Verpflichtung zum Dienst mit der Waffe anzusehen.[204]

---

195 Vgl. BVerfGE 69, 1, 56 – *Kriegsdienstverweigerung II*; a. A. für den Sanitätsdienst, sofern die Sanitätseinrichtungen mit Waffen verteidigt werden, *Kingreen/Poscher*, Grundrechte, Rn. 626 f. m. w. N.
196 BVerfGE 12, 45, 57 – *Wehrpflichtgesetz*; zustimmend *Jarass*, in: Jarass/Pieroth, GG, Art. 4 Rn. 52; *Hufen*, Staatsrecht II, § 24 Rn. 15.
197 BVerfGE 48, 127, 163 f. – *Wehrpflichtnovelle*.
198 Siehe hierzu BVerfGE 12, 45, 57 – *Kriegsdienstverweigerung I*; *Bethge*, in: HStR VI, § 137 Rn. 56; a. A. *Kingreen/Poscher*, Grundrechte, Rn. 626 f. m. w. N.
199 BVerfGE 12, 45, 57 – *Kriegsdienstverweigerung I*.
200 Kritisch gegenüber der Rechtsprechungsrestriktion auch *Sachs*, Verfassungsrecht II, Teil II Kap 16 Rn. 67.
201 BVerfGE 19, 135, 138 – *Ersatzdienstverweigerer*; siehe auch BVerfGE 80, 354, 358 – *Totalverweigerung*.
202 BVerfGE 19, 135, 138 – *Ersatzdienstverweigerer*.
203 Siehe *Mager*, in: v. Münch/Kunig, GG, Art. 4 Rn. 80; *Starck*, in: v. Mangoldt/Klein/Starck, GG, Art. 4 Rn. 172; *Jarass*, in: Jarass/Pieroth, GG, Art. 4 Rn. 53; jeweils m. w. N.
204 *Germann*, in: BeckOK, GG, Art. 4 Rn. 115.

4. Verfassungsrechtliche Rechtfertigung

Das Recht der Kriegsdienstverweigerung unterliegt keinem Gesetzesvorbehalt. **610**
Auch *Art. 4 Abs. 3 S. 2* ermächtigt nicht zu Eingriffen, sondern enthält allein ein *Recht zur Ausgestaltung* vor allem in verfahrensmäßiger Hinsicht.[205] Nach Auffassung des BVerfG fand das vom Gesetzgeber vorgesehene Anerkennungsverfahren für Kriegsdienstverweigerer seine Rechtfertigung in dieser Vorschrift.[206]
Ob Eingriffe in den Schutzbereich des Art. 4 Abs. 3 aufgrund der Funktionsfähigkeit der Bundeswehr als *kollidierendem Verfassungsrecht* gerechtfertigt werden können, ist durchaus zweifelhaft. Das BVerfG hat dies angenommen, die Wehrfähigkeit des Staates als kollidierendes Vefassungsrecht in Stellung gebracht und auf dieser Linie

> „die Sicherung des inneren Gefüges der Streitkräfte, die imstande sein müssen, ihre militärischen Aufgaben zu erfüllen, gegen das Interesse des Kriegsdienstverweigerers an der Freiheit von jeglichem Zwang gegenüber seiner Gewissensentscheidung"

abgewogen.[207] Zu Recht haben die Richter *Böckenförde* und *Mahrenholz* in ihrem Sondervotum allerdings auf eine fundamentale Akzentverschiebung der Sichtweise der Senatsmehrheit hingewiesen. In seinem normativen Gehalt setze Art. 4 Abs. 3 nämlich zwar gegebenenfalls Grenzen für Ausbau und Organisation der militärischen Landesverteidigung. Deren Erfordernisse setzten aber nicht umgekehrt der in Art. 4 Abs. 3 besonders umhegten Gewissensentscheidung Grenzen.[208]

5. Verpflichtung zur Leistung des Ersatzdienstes; Länge des Zivildienstes

Wer aus Gewissensgründen den Kriegsdienst mit der Waffe verweigert, kann **611** gemäß Art. 12a Abs. 2 S. 1 zu einem *Ersatzdienst* verpflichtet werden. Dadurch soll dem Verfassungsgebot der staatsbürgerlichen Pflichtengleichheit in Gestalt der *Wehrgerechtigkeit* genügt werden.[209] Daher verhält sich die Ersatzdienstpflicht zur Wehrpflicht spiegelbildlich, infolgedessen ist sie wie diese seit 2011 ausgesetzt.
Die Leistung des zivilen Ersatzdienstes kann nicht unter Berufung auf die allgemeine Gewissensfreiheit des Art. 4 Abs. 1 verweigert werden.[210]

Gemäß Art. 12a Abs. 2 S. 2 darf die *Dauer des Ersatzdienstes die Dauer des Wehr-* **612** *dienstes nicht übersteigen*. Nach der Rechtsprechung des BVerfG sollen allerdings Grundwehrdienst und Wehrübungen zusammen die Bemessungsgrundlage für die Dauer des Ersatzdienstes bilden.[211] Die Einbeziehung der rechtlich zulässigen Höchstdauer *nachträglicher Wehrübungen* führt dazu, dass der zivile Ersatzdienst in der Praxis von längerer Dauer ist als der Grundwehrdienst (vgl. § 24 Abs. 2 S. 1 ZDG).

---

205 *Jarass*, in: Jarass/Pieroth, GG, Art. 4 Rn. 60.
206 BVerfGE 69, 1, 24 f.; *Kriegsdienstverweigerung II*; BVerfGE 28, 243, 259 – *Dienstpflichtverweigerung*.
207 BVerfGE 28, 243, 261 – *Kriegsdienstverweigerung I*; BVerfGE 69, 1, 21 – *Kriegsdienstverweigerung II*.
208 BVerfGE 69, 1, 65 – *Kriegsdienstverweigerung II* (Sondervotum); ebenso *Epping*, Grundrechte, Rn. 333; *Sachs*, Verfassungsrecht, Teil II Kap 16 Rn. 78.
209 BVerfGE 48, 127 – *Wehrpflichtnovelle*.
210 Siehe hierzu BVerfGE 19, 135, 138 – *Ersatzdienstverweigerer*; BVerfGE 23, 127, 132 – *Zivildienstverweigerung durch Zeugen Jehovas*; BVerfGE 80, 354, 358 – *Totalverweigerung*.
211 Vgl. BVerfGE 69, 1, 28 ff. – *Kriegsdienstverweigerung II*.

§ 14 Die Freiheit der Meinung, der Information, der Presse, des Rundfunks und des Films gemäß Art. 5 Abs. 1

Literatur:
Bölke, D., Kritik an Macht ist schutzbedürftig – Wann wird Kritik zur Schmähung?, NJW 2004, 2352; *Brugger, W.*, Hassrede, Beleidigung, Volksverhetzung, JA 2006, 687; *Dankert, K./Dreyer, St.*, Social Bots – Grenzenloser Einfluss auf den Meinungsbildungsprozess? Eine verfassungsrechtliche und einfachgesetzliche Einordnung, K&R 2017, 73; *Di Fabio, U.*, Produkte als Träger fremder Meinungen – Zum Beschluss des BVerfG Warnhinweise auf Tabakverpackungen betreffend, NJW 1997, 2863; *Epping, V./Lenz, S.*, Das Grundrecht der Meinungsfreiheit (Art. 5 I 1 GG), Jura 2007, 881; *Fehling, M.*, Der praktische Fall: Plakataktion, JuS 1996, 431; *Förster, M.*, Beamtenstatus und außerdienstliche politische Meinungs- und Betätigungsfreiheit, PersV 2019, 4; *Gostomzyk, T.*, Äußerungsrechtliche Grenzen des Unternehmenspersönlichkeitsrechts – Die Gen-Milch-Entscheidung des BGH, NJW 2008, 2082; *Hager, J.*, Persönlichkeitsschutz gegenüber Medien, Jura 1995, 566; *Hatje, A./Terhechte, J.*, (Original)Referendarexamensklausur – Öffentliches Recht: Warnhinweise auf alkoholischen Getränken?, JuS 2007, 51; *Hillgruber, C.*, Die Meinungsfreiheit als Grundrecht der Demokratie, JZ 2016, 495; *Hochhuth, M.*, Die Meinungsfreiheit im System des Grundgesetzes, 2007; *ders.*, Schatten über der Meinungsfreiheit, NJW 2007, 192; *Hoffmann-Riem, W.*, Kommunikations- und Medienfreiheit, in: Benda, E./Maihofer, W./Vogel, H.-J. (Hrsg.), Handbuch des Verfassungsrechts der Bundesrepublik Deutschland, 2. Auflage 1995, S. 191; *Hoppe, B.*, Die „allgemeinen Gesetze" als Schranke der Meinungsfreiheit, JuS 1991, 734; *Hoßbach, N.*, Böhmermanns »Schmähkritik« als Grenzfall schützenswerter Kommunikation – Anmerkung zu LG Hamburg ZUM-RD 2017, 412, ZUM-RD 2017, 427; *Hufen, F.*, Grundrechte: Meinungsfreiheit, JuS 2019, 276; *Huster, S.*, Das Verbot der „Auschwitz-Lüge". Die Meinungsfreiheit und das Bundesverfassungsgericht, NJW 1996, 487; *Jestaedt, M.*, „Die Werbung ist ein lächelndes Aas" – Das Benetton-Urteil des Bundesverfassungsgerichts, Jura 2002, 552; *Jötten, S./Tams, C.*, Referendarexamensklausur – Öffentliches Recht: Die Gefährderansprache, JuS 2008, 436; *Kremer, C.*, Warnung vor gentechnisch veränderten Lebensmitteln, Jura 2008, 299; *Kriele, M.*, Ehrenschutz und Meinungsfreiheit, NJW 1994, 1897; *Mager, U.*, Meinungsfreiheit und Ehrenschutz von Soldaten, Jura 1996, 405; *Milker, J.* Social-Bots: Gesetzgeberische Maßnahmen auf dem Prüfstand, InTeR 2017, 199; *ders.*, „Social-Bots" im Meinungskampf, ZUM 2017, 216; *Nolte, M./Tams, C.*, Der Schutzbereich der Meinungsfreiheit, JA 2002, 259; *dies.*, Grundfälle zu Art. 5 I 1 GG, JuS 2004, 111, 199, 294; *Otto, H.*, Der strafrechtliche Schutz vor ehrverletzenden Meinungsäußerungen, NJW 2006, 575; *Payandeh, M.*, Anfängerklausur – Öffentliches Recht: Grundrechte – Meinungsfreiheit und Beleidigung, JuS 2016, 909; *Rühl, U. F. H.*, Tatsachen – Interpretationen – Wertungen, 1998; *Rüthers, B.*, Meinungsfreiheit und Ehrenschutz bei Kollektivurteilen – Zur Zulässigkeit von Pauschalbeleidigungen, NJW 2016, 3337; *Schatz, V./Bode, F.*, Die „Böhmermann-Affäre", Jura 2019, 94; *Schmidt-Jortzig, E.*, Meinungs- und Informationsfreiheit, in: Isensee, J./Kirchhof, P. (Hrsg.), Handbuch des Staatsrechts der Bundesrepublik Deutschland, Band VII, 3. Auflage 2007, § 162; *Schmitt Glaeser, W., ders.*, Meinungsfreiheit, Ehrenschutz und Toleranzgebot, NJW 1996, 873; *Scholz, R./Konrad, K.*, Meinungsfreiheit und allgemeines Persönlichkeitsrecht, AöR 1998, 60; *Schreiber, Y./Frenzel, E.*, Anfängerhausarbeit ÖR: Zoff auf dem Oktoberfest, Jura 2002, 848; *Schulz, W.*, Übungsklausur Öffentliches Recht: Ein verkommenes Subjekt – Ehrschutz und Meinungsfreiheit, Jura 2000, 528; *Schulze-Fielitz, H.*, Das Lüth-Urteil – nach 50 Jahren, Jura 2008, 52; *Seiler, F.*, Persönlichkeitsschutz und Meinungsfreiheit in der neueren Rechtsprechung des EGMR, des BVerfG und des BGH, WRP 2005, 545; *Stark, R.*, Die Rechtsprechung des Bundesverfassungsgerichts zum Spannungsverhältnis von Meinungsfreiheit und Ehrenschutz – BVerfG, NJW 1994, 2943, JuS 1995, 689; *Stegbauer, A.*, Rechtsprechungsübersicht zu den Propaganda- und Äußerungsdelikten, NStZ 2008, 73; *Steinbach, A.*, „Social Bots" im Wahlkampf, ZRP 2017, 101; *Szczekalla, P.*, Der praktische Fall – Öffentliches Recht: Deutschlandlüge, JuS 1996, 625; *Wittreck, F.*, Referendarexamensklausur – Öffentliches Recht: Eingriff durch Entschuldigung? Der Bundespräsident und das Bild des Propheten, JuS 2006, 729; *Wolter, H.*, Meinung – Tatsache – Einstufung – Deutung, Der Staat 1997, 426;

Meinungs-, Informations-, Presse-, Rundfunk-, Filmfreiheit

Rechtsprechung:
BVerfGE 7, 198 – *Lüth*; BVerfGE 7, 230 – *Meinungskundgabe aus Mietwohnung*; BVerfGE 25, 256 – *Blinkfüer*; BVerfGE 30, 336 – *Sonnenfreunde*; BVerfGE 33, 1 – *Strafgefangener*; BVerfGE 35, 35 – *Untersuchungsgefangener*; BVerfGE 44, 197 – *politische Betätigung in der Bundeswehr*; BVerfGE 50, 234 – *Ausschluss eines Reporters*; BVerfGE 61, 1 – *Meinungsäußerung im Wahlkampf/"CSU als NPD Europas"*; BVerfGE 65, 1 – *Volkszählung*; BVerfGE 71, 108 – *Anti-Atom-Plakette*; BVerfG 71, 162 – *Frischzellentherapie*; BVerfGE 82, 43 – *Strauß-Transparent*; BVerfGE 82, 272 – *„Zwangsdemokrat Strauß"*; BVerfGE 85, 1 – *Bayer-Aktionäre*; BVerfGE 85, 23 – *Echte und rhetorische Fragen*; BVerfGE 85, 248 – *ärztliches Werbeverbot*; BVerfGE 86, 1 – *Satiremagazin*; BVerfGE 86, 122 – *Meinungsäußerung im Ausbildungsverhältnis*; BVerfGE 90, 241 – *Auschwitzlüge*; BVerfGE 93, 266 – *„Soldaten sind Mörder"*; BVerfGE 94, 1 – *Deutsche Gesellschaft für Humanes Sterben*; BVerfGE 95, 173 – *Warnhinweise auf Tabakverpackungen*; BVerfGE 99, 185 – *Bezeichnung als Scientology-Mitglied*; BVerfGE 102, 347 – *Benetton-Schockwerbung I*; BVerfGE 107, 275 – *Benetton-Schockwerbung II*; BVerfG, NJW 1982, 1803 – *Verbotenes Uniformtragen in der Öffentlichkeit*; BVerfG, NJW 2003, 660 – *Meinungsfreiheit und strafgerichtliche Verurteilung wegen Volksverhetzung*; BVerfG, NJW 2005, 1341 – *Anhalten einer an Strafgefangenen adressierten Broschüre*; BVerfG, NJW 2005, 3271 – *Verwendung von Fotomontagen in satirischen Kontexten*; BVerfG NJW 2019, 1592 – *Erfolgloser Eilantrag der NPD auf Verpflichtung zur Ausstrahlung eines Wahlwerbespots*; BVerfG, NVwZ 2019, 719 – *Fehlerhafte Annahme von Schmähkritik bei Äußerung in kommunalpolitischer Auseinandersetzung*; BVerfG-K, NJW 2006, 3266 – *Bezeichnung eines Arztes als „Mengele des DDR-Doping-Systems"*; BVerfG-K, NJW 2006, 3769 – *Kollektivbeleidigung durch Abtreibungsgegner*; BVerfG-K, NJW 2007, 1194 – *Beleidigung in persönlicher Korrespondenz eines Strafgefangenen*; BVerfG-K, NJW 2008, 1654 – *Gegendarstellungsanspruch*; BVerfG-K, NVwZ 2008 – *„Nationaler Widerstand"*; BVerwGE 72, 183 – *Friedenszeichen im Freistempelabdruck*; BVerwGE 84, 292 – *Tragen einer Anti-Atom-Plakette durch Lehrer im Schulunterricht*; BVerwG, NJW 2009, 98 – *Verbot einer Gedenkveranstaltung für Rudolf Hess*; BVerfG, NJW 2015, 2022 – *FCK CPS*; BVerfG, NJW 2016, 2643 – *A.C.A.B.*; *s. jetzt aber s. jetzt aber BVerfG (3. Kammer des 1. Senats) NJW 2017, 2607: Strafgerichtliche Verurteilung wegen Beleidigung von Polizeibeamten (A. C. A. B.) begegne keinen verfassungsrechtlichen Bedenken*; BVerfG, NJW 2016, 2870 – *Einordnung der Äußerung einen Rechtsanwalts als Schmähkritik*; BVerfG, NVwZ 2016, 761 – *Fall Kachelmann (Schutz emotionaler Äußerungen, Recht auf Gegenschlag)*; BVerfG, NJW 2017, 1460 – *„Obergauleiter der SA-Horden"*; BVerfG, ZUM-RD 2001, 56 – *Schockwerbung Benetton*; EGMR, NJW 2006, 591 – *Presseberichterstattung über Strafverfahren gegen Ehemann einer Abgeordneten*; KG, MMR 2019, 175 – *Eingeschränkte Verpflichtung zur Werbekennzeichnung von Influencer-Posts*; VG Dresden, LKV 2019, 139 – *Presserechtliche Auskünfte über Beschäftigung eines wegen Volksverhetzung rechtskräftig verurteilten Polizeibeamten.*

I. Überblick und Normstruktur

Art. 5 Abs. 1 gewährleistet die Meinungs-, Informations-, Presse-, Rundfunk- und Filmfreiheit. Ihre Gegenstände lassen sich für den ersten Zugriff wie folgt skizzieren:
Meinungsäußerungen sind in erster Linie Werturteile, gleichgültig auf welchen Gegenstand sie sich beziehen und welchen Inhalt sie haben. *Informationsquelle* ist zum einen jeder denkbare Träger von Informationen, zum anderen der Gegenstand der Information selbst. *Presse* meint alle zur Verbreitung geeigneten und bestimmten Druckerzeugnisse, aber auch Ton- und Bildträger. Mit *Rundfunk* ist jede an eine unbestimmte Vielzahl von Personen gerichtete drahtlose oder auch drahtgebundene Übermittlung von Gedankeninhalten durch physikalische Wellen gemeint. Ein *Film* schließlich ist gekennzeichnet durch die Übermittlung von Gedankeninhalten durch Bilderreihen.

Ungeachtet der insoweit leicht missverständlichen Formulierung hinsichtlich der Rundfunkfreiheit, enthält Art. 5 Abs. 1 *fünf je eigene Freiheitsverbürgungen*, die selbstständig nebeneinander stehen, obwohl ein innerer Zusammenhang zwischen ihnen gegeben ist.¹ Die einzelnen Grundrechte des Art. 5 Abs. 1 bauen teilweise aufeinander auf und schaffen die Voraussetzungen füreinander.²

614 Eine *gemeinsame Schrankenregelung* der Kommunikationsfreiheiten des Art. 5 Abs. 1 findet sich in Art. 5 Abs. 2. Die Vorschrift enthält einen qualifizierten Gesetzesvorbehalt, wobei von den drei Schranken des Art. 5 Abs. 2 vor allem die Schranke der „allgemeinen Gesetze" von Bedeutung ist.³

Hinzu treten sog. verfassungsimmanente Schranken, wie sie sich insbesondere aus dem Schutz der Menschenwürde oder des Persönlichkeitsrechtes ergeben können. Eingriffsermächtigungen ergeben sich auch aus Art. 17a Abs. 1, der einen einfachen Gesetzesvorbehalt für die Einschränkung der Meinungsfreiheit Wehr- und Ersatzdienstleistender enthält. Des Weiteren können die Staatsschutzbestimmungen der Art. 9 Abs. 2, 18 und 21 Abs. 2 im Rahmen der Kommunikationsfreiheiten Bedeutung erlangen.

Das Verbot (präventiver) Zensur (sog. *Zensurverbot*) in Art. 5 Abs. 1 S. 3 bildet demgegenüber eine „absolute Eingriffsschranke"⁴, die für alle Grundrechte des Art. 5 Abs. 1 gilt. Das Zensurverbot also stellt kein Grundrecht dar.⁵

II. Die Grundrechte des Art. 5 Abs. 1 im Einzelnen

1. Die Freiheit der Meinungsäußerung, Art. 5 Abs. 1 S. 1 Hs. 1

615 a) **Überblick.** Nach Auffassung des BVerfG ist das Grundrecht auf freie Meinungsäußerung

> „als unmittelbarster Ausdruck der menschlichen Persönlichkeit in der Gesellschaft eines der vornehmsten Menschenrechte überhaupt. Für eine freiheitlich-demokratische Staatsordnung ist es schlechthin konstituierend, denn es ermöglicht erst die ständige geistige Auseinandersetzung, den Kampf der Meinungen, der ihr Lebenselement ist."⁶

616 Die Meinungsfreiheit des Art. 5 Abs. 1 bildet die *wesentliche Grundlage des politischen und öffentlichen Meinungsbildungsprozesses* und damit auch die Basis einer pluralistischen Demokratie.⁷ Wegen dieser Fundamentalbedeutung des Art. 5 Abs. 1 S. 1 kommt der Meinungsfreiheit bei der Normsetzung, Auslegung und Anwendung des einfachen Rechts besondere Bedeutung zu.⁸

617 b) **Schutzbereich. – aa) Persönlicher Schutzbereich.** Träger der Meinungsfreiheit (Art. 5 Abs. 1 S. 1 Hs. 1) sind zunächst natürliche Personen. Juristische Personen haben zwar keine Meinung im kognitiven Sinn, können aber durch Be-

---

1 Vgl. *Wendt*, in: v. Münch/Kunig, GG, Art. 5 Rn. 1.
2 Vgl. *Starck/Paulus*, in: v. Mangoldt/Klein/Starck, GG, Art. 5 Rn. 5.
3 Die Schrankenregelung wird daher zusammenfassend nach der Darstellung der einzelnen Schutzbereiche erörtert, s. unten Rn. 648 ff.
4 BVerfGE 33, 52, 53 – *Verbringungsgesetz*.
5 Ebenso *Bethge*, in: Sachs, GG, Art. 5 Rn. 129; *Kingreen/Poscher*, Grundrechte, Rn. 649; *Ipsen*, Staatsrecht II, Rn. 492.
6 BVerfGE 7, 198, 208 – *Lüth*.
7 BVerfG, NJW 2005, 1341, 1342 – *GPS-Observation*; zur Bedeutung der Meinungsfreiheit etwa *Katz*, Staatsrecht, Rn. 725 m. w. N.
8 Vgl. BVerfG, NVwZ 2016, 761, Rn. 23 – *Fall Kachelmann*: Gerichte müssen „… die betroffenen Grundrechte interpretationsleitend berücksichtigen und ihrer Bedeutung und Tragweite Rechnung tragen, damit der wertsetzende Gehalt der Grundrechte auch auf der Rechtsanwendungsebene gewahrt bleibt"; zu damit verbundenen Drittwirkungsfragen vgl. unten Rn. 625 ff.

schlüsse ihrer Organe zu Werturteilen[9] und damit zu einer Meinung kommen,[10] die Meinungsfreiheit ist daher ihrem Wesen nach auch auf inländische juristische Personen und Personenvereinigungen anwendbar (Art. 19 Abs. 3).[11]

618 Staatliche Stellen können sich nicht auf die Meinungsfreiheit berufen.[12]

> **Bsp.:** In Greifswald soll ein Bauauftrag für eine Sporthalle vergeben werden. Oberbürgermeister O rät in der Sitzung der Bürgerschaft davon ab, Unternehmer U einzusetzen, dieser habe „bisher nur Pfusch abgeliefert". Da O hier in amtlicher Position tätig war, fällt seine Äußerung schon hinsichtlich des persönlichen Schutzbereichs nicht unter die Meinungsfreiheit (Art. 5 Abs. 1 S. 1 Hs. 1).[13]

bb) Sachlicher Schutzbereich

> **Fall 17:** A ist begeisterter Fußballfan und besucht mit ein paar Freunden ein Spiel in einem Stadion. Vor dem und im Stadion befinden sich auch Polizeikräfte zum Absichern der Veranstaltung. Im Laufe des Spiels halten A und seine Freunde Plakate mit der Aufschrift „ACAB!" hoch. Dafür wurden sie wegen Beleidigung (§ 185 StGB) der im Stadion befindlichen Beamten verurteilt. Ist die strafrechtliche Verurteilung mit der Meinungsfreiheit vereinbar?

619 **(1) Meinung.** Unter den Begriff der Meinung i. S. v. Art. 5 Abs. 1 S. 1 werden zunächst alle Werturteile gefasst, unabhängig von Art (Äußerung in „Wort, Schrift und Bild") und Inhalt. Der Schutz der Meinungsfreiheit bezieht sich auch nicht etwa nur auf günstig aufgenommene oder als unschädlich angesehene Äußerungen, sondern auch auf solche, die verletzen, schockieren oder beunruhigen (wollen). Nur so kann die Meinungsfreiheit ihrem Sinn gerecht werden, Pluralität, Toleranz und offene Geisteshaltung – Funktionsvoraussetzungen einer demokratischen Gesellschaft – sicherzustellen.[14]

Der Begriff der Meinung ist grundsätzlich weit auszulegen.[15] Konstitutiv für die Bestimmung dessen, was als Äußerung einer „Meinung" vom Schutz des Art. 5 Abs. 1 umfasst wird, ist

> „das Element der Stellungnahme, des Dafürhaltens, des Meinens im Rahmen einer geistigen Auseinandersetzung; auf den Wert, die Richtigkeit, die Vernünftigkeit der Äußerung kommt es nicht an."[16]

620 Meinungen sind im *Unterschied zu Tatsachenbehauptungen*[17]

> „durch die subjektive Einstellung des sich Äußernden zum Gegenstand der Äußerung gekennzeichnet. Sie enthalten sein Urteil über Sachverhalte, Ideen oder Personen. Auf diese persönliche Stellungnahme bezieht sich der Grundrechtsschutz. Er besteht deswegen unabhängig davon, ob die Äußerung rational oder emotional, begründet oder grundlos ist und ob sie von anderen für nützlich oder schädlich, wertvoll oder wertlos gehalten wird."[18]

---

9 Zum Begriff des Werturteils sogleich Rn. 620.
10 So auch *Sachs*, Verfassungsrecht II, Teil II, Kap. 17 Rn. 14.
11 Vgl. zu juristischen Personen und Personenvereinigungen allgemein oben Rn. 125 ff.
12 Dazu allgemein oben Rn. 130.
13 Ähnlich BVerwG, Buchholz 415.1 Nr. 133.
14 EGMR, NJW 2006, 591, 592 – *Presseberichterstattung über Strafverfahren gegen Ehemann einer Abgeordneten*.
15 BVerfGE 61, 1, 9 – *Meinungsäußerung im Wahlkampf*.
16 BVerfGE 61, 1, 8 – *Meinungsäußerung im Wahlkampf*.
17 Zu Tatsachenbehauptungen ausführlich Rn. 626 ff.
18 BVerfGE 93, 266, 289 – *Soldaten sind Mörder*.

621 Aufgrund der Subjektivität der Wertung wird bei einer Meinung nicht zwischen „wahr" und „falsch" unterschieden.[19] Meinungen sind vielmehr *Ansichten, Auffassungen, Überzeugungen, Wertungen, Urteile, Einschätzungen oder Stellungnahmen*.[20]

Einzelne Beispiele:
- Brief eines Strafgefangenen, der beleidigende Äußerungen über den Anstaltsleiter enthält;[21]
- Verwendung des „Friedenszeichens" durch „Greenpeace" als Freistempel auf Briefumschlägen;[22]
- Meinungsäußerungen im Wahlkampf („CSU als NPD Europas");[23]
- Verteilung eines unternehmenskritischen Flugblattes auf der Jahreshauptversammlung.[24]

622 Auch wenn die Meinungsfreiheit für die Demokratie schlechthin konstituierend ist[25], beschränkt sich ihr Schutz nicht allein auf die Gewährleistung eines geistigen Meinungskampfs in öffentlichen Angelegenheiten. Emotionalisierte Äußerungen, die Reaktion auf einen vorausgegangenen Angriff auf die Ehre sind, werden von der Meinungsfreiheit umfasst, auch wenn sie zum Teil nicht vollständig von Sachlichkeit getragen sind („Recht auf Gegenschlag").[26]

Selbst *abwertende Äußerungen* über Ereignisse oder Personen stellen schutzwürdige Meinungen dar. Das ergibt sich in systematischer Auslegung aus dem Zusammenspiel von Art. 5 Abs. 1 und 2. Denn wenn die Meinungsfreiheit nach Art. 5 Abs. 2 ihre Schranke u. a. im Recht der persönlichen Ehre findet, müssen ehrbeeinträchtigende Äußerungen vom Schutzbereich der Meinungsfreiheit umfasst sein, weil andernfalls die Schranke der persönlichen Ehre leerliefe.[27]

Lösung Fall 17: Das von A hochgehaltene Transparent müsste sich als Äußerung einer Meinung darstellen. Das ist der Fall, wenn in ihm ein Werturteil zum Ausdruck kommt, eine Stellungnahme, die durch das Element des Dafürhaltens gekennzeichnet ist. Die in dem Akronym verborgene Aussage „all cops are bastards" lässt sich als Urteil über Sachverhalte und Personen qualifizieren, das nicht von vornherein offensichtlich inhaltlos ist, sondern eine allgemeine Ablehnung von Polizisten und der Institution Polizei zum Ausdruck bringt.[28] Der Berufung auf die Meinungsfreiheit steht auch nicht der herabwürdigende Charakter der Äußerung entgegen, weil namentlich die systematische Auslegung von Art. 5 Abs. 1, 2 belegt, dass auch ehrbeeinträchtigende Äußerungen vom Schutzbereich des Art. 5 Abs. 1 S. 1 erfasst werden.

623 Bei der *Schmähkritik*, die „jenseits auch polemischer und überspitzter Kritik in der Herabsetzung der Person besteht", ist der sachliche Schutzbereich zwar grundsätzlich ebenfalls eröffnet.[29] Die Meinungsfreiheit tritt in diesen Fällen

---

19 Vgl. *Starck/Paulus*, in: v. Mangoldt/Klein/Starck, GG, Art. 5 Rn. 73.
20 So auch *Starck/Paulus*, in: v. Mangoldt/Klein/Starck, GG, Art. 5 Rn. 73, und im Anschluss daran *Wendt*, in: v. Münch/Kunig, GG, Art. 5 Rn. 8.
21 BVerfGE 33, 1 – *Strafgefangener*.
22 BVerwGE 72, 183 – *Friedenszeichen im Freistempelabdruck*.
23 BVerfGE 61, 1 – *Meinungsäußerung im Wahlkampf*.
24 BVerfGE 85, 1 – *Bayer-Aktionäre*.
25 BVerfGE 7, 198, 208 – *Lüth*; BVerfG, NJW, 2005, 1341, 1342 – *Anhalten einer an Strafgefangenen adressierten Broschüre*.
26 BVerfG, NVwZ 2016, 761, 763 – *Fall Kachelmann*.
27 BVerfGE 33, 1, 14 f. – *Strafgefangener*.
28 Vgl. dazu BVerfG, NJW 2016, 2643, Rn. 11 – *ACAB*; s. a. BVerfG, NJW 2015, 2022, Rn. 11 zum Akronym „FCKCPS".
29 So ausdrücklich BVerfGE 82, 272 – *„Zwangsdemokrat Strauß"*.

aber regelmäßig hinter den Persönlichkeitsschutz zurück.[30] Ein Verstoß gegen die Meinungsfreiheit liegt jedoch vor, wenn eine Äußerung unzutreffend als Schmähkritik, Formalbeleidigung oder Tatsachenbehauptung eingeordnet wird.[31] Da die Qualifizierung einer Meinungsäußerung als Schmähkritik dazu führt, dass der Schutz der Meinungsfreiheit verloren geht, sind bei der Einordnung einer Kritik als Schmähkritik strenge Maßstäbe anzulegen. Auch eine überzogene oder gar ausfällige Kritik macht eine Äußerung für sich genommen noch nicht zur Schmähung.[32] Auch muss bei der Prüfung der Abgrenzung zwischen Kritik und Schmähkritik der Gesamtzusammenhang bewertet werden, in dem eine Äußerung steht.[33] Unzulässig ist es insbesondere, einzelne Teile einer Äußerung – etwa eines Gedichtes – aus dem Zusammenhang herausgenommen isoliert zu bewerten.[34]

Eine Schmähkritik liegt nach Auffassung des BVerfG nur vor,

> „wenn in der Äußerung nicht mehr die Auseinandersetzung in der Sache, sondern die Diffamierung der Person im Vordergrund steht. [...] Auch eine überzogene und selbst ausfällige Kritik macht für sich genommen eine Äußerung noch nicht zur Schmähung."[35]

> **Fall 18:** S ist Verleger der B-Zeitung, einer deutschlandweit vertriebenen Tageszeitung. Ihm ist es ein Dorn im Auge, dass die W-Wochenzeitung das Programm türkischer Fernsehsender abdruckt. Dies sei ein Angriff auf die Bemühungen, Ausländer in Deutschland zu integrieren. S lässt daher ein Flugblatt mit der B-Zeitung verbreiten, in dem er dazu aufruft, die W-Zeitung nicht mehr zu kaufen und dabei ausführlich seine Argumente nennt. Die W-Zeitung erleidet tatsächlich einen Umsatzeinbruch. Sie hält dies für eine sittenwidrige Schädigung (§ 826 BGB) und klagt gegen S auf Schadensersatz.

Ein *Boykottaufruf*, dem eine bestimmte Meinungskundgabe zugrunde liegt, kann durch Art. 5 Abs. 1 S. 1 geschützt sein. Dies gilt insbesondere dann,

> „wenn er als Mittel des geistigen Meinungskampfes in einer die Öffentlichkeit wesentlich berührenden Frage eingesetzt wird, wenn ihm also keine private Auseinandersetzung, sondern die Sorge um politische, wirtschaftliche, soziale oder kulturelle Belange der Allgemeinheit zugrunde liegt."[36]

> **Lösung Fall 18:** Zwar ist S nicht an Grundrechte gebunden, bei der Auslegung des unbestimmten Rechtsbegriffs der „sittenwidrigen Schädigung" haben die Gerichte aber die Grundrechte der beteiligten Parteien zu berücksichtigen.[37] Hier streitet für die W zunächst deren Pressefreiheit (Art. 5 Abs. 1 S. 2 Hs. 1). Andererseits kann S die Meinungsfreiheit für sich in Anspruch nehmen. Zwar befindet er sich im Wettbewerb mit der W-Zeitung, was dafür spricht, dass sein Boykott-Aufruf zumindest auch wirtschaftliche und nicht nur gemeinwohlbezogene Zwecke verfolgt. Andererseits bezieht er in einer politischen Frage (Integration) Stellung und wendet sich an die potentiellen Leser der W-Zeitung, die selbst entscheiden können, ob sie den Argumenten des S folgen

---

30 BVerfGE 90, 241, 248 – *Auschwitzlüge*; BVerfGE 82, 43, 51 – *Strauß-Transparent*; s.a. *Odendahl*, in: Schmidt-Bleibtreu/Hofmann/Henneke, GG, Art. 5 Rn. 8.
31 BVerfG, NJW 2016, 2870, Rn. 14 – *Äußerung eines Rechtsanwalts als Schmähkritik*; BVerfG, NJW 2017, 1460, Rn. 17 – *„Obergauleiter der SA-Horden"*.
32 BVerfG, NJW 2017, 1460, Rn. 14 – *„Obergauleiter der SA-Horden"*.
33 BVerfG, NJW 2005, 3271, 3272 – *Verwendung von Fotomontagen in satirischen Kontexten*.
34 Zum sog. „Böhmermannfall" vgl. LG Hamburg ZUM-RD 2017, 412 sowie etwa *Hoßbach*, ZUM-RD 2017, 417 ff.
35 BVerfGE 82, 272, 284 – *„Zwangsdemokrat Strauß"*.
36 BVerfGE 25, 256, 264 – *Blinkfüer*.
37 BVerfGE 7, 198 – *Lüth*, ausführlich zur mittelbaren Drittwirkung oben Rn. 163 ff.

wollen.[38] S muss daher der Schutz der Meinungsfreiheit gewährt werden, es liegt daher keine „sittenwidrige Schädigung" vor, die Klage ist abzuweisen.

625 Voraussetzung ist stets, dass der Boykottaufruf auf *geistige Argumente* gestützt wird. Nicht der Fall ist dies bei „Androhung oder Ankündigung schwerer Nachteile und [bei] Ausnutzung sozialer oder wirtschaftlicher Abhängigkeit".[39]

Fall 19:[40] S ist das Flugblatt nicht genug. Er schreibt die Zeitschriftenhändler an und verlangt, die W-Zeitung nicht länger zu verkaufen. Händler, die dem nicht folgen wollen, würden nicht mehr mit der B-Zeitung beliefert werden. Da diese für viele Händler eine der am besten verkauften Tageszeitungen ist, beugen sich die meisten Verkäufer dem Druck und nehmen die W-Zeitung aus dem Programm. Diese klagt wiederum auf Schadensersatz.

Lösung Fall 19: Hier hat die W-Zeitung Erfolg: S nutzt die wirtschaftliche Abhängigkeit der Zeitungshändler aus, um seine Meinung durchzusetzen. An einem „geistigen Meinungskampf", einer Auseinandersetzung um die besseren Argumente ist ihm gar nicht mehr gelegen, Argumente ersetzt er durch wirtschaftlichen Druck.[41] Hier muss sich die Pressefreiheit der W durchsetzen, der Anspruch auf Schadensersatz besteht.

Hinweise für die Fallbearbeitung: Unter Zuhilfenahme dieser in der Rechtsprechung des BVerfG entwickelten Bewertungsraster (Boykottaufruf i. d. R. zulässig, wenn er Teil des geistigen Meinungskampfes ist, i. d. R. unzulässig, wenn seine Durchsetzung unter Einsatz überlegener wirtschaftlicher Macht oder Ausnutzung von Abhängigkeit erfolgt) lassen sich auch aktuell auftretende Fragestellungen lösen. Bsple: Greeenpeace ruft dazu auf, die Tankstellen eines Mineralölunternehmens zu meiden, das die Bohrinseln in der Nordsee versenkt hatte; Scientology-Kritiker rufen zum Besucherboykott eines Films („Stauffenberg") auf, weil die Hauptrolle mit einem bekennenden Scientologen besetzt wurde; Frauenverbände rufen zum Boykott eines Films auf, den ein verschiedener Sexualdelikte und sexueller Belästigungen bezichtigter Produzent verantwortet hat.

626 (2) **Tatsachenbehauptungen.** Umstritten ist, inwieweit *Tatsachenmitteilungen oder -behauptungen* vom Schutzbereich der Meinungsfreiheit erfasst werden. Im Gegensatz zur Meinung, die durch eine wertende Stellungnahme gekennzeichnet ist, kann eine Tatsachenmitteilung *„wahr"* oder *„falsch"* sein,[42] sie ist also dem Beweis zugänglich.

Die *klare Abgrenzung* von Meinungen und Tatsachenmitteilungen ist indes *praktisch unmöglich*.[43] So setzt die Bildung einer Meinung immer auch ein Tatsachenwissen des Äußernden voraus.[44] Darüber hinaus liegt bereits in der Auswahl und Präsentation der mitgeteilten Tatsachen stets auch ein wertendes Element.[45]

Bsp.: Ein nach Deutschland Geflüchteter will sich kritisch mit den Bundeswehreinsätzen in seinem Heimatland auseinandersetzen und schreibt deshalb mit roter Farbe auf das Pflaster vor dem Greifswalder Dom die Zahlen 1939-1945.

Dies gilt etwa für „die meinungsbildende Bedeutung der Nachrichtenauswahl".[46] *Im Zweifel* ist bei einem Zusammentreffen beider Elemente vom Vorliegen einer

---

38 Dieses Vorgehen wird für legitim gehalten von BVerfGE 25, 256 – *Blinkfüer*.
39 Vgl. BVerfGE 25, 256, 264 f. – *Blinkfüer*.
40 Angelehnt an BVerfGE 25, 256 – *Blinkfüer*.
41 Vgl. BVerfGE 25, 256 – *Blinkfüer*.
42 Vgl. *Starck/Paulus*, in: v. Mangoldt/Klein/Starck, GG, Art. 5 Rn. 80 f.
43 *Grabenwarter*, in: Maunz/Dürig, GG, Art. 5, Rn. 58; ebenso *Hufen*, Staatsrecht II, § 25 Rn. 7.
44 Vgl. *Starck/Paulus*, in: v. Mangoldt/Klein/Starck, GG, Art. 5 Rn. 81.
45 Vgl. *Wendt*, in: v. Münch/Kunig, GG, Art. 5 Rn. 9; *Starck*, in: v. Mangoldt/Klein/Starck, GG, 6. Auflage, Art. 5 Rn. 26.
46 *Stein/Frank*, Staatsrecht, § 38 III 1.

Meinung auszugehen, um einen effektiven Grundrechtsschutz zu gewährleisten.[47] Das BVerfG führt hierzu aus:

> „Sofern eine Äußerung durch die Elemente der Stellungnahme, des Dafürhaltens oder Meinens geprägt ist, fällt sie in den Schutzbereich des Grundrechts. Das muß auch dann gelten, wenn sich diese Elemente, wie häufig, mit Elementen einer Tatsachenmitteilung oder -behauptung verbinden oder vermischen, jedenfalls dann, wenn beide sich nicht trennen lassen und der tatsächliche Gehalt gegenüber der Wertung in den Hintergrund tritt. Würde in einem solchen Fall das tatsächliche Element als ausschlaggebend angesehen, so könnte der grundrechtliche Schutz der Meinungsfreiheit wesentlich verkürzt werden."[48]

Aus dem Schutzbereich des Art. 5 Abs. 1 sind somit nur solche Tatsachenbehauptungen ausgenommen, die nicht Voraussetzung der Bildung von Meinungen sind.[49] Dies gilt etwa für *Angaben statistischer Art* wie die Erteilung von Auskünften über die persönlichen Verhältnisse im Rahmen einer Volkszählung.[50]

Nicht vom Schutzbereich erfasst sind nach h. M. auch *erwiesen oder bewusst unwahre Tatsachenbehauptungen*.[51] Dasselbe gilt für *unrichtige Zitate*.[52]

Bsp.: Die Rechtsprechung hat etwa der „Auschwitzlüge" den Grundrechtsschutz versagt.[53]

Nach Auffassung des BVerfG gibt es für die Verbreitung unwahrer Tatsachenbehauptungen

> „[…] in der Regel keinen rechtfertigenden Grund. Das bedeutet aber nicht, dass unwahre Tatsachenbehauptungen von vornherein aus dem Schutzbereich der Meinungsfreiheit herausfallen. Zwar hat das BVerfG festgestellt, dass unrichtige Information unter dem Blickwinkel der Meinungsfreiheit kein schützenswertes Gut sei. Außerhalb des Schutzbereichs von Art. 5 Abs. 1 S. 1 liegen aber nur bewusst unwahre Tatsachenbehauptungen und solche, deren Unwahrheit bereits im Zeitpunkt der Äußerung unzweifelhaft feststeht. Alle übrigen Tatsachenbehauptungen mit Meinungsbezug genießen den Grundrechtsschutz, auch wenn sie sich später als unwahr herausstellen."[54]

In neuerer Zeit ist die Zuordnung sog. Meinungsroboter („Social Bots") zum Schutzbereich des Art. 5 Abs. 1 S. 1 fraglich geworden. Bei *„Social Bots"* handelt es sich Computerprogramme, die auf Internetplattformen den Besuchern eine menschliche Identität vortäuschen. Sie können u. a. ein Social-Media-Profil automatisch steuern.[55] Social Bots schreiben eigene, meist aus einer Liste vorformulierter Aussagen stammende Posts, sie teilen Mitteilungen Dritter, sie „liken" oder „retweeten".[56] Sie können aber auch von politischen Parteien eingesetzt werden, um etwa der von der Partei präferierten Sichtweise auf ein soziales oder gesellschaftliches Phänomen (etwa Flüchtlingsbewegung) dadurch Unterstützung zu

---

47 *Manssen*, Grundrechte, Rn. 359.
48 BVerfGE 61, 1, 9 – Meinungsäußerung im Wahlkampf.
49 So auch *Bethge*, in: Sachs, GG, Art. 5 Rn. 27.
50 Vgl. *Manssen*, Grundrechte, Rn. 359 unter Hinweis auf BVerfGE 65, 1, 40 f. – *Volkszählung*.
51 Siehe *Bethge*, in: Sachs, GG, Art. 5 Rn. 28 m. w. N.; vgl. auch *Jarass*, in: Jarass/Pieroth, GG, Art. 5 Rn. 7; a. A. *Wendt*, in: v. Münch/Kunig, GG, Art. 5 Rn. 10; *Ipsen*, Staatsrecht II, Rn. 418; Kingreen/Poscher, Grundrechte, Rn. 655.
52 Siehe *Bethge*, in: Sachs, GG, Art. 5 Rn. 28 m. w. N.
53 BVerfGE 90, 241, 249 – *Auschwitzlüge*.
54 BVerfGE 99, 185, 197 – *Bezeichnung als Scientology-Mitglied*.
55 *Milker*, InTer 2017, 199, 200 – *Gesetzgeberische Maßnahmen auf dem Prüfstand*.
56 *Dankert/Dreyer*, K&R 2017, 73 – *Grenzenloser Einfluss auf den Meinungsbildungsprozess?*

verschaffen, dass die Programme den Eindruck erwecken, die Sichtweise der Partei würde von vielen Menschen geteilt. Dazu können Social Bots auf Äußerungen realer Menschen reagieren, indem sie etwa deren Auffassung verstärken oder kritisieren. Sie sind indes nicht nur auf passives reagieren beschränkt, sondern schaffen aktiv eigene Inhalte, indem sie selbst Beiträge verfassen oder kommentieren.[57] Dabei gerieren sich die „Social Bots" als reale Nutzer einer Plattform. In Wahrheit findet mit realen Usern eine durch Algorithmen ausgelöste automatische Kommunikation statt, bei der aber das automatisch ausgelöste Kommunikationsverhalten von demjenigen realer Menschen für Dritte nicht unterscheidbar ist, die infolgedessen glauben, mit realen Menschen in Kontakt zu treten.[58] Die „Entlarvung" von Social Bots wird zudem deshalb immer schwieriger, weil die Bots immer echter wirken, etwa indem sie sich gegenseitig auf Twitter folgen oder bei Facebook befreunden können.[59]

631 Grundsätzlich ist der Schutzbereich der Meinungsfreiheit wegen deren Fundamentalbedeutung weit auszulegen und erfasst insbesondere auch die Art und Weise, in der eine Teilnahme am Meinungskampf erfolgt sowie die Auswahl der Verbreitungsmittel, die dem Grundrechtsträger obliegt. Auch wird man die Äußerungen eines solchen Roboters demjenigen zurechnen können, der hinter dem Algorithmus steht. Die *Rechtsprechung* des BVerfG zielt wie erwähnt darauf ab, bewusst *unwahre Tatsachenbehauptungen nicht* in den Schutzbereich der Meinungsfreiheit zu ziehen. Bei Social Bots wird allerdings „nur" über die *Modalität der Meinungsäußerung* („Maschine statt Mensch") getäuscht. Hinzu kommt, dass sich die in „täuschender Form" wiedergegebenen Informationen häufig mit inhaltlichen Positionen der die Social Bots Einsetzenden verbinden werden (im obigen Beispiel zu Integrationsfragen), so dass jedenfalls in derartigen Fällen der Schutzbereich der Meinungsfreiheit eröffnet sein kann.

632 (3) **Einzelfragen.** *Über Tatsachenbehauptungen und Werturteile hinaus sind auch Fragen* in den Schutzbereich des Art. 5 Abs. 1 einbezogen. *Echte Fragen* sind hinsichtlich der Meinungsfreiheit Werturteilen gleichzustellen. Zu beachten ist aber, dass nicht jeder als Frage formulierter Satz als Frage einzuordnen ist.[60] So sind *rhetorische Fragen* nur scheinbar Fragen:

> „Sie werden nicht um einer – inhaltlich noch nicht feststehenden – Antwort willen geäußert, sondern bilden vielmehr Aussagen, die rechtlich entweder wie ein Werturteil oder wie eine Tatsachenbehauptung zu behandeln sind. [...] Die Unterscheidung zwischen echten und rhetorischen Fragen muss nach der Rechtsprechung des BVerfG mit Hilfe von Kontext und Umständen der Äußerung erfolgen. [...] Bei der Klärung, ob eine Äußerung eine wirkliche Frage oder bloß eine rhetorische Frage darstellt, ist im Interesse eines wirksamen Grundrechtsschutzes im Zweifel von einem weiten Fragebegriff auszugehen."[61]

> **Klausurhinweis:** Bei Fragen ist also zunächst zu untersuchen, ob eine echte oder eine rhetorische Frage vorliegt. Echte Fragen fallen in den Schutzbereich der Meinungsfreiheit. Bei einer rhetorischen Frage ist weiter zu untersuchen, ob sie eine Meinungsäußerung oder eine Tatsachenbehauptung darstellt. Nur im letzteren Fall könnte die Frage aus dem Schutzbereich fallen (z. B. „Auschwitzlüge" in Form einer rhetorischen Frage).

---

57 *Milker*, ZUM 2017, 216 – „Social-Bots" im Meinungskampf.
58 *Steinbach*, ZRP 2017, 101, 102 – „Social-Bots" im Wahlkampf.
59 *Milker*, ZUM 2017, 216 – „Social Bots" im Meinungskampf.
60 BVerfGE 85, 23, 32 – *Echte und rhetorische Fragen.*
61 BVerfG, NJW 2003, 660, 661 – *Meinungsfreiheit und strafgerichtliche Verurteilung wegen Volksverhetzung.*

Geschäftliche Werbung kann eine nach Art. 5 Abs. 1 geschützte Meinung sein, obwohl sie dazu bestimmt ist, wirtschaftliche Vorteile zu erzielen.[62] Nach Auffassung des BVerfG kann das Grundrecht der Meinungsfreiheit für eine *Wirtschaftswerbung* jedoch **633**

> „allenfalls in Anspruch genommen werden, wenn die Werbung einen wertenden, meinungsbildenden Inhalt hat oder Angaben enthält, die der Meinungsbildung dienen."[63]

Allerdings gibt es auch gute Argumente, Werbung auch dann in den Schutzbereich fallen zu lassen, wenn diese keine über Werbung hinausgehende Zwecke verfolgt.[64] Eine Korrektur ist immer noch auf Rechtfertigungsebene möglich. **634**

Als *negative Meinungsfreiheit* schützt Art. 5 Abs. 1 die Freiheit, seine Meinung nicht zu äußern und nicht zu verbreiten.[65] Neben dem Recht, seine eigene Meinung zu verschweigen, zählt hierzu auch die Freiheit, „fremde Meinungen nicht als eigene Meinungen äußern und verbreiten zu müssen".[66] **635**

Im Rahmen von *Produkthinweispflichten* („Rauchen gefährdet die Gesundheit") ist fraglich, ob in die negative Meinungsfreiheit der Produzenten und Händler eingegriffen wird.[67] Das BVerfG hat dies ursprünglich verneint. Vielmehr soll die staatliche Kennzeichnungspflicht *allein am Maßstab der Berufsfreiheit zu messen* sein.[68] Etwas anderes würde allerdings gelten, **636**

> „wenn die Warnhinweise nicht deutlich erkennbar Äußerung einer fremden Meinung wären, sondern dem Produzenten der Tabakerzeugnisse zugerechnet werden könnten."[69]

Da seit 2002[70] der Zusatz „Die EG-Gesundheitsminister:" nicht mehr vor die Warnhinweise gesetzt werden darf, ist davon auszugehen, dass die Äußerung dem Produzenten der Tabakerzeugnisse zugerechnet werden kann. Folglich ist der Aufdruck auch an der negativen Meinungsfreiheit zu messen. Allerdings ändert dies nichts an dessen Verfassungsmäßigkeit. **637**

Die Meinungsfreiheit schützt das Recht des Einzelnen, *„seine Meinung in Wort, Schrift und Bild frei zu äußern und zu verbreiten"*. Die Modalitäten der Meinungsäußerung sind damit nicht abschließend erfasst.[71] In Betracht kommen *„auch bildhafte und suggestive Meinungsäußerungen"* durch Gesten" oder die „Verwendung von Symbolen".[72] Soweit eine Meinungsäußerung – eine Ansicht, ein Werturteil oder eine bestimmte Anschauung – in einem Bild zum Ausdruck kommt, fällt auch dieses in den Schutzbereich von Art. 5 Abs. 1 S. 1.[73] **638**

---

62 Vgl. *Starck/Paulus*, in: v. Mangoldt/Klein/Starck, GG, Art. 5 Rn. 79; ebenso *Jarass*, in: Jarass/Pieroth, GG, Art. 5 Rn. 5.
63 BVerfGE 71, 162, 175 – *Frischzellentherapie*; BVerfGE 95, 173, 182 – *Warnhinweise auf Tabakverpackungen*; BVerfGE 102, 347, 359 – *Schockwerbung I*.
64 Ausführlich dazu *Hufen*, Staatsrecht II, § 25 Rn. 9.
65 Vgl. BVerfGE 65, 1, 40 – *Volkszählung*.
66 Vgl. *Kingreen/Poscher*, Grundrechte, Rn. 659.
67 Ausführlich zu dieser Frage *Di Fabio*, NJW 1997, 2863.
68 So BVerfGE 95, 173, 182 f. – *Warnhinweise auf Tabakverpackungen*.
69 BVerfGE 95, 173, 182 – *Warnhinweise auf Tabakverpackungen*.
70 Vgl. dazu § 7 TabakProdV. Die TabakProdV ist im Dezember 2002 in Kraft getreten.
71 Vgl. *Grabenwarter*, in: Maunz/Dürig, GG, Art. 5 Rn. 82.
72 Siehe *Jarass*, in: Jarass/Pieroth, GG, Art. 5 Rn. 12.
73 BVerfG, ZUM-RD 2001, 56, 60 – *Schockwerbung Benetton*.

Einzelne Beispiele: Aktion zur Sammlung von Unterschriften,[74] Tragen von Plaketten[75] oder Uniformen[76] als Ausdruck politischer Gesinnung.

639 Ebenfalls vom Schutzbereich erfasst ist die „*Wahl des Ortes und der Zeit einer Äußerung*"[77] sowie das Recht des Meinungsäußernden, dass seine Äußerung beim Empfänger ankommt.[78]

640 Das Anhalten von Briefen Straf- oder Untersuchungsgefangener eröffnet daher den Schutzbereich der Meinungsfreiheit.[79]

2. Die Informationsfreiheit, Art. 5 Abs. 1 S. 1 Hs. 2

Literatur:
Bettermann, K. A., Publikationsfreiheit für erschlichene Informationen?, NJW 1981, 1065; *Bohne, M.*, Die Informationsfreiheit und der Anspruch von Datenbankbetreibern auf Zugang zu Gerichtsentscheidungen, NVwZ 2007, 656; *Brink, S./Wirtz, S.*, Die verfassungsrechtliche Verankerung der Informationszugangsfreiheit, NVwZ 2015, 1166; *Di Fabio, U.*, Information als Gestaltungsmittel, JuS 1997, 1; *Diekmann, J.*, Zur Zulassung von Ton- und Fernseh-Rundfunkaufnahmen in Gerichtssälen: „Drum prüfe, wer sich ewig bindet!", NJW 2001, 2451; *Ernst, S.*, Kameras im Gerichtssaal, ZUM 1996, 187; *Fikentscher, W./Möllers, T.*, Die (negative) Informationsfreiheit als Grenze von Werbung und Kunstdarbietung, NJW 1998, 1337; *Gallwas, H.-U.*, Der allgemeine Konflikt zwischen Recht auf informationelle Selbstbestimmung und der Informationsfreiheit, NJW 1992, 2785; *Hinz, W.*, Verbot der Anbringung einer eigenen Parabolantenne, JR 2008, 154; *Jutzi, S.*, Informationsfreiheit und Rundfunkgebührenpflicht, NVwZ 2008, 603; *Kloepfer, M.*, Informationsfreiheit und Datenschutz: Zwei Säulen des Rechts der Informationsgesellschaft, DÖV 2003, 221; *Knothe, M./Wackel, E.*, „Angeklagt vor laufender Kamera", ZRP 1996, 106; *Kugelmann, D.*, Informationsfreiheit als Element moderner Staatlichkeit, DÖV 2005, 851; *Lerche, P.*, Aktuelle Grundfragen der Informationsfreiheit, Jura 1995, 561; *Lüdemann, J.*, Grundrechtliche Vorgaben für die Löschung von Beiträgen in sozialen Netzwerken, MMR 2019, 279; *Lutz, H.*, Gerichtsberichterstattung, Jura 2007, 230; *Meinhold, S.*, Informationszugangsrecht und Datenschutzgrundverordnung im Einklang, LKV 2018, 341; *Nolte, R.*, Die Gewährleistung des Zugangs zu Daten der Exekutive durch das Grundrecht der Informationsfreiheit, NVwZ 2018, 521; *Roßnagel, A.*, Konflikte zwischen Informationsfreiheit und Datenschutz?, MMR 2007, 16; *Schmidt, R.*, Parabolantenne ja – Wohnung nein? – BVerfGE 93, 381, JuS 1997, 701; *Schmidt-Jortzig, E.*, Meinungs- und Informationsfreiheit, in: Isensee, J./Kirchhof, P. (Hrsg.), Handbuch des Staatsrechts der Bundesrepublik Deutschland, Band VII, 3. Auflage 2009, § 162; *Schmehl, A./Richter, E.*, Referendarexamensklausur – Öffentliches Recht: Virtuelles Hausverbot und Informationsfreiheit, JuS 2005, 817; *Schoch, F.*, Das Grundrecht der Informationsfreiheit, Jura 2008, 25; *Stock, M./Achelpöhler, D.*, Der praktische Fall: Kabelanschluss und Parabolantenne, JuS 1998, 245; *Tettinger, P. J.*, Schutz der Kommunikationsfreiheiten im deutschen Verfassungsrecht, JZ 1990, 846; *Tinnefeld, M.*, Sapere aude! Über Informationsfreiheit, Privatheit und Raster, NJW 2007, 625; *Töpper, B.*, Die Fernsehkamera im Gerichtssaal, DRiZ 2002, 443; *Zuck, R.*, Mainstream-Denken contra Medienöffentlichkeit – Zur Politik der n-tv-Entscheidung des BVerfG, NJW 2001, 1623.

Rechtsprechung:
BVerfGE 15, 288 – *Rundfunkgerät in der U-Haft*; BVerfGE 27, 71 – *Einfuhrverbot Leipziger Volkszeitung*; BVerfGE 27, 88 – Einziehung *„Der Demokrat"*; BVerfGE 33, 52 – *Filmeinfuhrverbot*; BVerfGE 66, 116 – *Wallraff/Springer*; BVerfGE 90, 27 – *Parabolantenne*; BVerfGE 103,

---

74 BVerfGE 44, 197 – *politische Betätigung in der Bundeswehr*.
75 BVerfGE 71, 108 – *Anti-Atom-Plakette*.
76 BVerfG, NJW 1982, 1803 – *Verbotenes Uniformtragen in der Öffentlichkeit*.
77 Vgl. BVerfGE 93, 266, 289 – *Soldaten sind Mörder*; ebenso *Bethge*, in: Sachs, GG, Art. 5 Rn. 26a.
78 So auch *Jarass*, in: Jarass/Pieroth, GG, Art. 5 Rn. 9.
79 Vgl. BVerfGE 33, 1, 14 ff. – *Strafgefangener*; BVerfGE 35, 35, 39 – *Untersuchungsgefangener*; BVerfG, NJW 2005, 1341.

44 – *Fernsehaufnahmen im Gerichtssaal*; BVerfGE 117, 244 – *CICERO*; BVerfGE 119, 309 – *Fernsehberichterstattung, Sitzungspolizei*; BVerfG, NJW 1986, 1243 – *Akteneinsicht*; BVerfG, NJW 1996, 581 – *Kamera im Gerichtssaal*; BVerfG, NJW 2013, 2180 – *Parabolantenne II.*

a) Überblick. Die Informationsfreiheit ergänzt das Grundrecht der Meinungsfreiheit aus der Perspektive des Empfängers.[80] Sie ist *Voraussetzung einer verantwortlichen Meinungsbildung* und damit der Meinungsfreiheit selbst.[81] Die Informationsfreiheit ist aber kein Vorstadium auf dem Weg zur Meinungsfreiheit, sondern ein eigenständiges Grundrecht.[82] **641**

Die Gewährleistung der Informationsfreiheit ist *eine Neuheit in der deutschen Verfassungsgeschichte* und stellt eine Reaktion des Grundgesetzes auf das Verbot im nationalsozialistischen Staat, ausländische „Feindsender" zu hören, dar.[83] **642**

b) Schutzbereich. – aa) Persönlicher Schutzbereich. Von der Informationsfreiheit geschützt ist jede natürliche Person sowie inländische juristische Personen und Personenvereinigungen. Nicht von Bedeutung ist dabei, ob die betroffene Person die Information auch tatsächlich versteht.[84] **643**

bb) Sachlicher Schutzbereich. Die Informationsfreiheit schützt die Freiheit, sich aus allgemein zugänglichen Quellen ungehindert zu unterrichten. Unter einer Informationsquelle ist jeder denkbare Träger von Informationen, aber auch der Gegenstand der Information selbst zu verstehen.[85] Zu den Quellen zählen nicht nur konventionelle Informationsträger, sondern auch neue Kommunikationsmittel wie das Internet oder digitales Fernsehen.[86] Unerheblich ist auch, ob die Informationen private oder öffentliche Angelegenheiten zum Gegenstand haben und ob sie überwiegend Meinungen oder eher Tatsachen beinhalten.[87] **644**

Allgemein zugänglich ist eine Informationsquelle, **645**

> „wenn sie technisch geeignet und bestimmt ist, der Allgemeinheit, d. h. einem individuell nicht bestimmbaren Personenkreis, Informationen zu verschaffen."[88]

Entscheidend ist die *tatsächliche, nicht die rechtliche Zugänglichkeit*.[89] Die Eigenschaft als allgemein zugängliche Quelle geht daher nicht verloren, wenn **646**

> „durch staatliche Maßnahmen wie Einziehungen, Importverbote oder -beschränkungen die Möglichkeit des allgemeinen Zugangs beeinträchtigt wird. Solche Beschränkungen, die dem ungehinderten Zugang zur Informationsquelle entgegenstehen, beseitigen nicht die Allgemeinzugänglichkeit. Entscheidend ist allein die tatsächliche Art der Abgabe der Information, nicht die staatliche Bestimmung oder Verfügung. […] Dem Ein-

---

80 Ebenso *Bethge*, in: Sachs, GG, Art. 5 Rn. 52.
81 Zur Informationsfreiheit als Voraussetzung der Meinungsfreiheit *Grabenwarter*, in: Maunz/Dürig, GG, Art. 5 Abs. 1, 2 Rn. 75 f.
82 Vgl. *Hufen*, Staatsrecht II, § 26 Rn. 4.
83 Siehe zur Entstehungsgeschichte *Stein/Frank*, Staatsrecht, § 38 V.
84 Vgl. *Hufen*, Staatsrecht II, § 26 Rn. 11.
85 Vgl. *Herzog*, in: Maunz/Dürig, GG, Art. 5 Abs. 1, 2 Rn. 87; *Schmidt-Jortzig*, in: HStR VII, § 162 Rn. 36.
86 So auch *Bethge*, in: Sachs, GG, Art. 5 Rn. 54.
87 Vgl. *Jarass*, in: Jarass/Pieroth, GG, Art. 5 Rn. 22.
88 BVerfG 27, 71, 84 – *Einfuhrverbot Leipziger Volkszeitung*; siehe auch BVerfGE 90, 27, 32 – *Parabolantenne*; BVerfGE 103, 44, 60 – *Fernsehaufnahmen im Gerichtssaal*.
89 Ebenso *Wendt*, in: v. Münch/Kunig, GG, Art. 5 Rn. 23; vgl. auch BVerfGE 33, 52, 65 – *Filmeinfuhrverbot*.

zelnen soll ermöglicht werden, sich seine Meinung auf Grund eines weitgestreuten Informationsmaterials zu bilden. Er soll bei der Auswahl des Materials keiner Beeinflussung durch den Staat unterliegen. Da die Informationsfreiheit infolge ihrer Verbindung mit dem demokratischen Prinzip gerade auch dazu bestimmt ist, ein Urteil über die Politik der eigenen Staatsorgane vorzubereiten, muss das Grundrecht vor Einschränkungen durch diese Staatsorgane weitgehend bewahrt werden."[90]

Fall 20:[91] W schleicht sich unter einer falschen Identität in die Redaktion der B-Zeitung ein, um dort Interna der Redaktion zu erfahren und diese in einem „Enthüllungsroman" zu veröffentlichen. Daneben hat er auch Informationen aus einem Archiv der BZeitung, das Ausgaben der letzten 50 Jahre enthält und nach Anmeldung von jedermann ohne weitere Prüfung der Person eingesehen werden kann. Als die B-Zeitung ihn verklagt, beruft er sich unter anderem auf die Informationsfreiheit. Zu Recht?

Lösung Fall 20: Weder die Redaktionsräume noch die dort vorhandenen Aufzeichnungen sind dazu bestimmt, der Allgemeinheit zugänglich zu sein, es liegt also keine allgemein zugängliche Informationsquelle vor. W kann sich nicht auf die Informationsfreiheit berufen.
Etwas anderes gilt im Hinblick auf das Archiv: Bei den archivierten Zeitungsausgaben handelt es sich um Informationsträger. Diese sind auch dazu bestimmt, einem nicht individuell festgelegten Personenkreis zur Verfügung zu stehen, da die B-Zeitung grundsätzlich jedermann Zutritt zum Archiv gewährt. Es handelt sich also um eine allgemein zugängliche Informationsquelle.

647 Allgemein zugänglich sind insbesondere *Massenkommunikationsmittel.*

Beispiele: Zeitungen, Zeitschriften, Hörfunk- und Fernsehsendungen, darüber hinaus Bilder, Bücher, Filme, Handzettel, Flugblätter, Plakate an Litfaßsäulen, aber auch moderne Medien wie das Internet.[92]
Keine allgemein zugänglichen Quellen sind dagegen Behördenakten,[93] private Archive und betriebliche Aufzeichnungen, die nicht zur Veröffentlichung bestimmt sind, hier fehlt es an der Widmung für die Öffentlichkeit.[94]

648 Die Informationsfreiheit schützt „nicht nur die Unterrichtung aus der Informationsquelle, sondern auch die *Informationsaufnahme an einer Quelle*".[95]

Bsp.: In Rostock findet eine öffentliche Podiumsdiskussion zur bevorstehenden Bundestagswahl statt. Diese wird live im Fernsehen übertragen.
Die von den Podiumsteilnehmern abgegebenen Stellungnahmen sind Informationen, die – da die Veranstaltung öffentlich ist – allgemein zugänglich sind. Die Informationsfreiheit schützt dann nicht nur den Empfang der Fernsehsendung, sondern auch den Besuch der Podiumsveranstaltung selbst.

649 Sie erstreckt sich ferner auf die *Beschaffung und Nutzung technischer Anlagen*, die für den Informationszugang erforderlich sind.

Bsp.: Die *Einrichtung einer Parabolantenne*, die die von einem Satelliten ausgestrahlten Radiofunkprogramme empfängt, ist von der Informationsfreiheit erfasst.[96]

---

90 BVerfGE 27, 71, 84 – *Einfuhrverbot Leipziger Volkszeitung.*
91 Stark abgewandelt nach BVerfGE 66, 116, 137 – *Wallraff/Springer.*
92 Vgl. die Beispiele bei *Wendt*, in: v. Münch/Kunig, GG, Art. 5 Rn. 23; *Starck/Paulus*, in: v. Mangoldt/Klein/Starck, GG, Art. 5 Rn. 106; *Herzog*, in: Maunz/Dürig, GG, Art. 5 Abs. 1, 2 Rn. 91 ff.
93 BVerfG, NJW 1986, 1243 – *Akteneinsicht.*
94 *Schemmer*, in: BeckOK, GG, Art. 5 Rn. 28.
95 Vgl. BVerfGE 103, 44, 60 – *Fernsehaufnahmen im Gerichtssaal.*
96 Dazu BVerfGE 90, 27, 36 – *Parabolantenne.* Vgl. ausführlich zu den Parabolantennen *Schmidt*, JuS 1997, 701; *Wiesner*, MDR 1999, 131.

Unerheblich ist, ob die Informationsquelle aus dem *In- oder Ausland* stammt.⁹⁷ **650**
In den Schutzbereich fallen daher auch der Empfang ausländischer Rundfunkprogramme und der Bezug ausländischer Zeitungen.⁹⁸

Geschützt ist sowohl die *schlichte Entgegennahme von Informationen als auch das* **651**
*aktive Handeln zur Informationsverschaffung.*⁹⁹ Der Schutzbereich der Informationsfreiheit umfasst auch die Informationsaufbereitung und -speicherung.¹⁰⁰

Die Informationsfreiheit schützt auch die negative Seite, das Recht sich vor Informationen zu verschließen.¹⁰¹ **652**

Die Informationsfreiheit gewährleistet allein den Zugang zu Quellen, die bereits **653**
allgemein zugänglich sind. Sie beinhaltet daher *kein Recht auf Eröffnung einer Informationsquelle.*¹⁰² Diese Frage ist etwa für die Zulassung von Fernsehkameras während einer Gerichtsverhandlung von Bedeutung.¹⁰³

Fall 21:¹⁰⁴ Im „*Politbüro-Prozess*" gegen Egon Krenz und weitere Angeklagte begehrt ein Fernsehsender, dass eines seiner Kamerateams während der Verhandlungszeiten Zugang zum Gerichtssaal gewährt bekommt, um Fernsehaufnahmen von der Hauptverhandlung zu machen. Ist diesem Wunsch mit Hinblick auf die Informationsfreiheit zu entsprechen?

Lösung Fall 21: Die Informationsfreiheit umfasst lediglich das Recht, sich ungehindert aus einer bestimmten Quelle zu unterrichten, die schon allgemein zugänglich ist. Zwar sind Gerichtsverhandlungen einschließlich der Verkündung der Entscheidung Informationsquellen. Allerdings gestaltet der Gesetzgeber das Gerichtsverfahren im Rahmen seiner Befugnisse und unter Berücksichtigung insbesondere des Persönlichkeitsschutzes und bestimmt in diesem Kontext auch über die öffentliche Zugänglichkeit. Dies drückt sich in § 169 S. 2 GVG in verfassungsmäßiger Weise aus, da dort unter „Öffentlichkeit" nur die Saalöffentlichkeit zu verstehen ist und Ton- sowie Fernsehaufnahmen im Gerichtssaal während der Verhandlung ausschließt. Die Fernsehaufnahmen können abgelehnt werden.

3. Die Pressefreiheit, Art. 5 Abs. 1 S. 2 Hs. 1

Literatur:
Alexander, C., Zum Gebot der Staatsferne für den Pressebereich, NJW 2019, 770; *Beaucamp, G.,* Pressefreiheit im Gefängnis, JA 1998, 209; *Bullinger, M.,* Freiheit von Presse, Rundfunk und Film, in: Isensee, J./Kirchhof, P. (Hrsg.), Handbuch des Staatsrechts der Bundesrepublik Deutschland, Band VII, 3. Auflage 2009, § 163; *ders.,* Von presseferner zu pressenaher Rundfunkfreiheit, JZ 2006, 1137; *Dörr, D.,* Gegendarstellung bei mehrdeutigen Äußerungen, JuS 2008, 827; *Fehling, M.,* Der praktische Fall: Plakataktion, JuS 1996, 431; *Fezer, K.-H.,* Imagewerbung mit gesellschaftskritischen Themen im Schutzbereich der Meinungs- und Pressefreiheit, NJW 2001, 580; *Geier, B.,* Grundlagen rechtsstaatlicher Demokratie im Bereich der Medien, Jura 2004, 182; *Gersdorf, H.,* Verfassungsrechtliche Zulässigkeit einer gesetzlichen Regelung der inneren Pressefreiheit, AfP 2016, 1; *Gola, P./Klug, C./Reif, Y.,* Datenschutz- und

---

97 So auch BVerfGE 90, 27, 32 – *Parabolantenne.*
98 Siehe BVerfGE 90, 27 – *Parabolantenne.*
99 So BVerfGE 27, 71, 82 f. – *Einfuhrverbot Leipziger Volkszeitung.*
100 Vgl. *Starck/Paulus,* in: v. Mangoldt/Klein/Starck, GG, Art. 5 Rn. 118; *Wendt,* in: v. Münch/Kunig, GG, Art. 5 Rn. 26.
101 Siehe *Bethge,* in: Sachs, GG, Art. 5 Rn. 57a.
102 Vgl. BVerfGE 103, 44, 59 – *Fernsehaufnahmen im Gerichtssaal*; BVerfGE 119, 309 – *Fernsehberichterstattung, Sitzungspolizei.*
103 Vgl. dazu ausführlich BVerfGE 103, 44 – *Fernsehaufnahmen im Gerichtssaal*; siehe auch *Diekmann,* NJW 2001, 2451; *Ernst,* ZUM 1996, 187; *Huff,* NJW 1996, 571; *Zuck,* NJW 2001, 1623.
104 Siehe BVerfGE 103, 44, 59 ff. – *Fernsehaufnahmen im Gerichtssaal.*

presserechtliche Bewertung der „Vorratsdatenspeicherung", NJW 2007, 2599; *Groß, R.*, Zum presserechtlichen Informationsanspruch, DÖV 1997, 133; *Helbig, P.*, Lauschangriff auf die Presse, Jura 2000, 255; *Holznagel, B./Höppener, M.*, Exklusivvereinbarungen versus Pressefreiheit – Verfassungsrechtliche Überlegungen zu einem Zutrittsrecht der Presse zu öffentlichen Veranstaltungen, DVBl. 1998, 868; *Klass, N.*, Zum Verhältnis des Persönlichkeitsrechts zur Pressefreiheit, ZUM 2008, 432; *Kunig, P.*, Die Pressefreiheit, Jura 1995, 589; *Ladeur, K.-H./ Gostomzyk, T.*, Rundfunkfreiheit und Rechtsdogmatik – Zum Doppelcharakter des Art. 5 I 2 GG in der Rechtsprechung des BVerfG, JuS 2002, 1145; *Lenski, S.*, Der Persönlichkeitsrechtsschutz Prominenter unter EMRK und Grundgesetz, NVwZ 2005, 50; *Löffler, M./Rikker, R.*, Handbuch des Presserechts, 5. Auflage, 2005; *Manssen, G.*, Verfassungswidriges Verbot der Benetton-Schockwerbung – BVerfG, NJW 2001, 591, JuS 2001, 1169; *Müller-Franken, S.*, Die Verfassungsgarantie der Freiheit der Presse und presseähnlichen Betätigungen von Gemeinden, AfP 2019, 103; *Ossenbühl, F.*, Medien zwischen Macht und Recht, JZ 1995, 633; *Pils, M.*, Ein neues Kapitel bei der Abwägung zwischen Pressefreiheit und Persönlichkeitsrecht?, JA 2008, 852; *Reidt, O.*, Examensklausur Öffentliches Recht: Die presserechtliche Informationspflicht, Jura 1992, 548; *Sauer, O.*, Pressefreiheit und Informantenschutz, RDV 2007, 51; *Starck, C.*, Das Caroline-Urteil des Europäischen Gerichtshofs für Menschenrechte und seine rechtlichen Konsequenzen, JZ 2006, 76; *Tettinger, P. J.*, Schutz der Kommunikationsfreiheiten im deutschen Verfassungsrecht, JZ 1990, 846; *Thomale, P.-C.*, Anforderungen an eine Medienregulierung der Zukunft – Stellungnahme zum Entwurf des „Medienstaatsvertrags" aus Sicht der Praxis, ZUM 2019, 265.

Rechtsprechung:
BVerfGE 10, 118 – *behördliches Presseverbot*; BVerfGE 12, 113 – *Schmid gegen Spiegel*; BVerfGE 20, 162 – *Spiegel*; BVerfGE 21, 271 – *Stellenanzeigen/Südkurier*; BVerfGE 25, 256 – *Blinkfüer*; BVerfGE 34, 269 – *Soraya*; BVerfGE 38, 23 – *Deutsche National-Zeitung*; BVerfGE 43, 130 – *Flugblatt*; BVerfGE 50, 234 – *Kölner Volksblatt*; BVerfGE 52, 283 – *Kündigung eines Redakteurs*; BVerfGE 56, 247 – *Beschlagnahme*; BVerfGE 64, 108 – *Chiffreanzeige*; BVerfGE 66, 116 – *Wallraff/Springer*; BVerfGE 77, 346 – *Presse-Grossist*; BVerfGE 80, 124 – *Postzeitungsdienst*; BVerfGE 85, 1 – *Bayer-Aktionäre*; BVerfGE 87, 334 – *Fernsehaufnahmen im Gerichtssaal*; BVerfGE 95, 28 – *Werkszeitung*; BVerfGE 97, 125 – *Caroline von Monaco I*; BVerfGE 101, 361 – *Caroline von Monaco II*; BVerfGE 102, 347 – *Benetton-Schockwerbung I*; BVerfGE 103, 44 – *Fernsehaufnahmen im Gerichtssaal*; BVerfGE 107, 275 – *Benetton-Schockwerbung II*; BVerfGE 117, 244 – *CICERO*; BVerfGE 119, 309 – *Fernsehberichterstattung, Sitzungspolizei*; BVerfG, AfP 1980, 33 – *Tendenzschutz für Presseunternehmen*; BVerfG, NJW 1996, 581 – *Kameras im Gerichtssaal*; BVerfG, NJW 2002, 2939 – *Westerwelle*; BVerfG, NJW 2006, 2835 – *Prinz Ernst August*; BVerfG-K, NJW 2006, 2836 – *Luftbildaufnahme einer Prominentenvilla*; BVerfG-K, NJW 2008, 1654 – *Gegendarstellungsanspruch*; BVerfGE 120, 180 – *Caroline von Monaco IV*; BVerfG, Beschl. v. 12.4.2013 – 1 BvR 990/13 – *Sitzplatzvergabe im NSU-Prozess*; BVerfG, NJW 2017, 1377 – *Abbildung von Prominenten im privaten Raum durch die Presse*; BVerwGE 84, 86 – *Sonntagsbeschäftigung im Pressegroßhandel*; BGHZ 116, 47.

654 a) **Überblick.** Art. 5 Abs. 1 S. 2 Hs. 1 gewährleistet

„die Pressefreiheit als subjektives Grundrecht für die im Pressewesen tätigen Personen und Unternehmen und garantiert objektiv-rechtlich das Institut ‚freie Presse'."[105]

655 Der Schwerpunkt der Pressefreiheit liegt auf ihrer objektiven Dimension.[106] Der moderne demokratische Staat ist ohne eine *freie Presse, die ihre Informations- und Kontrollfunktion erfüllt*, nicht denkbar.[107] Das BVerfG führt hierzu aus:

„Eine freie, nicht von der öffentlichen Gewalt gelenkte, keiner Zensur unterworfene Presse ist ein Wesenselement des freiheitlichen Staates; insbesondere ist eine freie, regelmäßig erscheinende politische Presse für die moderne Demokratie unentbehrlich. Soll

---
105 BVerfGE 20, 162, 175 – *Spiegel*.
106 Zu dieser allgemein oben Rn. 74 ff.
107 Vgl. *Stein/Frank*, Staatsrecht, § 38 VI 1.

der Bürger politische Entscheidungen treffen, muß er umfassend informiert sein, aber auch die Meinungen kennen und gegeneinander abwägen können, die andere sich gebildet haben. Die Presse hält diese ständige Diskussion in Gang; sie beschafft die Informationen, nimmt selbst dazu Stellung und wirkt damit als orientierende Kraft in der öffentlichen Auseinandersetzung."[108]

b) Schutzbereich. – aa) Persönlicher Schutzbereich. Die Pressefreiheit berechtigt alle natürlichen Personen sowie inländische juristische Personen und Personenvereinigungen. Diese können sich „ihrem Wesen nach" mit der Herstellung und Verbreitung von Presseartikeln beschäftigen (Art. 19 Abs. 3).[109] **656**

Insbesondere sind geschützt *alle im Pressewesen tätigen Personen und Unternehmen*,[110] zum Beispiel Verleger, Herausgeber, Redakteure und Journalisten,[111] aber auch der Buchhalter des Presseunternehmens,[112] der Grossist[113] oder der Sachbearbeiter in der Anzeigenabteilung.[114] **657**

Nicht geschützt sind dagegen staatliche Stellen. Soweit diese Presseartikel herausgeben (Informationsbroschüren, Amtsblätter usw.) können sie sich nicht auf Art. 5 Abs. 1 S. 2 Hs. 1 berufen. **658**

bb) Sachlicher Schutzbereich. „Der Begriff „Presse" ist weit und formal auszulegen".[115] Erfasst sind „alle zur Verbreitung geeigneten und bestimmten Druckerwerke und Informationsträger, die nicht unter den Film- und den Rundfunkbegriff fallen".[116] **659**

Entscheidend ist, dass Informationen in gedruckter oder anderweitig verkörperter Form an eine unbestimmte Personenanzahl weitergegeben werden.[117] Voraussetzung ist also ein *Vervielfältigungsvorgang*.[118] **660**

> **Beispiele**: Druckerzeugnisse sind insbesondere Zeitungen, Zeitschriften, Bücher, Flugblätter, Plakate und Handzettel.[119] Darüber hinaus umfasst der Pressebegriff auch Schallplatten, Tonkassetten, Tonbänder, CDs, Disketten und andere Datenträger.[120] Keine Presseerzeugnisse sind dagegen E-Mail-Newsletter, da diese höchstens vom Empfänger ausgedruckt werden. Gleiches gilt für Fax-Rundschreiben, auch diese werden erst auf Seiten des Empfängers in eine verkörperte Form überführt.[121]
> Bei Bildträgern wie Videokassetten und Film-DVDs ist umstritten, ob die Presse- oder nicht eher die Filmfreiheit einschlägig ist.[122]

---

108 BVerfGE 20, 162, 174 – *Spiegel*.
109 So auch *Sachs*, Verfassungsrecht II, Teil II Kap. 17 Rn. 33.
110 Vgl. BVerfGE 20, 162, 175 – *Spiegel*; *Ipsen*, Staatsrecht II, Rn. 435.
111 Siehe zu den Grundrechtsberechtigten *Kingreen/Poscher*, Grundrechte, Rn. 672; a. A. *Manssen*, Grundrechte, Rn. 382: nur Mitarbeiter, die unmittelbar am redaktionellen Teil mitarbeiten.
112 Vgl. BVerfGE 25, 296 – *Blinkfüer*.
113 BVerfGE 77, 346 – *Presse-Grossist*; a. A. *Hufen*, Staatsrecht II, § 27 Rn. 8.
114 BVerfGE 64, 108 – *Chiffreanzeige*.
115 BVerfGE 66, 116, 134 – *Wallraff/Springer*.
116 So auch *Starck/Paulus*, in: v. Mangoldt/Klein/Starck, GG, Art. 5 Rn. 129; *Hufen*, Staatsrecht II, § 27 Rn. 4; *Wendt*, in: v. Münch/Kunig, GG, Art. 5 Rn. 30.
117 Vgl. *Bullinger*, in: HStR VII, § 163 Rn. 13.
118 *Manssen*, Grundrechte, Rn. 376.
119 Vgl. *Jarass*, in: Jarass/Pieroth, GG, Art. 5 Rn. 34.
120 Vgl. *Starck/Paulus*, in: v. Mangoldt/Klein/Starck, GG, Art. 5 Rn. 129; *Wendt*, in: v. Münch/Kunig, GG, Art. 5 Rn. 30.
121 Vgl. *Bethge*, in: Sachs, GG; Art. 5 Rn. 73a.
122 Vgl. *Jarass*, in: Jarass/Pieroth, GG, Art. 5 Rn. 34, 61; dafür etwa *Wendt*, in: v. Münch/Kunig, GG, Art. 5 Rn. 30, und *Bethge*, in: Sachs, GG, Art. 5 Rn. 68.

Klausurhinweis: Das Kriterium der Verkörperung bildet die Abgrenzung zur Rundfunkfreiheit.[123] Diese betrifft die Informationsübertragung mittels Wellen, dort findet also gerade keine „Verdinglichung" statt.

661 Die Pressefreiheit ist nicht auf allgemein zugängliche Druckerzeugnisse beschränkt, sondern erfasst auch *gruppeninterne Publikationen*.[124]

662 Geschützt sind daher auch Schülerzeitungen[125] und Werkszeitungen.[126]

663 Die Pressefreiheit erfasst des Weiteren den Anzeigenteil einer Zeitung.[127] Dies soll selbst für reine Anzeigenblätter gelten.[128]

664 Unerheblich ist, ob die Publikation *einmalig oder periodisch* erscheint.[129] Auf inhaltliche Kriterien kommt es für die Bestimmung des Pressebegriffs ebenfalls nicht an, so dass Erzeugnisse der Sensations- oder Boulevardpresse gleichermaßen verfassungsrechtlichen Schutz genießen.[130] Auch nach Auffassung des BVerfG ist die *Wertigkeit des Presseerzeugnisses unerheblich*:

> „Von der Eigenart oder dem Niveau des Presseerzeugnisses oder der Berichterstattung im Einzelnen hängt der Schutz nicht ab. Jede Unterscheidung dieser Art liefe am Ende auf eine Bewertung und Lenkung durch staatliche Stellen hinaus, die dem Wesen dieses Grundrechts gerade widersprechen würde."[131]

665 Schutzgegenstand der Pressefreiheit ist die *Freiheit der Gründung und Gestaltung von Presseerzeugnissen*.[132] Im Zentrum der grundrechtlichen Gewährleistung steht

> „das Recht, Art und Ausrichtung, Inhalt und Form eines Publikationsorgans frei zu bestimmen. Dazu zählt auch die Entscheidung, ob und wie ein Presseerzeugnis bebildert wird."[133]

666 Der Schutz der Pressefreiheit erfasst sämtliche Aspekte der Pressetätigkeit.[134] Er „reicht *von der Beschaffung der Information [über die Redaktion] bis zur Verbreitung der Nachrichten und Meinungen*".[135] Geschützt ist daher der unmittelbare Vorgang körperlicher Verbreitung von Informationen, also das Drucken, Herstellen, Ausliefern und der Vertrieb von Druckerzeugnissen.[136]

667 In den Schutzbereich einbezogen sind auch die *presseinternen Hilfstätigkeiten*, wie etwa die Buchhaltung oder die Anzeigenaufnahme.[137] *Externe Hilfstätigkeiten* hingegen unterfallen anderen Grundrechten, insbesondere Art. 12 Abs. 1. Maßgeb-

---

123 Zu dieser sogleich Rn. 620 ff.
124 Vgl. BVerfGE 95, 28, 35 – *Werkszeitung*.
125 *Bethge*, in: Sachs, GG, Art. 5 Rn. 77.
126 BVerfGE 95, 28, 35 – *Werkszeitung*.
127 Siehe BVerfGE 21, 271, 278 f. – *Südkurier*; vgl. auch BVerfGE 102, 347, 359 – *Benetton-Schockwerbung I*; siehe hierzu die Fallbesprechungen bei *Dietlein*, Examinatorium Staatsrecht, S. 199 ff.
128 So BGHZ 116, 47, 54.
129 Ebenso *Kingreen/Poscher*, Grundrechte, Rn. 667.
130 Vgl. *Starck/Paulus*, in: v. Mangoldt/Klein/Starck, GG, Art. 5 Rn. 130; *Bethge*, in: Sachs, GG, Art. 5 Rn. 69. Aus der Rechtsprechung BVerfGE 34, 269, 283 – *Soraya*; BVerfGE 66, 116, 134 – *Springer/Wallraff*; BVerfGE 101, 361, 389 f. – *Caroline von Monaco II*.
131 BVerfGE 101, 361, 389 – *Caroline von Monaco II*.
132 Siehe BVerfGE 97, 125, 144 – *Caroline von Monaco I*.
133 BVerfGE 101, 361, 389 – *Caroline von Monaco II*.
134 BVerfGE 97, 125, 144 – *Caroline von Monaco I*.
135 Vgl. BVerfGE 20, 162, 176 – *Spiegel*; *Kunig*, Jura 1995, 589, 593.
136 Vgl. *Bullinger*, in: HStR VII, § 163 Rn. 13.
137 Vgl. BVerfGE 77, 346, 354 – *Presse-Grossist*.

lich ist, dass die Tätigkeit von einem anderem Wirtschaftsunternehmen ausgeübt wird und nicht von einem Presseunternehmen[138]

Die Pressefreiheit umfasst des Weiteren den *Schutz der Informationsquelle*, denn die Presse kann auf private Informanten nicht verzichten.[139] Gleiches gilt für die *Vertraulichkeit der Arbeit von Zeitungs- und Zeitschriftenredaktionen*.[140] Nicht umfasst ist allerdings die Eröffnung einer Informationsquelle.[141] **668**

Auch die sog. *innere Pressefreiheit* des Redakteurs im Verhältnis zum Verleger ist von Art. 5 Abs. 1 S. 2 geschützt. Im Rahmen der Tendenzfreiheit darf der Verleger allerdings die Tendenz des Presseerzeugnisses frei festlegen, ändern, beibehalten und verwirklichen.[142] Diese ist Ausprägung der Gestaltungsfreiheit des Verlegers und gibt ihm das Recht, in wichtigen Zeitfragen Stellung zu beziehen.[143] Im Rahmen der Rechtsbeziehungen zwischen Redakteur und Verleger ist zwischen der Grundsatz-, der Richtlinien- und der Detailkompetenz zu unterscheiden. Die Grundsatzkompetenz ist der wirtschaftlichen und publizistischen Verantwortung des Verlegers geschuldet. Der Verleger kann das wirtschaftliche Risiko nur dann tragen, wenn er die inhaltliche Grundausrichtung des Presseerzeugnisses bestimmen kann.[144] Ebenso verhält es sich mit der Richtlinienkompetenz. Mit ihrer Hilfe kann sich der Verleger neu auftretenden Fragen zuwenden, die in ihrer Bedeutung über die Tagesaktualität hinausgehen. Es wäre mit der erwähnten Tendenzfreiheit des Verlegers unvereinbar, ihm lediglich die Grundsatzkompetenz zuzubilligen.[145] Im Gegenzug steht auch dem Redakteur ein Mindestmaß an publizistischer Freiheit im Sinne eines Überzeugungs- und Gewissensschutzes zu. Er kann nicht dazu gezwungen werden, einen Beitrag unter seinem Namen zu veröffentlichen, der nicht seiner eigenen Überzeugung entspricht.[146] Im Rahmen der Pressefreiheit gilt der Grundsatz der Staatsferne in besonderem Maße. Damit gelten ein strenges Gebot der Neutralität und das Verbot jeglicher Einflussnahme bei publizistischer Tätigkeit der öffentlichen Hand.[147] So sind Beteiligungen der öffentlichen Hand an Presseunter- **669**

---

138 Siehe *Grabenwarter*, in: Maunz/Dürig, GG, Art. 5 Abs. 1, 2 Rn. 285.
139 Vgl. BVerfGE 20, 162, 176 – *Spiegel*.
140 So BVerfGE 66, 118, 134 – *Springer/Wallraff*; näher zu Informantenschutz und Redaktionsgeheimnis *Stein/Frank*, Staatsrecht, § 38 VI 2c) dd); zum Zeugnisverweigerungsrecht *Starck/Paulus*, in: v. Mangoldt/Klein/Starck, GG, Art. 5 Rn. 152 ff.; ausführlich zu diesen Bereichen *Stern*, Staatsrecht IV/1, S. 1535 ff.
141 BVerfGE 119, 309 – *Fernsehberichterstattung, Sitzungspolizei*.
142 BVerfG, AfP 1980, 33 – *Tendenzschutz für Presseunternehmen*.
143 Vgl. *Ricker/Weberling*, Handbuch des Presserechts, 6. Aufl. 2012, S. 303.
144 *Gersdorf*, AfP 2016, 1, 3 – *Verfassungsrechtliche Zulässigkeit einer gesetzlichen Regelung der inneren Pressefreiheit*.
145 Vgl. *Ricker/Weberling*, Handbuch des Presserechts, 6. Aufl. 2012, S. 303.
146 Zu im Einzelnen umstrittenen Fragen, etwa wem die Detailkompetenz, also die Entscheidung über tagesaktuelle publizistische Fragen, zukommt vgl. für den Redakteur: *Grabenwarter*, in: Maunz/Dürig, GG, Art. 5 I, II Rn. 309; *Ricker/Weberling*, Handbuch des Presserechts, 6. Aufl. 2012, S. 304; *Starck/Paulus*, in: v. Mangoldt/Klein/Starck, GG, Art. 5 Rn. 164; vgl. auch *Lerche*, Verfassungsrechtliche Aspekte der „inneren Pressefreiheit", 1974, S. 62 f. - Kompetenz beim Redakteur, *Degenhart*, in: Bonner Kommentar, GG, Art. 5 Abs. 1 und 2 Rn. 463; *Kloepfer*, „Innere Pressefreiheit" und Tendenzschutz im Lichte des Art. 10 der Europäischen Konvention zum Schutze der Menschenrechte und Grundfreiheiten, 1996, S. 41 f.; *Scholz*, Pressefreiheit und Arbeitsverfassung, 1978, S. 125 – Verleger; zum sog. Vetorecht als Kehrseite des des Überzeugungs- und Gewissensschutzes der Redakteure etwa *Gersdorf*, AfP 2016, 1, 3.
147 BVerfGE 80, 124, 133 f. – *Postzeitungsdienst*. Zu Umfang und Grenzen des Gebots der Staatsferne der Presse bei gemeindlichen Publikationen vgl. BGH, NJW 2019, 763, Rn. 20 ff. – *Crailsheimer Stadtblatt II*.

nehmen grds. verboten, da sie der Neutralitätspflicht zuwiderlaufen, unabhängig davon, ob es um eine Beteiligung an einem privatrechtlichen oder öffentlich-rechtlichen Presseunternehmen geht.[148] Das Neutralitätsgebot gebietet eine Gleichbehandlung im publizistischen Wettbewerb. Pressesubventionen bedürfen daher einer gesetzlichen Grundlage, da sie grundrechtswesentlich sind. Ausnahmsweise bedarf es dieser nicht, wenn es um meinungsneutrale Subventionsformen geht.[149] Jedoch wird durch eine gezielte Fördermaßnahme zugunsten eines einzelnen Unternehmens eine neutralitätsgefährdende Abhängigkeitslage geschaffen, die regelmäßig verfassungsrechtlich unzulässig ist.[150]

670 Das BVerfG hat schon früh neben der abwehrrechtlichen Seite auch die objektiv-rechtliche Seite der Pressefreiheit betont, indem es begrifflich auf das Institut „Freie Presse" abstellt.[151] Dabei geht es um flankierende hoheitliche Maßnahmen zum Schutz bzw. zur Förderung der Pressefreiheit.

671 Die *Abgrenzung der Pressefreiheit zur Meinungsfreiheit* ist nicht unumstritten. Die h. M. geht davon aus, dass die Pressefreiheit *nicht als Spezialfall der Meinungsfreiheit* einzuordnen ist.[152]

Das BVerfG war früher der Ansicht, dass der Schutzbereich der Pressefreiheit nur berührt sei, wenn es „um die im Pressewesen tätigen Personen in Ausübung ihrer Funktion, um ein Presseerzeugnis selbst, um seine institutionell-organisatorischen Voraussetzungen und Rahmenbedingungen sowie um die Institution einer freien Presse überhaupt geht," wohingegen die Zulässigkeit von Meinungsäußerungen in Publikationen, die nach allgemeiner Auffassung dem Pressebegriff unterliegen, am Grundrecht der Meinungsfreiheit zu messen sei.[153] In einer neueren Entscheidung vertritt das BVerfG die Auffassung, dass die *Veröffentlichung einer fremden Meinungsäußerung, welche selbst unter den Schutzbereich des Art. 5 Abs. 1 S. 1 fällt, vom Schutzbereich der Pressefreiheit erfasst wird. Daher schränkt das Verbot, kommerzielle Werbeanzeigen abzudrucken, die Pressefreiheit ein.*[154]

Der Abgrenzung kommt indes nur geringe praktische Bedeutung zu, da beide Grundrechte einer *gemeinsamen Schrankenregelung in Art. 5 Abs. 2* unterliegen.[155]

4. Die Rundfunkfreiheit, Art. 5 Abs. 1 S. 2 Hs. 2

Literatur:
Bethge, H., Die Freiheit des privaten Rundfunks, DÖV 2002, 673; *Brand, T.*, Rundfunk im Sinne des Artikel 5 Abs. 1 Satz 2 GG, 2002; *Bodensiek, K./Walker, M.*, Livestreams von Gaming Video Content als Rundfunk?, MMR 2018, 136; *Bullinger, M.*, Freiheit von Presse, Rundfunk und Film, in: Isensee, J./Kirchhof, P. (Hrsg.), Handbuch des Staatsrechts der Bundesrepublik Deutschland, Band VII, 3. Auflage 2009, § 163; *ders.*, Ordnung oder Freiheit für Multimediadienste, JZ 1996, 385; *ders.*, Von presseferner zu pressenaher Rundfunkfreiheit, JZ 2006, 1137; *Degenhart, C.*, Duale Rundfunkordnung und Grundgesetz, Jura 1988, 21; *Dittrich, L.*, Anfängerklausur – Öffentliches Recht: Grundrechte – Onlineredakteur zwischen allen Stühlen, JuS 2014, 333; *Eifert, M.*, Die Rundfunkfreiheit, Jura 2015, 356; *Ernst, S.*, Zulässigkeit von

---

148 *Kühling*, in: Gersdorf/Paal, BeckOK, Informations- und Medienrecht, Art. 5 GG Rn. 54.
149 BVerfGE 80, 124, 132 – *Postzeitungsdienst*.
150 *Degenhart*, in: Bonner Kommentar, GG, Art. 5 Abs. 1 und 2 Rn. 480.
151 BVerfGE 20, 162, 175 ff – *Spiegel*.
152 Vgl. *Kingreen/Poscher*, Grundrechte, Rn. 673; *Jarass*, in: Jarass/Pieroth, GG, Art. 5 Rn. 32 m. w. N.; *Bethge*, in: Sachs, GG, Art. 5 Rn. 89; *Kunig*, Jura 1995, 589, 591.
153 So BVerfGE 85, 1, 12 – *Bayer-Aktionäre*. Kritisch zur Rechtsprechung des BVerfG *Ipsen*, Staatsrecht II, Rn. 442 ff.
154 Siehe BVerfGE 102, 347 – *Benetton-Schockwerbung I*.
155 Vgl. *Sachs*, Verfassungsrecht II, Teil II Kap. 17 Rn. 70.

Fernsehaufnahmen im Gerichtssaal, JR 2007, 392; *Exner, T./Seifarth, D.*, Der neue „Rundfunkbeitrag" – Eine verfassungswidrige Reform, NVwZ 2013, 1569; *Faßbender, K.*, Das jüngste Rundfunkgebührenurteil des BVerfG, NVwZ 2007, 1265; *Fechner, F./Arnhold, J.*, Ist Flüchtlingsfernsehen verfassungswidrig? – Die rundfunkrechtliche Stellung der Deutschen Welle aus Anlass aktueller Entwicklungen, NVwZ 2016, 891; *Gröpl, C.*, GEZetert, GEZankt, GEZwungen: Rundfunkfinanzierung zwischen Anstaltsautonomie und politischer Einflussnahme, DÖV 2006, 105; *Hesse, A.*, Zur aktuellen Entwicklung des Rundfunkrechts, BayVBl. 1997, 132 und 165; *Hoefer, B.*, Recht der anderen Parteien auf Teilnahme am TV-Duell Schröder/Stoiber, NVwZ 2002, 695; *Hummel, L.*, Zur Grundrechtsberechtigung grundrechtsdienender juristischen Personen des öffentlichen Rechts, DVBl. 2008, 1215; *Jarass, H. D.*, Rundfunkbegriffe im Zeitalter des Internet – Zum Anwendungsbereich der Rundfunkfreiheit, des Rundfunkstaatsvertrags und des Mediendienste-Staatsvertrags, AfP 1998, 133; *Klaes, R. L.*, Verfassungsrechtlicher Rundfunkbegriff und Internet, ZUM 2009, 135; *Ladeur, K. H./Gostomzyk, T.*, Rundfunkfreiheit und Rechtsdogmatik – Zum Doppelcharakter des Art. 5 I 2 GG in der Rechtsprechung des BVerfG, JuS 2002, 1145; *Lechler, H.*, Einführung in das Medienrecht, Jura 1998, 225; *Lutz, H.*, Gerichtsberichterstattung, Jura 2007, 230; *Michel, E.-M.*, Senden als konstitutiver Bestandteil des Rundfunkbegriffs?, ZUM 2009, 453; *Odendahl, K.*, Das „Erste Rundfunkurteil" – Grundsatzentscheidung des Bundesverfassungsgerichts zur Rundfunkfreiheit, JA 2002, 286; *Oppermann, T.*, Rundfunkgebühr – Rundfunkordnung – Rundfunkideologie, JZ 1994, 499; *Reffken, H.*, Rundfunkbeteiligungen politischer Parteien, NVwZ 2008, 857; *Reupert, C.*, Die Filmfreiheit, NVwZ 1994, 1155; *Schmitt Glaeser, W.*, Die Rundfunkfreiheit in der Rechtsprechung des Bundesverfassungsgerichts, AöR 112 (1987), 215; *ders.*, Das duale Rundfunksystem, DVBl. 1987, 14; *Staehle, H.*, Zulässigkeit der Ausstrahlung eines an einen realen Kriminalfall angelehnten Spielfilms, ZUM 2006, 956; *Starck, C.*, „Grundversorgung" und Rundfunkfreiheit, NJW 1992, 3257; *Thum, K.*, Das Grundrecht der Rundfunkfreiheit nach deutschem und europäischem Recht, DÖV 2008, 653.

Rechtsprechung:
BVerfGE 7, 99 – *Vergabe von Sendezeiten an politische Parteien*; BVerfGE 10, 118 – *behördliches Presseverbot*; BVerfGE 12, 205 – *1. Rundfunkentscheidung/Deutschland-Fernsehen*; BVerfGE 14, 121 – *Vergabe von Sendezeiten an politische Parteien*; BVerfGE 20, 162 – *Spiegel*; BVerfGE 31, 314 – *2. Rundfunkentscheidung/Umsatzsteuer*; BVerfGE 35, 202 – *Lebach*; BVerfGE 56, 247 – *Beschlagnahme*; BVerfGE 57, 295 – *3. Rundfunkentscheidung/FRAG*; BVerfGE 59, 231 – *freier Rundfunkmitarbeiter*; BVerfGE 73, 118 – *4. Rundfunkentscheidung/Privatfunk*; BVerfGE 74, 297 – *5. Rundfunkentscheidung/Landesmediengesetz Baden-Württemberg*; BVerfGE 83, 238 – *6. Rundfunkentscheidung/WDR-Gesetz*; BVerfGE 87, 334 – *Fernsehaufnahmen Gerichtssaal/Honecker*; BVerfGE 87, 181 – *7. Rundfunkentscheidung/Werbeverbot*; BVerfGE 87, 209 – *„Tanz der Teufel"*; BVerfGE 90, 60 – *8. Rundfunkentscheidung/Rundfunkgebührenstaatsvertrag*; BVerfGE 91, 82 – *Übertragung von Frequenzen*; BVerfGE 91, 125 – *Fernsehaufnahmen im Gerichtssaal*; BVerfGE 92, 203 – *EG-Fernsehrichtlinie*; BVerfGE 95, 163 – *DSF*; BVerfGE 95, 220 – *Landesmedienanstalt/Aufzeichnungspflicht privater Rundfunkanstalten*; BVerfGE 97, 228 – *Kurzberichterstattung/"extra radio"*; BVerfGE 103, 44 – *Fernsehaufnahmen im Gerichtssaal*; BVerfGE 119, 181 – *Rundfunkgebühren*; BVerfGE 119, 309 – *Fernsehberichterstattung, Sitzungspolizei*; BVerfGE 136, 9 – *Aufsichtsgremien Rundfunkanstalten*; BVerfG-K, NJW 2007, 3197 – *Contergan-Film*; BVerfG-K, NJW-RR 2007, 1416 – *Gammelfleischprozess*; BVerfG-K, EuGRZ 2007, 628 – *Contergan-Film*; BVerwGE 1, 303 – *„Die Sünderin"*; OLG Frankfurt, NJW 2007, 699 – *„Kannibale von Rotenburg"*; BVerfG, NJW 2011, 1859 – *Durchsuchung von Geschäftsräumen eines Rundfunksenders*; BVerfGE 136, 9 – *ZDF-Staatsvertrag*.

a) Überblick. „Die Rundfunkfreiheit dient der *Gewährleistung freier individueller und öffentlicher Meinungsbildung*".[156] Hörfunk und Fernsehen

> „gehören in gleicher Weise wie die Presse zu den unentbehrlichen Massenkommunikationsmitteln, denen sowohl für die Verbindung zwischen dem Volk und den Staatsorganen wie für deren Kontrolle als auch für die Integration der Gemeinschaft in allen

---

156 BVerfGE 59, 231, 257 – *freier Rundfunkmitarbeiter*.

Lebensbereichen eine maßgebende Wirkung zukommt. Sie verschaffen dem Bürger die erforderliche umfassende Information über das Zeitgeschehen und über Entwicklungen im Staatswesen und im gesellschaftlichen Leben."[157]

673 Innerhalb der Medien kommt dem Rundfunk aufgrund seiner *Breitenwirkung, Aktualität und Suggestivkraft* besondere Bedeutung zu.[158]

674 **b) Schutzbereich. – aa) Persönlicher Schutzbereich.** Grundrechtsträger der Rundfunkfreiheit sind alle Veranstalter von Rundfunk, unabhängig von ihrer privatrechtlichen oder öffentlich-rechtlichen Rechtsform.[159] Unerheblich ist auch, ob Rundfunk kommerziell oder nichtkommerziell betrieben wird, denn die Rundfunkfreiheit ist in ihrem Kern Programmfreiheit.[160]

675 Die Rundfunkfreiheit gilt auch für Anbieter, die Rundfunksendungen erst veranstalten wollen.[161] Daher können sich *auch private Bewerber um eine Rundfunklizenz* im Zulassungsverfahren vor der Landesmedienanstalt auf das Grundrecht der Rundfunkfreiheit berufen.[162] Grundrechtlich geschützt ist damit auch die *Gründung privater Rundfunkunternehmen*.[163] Jedermann hat das Recht, im Rahmen der technischen Möglichkeiten Rundfunk und Fernsehen zu veranstalten.[164] Allerdings kommt dem Gesetzgeber hinsichtlich der Zulassung privater Rundfunkunternehmen ein weiter Spielraum bei der Ausgestaltung zu.[165]

676 Der Grundrechtsschutz der *öffentlich-rechtlichen Rundfunkanstalten* ist eine Ausnahme von dem Grundsatz, dass die Grundrechte auf juristische Personen des öffentlichen Rechts keine Anwendung finden, soweit sie öffentliche Aufgaben wahrnehmen. Etwas anderes soll nach der Rechtsprechung des BVerfG gelten,

> „wenn ausnahmsweise die betreffende juristische Person des öffentlichen Rechts unmittelbar dem durch die Grundrechte geschützten Lebensbereich zuzuordnen ist. [...] Entsprechendes gilt für die öffentlich-rechtlichen Rundfunkanstalten. Sie sind Einrichtungen des Staates, die Grundrechte in einem Bereich verteidigen, in dem sie vom Staate unabhängig sind."[166]

677 *Nicht* erfasst sind hingegen die Rundfunkteilnehmer.[167]

678 **bb) Sachlicher Schutzbereich.** Unter Rundfunk versteht man die an eine unbestimmte Vielzahl von Personen gerichtete Übermittlung von Gedankeninhalten durch physikalische, insbesondere elektromagnetische Wellen, unabhängig davon, ob diese drahtlos oder über Leitungen erfolgt.[168] Von der Presse unterscheidet sich der Rundfunk durch den elektronischen Verbreitungsweg.[169]

---

157 BVerfGE 35, 202, 222 – *Lebach*.
158 BVerfGE 90, 60, 87 – 8. *Rundfunkurteil/Rundfunkgebührenstaatsvertrag*.
159 BVerfGE 95, 220, 234 – *Aufzeichnungspflicht*.
160 BVerfGE 95, 220, 234 – *Aufzeichnungspflicht;* siehe auch BVerfGE 90, 60, 87 – 8. *Rundfunkentscheidung/Rundfunkgebührenstaatsvertrag*.
161 Ebenso *Ipsen*, Staatsrecht II, Rn. 453.
162 Siehe BVerfGE 97, 298, 311 ff. – *Kurzberichterstattung/"extra radio"*.
163 Vgl. *Jarass*, in: Jarass/Pieroth, GG, Art. 5 Rn. 52 m. w. N.
164 So auch *Wendt*, in: v. Münch/Kunig, GG, Art. 5 Rn. 50.
165 Vgl. *Jarass*, in: Jarass/Pieroth, GG, Art. 5 Rn. 52, 55 f.
166 BVerfGE 31, 314, 322 – 2. *Rundfunkentscheidung/Umsatzsteuer*.
167 Vgl. *Hufen*, Staatsrecht II, § 28 Rn. 15.
168 Vgl. *Grabenwarter*, in: Maunz/Dürig, GG, Art. 5 Abs. 1, 2 Rn. 603; *Kingreen/Poscher*, Grundrechte, Rn. 675; *Bullinger*, in: HStR VII, § 163 Rn. 4. Zur Entwicklung des sachlichen Schutzbereichs vgl. auch *Hufen*, Staatsrecht II, § 28 Rn. 6.
169 Vgl. *Jarass*, in: Jarass/Pieroth, GG, Art. 5 Rn. 47; *Manssen*, Grundrechte, Rn. 384.

Zum Rundfunk zählen *Radio, Fernsehen*, Pay-TV[170] und Videotext.[171] Ob die Nutzung von Informationen aus dem *Internet* als Rundfunk anzusehen ist, ist umstritten.[172] Die Rundfunkfreiheit ist kein statisches, sondern eine dynamisches Recht,[173] so dass eine Integration neuer Erscheinungen in den Schutzbereich durchaus möglich ist. Unproblematisch erscheinen hier die Kriterien des Empfängerkreises und des elektronischen Verbreitungsweges. Zum einen ist der Empfängerkreis durch den flächendeckenden Ausbau des Zugangs nicht begrenzt. Zum anderen erfüllt das Internet indes als digitales Verbreitungsnetzwerk, ebenso wie die internetspezifische Signalverbreitung, grundsätzlich das Merkmal der Verbreitung mittels elektromagnetischer Schwingungen.[174] Es wird aber zum Teil ein Mindestmaß an planhafter Programmaufstellung verlangt.[175] Jedoch wird je nach Darbietungsform des Inhalts differenziert.[176]

679

Das private Fax und private Telefongespräche unterfallen nicht dem Schutz der Rundfunkfreiheit, da sie nicht an die Öffentlichkeit, sondern an einen individuell bestimmbaren Einzelempfänger gerichtet sind.[177]

680

Die Rundfunkfreiheit erfasst auch *„rundfunkähnliche Kommunikationsdienste"*. Das BVerfG führt hierzu aus:

681

> „Soll die Rundfunkfreiheit in einer sich wandelnden Zukunft ihre normierende Wirkung bewahren, dann kann es nicht angehen, nur an eine ältere Technik anzuknüpfen, den Schutz des Grundrechts auf diejenigen Sachverhalte zu beschränken, auf welche diese Technik bezogen ist, und auf diese Weise die Gewährleistung in Bereichen obsolet zu machen, in denen sie ihre Funktion auch angesichts der neuen technischen Möglichkeiten durchaus erfüllen könnte."[178]

Zu den rundfunkähnlichen Diensten zählen etwa Bildschirmtext und Telefonansagedienste.[179]

682

Der *Schutzbereich der Rundfunkfreiheit* entspricht hinsichtlich des Zugangs zu Informationen und deren publizistische Verwertung demjenigen der Pressefreiheit, reicht also

683

> „von der Beschaffung der Information bis zur Verbreitung der Nachricht und Meinung. Überdies erstreckt er sich auf die dem Medium eigentümlichen Formen der Berichterstattung und die Verwendung der dazu erforderlichen technischen Vorkehrungen."[180]

---

170 *Wendt*, in: v. Münch/Kunig, GG, Art. 5 Rn. 58.
171 *Starck/Paulus*, in: v. Mangoldt/Klein/Starck, GG, Art. 5 Rn. 179.
172 Differenzierend *Bethge*, in: Sachs, GG, Art. 5 Rn. 90b.
173 BVerfGE 74, 297, 350 – 5. Rundfunkurteil/Landesmediengesetz Baden-Württemberg; 83, 238, 299 – 6. Rundfunkentscheidung/ WDR-Gesetz.
174 *Kunisch*, MMR 2011, 796, 797; einschränkend im Hinblick auf die Rechtsprechung des BVerfG *Starck*, in: v. Mangoldt/Klein/Starck, GG, 6. Auflage 2010, Art. 5 Rn. 100.
175 *Kühling*, in: Gersdorf/Paal, BeckOK, Informations- und Medienrecht, Art. 5 GG Rn. 75; Kingreen/ Poscher, Grundrechte, Rn. 680; *Starck/Paulus*, in: v. Mangoldt/Klein/Starck, GG, Art. 5 Rn. 252; a. A. Castendyk/Böttcher, MMR 2008, 13, 15.
176 Zu dieser Differenzierung *Kühling*, in: Gersdorf/Paal, BeckOK, Informations- und Medienrecht, 24. Edition Stand: 1.11.2018, Art. 5 GG Rn. 76.
177 Vgl. *Grabenwarter*, in: Maunz/Dürig, GG, Art. 5 Abs. 1, 2 Rn. 623.
178 BVerfGE 74,297, 350 – 5. Rundfunkurteil/Landesmediengesetz Baden-Württemberg.
179 *Wendt*, in: v. Münch/Kunig, GG, Art. 5 Rn. 58.
180 BVerfGE 91, 125, 134 – *Fernsehaufnahmen im Gerichtssaal*.

684 Zu der von Art. 5 Abs. 1 S. 2 mit erfassten *Berichterstattung* durch Rundfunk zählt

„die Möglichkeit, ein Ereignis den Zuhörern und Zuschauern akustisch und optisch in voller Länge oder in Ausschnitten, zeitgleich oder zeitversetzt zu übertragen."[181]

685 Irrelevant ist die Form der Vermittlung der Information oder der Meinung im Rundfunk. Dies kann genauso im Rahmen eines Fernsehspiels oder einer Musiksendung geschehen, wie durch Nachrichten oder politische Kommentare.[182] Auch ist unerheblich, „ob es sich um politische Sendungen, kritische Auseinandersetzungen mit anderen die Allgemeinheit interessierenden Fragen oder um Hörspiele, kabarettistische Programme oder andere Unterhaltungssendungen handelt".[183]

686 Das BVerfG hat in seinen Rundfunkentscheidungen stets den *Grundsatz der Staatsfreiheit von Rundfunk und Fernsehen* betont.[184] Darüber hinaus besteht eine *umfassende Programmfreiheit.*

Daher ist auch *kommerzielle Werbung* vom Rundfunkbegriff erfasst.[185]

687 Das BVerfG hatte, im Zusammenhang mit dem ZDF-Staatsvertrag, auch über die Frage der Staatsferne bzw. -freiheit des öffentlich-rechtlichen Rundfunks zu entscheiden. Im Rahmen des ZDF-Staatsvertrages sind neben dem Intendanten, der Fernsehrat und der Verwaltungsrat als Aufsichtsgremien eingesetzt. Um dem Gebot der Staatsferne nachzukommen, darf die Anzahl der staatlichen und staatsnahen Vertreter in den Aufsichtsgremien nicht mehr als ein Drittel der gesetzlichen Mitgliederzahl entsprechen.[186] Ebenso sind Regelungen, die die staatlichen und staatsnahen Mitglieder in die Lage versetzen, als Gesamtheit Entscheidungen allein durchzusetzen oder zu blockieren, mit dem Gebot der Staatsferne nicht vereinbar.[187] Diesen Vorgaben wurde der ZDF-Staatsvertrag nicht gerecht.[188] Daneben wurde auch die Berufung der staatsfernen Mitglieder der Gremien für verfassungswidrig erklärt, soweit sich die Ministerpräsidenten der Länder daran beteiligen.[189]

688 Die Programmfreiheit *verbietet jede Einflussnahme auf Auswahl, Inhalt und Gestaltung des Programms* nicht nur von Seiten des Staates, sondern auch von gesellschaftlichen Mächten.[190]

689 Das BVerfG versteht Art. 5 Abs. 1 S. 2 *nicht nur als staatsgerichtetes Abwehrrecht.* Vielmehr verlange das Grundrecht

„eine positive Ordnung, welche sicherstellt, dass [der Rundfunk] die Vielfalt der Themen und Meinungen aufnimmt und wiedergibt, die in der Gesellschaft eine Rolle

---

181 BVerfGE 103, 44, 59 – *Fernsehaufnahmen im Gerichtssaal.*
182 Siehe BVerfGE 35, 202, 222 – *Lebach.*
183 Siehe BVerfGE 35, 202, 222 – *Lebach.*
184 Etwa in BVerfGE 83, 238 – *WDR*; BVerfGE 136, 9 – *Aufsichtsgremien Rundfunkanstalten.*
185 Vgl. BVerfGE 90, 60, 87 – 8. *Rundfunkurteil/Rundfunkgebührenstaatsvertrag;* ebenso *Wendt,* in: v. Münch/Kunig, GG, Art. 5 Rn. 47; *Starck/Paulus,* in: v. Mangoldt/Klein/Starck, GG, Art. 5 Rn. 185.
186 BVerfGE 136, 9, 37 – *Aufsichtsgremien Rundfunkanstalten;* a. A. Sondervotum *Paulus,* BVerfGE 136, 9, 63 ff., der eine vollständige Staatsfreiheit für einzig richtig hält.
187 BVerfGE 136, 9, 38 – *Aufsichtsgremien Rundfunkanstalten.*
188 BVerfGE 136, 9, 52 ff. – *Aufsichtsgremien Rundfunkanstalten.*
189 BVerfGE 136, 9, 53 f. – *Aufsichtsgremien Rundfunkanstalten.*
190 Vgl. BVerfGE 59, 231, 258 – *freier Rundfunkmitarbeiter;* BVerfGE 90, 60, 87 – 8. *Rundfunkurteil/Rundfunkgebührenstaatsvertrag.*

spielen. Zu diesem Zweck sind materielle, organisatorische und prozedurale Regelungen notwendig, die an der Aufgabe des Rundfunks orientiert sind und erreichen können, was Art. 5 Abs. 1 in seiner Gesamtheit bewirken will."[191]

690 Infolge der neuen Mediengesetze ist ein *„duales System"* aus öffentlich-rechtlichen Rundfunkanstalten und privaten Veranstaltern entstanden.

„In dieser Ordnung ist die unerlässliche „Grundversorgung" Sache der öffentlich-rechtlichen Anstalten, zu der sie imstande sind, weil ihre terrestrischen Programme nahezu die gesamte Bevölkerung erreichen und weil sie nicht in gleicher Weise wie private Veranstalter auf hohe Einschaltquoten angewiesen, mithin zu einem inhaltlich umfassenden Programmangebot in der Lage sind. Die damit gestellte Aufgabe umfasst die essentiellen Funktionen des Rundfunks für die demokratische Ordnung ebenso wie für das kulturelle Leben in der Bundesrepublik."[192]

691 Dies rechtfertigt auch die *Gebührenfinanzierung des öffentlich-rechtlichen Rundfunks*:[193]

„In der Gewährleistung der Grundversorgung für alle finden der öffentlich-rechtliche Rundfunk und seine besondere Eigenart, namentlich die Finanzierung durch Gebühren, ihre Rechtfertigung; die Aufgaben, welche ihm insoweit gestellt sind, machen es notwendig, die technischen, organisatorischen, personellen und finanziellen Vorbedingungen ihrer Erfüllung sicherzustellen."[194]

692 Zu den vom BVerfG entwickelten Programmgrundsätzen zählt auch das *Gebot der Ausgewogenheit des Rundfunkprogramms*, das für das gesamte Rundfunk- und Fernsehwesen gilt.[195] An die werbefinanzierten privaten Programme dürfen allerdings geringere Anforderungen gestellt werden:

„Solange und soweit die Wahrnehmung der genannten Aufgaben jedenfalls durch den öffentlich-rechtlichen Rundfunk wirksam sichergestellt ist, erscheint es gerechtfertigt, an die Breite des Programmangebots und die Sicherung gleichgewichtiger Vielfalt im privaten Rundfunk nicht gleich hohe Anforderungen zu stellen wie im öffentlichrechtlichen Rundfunk. […] Gleichgewichtige Meinungsvielfalt lässt sich […] nicht als messbare, exakt zu bestimmende Größe verstehen. […] Bei dieser Sachlage kann es nur darauf ankommen, dass die Vorkehrungen, welche der Gesetzgeber zu treffen hat, dazu bestimmt und geeignet sind, ein möglichst hohes Maß gleichgewichtiger Vielfalt im privaten Rundfunk zu erreichen und zu sichern."[196]

693 Die *Meinungsvielfalt* kann entweder durch die Zulassung einer Vielzahl voneinander unabhängiger Veranstalter *(Außenpluralismus)* oder durch eine binnenpluralistische *Organisation* des privaten Rundfunks sichergestellt werden.[197]

5. Die Filmfreiheit, Art. 5 Abs. 1 S. 2 Hs. 2
Literatur und Rechtsprechung:
vgl. Rundfunkfreiheit

---

191 BVerfGE 90, 60, 87 – 8. *Rundfunkurteil/Rundfunkgebührenstaatsvertrag.*
192 BVerfGE 73, 118 – 4. *Rundfunkentscheidung/Privatfunk*, ausführlich zu Begriff und Umfang der „Grundversorgung" *Starck/Paulus*, in: v. Mangoldt/Klein/Starck, GG, Art. 5 Rn. 200 ff.
193 Siehe auch BVerfGE 90, 60, 90 – 8. *Rundfunkentscheidung/Rundfunkgebührenstaatsvertrag.*
194 BVerfGE 73, 118 – 4. *Rundfunkentscheidung/Privatfunk.*
195 Ausführlich *Wendt*, in: v. Münch/Kunig, GG, Art. 5 Rn. 52 ff.; *Grabenwarter*, in: Maunz/Dürig, GG, Art. 5 Abs. 1, 2 Rn. 768 ff.
196 BVerfGE 73, 118 – 4. *Rundfunkentscheidung/Privatfunk.*
197 Näher zur Schaffung von Pluralität *Kingreen/Poscher*, Grundrechte, Rn. 681 ff.; *Manssen*, Grundrechte, Rn. 385 ff.

694 **a) Überblick.** Wohl wegen des weiterreichenden Schutzes der Kunstfreiheit, ist die praktische Bedeutung der Filmfreiheit bisher gering.[198]

695 **b) Schutzbereich der Filmfreiheit. – aa) Persönlicher Schutzbereich.** *Grundrechtsträger* sind alle Personen, die von den Vorarbeiten bis zur Aufführung mit einem Film beschäftigt sind,[199] nicht aber die Zuschauer; ihnen kommt die Informationsfreiheit zugute.[200]

696 **bb) Sachlicher Schutzbereich.** *Filme* sind dadurch gekennzeichnet, dass die Nachrichten- oder Meinungsübermittlung durch zur Projektierung bestimmte Bilderreihen erfolgt.[201] Entscheidend ist die *ortsgebundene Projektion von Bewegtbildern für Anwesende*.[202] Hinzukommen muss das Merkmal des *Verbreitens in der Öffentlichkeit*, so dass ein privat abgespielter Spielfilm nicht der Filmfreiheit, sondern der Meinungsbildung- oder Informationsfreiheit unterfällt.[203] Welches Trägermaterial verwendet wird, ist hingegen unerheblich.[204]

Beispiele: Filmkassetten, Bildplatten, Videobänder.[205]

697 Auf den *Inhalt* des Films kommt es ebenfalls nicht an.[206]

Die Filmfreiheit erfasst auch die Werbung für einen Film.[207]

698 *Filmkunst* unterfällt hingegen dem Schutz der vorbehaltlos gewährleisteten Kunstfreiheit nach Art. 5 Abs. 3.[208]

699 Die Filmfreiheit schützt die *Herstellung und Verbreitung von Filmen* einschließlich der Erstellung des Drehbuchs und der Aufnahmen, des Filmverleihs und des Abspielens der Filme.[209]

700 Aus der Filmfreiheit folgt ein *Verbot staatlicher Einflussnahme auf die Herstellung und Darbietung von Filmen*.[210] Ein *Eingriff* in die Filmfreiheit liegt daher bei jeder Einschränkung einer geschützten Tätigkeit durch staatliche Ge- oder Verbote vor.[211]

III. Eingriffe in die Schutzbereiche der Kommunikationsfreiheiten

1. Grundsätze

701 Bei der Prüfung, ob eine staatliche Maßnahme, die sich im Schutzbereich der Grundrechte des Art. 5 Abs. 1 auswirkt, einen Eingriff darstellt, findet sowohl

---

198 *Jarass*, in: Jarass/Pieroth, GG, Art. 5 Rn. 60.
199 So auch *Ipsen*, Staatsrecht II, Rn. 461.
200 BVerfG NJW 1990, 311 – Umfang der Informationsfreiheit; Schemmer, BeckOK, GG, Art. 5 Rn. 89.
201 Vgl. *Grabenwarter*, in: Maunz/Dürig, GG, Art. 5 Abs. 1, 2 Rn. 969.
202 Vgl. *Bullinger*, in: HStR VII, § 163 Rn. 3.
203 So auch *Wendt*, in: v. Münch/Kunig, GG, Art. 5 Rn. 61; *Starck*, in: v. Mangoldt/Klein/Starck, GG, Art. 5 Rn. 167.
204 Vgl. *Starck/Paulus*, in: v. Mangoldt/Klein/Starck, GG, Art. 5 Rn. 256.
205 Siehe *Jarass*, in: Jarass/Pieroth, GG, Art. 5 Rn. 61 m. w. N.
206 *Starck/Paulus*, in: v. Mangoldt/Klein/Starck, GG, Art. 5 Rn. 255.
207 *Ipsen*, Staatsrecht II, Rn. 465.
208 Vgl. *Starck/Paulus*, in: v. Mangoldt/Klein/Starck, GG, Art. 5 Rn. 255. Ausführlich zur Kunstfreiheit unten Rn. 723 ff.
209 Vgl. *Jarass*, in: Jarass/Pieroth, GG, Art. 5 Rn. 62.
210 Vgl. *Stein/Frank*, Staatsrecht, § 38 VIII 2.
211 Siehe *Jarass*, in: Jarass/Pieroth, GG, Art. 5 Rn. 64 m. w. N.

der klassische als auch der weite Eingriffsbegriff Anwendung. Nach dem weiten Eingriffsbegriff reicht es insbesondere aus, dass das grundrechtlich geschützte Verhalten durch staatliches Handeln wesentlich erschwert wird.

2. Besonderheiten der einzelnen Freiheiten

a) Eingriffe in die Meinungsfreiheit. Sie können zunächst in staatlichen Anordnungen bestehen, die die Meinungsäußerung oder -verbreitung verbieten oder auf sonstige Weise behindern.[212] In Betracht kommen etwa Verbote, eine bestimmte Meinung zu äußern oder zu verbreiten, sie zu bestimmter Zeit oder an bestimmtem Ort zu äußern. Auch Gebote, eine bestimmte Meinung zu äußern, sind wegen der negativen Meinungsfreiheit eingriffsrelevant. Aufgrund des weiten Eingriffsbegriffs können außerdem faktische Beeinträchtigungen der Meinungsfreiheit rechtfertigungsbedürftig sein, vorausgesetzt sie sind von vergleichbarem Gewicht wie die genannten (klassischen) Eingriffsvarianten.[213]

> **Bsp.:** Auf dem Marktplatz von P findet eine Demonstration der rechtsextremistischen N-Partei statt. Der Bürgermeister von P lässt genau in dem Moment als H, der Hauptredner der N-Partei, ans Mikrofon tritt die Rathausglocke läuten, die jedes andere Geräusch auf dem Marktplatz übertönt.

Lösung Fall: Soweit H keine erwiesen unwahren Tatsachen verbreiten will, handelt es sich bei seiner Rede um eine Meinungsäußerung. Indem der Bürgermeister seine Rede durch das Glockengeläut übertönen lässt, verhindert er in staatlicher Eigenschaft die Meinungskundgabe und greift damit in die Meinungsfreiheit des H ein.[214]

> Weitere **Beispiele**:[215] Verhinderung der Briefzustellung; heimliches Abhören von Gesprächen; heimliches Anfertigen von Tonbandaufnahmen.

b) Eingriffe in die Informationsfreiheit. Ein Eingriff in die Informationsfreiheit liegt in jeder Maßnahme, die den Zugang zu einer Informationsquelle untersagt oder einem Erlaubnisvorbehalt unterstellt.[216] Dies gilt auch dann, wenn nur einem Teil der Bevölkerung die Benutzung der Informationsquelle wesentlich erschwert wird, etwa durch überhöhte Gebühren oder Steuern auf Presseerzeugnisse.[217] Um einen Eingriff i.d.S. handelt es sich nicht nur, wenn der Informationszugang *endgültig verhindert* wird, sondern auch, wenn eine *zeitliche Verzögerung* des Zugangs, etwa durch eine Postkontrolle, eintritt.[218]

c) Eingriffe in die Pressefreiheit. Er besteht in jedem staatlichen Verhalten, dass die geschützte Handlung behindert oder untersagt.[219] Formen sind etwa die Verpflichtung zur Gegendarstellung, dem Widerruf oder Unterlassen bestimmter Äußerungen, aber auch der Subvention (nur) einzelner Presseorgane.

> **Beispiele** aus der Rechtsprechung:
> – Berufsverbot für den Redakteur einer periodisch erscheinenden Druckschrift;[220]

---

212 Vgl. *Jarass*, in: Jarass/Pieroth, GG, Art. 5 Rn. 15.
213 Vgl. *Jarass*, in: Jarass/Pieroth, GG, Art. 5 Rn. 15.
214 Zur Abgrenzung der Meinungs- zur Versammlungsfreiheit unten Rn. 772.
215 Siehe *Wendt*, in: v. Münch/Kunig, GG, Art. 5 Rn. 18.
216 Vgl. *Jarass*, in: Jarass/Pieroth, GG, Art. 5 Rn. 27.
217 Siehe *Stein/Frank*, Staatsrecht, § 38 IV.
218 Vgl. *Grabenwarter*, in: Maunz/Dürig, GG, Art. 5 Abs. 1, 2 Rn. 1030, unter Hinweis auf BVerfGE 27, 88, 98 f. – Einziehung „Der Demokrat".
219 Vgl. *Jarass*, in: Jarass/Pieroth, GG, Art. 5 Rn. 39.
220 BVerfGE 10, 118 – *behördliches Presseverbot*.

- Durchsuchung von Presseräumen nur zum Zweck der Ermittlung von Informanten;[221]
- Beschlagnahme des von den eigenen Mitarbeitern eines Presseorgans gefertigten Bildmaterials über Gewalttaten bei Demonstrationen;[222]
- Versagung der Fernsehbildberichterstattung über ein Strafverfahren.[223]

705 d) **Eingriffe in die Rundfunk- und Filmfreiheit.** In die Rundfunkfreiheit wird durch jede staatliche Maßnahme eingegriffen, die die Rundfunkanstalten in einer geschützten Tätigkeit behindert oder sonst beeinträchtigt.[224] Dies betrifft vor allem die staatliche Einflussnahme auf Auswahl, Inhalt und Gestaltung des Programms.[225] *Kein Eingriff* liegt hingegen vor bei einer *Ausgestaltung* der Rundfunkfreiheit durch den Gesetzgeber, die dazu dient, die Ziele der Rundfunkfreiheit zu fördern.[226] Eingriffscharakter weist jede rechtliche oder faktische Beeinträchtigung der journalistischen oder technische Arbeit des Rundfunks auf, vergleichbares gilt hinsichtlich der Filmfreiheit

IV. Verfassungsrechtliche Eingriffsrechtfertigung

Literatur:
Gorning, G., Die Schrankentrias des Art. 5 II GG, JuS 1988, 274; *ders.*, Zur Polizeifestigkeit der Pressefreiheit – OVG Frankfurt/Oder, NJW 1997, 1387, JuS 1999, 1167; *Hoppe, B.*, Die „allgemeinen Gesetze" als Schranke der Meinungsfreiheit, JuS 1991, 734; *Hufen, F.*, Ehrenschutz und Meinungsfreiheit, JuS 1996, 738; *Kriele, M.*, Ehrenschutz und Meinungsfreiheit, NJW 1994, 1897; *Mager, U.*, Meinungsfreiheit und Ehrenschutz von Soldaten, Jura 1996, 405; *Schmitt Glaeser, W.*, Meinungsfreiheit, Ehrenschutz und Toleranzgebot, NJW 1996, 873; *Stark, R.*, Die Rechtsprechung des Bundesverfassungsgerichts zum Spannungsverhältnis von Meinungsfreiheit und Ehrenschutz – BVerfG, NJW 1994, 2943, JuS 1995, 689; *ders.*, Ehrenschutz in Deutschland, 1996; *Stern, K.*, Ehrenschutz und „allgemeine Gesetze", FS für H. Hübner, 1985, S. 815.

Rechtsprechung:
BVerfGE 7, 198 – *Lüth*; BVerfGE 7, 230 – *Wahlplakat*; BVerfGE 30, 336 – *Sonnenfreunde*; BVerfGE 87, 209 – *„Tanz der Teufel"*; BVerfGE 93, 266 – *Soldaten sind Mörder*; BVerfGE 97, 125 – *Caroline von Monaco I*; BVerfGE 124, 300 – *§ 130 Abs. 4 StGB*;BVerfG, NJW 2015, 2022 – *„FCK CPS"* BVerfG, NJW 2016, 2643 – *ACAB*; BVerfG NJW 2017, 2607 – *Musikantenstadl*.

1. Der qualifizierte Gesetzesvorbehalt des Art. 5 Abs. 2

706 Die Kommunikationsgrundrechte des Art. 5 Abs. 1 finden nach Abs. 2 ihre Schranken in den Vorschriften der allgemeinen Gesetze, den gesetzlichen Bestimmungen zum Schutze der Jugend und in dem Recht der persönlichen Ehre. Es handelt sich hierbei um einen *qualifizierten Gesetzesvorbehalt*.

707 a) **Die Schranke der „allgemeinen Gesetze".** Die *„allgemeinen Gesetze"* bilden die wichtigste Schranke der Kommunikationsfreiheiten. Vom Gesetzesbegriff des Art. 5 Abs. 2 sind nicht nur Gesetze im formellen Sinn, sondern *auch Gesetze im materiellen Sinn* umfasst,[227] so dass auch auf gesetzlicher Grundlage beruhende

---

221 BVerfGE 20, 162 – *Spiegel*.
222 BVerfGE 56, 247 – *Beschlagnahme*.
223 BVerfGE 87, 334 – *Fernsehaufnahmen im Gerichtssaal/Honecker*.
224 Ebenso *Jarass*, in: Jarass/Pieroth, GG, Art. 5 Rn. 54.
225 Vgl. hierzu BVerfGE 59, 231, 258 ff. – *freier Rundfunkmitarbeiter*.
226 Vgl. etwa BVerfGE 97, 228, 266 f. – *Kurzberichterstattung/"extra radio"*.
227 Ausführlich zur Unterscheidung zwischen formellen und materiellen Gesetzen *Korioth*, Staatsrecht I, Rn. 846 ff.

Rechtsverordnungen die Kommunikationsgrundrechte des Art. 5 Abs. 1 einschränken können.²²⁸

708 Der Vorbehalt der „allgemeinen Gesetze" war bereits unter der Geltung des gleich lautenden *Art. 118 Abs. 1 S. 1 WRV* umstritten.²²⁹ Nach der *Sonderrechtslehre* zeichnen sich allgemeine Gesetze dadurch aus, dass sie kein „Sonderrecht gegen die Meinungsfreiheit" darstellen, welches eine Meinung allein wegen ihrer geistigen Zielrichtung verbietet.²³⁰
Dagegen soll es sich nach der *Abwägungslehre* um ein allgemeines Gesetz handeln, wenn das Gesetz nicht zum Schutz der Meinungsfreiheit, sondern eines *bestimmten anderen Rechtsguts* erlassen wurde, dem im Konfliktfall aufgrund einer *Abwägung* der Vorrang zukommt.²³¹ Gegen die Abwägungslehre spricht indes das systematische Verhältnis der „allgemeinen Gesetze" zu den Schranken des Jugendschutzes und des Rechts der persönlichen Ehre, die gerade keine allgemeinen Gesetze, sondern die Kommunikationsfreiheiten einschränkendes Sonderrecht darstellen.²³²

709 Das *BVerfG* hat die *Abwägungs- und Sonderrechtslehre zur sog. Kombinationstheorie miteinander verbunden*. Nach ständiger Rechtsprechung des Gerichts sind *allgemeine Gesetze* solche,

> „die nicht eine Meinung als solche verbieten, die sich nicht gegen die Äußerung der Meinung als solche richten, die vielmehr dem Schutze eines schlechthin, ohne Rücksicht auf eine bestimmte Meinung, zu schützenden Rechtsguts dienen, dem Schutze eines Gemeinschaftswerts, der gegenüber der Betätigung der Meinungsfreiheit den Vorrang hat."²³³

710 Die Rechtsprechung hat damit die Sonderrechtslehre übernommen und sie um das Erfordernis einer Abwägung ergänzt, deren Bedeutung derjenigen der *Angemessenheit im Rahmen der Verhältnismäßigkeitsprüfung* entspricht.²³⁴

Beispiele für allgemeine Gesetze i. S. d. Art. 5 Abs. 2 sind²³⁵
– die polizeiliche Generalklausel,
– die meisten Vorschriften des StGB und der StPO,
– §§ 169 ff. GVG,
– § 1 UWG,
– §§ 22, 23 KunstUrhG,
– der Beseitigungs- und Unterlassungsanspruch aus §§ 823, 1004 BGB analog,
– die Bestimmungen des Straßenverkehrs-, Bau- und Gewerberechts.

711 Eine Besonderheit stellt in diesem Zusammenhang § 130 Abs. 4 StGB dar. Die Vorschrift pönalisiert die Billigung, Verherrlichung und Rechtfertigung der nationalsozialistischen Gewalt- und Willkürherrschaft. Das BVerfG stellt bei der Prüfung der Vereinbarkeit des § 130 Abs. 4 StGB mit Art. 5 Abs. 1 klar, dass auch die

---

228 So auch *Wendt*, in: v. Münch/Kunig, GG, Art. 5 Rn. 73.
229 Die folgenden Ausführungen orientieren sich an der Meinungsfreiheit, gelten jedoch für die anderen Kommunikationsfreiheiten des Art. 5 Abs. 1 entsprechend.
230 *Wendt*, in: v. Münch/Kunig, GG, Art. 5 Rn. 69.
231 Ausführlich zu den einzelnen Varianten der Abwägungslehre *Grabenwarter*, in: Maunz/Dürig, GG, Art. 5 Abs. 1, 2 Rn. 148 m. w. N.
232 So *Ipsen*, Staatsrecht II, Rn. 472.
233 BVerfGE 7, 198, 209 f. – *Lüth*; ständ. Rspr.
234 Vgl. *Kingreen/Poscher*, Grundrechte, Rn. 690 ff.
235 Siehe hierzu *Kingreen/Poscher*, Grundrechte, Rn. 701 m. w. N. und *Wendt*, in: v. Münch/Kunig, GG, Art. 5 Rn. 74.

Verbreitung rechtsradikalen, auf eine grundlegende Veränderung der politischen Ordnung zielendes Gedankenguts dem Schutzbereich der Meinungsfreiheit unterfällt.[236] Der Senat hat § 130 Abs. 4 StGB nicht als ein allgemeines Gesetz im Sinne des Art. 5 Abs. 2 qualifiziert, weil es mit dem Schutz des öffentlichen Friedens zwar einem Schutzgut diene, das auch sonst in der Rechtsordnung vielfältig geschützt werde, dabei aber nicht an totalitäre Regime an sich anknüpfe, sondern ausschließlich an Meinungsäußerungen, die eine bestimmte Haltung zum Nationalsozialismus ausdrücken.[237] Allerdings sieht das BVerfG eine Ausnahme vom Grundsatz der Allgemeinheit des Gesetzes bei Vorschriften, die auf die Verhinderung einer propagandistischen Affirmation der nationalsozialistischen Gewalt- und Willkürherrschaft zwischen den Jahren 1933 und 1945 zielen.[238]

712 **b) Schutz der Jugend und Recht der persönlichen Ehre.** Regelungen des Jugendschutzes dienen der Abwehr von Gefahren, die

> „auf sittlichem Gebiet von allen Druck-, Ton- und Bilderzeugnissen [drohen], die Gewalttätigkeiten oder Verbrechen glorifizieren, Rassenhass provozieren, den Krieg verherrlichen oder sexuelle Vorgänge in grob schamverletzender Weise darstellen und deswegen zu erheblichen, schwer oder gar nicht korrigierbaren Fehlentwicklungen führen können."[239]

713 Entsprechende Vorschriften waren bislang im Gesetz zum Schutze der Jugend in der Öffentlichkeit (JuSchG)[240] und im Gesetz über die Verbreitung jugendgefährdender Schriften und Medieninhalte (GjSM)[241] vorgesehen. Beide Gesetze sind nunmehr im *Jugendschutzgesetz*[242] zusammengefasst.

714 Auch die Schranke des *Rechts der persönlichen Ehre* erfordert eine gesetzliche Normierung.[243] Schutzbestimmungen finden sich vor allem in §§ 185 ff. StGB und im zivilrechtlichen Haftungsrecht (§§ 823, 826, 1004 BGB).[244]

> **Fortführung der Lösung zu Fall 17 (strafgerichtliche Verurteilung wegen des Transparents mit der Aufschrift „ACAB"):** Das Hochhalten des Transparents unterfällt dem Schutzbereich der Meinungsfreiheit.[245] In den Schutzbereich wurde infolge der auf § 185 StGB gestützten Verurteilung eingegriffen. Dieser Eingriff wäre gerechtfertigt, wenn die verfassungsrechtlichen Anforderungen an die Anwendung und Auslegung des § 185 StGB als Schranke der freien Meinungsäußerung nicht gewahrt sind. Dann müsste das Transparent eine Beleidigung enthalten. Hier besteht die Besonderheit, dass sich Adressat der Beleidigung kein einzelner Mensch ist, sondern die Polizisten bzw. die Polizei in ihrer Allgemeinheit. Auch solche herabsetzenden Äußerungen, die weder bestimmte Personen benennen noch erkennbar auf bestimmte Personen bezogen sind, können unter bestimmten Umständen einen Angriff auf die persönliche Ehre der Mitglieder des Kollektivs darstellen.[246] Um hier zu einer sachgerechten Abgrenzung zu kommen und nicht jeder allgemein gehaltenen abwertenden Äußerung über Menschen

---

236 BVerfGE 124, 300, 320 f – § 130 Abs. 4 StGB.
237 BVerfGE 124, 300, 325 – § 130 Abs. 4 StGB.
238 BVerfGE 124, 300, 327 ff. – § 130 Abs. 4 StGB
239 BVerfGE 30, 336, 347 – *Sonnenfreunde*.
240 Gesetz vom 25.2.1985 (BGBl. I, S. 425).
241 In der Fassung der Bekanntmachung vom 12.7.1985 (BGBl. I, S. 1502).
242 Gesetz vom 23.7.2002 (BGBl. I, S. 2730).
243 Für die Erforderlichkeit einer gesetzlichen Konkretisierung auch *Wendt*, in: v. Münch/Kunig, GG, Art. 5 Rn. 82.
244 Ausführlich zum Recht der persönlichen Ehre als Schranke für die Grundrechte des Art. 5 Abs. 1 *Stern*, Staatsrecht IV/1, S. 1592 ff.
245 S.o. Rn. 622.
246 BVerfGE 93, 266, 299 – *Soldaten sind Mörder*.

(„Alle Männer sind Schweine"), soziale Einrichtungen oder Phänomene, die nicht mehr geeignet ist, auf die persönliche Ehre des Individuums durchzuschlagen, Beleidigungscharakter zuzumessen, arbeitet die Rechtsprechung mit einer „Je-desto-Formel". Danach gilt: *„Je größer das Kollektiv ist, auf das sich die herabsetzende Äußerung bezieht, desto schwächer kann auch die persönliche Betroffenheit des einzelnen Mitglieds werden, weil es bei den Vorwürfen an große Kollektive meist nicht um das individuelle Fehlverhalten oder individuelle Merkmale der Mitglieder, sondern um den aus der Sicht des Sprechers bestehenden Unwert des Kollektivs und seiner sozialen Funktion sowie der damit verbundenen Verhaltensanforderungen an die Mitglieder geht."*[247] Unter Anwendung dieser Maßstäbe tragen die Äußerungen nach Auffassung des BVerfG Verurteilung wegen Beleidigung, weil es an einer hinreichend überschaubaren und abgegrenzten Personengruppe fehle.[248]

2. Wechselwirkungslehre

Für das Verhältnis zwischen den Kommunikationsgrundrechten und den allgemeinen Gesetzen i. S. d. Art. 5 Abs. 2 hat das BVerfG die *Wechselwirkungslehre* entwickelt:[249]

> „Die gegenseitige Beziehung zwischen Grundrecht und ‚allgemeinem Gesetz' ist [...] nicht als einseitige Beschränkung der Geltungskraft des Grundrechts durch die ‚allgemeinen Gesetze' aufzufassen; es findet vielmehr eine Wechselwirkung in dem Sinne statt, daß die ‚allgemeinen Gesetze' zwar nach dem Wortlaut dem Grundrecht Schranken setzen, ihrerseits aber aus der Erkenntnis der wertsetzenden Bedeutung dieses Grundrechts im freiheitlichen demokratischen Staat ausgelegt und so in ihrer das Grundrecht begrenzenden Wirkung selbst wieder eingeschränkt werden müssen."[250]

Dies bedeutet, dass das *einschränkende Gesetz seinerseits im Lichte des eingeschränkten Grundrechts ausgelegt* werden muss:[251]

> „Die allgemeinen Gesetze müssen in ihrer das Grundrecht beschränkenden Wirkung ihrerseits im Lichte der Bedeutung dieses Grundrechts gesehen und so interpretiert werden, dass der besondere Wertgehalt dieses Rechts, der in der freiheitlichen Demokratie zu einer grundsätzlichen Vermutung für die Freiheit der Rede in allen Bereichen, namentlich aber im öffentlichen Leben, führen muss, auf jeden Fall gewahrt bleibt."[252]

So kommt es im Rahmen der verfassungsrechtlichen Beurteilung von Kollektivbeleidigungen darauf an, auf eine hinreichende Individualisierung der Betroffenen an. Es ist nicht ausreichend, dass die Betroffenen nur eine Teilgruppe des Gesamtkollektivs sind.[253] Ebenso wenig reicht es aus, dass nur ein Bruchteil des Kollektivs diese Meinungsäußerung wahrnehmen kann. Es bedarf also einer hinreichend abgegrenzten und überschaubaren Personengruppe.[254]

---

247 So die Formulierung in BVerfG, NJW 2016, 2643, Rn. 16 – *ACAB*.
248 BVerfG, NJW 2016, 2643, Rn. 18 – *ACAB*; vergleichbar judizert das BVerfG hstl. eines Transparents mit der Aufschrift „FCK CPS", vgl. BVerfG, NJW 2015, 2022, Rn. 17 – *„FCK CPS"*; s. jetzt aber BVerfG (K) NJW 2017, 2607, wo die strafgerichtliche Verurteilung wegen Beleidigung wiederum unter Verwendung des Akronyms „ACAB" mit der erstaunlichen Begründung, das „ostentative" und „nachgerade paradierende" Zur-Schau-Stellen eines mit der Aufschrift „ACAB." bedruckten Stoffbeutels vor Polizeikräften enthalte eine hinreichende Individualisierung einzelner Personen aus einer größeren Gruppe (so BVerfG, a. a. O. Rn. 6), gebilligt wurde.
249 Siehe zur Wechselwirkungslehre auch *Stern*, Staatsrecht IV/1, S. 1446 ff., 1476 f.
250 BVerfGE 7, 198, 209 – *Lüth*.
251 Eine verfassungskonforme Gesetzesinterpretation ist indes ohnehin erforderlich, so die Kritik von *Grabenwarter*, in: Maunz/Dürig, GG, Art. 5 Abs. 1, 2 Rn. 139 f.
252 BVerfGE 7, 198, 208 – *Lüth*. Zur Vermutung zugunsten der Freiheit der Rede auch BVerfGE 93, 266, 294 – *Soldaten sind Mörder*.
253 BVerfG, NJW 2015, 2022, 2023 – *„FCK CPS"*; BVerfG NJW 2016, 2643, 2644 – *ACAB*.
254 BVerfG, NJW 2015, 2022, 2023 – *„FCK CPS"*.

3. Verfassungsimmanente Schranken

717 Weitere Schranken für die Kommunikationsgrundrechte des Art. 5 Abs. 1 können sich aus *kollidierendem Verfassungsrecht* ergeben. Die Schranke der kollidierenden Verfassungsnormen darf allerdings nicht so aufgefasst werden, dass kollidierendes Verfassungsrecht ohne weitere staatliche Aktivität die Meinungsfreiheit begrenzt. Da jede Grundrechtsschranke einer gesetzlichen Ausarbeitung bedarf (Wesentlichkeitstheorie), entfaltet das kollidierende Verfassungsrecht seine Schrankenwirkung nur dann, wenn es in einem Parlamentsgesetz ausformuliert ist, das gerade auch dem Schutz dieses kollidierenden Verfassungsrechts dient. Eine gesetzliche Konkretisierung der Begrenzung ist also stets erforderlich.[255] In Betracht kommt insbesondere der Schutz der Menschenwürde,[256] oder das allgemeine Persönlichkeitsrecht,[257] nicht aber allgemeine Verfassungsprinzipien wie das Demokratie- oder das Sozialstaatsprinzip.[258]

718 Namentlich im Rahmen der *Pressefreiheit* ist regelmäßig eine *Abwägung mit dem allgemeinen Persönlichkeitsrecht* des Betroffenen vorzunehmen.[259] Zwar ist es der Presse „nicht verwehrt, nach sorgfältiger Recherche auch über Vorgänge oder Umstände zu berichten, deren Wahrheit im Zeitpunkt der Veröffentlichung nicht mit Sicherheit feststeht".[260] Erweist sich jedoch im Nachhinein eine Tatsachenbehauptung als unwahr, so entsteht eine *Verpflichtung zur Gegendarstellung und Berichtigung*. Diese Pflicht schränkt die Pressefreiheit nicht unangemessen ein.[261]

V. Das Zensurverbot gemäß Art. 5 Abs. 1 S. 3

Literatur:
Gucht, C., Das Zensurverbot im Gefüge der grundrechtlichen Eingriffskautelen, 2000; *Köhne, M.*, Das Zensurverbot des Grundgesetzes, Recht und Politik 2013, 30; *Warg, G.*, Meinungsfreiheit zwischen Zensur und Selbstzensur, DÖV 2018, 473.

Rechtsprechung:
BVerfGE 33, 52 – *Verbringungsgesetz*; BVerfGE 47, 198 – *Wahlwerbesendung*; BVerfGE 87, 209 – „*Tanz der Teufel*".

719 Das Zensurverbot des Art. 5 Abs. 1 S. 3 stellt kein eigenes Grundrecht dar.[262] Es handelt sich vielmehr um eine *„absolute Eingriffsschranke"*,[263] die für alle Grundrechte des Art. 5 Abs. 1 gilt.

720 *Zensur* bedeutet die „inhaltliche Kontrolle von Geistesäußerungen".[264] Art. 5 Abs. 1 S. 3 untersagt nur die *Vorzensur*,[265] das heißt, dass ein Werk nicht veröffent-

---

255 Vgl. *Jarass*, in: Jarass/Pieroth, GG, Art. 5 Rn. 79; *Erichsen*, Jura 1996, 84, 87; *Schmidt-Jortzig*, in: HStR VII, § 162 Rn. 58.
256 Vgl. *Jarass*, in: Jarass/Pieroth, GG, Art. 5 Rn. 80.
257 Dazu *Hufen*, Staatsrecht II, § 25 Rn. 26 ff.
258 So auch *Starck/Paulus*, in: v. Mangoldt/Klein/Starck, GG, Art. 5 Rn. 274; zum Sozialstaatsprinzip vgl. BVerfGE 52, 283, 298 – *Tendenzschutz für Presseunternehmen*.
259 Vgl. BVerfGE 97, 125, 145 ff. – *Caroline von Monaco I*.
260 Siehe BVerfGE 97, 125, 145 – *Caroline von Monaco I*.
261 Vgl. BVerfGE 97, 125, 145 – *Caroline von Monaco I*.
262 Ebenso *Bethge*, in: Sachs, GG, Art. 5 Rn. 129; *Kingreen/Poscher*, Grundrechte, Rn. 614; *Ipsen*, Staatsrecht II, Rn. 492.
263 BVerfGE 33, 52, 53 – *Verbringungsgesetz*.
264 Vgl. *Schmidt-Jortzig*, in: HStR VII, § 162 Rn. 56.
265 Siehe BVerfGE 33, 52, 72 – *Verbringungsgesetz*; BVerfGE 47, 198, 236 f. – *Wahlwerbesendung*; vgl. aus der Literatur nur *Wendt*, in: v. Münch/Kunig, GG, Art. 5 Rn. 62.

licht werden darf, bevor es nicht ein präventives Kontrollverfahren durchlaufen hat.²⁶⁶ Unzulässig sind

„einschränkende Maßnahmen vor der Herstellung oder Verbreitung eines Geisteswerkes, insbesondere das Abhängigmachen von behördlicher Vorprüfung und Genehmigung seines Inhalts (Verbot mit Erlaubnisvorbehalt)."²⁶⁷

Das nachträgliche Vorgehen gegen ein Werk ist hingegen innerhalb der Schranken des Art. 5 Abs. 2 zulässig.²⁶⁸

§ 15 Die Freiheit der Kunst, der Wissenschaft, der Forschung und der Lehre gemäß Art. 5 Abs. 3

Literatur:
V. Becker, B., Grenzenlose Freiheit der Satire?, NJW 2001, 583; *Borgmann, K.*, Kann Pornographie Kunst sein? – BVerfGE 83, 130, JuS 1992, 916; *v. Arnauld, A.*, Freiheit der Kunst, in: Isensee, J./ Kirchhof, P. (Hrsg.), Handbuch des Staatsrechts der Bundesrepublik Deutschland, Band VII, 3. Auflage 2009, § 167; *Dierscmeier, C.*, Die Würde der Kunst, JZ 2000, 883; *Enders, C.*, Zum Begriff und zu den Schranken der Kunstfreiheit, JZ 2008, 581; *Fassbender, K.*, Was darf die Satire?, NJW 2019, 705; *Fehling, M.*, Der praktische Fall: Plakataktion, JuS 1996, 431; *Fricke, M.*, Vorrang der Kunstfreiheit bei filmischer Aufarbeitung eines fiktiven Einzelschicksals vor dem Hintergrund tatsächlicher historischer Ereignisse, ZUM 2007, 487; *Füßer, K./Drömann, A.*, Straßenkunst in Großstädten zwischen kreativer Bereicherung und penetranter Ruhestörung: Kommunale Regelungspraxis und ihre straßenrechtliche Bewertung, SächsVBl 2015, 153; *Gostomzyk, T.*, Wahrheit, keine Dichtung, NJW 2008, 737; *Häberle, P.*, Die Freiheit der Kunst im Verfassungsstaat, AöR 110 (1985), 577; *Hager, J.*, Die Mephisto-Entscheidung des Bundesverfassungsgerichts, Jura 2000, 186; *Henne, T.*, Alles schon mal dagewesen? – Parallelen zwischen den „Mephisto"-Entscheidungen der deutschen Gerichte und der Debatte um Walsers Tod eines Kritikers, NJW 2003, 639; *Hillgruber, C./Schemmer, F.*, Darf Satire wirklich alles?, JZ 1992, 946; *Höfling, W.*, Zur hoheitlichen Kunstförderung, DÖV 1985, 387; *Hufen, F.*, Verbot oder einschränkende Auflage für die Ausstellung Körperwelten?, DÖV 2004, 611; *Isensee, J.*, Kunstfreiheit im Streit mit Persönlichkeitsschutz, AfP 1993, 619; *Karpen, U./Nohe, B.*, Die Kunstfreiheit in der Rechtsprechung seit 1992, JZ 2001, 801; *Kastner, K.*, Freiheit der Literatur und Persönlichkeitsrecht – Zum „Mephisto"-Buch von Klaus Mann, NJW 1982, 601; *Knies, W.*, Schranken der Kunstfreiheit als verfassungsrechtliches Problem, 1967; *Kobor, H.*, Grundfälle zu Art. 5 III GG, JuS 2006, 593; *Korte, S.*, Die Kunst – ein unbekanntes Wesen, JA 2003, 225; *Kremer, C.*, Persönlichkeitsschutz für Prominente, Jura 2006, 459; *Lenski, S.*, Grundrechtsschutz zwischen Fiktionalität und Wirklichkeit – Zum Esra-Beschluss des BVerfG, NVwZ 2008, 281; *dies.*, Die Kunstfreiheit des Grundgesetzes, Jura 2016, 35; *Lerche, P.*, Schranken der Kunstfreiheit, BayVBl. 1974, 177; *Mahrenholz, E. G.*, Freiheit der Kunst, in: Benda, E./Maihofer, W./Vogel, H.-J. (Hrsg.), Handbuch des Verfassungsrechts der Bundesrepublik Deutschland, 2. Auflage 1994, S. 1289; *Schröder, M.*, Die Je-desto-Formel des Bundesverfassungsgerichts in der Esra-Entscheidung und ihre Bedeutung für Grundrechtsabwägungen, DVBl. 2008, 146; *Siems, T.*, Gemeingebrauch und Sondernutzung im Recht der öffentlichen Straßen, Jura 2003, 639; *Soine, M.*, Rechtsextremistische Musik unter Grundrechtsschutz, JuS 2004, 382; *Wanckel, E.*, Der Schutz der Persönlichkeit bei künstlerischen Werken, NJW 2006, 578; *Wandtke, A.*, Persönlichkeitsrecht und Satire als urheberrechtlich geschützte Kunstform, ZUM 2019, 308; *Wittreck, F.*, Referendarexamensklausur – Öffentliches Recht: Eingriff durch Entschuldigung? Der Bundespräsident und das Bild des Propheten, JuS 2006, 729; *Würkner, J.*, Straßenrecht kontra Kunstfreiheit?, NJW 1987, 1793; *ders.*, Das Bundesverfassungsgericht und die Freiheit der Kunst, 1994; *Zöberley, G.*, Warum lässt sich Kunst nicht definieren?, NJW 1998, 1372.

---

266 BVerfGE 87, 209, 230 – „Tanz der Teufel".
267 BVerfGE 33, 52, 72 – Verbringungsgesetz.
268 Siehe hierzu Stern, Staatsrecht IV/1, S. 1484.

Rechtsprechung:
BVerfGE 30, 173 – *Mephisto*; BVerfGE 36, 321 – *Schallplattenumsatzsteuer*; BVerfGE 67, 213 – *anachronistischer Zug*; BVerfGE 75, 369 – *„Konkret"/Strauß-Karikatur*; BVerfGE 77, 240 – *Herrnburger Bericht*; BVerfGE 81, 108 – *Steuerermäßigung für Nebeneinkünfte aus wissenschaftlicher oder künstlerischer Tätigkeit*; BVerfGE 81, 278 – *Verunglimpfung der Bundesflagge*; BVerfGE 81, 298 – *Verunglimpfung der Nationalhymne*; BVerfGE 82, 1 – *Hitler-T-Shirt*; BVerfGE 83, 130 – *Josefine Mutzenbacher*; BVerfGE 119, 1 – *Esra*; BVerfG, NJW 1984, 1293 – *Sprayer von Zürich*; BVerfG-K, NJW 2007, 3197 – *Contergan-Film*; BVerwGE 84, 71 – *Silhouettenschneiden*; BVerwG, NJW 1995, 2648 – *Umweltschutz und Kunstfreiheit*; LG Düsseldorf, NJW 1988, 345 – *Fettecke*; VG Berlin, NJW 1995, 2650 – *verhüllter Reichstag*; BVerfG, NJW 2016, 2247 – *„Metall auf Metall"*; BVerwG, DVBl. 1994, 1242 – *„stille Feiertage"*; EGMR, NJW 2004, 2647 – *Caroline von Monaco*.

I. Die Kunstfreiheit

1. Überblick und Normstruktur

722 Kunst ist kein rechtserzeugter Begriff, der verfassungsrechtliche Umgang damit entsprechend schwierig. Plastisch verdeutlicht dies die *Kurt Tucholsky* zugeschriebene Provokation „Wo der Künstler hinspuckt, ist Kunst." Aus juristischer Perspektive lassen sich zunächst drei Orientierungspunkte im Umgang mit dem Begriff „Kunst" festmachen.

(1) Kunst muss definiert werden, denn was der Staat nicht definieren kann, das kann er auch nicht schützen. Das BVerfG hat deshalb klargestellt, dass – ungeachtet der Schwierigkeit, Kunst generell zu definieren – es die verfassungsrechtliche Verbürgung dieser Freiheit gebietet, ihren Schutzbereich bei der konkreten Rechtsanwendung zu bestimmen. Die Grundanforderungen künstlerischer Tätigkeit festzulegen, sei daher durch Art. 5 Abs. 3 S. 1 nicht verboten, sondern im Gegenteil gefordert.[1]

(2) Die Rechtsanwendung darf nur zwischen Kunst und Nichtkunst unterscheiden, nicht aber zwischen „guter" und „schlechter" Kunst. Eine Niveaukontrolle, also eine Differenzierung zwischen „höherer" und „niedriger", „guter" und „schlechter" (und deshalb nicht oder weniger schutzwürdiger) Kunst liefe demgegenüber auf eine verfassungsrechtlich unstatthafte Inhaltskontrolle hinaus.[2]

(3) **Eine allgemeingültige Definition der Kunst gibt es nicht.** Das BVerfG versucht durch die Anwendung **dreier Kunstbegriffe** eine Eingrenzung des Schutzbereiches vorzunehmen.[3]

2. Schutzbereich

723 a) **Persönlicher Schutzbereich.** Grundsätzlich können sich alle natürlichen Personen auf die Kunstfreiheit berufen. *Grundrechtsträger* der Kunstfreiheit aus Art. 5 Abs. 3 S. 1 ist zunächst der *Künstler*, also jeder, der ein Kunstwerk herstellt.[4] Aus dem Schutz des Wirkbereichs[5] folgt darüber hinaus, dass sich *auch der Vermittler von Kunst* auf Art. 5 Abs. 3 S. 1 berufen kann.[6]

---

1 BVerfGE 75, 369, 377 – *„Konkret"/Strauß-Karikatur*.
2 BVerfGE 75, 369, 377 – *„Konkret"/Strauß-Karikatur*.
3 Dazu näher unten Rn. 725 ff.
4 So auch *Ipsen*, Staatsrecht II, Rn. 499.
5 Dazu sogleich unten Rn. 738.
6 Ebenso *Starck/Paulus*, in: v. Mangoldt/Klein/Starck, GG, Art. 5 Rn. 428, 432; BVerfGE 30, 173, 191 – *Mephisto*; BVerfGE 36, 321, 331 – *Schallplattenumsatzsteuer*; BVerfGE 77, 240, 251 – *Herrnburger Bericht*; ablehnend *Scholz*, in: Maunz/Dürig, GG, Art. 5 Abs. 3 Rn. 19 und 47 und *Hufen*, Staatsrecht II, § 33 Rn. 23.

Beispiele: Auch der Buchverleger[7] und der Schallplattenhersteller[8] können sich auf die Kunstfreiheit berufen.

Auch *juristische Personen und Personenvereinigungen* können sich nach Art. 19 Abs. 3 auf die Kunstfreiheit berufen, wenn sie als *kunstvermittelnde Medien* die Beziehungen zwischen Künstler und Publikum herstellen.[9] Dies gilt auch dann, wenn es sich um Organisationseinheiten des öffentlichen Rechts handelt.[10]

b) Sachlicher Schutzbereich. Art. 5 Abs. 3 S. 1 garantiert die Freiheit der *Kunst*. Problematisch ist dabei die Bestimmung des sachlichen Schutzbereichs der Kunstfreiheit: Das BVerfG spricht von der *„Unmöglichkeit, Kunst generell zu definieren"*.[11] Dies entbinde jedoch nicht von der verfassungsrechtlichen Pflicht, bei der konkreten Rechtsanwendung zu beurteilen, ob die Voraussetzungen des Art. 5 Abs. 3 S. 1 gegeben sind.[12] Hierzu hat das BVerfG *drei Kunstbegriffe* herausgearbeitet, die sich nicht gegenseitig ausschließen, sondern *nebeneinander Anwendung finden*.[13] Sie betreffen zwar lediglich Teilaspekte, in ihrer Gesamtheit sollen sie aber dazu verhelfen, im konkreten Einzelfall zu entscheiden, ob der Schutzbereich der Kunstfreiheit eröffnet ist.[14] Hierzu wird sich in der Literatur immer wieder kritisch geäußert,[15] allerdings kann sich zumindest ein Anhaltspunkt aus den Begriffen ergeben.

Der *formale Kunstbegriff* sieht

„das Wesentliche eines Kunstwerkes darin, dass bei formaler, typologischer Betrachtung die Gattungsanforderungen eines bestimmten Werktyps erfüllt sind, [man legt] also einen eher formalen Kunstbegriff zugrunde, der nur an die Tätigkeit und die Ergebnisse etwa des Malens, Bildhauens, Dichtens anknüpft [...]."[16]

Nach dem *materiellen Kunstbegriff* ist

„das Wesentliche der künstlerischen Betätigung [...] die freie schöpferische Gestaltung, in der Eindrücke, Erfahrungen, Erlebnisse des Künstlers durch das Medium einer bestimmten Formensprache zu unmittelbarer Anschauung gebracht werden. Alle künstlerische Tätigkeit ist ein Ineinander von bewussten und unbewussten Vorgängen, die rational nicht aufzulösen sind. Beim künstlerischen Schaffen wirken Intuition, Phantasie und Kunstverstand zusammen; es ist primär nicht Mitteilung, sondern Ausdruck und zwar unmittelbarster Ausdruck der individuellen Persönlichkeit des Künstlers."[17]

Nach dem *offenen Kunstbegriff* ist

„das kennzeichnende Merkmal einer künstlerischen Äußerung [...], dass es wegen der Mannigfaltigkeit ihres Aussagegehalts möglich ist, der Darstellung im Wege einer fortgesetzten Interpretation immer weiterreichende Bedeutungen zu entnehmen, so

---

7 BVerfGE 30, 173, 191 – *Mephisto*.
8 BVerfGE 36, 321, 331 – *Schallplattenumsatzsteuer*.
9 Siehe *Jarass*, in: Jarass/Pieroth, GG, Art. 5 Rn. 122; *Bethge*, in: Sachs, GG, Art. 5 Rn. 191a.
10 Näher hierzu *Bethge*, in: Sachs, GG, Art. 5 Rn. 192.
11 BVerfGE 67, 213, 225 – *anachronistischer Zug*.
12 BVerfGE 67, 213, 225 – *anachronistischer Zug*.
13 Zur Kritik an den Kunstbegriffen des BVerfG *Starck/Paulus*, in: v. Mangoldt/Klein/Starck, GG, Art. 5 Rn. 424 f.
14 Vgl. BVerfGE 67, 213, 225 f. – *anachronistischer Zug*.
15 Vgl. nur *Hufen*, Staatsrecht II, § 33 Rn. 4 ff.
16 BVerfGE 67, 213, 226 f. – *anachronistischer Zug*.
17 BVerfGE 30, 173, 188 f. – *Mephisto*. Anschaulich dazu *Hufen*, Staatsrecht II, § 33 Rn. 7 ff.

dass sich eine praktisch unerschöpfliche, vielstufige Informationsvermittlung ergibt".[18]

Beispiel: Ist das Gedicht „Das Lied von der Glocke" (*Friedrich Schiller*: „Fest gemauert in der Erden/Steht die Form, aus Lehm gebrannt ...") Kunst?
Es erfüllt die traditionellen Anforderungen der Kunstgattung „Lyrik" (Aufbau in Vers und Strophe, Rhythmus usw.) und fällt damit schon unter den formalen Kunstbegriff. *Schiller* verarbeitete in dem Gedicht ferner Erfahrungen aus dem Besuch einer Glockengießerei in einer von ihm gewählten Formensprache, so dass auch nach dem materiellen Kunstbegriff ein Kunstwerk vorliegt. Schließlich ist das Gedicht auch der wiederholten Interpretation zugänglich und bedürftig, also auch der offene Kunstbegriff erfüllt. Demnach handelt es sich um Kunst.

Weiteres Beispiel: In dem Videospiel „Half-Life 2" bewegt der Spieler eine Figur durch eine Zukunftswelt, die von Außerirdischen und irdischen Kollaborateuren beherrscht wird. Im Verlauf des Spiels tötet der Spieler mittels der gesteuerten Figur zahlreiche der Unterdrücker und deckt eine Verschwörung auf. Liegt Kunst vor?
Videospiele lassen sich keiner der derzeit kunsttheoretisch vertretenen Werktypen zuordnen. Der Begriff der „Medienkunst" erscheint für den juristisch-formalen Kunstbegriff zu weit. Ob nach dem materiellen Kunstbegriff der Schutzbereich der Kunstfreiheit eröffnet ist, erscheint ebenfalls fraglich.

Weiteres Beispiel: Die Entscheidung des BVerfG zur strafrechtlichen Beurteilung des „anachronistischen Zuges" als Beleidigung des Kanzlerkandidaten Franz Josef Strauß betraf die schauspielerische Aufführung eines Gedichtes von Bertold Brecht durch ein *politisches Straßentheater*. Das Gericht betont in den Entscheidungsgründen die Unmöglichkeit, Kunst generell zu definieren, und verweist auf die *Interpretationsfähigkeit und Interpretationsbedürftigkeit künstlerischer Äußerungen*.[19]

729 Die Beurteilung, ob es sich bei einem Werk um Kunst i. S. d. Art. 5 Abs. 3 handelt, darf nicht allein dem Grundrechtsträger überlassen werden.[20] Die subjektive Behauptung des Künstlers, ein Kunstwerk geschaffen zu haben, reicht nicht aus, um den Schutzbereich der Kunstfreiheit zu eröffnen; vielmehr kommt dem *„Selbstverständnis des Künstlers lediglich indizielle Bedeutung* zu".[21]
Über die eigene Einschätzung des Künstlers hinaus ist aber auch auf das Urteil eines künstlerisch aufgeschlossenen *Publikums* abzustellen.[22] Auch die Einschätzung *unabhängiger, in Kunstfragen kompetenter Experten* stellt ein wichtiges Indiz dar (sog. *Drittanerkennung*),[23] kann für sich gesehen aber nicht ausschlaggebend sein.[24]

730 Der Schutzbereich der Kunstfreiheit erfasst auch *ungewöhnliche und überraschende Ausdrucksformen*.[25]

Beispiele: Besprühen von Bauwerken mit Graffiti;[26] satirische Darstellungen;[27] Herstellung von Profilschattenbildern (Scherenschnitten);[28] „Aktionen" und „Happenings".[29]

---

18 BVerfGE 67, 213, 227 f. – *anachronistischer Zug*.
19 Siehe BVerfGE 67, 213 – *anachronistischer Zug*.
20 So auch *Bethge*, in: Sachs, GG, Art. 5 Rn. 184.
21 Vgl. *Wendt*, in: v. Münch/Kunig, GG, Art. 5 Rn. 91 m. w. N.
22 Ebenso *Ipsen*, Staatsrecht II, Rn. 507 m. w. N.
23 Vgl. *Jarass*, in: Jarass/Pieroth, GG, Art. 5 Rn. 119; *Wendt*, in: v. Münch/Kunig, GG, Art. 5 Rn. 92.
24 Zutreffend *Hufen*, Staatsrecht II, § 33 Rn. 4.
25 Siehe *Kingreen/Poscher*, Grundrechte, Rn. 721.
26 BVerfG, NJW 1984, 1293 – *Sprayer von Zürich*.
27 BVerfGE 81, 278 – *Bundesflagge*; BVerfGE 81, 298 – *Nationalhymne*.
28 VGH Mannheim, NJW 1989, 1299.
29 *Wendt*, in: v. Münch/Kunig, GG, Art. 5 Rn. 91.

731 „Kunst ist einer *staatlichen Stil- oder Niveaukontrolle* nicht zugänglich"[30]:

> „Erlaubt und notwendig ist [...] nur die Unterscheidung zwischen Kunst und Nichtkunst; eine Niveaukontrolle, also eine Differenzierung zwischen ‚höherer' und ‚niederer', ‚guter' und ‚schlechter' (und deshalb nicht oder weniger schutzwürdiger) Kunst, liefe demgegenüber auf eine verfassungsrechtlich unstatthafte Inhaltskontrolle hinaus."[31]

732 Durch die Anstößigkeit einer Darstellung, beispielsweise in einer *Satire*[32] oder *Karikatur*, verliert sie daher nicht den Schutz der Kunstfreiheit.[33] Auch *Pornografie* schließt die Kunsteigenschaft nicht zwingend aus.[34]

733 Der Schutzbereich der Kunstfreiheit soll jedoch nicht die *„unfriedliche" Kunst* erfassen, die mit Gewaltanwendung verbunden ist.[35] Hinsichtlich der Beschädigung fremden Eigentums hat das BVerfG festgestellt:

> „Diese Gewährleistung [der Kunstfreiheit] hat das Grundgesetz mit keinem Vorbehalt versehen; ihre Reichweite erstreckt sich aber von vorneherein nicht auf die eigenmächtige Inanspruchnahme oder Beeinträchtigung fremden Eigentums zum Zwecke der künstlerischen Entfaltung (sei es im Werk- oder Wirkbereich der Kunst)."[36]

734 Gleiches muss dann im Grundsatz für die eigenmächtige Beeinträchtigung anderer Rechtsgüter Dritter wie Leben, Freiheit oder Ehre gelten,[37] wobei aber Rechtfertigung und Schutzbereichsbegrenzung nicht verwischt werden dürfen.[38] Namentlich im Bereich der Bewältigung des Konfliktes von Presse-, Meinungs- und Kunstfreiheit einerseits und dem Recht der persönlichen Ehre andererseits ist dem BVerfG der Vorwurf gemacht worden, den Schutz der persönlichen Ehre zu sehr zu vernachlässigen. Hintergrund war die Rechtsprechung zu sog. absoluten Personen der Zeitgeschichte. Damit wurden Personen bezeichnet, die durch Geburt, Stellung, Status, Ämter, besondere Leistungen oder Taten – sowohl im positiven als auch negativen Sinne – ins öffentliche Blickfeld geraten waren und sich dadurch außergewöhnlich aus dem Kreis ihrer Mitmenschen heraushoben.[39] Die Zuordnung zu diesem Personenkreis hatte eine gleichsam einwilligungsfreie Befugnis zur Veröffentlichung von Bildnissen zur Folge. Eine Person konnte daher in einer noch so privaten Situation aufgenommen werden, weil bei Personen der absoluten Zeitgeschichte ein Bezug zu einem zeitgeschichtlichen Ereignis nicht vorausgesetzt wurde.[40]

---

30 BVerfGE 81, 278, 291 – *Bundesflagge*. Siehe zum Neutralitätsgebot für den Staat auch *Odendahl*, in: Schmidt-Bleibtreu/Hofmann/Henneke, GG, 13. Auflage 2014, Art. 5 Rn. 43; *Stein/Frank*, Staatsrecht, § 46 II 1; *Katz*, Staatsrecht, Rn. 741.
31 BVerfGE 75, 369, 377 – *„Konkret"/Strauß-Karikatur*.
32 Kontrovers diskutiert wurden die Grenzen der Satire jüngst im Fall *Böhmermann*. Der Fernsehmoderator hatte im Rahmen eines Satiremagazins ein Schmähgedicht über den türkischen Staatspräsidenten Erdogan vorgetragen. Zum Teil wurde das Gedicht unter § 185 StGB subsumiert (etwa *Fahl*, NStZ 2016, 313, 318), von anderen als zwar mit „starken Formulierungen" versehene, insgesamt aber zulässige Auseinandersetzung in einem politisch hochaktuellen Thema angesehen (etwa *Brauneck*, ZUM 2016, 710, 715).
33 Vgl. zur Satire BVerfGE 81, 278, 291 – *Bundesflagge*; zur Karikatur BVerfGE 75, 369, 377 – *„Konkret"/Strauß-Karikatur*.
34 Siehe BVerfGE 83, 130, 138 f. – *Josefine Mutzenbacher*.
35 Ebenso *Bethge*, in: Sachs, GG, Art. 5 Rn. 198c.
36 BVerfG, NJW 1984, 1293, 1294 – *Sprayer von Zürich*.
37 Vgl. *Kingreen/Poscher*, Grundrechte, Rn. 725.
38 Vgl. *Hufen*, Staatsrecht II, § 33 Rn. 19.
39 *Hermann*, in: BeckOK, Informations- und Medienrecht, § 23 KunstUrhG, Rn. 8.
40 *Hermann*, in: BeckOK, Informations- und Medienrecht, § 23 KunstUrhG, Rn. 8.

735 Gegen diese Beschränkung des Schutzes der Privatsphäre bei den so genannten absoluten Personen der Zeitgeschichte hat der EGMR grundsätzliche Bedenken geäußert.[41] Im Zuge der dadurch ausgelösten Kontroverse hat die deutsche Rechtsprechung zwischenzeitlich mit dem sog. abgestuften Schutzkonzept reagiert, bei dem für die Abwägung zwischen Presse, Meinungs- und Kunstfreiheit einerseits und Persönlichkeitsschutz andererseits etwa auch von Belang ist, unter welchen Bedingungen eine Aufnahme entstanden ist oder in welcher Situation der Betroffene erfasst bzw. dargestellt wird.[42]

736 Wird durch ein Kunstwerk gleichzeitig eine bestimmte *Meinung* zum Ausdruck gebracht, bleibt die Kunstfreiheit das maßgebliche Grundrecht.[43] Art. 5 Abs. 3 ist insofern *lex specialis* und verdrängt die Anwendung des Art. 5 Abs. 1.[44]

737 *Kunstkritik* ist regelmäßig nicht selbst Kunst, es sei denn, sie ist in eine eigenständige künstlerische Form, etwa eine Satire, eingekleidet.[45] Im Übrigen gilt der Schutz der Meinungsfreiheit nach Art. 5 Abs. 1.

738 Die Kunstfreiheit schützt den Werkbereich und den Wirkbereich des künstlerischen Schaffens. Der *Werkbereich* betrifft die künstlerische Betätigung selbst, das Herstellen des Kunstwerks,[46] einschließlich vorbereitender Tätigkeiten.[47]

> **Beispiele**: Verfassen eines Romanmanuskripts, Komponieren eines Musikwerks, Malen eines Bildes.[48]

739 Der *Wirkbereich* erfasst die Darbietung und Verbreitung des Kunstwerks, indem das Kunstwerk der Öffentlichkeit zugänglich gemacht wird.[49]

> **Beispiele**: Verlegen von Ton- und Dichtkunst, Aufführung eines Musikwerks, Ausstellung eines Gemäldes.[50]

740 Auch die *Werbung für ein Kunstwerk* ist vom Schutzumfang der Kunstfreiheit erfasst,[51] nicht aber die wirtschaftliche Verwertung des Werks zur Einnahmeerzielung.[52]

> **Beispiele**: Museen, Theater, Orchester, Opernhäuser;[53] Kunst- und Musikhochschulen.[54]

3. Eingriffe

741 *Eingriffe in die Kunstfreiheit* sind alle schutzbereichsverkürzenden Maßnahmen wie Verbote oder sonstige Sanktionen, aber auch tatsächliche Maßnahmen.[55] Die Be-

---

41 EGMR, NJW 2004, 2647, 2650 – *Caroline von Monaco*.
42 Näher dazu *Hermann*, in: BeckOK, Informations- und Medienrecht, § 23 KunstUrhG, Rn. 14.
43 Siehe BVerfGE 75, 369, 377 – *„Konkret"/Strauß-Karikatur*.
44 So auch *Starck/Paulus*, in: v. Mangoldt/Klein/Starck, GG, Art. 5 Rn. 433; ablehnend *Ipsen*, Staatsrecht II, Rn. 520 ff.
45 Vgl. BVerfG, NJW 1993, 1462 – *Meinungsfreiheit und Schmähkritik (Böll)*.
46 Vgl. BVerfGE 30, 173, 189 – *Mephisto*; BVerfGE 67, 213, 226 f. – *anachronistischer Zug*.
47 Hierzu *v. Arnauld*, in: HStR VII, § 167 Rn. 45.
48 Weitere Beispiele bei *Starck/Paulus*, in: v. Mangoldt/Klein/Starck, GG, Art. 5 Rn. 429.
49 Vgl. BVerfGE 30, 173, 189 – *Mephisto*; BVerfGE 67, 213, 226 f. – *anachronistischer Zug*.
50 Beispiele bei *Starck/Paulus*, in: v. Mangoldt/Klein/Starck, GG, Art. 5 Rn. 432.
51 BVerfGE 77, 240, 251 – *Herrnburger Bericht*.
52 *Jarass*, in: Jarass/Pieroth, GG, Art. 5 Rn. 120 m. w. N.
53 So auch *Scholz*, in: Maunz/Dürig, GG, Art. 5 Abs. 3 Rn. 13 und 47.
54 Vgl. zur Grundrechtsträgerschaft *Starck/Paulus*, in: v. Mangoldt/Klein/Starck, GG, Art. 5 Rn. 438.
55 Vgl. *Kingreen/Poscher*, Grundrechte, Rn. 736.

einträchtigung kann sowohl den Werkbereich als auch den Wirkbereich betreffen.[56]

4. Verfassungsrechtliche Rechtfertigung

a) Kein Gesetzesvorbehalt. Die Kunst- und die Wissenschaftsfreiheit sind vorbehaltlos gewährleistet,[57] unterliegen also keinem Gesetzesvorbehalt. Die Schranken anderer Grundrechte können nicht auf die Grundrechte des Art. 5 Abs. 3 übertragen werden.[58] Der Schrankenvorbehalt des Art. 5 Abs. 2, der sich allein auf die Grundrechte aus Art. 5 Abs. 1 bezieht, ist bereits aus systematischen Gründen nicht anwendbar.[59] Gleiches gilt für die Schrankentrias des Art. 2 Abs. 1.[60] Kunst- und Wissenschaftsfreiheit können somit nur durch die verfassungsimmanente Schranke kollidierenden Verfassungsrechts beschränkt werden, wobei ein Eingriff stets eine gesetzliche Konkretisierung voraussetzt.[61]

Beispiele für mit der Kunstfreiheit kollidierende Verfassungsgüter:
- allgemeines Persönlichkeitsrecht;[62]
- Kinder- und Jugendschutz;[63]
- Sonn- und Feiertagsschutz;[64]
- Umweltschutz.[65]

Die Kunstfreiheit kann beispielsweise auf der Grundlage des *JugendschutzG* eingeschränkt werden, da dessen Bestimmungen das Elternrecht des Art. 6 Abs. 2 und das allgemeine Persönlichkeitsrecht konkretisieren.[66]

In der Entscheidung über die Indizierung des Romans „Josefine Mutzenbacher – die Lebensgeschichte einer wienerischen Dirne, von ihr selbst erzählt", der wegen seines pornografischen Inhalts von der Bundesprüfstelle für jugendgefährdende Medien indiziert wurde, hat das BVerfG festgestellt, dass der Schutz von Kindern und Jugendlichen vor sittlicher Gefährdung ein verfassungsrechtlich geschütztes Gut ist, das die Kunstfreiheit beschränken kann.[67]

Weitere Beispiele: Das vom Adoptivsohn und Alleinerben des Schauspielers und Intendanten *Gustaf Gründgens* wegen Verletzung des Persönlichkeitsrechts erwirkte Verbot, das Buch „Mephisto – Roman einer Karriere" von *Klaus Mann* zu vervielfältigen, zu verbreiten und zu veröffentlichen, hat das BVerfG aus Gründen des *postmortalen Persönlichkeitsschutzes* bestätigt (Entscheidung mit Stimmengleichheit).[68] Sofern in einem Roman durch Beschreibung realer Personen deren Persönlichkeitsrecht betroffen ist, muss im Rahmen der Abwägung Folgendes beachtet werden: Je weiter sich die Beschreibungen von den existierenden Personen entfernen, umso stärker tritt die Kunstfigur in den Vordergrund. Dies kann soweit gehen,

---

56 Siehe hierzu die Beispiele bei *Jarass*, in: Jarass/Pieroth, GG, Art. 5 Rn. 120.
57 Für die Kunstfreiheit BVerfGE 30, 173, 191 f. – *Mephisto*; BVerfGE 67, 213, 228 – *anachronistischer Zug*. Für die Wissenschaftsfreiheit BVerfGE 35, 79, 112 – *Hochschulurteil/Gruppen-Universität*; BVerfGE 47, 327, 367 – *Hessisches Universitätsgesetz*.
58 So bereits BVerfGE 30, 173, 191 f. – *Mephisto*.
59 Vgl. BVerfGE 30, 173, 191 f. – *Mephisto*; ebenso *Bethge*, in: Sachs, GG, Art. 5 Rn. 197.
60 Vgl. BVerfGE 30, 173, 191 f. – *Mephisto*; ebenso *Hufen*, Staatsrecht II, § 33 Rn. 27.
61 Siehe *Jarass*, in: Jarass/Pieroth, GG, Art. 5 Rn. 128 und 148.
62 BVerfGE 30, 173 – *Mephisto*.
63 BVerfGE 83, 130 – *Josefine Mutzenbacher*.
64 BVerwG, DVBl. 1994, 1242 – „*stille Feiertage*".
65 BVerwG, NJW 1995, 2648 – *Aufstellung von Monumentalfiguren im Außenbereich*.
66 Siehe zum Elternrecht unten Rn. 821 ff.
67 BVerfGE 83, 130 – *Josefine Mutzenbacher*.
68 BVerfGE 30, 173 – *Mephisto*; vgl. hierzu die Fallbesprechung bei *Dietlein*, Examinatorium Staatsrecht, S. 258 ff.

dass das Persönlichkeitsrecht völlig hinter der Kunstfreiheit zurücktreten muss, wenn das Verhalten einzelner Personen nicht mehr erkennbar ist.[69]

Nach h. M. unterfällt *Straßenkunst* nicht dem Gemeingebrauch, so dass eine straßenrechtliche Sondernutzungserlaubnis erforderlich ist.[70] Das Ermessen wird jedoch regelmäßig auf Null reduziert sein mit der Folge, dass ein Rechtsanspruch auf Erlaubniserteilung besteht,[71] und zwar ohne Erhebung von Gebühren.[72]

744 Die Kunstfreiheit wird nicht verletzt, wenn der Gesetzgeber die Durchführung öffentlicher Unterhaltungsveranstaltungen an „stillen Feiertagen" durch die Ausgestaltung des *Sonn- und Feiertagsschutzes* (Art. 140 i. V. m. Art. 139 WRV) einschränkt.[73]

> Das *Verbot, künstlerische Monumentalfiguren im Außenbereich aufzustellen*, die im Widerspruch zum Flächennutzungsplan stehen und das Landschaftsbild verunstalten, hat das BVerwG unter Hinweis auf das Staatsziel Umweltschutz (Art. 20a) bestätigt.[74]

745 Die *Bestrafung wegen Verunglimpfung von Staatssymbolen* (§ 90a Abs. 1 Nr. 2 StGB) wird durch die Kunstfreiheit nicht generell ausgeschlossen. Entscheidungen des BVerfG ergingen zu einer Karikatur, die einen auf die *Bundesflagge* urinierenden Mann zeigte,[75] sowie zur Verunglimpfung der *Nationalhymne* durch eine satirische Nachdichtung.[76] Das Gericht wies dabei jeweils auf das Erfordernis einer „werkgerechten Interpretation" satirischer Darstellungen hin. In solchen Fällen sei

> „der Konflikt zwischen der Kunstfreiheit und anderen verfassungsrechtlich geschützten Rechtsgütern im Wege fallbezogener Abwägung zu lösen. Dabei ist allerdings zu beachten, dass sich Einschränkungen dieses vorbehaltlos gewährleisteten Grundrechts nicht formelhaft mit allgemeinen Zielen wie etwa dem ‚Schutz der Verfassung' oder der ‚Funktionstüchtigkeit der Strafrechtspflege' rechtfertigen lassen; vielmehr müssen anhand einzelner Grundgesetzbestimmungen diejenigen verfassungsrechtlich geschützten Güter konkret herausgearbeitet werden, die bei realistischer Einschätzung der Tatumstände mit der Wahrnehmung des Rechts aus Art. 5 Abs. 3 S. 1 kollidieren."[77]

746 b) **Schranken-Schranke.** Insoweit gelten die allgemeinen Regeln. Wird in die vorbehaltlos gewährte Kunstfreiheit unter Berufung auf verfassungsimmanente Schranken eingegriffen, sind eine Güterabwägung und ein Ausgleich der kollidierenden Güter im Wege der praktischen Konkordanz erforderlich.[78]

5. Objektiver Gehalt

747 Über die Grundrechtsfunktion als *subjektives Abwehrrecht* der Kunstschaffenden hinaus beinhaltet die Kunstfreiheit auch eine *objektive Wertentscheidung* für die Pflege und Förderung der Kunst durch den Staat:[79]

---

69 BVerfGE 119, 1 – *Esra;* BVerfG, NJW 2007, 3197 – *Contergan-Film.*
70 Vgl. VGH Mannheim, NJW 1989, 1299.
71 Vgl. BVerwGE 84, 71 – *Silhouettenschneiden.*
72 *Jarass,* in: Jarass/Pieroth, GG, Art. 5 Rn. 124.
73 BVerwG, NJW 1994, 1976.
74 Vgl. BVerwG, NJW 1995, 2648. Siehe zu Baurecht und Kunstfreiheit auch *Starck*/*Paulus,* in: v. Mangoldt/Klein/Starck, GG, Art. 5 Rn. 469.
75 BVerfGE 81, 278, 293 ff. – *Bundesflagge.*
76 BVerfGE 81, 298, 307 f. – *Nationalhymne.*
77 BVerfGE 81, 278, 293 ff. – *Bundesflagge;* BVerfGE 81, 298, 307 f. – *Nationalhymne.*
78 Vgl. etwa BVerfG, B. v. 28. September 2013, Az 1 BvQ 42/13, Rn. 8, keine e.A. gegen die Untersagung der Intonation „ACAB" sowohl in gesprochener wie gesungener Form; s. a. BVerfGE 119, 1, 28 f. – *Esra;* BVerfGE 81, 278, 292 f. *Bundesflagge;* BVerfGE 77, 240, 253 – *Herrnburger Bericht.*
79 Vgl. zur staatlichen Kunstförderung *Scholz,* in: Maunz/Dürig, GG, Art. 5 Abs. 3 Rn. 40 ff.

„Als objektive Wertentscheidung für die Freiheit der Kunst stellt sie dem modernen Staat, der sich im Sinne einer Staatszielbestimmung auch als Kulturstaat versteht, zugleich die Aufgabe, ein freiheitliches Kunstleben zu erhalten und zu fördern."[80]

Daraus folgt jedoch *kein subjektives Recht auf staatliche Kunstförderung*.[81] Insbesondere besteht kein individueller Anspruch auf finanzielle Unterstützung durch Gewährung staatlicher Subventionen.[82]

748

II. Die Wissenschaftsfreiheit

Literatur:
Baluch, C., Der verfassungsrechtliche Schutz der Habilitation durch Art. 5 Abs. 3 S. 1 GG, 2007; *Benda, E.*, Von der Vergänglichkeit zum Plastinat – Zur „Körperwelten"-Ausstellung in Köln, NJW 2000, 1769; *Becker, S.*, Rechtsfragen zu Gründung und Betrieb privater Universitäten, DVBl. 2002, 92; *Blankenagel, M.*, Wissenschaft zwischen Information und Geheimhaltung, 2001; *Bremer, X.*, Tote im Zelt – Plastination versus Bestattungszwang?, NVwZ 2001, 167; *Dickert, T.*, Naturwissenschaften und Forschungsfreiheit, 1991; *Erichsen, H.-U./Geis, M.-E.*, Hochschulrecht zwischen Freiheitsgarantie und Effizienzgebot, Verw 34 (2001), 543; *Gundling, L. C.*, Professorenmehrheit – ein sakrosanktes Institut des Verfassungsrechts?, LKV 2016, 301; *Häberle, P.*, Die Freiheit der Wissenschaft im Verfassungsstaat, AöR 110 (1985), 329; *Hailbronner, K.*, Die Freiheit der Forschung und Lehre als Funktionsgrundrecht, 1979; *Heitsch, C.*, Verfassungs- und verwaltungsrechtliche Fragen der Akkreditierung von Studiengängen, DÖV 2007, 770; *Kirchhof, P.*, Wissenschaft in verfasster Freiheit, 1986; *Kluckert, S.*, Gesetzliche Zugangsregelungen für Masterstudiengänge im Land Berlin und das Grundrecht der Wissenschaftsfreiheit, DÖV 2008, 905; *Knopp, L.*, Zentrale wissenschaftliche Einrichtungen und die Berufung auf die Wissenschaftsfreiheit in Art. 5 III 1 GG, LKV 2016, 289; *Kobor, H.*, Grundfälle zu Art. 5 III GG, JuS 2006, 593; *Lorenz, D.*, Wissenschaft zwischen Hochschulautonomie und Staatsintervention, JZ 1981, 113; *Mager, U.*, Freiheit von Forschung und Lehre, in: Isensee, J./Kirchhof, P. (Hrsg.), Handbuch des Staatsrechts der Bundesrepublik Deutschland, Band VII, 3. Auflage 2009, § 166; *Nettesheim, M.*, Grund und Grenzen der Wissenschaftsfreiheit, DVBl. 2005, 1072; *Rixen, S.*, Macht wissenschaftliches Fehlverhalten unwürdig?, NJW 2014, 1058; *Schulze-Fielitz, H.*, Freiheit der Wissenschaft, in: Benda, E./Maihofer, W./Vogel, H.-J. (Hrsg.), Handbuch des Verfassungsrechts der Bundesrepublik Deutschland, 2. Auflage 1994, S. 1339; *Smeddinck, U.*, Die deregulierte Hochschule, DÖV 2007, 269; *Stein, E.*, Die Wissenschaftsfreiheit der Studierenden, JA 2002, 253; *Thieme, W.*, Die Wissenschaftsfreiheit der nichtuniversitären Forschungseinrichtungen, DÖV 1994, 150; *Trute, H. H.*, Die Forschung zwischen grundrechtlicher Freiheit und staatlicher Institutionalisierung, 1994; *Wagner, H.*, Forschungsfreiheit und Regulierungsdichte, NVwZ 1998, 1235; *Waldeyer, H.*, Verfassungsrechtliche Grenzen der fachlichen Veränderung der dienstlichen Aufgaben eines Professors, NVwZ 2008, 266; *ders.*, Die Professoren der Fachhochschulen als Träger des Grundrechts der Wissenschaftsfreiheit, NVwZ 2010, 1279; *Wernsmann, R.*, Anfängerhausarbeit Öffentliches Recht: Wassertiere in der Waschmittelforschung – Problematische Tierversuche, Jura 2001, 106.

Rechtsprechung:
BVerfGE 15, 256 – universitäre Selbstverwaltung; BVerfGE 35, 79 – Hochschulurteil/Gruppen-Universität; BVerfG 39, 334 – Berufsbeamtentum; BVerfGE 43, 242 – Hamburgisches Universitätsgesetz; BVerfGE 47, 327 – Hessisches Universitätsgesetz; BVerfGE 51, 369 – Pädagogische Hochschule des Saarlandes; BVerfGE 54, 363 – akademische Selbstverwaltung; BVerfGE 55, 37 – Bremer Hochschulmodell; BVerfGE 66, 155 – akademischer Mittelbau; BVerfGE 85, 360 – Akademieauflösung; BVerfGE 88, 129 – Promotionsberechtigung; BVerfGE 90, 1 – Kriegsschuld; BVerfGE 93, 85 – Universitätsgesetz Nordrhein-Westfalen;

---
80 BVerfGE 36, 321, 331 – *Schallplattenumsatzsteuer.*
81 Ebenso *Starck/Paulus*, in: v. Mangoldt/Klein/Starck, GG, Art. 5 Rn. 446.
82 Vgl. *Scholz*, in: Maunz/Dürig, GG, Art. 5 Abs. 3 Rn. 40.

BVerfGE 94, 268 – wissenschaftliches Personal; BVerfGE 96, 205 – Kündigung von Hochschullehrern; BVerfGE 111, 333 – Organisationsreform der Hochschulen in Brandenburg; BVerfGE 126, 1 – Wissenschaftsfreiheit für Fachhochschullehrer; BVerfGE 127, 87 – Hamburgisches Hochschulgesetz; BVerfGE 128, 1 – Gentechnikgesetz; BVerfGE 130, 263 – Professorenbesoldung; BVerfGE 139, 148 – Hochschulfusion; BVerfGE 141, 143 – Akkreditierung von Studiengängen; BVerfG, NJW 2000, 3635 – Verbot der Entgelterhebung; BVerfG-K, NVwZ 2007, 1304 – Lernradio; BVerfG, NVwZ 2011, 486 – Qualifikationsentscheidungen für Hochschullehrerberuf; BVerfG, NVwZ 2014, 1571 – Entzug des Doktorgrades; BVerwG 61, 200 – Entlassung eines Mitgliedes und Funktionärs der NPD aus dem Beamtenverhältnis auf Probe; BVerwGE 102, 304 – Überprüfung der Forschungstätigkeit; BerlVerfGH, NVwZ 1997, 790 – Aufhebung von Studiengängen; BVerwG, NVwZ 2014, 450 – Genehmigung von Tierversuchen; BVerfG, NVwZ 2015, 1370 – BTU Cottbus-Senftenberg; BVerfG NVwZ 2016 – Akkreditierung von Studiengängen.

1. Schutzbereich

749 **a) Persönlicher Schutzbereich.** Grundrechtsträger der Wissenschaftsfreiheit sind die Hochschullehrer und wissenschaftlichen Mitarbeiter, aber auch die Studenten, soweit diese aktiv am Wissenschaftsprozess teilnehmen.[83] Für das nichtwissenschaftliche Personal der Hochschulen gilt die Wissenschaftsfreiheit dagegen nicht.[84]

750 Auch die *staatlichen Hochschulen* können sich auf die Wissenschaftsfreiheit berufen. Ihr Status als juristische Personen des öffentlichen Rechts steht dem nicht entgegen, da sie *dem grundrechtlich geschützten Lebensbereich unmittelbar angehören*.[85] Staatliche Universitäten und damit auch deren Fakultäten sind daher Träger der Wissenschaftsfreiheit.[86] Das Gleiche gilt für Fachhochschulen.[87]

751 Der Schutz der Wissenschaftsfreiheit ist auch nicht auf die wissenschaftliche Tätigkeit an staatlichen Hochschulen begrenzt.[88] Träger der Wissenschaftsfreiheit ist vielmehr *„jeder, der wissenschaftlich tätig ist oder tätig werden will"*.[89] Sie gilt daher auch für Privatuniversitäten,[90] außeruniversitäre staatliche und private Forschungseinrichtungen[91] sowie für den Privatgelehrten.[92]
Der Unterricht an allgemein bildenden Schulen wird hingegen nicht von der Wissenschaftsfreiheit erfasst;[93] insofern ist Art. 7 einschlägig.[94]

752 **b) Sachlicher Schutzbereich.** „Wissenschaft, Forschung und Lehre" sind frei (Art. 5 Abs. 3 S. 1). Es handelt sich „um eine *einheitliche verfassungsrechtliche Garan-*

---

83 Siehe BVerfGE 55, 37, 67 f. – *Bremer Hochschulmodell*. Vgl. zur Wissenschaftsfreiheit der Studierenden *Stein/Frank*, Staatsrecht, § 47 II 2a) sowie ausführlich *Stein*, JA 2002, 253; zur Stellung des Hochschullehrers *Odendahl*, in: Schmidt-Bleibtreu/Hofmann/Henneke, GG, Art. 5 Rn. 48.
84 Vgl. *Kingreen/Poscher*, Grundrechte, Rn. 731.
85 So BVerfGE 85, 360 – *Akademieauflösung*. Siehe zur Grundrechtsberechtigung der öffentlich-rechtlichen Rundfunkanstalten oben Rn. 676.
86 Vgl. BVerfGE 111, 333, 352 – *Organisationsreform der Hochschulen in Brandenburg*; BVerfGE 15, 256, 262 – *universitäre Selbstverwaltung*; *Starck/Paulus*, in: v. Mangoldt/Klein/Starck, GG, Art. 5 Rn. 486 m. w. N.
87 Vgl. BVerfGE 126, 1, 20 ff. – *Wissenschaftsfreiheit für Fachhochschullehrer*.
88 Vgl. *Wendt*, in: v. Münch/Kunig, GG, Art. 5 Rn. 103; *Bethge*, in: Sachs, GG, Art. 5 Rn. 209.
89 BVerfGE 35, 79, 111 f. – *Hochschulurteil/Gruppen-Universität*.
90 BVerfG NVwZ 2016, Rn. 48 – *Akkreditierung von Studiengängen*; *Bethge*, in: Sachs, GG, Art. 5 Rn. 213.
91 Näher hierzu *Starck/Paulus*, in: v. Mangoldt/Klein/Starck, GG, Art. 5 Rn. 484.
92 *Ipsen*, Staatsrecht II, Rn. 527.
93 Ebenso *Wendt*, in: v. Münch/Kunig, GG, Art. 5 Rn. 103; *Katz*, Staatsrecht, Rn. 740; *Jarass*, in: Jarass/Pieroth, GG, Art. 5 Rn. 139.
94 Vgl. *Bethge*, in: Sachs, GG, Art. 5 Rn. 212.

tie der Wissenschaftsfreiheit."⁹⁵ Die *Wissenschaft* ist der gemeinsame Oberbegriff, der den engen Bezug von *Forschung und Lehre* ausdrückt.⁹⁶

Die *Wissenschaft* betrifft

> „die auf wissenschaftlicher Eigengesetzlichkeit beruhenden Prozesse, Verhaltensweisen und Entscheidungen beim Auffinden von Erkenntnissen, ihre Deutung und Weitergabe".⁹⁷

Die Garantie der Wissenschaftsfreiheit erstreckt sich auf

> „jede wissenschaftliche Tätigkeit, d. h. auf alles, was nach Inhalt und Form als ernsthafter und planmäßiger Versuch zur Ermittlung der Wahrheit anzusehen ist."⁹⁸

Kennzeichen der Wissenschaft ist eine „prinzipielle Unvollständigkeit und Unabgeschlossenheit".⁹⁹ „Die Wissenschaftsfreiheit schützt daher auch *Mindermeinungen sowie Forschungsansätze und -ergebnisse, die sich als irrig oder fehlerhaft erweisen*".¹⁰⁰ Gleiches gilt für unorthodoxes oder intuitives Vorgehen.¹⁰¹

> „Einem Werk kann [allerdings] nicht schon deshalb die Wissenschaftlichkeit abgesprochen werden, weil es Einseitigkeiten und Lücken aufweist oder gegenteilige Auffassungen unzureichend berücksichtigt. [...] Dem Bereich der Wissenschaft ist es erst dann entzogen, [...] wenn es nicht auf Wahrheitserkenntnis gerichtet ist, sondern vorgefassten Meinungen oder Ergebnissen lediglich den Anschein wissenschaftlicher Gewinnung oder Nachweisbarkeit verleiht. Dafür kann die systematische Ausblendung von Fakten, Quellen, Ansichten und Ergebnissen, die die Auffassung des Autors in Frage stellen, ein Indiz sein. Dagegen genügt es nicht, dass einem Werk in innerwissenschaftlichen Kontroversen zwischen verschiedenen inhaltlichen oder methodischen Richtungen die Wissenschaftlichkeit bestritten wird."¹⁰²

Mit dieser Begründung hat das BVerfG dem von einem rechtsextremen Autor vorgelegten Buch über die Frage der Schuld am Zweiten Weltkrieg den Schutz der Wissenschaftsfreiheit versagt.¹⁰³

Das BVerfG definiert die *Forschung* als

> „die geistige Tätigkeit mit dem Ziel, in methodischer, systematischer und nachprüfbarer Weise neue Erkenntnisse zu gewinnen."¹⁰⁴

Die *Freiheit der Forschung* betrifft insbesondere die wissenschaftliche Fragestellung und Methode sowie die Bewertung der Forschungsergebnisse und deren Veröffentlichung.¹⁰⁵ Erfasst sind auch vorbereitende und unterstützende Tätigkeiten, wie z. B. die Organisation der Forschung.¹⁰⁶

---

95 *Manssen*, Grundrechte, Rn. 417.
96 BVerfGE 35, 79, 113 – *Hochschulurteil/Gruppen-Universität*.
97 BVerfGE 47, 327, 367 – *Hessisches Universitätsgesetz*.
98 BVerfGE 35, 79, 113. – *Hochschulurteil/Gruppen-Universität*; BVerfGE 47, 327, 367 – *Hessisches Universitätsgesetz*.
99 BVerfGE 90, 1, 12 – *Kriegsschuld*.
100 Siehe BVerfGE 90, 1, 12 – *Kriegsschuld*.
101 Vgl. BVerfGE 90, 1, 12 – *Kriegsschuld*; ebenso *Wendt*, in: v. Münch/Kunig, GG, Art. 5 Rn. 103.
102 BVerfGE 90, 1, 12 ff. – *Kriegsschuld*.
103 Vgl. BVerfGE 90, 1, 12 ff. – *Kriegsschuld*; siehe hierzu die Fallbesprechung bei *Dietlein*, Examinatorium Staatsrecht, S. 254 f.
104 Bundesbericht Forschung III BTDrucks. V/4335 S. 4.
105 Vgl. *Mager*, in: HStR VII, § 166 Rn. 9 f.
106 Siehe *Manssen*, Grundrechte, Rn. 418.

759 In den Schutzbereich des Art. 5 Abs. 3 S. 1 fällt auch die *angewandte Forschung*, nicht aber „die bloße Anwendung erreichter wissenschaftlicher Erkenntnisse ohne eigenes Streben nach neuen Erkenntnissen".[107] Die *Zweck- und Auftragsforschung*, die mit wissenschaftlichen Methoden arbeitet, genießt den Schutz der Wissenschaftsfreiheit, sofern der Auftraggeber keinen wesentlichen Einfluss auf den Inhalt der Forschungsergebnisse nimmt.[108]

760 Allerdings muss stets eine *eigenständige* wissenschaftliche Betätigung vorliegen, so dass beispielsweise die Restauration wissenschaftlicher Werke nicht vom Schutzbereich umfasst ist.[109] Gleiches gilt für Plagiate.[110]

761 Art. 5 Abs. 3 S. 1 garantiert die *Freiheit der Lehre* als

„der wissenschaftlich fundierten Übermittlung der durch die Forschung gewonnenen Erkenntnisse."[111]

762 Sie umfasst „die freie Wahl von Gegenstand, Form, Methode, Inhalt, Zeit und gegebenenfalls auch Ort" der Lehre.[112] Der Lehrende muss nicht notwendig eigene Forschungsergebnisse mitteilen.[113] Es bedarf aber einer eigenen systematischen Leistung hinsichtlich der Art und Weise der Wiedergabe der fremden Ergebnisse.[114] Vom Schutz des Art. 5 Abs. 3 S. 1 ist auch die forschungsbasierte Lehre umfasst.[115] Das Grundrecht garantiert dabei einen Freiraum, der wissenschaftlich Tätige vor jeder staatlichen Einwirkung auf Prozesse der Gewinnung und der Vermittlung wissenschaftlicher Erkenntnisse schützt.[116] Die Selbstbestimmung über Inhalt, Ablauf und methodischen Ansatz der Lehrveranstaltung sind dabei essentieller Bestandteil des geschützten Freiraumes.[117] Art. 5 Abs. 3 S. 1 ist nach der Rechtsprechung des BVerfG jedoch kein Anspruch auf ein bestimmtes Lehrangebot zu entnehmen.[118] Auch sei verfassungsrechtlich weder die Existenz einer wissenschaftlichen Einrichtung garantiert[119] noch ein bestimmter Studiengang.[120] Etwa erforderliche Akkreditierungsverfahren berühren den Schutzbereich der Wissenschaftsfreiheit.[121]

763 Die Freiheit der Lehre schützt *jede Form der Vermittlung oder Publikation* wissenschaftlicher Erkenntnisse, egal, ob sie *innerhalb oder außerhalb der Hochschule* stattfindet.[122]

---

107 So BAGE 62, 156, 165.
108 Vgl. *Jarass*, in: Jarass/Pieroth, GG, Art. 5 Rn. 137; *Starck/Paulus*, in: v. Mangoldt/Klein/Starck, GG, Art. 5 Rn. 477.
109 Vgl. *Hufen*, Staatsrecht II, § 34 Rn. 8.
110 Dazu ebenfalls *Hufen*, Staatsrecht II, § 34 Rn. 8.
111 BVerfGE 35, 79, 112 – *Hochschulurteil/Gruppen-Universität*.
112 So *Scholz*, in: Maunz/Dürig, GG, Art. 5 Abs. 3 Rn. 111 m. w. N.
113 Ebenso *Starck/Paulus*, in: v. Mangoldt/Klein/Starck, GG, Art. 5 Rn. 480.
114 Vgl. *Hufen*, Staatsrecht II, § 34 Rn. 10.
115 BVerfGE 126, 1, 23 f. – *Wissenschaftsfreiheit für Fachhochschullehrer*; BVerfGE 35, 79, 82 ff. – *niedersächsisches Vorschalt-Gesetz*.
116 BVerfGE 111, 333, 354 – *Organisationsreform der Hochschulen in Brandenburg*; BVerfGE 47, 327, 367 – *Umfang Wissenschaftsfreiheit*; BVerfGE 35, 79, 112 f. – *Hochschulurteil/Gruppen-Universität*.
117 BVerfGE 127, 87, 120 – *HbgHochschG*; BVerfGE 55, 37, 68 – *Bremer Modell*.
118 BVerfG NVwZ 2016, 675, Rn. 49 – *Akkreditierung von Studiengängen*.
119 BVerfG, NVwZ 2015, 1370 Rn. 63 – *BTU Cottbus-Senftenberg*; BVerfGE 85, 360, 382 – *Akademieauflösung (Arbeitsverhältnisse bei der Akademie der Wissenschaften der ehemaligen DDR)*.
120 BVerfG NVwZ 2016, 675, Rn. 49 – *Akkreditierung von Studiengängen*.
121 BVerfG NVwZ 2016, 675, Rn. 47 – *Akkreditierung von Studiengängen*.
122 Siehe *Wendt*, in: v. Münch/Kunig, GG, Art. 5 Rn. 102.

Der VGH München hat daher entschieden, dass die *Ausstellung plastinierter Körper* („*Körperwelten*") dem Schutz der Wissenschaftsfreiheit unterfällt, da die auch außeruniversitär gewährleistete Lehre auch die Präsentation der Plastinate in Form der Ausstellung als populärwissenschaftliche Vermittlung anatomischer Gegebenheiten umfasst.[123]

Gemäß Art. 5 Abs. 3 S. 2 entbindet die Freiheit der Lehre nicht von der *Treue zur Verfassung*. Die Norm stellt eine Reaktion auf die Erfahrungen in der Weimarer Republik dar, als die Universitäten überwiegend antirepublikanisch gesinnt waren und die Lehrfreiheit vielfach zu Propagandazwecken missbraucht wurde.[124] Art. 5 Abs. 3 S. 2 stellt eine Konkretisierung der allgemeinen dienstrechtlichen Verpflichtung zur *Loyalität gegenüber der freiheitlich-demokratischen Grundordnung* dar.[125] Dies schließt indes eine sachliche, wissenschaftlich-rationale Kritik an der Verfassung nicht aus.[126]   **764**

2. Eingriffe

Als *subjektives Abwehrrecht* schützt die Wissenschaftsfreiheit die wissenschaftliche Betätigung *gegen staatliche Eingriffe*.[127] Sie vermittelt „ein Recht auf Abwehr jeder staatlichen Einwirkung auf den Prozess der Gewinnung und Vermittlung wissenschaftlicher Erkenntnisse".[128] Der Eingriff kann den einzelnen Wissenschaftler, aber auch die wissenschaftliche Einrichtung selbst betreffen.[129] Art. 5 Abs. 3 schützt vor allem vor *Eingriffen in die Hochschulautonomie*, speziell in die akademische Selbstverwaltung.[130] Häufig ist die Grenze zwischen zulässiger Ausgestaltung durch den Gesetzgeber und Eingriff in die Wissenschaftsfreiheit schwer zu ermitteln.[131]   **765**

Die Pflicht zur Akkreditierung von Studiengängen hat das BVerfG jüngst dem Eingriffsbereich zugeordnet. Der Zwang zur Akkreditierung der Studiengänge beschränke die Freiheit der Hochschule, über Inhalt, Ablauf und methodischen Ansatz des Studiengangs und der Lehrveranstaltungen zu bestimmen.[132]

3. Verfassungsrechtliche Rechtfertigung

a) Kein Gesetzesvorbehalt. Die Wissenschaftsfreiheit ist ein vorbehaltlos gewährleistetes Grundrecht. Eine Rechtfertigung ist nur durch kollidierendes Verfassungsrecht möglich. Beispiele hierfür sind: **766**
- Menschenwürde;[133]
- Recht auf Leben und körperliche Unversehrtheit;[134]

---

123 Vgl. VGH München, NJW 2003, 1618.
124 Siehe zu den historischen Hintergründen *Ipsen*, Staatsrecht II, Rn. 536.
125 Strittig; ebenso BVerfGE 39, 334, 346 – *Berufsbeamtentum*; BVerwG 61, 200, 206 – *Entlassung eines Mitgliedes und Funktionärs der NPD aus dem Beamtenverhältnis auf Probe*; *Jarass*, in: Jarass/Pieroth, GG, Art. 5 Rn. 150 (sieht es aber als Schrankenregelung an); *Manssen*, Grundrechte, Rn. 420; a. A. *Kingreen/Poscher*, Grundrechte, Rn. 733 ff.: Schutzbereichsbegrenzung. Siehe zur Auslegung der Norm auch *Stein/Frank*, Staatsrecht, § 47 III 1.
126 Vgl. *Wendt*, in: v. Münch/Kunig, GG, Art. 5 Rn. 114; *Scholz*, in: Maunz/Dürig, GG, Art. 5 Abs. 3 Rn. 199.
127 Siehe BVerfGE 35, 79, 112 f. – *Hochschulurteil/Gruppen-Universität*.
128 Siehe BVerfGE 35, 79, 112 f. – *Hochschulurteil/Gruppen-Universität*.
129 Ebenso *Manssen*, Grundrechte, Rn. 424.
130 Vgl. *Jarass*, in: Jarass/Pieroth, GG, Art. 5 Rn. 142 m. w. N. Zur Rechtsprechung des BVerfG zur Hochschulselbstverwaltung *Stein/Frank*, Staatsrecht, § 47 II 2a).
131 Siehe etwa BVerfGE 136, 338 Rn. 62 ff. – *Hochschulorganisation Medizinische Hochschule Hannover*; vgl. Zum Fragenkreis weiter *Hufen*, Staatsrecht II, § 34 Rn. 20 ff. mit weiteren Beispielen.
132 BVerfG NVwZ 2016, 675, Rn. 49 – *Akkreditierung von Studiengängen*.
133 Siehe *Jarass*, in: Jarass/Pieroth, GG, Art. 5 Rn. 149 m. w. N.; zu den Rechtsfragen der Gentechnologie und der Reproduktionsmedizin die Nachweise bei *Wendt*, in: v. Münch/Kunig, GG, Art. 5 Rn. 105.
134 *Bethge*, in: Sachs, GG, Art. 5 Rn. 232.

- Persönlichkeitsrecht, insbesondere Datenschutz;[135]
- hergebrachte Grundsätze des Berufsbeamtentums;[136]
- Tierschutz.

767 Bei der Genehmigung von *Tierversuchen* sind die Interessen der Wissenschaft und die Belange des Tierschutzes in einen angemessenen Ausgleich zu bringen.[137] Diese Beschränkung der Wissenschaftsfreiheit war nicht ganz unproblematisch, als der Tierschutz noch nicht in der Verfassung verankert war.[138] Inzwischen ist der Tierschutz als Staatszielbestimmung in das Grundgesetz aufgenommen worden (Art. 20a).[139]

> **Weitere Beispiele:** Die *Evaluation von Forschung und Lehre* durch staatliche und universitäre Stellen stellt einen Eingriff in die Wissenschaftsfreiheit dar, der der verfassungsrechtlichen Rechtfertigung bedarf.[140]
> Für das rechtswissenschaftliche Studium sind *Rahmenvorgaben, die einen Praxisbezug der Pflichtveranstaltungen vorsehen*, mit der Lehrfreiheit des Universitätslehrers zu vereinbaren. Dieser kann immer noch selbst darüber entscheiden, wann, wo und wie er diesen Anforderungen gerecht wird.[141]
> Für verfassungsgemäß erklärt hat das BVerfG auch die *Kündigung eines aus dem öffentlichen Dienst der DDR stammenden Hochschullehrer, dem es an fachlicher Eignung mangelte.*[142]
> Zulässig ist auch die *Kritik an der Forschungstätigkeit eines Hochschullehrers*, wenn er sich zweifelsfrei über die Grenzen der Wissenschaftsfreiheit hinweggesetzt hat und seine Arbeit keinen ernsthaften Versuch zur Ermittlung von Wahrheit darstellt.[143]
> Der Schutz der Wissenschaftsfreiheit geht auch nicht soweit, dass sie den einzelnen Forscher vor der *Auflösung der öffentlichen Einrichtung* schützt, bei der er tätig ist.[144]

768 Regelungen, die Akkreditierungspflichten beinhalten, stellen Eingriffe in die Wissenschaftsfreiheit dar. Das BVerfG sieht als verfassungsrechtlichen Gegenbelang die Qualitätssicherung in der Lehre,[145] fordert aber zugleich eine dem aus dem Demokratie- und dem Rechtsstaatprinzip abgeleiteten Wesentlichkeitsvorbehalt genügende gesetzliche Grundlage.[146]

769 **b) Schranken-Schranke.** Insoweit gelten die allgemeinen Regeln. Wird in die vorbehaltlos gewährte Wissenschaftsfreiheit unter Berufung auf verfassungsimmanente Schranken eingegriffen, sind eine Güterabwägung und ein Ausgleich der kollidierenden Güter im Wege der praktischen Konkordanz erforderlich.[147]

4. Objektiver Gehalt

770 Über das *individuelle Freiheitsrecht* hinaus stellt die Wissenschaftsfreiheit „eine das Verhältnis der Wissenschaft zum Staat regelnde *wertentscheidende Grundsatznorm*"

---

135 Näher hierzu *Starck/Paulus*, in: v. Mangoldt/Klein/Starck, GG, Art. 5 Rn. 540.
136 Vgl. *Odendahl*, in: Schmidt-Bleibtreu/Hofmann/Henneke, GG, Art. 5 Rn. 51 m. w. N.
137 Siehe zu § 7 Abs. 3 TierSchG etwa BVerfG, NVwZ 1994, 894.
138 Näher zur Problematik der Tierversuche *Wendt*, in: v. Münch/Kunig, GG, Art. 5 Rn. 113a m. w. N.; siehe auch die Fallbesprechung bei *Dietlein*, Examinatorium Staatsrecht, S. 257 ff.
139 Vgl. zur Staatszielbestimmung „Tierschutz" im Einzelnen *Korioth*, Staatsrecht I, Rn. 361 f.
140 Vgl. *Kingreen/Poscher*, Grundrechte, Rn. 738; *Schlink*, Evaluierte Freiheit?, 1999, S. 15 ff.
141 VGH Mannheim, NVwZ 1985, 667.
142 BVerfGE 96, 205 – *Kündigung von Hochschullehrern*.
143 BVerfG, NJW 2000, 3635 – *Verbot der Entgelterhebung*.
144 BVerfGE 85, 360 – *Akademieauflösung*; ebenso *Bethge*, in: Sachs, GG, Art. 5 Rn. 215 f.
145 BVerfG NVwZ 2016, 675, Rn. 58 – *Akkreditierung von Studiengängen*.
146 BVerfG NVwZ 2016, 675, Rn. 59 ff. – *Akkreditierung von Studiengängen*.
147 Vgl. die Nachweise bei *Jarass*, in: Jarass/Pieroth, GG, Art. 5 Rn. 129.

dar.¹⁴⁸ Nach der Rechtsprechung des BVerfG schließt diese objektive Wertentscheidung

„das Einstehen des Staates […] für die Idee einer freien Wissenschaft und seine Mitwirkung an ihrer Verwirklichung ein und verpflichtet ihn, sein Handeln positiv danach einzurichten, d. h. schützend und fördernd einer Aushöhlung dieser Freiheitsgarantie vorzubeugen. Hieraus ergeben sich Postulate in zweifacher Richtung: Der Staat hat die Pflege der freien Wissenschaft und ihre Vermittlung an die nachfolgende Generation durch Bereitstellung von personellen, finanziellen und organisatorischen Mitteln zu ermöglichen und zu fördern. […] Im Bereich des mit öffentlichen Mitteln eingerichteten und unterhaltenen Wissenschaftsbetriebs […] hat der Staat durch geeignete organisatorische Maßnahmen dafür zu sorgen, daß das Grundrecht der freien wissenschaftlichen Betätigung soweit unangetastet bleibt, wie das unter Berücksichtigung der anderen legitimen Aufgaben der Wissenschaftseinrichtungen und der Grundrechte der verschiedenen Beteiligten möglich ist."¹⁴⁹

Diese Grundsatzentscheidung bekräftigt die Geltungskraft des Art. 5 Abs. 3 S. 1 in Bezug auf eine *Teilhabeberechtigung*.¹⁵⁰ Aus der genannten Wertentscheidung erwächst ein Recht auf solche staatlichen Maßnahmen auch organisatorischer Art, die zum Schutz des grundrechtlich gesicherten Freiheitsraums unerlässlich sind, weil sie freie wissenschaftliche Betätigung überhaupt erst ermöglichen.¹⁵¹ Art. 5 Abs. 3 schützt damit nicht nur abwehrrechtlich die Freiheit von staatlichen Geboten und Verboten, sondern verpflichtet den Staat auch zu Schutz und Förderung und gewährt den in der Wissenschaft Tätigen Teilhabe an öffentlichen Ressourcen und an der Organisation des Wissenschaftsbetriebs.¹⁵²

Bei der Verteilung der verfügbaren Mittel müssen die Personal- und Sachmittel zugewiesen werden, die es überhaupt erst ermöglichen, wissenschaftliche Forschung und Lehre zu betreiben.¹⁵³ Grundrechtlich verbürgt ist damit eine „Grund- oder Mindestausstattung", die notwendig ist, um wissenschaftliche Forschung und Lehre überhaupt betreiben zu können.¹⁵⁴

771

§ 16 Der Schutz von Ehe und Familie gemäß Art. 6

Literatur:
Andrae, M., Flüchtlinge und Kinderehen, NZFam 2016, 923; *Antomo, J.* Verbot von Kinderehen, ZRP 2017, 79; *Beck, V.*, Die verfassungsrechtliche Begründung der Eingetragenen Lebenspartnerschaft, NJW 2001, 2051; *ders./Tometten, C.*, Ehe für alle, DÖV 2016, 581; *Braun, J.*, Das Lebenspartnerschaftsgesetz auf dem Prüfstand – BVerfG, NJW 2002, 2543, JuS 2003, 21; *ders.*, „Ein neues familienrechtliches Institut" – Zum Inkrafttreten des Lebenspartnerschaftsgesetzes, JZ 2002, 23; *Brosius-Gersdorf, F.*, Das Elterngeld als Einkommensersatzleistung des Staates, NJW 2007, 177; *dies.*, Religiös-weltanschauliches Elternrecht versus staatliches Schul- und Wächteramt – eine Vermessung am Beispiel von Homeschooling, ZevKR 61 (2016), 141; *dies.*, Die Ehe für alle durch Änderung des BGB. Zur Verfassungsmäßigkeit der

---

148 Vgl. BVerfGE 35, 79, 114 – *Hochschulurteil/Gruppen-Universität*.
149 BVerfGE 35, 79, 114 f. – *Hochschulurteil/Gruppen-Universität*.
150 BVerfGE 88, 129, 137 – *Promotionsberechtigung*.
151 Vgl. VGH Mannheim, B. v. 28. März 2018, Az 9 S 2648/17, BeckRS 2018, 5404, Rn. 11.
152 BVerfGE 88, 129, 137 – *Promotionsberechtigung*.
153 BVerfGE 111, 333, 353 ff. – *Organisationsreform der Hochschulen in Brandenburg*; *Britz*, in: Dreier, GG, Art. 5 Abs. 3 (Wissenschaft) Rn. 87 m. w. N.; *Mager*, in: HStR, § 166 Rn. 25.
154 Vgl. BVerfG, NVwZ-RR 1998, 175 – *Schließung einer Affen-Station durch Universität*; BVerfGE 43, 242, 285 – *Berufungsvereinbarung*.

Ehe für gleichgeschlechtliche Paare, NJW 2015, 3557; *Coester-Waltjen, D.*, Art. 6 I GG und der Schutz der Ehe, Jura 2008, 108; *dies.*, Art. 6 I GG und der Schutz der Familie, Jura 2008, 349; *Di Fabio, U.*, Der Schutz von Ehe und Familie: Verfassungsentscheidung für die vitale Gesellschaft, NJW 2003, 993; *Erbarth, A.*, Öffnung der Ehe für alle?, NZFam 2016, 536; *Fehnemann, U.*, Zur näheren Bestimmung des grundgesetzlichen Elternrechts, DÖV 1982, 353; *Franz, E./Günther, T.*, Grundfälle zu Art. 6 GG, JuS 2007, 626, 716; *Friauf, K. H.*, Verfassungsgarantie und sozialer Wandel – das Beispiel von Ehe und Familie, NJW 1986, 2595; *Friedrich, L.*, „Fridays for Future" statt Freitag in der Schule: Unterrichtsbefreiung für Schülerstreik?, NVwZ 2019, 598; *Görisch, C.*, Einfach-gesetzliche, verfassungsrechtliche und rechtsvergleichende Perspektiven eines gewandelten Ehebegriffs, Der Staat 54 (2015), 591; *Gröschner, R.*, Pater semper incertus? Vaterschaftstests im Verfassungsstreit, Jura 2008, 132; *Heiß, T. A.*, Elternrechte contra Kinderrechte? - Die Stellung von Eltern und Kind in der Judikatur des BVerfG, NZFam 2015, 491; *ders.* Elternrechte contra Kinderrechte – Paradigmenwechsel in der jüngeren Rechtsprechung des BVerfG?, NZFam 2015, 532; *Höfling, W.*, Elternrecht, in: Isensee, J./Kirchhof, P. (Hrsg.), Handbuch des Staatsrechts der Bundesrepublik Deutschland, Band VII, 3. Auflage 2009, § 155; *Hörnle, T./Huster, S.*, Wie weit reicht das Erziehungsrecht der Eltern?, JZ 2013, 328; *Ipsen, J.*, Ehe und Familie, in: Isensee, J./Kirchhof, P. (Hrsg.), Handbuch des Staatsrechts der Bundesrepublik Deutschland, Band VII, 3. Auflage 2009, § 154; *Jestaedt, M.*, Staatliche Rollen in der Eltern-Kind-Beziehung, DVBl. 1997, 693; *Kingreen, T.*, Das Grundrecht von Ehe und Familie (Art. 6 I GG), Jura 1997, 401; *ders.*, Die verfassungsrechtliche Stellung der nichtehelichen Familie am Beispiel des Sonderurlaubs für Beamte, NVwZ 1999, 852; *Lohse, E.*, Privatrecht als Grundrechtskoordinationsrecht – das Beispiel der elterlichen Sorge, Jura 2005, 815; *Majer, Ch.*, Das Gesetz zur Bekämpfung von Kinderehen, NZFam 2017, 537; *Meissner, C.*, Familienschutz im Ausländerrecht, Jura 1993, 1 und 113; *Möller, K.*, Der Ehebegriff des Grundgesetzes und die gleichgeschlechtliche Ehe, DÖV 2005, 64; *v. Münch, E. M.*, Ehe und Familie, in: Benda, E./Maihofer, W.,/Vogel, H.-J. (Hrsg.), Handbuch des Verfassungsrechts, 2. Auflage 1994, S. 293; *Ossenbühl, F.*, Das elterliche Erziehungsrecht im Sinne des Grundgesetzes, 1981; *Papier, H.-J.*, Ehe und Familie in der neueren Rechtsprechung des BVerfG, NJW 2002, 2129; *Rademacher, S./Janz, N.*, Schulpflicht auch im Glauben?, Jura 2008, 223; *Reimer, F./Thurn, J.*, Fortgeschrittenenhausarbeit – Öffentliches Recht: Homeschooling, JuS 2008, 424; *Rixen, S.*, Impfpflicht und Organspende – Gesundheitspolitik ohne Grundrechte?, ZRP 2019, 93; *Scholz, R./Uhle, A.*, „Eingetragene Lebenspartnerschaft" und Grundgesetz, NJW 2001, 393; *Starck, Ch.*, Staatliche Schulhoheit, pädagogische Freiheit und Elternrecht, DÖV 1979, 269; *Stüber, S.*, Kein Familienzuschlag für Lebenspartner?, NJW 2006, 1774; *ders.*, Zweitwohnungssteuer im Lichte des Schutzes der Ehe und des Gleichbehandlungsgrundsatzes, NWVBl. 2007, 256; *Voßkuhle, A.*, Lehre vom Verfassungswandel, Der Staat 43 (2004), 450; *Wasmuth, J.*, Ende einer langen staatlichen Diskriminierung: Die Erweiterung des Ehebegriffs auf gleichgeschlechtlich orientierte Personen, NJ 2017, 353; *Weber, M.*, Die Entwicklung des Rechts der elterlichen Sorge seit Mitte 2016, NZFam 2019, 54; *Wellenhofer, M.*, Das neue Gesetz zur Klärung der Vaterschaft unabhängig vom Anfechtungsverfahren, NJW 2008, 1185; *Wüstenberg, D.*, Genitalverstümmelung und Art. 6 GG, Recht und Politik 2007, 225; *Zuck, R.*, Ehe und Familie im Verfassungsrecht, MDR 1991, 836; *Zuleeg, M.*, Verfassungsgarantie und sozialer Wandel – das Beispiel von Ehe und Familie, NVwZ 1986, 800.

Rechtsprechung:
BVerfGE 3, 225 – *Ehe und Gleichberechtigung*; BVerfGE 6, 55 – *Zusammenveranlagung*; BVerfGE 8, 210 – *Bedeutung des Art. 6 Abs. 5*; BVerfGE 9, 20 – *nichteheliche Lebensgemeinschaften*; BVerfGE 10, 59 – *Stichentscheid des Vaters*; BVerfGE 24, 119 – *Zwangsadoption*; BVerfGE 25, 167 – *Rechtsstellung der unehelichen Kinder*; BVerfGE 31, 58 – *Eheschließungsfreiheit – „Spanier"-Entscheidung*; BVerfGE 31, 194 – *Verkehrsrecht des nichtsorgeberechtigten Elternteils*; BVerfGE 37, 121 – *§ 14 Abs. 1 Satz 1 MuSchG*; BVerfGE 42, 95 – *Ehegattenbesuch in der Untersuchungshaft*; BVerfGE 44, 211 – *Schwangerschaft kein Eignungsmangel*; BVerfGE 47, 46 – *Sexualkundeunterricht*; BVerfGE 48, 327 – *Familienname*; BVerfGE 51, 386 – *Ausweisung eines ausländischen Straftäters*; BVerfGE 53, 224 – *neues Scheidungsrecht für Altehen/Zerrüttungsprinzip*; BVerfGE 53, 257 – *Versorgungsausgleich*; BVerfGE 55, 134 – *Härteklausel, § 1568 BGB*;

BVerfGE 57, 170 – *Briefe an die Eltern aus der Untersuchungshaft*; BVerfGE 59, 360 – *Schweigepflicht des Schülerberaters*; BVerfGE 60, 68 – *Mutterschutz*; BVerfGE 60, 79 – *Trennung eines Kindes von seiner Familie*; BVerfGE 60, 329 – *Versorgungsausgleich*; BVerfGE 61, 358 – *gemeinsames Sorgerecht Geschiedener*; BVerfGE 62, 323 – *„hinkende Ehe"*; BVerfGE 65, 104 – *Mutterschaftsgeld nur für erwerbstätige Mütter*; BVerfGE 68, 176 – *§ 1632 Abs. 4 BGB/Pflegefamilie*; BVerfGE 71, 364 – *Versorgungsausgleich*; BVerfGE 72, 122 – *Sorgerechtsentzug*; BVerfGE 76, 1 – *Familiennachzug zu Ausländern*; BVerfGE 78, 38 – *Ehename*; BVerfGE 79, 51 – *Herausgabe aus Pflegefamilie*; BVerfGE 80, 81 – *Ausländeradoption*; BVerfGE 81, 1 – *Schlüsselgewalt*; BVerfGE 82, 6 – *nichteheliche Lebensgemeinschaft*; BVerfGE 82, 60 – *steuerfreies Existenzminimum der Familie*; BVerfGE 84, 9 – *Ehename*; BVerfGE 84, 133 – *Warteschleife*; BVerfGE 84, 168 – *Sorgerecht bei nichtehelichen Lebensgemeinschaften*; BVerfGE 85, 80 – *Instanzenzug für Unterhaltsstreitigkeiten nichtehelicher Kinder*; BVerfGE 87, 1 – *Trümmerfrauen*; BVerfGE 87, 234 – *nichteheliche Lebensgemeinschaft*; BVerfGE 89, 315 – *Trennscheibe bei Ehegattenbesuch im Strafvollzug*; BVerfGE 92, 158 – *§ 1747 BGB/nichtehelicher Vater*; BVerfGE 96, 56 – *Anspruch auf Benennung des Vaters*; BVerfGE 96, 288 – *integrative Beschulung Behinderter*; BVerfGE 98, 218 – *Rechtschreibreform*; BVerfGE 99, 145 – *gegenläufige Kindesrückführungsanträge*; BVerfGE 99, 216 – *Familienexistenzminimum und Betreuungsbedarf/steuerlicher Familienlastenausgleich*; BVerfGE 103, 89 – *Inhaltskontrolle von Eheverträgen*; BVerfGE 104, 373 – *Verbot von Doppelnamen für Kinder*; BVerfGE 105, 1 – *Familienarbeit*; BVerfGE 105, 313 – *Lebenspartnerschaftsgesetz*; BVerfGE 107, 150 – *Sorgerechtsregelung für Altfälle*; BVerfGE 108, 82 – *biologischer Vater*; BVerfGE 112, 268 – *Kinderbetreuungskosten*; BVerfGE 112, 332 – *Pflichtteilsentziehung*; BVerfGE 114, 316 – *Zweitwohnungsteuer*; BVerfGE 117, 202 – *heimlicher Vaterschaftstest*; BVerfGE 117, 316 – *künstliche Befruchtung*; BVerfG, NJW 2008, 3117 – *Transsexuellengesetz*; BVerfG, NJW 2008, 1287 – *erzwungener Umgang*; BVerfGE 120, 224 – *Inzestverbot*; BAG, NJW 1980, 2211 – *Zölibatsklausel*; BVerfGE 126, 400 – *Ungleichbehandlung von Ehe und eingetragener Lebenspartnerschaft im Erbschaftsteuer- und Schenkungsteuergesetz*; BVerfGE 127, 132 – *Übertragung der elterlichen Sorge für nichteheliche Kinder auf Vater*; BVerfGE 131, 239 – *Ungleichbehandlung eingetragener Lebenspartnerschaften beim beamtenrechtlichen Familienzuschlag*; BVerfGE 133, 59 – *Sukzessivadoption durch eingetragene Lebenspartner*; BVerfGE 133, 377 – *Ausschluss eingetragener Lebenspartnerschaften vom Ehegattensplitting*; BVerfGE 135, 48 – *behördliche Vaterschaftsanfechtung*; BVerfGE 136, 382 – *Pflicht zur Berücksichtigung der Großeltern bei Auswahl eines Vormunds*; BVerfG, NJW 2015, 44 – *Strafbarkeit der Entziehung eines Kindes von der Schulpflicht in Hessen*; BVerfGE 140, 65 – *Betreuungsgeld*; BVerfG, NVwZ 2017, 617 – *Besserstellung von Ehegatten bei Zweitwohnungsteuer*.

I. Überblick und Normstruktur

Art. 6 enthält mehrere Grundrechtsgehalte. Abs. 1 verbürgt allgemein den Schutz von Ehe und Familie durch die staatliche Ordnung. Abs. 2 und 3 sind hierfür bereichsspezifische leges speciales, Abs. 2 hinsichtlich der pflegerischen und erzieherischen Verantwortung, Abs. 3 in Bezug auf das räumliche Zusammensein. Abs. 4 enthält einen besonderen Schutz der Mutterschaft. In Abs. 5 geht es um die rechtliche Gleichstellung ehelicher und nichtehelicher Kinder.

Art. 6 weist damit verschiedene Regelungen zu den Lebensbereichen *Ehe und Familie, Eltern und Kinder* auf und gibt dem Staat verbindliche Maßstäbe für den Umgang mit diesen vor.[1] Als problematisch kann gesehen werden, dass die Vorschrift sich im Laufe der Zeit nicht verändert hat, während die tatsächlichen Verhältnisse großen Veränderungen unterworfen waren und wohl noch sind.[2] Diese Problematik muss bei der Auslegung der Vorschrift bedacht werden.

---

[1] Vgl. *Kingreen/Poscher*, Grundrechte, Rn. 745 ff.
[2] Ausführlich dazu *Hufen*, Staatsrecht II, § 16 Rn. 2, der insbesondere auf die stark gestiegenen Scheidungsraten, aber auch auf ein kulturbedingt unterschiedliches Familienbild hinweist.

Der Vorschrift kommen dennoch eine Reihe *unterschiedlicher Grundrechtsfunktionen* zu.[3]

1. Abwehrrechte

773 Art. 6 Abs. 1 und Abs. 2 S. 1 beinhalten *klassische Grundrechte im Sinne subjektiv-öffentlicher Abwehrrechte* des Einzelnen gegen den Staat.[4] Sie schützen das eheliche und familiäre Zusammenleben vor staatlichen Eingriffen.[5]

2. Gleichheitsrechte

774 Der in Art. 6 Abs. 1 enthaltene *besondere Gleichheitssatz* verbietet es,

> „Ehe und Familie gegenüber anderen Lebens- und Erziehungsgemeinschaften schlechter zu stellen (Diskriminierungsverbot). Art. 6 Abs. 1 untersagt eine Benachteiligung von Ehegatten gegenüber Ledigen, von Eltern gegenüber Kinderlosen sowie von ehelichen gegenüber anderen Erziehungsgemeinschaften. Dieses Benachteiligungsverbot steht jeder belastenden Differenzierung entgegen, die an die Existenz einer Ehe (Art. 6 Abs. 1) oder die Wahrnehmung des Elternrechts in ehelicher Erziehungsgemeinschaft (Art. 6 Abs. 1 und 2) anknüpft."[6]

775 Auch das *Diskriminierungsverbot* des Art. 6 Abs. 5, das die *Gleichstellung von ehelichen und nichtehelichen Kindern* garantiert, ist als besondere Ausprägung des allgemeinen Gleichheitssatzes zu betrachten.[7] Obwohl die Vorschrift als Auftrag an den Gesetzgeber formuliert ist, hat das BVerfG Art. 6 Abs. 5 als *unmittelbar anwendbare Generalklausel* qualifiziert.[8]

3. Schutzrechte

776 Art. 6 Abs. 1 stellt die *Ehe und Familie unter den besonderen Schutz der staatlichen Ordnung*. Die staatliche Schutzpflicht

> „umschließt zweierlei: positiv die Aufgabe für den Staat, Ehe und Familie nicht nur vor Beeinträchtigungen durch andere Kräfte zu bewahren, sondern auch durch geeignete Maßnahmen zu fördern, negativ das Verbot für den Staat selbst, die Ehe zu schädigen oder sonst zu beeinträchtigen".[9]

777 Art. 6 Abs. 2 beinhaltet über die Gewährleistung des Elternrechts hinaus eine *Schutzpflicht des Staates zugunsten des Kindes*.[10] Der Staat ist nicht nur berechtigt, sondern auch verpflichtet, die Pflege und Erziehung des Kindes sicherzustellen, wenn sich die Eltern dieser Verantwortung entziehen.[11] Das *Wächteramt des Staates*

> „beruht in erster Linie auf dem Schutzbedürfnis des Kindes, dem als Grundrechtsträger eigene Menschenwürde und ein eigenes Recht auf Entfaltung seiner Persönlichkeit zukommt".[12]

---

3 Siehe zu den verschiedenen Funktionen des Art. 6 *Robbers*, in: v. Mangoldt/Klein/Starck, GG, Art. 6 Rn. 8 ff.; *v. Coelln*, in: Sachs, GG, Art. 6 Rn. 1; *Badura*, in: Maunz/Dürig, GG, Art. 6 Abs. 1 Rn. 6 ff.
4 Vgl. etwa *Coester-Waltjen*, in: v. Münch/Kunig, GG, Art. 6 Rn. 1 m. w. N.
5 Vgl. *Kingreen/Poscher*, Grundrechte, Rn. 753, 756.
6 BVerfGE 99, 216, 232 – *steuerlicher Familienlastenausgleich*.
7 So auch BVerfGE 25, 167, 178 ff. – *Rechtsstellung der unehelichen Kinder*.
8 Siehe etwa BVerfGE 25, 167, 182 ff. – *Rechtsstellung der unehelichen Kinder*. Näher zu Art. 6 Abs. 5 als Ausprägung des allgemeinen Gleichheitssatzes *Hofmann*, in: Schmidt-Bleibtreu/Hofmann/Henneke, GG, Art. 6 Rn. 72.
9 BVerfGE 6, 55, 76 – *Zusammenveranlagung*; ebenso BVerfGE 24, 104, 109 – *Ehegatten im Konkursrecht*; vgl. auch *Kingreen*, Jura 1997, 401; *Ipsen*, HStR VII, § 154 Rn. 6. Siehe zur staatlichen Schutz- und Förderpflicht i. S. d. Art. 6 auch *Katz*, Staatsrecht, Rn. 744 m. w. N.
10 Vgl. BVerfGE 59, 360, 376 – *Schweigepflicht des Schülerberaters*; *Ipsen*, in: HStR VII, § 155 Rn. 17 f.
11 Vgl. BVerfGE 24, 119, 144 – *Zwangsadoption*; siehe auch BVerfGE 60, 79, 88 – *Trennung eines Kindes von der Familie*.
12 BVerfGE 24, 119, 144 – *Zwangsadoption*; näher zum staatlichen Wächteramt unten Rn. 754 ff.

Art. 6 Abs. 4 garantiert *jeder Mutter einen Anspruch auf den Schutz und die Fürsorge der Gemeinschaft.* Geschützt sind insbesondere auch werdende Mütter.[13] Das Schutzgebot des Art. 6 Abs. 4 verfolgt **778**

> „das Ziel und die Tendenz, den Gesetzgeber zu verpflichten, wirtschaftliche Belastungen der Mütter, die im Zusammenhang mit ihrer Schwangerschaft und Mutterschaft stehen, auszugleichen."[14]

Durch zahlreiche Regelungen im Arbeits-, Steuer-, Sozial- und Beamtenrecht ist der Gesetzgeber diesem Schutzauftrag nachgekommen.[15] **779**

4. Leistungsrechte

Art. 6 Abs. 5 verpflichtet die Legislative, den Kindern nicht miteinander verheirateter Eltern die *gleichen Bedingungen für ihre leibliche und seelische Entwicklung und ihre Stellung in der Gesellschaft* zu schaffen wie den ehelichen Kindern. Inzwischen ist dieser Gleichstellungsauftrag erfüllt, nachdem der Gesetzgeber *alle rechtlichen Nachteile für nichteheliche Kinder beseitigt* hat.[16] **780**

Auch aus Art. 6 Abs. 1 wird ein an den Gesetzgeber gerichtetes *Leistungsrecht* abgeleitet.[17] Die Unterstützung der Ehe und Familie, die „unter dem besonderen Schutz der staatlichen Ordnung" stehen, kann insbesondere durch *gezielte finanzielle Maßnahmen* des Staates stattfinden.[18] Allerdings kommt dem Gesetzgeber eine erhebliche Gestaltungsfreiheit zu.[19] So ist **781**

> „der Staat nicht gehalten, jegliche die Familie treffende Belastung auszugleichen oder jeden Unterhaltspflichtigen zu entlasten. Ebenso wenig folgt aus Art. 6 Abs. 1, dass der Staat die Familie ohne Rücksicht auf sonstige öffentliche Belange zu fördern hätte. Die staatliche Familienförderung durch finanzielle Leistungen steht unter dem Vorbehalt des Möglichen im Sinne dessen, was der Einzelne vernünftigerweise von der Gesellschaft beanspruchen kann. […] Demgemäß lässt sich aus der Wertentscheidung des Art. 6 Abs. 1 i. V. m. dem Sozialstaatsprinzip zwar die allgemeine Pflicht des Staates zu einem Familienlastenausgleich entnehmen, nicht aber die Entscheidung darüber, in welchem Umfang und in welcher Weise ein solcher sozialer Ausgleich vorzunehmen ist."[20]

5. Objektiv-rechtlicher Gehalt

Art. 6 Abs. 1 enthält eine *„wertentscheidende Grundsatznorm für das gesamte Ehe und Familie betreffende Recht".*[21] Sie wirkt auf das gesamte diese Bereiche regelnde öffentliche und private Recht ein und ist bei der Auslegung und Anwendung des einfachen Rechts, vor allem der *Generalklauseln,* zu berücksichtigen.[22] Dies gilt insbesondere für das Steuer-, Sozial- und Ausländerrecht sowie das internationale **782**

---

13 Vgl. BVerfGE 55, 154, 157 f. – *Kündigungsschutz;* BVerfGE 60, 68, 74 – *Mutterschutz;* BVerfGE 88, 203, 258 – *Schwangerschaftsabbruch II.*
14 BVerfGE 60, 68, 74 – *Mutterschutz.*
15 Vgl. *Kingreen/Poscher,* Grundrechte, Rn. 781 m. w. N.
16 Näher *Kingreen/Poscher,* Grundrechte, Rn. 781.
17 Vgl. etwa *Ipsen,* Staatsrecht II, Rn. 340; zum verfassungsrechtlichen Hintergrund der steuer- und sozialversicherungsrechtlichen Behandlung von Ehen und Familien *Papier,* NJW 2002, 2129.
18 Z. B. Kindergeld, vgl. *Coester-Waltjen,* in: v. Münch/Kunig, Art. 6 Rn. 40.
19 Vgl. etwa BVerfGE 39, 316, 326 – *Kinderzuschuss.*
20 BVerfGE 87, 1, 35 f. – *Trümmerfrauen.*
21 BVerfGE 24, 119, 135 – *Zwangsadoption;* siehe auch BVerfGE 31, 58, 67 – *Eheschließungsfreiheit.*
22 Näher zu dieser Bedeutung des Art. 6 Abs. 1 *Hofmann,* in: Schmidt-Bleibtreu/Hofmann/Henneke, GG, Art. 6 Rn. 3 ff.

Privatrecht.²³ Die Wirkung des Art. 6 in diesen Bereichen zeigt sich auch unabhängig von der Auslegung der Generalklauseln.²⁴

783 Darüber hinaus sichert Art. 6 Abs. 1

„den Kern der das Familienrecht bildenden Vorschriften insbesondere des bürgerlichen Rechts gegen eine Aufhebung oder wesentliche Umgestaltung und schützt gegen staatliche Maßnahmen, die bestimmende Merkmale des Bildes von der Familie, das der Verfassung zugrunde liegt, beeinträchtigen".²⁵

784 Umstritten ist jedoch, welche *Strukturprinzipien* von diesem „Kernbestand der Ehe und Familie" im Einzelnen umfasst sind.²⁶

II. Der Schutz der Ehe, Art. 6 Abs. 1

1. Schutzbereich

785 **a) Persönlicher Schutzbereich.** Die Eröffnung des persönlichen Schutzbereichs knüpft nicht an die Staatsangehörigkeit an, auf den Schutz des Art. 6 können sich daher auch Ausländer berufen. In der Ehe ist jeder Ehegatte grundrechtsberechtigt.

Über § 1303 S. 1 BGB wird die sog. zivilrechtliche Ehemündigkeit mit dem Erfordernis der Volljährigkeit verknüpft. Ein derzeit auch in Deutschland vermehrt auftretendes Phänomen stellen sog. „Kinderehen" dar.²⁷ Bei ihnen bestehen nicht zuletzt mit Blick auf die erforderliche Freiwilligkeit des ehelichen Zusammenschlusses Zweifel. Der Gesetzgeber hat darauf im Jahre 2017 reagiert und die bis dato bestehende Möglichkeit der Befreiung vom Erfordernis der Volljährigkeit ersatzlos gestrichen. § 1303 S. 2 BGB bestimmt nun, dass Ehen, bei denen eine Person das 16. Lebensjahr nicht vollendet hat, keinerlei Rechtswirkungen entfalten. Derartige Ehen sind damit zivilrechtlich als Nichtehe anzusehen.²⁸ Für den damit noch offenen Zwischenbereich der Ehen mit Ehegatten im Alter ab Vollendung des 16. und vor Vollendung des 18. Lebensjahres verbleibt es bei der bisherigen Regelung; solche Ehen sind aufhebbar.²⁹

Das Rechtsinstitut der Ehe ist seinem Wesen nach nur auf natürliche Personen anwendbar.³⁰

---

23 Siehe die Beispiele bei *Katz*, Staatsrecht, Rn. 753 m.w.N.
24 Vgl. für das Steuerrecht beispielsweise BVerfGE 112, 268 – *Kinderbetreuungskosten* oder BVerfGE 114, 316 – *Zweitwohnungsteuer*.
25 BVerfGE 80, 81, 92 – *Erwachsenenadoption*. Die h.M. spricht insofern von einer Institutsgarantie.
26 Ausführlich hierzu *Stern*, Staatsrecht IV/1, S. 420 ff.
27 Zwar wurden im Jahr 2015 in Deutschland, nur 92 Ehen unter Beteiligung eines Minderjährigen registriert (*Hahn*, in: BeckOK, BGB, § 1303 Rn. 2), Ende Juli 2016 sollen in Deutschland aber knapp 1500 verheiratete – überwiegend weibliche – minderjährige Ausländer registriert gewesen sein, darunter fast 400 nicht einmal 14-Jährige, vgl. dazu *Antomo*, ZRP 2017, 79 sowie BT-Drs. BT-Drs. 18/9595, 20. Weltweit stellt sich die Situation weitaus dramatischer dar. Laut einer Schätzung des Uno-Kinderhilfswerks Unicef sind etwa 115 Millionen *Jungen* vor ihrem 18. Geburtstag verheiratet worden. Zusammen mit den etwa 650 Millionen *Mädchen*, die vor ihrem 18. Geburtstag weltweit verheiratet wurden, steige die Zahl der derzeit bekannten Fälle auf insgesamt 765 Millionen. Die Zahlen von Unicef basieren eigenen Angaben zufolge auf einer Analyse von verfügbaren Daten aus 82 Ländern; Quelle: SPON, 7.6.2019: https://www.spiegel.de/panorama/gesellschaft/unicef-mehr-als-700-millionen-kinder-wurden-minderjaehrig-verheiratet-a-1271327.html.
28 *Kriewald*, in: BeckOK, BGB, § 1303 Rn. 29; *Hahn*, BeckOK, BGB, § 1303 Rn. 1.
29 Näher *Kriewald*, in: BeckOK, BGB, § 1303 Rn. 36.
30 BVerfGE 13, 290, 297 f. – *Ehegatten-Arbeitsverhältnis*.

b) Sachlicher Schutzbereich. – aa) Begriff der Ehe. Bei Art. 6 Abs. 1 handelt es 786
sich um ein Grundrecht mit normgeprägtem Schutzbereich: Die Ehe ist kein „natürlicher" Schutzgegenstand wie das menschliche Leben (Art. 2 Abs. 2 S. 1) oder die Wohnung (Art. 13 Abs. 1), es handelt sich vielmehr um ein Rechtsinstitut, das durch die Rechtsordnung überhaupt erst geschaffen wird. Die „Ehe" im Sinne des Art. 6 Abs. 1 wird daher durch die Bestimmungen des einfachen Gesetzesrechts geprägt, dennoch ist eine verfassungsrechtliche Bestimmung des Begriffs vorzunehmen.[31]

Mit ungewöhnlicher Deutlichkeit ist aufgrund des Gesetzes zur Einführung des 787
Rechts auf Eheschließung für Personen gleichen Geschlechts vom 20. Juli 2017[32] (sog. „Ehe für alle") der denkbare Konflikt zwischen Verfassungsrecht und einfachem Recht aufgebrochen. Seit Inkrafttreten der genannten Reform zum 1. Oktober 2017 lautet § 1363 BGB wie folgt: „Die Ehe wird von zwei Personen verschiedenen oder gleichen Geschlechts auf Lebenszeit geschlossen." Zivilrechtlich knüpft damit die Ehe nicht mehr an die Verbindung zwischen Frau und Mann an.

Das ist deshalb spannungsreich, weil das BVerfG in zahlreichen Entscheidungen 788
die Geschlechtsverschiedenheit der Ehepartner betont bzw. vorausgesetzt hat. So hatte der Erste Senat ausgeführt, dem Grundgesetz liege das Bild einer *„verweltlichten bürgerlich-rechtlichen Ehe"* zugrunde.[33] Das Gericht versteht darunter

> „die Vereinigung eines Mannes und einer Frau zu einer umfassenden, grundsätzlich unauflösbaren Lebensgemeinschaft. [...] Die Ehe ist ein öffentliches Rechtsverhältnis in dem Sinne, dass die Tatsache der Eheschließung für die Allgemeinheit erkennbar ist, die Eheschließung selbst unter amtlicher Mitwirkung erfolgt und der Bestand der Ehe amtlich registriert wird."[34]

Später bezeichnete ebenfalls der Erste Senat die Ehe als 789

> „die Vereinigung eines Mannes mit einer Frau zu einer auf Dauer angelegten Lebensgemeinschaft [...], begründet auf freiem Entschluss unter Mitwirkung des Staates, in der Mann und Frau in gleichberechtigter Partnerschaft zueinander stehen und über die Ausgestaltung ihres Zusammenlebens frei entscheiden können".[35]

Und noch vor wenigen Jahren führte der Zweite Senat in einer Entscheidung, die die 790
Ungleichbehandlung des Familienzuschlags bei Ehen und eingetragenen Lebenspartnerschaften betraf, unter Hinweis auf die Rechtsprechung des Ersten Senats aus,

> Die Ehe als allein der Verbindung zwischen Mann und Frau vorbehaltenes Institut [...] erfährt durch Art. 6 Abs. 1 GG einen eigenständigen verfassungsrechtlichen Schutz.[36]

Auf dieser Linie liegen auch zahlreiche Stimmen in der Literatur, die die Gegenge- 791
schlechtlichkeit ebenfalls als für den Ehebegriff konstituierend angesehen.[37]

---

31 Ausführlich zur Problematik normgeprägter Grundrechte, oben Rn. 195.
32 BGBl. 2017 I S. 2787.
33 BVerfGE 31, 58, 83 – *Eheschließungsfreiheit*; BVerfGE 53, 224, 245 – *Zerrüttungsprinzip*.
34 BVerfGE 62, 323, 330 – *„hinkende Ehe"*; vgl. auch BVerfGE 53, 224, 245 – *Zerrüttungsprinzip*.
35 BVerfGE 105, 313, 345 – *Lebenspartnerschaftsgesetz*; ebenso die Entscheidung des Ersten Senats in BVerfGE 121, 175, 193 – *Transsexuellengesetz*.
36 BVerfGE 131, 239, 259 – *Verfassungswidrige Ungleichbehandlung eingetragener Lebenspartnerschaften beim beamtenrechtlichen Familienzuschlag*.
37 Ohne Anspruch auf Vollständigkeit etwa *Coester-Waltjen*, in: v. Münch/Kunig, GG Art. 6 Rn. 9; *Badura*, in: Maunz/Dürig, GG, Art. 6 Rn. 58; *Hofmann*, in: Schmidt-Bleibtreu/Hofmann/Hopfauf, GG, Art. 6 Rn. 21; *Uhle*, in: BeckOK, GG, Art. 6 Rn. 4; *v. Coelln*, in: Sachs, GG, Art. 6 Rn. 6; *Pauly*, NJW 1997, 1955; *Scholz/Uhle*, NJW 2001, 393, 397; *Gärditz* in Uhle (Hrsg.), Zur Disposition gestellt? – Der besondere Schutz von Ehe und Familie zwischen Verfassungsanspruch und Verfassungswirklichkeit, 2014, 85, 100; *Schmidt*, NJW 2017, 2225, 2228; *Ipsen*, NVwZ 2017, 1096, 1097 ff.

792 Die verfassungsrechtliche Zulässigkeit der Neufassung des § 1353 BGB wird vor diesem Hintergrund kontrovers beurteilt. Sie wird teilweise unter Berufung auf einen Verfassungswandel bejaht.[38] Andere stellen gleichsam ergänzend darauf ab, dass das BVerfG mit der Betonung der Verschiedengeschlechtlichkeit nur die herkömmlich im Sinne eines Minimalkonsenses anerkannten, selbstverständlichen Begriffselemente der Ehe wiedergegeben habe, damit aber nicht zugleich entschieden habe, ob Art. 6 Abs. 1 auch gleichgeschlechtliche Verbindungen zulasse.[39]

793 Von einem Verfassungswandel spricht man, wenn sich der Inhalt einer Verfassungsnorm ohne Änderung ihres Wortlauts mit anerkannter Rechtsgeltung, d. h. ohne verfassungswidrige Abweichung von geltendem Verfassungsrecht, fortentwickelt hat.[40] Es geht dabei um eine konkludente Verfassungsänderung, der schon aus grundsätzlichen Erwägungen heraus mit Vorsicht zu begegnen ist. Im Einzelnen ist hier vieles unklar und nicht ohne Berechtigung ist auf die Schwierigkeit der Abgrenzung von Verfassungswandel einerseits und Veränderungen in der Auslegung des Verfassungstextes andererseits hingewiesen worden.[41] Grundsätzlich wird man der Annahme eines Verfassungswandels dann entgegentreten müssen, wenn unter Berufung auf ihn der eindeutige Wortlaut des Grundgesetzes überspielt werden soll. Das ist bei der „Ehe für alle" indes nicht der Fall. Art. 6 Abs. 1 spricht nur von der Ehe, weitere Anforderungen wie insbesondere die Gegengeschlechtlichkeit lassen sich dem Wortlaut der Verfassung nicht entnehmen.

794 Auf der anderen Seite hat der authentische Interpret der Verfassung – das BVerfG – noch vor wenigen Jahren eindeutig die Geschlechtsverschiedenheit als konstituierendes Merkmal des verfassungsrechtlichen Ehebegriffs begriffen. Befürworter der Ehe für alle, die übrigens gar keine echte Ehe für alle darstellt[42], müssten mithin dartun, dass in der kurzen Zeit zwischen 2012 und 2017 trotz der erwähnten gefestigten Rechtsprechung des BVerfG und der zahlreichen zustimmenden Literatur ein Verfassungswandel eingetreten sei – ein sicher anspruchsvolles Unterfangen. Bis das BVerfG – wovon gegenwärtig nicht auszugehen ist – Gelegenheit erhält, das Spannungsverhältnis aufzulösen, muss von einem Unterschied zwischen dem verfassungsrechtlichen und dem zivilrechtlichen Ehebegriff ausgegangen werden.

795 Der Schutzbereich des Art. 6 Abs. 1 erfasst auch die sog. *hinkende Ehe*, die zwar nach deutschem Recht unwirksam ist, aber nach ausländischem Recht wirksam geschlossen wurde.[43]

796 *Nichteheliche oder eheähnliche Lebensgemeinschaften* nehmen nicht am Schutz des Art. 6 Abs. 1 teil.[44] Ebenfalls nicht erfasst sind die sog. *Aufenthalts- oder Scheinehen*, deren Zweck ausschließlich darin besteht, dem ausländischen Ehepartner ein

---

38 *Wasmuth*, NJ 2017, 353, 358; *Dethloff* FamRZ 2016, 351 (352 ff.); *Robbers*, in: v. Mangoldt/Klein/Starck, GG, Art. 6 Rn. 38, 47.
39 *Brosius-Gersdorf*, NJW 2015, 3557, 3558.
40 So im Kontext des Ehebegriffs etwa *Badura*, in: Maunz/Dürig, GG, Art. 6 Rn. 36.
41 Etwa von *Sachs*, in: ders., GG, Einführung, Rn. 27.
42 Sie erfasst weder Intersexuelle (worauf auch *Erbarth*, in: BeckOK, BGB, § 1353 Rn. 21 hinweist) noch sollen mit der Reform des § 1353 BGB Geschwisterehen oder Mehrfachehen einbezogen werden, zu letzteren *Hufen*, Staatsrecht II, § 16 Rn. 45.
43 Vgl. BVerfGE 62, 323, 329 f. – „*hinkende Ehe*"; differenzierend zwischen den möglichen „Ehen" *Coester-Waltjen*, in: v. Münch/Kunig, GG, Art. 6 Rn. 6.
44 So bereits BVerfGE 9, 20, 34 – *Arbeitslosenhilfe*; vgl. ausführlich zur verfassungsrechtlichen Problematik der nichtehelichen Lebensgemeinschaften *Kingreen*, Jura 1997, 401, 407 f.

sonst nicht zu erlangendes Aufenthaltsrecht zu verschaffen.[45] Gleiches gilt für sog. *Namensehen*, die nur zur Weitergabe des Namens geschlossen werden.[46]

Wird die Ehe geschieden, endet grundsätzlich der Schutz des Ehegrundrechts, die Folgewirkungen (namentlich Unterhaltsansprüche) einer geschiedenen Ehe bleiben allerdings von Art. 6 Abs. 1 erfasst.[47] **797**

Da das BVerfG vom Bild der „verweltlichten", bürgerlich-rechtlichen Ehe ausgeht[48], unterfallen Eheschließungen, die ohne Mitwirkung des Staates ausschließlich nach einem kirchlichen bzw. religiösen Ritus vorgenommen werden (etwa „Imam-Ehen"), nicht dem Schutzbereich des Art. 6 Abs. 1. **798**

Verfassungsrechtlich werden nichteheliche, eheähnliche und – sofern man die o. a. Reform des § 1353 BGB als verfassungswidrig ansieht – gleichgeschlechtliche Lebenspartnerschaften von *der allgemeinen Handlungsfreiheit geschützt*.[49] Handelt es sich um eine eheähnliche Gemeinschaft in dem Sinne, dass **799**

> „zwischen den Partnern so enge Bindungen bestehen, dass von ihnen ein gegenseitiges Einstehen in den Not- und Wechselfällen des Lebens erwartet werden kann (Verantwortungs- und Einstehensgemeinschaft)",[50]

ist unter bestimmten Voraussetzungen die rechtliche Gleichstellung mit einer Ehe zulässig.[51]

Eine Ehe im verfassungsrechtlichen Sinne ist nur die *Einehe*.[52] Die im Ausland wirksam geschlossene *Mehrehe* kann jedoch als Familienverhältnis in den Schutzbereich des Art. 6 Abs. 1 fallen.[53] **800**

c) **Geschütztes Verhalten.** Art. 6 Abs. 1 schützt „die Freiheit, die Ehe mit einem selbst gewählten Partner einzugehen (Eheschließungsfreiheit)".[54] Geschützt sind ferner die Freiheit des ehelichen Zusammenlebens und der Familiengründung und das Recht auf ein eheliches und familiäres Zusammenleben im tatsächlichen Sinne.[55] Die Ehepartner sind außerdem frei bei der Regelung ihrer finanziellen Verhältnisse, einschließlich des Abschlusses eines gleichberechtigten Ehevertrages,[56] bei der Wahl des gemeinsamen Ehe- und Familiennamens[57] und der Vereinbarung über die innerfamiliäre Aufgabenverteilung.[58] **801**

> **Beispiel**: A, Staatsbürger Somalias, will heiraten. Der deutsche Standesbeamte verlangt ein Ehefähigkeitszeugnis (§ 1309 Abs. 1 BGB), also den Nachweis, dass nach dem Heimatrecht des A keine Ehehindernisse vorliegen. Im Heimatland des A herrscht aber

---

45 Vgl. hierzu BVerfGE 76, 1 – *Familiennachzug*; BVerwGE 65, 174, 180.
46 A. A. *Kingreen/Poscher*, Grundrechte, Rn. 751, wonach auch die Aufenthalts-, Schein- und Namensehen in den Schutzbereich des Art. 6 Abs. 1 einbezogen sein sollen.
47 BVerfGE 108, 351, 364 – *Ehegattensplitting*; BVerfGE 66, 93; 71 – *Unterhaltsvorrang*, Burgi, in: Friauf/Höfling, GG, Art. 6 Rn. 10; *Antoni*, in: Hömig/Wolff, GG, Art. 6 Rn. 5.
48 Vgl. BVerfGE 31, 58, 83 – *Eheschließungsfreiheit*; BVerfGE 53, 224, 245 – *Zerrüttungsprinzip*.
49 Vgl. etwa *Kingreen/Poscher*, Grundrechte, Rn. 752 m. w. N.
50 BVerfGE 87, 234 – *Einkommensberechnung bei Arbeitslosenhilfe*.
51 Siehe im Einzelnen BVerfGE 87, 234 – *Einkommensberechnung bei (damals noch existierender) Arbeitslosenhilfe*.
52 Vgl. BVerfGE 29, 166, 176 – *Ferntrauung*; BVerfGE 62, 323, 330 – „hinkende Ehe".
53 Vgl. BVerwGE 71, 228, 231 f. – *Nachzug der Zweitehefrau*.
54 BVerfGE 31, 58, 82 f. – *Eheschließungsfreiheit*.
55 BVerfGE 76, 1 – *Familiennachzug*.
56 Vgl. BVerfGE 103, 89 – *Unterhaltsverzichtsvertrag*.
57 Vgl. BVerfGE 84, 9, 21 ff. – *Ehename*.
58 Hierzu BVerfGE 105, 1, 10 f. – *Familienarbeit*.

Krieg, weswegen A ein solches Zeugnis nicht beantragen kann. Der Antrag des A auf Befreiung von der Pflicht, ein Ehefähigkeitszeugnis vorzulegen (§ 1309 Abs. 2 BGB), wird abgelehnt: Es läge kein besonderer Fall (§ 1309 Abs. 2 S. 3 BGB) vor. A meint, dies verletze ihn in Art. 6 Abs. 1.

In persönlicher Hinsicht unterliegt der Schutzbereich des Art. 6 Abs. 1 keinen Einschränkungen, so dass sich auch A als Ausländer darauf berufen kann. In sachlicher Hinsicht schützt Art. 6 Abs. 1 nicht nur bestehende Ehen, sondern gewährt gerade auch das Recht, eine Ehe einzugehen. Der Schutzbereich ist vorliegend also eröffnet. § 1309 Abs. 1 BGB verlangt ein Ehefähigkeitszeugnis oder eine entsprechende Befreiung. Wird diese wie hier von staatlicher Seite verweigert, mit der Folge, dass eine Eheschließung erschwert oder unmöglich gemacht wird, liegt auch ein Eingriff in den Schutzbereich vor.[59] Dieser ist auch nicht verfassungsrechtlich gerechtfertigt.

802 Der Schutzbereich des Art. 6 Abs. 1 umfasst auch die Möglichkeit der *Ehescheidung*. Denn dem Grundgesetz liegt

„das Bild der ‚verweltlichten' bürgerlich-rechtlichen Ehe zugrunde, zu dem es auch gehört, dass die Ehegatten unter den vom Gesetz normierten Voraussetzungen geschieden werden können und damit ihre Eheschließungsfreiheit wiedererlangen".[60]

803 Da das Grundrecht des Art. 6 Abs. 1 jeden Zwang zur Eheschließung untersagt, beinhaltet es auch die *negative Eheschließungsfreiheit*, also die Freiheit, keine Ehe einzugehen.[61]

2. Eingriffe

804 Ein *Eingriff in die Ehe* liegt vor bei staatlichen Maßnahmen, die zu einer Störung oder Schädigung der Ehe führen.[62] Dazu können Normen aller Rechtsgebiete gehören, wenn sie auf die Ehe und Familie freiheitsbeschränkend wirken, wie etwa der Freiheitsentzug. Ein Eingriff kann etwa auch in einer polizeilichen Wohnungsverweisung bestehen.

805 Besondere Probleme werfen die *Verweigerung des Familiennachzugs und die Ausweisung eines ausländischen Ehepartners aus der Bundesrepublik* auf.[63] Nach Auffassung des BVerfG begründet Art. 6 Abs. 1 keinen „grundrechtlichen Anspruch von Ausländern auf Nachzug zu ihren berechtigterweise in der Bundesrepublik Deutschland lebenden ausländischen Ehegatten oder Familienangehörigen".[64] Die wertentscheidende Grundsatznorm des Art. 6 Abs. 1 ist allerdings bei der ausländerbehördlichen Ermessensentscheidung über die Erteilung einer Aufenthaltserlaubnis zu berücksichtigen.[65] Gleiches gilt für die Entscheidung über die Ausweisung eines Ausländers aus dem Bundesgebiet.[66]

806 Das Rechtsinstitut der Ehe in Art. 6 Abs. 1 bedarf der *einfachgesetzlichen Ausgestaltung*.[67] Der Gesetzgeber ist berechtigt und verpflichtet, Voraussetzungen und Wir-

---

59 So auch BVerfGE 31, 58 – *Eheschließungsfreiheit*.
60 BVerfGE 53, 224, 245 – *Zerrüttungsprinzip*; siehe auch BVerfGE 31, 58, 82 f. – *Eheschließungsfreiheit*.
61 So auch *Robbers*, in: v. Mangoldt/Klein/Starck, GG, Art. 6 Rn. 57 f.; *Jarass*, in: Jarass/Pieroth, GG, Art. 6 Rn. 6; *Kingreen*, Jura 1997, 401, 402; a. A. *Ipsen*, Staatsrecht II, Rn. 337.
62 Vgl. BVerfGE 6, 55, 76 – *Steuersplitting*; ebenso *Jarass*, in: Jarass/Pieroth, GG, Art. 6 Rn. 13.
63 Zu den Einzelheiten *Renner*, NVwZ 2004, 792; *Jarass*, in: Jarass/Pieroth, GG, Art. 6 Rn. 35 ff.
64 Vgl. BVerfGE 76, 1 – *Familiennachzug*; *Hailbronner*, Asyl- und Ausländerrecht, 3. Aufl. 2014, Rn. 179.
65 Vgl. BVerfGE 76, 1 – *Familiennachzug*.
66 Siehe zu den Auswirkungen des Art. 6 Abs. 1 im Ausländerrecht *Hailbronner*, Asyl- und Ausländerrecht, 3. Aufl. 2014, Rn. 1050; *Coester-Waltjen*, in: v. Münch/Kunig, GG, Art. 6 Rn. 45 f. m. w. N.; *Badura*, in: Maunz/Dürig, GG, Art. 6 Abs. 1 Rn. 63 ff.; *Stern*, Staatsrecht IV/1, S. 462 ff. und 514 f.
67 Zur Notwendigkeit dieser Ausgestaltung oben Rn. 787.

kungen der Ehe zu regeln. Diese Regelungen, die das Rechtsinstitut der Ehe *gesetzlich ausgestalten*, sind keine Grundrechtseingriffe; dies gilt insbesondere für die *Vorschriften des Eherechts*.[68]

Beispiel: § 1309 Abs. 1 BGB verlangt für die Eheschließung ein Ehefähigkeitszeugnis, wenn der jeweilige Ehegatte Ausländer ist. Die Regelung dient grundsätzlich der Wahrung der Stabilität von Ehen; sog. „hinkende Ehen", die im Heimatland eines Ehegatten keine Anerkennung finden, sollen vermieden werden. Bei § 1309 Abs. 1 handelt es sich also um eine Ausgestaltung des Rechtsinstituts „Ehe",[69] die grundsätzlich keinen Eingriff darstellt. Wohl aber kann die einzelne Anwendung der Norm einen Eingriff in Art. 6 Abs. 1 begründen.[70]

Weitere Beispiele für ausgestaltende Vorschriften aus dem Eherecht: Ehemündigkeit (§§ 1303 f. BGB); Verbot der Doppelehe (§ 1306 BGB); Eheverbote für Verwandte in gerader Linie und Geschwister (§§ 1307 f. BGB); Ehe als Verantwortungsgemeinschaft (§ 1353 BGB); Ehename (§ 1355 BGB); Schlüsselgewalt (§ 1357 BGB);[71] Ehescheidungsrecht (§§ 1564 ff.).[72]

Bei *Normen anderer Rechtsgebiete*, die die Freiheit der Ehe und Familie beschränken, kann es sich hingegen um einen Eingriff in den Schutzbereich des Art. 6 handeln.[73]

Beispiel:[74] Der Gesetzgeber ist der Auffassung, die „Ehe schützen" und dazu „die Frau zurück in das Haus holen" zu müssen. Er verändert daher das Einkommensteuerrecht so, dass bei Eheleuten das Einkommen der Frau dem Einkommen des Ehemannes hinzugerechnet wird. Ist die Ehefrau erwerbstätig, gilt für das gemeinsame Einkommen auf Grund der Progression ein höherer Steuersatz. Vereinbarkeit mit Art. 6? Die Regelung knüpft explizit an die Ehe als Tatbestandsvoraussetzung für die gemeinsame Berechnung der Steuerschuld an, sie berührt also den Schutzbereich des Art. 6 Abs. 1. Im Vergleich zu Ledigen werden Eheleute hier schlechter gestellt: Ihre Steuerlast steigt allein dadurch, dass sie die Ehe eingegangen sind, ansonsten würden sie nämlich getrennt zur Einkommensteuer herangezogen. Der darin liegende Eingriff ist auch nicht verfassungsrechtlich gerechtfertigt: Aus Art. 6 Abs. 1 selbst folgt keine Rechtfertigung, denn der Schutz der Ehe umfasst insbesondere auch die Verteilung der ehelichen Pflichten durch die Eheleute selbst, „die Frau in das Haus zurück zu holen" ist also schon kein legitimes Ziel.

3. Verfassungsrechtliche Rechtfertigung

a) **Kein Gesetzesvorbehalt.** Der verfassungsrechtliche Schutz der Ehe ist *vorbehaltlos gewährleistet*. Ein Eingriff darf nur durch ein Gesetz erfolgen, das *kollidierendes Verfassungsrecht*, insbesondere entgegenstehende Grundrechte Dritter oder sonstige Rechtsgüter von Verfassungsrang, konkretisiert.[75] Greift der Staat etwa durch eine Wohnungsverweisung in das Ehegrundrecht ein, ist die Maßnahme regelmäßig zum Schutz der Grundrechte des Opfers häuslicher Gewalt aus Art. 2 Abs. 2 gerechtfertigt.[76]

---

68 Vgl. die Beispiele bei *Ipsen*, Staatsrecht II, Rn. 342 f.; *Kingreen/Poscher*, Grundrechte, Rn. 760 ff.
69 So auch BVerfGE 31, 58 – *Spanier-Entscheidung*.
70 Vgl. zu einem derartigen Fall das Beispiel oben Rn. 801.
71 BVerfGE 81, 1 – *Schlüsselgewalt*.
72 BVerfGE 53, 224, 245 – *Zerrüttungsprinzip*.
73 Vgl. *Kingreen/Poscher*, Grundrechte, Rn. 760.
74 Siehe BVerfGE 6, 55 – *Steuersplitting*. Ausführlich zum Ehegattensplitting *Hofmann*, in: Schmidt-Bleibtreu/Hofmann/Henneke, GG, Art. 6 Rn. 25; allgemein zum familiengerechten Steuerrecht *Stern*, Staatsrecht IV/1, S. 456 ff.
75 Näher zur verfassungsrechtlichen Rechtfertigung *Kingreen/Poscher*, Grundrechte, Rn. 766 f.
76 Dazu *Lang*, VerwArch 96 (2005), S. 283, 296 f.

809 **b) Schranken-Schranke.** Hinsichtlich des dann gebotenen Ausgleichs der unterschiedlichen Rechtspositionen gelten die allgemeinen Regeln der praktischen Konkordanz bzw. des Grundsatzes der Einheit der Verfassung. Auch müssen sich Eingriffe als verhältnismäßig darstellen.

III. Der Schutz der Familie, Art. 6 Abs. 1

1. Schutzbereich

810 **a) Persönlicher Schutzbereich.** Vergleichbar der Situation beim Ehegrundrecht sind auch im Hinblick auf den Schutz der Familie nur natürliche Personen Grundrechtsträger. Innerhalb des Familienverbandes ist jedes Familienmitglied grundrechtsberechtigt.[77] Das gilt auch dann, wenn eine eingreifende Maßnahme des Staates den Familienverband trifft, aber nicht (nur) an denjenigen adressiert ist, der sich auf den Schutz des Art. 6 Abs. 1 beruft.[78]

Der verfassungsrechtliche Familienschutz ist nicht auf Deutsche begrenzt, er steht auch Ausländern zu.

811 **b) Sachlicher Schutzbereich.** Die *Familie* i. S. d. Art. 6 Abs. 1 ist

„[…] die umfassende Gemeinschaft von Eltern und Kindern, in der den Eltern vor allem Recht und Pflicht zur Pflege und Erziehung der Kinder erwachsen."[79]

812 Der verfassungsrechtliche Familienbegriff ist nicht auf das „Grundmuster" der aus den verheirateten Eltern und ihren minderjährigen Kindern bestehenden Familie beschränkt.[80] Nach der Rechtsprechung des BVerfG wird

„[…] neben der durch Geburt entstandenen Familie […] grundsätzlich auch jede andere von der staatlichen Rechtsordnung anerkannte Gemeinschaft von Eltern und Kindern geschützt."[81]

813 Zu den Kindern i. d. S. zählen *auch Stief-*,[82] *Adoptiv-*[83] *und Pflegekinder.*[84] Unerheblich ist auch, ob die Kinder minderjährig oder volljährig sind.[85]

814 Geschützt ist auch die Familie aus Kindern und nur einem (alleinerziehenden) Elternteil.[86]

815 Art. 6 Abs. 1 schützt die *Familiengründung*[87] und damit auch die freie Entscheidung der Eltern, wann und wie viele Kinder sie haben wollen, sowie *alle Bereiche des familiären Zusammenlebens.*[88] Die Intensität der Schutzwirkung hängt davon ab, ob es sich

---

77 *Burgi*, in: Friauf/Höfling, GG, Art. 6 Rn. 20.
78 BVerfGE 76, 1, 45 – Familiennachzug; *Jarass*, in: Jarass/Pieroth, GG, Art. 6 Rn. 12.
79 BVerfGE 10, 59, 66 – *Stichentscheid des Vaters*.
80 So auch *Ipsen*, Staatsrecht II, Rn. 346.
81 BVerfGE 80, 81, 90 – *Ausländeradoption*.
82 Vgl. BVerfGE 18, 97, 105 f. – *Zusammenveranlagung*.
83 Vgl. BVerfGE 80, 81, 90 – *Ausländeradoption*.
84 Vgl. BVerfGE 68, 176, 187 – *Pflegefamilie*.
85 Siehe etwa BVerfGE 57, 170, 178 – *Briefe aus der Untersuchungshaft*.
86 Ebenso *Epping*, Grundrechte, Rn. 506.
87 *Brosius-Gersdorf*, in: Dreier, GG, Art. 6, Rn. 115 f.; *Coester-Waltjen*, in: v. Münch/Kunig, Art. 6, Rn. 32; a. A. *Ebeling/Zimmermann*, DEuFamR 1999, 25, 28, die es im allgemeinen Persönlichkeitsrecht verorten; *Ramm*, JZ 1989, 861, 870, der das Recht auf Familiengründung im allgemeinen Persönlichkeitsrecht einordnet.
88 Siehe *Kingreen/Poscher*, Grundrechte, Rn. 756.

um eine *Lebensgemeinschaft*, eine *Hausgemeinschaft* oder eine *bloße Begegnungsgemeinschaft* handelt.[89]

816 Die durch Art. 6 Abs. 1 geschützte Entscheidung zur Realisierung eines Kinderwunsches ist nicht auf die „natürliche" Fortpflanzung beschränkt. Auch Maßnahmen zur künstlichen Befruchtung sind vom Schutzbereich erfasst, die Vorschrift gewährt allerdings kein Leistungsrecht auf Zurverfügungstellung von Maßnahmen artifizieller Reproduktion.[90] Die Rechtsprechung des BVerfG und des BSG haben es mit Blick auf den durch Art. 6 Abs. 1 umhegten Raum als unschädlich angesehen, dass in der gesetzlichen Krankenversicherung unverheiratete gegenüber verheirateten Paaren schlechter gestellt sind.[91]

817 Auch über den Tod eines Familienmitgliedes hinaus kann Art. 6 durch das Erbrecht bzw. insbesondere durch das Pflichtteilsrecht Wirkung entfalten.[92]

2. Eingriffe

818 Ein *Eingriff* in den Schutzbereich besteht in jeder staatlichen Maßnahme, die die Familie schädigt, stört oder sonst beeinträchtigt.[93] Davon zu unterscheiden sind die Vorschriften des Familienrechts, die lediglich der *Ausgestaltung des normgeprägten Schutzbereichs* dienen.[94]

3. Verfassungsrechtliche Rechtfertigung

819 a) **Kein Gesetzesvorbehalt.** Der verfassungsrechtliche Schutz der Ehe ist *vorbehaltlos gewährleistet*. Ein Eingriff darf nur durch ein Gesetz erfolgen, das *kollidierendes Verfassungsrecht*, insbesondere entgegenstehende Grundrechte Dritter oder sonstige Rechtsgüter von Verfassungsrang, konkretisiert.[95]

820 b) **Schranken-Schranke.** Hier gelten die o. a. Grundsätze zur Einschränkung des Ehegrundrechtes entsprechend.

IV. Das Elternrecht, Art. 6 Abs. 2 und Abs. 3

1. Schutzbereich

821 Das *Elternrecht* des Art. 6 Abs. 2 beruht

„auf dem Grundgedanken, dass in aller Regel Eltern das Wohl des Kindes mehr am Herzen liegt als irgendeiner anderen Person oder Institution".[96]

822 Das Elternrecht steht den *leiblichen Eltern*, aber auch den *Adoptiveltern* zu.[97] Die Pflegeeltern sind nicht Träger des Grundrechts aus Art. 6 Abs. 2.[98] Der *Vater eines nichtehelichen Kindes* kann sich hingegen auf das Elternrecht berufen.[99]

---

89 Vgl. BVerfGE 80, 81, 90 f. – *Ausländeradoption*.
90 *Stern*, Staatsrecht IV/1, S. 409, 410.
91 BVerfG NZS 2007, 588, 589– *künstliche Befruchtung*; BSG NJW 2009, 1733.
92 BVerfGE 112, 332 – *Pflichtteilsentziehung*.
93 Ebenso *Jarass*, in: Jarass/Pieroth, GG, Art. 6 Rn. 13 m. w. N.
94 Siehe für das Eherecht oben Rn. 806.
95 Näher zur verfassungsrechtlichen Rechtfertigung *Kingreen/Poscher*, Grundrechte, Rn. 766 f.
96 BVerfGE 61, 358, 371 f. – *gemeinsames Sorgerecht*.
97 Ausführlich *Robbers*, in: v. Mangoldt/Klein/Starck, GG, Art. 6 Rn. 163 ff., 176.
98 Vgl. *Coester-Waltjen*, in: v. Münch/Kunig, GG, Art. 6 Rn. 74 m. w. N.
99 Siehe zur Entwicklung der Rechtsprechung des BVerfG *Badura*, in: Maunz/Dürig, GG, Art. 6 Abs. 2, 3 Rn. 100.

823 Das Elternrecht umfasst die Sorge für das körperliche Wohl (*Pflege*), die seelische und geistige Entwicklung, die Bildung und Ausbildung des Kindes (*Erziehung*),[100] also die *„umfassende[…] Verantwortung der Eltern für die Lebens- und Entwicklungsbedingungen des Kindes"*.[101] Dies beinhaltet auch das Recht der Eltern zur Namensgebung[102], die Entscheidung über die Art und Weise der Betreuung des Kindes[103] sowie das Aufenthaltsbestimmungsrecht[104] und die religiös-weltanschauliche Erziehung[105]. Die Befugnisse der Eltern gegenüber ihrem Kind nehmen mit dessen zunehmendem Alter allmählich ab und erlöschen mit seiner Volljährigkeit.[106]

824 Neben diesen Rechten sind die Eltern grundsätzlich auch verpflichtet, Pflege und Erziehung der Kinder zu übernehmen. Diese Pflicht gilt sowohl gegenüber dem Staat als auch gegenüber dem Kind. Ob sich daraus auch eine Pflicht zum elterlichen Umgang ergibt, richtet sich in erster Linie nach dem Kindeswohl.[107]

825 Mit Art. 6 Abs. 2 liegt auch eine Ausformung des informationellen Selbstbestimmungsrechts[108] vor. So umfasst die elterliche Sorge auch die Entscheidung, ob und gegebenenfalls wer zur Erhebung und Verwertung genetischer Daten eines Kindes berechtigt ist.[109]

826 Art. 6 Abs. 2 enthält nicht nur ein Freiheitsrecht der Eltern, sondern *auch eine Schutzpflicht des Staates zugunsten des Kindes*:

> „Das Elternrecht unterscheidet sich von den anderen Freiheitsrechten des Grundrechtskatalogs wesentlich dadurch, dass es keine Freiheit im Sinne einer Selbstbestimmung der Eltern, sondern zum Schutze des Kindes gewährt. […] Das Elternrecht ist Freiheitsrecht im Verhältnis zum Staat, der in das Erziehungsrecht der Eltern grundsätzlich nur eingreifen darf, wenn das dem Staat nach Art. 6 Abs. 2 S. 2 zukommende Wächteramt dies gebietet."[110]

827 Der Staat ist nicht nur berechtigt, sondern auch verpflichtet, die Pflege und Erziehung des Kindes sicherzustellen, wenn sich die Eltern dieser Verantwortung entziehen.[111]

2. Eingriffe

828 *Eingriffe in das Elternrecht* sind alle staatlichen Maßnahmen, die das Elternrecht gegenüber dem Kind oder aber im Verhältnis der Eltern untereinander beschränken.[112]

> **Beispiel**: Die 15jährige T hat in einer Drogerie Kosmetika entwendet und wurde dabei auf frischer Tat ertappt. Das Jugendgericht verurteilt sie zur Ableistung von 10 Stunden

---

100 So *Kingreen/Poscher*, Grundrechte, Rn. 757.
101 Vgl. *Höfling*, in: HStR VII, § 155 Rn. 18.
102 BVerfGE 104, 373, 385 – *Verbot von Doppelnamen für Kinder*.
103 BVerfGE 99, 216, 231 – *steuerlicher Familienlastenausgleich*.
104 BVerfG, NJW 2015, 44, 45 ff. – *Sanktionierung bei Schulpflichtverletzung*.
105 *Badura*, in: Maunz/Dürig, GG, Art. 6 Rn. 118.
106 Vgl. BVerfGE 59, 360, 382 – *Schweigepflicht des Schülerberaters*; näher zu dieser Thematik *Stein/Frank*, Staatsrecht, § 36 III m. w. N.
107 BVerfG, NJW 2008, 1287 – *erzwungener Umgang*.
108 Dazu oben Rn. 464 ff.
109 BVerfGE 117, 202 – *heimlicher Vaterschaftstest*.
110 Vgl. BVerfGE 59, 360, 376 – *Schweigepflicht des Schülerberaters*.
111 Vgl. BVerfGE 24, 119, 144 – *Zwangsadoption*; siehe auch BVerfGE 60, 79, 88 – *Trennung eines Kindes von der Familie*. Zum staatlichen Wächteramt sogleich unter Rn. 754 ff.
112 Vgl. *Jarass*, in: Jarass/Pieroth, GG, Art. 6 Rn. 49 f. mit zahlreichen Beispielen.

sozialer Arbeit. Ihre Mutter M hält dies für eine Verletzung ihres Elternrechts, sie habe zu bestimmen, wie das Verhalten ihrer Tochter zu sanktionieren sei. Zu Recht?
Tatsächlich liegt hier ein Eingriff in den Schutzbereich des Art. 6 Abs. 2 vor, denn durch die Verurteilung wird zunächst der T ihr Aufenthaltsort vorgeschrieben, was grundsätzlich den Eltern obliegt. Vor allem liegt in der Bestrafung aber auch ein Erziehungsmittel, das den Erziehungsmethoden der M widersprechen kann. Das Elternrecht umfasst aber auch die Wahl der Erziehungsinhalte und -methoden. Der Eingriff ist allerdings verfassungsrechtlich gerechtfertigt auf Basis der Regelungen von StGB, JGG und StPO, die die verfassungsrechtliche Pflicht des Staates, eine effektive und rechtsstaatliche Strafverfolgung zu gewährleisten, ausgestalten.

Weiteres Beispiel: Einen der wichtigsten Fälle eines Eingriffs in das Elternrecht stellt die *Einführung der allgemeinen Schulpflicht dar.*[113]

Die Maßnahme der *Trennung eines Kindes von seiner Familie* gegen den Willen der Eltern stellt den stärksten Eingriff in das Elternrecht dar, der nur bei strenger Einhaltung des Verhältnismäßigkeitsprinzips unter den besonderen Voraussetzungen des Art. 6 Abs. 3 zulässig ist.[114] **829**

3. Verfassungsrechtliche Rechtfertigung

a) Qualifizierter Gesetzesvorbehalt. Gemäß Art. 6 Abs. 2 S. 2 wacht die staatliche Gemeinschaft über die Betätigung der elterlichen Pflicht zur Pflege und Erziehung der Kinder. Die Vorschrift normiert das *„Wächteramt des Staates"*, das nur im Interesse des Wohles des Kindes ausgeübt werden darf.[115] Es handelt sich somit um einen *qualifizierten Gesetzesvorbehalt.*[116] **830**

Aufgrund von Art. 6 Abs. 2 S. 2 ist etwa die unter bestimmten Voraussetzungen gesetzlich vorgesehene *Ersetzung der Einwilligung zur Adoption* durch das Vormundschaftsgericht zulässig.[117]

Auch Art. 6 Abs. 3 enthält einen *speziellen Eingriffsvorbehalt.*[118] Eine Wegnahme des Kindes gegen den Willen der Erziehungsberechtigten darf danach nur im Falle ihres Versagens oder bei drohender Verwahrlosung des Kindes aus anderen Gründen erfolgen.[119] **831**

Keine Maßnahmen i. S. d. Art. 6 Abs. 3 stellen die Regelungen über das *Sorgerecht* dar, die durch das Wohl des Kindes gerechtfertigt sind.[120] **832**

Eingriffe in das Elternrecht können darüber hinaus durch *kollidierendes Verfassungsrecht* gerechtfertigt sein, insbesondere aufgrund der *staatlichen Schulhoheit gemäß Art. 7 Abs. 1.* Darunter versteht man die „Befugnis des Staates zur zentralen Ordnung und Organisation des Schulwesens" und zur Schulplanung.[121] Die **833**

---

113 Zur staatlichen Schulhoheit sogleich unter Rn. 833.
114 Vgl. BVerfGE 60, 79 – *Trennung eines Kindes von der Familie.*
115 Ausführlich zum Wächteramt der staatlichen Gemeinschaft *Robbers*, in: v. Mangoldt/Klein/Starck, GG, Art. 6 Rn. 238 ff.; *Coester-Waltjen*, in: v. Münch/Kunig, GG, Art. 6 Rn. 92 ff.; *Badura*, in: Maunz/Dürig, GG, Art. 6 Abs. 2, 3 Rn. 139 ff.
116 *Kingreen/Poscher*, Grundrechte, Rn. 766.
117 Siehe hierzu BVerfGE 24, 119 – *Zwangsadoption.*
118 *Ipsen*, Staatsrecht II, Rn. 351.
119 Vgl. zu den Einzelheiten zu Art. 6 Abs. 3 *v. Coelln*, in: Sachs, GG, Art. 6 Rn. 84 ff.
120 So auch *Robbers*, in: v. Mangoldt/Klein/Starck, GG, Art. 6 Rn. 276. – Siehe zum gemeinsamen Sorgerecht die Entscheidungen BVerfGE 61, 358 (geschiedene Eltern) und BVerfGE 84, 168 (nicht miteinander verheiratete Eltern); zur Sorgetragung für ein nichteheliches Kind auch BVerfGE 107, 150 – *Sorgerechtsregelung für Altfälle.*
121 Vgl. BVerfGE 26, 228, 238 – *Schulzweckverbandsausschluss.*

Schulhoheit gestattet die Einführung der allgemeinen Schulpflicht[122] und umfasst auch die Entscheidung über Ausbildungsgänge und Unterrichtsziele.[123]

> **Beispiel:** Der fächerübergreifende *Sexualkundeunterricht* kann ohne die Zustimmung der Eltern eingeführt werden.[124] Allerdings haben die Eltern einen Anspruch darauf, dass sie rechtzeitig über den Inhalt, die Methodik und Didaktik der Sexualerziehung in der Schule informiert werden.[125]
> *Keine Verletzung des Elternrechts* liegt in der Einführung einer obligatorischen Förderstufe,[126] der Neuordnung der gymnasialen Oberstufe[127] und der Neuregelung der deutschen Rechtschreibung.[128]

834 b) **Schranken-Schranke.** Für den Ausgleich der beschriebenen Konfliktkonstellationen gelten die Grundsätze praktischer Konkordanz und ergänzend die allgemeinen Regeln.

§ 17 Die Versammlungsfreiheit gemäß Art. 8

Literatur:
Alemann, von, F./Scheffczyk F. Aktuelle Fragen der Gestaltungsfreiheit von Versammlungen, JA 2013, 407; *Arndt, N./Uhlembrock, H.*, Einstweiliger Rechtsschutz im Versammlungsrecht, Jura 2002, 488; *Battis, U./Grigoleit, K. J.*, Neue Herausforderungen für das Versammlungsrecht?, NVwZ 2001, 121; *dies.*, Versammlungsverbot zur Durchführung des Sternmarsches am G8-Gipfel, NJW 2007, 2171; *Birk, D.*, Polizeiliche Unterbindung der Anreise zur Demonstration, JuS 1982, 496; *Bredt, S.*, Gemietete Demonstranten und Fuckparade – Der Versammlungsbegriff bleibt in Bewegung, NVwZ 2007, 1358; *Brennneisen, H.*, Der exklusive Handlungsrahmen im Schutzbereich des Art. 8 GG, DÖV 2000, 275; *Brohm, W.*, Demonstrationsfreiheit und Sitzblockaden, JZ 1985, 501; *Deger, J.*, Polizeiliche Maßnahmen bei Versammlungen?, NVwZ 1999, 265; *ders.*, Sind Chaos-Tage und Techno-Paraden Versammlungen?, NJW 1997, 923; *Deutelmoser, A.*, Angst vor den Folgen eines weiten Versammlungsbegriffs?, NVwZ 1999, 240; *Droege, M.*, Anfängerhausarbeit – Öffentliches Recht: Militärische Beobachtung freier Versammlungen – Tornados im Tiefflug, JuS 2008, 135; *Enders, C.*, Der Schutz der Versammlungsfreiheit, Jura 2003, 34 und 103; *Frenz, W.*, Polizei- und Versammlungsrecht – Abgrenzung und Zusammenspiel, JA 2007, 334; *Friedrich, L.*, „Fridays for Future" statt Freitag in der Schule: Unterrichtsbefreiung für Schülerstreik?, NVwZ 2019, 598; *ders.*, Versammlungsinfrastrukturen: An den Grenzen des Versammlungsrechts, DÖV 2019, 55; *Geis, M.-E.*, Die „Eilversammlung" als Bewährungsprobe verfassungskonformer Auslegung, NVwZ 1992, 1025; *Götz, V.*, Versammlungsfreiheit und Versammlungsrecht im Brokdorf-Beschluss des Bundesverfassungsgerichts, DVBl. 1985, 1347; *Gröpl, C.*, Grundstrukturen des Versammlungsrechts, Jura 2002, 18; *Gusy, C.*, Lehrbuch der Versammlungsfreiheit – BVerfGE 69, 315, JuS 1986, 608; *ders.*, Rechtsextreme Versammlungen als Herausforderung an die Rechtspolitik, JZ 2002, 105; *Hermanns, C. D.*, Grundfragen des Rechts der Versammlungsfreiheit, JA 2001, 79; *Höfling, W./ Krohne, G.*, Versammlungsrecht in Bewegung, JA 2012, 734; *Jahn, R.*, Verfassungsrechtliche Probleme eines strafbewehrten Vermummungsverbotes, JZ 1988, 545; *Jötten, S./Tams, C.*, Referendarexamensklausur – Öffentliches Recht: Die Gefährderansprache, JuS 2008, 436; *Ketteler, G.*, Die Einschränkbarkeit nichtöffentlicher Versammlungen in geschlossenen Räumen, DÖV 1990, 954; *Kloepfer, M.*, Versammlungsfreiheit, in: Isensee, J./

---

122 Vgl. BVerfG, DVBl. 2003, 999 – *Grundschulpflicht*.
123 Siehe *Jarass*, in: Jarass/Pieroth, GG, Art. 7 Rn. 4 m. w. N.
124 Vgl. BVerfGE 47, 46 – *Sexualkundeunterricht*. Beispiele zu den Auseinandersetzungen um die Gestaltung des Schulwesens finden sich bei *Kingreen/Poscher*, Grundrechte, Rn. 758.
125 BVerfGE 47, 46 – *Sexualkundeunterricht*.
126 BVerfGE 34, 165 – *Förderstufe*.
127 BVerfGE 45, 400 – *Oberstufenreform*.
128 BVerfGE 98, 218 – *Rechtschreibreform*.

Kirchhof, P. (Hrsg.), Handbuch des Staatsrechts der Bundesrepublik Deutschland, Band VI, 2. Auflage 2000, § 143; *Kniesel, M., Kühling, J.*, Erosion demokratischer Öffentlichkeit?. DVBl. 2008, 1098; *Koranyi, J./ Singelnstein, T.*, Rechtliche Grenzen für polizeiliche Bildaufnahmen von Versammlungen, NJW 2011, 124; *Kutscha, M.*, Neues Versammlungsrecht – Bayern als Modell?, NVwZ 2008, 1210; *Laubinger, H.-W./Repkewitz, U.*, Die Versammlung in der verfassungs- und verwaltungsgerichtlichen Rechtsprechung, VerwArch 2001, 585 und VerwArch 2002, 149; *Lembke, U.*, Grundfälle zu Art. 8 GG, JuS 2005, 984, 1081; *Meßmann, A.*, Das Zusammenspiel von Versammlungsgesetz und allgemeinem Polizeirecht, JuS 2007, 524; *Muckel, S.*, Eingriff in die Versammlungsfreiheit durch Bild- oder Tonaufnahmen von einer Versammlung, JA 2019, 159; *Rieble, V.*, Flash-Mob – ein neues Kampfmittel?, NZA 2008, 796; *Roellecke, G.*, Der kommunikative Gegendemonstrant, NJW 1995, 3101; *Roggan, F.*, Der Einsatz von Video-Drohnen bei Versammlungen, NVwZ 2011, 590; *Rozek, J.*, Der praktische Fall – Öffentliches Recht: Eine protestreiche Ehrenpromotion, JuS 2002, 470; *Rühl, U. F. H.*, Versammlungsrechtliche Maßnahmen gegen rechtsradikale Demonstrationen und Aufzüge, NJW 1995, 561; *Sachs, M.*, Faktischer Eingriff in die Versammlungsfreiheit – Grundrechtsbeeinträchtigung durch einschüchternden Tiefflug mit Tornado Kampfflugzeug, JuS 2018, 596; *Scheidler, A.*, Verbot rechtsextremistischer Versammlungen wegen drohender Straftaten nach § 130 Abs. 4 StGB, BayVBl. 2008, 100; *Schwabe, J.*, „Der missglückte G20-Gipfel in Hamburg im Juli 2017, DVBl 2018, 1526; *Steinhorst, L.*, Fortgeschrittenenklausur – Öffentliches Recht: Die aggressiven Versammlungsteilnehmer, JuS 2005, 813; *Stohrer, K.*, Die Bekämpfung rechtsextremistischer Versammlungen durch den neuen § 15 II VersG, JuS 2006, 15; *Trurnit, C.*, Grundfälle zum Versammlungsrecht, Jura 2014, 486; *Werner, S.*, Formelle und materielle Versammlungsrechtswidrigkeit, 2001.

Rechtsprechung:
BVerfGE 69, 315 – *Brokdorf*; BVerfGE 73, 206 – *Sitzblockade I*; BVerfGE 82, 236 – *Schubart*; BVerfGE 84, 203 – *Republikaner*; BVerfGE 85, 69 – *Eilversammlung*; BVerfGE 87, 399 – *Versammlungsauflösung*; BVerfGE 90, 241 – *Auschwitzlüge*; BVerfGE 92, 1 – *Sitzblockade II*; BVerfGE 104, 92 – *Ostermontags-Demo*; BVerfG, NJW 2001, 2075 – *Sitzblockade III/Wackersdorf*; BVerfGE 104, 92 – *Wackersdorf- und Autobahnblockaden*; BVerfG, NJW 2001, 2459 – *Fuck-Parade/Love-Parade*; BVerwGE 91, 135 – *Hofgartenwiese*; BVerfGE 111, 147 – *Synagoge Bochum*; BVerfG, NJW 2007, 2167 – *Verbot eines „Sternmarsches" am Standort des G8-Gipfels in Heiligendamm*; BVerfG, NVwZ 2006, 1049 – *Grenzen des polizeilichen Schutzes friedlicher Versammlungen*; BVerfG, NVwZ-RR 2007, 641 – *Versammlungsrechtliche Inanspruchnahme eines Nichtstörers*; BVerfGE 124, 300 – *Wunsiedel*; BVerfGE 128, 226 – *Fraport*; BVerfG, NJW 2015, 2485 – *„Bierdosen-Flashmob"*; BVerfG Beschl. v. 28.6.2017 – 1 BvR 1387/17, BeckRS 2017, 114648 – *Einrichtung von Protestcamps unter Inanspruchnahme öffentlicher Anlagen*; OVG Münster, NVwZ-RR 2017, 141 – *Hooligandemo*; BVerfG, NVwZ 2017, 461 – *Versammlung trotz Stilleschutzes am Karfreitag*; OVG Hamburg Beschl. v. 3.7.2017 – 4 Bs 142/17, BeckRS 2017, 120673 – *Versammlungsverbot G20-Gipfel*; BVerfG, NVwZ 2017, 1198 – *Geldentschädigung wegen rechtswidriger Freiheitsentziehung durch Polizeikräfte*; BVerwG, NJW 2018, 716 – *Tiefflug eines Tornado-Kampfflugzeuges über Demonstranten-Camp*.

I. Überblick und Normstruktur

Die Versammlungsfreiheit ist im freiheitlich-demokratischen Staat von grundlegender Bedeutung. Sie gehört zu den „unentbehrlichen Funktionselementen eines demokratischen Gemeinwesens".[1] Art. 8 schützt die *Freiheit der kollektiven Meinungskundgabe*.[2] Wie auch Art. 5 stellt Art. 8 ein *Kommunikationsgrundrecht* dar; bisweilen wird die Versammlungsfreiheit auch als *„Demonstrationsgrundrecht"* be-

---
1 BVerfGE 69, 315, 347 – *Brokdorf*; BVerfGE 122, 342, 369 – *Bay Versammlungsgesetz*.
2 Siehe zur Bedeutung des Art. 8 *Katz*, Staatsrecht, Rn. 763; zu den geschichtlichen Hintergründen *Stern*, in: ders., Staatsrecht IV/1, S. 1183 ff.

zeichnet.³ Als solches dient es in besonderer Weise dazu, dass sich Minderheiten im politischen Diskurs Gehör verschaffen können. Das BVerfG hat zudem den gleichsam kompensatorischen Charakter des Art. 8 betont, der als Ausgleich für die im Grundgesetz nur rudimentär zur Geltung kommenden Formen unmittelbarer Volksbeteiligung gesehen werden kann.⁴
Zu Bedeutung der Versammlungsfreiheit führt das BVerfG aus:

> „Der besondere Schutz der Versammlungsfreiheit beruht auf ihrer Bedeutung für den Prozess öffentlicher Meinungsbildung in der freiheitlichen demokratischen Ordnung des Grundgesetzes. [...] Dieses auf kollektive Meinungsäußerung gerichtete Grundrecht kommt Mehrheiten wie Minderheiten zugute und verschafft auch denen Möglichkeiten zur Äußerung in einer größeren Öffentlichkeit, denen der direkte Zugang zu den Medien versperrt ist."⁵

II. Der Schutzbereich der Versammlungsfreiheit

836 Art. 8 Abs. 1 gewährleistet das Recht, sich ohne Anmeldung oder Erlaubnis friedlich und ohne Waffen zu versammeln. Beim Friedlichkeitsgebot und dem Erfordernis des unbewaffneten Versammelns handelt es sich um verfassungstextliche Schutzbereichsbeschränkungen. Wer sich also mit Waffen oder unfriedlich versammelt, kann sich nicht auf den Schutz des Art. 8 Abs. 1 berufen.⁶

1. Persönlicher Schutzbereich

837 Der persönliche Schutzbereich der Versammlungsfreiheit ist auf Deutsche i. S. d. Art. 116 Abs. 1 beschränkt. Für *Ausländer und Staatenlose* ist allein das Auffanggrundrecht des *Art. 2 Abs. 1* einschlägig.⁷ Zum Sonderfall des Grundrechtsschutzes von EU-Ausländern bei Deutschengrundrechten.⁸ Auch gegenüber Ausländern bedürfen Eingriffe stets einer gesetzlichen Grundlage.⁹

838 Träger des Grundrechts der Versammlungsfreiheit können auch *inländische juristische Personen des Privatrechts* sein (vgl. Art. 19 Abs. 3). Geschütztes Verhalten ist dabei insbesondere das Veranstalten der Versammlung selber und das Einladen hierzu.¹⁰ Die Rechtsform der Vereinigung ist nicht von Bedeutung, so dass die Versammlungsfreiheit auch auf nicht rechtsfähige Personenvereinigungen an-

---

3 Vgl. *Kingreen/Poscher*, Grundrechte, Rn. 806. Der Ausdruck umschreibt das Richtige, kann aber zur Verwirrung führen, weil weder Art. 8 GG noch das in Ausfüllung des Gesetzesvorbehalts in Art. 8 Abs. 2 ergangene Versammlungsgesetz den Ausdruck „Demonstration" verwendet. Das Gesetz spricht insofern von Versammlungen und – falls sich diese fortbewegen – von Aufzügen.
4 BVerfGE 69, 316, 347 – *„Frühwarnsystem"*.
5 BVerfGE 104, 92, 104 – *Wackersdorf*.
6 Auf den ersten Blick mag verwundern, dass die Versammlungsgesetze auch auf unfriedliche oder solche Versammlungen sind, bei denen die Versammlungsteilnehmer bewaffnet sind. Das erklärt sich vor dem Hintergrund der unterschiedlichen Zwecke. Die Versammlungsgesetze dienen der Gefahrenabwehr, sind also gerade in den genannten Fällen von Bedeutung, im GG fungiert Art. 8 Abs. 1 in erster Linie als Abwehrrecht, ist also vollkommen zu Recht nur auf friedliche und unbewaffnete Versammlungen bezogen.
7 Vgl. *Jarass*, in: Jarass/Pieroth, GG, Art. 8 Rn. 11; *Höfling*, in: Sachs, GG, Art. 8 Rn. 50. Siehe allgemein zum Grundrechtsschutz von Ausländern bereits oben Rn. 114 f.
8 Vgl. oben Rn. 114.
9 *Gusy*, in: v. Mangoldt/Klein/Starck, GG, Art. 8 Rn. 39; Hintergrund ist der Grundsatz vom Vorbehalt des Gesetzes.
10 So auch *Gusy*, in: v. Mangoldt/Klein/Starck, GG, Art. 8 Rn. 40.

wendbar ist.[11] Die Versammlung selbst kann sich indes nicht auf Art. 8 berufen.[12] Die körperliche Teilnahme einer juristischen Person an einer Versammlung ist wesensmäßig ausgeschlossen.[13]

2. Sachlicher Schutzbereich

a) **Leitbegriff der Versammlung.** Eine *Versammlung* ist eine Zusammenkunft mehrerer Menschen, die einen gemeinsamen Zweck verfolgen.[14]

> **Klassische Beispiele** für Versammlungen: Demonstrationen, Protestmärsche und politische Diskussionsveranstaltungen.[15] Der Begriff kann auch neue Erscheinungsformen wie etwa Flash- bzw. Smartmobs umfassen.[16]

Virtuelle Zusammenkünfte im Internet, wie etwa in Chatrooms, stellen mangels körperlicher Anwesenheit der Beteiligten keine Versammlung i. S. d. Art. 8 dar.[17]

Umstritten ist bereits, aus *wie vielen Teilnehmern eine Versammlung bestehen muss*. Früher wurde – wohl in Anlehnung an § 56 BGB, wofür immerhin eine Parallelisierung von Vereinigungs- und Versammlungsfreiheit ins Feld geführt werden könnte – eine Versammlung nur bejaht, wenn sieben Personen teilnahmen. Nachdem zwischenzeitlich die Rechtsprechung eine von Art. 8 Abs. 1 geschützte Versammlung schon bei drei Teilnehmern bejahte[18], dürfte es heute als h. M. angesehen werden, dass Art. 8 Abs. 1 schon eine Versammlung von zwei Personen schützt.[19] Dafür spricht, dass „die systematische Isolierung missliebiger Personen […]vor der Isolierung vom letzten Freund nicht halt macht".[20] Zudem könnte andernfalls eine gezielte Zerschlagung in kleine Gruppen den Schutzbereich „aushebeln".[21] Mit dem Wortlaut „sich versammeln" ist diese Auffassung vereinbar, da dieser nur mehr als eine Person fordert.[22] Die „Ein-Mann-Demo" unterfällt damit nicht dem Schutzbereich des Art. 8 Abs. 1, insoweit kann Art. 5 Abs. 1 einschlägig sein.[23]

Die Zusammenkunft muss einen *gemeinsamen Zweck* verfolgen. Im Gegensatz dazu fällt eine bloße *Ansammlung* von Personen nicht in den Schutzbereich des Art. 8. Hierbei kommen mehrere Menschen zufällig zusammen, ohne dass eine

---

11 Vgl. *Ipsen*, Staatsrecht II, Rn. 560; der verfassungsrechtliche Begriff der juristischen Person ist weiter gefasst als derjenige des Zivilrechts, dazu näher oben Rn. 126 sowie etwa *Kingreen/Poscher*, Grundrechte, Rn. 209.
12 Ebenso *Depenheuer*, in: Maunz/Dürig, GG, Art. 8 Rn. 104; *Kunig*, in: v. Münch/Kunig, GG, Art. 8 Rn. 10; *Gusy*, in: v. Mangoldt/Klein/Starck, GG, Art. 8 Rn. 40.
13 *Sachs*, Verfassungsrecht II, Teil II, Kap. 20, Rn. 14.
14 Vgl. *Kingreen/Poscher* Grundrechte, Rn. 807.
15 Weitere Beispiele bei *Gusy*, in: v. Mangoldt/Klein/Starck, GG, Art. 8 Rn. 18 ff.
16 Vgl. etwa BVerfG, NJW 2015, 2485 – „*Bierdosen-Flashmob*"; zur Begriffsbestimmung *Stalberg*, Komm-Jur 2013, 169, 170; zu den einschlägigen examensrelevanten Fragen etwa *Gröpl*, JA 2018, 8 ff.; s. a. *Höfling/Krohne*, JA 2012, 734.
17 Vgl. *Kingreen/Poscher*, Grundrechte, Rn. 813; *Kniesel*, NJW 2000, 2857, 2860.
18 Vgl. BayObLG, NJW 1979, 1895 m. w. N.; ergänzend wurde auf § 73 BGB verwiesen; nicht ohne Berechtigung mahnt *Kunig*, in: v. Münch/Kunig, GG, Art. 8 Rn. 13 vor einem Streit um einen rein numerischen Definitionsbestandteil.
19 So auch *Kloepfer*, in: HStR VII, § 164 Rn. 24.; *Müller-Franken*, in: Schmidt-Bleibtreu/Hofmann/Henneke, GG, Art. 8 Rn. 10; *Höfling*, in: Sachs, GG, Art. 8 Rn. 13; *Kingreen/Poscher*, Grundrechte, Rn. 807.
20 *Herzog*, in: Maunz/Dürig, GG, Vorauflage, Art. 8 Rn. 48.
21 So *Hufen*, Staatsrecht II, § 30 Rn. 6.
22 Dazu *Hufen*, Staatsrecht II, § 30 Rn. 6.
23 *Kunig*, in: v. Münch/Kunig, GG, Art. 8 Rn. 13 a. E.

gewisse innere Verbindung zwischen ihnen besteht.²⁴ Sie verfolgen vielmehr einen *eigenen, wenn auch zufällig gleichen Zweck*.²⁵
Allerdings kann eine bloße Ansammlung zu einer Versammlung i. S. d. Art. 8 werden, wenn sich im Laufe der Zeit eine innere Verbindung der Anwesenden einstellt.²⁶

> **Bsp.**: A, B und C fahren zufällig im gleichen Bus.
> Das Zurücklegen der Fahrstrecke ist zwar ein gleichgerichtetes aber kein gemeinsames Interesse: A könnte auch ohne B und C Bus fahren. Es liegt also keine Versammlung vor.
> Weiter im Bsp.: Der Busfahrer weigert sich an der nächsten Haltestelle, eine ältere Dame mit Hund mitzunehmen. A, B und C besprechen sich kurz, steigen aus und protestieren gegen die „Diskriminierung von Vierbeinern".
> Der Protest soll gerade zusammen stattfinden, um mehr Aufmerksamkeit in der Öffentlichkeit zu erregen. Es handelt sich also um einen gemeinsamen Zweck, den A, B und C verfolgen. Sie bilden eine Versammlung.
>
> **Weitere Bsp.**: Schaulustige nach einem Verkehrsunfall oder ein Konzertpublikum sind nicht durch die Versammlungsfreiheit geschützt.²⁷

843 *Umstritten* ist, welche *Anforderungen an die gemeinsame Zweckverfolgung* zu stellen sind.²⁸ Das BVerfG verlangt, „dass die Zusammenkunft auf die *Teilhabe an der öffentlichen Meinungsbildung* gerichtet" sein muss, und versteht Versammlungen als

> „[…] örtliche Zusammenkünfte mehrerer Personen zur gemeinschaftlichen, auf die Teilhabe an der öffentlichen Meinungsbildung gerichteten Erörterung oder Kundgebung."²⁹

844 Im *Schrifttum* wird teilweise vertreten, der gemeinsame Zweck müsse in der Meinungsäußerung in einer öffentlichen, z. B. politischen Angelegenheit bestehen;³⁰ andere wollen hingegen auf einen bestimmten Inhalt des Versammlungszwecks ganz verzichten, so dass jeder beliebige Zweck genügen soll.³¹

845 Die h. L. geht davon aus, dass der Zweck der Versammlung in der *Bildung oder Äußerung einer Meinung* liegen muss.³² Auf den Gegenstand der Meinungsbildung oder -äußerung kommt es richtiger Ansicht nach jedoch nicht an, insbesondere muss kein politischer Zweck verfolgt werden.³³ Andernfalls würde Art. 8 Abs. 1 auf bestimmte Kommunikationsformen reduziert, ohne dass dies der Wortlaut, die Systematik oder der Sinn der Grundrechte geböten. Im Gegenteil bleibt der abwehrrechtliche Gehalt wohl nur dann ausreichend effektiv, wenn eine Versammlung i. S. v. Art. 8 Abs. 1 *auch zur Erörterung von Privatangelegenheiten* stattfinden kann.³⁴

---

24 Siehe zur Abgrenzung etwa *Depenheuer*, in: Maunz/Dürig, GG, Art. 8 Rn. 46.
25 Vgl. *Gusy*, in: v. Mangoldt/Klein/Starck, GG, Art. 8 Rn. 19.
26 Näher *Höfling*, in: Sachs, GG, Art. 8 Rn. 14; *Kunig*, in: v. Münch/Kunig, GG, Art. 8 Rn. 14.
27 Vgl. *Kingreen/Poscher*, Grundrechte, Rn. 807.
28 Ausführlich zum Streitstand *Stern*, in: ders., Staatsrecht IV/1, S. 1199 ff.
29 BVerfGE 104, 92, 104 – *Wackersdorf*.
30 Vertreter des engen Versammlungsbegriffs finden sich bei *Kloepfer*, in: HStR VII, § 164 Rn. 26. Siehe auch *Müller-Franken*, in: Schmidt-Bleibtreu/Hofmann/Henneke, GG, Art. 8 Rn. 11.
31 Siehe etwa *Kingreen/Poscher*, Grundrechte, Rn. 810 u. 811 m. w. N; *Müller-Franken*, in: Schmidt-Bleibtreu/Hofmann/Henneke, GG, Art. 8 Rn. 11.
32 Vgl. *Kunig*, in: v. Münch/Kunig, GG, Art. 8 Rn. 14; *Jarass*, in: Jarass/Pieroth, GG, Art. 8 Rn. 3; *Kloepfer*, in: HStR VII, § 164 Rn. 25; *Hoffmann-Riem*, NVwZ 2002, 257, 259; *Manssen*, Grundrechte, Rn. 498.
33 So auch *Ipsen*, Staatsrecht II, Rn. 563; *Stein/Frank*, Staatsrecht, § 39 II 1; *Höfling*, in Sachs, GG, Art. 8 Rn. 19 „demokratisch-funktionale Missdeutung der Grundrechte".
34 *Blanke*, in: Stern/Becker, GG, Art. 8 Rn. 35; ebenso *Kunig*, in: v. Münch/Kunig, GG, Art. 8 Rn. 17; vgl. auch *Ipsen*, Staatsrecht II, Rn. 563, der eine Beschränkung auf die Teilhabe an der öffentlichen Meinungsbildung ablehnt unter Hinweis darauf, dass der Schutzbereich der Meinungsfreiheit nicht entsprechend eingeschränkt ist.

Bsp.: A, Geschäftsführer der G-GmbH, lädt seine Mitarbeiter zu einer Betriebsversammlung ein, um über ein neues Arbeitszeitmodell zu diskutieren.
Nach der engeren Auffassung liegt keine Versammlung vor, da die innerbetriebliche Organisation der G-GmbH keine öffentliche Angelegenheit ist. Nach richtiger Auffassung reicht aber die Meinungsbildung zu irgendeinem Thema. Hier sollen sich Mitarbeiter eine Meinung zu den Vorschlägen des A bilden und ihre eigenen Wünsche äußern. Damit ist Zweck der Zusammenkunft die Meinungsbildung und es liegt eine Versammlung vor.

Es genügt allerdings nicht, wenn die Teilnehmer die Rolle bloßer Konsumenten einnehmen.[35] *Kommerzielle, rein unterhaltende Veranstaltungen*, bei denen die Kundgabe eines Anliegens nicht erkennbar ist, fallen daher *nicht* unter den Versammlungsbegriff des Art. 8.[36]

Beispiele, die keine Versammlung darstellen: Teilnahme an Sportveranstaltungen oder Volksfesten; Besuch einer Theateraufführung oder eines Konzerts; Eventveranstaltungen wie z. B. die Love Parade;[37] Kundgebung von Inlineskatern.[38]

Dient die Zusammenkunft neben der öffentlichen Meinungsbildung auch anderen beispielsweise kommerziellen Zwecken, so ist eine genaue Einzelfallprüfung erforderlich. Die Gemeinschaft ist als Versammlung zu qualifizieren, wenn die anderen Beweggründe nicht erkennbar im Vordergrund stehen.[39] Bleiben Zweifel bei der Beurteilung des Gesamtgepräges, so bewirkt der hohe Rang der Versammlungsfreiheit, dass die Veranstaltung wie eine Versammlung behandelt wird.[40]

Beispiele, die eine Versammlung darstellen: Skinheadkonzerte[41] sowie Bierdosen-Flashmob[42].

„Art. 8 schützt die Freiheit der Versammlung als Ausdruck gemeinschaftlicher, auf Kommunikation angelegter Entfaltung".[43] Die Kommunikation ist *nicht auf verbale* Äußerungen beschränkt.[44] Vielmehr erfasst der Schutzbereich der Versammlungsfreiheit „vielfältige Formen gemeinsamen Verhaltens bis hin zu nicht verbalen Ausdrucksformen".[45]

Bsp.: Schweigemärsche und Mahnwachen sind von der Versammlungsfreiheit erfasst,[46] ebenso Menschenketten oder demonstrative Zeltlager.[47]

Die Planung oder Organisation der Versammlung ist nicht Voraussetzung, so dass auch sog. *Spontanversammlungen* von Art. 8 erfasst sind, die ohne Einladung und Vorbereitung aufgrund eines aktuellen Ereignisses spontan stattfinden.[48] Gleiches gilt für sog. *Eilversammlungen*.[49] Der Schutz des Art. 8 Abs. 1 besteht mithin unab-

---

35 Vgl. *Kingreen/Poscher*, Grundrechte, Rn. 812; *Kniesel*, NJW 2000, 2857, 2858.
36 Vgl. *Kunig*, in: v. Münch/Kunig, GG, Art. 8 Rn. 17.
37 BVerfG, NJW 2001, 2459.
38 OVG Münster, NVwZ 2001, 1316.
39 Noch weitreichender *Depenheuer*, in Maunz/Dürig, GG, Art. 8 GG, Rn. 53 f.
40 BVerfG, B. v. 12.7.2001, Az 1 BvQ 28/01, Rn. 25 – *Fuckparade*; exemplarisch zur Beurteilung derartiger „gemischter" Veranstaltungen etwa BVerwG, NVwZ 2007, 1431, Rn. 17 – „*Fuckparade 2001 – 5 Jahre Hateparade*".
41 VGH Mannheim, KommJur 2011, 107, 108; *Scheidler*, NVwZ 2013, 1449, 1450
42 BVerfG NJW 2015, 2485, Rn. 9.
43 BVerfGE 69, 315, 343 – *Brokdorf*; so wörtlich BVerfGE 104, 92, 104 – *Wackersdorf*.
44 So auch *Kunig*, in: v. Münch/Kunig, GG, Art. 8 Rn. 14.
45 Vgl. BVerfGE 69, 315, 343 – *Brokdorf*.
46 Siehe *Kloepfer*, in: HStR VII, § 164, Rn. 32.
47 *Hufen*, Staatsrecht II, § 30 Rn. 8.
48 Vgl. BVerfG, NJW 1992, 890 – *Eilversammlung*; *Kunig*, in: v. Münch/Kunig, GG, Art. 8 Rn. 15. Hierzu sogleich unter Rn. 791.
49 Hierzu *Höfling*, in: Sachs, GG, Art. 8 Rn. 22 f. Hierzu sogleich unter Rn. 791.

hängig davon, ob eine Versammlung anmeldepflichtig ist oder angemeldet wurde.[50]

849 **b) Geschütztes Verhalten.** Die Versammlungsfreiheit schützt nur *versammlungsspezifische Tätigkeiten*. Das sind diejenigen Tätigkeiten, die für die Teilnahme an einer Versammlung und deren Organisation und Durchführung notwendig sind.[51] Art. 8 gewährleistet daher die Freiheit, über *Ort, Zeitpunkt, Art* und *Inhalt* der Versammlung selbst zu bestimmen.[52] Die Versammlungsfreiheit eröffnet die Möglichkeit Versammlungen dort abzuhalten, wo ein allgemeiner öffentlicher Verkehr eröffnet ist[53]; dies gilt *auch außerhalb des öffentlichen Straßenraums*, wenn dieser in ähnlicher Weise dem Verkehr geöffnet ist, wie etwa in Einkaufszentren, Ladenpassagen oder anderen durch private Investoren geschaffene und betriebene Plätze.[54] Die Versammlungsfreiheit erstreckt sich damit nicht lediglich auf den öffentlichen Straßenraum, sondern auch auf Orte allgemeinen kommunikativen Verkehrs («öffentliche Foren»). So ist das Versammeln auf dem Gelände eines in Privatrechtsform betriebenen Unternehmens der öffentlichen Hand vom Schutzbereich der Versammlungsfreiheit gem. Art. 8 I GG erfasst.[55] Dies wird selbst dann angenommen, wenn es nicht einer zum Verweilen und Flanieren einladenden Einkaufsstraße oder Fußgängerzone, sondern eher einem Gewerbegebiet gleichgestellt werden kann.[56]

850 Zu beachten ist dann freilich, dass die damit angesprochene Bindung Privater an die Versammlungsfreiheit entweder über eine unmittelbare Grundrechtsbindung oder über die sog. Drittwirkung der Grundrechte konstruktiv bewältigt werden muss. Hinsichtlich der Variante „unmittelbare Grundrechtsbindung" gerät zunächst Art. 1 Abs. 3 ins Visier, der eine Grundrechtsbindung nur hinsichtlich der drei Emanationen staatlicher Gewalt anordnet. Der Begriff „vollziehende Gewalt" in Art. 1 Abs. 3 ist indes weit auszulegen, so dass eine (unmittelbare) Grundrechtsbindung auch hinsichtlich solcher öffentlicher Unternehmen besteht, die in Privatrechtsform betrieben, aber von einem Hoheitsträger geführt[57] oder falls gemischtwirtschaftlich verfasst, von diesem beherrscht[58] werden. Dahinter steht die Überlegung, dass andernfalls der Staat der Grundrechtsbindung durch eine „Flucht ins Private" entgehen könnte.[59] Davon zu unterscheiden sind Fälle, in denen sich die Grundrechtsbindung im Wege der mittelbaren Drittwirkung der Grundrechte ergibt.[60]

---

50 BVerfGE 69, 315, 351 – *Brokdorf*; BVerfG NVwZ 2011, 422, Rn. 20 – *Versammlungscharakter einer als Gegendemonstration veranstalteten Zusammenkunft*; BVerfG, U. v. 20.6.2014, Az 1 BvR 980/13, BeckRS 2014, 54506 – *Protestveranstaltung auf Friedhof*. Zum Begriff der Anmeldepflicht vgl. Rn. 866.
51 Ausführlich hierzu *Gusy*, in: v. Mangoldt/Klein/Starck, GG, Art. 8 Rn. 30 f.
52 Vgl. BVerfGE 69, 315, 343 – *Brokdorf*; *Manssen*, Grundrechte, Rn. 502.
53 BVerfGE 128, 226, 251 – *Fraport*; das kann auch ein Friedhof sein, wenn auf dem Friedhof tatsächlich ein kommunikativer Verkehr eröffnet ist, BVerfG, U. v. 20.6.2014, Az 1 BvR 980/13, BeckRS 2014, 54506, Rn. 19 – *Protestveranstaltung auf Friedhof*.
54 BVerfG NJW 2015, 2485, Rn. – *Bierdosen-Flashmob*.
55 BVerfGE 128, 226, 244 – *Fraport*.
56 BGH, NVwZ 2015, 1622, Rn. 16.
57 BVerfGE 128, 226, 244 – *Fraport*.
58 Eine solche Beherrschung nimmt die Rechtsprechung in der Regel bei einer Beteiligung der öffentlichen Hand von mehr als 50 % an, vgl. BVerfGE 128, 226, 246 – *Fraport*.
59 Zum Fragenkreis „Keine Flucht ins Privatrecht" vgl. BVerfGE 128, 226, 245 – *Fraport*.
60 BVerfG, NJW 2015, 2485, Rn. 5 – „*Bierdosen-Flashmob*", wo die Drittwirkung wie folgt begründet wird: „Der beabsichtigte Ort der Versammlung steht zwar im Eigentum einer Privaten, ist zugleich aber für den Publikumsverkehr offen und schafft nach den Feststellungen des LG einen Raum des Flanierens, des Verweilens und der Begegnung, der dem Leitbild des öffentlichen Forums entspricht"; s. a. BVerfGE 128, 226, 253 f. – *Fraport*.

Geschützt ist jedoch nicht das Recht, sich auch an nicht zugänglichen oder nur **851** bestimmten Zwecken gewidmeten Orten, wie beispielsweise Krankenhäusern, zu versammeln.[61]

Auch *vorbereitende Handlungen* wie die Organisation und die Einladung zur **852** Versammlung werden vom Schutzbereich erfasst[62]. Differenzierter Betrachtung bedarf der Schutz der Teilnehmer bei der An- und Abreise von einer Versammlung. Hier können sich namentlich unter gefahrenabwehrrechtlicher Perspektive Friktionen zwischen an sich gebotener weiter Auslegung des Schutzbereichs des Art. 8 Abs. 1 und dem Grundsatz der sog. Polizeifestigkeit von Versammlungen ergeben. Hinsichtlich der Anreise muss der Schutzbereich aus grammatikalischen und teleologischen Gründen eröffnet sein, weil andernfalls die Versammlungsfreiheit etwa durch zugangsbeschränkende Maßnahmen allzu leicht auszuhebeln wäre.[63] Hinsichtlich der Abreise kommt es darauf an, ob Maßnahmen in Rede stehen, die darauf abzielen, die Versammlungsteilnehmer von der Teilnahme an künftigen Versammlungen abzuschrecken.[64]

Bislang nicht geklärt ist die verfassungsrechtliche Bewertung sog. „Protest- **853** camps". Verwaltungsgerichtliche Berufungsinstanzen hatten eine Schutzbereichseröffnung aufgrund des „Gesamtgepräges" derartiger Camps verneint.[65] Das BVerfG hat im Rahmen einer einstweiligen Anordnung, in deren Rahmen regelmäßig nur eine reine Folgenabwägung vorgenommen wird, trotz Zweifeln hinsichtlich der Einordnung Sympathien für die Unterschutzstellung solcher Camps unter Art. 8 Abs. 1 zu erkennen gegeben.[66] Im Ergebnis dürfte regelmäßig die Errichtung „baulicher Anlagen" (wie Zelte, Hütten, Ver- und Entsorgungseinrichtungen), aber auch das Schlafen am Versammlungsort mit der eigentlichen Protestaussage des Camps so verbunden sein, dass sie Teil der Meinungskundgabe sind und damit vom Schutzbereich des Art. 8 Abs. 1 erfasst werden.

Alle weiteren Tätigkeiten der Versammlungsteilnehmer werden dagegen allein von **854** den anderen jeweils einschlägigen Grundrechten erfasst.[67] Art. 8 und Art. 5 Abs. 1 S. 1 sind nebeneinander anwendbar,[68] wobei Art. 8 für den *Versammlungsaspekt* und Art. 5 für den *Meinungsaspekt* gilt.[69] Die Zulässigkeit von Meinungsäußerungen, die durch eine versammlungsrechtliche Auflage behördlich untersagt werden, ist daher nicht nach Art. 8, sondern nach Art. 5 zu beurteilen.[70]

> **Bsp.**: Der Vorsitzende V der lokalen L-Partei lädt zu einer Diskussion zum Thema „Sind Soldaten Mörder?" ein. Die zuständige Behörde verlangt, dass V das Thema ändert, es sei ungebührlich.
> Die Wahl des Themas ist versammlungsspezifisch, V kann sich auf die Versammlungsfreiheit berufen.

---

61 BVerfG, NJW 2015, 2485, Rn. 5 – *„Bierdosen-Flashmob"*; *Wolff* in: Hömig/Wolff, GG, Art. 8 Rn. 3.
62 Vgl. *Jarass*, in: Jarass/Pieroth, GG, Art. 8 Rn. 5; *Depenheuer*, in: Maunz/Dürig, GG, Art. 8 Rn. 75.
63 BVerfGE 84, 203, 209 – *Republikaner*.
64 Näher hierzu *Höfling*, in: Sachs, GG, Art. 8 Rn. 25.
65 Etwa das OVG NRW, U. v. 7.12.2016, Az 7 A 1668/15, BeckRS 2016, 111231, Rn. 26 ff.; näher hierzu *Höfling*, in: Sachs, GG, Art. 8 Rn. 26.
66 BVerfG NVwZ 2017, 1374, vor allem Rn. 22 – *G 20-Protestcamp*.
67 Vgl. *Jarass*, in: Jarass/Pieroth, GG, Art. 8 Rn. 6.
68 Ebenso BVerfGE 82, 236, 258 – *Schubart*.
69 Näher *Stein/Frank*, Staatsrecht, § 39 V.
70 Vgl. BVerfGE 90, 241, 246 – *Auschwitzlüge*.

Weiter im Bsp.: Zuhörer Z bezeichnet die Bundeswehr in einer Fragerunde immer wieder als „Mörderbande". Der anwesende Polizist P fordert ihn auf, das zu unterlassen, ansonsten werde er ihn festnehmen.

Die Äußerungen des Z geschehen zwar aus Anlass der Versammlung, sie gehören aber nicht zu den spezifischen Teilnahme- oder Organisationshandlungen. Einschlägig ist hier also die Meinungsfreiheit (Art. 5 Abs. 1 Satz 1) und nicht die Versammlungsfreiheit.

855 Die *negative Versammlungsfreiheit*, also das Recht, einer Versammlung fernzubleiben, fällt ebenfalls unter Art. 8.[71] Geschützt ist ferner die kritische Teilnahme an einer Zusammenkunft, sofern die Veranstaltung dabei nicht in der Absicht der Verhinderung gestört wird.[72]

3. Beschränkungen des Schutzbereichs

856 Art. 8 gewährleistet die Versammlungsfreiheit für *friedliche* Versammlungen *ohne Waffen*. Beide Gebote begrenzen von vornherein den sachlichen Schutzbereich der Versammlungsfreiheit,[73] müssen aber möglichst eng ausgelegt werden.[74] Andernfalls bestünde die Gefahr, dass der Gesetzesvorbehalt in Art. 8 Abs. 2 seine Funktion verlöre.[75]

Umstritten ist, ob insoweit die *allgemeine Handlungsfreiheit gemäß Art. 2 Abs. 1* anwendbar bleibt. Die überwiegende Auffassung im Schrifttum verneint dies.[76] Demnach wären unfriedliche oder bewaffnete Versammlungen grundrechtlich überhaupt nicht geschützt. Das suspendiert (die Exekutive) freilich nicht von der Beachtung rechtsstaatlicher Grundsätze, so dass Maßnahmen gegen unfriedliche und bewaffnete Versammlungen weder unverhältnismäßig noch etwa zu unbestimmt sein dürfen.[77]

857 a) **Friedlichkeit.** Eine Veranstaltung ist unfriedlich, „wenn sie einen gewalttätigen oder aufrührerischen Verlauf nimmt".[78] Diese Begriffsbestimmung lehnt sich an §§ 5 Nr. 3, 13 Abs. 1 Nr. 2 VersG an. Es genügt, wenn ein gewalttätiger oder aufrührerischer Verlauf droht, dieser also unmittelbar bevorsteht.[79]

858 Eine Versammlung nimmt einen *gewalttätigen Verlauf*, wenn Versammlungsteilnehmer körperlich auf Personen oder Sachen aktiv einwirken.[80] Das BVerfG verlangt hierfür „Handlungen von einiger Gefährlichkeit wie etwa Gewalttätigkeiten oder aggressive Ausschreitungen gegen Personen oder Sachen".[81] Die bloße Behinderung Dritter genügt hingegen nicht.[82]

---

71 So auch *Jarass*, in: Jarass/Pieroth, GG, Art. 8 Rn. 5; *Höfling*, in: Sachs, GG, Art. 8 Rn. 28; mit anderer Bezeichnung auch *Depenheuer*, in: Maunz/Dürig, GG, Art. 8 Rn. 76; a. A. *Gusy*, in: v. Mangoldt/Klein/Starck, GG, Art. 8 Rn. 33.
72 Vgl. BVerfGE 84, 203, 209 f. – *Republikaner*.
73 So auch *Kunig*, in: v. Münch/Kunig, GG, Art. 8 Rn. 22; *Depenheuer*, in: Maunz/Dürig, GG, Art. 8 Rn. 78.
74 Vgl. *Hufen*, Staatsrecht II, § 30 Rn. 13.
75 *Höfling*, in: Sachs, GG, Art. 8 Rn. 30.
76 Vgl. etwa *Gusy*, in: v. Mangoldt/Klein/Starck, GG, Art. 8 Rn. 92.
77 Vgl. *Schulze-Fielitz*, in: Dreier, GG, Art. 8 Rn. 123.
78 Ebenso *Jarass*, in: Jarass/Pieroth, GG, Art. 8 Rn. 8; *Kunig*, in: v. Münch/Kunig, GG, Art. 8 Rn. 23; so wörtlich *Depenheuer*, in: Maunz/Dürig, GG, Art. 8 Rn. 84.
79 Vgl. *Kloepfer*, in: HStR VII, § 164 Rn. 61; *Höfling*, in: Sachs, GG, Art. 8 Rn. 34.
80 Ebenso *Kingreen/Poscher*, Grundrechte, Rn. 817.
81 BVerfGE 73, 206, 248 – *Sitzblockade I*.
82 BVerfGE 104, 92, 106 – *Wackersdorf*.

859 *Sitzblockaden* sind keine unfriedlichen Versammlungen, selbst wenn sie den Gewaltbegriff i. S. d. strafrechtlichen Nötigungstatbestandes (§ 240 StGB) erfüllen sollten.[83] Dieses Ergebnis gewinnt das BVerfG vor allem auch in systematischer Auslegung der Begriffe „friedlich und ohne Waffen" in Art. 8 Abs. 1 und aufgrund des Zusammenspiels von Abs. 1 und 2. Nach Auffassung des BVerfG kann

> „der verfassungsrechtliche Begriff der Unfriedlichkeit [...] nicht mit dem von der Rechtsprechung entwickelten weiten Gewaltbegriff des Strafrechts gleichgesetzt werden. Dagegen spricht bereits, dass die Verfassung die Unfriedlichkeit in gleicher Weise wie das Mitführen von Waffen bewertet, also ersichtlich äußerliche Handlungen von einiger Gefährlichkeit wie etwa Gewalttätigkeiten oder aggressive Ausschreitungen gegen Personen oder Sachen meint und die Anwendbarkeit des Grundrechts nicht davon abhängig macht, ob eine Behinderung Dritter gewollt ist oder nur in Kauf genommen wird. Jedenfalls besteht angesichts der weiten Fassung des Gesetzesvorbehalts in Art. 8 Abs. 2 keine Notwendigkeit, den Begriff der Friedlichkeit eng zu verstehen und damit den Geltungsbereich der Grundrechtsgewährleistung von vornherein derart einzuschränken, dass der Gesetzesvorbehalt weitgehend funktionslos wird."[84]

> **Bsp.:** 10 Mitglieder einer Umweltschutzorganisation ketten sich in den frühen Morgenstunden am Eingang des Umweltbundesamtes fest, um gegen fehlerhafte Rußpartikelfilter zu protestieren. Die dort beschäftigten Mitarbeiter können das Haus nicht betreten. Strafrechtlich könnte hier eine Nötigung (§ 240 StGB) vorliegen, da die Umweltschützer eine „physische Barriere" errichtet haben. Grundrechtlich ist aber keine „unfriedliche" Versammlung gegeben, da nicht aggressiv auf Sachen oder Personen eingewirkt wird.[85]

860 Einen *aufrührerischen Verlauf* nimmt eine Versammlung, wenn ihr Ziel in einem Umsturz liegt oder sich aktiver gewaltsamer Widerstand gegen rechtmäßig handelnde Vollstreckungsbeamte richtet.[86]

861 Sofern sich *nur einzelne Teilnehmer* der Versammlung unfriedlich verhalten, hat dies nicht zur Folge, dass die friedlichen Versammlungsteilnehmer ihr Grundrecht aus Art. 8 ohne weiteres verlieren.[87] Der grundrechtliche Schutz endet somit nicht, „wenn einzelne andere Demonstranten oder eine Minderheit Ausschreitungen begehen."[88] *Behördliche Maßnahmen* müssen sich primär *gegen die Störergruppen* richten. Gegen die Versammlung als Ganzes darf nur vorgegangen werden, wenn die besonderen Voraussetzungen des polizeilichen Notstandes vorliegen.[89] Dies gilt vor allem dann, wenn Störer „von außen" auf die Versammlung einwirken, wobei dies nicht dazu führt, dass die Inanspruchnahme von Nichtstörern gänzlich ausgeschlossen wäre.[90]

---

83 Vgl. BVerfGE 92, 1 – *Sitzblockade II;* BVerfGE 87, 399, 406 – *Versammlungsauflösung;* anders noch BVerfGE 73, 206, 257 ff. – *Sitzblockade.* Ausführlich zur Rechtsentwicklung *Gusy,* in: v. Mangoldt/Klein/Starck, GG, Art. 8 Rn. 79; siehe auch die Fallbesprechung bei *Dietlein,* Examinatorium Staatsrecht, S. 204 f.
84 Vgl. für Sitzblockaden BVerfGE 73, 206, 248 – *Sitzblockade I;* zur sog. Zweite-Reihe-Rechtsprechung des BGH (vgl. BGHSt 41, 182; 41, 231; BGH, NJW 1995, 2862), wonach ein Demonstrant, der bei einer Sitzblockade auf einer öffentlichen Straße den ersten auf Grund von psychischem Zwang anhaltenden Fahrzeugführer und sein Fahrzeug bewusst als Werkzeug zur Errichtung eines physischen Hindernisses für die nachfolgenden Fahrzeugführer benutzt, Gewalt i. S. von § 240 Abs. 1 StGB in mittelbarer Täterschaft anwenden soll, vgl. *BVerfG,* NJW 2011, 3020 – „*zweite Reihe-Rechtsprechung",* kein Verstoß gegen das Analogieverbot des Art. 103 Abs. 2, aber Notwendigkeit der Berücksichtigung von Art. 8 und der Verhältnismäßigkeitsgrundsatzes bei der Beurteilung der Zweck-Mittel-Relation.
85 Siehe BVerfGE 104, 92 – *Wackersdorf.*
86 Vgl. *Kingreen/Poscher,* Grundrechte, Rn. 817.
87 Ausführlich hierzu *Depenheuer,* in: Maunz/Dürig, GG, Art. 8 Rn. 92 ff.
88 Siehe BVerfGE 69, 315, 360 f. – *Brokdorf.*
89 Vgl. BVerfGE 69, 315, 360 f. – *Brokdorf;* aus der Literatur etwa *Höfling,* in: Sachs, GG, Art. 8 Rn. 36 f.
90 BVerfG, NVwZ-RR 2007, 641 – *versammlungsrechtliche Inanspruchnahme eines Nichtstörers.*

862 **b) Waffenlosigkeit.** Die Gebote der Friedlichkeit und der Waffenlosigkeit ergänzen einander, wobei das Waffenverbot das Erfordernis der Friedlichkeit der Versammlung konkretisiert.[91] Zu den Waffen i. S. d. Art. 8 Abs. 1 gehören Waffen im technischen Sinn (vgl. § 1 WaffG), also insbesondere Schusswaffen und ihnen gleichgestellte Gegenstände sowie Hieb- und Stoßwaffen.

> Einzelne **Bsp.**: Pistolen, Messer, Schlagringe, aber auch chemische Kampfstoffe und Molotowcocktails.[92]

863 Der Zweck, zu dem diese Waffen bei der Versammlung mitgeführt werden, ist unerheblich.[93] Darüber hinaus soll der Waffenbegriff des Art. 8 Abs. 1 auch *sonstige Gegenstände erfassen*, die ihrer Art nach zur Verletzung von Personen oder zur Beschädigung von Sachen geeignet und bestimmt sind (vgl. § 2 Abs. 3 VersG).[94]

> **Bsp.**: Steine, Eisenstangen, Eisenketten, Baseballschläger.[95] Diskussionswürdig erscheint, ob weiche Gegenstände wie Eier, Früchte, Farbbeutel als sonstige Gegenstände zu qualifizieren sind[96].

864 *Keine Waffen* sind hingegen *bloße Schutzgegenstände*, die bereits aus technischen Gründen nicht zu einem Angriff geeignet sind.[97]

> **Bsp.**: Helme, Gasmasken, Schutzbrillen, Schutzschilder.[98]

865 Der Ausdruck der „Passivbewaffnung"[99], der die bloßen Schutzgegenstände und -bekleidungen beschreibt, ist insofern irreführend als es sich gerade nicht um Gegenstände handelt, die als Waffe zu qualifizieren sind. Auch die *Teilnahme vermummter Personen* führt für sich genommen noch nicht zur Unfriedlichkeit der Versammlung, kann aber im Einzelfall ein Indiz hierfür sein.[100]

III. Eingriffe

866 Eingriffe in die Versammlungsfreiheit können die in Art. 8 Abs. 1 selbst genannten Eingriffsvarianten der *Anmelde- und Erlaubnispflichten*, aber auch etwa *Auflagen, Verbote oder Auflösungen* von Versammlungen sein.[101] Gleiches gilt für Maßnahmen, die den Charakter der Versammlung soweit verändern, dass sie einem Verbot nahe kommen.[102] Eingriffscharakter haben weiterhin Maßnahmen, die die Art und Weise ihrer Durchführung einer Versammlung beschränken.[103] In Betracht kommen aber auch *faktische Behinderungen* der vom Schutzbereich erfassten Tätigkeiten, sofern diese von vergleichbarem Gewicht sind.[104] Dies gilt insbeson-

---

91 Ähnlich *Depenheuer*, in: Maunz/Dürig, GG, Art. 8 Rn. 89.
92 Siehe die Beispiele bei *Höfling*, in: Sachs, GG, Art. 8 Rn. 38.
93 Vgl. *Jarass*, in: Jarass/Pieroth, GG, Art. 8 Rn. 9.
94 Ebenso *Kloepfer*, in: HStR VII, § 164, Rn. 59; *Depenheuer*, in: Maunz/Dürig, GG, Art. 8 Rn. 89; a. A. *Höfling*, in: Sachs, GG, Art. 8 Rn. 38.
95 Vgl. *Gusy*, in: v. Mangoldt/Klein/Starck, GG, Art. 8 Rn. 27; *Kunig*, in: v. Münch/Kunig, GG, Art. 8 Rn. 26.
96 *Depenheuer*, in Maunz/Dürig, GG, Art. 8 GG, Rn. 143.
97 So auch *Depenheuer*, in: Maunz/Dürig, GG, Art. 8 Rn. 91.
98 Siehe *Höfling*, in: Sachs, GG, Art. 8 Rn. 39.
99 *Sachs*, Verfassungsrecht II, Teil II Kap 20, Rn. 10.
100 Vgl. *Gusy*, in: v. Mangoldt/Klein/Starck, GG, Art. 8 Rn. 25.
101 Vgl. *Höfling*, in: Sachs, GG, Art. 8 Rn. 56.
102 BVerfG, NJW 2007, 2167 – *Verbot eines „Sternmarsches"* am Standort des G8-Gipfels in Heiligendamm.
103 BVerfG, NVwZ-RR 2010, 625, Rn. 15 – *polizeiliche Durchsuchung aller Versammlungsteilnehmer*; BVerfGE 69, 315, 349 – *Brokdorf*.
104 Vgl. *Jarass*, in: Jarass/Pieroth, GG, Art. 8 Rn. 13.

dere für die „Behinderung der Anfahrten und schleppende vorbeugende Kontrollen",[105] aber auch für *abschreckende Maßnahmen* wie „exzessive Observationen und Registrierungen" der Versammlungsteilnehmer.[106]

Ein Eingriff kann auch in der optischen Dokumentation eines Demonstrationszuges durch Video- und Fotoaufnahmen bestehen, unabhängig davon, ob Übersichts- oder Einzelaufnahmen angefertigt werden.[107] Dabei ist die Art der Dokumentationsaufnahme vielfältig, so dass neben dem erkennbaren Kamera-Wagen der Polizei[108] auch eingriffsintensivere verdeckte Videoaufzeichnungen, etwa gewonnen aus Drohneneinsätzen[109], in den Schutzbereich eingreifen.

IV. Verfassungsrechtliche Rechtfertigung von Einschränkungen der Versammlungsfreiheit

1. Abgrenzung von Versammlungen unter freiem Himmel und sonstigen Versammlungen

Hinsichtlich der verfassungsrechtlichen Rechtfertigung von Eingriffen ist zwischen Versammlungen unter freiem Himmel und sonstigen Versammlungen zu unterscheiden. Art. 8 Abs. 2 enthält nur für *Versammlungen unter freiem Himmel* einen einfachen Gesetzesvorbehalt, wohingegen *Versammlungen in geschlossenen Räumen* nach Art. 8 Abs. 1 vorbehaltlos gewährleistet sind.
Einen weiteren Gesetzesvorbehalt enthält Art. 17a Abs. 1 für Grundrechtseinschränkungen bei Dienstverpflichteten.

Für die *Abgrenzung* von Versammlungen unter freiem Himmel und sonstigen Versammlungen ist nicht entscheidend, ob die Versammlung an einem überdachten Ort stattfindet; vielmehr kommt es entscheidend darauf an, *ob die Versammlung zur Seite hin begrenzt und nur durch Eingänge zugänglich ist*.[110] Der Grund für diese Differenzierung liegt darin, das sich aus der tendenziellen Unbegrenztheit derartiger Versammlungen leichter Gefahren für die Rechtsgüter Dritter oder der Allgemeinheit ergeben können.[111]

Bsp. 1: In einem nicht überdachten Stadion findet ein Protest gegen die Erhöhung der Vereinssteuer statt. Zwar befinden sich die Teilnehmer auf der Rasenfläche (und sehen den „freien Himmel"), der Zugang zu dieser ist aber durch die Stadionmauern begrenzt und nur durch die Eingänge möglich, die Versammlung findet damit nicht unter freiem Himmel i. S. d. Art. 8 Abs. 2 statt.[112]

Bsp. 2: Eine Versammlung auf dem überdachten Wartesteig eines Busbahnhofs findet dagegen „unter freiem Himmel" statt, da keine seitlichen Zugangsbeschränkungen existieren.

---

105 BVerfGE 69, 315, 349 – *Brokdorf*.
106 Vgl. BVerfGE 122, 342, 369 – *Bay Versammlungsgesetz* „…kann Einschüchterungswirkungen haben, die zugleich auf die Grundlage der demokratischen Auseinandersetzung zurückwirken"; zur Eingriffsqualität einer ausgeschalteten Kamera auf dem Dach eines Polizeifahrzeugs OVG Lüneburg, NVwZ-RR 2016, 98, Rn. 7 ff.
107 BVerfGE 122, 342, 368 – *Bay Versammlungsgesetz*; OVG Bremen, NVwZ 1990, 1188.
108 BVerfG, NVwZ 2007, 688 – *Videoüberwachung öffentlicher Plätze*; VG Berlin, NVwZ 2010, 1442.
109 *Zöller/Ihwas*, NVwZ 2014, 408, 409 f.; *Roggan*, NVwZ 2011, 590 ff.
110 Vgl. *Jarass*, in: Jarass/Pieroth, GG, Art. 8 Rn. 17; *Höfling*, in: Sachs, GG, Art. 8 Rn. 61; *Manssen*, Grundrechte, Rn. 509.
111 Dazu *Lang*, Allgemeines Polizei- und Ordnungsrecht, in: Schütz/Classen, Landesrecht M-V, 3. Aufl. 2014, § 3 Rn. 218.
112 Siehe *Höfling*, in: Sachs, GG, Art. 8 Rn. 61.

869 Die Differenzierung zwischen Versammlungen unter freiem Himmel und Versammlungen in geschlossenen Räumen (Art. 8 Abs. 2 und 1) ist von der Abgrenzung zwischen *öffentlichen und nichtöffentlichen Versammlungen* zu unterscheiden, welche für die Frage der Anwendbarkeit des VersG[113] von Bedeutung ist. Sie hängt davon ab, ob die Versammlung für jedermann zugänglich oder der Zutritt auf einen bestimmten Personenkreis beschränkt ist.[114] Kann sich jeder an ihr beteiligen und ist der Personenkreis vorher nicht bestimmt oder bestimmbar, so ist sie öffentlich.

2. Schranke bei Versammlungen unter freiem Himmel

870 Versammlungen unter freiem Himmel unterliegen einem *einfachen Gesetzesvorbehalt*. Sie können durch oder aufgrund eines Gesetzes beschränkt werden. Da Art. 8 Abs. 2 explizit von der Möglichkeit der Beschränkung spricht, findet auch nach der insoweit eher restriktiven Rechtsprechung des BVerfG das Zitiergebot des Art. 19 Abs. 1 S. 1 Anwendung.[115]

871 Von Bedeutung ist insofern vor allem das *Versammlungsgesetz* des Bundes (§§ 14–19 VersG) sowie etwaige landesgesetzliche Versammlungsgesetze. Im Rahmen der Föderalismusreform 2006 ging die Gesetzgebungskompetenz vom Bund auf die Länder über. Einige Bundesländer haben bereits eigene Versammlungsgesetze verabschiedet.[116] In den anderen Bundesländern gilt zunächst das Versammlungsgesetz des Bundes gem. Art. 125 a Abs. 1 S. 1 GG fort.

872 Das *Versammlungsgesetz (VersG)*, das ausschließlich auf öffentliche Versammlungen und Aufzüge Anwendung findet, gestaltet die Versammlungsfreiheit aus und schränkt sie gleichzeitig ein.[117] Es handelt sich um besonderes Polizeirecht (Gefahrenabwehrrecht), das als *Spezialgesetz* dem allgemeinen Polizei- und Ordnungsrecht grundsätzlich vorgeht.[118] Man spricht insofern von der „Polizeifestigkeit des Versammlungsrechts".[119] Auch gegenüber dem Straßenverkehrsrecht ist das VersG vorrangig.[120]
Einschränkungen können sich ferner aus dem Straßenverkehrsrecht und Spezialvorschriften, wie dem Gesetz über befriedete Bezirke für Verfassungsorgane des

---

113 Zum VersG sogleich Rn. 789 ff.; vertiefend zur Anwendbarkeit des Allgemeinen Polizei- und Ordnungsrechts, *Lang*, Allgemeines Polizei- und Ordnungsrecht, in: Schütz/Classen, Landesrecht M-V, 3. Aufl. 2014, § 3 Rn. 226 ff.
114 Vgl. BVerwG, NVwZ 1999, 991, 992; *Kingreen/Poscher*, Grundrechte, Rn. 823 m. w. N.; *Stein/Frank*, Staatsrecht, § 39 III 1; *Gusy*, in: v. Mangoldt/Klein/Starck, GG, Art. 8 Rn. 60.
115 Vgl. BVerfGE 128, 226, 257 – *Fraport*; BVerfGE 113, 348, 366 – *Europäischer Haftbefehl*; *Sachs*, Verfassungsrecht II, Teil II, Kap 20 Rn. 29.
116 Bayern: Bay Versammlungsgesetz v. 22.7.2008 (GVBl. S. 421) idF von § 1 des Gesetzes v. 22.4.2010 (GVBl. S. 190); vgl hierzu BVerfG, B. v. 17.2.2009 – 1 BvR 2492/08, BVerfGE 122, 342; Niedersachsen: Nds. Versammlungsgesetz (Art. 1 des Gesetzes v. 7.10.2010), NdsGVBl. S. 465; Sachsen: Gesetz über Versammlungen und Aufzüge im Freistaat Sachsen v. 20.1.2010 (GVBl. S. 2); Sachsen-Anhalt: Gesetz des Landes Sachsen-Anhalt über Versammlungen und Aufzüge (Landesversammlungsgesetz – VersammlG LSA) v. 3.12.2009 (GVBl. S. 558). Schleswig-Holstein: Versammlungsfreiheitsgesetz für das Land Schleswig-Holstein (VersFG SH) v. 18.6.2015 (GVOBl. 2015, 135).
117 Zur Funktion des VersG *Gusy*, in: v. Mangoldt/Klein/Starck, GG, Art. 8 Rn. 58.
118 Vgl. *Höfling*, in: Sachs, GG, Art. 8 Rn. 62.
119 *Manssen*, Grundrechte, Rn. 510, wobei diesbezüglich *Hufen*, Staatsrecht II, § 30 Rn. 22 richtigerweise festgestellt hat, dass es sich mehr um eine „Polizei*gesetz*festigkeit" handelt. Zu den Ausnahmen vom Grundsatz der Polizeifestigkeit etwa *Lang*, Allgemeines Polizei- und Ordnungsrecht, in: Schütz/Classen, Landesrecht M-V, 3. Aufl. 2014, § 3 Rn. 233 ff.
120 Ausführlich zur Frage der Versammlung auf öffentlichen Straßen *Stern*, in: ders., Staatsrecht IV/1, S. 1226 ff.

Bundes,[121] ergeben.[122] Vor und nach einer Versammlung kann auch das allgemeine Polizei- und Ordnungsrecht anwendbar sein.

Für öffentliche Versammlungen unter freiem Himmel sieht § 14 VersG eine *Anmeldepflicht* vor, wonach diese spätestens 48 Stunden vor ihrer Bekanntgabe der zuständigen Behörde *anzuzeigen* sind. Eine Genehmigungspflicht besteht dagegen nicht. Sinn und Zweck der Anmeldepflicht ist die rechtzeitige Information der Ordnungsbehörden über bevorstehende Versammlungen, damit ausreichende Maßnahmen zum Schutz der öffentlichen Sicherheit und Ordnung, aber auch für die Verkehrssicherheit getroffen werden können.[123] Die Rechtsprechung hält § 14 VersG bei verfassungskonformer Auslegung grundsätzlich für verfassungsmäßig.[124] **873**

Ausnahmen von der Anmeldepflicht sieht die Rechtsprechung für sog. Spontan- und Eilversammlungen vor.[125] Sie werden konstruktiv über eine sog. verfassungskonforme Auslegung (etwa der §§ 14, 15 VersG) bewirkt.[126] *Spontandemonstrationen* sind Versammlungen, „die sich aus aktuellem Anlass augenblicklich bilden."[127] Dagegen ist eine *Eilversammlung* zwar geplant und hat einen Veranstalter, sie kann jedoch ohne Gefährdung des Demonstrationszwecks nicht unter Einhaltung der 48-Stunden-Frist angemeldet werden.[128] **874**

Das BVerfG legt § 14 VersG mit Blick auf Art. 8 verfassungskonform dahin aus, dass die Anmeldepflicht bei Spontandemonstrationen nicht eingreift[129] und Eilversammlungen anzumelden sind, sobald die Möglichkeit dazu besteht.[130]

> **Bsp. 1:** A, B und C unterhalten sich an der Bushaltestelle über die Fahrpreise, die gerade (wieder) erhöht wurden. Spontan beginnen sie mit Sprechchören und versuchen, andere wartende Fahrgäste zum Mitmachen zu animieren, was auch gelingt. Hierbei handelt es sich um eine Spontanversammlung, eine Anmeldung ist nicht erforderlich.
>
> **Bsp. 2:** Die Regierung der USA hat angekündigt, in naher Zukunft in den Staat Y einzumarschieren. A ist Vorsitzender des lokalen „Bündnisses für Frieden" in F. Er organisiert eine Kundgebung für den „Tag X", den Tag des Kriegsbeginns, indem er Referenten anfragt, die bereit sind, „auf Abruf" an der Veranstaltung teilzunehmen und Plakate aufhängen lässt, auf denen zur Kundgebung am „Tag X", 16 Uhr, B-Platz eingeladen wird. Am Tag der ersten Bombardements findet die Veranstaltung dann um 16 Uhr statt.
>
> Hier handelt es sich um eine Eilversammlung: A ist Veranstalter, kann aber mangels Kenntnis des genauen Datums die Veranstaltung nicht rechtzeitig anmelden. Er muss dann so schnell wie möglich die Anmeldung vornehmen, hier also sobald klar ist, dass der Krieg begonnen hat.

§ 15 VersG sieht vor, dass eine Versammlung unter freiem Himmel *verboten oder von bestimmten Auflagen abhängig gemacht* werden kann, sofern die öffentliche Si- **875**

---

121 BefBezG vom 8.12.2008 (BGBl. I S. 2366 – ehemals Bannmeilengesetz).
122 Vgl. näher *Hoffmann-Riem*, in: HGR, § 106 Rn. 114 ff.
123 Zu diesem Gedanken bereits BVerwGE 26, 135, 137.
124 Siehe im Einzelnen BVerfGE 69, 315, 350 – *Brokdorf*.
125 Siehe zu Spontan- und Eilversammlungen die Fallbesprechung bei *Dietlein*, Examinatorium Staatsrecht, S. 206 ff.
126 Dazu *Lang*, Allgemeines Polizei- und Ordnungsrecht, in: Schütz/Classen, Landesrecht M-V, § 3 Rn. 223.
127 Vgl. BVerfGE 69, 315 – *Brokdorf*.
128 Vgl. BVerfGE 85, 69 – *Eilversammlung*.
129 Vgl. BVerfGE 69, 315, 350 ff. – *Brokdorf*.
130 Vgl. BVerfGE 85, 69, 75 f. – *Eilversammlung*.

cherheit oder Ordnung bei Durchführung der Versammlung unmittelbar gefährdet ist. Außerdem kann die Versammlung unter bestimmten Voraussetzungen aufgelöst werden. Dabei muss jedoch sichergestellt sein,

> „[…] dass Verbote und Auflösungen nur zum Schutz wichtiger Gemeinschaftsgüter unter Wahrung des Grundsatzes der Verhältnismäßigkeit und nur bei einer unmittelbaren, aus erkennbaren Umständen herleitbaren Gefährdung dieser Rechtsgüter erfolgen."[131]

876 Auch sog. *Minusmaßnahmen*, wie etwa das polizeiliche Einschreiten gegen einzelne Störer, können auf § 15 VersG gestützt werden.[132]

> Bsp.: Beschlagnahme eines Spruchbandes.[133]

3. Schranke bei Versammlungen in geschlossenen Räumen

877 Sonstige Versammlungen sind *vorbehaltlos gewährleistet*. Dies gilt insbesondere für öffentliche *Versammlungen in geschlossenen Räumen*. Beschränkungen sind nach allgemeinen Grundsätzen nur aufgrund eines Gesetzes möglich, das Grundrechte Dritter oder andere Rechtsgüter von Verfassungsrang konkretisiert (vgl. etwa §§ 5–13 VersG). Als ein derartiges Rechtsgut kommt wegen der verfassungsrechtlichen Verankerung in Art. 140 i. V. m. Art. 139 WRV auch der Schutz sog. „stiller Feiertage" (etwa des Karfreitags) in Betracht.[134]

Stets sind eine *Güterabwägung* und ein *Ausgleich im Wege der praktischen Konkordanz* erforderlich.[135]

4. Schranken-Schranke

878 Im Rahmen der verfassungsrechtlichen Rechtfertigung von Eingriffen in die Versammlungsfreiheit kommt vor allem dem *Grundsatz der Verhältnismäßigkeit* erhebliche Bedeutung zu.[136]

Zur Kooperation der Veranstalter von Großdemonstrationen mit den zuständigen Behörden führt das BVerfG aus:

> „Je mehr die Veranstalter anlässlich der Anmeldung einer Großdemonstration zu einseitigen vertrauensbildenden Maßnahmen oder sogar zu einer demonstrationsfreundlichen Kooperation bereit sind, desto höher rückt die Schwelle für behördliches Eingreifen wegen Gefährdung der öffentlichen Sicherheit und Ordnung."[137]

879 Die bloße Befürchtung, es könne im Rahmen einer *Gegendemonstration* zu gewalttätigen Auseinandersetzungen kommen, rechtfertigt es nicht, die Ausgangsversammlung zu verbieten. Geraten unterschiedliche Grundrechtsträger des Art. 8 Abs. 1 in Konflikt – etwa weil sich zu einer Demonstration eines Gegendemonstration gebildet hat

---

131 BVerfGE 69, 315, 354 – *Brokdorf*; das ist der zweite Aspekt der sog. doppelt verfassungskonformen Auslegung von §§ 14, 15 VersG; zum Einschreiten gegen eine friedliche Versammlung bei sog. unechtem polizeilichen Notstand etwa VGH Mannheim, B. v. 21.12.2015, Az 1 S 1125/15, Rn. 14.
132 So auch *Höfling*, in: Sachs, GG, Art. 8 Rn. 62.
133 Zum Spruchbandfall BVerwGE 55, 55, 57; s.a. VGH Kassel, NVwZ-RR 2011, 519, 521; Verbot, Waffenattrappen öffentlich zu führen unzulässig; zum Fragenkreis Minusmaßnahmen etwa *Lang*, Allgemeines Polizei- und Ordnungsrecht, in: Schütz/Classen, Landesrecht, M-V, § 3 Rn. 235 f.
134 Dazu BVerfG, B. v. 27.10.2016, Az 1 BvR 458/10, Rn. 56 – *stille Feiertage*; allerdings bedarf es insoweit unter Verhältnismäßigkeitsgesichtspunkten der Ausnahmeregelung, vgl. BVerfG a. a. O., Rn. 74.
135 Näher hierzu *Katz*, Staatsrecht, Rn. 766; zur Wechselwirkungslehre im Rahmen des Art. 8 auch *Stein/Frank*, Staatsrecht, § 39 III 1.
136 Vgl. zu den Anforderungen im Einzelnen *Gusy*, in: v. Mangoldt/Klein/Starck, GG, Art. 8 Rn. 56; zur Wahrung des Verhältnismäßigkeitsgrundsatzes durch Ausnahmeregelungen vgl. BVerfG, B. v. 27.10.2016, Az 1 BvR 458/10, Rn. 74 – *„stille Feiertage"*.
137 BVerfGE 69, 315, 357 – *Brokdorf*.

– genießen an sich beide Versammlungen des Schutz des Art. 8 Abs. 1.[138] In polizeirechtlichen Konfliktkonstellationen gilt als Faustformel ein Vorrang der zuerst angemeldeten Demonstration[139]; vorrangig sind damit Auflagen, das Verbot oder die Auflösung der Gegendemonstration.[140] Im Rahmen der Möglichkeiten ist der Staat unter Umständen verpflichtet eine Versammlung polizeilich zu schützen.[141] Gegen eine friedliche Versammlung kann nur unter den besonderen Voraussetzungen des polizeilichen Notstandes eingeschritten werden[142], in extremen Ausnahmefällen kann dafür auch ein sog. unechter Notstand ausreichen. Damit werden Fallkonstellationen umschrieben, in denen polizeiliche Maßnahmen gegen die eigentlichen Störer einen Schaden herbeiführen würden, der in einem offenkundigen Missverhältnis zum angestrebten Erfolg stünde.[143] Insgesamt sind alle staatlichen Behörden angehalten, Versammlungen zu ermöglichen. *Hufen* spricht diesbezüglich von einem „Grundsatz der Versammlungsfreundlichkeit".[144]

§ 18 Die Vereinigungs- und Koalitionsfreiheit gemäß Art. 9

Literatur:
Coester, M., Verfassungsrechtliche Gewährleistung der Aussperrung, Jura 1992, 84; *Engels, A.*, Verfassung und Arbeitskampfrecht, 2008; *Gaul, B.*, Neue Felder des Arbeitskampfs: Streikmaßnahmen zur Erzwingung eines Tarifsozialplans, RdA 2008, 13; *Glauben, P.*, Verfassungsrechtliche Garantien und Schranken des Streikrechts, DRiZ 2008, 1; *Günther, T./Franz, E.*, Grundfälle zu Art. 9 GG, JuS 2006, 788; *Hatje, A./Terhechte, J. P.*, Das Bundesverfassungsgericht und die Pflichtmitgliedschaft, NJW 2002, 1849; *Heselhaus, S.*, Grundrechtlicher Schutz der Mitgliederwerbung durch die Koalitionen, JA 1996, 838; *Höfling, W./Burkiczak, C.*, Die unmittelbare Drittwirkung gemäß Art. 9 Abs. 3 S. 2 GG, RdA 2004, 263; *Höfling, W./Rixen, S.*, Tariftreue oder Verfassungstreue?, RdA 2007, 360; *Huhnekuhl, P./Dohna-Jaeger, V.*, Ausweitung des Arbeitnehmer-Entsendegesetzes auf die Zeitarbeitsbranche – Im Einklang mit der Verfassung?, NZA 2007, 954; *Jahn, R.*, Wirtschaftskammer statt Staat: Zur Verfassungsmäßigkeit der IHK-Pflichtmitgliedschaft, JuS 2002, 434; *Jarass, H. D.*, Tarifverträge und Verfassungsrecht, NZA 1990, 505; *Kluth, W.*, IHK-Pflichtmitgliedschaft weiterhin mit dem Grundgesetz vereinbar, NVwZ 2002, 298; *Kunig, P.*, Vereinsverbot, Parteiverbot, Jura 1995, 384; *Kocher, E.*, Mindestlöhne und Tarifautonomie – Festlegung allgemeiner Mindestentgelte durch Verbindlicherklärung nach AEntG?, NZA 2007, 600; *Lerche, P.*, Koalitionsfreiheit und Richterrecht, NJW 1987, 2465; *v. Maydell, B.*, Arbeitskampf oder politischer Streik, JZ 1980, 431; *Merten, D.*, Vereinsfreiheit, in: Isensee, J./Kirchhof, P. (Hrsg.), Handbuch des Staatsrechts der Bundesrepublik Deutschland, Band VI, 2. Auflage 2000, § 144; *Michael, L.*, Verbot eines ausländischen Vereins, JZ 2007, 146; *Murswiek, D.*, Grundfälle zur Vereinigungsfreiheit – Art. 9 I, II GG, JuS 1992, 116; *Otto, H.*, Zur Neutralität der Bundesanstalt für Arbeit bei Arbeitskämpfen, Jura 1997, 18; *Pieroth, B.*, Koalitionsfreiheit, Tarifautonomie und Mitbestimmung, in: FS 50 Jahre BVerfG, Bd. 2, 293; *Planker, M.*, Das Vereinsverbot – einsatzbereites Instrument gegen verfassungsfeindliche Glau-

---

138 BVerfG, NVwZ 2011, 422 – *Versammlungscharakter einer als Gegendemonstration veranstalteten Zusammenkunft*; BVerfG, NVwZ 2006, 1049 – *Grenzen des polizeilichen Schutzes friedlicher Versammlungen*.
139 *Hufen*, Staatsrecht II, § 30 Rn. 27.
140 Siehe *Kunig*, in: v. Münch/Kunig, GG, Art. 8 Rn. 28 „Gegendemonstration" m. w. N.
141 BVerfGE 69, 315, 355 – *Brokdorf*; BVerfG NVwZ 1998, 834, 836 – *Vorläufiger Rechtsschutz gegen Versammlungsauflagen*; BVerfG, NVwZ 2006, 1049 – *Grenzen des polizeilichen Schutzes friedlicher Versammlungen*.
142 BVerfG, NVwZ 2013, 570, Rn. 17 – *versammlungsrechtliche Auflage*; NVwZ-RR 2010, 625, Rn. 27 – *polizeiliche Durchsuchung aller Versammlungsteilnehmer*.
143 Zum sog. unechten polizeilichen Notstand im Versammlungsrecht etwa VGH Mannheim, B. v. 21.12.2015, Az 1 S 1125/15, Rn. 14; BVerwG, B. v. 5.2.2009, Az 6 B 4.09, Rn. 5; s. a. BVerfG (K), NVwZ 1992, 54, 55 – *Heß-Gedenkkundgebung*.
144 *Hufen*, Staatsrecht II, § 30 Rn. 30.

bensgemeinschaften?, DÖV 1997, 101; *ders.,* Das Vereinsverbot in der verwaltungsgerichtlichen Rechtsprechung, NVwZ 1998, 113; *Richardi, R.,* Arbeitsgesetzgebung und Systemgerechtigkeit, NZA 2008, 1; *Sansone, P., Ulber, D.,* Neue Bewegung in der Mindestlohndebatte, ArbuR 2008, 125; *Scholz, R.,* Koalitionsfreiheit, in: Isensee, J./Kirchhof, P. (Hrsg.), Handbuch des Staatsrechts der Bundesrepublik Deutschland, Band VI, 2. Auflage 2000, § 151; *Seiter, H.,* Die Rechtsprechung des Bundesverfassungsgerichts zu Art. 9 Abs. 3 GG, AöR 109 (1984), 88; *Winkler, M.,* Befugnis des Gesetzgebers zur Ausgestaltung der Koalitionsfreiheit, JA 1995, 839.

Rechtsprechung:
BVerfGE 6, 32 – *Elfes;* BVerfGE 7, 198 – *Lüth;* BVerfGE 10, 89 – *Erftverband;* BVerfGE 13, 174 – *Vereinsverbot;* BVerfGE 18, 18 – *Hausgehilfinnenverband/Koalitionsbegriff I;* BVerfGE 19, 303 – *koalitionsgemäße Betätigung;* BVerfGE 20, 312 – *Tariffähigkeit der Innungen;* BVerfGE 28, 295 – *Mitgliederwerbung I;* BVerfGE 30, 227 – *Vereinsname;* BVerfGE 38, 281 – *Arbeitnehmerkammern;* BVerfGE 39, 302 – *AOK;* BVerfGE 44, 249 – *Alimentationsprinzip;* BVerfGE 44, 322 – *Allgemeinverbindlichkeitserklärung von Tarifverträgen I;* BVerfGE 50, 290 – *Mitbestimmung;* BVerfGE 51, 77 – *Personalrat;* BVerfGE 51, 231 – *freie Mitarbeiter;* BVerfGE 54, 237 – *Sozietätsverbot für Anwaltsnotare;* BVerfGE 55, 7 – *Allgemeinverbindlichkeitserklärung von Tarifverträgen II;* BVerfGE 57, 220 – *Bethel;* BVerfGE 58, 233 – *Koalitionsbegriff II;* BVerfGE 67, 26 – *Krankenkassenleistungen für Schwangerschaftsabbrüche;* BVerfGE 70, 1 – *Orthopädietechniker-Innung;* BVerfGE 73, 261 – *Sozialplan;* BVerfGE 77, 1 – *Neue Heimat;* BVerfGE 78, 320 – *Abwehr der Krankenkassenfinanzierung von Abtreibungen;* BVerfGE 80, 244 – *vollziehbares Vereinsverbot;* BVerfGE 80, 299 – *Vereinsverbot;* BVerfGE 84, 212 – *Aussperrung;* BVerfGE 84, 372 – *Lohnsteuerhilfeverein;* BVerfGE 85, 360 – *Akademieauflösung;* BVerfGE 88, 103 – *Streikarbeit durch Beamte;* BVerfGE 92, 26 – *Zweitregister;* BVerfGE 92, 365 – *§ 116 AFG;* BVerfGE 93, 352 – *Mitgliederwerbung II;* BVerfGE 94, 268 – *wissenschaftliches Personal;* BVerfGE 98, 49 – *Sozietätsverbote;* BVerfGE 100, 214 – *Gewerkschaftsausschluss;* BVerfGE 100, 271 – *Tarifautonomie;* BVerfGE 116, 202 – *Tariftreueregelung;*BVerfGE 124, 25 – *Basistarif;* BVerfGE 81, 242, 254 – *Wettbewerbsverbot;* BVerfGE 148, 296 – *Streikverbot für Beamte verfassungsgemäß;* BVerfG, NJW 1995, 514 – *2. Privatisierung der Hamburger Feuerkasse;* BVerfG, NJW 1999, 2657 – *Ausschluss von Gewerkschaftsmitgliedern;* BVerfG, NJW 2000, 1251 – *Prozessführungsbefugnis einer Aktionärsvereinigung – Fall Girmes;* BVerfG-K, NVwZ 2007, 808 – *Zwangsmitgliedschaft, Jagdgenossenschaft;* BVerwGE 37, 344 – *Verbot verfassungsfeindlicher Vereinigung;* BVerwGE 58, 26 – *Taxizentrale;* BVerwGE 59, 231 – *freie Mitarbeiter;* BVerwGE 61, 218 – *Wehrsportgruppe Hoffmann;* BVerwGE 64, 115 – *Steuerberaterkammern;* BVerwGE 80, 299 – *Vereinsverbot;* BVerwG, NVwZ 2003, 986 – *Verbot einer Religionsgemeinschaft – „Kalifatsstaat";* BAGE 21, 201; BAGE 54, 353; BGH, WM 1977, 1166; BGH, DB 1981, 1403; BGHZ 129, 186 – *§ 54 GenossenschaftsG;* BGHZ 130, 243 – *Zwangsmitgliedschaft;* BGHZ 140, 74 – *Monopolstellung;* ArbG Ahrensburg, NJW 1996, 2516; VG Berlin, NVwZ 2008, 804 – *Post-MindestlohnVO;* BVerfG, NJW 1995, 3377 – *Verletzung von Koalitions- und Meinungsfreiheit;* BVerfG, Beschl. v. 24.9.2014 – 1BvR 3017/11 – *Rauchverbot;* BVerfG, U. v. 11.7.2017, Az 1 BvR 1571/15 u. a. – *Tarifeinheitsgesetz.*

I. Überblick und Normstruktur

880 Von Art. 9 wird in Abs. 1 die *Vereinigungsfreiheit* und in Abs. 3 die in § 23 behandelte *Koalitionsfreiheit* geschützt. Gleichsam dazwischen liegen die *Verbotstatbestände* des Art. 9 Abs. 2. Diese Vorschrift enthält dabei qualifizierte Anforderungen, bei deren Vorliegen eine Vereinigung verboten werden kann. Jenseits dessen ist die Vereinigungsfreiheit vorbehaltlos gewährt.

Die Vereinigungsfreiheit des Art. 9 Abs. 1 stellt ein klassisches subjektiv-öffentliches *Abwehrrecht* dar.[1] Des Weiteren bildet die *Gewährleistung freier sozialer Gruppenbildung* ein „konstituierendes Prinzip der demokratischen und rechtsstaatlichen Ordnung des Grundgesetzes".[2] Denn das Grundgesetz versteht den Einzelnen als

---

[1] Ausführlich zur geschichtlichen Entwicklung der Vereinigungsfreiheit *Sachs*, in: Stern, Staatsrecht IV/1, S. 1276 ff.

[2] BVerfGE 50, 290, 353 – *Mitbestimmung;* BVerfGE 80, 244, 252 f. – *vollziehbares Vereinsverbot.*

„gemeinschaftsbezogene und gemeinschaftsgebundene Person, die zu ihrer Entfaltung auf vielfältige zwischenmenschliche Bezüge angewiesen ist, welche sich zu einem wesentlichen Teil durch Vereinigungen herstellen."[3]

881 Die Freiheit zur Bildung von Vereinigungen ist daher unabdingbare Voraussetzung für die Persönlichkeitsbildung und Persönlichkeitsentfaltung.[4]
Die Koalitionsfreiheit nach Art. 9 Abs. 3 ist *lex specialis zur Vereinigungsfreiheit*. Sie gewährleistet das Recht, zur Wahrung und Förderung der Arbeits- und Wirtschaftsbedingungen Vereinigungen zu bilden. Art. 9 Abs. 3 garantiert

„den frei gebildeten Koalitionen das Recht, die materiellen Arbeitsbedingungen in einem von staatlicher Rechtsetzung freien Raum in eigener Verantwortung durch unabdingbare Gesamtvereinbarungen sinnvoll zu ordnen."[5]

882 Die Koalitionsfreiheit des Art. 9 Abs. 3 enthält neben einem *subjektiven Abwehrrecht* zugleich eine *objektive Wertentscheidung*, insbesondere für den Kernbestand des Tarifvertragssystems.[6]

883 Um die Bedeutung der Koalitionsfreiheit richtig einordnen zu können, muss man sich mit ihrer Entstehungsgeschichte beschäftigen, die ins 19. Jahrhundert zurückreicht. Entstanden sind Koalitionen, um die Ausbeutung der Arbeitnehmer zu verhindern. Im Laufe der Zeit war die wirtschaftliche Situation in Deutschland größeren Veränderungen unterworfen, an die sich die Koalitionsfreiheit „anpassen" musste und muss. Dies betrifft insbesondere die Folgen der Globalisierung.[7] Eine aktuelle und kontrovers diskutierte Maßnahme zur Milderung von Arbeitskämpfen ist das *Tarifeinheitsgesetz* vom 10. Juli 2015 (BGBl. I S. 1130), nach dem sich bei Tarifkollisionen in einem Betrieb jeweils nur der Tarifvertrag der Mehrheitsgewerkschaft durchsetzt.[8] Aufgrund des als Artikelgesetz konzipierten Tarifeinheitsgesetzes wurde in das Tarifvertragsgesetz (TVG) eine Vorschrift zur Bewältigung von Konflikten eingeführt, die im Zusammenhang mehrerer Tarifverträge in einem Betrieb entstehen können. Dazu ordnet § 4a Abs. 2 S. 2 TVG jetzt an, dass im Falle der Kollision der Tarifverträge der Tarifvertrag derjenigen Gewerkschaft verdrängt wird, die weniger Mitglieder hat. Das BVerfG hat die Regelung mit Urteil vom 11. Juli 2017 als weitgehend mit der *Koalitionsfreiheit vereinbar* angesehen.[9]

884 Grundsätzlich binden die Grundrechte Gesetzgebung, vollziehende Gewalt und Rechtsprechung als unmittelbar geltendes Recht (Art. 1 Abs. 3), *im Privatrechtsverkehr* sind sie hingegen *nicht unmittelbar anwendbar*. Die grundrechtlichen Wertungen sind jedoch bei der Auslegung von Generalklauseln (§§ 242, 826 BGB) und unbestimmten Rechtsbegriffen (§§ 138, 315 BGB) zu berücksichtigen.[10]

---

3 BVerfGE 50, 290, 353 f. – *Mitbestimmung*.
4 *Höfling*, in: Sachs, GG, Art. 9 Rn. 3. Näher zur Bedeutung des Art. 9 *Katz*, Staatsrecht, Rn. 767.
5 Vgl. BVerfGE 44, 322, 340 f. – *Allgemeinverbindlichkeitserklärung von Tarifverträgen I*.
6 Vgl. *Jarass*, in: Jarass/Pieroth, GG, Art. 9 Rn. 30; *Scholz*, in: Maunz/Dürig, GG, Art. 9 Rn. 164; vgl. auch BVerfGE 44, 322, 340 – *Allgemeinverbindlichkeitserklärung von Tarifverträgen I*.
7 Ausführlich zur Entwicklung und zur aktuellen Bedeutung *Hufen*, Staatsrecht II, § 37 Rn. 2 ff.
8 § 4a Abs. 2 TVG; siehe zu den Hintergründen *Hufen*, Staatsrecht II, § 37 Rn. 27.
9 BVerfG, U. v. 11.7.2017, Az 1 BvR 1571/15 u. a. – *Tarifeinheitsgesetz*, beachte aber auch das dazu verfasste Sondervotum, a. a. O.
10 Vgl. hierzu *Kingreen/Poscher*, Grundrechte, Rn. 8a ff.; aus der Rechtsprechung BVerfGE 7, 198, 205 f. – *Lüth*; BVerfGE 73, 261, 269 f. – *Sozialplan*; BVerfGE 81, 242, 254 – *Wettbewerbsverbot*; ausführlich zur mittelbaren Drittwirkung der Grundrechte bereits oben Rn. 163 ff.

885 Art. 9 Abs. 3 S. 2 stellt die einzige *unmittelbare grundrechtliche*[11] Drittwirkungsklausel im Grundgesetz dar.[12] Danach sind Abreden, die die Koalitionsfreiheit einschränken oder behindern, nichtig; hierauf gerichtete Maßnahmen sind rechtswidrig. Erfasst sind *alle privat- und arbeitsrechtlichen Vereinbarungen*, einschließlich der Tarifverträge.[13] Gegen rechtswidrige Eingriffe kann sich die Koalition mit einer *Unterlassungsklage* wehren.[14] Anspruchsgrundlage ist § 1004 Abs. 1 S. 2 BGB, zu dessen geschützten Lebensgütern und Interessen auch das Recht einer Koalition auf gewerkschaftliche Betätigung gehört.[15]

> **Klausurhinweis**: Ausnahmsweise kann eine Prüfung der Koalitionsfreiheit nach Schutzbereich, Eingriff und Rechtfertigung also auch in zivilrechtlicher Einkleidung vorkommen. Die folgenden Ausführungen gelten auch für diesen (seltenen) Fall.

II. Die Vereinigungsfreiheit gemäß Art. 9 Abs. 1

1. Der Schutzbereich

886 **a) Persönlicher Schutzbereich.** Die Vereinigungsfreiheit steht nach dem Wortlaut des Art. 9 Abs. 1 nur Deutschen i. S. d. Art. 116 Abs. 1 zu. Für Ausländer gilt Art. 9 Abs. 1 dagegen nicht. Sie können sich allerdings auf das subsidiäre Auffanggrundrecht des Art. 2 Abs. 1 berufen.[16] Einfachgesetzliche Sondervorschriften für Ausländervereine sind in §§ 14 ff. VereinsG enthalten.
Unionsbürger fallen zwar nicht in den persönlichen Schutzbereich des Art. 9 Abs. 1, sind jedoch *durch den Vertrag über die Arbeitsweise der Europäischen Union (AEUV) geschützt*.[17] Ihnen kommt insbesondere das europarechtliche Diskriminierungsverbot des Art. 18 AEUV zugute.[18] Darüber hinaus sind Art. 49 Abs. 2, 54 AEUV anwendbar.[19] Es besteht Einigkeit, dass Unionsbürgern im Bereich der Vereinigungsfreiheit der gleiche Grundrechtsschutz wie Deutschen zusteht.[20]

887 *Auch juristische Personen und andere Vereinigungen i. S. d. Art. 9 Abs. 1* können sich auf die Vereinigungsfreiheit berufen (*kollektive Vereinigungsfreiheit*). Die h. M. greift hierfür nicht auf Art. 19 Abs. 3 zurück, sondern sieht in der Vereinigungsfreiheit ein *(individuelles und kollektives) „Doppelgrundrecht"*.[21] Art. 19 Abs. 3 wird nur herangezogen, wenn sich die Vereinigung auf ein anderes Freiheitsrecht beruft oder

---

11 Beachte außerhalb des Grundrechtskatalogs noch Art. 48 Abs. 2.
12 *Höfling*, in: Sachs, GG, Art. 9 Rn. 131; ausführlich zu Art. 9 Abs. 3 S. 2 *Stern*, in: ders., Staatsrecht IV/1, S. 2092 ff.
13 Ebenso *Kingreen/Poscher*, Grundrechte, Rn. 858.
14 Vgl. BAGE 21, 201, 207 ff.; BAGE 54, 353, 358 f.
15 BAGE 54, 353, 359.
16 Vgl. *Jarass*, in: Jarass/Pieroth, GG, Art. 9 Rn. 10 m. w. N.; a. A. *Scholz*, in: Maunz/Dürig, GG, Art. 9 Rn. 47.
17 Ebenso *Kemper*, in: v. Mangoldt/Klein/Starck, GG, Art. 9 Rn. 65 m. w. N.
18 Vgl. *Löwer*, in: v. Münch/Kunig, GG, Art. 9 Rn. 14; *Kemper*, in: v. Mangoldt/Klein/Starck, GG, Art. 9 Rn. 65.
19 So auch *Löwer*, in: v. Münch/Kunig, GG, Art. 9 Rn. 14. Auf europäischer Ebene sind zudem die Art. 11 EMRK sowie Art. 12 der EU-Grundrechtecharta zu nennen.
20 Zur dogmatischen Konstruktion der Schutzangleichung vgl. oben Rn. 115.
21 Vgl. BVerfGE 13, 174, 175 – *Vereinsverbot*; BVerfGE 80, 244, 253 – *vollziehbares Vereinsverbot*; *Sachs*, Verfassungsrecht II, II 21 Rn. 15; *Merten*, in: HStR VII, § 165 Rn. 28 ff.; a. A. *Höfling*, in: Sachs, GG, Art. 9 Rn. 27; *Ipsen*, Staatsrecht II, Rn. 582 und *Kemper*, in: v. Mangoldt/Klein/Starck, GG, Art. 9 Rn. 62 ff., die auf Art. 19 Abs. 3 GG zurückgreifen; ablehnend auch *Kingreen/Poscher*, Grundrechte, Rn. 838.

sich mit anderen natürlichen oder juristischen Personen zu einer weiteren Vereinigung zusammenschließen will.[22]
Die Ergebnisse beider Auffassungen sind regelmäßig identisch, da sowohl nach Art. 9 Abs. 1 als auch nach Art. 19 Abs. 3 nur inländische juristische Personen die Vereinigungsfreiheit beanspruchen können.[23]

Nicht geschützt von der Vereinigungsfreiheit werden dagegen staatliche, *öffentlich-rechtliche Verbände.* 888

> **Bsp.**: Der Gesetzgeber hat sich dazu entschlossen, das System der Handwerkskammern abzuschaffen. Die Handwerkskammer Konstanz hält das für verfassungswidrig.
> Eine Verletzung des Art. 9 Abs. 1 liegt nicht vor: Bei den Handwerkskammern handelt es sich um staatlich gebildete Zusammenschlüsse, die nicht vom persönlichen Schutzbereich der Vereinigungsfreiheit umfasst sind.[24] Der Gesetzgeber kann die Kammern also auch wieder auflösen.

b) Sachlicher Schutzbereich. – aa) Begriff der Vereinigung. Art. 9 Abs. 1 gewährt allen Deutschen das Recht, Vereine und Gesellschaften zu bilden. Damit sind nicht nur die Personenzusammenschlüsse i. S. d. Vereins- und Gesellschaftsrechts gemeint. Vielmehr ist der verfassungsrechtliche Vereinigungsbegriff selbstständig zu bestimmen. Die überwiegende Auffassung lehnt sich an die allgemeine Begriffsbestimmung in § 2 Abs. 1 VereinsG an. Vereinigungen i. S. d. Art. 9 Abs. 1 sind demnach 889

> „Personenvereinigungen aller Art, zu der sich eine Mehrheit natürlicher oder juristischer Personen für längere Zeit zu einem gemeinsamen Zweck freiwillig zusammengeschlossen und einer organisierten Willensbildung unterworfen hat."[25]

Ausreichend ist ein *Zusammenschluss von zwei Personen.*[26] Auf die Rechtsfähigkeit der Vereinigung kommt es nicht an.[27] Der Zusammenschluss muss aber auf längere Zeit angelegt sein, damit eine Abgrenzung der Schutzbereiche von Art. 8 und 9 möglich ist. Insoweit sind keine überspannten Anforderungen zu stellen, das Zeitmoment dient nur der Abgrenzung zum „Augenblicksverband"[28] des Art. 8 Abs. 1. 890

Unschädlich ist es, wenn der von der Vereinigung verfolgte Zweck lediglich vorübergehender Natur ist, wie dies etwa bei *Gründergesellschaften*[29] oder *Bürgerinitiativen*[30] der Fall ist. Der *gemeinsam verfolgte Zweck* kann ideeller, aber auch wirtschaftlicher Art sein, so dass die unterschiedlichsten Zusammenschlüsse von der Vereinigungsfreiheit 891

---

22 *Sachs*, Verfassungsrecht II, Teil II, Kap. 21 Rn. 14 f.
23 So auch *Kemper*, in: v. Mangoldt/Klein/Starck, GG, Art. 9 Rn. 65; *Löwer*, in: v. Münch/Kunig, GG, Art. 9 Rn. 19. Ausführlich zu dieser Problematik *Sachs*, in: Stern, Staatsrecht IV/1, S. 1329 ff.
24 Vgl. auch BVerfG, NJW 1995, 514, 515 – 2. *Privatisierung der Hamburger Feuerkasse*; BVerfGE 39, 302 – AOK.
25 Vgl. die Legaldefinition des § 2 Abs. 1 VereinsG; ebenso *Kemper*, in: v. Mangoldt/Klein/Starck, GG, Art. 9 Rn. 12; *Löwer*, in: v. Münch/Kunig, GG, Art. 9 Rn. 35; ähnlich *Höfling*, in: Sachs, GG, Art. 9 Rn. 9.
26 So auch *Jarass*, in: Jarass/Pieroth, GG, Art. 9 Rn. 3; *Kemper*, in: v. Mangoldt/Klein/Starck, GG, Art. 9 Rn. 13; *Scholz*, in: Maunz/Dürig, GG, Art. 9 Rn. 59; a. A. *Merten*, in: HStR VII, § 165 Rn. 37 und *Stein/Frank*, Staatsrecht, § 40 II 1, die davon ausgehen, dass eine Vereinigung mindestens drei Mitglieder haben muss.
27 Vgl. BVerfGE 80, 244, 253 – *vollziehbares Vereinsverbot*.
28 Begriff bei *Löwer*, in: v. Münch/Kunig, GG, Art. 9 Rn. 37.
29 *Jarass*, in: Jarass/Pieroth, GG, Art. 9 Rn. 3 m. w. N.
30 *Löwer*, in: v. Münch/Kunig, GG, Art. 9 Rn. 42.

erfasst werden.³¹ Das *Verhältnis* von *Art. 9 und Art. 21* bedarf differenzierter Betrachtung. Angesichts der Enge des *Parteienbegriffs* in Art. 21 ist unstreitig, dass sich Vereinigungen, die keine Parteien i. S. v. Art. 21 darstellen (etwa sog. *Rathausparteien* oder *Bürgerinitiativen*) ohne weiteres auf den Schutz des Art. 9 Abs. 1 berufen können. Nicht einheitlich beurteilt wird aber, ob sich der Schutz des Art. 9 Abs. 1 auch auf politische Parteien bezieht. Teilweise wird dies unter Berufung auf Art. 21 verneint, die Vorschrift stelle gegenüber der Vereinigungsfreiheit die speziellere Regelung dar. Die besseren Gründe sprechen für eine Unterschutzstellung jedenfalls der *Gründungsfreiheit von Parteien* unter Art. 9 Abs. 1. Andernfalls könnten sich Parteien nicht mit der Verfassungsbeschwerde gegenüber einer die Gründungsfreiheit beschränkenden Regelung wenden. Hintergrund ist, dass Art. 21 außerhalb des Grundrechtskatalogs steht und auch kein von Art. 93 Abs. 1 Nr. 4a erfasstes grundrechtsgleiches Recht darstellt.³²
Für Religions- und Weltanschauungsgemeinschaften gilt Art. 9 Abs. 1 jedoch nicht, da die Verfassung in Art. 140 i. V. m. Art. 137 Abs. 2 und 5 WRV spezielle Regelungen getroffen hat.³³

> **Bsp.** für Vereinigungen: *Eingetragene und nicht eingetragene Vereine, Personengesellschaften sowie Kapitalgesellschaften*, sofern sie mehrere Gesellschafter haben.³⁴ Ein-Mann-Gesellschaften sind keine Vereinigungen.³⁵ Auch Stiftungen werden nicht von der Vereinigungsfreiheit erfasst.³⁶

892 Es ist umstritten, ob sich auch *größere Wirtschaftsunternehmen und Konzerne* auf die Vereinigungsfreiheit berufen können.³⁷ Denn bei ihnen ist das personale Element, das für die Vereinigungsfreiheit charakteristisch ist, deutlich in den Hintergrund getreten. Richtiger Auffassung zufolge ist gleichwohl der Schutzbereich des Art. 9 Abs. 1 eröffnet, denn die Vereinigungsfreiheit schützt zunächst jede soziale Gruppenbildung; eine Abstufung anhand der personalen Durchdringung steht zu diesem weiten Schutz in Widerspruch.³⁸ Das BVerfG hat diese Problematik bislang ausdrücklich offen gelassen.³⁹

893 Aus dem Erfordernis der *Freiwilligkeit des Zusammenschlusses* folgt, dass *Zwangsvereinigungen* nicht durch die Vereinigungsfreiheit geschützt werden.⁴⁰ Dies gilt nicht nur für öffentlich-rechtliche Zwangsverbände (z. B. Industrie- und Handelskammern, Ärztekammern),⁴¹ sondern auch für privatrechtliche Zwangszusammenschlüsse (z. B. technische Überwachungsvereine).⁴² Die Rechtsprechung beurteilt Zwangsmitgliedschaften lediglich nach Art. 2 Abs. 1. Von dieser Problematik abzugrenzen ist die Frage der negativen Vereinigungsfreiheit.⁴³

---

31 Vgl. *Jarass*, in: Jarass/Pieroth, GG, Art. 9 Rn. 3.
32 Art. 21 ist also nicht verfassungsbeschwerdefähig.
33 Vgl. *Kemper*, in: v. Mangoldt/Klein/Starck, GG, Art. 9 Rn. 39; für die Bildung von Religionsgemeinschaften ebenso *Manssen*, Grundrechte, Rn. 543; hinsichtlich des Zusammenschlusses zu Parteien *Ipsen*, Staatsrecht II, Rn. 585 m. w. N.
34 Vgl. *Jarass*, in: Jarass/Pieroth, GG, Art. 9 Rn. 5; *Manssen*, Grundrechte, Rn. 542.
35 *Kemper*, in: v. Mangoldt/Klein/Starck, GG, Art. 9 Rn. 13.
36 *Höfling*, in: Sachs, GG, Art. 9 Rn. 11.
37 Ausführlich zum Streitstand *Kemper*, in: v. Mangoldt/Klein/Starck, GG, Art. 9 Rn. 19 ff.
38 Ebenso *Linsenmaier*, in: ErfK, Art. 9 GG Rn. 1; *Scholz*, in: Maunz/Dürig, GG, Art. 9 Rn. 60; *Höfling*, in: Sachs, GG, Art. 9 Rn. 13; a. A. *Stein/Frank*, Staatsrecht, § 40 II 1.
39 Vgl. BVerfGE 50, 290, 355 f. – *Mitbestimmung*.
40 So auch *Höfling*, in: Sachs, GG, Art. 9 Rn. 14.
41 Vgl. BVerfG-K, NVwZ 2007, 808 – *Zwangsmitgliedschaft, Jagdgenossenschaft*.
42 Vgl. BVerfGE 85, 360, 370 – *Akademieauflösung*; *Scholz*, in: Maunz/Dürig, GG, Art. 9 Rn. 66.
43 Dazu sogleich unter Rn. 900.

bb) Geschütztes Verhalten. Dem Verfassungstext zufolge schützt Art. 9 Abs. 1 die Bildung von Vereinigungen. Dies betrifft die *Entscheidung über die Gründung*, den *Zweck*, die *Rechtsform* und die *Satzung* der Vereinigung.[44] Es besteht jedoch Einigkeit darüber, dass der Schutzbereich weiter zu ziehen ist. Neben der Gründung neuer Vereinigungen sind daher auch der *Beitritt*, die *Betätigung* und der *Verbleib* in einer bereits bestehenden Vereinigung von Art. 9 Abs. 1 erfasst.[45]

In den Schutzbereich der Vereinigungsfreiheit fallen „die Tätigkeiten der Vereinigung zur *Sicherung ihrer Existenz- und Funktionsfähigkeit*"[46], sowie „die Selbstbestimmung über die eigene Organisation, das Verfahren ihrer Willensbildung und die Führung der Geschäfte" (*kollektive Vereinigungsfreiheit*).[47]

Darunter fallen insbesondere die Aufnahme und der Ausschluss von Mitgliedern[48] sowie die werbewirksame Selbstdarstellung der Vereinigung nach außen.[49] Zahlreiche Entscheidungen des BVerfG sind ferner zur Mitgliederwerbung durch Vereinigungen[50] und zur Namensführung[51] ergangen.

> **Fall 22:** Der Erfurter Hobbybackverein e. V. (H) veranstaltet alle zwei Wochen ein gemeinsames Kuchenbacken. Die erzeugten Kuchen verkauft der Verein in der Fußgängerzone. Das zuständige Ordnungsamt stellt massive bakterielle Verunreinigungen in den Kuchen fest und verbietet den weiteren Verkauf. H beruft sich auf Art. 9 Abs. 1.
>
> Abwandlung 1: Einmal im Jahr richtet H ein Kuchenfest aus: Um neue Mitglieder zu werben, werden viele unterschiedliche Kuchen gebacken, um das „Leistungsspektrum" des Vereins vorzustellen. Wiederum schreitet das Ordnungsamt ein.
>
> Abwandlung 2: Nachdem H keine Kuchen mehr verkauft, verschenkt der Ortsverein der Partei P Bonbons in der Fußgängerzone. Auch das wird verboten.

Nicht von der Vereinigungsfreiheit erfasst sind hingegen Tätigkeiten, die *keinen spezifischen Bezug zur vereinsmäßigen Struktur* haben und von anderen Rechtssubjekten in gleicher Weise ausgeübt werden können.[52] Das bedeutet, sofern „eine Vereinigung wie Jedermann im Rechtsverkehr tätig [ist], so richtet sich der Grundrechtsschutz nicht nach Art. 9 Abs. 1, sondern nach den materiellen Individualgrundrechten.[53] Die Vereinigungsfreiheit soll nämlich nicht die kollektive gegenüber den individuellen Zweckverfolgung privilegieren.[54] Andernfalls käme es zu einem „doppelten Grundrechtsschutz".[55]

> **Lösung Fall 22:** Der Schutzbereich des Art. 9 Abs. 1 ist hier schon nicht eröffnet: Beim Verkauf von Kuchen wird der Verein wie jedermann im Rechtsverkehr tätig, es handelt sich nicht um eine Tätigkeit mit spezifischem Bezug zur Vereinsstruktur.

---

44 Vgl. *Kingreen/Poscher*, Grundrechte, Rn. 846.
45 Vgl. *Löwer*, in: v. Münch/Kunig, GG, Art. 9 Rn. 43; *Kingreen/Poscher*, Grundrechte, Rn. 846; a. A. *Ipsen*, Staatsrecht II, Rn. 587 ff.
46 *Jarass*, in: Jarass/Pieroth, GG, Art. 9 Rn. 8.
47 BVerfGE 50, 290, 354 – *Mitbestimmung*; BVerfGE 80, 244, 253 – *vollziehbares Vereinsverbot*.
48 BVerfGE 124, 25, 34 – *Basistarif*.
49 *Jarass*, in: Jarass/Pieroth, GG, Art. 9 Rn. 8 m. w. N. Siehe zum Ausschluss von Gewerkschaftsmitgliedern BVerfGE 100, 214, 218 – *Gewerkschaftsausschluss*; zur Selbstdarstellung der Vereinigung nach außen BVerfGE 84, 372, 378 – *Lohnsteuerhilfeverein*.
50 BVerfGE 28, 295, 305 – *Mitgliederwerbung I*; BVerfGE 93, 352 – *Mitgliederwerbung II*.
51 BVerfGE 30, 227, 241, 353 – *Vereinsname*.
52 Vgl. *Jarass*, in: Jarass/Pieroth, GG, Art. 9 Rn. 9; *Höfling*, in: Sachs, GG, Art. 9 Rn. 21.
53 BVerfG, NJW 2000, 1251 – *Prozessführungsbefugnis einer Aktionärsvereinigung – Fall Girmes*; BVerfGE 70, 1, 25 – *Orthopädietechniker-Innung*.
54 BVerfG, Beschl. v. 24.9.2014 – 1 BvR 3017/11 – *Rauchverbot*, Rn. 15 (juris).
55 *Hufen*, Staatsrecht II, § 31 Rn. 6.

Abwandlung 1: Hier ist der Schutzbereich eröffnet, denn die „Leistungsschau" des Vereins dient vor allem der Mitgliederwerbung. Neumitglieder lassen sich vor allem auch durch die Darstellung der Leistungen der jeweiligen Vereinigung gewinnen.[56] Diese ist für die Zukunft des Vereins unabdingbar und daher der spezifisch auf den Verein bezogenen Tätigkeit zuzuordnen. Das Verbot stellt dann auch einen Eingriff dar, dessen verfassungsrechtliche Rechtfertigung zu prüfen wäre. Abwandlung 2: Hier ist der Schutzbereich in persönlicher Hinsicht nicht eröffnet: Für Parteien gehen die Regelungen des Art. 21 als lex specialis Art. 9 Abs. 1 vor.

898 Als *negative Vereinigungsfreiheit* gewährleistet Art. 9 Abs. 1 das Recht, Vereinigungen fernzubleiben[57] und aus ihnen auszutreten.[58] Dies soll nach der h. M. allerdings *nicht* für die Vermeidung einer Mitgliedschaft in *öffentlich-rechtlichen Zwangskörperschaften* wie Rechtsanwalts-, Ärzte-, Handwerks- oder Handelskammern gelten.[59] Nach insbesondere vom BVerfG vertretener Auffassung seien Zwangsmitgliedschaften in öffentlich-rechtlichen Verbänden nicht an Art. 9 Abs. 1 zu messen, weil diese Bestimmung lediglich die Freiheit garantiere, privatrechtliche Vereinigungen zu gründen, ihnen beizutreten oder fernzubleiben. Die negative Vereinigungsfreiheit können dann als Spiegelbild[60] der positiven, nicht weitergehen als diese. Der Einzelne könne keine öffentliche Vereinigung gründen, somit ihr auch nicht fernbleiben. Allerdings folge aus Art. 2 Abs. 1, dass Zwangsmitgliedschaften nur innerhalb der verfassungsmäßigen Ordnung zulässig sind.[61] Art. 2 Abs. 1 gewähre den Verbandsmitgliedern daher ein Abwehrrecht gegen Eingriffe, „die sich nicht im Wirkungskreis legitimer öffentlicher Aufgaben" bewegen oder bei deren Ausübung das Verhältnismäßigkeitsprinzip nicht eingehalten werde.[62]

899 Diese h. M. ist aus zwei Gründen nicht überzeugend. Zum einen greift das „Spiegelbildlichkeitsargument" schon deshalb zu kurz, weil es auch bei Art. 2 Abs. 1 kein auf Zwangsmitgliedschaften bezogenes „positives" Vereinigungsrecht gibt.[63] Zum anderen befindet sich derjenige, der sich gegen eine Zwangsmitgliedschaft wehrt, in der gleichsam klassischen grundrechtlichen Abwehrlage. Art. 9 Abs. 1 dagegen nicht ins Feld zu führen, ist auch wegen dieser Funktionsbetrachtung der Grundrechte wenig hilfreich. Unter Anwendung des Art. 9 Abs. 1 dürften jedenfalls etliche öffentlich-rechtlich begründete Zwangsmitgliedschaften wegen der im Verhältnis zu Art. 2 Abs. 1 restriktiveren Schrankenziehung verfassungsrechtlich keinen Bestand haben.

2. Eingriffe

900 Einen *Eingriff in den Schutzbereich des Art. 9 Abs. 1* stellt jede belastende Maßnahme dar, die die Ausübung der Vereinigungsfreiheit behindert oder erschwert.[64]

---

56 Vgl. BVerfGE 84, 372, 380 – *Lohnsteuerhilfeverein*.
57 BVerfGE 50, 290, 354 – *Mitbestimmung*.
58 BGHZ 130, 243, 254 – *Zwangsmitgliedschaft*.
59 Siehe zum Streitstand *Kingreen/Poscher*, Grundrechte, Rn. 848 ff. m. w. N.
60 Ähnlich *Epping*, Grundrechte, Rn. 880.
61 Vgl. BVerfGE 10, 89, 102 – *Erftverband*; BVerfGE 38, 281, 297 – *Arbeitnehmerkammern*; *Merten*, in: HStR VII, § 165 Rn. 66.
62 Siehe BVerfGE 78, 320, 330 – *Krankenkassenfinanzierung von Abtreibungen*; BVerwGE 59, 231 – *freie Mitarbeiter*.
63 Vgl. *Rixen*, in: Stern/Becker, GG, Art. 9 Rn. 21.
64 Vgl. *Jarass*, in: Jarass/Pieroth, GG, Art. 9 Rn. 12; *Kingreen/Poscher*, Grundrechte, Rn. 860.

Beispiele: Vereinsverbot,[65] die Verhinderung des Beitritts zu einer Vereinigung,[66] Genehmigungsvorbehalte und präventive Kontrollverfahren.[67]

Erfasst sind auch *faktische Maßnahmen*, sofern sie von einigem Gewicht sind.[68]

Beispiele: Die nachrichtendienstliche Unterwanderung der Vereinigung[69] oder die Warnung vor einer Vereinigung. Die allgemeine Information über eine Vereinigung stellt hingegen *keinen* Eingriff dar.[70]

Eingriffe in den Schutzbereich sind abzugrenzen von der rechtlichen Ausgestaltung der Vereinigungsfreiheit durch den Gesetzgeber. Die Vereinigungsfreiheit bedarf der *rechtlichen Ausgestaltung*, da sie

„in mehr oder minder großem Umfang auf Regelungen angewiesen ist, welche die freien Zusammenschlüsse und ihr Leben in die allgemeine Rechtsordnung einfügen, die Sicherheit des Rechtsverkehrs gewährleisten, Rechte der Mitglieder sichern und den schutzbedürftigen Belangen Dritter oder auch öffentlichen Interessen Rechnung tragen."[71]

Der Gesetzgeber ist verpflichtet, eine

„hinreichende Vielfalt von Rechtsnormen zur Verfügung zu stellen, die die verschiedenen Typen von Vereinigungen angemessen berücksichtigt, so daß deren Wahl zumutbar ist."[72]

Dies ist durch die Vorschriften des VereinsG und des sonstigen Gesellschaftsrechts erfolgt.

Obwohl ein *weiter Gestaltungsspielraum* besteht, ist der Gesetzgeber bei der Ausgestaltung der Vereinigungsfreiheit nicht vollständig frei.

„Er hat sich vielmehr an dem Schutzgut des Art. 9 Abs. 1 GG zu orientieren und muss bei dem erforderlichen Interessenausgleich die Voraussetzungen und zwingenden Bedürfnisse freier Assoziationen grundsätzlich wahren."[73]

Die Ausgestaltung

„muss auf einen Ausgleich gerichtet sein, der geeignet ist, freie Assoziation und Selbstbestimmung der Vereinigungen unter Berücksichtigung der Notwendigkeit eines geordneten Vereinslebens und der schutzbedürftigen sonstigen Belange zu ermöglichen und zu erhalten."[74]

Bei der *gesetzlichen Ausgestaltung* der Vereinigungsfreiheit handelt es sich *nicht um einen Eingriff*, so dass eine verfassungsrechtliche Rechtfertigung nicht erforderlich ist.[75]

3. Verfassungsrechtliche Rechtfertigung

a) Bei Vereinsverboten. Nach *Art. 9 Abs. 2* sind Vereinigungen verboten, deren Zwecke oder deren Tätigkeit den Strafgesetzen zuwiderlaufen oder die sich gegen

---

65 Zu den Voraussetzungen des Art. 9 Abs. 2 sogleich unter Rn. 819 ff.
66 Ebenso *Höfling*, in: Sachs, GG, Art. 9 Rn. 36; *Jarass*, in: Jarass/Pieroth, GG, Art. 9 Rn. 12.
67 Vgl. *Kingreen/Poscher*, Grundrechte, Rn. 861 m.w.N. Weitere Beispiele bei *Sachs*, in: Stern, Staatsrecht IV/1, S. 1333 f.
68 Vgl. *Jarass*, in: Jarass/Pieroth, GG, Art. 9 Rn. 12; *Manssen*, Grundrechte, Rn. 552.
69 *Jarass*, in: Jarass/Pieroth, GG, Art. 9 Rn. 12.
70 *Hufen*, Staatsrecht II, § 31 Rn. 13.
71 BVerfGE 50, 290, 354 f. – *Mitbestimmung*; BVerfGE 84, 372, 378 f. – *Lohnsteuerhilfeverein*.
72 BVerfGE 50, 290, 355 – *Mitbestimmung*.
73 BVerfGE 50, 290, 354 f. – *Mitbestimmung*; so wörtlich BVerfGE 84, 372, 378 f. – *Lohnsteuerhilfeverein*.
74 BVerfGE 50, 290, 355 – *Mitbestimmung*.
75 Ebenso *Jarass*, in: Jarass/Pieroth, GG, Art. 9 Rn. 13; *Höfling*, in: Sachs, GG, Art. 9 Rn. 38.

die verfassungsmäßige Ordnung oder gegen den Gedanken der Völkerverständigung richten. Die h. M. versteht Art. 9 Abs. 2 nicht als Schutzbereichsbegrenzung, sondern als *qualifizierten Gesetzesvorbehalt*, so dass die Auflösung einer Vereinigung stets eine *konstitutiv wirkende Behördenentscheidung* voraussetzt.[76] Entgegen des insoweit scheinbar eindeutigen Wortlauts tritt das Verbot der Vereinigung also nicht ipso iure dadurch ein, dass die in Abs. 2 genannten Voraussetzungen erfüllt sind.[77] Andernfalls könnten erhebliche rechtliche Unsicherheiten über das Vorliegen eines Vereinigungsverbotes bestehen.[78]

Das Verbotsverfahren ist einfachgesetzlich in § 3 VereinsG geregelt.

908 Eine Verbotsverfügung erfordert stets eine *aktiv kämpferische, aggressive Haltung* der Vereinigung.[79] Entscheidend ist, ob im Zeitpunkt des Verbots

> „Tatsachen vorliegen, die eine Tätigkeit der Vereinigung mit dem Ziel der Verwirklichung ihrer verfassungswidrigen Absichten ergeben".[80]

909 Die Verbotsvoraussetzungen des Art. 9 Abs. 2 sind *abschließend*.[81] Sie müssen *auf die Vereinigung selbst zutreffen*. Es genügt nicht, wenn lediglich einzelne Mitglieder die Voraussetzungen erfüllen, sofern deren Verhalten nicht der Vereinigung zugerechnet werden kann.[82] Dies setzt voraus, dass die Handlungen der Mitglieder

> „sich nach außen als Vereinsaktivitäten darstellen, und die Vereinigung diesen Umstand billigt oder jedenfalls widerspruchslos hinnimmt. Der Vereinigung zurechenbar sind ferner solche strafbaren Verhaltensweisen der Vereinsmitglieder, die die Vereinigung deckt, indem sie ihren Mitgliedern durch […] Hilfestellung […] Rückhalt bietet".[83]

910 **Klausurhinweis**: Indizien, die dafür sprechen, dass das Verhalten von Mitgliedern der Vereinigung zugerechnet werden kann, können sein: Verhalten der Funktionsträger, fehlende Distanzierung zu den Handlungen der Mitglieder, Verzicht auf Maßnahmen (Ausschluss, Ruhen der Mitgliedschaft etc.) gegen die betreffenden Mitglieder usw.

911 Vereinigungen, deren *Zwecksetzung oder Tätigkeit den Strafgesetzen zuwiderlaufen*, können verboten werden. Dies ist insofern nicht ganz unproblematisch, als es dem (Strafrechts-)Gesetzgeber nicht gestattet sein darf, die Vereinigungsfreiheit beliebig einzuschränken. Die h. L. geht daher in Anlehnung an die zu Art. 5 vertretene Sonderrechtslehre davon aus, dass von Art. 9 Abs. 2 nur *„allgemeine Strafgesetze"* erfasst werden, die sich nicht speziell gegen Vereinigungen richten, sondern bestimmte Verhaltensweisen unabhängig von ihrer vereinsmäßigen Begehung pönalisieren.[84]

912 Verboten werden können darüber hinaus Vereinigungen, die *gegen die verfassungsmäßige Ordnung gerichtet* sind. Wegen des sachlichen Zusammenhangs mit Art. 18 (Verwirkung) und vor allem Art. 21 Abs. 2 (Parteiverbot) ist der Begriff verfas-

---

76 Vgl. *Löwer*, in: v. Münch/Kunig, GG, Art. 9 Rn. 58; *Höfling*, in: Sachs, GG, Art. 9 Rn. 40; *Scholz*, in: Maunz/Dürig, GG, Art. 9 Rn. 132, siehe zu den Voraussetzungen eines Vereinsverbots die Fallbesprechung bei *Dietlein*, Examinatorium Staatsrecht, S. 208 ff.
77 BVerwGE 47, 330, 351.
78 *Löwer*, in: v. Münch/Kunig, GG, Art. 9 Rn. 58.
79 BVerfGE 5, 85, 141 – *KPD-Verbot*.
80 BVerwGE 61, 218, 220 – *Wehrsportgruppe Hoffmann*; BVerwGE 37, 344, 358 f. – *Verbot verfassungsfeindlicher Vereinigung*.
81 BVerfGE 80, 244, 253 – *vollziehbares Vereinsverbot*.
82 Vgl. *Jarass*, in: Jarass/Pieroth, GG, Art. 9 Rn. 17 f.
83 BVerwGE 80, 299, 307 – *Vereinsverbot*.
84 Vgl. *Jarass*, in: Jarass/Pieroth, GG, Art. 9 Rn. 18; *Sachs*, Verfassungsrecht II, Teil II Kap. 21 Rn. 21.

sungsmäßige Ordnung in Art. 9 Abs. 2 i. S. d. *freiheitlich-demokratischen Grundordnung* (vgl. Art. 18 und 21 Abs. 2 S. 1) zu verstehen.[85] Diese Auslegung unterscheidet sich vom Verständnis desselben Begriffs in Art. 2 Abs. 1[86] und in Art. 20 Abs. 3[87], entspricht aber im Wesentlichen derjenigen des Art. 20 Abs. 4. Freiheitlich demokratische Grundordnung i. S. v. Art. 9 Abs. 2 nimmt Strukturprinzipien des Grundgesetzes in Bezug, etwa die Achtung vor den im Grundgesetz konkretisierten Menschenrechten, die Volkssouveränität, die Gewaltenteilung, die Verantwortlichkeit der Regierung, die Gesetzmäßigkeit der Verwaltung, die Unabhängigkeit der Gerichte, das Mehrparteiensystem, die Chancengleichheit der politischen Parteien sowie die Bildung und Ausübung einer legalen Opposition.[88]

Schließlich kann eine Vereinigung verboten werden, wenn sie sich *gegen den Gedanken der Völkerverständigung richtet*. Dies ist nach h. L. der Fall, wenn sie *Ziele verfolgt, die durch Art. 26 Abs. 1 als Störung des friedlichen Zusammenlebens der Völker verboten werden*.[89] Dafür genügt jedoch nicht die bloße Kritik an fremden Staaten oder die Ablehnung politischer Kontakte zu bestimmten anderen Ländern.[90] **913**

Fraglich erscheint, inwiefern Art. 9 Abs. 2 auf Religionsgemeinschaften anwendbar ist. Möglich wäre eine solche Anwendung i. V. m. Art. 140 WRV.[91] Nicht anwendbar ist Art. 9 Abs. 2 auf politische Parteien, da für diese Art. 21 Abs. 2 gilt. **914**

b) Bei sonstigen Eingriffen. Geht man vom Wortlaut des Art. 9 Abs. 2 aus, so regelt die Vorschrift lediglich das Verbot von Vereinigungen. Indes können auch sonstige Eingriffe in den Schutzbereich als *mildere Maßnahmen* (etwa Warnungen) aufgrund von Art. 9 Abs. 2 verfassungsrechtlich gerechtfertigt sein.[92] **915**

Beschränkt werden kann die Vereinigungsfreiheit auch durch die verfassungsimmanente Schranke *kollidierenden Verfassungsrechts*. Dies gilt insbesondere für die *Grundrechte Dritter*, wobei allerdings wegen des Grundsatzes vom Vorbehalt des Gesetzes eine *einfachgesetzliche Konkretisierung* durch ein formell und materiell verfassungsgemäßes Gesetz erforderlich ist.[93] **916**

> Bsp.: *Fusionen* können aus Gründen der verfassungsrechtlich geschützten Wettbewerbsfreiheit verboten werden.[94]

Nicht ausreichend sind hingegen bloße Gemeinwohlbelange.[95] **917**

> Außerdem darf ein Arbeitgeber die *Einstellung von Bewerbern nicht vom Austritt aus einer Gewerkschaft abhängig machen*, da dies einen unmittelbaren Eingriff in die Bestands-

---

85 So auch *Höfling*, in: Sachs, GG, Art. 9 Rn. 46; *Löwer*, in: v. Münch/Kunig, GG, Art. 9 Rn. 50; *Scholz*, in: Maunz/Dürig, GG, Art. 9 Rn. 127.
86 Vgl. *Löwer*, in: v. Münch/Kunig, GG, Art. 9 Rn. 50; *Höfling*, in: Sachs, GG, Art. 9 Rn. 46. Dort wird der Begriff der verfassungsmäßigen Ordnung so verstanden, dass er alle Normen erfasst, die formell und materiell der Verfassung gemäß sind, näher oben Rn. 383.
87 Vgl. *Scholz*, in: Maunz/Dürig, GG, Art. 9 Rn. 127; a. A. *Kemper*, in: v. Mangoldt/Klein/Starck, GG, Art. 9 Rn. 77.
88 Näher *Korioth*, Staatsrecht I, Rn. 829.
89 Ebenso *Jarass*, in: Jarass/Pieroth, GG, Art. 9 Rn. 20; *Scholz*, in: Maunz/Dürig, GG, Art. 9 Rn. 131.
90 Vgl. *Kemper*, in: v. Mangoldt/Klein/Starck, GG, Art. 9 Rn. 78; *Löwer*, in: v. Münch/Kunig, GG, Art. 9 Rn. 55; *Höfling*, in: Sachs, GG, Art. 9 Rn. 47; *Jarass*, in: Jarass/Pieroth, GG, Art. 9 Rn. 20.
91 Zustimmend BVerwG, NVwZ 2003, 986 – *Verbot einer Religionsgemeinschaft* – „Kalifatsstaat".
92 Vgl. *Jarass*, in: Jarass/Pieroth, GG, Art. 9 Rn. 22; *Scholz*, in: Maunz/Dürig, GG, Art. 9 Rn. 134; a. A. *Kemper*, in: v. Mangoldt/Klein/Starck, GG, Art. 9 Rn. 71.
93 Vgl. *Jarass*, in: Jarass/Pieroth, GG, Art. 9 Rn. 22.
94 Siehe *Höfling*, in: Sachs, GG, Art. 9 Rn. 42 m. w. N.
95 *Höfling*, in: Sachs, GG, Art. 9 Rn. 42.

und Betätigungsgarantie der Koalition darstellt.[96] Ebenso wenig darf ein Arbeitgeber unter Hinweis auf die Gewerkschaftszugehörigkeit den Abschluss eines Arbeitsvertrages verweigern oder ein bestehendes Arbeitsverhältnis kündigen.[97]

In die kollektive Koalitionsfreiheit wird eingegriffen, wenn der Staat die Zwangsschlichtung eines Arbeitskampfes vornimmt,[98] Beamte auf bestreikten Arbeitsplätzen einsetzt[99] oder Aussperrungen zur Abwehr von begrenzten Teil- oder Schwerpunktstreiks beschränkt.[100] Keinen Verfassungsverstoß stellt hingegen die Errichtung von Arbeitnehmerkammern als Körperschaften des öffentlichen Rechts mit Pflichtzugehörigkeit aller Arbeitnehmer dar.[101]

Ebenfalls zu Eingriffen kommt es bei der Festlegung von *Mindestlöhnen*.[102] Dies betrifft sowohl die Parteien des Tarifvertrags, der Grundlage für den Mindestlohn ist, als auch die Parteien von nicht ausgewählten Tarifverträgen. Daneben ist auch ein Eingriff in die Tarifautonomie der Außenseiter anzunehmen. Allerdings gilt es dann im Einzelfall die verfassungsrechtliche Rechtfertigung zu prüfen.

918 c) **Schranken-Schranken.** Art. 9 Abs. 1 enthält an sich keinen Gesetzesvorbehalt. Art. 9 Abs. 2 gilt nur für Vereinsverbote. Jenseits dessen kommt auch kollidierendes Verfassungsrecht als Schranke in Betracht; insoweit gelten dann hinsichtlich des Ausgleichs der betroffenen Rechtsgüter die allgemeinen Regeln. Zu beachten ist, dass es aber auch in diesen Fällen einer einfachgesetzlichen Konkretisierung bedarf. (Grundsatz vom Vorbehalt des Gesetzes). Eingriffe in Art. 9 Abs. 1 müssen darüber den Verhältnismäßigkeitsgrundsatz wahren; das gilt auch für Vereinsverbote.

III. Die Koalitionsfreiheit gemäß Art. 9 Abs. 3

1. Schutzbereich

919 a) **Persönlicher Schutzbereich.** Die Koalitionsfreiheit gilt *für jedermann und für alle Berufe* (vgl. Art. 9 Abs. 3 S. 1). Der Grundrechtsschutz des Art. 9 Abs. 3 kommt somit *auch Ausländern* zugute.

920 Die *Koalitionen* selbst sind unmittelbar *aus Art. 9 Abs. 3 grundrechtsberechtigt*, ohne dass Art. 19 Abs. 3 herangezogen werden muss.[103]

Anders als bei der Vereinigungsfreiheit hat diese Auslegung praktische Auswirkungen. Gewährt man den Koalitionen Grundrechtsschutz über Art. 19 Abs. 3, so können sich nur inländische juristische Personen auf die Koalitionsfreiheit berufen. Wendet man hingegen Art. 9 Abs. 3 an, so steht die kollektive Koalitionsfreiheit *auch ausländischen juristischen Personen* zu. Diese müssen allerdings *in Deutschland anerkannt* sein.[104]

---

96 Vgl. BAGE 54, 353, 359.
97 Vgl. BAGE 54, 353, 360.
98 Vgl. BVerfGE 18, 18, 30 – *Koalitionsbegriff I*; *Jarass*, in: Jarass/Pieroth, GG, Art. 9 Rn. 45. Näher zur staatlichen Neutralitätsverpflichtung *Löwer*, in: v. Münch/Kunig, GG, Art. 9 Rn. 83 ff. und *Linsenmaier*, in: ErfK, Art. 9 GG Rn. 148 ff.
99 BVerfGE 88, 103 – *Streikarbeit durch Beamte*.
100 BVerfGE 84, 212 – *Aussperrung*.
101 BVerfGE 38, 281 – *Arbeitnehmerkammern*.
102 Dazu VG Berlin, NVwZ 2008, 804 – *Post-MindestlohnVO*.
103 Vgl. BVerfGE 84, 212, 224 – *Aussperrung*; BVerfGE 88, 103, 114 – *Streikarbeit durch Beamte*; BVerfGE 94, 268, 282 f. – *wissenschaftliches Personal*; *Jarass*, in: Jarass/Pieroth, GG, Art. 9 Rn. 44; *Löwer*, in: v. Münch/Kunig, Art. 9 Rn. 86; a.A. *Höfling*, in: Sachs, GG, Art. 9 Rn. 120, der auf Art. 19 Abs. 3 zurückgreift; ebenso *Ipsen*, Staatsrecht II, Rn. 701 m. w. N.
104 So auch *Scholz*, in: Maunz/Dürig, GG, Art. 9 Rn. 188.

Juristische Personen des öffentlichen Rechts können sich selbst in ihrer Eigenschaft **921** als Arbeitgeber *nicht* auf die Koalitionsfreiheit berufen.[105] Insoweit ergeben sich gegenüber anderen Grundrechten keine Besonderheiten.

b) Der sachliche Schutzbereich der Koalitionsfreiheit. – aa) Der Begriff der **922** **Koalition.** Unter dem Begriff der Koalition versteht man die zum Zweck der *Wahrung* und *Förderung* der *Arbeits-* und *Wirtschaftsbedingungen* gebildeten Vereinigungen. Sie müssen die allgemeinen Voraussetzungen einer Vereinigung i. S. d. Art. 9 Abs. 1 erfüllen,[106] insbesondere *freiwillig* zustande gekommen sein und über eine organisierte Willensbildung verfügen. Ihr *besonderer Zweck* muss in der Wahrung und Förderung der Wirtschafts- und Arbeitsbedingungen liegen. Darunter „ist die Gesamtheit der Bedingungen gemeint, unter denen abhängige Arbeit geleistet und eine sinnvolle Ordnung des Arbeitslebens ermöglicht wird".[107] *Arbeitsbedingungen* beziehen sich unmittelbar auf das Arbeitsverhältnis, wie Lohn, Arbeitszeit, Urlaub und Arbeitsschutz.[108] *Wirtschaftsbedingungen* haben hingegen einen wirtschafts- und sozialpolitischen Charakter; dies gilt etwa für Maßnahmen zur Verringerung der Arbeitslosigkeit, die Beteiligung der Arbeitnehmer am Produktionsvermögen, die Einführung neuer Technologien und für Konjunkturfragen.[109] Die Vereinigung muss beide Ziele verfolgen, um in den Schutzbereich der Koalitionsfreiheit zu fallen.[110] Kann dies überwiegend nicht bejaht werden, so ist dies ein Indiz für eine koalitionsfremde Zielorientierung des Verbandes.[111]

Nach h. M. müssen die Koalitionen **923**

„frei gebildet, gegnerfrei und auf überbetrieblicher Grundlage organisiert, ihrer Struktur nach unabhängig genug sein, um die Interessen ihrer Mitglieder auf arbeits- und sozialrechtlichem Gebiet nachhaltig zu vertreten, und das geltende Tarifrecht als für sich verbindlich anerkennen."[112]

Unabhängig ist eine Vereinigung, wenn sie gegenüber ihrer Gegenseite wirtschaftlich selbstständig ist.[113] *Gegnerfreiheit* bedeutet, dass die Mitglieder des jeweiligen Verbandes ausschließlich entweder Arbeitnehmer oder Arbeitgeber sind.[114] Mitgliedschaftlich gemischte Verbände sind daher keine Koalitionen i. S. d. Art. 9 Abs. 3.[115]

An den Koalitionsbegriff dürfen jedoch keine überspitzten Anforderungen gestellt **924** werden, andernfalls würde die verfassungsrechtliche Gewährleistung der Koalitionsfreiheit ausgehöhlt werden.[116] Nach überwiegender Auffassung ist die *Bereit-*

---

105 Vgl. *Höfling*, in: Sachs, GG, Art. 9 Rn. 121; kritisch *Ipsen*, Staatsrecht II, Rn. 697.
106 Siehe hierzu oben Rn. 802 ff.
107 Vgl. *Linsenmaier*, in: ErfK, Art. 9 GG Rn. 23.
108 Siehe *Kemper*, in: v. Mangoldt/Klein/Starck, GG, Art. 9 Rn. 89; *Höfling*, in: Sachs, GG, Art. 9 Rn. 54; *Kingreen/Poscher*, Grundrechte, Rn. 853.
109 Vgl. *Kingreen/Poscher*, Grundrechte, Rn. 853; *Jarass*, in: Jarass/Pieroth, GG, Art. 9 Rn. 34; *Höfling*, in: Sachs, GG, Rn. 57; ähnlich *Kemper*, in: v. Mangoldt/Klein/Starck, GG, Art. 9 Rn. 89.
110 Vgl. *Jarass*, in: Jarass/Pieroth, GG, Art. 9 Rn. 34 m. w. N.; *Löwer*, in: v. Münch/Kunig, GG, Art. 9 Rn. 87.
111 Ebenso BVerfG vom 26.1.1995 – 1 BvR 2071/94.
112 BVerfGE 50, 290, 368 – *Mitbestimmung*; BVerfGE 58, 233, 247 – *Koalitionsbegriff II*.
113 *Kingreen/Poscher*, Grundrechte, Rn. 854.
114 Vgl. *Jarass*, in: Jarass/Pieroth, GG, Art. 9 Rn. 35; *Löwer*, in: v. Münch/Kunig, GG, Art. 9 Rn. 94. Siehe zu den Begriffsbestimmungen auch *Stein/Frank*, Staatsrecht, § 44 II 1.
115 Siehe *Scholz*, in: Maunz/Dürig, GG, Art. 9 Rn. 208.
116 Vgl. *Linsenmaier*, in: ErfK, Art. 9 GG Rn. 25.

schaft des Verbandes zum Arbeitskampf kein zwingendes Merkmal.[117] Ebenso wenig kommt es auf seine *Tariffähigkeit* an.[118]

Koalitionen i. S. d. Art. 9 Abs. 3 sind die Berufsverbände der Arbeitgeber und Arbeitnehmer, also Gewerkschaften, Arbeitgeberverbände sowie deren Spitzenorganisationen.[119] Dies sind Zusammenschlüsse von Gewerkschaften oder von Arbeitgebervereinigungen (*Deutscher Gewerkschaftsbund* und *Bundesvereinigung der Deutschen Arbeitgeberverbände*).[120] Auch die nach dem Industrieverbandsprinzip organisierten Einzelverbände wie IG Bau, IG Metall und IG Bergbau zählen zu den Koalitionen.[121]

Die Koalitionsfreiheit gilt hingegen *nicht für reine Wirtschaftsvereinigungen*, die die Arbeitsbedingungen nicht berücksichtigen.[122] Dies trifft insbesondere auf Kartelle, Einkaufsgenossenschaften und Verbraucherverbände zu.[123] Ihnen kommt lediglich die allgemeine Vereinigungsfreiheit des Art. 9 Abs. 1 zugute.[124]

925 bb) **Geschütztes Verhalten.** Als individuelle Koalitionsfreiheit verleiht Art. 9 Abs. 3 den einzelnen Arbeitnehmern und Arbeitgebern das Recht, Koalitionen zu bilden, sich also mit anderen zu einer Koalition zusammenzuschließen.[125] Über die Gründung neuer Koalitionen hinaus sind auch der Beitritt zu sowie der Verbleib in einer bereits bestehenden Koalition von Art. 9 Abs. 1 erfasst.[126] Geschützt ist dabei nicht nur das Recht zur Verfolgung dieser Ziele durch eine *koalitionsmäßige Betätigung*, sondern auch die *Wahl der Mittel*, die die Koalitionen zur Erreichung des Ziels für geeignet halten.[127]
Die individuelle Koalitionsfreiheit erfasst des Weiteren die *spezifisch koalitionsmäßige Betätigung der Mitglieder*.[128] Dies gilt insbesondere für die Mitgliederwerbung.[129]

926 Neben der positiven Koalitionsfreiheit ist durch Art. 9 Abs. 3 auch die *negative Koalitionsfreiheit* verfassungsrechtlich geschützt.[130] Sie betrifft die Freiheit des Einzelnen, einer Koalition fernzubleiben oder sie zu verlassen.[131] Es darf daher kein Zwang oder Druck auf die Nichtorganisierten ausgeübt werden, einer Koalition beizutreten.[132]

927 Aus der negativen Koalitionsfreiheit folgt weiterhin, dass der *Austritt aus einer Gewerkschaft nicht unangemessen erschwert werden darf.* Die Rechtsprechung hat eine

---

117 Vgl. BVerfGE 18, 18, 32 f. – *Koalitionsbegriff I*; BVerfGE 50, 290, 368 – *Mitbestimmung*; ausführlich zum Meinungsstand *Löwer*, in: v. Münch/Kunig, GG, Art. 9 Rn. 97 m. w. N.
118 BVerfGE 19, 303, 312 – *koalitionsgemäße Betätigung*.
119 *Höfling*, in: Sachs, GG, Art. 9 Rn. 58.
120 Vgl. auch § 2 Abs. 2 TVG.
121 Vgl. *Kingreen/Poscher*, Grundrechte, Rn. 855.
122 *Kingreen/Poscher*, Grundrechte, Rn. 853.
123 *Höfling*, in: Sachs, GG, Art. 9 Rn. 58.
124 Vgl. *Jarass*, in: Jarass/Pieroth, GG, Art. 9 Rn. 34.
125 Vgl. *Höfling*, in: Sachs, GG, Art. 9 Rn. 66; *Kingreen/Poscher*, Grundrechte, Rn. 856.
126 Vgl. *Jarass*, in: Jarass/Pieroth, GG, Art. 9 Rn. 36; siehe auch BVerfGE 84, 212, 224 – *Aussperrung*.
127 BVerfG, U. v. 11.7.2017, Az 1 BvR 1571/15 u. a., Rn. 130 – *Tarifeinheitsgesetz*; BVerfGE 116, 202, 219 – *Tariftreueregelung*; 100, 271, 282 – *Tarifautonomie*; 92, 365, 393 f. – § 116 AFG.
128 Vgl. BVerfGE 19, 303, 312 – *koalitionsgemäße Betätigung*; BVerfGE 51, 77, 87 f. – *Personalrat*; BVerfGE 55, 7, 21 – *Allgemeinverbindlichkeitserklärung von Tarifverträgen II*.
129 Vgl. hierzu BVerfGE 28, 295 – *Mitgliederwerbung I*; BVerfGE 57, 220 – *Bethel*; BVerfGE 93, 352 – *Mitgliederwerbung II*; BVerfG, U. v. 11.7.2017, Az 1 BvR 1571/15 u. a., Rn. 133 – *Tarifeinheitsgesetz*.
130 Siehe beispielsweise BVerfGE 55, 7, 22 – *Allgemeinverbindlichkeitserklärung von Tarifverträgen II*; vgl. aus der Literatur nur *Scholz*, in: Maunz/Dürig, GG, Art. 9 Rn. 226; ablehnend *Ipsen*, Staatsrecht II, Rn. 703 f.
131 So auch BVerfGE 84, 212, 224 – *Aussperrung*.
132 Siehe BVerfGE 31, 297, 302 – *negative Koalitionsfreiheit*.

Kündigungsfrist von drei Monaten als zulässig erachtet,[133] eine Kündigungsfrist von mehr als sechs Monaten hingegen als zu lang angesehen.[134] Unzulässig ist auch eine Klausel in der Satzung einer Gewerkschaft, nach der Mitglieder im Falle ihres Austritts eine erhaltene Streikunterstützung zurückzuzahlen haben.[135]

Als *Kollektivgrundrecht* schützt Art. 9 Abs. 3 **928**
> „die Koalition selber in ihrem Bestand, ihrer organisatorischen Ausgestaltung und ihrer Betätigung, soweit diese gerade in der Wahrung und Förderung der Arbeits- und Wirtschaftsbedingungen besteht."[136]

Die kollektive Koalitionsfreiheit beinhaltet somit eine *Bestands- und Betätigungsgarantie*.[137] Sie steht allen Koalitionen unabhängig von ihrer Rechtsform zu,[138] Art. 9 Abs. 3 vermittelt allerdings weder ein Recht auf absolute tarifpolitische Verwertbarkeit von Schlüsselpositionen und Blockademacht zum eigenen Nutzen noch sind Koalitionen einzelne Koalitionen in ihrem Bestand geschützt.[139] **929**

Entgegen der früheren Rechtsprechung des BVerfG ist der Schutzbereich der Koalitionsfreiheit *nicht auf einen Kernbereich beschränkt*.[140] Die koalitionsmäßige Betätigung ist verfassungsmäßig nicht nur insoweit verbürgt, als diese für die Erhaltung und Sicherung der Existenz der Koalition als unerlässlich betrachtet werden muss.[141] Vielmehr umfasst der Schutz der Koalitionsfreiheit „*alle koalitionsspezifischen Verhaltensweisen*".[142] Allerdings müssen stets in jedem Fall „die Intensität der Grundrechtsbeeinträchtigung und das Gewicht der entgegenstehenden Rechtsgüter abgewogen werden."[143] **930**

> Zahlreiche Entscheidungen des BVerfG sind zur *Mitgliederwerbung durch Koalitionen* ergangen.[144] In den Schutzbereich der Koalitionsfreiheit fallen des Weiteren die *Wahl der Organisationsform* und die *Satzungsautonomie der Verbände*.[145] Jene Selbstbestimmung über die innere Ordnung hat das BVerfG jüngst erneut als wesentlichen Bestandteil der Koalitionsfreiheit bezeichnet.[146]

> Ein wichtiger Betätigungsbereich der Koalitionen ist das Aushandeln von Tarifverträgen.[147] Deswegen sind von Art. 9 Abs. 3 auch Arbeitskampfmaßnahmen erfasst, die deren

---
133 BGH, WM 1977, 1166, 1168.
134 BGH, DB 1981, 1403.
135 ArbG Ahrensburg, NJW 1996, 2516, 2517.
136 BVerfGE 84, 212, 224 – *Aussperrung*.
137 Vgl. BVerfG, U. v. 11.7.2017, Az 1 BvR 1571/15 u. a., Rn. 132 – *Tarifeinheitsgesetz*; *Scholz*, in: Maunz/Dürig, GG, Art. 9 Rn. 239 m. w. N.
138 Ebenso *Jarass*, in: Jarass/Pieroth, GG, Art. 9 Rn. 44.
139 BVerfG, U. v. 11.7.2017, Az 1 BvR 1571/15 u. a., Rn. 131 f. – *Tarifeinheitsgesetz* unter Hinweis auf BVerfGE 93, 352, 357 – *Mitgliederwerbung II*; BVerfGE 116, 202, 217 – *Tariftreueregelung*.
140 Deutlich verabschiedet in BVerfGE 93, 352, 358 ff. – *Mitgliederwerbung II*; und seitdem st. Rechtsprechung, zuletzt klargestellt in BVerfG, U. v. 11.7.2017, Az 1 BvR 1571/15 u. a., Sondervotum, Rn. 4 – *Tarifeinheitsgesetz*; s. a. BVerfGE 94, 268, 283 – *wissenschaftliches Personal*; BVerfGE 100, 214, 221 f. – *Gewerkschaftsausschluss*; *Linsenmaier*, in: ErfK, Art. 9 GG Rn. 31; *Jarass*, in: Jarass/Pieroth, GG, Art. 9 Rn. 37. Vgl. zu den Einzelheiten *Höfling*, in: Sachs, GG, Art. 9 Rn. 74 ff.; zur „Kernbereichsjudikatur" auch *Dietlein*, in: Stern, Staatsrecht IV/1, S. 2017 ff.
141 So aber BVerfGE 57, 220, 245 f. – *Bethel*; BVerfGE 77, 1, 63 – *Neue Heimat*.
142 Vgl. BVerfGE 94, 268, 283 – *wissenschaftliches Personal*; BVerfGE 100, 214, 221 – *Gewerkschaftsausschluss*.
143 Siehe BVerfGE 100, 214, 222 – *Gewerkschaftsausschluss*.
144 Vgl. hierzu BVerfGE 28, 295 – *Mitgliederwerbung I*; BVerfGE 57, 220 – *Bethel*; BVerfGE 93, 352 – *Mitgliederwerbung II*.
145 BAGE 50, 179, 196.
146 BVerfG, U. v. 11.7.2017, Az 1 BvR 1571/15 u. a., Rn. 133 – *Tarifeinheitsgesetz*; s. a. BVerfGE 100, 214, 223.
147 BVerfGE 94, 268, 283 – *wissenschaftliches Personal*; BVerfGE 100, 271, 282 – *Gewerkschaftsausschluss*.

Abschluss bezwecken.¹⁴⁸ Denn die Möglichkeit, mit den Mitteln des Arbeitskampfes auf den jeweiligen gegenüber Druck auszuüben, um zu einem Tarifabschluss zu kommen, ist vom Schutzbereich der Koalitionsfreiheit umfasst.¹⁴⁹ Das führt angesichts der Tatsache, dass als Resultat grundrechtlicher Freiheit zahlreiche – und eben keine Einheitsgewerkschaft – bestehen dazu, dass an sich Tarifpluralität durchaus als gewollt und erwünscht angesehen werden müsste, eine Interpretation, die in gewissem Spannungsverhältnis zur Zielsetzung des Tarifeinheitsgesetzes steht.¹⁵⁰

Die Koalitionsfreiheit erfasst ferner das Recht, sich im Bereich der *Personalvertretung* zu betätigen, einschließlich der Werbung vor Personalratswahlen in der Dienststelle.¹⁵¹ Geschützt sind außerdem die *kostenlosen Beratungsangebote* von Gewerkschaften und Arbeitgeberverbänden.¹⁵²

Die kollektive Koalitionsfreiheit erfasst schließlich die erforderlichen Maßnahmen zur Aufrechterhaltung der Geschlossenheit der Koalition nach innen und außen; hierzu zählen insbesondere *Funktionsverbote und Ausschlüsse von Verbandsmitgliedern*.¹⁵³

Weder die negative Koalitionsfreiheit der nicht Organisierten, noch die positive Koalitionsfreiheit der Koalitionen ist betroffen, wenn die Vergabe von Aufträgen seitens des Staates von sog. *Tariftreueerklärungen* abhängig gemacht wird. Diese Erklärungen verlangen von einem Arbeitgeber, dass er seine Arbeitnehmer nach Entgelttarifverträgen entlohnt.¹⁵⁴

2. Eingriffe

931 Hinsichtlich der Qualifizierung von Eingriffen in die Koalitionsfreiheit gelten zunächst die allgemeinen Regeln, d. h. es finden der klassische und weite Eingriffsbegriff Verwendung. Eingriffe in den Schutzbereich sind allerdings von der rechtlichen Ausgestaltung der Koalitionsfreiheit (ohne Eingriffscharakter) abzugrenzen. Das Grundrecht der Koalitionsfreiheit bedarf der *Ausgestaltung durch die Rechtsordnung*.¹⁵⁵ Die gesetzliche Ausgestaltung besteht in der

> „Schaffung der Rechtsinstitute und Normkomplexe, die erforderlich sind, um die grundrechtlich garantierten Freiheiten ausüben zu können".¹⁵⁶

932 Es handelt sich *nicht um einen rechtfertigungsbedürftigen Eingriff in die Koalitionsfreiheit*, wenn das einfache Recht den „Koalitionen den Rahmen und die Formen zur Verfügung stellt, in denen sie die autonome Ordnung des Arbeitslebens verwirklichen können."¹⁵⁷ Dabei kommt dem Gesetzgeber ein *weiter Gestaltungsspielraum* zu.¹⁵⁸ Er hat jedoch darauf zu achten, dass die Parität der Tarifpartner nicht verfälscht wird.¹⁵⁹

> **Fall 23:**¹⁶⁰ In den Tarifverhandlungen in der Metallindustrie war die beteiligte M-Gewerkschaft zu großen Zugeständnissen an die Arbeitgeber bereit. Im Gegenzug wurde vereinbart, dass diese künftig nur noch Arbeitnehmer einstellen, die der M angehören (sog. closed-shop-System). Ist der Tarifvertrag gültig?

---

148 BVerfGE 84, 212, 225 – *Aussperrung*.
149 BVerfG, U. v. 11.7.2017, Az 1 BvR 1571/15 u. a., Rn. 138 – *Tarifeinheitsgesetz*.
150 Vgl. zu diesem Aspekt BVerfG, U. v. 11.7.2017, Az 1 BvR 1571/15 u. a., Sondervotum, Rn. 10 – *Tarifeinheitsgesetz*.
151 Siehe BVerfGE 19, 303, 321 – *koalitionsgemäße Betätigung*; vgl. auch BVerfGE 60, 162 – *Personalrat*, und BVerfGE 67, 369 – *Personalvertretungswahl*.
152 BVerfGE 88, 5, 13 – *Beratungshilfe*.
153 BVerfGE 100, 214, 219 – *Gewerkschaftsausschluss*.
154 BVerfGE 116, 202, 211 – *Tariftreueregelung*.
155 Vgl. BVerfGE 84, 212, 228 – *Aussperrung*; BVerfGE 88, 103, 115 – *Streikarbeit durch Beamte*.
156 BVerfGE 50, 290, 368 – *Mitbestimmung*.
157 Ebenso *Kingreen/Poscher*, Grundrechte, Rn. 862; *Hufen*, Staatsrecht II, § 37 Rn. 19.
158 Vgl. BVerfGE 20, 312, 317 – *Tariffähigkeit von Handwerksinnungen*.
159 Vgl. BVerfGE 92, 26, 41 – *Zweitregister*.
160 Vgl. dazu *Höfling*, in: Sachs, GG, Art. 9 Rn. 132 m. w. N.

Ein *Eingriff* in die Koalitionsfreiheit liegt in *jeder Regelung des durch Art. 9 Abs. 3 geschützten Verhaltens*.[161] Dies gilt nicht nur für staatliche Maßnahmen, da Art. 9 Abs. 3 S. 2 die Koalitionsfreiheit auch gegen Beeinträchtigungen durch Private schützt.[162] **933**

> **Lösung Fall 23**: Der Tarifvertrag könnte gegen Art. 9 Abs. 3 S. 2 verstoßen und daher nichtig sein. Der Schutzbereich der Koalitionsfreiheit, Art. 9 Abs. 3 S. 1 umfasst auch das Recht, Koalitionen, zu denen auch Gewerkschaften gehören, nicht beizutreten (negative Koalitionsfreiheit). Indem die Arbeitgeber eines ganzen Industriezweigs künftig nur noch Mitglieder einer bestimmten Gewerkschaft einstellen wollen, würde auf Arbeitssuchende ein großer Druck aufgebaut, dieser beizutreten, ein Eingriff liegt also vor. Wegen Art. 9 Abs. 3 S. 2 ist es unerheblich, ob dieser vom Staat oder (wie hier) von Privaten ausgeht. Die Regelung ist auch nicht verfassungsrechtlich gerechtfertigt. Die Gewerkschaft kann sich bei ihren Bemühungen möglichst viele Mitglieder zu gewinnen zwar ihrerseits auf die Koalitionsfreiheit berufen. Das Ausüben derartigen Drucks stellt sich aber zumindest als unverhältnismäßig dar.

Auch *Differenzierungsklauseln*, die den Arbeitgeber verpflichten, tarifgebundenen Arbeitnehmern höhere Leistungen zu gewähren als nichtorganisierten Arbeitnehmern, stellen einen Eingriff dar.[163] **934**

> Es stellt ferner einen *Eingriff in die individuelle Koalitionsfreiheit* dar, wenn der Beitritt zu einer Koalition trotz eines Aufnahmeanspruchs verhindert oder erschwert wird[164] oder ein Arbeitgeber Zwang ausübt, um den Austritt eines Arbeitnehmers aus einer Gewerkschaft zu erreichen.[165] Gleiches gilt für den Ausschluss eines Koalitionsmitglieds ohne Rechtfertigungsgründe von hinreichendem Gewicht.[166]
>
> Außerdem darf ein Arbeitgeber die *Einstellung von Bewerbern nicht vom Austritt aus einer Gewerkschaft abhängig machen*, da dies einen unmittelbaren Eingriff in die Bestands- und Betätigungsgarantie der Koalition darstellt.[167] Ebenso wenig darf ein Arbeitgeber unter Hinweis auf die Gewerkschaftszugehörigkeit den Abschluss eines Arbeitsvertrages verweigern oder ein bestehendes Arbeitsverhältnis kündigen.[168]
>
> *In die kollektive Koalitionsfreiheit wird eingegriffen*, wenn der Staat die Zwangsschlichtung eines Arbeitskampfes vornimmt,[169] Beamte auf bestreikten Arbeitsplätzen einsetzt[170] oder Aussperrungen zur Abwehr von begrenzten Teil- oder Schwerpunktstreiks beschränkt.[171] Keinen Verfassungsverstoß stellt hingegen die Errichtung von Arbeitnehmerkammern als Körperschaften des öffentlichen Rechts mit Pflichtzugehörigkeit aller Arbeitnehmer dar.[172]
>
> Ebenfalls zu Eingriffen kommt es bei der Festlegung von *Mindestlöhnen*.[173] Dies betrifft sowohl die Parteien des Tarifvertrags, der Grundlage für den Mindestlohn ist, als auch die Parteien von nicht ausgewählten Tarifverträgen. Daneben ist auch ein Eingriff in

---

161 Vgl. *Jarass*, in: Jarass/Pieroth, GG, Art. 9 Rn. 45.
162 Zur unmittelbaren Drittwirkung der Koalitionsfreiheit oben Rn. 885.
163 Vgl. *Scholz*, in: Maunz/Dürig, GG, Art. 9 Rn. 231; *Höfling*, in: Sachs, GG, Art. 9 Rn. 132; BAGE 20, 175, 218 ff.
164 Vgl. *Löwer*, in: v. Münch/Kunig, GG, Art. 9 Rn. 100.
165 Vgl. *Kingreen/Poscher*, Grundrechte, Rn. 863.
166 *Löwer*, in: v. Münch/Kunig, GG, Art. 9 Rn. 100.
167 Vgl. BAGE 54, 353, 359.
168 Vgl. BAGE 54, 353, 360.
169 Vgl. BVerfGE 18, 18, 30 – *Koalitionsbegriff I*; *Jarass*, in: Jarass/Pieroth, GG, Art. 9 Rn. 45; Näher zur staatlichen Neutralitätsverpflichtung *Löwer*, in: v. Münch/Kunig, GG, Art. 9 Rn. 83 ff. und *Linsenmaier*, in: ErfK, Art. 9 GG Rn. 148 ff.
170 BVerfGE 88, 103 – *Streikarbeit durch Beamte*.
171 BVerfGE 84, 212 – *Aussperrung*.
172 BVerfGE 38, 281 – *Arbeitnehmerkammern*.
173 Dazu VG Berlin, NVwZ 2008, 804 – *Post-MindestlohnVO*.

die Tarifautonomie der Außenseiter anzunehmen. Allerdings gilt es dann im Einzelfall die verfassungsrechtliche Rechtfertigung zu prüfen.

3. Verfassungsrechtliche Rechtfertigung

935 **a) Vorbehaltlos gewährtes Grundrecht.** Eingriffe in den Schutzbereich der Koalitionsfreiheit bedürfen der *verfassungsrechtlichen Rechtfertigung*. Sofern es um die Beziehung zwischen dem Staat und Privatrechtssubjekten geht, ist hierfür ein die Koalitionsfreiheit beschränkendes *Gesetz* erforderlich. Wird das Verhältnis der Tarifparteien, die sich beide auf den Schutz des Art. 9 Abs. 3 berufen können, zueinander berührt, bedarf die Koalitionsfreiheit der gesetzlichen Ausgestaltung, in der der Gesetzgeber die Rechtsinstitute und Normenkomplexe zu setzen hat, die dem Handeln der Koalitionen und insbesondere der Tarifautonomie Geltung verschaffen.[174]

936 Es ist umstritten, *ob Art. 9 Abs. 2 auch für die Koalitionsfreiheit gilt*. Gegen die Übertragbarkeit sprechen die systematisch Stellung der Eingriffsermächtigung, die nach der Vereinigungsfreiheit, aber vor der Koalitionsfreiheit steht,[175] sowie der Vergleich mit dem Gesetzesvorbehalt des Art. 5 Abs. 2, der für die Grundrechte des Art. 5 Abs. 3 ebenfalls nicht gilt.[176] In der Entscheidung zum Tarifeinheitsgesetz hat das *BVerfG* explizit klargestellt, dass die Koalitionsfreiheit keinen Spezialfall der Vereinigungsfreiheit darstellt und daher nicht den Schranken des Art. 9 Abs. 2 unterliegt.[177] Die *wohl h. L.*[178] wendet hingegen *Art. 9 Abs. 2 auch auf die Koalitionsfreiheit an*. Begründet wird dies mit der Entstehungsgeschichte sowie dem systematischen Zusammenhang von Art. 9 und Art. 21, aus dem sich ergeben soll, dass die Koalitionsfreiheit nicht stärker geschützt sein kann als die Parteienfreiheit.[179] Der Streit ist regelmäßig *ohne praktische Bedeutung*, da eine Koalition, die sich die in Art. 9 Abs. 2 genannten Zwecke setzt, regelmäßig nicht als Koalition i. S. v. Art. 9 Abs. 3 anzusehen ist, da die jeweiligen Zielsetzungen zu verschieden sind.[180]

> **Fall 24**: Die Tarifverhandlungen für die Arbeitnehmer im Öffentlichen Dienst kommen nicht voran. Daher möchte die Frühschicht der Berufsfeuerwehr Stuttgart in den Streik treten. Die zuständige Polizeibehörde verbietet dies auf Grundlage des Polizeigesetzes, da Leib und Leben möglicher Brandopfer gefährdet werden könnten. Steht dies mit Art. 9 Abs. 3 S. 1 in Einklang?

937 Einschränkungen der Koalitionsfreiheit können jedenfalls durch *kollidierendes Verfassungsrecht*, insbesondere *Grundrechte Dritter* und andere mit Verfassungsrang ausgestattete Rechtsgüter gerechtfertigt sein.[181]

> **Lösung Fall 24**: Das Verbot einer Streikmaßnahme stellt einen Eingriff in die Koalitionsfreiheit der Streikteilnehmer dar. Dieser könnte verfassungsrechtlich gerechtfertigt sein. Da die Polizei, eine staatliche Stelle, handelt, ist ein formelles Gesetz als Eingriffs-

---

174 BVerfG, U. v. 11.7.2017, Az 1 BvR 1571/15 u. a., Rn. 144 – *Tarifeinheitsgesetz* unter Hinweis auf BVerfGE 92, 26, 41 – *Zweitregister*.
175 Vgl. *Kingreen/Poscher*, Grundrechte, Rn. 874.
176 Vgl. *Jarass*, in: Jarass/Pieroth, GG, Art. 9 Rn. 52.
177 BVerfG, U. v. 11.7.2017, Az 1 BvR 1571/15 u. a., Rn. 143 – *Tarifeinheitsgesetz*; s. a. BVerfGE 94, 268, 284 – *wissenschaftliches Personal*.
178 Siehe etwa *Scholz*, in: Maunz/Dürig, GG, Art. 9 Rn. 337; *Löwer*, in: v. Münch/Kunig, GG, Art. 9 Rn. 110.
179 Vgl. *Kingreen/Poscher*, Grundrechte, Rn. 874.
180 So auch *Kingreen/Poscher*, Grundrechte, Rn. 839; *Linsenmaier*, in: ErfK, Art. 9 GG Rn. 48.
181 Siehe auch BVerfGE 84, 212, 226 f. – *Aussperrung*; so jetzt auch BVerfG, U. v. 11.7.2017, Az 1 BvR 1571/15 u. a., Rn. 143 – *Tarifeinheitsgesetz*; BVerfGE 103, 293, 306.

grundlage erforderlich. Dies liegt mit dem Polizeigesetz vor.[182] Dieses konkretisiert im vorliegenden Fall das Grundrecht möglicher Brandopfer auf Leben und Gesundheit sowie Eigentum (Art. 2 Abs. 2 S. 1; Art. 14 Abs. 1), die Maßnahme ist auch verhältnismäßig, insbesondere im Hinblick auf die Schwere der möglichen Schäden auf Seiten Unbeteiligter. Das Streikverbot steht daher mit Art. 9 Abs. 3 S. 1 in Einklang.

Ebenso sind Arbeitskampfmaßnahmen unzulässig, die die Funktionsfähigkeit von Krankenhäusern gefährden.[183]

Auch die „hergebrachten Grundsätze des Berufsbeamtentums" gemäß Art. 33 Abs. 5 können Eingriffe in die Koalitionsfreiheit von Beamten rechtfertigen. Aus diesem Grund ist die Zulassung eines Streiks im Rahmen des Beamtenrechts nicht möglich.[184]

b) Anforderungen an Beschränkungen (Schranken-Schranke). Wird die Koalitionsfreiheit durch ein Gesetz beschränkt, ist dessen formelle[185] und materielle *Verfassungsmäßigkeit* erforderlich. Darüber hinaus muss jeder Eingriff dem Grundsatz der Verhältnismäßigkeit entsprechen[186] und einen schonenden Ausgleich der kollidierenden Verfassungsgüter herbeiführen.[187]

938

Die Bedeutung einer *Schranken-Schranke* hat auch Art. 9 Abs. 3 S. 3,[188] wonach im *Notstandsfall* keine weitergehenden Einschränkungen der Koalitionsfreiheit zulässig sind.[189]

939

§ 19 Das Brief-, Post- und Fernmeldegeheimnis gemäß Art. 10

Literatur:
Böckenförde, T., Auf dem Weg zur elektronischen Privatsphäre, JZ 2008, 925; *Funke, A./Lüdemann, J.*, Grundfälle zu Art. 10 GG, JuS 2008, 780; *Groß, T.*, Die Schutzwirkung des Brief-, Post- und Fernmeldegeheimnisses nach der Privatisierung der Post, JZ 1999, 326; *Gusy, C.*, Das Grundrecht des Post- und Fernmeldegeheimnisses, JuS 1986, 89; *Hauschild, J.*, Beschlagnahme einer SIM-Karte als Eingriff in das Fernmeldegeheimnis, NStZ 2005, 339; *Hoffmann-Riem, W.*, Der grundrechtliche Schutz der Vertraulichkeit und Integrität eigengenutzter informationstechnischer Systeme, JZ 2008, 1009; *ders.*, Freiheitsschutz in den globalen Kommunikationsinfrastrukturen, JZ 2014, 53; *Huber, B.*, Das neue G 10-Gesetz, NJW 2001, 3296; *Kaysers, H. H.*, Die Unterrichtung Betroffener über Beschränkungen des Brief-, Post- und Fernmeldegeheimnisses, AöR 2004, 121; *Lepsius, O.*, Die Grenzen der präventivpolizeilichen Telefonüberwachung, Jura 2006, 929; *Nachbaur, A.*, Standortfeststellung und Art. 10 GG – Der Kammerbeschluss des BVerfG zum Einsatz des „IMSI-Catchers", NJW 2007, 351; *Pötters, S./Werkmeister, C.*, Der verfassungsrechtliche Konflikt zwischen Freiheit und Sicherheit im Zeitalter des Internets, Jura 2013, 5; *Schmitt Glaeser, W.*, Schutz der Privatsphäre, in: Isensee, J./Kirchhof, P. (Hrsg.), Handbuch des Staatsrechts der Bundesrepublik Deutschland, Band VI, 2. Auflage 2000, § 129; *Schoch, F.*, Der verfassungsrechtliche Schutz des Fernmeldege-

---

182 Polizeiliche Generalklausel; bspw. §§ 13, 16 SOG M-V.
183 Vgl. *Höfling*, in: Sachs, GG, Art. 9 Rn. 144.
184 BVerfGE 44, 249, 264 m. w. N. – *Alimentationsprinzip*.
185 Dieser Gedanke aus dem Elfes-Urteil (BVerfGE 6, 32 ff.), dass nämlich die allgemeine Handlungsfreiheit nur durch ein Gesetz beschränkt werden kann, dass selbst in jeder Hinsicht formell und materiell der Verfassung gemäß ist, wird heute auf alle Grundrechte übertragen.
186 BVerfG, U. v. 11.7.2017, Az 1 BvR 1571/15 u. a., Rn. 151 – *Tarifeinheitsgesetz*;
187 Vgl. *Jarass*, in: Jarass/Pieroth, GG, Art. 9 Rn. 54 m. w. N.
188 *Scholz*, in: Maunz/Dürig, GG, Art. 9 Rn. 389.
189 Vgl. *Höfling*, in: Sachs, GG, Art. 9 Rn. 153, näher hierzu *Löwer*, in: v. Münch/Kunig, GG, Art. 9 Rn. 113 ff.

heimnisses (Art. 10 GG), Jura 2011, 194; *Vahle, J.*, Zulässigkeit von Eingriffen in das Brief- und Postgeheimnis, DVP 2000, 27; *Weides, P.*, Die Gefängnisadresse als „neue Anschrift", JuS 1982, 49; *Wolff-Reske, M.*, Die Korrespondenz zwischen Gefangenen und ihnen nahe stehenden Personen als „beleidigungsfreier Raum", Jura 1996, 184.

Rechtsprechung:
BVerfGE 6, 32 – *Elfes;* BVerfGE 30, 1 – *Abhörurteil;* BVerfGE 33, 1 – *Briefgeheimnis Strafgefangener;* BVerfGE 57, 170 – *Briefe an die Eltern aus der Untersuchungshaft;* BVerfGE 67, 157 – *G 10;* BVerfGE 85, 386 – *Fangschaltung;* BVerfGE 93, 181 – *verdachtslose Rasterfahndung;* BVerfGE 98, 83 – *Landesabfallabgabengesetz* BVerfGE 100, 313 – *strategische Überwachung durch BND;* BVerfGE 106, 28 – *Mithörvorrichtung;* BVerfGE 107, 299 – *Handy-Überwachung;* BVerfGE 113, 348 – *vorbeugende Telekommunikationsüberwachung;* BVerfGE 115, 166 – *Telekommunikationsüberwachung;* BVerfG, NJW 2007, 351 – *Handy-Ortung;* BVerfGE 120, 274 – *Online-Durchsuchung;* BVerfGK 19, 140 – *Gefangenenpost;* BVerfGE 133, 277 – *Antiterrordateigesetz;* BVerfGE 141, 220 – *BKA-Gesetz;* BVerfG, NJW 2019, 584 – *Erfolglose Verfassungsbeschwerde gegen die Verpflichtung zur Angabe von IP-Adressen.*

I. Überblick und Normstruktur

940 Art. 10 schützt das Brief-, Post- und Fernmeldegeheimnis. Vereinfachend lässt sich der Schutzgehalt der drei Teilelemente mit dem Begriff *Kommunikationsgeheimnis* zusammenfassen.
Art. 10 ist im Kern ein spezielles Persönlichkeitsrecht.[1]

> „Es gewährleistet die freie Entfaltung der Persönlichkeit durch einen privaten, vor den Augen der Öffentlichkeit verborgenen Austausch von Nachrichten, Gedanken und Meinungen (Informationen) und wahrt damit die Würde des denkenden und freiheitlich handelnden Menschen."[2]

941 Es besteht ein enger Zusammenhang zu anderen Grundrechten der Privatheit, wie dem schon genannten Grundrecht auf freie Entfaltung der Persönlichkeit (Art. 2 Abs. 1 i. V. m. Art. 1 Abs. 1) und Art. 13 (Unverletzlichkeit der Wohnung). Wie jene dient zwar auch das Grundrecht des Art. 10 dem Schutz der Vertraulichkeit individueller Kommunikation und Interaktion. Im Unterschied zum Persönlichkeitsgrundrecht und der Unverletzlichkeit der Wohnung geht es bei den von Art. 10 GG geschützten Brief-, Post- und Fernmeldegeheimnissen aber um den Schutz der Vertraulichkeit individueller Kommunikation, die wegen der räumlichen Distanz auf eine Übermittlung durch andere angewiesen ist und deshalb auch in besonderer Weise dem Zugriff Dritter offen steht.
Schutzgegenstand sind deshalb

> „Kommunikationen, die wegen der räumlichen Distanz zwischen den Beteiligten auf Übermittlung durch Dritte, typischerweise die Post, angewiesen sind. Das Grundrecht soll jener Gefahr für die Vertraulichkeit der Mitteilung beggnen, die sich gerade aus der Einschaltung eines Übermittlers ergibt. Seine besondere Bedeutung gewinnt es aus der Erfahrung, dass der Staat unter Berufung auf seine eigene Sicherheit sowie die Sicherheit seiner Bürger häufig zum Mittel der Überwachung privater Kommunikation gegriffen hat."[3]

942 Adressat des Brief-, Post- und Fernmeldegeheimnisses ist mit Rücksicht auf Art. 1 Abs. 3 die *gesamte öffentliche Gewalt.*[4] Bis zur Postreform galt dies auch für die öffentlich-rechtlich organisierte Deutsche Bundespost.

---

1 Vgl. *Sachs*, Verfassungsrecht II, Teil II Kap 22 Rn. 3.
2 BVerfGE 67, 157, 171 – *G 10; Durner*, in: Maunz/Dürig, GG, Art. 10 Rn. 1.
3 BVerfGE 85, 386, 395 f. – *Fangschaltung.*
4 Näher zum Adressatenkreis *Pagenkopf*, in: Sachs, GG, Art. 10 Rn. 16 ff.

Mit der *Privatisierung der staatlichen Post* stellte sich die Frage nach der Grundrechtsbindung der privaten Nachfolgeunternehmen (Deutsche Post AG, Deutsche Telekom AG). Nach Auffassung des BVerwG sollte Art. 10 auch ein privatrechtliches Unternehmen verpflichten, das im Alleinbesitz des Staates steht oder vom Staat beherrscht wird, somit auch die Deutsche Post AG, solange der Bund noch über die Kapitalmehrheit an diesem Unternehmen verfügte.[5]

Da die Tätigkeiten der *Nachfolgeunternehmen der Deutschen Bundespost* als *privatwirtschaftlich* zu qualifizieren sind (vgl. auch Art. 87f Abs. 2), wird eine unmittelbare Grundrechtsbindung von der h. M. inzwischen verneint.[6] Insbesondere die heutige Post AG ist als echte Privatperson nicht mehr Adressatin des Art. 10.[7]

Infolge dieser Entwicklung wird aus Art. 10 nunmehr eine *staatliche Schutzpflicht* hergeleitet, wonach der Staat durch gesetzliche Regelungen dafür Sorge tragen muss, dass das Brief-, Post- und Fernmeldegeheimnis auch durch die Nachfolgeunternehmen der ehemals staatlichen Post sowie andere private Anbieter gewahrt wird.[8] Gegenüber staatlichen Stellen, wie etwa Untersuchungsausschüssen oder den Geheimdiensten, stellt Art. 10 nach wie vor ein Abwehrrecht des Bürgers gegen den Staat dar.[9] Art. 10 GG verpflichtet auch und vor allem Organe, die mit dem Brief- und Postwesen nichts zu tun haben, also vor allem die Sicherheitsorgane.

II. Schutzbereich

1. Persönlicher Schutzbereich

Art. 10 ist *kein Deutschengrundrecht*. Grundrechtsträger sind daher alle *natürlichen Personen*, unabhängig von ihrer Staatsangehörigkeit. Auf seinen Schutz können sich auch Minderjährige oder Menschen berufen, die unter Betreuung stehen.
Bei *Minderjährigen* finden sich allerdings – allerdings nach Alter gestuft – Überlagerungen durch den elterlichen Erziehungsauftrag (Art. 6 Abs. 2).[10]
Nach § 1896 Abs. 4 BGB kann das *Betreuungsgericht* den Aufgabenbereich eines Betreuers auch auf Fernmeldeverkehr des Betreuten und die Entgegennahme, das Öffnen und das Anhalten seiner Post erstrecken. Es wird nicht einheitlich beurteilt, ob die damit bewirkten Ingerenzen verfassungsrechtlichen Anforderungen genügen.[11]
Inländische juristische Personen des Privatrechts können sich nach Maßgabe des Art. 19 Abs. 3 auf den Schutz des Art. 10 berufen.[12] *Ausländischen juristischen Perso-*

---

5 BVerwGE 113, 208, 210; ebenso *Gusy*, in: v. Mangoldt/Klein/Starck, GG, Art. 10 Rn. 55 ff.
6 Vgl. *Pagenkopf*, in: Sachs, GG, Art. 10 Rn. 20 m. w. N.; *Löwer*, in: v. Münch/Kunig, GG, Art. 10 Rn. 9; *Jarass*, in: Jarass/Pieroth, GG, Art. 10 Rn. 1a.
7 So auch *Jarass*, in: Jarass/Pieroth, GG, Art. 10 Rn. 1a m. w. N.
8 Vgl. *Kingreen/Poscher*, Grundrechte, Rn. 885; zur Bedeutung des Art. 10 auch *Katz*, Staatsrecht, Rn. 777.
9 Ebenso *Jarass* für den Untersuchungsausschuss, in: Jarass/Pieroth, GG, Art. 10 Rn. 1a. Siehe zur Geschichte des Kommunikationsgeheimnisses auch *Stein/Frank*, Staatsrecht, § 37 I.
10 *Durner*, in: Maunz/Dürig, GG, Art. 10 Rn. 101; *Ogorek*, in: BeckOK, GG, Art. 10 Rn. 7.1.
11 Angesichts des Fehlens normierter Voraussetzungen, wann dem Betreuer die Post- und Fernmeldekontrolle (oder Teile davon) übertragen werden können kritisch *Schmidt-Recla*, in BeckOK, BGB, § 1896 Rn. 288; anders etwa *G. Müller*, in: BeckOK, BGB, § 1896 Rn. 54, Bedenken können durch strikte Beachtung des Erforderlichkeitsgrundsatzes und Verhältnismäßigkeitsprinzips aufgefangen werden.
12 BVerfGE 106, 28, 43 – *Mithörvorrichtung.*

nen innerhalb des EU-Bereiche sind juristischen Personen des Inlands gleichgestellt.

Hinsichtlich *juristischer Personen des öffentlichen Rechts* hat das BVerfG jedenfalls für Rundfunkanstalten die Berufung auf Art. 10 zugelassen.[13] Dem ist zuzustimmen, denn sie können sich mit Blick auf die Kommunikationsgeheimnisse in einer typischen grundrechtlichen Gefährdungslage befinden.

2. Sachlicher Schutzbereich

945 Das Brief-, Post- und Fernmeldegeheimnis schützt in erster Linie den *Kommunikationsinhalt*[14] und die Kommunikationsumstände wie Ort, Zeit und Dauer sowie die daran beteiligten Personen.[15]

946 a) **Das Briefgeheimnis.** Das Briefgeheimnis

„schützt den brieflichen Verkehr der Einzelnen untereinander gegen eine Kenntnisnahme der öffentlichen Gewalt von dem Inhalt des Briefes",[16] „den vor den Augen der Öffentlichkeit verborgenen Austausch von Nachrichten, Gedanken und Meinungen (Informationen)."[17]

947 Gegenstand des Briefgeheimnisses sind nicht nur Briefe, sondern *alle schriftlichen Mitteilungen*, die an einen individuellen Empfänger gerichtet sind.[18] Unerheblich ist, ob die Mitteilungen *offen oder verschlossen* sind.[19] Es kommt weder auf die Form noch die Art und Weise der Herstellung des Briefes an.

Bsp.: Vom Schutzbereich erfasst werden Telegramme, Postkarten und Drucksachen,[20] nicht aber Sendungen an einen unbestimmten Personenkreis, wie z. B. nicht adressierte Postwurfsendungen.[21]

948 Das Briefgeheimnis erstreckt sich nicht nur auf den *Inhalt der Mitteilung*, sondern umfasst *auch deren Absender und Adressaten* sowie alle Daten der Beförderung.[22] In zeitlicher Hinsicht gilt das Briefgeheimnis, sobald der Absender die Sendung aus der Hand gegeben hat und solange sie noch nicht *tatsächlich* beim Empfänger angekommen ist, so dass die *gesamte Dauer des Beförderungsvorgangs* dem Schutz des Art. 10 Abs. 1 unterliegt.[23]

949 b) **Das Postgeheimnis.** Das Postgeheimnis

„erstreckt sich insbesondere auf den konkreten Inhalt der übermittelten Sendung und schützt vor der Offenbarung (Übermittlung, Weitergabe), wer mit wem durch die Post Briefe und Sendungen wechselt, vor der Öffnung verschlossener Sendungen, vor Nachforschungen nach ihrem Inhalt und vor Eingriffen postfremder Stellen."[24]

---

13 BVerfGE 107, 299, 206 – *Handyüberwachung*; s. a. *Ogorek*, in: BeckOK, GG, Art. 10 Rn. 9 m. w. N.
14 BVerfGE 85, 386, 396 – *Fangschaltung*.
15 BVerfGE 125, 260, 309 – *Vorratsdatenspeicherung II*; vgl. auch *Sachs*, Verfassungsrecht II, Teil II Kap 22 Rn. 4.
16 BVerfGE 67, 157, 171 – *G 10*; BVerfGE 33, 1, 11 – *Strafgefangene*.
17 BVerfGE 67, 157, 171 – *G 10*.
18 Vgl. *Ipsen*, Staatsrecht II, Rn. 302.
19 So auch BVerwGE 113, 208, 210; *Jarass*, in: Jarass/Pieroth, GG, Art. 10 Rn. 3; *Löwer*, in: v. Münch/Kunig, GG, Art. 10 Rn. 16; *Durner*, in: Maunz/Dürig, GG, Art. 10 Rn. 68.
20 *Löwer*, in: v. Münch/Kunig, GG, Art. 10 Rn. 16.
21 *Jarass*, in: Jarass/Pieroth, GG, Art. 10 Rn. 6.
22 Vgl. *Kingreen/Poscher*, Grundrechte, Rn. 889.
23 Siehe *Gusy*, in: v. Mangoldt/Klein/Starck, GG, Art. 10 Rn. 48; *Hufen*, Staatsrecht II, § 17 Rn. 5.
24 BVerfGE 67, 157, 172 – *G 10*.

Geschützt sind nicht nur schriftliche Mitteilungen, sondern *„alle Sendungen, die sich im Beförderungsvorgang der Post befinden"* und ihr somit anvertraut sind.[25]

950

> **Beispiele**: Briefe, Päckchen, Pakete und Warenproben sind vom Schutzbereich umfasst. Telefonate und Faxnachrichten werden dagegen unkörperlich übermittelt und fallen daher nicht in den Schutzbereich. Gleiches gilt für Bankdienstleistungen.[26]

Zeitlich reicht der Schutz von der Aufgabe bei der Post bis zur Ablieferung beim Empfänger.[27]

951

> **Klausurhinweis**: Bei der Beförderung von Briefen und anderen individuellen Mitteilungen überschneiden sich der Schutzbereich von Brief- und Postgeheimnissen. In der Klausur bietet es sich an, dies kurz zu erwähnen und sodann mit der Prüfung von Eingriff und verfassungsrechtlicher Rechtfertigung fortzufahren, da es hier keine Unterschiede gibt.

Das Postgeheimnis erstreckt sich damit auf den konkreten *Inhalt* der übermittelten Sendung und schützt vor der *Offenbarung* (Übermittlung, Weitergabe), wer mit wem durch die Post Briefe und Sendungen wechselt. Es gewährt Schutz vor der *Öffnung* verschlossener Sendungen, vor *Nachforschungen* nach ihrem Inhalt und vor *Eingriffen* postfremder Stellen.[28]

c) Das Fernmeldegeheimnis. Das Fernmeldegeheimnis

952

> „schützt den privaten und den geschäftlichen Fernmeldeverkehr vor Eingriffen der öffentlichen Gewalt. Die grundrechtliche Gewährleistung umfasst nicht nur den Inhalt geführter Telefongespräche, sondern auch die näheren Umstände des Fernmeldeverhältnisses. Dazu gehört insbesondere die Tatsache, ob und wann zwischen welchen Personen und Fernmeldeanschlüssen Fernmeldeverkehr stattgefunden hat oder versucht worden ist."[29]

Das Grundrecht des Fernmeldegeheimnisses schützt die *unkörperliche Informationsübermittlung mit Hilfe des Fernmeldewesens*.[30] Aufgrund der technologischen Entwicklungen wurde dieser Begriff in anderen Artikeln des Grundgesetzes durch den der *Telekommunikation* abgelöst (vgl. Art. 73 Nr. 7, Art. 87f).[31]

953

Das Fernmeldegeheimnis erfasst

954

> „sämtliche mit Hilfe der verfügbaren Telekommunikationstechniken erfolgenden Übermittlungen von Informationen. Auf die konkrete Übermittlungsart (etwa über Kabel oder Funk, durch analoge oder digitale Vermittlung) und Ausdrucksform (etwa Sprache, Bilder, Töne, Zeichen oder sonstige Daten) kommt es nicht an."[32]

Das Fernmeldegeheimnis ist insoweit *entwicklungsoffen*.[33]

> Wichtige **Beispiele**: In den Schutzbereich des Fernmeldegeheimnisses fallen somit Telefon (einschließlich Mobilfunk) und Telefax, Kurz- und Multimediamitteilungen sowie die an einen bestimmten Empfänger gerichtete E-Mail.[34]

---

25 Ebenso *Gusy*, in: v. Mangoldt/Klein/Starck, GG, Art. 10 Rn. 53.
26 Siehe die Beispiele bei *Jarass*, in: Jarass/Pieroth, GG, Art. 10 Rn. 4 m. w. N.
27 Vgl. *Ipsen*, Staatsrecht II, Rn. 304; *Jarass*, in: Jarass/Pieroth, GG, Art. 10 Rn. 4.
28 BVerfGE 67, 157, 171 f. – G 10.
29 BVerfGE 67, 157, 172 – G 10.
30 Vgl. *Jarass*, in: Jarass/Pieroth, GG, Art. 10 Rn. 5.
31 BVerfGE 106, 28, 36 – *Mithörvorrichtung*.
32 BVerfGE 106, 28, 36 – *Mithörvorrichtung*.
33 *Gusy*, in: v. Mangoldt/Klein/Starck, GG, Art. 10 Rn. 60. Dazu auch *Hufen*, Staatsrecht II, § 17 Rn. 7.
34 Vgl. *Löwer*, in: v. Münch/Kunig, GG, Art. 10 Rn. 18 f. Zur Zulässigkeit der Überwachung von E-Mail-Korrespondenz *Dietlein*, Examinatorium Staatsrecht, S. 213 ff.

Nicht erfasst werden hingegen an jedermann adressierte Inhalte des Internets sowie Rundfunksendungen für die Allgemeinheit.³⁵

955 Der Schutzbereich umfasst allerdings nicht nur den Inhalt der Kommunikation, sondern auch deren genauere Umstände. Dazu gehört insbesondere die Tatsache, ob und wann zwischen welchen Personen und Fernmeldeanschlüssen Fernmeldeverkehr stattgefunden hat oder versucht worden ist.³⁶

956 d) **Abgrenzungsprobleme.** In vielen Fällen muss Art. 10 von anderen Grundrechten abgegrenzt werden. Idealtypisch lässt sich die Fernmeldekommunikation umschreiben als Übermittlung von Informationen auf elektronischem Weg an einen – oder eine begrenzte Zahl von – Empfängern. Mediales Gegenstück ist der Rundfunk, welcher sich an die Allgemeinheit richtet und daher Vertraulichkeitsschutz weder beansprucht noch genießt.
Im Bereich der Telekommunikation ist in Abgrenzung zum Schutzbereich des Art. 5 Abs. 1 S. 2 („Rundfunkfreiheit") jeweils genau zu prüfen, ob der Schutz einer individuellen Kommunikation in Rede steht; nur in diesem Fall ist Art. 10 einschlägig. Geht es demgegenüber um eine Weitergabe an eine unbestimmte Anzahl von Adressaten, kommt nur Art. 5 Abs. 1 (Rundfunkfreiheit) in Betracht. Abzugrenzen ist Art. 10 auch vom Grundrecht auf Unverletzlichkeit der Wohnung (Art. 13), dem Recht auf informationelle Selbstbestimmung (Art. 2 Abs. 1 i. V. m. Art. 1 Abs. 1) und dem Recht auf Vertraulichkeit und Integrität informationstechnischer Systeme (Art. 2 Abs. 1 i. V. m. Art. 1 Abs. 1).³⁷

III. Eingriffe

957 Eingriffe in die Gewährleistungen des Art. 10 Abs. 1 können durch Regelungen erfolgen, die das Recht der individuellen Kommunikation beeinträchtigen, oder aber faktischer Natur sind.³⁸ Ein Eingriff liegt insbesondere vor, wenn eine staatliche Stelle sich *vom Inhalt, von den Umständen oder auch nur von der Tatsache der Kommunikation Kenntnis verschafft.*³⁹
Beispielsweise wird in das Briefgeheimnis durch die in den JVA vorgenommenen Kontrollen der Briefe (§ 29 Abs. 3 StVollzG) eingegriffen. Das Postgeheimnis wird durch Kenntnisnahme, Registrierung, Verwendung und Weitergabe aller im Rahmen der Dienstleistungen im Bereich des Postwesens und der Telekommunikation geschützten Daten an andere Behörden oder Dritte beeinträchtigt.⁴⁰ Das Fernmeldegeheimnis schließlich wird vor allem durch das Abhören von Gesprächen oder sonstige Kenntnisnahmen übermittelter Fernmeldesendungen, durch deren Aufnahme oder Registrierung beeinträchtigt.⁴¹

958 Das BVerfG sieht in einer sog. *Fangschaltung* keine eingriffsneutrale, betriebsbedingte Schutzbereichsbegrenzung, sondern einen *Eingriff,* obwohl die Fangschaltung der Verhinderung von Missbrauch und Störung dient.⁴²

---

35 Siehe *Jarass,* in: Jarass/Pieroth, GG, Art. 10 Rn. 6.
36 *BVerfGE* 67, 157, 172 – G10; OVG NRW, NJW 1975, 1335.
37 Dazu bereits oben Rn. 361; vgl. auch BVerfGE 125, 260, 310 – *Vorratsdatenspeicherung II.*
38 Vgl. *Manssen,* Grundrechte, Rn. 575.
39 Vgl. *Kingreen/Poscher,* Grundrechte, Rn. 898.
40 *Sachs,* Staatsrecht II, Teil II Kap 22 Rn. 16.
41 Vgl. *Gersdorf,* in: BeckOK, Informations- und Medienrecht, Art. 10 GG Rn. 27.
42 BVerfGE 85, 386, 396 f. – *Fangschaltung.*

Eingriffe liegen besonders dann vor, wenn zu Staats- oder Verfassungsschutzzwecken sowie zum Zweck der Bekämpfung (schwerer) Kriminalität abgehört wird. Unter Umständen muss hinsichtlich der *Eingriffsintensität* zwischen *Datenerhebung*, *Datenspeicherung* und *Datenverwertung* unterschieden werden,[43] wobei jede Handlung für sich genommen einen Eingriff darstellt.[44] Die Auswirkungen einer solchen Abgrenzung zeigen sich im Bereich der verfassungsrechtlichen Rechtfertigung. Eine Rechtfertigung scheidet jedoch von vornherein aus, wenn Inhalte aus dem Kernbereich privater Lebensgestaltung (Menschenwürdekern, Art. 1 Abs. 1) vermeidbar erfasst bzw. nach unvermeidbarer Erfassung nicht gelöscht werden.[45] In allen anderen Fällen ist die Verhältnismäßigkeit zu prüfen.

IV. Verfassungsrechtliche Rechtfertigung von Eingriffen

1. Schranke
a) Der einfache Gesetzesvorbehalt des Art. 10 Abs. 2 S. 1

Fall 25:[46] Wegen des Verdachts des mehrfachen Mordes sucht die Polizei seit über 10 Jahren den T. Journalistin J hat ein Interview mit diesem veröffentlicht, die Polizei hält es daher für wahrscheinlich, dass J in telefonischem Kontakt mit T steht. Sie erwirkt eine richterliche Anordnung nach § 100g StPO und lässt sich vom Telefondienstleister der J eine Liste aller vom Anschluss der J gewählten Rufnummern geben. Kann der Eingriff in das Fernmeldegeheimnis gerechtfertigt werden?[47]

Art. 10 Abs. 2 S. 1 enthält einen *einfachen Gesetzesvorbehalt*. Hierauf beruhende Eingriffsermächtigungen sind insbesondere in §§ 99 ff. StPO und in §§ 28 ff. StVollzG enthalten.[48] Die Prüfung der Verhältnismäßigkeit solcher Eingriffsermächtigungen hat das BVerfG inzwischen so stark ausdifferenziert, dass es detaillierte Vorgaben an den Gesetzgeber stellt.[49]

Lösung Fall 25:[50] Gemäß Art. 10 Abs. 2 S. 1 kann die Fernmeldefreiheit auf Grund eines Gesetzes beschränkt werden. Gesetzliche Grundlage war hier § 100g Abs. 1 S. 1 Nr. 1 StPO. Die Norm selbst ist verfassungsgemäß. Der Eingriff müsste insbesondere verhältnismäßig sein. Das verfolgte Ziel – Schutz der Bevölkerung und Durchsetzung des staatlichen Strafanspruchs – ist legitim und die Maßnahme geeignet, es zu erreichen. Nach über 10 Jahren Polizeiarbeit stellt sich der Kontakt zu J wohl als letzte Spur zu T dar, so dass mildere, gleich geeignete Mittel zu dessen Ergreifung nicht ersichtlich sind, die Maßnahme war also erforderlich. Sie war auch verhältnismäßig: Zwar wiegt der Eingriff in das Fernmeldegeheimnis schwer, da er *heimlich* Kommunikationspartner und -verhalten der J aufdeckt und so Rückschlüsse auf ihre Persönlichkeit erlaubt. Dennoch überwiegt angesichts der erheblichen Schwere des Tatvorwurfs gegen T – eine konkrete Beweislage vorausgesetzt – das staatliche Strafverfolgungsinteresse. Der

---

43 Vgl. BVerfGE 121, 1 – *Vorratsdatenspeicherung*.
44 Ebenso *Hufen*, Staatsrecht II, § 17 Rn. 11; vgl. zu einer solchen Eingriffskombination BVerfGE 133, 277, 372 ff. – *Antiterrordateigesetz*.
45 BVerfGE 113, 348, 392 – *vorbeugende Telekommunikationsüberwachung*.
46 Angelehnt an BVerfGE 107, 299 – *Handyüberwachung*.
47 Zu berücksichtigen wäre hier ersichtlich auch die Pressefreiheit (dazu oben Rn. 603 ff.), s. dazu BVerfGE 107, 299 – *Handyüberwachung*.
48 Siehe zu den Einschränkungen im Strafvollzug etwa *Ipsen*, Staatsrecht II, Rn. 310 f.; ausführlich zu den Beschränkungen im Rahmen der Strafverfolgung außerdem *Pagenkopf*, in: Sachs, GG, Art. 10 Rn. 32 ff.
49 Vgl. zuletzt BVerfGE 141, 220 – *BKA-Gesetz* und dort die kritischen Sondervoten der Richter *Eichberger* und *Schluckebier*.
50 Vgl. dazu BVerfGE 107, 299 – *Handyüberwachung*, insbesondere mit Ausführungen zur Rolle der privaten Telefondienstleister.

Eingriff ist verfassungsrechtlich gerechtfertigt und J damit nicht in Art. 10 Abs. 1 verletzt.

960 **b) Die besonderen Eingriffsbefugnisse des Art. 10 Abs. 2 S. 2.** Die „*Staatsschutzklausel*" des Art. 10 Abs. 2 S. 2 wurde im Jahre 1968 im Zuge der *Notstandsgesetzgebung* in das Grundgesetz aufgenommen. Nach dieser Vorschrift können Gesetze, die dem Schutz der freiheitlich-demokratischen Grundordnung oder dem Bestand oder der Sicherung des Bundes oder eines Landes dienen, bestimmen, dass die Beschränkung der Grundrechte aus Art. 10 Abs. 1 „*dem Betroffenen nicht mitgeteilt wird* und dass an die Stelle des Rechtsweges die Nachprüfung durch von der Volksvertretung bestellte Organe und Hilfsorgane tritt." Von der Ermächtigung des Art. 10 Abs. 2 S. 2 hat der Gesetzgeber durch den Erlass des *Gesetzes zur Beschränkung des Brief-, Post- und Fernmeldegeheimnisses (sog. G 10)* Gebrauch gemacht.[51] Sowohl die Verfassungsänderung als auch das daraufhin ergangene G 10 („*Abhörgesetz*") hat das BVerfG ungeachtet heftiger Kritik[52] für mit dem Grundgesetz vereinbar erklärt, wenn auch nur mit einer Mehrheit von fünf zu drei Stimmen.[53]

2. Schranken-Schranke

961 Hinsichtlich der weiteren Anforderungen an die Einschränkungen gelten zunächst die allgemeinen Regeln. Die die Freiheiten des Art. 10 beschränkenden Gesetze müssen zudem selbst in jeder Hinsicht verfassungsgemäß sein. Dieser ursprünglich in der Elfes-Entscheidung des Bundesverfassungsgerichts[54] zu Art. 2 Abs. 1 GG entwickelte Gedanke wird heute bei allen Grundrechten zur Anwendung gebracht.[55] Das bedeutet, dass das Gesetz sowohl formell als auch materiell verfassungsgemäß sein muss. Das Zitiergebot ist anwendbar, in materieller Hinsicht dürfen beschränkende Maßnahmen insbesondere weder die Wesensgehaltssperre überschreiten noch zu sonst unverhältnismäßigen Freiheitseinbußen führen.

§ 20 Die Freizügigkeit gemäß Art. 11

Literatur:
Breucker, M., Präventivmaßnahmen gegen reisende Hooligans, NJW 2004, 1631; *Frenzel, E. M.*, Grundfälle zu Art. 11 GG, JuS 2011, 595; *Fritzsch, F.*, Zur Zulässigkeit wohnsitzbeschränkender Auflagen, ZAR 2007, 356; *Gusy, C.*, Verfassungsrechtliche Anforderungen an den Wohnungsverweis, JZ 2005, 355; *Hailbronner, K.*, Freizügigkeit, in: Isensee, J./Kirchhof, P. (Hrsg.), Handbuch des Staatsrechts der Bundesrepublik Deutschland, Band VI, 2. Auflage 2000, § 131; *ders.*, Die Freizügigkeit im Spannungsfeld zwischen Staatsräson und europäischem Gemeinschaftsrecht, DÖV 1978, 857; *Hamdan, B.*, Das Grundrecht auf Freizügigkeit nach Art. 11 GG, JA 2019, 165; *Herzmann, K.*, Ausgangssperren auch in Deutschland?, DÖV 2006, 678; *Hetzer*, W., Zur Bedeutung des Grundrechts auf Freizügigkeit (Art. 11 GG) für polizeiliche Aufenthaltsverbote, JR 2000, 1; *Kunig, P.*, Das Grundrecht auf Freizügigkeit, Jura 1990, 306; *Kay, W.*, Wohnungsverweisung – Rückkehrverbot zum Schutz vor häuslicher Gewalt, NVwZ 2003, 521; *Lang, H.* „Das Opfer bleibt, der Schläger geht" – Rechtsfragen polizei-

---
51 BGBl. 1968 I, S. 949. Vgl. zur Entwicklung des G 10 *Durner*, in: Maunz/Dürig, GG, Art. 10 Rn. 179 ff.
52 *Durner*, in: Maunz/Dürig, GG, Art. 10 Rn. 179 ff.
53 BVerfGE 30, 1 – *Abhörurteil*; vgl. zur Kritik zunächst die abweichende Meinung im Sondervotum sowie *Stein/Frank*, Staatsrecht, § 37 III.
54 Vgl. BVerfGE 6, 32 ff. – *Elfes*.
55 BVerfGE 98, 83, 97 – *Landesabfallabgabengesetz*; s. a. *Höfling*, in: Friauf/Höfling, GG, Art. 2 Rn. 53; *Lang*, NWVBl. 2000, 111, 113.

licher Wohnungsverweisungen bei der Bekämpfung häuslicher Gewalt, VerwArch 96 (2005), 283; *ders.* „Und bist du nicht willig...", NWVBl. 2005, S. 154 ff.; *Niedzwicki, M.*, Das Grundrecht auf Freizügigkeit nach Art. 11 GG – Zugleich ein Beitrag zum 100. Jahrestag der „Köpenickiade" des Hauptmanns von Köpenick, VBlBW 2006, 384; *Pieroth, B.*, Das Grundrecht der Freizügigkeit (Art. 11 GG), JuS 1985, 81; *Schnapp, F./Mühlhoff, U.*, Erste juristische Staatsprüfung: Aufsichtsarbeit im Öffentlichen Recht – Aufenthaltsverbote – ein rechtmäßiges Mittel zur Bekämpfung offener Drogenszenen?, NWVBl. 2003, 484; *Schoch, F.*, Das Grundrecht der Freizügigkeit, Jura 2005, 34; *Tipke, K.*, Das Nettoprinzip – Angriff und Abwehr, dargestellt am Beispiel des Werktorprinzips, BB 2007, 1525; *Traulsen, C.*, Fortgeschrittenenklausur – Öffentliches Recht: Platzverweis gegen den gewalttätigen Ehemann, JuS 2004, 414; *v. Ungern-Sternberg, A.*, Aufenthaltsverbot am Bahnhofsvorplatz, JA 2005, 627; *Wollenschläger, F./Lippstreu, C.*, Referendarexamensklausur – Öffentliches Recht: Zweitwohnungsteuer, JuS 2008, 529; *Wuttke, A.*, Polizeiliche Wohnungsverweise, JuS 2005, 779; *Zimmermann, A.*, Rechtliche Möglichkeiten von Zuzugsbeschränkungen für Aussiedler, ZRP 1991, 85.

Rechtsprechung:
BVerfGE 2, 266 – *Notaufnahmegesetz*; BVerfGE 6, 32 – *Elfes*; BVerfGE 8, 95 – *Landeswohnungsgesetz NRW*; BVerfGE 43, 203 – *CSSR-Vertrag*; BVerfGE 65, 116 – *Residenzpflicht für Patentanwälte*; BVerfGE 80, 137 – *Reiten im Wald*; BVerfG, NJW 1992, 1093 – *Residenzpflicht für Notare*; BVerfG-K, NVwZ 2008, 780 – *Flughafen Berlin-Schönefeld*; BVerfGE 134, 242 – *Garzweiler*.

I. Schutzbereich und Normstruktur

Ursprünglich hatte das Recht auf *Freizügigkeit* religiöse oder wirtschaftliche Hintergründe. Heute wird es mehr als Teil der *Persönlichkeitsentfaltung* gesehen, dass man sich frei im Bundesgebiet bewegen kann. Allerdings hat Art. 11 in der Wahrnehmung an Bedeutung verloren, da diese Bewegungsfreiheit als selbstverständlich hingenommen wird.[1]

Art. 11 Abs. 2 enthält einen qualifizierten Gesetzesvorbehalt.

II. Schutzbereich

1. Persönlicher Schutzbereich

Grundrechtsträger sind alle Deutschen i. S. v. Art. 116 Abs. 1. Die Freizügigkeit von Ausländern und Staatenlosen ist hingegen nur durch Art. 2 Abs. 1 geschützt.

> Infolge des geringeren Schutzniveaus sind etwa räumliche Beschränkungen der Aufenthaltsgestattung von Asylbewerbern leichter möglich (vgl. § 56 AsylVfG).[2]

Hinsichtlich der *Freizügigkeit von Unionsbürgern* sind die Regelungen des AEUV zu berücksichtigen, insbesondere die Vorschriften zur Arbeitnehmerfreizügigkeit (Art. 45 ff. AEUV)[3] und zur Niederlassungsfreiheit (Art. 49 ff. AEUV).[4] Im Ergebnis besteht Einigkeit, dass Unionsbürgern im Bereich der Freizügigkeit der gleiche Grundrechtsschutz wie Deutschen zusteht.[5]

Freizügigkeitsberechtigt nach Art. 11 Abs. 1 sind auch *Minderjährige*, wie sich bereits aus dem Einschränkungstatbestand „zum Schutze der Jugend vor Verwahrlosung" in Art. 11 Abs. 2 ergibt.[6] Die Ausübung der Freizügigkeit durch Minderjäh-

---
1 Vgl. dazu und zur Entwicklung des Rechts auf Freizügigkeit *Hufen*, Staatsrecht II, § 18 Rn. 1 ff.
2 Näher zur Freizügigkeit von Ausländern *Gusy*, in: v. Mangoldt/Klein/Starck, GG, Art. 11 Rn. 45 ff.
3 Vgl. zu den Einzelheiten *Herdegen*, Europarecht, § 16 Rn. 2 ff.; *Streinz*, Europarecht, Rn. 926 ff.
4 Vgl. dazu ausführlich *Herdegen*, Europarecht, § 16 Rn. 22 ff.; *Streinz*, Europarecht, Rn. 938 ff.
5 Zur dogmatischen Konstruktion der Schutzangleichung vgl. oben Rn. 115.
6 So auch *Jarass*, in: Jarass/Pieroth, GG, Art. 11 Rn. 6.

rige ist allerdings im Zusammenhang mit Art. 6 Abs. 2 und 3 zu sehen, wobei dem Elternrecht, gesetzlich ausgestaltet vor allem durch §§ 1631, 1666 BGB, in aller Regel der Vorrang zukommt.[7]

966 *Inländische juristische Personen* können sich aufgrund des Art. 19 Abs. 3 insofern auf die Freizügigkeit berufen, als ihnen das Recht zusteht, ihren Sitz im Inland frei zu wählen oder zu verlegen.[8]

2. Sachlicher Schutzbereich

967 Freizügigkeit bedeutet

> „das Recht, unbehindert durch die deutsche Staatsgewalt an jedem Ort innerhalb des Bundesgebietes Aufenthalt und Wohnsitz zu nehmen, auch zu diesem Zweck in das Bundesgebiet einzureisen".[9]

Auf die Gründe der diesbezüglichen freien Entscheidung kommt es nicht an.

968 Der *Wohnsitz* wird durch die „tatsächliche Niederlassung verbunden mit dem Willen, den Ort zum ständigen Schwerpunkt der Lebensverhältnisse zu machen", begründet (vgl. § 7 BGB).[10] Eine Person kann zwei oder mehrere Wohnsitze haben.[11]

969 Der Schutz des *Aufenthalts* beinhaltet das Recht, an einem bestimmten Ort vorübergehend oder längerfristig zu verweilen, ohne dort einen Wohnsitz zu nehmen.[12] Die Anforderungen im Einzelnen sind umstritten. Dies gilt insbesondere für die Frage, ob eine gewisse *Aufenthaltsdauer* erforderlich ist.[13] Richtigerweise kommt es nicht *allein* auf eine bestimmte Dauer des beabsichtigten oder tatsächlichen Verbleibens an.[14] Umgekehrt bedarf es aber bei Art. 11 Abs. 1 einer gewissen Dauer, weil andernfalls die Abgrenzung des Schutzbereichs zu anderen Grundrechten, die ebenfalls die Fortbewegungsfreiheit schützen, wie Art. 2 Abs. 2 S. 2 und Art. 2 Abs. 1 nicht möglich wäre. Eine solche Abgrenzung muss aber wegen der unterschiedlichen personalen Schutzbereiche (Art. 11 Abs. 1 stellt ein Deutschengrundrecht dar) und der unterschiedlichen Schranken (Art. 11 Abs. 2 weist einen qualifizierten Gesetzesvorbehalt auf) erfolgen. Hinsichtlich der Dauer bietet sich die Orientierung an einer Übernachtung an.[15]

> Hintergrund sind Überlegungen und Parallelen zu polizeirechtlichen Regelungen. Vor Schaffung der Standardmaßnahmen der Wohnungsverweisung und des Aufenthaltsverbots enthielten die Polizeigesetze der Länder zwar Bestimmungen, in denen die durch polizeiliche Maßnahmen betroffenen Grundrechte zur Wahrung des Zitiergebots aufgezählt waren (in M-V z. B. § 78 SOG M-V). Art. 11 Abs. 1 fehlte in dieser Aufzählung allerdings regelmäßig. Dahinter stand der Gedanke, dass die seinerzeitigen Standardmaßnahmen und zwar insbesondere der Platzverweis angesichts des mit ihnen verbundenen vorübergehenden Eingriffs vor Art. 11 Abs. 1 neutral waren. Auch im Polizeirecht wird der Begriff vorübergehend mit dem Gedanken einer Übernachtung verbunden.

---

7 Vgl. *Pagenkopf*, in: Sachs, GG, Art. 11 Rn. 12. Näher hierzu *Durner*, in: Maunz/Dürig, GG, Art. 11 Rn. 58 f.
8 *Gusy*, in: v. Mangoldt/Klein/Starck, GG, Art. 11 Rn. 44 m. w. N.
9 Ständ. Rspr. seit BVerfGE 2, 266– *Notaufnahmegesetz*.
10 Siehe *Ellenberger*, in: Palandt, BGB, 78. Auflage 2019, § 7 Rn. 6 m. w. N.
11 Vgl. *Pagenkopf*, in: Sachs, GG, Art. 11 Rn. 15: Zweitwohnung; Filiale.
12 So auch *Pagenkopf*, in: Sachs, GG, Art. 11 Rn. 16.
13 Zum Streitstand *Manssen*, Grundrechte, Rn. 597.
14 So auch *Kunig*, in: v. Münch/Kunig, GG, Art. 11 Rn. 14.
15 Ebenso *Jarass*, in: Jarass/Pieroth, GG, Art. 11 Rn. 2.

Hinzukommen muss jedoch, dass der Fortbewegungsvorgang eine *hinreichende Bedeutung* aufweist, so dass er insoweit über den Schutzbereich der Freiheit der Person (Art. 2 Abs. 2 S. 2) hinausgeht.[16]

Das Grundrecht der Freizügigkeit „schützt den *Wechsel des Wohnsitzes oder Aufenthaltsorts innerhalb des gesamten Bundesgebiets*".[17] Dies beinhaltet die Freiheit des Wegzugs, des Zuzugs und den freien Zug selbst.[18] Geschützt ist auch die *Mitnahme von Eigentum, also des „persönlichen Hab und Guts"*, nicht aber des gewerblichen und betrieblichen Eigentums.[19] Art. 11 Abs. 1 erfasst außerdem das Recht, einen Ortswechsel nicht vorzunehmen, also an einem bestimmten Ort bleiben zu dürfen (*negative Freizügigkeit*).[20] Nicht zum Schutzbereich gehört jedoch die Abwehr staatlicher Bodenordnungsregelungen, die dem Aufenthalt entgegenstehen oder zum Wegzug zwingen; denn Art. 11 Abs. 1 enthält keinen Anspruch auf Schaffung und Erhalt der tatsächlichen oder rechtlichen Voraussetzungen für einen Aufenthalt.[21]

970

Art. 11 schützt darüber hinaus die *Einreise* in die Bundesrepublik, jedoch *nicht auch die Ausreise oder Auswanderung*.[22] Das BVerfG begründet dies mit dem Wortlaut des Grundrechts (Freizügigkeit „im ganzen Bundesgebiet") und der Entstehungsgeschichte der Vorschrift.[23] Für die Ausreisefreiheit gilt daher nur das Auffanggrundrecht des Art. 2 Abs. 1. Weil Art. 11 Abs. 1 die Einreisefreiheit schützt, bedürfen Deutsche keiner Einbeziehung in den Schutzbereich des Art. 16a.

971

III. Eingriffe

In den Schutzbereich des Art. 11 Abs. 1 wird durch jedes staatliche Handeln eingegriffen, das die Freizügigkeit *unmittelbar beeinträchtigt, also auf deren Einschränkung abzielt*.[24]

972

> **Fall 26**:[25] Die deutschen Eheleute F und M haben schon länger Probleme. Als F davon erfährt, dass M eine Affäre hat, bekommt sie einen Nervenzusammenbruch und droht mit einem Suizid, sollte sie M noch länger „ertragen müssen". Die von M herbeigerufene Polizei verweist diesen aus der gemeinsamen Ehewohnung, verbietet ihm die Rückkehr und droht Zwangsmaßnahmen an, falls er sich nicht an die Anweisungen halten sollte. Dies sei der einzige Weg, einem Suizid der F vorzubeugen. Stellt der „Platzverweis" einen Eingriff in Art. 11 Abs. 1 dar?
>
> **Lösung Fall 26**: M ist Deutscher, der Schutzbereich in persönlicher Hinsicht also eröffnet. Art. 11 Abs. 1 umfasst in sachlicher Hinsicht das Recht, Aufenthalt und Wohnsitz an einem selbst gewählten Ort zu nehmen,[26] insbesondere wird der Verbleib in der eigenen Wohnung, hier der Ehewohnung, geschützt. Hier hat die Polizei M aus der gemeinsamen Wohnung verwiesen und die Rückkehr untersagt. M kann sich also nicht

---

16 Ähnlich *Kunig*, in: v. Münch/Kunig, GG, Art. 11 Rn. 13 m.w.N.
17 *Jarass*, in: Jarass/Pieroth, GG, Art. 11 Rn. 3.
18 *Gusy*, in: v. Mangoldt/Klein/Starck, GG, Art. 11 Rn. 24 ff.
19 Vgl. *Kingreen/Poscher*, Grundrechte, Rn. 924.
20 Vgl. *Kunig*, in: v. Münch/Kunig, GG, Art. 11 Rn. 18 m.w.N.; *Kingreen/Poscher*, Grundrechte, Rn. 925; *Lang*, VerwArch 96 (2005), S. 283, 290.
21 BVerfGE 134, 242, 325 – *Garzweiler*.
22 BVerfGE 6, 32, 34 f. – *Elfes*; ebenso *Gusy*, in: v. Mangoldt/Klein/Starck, GG, Art. 11 Rn. 40 m.w.N.
23 So auch BVerfGE 6, 32, 34 f. – *Elfes*.
24 Vgl. *Pagenkopf*, in: Sachs, GG, Art. 11 Rn. 20.
25 Angelehnt an VGH Mannheim, NJW 2005, 88.
26 VGH Mannheim, NJW 2005, 88.

mehr an dem von ihm gewählten Wohnsitz aufhalten, ein Eingriff in Art. 11 Abs. 1 liegt damit vor.

973 Vergleichbare Eingriffe in die Freizügigkeit sind mit an *häusliche Gewalt* anknüpfende *Wohnungsverweisungen* verbunden[27], bei denen in der Regel zugleich ein Rückkehrverbot ausgesprochen wird. Einen Eingriff in das Freizügigkeitsgrundrecht stellt es auch dar, wenn etwa zur Vermeidung der Konzentration von Drogenszenen polizeirechtliche *Aufenthaltsverbote* ausgesprochen werden, die das Betreten bestimmter Gebiete für längere Zeit (in M-V etwa bis zu 10 Wochen, § 52 Abs. 3 SOG M-V) untersagen können.
Mittelbare oder faktische Eingriffe können nur dann einen Eingriff darstellen, wenn sie einen gewichtigen Einfluss auf die Willensbildung ausüben.[28]

> **Beispiel:** Der Verlust von Sozialleistungen nach einem Wohnsitzwechsel kann einen Eingriff darstellen. Gleiches gilt für höhere steuerliche Belastungen infolge eines Wohnsitzwechsels.[29] *Keinen* Eingriff stellt die Zweitwohnungssteuer dar. Anders könnte man dies hinsichtlich der Pendlerpauschale sehen.[30]

IV. Verfassungsrechtliche Rechtfertigung

1. Schranke

974 Art. 11 Abs. 2 enthält einen *qualifizierten Gesetzesvorbehalt*.[31] In das Grundrecht auf Freizügigkeit darf nur durch solche Gesetze eingegriffen werden, die auf die in Absatz 2 genannten Fälle reagieren und die dort genannten Zwecke verfolgen, wobei insoweit eine enge Auslegung geboten ist.[32] Durch Gesetz oder aufgrund eines Gesetzes kann das Grundrecht auf Freizügigkeit nur für die Fälle eingeschränkt werden, in denen
– eine ausreichende Lebensgrundlage nicht vorhanden ist und der Allgemeinheit daraus besondere Lasten entstehen würden,
– oder es zur Abwehr einer drohenden Gefahr für den Bestand oder die freiheitliche demokratische Grundordnung des Bundes oder eines Landes, zur Bekämpfung von Seuchengefahr, Naturkatastrophen oder besonders schweren Unglücksfällen, zum Schutze der Jugend vor Verwahrlosung oder um strafbaren Handlungen vorzubeugen, erforderlich ist.

> Vertiefungshinweis: Steht in einer verwaltungsrechtlichen Prüfungsarbeit die Rechtmäßigkeit eines Aufenthaltsverbots in Rede, kann auch die Verfassungsmäßigkeit der einschlägigen Normen (in M-V etwa § 52 Abs. 3 SOG M-V) zu prüfen sein. Das Gleiche gilt, wenn im Rahmen einer Verfassungsbeschwerde die jeweilige Rechtsgrundlage auf ihre Vereinbarkeit mit Art. 11 zu untersuchen wäre. Schwierigkeiten kann dabei bereiten, ob die polizeirechtlichen Aufenthaltsverbote kompetenzwidrig sind. Nach Art. 73 Abs. 1 Nr. 3 steht allerdings dem Bund die ausschließliche Gesetzgebungskompetenz hinsichtlich freizügigkeitsrelevanter Gesetze zu. Art. 11 Abs. 2 enthält zwar einen sog. Kriminalvorbehalt (Schutz vor strafbaren Handlungen), doch ist Polizeirecht nach der

---

27 Dazu *Lang*, VerwArch 96 (2005), S. 283, 290 ff.; Fallbearbeitung dazu bei *Lang*, „Und bist du nicht willig…", NWVBl. 2005, S. 154 ff.
28 Dazu BVerfG-K, NVwZ 2008, 780 – *Flughafen Berlin-Schönefeld*.
29 Vgl. *Sachs*, in: Stern, Staatsrecht IV/1, S. 1145 f.
30 Allerdings setzt sich das BVerfG in der Entscheidung v. 9.12.2008 (NVwZ 2008, 780 – *Flughafen Berlin-Schönefeld*) mit diesem Umstand nicht auseinander.
31 Siehe zu den einzelnen Voraussetzungen des Art. 11 Abs. 2 *Ipsen*, Staatsrecht II, Rn. 616 ff.
32 So schon BVerfGE 2, 266, 280 – *Notaufnahmegesetz*, „strenger Maßstab"; ebenso *Pernice*, in: Dreier, GG, Art. 11 Rn. 25; im Blick auf den Seuchenvorbehalt in Art. 11 Abs. 2 GG ebenso *Randelzhofer*, in: Bonner Kommentar, Art. 11 Rn. 160; s. a. *Lang*, VerwArch 96 (2005), S. 283, 290.

Konzeption des Grundgesetzes Ländersache. Zur Auflösung dieses Spannungsverhältnisses sind unterschiedliche Wege denkbar (Ausklammerung der intrakommunalen Freizügigkeit aus dem Begriff in Art. 73 Abs. 1 Nr. 3 oder Derogation der Bundeskompetenz aufgrund des Grundsatzes, dass Polizeirecht klassischer Weise Ländersache ist (Grundsatz der Einheit der Verfassung).[33]

Einen weiteren qualifizierten Gesetzesvorbehalt enthält *Art. 17a Abs. 2*, wonach die Freizügigkeit durch ein Gesetz eingeschränkt werden kann, das der Verteidigung einschließlich des Schutzes der Zivilbevölkerung dient.

2. Schranken-Schranke

Insoweit gelten zunächst die allgemeinen Regeln. Die die Freizügigkeit beschränkenden Gesetze müssen zudem selbst in jeder Hinsicht verfassungsgemäß sein. Dieser ursprünglich in der Elfes-Entscheidung des Bundesverfassungsgerichts[34] zu Art. 2 Abs. 1 GG entwickelte Gedanke wird heute bei allen Grundrechten zur Anwendung gebracht.[35] Das bedeutet, dass das Gesetz sowohl formell als auch materiell verfassungsgemäß sein muss. Das Zitiergebot ist anwendbar, in materieller Hinsicht dürfen beschränkende Maßnahmen insbesondere weder die Wesensgehaltssperre überschreiten noch zu sonst unverhältnismäßigen Freiheitseinbußen führen.[36]

§ 21 Die Berufsfreiheit gemäß Art. 12

Literatur:
Bäcker, M., Zum Thema Rauchverbot – Anmerkungen zum Urteil des BVerfG vom 30.7.2008, Aktenzeichen 1 BvR 3262/07, abgedruckt in DVBl. 2008, 1110 ff, DVBl. 2008, 1180; *Badura, P.*, Arbeit als Beruf (Art. 12 Abs. 1 GG), FS für Herschel, 1982, S. 21; *Beaucamp, G.*, Vertragsärztliche Zulassung und Berufsfreiheit, JA 2003, 51; *Boecken, W.*, Höchstaltersgrenze für Vertragsärzte, ArztR 2008, 299; *Breuer, R.*, Freiheit des Berufs, in: Isensee, J./Kirchhof, P. (Hrsg.), Handbuch des Staatsrechts der Bundesrepublik Deutschland, Band VI, 2. Auflage 2000, § 147; *ders.*, Die staatlichen Berufsregelungen und Wirtschaftslenkung, in: Isensee, J./Kirchhof, P. (Hrsg.), Handbuch des Staatsrechts der Bundesrepublik Deutschland, Band VI, 2. Auflage 2000, § 148; *Brüning, C.*, Nichts geht mehr?- Zum grundrechtlichen Schutz der Berufsfreiheit vor staatlicher Wirtschaftstätigkeit, JZ 2009, 29; *Di Fabio, U.*, Produkte als Träger fremder Meinungen – Zum Beschluss des BVerfG Warnhinweise auf Tabakverpackungen betreffend, NJW 1997, 2863; *Gusy, C.*, Die Freiheit der Berufswahl und Berufsausübung, JA 1992, 257; *ders.*, Arbeitszwang, Zwangsarbeit, Strafvollzug, JuS 1989, 710; *Häberle, P.*, Arbeit als Verfassungsproblem, JZ 1984, 345; *Hasenstab, S.*, Kein Grundrechtsschutz für angloamerikanische Großkanzleien und deren Mandanten?, IWRZ 2019, 3; *Hergenröder, C.*, Kündigung und Kündigungsschutz im Lichte der Verfassung, ZfA 2002, 355; *Hesse, H.*, Der Einzelne und sein Beruf: Die Auslegung des Art. 12 Abs. 1 GG durch das Bundesverfassungsgericht aus soziologischer Sicht, AöR 95 (1970), 449; *Höfling, W./Lang, H.*, Einzugsbereiche und Verbringungsbeschränkungen in der Abfallwirtschaft, 1999; *Hohmann, H.*, Berufsfreiheit (Art. 12 GG) und Besteuerung – Eine Würdigung der Rechtsprechung des Bundesverfassungsgerichts, DÖV 2000, 406; *Hufen, F.*, Berufsfreiheit – Erinnerung an ein Grundrecht, NJW 1994, 2913; *Ipsen, J.*, „Stufentheorie" und Übermaßverbot – Zur Dogmatik des Art. 12 GG, JuS 1990, 634; *Kaiser, A.*, Das Apotheken-Urteil des BVerfG nach 50 Jahren – Anfang oder Anfang vom

---

33 Näher dazu *Lang*, VerwArch 96 (2005), S. 283, 291.
34 Vgl. BVerfGE 6, 32 ff. – *Elfes*.
35 BVerfGE 98, 83, 97 – *Landesabfallabgabengesetz*; s. a. *Höfling*, in: Friauf/Höfling, GG, Art. 2 Rn. 53; *Lang*, NWVBl. 2000, 111, 113.
36 *Lang*, VerwArch 96 (2005), S. 283, 292.

Ende der Berufsfreiheit?, Jura 2008, 844; *Kimms, F.*, Das Grundrecht der Berufsfreiheit in der Fallbearbeitung, JuS 2001, 664; *Kleine-Cosack, M.*, Vom regulierten zum frei vereinbarten (Erfolgs-)Honorar, NJW 2007, 1405; *Kluth, W.*, Das Grundrecht der Berufsfreiheit – Art. 12 Abs. 1 GG, Jura 2001, 371; *Kment, M.*, Ein Monopol gerät unter Druck – Das „Sportwetten-Urteil" des BVerfG, NVwZ 2006, 617; *Langenfeld, C./v. Bargen, O./Müller, T.*, Anfängerhausarbeit – Öffentliches Recht: Nichtraucherschutz in Gaststätten, JuS 2008, 795; *Lang, H.*, Kollision von Grundrechts- und Tierschutz, NWVBl. 2000, 111 ff.; *ders.*, Die Vergütung der Vertragsärzte und Psychotherapeuten im Recht der gesetzlichen Krankenversicherung, 2001; *Lenz, C. O.*, Frauen im Dienst an der Waffe – nationales Reservat oder europäische Gleichberechtigung? Zum Urteil Kreil gegen Bundesrepublik Deutschland, ZRP 2000, 265; *Lindner, J.*, Grundrechtsfestigkeit des arbeitsrechtlichen Kündigungsschutzes?, RdA 2005, 166; *Mann, T./ Worthmann, E.-M.*, Berufsfreiheit (Art. 12 GG)- Strukturen und Problemkonstellationen, JuS 2013, 385; *Nolte, M./Tams, C.*, Grundfälle zu Art. 12 I GG, JuS 2006, 31, 218; *Papier, H.-J.*, Art. 12 GG – Freiheit des Berufs und Grundrecht der Arbeit, DVBl. 1984, 801; *Reineke, F.*, Lust oder Leid – Der Zweitberuf des Rechtsanwalts, NJW 2008, 2881; *Ring, G.*, Berufsbild und Werbemöglichkeiten der Apotheker nach der zweiten Apothekenentscheidung des Bundesverfassungsgerichts, JuS 1997, 768; *Rüssel, M.*, Faktische Beeinträchtigung der Berufsfreiheit, JA 1998, 406; *Sachs, M.*, Der zu alte Prüfingenieur, Jura 1986, 598; *ders.*, Altersbegrenzung für Zugang zur vertragsärztlichen Tätigkeit, JuS 2001, 909; *Scholz, R.*, Frauen an die Waffe kraft Europarechts? – Zum Verhältnis von Art. 12a Abs. 4 S. 2 GG zur EU-Gleichbehandlungsrichtlinie, DÖV 2000, 417; *Schwabe, J.*, Die „Stufentheorie" des Bundesverfassungsgerichts zu Art. 12 GG, JA 1981, 318; *Stober, R.*, Die Berufsfreiheit der freien Berufe, JuS 1981, 1529; *Tettinger, P. J.*, Das Grundrecht der Berufsfreiheit in der Rechtsprechung des Bundesverfassungsgerichts, AöR 108 (1983), 92; *Wendt, R.*, Berufsfreiheit als Grundrecht der Arbeit, DÖV 1984, 601.

Rechtsprechung:
BVerfGE 7, 377 – *Apothekenurteil*; BVerfGE 9, 39 – *Mindestmilchmenge*; BVerfGE 9, 338 – *Altersgrenze für Hebammen*; BVerfGE 11, 30 – *Kassenärzte*; BVerfGE 11, 168 – *Taxikonzession*; BVerfGE 13, 97 – *Handwerksordnung*; BVerfGE 13, 181 – *Schankerlaubnissteuer*; BVerfGE 13, 237 – *Ladenschlussgesetz*; BVerfGE 17, 371 – *Notarstellenbegrenzung*; BVerfGE 19, 330 – *Sachkundenachweis im Einzelhandel*; BVerfGE 21, 245 – *Führungskräfte in der Wirtschaft*; BVerfGE 22, 180 – *Jugendhilfe*; BVerfGE 22, 380 – *Indienstnahme von Kreditinstituten*; BVerfGE 23, 50 – *Nachtbackverbot*; BVerfGE 25, 1 – *Mühlengesetz*; BVerfGE 26, 259 – *Wochenendfahrverbot für LKW*; BVerfGE 28, 21 – *Robensteit*; BVerfGE 30, 292 – *Erdölbevorratung*; BVerfGE 32, 311 – *Steinmetz-Wettbewerb*; BVerfGE 33, 125 – *Facharzt*; BVerfGE 33, 303 – *numerus clausus I*; BVerfGE 37, 1 – *Weinwirtschaftsabgabe*; BVerfGE 37, 342 – *JAG NRW*; BVerfGE 39, 238 – *Entpflichtung eines Pflichtverteidigers*; BVerfGE 40, 196 – *Güterkraftverkehrsgesetz*; BVerfGE 41, 360 – *Nachtbackverbot*; BVerfGE 41, 378 – *Rechtsbeistand*; BVerfGE 44, 105 – *Berufsverbot für Rechtsanwalt*; BVerfGE 47, 285 – *notarielle Gebührenermäßigungspflicht*; BVerfGE 50, 290 – *Mitbestimmung*; BVerfGE 54, 251 – *Berufsvormund*; BVerfGE 58, 257 – *Schulentlassung*; BVerfGE 58, 358 – *Bewährungsauflage*; BVerfGE 64, 72 – *Prüfingenieur*; BVerfGE 71, 183 – *ärztliche Werbung*; BVerfGE 73, 280 – *Notarbewerberauswahl*; BVerfGE 74, 102 – *Arbeitsverpflichtung als Erziehungsmaßregel*; BVerfGE 76, 171 – *anwaltliches Standesrecht*; BVerfGE 76, 196 – *Werbeverbot für Anwälte*; BVerfGE 77, 84 – *Arbeitnehmerüberlassung*; BVerfGE 77, 308 – *Arbeitnehmerweiterbildung*; BVerfGE 78, 179 – *Heilpraktikergesetz*; BVerfGE 80, 1 – *Multiple-Choice-Verfahren I*; BVerfGE 80, 269 – *Sozietätsverbot für Anwaltsnotare*; BVerfGE 81, 242 – *Wettbewerbsverbot des Handelsvertreters*; BVerfGE 82, 18 – *Kammerrechtsbeistand*; BVerfGE 82, 209 – *Krankenhausplan*; BVerfGE 83, 119 – *gemeinnützige Leistungen als Bewährungsauflage*; BVerfGE 84, 34 – *juristische Staatsprüfung*; BVerfGE 84, 59 – *medizinische Prüfung*; BVerfGE 84, 133 – *Warteschleifenregelung*; BVerfGE 85, 191 – *Nachtarbeitsverbot*; BVerfGE 85, 248 – *Hackethal*; BVerfGE 86, 28 – *öffentlich bestellte Sachverständige*; BVerfGE 87, 287 – *Rechtsanwalt mit Zweitberuf*; BVerfGE 87, 363 – *Nachtbackverbot*; BVerfGE 92, 26 – *Zweitregister*; BVerfGE 92, 91 – *Feuerwehrabgabe*; BVerfGE 94, 372 – *Werbeverbot für Apotheker*; BVerfGE 95, 173 – *Warnhinweise auf Tabakverpackungen*; BVerfGE 95, 193 – *DDR-Hochschullehrer*; BVerfGE 97, 12 – *Fristenüberwachung*; BVerfGE 97, 228 – *Kurzberichterstattung im Fernsehen*; BVerfGE 98, 49 –

Sozietätsverbot; BVerfGE 98, 218 – *Rechtschreibreform*; BVerfGE 98, 265 – *berufliche Abtreibung*; BVerfGE 98, 365 – *Versorgungsanwartschaften*; BVerfGE 102, 197 – *Spielbankgesetz Baden-Württemberg*; BVerfGE 103, 172 – *Altersgrenze für Kassenärzte*; BVerfGE 111, 10 – *Ladenschluss*; BVerfGE 115, 276 – *Sportwettenmonopol*; BVerfGE 117, 163 – *Erfolgshonorar für Anwälte*; BVerfGE 118, 1 – *Rechtsanwaltsgebühren*; BVerfGE 119, 59 – *Hufbeschlaggesetz*; BVerfGE 121, 317 – *Rauchverbot*;BVerfGE 123, 186- *Gesundheitsreform*; BVerfGE 128, 157- *Privatisierung Universitätsklinikum*; BVerfGE 134, 204,- *Urheberrechtliche vergütungsvereinbarung*; BVerwGE 39, 329 – *Konkurrenz der öffentlichen Hand*; BVerwGE 87, 37 – *Produktwarnungen*; BVerwGE 99, 185 – *Prüfungsleistungen*; BVerwGE 114, 92- *Oddset Wetten*; BVerfG, U. v. 19. Dezember 2017, Az 1 BvL 3/14, bverfg.de – *numerus clausus II*.

I. Überblick und Normstruktur

Das Grundrecht der Berufsfreiheit ist aus der Gewerbefreiheit entstanden, gilt aber nicht, wie dieses, nur für Selbstständige, sondern kommt auch Arbeitnehmern zugute.[1] **977**

Die Berufsfreiheit gewährleistet allen Deutschen das Recht, Beruf, Arbeitsplatz und Ausbildungsstätte frei zu wählen. Art. 12 Abs. 1 enthält ein *zentrales Freiheitsrecht für das Arbeits- und Wirtschaftsleben*.[2] Es schützt die Freiheit des Bürgers **978**

> „in einem für die moderne arbeitsteilige Gesellschaft besonders wichtigen Bereich: [Art. 12 Abs. 1] gewährleistet dem Einzelnen das Recht, jede Tätigkeit, für die er sich geeignet glaubt, als ‚Beruf' zu ergreifen, d. h. zur Grundlage seiner Lebensführung zu machen."[3]

Sein personaler Grundzug besteht darin, dass sich die Persönlichkeit des Menschen **979**

> „erst darin voll ausformt und vollendet, dass der Einzelne sich einer Tätigkeit widmet, die für ihn Lebensaufgabe und Lebensgrundlage ist und durch die er zugleich seinen Beitrag zur gesellschaftlichen Gesamtleistung erbringt. Das Grundrecht gewinnt so Bedeutung für alle sozialen Schichten; die Arbeit als ‚Beruf' hat für alle gleichen Wert und gleiche Würde."[4]

Darüber hinaus gewährleistet die berufliche Tätigkeit den meisten Bürgern „die Möglichkeit, sich eine *wirtschaftliche Grundlage ihrer Existenz* zu schaffen".[5] **980**

Art. 12 Abs. 1 garantiert die Freiheit der Berufswahl, der Arbeitsplatzwahl, der Wahl der Ausbildungsstätte und die Berufsausübungsfreiheit. Eine klare Abgrenzung dieser einzelnen Freiheiten ist indes praktisch nicht möglich. Dies soll insbesondere für die Unterscheidung zwischen Berufswahlfreiheit und Berufsausübungsfreiheit gelten. Das BVerfG[6] und das Schrifttum[7] sehen daher Art. 12 Abs. 1 als ein *einheitliches Grundrecht der Berufsfreiheit* an, welches „den einheitlichen Komplex „berufliche Betätigung" von verschiedenen Blickpunkten her [er- **981**

---

1 Vgl. *Stein/Frank*, Staatsrecht, § 43 I.
2 Vgl. dazu *Hufen*, Staatsrecht II, vor § 35; *Mann*, in: Sachs, GG, Art. 12 Rn. 16.
3 BVerfGE 7, 377, 397 – *Apothekenurteil*.
4 BVerfGE 50, 290, 362 – *Mitbestimmung*.
5 Vgl. BVerfGE 81, 242, 254 – *Wettbewerbsverbot des Handelsvertreters*.
6 Ständ. Rspr. seit BVerfGE 7, 377, 402 – *Apothekenurteil*, aus neuerer Zeit etwa BVerfGE 141, 82, 98, Rn. 47 – *Sozietätsverbot*.
7 Vgl. *Manssen*, in: v. Mangoldt/Klein/Starck, GG, Art. 12 Rn. 2 m. w. N.; *Hufen*, Staatsrecht II, § 35 Rn. 5.

fasst]".⁸ Daraus wird gefolgert, dass sich der Regelungsvorbehalt des Art. 12 Abs. 1 S. 2 „dem Grunde nach" sowohl auf die Berufsausübung als auch auf die Berufswahl erstreckt.⁹

> **Bsp.**: B will Bäcker werden. Besonderen Erfolg verspricht er sich davon, sonntags Brötchen zu verkaufen, dafür möchte er mittwochs sein Geschäft schließen. Bei der Entscheidung, ob er den Beruf des Bäckers ergreift (Berufswahl), spielt daher eine gewisse Rolle, ob er ihn sonntags ausüben darf (Berufsausübung).
> Indem B jeden Morgen Brötchen bäckt (Berufsausübung), bestätigt er täglich neu seine Entscheidung, als Bäcker tätig zu werden (Berufswahl).

Das durch Art. 12 Abs. 1 garantierte einheitliche Grundrecht der Berufsfreiheit erfüllt eine Reihe verschiedener Funktionen.

Vorrangig besteht die Gewährleistungsdimension des Art. 12 Abs. 1 in seiner Funktion als *subjektiv-öffentliches Abwehrrecht*.¹⁰ Es handelt sich um ein liberales Freiheitsrecht, das die Berufsfreiheit im status negativus gewährleistet.¹¹ Das Grundrecht der Berufsfreiheit hat „eine möglichst unreglementierte berufliche Betätigung" im Fokus.¹²

982 Aus Art. 12 Abs. 1 können sich grundsätzlich auch *subjektive Teilhabe- oder Leistungsrechte* ergeben. Dabei ist mit Rücksicht auf den primär abwehrrechtlichen Charakter der Berufsfreiheit allerdings Zurückhaltung geboten.¹³

Das BVerfG hat aus dem in Art. 12 Abs. 1 S. 1 gewährleisteten Recht auf freie Wahl des Berufes und der Ausbildungsstätte i. V. m. dem allgemeinen Gleichheitssatz und dem Sozialstaatsprinzip ein *Recht auf Zulassung zum Hochschulstudium* hergeleitet.¹⁴

Demnach besteht bei der Hochschulzulassung jedenfalls ein *derivativer Teilhabeanspruch*, der auf die Beteiligung an bereits vorhandenen staatlichen Ausbildungseinrichtungen gerichtet ist.¹⁵ Ob darüber hinaus auch ein *originärer Leistungsanspruch* auf Erweiterung nicht ausreichender Kapazitäten in Betracht kommt, hat das BVerfG in seiner ersten numerus-clausus-Entscheidung noch offen gelassen, jüngst aber wohl verneint.¹⁶

983 Darüber hinaus folgt aus der objektiv-rechtlichen Wertentscheidung des Art. 12 Abs. 1 eine *Schutzpflicht des Staates*:

> „Die Freiheitsgrundrechte, darunter auch die Berufsfreiheit (Art. 12 Abs. 1), schützen nicht nur vor Eingriffen der Staatsgewalt in eine dem Individuum verbürgte Freiheitssphäre. Vielmehr verpflichten sie den Staat auch, diese Freiheitssphäre zu schützen und zu sichern. In dieser Schutzpflicht entfaltet sich der objektive Gehalt des Grundrechts. Bestimmte Anforderungen an die Art und das Maß des Schutzes lassen sich der Verfassung aber grundsätzlich nicht entnehmen. Die staatlichen Organe, denen die Wahrung des Grundgesetzes als Ganzes anvertraut ist, haben bei der Erfüllung von Schutzpflichten einen weiten Gestaltungsraum. [...] Das Bundesverfassungsgericht kann deswegen die Verletzung einer

---

8 BVerfGE 7, 377, 401 – *Apothekenurteil*.
9 BVerfGE 7, 377, 402 – *Apothekenurteil*.
10 Vgl. zu Art. 12 Abs. 1 als Abwehrrecht *Mann*, in: Sachs, GG, Art. 12 Rn. 16 f.
11 *Scholz*, in: Maunz/Dürig, GG, Art. 12 Rn. 47.
12 Siehe BVerfGE 82, 209, 223 – *Krankenhausplan*.
13 Ebenso *Manssen*, in: v. Mangoldt/Klein/Starck, GG, Art. 12 Rn. 9.
14 BVerfGE 33, 303 – *numerus clausus I*.
15 Vgl. BVerfGE 33, 303, 330 f. – *numerus clausus I*; BVerfGE 43, 291, 313 ff. – *Parkstudium*; BVerfGE 134, 1, Rn. 37 – *Landeskinderklausel*.
16 BVerfG, NJW 2018, 361, Rn. 105 – *numerus clausus II*: „Das Teilhaberecht reicht nicht so weit, dass es einen individuellen Anspruch begründen könnte, Ausbildungskapazitäten in einem Umfang zu schaffen, welcher der jeweiligen Nachfrage gerecht wird.".

Schutzpflicht nur feststellen, wenn die öffentliche Gewalt Schutzvorkehrungen entweder überhaupt nicht getroffen hat oder die getroffenen Regelungen und Maßnahmen gänzlich ungeeignet oder völlig unzulänglich sind, das gebotene Schutzziel zu erreichen, oder erheblich dahinter zurückbleiben."[17]

Fall 27:[18] A ist Arbeiterin im Unternehmen des U. Dieser zahlt ihr eine Weihnachtsgratifikation von 200 €, allerdings unter dem Vorbehalt, dass A die Gratifikation zurückzahlen müsse, wenn sie vor dem 1. Juli des Folgejahres bei U kündige. Am 1. Juni kündigt A, U fordert 200 €. Zu Recht?

Diese *Gewährleistungsdimension des Art. 12 Abs. 1* ist nicht allein für die Erfüllung staatlicher Schutzpflichten durch die Legislative von Bedeutung, sondern auch für die *Normauslegung* durch die Gerichte und die Verwaltung, sofern ihnen Ermessensspielräume eingeräumt sind.[19] Auch bei der Auslegung *zivilrechtlicher Regelungen* ist Art. 12 Abs. 1 zu beachten.[20] Besonderes Gewicht kommt dem Grundrecht der Berufsfreiheit im *Arbeitsrecht* zu.[21]

Lösung Fall 27: Ein Anspruch auf Rückzahlung der 200 € könnte sich aus dem Rückzahlungsvorbehalt ergeben, sofern dieser nicht nach § 138 Abs. 1 BGB nichtig ist. Bei der Auslegung des unbestimmten Rechtsbegriffs der „guten Sitten" hat das Gericht die objektiv-rechtliche Funktion von Art. 12 Abs. 1 zu berücksichtigen. Danach darf die Berufswahl und damit auch der Arbeitsplatzwechsel nicht übermäßig erschwert werden. Indem U sich die Rückforderung der Gratifikation bei Kündigung vorbehält, übt er einen wirtschaftlichen Druck auf A aus, ihren Arbeitsplatz nicht zu wechseln. Andererseits hat auch U ein schützenswertes Interesse daran, seine Mitarbeiter möglichst langfristig an sich zu binden. Angesichts des geringen Betrags der Gratifikation erscheint die Bindungsfrist von 6 Monaten aber übermäßig lang. Damit liegt ein Verstoß gegen die guten Sitten vor, der Rückzahlungsvorbehalt ist nichtig und ein Anspruch des U besteht nicht.

Verfahrensrechtliche Bedeutung hat die Berufsfreiheit vor allem im *Prüfungsrecht*.[22] Das BVerfG geht davon aus, dass die negative Bewertung einer Prüfungsleistung einen Eingriff in die Berufsfreiheit darstellt,[23] da die Prüfung Voraussetzung für das Ergreifen bestimmter Berufe sei.[24] Aus diesem Grund müssen die Prüfungsfragen derart gestaltet sein, dass sie das Fachwissen und die fachliche Qualität des Prüflings in rechtlich zulässiger Weise abfragen. Dazu müssen sie objektiv lösbar sein, sie dürfen dem Prüfling fachlich nichts Unmögliches abverlangen und sie müssen sich auch sonst im Einklang mit der Prüfungsordnung bewegen. Zudem muss die einzelne Frage verständlich und in sich widerspruchsfrei sein.[25] Zum „Grundrechtsschutz durch Verfahren" gehört weiterhin ein gewisser Informationserhalt. Der Prüfling muss nachvollziehen können, ob die rechtlichen Vorgaben und Grenzen der Prüfung berücksichtigt wurden. Zudem muss er feststellen können, wie die Beurteilung seiner Leistung zustande gekommen ist. Daher beinhaltet sein

---

17 BVerfGE 92, 26, 46 – *Zweitregister*.
18 Vgl. zu den „Gratifikationsfällen" BAGE 9, 250; BAGE 13, 129.
19 Näher hierzu *Mann*, in: Sachs, GG, Art. 12 Rn. 21 f.
20 Siehe zur Bedeutung des Art. 12 Abs. 1 im Privatrecht *Manssen*, in: v. Mangoldt/Klein/Starck, GG, Art. 12 Rn. 25 ff.
21 Vgl. zur Bedeutung der Berufsfreiheit im Arbeitsrecht *Hanau*, in: Boecken/Düwell/Diller/Hanau, Gesamtes Arbeitsrecht, Bd. 2, 2016, Art. 12 GG, Rn. 1 ff.
22 Vgl. zum Problem der gerichtlichen Überprüfbarkeit von Prüfungsentscheidungen *Maurer*, Allgemeines Verwaltungsrecht, § 7 Rn. 43 ff.
23 Siehe BVerfGE 80, 1, 23 f. – *Multiple-Choice-Verfahren I*; BVerfGE 84, 34, 45 f. – *juristische Staatsprüfung*.
24 Vgl. BVerfGE 37, 342, 352 – *JAG NRW*.
25 BVerwG, DVBl. 1996, 1381, 1382.

Informationsanspruch auch eine angemessene Begründung der Prüfungsentscheidung.²⁶ Um „Waffengleichheit" im Prüfungsrecht herzustellen, hat das BVerfG zudem dem *Bewertungsspielraum* des Prüfers einen *Beantwortungsspielraum* des Prüflings gegenübergestellt, insbesondere dürfen vertretbare und mit gewichtigen Argumenten folgerichtig begründete Lösungen nicht als falsch bewertet werden.²⁷

986 Obwohl die Schaffung von Arbeitsplätzen als eine aus Art. 109 Abs. 2 und dem Sozialstaatsprinzip folgende objektive verfassungsrechtliche Verpflichtung des Staates angesehen werden kann, ergibt sich aus Art. 12 Abs. 1 jedoch *kein Grundrecht auf Arbeit*.²⁸ Aus der Freiheit der Berufswahl folgt daher „weder ein Anspruch auf Bereitstellung eines Arbeitsplatzes eigener Wahl noch eine Bestandsgarantie für den einmal gewählten Arbeitsplatz".²⁹ Es fehlt insoweit an einem staatlichen Arbeitsplatzmonopol bzw. an einem staatlichen Verfügungsrecht über Produktionsmittel und Arbeitsplätze.³⁰

II. Schutzbereich

1. Persönlicher Schutzbereich

987 Art. 12 Abs. 1 ist ein *Deutschengrundrecht*. Auf das Grundrecht der Berufsfreiheit können sich daher nur Deutsche i. S. d. Art. 116 Abs. 1 berufen. Ausländern und Staatenlosen kommt im Berufsbereich das Auffanggrundrecht der allgemeinen Handlungsfreiheit nach Art. 2 Abs. 1 zugute.³¹ Allerdings ist diesbezüglich auf europarechtliche Vorgaben zu achten³² und unter Umständen die darin liegende Wertung bei der Auslegung der allgemeinen Handlungsfreiheit zu bedenken.
Unionsbürger etwa fallen nicht in den persönlichen Schutzbereich des Art. 12 Abs. 1, sind jedoch *durch den Vertrag über die Arbeitsweise der Europäischen Union (AEUV) geschützt*.³³ Ihnen kommt insbesondere das europarechtliche Diskriminierungsverbot des Art. 18 AEUV zugute.³⁴ Es besteht Einigkeit, dass Unionsbürgern im Bereich der Berufsfreiheit im Ergebnis der gleiche Grundrechtsschutz wie Deutschen zusteht.³⁵

988 Die Berufsfreiheit des Art. 12 Abs. 1 gilt nach Maßgabe des Art. 19 Abs. 3 auch für *inländische juristische Personen des Privatrechts*.³⁶ „Schutzgut des Art. 12 Abs. 1 ist bei juristischen Personen die Freiheit, eine Erwerbszwecken dienende Tätigkeit, insbesondere ein Gewerbe, zu betreiben, soweit diese Erwerbstätigkeit ihrem Wesen und ihrer Art nach in gleicher Weise von einer juristischen wie von einer natürlichen Person ausgeübt werden kann."³⁷

---

26 BVerwGE 99, 185, 189 f.
27 BVerfGE 84, 34, 55 – *juristische Staatsprüfung*.
28 Ebenso *Manssen*, in: v. Mangoldt/Klein/Starck, GG, Art. 12 Rn. 10 ff.
29 Vgl. BVerfGE 84, 133, 146 – *Warteschleifenregelung*.
30 *Scholz*, in: Maunz/Dürig, GG, Art. 12 Rn. 53.
31 Ebenso BVerfGE 78, 179, 196 f. – *Heilpraktikergesetz*; *Jarass*, in: Jarass/Pieroth, GG, Art. 12 Rn. 12 m. w. N.; a. A. *Scholz*, in: Maunz/Dürig, GG, Art. 12 Rn. 104. Allgemein zum Grundrechtsschutz von Ausländern bereits oben Rn. 114 f.
32 Ausführlich dazu *Hufen*, Staatsrecht II, § 35 Rn. 11.
33 Ebenso *Kemper*, in: v. Mangoldt/Klein/Starck, GG, Art. 9 Rn. 65 m. w. N.
34 Vgl. *Löwer*, in: v. Münch/Kunig, GG, Art. 9 Rn. 14; *Kemper*, in: v. Mangoldt/Klein/Starck, GG, Art. 9 Rn. 65.
35 Zur dogmatischen Konstruktion der Schutzangleichung vgl. oben Rn. 115.
36 Näher zur Grundrechtsberechtigung juristischer Personen *Sachs*, Verfassungsrecht II, Teil II Kap 24 Rn. 21 ff.
37 BVerfGE 30, 292, 312 – *Erdölbevorratung*.

2. Sachlicher Schutzbereich

Art. 12 Abs. 1 schützt die Freiheit der Berufswahl und der Berufsausübung. Das BVerfG versteht unter einem *Beruf* „jede auf Erwerb gerichtete Tätigkeit, die auf Dauer angelegt ist und der Schaffung und Aufrechterhaltung einer Lebensgrundlage dient."[38] Der Begriff ist *weit auszulegen* und kann als „entwicklungsoffen" bezeichnet werden.[39] Erfasst werden nicht nur die traditionellen Berufsbilder. In den Schutzbereich fallen auch neu entstandene und frei erfundene Berufe.[40] *Unerheblich* ist auch, ob die Tätigkeit *freiberuflich*, *selbständig* oder *unselbständig* ausgeübt wird.[41] 989

Damit wird auch das Betreiben eines Gewerbes von Art. 12 Abs. 1 erfasst. Von Art. 12 Abs. 1 erfasst wird weiterhin die Freiheit, den Beruf mit Angehörigen anderer Berufe auszuüben.[42] In den Schutzbereich der Berufsfreiheit fallen darüber hinaus *Zweit- und Nebenberufe* sowie Aushilfs- und Erprobungstätigkeiten.[43] Nicht vom Berufsbegriff erfasst sind jedoch Tätigkeiten der Privatsphäre, wie etwa die Ausübung von Hobbys.[44]

> **Beispiele**: In den Schutzbereich fallen der Astrologe, die gewerbliche Personenbeförderung, der Notar, der Steuerbevollmächtigte.[45]

Außerdem ist zu unterscheiden, ob eine Tätigkeit einen eigenständigen Beruf oder nur eine bestimmte Form der Ausübung eines weiter gefassten Berufsbildes darstellt. 990

> **Beispiele**: Vom BVerfG als Beruf i. S. d. Art. 12 Abs. 1 anerkannt wurden etwa der Handel mit loser Milch und der Betrieb einer „Schuhbar".[46]
> Nicht als eigenständiger Beruf i. d. S. anerkannt wurden hingegen die Eröffnung einer weiteren Apotheke, die Tätigkeit als Facharzt, Kassenarzt oder Vertragsarzt, sowie das Durchführen des Werkfernverkehrs.[47]

Umstritten ist, inwieweit der Berufsbegriff voraussetzt, dass es sich um eine *erlaubte Tätigkeit* handelt. Teile des Schrifttums wollen verbotene Tätigkeiten vom Schutzbereich des Art. 12 Abs. 1 ausnehmen.[48] Dagegen wird eingewandt, dass dies dem Gesetzgeber die Möglichkeit eröffne, verbindlich über den Umfang des Grundrechtsschutzes zu entscheiden.[49] Außerdem besteht diesbezüglich die Ge- 991

---

38 BVerfGE 111, 10, 28 – *Ladenschluss*. Eine gute Aufarbeitung der Definition findet sich bei *Hufen*, Staatsrecht II, § 35 Rn. 6. Soweit die Berufsfreiheit einer juristischen Person zu prüfen ist, ist die Definition zu variieren: Art. 12 Abs. 1 ist auf eine juristische Person anwendbar, soweit sie eine Erwerbszwecken dienende Tätigkeit ausübt, die ihrem Wesen und ihrer Art nach in gleicher Weise einer juristischen wie einer natürlichen Person offensteht, BVerfG NJW 2018, 2109, Rn. 26 – *staatliches Informationshandeln*; das sonst zusätzlich verwandte Kriterium (Schaffung und Aufrechterhaltung einer Lebensgrundlage) sollte in der Tat vermieden werden, weil dessen Übertragung auf juristische Personen nach Art. 19 Abs. 3 nicht wirklich in Betracht kommt, vgl. *Sachs*, JuS JuS 2018, 827, 828.
39 *Kämmerer*, in: v. Münch/Kunig, GG, Art. 12 Rn. 16.
40 Ebenso *Kingreen/Poscher*, Grundrechte, Rn. 937.
41 *Manssen*, in: v. Mangoldt/Klein/Starck, GG, Art. 12 Rn. 45.
42 BVerfGE 141, 82, 99, Rn. 44 – *Sozietätsverbot*.
43 *Schmidt*, in: ErfK, Art. 12 GG, Rn. 6.
44 Vgl. *Jarass*, in: Jarass/Pieroth, GG, Art. 12 Rn. 5.
45 Siehe die Beispiele und die Rechtsprechungsnachweise bei *Gubelt*, in: v. Münch/Kunig, GG, 5. Aufl. 2000, Art. 12 Rn. 22, und *Ipsen*, Staatsrecht II, Rn. 641.
46 Siehe die Beispiele bei *Kämmerer*, in: v. Münch/Kunig, GG, Art. 12 Rn. 29, und *Ipsen*, Staatsrecht II, Rn. 641.
47 Siehe die Beispiele bei *Kämmerer*, in: v. Münch/Kunig, GG, Art. 12 Rn. 29, und *Manssen*, in: v. Mangoldt/Klein/Starck, GG, Art. 12 Rn. 54.
48 Vgl. etwa *Kingreen/Poscher*, Grundrechte, Rn. 937 m. w. N.
49 Ebenso *Manssen*, in: v. Mangoldt/Klein/Starck, GG, Art. 12 Rn. 43.

fahr, dass Schutzbereich und Rechtfertigung vermischt werden.[50] Überwiegend wird daher das allerdings nebulöse Kriterium der Gemeinschaftsschädlichkeit des Verhaltens bevorzugt[51] oder ein Verhalten ausgeschlossen, das evident dem Menschenbild des Grundgesetzes widerspricht.[52]

992 Trotz verschiedener Begründung besteht Einigkeit darüber, dass etwa Drogendealer und Berufskiller keinen Beruf i. S. d. Art. 12 Abs. 1 ausüben.[53] *Freiwillige* Prostitution hingegen fällt in den Schutzbereich des Art. 12 Abs. 1.[54]

993 *Betätigungen im öffentlichen Dienst* fallen in den Schutzbereich der Berufsfreiheit, obwohl der Schutz durch die *Sonderregelungen des Art. 33* modifiziert wird.[55] So gewährt Art. 33 Abs. 2 jedem Deutschen nach seiner Eignung, Befähigung und fachlichen Leistung gleichen Zugang zu öffentlichen Ämtern. Bei der Regelung des Dienstrechts sind die hergebrachten Grundsätze des Berufsbeamtentums zu berücksichtigen (vgl. Art. 33 Abs. 5).
Die Figur sog. staatlich gebundener Berufe begegnet demgegenüber methodischen Bedenken. Sie beruht auf der Überlegung, dass eine vom Staat in Anspruch genommene und verdichtete Regelungskompetenz dazu führt, dass ein bestimmter Beruf stärkeren Eingriffsbefugnissen unterliege als andere freie Berufe, Aus der Existenz einschränkender Regelungen wird mithin auf die verfassungsrechtliche Zulässigkeit weiterer Einschränkungen geschlossen. Diese Argumentation verkehrt die abwehrrechtliche Funktion in ihr Gegenteil und muss deshalb vom „Kopf auf die Füße" gestellt werden. Grundrechtlich müssen sich normative Begrenzungen und Beschränkungen des Schutzbereichs eines Grundrechts an den einschlägigen Schutzbereichen messen und rechtfertigen lassen, nicht kann umgekehrt aus dem Vorhandensein begrenzender Normierungen auf eine Verkürzung des Schutzbereichs geschlossen werden.[56]

994 *Arbeitsplatz* i. S. d. Art. 12 Abs. 1 bezeichnet den räumlichen Ort einschließlich des beruflichen Umfeldes, an welchem der Einzelne dem gewählten Beruf im konkreten Fall nachgehen möchte.[57] Der Begriff des Arbeitsplatzes ist nicht nur in räumlicher Hinsicht zu verstehen, sondern erfasst auch die gesamten zugehörigen rechtlichen und organisatorischen Rahmenbedingungen, einschließlich der Wahl des Vertragspartners.[58]

995 Der Begriff der *Ausbildungsstätte* i. S. d. Art. 12 Abs. 1 erfasst nur berufsbezogene Einrichtungen, also solche, die über die Vermittlung allgemeiner Schulbildung hinaus der Ausbildung für Berufe dienen.[59] Eine Ausbildungsstätte ist somit „eine

---

50 Vgl. *Hufen*, Staatsrecht II, § 35 Rn. 7.
51 Zuletzt BVerfGE 115, 276, 301 – *Sportwettenmonopol*; a. A. Epping, Grundrechte, Rn. 338.
52 Vgl. *Manssen*, in: v. Mangoldt/Klein/Starck, GG, Art. 12 Rn. 43; *Mann*, in: Sachs, GG, Art. 12 Rn. 54; *Katz*, Staatsrecht, Rn. 791.
53 Vgl. die Beispiele bei *Kämmerer*, in: v. Münch/Kunig, GG, Art. 12 Rn. 17; *Hufen*, Staatsrecht II, § 35 Rn. 7; *Manssen*, in: v. Mangoldt/Klein/Starck, GG, Art. 12 Rn. 43; *Mann*, in: Sachs, GG, Art. 12 Rn. 54.
54 Wie hier *Hufen*, Staatsrecht II, § 35 Rn. 8.
55 Ausführlich zum Schutz staatlicher und staatlich gebundener Berufe *Mann*, in: Sachs, GG, Art. 12 Rn. 55 ff.
56 Vertiefend dazu im Kontext der freien Berufe des Vertragsarztes und des psychologischen Psychotherapeuten *Lang*, Die Vergütung der Vertragsärzte und Psychotherapeuten im Recht der gesetzlichen Krankenversicherung, 2001, S. 71 ff.
57 Vgl. *Mann*, in: Sachs, GG, Art. 12 Rn. 86; siehe auch BVerfGE 84, 133, 146 – *Warteschleifenregelung*.
58 Ebenso *Manssen*, in: v. Mangoldt/Klein/Starck, GG, Art. 12 Rn. 57.
59 *Mann*, in: Sachs, GG, Art. 12 Rn. 89.

private oder öffentliche Einrichtung, in der berufliche Kenntnisse oder Fähigkeiten vermittelt werden".[60]

Beispiele: Universitäten und Fachhochschulen, staatliche Vorbereitungsdienste sowie Einrichtungen betrieblicher und überbetrieblicher Berufsausbildung.[61]

Art. 12 Abs. 1 schützt *sowohl die Berufswahl als auch die Berufsausübung*. Die Freiheit der Wahl des Berufs, des Arbeitsplatzes und der Ausbildungsstätte betrifft das „*Ob*" der beruflichen Betätigung, wohingegen die Ausübungsfreiheit die Art und Weise, also das „*Wie*" der beruflichen Betätigung zum Gegenstand hat.[62]
Die *Freiheit der Berufswahl* beinhaltet die Entscheidung, einen Beruf zu ergreifen, sowie die Wahl eines bestimmten Berufs und den Berufswechsel.[63] Des Weiteren schützt Art. 12 Abs. 1 die *negative Berufsfreiheit*, also das Recht, darauf zu verzichten, irgendeinen Beruf zu ergreifen und auszuüben.[64]
Die *Freiheit der Berufsausübung* schützt die gesamte berufliche Tätigkeit, vor allem Form, Mittel und Umfang sowie Inhalt der Betätigung.[65] Hierzu zählen etwa die Führung einer bestimmten Berufsbezeichnung, die Beschäftigung anderer Personen, Entscheidungen in wirtschaftlicher Hinsicht und die berufliche Werbung.[66]

Nach der Rechtsprechung des BVerfG erfasst der Schutz des Art. 12 Abs. 1 auch das Verhalten der Unternehmer im Wettbewerb als Bestandteil der Berufsausübung, soweit es sich in erlaubten Formen im Rahmen der bestehenden Wirtschaftsverfassung bewegt.[67] Ein über die allgemeinen Regeln hinausgehender Schutzgehalt lässt sich aus der „*Wettbewerbsfreiheit*" allerdings nicht ableiten.[68]

III. Eingriffe

1. Problemstellung

Nach dem weiten Eingriffsbegriff wird jede staatliche Maßnahme, die sich schutzbereichsverkürzend auswirkt, als Eingriff verstanden. Dieses weite Verständnis führt (auch) bei der Berufsfreiheit zu Schwierigkeiten. Die Prüfung eines Eingriffs in das Grundrecht der Berufsfreiheit muss deshalb berücksichtigen, dass sich angesichts der Weite beruflicher Betätigungsfelder nahezu jede gesetzliche Regelung in irgendeiner beruflichen Betätigung auswirkt. Es besteht daher Einigkeit über das Erfordernis einer den weiten Eingriffsbegriff begrenzenden Auslegung. Um sich hier Klarheit zu schaffen, empfiehlt es sich, zunächst vom klassischen Eingriffsbegriff auszugehen.

2. Klassische Eingriffe

Danach liegt ein Eingriff in die Berufsfreiheit vor, wenn eine staatliche Maßnahme auf die Beeinträchtigung der Berufswahl oder -ausübung abzielt. Das kann etwa der Fall sein bei einer Beeinträchtigung des Schutzbereichs durch *Gebote oder Verbote* beruflicher Tätigkeiten insgesamt oder einzelner Tätigkeiten im Rahmen ei-

---

60 *Manssen*, in: v. Mangoldt/Klein/Starck, GG, Art. 12 Rn. 61.
61 Vgl. die Beispiele bei *Kingreen/Poscher*, Grundrechte, Rn. 949.
62 Vgl. *Sachs*, Verfassungsrecht II, B 12 Rn. 16 ff.
63 Siehe *Kämmerer*, in: v. Münch/Kunig, GG, Art. 12 Rn. 26.
64 BVerfGE 58, 358, 364 f. – *Bewährungsauflage*.
65 *Jarass*, in: Jarass/Pieroth, GG, Art. 12 Rn. 10.
66 Vgl. *Kämmerer*, in: v. Münch/Kunig, GG, Art. 12 Rn. 27 m. w. N.
67 Siehe BVerfGE 32, 311, 317 – *Steinmetz-Wettbewerb*.
68 Näher zur Wettbewerbsfreiheit *Manssen*, in: v. Mangoldt/Klein/Starck, GG, Art. 12 Rn. 71.

nes Berufs.[69] So stellt beispielsweise ein Sozietätsverbot, das die gemeinschaftliche Berufsausübung von Rechtsanwälten sowohl mit Ärzten als auch mit Apothekern untersagt, einen Eingriff in die Freiheit der Berufsausübung dar.[70]

Zum Teil wird hierfür der Ausdruck verwandt, es handele sich um Maßnahmen mit subjektiv berufsregelnder Tendenz.[71] Diese Terminologie, die in dem offensichtlichen Bemühen einer Parallelisierung zu den gleich noch zu behandelnden Regelungen mit objektiv berufsregelnder Tendenz entstanden ist, ist indes missverständlich und sollte vermieden werden. Für eine von den Tatbestandsmerkmalen des Eingriffsbegriffs abweichende Formulierung besteht kein Bedürfnis. Finalität, Imperativität, Unmittelbarkeit und Rechtsförmlichkeit reichen zur Konkretisierung derartiger Eingriffe vollkommen aus. Der Verweis auf eine (subjektiv-regelnde) Tendenz ist zudem im Hinblick auf die Finalität und Unmittelbarkeit derartiger Eingriffe missverständlich. Allenfalls für gezielte, aber mittelbare Beeinträchtigungen der Berufsfreiheit bietet sich die Redeweise von der subjektiv berufsregelnden Tendenz an.

3. Regelungen mit objektiv berufsregelnder Tendenz

1000 Bei sonstigen, also nicht klassischen *Eingriffen* ist hingegen erforderlich, dass die staatliche Maßnahme eine *objektiv berufsregelnde Tendenz* erkennen lässt. Dies ist der Fall, wenn die Maßnahmen „infolge ihrer Gestaltung in einem engen Zusammenhang mit der Ausübung eines Berufes stehen",[72] wenn sie „nach Entstehungsgeschichte und Inhalt im Schwerpunkt Tätigkeiten betreffen, die typischerweise beruflich ausgeübt werden."[73]

Fall 28: Der Gesetzgeber verschärft die Haftungsregelungen bei Kaufverträgen zu Lasten von Verkäufern. Kaufmann U betreibt einen Internet-Versandhandel. Berührt die Neuregelung seine Berufsfreiheit aus Art. 12 Abs. 1?

Lösung Fall 28: Der Schutzbereich ist eröffnet, U geht einer Tätigkeit nach, die auf Dauer angelegt ist, der Schaffung einer Lebensgrundlage dient. Zunächst könnte man auch an einen mittelbaren Eingriff in Art. 12 Abs. 1 denken, da die verschärfte Haftung dazu führen könnte, das U bestimmte (fehleranfällige) Waren gar nicht mehr verkaufen oder nur noch zu höheren Preisen anbieten kann. Außerdem wird ihm durch die Regelung die Gestaltung von Verträgen vorgeschrieben, die seiner beruflichen Sphäre zuzuordnen sind. Der Regelung fehlt es aber an der objektiv berufsregelnden Tendenz: Kaufverträge werden nicht typischerweise im Rahmen beruflicher Tätigkeit abgeschlossen, sondern auch aus anderen Anlässen. Zu denken ist beispielsweise an den Verkauf nicht mehr benötigter Gebrauchsgegenstände, an Flohmärkte, Internet-Auktionen usw.

1001 Auch die zivilrechtliche Verurteilung eines Arztes, Schadensersatz und Schmerzensgeld für ärztliche Behandlungsfehler zu leisten, stellt keinen Eingriff in die Berufsfreiheit dar.[74] Die *allgemeinen Regeln des Deliktsrechts* haben keine objektiv berufsregelnde Tendenz, lassen sich also auch *nicht* als *Eingriff* in die Berufsfreiheit qualifizieren.

1002 Hingegen kommt den zwingenden Vorschriften und Grundsätzen des Arbeitsrechts regelmäßig berufsregelnde Tendenz zu.[75] Der Arbeitgeber wird in seiner

---

69 Vgl. *Sachs*, Verfassungsrecht II, Teil II Kap 24 Rn. 24 ff. mit Beispielen und Nachweisen aus der Rechtsprechung.
70 BVerfGE 141, 82, 97, Rn. 45 – *Sozietätsverbot*.
71 *Manssen*, Grundrechte, Rn. 605.
72 BVerfGE 37, 1, 17 – *Weinwirtschaftsabgabe*.
73 BVerfGE 97, 228, 254 – *Kurzberichterstattung im Fernsehen*; *Höfling/Lang*, Einzugsbereiche und Verbringungsbeschränkungen in der Abfallwirtschaft, 1999, S. 54.
74 Vgl. BVerfGE 96, 375, 397 – „*Kind als Schaden*".
75 Vgl. *Schmidt*, in: ErfK, Art. 12 GG Rn. 20.

Berufsfreiheit z. B. dadurch beschränkt, dass er durch die arbeitsrechtlichen Vorschriften gehindert wird, andere Vertragsgestaltungen oder betriebliche Organisationsstrukturen zu wählen; die Arbeitnehmer müssen etwa Beschäftigungsverbote beachten und bestimmte Arbeitszeitregelungen einhalten.[76]

Ein weiteres Beispiel für einen Eingriff in die Berufsfreiheit stellt die Altersgrenze für Vertragsärzte dar. Hierbei legte sich das BVerfG nicht fest, ob es sich um einen Eingriff in die Berufsausübung oder in die Berufswahl handelt.[77]

1003

Hinsichtlich der Vergütung der Rechtsanwälte stellt es einen Eingriff dar, wenn der Gesetzgeber die Vereinbarung von Erfolgshonoraren verbietet.[78] *Keinen* Eingriff sieht das BVerfG in der Begrenzung der Anwaltsvergütung bei besonders hohen Gegenstandswerten.[79]

1004

Ebenfalls einen Eingriff in die Berufsausübungsfreiheit stellt das *Rauchverbot* in Gaststätten dar.[80] Es handelt sich dabei auch nicht um einen Reflex, der von dem Verbot gegen die Raucher ausgeht. Vielmehr liegt insbesondere dadurch, dass die Gaststättenbetreiber gehalten sind, die Gäste vom Rauchen in den Räumen abzuhalten, ein unmittelbarer Eingriff in die Berufsausübungsfreiheit vor. Gleiches gilt auch für Rauchverbote in Diskotheken. Sofern der Staat ein solches Rauchverbot einführt, um die Bevölkerung vor den Gesundheitsgefahren des Passivrauchens zu schützen, ist dies ein Zweck, der durchaus zur Rechtfertigung herangezogen werden kann. Im Einzelfall kommt es dann v. a. auf die Angemessenheit des Verbots an.[81]

1005

Bereits bei der Prüfung, ob ein Eingriff in die Berufsfreiheit vorliegt, könnte unterschieden werden zwischen *Berufsausübungsregelungen, subjektiven Zulassungsvoraussetzungen und objektiven Berufswahlbeschränkungen*. Diese „Drei-Stufen-Theorie" stellt aber eine vom BVerfG entwickelte Ausprägung des Verhältnismäßigkeitsgrundsatzes dar, dogmatisch also eine Schranken-Schranke. Für die Frage, ob ein Eingriff in das Grundrecht der Berufsfreiheit vorliegt, ist die Abgrenzung zwischen Beschränkungen der Berufswahl- oder Berufsausübungsfreiheit unerheblich, weil in beiden Fällen ein (rechtfertigungsbedürftiger) Eingriff in das Grundrecht der Berufsfreiheit vorliegt. Die exakte Festlegung, ob sich eine berufsrechtliche Regelung im Bereich der Berufswahl- oder Berufsausübungsfreiheit ausübt, erlangt erst im Rahmen der Prüfung der verfassungsrechtlichen Rechtfertigung des Eingriffs Bedeutung.[82]

1006

> **Klausurhinweis**: Im Rahmen der Prüfung des Eingriffs genügt die Feststellung, dass ein solcher vorliegt. Dennoch ist es auch hier schon wichtig, die verschiedenen Formen möglicher Eingriffe gedanklich durchzugehen, um keine relevanten Gesichtspunkte zu übersehen.

Ein *Eingriff in die freie Wahl des Arbeitsplatzes* liegt vor, wenn der Einzelne am Erwerb eines freien Arbeitsplatzes gehindert wird, wenn er gezwungen wird, einen

1007

---

76 Siehe die Beispiele bei *Schmidt*, in: ErfK, Art. 12 GG Rn. 20 m. w. N.
77 BVerfGE 103, 172 – *Altersgrenze für Kassenärzte*.
78 BVerfGE 117, 163 – *Erfolgshonorar für Anwälte*.
79 BVerfGE 118, 1 – *Rechtsanwaltsgebühren*.
80 Dazu umfassend Zimmermann, NVwZ 2008, 705, 706.
81 BVerfGE 121, 317 – *Rauchverbot*.
82 Hierzu sogleich unter Rn. 1025.

bestimmten Arbeitsplatz anzunehmen oder wenn von ihm die Aufgabe eines solchen verlangt wird.[83]

> **Beispiel**: Scheidet ein Arbeitnehmer vorläufig aus einem von ihm zu vertretenem Grund aus dem Arbeitsverhältnis aus, kann der Arbeitgeber die Erstattung der Ausbildungskosten nur verlangen, wenn dies zuvor vereinbart wurde und die Ausbildung eine adäquate Gegenleistung darstellt.[84]
>
> Gleiches gilt für eine Vereinbarung zwischen Arbeitgeber und Arbeitnehmer, dass letzterer nach Ende des Arbeitsverhältnisses für eine gewisse Zeit keine Tätigkeit ergreift, die im Wettbewerb zum ehemaligen Arbeitgeber steht (sog. *Wettbewerbsverbote*), wenn dafür nicht eine angemessene Entschädigung (sog. *Karenzentschädigung*) gezahlt wird.[85]

1008 Auch bei *Eingriffen in die Ausbildungsfreiheit* kann zwischen objektiven und subjektiven Zulassungsvoraussetzungen unterschieden werden. Bedeutung erlangt die Ausbildungsfreiheit vor allem für die Zulassung zum Hochschulstudium.

> So stellt der bundesweit geltende absolute *numerus clausus* eine objektive Zulassungsvoraussetzung dar, an deren verfassungsrechtliche Rechtfertigung das BVerfG hohe Anforderungen stellt.[86]
>
> Subjektive Zulassungsvoraussetzungen regeln den Zugang zur Ausbildungsstätte nach Maßgabe persönlicher Qualifikationen; dies gilt etwa für die *Abiturnote*.[87]

IV. Verfassungsrechtliche Rechtfertigung

1. Schranke: Regelungsvorbehalt des Art. 12 Abs. 1 S. 2

1009 Art. 12 Abs. 1 S. 2 bestimmt nur für die Berufsausübung, dass diese durch Gesetz oder aufgrund eines Gesetzes geregelt werden kann.
Obwohl der Wortlaut des Art. 12 Abs. 1 eine Differenzierung zwischen Berufswahl- und Berufsausübungsfreiheit nahe legt, interpretieren das BVerfG[88] und das Schrifttum[89] Art. 12 Abs. 1 als ein *einheitliches Grundrecht der Berufsfreiheit*. Daraus folgt, dass der *Regelungsvorbehalt des Abs. 1 S. 2* für sämtliche Teilfreiheiten des Art. 12 Abs. 1 gilt.[90] In der Sache handelt es sich bei Art. 12 Abs. 1 S. 2 trotz der Formulierung („Regelungsvorbehalt") um einen einfachen *Gesetzesvorbehalt*.[91] Da es sich aber nicht um eine Einschränkung des Grundrechts aus Art. 12 Abs. 1, sondern um dessen „Regelung", also eine einfach-gesetzliche Ausgestaltung und Konkretisierung handelt, sollen nach h. M. das *Zitiergebot* des Art. 19 Abs. 1 S. 2 und die *Wesensgehaltsgarantie* des Art. 19 Abs. 2 keine Anwendung finden.[92]

1010 Eingriffe in das Grundrecht der Berufsfreiheit sind

> „nur auf der Grundlage einer gesetzlichen Regelung erlaubt, die den Anforderungen der Verfassung an grundrechtsbeschränkende Gesetze genügt. Dies ist der Fall, wenn

---

83 Vgl. *Kingreen/Poscher*, Grundrechte, Rn. 969.
84 BAG, NJW 1977, 973; vgl. auch das Beispiel oben Rn. 984.
85 Siehe BVerfGE 81, 242, 252 ff. – *Wettbewerbsverbot des Handelsvertreters*.
86 Vgl. BVerfGE 33, 303, 337 f. – *numerus clausus I*; s.a. BVerfG NJW 2018, 361, Rn. 104 – numerus clausus II, "…schließt die Nichtzulassung zu dieser Ausbildung aus, diesen Beruf später zu ergreifen".
87 Siehe zu den Eingriffen in die Ausbildungsfreiheit *Kingreen/Poscher*, Grundrechte, Rn. 968.
88 Ständ. Rspr. seit BVerfGE 7, 377, 402 – *Apothekenurteil*.
89 Vgl. etwa *Manssen*, in: v. Mangoldt/Klein/Starck, GG, Art. 12 Rn. 2 m. w. N.; *Mann*, in: Sachs, GG, Art. 12 Rn. 14.
90 *Scholz*, in: Maunz/Dürig, GG, Art. 12 Rn. 312.
91 So auch *Jarass*, in: Jarass/Pieroth, GG, Art. 12 Rn. 27 m. w. N.
92 Vgl. *Mann*, in: Sachs, GG, Art. 12 Rn. 106 m. w. N.; kritisch hierzu *Remmert*, in: Maunz/Dürig, GG, Art. 19 Abs. 1 S. 1 Rn. 55 und Art. 19 Abs. 2 Rn. 20 ff; vgl. zum Zitiergebot oben Rn. 281 ff., zur Wesensgehaltsgarantie oben Rn. 278 ff.

die eingreifende Norm kompetenzgemäß erlassen worden ist, durch hinreichende, der Art der betroffenen Betätigung und der Intensität des jeweiligen Eingriffs Rechnung tragende Gründe des Gemeinwohls gerechtfertigt wird und dem Grundsatz der Verhältnismäßigkeit entspricht."[93]

Aus der *Wesentlichkeitstheorie* folgt die Verpflichtung des unmittelbar demokratisch legitimierten Gesetzgebers, alle Entscheidungen, die für die Grundrechtsausübung wesentlich sind, selbst zu treffen.[94] Keine ausreichende Eingriffsermächtigung sind daher Verwaltungsvorschriften, Standesrichtlinien, Tarifverträge, Richterrecht und Gewohnheitsrecht.[95]

2. Schranken-Schranke: Die Drei-Stufen-Theorie

a) Überblick. Das BVerfG hat im Apothekenurteil[96] eine Stufenlehre als besondere Ausprägung des Verhältnismäßigkeitsgrundsatzes im Bereich der Berufsfreiheit entwickelt. Die „Drei-Stufen-Theorie" wird verstanden als

„das Ergebnis strikter Anwendung des Prinzips der Verhältnismäßigkeit bei den vom Gemeinwohl her gebotenen Eingriffen in die Berufsfreiheit. Sie geht von der Einsicht aus, dass nach der Ordnung des Grundgesetzes die freie menschliche Persönlichkeit der oberste Rechtswert ist, dass ihr deshalb auch bei der Berufswahl die größtmögliche Freiheit gewahrt bleiben muss, dass diese Freiheit mithin nur so weit eingeschränkt werden darf, als es zum gemeinen Wohl unerlässlich ist. Von der grundsätzlichen Freiheitsvermutung aus ergibt sich die Unterscheidung zwischen bloßen Regelungen der Berufsausübung und Einschränkungen der Berufswahl, bei diesen wiederum zwischen subjektiven und objektiven Voraussetzungen der Zulassung zum Beruf; es ergibt sich ferner der Grundsatz, dass Eingriffe jeweils nur auf der ‚Stufe' gerechtfertigt sind, die die geringste Beschränkung der Berufsfreiheit des Einzelnen mit sich bringt."[97]

Ausgangspunkt der Drei-Stufen-Theorie ist zunächst, dass der Regelungsvorbehalt in Art. 12 Abs. 1 S. 2 vom Wortlaut her nur auf die Berufsausübung bezogen ist. Das BVerfG versteht die Berufsfreiheit aber mit der folgenden Begründung als einheitliches Grundrecht: Jede Berufswahl bereite die Berufsausübung vor und jede Berufsausübung bestätige die getroffene Berufswahl. Weil beide Bereiche nicht getrennt werden könnten, erfasse der Regelungsvorbehalt des Art. 12 Abs. 1 S. 2 den gesamten Bereich beruflicher Freiheit. Allerdings nicht mit der gleichen Intensität, vielmehr sei nach der Intensität des Eingriffs zu differenzieren.

Auf dieser Grundlage hat das BVerfG die Drei-Stufen-Theorie entwickelt, die an die Unterscheidung zwischen *Berufsausübungsregelungen, subjektiven Zulassungsvoraussetzungen und objektiven Berufswahlbeschränkungen* anknüpft. Da die Drei-Stufen-Theorie eine besondere Ausprägung des Verhältnismäßigkeitsgrundsatzes darstellt, ist ihr auch die Forderung zu entnehmen, dass Einschränkungen der Berufsfreiheit stets nur auf der Stufe erfolgen dürfen, die mit den geringsten Grundrechtseinschränkungen verbunden ist. Eine Maßnahme auf der folgenden Stufe ist also erst zulässig, wenn eine Beschränkung auf der geringeren Stufe das gesetzgeberische Ziel nicht erreichen

---

93 BVerfGE 95, 193, 214 – *DDR-Hochschullehrer*; der ursprünglich im Elfes-Urteil (BVerfGE 6, 32 ff.) entwickelte Gedanke, dass nur ein Gesetz, das in jeder, insbesondere also auch in formeller Hinsicht verfassungsgemäß ist, eine wirksame Schranke darstellen kann, wird mittlerweile auf alle Grundrechte ausgedehnt, zur Berufsfreiheit etwa *Lang*, NWVBl. 2000, 111.
94 Siehe etwa BVerfGE 73, 280, 295 – *Notarbewerberauswahl*. Allgemein zur Wesentlichkeitstheorie oben Rn. 247.
95 Vgl. *Schmidt*, in: ErfK, Art. 12 GG Rn. 24 f.; vgl. auch *Mann*, in: Sachs, GG, Art. 12 Rn. 119 ff.
96 BVerfGE 7, 377 – *Apothekenurteil*.
97 BVerfGE 13, 97, 104 f. – *Handwerksordnung*.

kann. Darüber hinaus folgen aus der Drei-Stufen-Theorie *besondere Anforderungen an die Verhältnismäßigkeit* der die Berufsfreiheit beeinträchtigenden Maßnahmen.

Klausurhinweis: Die Drei-Stufen-Theorie ist im Rahmen der Verhältnismäßigkeitsprüfung zu erörtern. Zunächst ist festzustellen, ob die Beschränkung der Berufsfreiheit einen *legitimen Zweck* verfolgt und zur Erreichung dieses Zwecks *geeignet* ist. Ob die Maßnahme *erforderlich* ist, hängt davon ab, ob es sich um eine Berufsausübungsregelung oder – für den Fall einer Einschränkung der Freiheit der Berufswahl – um subjektive oder objektive Zulassungsvoraussetzungen handelt. Stets muss die „Stufe" gewählt werden, die den geringsten Eingriff in die Berufsfreiheit mit sich bringt. Einen Eingriff in die nächste „Stufe" darf der Gesetzgeber erst vornehmen, wenn er darlegen kann, dass er den befürchteten Gefahren mit Maßnahmen auf der vorausgehenden „Stufe" mit hoher Wahrscheinlichkeit nicht wirksam entgegentreten kann.[98] Die besonderen Anforderungen an die Verhältnismäßigkeit, die das BVerfG im Rahmen der Drei-Stufen-Theorie aufgestellt hat, sind innerhalb der *Angemessenheit* (Verhältnismäßigkeit i. e. S., Zumutbarkeit) zu prüfen.[99]

1014 b) **Anforderungen an Berufsausübungsregelungen (1. Stufe).** Berufsausübungsregelungen betreffen lediglich die Art und Weise der Berufsausübung, also das „Wie" der beruflichen Tätigkeit.[100]

Beispiele: Regelungen zum Ladenschluss;[101] das Nachtbackverbot;[102] Beschränkungen der Werbung durch Rechtsanwälte[103] oder Ärzte.[104]

1015 Auf der Stufe der Berufsausübungsregelungen sind die am weitesten gehenden Einschränkungen der Berufsfreiheit zulässig. Voraussetzung ist, dass sie durch *vernünftige Erwägungen des Gemeinwohls* gerechtfertigt sind und sich als verhältnismäßig darstellen:[105]

„Die Freiheit der Berufsausübung kann beschränkt werden, soweit vernünftige Erwägungen des Gemeinwohls es zweckmäßig erscheinen lassen; der Grundrechtsschutz beschränkt sich auf die Abwehr in sich verfassungswidriger, weil etwa übermäßig belastender und nicht zumutbarer Auflagen.[106] [...] Am freiesten ist der Gesetzgeber, wenn er eine reine Ausübungsregelung trifft, die auf die Freiheit der Berufswahl nicht zurückwirkt, vielmehr nur bestimmt, in welcher Art und Weise die Berufsangehörigen ihre Berufstätigkeit im Einzelnen zu gestalten haben. Hier können in weitem Maße Gesichtspunkte der Zweckmäßigkeit zur Geltung kommen; nach ihnen ist zu bemessen, welche Auflagen den Berufsangehörigen gemacht werden müssen, um Nachteile und Gefahren für die Allgemeinheit abzuwehren."[107]

1016 c) **Anforderungen an subjektive Zulassungsvoraussetzungen (2. Stufe).** Subjektive Zulassungsvoraussetzungen sind solche, die die Aufnahme eines Berufs an das Vorliegen persönlicher Eigenschaften, Fähigkeiten oder Leistungsnachweise knüpfen.[108] Ob der Betreffende Einfluss auf diese Eigenschaften hat, ist unerheblich.[109]

---

98 BVerfGE 7, 377, 408 – *Apothekenurteil*.
99 Siehe zur Anwendung der Stufenlehre in der Falllösung auch die Hinweise bei *Kingreen/Poscher*, Grundrechte, Rn. 975 ff.; *Epping*, Grundrechte, Rn. 410; *Sachs*, Verfassungsrecht II, Teil II Kap 24 Rn. 41 ff.; *Hufen*, Staatsrecht II, § 35 Rn. 29 ff.; *Ipsen*, Staatsrecht II, Rn. 652 ff., 672 ff.; anschaulich zur Drei-Stufen-Theorie auch das Schaubild bei *Katz*, Staatsrecht, S. 401.
100 Vgl. *Sachs*, Verfassungsrecht II, Teil II Kap 24 Rn. 17 und 34.
101 BVerfGE 13, 237 – *Ladenschlussgesetz*.
102 BVerfGE 87, 363 – *Nachtbackverbot*.
103 BVerfGE 82, 18 – *Kammerrechtsbeistand*.
104 BVerfGE 85, 248 – *ärztliches Werbeverbot*.
105 BVerfGE 77, 308, 332 – *Arbeitnehmerweiterbildung*.
106 BVerfGE 7, 377, 378 – *Apothekenurteil*.
107 BVerfGE 7, 377, 405 f. – *Apothekenurteil*.
108 Vgl. *Kingreen/Poscher*, Grundrechte, Rn. 975 ff.
109 So auch *Jarass*, in: Jarass/Pieroth, GG, Art. 12 Rn. 35.

Beispiele: Erreichen einer bestimmten Altersgrenze,[110] die für den Beruf erforderliche Zuverlässigkeit und persönliche Eignung,[111] das Fehlen bestimmter Vorstrafen,[112] erfolgreich abgelegte Prüfungen und beruflich erworbene Erfahrungen.[113]

Subjektive Zulassungsvoraussetzungen müssen *zum Schutz besonders wichtiger Gemeinschaftsgüter zwingend erforderlich* sein:

> „Die Freiheit der Berufswahl darf nur eingeschränkt werden, soweit der Schutz besonders wichtiger Gemeinschaftsgüter es zwingend erfordert. Ist ein solcher Eingriff unumgänglich, so muss der Gesetzgeber stets diejenige Form des Eingriffs wählen, die das Grundrecht am wenigsten beschränkt. [...] Für die subjektiven Voraussetzungen (insbesondere Vor- und Ausbildung) gilt das Prinzip der Verhältnismäßigkeit in dem Sinn, dass sie zu dem angestrebten Zweck der ordnungsmäßigen Erfüllung der Berufstätigkeit nicht außer Verhältnis stehen dürfen."[114]

Das BVerfG verfährt bei der Annahme besonders wichtiger Gemeinschaftsgüter allerdings recht großzügig:

> „Schutzwürdig können nicht nur allgemein anerkannte, sondern auch solche Gemeinschaftswerte sein, die sich erst aus den besonderen wirtschafts-, sozial- und gesellschaftspolitischen Zielen des Gesetzgebers ergeben, wie z. B. die Erhaltung des Leistungsstandes und der Leistungsfähigkeit des Handwerks und die Sicherung des Nachwuchses für die gesamte gewerbliche Wirtschaft."[115]

Mit dieser Begründung sah das Gericht das Erfordernis einer bestandenen Meisterprüfung als Voraussetzung für den selbständigen Betrieb eines Handwerks als gerechtfertigt an.[116]

d) Anforderungen an objektive Berufswahlregelungen (3. Stufe). Objektive Berufswahlbeschränkungen sind solche, die für die Aufnahme eines Berufs objektive Kriterien voraussetzen, die dem Einfluss des Bewerbers entzogen und von seiner Qualifikation unabhängig sind.[117]

Beispiele: Festlegung von Höchstzahlen (numerus clausus) für bestimmte Berufe,[118] Kontingentierung im allgemeinen Güterfernverkehr,[119] Bedürfnisklauseln für die Taxizulassung,[120] staatliches Spielbankenmonopol.[121]

Objektive Zulassungsbeschränkungen sind *nur zum Schutz vor nachweisbaren Gefahren für ein überragend wichtiges Gemeinschaftsgut* zulässig:

> „An den Nachweis der Notwendigkeit objektiver Zulassungsvoraussetzungen sind besonders strenge Anforderungen zu stellen; im Allgemeinen wird nur die Abwehr nach-

---

110 BVerfGE 9, 338 – *Altersgrenze für Hebammen*; BVerfGE 64, 72 – *Prüfingenieur*. Siehe hierzu die Fallbesprechung bei *Dietlein*, Examinatorium Staatsrecht, S. 228 ff.
111 BVerfGE 41, 378 – *Rechtsbeistand*.
112 BVerfGE 44, 105 – *Berufsverbot für Rechtsanwalt*.
113 BVerfGE 13, 97 – *Handwerksordnung*; siehe im Übrigen die Nachweise bei *Kingreen/Poscher*, Grundrechte, Rn. 968.
114 BVerfGE 7, 377, 378 – *Apothekenurteil*.
115 BVerfGE 13, 97, 97 f. – *Handwerksordnung*.
116 BVerfGE 13, 97 – *Handwerksordnung*. Siehe zu den schutzwürdigen Gemeinschaftswerten auch *Hofmann*, in: Schmidt-Bleibtreu/Hofmann/Henneke, GG, Art. 12 Rn. 54.
117 *Kingreen/Poscher*, Grundrechte, Rn. 975 ff.
118 *Sachs*, Verfassungsrecht II, Teil II, Kap 24 Rn. 39.
119 BVerfGE 40, 196 – *Güterkraftverkehrsgesetz*.
120 BVerfGE 11, 168 – *Personenbeförderung*. Siehe hierzu die Fallbesprechung bei *Dietlein*, Examinatorium Staatsrecht, S. 232 ff.
121 BVerfGE 102, 197 – *Spielbankengesetz Baden-Württemberg*.

weisbarer oder höchstwahrscheinlicher schwerer Gefahren für ein überragend wichtiges Gemeinschaftsgut diese Maßnahme rechtfertigen können."[122]

1022 Um überragend wichtige Gemeinschaftsgüter handelt es sich nur bei Gemeinwohlinteressen, die *verfassungsrechtlichen Grundentscheidungen ähneln*.[123]

Dies gilt etwa für die Volksgesundheit, die Minderung der Arbeitslosigkeit und die Funktionsfähigkeit der gesetzlichen Krankenversicherung, nicht aber für fiskalische Erwägungen oder den Schutz bestehender Unternehmen vor Konkurrenz.[124]

1023 Mit Blick auf die Nachweisbarkeit der Gefahren für das überragend wichtige Gemeinschaftsgut muss stets im Einzelnen dargelegt werden, welche konkreten Gefahren mit Sicherheit oder mit hoher Wahrscheinlichkeit eintreten werden.[125]
In der Sache entsprechen die Einschränkungsmöglichkeiten durch objektive Berufswahlbeschränkungen denen der vorbehaltlosen Grundrechte, es muss also kollidierendes Verfassungsrecht durch die Regelung konkretisiert werden.[126]

1024 e) **Bestimmung der Eingriffsstufe; Abgrenzungsschwierigkeiten.** Die Schwierigkeit bei der Anwendung der Drei-Stufen-Lehre besteht darin, dass das Auffinden der richtigen „Stufe" eine Abgrenzung von Berufsausübungs- und Berufswahlbeschränkungen erfordert. Da diese Unterscheidung nicht immer eindeutig durchführbar ist, muss in vielen Fällen auf das Berufsbild abgestellt werden, das sich aus den Verkehrsanschauungen ergibt.[127] Darüber hinaus kommt es darauf an, „ob die Ausübung eines Berufs oder einer bloßen Berufsmodalität ausgeschlossen wird".[128] Zu beachten ist dabei, dass der Gesetzgeber auch durch das Festlegen von Berufsbildern in die Berufsfreiheit eingreifen kann.[129]

1025 Herausgefordert wird die Sinnhaftigkeit der Drei-Stufen-Theorie auch dadurch, dass nach der Rechtsprechung des BVerfG Berufsausübungsregelungen am Maßstab einer Berufswahlregelung zu überprüfen sind, wenn sich herausstellt, dass eine als Berufsausübungsregelung zu qualifizierende Maßnahme in der Intensität einer Berufswahlregelung nicht nachsteht.
Das BVerfG versteht z. B. den *Vertragsarzt* (vgl. § 95 SGB V; früher „*Kassenarzt*") nicht als eigenen Beruf, der dem des frei praktizierenden Arztes gegenübergestellt werden kann.[130] Daher hat das Gericht gesetzgeberische Zulassungskontingente für Vertragsärzte nicht als Berufswahlregelung qualifiziert. Es hat darauf abgestellt, dass damit nicht die Zulassung zum Beruf des Arztes reglementiert werde, da es dem Betroffenen freistehe, den Beruf des Arztes zu ergreifen; ausgeschlossen sei lediglich eine Teilnahme an der vertragsärztlichen Versorgung. Insoweit sei die Zulassungsregelung nicht als Berufszulassungsregelung zum Beruf Vertragsarzt zu verstehen, sondern eben nur als eine Berufsausübungsregelung des Berufs Arzt.[131] Allerdings hat das BVerfG berücksichtigt, dass nahezu 90 % der Bevölkerung gesetzlich krankenversichert sind, so dass ein Ausschluss von diesem Markt die Be-

---

122 BVerfGE 7, 377, 378 – *Apothekenurteil*; s. a. BVerfGE 103, 172, 183 – *Altersgrenze für Kassenärzte*.
123 Ebenso *Kämmerer*, in: v. Münch/Kunig, GG, Art. 12 Rn. 76; BVerfGE 7, 377, 408 – *Apothekenurteil*.
124 Siehe die Beispiele bei *Jarass*, in: Jarass/Pieroth, GG, Art. 12 Rn. 49.
125 Vgl. *Kämmerer*, in: v. Münch/Kunig, GG, Art. 12 Rn. 76 m. w. N.; BVerfGE 7, 377, 408 – *Apothekenurteil*.
126 *Sachs*, Verfassungsrecht II, Teil II, Kap 24 Rn. 42.
127 Vgl. *Manssen*, in: v. Mangoldt/Klein/Starck, GG, Art. 12 Rn. 141.
128 Ebenso *Jarass*, in: Jarass/Pieroth, GG, Art. 12 Rn. 39.
129 BVerfGE 119, 59 – *Hufbeschlaggesetz*.
130 BVerfGE 11, 30, 41 – *Kassenärzte*.
131 BVerfGE 11, 30, 42 – *Kassenärzte*.

rufsausübungsfreiheit der Ärzte empfindlich trifft. Infolgedessen hat das Gericht die entsprechenden Regelungen an den für Kontingente entwickelten Maßstab der sog. dritten Stufe der Drei-Stufen-Theorie geprüft.[132]

> Kritisch lässt sich allerdings fragen, wie plausibel es ist, im Rahmen der Prüfung von Eingriffen in Art. 12 Abs. 1 zunächst den Regelungsvorbehalt des Art. 12 Abs. 1 S. 2 mit dem Argument auszudehnen, eine strenge Scheidung von Berufswahl und Berufsausübung sei nicht möglich, im Rahmen der Maßstabsbildung der Eingriffsrechtfertigung dann aber genau dies, nämlich die Unterscheidung zwischen einer die Berufswahl- oder die Berufsausübungsfreiheit betreffenden Regelung einzufordern und schließlich bestimmte Berufsausübungsregelungen wie Berufswahlregelungen zu behandeln. Diese „Achterbahnfahrt" hat der Drei-Stufen-Theorie Kritik eingebracht.[133] Auch wenn das BVerfG zwischenzeitlich die Drei-Stufen-Theorie durch eine umfassende Verhältnismäßigkeitsprüfung ersetzt[134], kann sie im Rahmen von Fallbearbeitungen nach wie vor als Instrument zur Operationalisierung des Verhältnismäßigkeitsgrundsatzes verwandt werden.

1026 Auch der *öffentlich bestellte und vereidigte Sachverständige* stellt nach Auffassung des BVerfG keinen eigenständigen Beruf dar. Er unterscheidet sich von den übrigen Sachverständigen allein aufgrund der staatlichen Feststellung seiner Qualifikation.[135] Den *Handel mit loser Milch* sah das BVerfG hingegen als eigenständigen Beruf an.[136] Genauso qualifizierte das BVerfG die Hufpfleger und Huftechniker als eigenständige Berufe gegenüber dem traditionellen Beruf des Hufschmieds.[137] Es ist nicht von der Hand zu weisen, dass dem Rechtsanwender namentlich mit der Berufsbildlehre ein gewisses Instrument zur Vorsteuerung der Maßstabsbildung zur Verfügung steht.

1027 Aufgrund dieser *Unsicherheiten und Relativierungen* ist die Drei-Stufen-Theorie wie erwähnt im Schrifttum nicht ohne Kritik geblieben.[138] Das BVerfG hält an ihr zwar nach wie vor grundsätzlich fest, nimmt jedoch von einer starren Anwendung Abstand und ersetzt die Drei-Stufen-Theorie in zunehmendem Maße durch einen *Rückgriff auf das Übermaßverbot*.[139]

> Da es sich bei der Stufenlehre um eine *Typisierung* handelt, muss im Einzelfall auch immer die Verhältnismäßigkeit der Maßnahme überprüft werden: So kann eine Berufsausübungsregelung für den Einzelnen ähnlich schwer belastend sein wie eine Regelung der Berufswahl.[140]

V. Verhältnis zu anderen Grundrechten

1028 Nach h. M. stellt Art. 12 Abs. 1 eine besondere Ausprägung des Rechts auf freie Entfaltung der Persönlichkeit dar und *geht daher Art. 2 Abs. 1 als lex specialis vor*.[141] Auf das Auffanggrundrecht der allgemeinen Handlungsfreiheit ist allerdings zu-

---

132 BVerfGE 11, 30, 44 f. – *Kassenärzte*; s. a. BVerfGE 103, 172, 184 – *Altersgrenze für Kassenärzte*.
133 *Mann*, in: Sachs, GG, Art. 12 Rn. 137 ff.
134 Etwa BVerfG NJW 2018, 2109 Rn. 30 ff. – *staatliches Informationshandeln*, wo der Ausdruck Dreistufentheorie überhaupt nicht mehr vorkommt; BVerfGE 95, 173, 183 – *Warnhinweise auf Tabakverpackungen*.
135 BVerfGE 86, 28, 38 – *öffentlich bestellte Sachverständige*.
136 BVerfGE 9, 39, 48 – *Mindestmilchmenge*.
137 BVerfGE 119, 59, 77 f. – *Hufbeschlaggesetz*.
138 Siehe etwa *Sachs*, Verfassungsrecht II, Teil II Kap 24 Rn. 50; *Ipsen*, Staatsrecht II, Rn. 671.
139 Vgl. zur Entwicklung der Rechtsprechung *Mann*, in: Sachs, GG, Art. 12 Rn. 125 ff., 142 ff.
140 Vgl. *Manssen*, Grundrechte, Rn. 642; siehe auch *Jarass*, in: Jarass/Pieroth, GG, Art. 12 Rn. 37; *Kingreen/Poscher*, Grundrechte, Rn. 975 ff.
141 Siehe *Kämmerer*, in: v. Münch/Kunig, GG, Art. 12 Rn. 95 m. w. N.; *Jarass*, in: Jarass/Pieroth, GG, Art. 12 Rn. 4

rückzugreifen, wenn über den Grundrechtsschutz von Ausländern im beruflichen Bereich zu entscheiden ist.[142]

1029 Probleme verursacht häufig die Abgrenzung von Berufsfreiheit und Eigentumsgarantie. Als „Faustformel" gilt, dass die Berufsfreiheit *den Erwerb*, die Eigentumsgarantie hingegen *das Erworbene* schützt.[143] Da Art. 14 Abs. 1 in erster Linie objektbezogen ist, gewährleistet er *das Ergebnis der Betätigung*, wohingegen der persönlichkeitsbezogene und zukunftsgerichtete Art. 12 Abs. 1 *die Betätigung selbst* zum Gegenstand hat.[144]

> **Beispiel**: X handelt mit Wein. Bei Untersuchungen stellt sich heraus, dass seine Ware mit gesundheitsschädlichen Pestiziden belastet ist. Die zuständige Behörde verpflichtet X, beim Verkauf seines Weins auf die Untersuchungsergebnisse hinzuweisen. Dieser befürchtet massive Umsatzeinbrüche.
> Hier liegt ein Eingriff in Art. 12 Abs. 1 vor, da X die Modalitäten (Hinweispflicht) seiner Berufsausübung (Weinverkauf) vorgeschrieben werden. Ein Eingriff in Art. 14 Abs. 1 liegt dagegen nicht vor. Zwar schmälert die Hinweispflicht den erzielbaren Verkaufspreis, das Eigentum des X wird so – wirtschaftlich betrachtet – weniger wert. Die Eigentumsgarantie schützt aber nur das bereits Erworbene, nicht die Erwerbsaussichten und daher auch nicht den erwarteten Verkaufserlös oder die Absatzmöglichkeiten.[145]

VI. Arbeitszwang und Zwangsarbeit, Art. 12 Abs. 2 und 3

1. Überblick und Normstruktur

1030 Nach der Rechtsprechung und h. L. stellen Art. 12 Abs. 2 und Abs. 3 ein *einheitliches Grundrecht* dar, das alle Menschen vor Arbeitszwang und Zwangsarbeit schützt.[146] Seine Entstehung war durch die Erfahrungen des Nationalsozialismus und der totalitären osteuropäischen Staaten geprägt.[147] Dieses Grundrecht hat bis heute nur geringe praktische Bedeutung erlangt.[148] Es lässt sich nicht als gleichsam negative Seite der Berufsfreiheit deuten, weil weder der Arbeitszwang noch die Zwangsarbeit die Kriterien des Berufsbegriffs erfüllen brauchen und nach ihrem Negativfixierbild (Versklavung etc.) auch nicht sollen.

1031 Anders als die Berufsfreiheit nach Abs. 1 handelt es sich bei den Freiheitsrechten der Absätze 2 und 3 um Menschenrechte, sie stehen also auch Ausländern zu. Eine wesensmäßige Geltung für juristische Personen i. S. v. Art. 19 Abs. 3 besteht allerdings nicht.[149]

2. Arbeitszwang

1032 Art. 12 Abs. 2 bestimmt, dass niemand zu einer bestimmten Arbeit gezwungen werden darf. *Arbeitszwang* ist vielmehr nur im Rahmen einer herkömmlichen allgemeinen, für alle gleichen öffentlichen Dienstleistungspflicht zulässig. Als *her-*

---

142 Hierzu bereits oben Rn. 114.
143 Siehe etwa *Manssen*, in: v. Mangoldt/Klein/Starck, GG, Art. 12 Rn. 289; *Kämmerer*, in: v. Münch/Kunig, GG, Art. 12 Rn. 98; *Jarass*, in: Jarass/Pieroth, GG, Art. 12 Rn. 3.
144 Vgl. *Kämmerer*, in: v. Münch/Kunig, GG, Art. 12 Rn. 98; *Katz*, Staatsrecht, Rn. 794.
145 Vgl. BVerfGE 105, 252 – *Glykolwarnung*.
146 BVerfGE 74, 102, 115 ff. – *Berufsausbildung im Strafvollzug*; BVerfGE 83, 119, 125, 128 – *gemeinnützige Arbeit*; *Jarass*, in: Jarass/Pieroth, GG, Art. 12 Rn. 113 m. w. N. a. A. *Ruffert*, BeckOK, GG, Art. 12 Rn. 139.
147 Siehe zu den Hintergründen des Art. 12 Abs. 2, 3 *Manssen*, in: v. Mangoldt/Klein/Starck, GG, Art. 12 Rn. 294.
148 *Hufen*, Staatsrecht II, § 35 Rn. 59.
149 *Ruffert*, in: BeckOK, GG, Art. 12 Rn. 138.

kömmlich bezeichnet man eine Pflicht, „die ihrer Art nach bereits vor der Zeit des Nationalsozialismus bestand".[150] *Allgemein* ist diese, „wenn sie sich an jedermann oder an einen nach abstrakt-generellen Maßstäben bestimmten Personenkreis richtet".[151] *Gleichheit* ist gegeben, wenn „gleiche Belastung aller Pflichtigen [besteht], die durch den Gesetzgeber zwingend festgelegt sein muss".[152]

Beispiele für herkömmliche allgemeine, für alle gleiche öffentliche Dienstleistungspflichten sind die traditionellen kommunalen *Hand- und Spanndienste* sowie die landesgesetzlich bestimmte *Feuerwehrdienstpflicht*.[153]

In neuerer Zeit hat die Diskussion um (un)zulässigen Arbeitszwang Auftrieb im Kontext sozialleistungsrechtlicher Sanktionen erhalten. Diskutiert wird, ob von der Androhung des Entzugs existenznotwendiger Leistungen – etwa der Grundsicherung nach dem SGB II – ein mittelbarer Arbeitszwang ausgeht. §§ 31, 31a und 31b SGB II etwa stellen ein gestuftes Sanktionssystem zur Verfügung, wonach sich bei einer Pflichtverletzung (bezogen auf Verhaltens-, Melde- oder Mitwirkungspflichten) seitens des Leistungsempfängers das Arbeitslosengeld II in einer ersten Stufe um 30 %, bei der ersten Wiederholung um 60 % mindert und bei jeder weiteren Pflichtverletzung entfällt.[154] Unter Zugrundelegung des auch sonst weitgehend geltenden weiten Eingriffsbegriffs lassen sich derartige Sanktionen nicht aus dem Eingriffsbegriff ausklammern. Sie werden im Schrifttum unter Berufung auf kollidierendes Verfassungsrecht gerechtfertigt. Der Schutz des Art. 12 Abs. 2 könne nicht so weit führen, dass eine willkürliche Inanspruchnahme staatlicher Leistungen ohne Rücksicht auf die Solidargemeinschaft gedeckt sei.[155] Dem stünden die Grundrechte der Steuer- bzw. Beitragszahler aus Art. 12 Abs. 1 und Art. 14 Abs. 1 entgegen.[156] Sicher besteht der Sinn des Art. 12 Abs. 2 nicht darin, missbräuchlichen Sozialleistungsempfang zu ermöglichen. Die Frage ist nur, ob jede Sanktion des Grundsicherungsrechts tatsächlich auf einer missbräuchlichen Haltung des Leistungsempfängers beruht, etwa im Falle eines (bloßen) Meldeversäumnisses. Immerhin betrafen 76 % der nach den Angaben der Bundesagentur für Arbeit im Jahr 2015 insgesamt ausgesprochenen 980.100 Sanktionen derartige Meldeversäumnisse.[157] Auch zeigen Studien zu den Sanktionen, dass die mit ihnen verbundenen Belastungen erheblich[158], die „erzieherischen" Erfolge indes gering sind.[159] Das Konzept des „Forderns und Förderns" des SGB II scheint sich

---

150 *Jarass*, in: Jarass/Pieroth, GG, Art. 12 Rn. 119; BVerfGE 92, 91, 111 – *Feuerwehrschutzabgabe*.
151 *Mann*, in: Sachs, GG, Art. 12 Rn. 186.
152 *Gubelt*, in: v. Münch/Kunig, GG, Art. 12 Rn. 89.
153 Vgl. *Ipsen*, Staatsrecht II, Rn. 688 m. w. N.
154 Wobei für unter 25-jährige Leistungsempfänger noch strengere Regelungen gelten.
155 *Manssen*, in: v. Mangoldt/Klein/Starck, GG, Art. 12 Abs. 2 Rn. 309.
156 *Ruffert*, in: BeckOK, GG, Art. 12 Rn. 154; *Breuer*, in: HStR VIII, § 170 Rn. 122.
157 Vgl. zu diesen Zahlen die Dokumentation der Wissenschaftlichen Dienste des Deutschen Bundestages, Auswirkungen von Sanktionen im SGB II. Überblick über qualitative Studien in Deutschland vom 7. Februar 2017, WD 6 – 3000 – 004/17, S. 4. Reine Meldeversäumnisse führen zu einer Kürzung von „nur" 10 %.
158 Die Einbußen an Leistungen zur Existenzsicherung konnten nur sehr begrenzt durch alternative Einkommen oder Subsistenzmittel kompensiert werden; besonders belastet waren zudem alleinlebende Leistungsempfänger; zudem führten die Sanktionen zu Mangelernährung, vgl. dazu die Dokumentation der Wissenschaftlichen Dienste des Deutschen Bundestages, Auswirkungen von Sanktionen im SGB II. Überblick über qualitative Studien in Deutschland vom 7. Februar 2017, WD 6 – 3000 – 004/17, S. 5, 6.
159 Dokumentation der Wissenschaftlichen Dienste des Deutschen Bundestages, Auswirkungen von Sanktionen im SGB II. Überblick über qualitative Studien in Deutschland vom 7. Februar 2017, WD 6 – 3000 – 004/17, S. 8, keine positive Wirkung.

jedenfalls an der sozialen Wirklichkeit zu brechen. Ungeklärt ist auch der Bezug zum Existenzminimum und Art. 1 Abs. 1, wenn die Sanktionen zu einer vollständigen Streichung der existenzsichernden Leistungen führen.

3. Zwangsarbeit

1034 Unter *Zwangsarbeit* i. S. d. Art. 12 Abs. 3 ist eine „unbegrenzte Inanspruchnahme der Arbeitskraft zur Erfüllung anderer als unmittelbarer staatlicher Zwecke" zu verstehen.[160] Sie ist nur bei einer gerichtlich angeordneten Freiheitsentziehung zulässig. Eine gesetzliche Grundlage findet sich in § 41 Abs. 3 StVollzG und seinen landesgesetzlichen Parallelvorschriften. Etliche Bundesländer haben die Arbeitspflicht im Strafvollzug allerdings mittlerweile gänzlich abgeschafft.

§ 22 Die Unverletzlichkeit der Wohnung gemäß Art. 13

Literatur:
Amelung, K., Grundfragen der Verwertungsverbote bei beweissichernden Hausdurchsuchungen im Strafverfahren, NJW 1991, 2533; *Augsberg, I./Schwabenbauer, T.*, Anfängerhausarbeit – Öffentliches Recht: Unverletzlichkeit der Wohnung und Beweisverwertungsverbot, JuS 2011, 605; *Battis, U.*, Schutz der Gewerberäume durch Art. 13 GG, JuS 1973, 25; *Braun, F.*, Der sogenannte „Lauschangriff" im präventivpolizeilichen Bereich. Die Neuregelung des Art. 13 IV-VI GG, NVwZ 2000, 375; *Dorf, Y.*, Luftbildaufnahmen und Unverletzlichkeit der Wohnung, NJW 2006, 951; *Ennuschat, J.*, Behördliche Nachschau in Geschäftsräumen und die Unverletzlichkeit der Wohnung gem. Art. 13 GG, AöR 127 (2002), 251; *Essig, H.*, Großer Lauschangriff, JA 2006, 283; *Gusy, C.*, Lauschangriff und Grundgesetz, JuS 2004, 457; *Guttenberg, U.*, Die heimliche Überwachung von Wohnungen, NJW 1993, 567; *Heinrich, B.*, Der Umfang der Ausübung des Hausrechts in einer Wohnung bei mehreren Berechtigten im Rahmen des § 123 StGB, JR 1997, 89; *Horn, H.-D.*, Schutz der Privatsphäre, in: Isensee, J./Kirchhof, P. (Hrsg.), Handbuch des Staatsrechts der Bundesrepublik Deutschland, Band VII, 3. Auflage 2009, § 149; *Hornung, G.*, Die Festplatte als Wohnung?, JZ 2007, 828; *Kruis, K./Wehowsky, R.*, Verfassungsgerichtliche Leitlinien zur Wohnungsdurchsuchung, NJW 1999, 682; *Kunig, P.*, Grundrechtlicher Schutz der Wohnung, Jura 1992, 476; *Kutscha, M.*, Verfassungsrechtlicher Schutz des Kernbereichs privater Lebensgestaltung – nichts Neues aus Karlsruhe?, NJW 2005, 20; *ders.*, Verdeckte Online-Durchsuchung und Unverletzlichkeit der Wohnung, NJW 2007, 1169; *Lang, H.* „Das Opfer bleibt, der Schläger geht" – Rechtsfragen polizeilicher Wohnungsverweisungen bei der Bekämpfung häuslicher Gewalt, VerwArch 96 (2005), 283; *Ladiges, M.*, Stillschweigende Durchsuchungsanordnungen im Strafverfahren?, NStZ 2014, 609; *Lepsius, O.*, Die Unverletzlichkeit der Wohnung bei Gefahr im Verzug, Jura 2002, 259; *Leutheusser-Schnarrenberger, S.*, Der „große Lauschangriff" – Sicherheit statt Freiheit, ZRP 1998, 87; *Lübbe-Wolff, G.*, Satzungsrechtliche Betretungsbefugnisse und Art. 13 GG, DVBl. 1993, 762; *Lützenkirchen, K.*, Besichtigungsrechte des Vermieters von Wohn- und Gewerberaum, NJW 2007, 2152; *Miller, W./Schweighart, F.*, Übungsklausur – Öffentliches Recht: Hausfriedensbruch oder Verletzung des Art. 13 GG? – Ein Gerichtsvollzieher macht Ernst, JuS 2008, 607; *Moldenhauer, G./Wenske, M.*, Aktuelle Entwicklungen der Rechtsprechung zur Gefahr im Verzug, JA 2017, 206; *Ostendorf, H./Brüning, J.*, Die gerichtliche Überprüfbarkeit der Voraussetzungen von „Gefahr im Verzug" – BVerfG, NJW 2001, 1121, JuS 2001, 1063; *Ruthig, J.*, Die Unverletzlichkeit der Wohnung (Art. 13 GG n. F.), JuS 1998, 506; *ders.*, Verfassungsrechtliche Grenzen der heimlichen Datenerhebung zu Wohnungen, GA 2004, 587; *Schwabe, J.*, Die polizeiliche Datenerhebung in oder aus Wohnungen mit Hilfe technischer Mittel, JZ 1993, 867; *Stadler, T.*, Der Richtervorbehalt – ein stumpfes Schwert oder ein rechtsstaatlich gebotenes Instrument?, ZRP

---

[160] *Manssen*, in: v. Mangoldt/Klein/Starck, GG, Art. 12 Rn. 305.

2013, 179; *Stellhorn, H.*, Betretungsbefugnisse der Denkmalbehörden, NVwZ 2014, 1213; *Thal, D.*, Rechtsfragen der Räumung im Hambacher Forst, BauR 2019, 587; *Voßkuhle, A.*, Behördliche Betretungs- und Nachschaurechte, DVBl. 1994, 611; *Wißmann, H.*, Grundfälle zu Art. 13 GG, JuS 2007, 324; *Wohlwend, S.*, Die Durchsuchung, gerade bei Dritten nach § 103 Abs. 1 S. 1 StPO, HRRS 2015, 454.

Rechtsprechung:
BVerfGE 32, 54 – *Schnellreinigung*; BVerfGE 42, 212 – *Quick-Entscheidung*; BVerfGE 51, 97 – *Zwangsvollstreckung I*; BVerfGE 65, 1 – *Volkszählung*; BVerfGE 75, 318 – *Betretungsrecht des Sachverständigen*; BVerfGE 76, 83 – *Zwangsvollstreckung III*; BVerfGE 83, 82 – *Eigenbedarfskündigung I*; BVerfGE 89, 1 – *Eigenbedarfskündigung II*; BVerfGE 96, 27 – *Durchsuchungsanordnung I*; BVerfGE 96, 44 – *Durchsuchungsanordnung II*; BVerfGE 97, 228 – *Kurzberichterstattung im Fernsehen*; BVerfGE 103, 142 – *„Gefahr in Verzug"*; BVerfGE 109, 279 – *Großer Lauschangriff*; BVerfGE 113, 29 – *Beschlagnahme von Datenträgern*; BVerfGE 115, 166 – *Telekommunikationsdatenüberwachung*; BVerfGE 120, 274 – *Online-Durchsuchung*; BVerfGE 133, 277 – *Antiterrordatei*; BVerfGE 139, 245 – *Eilkompetenz Ermittlungsbehörde*; BVerfGE 141, 220 – *BKA-Gesetz*; BVerfGE 148, 40 – *Art. 12 als Maßstab für staatliches Informationshandeln*; NJW 1996, 2643 – *kein Anklopfen an Haftraum*; BVerfG-K, NJW 2007, 1444 – *Wohnungsdurchsuchung mit Drogenspürhund*; EuGH, NJW 1989, 3080 – *Hoechst*; BVerfG, NJW 2014, 1650 – *Durchsuchung der Privatwohnung eines Prokuristen* OLG Hamm, NJW 2016, 1454 – *Hausrecht in studentischer WG*; EuGH, NJW 1989, 3080, 3081; EGMR NJW 1993, 718; EuGH, U. v. 22. Oktober 2002, Az 94/00, Rn. 29, juris – *Roquette Frères*.

I. Überblick und Normstruktur

Das Grundrecht der Unverletzlichkeit der Wohnung steht in engem Zusammenhang mit der Menschenwürde und dem allgemeinen Persönlichkeitsrecht. Art. 13 schützt die *räumliche Privatsphäre* und normiert für die öffentliche Gewalt ein grundsätzliches Verbot des Eindringens in die Wohnung oder des Verweilens darin gegen den Willen des Wohnungsinhabers.[1] Damit wird dem Einzelnen im Hinblick auf seine Menschenwürde und im Interesse der freien Entfaltung der Persönlichkeit ein elementarer Lebensraum gewährleistet, in dem er „das Recht hat, in Ruhe gelassen zu werden."[2]

1035

In seiner ursprünglichen Fassung enthielt Art. 13 die grundrechtliche Gewährleistung der Unverletzlichkeit der Wohnung (Abs. 1), eine Schrankenregelung für Durchsuchungen (Abs. 2) und eine Schrankenregelung für sonstige Beeinträchtigungen (Abs. 3 a. F.; nunmehr Abs. 7). Die Abs. 3–6, die die Überwachung von Wohnungen mit Hilfe technischer Mittel betreffen (*„großer Lauschangriff"*), wurden *erst 1998 eingefügt*.[3] Die Vorschriften regeln die Voraussetzungen von Lausch- und Spähangriffen auf Wohnungen zum Zwecke der Strafverfolgung, welche von Abs. 3 a. F. nicht erfasst waren. Die Verfassungsänderung war *rechtspolitisch äußerst umstritten*.[4] Schon der Wortlaut der Bestimmungen lässt ihren Kompromisscharakter erkennen. Sie enthalten zahlreiche detaillierte Einzelregelungen, die auch durch einfaches Gesetzesrecht hätten getroffen werden können.[5]

1036

---

1 BVerfGE 65, 1, 40 – *Volkszählung*.
2 BVerfGE 103, 142, 150 f. – *„Gefahr in Verzug"*.
3 45. Änderungsgesetz zum GG vom 26.3.1998 (BGBl. I, S. 610).
4 Vgl. hierzu *Kunig*, in: v. Münch/Kunig, GG, Art. 13 Rn. 6; *Gornig*, in: v. Mangoldt/Klein/Starck, GG, Art. 13 Rn. 89; ausführlich *Papier*, in: Maunz/Dürig, GG, Art. 13 Rn. 47 ff.
5 Siehe *Gornig*, in: v. Mangoldt/Klein/Starck, GG, Art. 13 Rn. 89.

II. Schutzbereich

1. Persönlicher Schutzbereich

1037 Art. 13 stellt ein sog. Jedermann-Grundrecht dar, es berechtigt also jede natürliche Person zu. Da Art. 13 nicht an die Staatsangehörigkeit anknüpft, kann dieses Grundrecht etwa auch Flüchtlingen zustehen.
Innerhalb des Familienverbandes ist jedes Familienmitglied aus Art. 13 berechtigt.[6] Bei mehreren Wohnungsinhabern – wie dies etwa für Wohngemeinschaften charakteristisch ist – ist ebenfalls jeder einzelne grundrechtsberechtigt, es können dann aber Abgrenzungsfragen entstehen.

> **Fall 29**: A studiert in Greifswald Jura. Er wohnt mit seiner Freundin und dem B in einer WG. In der Wohnung verfügt jeder Mitbewohner über ein Zimmer, dazu gibt es eine Küche, ein Bad und einen Gemeinschaftsraum. Mit seiner Freundin fliegt A im Sommer 2018 nach Bali, um sich dort von den Mühen der Grundrechtehausarbeit zu erholen. Für die Zeit seines Urlaubs hatte A seine ebenfalls in Greifswald wohnende Mutter gebeten, die Haustiere in der Wohnung zu versorgen und die Räumlichkeiten sauber und in Ordnung zu halten. Gemäß dieser Absprache erhielt die Mutter den Wohnungsschlüssel für die Wohnung. B unterrichtete A über diese Abrede nicht. M gefällt es in der Wohnung so gut, dass sie schon bei ihrem ersten Besuch nicht nur die Tiere versorgt, sondern sich im Gemeinschaftsraum zum Fernsehgucken niederlässt. Auch in den nächsten Tagen hält sich M in der Wohnung auf. Am 26.8. will B ein Fußballländerspiel im Fernsehen ansehen. Daraus wird aber nichts, weil M gerade ihre Lieblingsserie „Um Himmels Willen, Maria" ansah. Nach einem kurzen Streit fordert B die M daraufhin auf, die Wohnung unverzüglich zu verlassen. Dies lehnt die M unter Hinweis darauf ab, dass sie sich nach ihrer Ansicht mit ausdrücklicher Erlaubnis und mit eindeutigem Auftrag ihres Sohnes in der Wohnung aufhalte.[7]
>
> **Lösung Fall 29**: Im Rahmen der polizeirechtlichen Lösung des Falles wäre herauszuarbeiten, ob die M das Hausrecht des B verletzte. Dabei wäre zu differenzieren zwischen den einzelnen Zimmern der WG-Bewohner und den gemeinsam genutzten Räumen. Hinsichtlich der zur alleinigen Benutzung vorgesehenen Räume steht grundsätzlich demjenigen, dem diese Räume zugewiesen sind, das alleinige Hausrecht zu. Bei den Gemeinschaftsräumen kann regelmäßig jeder Mitberechtigte entscheiden, wem er den Zutritt gestattet. Allerdings kann sich ein Mitbewohner zur Wehr setzen, wenn ihm der Aufenthalt des Dritten in den Gemeinschaftsräumen nicht zumutbar ist.[8] Nachdem sich die M hier über mehrere Tage in der WG aufgehalten und sich dort „breit" gemacht hat, ist von einer Unzumutbarkeit auszugehen. M ist also verpflichtet die Wohnung zu verlassen.

1038 Die Grundrechtsberechtigung juristischer Personen wird nicht einheitlich beurteilt. Zum Teil wird die wesensmäßige Anwendbarkeit i. S. v. Art. 19 Abs. 3 generell bejaht[9], z. T. grundsätzlich unter Hinweis auf den engen Bezug des Grundrechts der Unverletzlichkeit der Wohnung zum allgemeinen Persönlichkeitsrecht verneint.[10] Da die Rechtsprechung des BVerfG Geschäftsräume in den Wohnungsbegriff einbezieht, bietet es sich an, den Schutz des Art. 13 jedenfalls auch auf die Geschäfts- oder Betriebsräume einer juristischen Person des Privatrechts zu beziehen.[11]

---

6 *Windthorst*, in: StudKomm, GG, Art. 13 Rn. 4.
7 Fall nach OLG Hamm, NJW 2016, 1454 – *Hausrecht in studentischer WG – Polizeieinsatz gegen Mutter*.
8 OLG Hamm, NJW 2016, 1454, Rn. 8 – *Hausrecht in studentischer WG*; *Heinrich*, JR 1997, 89, 95.
9 *Manssen*, Staatsrecht II, Rn. 677.
10 *Windthorst*, in: StudKomm, GG, Art. 13 Rn. 6.
11 Vgl. *Sachs*, Verfassungsrecht II, Teil II, Kap. 25 Rn. 9; s. a. *Kühne*, in: Sachs, GG, Art. 13 Rn. 20, Erweiterung auf juristische Personen nur restriktiv zu handhaben.

Juristischen Personen des öffentlichen Rechts steht Grundrechtsschutz aus Art. 13 nicht zu. Zu beachten ist allerdings auch hier die Ausnahmetrias, so dass sich beispielsweise Kirchen bei der Gewährung sog. Kirchenasyls[12] oder Rundfunkanstalten[13] auf den Schutz des Wohnungsgrundrechts berufen können.

2. Sachlicher Schutzbereich

a) **Wohnung.** Der Leitbegriff „Wohnung" schützt nach dem o. a. die *„räumliche Privatsphäre"* und bezeichnet damit einen den Raum, den der Einzelne erkennbar der allgemeinen Zugänglichkeit entzogen hat und damit zum *„Ort* seines *privaten Lebens* und *Wirkens"* gemacht hat. Unter einer *Wohnung* versteht man dementsprechend alle Räume, „die der allgemeinen Zugänglichkeit durch eine räumliche Abschottung entzogen und zur Stätte privaten Lebens und Wirkens gemacht sind."[14] „Die Räumlichkeit muss zum Aufenthalt von Menschen für einen längeren Zeitraum geeignet und bestimmt sein."[15]

b) **Ein- und Abgrenzungen.** Der Wohnungsbegriff ist *weit auszulegen*. Der Schutz des Art. 13 umfasst nicht nur Wohnhäuser und Mietwohnungen einschließlich deren Nebenräume wie Treppenhaus, Keller und Speicher, sondern auch Hotelzimmer, Wohnmobile, Hausboote oder Zelte.[16] Nicht erfasst sind hingegen Kraftfahrzeuge, die nur als Verkehrsmittel dienen, Strandkörbe oder die Schlafecke im Bahnhof. Das BVerfG hat die Erstreckung des Wohnungsgrundrechts auf Hafträume abgelehnt. Zwar schaffe die Zuweisung eines Haftraumes einen persönlichen, vom allgemeinen Anstaltsbereich abgegrenzten Lebensbereich, davon bleibe aber das Hausrecht der Anstalt unberührt.[17] Das überzeugt angesichts des auf die räumliche Privatsphäre bezogenen Schutzes des Art. 13 nur dann, wenn auf andere Weise sichergestellt wird, dass Hafträume namentlich von gegengeschlechtlichem Wachpersonal nicht ohne hörbare Schließgeräusche als „Vorwarnung" betreten werden.

Umstritten ist, ob auch *Arbeits-, Betriebs- und Geschäftsräume* vom Schutzbereich des Art. 13 erfasst sind. Das BVerfG bejaht dies.[18] Für die Einbeziehung der Betriebs- und Geschäftsräume in den Schutzbereich des Art. 13 Abs. 1 spricht vor allem die Interpretation der Berufsfreiheit durch das BVerfG:

> „Wenn dort die Berufsarbeit als ein wesentliches Stück der Persönlichkeitsentfaltung gesehen und ihr deshalb im Rahmen der individuellen Lebensgestaltung des Einzelnen ein besonders hoher Rang zuerkannt wird, so ist es nur folgerichtig, dem räumlichen Bereich, in dem sich diese Arbeit vorwiegend vollzieht, einen entsprechend wirksamen rechtlichen Schutz angedeihen zu lassen, jedenfalls den bereits bestehenden verfassungsrechtlichen Schutz dieser Räume nicht ohne zwingende Notwendigkeit zu schmälern. In diesem Zusammenhang ist darauf hinzuweisen, dass auch nur bei dieser Ausle-

---

12 Was allerdings nicht unstreitig ist, vgl. etwa *Kühne,* in: Sachs, GG, Art. 13 Rn. 20 m. w. N. in Fn. 48.
13 BVerfGE 97, 228, 265 – *Kurzberichterstattung im Fernsehen.*
14 Vgl. wörtlich *Jarass,* in: Jarass/Pieroth, GG, Art. 13 Rn. 4; *Gornig,* in: v. Mangoldt/Klein/Starck, GG, Art. 13 Rn. 13; BGHSt 44, 138 140.
15 *Gornig,* in: v. Mangoldt/Klein/Starck, GG, Art. 13 Rn. 13 m. w. N.
16 Siehe die Beispiele bei *Papier,* in: Maunz/Dürig, GG, Art. 13 Rn. 10; *Kühne,* in: Sachs, GG, Art. 13 Rn. 1; *Katz,* Staatsrecht, Rn. 808.
17 BVerfG (K), NJW 1996, 2643 – *kein Anklopfen an Haftraum*; ebenso *Papier,* in: Maunz/Dürig, GG, Art. 13 Rn. 10; *Jarass,* in: Jarass/Pieroth, GG, Art. 13 Rn. 4.
18 So etwa BVerfGE 76, 83, 88 – *Zwangsvollstreckung III*; BVerfGE 42, 212, 219 – *Quick-Entscheidung*; BVerfGE 32, 54, 68 ff. – *Schnellreinigung*; zustimmend *Kunig,* Jura 1992, 476, 478; *Zippelius/Würtenberger,* Staatsrecht, § 28 Rn. 23; kritisch *Stein-Frank,* Staatsrecht, § 35 II 1; differenzierend *Kingreen/Poscher,* Grundrechte, Rn. 1008.

gung den juristischen Personen und den Personenvereinigungen der Schutz dieses Grundrechts, dessen sie bisher nach allgemeiner Meinung teilhaftig waren, erhalten werden kann."[19]

1042 Im *Schrifttum* wird überwiegend eine differenzierte Auffassung vertreten. Einigkeit besteht darüber, dass Betriebs- und Geschäftsräume, die in eine Wohnung integriert sind (Bsp.: Wohnzimmerkanzlei), vom Schutzbereich des Art. 13 erfasst werden.[20] Gleiches soll für Geschäftsräume gelten, die zwar von der Wohnung getrennt, aber nur einem begrenzten Personenkreis zugänglich sind (Bsp.: Arztpraxis).[21] Dagegen sollen Geschäftsräume, zu denen die Öffentlichkeit unkontrollierten Zugang hat (Bsp.: Einkaufspassage), nach Entstehungsgeschichte und Schutzzweck des Art. 13 zumindest während ihrer Öffnungszeiten nicht in den Schutzbereich des Grundrechts auf Unverletzlichkeit der Wohnung fallen.[22]

1043 Im Europarecht wurde der Schutz der Unverletzlichkeit der Wohnung zunächst enger gefasst: Der *EuGH* wollte den grundrechtlichen Schutz der Unverletzlichkeit der Wohnung „als ein dem Recht der Mitgliedstaaten gemeinsamer Grundsatz zwar für die Privatwohnung natürlicher Personen [...] [anerkennen], nicht aber für Unternehmen, da die Rechtsordnungen der Mitgliedstaaten in Bezug auf Art und Umfang des Schutzes von Geschäftsräumen gegen behördliche Eingriffe nicht unerhebliche Unterschiede aufweisen."[23]

Nachdem zunächst der EGMR für Art. 8 EMRK eine Erstreckung auf Geschäftsräume bejahte[24], schloss sich auch der EuGH an[25], so dass insoweit keine Schutzunterschiede zu Art. 13 Abs. 1 mehr bestehen.[26]

Der Schutz des Art. 13 besteht unabhängig von den Rechtsverhältnissen zum geschützten Raum (Eigentümer, Mieter, Nutzer ohne Rechtsanspruch).

> **Fall 30:** Hausbesetzer haben einen Altbau in Beschlag genommen, der zwar an sich noch intakt ist, aber zum Abriss vorgesehen war. Die Besetzer bleiben mehrere Wochen in den Räumlichkeiten und richten sich häuslich ein. Nach einem Gerichtsverfahren lässt der Hauseigentümer das Gebäude von Gerichtsvollzieher und Polizei räumen. Ist der Schutzbereich des Art. 13 Abs. 1 eröffnet?

1044 Das Grundrecht der Unverletzlichkeit der Wohnung gilt unabhängig von den Eigentumsverhältnissen. Grundrechtsträger ist *jeder unmittelbare Besitzer* der Räumlichkeiten, insbesondere der Mieter oder Untermieter.[27] Unerheblich ist auch, ob der Besitz zivilrechtlich rechtmäßig ist.[28] Letzteres kann im Rahmen der Rechtfertigung berücksichtigt werden.[29]

> **Lösung Fall 30:** Die Räumlichkeiten innerhalb des Hauses sind der allgemeinen Zugänglichkeit durch eine Abschottung entzogen. Hieran könnten sich erst Zweifel erge-

---

19 BVerfGE 32, 54, 71 f. – *Schnellreinigung*.
20 Vgl. *Kingreen/Poscher*, Grundrechte, Rn. 1008 f.; *Sachs*, Verfassungsrecht II, Teil II Kap. 25 Rn. 6.
21 Vgl. *Kingreen/Poscher*, Grundrechte, Rn. 973.
22 Siehe *Kingreen/Poscher*, Grundrechte, Rn. 973; ebenso *Jarass*, in: Jarass/Pieroth, GG, Art. 13 Rn. 5; *Windthorst*, in: StudKomm, GG, Art. 13 Rn. 11; a. A. *Sachs*, Verfassungsrecht II, Teil II Kap. 25 Rn. 7. Vgl. zum abgestuften Schutz bei Geschäftsräumen auch *Papier*, in: Maunz/Dürig, GG, Art. 13 Rn. 14 f.
23 EuGH, NJW 1989, 3080, 3081.
24 EGMR NJW 1993, 718, Rn. 29 ff.
25 EuGH, U. v. 22. Oktober 2002, Az 94/00, Rn. 29, juris – *Roquette Frères*.
26 Vgl. *Weber*, in: Stern/Sachs, Europäische Grundrechtecharta, Kommentar, 2016, Art. 7 Rn. 42.
27 *Jarass*, in: Jarass/Pieroth, GG, Art. 13 Rn. 6.
28 Ebenso *Jarass*, in: Jarass/Pieroth, GG, Art. 13 Rn. 6; *Kunig*, in: v. Münch/Kunig, GG, Art. 13 Rn. 13; *Sachs*, Verfassungsrecht II, Teil II Kap. 25 Rn. 3; a. A. *Ipsen*, Staatsrecht II, Rn. 282; *Manssen*, Grundrechte, Rn. 677.
29 Ebenso *Hufen*, Staatsrecht II, § 15 Rn. 7.

ben, wenn es sich um eine Bauruine handelt, die derart zerstört ist, dass sie keine „Abschottung" mehr darstellen kann. Auch der beabsichtigte Abriss führt nicht zu einer anderen Bewertung, da erst mit dem Abriss die „Abschottung" aufgehoben wird. Die Hausbesetzer haben das Gebäude auch zum Mittelpunkt ihres Lebens und Wirkens gemacht, sie haben sich dort eingerichtet und auch längere Zeit dort gelebt. Es handelt sich also um eine Wohnung im Sinne des Art. 13 Abs. 1. Dass die Besetzer sich dort ohne jedes Besitzrecht einquartiert haben, steht dem nicht entgegen. Art. 13 Abs. 1 schützt den räumlichen Aspekt der Privatsphäre ohne Rücksicht auf die zivilrechtliche Situation.

Der Schutzbereich des Art. 13 Abs. 1 ist ebenfalls eröffnet, wenn von Handlungen Kenntnis genommen werden soll, die innerhalb der geschützten Räumlichkeiten stattfinden. Dies gilt beispielsweise auch, wenn auf Verbindungsdaten zugegriffen wird, die im Herrschaftsbereich des Kommunikationsteilnehmers gespeichert sind.[30] Diesbezüglich muss eine Abgrenzung zum informationellen Selbstbestimmungsrecht und dem Recht auf Vertraulichkeit und Integrität informationstechnischer Systeme vorgenommen werden.[31]

1045

III. Eingriffe

Eingriffe in das Grundrecht der Unverletzlichkeit der Wohnung können durch *Durchsuchungen oder sonstiges körperliches Betreten*, durch das bloße Verweilen in den Räumlichkeiten oder durch ihre *Überwachung mit technischen Mitteln* erfolgen.[32] Um einen Eingriff handelt es sich auch, wenn die optische oder akustische Überwachungsmaßnahme „aus weiterer Ferne" vorgenommen wird, wie dies etwa beim Anbringen *außerhalb der Wohnung installierter Ton- oder Bildaufzeichnungsgeräte* der Fall sein kann.[33]

1046

Ein Eingriff in den Schutzbereich des Art. 13 Abs. 1 kann auch substantieller Art sein. Auch wenn dem Inhaber das Verfügungsrecht und die Nutzung der Wohnung ganz oder teilweise entzogen wird, ist für Art. 13 Abs. 1 aber Voraussetzung, dass dabei auch „die Privatheit der Wohnung ganz oder teilweise aufgehoben wird".[34] Dieser Rechtsprechung ist zuzustimmen. Andernfalls würde das Spezifische der Wohnungsfreiheit verkannt und damit der Anwendungsbereich des Art. 13 überdehnt. Zudem bliebe das Konkurrenzverhältnis zu der grundrechtlichen Gewährleistung in Art. 14 Abs. 1 GG unbeachtet. Während das Wohnungsgrundrecht vor dem – etwa bei einer Wohnungsverweisung *nicht* in Rede stehenden – Eindringen in die räumliche Privatsphäre schützt[35], ist für entziehende Eingriffe, mit denen die räumliche Privatsphäre der eigenen Verfügung ganz oder teilweise entzogen wird, Art. 14 Abs. 1 das sachnähere Grundrecht[36].

1047

---

30 BVerfGE 115, 166 – *Telekommunikationsdatenüberwachung*.
31 Vgl. dazu bereits oben Rn. 418 ff., 426 ff. und BVerfGE 120, 274 – *Online-Durchsuchung*.
32 Siehe hierzu die Beispiele bei *Jarass*, in: Jarass/Pieroth, GG, Art. 13 Rn. 7 ff., und *Gornig*, in: v. Mangoldt/Klein/Starck, GG, Art. 13 Rn. 42 ff.
33 Vgl. *Gornig*, in: v. Mangoldt/Klein/Starck, GG, Art. 13 Rn. 43; *Kunig*, in: v. Münch/Kunig, GG, Art. 13 Rn. 17.
34 BVerfGE 89, 1, 12 – *Eigenbedarfskündigung II*; a. A. *Sachs*, Verfassungsrecht II, Teil II Kap. 25 Rn. 10.
35 Vgl. BVerfGE 89, 1, 12 – *Eigenbedarfskündigung II*; *Jarass*, in: Jarass/Pieroth, GG, Art. 13 Rn. 4.
36 *Gornig*, in: v.Mangoldt/Klein/Starck, GG, Art. 13 Rn. 43; *Cassardt*, in: Umbach/Clemens, GG, Art. 13 Rn. 22 und 44; *Lang*, VerwArch 96 (2005), S. 283, 289.

Beispiel:[37] Die städtische Wohnungsbaugesellschaft W kündigt M, der eine Wohnung von W gemietet hatte und diese bewohnt. Liegt ein Eingriff in Art. 13 Abs. 1 vor? Art. 13 Abs. 1 schützt die Privatheit bestimmter Räumlichkeiten. Durch die Kündigung wird diese Privatheit nicht berührt, die Wohnung steht dem M zunächst weiter zur Verfügung, kein Dritter darf allein auf Grund der Kündigung in die Wohnung eindringen. Der Schutzbereich des Art. 13 Abs. 1 ist folglich nicht berührt.[38] Nach der Rechtsprechung des BVerfG kommt allerdings Art. 14 Abs. 1 in Betracht.[39]
Die zwangsweise Räumung der Wohnung stellt dagegen einen Eingriff dar.[40]

1048 Die *Einwilligung des Grundrechtsträgers* schließt einen Eingriff in den Schutzbereich des Art. 13 Abs. 1 aus. Dies setzt voraus, dass sie nicht durch Täuschung oder Drohung erlangt wurde und zweifelsfrei zum Ausdruck kommt.[41] Bei mehreren Inhabern einer Wohnung ist nach h. M. die Einwilligung aller Nutzungsberechtigten erforderlich.[42]

IV. Verfassungsrechtliche Rechtfertigung

1. Eingriffsvarianten und Schrankenanforderungen

1049 Art. 13 enthält in den Abs. 2–5 und 7 (2. Fall) einen Katalog qualifizierter Gesetzesvorbehalte. Art. 13 Abs. 7 1. Fall enthält eine verfassungsunmittelbare Einschränkungsmöglichkeit. Art. 13 Abs. 6 ist hingegen eine organisationsrechtliche Bestimmung, deren Relevanz für Wohnungsüberwachungsmaßnahmen zweifelhaft ist. Bei Eingriffen in Art. 13 Abs. 1 ist besonders der sog. Richtervorbehalt zu beachten und ernst zu nehmen.[43] Maßnahmen nach Art. 13 Abs. 2 bis 5 bedürfen zudem eines förmlichen Gesetzes.
Die verfassungsrechtliche Rechtfertigung von Eingriffen in den Schutzbereich des Art. 13 Abs. 1 erfordert aufgrund des Vorbehalts des Gesetzes *stets eine gesetzliche Grundlage*, auch wenn dies in den Abs. 2–7 nicht immer explizit zum Ausdruck kommt.[44]
Bei einigen Berufsgruppen wie beispielsweise Rechtsanwälten oder Ärzten sind spezielle Voraussetzungen zu erfüllen, da nicht nur der Wohnungsinhaber, sondern unter Umständen auch die Vertrauensbeziehung zu anderen Personen geschützt werden muss.[45]

1050 Darüber hinaus enthält *Art. 17a Abs. 2* einen qualifizierten Gesetzesvorbehalt für die Grundrechtseinschränkung zu Verteidigungszwecken. Danach kann das Grundrecht der Unverletzlichkeit der Wohnung durch Gesetze, die der Verteidigung einschließlich des Schutzes der Zivilbevölkerung dienen, eingeschränkt werden.

---

37 Angelehnt an BVerfGE 89, 1 – *Eigenbedarfskündigung II*.
38 So auch BVerfGE 89, 1, 12 – *Eigenbedarfskündigung II*.
39 Vgl. BVerfGE 89, 1, 12 – *Eigenbedarfskündigung II*.
40 Siehe hierzu auch BVerfGE 89, 1 – *Eigenbedarfskündigung II*; vgl. dazu auch das Beispiel oben Rn. 1045.
41 Vgl. *Gornig*, in: v. Mangoldt/Klein/Starck, GG, Art. 13 Rn. 45; *Kunig*, in: v. Münch/Kunig, GG, Art. 13 Rn. 19 f.
42 So auch *Gornig*, in: v. Mangoldt/Klein/Starck, GG, Art. 13 Rn. 44; *Kunig*, in: v. Münch/Kunig, GG, Art. 13 Rn. 21; a. A. *Kühne*, in: Sachs, GG, Art. 13 Rn. 23 f.
43 Dazu BVerfGE 103, 142, ff. – „*Gefahr in Verzug*".
44 Näher zu den Gesetzesvorbehalten des Art. 13 Abs. 2–7 *Sachs*, Verfassungsrecht II, Teil II, Kap. 25 Rn. 11 ff.; *Kingreen/Poscher*, Grundrechte, Rn. 1010 ff.; *Ipsen*, Staatsrecht II, Rn. 290 ff.
45 *Hufen*, Staatsrecht II, § 15 Rn. 22 m. w. N.

Das Grundrecht aus Art. 13 Abs. 1 kann durch Durchsuchungen[46], durch Maßnahmen technischer Überwachung[47] und durch sonstige Eingriffe[48] beeinträchtigt werden. Gesonderter Betrachtung bedarf weiterhin die Rechtfertigung von Betretungs- und Besichtigungsrechten für Betriebs- und Geschäftsräume.[49]

a) Durchsuchungen nach Abs. 2. Art. 13 Abs. 2 hat die Beeinträchtigung der Unverletzlichkeit der Wohnung in Form von Durchsuchungen zum Gegenstand. Sie ist zulässig, wenn sie auf einem förmlichen Gesetz und einer entsprechenden richterlichen Anordnung beruht und den Verhältnismäßigkeitsgrundsatz wahrt. Unter einer *Durchsuchung* versteht man

> „das **zielgerichtete und zweckgerichtete** Suchen staatlicher Organe nach Personen oder Sachen oder zur Ermittlung eines Sachverhalts, um etwas aufzuspüren, was der Inhaber der Wohnung von sich aus nicht offenlegen oder herausgeben will."[50]

Unerheblich ist, welchem *Zweck* die Durchsuchung dient. In Betracht kommen strafprozessuale, aber auch zivilprozessuale oder steuerrechtliche Zwecke.[51] So kann bei der Zwangsvollstreckung Art. 13 Abs. 2 eine Rolle spielen, wenn der Gerichtsvollzieher beispielsweise in einer Wohnung nach pfändbaren Gegenständen sucht.

> **Fall 31**: X betreibt einen Schießstand. Die zuständige Behörde möchte prüfen, ob die Waffenschränke des X die erforderliche Sicherheit gegen Diebstahl und Brand bieten. Handelt es sich um eine Durchsuchung i. S. d. Art. 13 Abs. 2?

Der Begriff der Durchsuchung setzt ein körperliches Betreten der geschützten Räumlichkeiten zur *ziel- und zweckgerichteten Suche* voraus. Keine Durchsuchung ist daher ein Betreten, das nur zum Zweck der Besichtigung der Räumlichkeiten erfolgt, um festzustellen, ob gesetzliche Vorschriften der Berufsausübung eingehalten werden.[52] Bei *handwerksrechtlichen Betretungs- und Besichtigungsrechten* handelt es sich daher nicht um Durchsuchungen i. S. d. Art. 13 Abs. 2.

> **Lösung Fall 31**: Der Begriff der Durchsuchung in Art. 13 Abs. 2 setzt ein zielgerichtetes Suchen voraus. Hier weiß die Behörde hingegen, welche Gegenstände sie kontrollieren möchte und wo sich diese befinden. Es geht der Behörde nicht um das Aufspüren von Sachen oder Personen, die X nicht offenlegen möchte. Vielmehr sollen die Waffenschränke nur besichtigt werden, um deren Sicherheit zu überprüfen.
>
> Gleiches gilt z. B. für die Besichtigung einer Restaurantküche durch einen Mitarbeiter der Gewerbeaufsichtsbehörde, um die hygienischen Verhältnisse zu ermitteln.[53]

Die Anordnung einer Durchsuchung unterliegt einem *Richtervorbehalt*:

> „Der Richtervorbehalt zielt auf eine vorbeugende Kontrolle der Maßnahme durch eine unabhängige und neutrale Instanz ab. Das Grundgesetz geht davon aus, dass Richter aufgrund ihrer persönlichen und sachlichen Unabhängigkeit und ihrer strikten Unter-

---

46 Rn. 1051.
47 Rn. 1059.
48 Rn. 1065.
49 Rn. 1066.
50 BVerfGE 51, 97, 107 – *Zwangsvollstreckung I*; ebenso BVerfGE 76, 83, 89 – *Zwangsvollstreckung III*. Hervorhebung durch den Verfasser.
51 Siehe *Jarass*, in: Jarass/Pieroth, GG, Art. 13 Rn. 14 m. w. N.
52 Siehe BVerfGE 32, 54, 73 – *Schnellreinigung*; vgl. aus der Literatur *Papier*, in: Maunz/Dürig, GG, Art. 13 Rn. 24.
53 Vgl. *Kingreen/Poscher*, Grundrechte, Rn. 1011.

werfung unter das Gesetz (Art. 97) die Rechte der Betroffenen im Einzelfall am besten und sichersten wahren können."[54]

1055 Ein Richter darf eine Durchsuchung nur dann anordnen, wenn

„er sich auf Grund eigenverantwortlicher Prüfung der Ermittlungen überzeugt hat, dass die Maßnahme verhältnismäßig ist. Er hat zudem durch geeignete Formulierungen des Durchsuchungsbeschlusses im Rahmen des Möglichen sicherzustellen, dass der Grundrechtseingriff angemessen begrenzt wird sowie messbar und kontrollierbar bleibt. Mithin hat der richterliche Durchsuchungsbeschluss die rechtliche Grundlage der konkreten Maßnahme zu schaffen und muss Rahmen, Grenzen und Ziel der Durchsuchung definieren."[55]

1056 Nur bei „*Gefahr im Verzug*" dürfen ausnahmsweise auch andere, gesetzlich vorgesehene Organe eine Durchsuchung anordnen. Zu beachten ist aber das Regel-Ausnahme-Prinzip, das sich aus dem Wortlaut und der Systematik des Art. 13 Abs. 2 ergibt. Danach ist die richterliche Durchsuchungsanordnung gegenüber der nichtrichterlichen die Regel und somit vorrangig.[56] Im Rahmen des Art. 13 Abs. 2 darf erst von Gefahr im Verzug ausgegangen werden, „wenn die vorherige Einholung der richterlichen Anordnung *den Erfolg der Durchsuchung gefährden* würde."[57] Bei Durchsuchungen im strafrechtlichen Ermittlungsverfahren ist es erforderlich, dass die konkreten Umstände des Einzelfalls die Gefahr eines Beweismittelverlusts begründen; die bloße Möglichkeit eines solchen Verlustes genügt nicht.[58]
Die Eilzuständigkeit der Ermittlungsbehörden endet, wenn der Ermittlungs- oder Eilrichter mit der Sache befasst wird.[59] Jedoch kann die Eilkompetenz der Ermittlungsbehörden neu begründet werden, wenn nach der Befassung des Richters tatsächliche Umstände eintreten oder bekannt werden, die sich nicht aus dem Prozess der Prüfung und Entscheidung über diesen Antrag ergeben und hierdurch die Gefahr eines Beweismittelverlusts in einer Weise begründet wird, die der Möglichkeit einer rechtzeitigen richterlichen Entscheidung entgegensteht.[60] Dazu gehören allerdings nicht solche Tatsachen oder Umstände, die sich aus der justizinternen Organisation ergeben.[61]

1057 Art. 13 Abs. 2 bestimmt, dass Durchsuchungen in der gesetzlich vorgeschriebenen *Form* durchzuführen sind. Dadurch wird die Verletzung einfachgesetzlicher Formvorschriften zum *Verfassungsverstoß* erhoben.[62]

1058 Gesetzliche Ermächtigungen für Durchsuchungen finden sich vor allem in der Strafprozessordnung (§§ 102 ff. StPO), im Zwangsvollstreckungsrecht (§ 758 ff. ZPO) und in den Polizeigesetzen der Länder (z. B. § 31 PolG BW).

---

54 BVerfGE 103, 142, 151 – *„Gefahr in Verzug"*. Vgl. zum Richtervorbehalt nebst Ausnahmen die Fallbesprechung bei *Dietlein*, Examinatorium Staatsrecht, S. 184 ff.
55 BVerfGE 96, 44, 51 f. – *Durchsuchungsanordnung II*; vgl. dazu im Einzelnen *Kruis/Wehowsky*, NJW 1999, 682.
56 BVerfGE 103, 142, 153 – *„Gefahr in Verzug"*.
57 BVerfGE 51, 97, 111 – *Zwangsvollstreckung I*. Siehe zu Durchsuchungen bei Gefahr im Verzug auch *Hofmann*, in: Schmidt-Bleibtreu/Hofmann/Henneke, GG, Art. 13 Rn. 19.
58 BVerfGE 103, 142, 154 f. – *„Gefahr in Verzug"*.
59 BVerfGE 139, 245, 273 ff. – *Eilkompetenz Ermittlungsbehörde*.
60 BVerfGE 139, 245, 279 f. – *Eilkompetenz Ermittlungsbehörde*.
61 BVerfGE 139, 245, 280 – *Eilkompetenz Ermittlungsbehörde*.
62 Wie bei Art. 104 Abs. 1 S. 1, vgl. *Sachs*, Verfassungsrecht II, Teil II Kap. 25 Rn. 20.

b) Maßnahmen technischer Überwachung nach Abs. 3–6. Die im Jahre 1998 **1059**
eingefügten Vorschriften der Abs. 3–6 regeln die Einschränkung des Art. 13 bei
der Überwachung von Wohnungen mit Hilfe technischer Mittel (*„großer Lauschangriff"*). Unerheblich ist, ob sich die technischen Überwachungsmittel innerhalb
oder außerhalb der Wohnung befinden.[63]

Abs. 3 betrifft die *technische Überwachung zur Strafverfolgung*. Die Vorschrift gestat- **1060**
tet unter engen Voraussetzungen die befristete richterliche Anordnung akustischer
Überwachungsmaßnahmen.

    Beispiele: Abhörvorrichtungen, Richtmikrophone.[64]

Ungeachtet heftiger Kritik hat das BVerfG Art. 13 Abs. 3 für verfassungsmäßig **1061**
erklärt.[65]
Die zu Strafverfolgungszwecken angeordnete *akustische Überwachung* einer Wohnung, in der sich der Beschuldigte vermutlich aufhält, ist nur zulässig, wenn bestimmte Tatsachen den Verdacht begründen, dass jemand eine durch Gesetz einzeln bestimmte besonders schwere Straftat begangen hat, und die Erforschung des
Sachverhalts auf andere Weise unverhältnismäßig erschwert oder aussichtslos wäre.
Die in Art. 13 Abs. 3 bezeichneten Maßnahmen erfordern *stets eine richterliche Anordnung*, entweder durch einen mit drei Richtern besetzten Spruchkörper (Abs. 3
S. 3) oder bei Gefahr in Verzug ausnahmsweise durch den Einzelrichter (Abs. 3
S. 4). Die Maßnahme ist zu befristen (Abs. 3 S. 2).
Die akustische Überwachung einer Wohnung zu Strafverfolgungszwecken ist einfachgesetzlich in *§§ 100c, 100d StPO* geregelt. Die ursprünglichen Vorschriften
wurden vom BVerfG nur teilweise für mit der Verfassung vereinbar erklärt und
daraufhin seitens des Gesetzgebers umgestaltet.[66]

Abs. 4 regelt die *technische Überwachung zur Gefahrenabwehr*. Danach dürfen zur **1062**
Abwehr dringender Gefahren für die öffentliche Sicherheit, insbesondere einer
gemeinen Gefahr oder einer Lebensgefahr, technische Mittel zur Überwachung
von Wohnungen *nur auf Grund richterlicher Anordnung* eingesetzt werden. Bei *Gefahr im Verzug* kann die Maßnahme auch durch eine andere gesetzlich bestimmte
Stelle angeordnet werden; eine richterliche Entscheidung ist unverzüglich nachzuholen.
Im Gegensatz zu den repressiven Maßnahmen (Abs. 3) sind im Rahmen der Überwachung zu präventiven Zwecken nicht nur akustische, sondern *auch optische
Überwachungsmaßnahmen* zulässig.[67]

    Beispiele: Videokameras, Infrarotkameras.[68]

Abs. 5 regelt die technische Überwachung, die ausschließlich *zum Schutze der bei* **1063**
einem Einsatz in Wohnungen tätigen Personen, z. B. verdeckter Ermittler, erfolgt. Sie
kann durch eine gesetzlich bestimmte Stelle angeordnet werden; es besteht also
kein Richtervorbehalt. Wie auch bei Abs. 4 ist die Überwachung nicht auf akustische Maßnahmen beschränkt.

---

63 Vgl. *Jarass*, in: Jarass/Pieroth, GG, Art. 13 Rn. 21; *Papier*, in: Maunz/Dürig, GG, Art. 13 Rn. 47.
64 Siehe die Beispiele bei *Jarass*, in: Jarass/Pieroth, GG, Art. 13 Rn. 21.
65 BVerfGE 109, 279, 309 ff. – *Großer Lauschangriff*.
66 BVerfGE 109, 279, 325 ff. – *Großer Lauschangriff*; vgl. dazu ausführlich *Gusy*, JuS 2004, 457; *Kutscha*,
    NJW 2005, 20; *Ruthig*, GA 2004, 587.
67 Vgl. *Kühne*, in: Sachs, GG, Art. 13 Rn. 46.
68 Siehe die Beispiele bei *Epping*, Grundrechte, Rn. 679.

Eine *anderweitige Verwertung der hierbei erlangten Erkenntnisse* ist nur zum Zwecke der Strafverfolgung oder der Gefahrenabwehr zulässig. Sie setzt voraus, dass zuvor die Rechtmäßigkeit der Maßnahme richterlich festgestellt worden ist. Bei Gefahr im Verzug ist die richterliche Entscheidung unverzüglich nachzuholen (vgl. Abs. 5 S. 2).

1064 Abs. 6 enthält eine *jährliche Unterrichtungspflicht der Bundesregierung* hinsichtlich der nach Art. 3–5 getroffenen Maßnahmen. Auf der Grundlage dieses Berichts übt ein vom Bundestag gewähltes Gremium die *parlamentarische Kontrolle* aus. Die Länder sind verpflichtet, eine gleichwertige Kontrolle zu gewährleisten.

1065 **c) Sonstige Eingriffe und Beschränkungen nach Abs. 7.** Sonstige Eingriffe und Beschränkungen dürfen nur zur Abwehr einer gemeinen Gefahr oder einer Lebensgefahr für einzelne Personen oder zu den übrigen in Abs. 7 genannten Zwecken vorgenommen werden. Es handelt sich um einen *qualifizierten Gesetzesvorbehalt*.[69] Die Begriffe „Eingriff und „Beschränkung" sind im rechtlichen Sinne nicht zu differenzieren.[70] Erfasst ist „das Betreten, Besichtigen oder Verweilen zu anderen Zwecken als dem der Durchsuchung".[71]

1066 **d) Betretungs- und Besichtigungsrechte für Betriebs- und Geschäftsräume.** Die h. M. geht davon aus, dass auch *Arbeits-, Betriebs- und Geschäftsräume* in den Schutzbereich des Art. 13 Abs. 1 einbezogen sind.[72] Für die verfassungsrechtliche Rechtfertigung *behördlicher Betretungs- und Besichtigungsrechte*, die nicht zum Zweck der Durchsuchung der Räumlichkeiten erfolgen, hat das BVerfG besondere Grundsätze aufgestellt.[73] Dient eine behördliche Maßnahme nur der Besichtigung der Räumlichkeiten, um festzustellen, ob gesetzliche Vorschriften der Berufsausübung eingehalten werden, und wird zu diesem Zweck ein Betriebs- oder Geschäftsraum betreten oder besichtigt (z. B. Begehung durch den Wirtschaftskontrolldienst), so ist der Begriff der „Eingriffe und Beschränkungen" in einer Weise zu interpretieren,

> „die dem Schutzzweck des Grundrechts gerecht wird, dem erkennbaren Willen des Verfassungsgebers entspricht, aber auch auf die sachlichen Notwendigkeiten der Verwaltung des modernen Staates angemessen Bedacht nimmt. Diese Auslegung geht davon aus, dass – bei prinzipieller Einbeziehung auch der Geschäfts- und Betriebsräume in den Schutzbereich des Art. 13 – doch das Schutzbedürfnis bei den insgesamt der ‚räumlichen Privatsphäre' zuzuordnenden Räumen verschieden groß ist. Den Geschäfts- und Betriebsräumen eignet nach ihrer Zweckbestimmung eine größere Offenheit ‚nach außen'; sie sind zur Aufnahme sozialer Kontakte bestimmt, der Inhaber entlässt sie damit in gewissem Umfang aus der privaten Intimsphäre, zu der die Wohnung im engeren Sinn gehört."[74]

1067 Während das Betreten von Räumlichkeiten, die ausschließlich oder teilweise zu Wohnzwecken genutzt werden, einen Eingriff in den Schutzbereich darstellt und folglich an Art. 13 Abs. 7 zu messen ist, sollen nach Auffassung des BVerfG behördliche Betretungs- und Besichtigungsrechte bei reinen Betriebs- und Geschäftsräumen *nicht als „Eingriffe und Beschränkungen" i. S. d. Art. 13 Abs. 7 zu qualifizieren* sein.

---

69 Siehe zu den Voraussetzungen im Einzelnen *Manssen*, Grundrechte, Rn. 685 f.
70 *Gornig*, in: v. Mangoldt/Klein/Starck, GG, Art. 13 Rn. 150.
71 *Kingreen/Poscher*, Grundrechte, Rn. 1014.
72 Siehe oben Rn. 1042 f.
73 BVerfGE 32, 54, 73 ff. – *Schnellreinigung*.
74 BVerfGE 32, 54, 75 – *Schnellreinigung*.

Unter Beachtung des Art. 2 Abs. 1 stellt das Gericht folgende Anforderungen an ihre Zulässigkeit:
- „Eine besondere gesetzliche Vorschrift muss zum Betreten der Räume ermächtigen;
- das Betreten der Räume, die Vornahme der Besichtigungen und Prüfungen müssen einem erlaubten Zweck dienen und für dessen Erreichung erforderlich sein;
- das Gesetz muss den Zweck des Betretens, den Gegenstand und den Umfang der zugelassenen Besichtigung und Prüfung deutlich erkennen lassen;
- das Betreten der Räume und die Vornahme der Besichtigung und Prüfung ist nur in den Zeiten statthaft, zu denen die Räume normalerweise für die jeweilige geschäftliche oder betriebliche Nutzung zur Verfügung stehen".[75]

Im *Schrifttum* wird die *Eingriffsqualität* der behördlichen Betretungs- und Besichtigungsrechte hingegen *überwiegend bejaht*.[76] **1068**

2. Schranken-Schranke

Insoweit gelten die allgemeinen Regeln. Eingriffe in Art. 13 Abs. 1 müssen insbesondere einem legitimen Ziel dienen und verhältnismäßig sein. Auch das Zitiergebot ist zu beachten. **1069**

§ 23 Der Schutz des Eigentums gemäß Art. 14

Literatur:
Augustin, J., Die Beschlagnahme leer stehender privater Wohnungen und Liegenschaften zur Unterbringung von Flüchtlingen und Asylbegehrender, BauR 2015, 1934; *Badura, P.*, Eigentum, in: Benda, E./Maihofer, W./Vogel, H.-J. (Hrsg.), Handbuch des Verfassungsrechts, 2. Auflage 1994, S. 327; *Baetge, D.*, Unverlangte E-Mail-Werbung zwischen Lauterkeits- und Deliktsrecht, NJW 2006, 1037; *Dederer, H.-G.*, Atomausstieg und Art. 14 GG – Zugleich zur de facto enteignenden Inhalts- und Schrankenbestimmung, JA 2000, 819; *Depenheuer, O./Grzeszick, B.*, Eigentum und Rechtsstaat – zur eigentumsgrundrechtlichen Qualität von Ansprüchen nach dem Ausgleichsleistungsgesetz, NJW 2000, 385; *Di Fabio, U.*, Steuern und Gerechtigkeit, JZ 2007, 749–755; *Durner, W.*, Grundfälle zum Staatshaftungsrecht, JuS 2005, 793, 900; *Elicker, M.*, Spontane Gemeinwohlverwirklichung durch Eigentumsgebrauch, NJW 2005, 2052; *Engel, C.*, Eigentumsschutz für Unternehmen, AöR 118 (1993), 169; *Eschenbach, J.*, Die Enteignung, Jura 1997, 519; *Fehling, M./Faust, F./Rönnau, T.*, Durchblick: Grund und Grenzen des Eigentums- und Vermögensschutzes, JuS 2006, 18; *Froese*, Der Eigentumsentzug ohne Güterbeschaffung als Enteignung „light"?, NJW 2017, 444; *Glaser, A.*, Übungsklausur – Öffentliches Recht: Grundrechtsschutz gegen Steuern, JuS 2008, 341; *Hatje, A./Terhechte, J.*, (Original-)Referendarexamensklausur – Öffentliches Recht: Warnhinweise auf alkoholischen Getränken?, JuS 2007, 51; *Heintschel v. Heinegg, W./Haltern, U.*, Keine Angst vor Art. 14 GG!, JuS 1993, 121; *Heinz, K./Schmitt, K.*, Vorrang des Primärrechtsschutzes und ausgleichspflichtige Inhaltsbestimmung des Eigentums, NVwZ 1992, 513; *Hendler, R./Duikers, J.*, Eigentum und Naturschutz, Jura 2005, 409; *Hösch, U.*, Art. 14 GG: Inhaltsbestimmung oder Enteignung?, JA 1998, 727; *ders.*, Der Ausstieg aus der friedlichen Nutzung der Kernenergie – eine Eigentumsfrage?, ThürVBl. 2000, 217; *Ipsen, J.*, Enteignung, enteignungsgleicher Eingriff und Staatshaftung, DVBl. 1983, 1029; *Jarass, H. D.*, Inhalts- und Schrankenbestimmung oder Enteignung? Grundfragen der

---

[75] BVerfGE 32, 54, 77 – Schnellreinigung.
[76] Vgl. Gornig, in: v. Mangoldt/Klein/Starck, GG, Art. 13 Rn. 152; *Kingreen/Poscher*, Grundrechte, Rn. 1024; *Sachs*, Verfassungsrecht II, Teil II Kap. 25 Rn. 18 f.

Struktur der Eigentumsgarantie, NJW 2000, 2841; *Jochum, H./Durner, W.*, Grundfälle zu Art. 14 GG, JuS 2005, 220, 320, 412; *Kimminich, O.*, Die Eigentumsgarantie im Natur- und Denkmalschutz, NuR 1994, 261; *Kingreen, T.*, Die Eigentumsgarantie (Art. 14 GG), Jura 2016, 390; *Kirchhof, P.*, Besteuerung und Eigentum, VVDStRL 39 (1981), 213; *Kreft, F.*, Enteignung und Aufopferung (Zur Geschichte eines Rechtsinstituts), JA 1975, 457; *Kremer, C.*, Warnung vor gentechnisch veränderten Lebensmitteln, Jura 2008, 299; *Külpmann, C.*, Der Schutz des Eigentumsbestandes durch Art. 14 I GG – BVerfGE 100, 26, JuS 2000, 646; *Lang, H.* „Das Opfer bleibt, der Schläger geht" – Rechtsfragen polizeilicher Wohnungsverweisungen bei der Bekämpfung häuslicher Gewalt, VerwArch 96 (2005), 283; *Lege, J.*, Enteignung und „Enteignung", NJW 1990, 864; *ders.*, Enteignung als Güterbeschaffungsvorgang, NJW 1993, 2565; *ders.*, Art. 14 GG für Fortgeschrittene, ZJS 2012, 44; *ders.*, Das Eigentumsgrundrecht aus Art. 14 GG. Teil 2: Art 14 GG und das Staatshaftungsrecht, Jura 2011, 826; *ders.*, System des deutschen Staatshaftungsrechts, JA 2016, 81; *Leisner, W.*, Eigentum, in: Isensee, J./Kirchhof, P. (Hrsg.), Handbuch des Staatsrechts der Bundesrepublik Deutschland, Band VIII, 3. Auflage 2010, § 173; *ders.*, Erbrecht, in: Isensee, J./Kirchhof, P. (Hrsg.), Handbuch des Staatsrechts der Bundesrepublik Deutschland, Band VIII, 3. Auflage 2010, § 174; *Lenz, C.*, Der Airbus-Baustopp – Wann darf für Arbeitsplätze enteignet werden?, NJW 2005, 257; *Masing, J.*, Enteignungen für Großvorhaben, EurUP 2016, 343; *Michl, F.*, Grundrechtlicher Eigentumsschutz in Deutschland und Europa, JuS 2019, 431; *Moritz, P.*, Der „gestufte" Eigentumsschutz sozialversicherungsrechtlicher Positionen, Jura 1987, 643; *Ossenbühl, F.*, Inhaltsbestimmung des Eigentums und Enteignung – BVerfGE 83, 201, JuS 1993, 203; *ders.*, Eigentumsschutz gegen Nutzungsbeschränkungen, FS für Leisner, 1999, S. 689; *Osterloh, L.*, Eigentumsschutz, Sozialbindung und Enteignung bei der Nutzung von Boden und Umwelt, DVBl. 1991, 906; *ders.*, Die Abgrenzung zwischen Sozialbindung und Enteignung – Grundprobleme der Systematik des grundrechtlichen Eigentumsschutzes, JuS 1992, L 9; *Papier, H.-J.*, Enteignungsgleiche und enteignende Eingriffe nach der Nassauskiesungs-Entscheidung – BGHZ 90, 17 und BGH, NJW 1984, 1876, JuS 1985, 184; *ders.*, Die Weiterentwicklung der Rechtsprechung zur Eigentumsgarantie des Art. 14 GG, DVBl. 2000, 1398; *Rennert, K.*, Eigentumsbindung und Enteignung nach der höchstrichterlichen Rechtsprechung, VBlBW 1995, 41; *Reus, C.*, Eigentum – Eigentumsbeschränkung – Entschädigung, JuS 1998, L 89; *Roller, G.*, Enteignung, ausgleichspflichtige Inhaltsbestimmung und salvatorische Klauseln, NJW 1001, 1033; *Rölike, A./Tonner, M.*, Der Schutz des Minderheitsaktionärs durch Art. 14 GG, in: Hartmut Rensen Stefan Brink (Hrsg.), Linien der Rechtsprechung des Bundesverfassungsgerichts, Bd. 1, 2009, 199 ff.; *Rozek, J.*, Die Unterscheidung von Eigentumsbindung und Enteignung, 1998; *Sass, W.*, Art. 14 GG und das Entschädigungserfordernis, 1992; *Scherzberg, A.*, Die Subsidiarität des „enteignungsgleichen Eingriffs", DVBl. 1991, 84; *Schlick, W.*, Die Rechtsprechung des BGH zu den öffentlich-rechtlichen Ersatzleistungen, NJW 2008, 31, 127; *Schmidt-Aßmann, E.*, Formen der Enteignung (Art. 14 III GG), JuS 1986, 833; *Schmidt-De Caluwe, R.*, Der Eigentumsschutz sozialer Rechtspositionen – zu einer funktionsgesteuerten Auslegung des Art. 14 I GG, JA 1992, 129; *Schwabe, J.*, Die Misere des Enteignungsbegriffs, FS für Thieme, 1993, S. 251; *ders.*, Grundrechtspraxis im Kleingartenrecht, NJW 2008, 477; *Schwerdtfeger, G.*, Eigentumsgarantie, Inhaltsbestimmung und Enteignung – BVerfGE 58, 300 („Nassauskiesung"), JuS 1983, 104; *Schreiber, K.*, Der Pflichtteilsanspruch, Jura 2008, 749; *Sproll, H.-D.*, Verfassungsrechtliche Eigentumsgarantie und Enteignungsentschädigung, JuS 1995, 1080; *Shirvani, F.*, Eigentumsschutz und Grundrechtskollision, DÖV 2014, 173; *Schwarz, K.-A.*, „Güterbeschaffung" als notwendiges Element des Enteignungsbegriffes?, DVBl. 2013, 133; *Siegel, T.*, Kann eine enteignende Steuer verfassungsgemäß sein?, DB 2015, 1419; *Wernsmann, R.*, Die Steuer als Eigentumsbeeinträchtigung?, NJW 2006, 1169; *Wesche, St.*, Das geistige Eigentum, in: Emmenegger S./ Wiedmann, A. (Hrsg.), Linien der Rechtsprechung des Bundesverfassungsgerichts, Bd. 2, 2011, S. 373; *Wilhelm, J.*, Zum Enteignungsbegriff des Bundesverfassungsgerichts, JZ 2000, 905.

Rechtsprechung:
BVerfGE 12, 354 – Volkswagenwerk-Privatisierung; BVerfGE 18, 392 – Beurkundungsbefugnis; BVerfGE 19, 202 – Rentenansprüche; BVerfGE 20, 351 – Tollwut; BVerfGE 21, 73 – Grundstücks-

verkehrsgesetz; BVerfGE 21, 92 – landwirtschaftlicher Grundstücksverkehr; BVerfGE 24, 367 – Hamburger Deichordnungsgesetz; BVerfGE 30, 292 – Erdölbevorratung; BVerfGE 31, 229 – Schulbuchprivileg; BVerfGE 31, 275 – Bearbeiter-Urheberrechte; BVerfGE 32, 111 – „Österreichfälle"; BVerfGE 36, 281 – Patentrecht; BVerfGE 37, 132 – Wohnraumkündigungsschutzgesetz; BVerfGE 38, 175 – Rückenteignung; BVerfGE 45, 142 – Interventionsrecht; BVerfGE 45, 297 – Legalenteignung; BVerfGE 46, 269 – Bayerisches Bodenreformgesetz; BVerfGE 46, 325 – Zwangsversteigerung I; BVerfGE 48, 403 – Wohnungsbauprämie; BVerfGE 49, 220 – Zwangsversteigerung II; BVerfGE 50, 290 – Mitbestimmung; BVerfGE 51, 193 – Warenzeichenrecht; BVerfGE 52, 1 – Kleingärten; BVerfGE 53, 257 – Versorgungsausgleich; BVerfGE 56, 249 – Dürkheimer Gondelbahn; BVerfGE 58, 137 – Pflichtexemplar; BVerfGE 58, 300 – Nassauskiesung; BVerfGE 58, 377 – vorzeitiger Erbausgleich; BVerfGE 61, 82 – Sasbach; BVerfGE 67, 329 – Hoferben; BVerfGE 68, 193 – Zahntechniker-Innung; BVerfGE 69, 272 – Krankenversicherungsbeitrag; BGHZ 90, 17 – enteignungsgleicher Eingriff; BGHZ 91, 20 – enteignender Eingriff; BVerfGE 70, 191 – Fischereirechte; BVerfGE 70, 278 – Lohnsteuerjahresausgleich; BVerfGE 72, 66 – Flughafen Salzburg; BVerfGE 74, 129 – betriebliche Altersversorgung; BVerfGE 74, 203 – Arbeitslosengeld; BVerfGE 74, 264 – Boxberg; BVerfGE 75, 108 – Künstlersozialversicherung; BVerfGE 78, 205 – Schatzregal; BVerfGE 79, 29 – Vergütungsfreiheit; BVerfGE 79, 174 – Straßenverkehrslärm; BVerfGE 79, 292 – Eigenbedarfskündigung; BVerfGE 82, 159 – Absatzfonds; BVerfGE 83, 201 – Vorkaufsrecht; BVerfGE 84, 90 – SBZ-Enteignungen; BVerfGE 84, 212 – Aussperrung; BVerfGE 87, 114 – Kleingartenpachtvertrag; BVerfGE 88, 366 – Tierzuchtgesetz II; BVerfGE 88, 384 – Anpassung der Baukredite der DDR; BVerfGE 89, 1 – Besitzrecht des Mieters; BVerfGE 89, 237 – Eigenbedarfskündigung; BVerfGE 91, 294 – Mietpreisbindung; BVerfGE 91, 346 – Ertragswertabfindung; BVerfGE 93, 121 – Vermögenssteuer/Einheitswert; BVerfGE 93, 165 – Erbschaftsteuer; BVerfGE 95, 1 – Südumfahrung Stendal; BVerfGE 95, 267 – Altschulden; BVerfGE 97, 1 – vorweggenommene Erbfolge; BVerfGE 97, 89 – Rückübereignungsanspruch; BVerfGE 97, 271 – Hinterbliebenenrente; BVerfGE 99, 341 – Testierausschluss Taubstummer; BVerfGE 100, 226 – Denkmalschutzgesetz Rheinland-Pfalz; BVerfGE 101, 239 – Restitutionsausschluss; BVerfGE 102, 1 – Altlasten; BVerfGE 105, 252 – Glykolwarnung; BVerfGE 110, 141 – Kampfunde; BVerfGE 112, 332 – Pflichtteilsentziehung; BVerfGE 114, 1 – Bestandsübertragung; BVerfGE 115, 97 – Halbteilungsgrundsatz; besser die amtliche Sammlung BVerfG, NJW 2011, 366 – Testierfreiheit; BVerfGE 128, 90 – Arbeitslosenhilfe; BVerfG, NZG 2011, 235 – Kuka-AG; BVerfG NZG 2012, 907 – Squeeze-Out; BVerfGE 132, 99 – Delisting; BVerfGE 134, 242 – Garzweiler; BVerfG, NZA 2014, 734 – Anwartschaften zur betrieblichen Altersvorsorge; BVerfG, NJW 2017, 217 – Atomausstieg; BVerfG, NJW 2017, 876 – Rentenbeitragszeiten in der DDR.

I. Überblick und Normstruktur

Das Grundgesetz hat sich nicht auf ein bestimmtes Wirtschaftssystem festgelegt[1], ist vielmehr prinzipiell wirtschaftspolitisch neutral. Zusammen mit der Berufsfreiheit in Art. 12, der Koalitionsfreiheit des Art. 9 Abs. 3 sowie den Verbürgungen des Rechts- und Sozialstaatsprinzips (Art. 20) bildet die Eigentumsfreiheit aber einen Eckpfeiler unseres Wirtschaftssystems[2].
Zu Recht wird zudem darauf hingewiesen, dass der Schutz des durch eigene Arbeit und Leistung erwirtschafteten Eigentums einer weit verbreiteten Gerechtigkeitsvorstellung entspreche.[3] Nicht umsonst bezeichnete – gleichsam als Ergebnis der bürgerlichen Revolution – Art. 17 der französischen Menschenrechtserklärung von 1789 das Eigentum als „heiliges Recht". Ebenso offensichtlich ist indes, dass namentlich die Verteilung von Grund und Boden nicht immer das Ergebnis fairer Austauschprozesse unter Freien und Gleichen ist, sondern historisch auch auf mehr oder minder gewalt-

---
1 BVerfGE 50, 290, 336 f. – Mitbestimmung, „Das Grundgesetz …enthält keine unmittelbare Festlegung und Gewährleistung einer bestimmten Wirtschaftsordnung."
2 *H.P. Schneider*, in: HGR, § 113 Rn. 15.
3 Etwa *Michael/Morlok*, Grundrechte, § 9 Rn. 374.

sam geführten Verteilungskämpfen beruht. In der sozialistischen und marxistischen Theorie stellt Eigentum ein Durchgangsstadium dar, das zunächst jedenfalls an Produktionsmitteln verstaatlicht werden muss und später im – wie Karl Marx es im dritten Band des Kapitals nannte – „Reich der Freiheit"[4] jenseits materieller Not des Kommunismus ohne Bedeutung ist. Für die anarchistische Denktradition – jedenfalls der libertären Anarchisten des 19. Jahrhunderts – wurde das Verhältnis zum Eigentum auf die griffige Formel gebracht: „Eigentum ist Diebstahl".[5]

1071 Als das Grundgesetz geschaffen wurde, lebte der historische Streit um eine „gerechte" Eigentumsordnung fort.[6] Die Verfassung hat dann in den Art. 14 und 15 einen Spagat zwischen liberaler Eigentumsgewährleistung und sozialer Eigentumsordnung und -begrenzung versucht.[7] Das damit bezeichnete Spannungsverhältnis ist schon in Art. 14 selbst angelegt, die Sozialbindung des Eigentums könnte darüber hinaus durch Art. 15 verstärkt werden, die Vorschrift hat aber wenig praktische Bedeutung erlangen können.

1072 Art. 14 ist die verfassungsrechtliche Bestimmung, die *das Eigentum schützt*. Das BVerfG sieht ihre Bedeutung als

„ein elementares Grundrecht, das im engen inneren Zusammenhang mit der persönlichen Freiheit steht. Ihr kommt im Gesamtgefüge der Grundrechte die Aufgabe zu, dem Träger des Grundrechts einen Freiheitsraum im vermögensrechtlichen Bereich zu sichern und ihm dadurch eine eigenverantwortliche Gestaltung seines Lebens zu ermöglichen."[8]

1073 Das Verständnis der Eigentumsgarantie wird dadurch erschwert, dass es sich um ein sog. normgeprägtes Grundrecht handelt. Anders als andere Grundrechte, die wie etwa das Grundrecht auf Leben oder die Glaubens- und Gewissensfreiheit als natürliche, vorstaatlich existierende Freiheiten verstanden werden, wird bei Art. 14 der Schutzbereich durch den einfachen Gesetzgeber normativ (mit)geprägt. Die Verfassung bringt das dadurch zum Ausdruck, dass Art. 14 Abs. 1 S. 1 das Eigentum gewährleistet, S. 2 der Vorschrift aber zugleich die Inhalts- und Schrankenbestimmung des Eigentums dem Gesetzgeber überantwortet. Das löst bei Studierenden häufig Unverständnis aus, denn wie soll Art. 14 Abs. 1 das Eigentum (auch) gegen den Gesetzgeber schützen, wenn es inhaltlich überhaupt erst durch den Gesetzgeber bestimmt wird?

1074 Man kann die erforderliche Konkretisierungsarbeit in einem Zweierschritt vornehmen: Zunächst gilt, dass „der Begriff des von der Verfassung gewährleisteten Eigentums *aus der Verfassung selbst* gewonnen werden muss". Aus Normen des einfachen Rechts, die im Range unter der Verfassung stehen (Art. 1 Abs. 3), kann weder der Begriff des Eigentums im verfassungsrechtlichen Sinn abgeleitet, noch kann aus der privatrechtlichen Rechtsstellung der Umfang der Gewährleistung des konkreten Eigentums bestimmt werden".[9] Für diese Aussage muss man jedoch inso-

---

4 *Marx*, Das Kapital. Kritik der politischen Ökonomie. Dritter Band. Nachdruck, 1988. S. 828.
5 *Proudhon*, Was ist das Eigentum? Erste Denkschrift Untersuchungen über den Ursprung und die Grundlagen des Rechts und der Herrschaft, 1840.
6 Immerhin enthielt 1947 sogar noch das Ahlener Programm der CDU den gleichsam programmatischen Einleitungssatz: „Das kapitalistische Wirtschaftssystem ist den staatlichen und sozialen Lebensinteressen des deutschen Volkes nicht gerecht geworden."
7 Katz, Staatsrecht, § 30 Rn. 812.
8 BVerfG NJW 2017, 217, Rn. 216 – *Atomausstieg*; BVerfGE 50, 290, 339 – *Mitbestimmung*
9 BVerfGE 58, 300, 335 – *Nassauskiesung*.

fern eine Einschränkung machen, als die Verfassung selbst wiederum mit der Formulierung „Inhalt und Schranken werden durch die Gesetze bestimmt" auf das einfache Recht verweist. Art. 14 Abs. 1 S. 2 bringt es dabei mit sich, dass sich die konkrete Reichweite des Schutzes erst aus der dem (einfachen) Gesetzgeber obliegenden Bestimmung von Inhalt und Schranken des Eigentums ergibt. Es besteht daher bei der Bestimmung des Schutzbereichs ein Abhängigkeitsverhältnis zwischen Verfassungsrecht und einfachem Recht. Man spricht insofern von einem *normgeprägten Schutzbereich.*
Neben dem Schutz des Eigentums wird das *Erbrecht* ausdrücklich gewährleistet.

Art. 14 Abs. 2 enthält Zielbestimmungen hinsichtlich des Eigentums, die auch als Schranken deutbar sind. Nach dieser Vorschrift ist *Eigentum verpflichtend*. Sein Gebrauch soll zugleich dem Wohl der Allgemeinheit dienen.

Art. 14 Abs. 3 regelt Fragen der *Enteignung*. Eine Enteignung ist nur zum Wohle der Allgemeinheit zulässig und darf nur durch ein Gesetz oder auf Grund eines Gesetzes erfolgen, das Art und Ausmaß der Entschädigung regelt. Schließlich enthält Art. 14 Abs. 3 S. 3 noch eine Regelung über *Entschädigungen* im Fall der Enteignung. Daraus ist zu entnehmen, dass eine Enteignung nicht entschädigungslos vorgenommen werden darf. In diesem Fall tritt an die Stelle der Bestandsgarantie eine Wertgarantie, die sich auf Gewährung einer vom Gesetzgeber dem Grunde nach zu bestimmenden Entschädigung richtet.[10] Außerdem beinhaltet die Norm in Art. 14 Abs. 3 S. 4 eine *besondere Rechtsweggarantie* zu den ordentlichen Gerichten für Verfahren über die *Höhe* der Entschädigung.

Art. 14 enthält ein *subjektiv-öffentliches Abwehrrecht* gegen staatliche Eingriffstätigkeit.[11] Neben der Abwehrfunktion beinhaltet Art. 14 auch eine *Institutsgarantie*[12] für das Privateigentum. Da das Eigentum an sich infolge der Inhalts- und Schrankenbestimmungen nicht gegen eine definitorische Beschränkung geschützt ist, kommt dieser Institutsgarantie eine besondere Bedeutung zu. Sie verbietet,

> „dass solche Sachbereiche der Privatrechtsordnung entzogen werden, die zum elementaren Bestand grundrechtlich geschützter Betätigung im vermögensrechtlichen Bereich gehören, und damit der durch das Grundrecht geschützte Freiheitsbereich aufgehoben oder wesentlich geschmälert wird."[13]

Der Eigentumsordnung kommt damit auch eine *objektive Schutzfunktion* zu.

II. Schutzbereich

1. Persönlicher Schutzbereich

Grundrechtsträger sind alle natürlichen Personen. Art. 14 ist kein Deutschengrundrecht, so dass auch ausländische natürliche Personen vom persönlichen Schutzbereich umfasst sind.

---

10 Jüngst BVerfG, NJW 2017, 217, Rn. 217 – *Atomausstieg*; zuvor schon BVerfGE 58, 300, 323 – *Nassauskiesung*; BVerfGE 46, 268, 285 – *Bay. Bodenreformgesetz*; BVerfGE 24, 367, 397 – *Hamburger Deichordnungsgesetz*.
11 *Depenheuer*, in: v. Mangoldt/Klein/Starck, GG, Art. 14 Rn. 28; *Wendt*, in: Sachs, GG, Art. 14 Rn. 9; *Hofmann*, in: Schmidt-Bleibtreu/Hofmann/Henneke, GG, Art. 14 Rn. 2.
12 Vgl. BVerfGE 24, 367, 389 – *Hamburger Deichordnungsgesetz*; BVerfGE 58, 300, 329 – *Nassauskiesung*; *Kimminich*, in: BK-GG, GG, Art. 14 Rn. 119 ff.; *Depenheuer*, in: v. Mangoldt/Klein/Starck, GG, Art. 14 Rn. 91; *Wendt*, in: Sachs, GG, Art. 14 Rn. 10; *Jarass*, in: Jarass/Pieroth, GG, Art. 14 Rn. 3.
13 BVerfGE 24, 367, 389 – *Hamburger Deichordnungsgesetz*.

1080 Inländische juristische Personen des Privatrechts können nach Maßgabe des Art. 19 Abs. 3 Träger des Grundrechts sein, was das BVerfG für die Eigentumsgarantie in ständiger Rechtsprechung bejaht.[14] Hinsichtlich ausländischer juristischer Personen müssen sowohl europa- als auch völkerrechtliche Vorgaben bedacht werden.[15] Auf dieser Linie hat das BVerfG – mit Blick auf die Niederlassungsfreiheit des Art. 49 AEUV in einer europarechtsfreundlicher Auslegung[16] – jüngst eine auf Art. 14 gestützte Verfassungsbeschwerde der Vattenfall Europe Nuclear Energy GmbH, deren Anteile vollständig vom schwedischen Staat gehalten werden, als zulässig angesehen.[17]

1081 Fraglich ist, was für juristische Personen des öffentlichen Rechts gilt. Das Fehlen ihrer Grundrechtsfähigkeit hat das BVerfG namentlich mit dem sog. Konfusionsargument[18] grundsätzlich verneint, Ausnahmen aber für möglich gehalten, wenn der Durchgriff auf die hinter den juristischen Personen stehenden Menschen dies als sinnvoll und erforderlich erscheinen lasse oder wenn sich die juristische Person ausnahmsweise in der gleichen grundrechtstypischen Gefährdungslage befänden wie der einzelne Grundrechtsträger.[19] Demnach muss im Einzelfall genau geprüft werden, ob eine Grundrechtsträgerschaft der jeweiligen juristischen Person im Hinblick auf das Eigentumsgrundrecht in Betracht kommt. Dies kann zum Beispiel hinsichtlich Universitäten, aber auch für Gemeinden diskutiert werden.[20]

2. Sachlicher Schutzbereich

1082 Eigentum i. S. d. Art. 14 Abs. 1 umfasst zu einem bestimmten Zeitpunkt alles, was das einfache Recht zu diesem Zeitpunkt als Eigentum definiert.[21] „Eigentum ist also die *rechtliche Zuordnung eines vermögenswerten Gutes an einen Rechtsträger*".[22] Eigentumsfähig ist dabei jede vermögenswerte Rechtsposition,[23] die dem Einzelnen zu seiner ausschließlichen Bestimmung zugeordnet ist. Kennzeichen des Eigentumsbegriffs sind daher die Zuweisung durch die Rechtsordnung, die Privatnützigkeit, die mit einem Ausschlussrecht gegenüber Dritten verbundene grundsätzliche Verfügungsbefugnis des Eigentümers.

1083 **a) Schutzdimensionen. – aa) Schutzbreite.** Früher wurde allgemein die Auffassung vertreten, dass der Eigentumsbegriff im verfassungsrechtlichen Sinn identisch mit dem des Zivilrechts sei. Spätestens seit der Nassauskiesungsentscheidung[24] ist klar, dass sich dessen Inhalt aus einer *Gesamtschau aller eigentumsregelnden Normen* zusammensetzt.[25] Öffentlich-rechtliche und privat-

---

14 Zuletzt BVerfG, NJW 2017, 217, 218, Rn. 182 – *Atomausstieg*; zuvor etwa BVerfGE 134, 242, 284 – *Garzweiler II*; BVerfGE 129, 78, 91 – *Le Corbusier*; BVerfGE 66, 116, 130 – *Günter Wallraff*.
15 Dazu *Papier/Shivrani*, in: Maunz/Dürig, GG, Art. 14 Rn. 343.
16 Zur sog. Europarechtsfreundlichkeit des Grundgesetzes etwa BVerfGE 136, 69, 91 – *Gigaliner*; BVerfGE 126, 286, 303, 327 – *häusliches Arbeitszimmer*; BVerfGE 123, 267, 354 – *Honeywell*.
17 BVerfG, NJW 2017, 217, 219, Rn. 196 – *Atomausstieg*.
18 Es besagt, dass der Staat nicht gleichzeitig grundrechtsverpflichtet und berechtigt sein könne; vgl. bereits oben § 5, Rn. 130
19 BVerfG, NJW 2017, 217, 218, Rn. 188 – *Atomausstieg* m. w. N.
20 Vgl. dazu etwa *Hufen*, Staatsrecht II, § 38 Rn. 18; mit Blick auf die Kommunen unter Hinweis auf das Konfusionsargument sowie Art. 28 Abs. 2 kritisch *Gröpl*, in: StudKomm, GG, Art. 14 Rn. 12.
21 BVerfGE 58, 300, 336- *Nassauskiesung*.
22 Vgl. BVerfGE 72, 175, 195; 83, 201, 208 – *Vorkaufsrechts*; *Böhmer*, NJW 1988, 2561, 2566; *Axer*, BeckOK, GG, Art. 14 Rn. 42.
23 Vgl. BVerfGE 53, 257, 290 – *Versorgungsausgleich*; BVerfGE 58, 300, 336 – *Nassauskiesung*.
24 BVerfGE 58, 300 – *Nassauskiesung*.
25 BVerfGE 58, 300, 330 – *Nassauskiesung*; vgl. zum Eigentumsbegriff grundsätzlich *Wendt*, Eigentum und Gesetzgebung, S. 144 ff.

rechtliche Regelungsmomente stehen zur Bestimmung des Eigentumsbegriffs gleichwertig nebeneinander. Beide Regelungsgegenstände sind daher gleichermaßen zu erfassen.

Schutzfähige Vermögenspositionen im Bereich des Privatrechts sind „alle [privatrechtlichen,] vermögenswerten Rechte [...], die dem Berechtigten von der Rechtsordnung in der Weise zugeordnet sind, dass er die damit verbundenen Befugnisse nach eigenverantwortlicher Entscheidung zu seinem privaten Nutzen ausüben darf".[26] Der Eigentumsschutz ist nicht auf reine Sachpositionen zu verkürzen; es genießen vielmehr *alle vermögenswerten Befugnisse* Eigentumsschutz. 1084

Nach der Rechtsprechung des BVerfG muss 1085

„bei der Beantwortung der Frage, welche vermögenswerten Güter als Eigentum im Sinne des Art. 14 anzusehen sind, [...] auf den Zweck und die Funktion der Eigentumsgarantie unter Berücksichtigung ihrer Bedeutung im Gesamtgefüge der Verfassung zurückgegriffen werden."[27]

Die Eigentumsgarantie des Art. 14 erfasst zunächst „diejenigen vermögenswerten Rechtspositionen[...], die das bürgerliche Recht einem privaten Rechtsträger als Eigentum zuordnet", also das *Eigentum im Sinne des Zivilrechts* (vgl. §§ 903 ff. BGB).[28] Umfasst sind davon 1086

- das Sacheigentum an beweglichen wie an unbeweglichen Sachen[29]
- dingliche Rechtspositionen des BGB (wie Erbbaurechte[30], Pfandrechte §§ 1204 ff. BGB),
- auch beschränkt dingliche Rechte wie Dienstbarkeiten (§§ 1018 ff. BGB), Hypotheken und Grundschulden (§§ 1113 ff. BGB)[31],
- obligatorische und sonstige vermögenswerte Rechtspositionen, wie beispielsweise Aktien[32], GmbH-Anteile, schuldrechtliche Ansprüche und Forderungen.[33]

Darüber hinaus erfasst die Eigentumsgarantie des Art. 14 *gewerbliche Schutzrechte* wie das Marken-,[34] das Urheber-[35] und das Patentrecht.[36]

Nach der Rechtsprechung des BVerfG schützt Art. 14 Abs. 1 auch das *Besitzrecht des Mieters* an der gemieteten Wohnung, denn 1087

„unter Zugrundelegung der faktischen Bedeutung der Wohnung für die Befriedigung der elementaren Lebensbedürfnisse des Großteils der Bevölkerung erfüllt das Besitzrecht des Mieters – insbesondere im Hinblick auf dessen Abwehrrechte i. S. d. §§ 862

---

26 BVerfGE 83, 201– *Vorkaufsrecht*.
27 BVerfGE 36, 281, 290 – *Patentrecht*.
28 BVerfGE 70, 191, 199 – *Fischereirechte*.
29 BVerfG NJW 2017, 217 Rn. 228- *Atomausstieg*; BVerfGE 110, 141, 173 – *Kampfhunde*.
30 BVerfGE 79, 174, 191 – *Erbbaurecht*.
31 Vgl. *Jarass*, in: Jarass/Pieroth, GG, Art. 14 Rn. 6 f.
32 Zum verfassungsrechtlichen Schutz des Anteilseigentums und des Minderheitenschutzes der Aktionäre vgl. etwa *Rölike/Tonner*, Der Schutz des Minderheitsaktionärs durch Art. 14 GG, in: Rensen/Brink (Hrsg.), Linien der Rechtsprechung des Bundesverfassungsgerichts, Bd. 1, 2009, S. 199 ff.
33 BVerfG NJW 2005, 879, 880 – *Schadensersatzansprüche von Zwangsarbeitern*; BVerfGE 83, 201, 208 – *Vorkaufsrecht*; BVerfGE 45, 142, 179 – *Interventionsrecht*; BVerfGE 42, 263, 293 – *Contergan*.
34 BVerfGE 51, 193, 217 – *Warenzeichenrecht*.
35 BVerfGE 79, 29, 40 – *Vergütungsfreiheit*; vertiefend zum Schutz des geistigen Eigentums durch die Verfassung etwa *Wesche*, Das geistige Eigentum, in: Emmenegger/Wiedmann (Hrsg.), Linien der Rechtsprechung des Bundesverfassungsgerichts, Bd. 2, 2011, S. 373, 381 ff.
36 BVerfGE 36, 281, 290 f. – *Patentrecht*.

Abs. 1, 858 Abs. 1, 861 Abs. 1 und 823 Abs. 1 BGB – Funktionen, wie sie typischerweise dem Sacheigentum zukommen."[37]

1088 Zum Eigentum i. S. d. Art. 14 gehören außerdem *schuldrechtliche Ansprüche und Forderungen*.[38]

1089 Nach Auffassung des BVerfG *unterfällt das Vermögen als Ganzes* aber nicht dem Schutzbereich der Eigentumsgarantie; es wird daher durch die Auferlegung von Geldleistungspflichten nicht berührt. Zwar sei der Bestand der Eigentumsgarantie durch die Verfassungsordnung geschützt und erfasse damit auch einzelne Vermögenswerte, aber *nicht das Vermögen als solches*.[39]

1090 *Steuergesetze* sind daher grundsätzlich nicht an Art. 14 Abs. 1 zu messen. Das BVerfG sieht Art. 14 GG aber dann als verletzt an, wenn Steuergesetze konfiskatorisch oder „erdrosselnd" wirken.[40]

> Dogmatisch ist diese Rechtsprechung nicht leicht verständlich, weil sie die Beeinträchtigung einer Rechtsposition, die im Ansatz nicht in den Schutzbereich fällt, dann als rechtfertigungsbedürftig ansieht, wenn die Beeinträchtigung eine bestimmte Intensität erreicht.

Konsequenz aus dem „Erdrosselungsverbot" ist weiterhin, dass das Existenzminimum steuerfrei bleiben muss.[41]

1091 Ob das Recht am *Recht am eingerichteten und ausgeübten Gewerbebetrieb* zum Eigentum im verfassungsrechtlichen Sinne gehört, ist nicht endgültig geklärt. Die zivilbzw. verwaltungsrechtliche Rechtsprechung und Teile der Literatur sehen die Eigentumsgarantie als einschlägig an.[42] Das BVerfG hat die Zuordnungsfrage allerdings bisher und auch jüngst ausdrücklich offengelassen, zugleich aber betont, dass der Schutz des Gewerbebetriebs jedenfalls nicht weiter reiche als der Schutz, den seine wirtschaftliche Grundlage genieße, so dass eigentumsrechtlich nur der konkrete Bestand an Rechten und Gütern erfasst ist; bloße Umsatz- und Gewinnchancen oder tatsächliche Gegebenheiten fallen aber auch sub specie Gewerbebetrieb nicht unter Art. 14.[43]

1092 *Vermögenswerte subjektiv-öffentliche Rechte* werden vom Eigentumsschutz des Art. 14 erfasst, wenn sie dem Einzelnen „eine Rechtsposition verschaffen, die derjenigen des Eigentümers entspricht."[44]

---

37 BVerfGE 89, 1, 7 – *Mieter als Eigentümer*; a. A. *Hufen*, Staatsrecht II, § 38 Rn. 12. Für die Auffassung des BVerfG dürfte sprechen, dass die Rechtsstellung des Mieters im BGB durch zahlreiche Schutzvorschriften umhegt ist und damit derjenigen, die § 903 BGB vermittelt, durchaus nahekommt, vgl. *Lang*, VerwArch 96 (2005), 283, 295.
38 BVerfGE 45, 142, 179 – *Interventionsrecht*.
39 So ausdrücklich BVerfGE 75, 108, 154 – *Künstlersozialversicherung*.
40 BVerfGE 38, 61, 102 – *Leberpfennig*; BVerfGE 82, 159, 190 – *Absatzfonds*; BVerfGE 95, 267, 300 – *Altschulden*. Allerdings kann ein Steuergesetz an Art. 14 zu messen sein, wenn durch die jeweilige Steuer konkrete subjektive Rechtspositionen beeinträchtigt werden. Ausgehend von dieser Argumentation befand der Zweite Senat, dass unter Umständen auch die Einkommensteuer an Art. 14 Abs. 1 GG zu messen sei. Inwiefern dies von der Rechtsprechung des Ersten Senats abweicht, konnte in der betreffenden Entscheidung dahinstehen, BVerfGE 115, 97, 112 f. – *Halbteilungsgrundsatz*.
41 BVerfGE 82, 60, 85 – *steuerfreies Existenzminimum*.
42 Vgl. etwa BGHZ 23, 157, 162 f.; BGHZ 92, 34, 37; BVerwGE 62, 224, 225 f.; aus der Literatur z. B. *Depenheuer*, in: v. Mangoldt/Klein/Starck, GG, Art. 14 Rn. 135; *Wendt*, in: Sachs, GG, Art. 14 Rn. 26.
43 BVerfG, NJW 2017, 217, 223, Rn. 240 – *Atomausstieg*; zuvor etwa BVerfGE 105, 252 (278) – *Glykolwarnung*.
44 Vgl. BVerfGE 18, 392, 397 – *Beurkundungsbefugnis*; BVerfGE 53, 257, 289 – *Versorgungsausgleich*.

Bsp.: Der Anspruch auf Erstattung zuviel gezahlter Steuern fällt deshalb in den Schutzbereich von Art. 14.[45]

Voraussetzungen für einen *Eigentumsschutz sozialrechtlicher Positionen* ist nach der Rechtsprechung des BVerfG eine

> „vermögenswerte Rechtsposition, die nach Art eines Ausschließlichkeitsrechts dem Rechtsträger als privatnützig zugeordnet ist; diese genießt den Schutz der Eigentumsgarantie dann, wenn sie auf nicht unerheblichen Eigenleistungen des Versicherten beruht und zudem der Sicherung seiner Existenz dient."[46]

Die *Begrenzung* des Schutzes *auf* Ansprüche, die der *Existenzsicherung* dienen, *überzeugt nicht*. Sie findet sich in anderen Bereichen des Eigentumsschutzes nicht und dürfte aus der Zeit stammen als die gesamte Sozialversicherung nicht am Lebensstandard, sondern an der schlichten Existenzsicherung orientiert war. Das BVerfG hat in der Entscheidung zur beitragsfreien Krankenversicherung selbst – und zu Recht – festgehalten, dass die Frage, ob sozialversicherungsrechtliche Ansprüche als Eigentum i. S. v. Art. 14 anzusehen sei, anhand des Sinn und Zwecks der Eigentumsgarantie beantwortet werden müsse.[47] Aufgabe des Art. 14 ist es, dem Träger des Grundrechts einen Freiheitsraum im vermögensrechtlichen Bereich zu sichern und ihm damit eine eigenverantwortliche Gestaltung des Lebens zu ermöglichen.[48] Vom Erfordernis der Existenzsicherung ist dabei keine Rede. Die bereichsspezifische Begrenzung bei sozialversicherungsrechtlichen Ansprüchen hat jedenfalls heute keine Berechtigung mehr.[49]

Maßgebliches Kriterium ist, ob das subjektive öffentliche Recht *Substrat eigener Leistung* ist, oder ob es ausschließlich in Erfüllung einer staatlichen Fürsorgepflicht gewährt wird.[50] Sozialrechtlich steht dahinter die Unterscheidung zwischen den fünf Säulen der Sozialversicherung und sonstigen, rein sozialstaatlich motivierten Transferleistungen. Zur Sozialversicherung (Art. 74 Abs. 1 Nr. 12) gehören die Rentenversicherung (SGB VI), die Krankenversicherung (SGB V), die Pflegeversicherung (SGB XI), die Unfallversicherung (SGB VII) und – ungeachtet der Formulierung des Art. 74 Abs. 1 Nr. 12 die Arbeitslosenversicherung (SGB III). In diesen Bereichen stellen sich die Leistungsansprüche der Versicherten als Äquivalent der zuvor entrichteten Beiträge dar, genießen also den Schutz des Art. 14. Anders liegen die Dinge bei den „klassischen" Transferleistungen, etwa der im SGB geregelten Sozialhilfe (SGB XII) oder der Grundsicherung für Arbeitsuchende (SGB II) und anderen außerhalb des Sozialgesetzbuchs angesiedelter Fürsorgeleistungen.

Fall 32: Um mehr Kindergartenplätze zu finanzieren, benötigen die staatlichen Haushalte Geld. Durch Bundesgesetz werden daher das Kindergeld und die Altersrenten gekürzt, die so erzielten Einsparungen sollen dem Bau neuer Kindergärten dienen. Ist der sachliche Schutzbereich der Eigentumsgarantie eröffnet?

---

45 BVerfGE 70, 278, 285 – *Lohnsteuerjahresausgleich*.
46 BVerfG NZA 2014, Rn. 5 *Anwartschaften zur betrieblichen Altersvorsorge*; BVerfGE 128, 90, 101 – *Arbeitslosenhilfe*; BVerfGE 69, 272, 300 – *Krankenversicherungsbeitrag*.
47 BVerfGE 69, 272, 300 – *Krankenversicherungsbeitrag* unter Hinweis auf BVerfGE 42, 263, 292 f. – *Contergan*; BVerfGE 36, 281, 290 – *Patentrecht*.
48 Sie bereits oben Rn. 989 sowie BVerfGE 69, 272, 300 – *beitragsfreie Krankenversicherung*; BVerfGE 68, 193, 221 – *Zahntechniker-Innung*; BVerfGE 50, 290, 339 – *Mitbestimmung*.
49 Ebenso *Sachs*, Verfassungsrecht II, Teil II Kap. 26 Rn. 13: „Eine Begründung, warum sozialversicherungsrechtliche Ansprüche, auch wenn sie allein durch eigene Leistungen erworben sind, das zusätzliche Kriterium erfüllen müssten, ist nicht erkennbar."
50 BVerfGE 88, 384, 401 – *Anpassung der Baukredite der DDR*.

Lösung Fall 32: Das Kindergeld wird vom Staat als Ausgleich solcher Lasten gewährt, die mit der Erziehung und Versorgung von Kindern typischerweise verbunden sind. Eine eigene Leistung der Kindergeldberechtigten ist diesem Anspruch aber nicht vorangegangen, so dass zwar ein öffentlich-rechtlicher Anspruch auf das Kindergeld besteht, dieser aber nicht von der Eigentumsgarantie umfasst ist.

Die Altersrente, die von den Rentenversicherungsanstalten ausgezahlt wird, berechnet sich nach der Höhe und Dauer der Beiträge, die der Einzelne an die Rentenversicherung geleistet hat. Daraus ergibt sich ein individuelles „Rentenkonto". Hier liegt also eine eigene Leistung des Anspruchsinhabers vor, der sachliche Schutzbereich des Art. 14 Abs. 1 ist eröffnet.

1096 Gelegentlich wird mit Blick auf Art. 14 und dessen Offenheit für neue Entwicklungen und Herausforderungen vom „Leitbild des Sacheigentums" gesprochen.[51] Nicht erst, aber gerade auch, die Möglichkeiten der modernen Biomedizin werfen die Frage auf, ob auch der *menschliche Körper* oder *Teile* davon als Sachen und damit als *eigentumsfähig* anzusehen sind. Die Beantwortung bedarf differenzierter Betrachtung, die hier nur in Grundzügen skizziert angedeutet werden kann.[52]

1097 Ausgangspunkt ist zunächst die zivilrechtliche Klarstellung in § 90 BGB, wonach Sachen körperliche Gegenstände sind. Der lebende *Mensch*, obschon *körperlich*, ist allerdings dem *Rechtsverkehr entzogen*.[53] Das ergibt sich zwar nicht ausdrücklich aus dem Gesetz, wohl aber aus der Systematik des BGB, das den im ersten Abschnitt des ersten Buches geregelten Personen im zweiten Abschnitt die Sachen gegenüberstellt.[54] Der *geborene* und *lebende* Mensch stellt also *keine Sache* dar. Das Gleiche gilt ungeborenes Leben in- und außerhalb des menschlichen Körpers. Dessen verfassungsrechtlicher Status als Träger des Lebens- und Würdegrundrechts[55] steht der Qualifizierung als Sache entgegen.

1098 Demgegenüber stellt die menschliche *Leiche* nach h. M. eine Sache dar.[56] Streitfragen entstehen auch bei der Zuordnung von (abgetrennten) Teilen des menschlichen Körpers. Abgetrennte und damit verselbstständigte Körperteile wie Haare, gezogene Zähne, gespendetes Blut, Eizellen, Samen oder Organe werden mit der Trennung bewegliche Sachen und damit grundsätzlich auch eigentumsfähig.[57] Verfassungsrechtlich werden zivilrechtliche Befugnisse indes persönlichkeitsrechtlich überlagert.[58]

1099 **bb) Umfang des Schutzes (Schutztiefe).** Eigentumsschutz genießt letztlich das, was eigentumsverfestigt ist, mithin also das, was zum Bestand des Eigentums gehört. Es gilt der Grundsatz, dass Art. 14 allein das bereits Erworbene, nicht dagegen den Erwerb als solchen bzw. den Erwerbsvorgang schützt.[59] Im letztgenannten Fall kann aber der Schutzbereich von Art. 12 betroffen sein.[60]

---

51 *Depenheuer*, in: HGR V, § 11 Rn. 50.
52 Vertiefend etwa *Fritzsche*, BeckOK, BGB, § 90 Rn. 29 ff.
53 Vgl. nur *Fritzsche*, BeckOK, BGB, § 90 Rn. 29.
54 Weber, Sachenrecht I, 4. Aufl. 2015, § 2 Rn. 3.
55 Vgl. oben Rn. 293; s. a. *Lang*, BeckOK, GG, Art. 2 Rn. 56.
56 *Fritzsche*, BeckOK, BGB, § 90 Rn. 32; aus der Rechtsprechung etwa OLG Hamburg NJW 2012, 1601, 1603; OLG Nürnberg NJW 2010, 2071; OLG Bamberg NJW 2008, 1543, 1544.
57 *Weber*, Sachenrecht I, 4. Aufl. 2015, § 2 Rn. 4; eigentumsrechtlich werden sie in entsprechender Anwendung des § 953 BGB dem Spender zugeordnet.
58 Vertiefend zum Fragenkreis, *Fritzsche*, BeckOK, BGB, § 90 Rn. 31 ff.; *Roth*, Eigentum an Körperteilen, 2009, passim.
59 BVerfGE 88, 366, 377 – *Tierzuchtgesetz II*; BVerfGE 105, 252, 277 – *Glykolwarnung*.
60 BVerfGE 88, 366, 377 – *Tierzuchtgesetz II*.

Geschützt ist der Bestand des Eigentums. Nicht dazu gehören demnach bloße Gewinnchancen, Erwartungen, Aussichten und Verdienstmöglichkeiten, es sei denn, diese Verdienstmöglichkeiten sind bereits so konkret, dass man ohne staatliches Eingreifen mit einer sicheren Realisierung hätte rechnen können.[61]

cc) Verfügungs- und Nutzungsbefugnisse. Eigentumsrechtlich geschützt ist nicht nur der Bestand, sondern *auch die Möglichkeit, mit dem Eigentum umzugehen*[62], insbesondere die Art und Weise der Verwendung, die Verfügungsmöglichkeit, eine etwaige Veräußerung sowie der Verbrauch. **1100**

> **Hinweis für die Fallbearbeitung**: In Klausuren und Hausarbeiten muss man sich vor Missverständnissen hüten. Viele menschliche Handlungen werden an Gegenständen oder durch Gegenstände vorgenommen und stellen insofern Nutzungen dieser Gegenstände dar, etwa die Lektüre einer Zeitung. Die grundrechtliche Zuordnung erfolgt aber nach der sozialen Funktion der in Rede stehenden Gegenstände. Aufgrund dessen gehört die Zeitungslektüre systematisch zur Informationsfreiheit obwohl dabei auch eine im Eigentum stehenden Sache in Gebrauch genommen werden kann.

Die *Nutzungsmöglichkeit* muss explizit aus der *Eigentumsstruktur* resultieren. Ist sie nur der *Reflex* der Eigentumsordnung und eigentlich Inbegriff eines anderen Grundrechts, insbesondere eines Freiheitsrechts, so tritt Art. 14 regelmäßig zurück.

> **Fall 33**: F hat seinen Ferrari in einer Sackgasse geparkt. Die Stadtwerke der Stadt S. verlegen eine neue Gasleitung und heben dazu einen 2 Meter tiefen Graben quer über die Straße aus, so dass F sein Fahrzeug während der Bauarbeiten nicht mehr bewegen kann. Diese dauern insgesamt zwei Wochen. Ist der Schutzbereich des Art. 14 Abs. 1 eröffnet?
>
> **Lösung Fall 33**: Das zivilrechtliche Eigentum an dem Ferrari (§ 903 BGB) unterfällt grundsätzlich dem Schutz des Art. 14 Abs. 1. Allerdings verliert F hier das Eigentum nicht, der Ferrari „gehört" nach wie vor ihm. Vom Schutz der Eigentumsgarantie ist aber auch die Nutzung des Eigentums umfasst, soweit sie sich aus der Eigentumsstruktur ergibt. Dies ist insbesondere für solche Nutzungen der Fall, die sich aus der Eigenart des Eigentumsgegenstandes ergeben. Hier verliert F jede vernünftige Möglichkeit, seinen Ferrari bestimmungsgemäß – also zum Autofahren – zu nutzen. Der Schutzbereich des Art. 14 Abs. 1 ist damit eröffnet.

Abzustellen ist dabei grundsätzlich auf die objektive Nutzbarkeit. **1101**

> **Fall 34**: Als F den Ferrari wieder nutzen kann, ist auf den Autobahnen durch Änderung der StVO ein allgemeines Tempolimit von 130 km/h eingeführt worden. F meint, er könne den Ferrari jetzt nirgendwo mehr „ausfahren", die volle Nutzung seines Eigentums werde ihm also unmöglich gemacht.[63]
>
> **Lösung Fall 34**: Das Tempolimit berührt den Schutzbereich des Art. 14 Abs. 1 nicht: Die Nutzung der öffentlichen Straßen bleibt nach wie vor möglich, so dass F seinen Ferrari auch bestimmungsgemäß verwenden kann, das Eigentum also seine objektive Nutzbarkeit nicht verliert. Das Verbot schnellen Autofahrens schränkt lediglich die Handlungsmöglichkeiten des F ein, so dass hier nicht Art. 14 Abs. 1, sondern Art. 2 Abs. 1 – allgemeine Handlungsfreiheit – einschlägig ist.[64]

b) Abgrenzungen. Abgrenzungsprobleme können namentlich zu den Grundrechten aus Art. 12 Abs. 1 und Art. 5 Abs. 1 entstehen. Hinsichtlich des Verhältnisses **1102**

---

61 Vgl. BVerfGE 74, 129, 148 – *betriebliche Altersversorgung*; BVerfGE 78, 205, 211 – *Schatzregal*.
62 BVerfG NJW 2017, 217 Rn. 228 – *Atomausstieg* – m. w. N.
63 Ähnliche Beispiele nennen *Epping*, Grundrechte, Rn. 455, und *Kingreen/Poscher*, *Grundrechte*, Rn. 1045.
64 Ebenso *Epping*, Grundrechte, Rn. 455; *Kingreen/Poscher*, *Grundrechte*, Rn. 1045.

zu *Art. 12 Abs. 1* gilt der schon angesprochene Grundsatz, dass diese Vorschrift den *Erwerb* schützt, *Art. 14* dagegen das *Erworbene*.[65]

Fall 35: A betreibt eine sog. „Hühnerfarm". Hierbei handelt es sich um eine mehrere 100 qm große Halle, in der Hühner mit dem Ziel gehalten werden, die gelegten Eier zu verkaufen. Die Tiere werden in kleinen Gruppen in eng aneinander stehenden Käfigen gehalten. Zwar gelten die einzelnen Gruppen als stabil, es kommt aber immer wieder zu Pickattacken der benachbarten Gruppen. Das zuständige Bundesministerium dringt auf eine mehr „artgerechte Tierhaltung" und bestimmt in einer Verordnung, dass die Käfige künftig in einem solchen Abstand aufgestellt sein müssen, dass die beschriebenen Pickattacken nicht mehr möglich sind. A ist empört und macht geltend, dass es aufgrund der nach der Verordnung zu erfüllenden Auflagen zu „schwerwiegenden Eingriffen" in seine Rechte aus Art. 12 und 14 komme dar. Immerhin sei er – was zutrifft – zu nicht unbeträchtlichen finanziellen Aufwendungen für die nun verlangte Ausgestaltung der Käfige gezwungen. Kann sich A auf den Schutz des Art. 14 berufen?

Lösung Fall 35: Eine Berufung auf den Schutzbereich des Art. 14 Abs. 1 kommt unter mehreren Blickwinkeln in Betracht. Zunächst könnte die Vorschrift vor einem infolge der gesetzlichen Regelung entstehenden verminderter Absatz- und Gewinnchancen betroffen sein. Allerdings ist zu beachten, dass der Erwerb von Art. 12 Abs. 1 geschützt wird[66], während vom Schutzbereich der Eigentumsgarantie nur das bereits Erworbene, d. h. den Bestand von Rechtspositionen, die einem Rechtssubjekt bereits zustehen, umfasst ist.[67] Absatz- und Gewinnchancen fallen noch unter den Erwerbsvorgang, der allein von Art. 12 Abs. 1 GG geschützt wird.

Die Verordnung könnte jedoch A in seinem Recht am eingerichteten und ausgeübten Gewerbebetrieb verletzen. Ob dieses Recht überhaupt vom Schutzbereich des Art. 14 Abs. 1 erfasst wird, ist umstritten.[68] Selbst wenn man dies grundsätzlich befürwortete, ist der Schutzbereich des Art. 14 Abs. 1 hier nicht eröffnet. Denn der Schutz des Gewerbebetriebes kann nicht weiter reichen als der Schutz seiner Grundlagen[69]. Für Art. 14 Abs. 1 GG ist in der Rechtsprechung aber anerkannt, dass das Eigentum nur in seinem konkreten Bestand geschützt wird. Hierzu gehören nicht bloße Gewinnchancen, Zukunftshoffnungen oder Verdienstmöglichkeiten, die sich aus dem bloßen Fortbestand einer günstigen Gesetzeslage ergeben[70]. Auf den Schutz des Art. 14 Abs. 1 kann sich A damit nicht berufen.

Auch zu Art. 5 Abs. 1 können sich namentlich in Gestalt von Werbeverboten Abgrenzungsfragen stellen. Bei einem Werbeverbot ist an die Meinungsfreiheit und den Eigentumsschutz gleichermaßen zu denken.

Bsp.: Nach 26 Abs. 2 S. 1 der Verordnung über den Betrieb von Kraftfahrunternehmen im Personenverkehr (BOKraft) ist an Taxen Werbung nur an den Seitentüren zulässig, politische Werbung ist nach S. 2 der Vorschrift generell verboten. Dieses Verbot kann an Art. 5 Abs. 1 S. 1 Alt. 1 zu messen sein, aber auch als Nutzungsbeschränkung des Eigentums des Taxiunternehmens Art. 14 Abs. 1 berühren.

Der Schutz des werbenden Unternehmens aus Art. 14 ist jedoch der Meinungsäußerung nachrangig, wenn die Werbetätigkeit vom Schutzbereich der Meinungsäußerungsfreiheit umfasst ist.

---

65 Dazu oben Rn. 1029 sowie BVerfGE 88, 366, 377 – *Tierzuchtgesetz II*, BVerfGE 105, 252, 277 – *Glykolwarnung*.
66 *Mann*, in: Sachs, GG, Art. 12 Rn. 196.
67 BVerfGE 95, 173, 187 f. – *Warnhinweise für Tabakerzeugnisse*.
68 Vom BVerfG ist die Frage bisher stets offengelassen worden, s. oben Rn. 1092 sie wird von der Rechtsprechung der Obergerichte (s. etwa BGHZ 92, 34, 37 oder auch BVerwGE 62, 224, 226) sowie der h. L. bejaht, vgl. etwa Papier/Shivrani, in: Maunz/Dürig, Art. 14 Rn. 200 ff.; Jarass in: Jarass/Pieroth, GG, Art. 14 Rn. 10.
69 BVerfGE 58, 300, 353 – *Nassauskiesung*.
70 BVerfGE 45, 172, 173 – *Kaufpreisanspruch*; BGHZ 78, 41, 44 f.; kritisch gegenüber dieser Rechtsprechung *Wendt*, in: Sachs, GG, Art. 14 Rn. 48.

III. Eingriffe

Art. 14 benennt in Abs. 1 S. 2 und Abs. 3 zwei unterschiedliche Eingriffstypen. **1103**

Klausurhinweis: Bei der Prüfung von Art. 14 Abs. 1 kommt der Abgrenzung von Inhalts- und Schrankenbestimmungen (Art. 14 Abs. 1 S. 2) zu Enteignungen (Art. 14 Abs. 3) eine große Bedeutung zu. Die Abgrenzung zwischen beiden Varianten ist zwingend erforderlich, weil sich – wie schon die unterschiedlichen Gesetzesvorbehalte zeigen – die Rechtfertigungsvoraussetzungen unterscheiden. Daraus wird zugleich deutlich, dass es auf die exakte Zuordnung erst im Rahmen der Prüfung der verfassungsrechtlichen Rechtfertigung eines Eingriffs ankommt, denn als Eingriffe stellen sich sowohl die Enteignung nach Art. 14 Abs. 3 als auch die unter Art. 14 Abs. 1 S. 2 fallenden Beeinträchtigungen dar. Allenfalls aus Gründen der Übersichtlichkeit kann es sich anbieten, die Prüfung der Zuordnung einer Maßnahme zu Art. 14 Abs. 3 oder Art. 14 Abs. 1 S. 2 schon bei der Bestimmung des Eingriffs vorzunehmen. Systematisch gehört die exakte Verortung aber zur Rechtfertigungsprüfung.[71]

Hinsichtlich der in Art. 14 Abs. 1 S. 2 genannten Inhalts- und Schrankenbestimmungen taucht zunächst Frage auf, ob zwischen beiden zu unterscheiden ist. Bei „unbefangener", an der allgemeinen Grundrechtsdogmatik orientierter Betrachtungsweise der Formulierung des Art. 14 Abs. 1 S. 2 *scheinen* die *Inhaltsbestimmungen* auf der Ebene des *Grundrechtstatbestandes* angesiedelt, ihnen käme dann keine Eingriffsqualität zu während die *Schrankenbestimmungen* als das Eigentum beschränkende Handlungs-, Duldungs- oder Unterlassungspflichten gesehen werden könnten, die dogmatisch der *Eingriffsebene* zuzuordnen wären. Tatsächlich ist diese Frage nicht endgültig geklärt.[72] Eine eindeutige Abgrenzung ist demgemäß schwierig, braucht aber nach der Rechtsprechung des BVerfG auch nicht überbetont zu werden. Sie unterwirft im Ergebnis nämlich beide Varianten den gleichen verfassungsrechtlichen Anforderungen.[73] **1104**

Da die *Enteignung* durch die vollständige oder teilweise individuelle *Entziehung konkreter subjektiver* Eigentumspositionen durch einen *final* darauf gerichteten Rechtsakt gekennzeichnet ist,[74] stellt sie sich als klassischer Grundrechtseingriff dar. Aber auch mit der Inhalts- und Schrankenbestimmung werden klassische Grundrechtseingriffe insoweit verwirklicht als es dem Gesetzgeber ja gerade darum geht, die Eigentumsordnung durch abstrakt-generelle Regelungen zu gestalten.[75] Das Eigentumsgrundrecht kann indes – wie andere Grundrechte auch – ebenso durch mittelbar faktische Beeinträchtigungen getroffen werden, wobei hier namentlich die sog. Nichtvollzugsfälle Schwierigkeiten bereiten **1105**

Bsp.: Der ehemalige Greifswalder Jurastudent S., dem das Studium der Rechtswissenschaft zu „trocken war", hat sich dem Anbau gesunder Lebensmittel verschrieben. Sein biologisch angebauter Salat entwickelt sich in dem kleinen Universitätsstädtchen zum Kassenschlager. Die „Biosalatbar" des S läuft wie geschmiert. Das ändert sich als die Stadt eine Müllkippe genehmigt. Bei den dort zunächst Futter suchenden Raben spricht sich alsbald herum, dass die Salatfelder des S. weitaus kulinarischeres Futter bieten als die

---

71 Ebenso *Epping*, Grundrechte, Rn. 461.
72 Vgl. *Sachs*, Verfassungsrecht II, Teil II Kap. 26, Rn. 24 ff.; *Wendt*, in: Sachs, GG, Art. 14 Rn. 55.
73 BVerfGE 128, 138, 148 – *Rentenanwartschaften* – verlangt von einer Inhaltsbestimmung, dass sie einem Gemeinwohlzweck dient und verhältnismäßig ist. *Michael/Morlok* sprechen insoweit von Inhalts- und Schrankenbestimmungen als einheitlichem dogmatischem Topos, vgl. *Michael/Morlok*, Grundrechte, § 9 Rn. 397 unter Hinweis auf BVerfGE 52, 1, 27 – *Kleingarten*.
74 Vgl. BVerfG NJW 2017, 217 Rn. 245 – *Atomausstieg*; BVerfGE 70, 191, 199 f. – *Fischereirechte*; BVerfGE 72, 66, 76 – *Flughafen Salzburg*.
75 BVerfGE 58, 300, 330 – *Nassauskiesung*.

Müllhalde. Nach einigen Wochen droht dem Geschäft des S. die Pleite. Wird hier in das Eigentumsgrundrecht des S. eingegriffen?[76]

1106 Unter der Geltung der *binären Dogmatik des BVerfG*, wonach Inhalts- und Schrankenbestimmungen einerseits und Enteignung andererseits streng zu unterscheiden sind und erstere zudem als Auffangtatbestand all jener Beeinträchtigungen fungiert, die keine Enteignung darstellen, bleibt nichts anderes übrig als mittelbare und faktische Beeinträchtigungen den Inhalts- und Schrankenbestimmungen zuzuordnen.[77] Jene sind dann eben auch insoweit Ausgestaltungen der Eigentumsordnung als sie die mit ihnen verbundenen Beeinträchtigungen nicht verhindern.[78] Das Problem hat vor allem haftungsrechtliche Dimensionen. (dazu unten mehr)

IV. Verfassungsrechtliche Rechtfertigung

1. Trennungsgrundsatz

1107 Im Hinblick auf die *verschiedenen verfassungsrechtlichen Anforderungen* ist zunächst zu unterscheiden, ob es sich bei einer staatlichen Maßnahme um eine Inhalts- und Schrankenbestimmung oder eine Enteignung handelt. Dabei muss die *Bestimmung von der Enteignung her* erfolgen. Denn das Verhältnis beider Institute zueinander ist dadurch gekennzeichnet, dass die Inhalts- und Schrankenbestimmung gleichsam als Auffangtatbestand fungiert.[79] Als *Inhalts- und Schrankenbestimmung* ist also *all das* anzusehen, *was nicht Enteignung* ist. Daher muss zunächst die Enteignung präzise gefasst sein.[80]

1108 a) **Die Enteignung, Art. 14 Abs. 3.** Die Enteignung im verfassungsrechtlichen Sinne

„ist auf die vollständige oder teilweise Entziehung konkreter subjektiver Eigentumspositionen im Sinne des Art. 14 Abs. 1 S. 1 GG zur Erfüllung bestimmter öffentlicher Aufgaben gerichtet."[81]

1109 *Bloße Nutzungs- und Verfügungsbeschränkungen* von Eigentümerbefugnissen stellen nach der Rechtsprechung des BVerfG keine Enteignung dar und zwar auch dann nicht, wenn sie die Nutzung des Eigentums nahezu oder völlig entwerten.[82] Sie sind eben nicht auf eine vollständige oder teilweise Entziehung des Eigentums gerichtet.
In der Rechtsprechung des BVerfG war bisher nicht vollständig geklärt, ob eine Enteignung auf den Fall der *Güterbeschaffung für Staatsaufgaben* beschränkt ist[83] oder ob sie auch im Interesse anderweitiger Gemeinwohlzwecke erfolgen kann.[84]

---

76 Ähnlicher Fall bei *Lege*, JA 2016, 81, 85.
77 Zu Recht weist *Lege*, Jura 2011, 826, 839, daraufhin, dass es im Rahmen des Art. 14 nur die Inhalts- und Schrankenbestimmungen sowie die Enteignung, aber keine „Eingriffe dritter Art" gebe.
78 *Kingreen/Poscher*, Grundrechte, Rn. 1067; *Lege*, JA 2011, 826, 837.
79 Sachs, Verfassungsrecht II, Teil II Kap. 26 Rn. 29.
80 Kingreen/Poscher, Grundrechte, Rn. 1057.
81 Vgl. BVerfG NJW 2017, 217, Rn. 245 – *Atomausstieg*; BVerfGE 134, 242, 289 – *Garzweiler*; BVerfGE 102, 1 15 f. – *Altlasten*; BVerfGE 70, 191, 199 f. – *Fischereirechte*; BVerfGE 72, 66, 76 – *Flughafen Salzburg*.
82 BVerfG NJW 2017, 217, Rn. 245 – *Atomausstieg*; BVerfGE 102, 1, 16 – *Altlasten*; BVerfGE 100, 226, 240 – *Denkmalschutz*.
83 Dafür BVerfGE 126, 331, 359 – *Honeywell*.
84 Offengelassen in BVerfGE 134, 242 Rn. 162 – *Garzweiler II*.

Fall 36: Nachdem die sog. Afrikanische Schweinepest (ASP) zuerst im Ausland und dann auch in Deutschland ausgebrochen ist, fordern Verbraucherschützer in der Bundesrepublik schnelle Reaktionen des Staates. Die ASP ist eine anzeigepflichtige Tierseuche, von der Haus- und Wildschweine betroffen sind. Erkrankte Tiere weisen eine hohe Sterblichkeitsrate auf. Für Menschen ist ASP ungefährlich. Die Übertragung erfolgt durch direkten Kontakt mit infizierten Tieren, die Aufnahme von Speiseabfällen oder Schweinefleischerzeugnissen bzw. -zubereitungen sowie andere indirekte Übertragungswege (Fahrzeuge, kontaminierte Ausrüstungsgegenstände einschl. Jagdausrüstung, landwirtschaftlich genutzte Geräte und Maschinen, Kleidung). Aufgrund der erregt geführten Debatte beschließt der Bundestag das Gesetz zur Bekämpfung der ASP (ASPBKG). § 3 des Gesetzes bestimmt, dass der gesamte Tierbestand eines Landwirts zu keulen (töten) ist, falls bei wenigstens einem Tier ASP diagnostiziert wird. Eine Entschädigung wird nicht gewährt. Als bei Landwirt L aus dem Landkreis X in MV ein ASP-Fall diagnostiziert und daraufhin sein Tierbestand vollständig gekeult werden soll, erscheint L in Ihrer Kanzlei und will wissen, ob er diese „Enteignung" (entschädigungslos) hinnehmen muss.

1110 In der aktuellen Entscheidung zum Atomausstieg hat das BVerfG nach einer umfänglichen Auseinandersetzung mit den Gegenauffassungen explizit am Erfordernis der Güterbeschaffung als konstitutivem Merkmal der Enteignung festgehalten.[85] Eine Enteignung setzt nach Auffassung des BVerfG also zwingend voraus, dass der Zugriff auf das Eigentumsgrundrecht zugleich eine Güterschaffung der öffentlichen Hand oder des sonst Enteignungsbegünstigten darstellt.

1111 Für diese Rezeption des „klassischen" Enteignungsbegriffs lässt sich anführen, dass – anders als bei gleich noch zu behandelnden Inhalts- und Schrankenbestimmung, bei der der Gesetzgeber einen weiten Gestaltungsspielraum benötigt, die Enteignung in ihren Voraussetzungen und Rechtsfolgen streng fixiert ist.[86] Nur so ist eine sinnvolle Abgrenzung zu sonstigen Fällen des Eigentumentzugs – etwa zur Entziehung deliktisch erlangten Eigentums als Nebenfolge einer strafrechtlichen Verurteilung oder der Sicherstellung und Beschlagnahme von Gegenständen zu Beweiszwecken – zu bewerkstelligen, bei denen die Sozialpflichtigkeit des Eigentums der Gewährung einer mit der Enteignung zwingend verbundenen Entschädigung entgegensteht.[87]

Lösung Fall 36: Zur Annahme einer Enteignung i. S. v. Art. 14 Abs. 3 käme man, wenn die Keulung als vollständiger, konkret-individueller Entzug einer Eigentumsposition qualifiziert werden könnte. Sie wäre dann aber angesichts des Fehlens einer Entschädigung verfassungswidrig. Nach den Kriterien der Rechtsprechung des BVerfG handelt es sich aber um eine Inhalts- und Schrankenbestimmung, weil es am Merkmal der Güterbeschaffung fehlt.[88]

1112 Bei der Enteignung tritt an die Stelle der Bestandsgarantie eine Wertgarantie.[89] Sie ist auf die Gewährung einer vom Gesetzgeber dem Grunde nach zu bestimmenden Entschädigung gerichtet.

1113 Es gibt zwei Formen der Enteignung: die sog. Administrativenteignung (als Regel-) und die Legalenteignung (als Ausnahmefall).

---
85 BVerfG, NJW 2017, 217, Rn. 248 – *Atomausstieg*.
86 BVerfG, NJW 2017, 217, Rn. 252 – *Atomausstieg*.
87 BVerfG, NJW 2017, 217, Rn. 253 – *Atomausstieg*.
88 Vgl. noch Rn. 1136.
89 BVerfGE 58, 300, 323 – *Naussauskiesung*.

1114 aa) **Administrativenteignung.** Die *Administrativenteignung* ist eine Enteignung, die *durch die Verwaltung* durchgeführt wird. Sie ist nur zulässig, wenn sie auf Grund eines Gesetzes erfolgt. Das Gesetz muss im Übrigen allen anderen verfassungsrechtlichen Voraussetzungen genügen.[90]

> **Bsp.**: Die vollständige Entziehung eines Grundstücks für öffentliche Aufgaben wie *Straßenbau oder Bahnverkehr* ist eine Enteignung.

1115 bb) **Die Legalenteignung.** Hierbei handelt es sich um eine *Enteignung durch ein Gesetz*; das Gesetz selbst nimmt in diesem Fall also die Enteignung vor.

> **Bsp.**: Die Deutsche Bahn AG will auf dem Gebiet der Stadt S. eine neue Bahntrasse für Hochgeschwindigkeitszüge bauen. Die für die Planung zuständige Bundesbehörde führt– vor Eintritt in ein förmliches Planungs- oder Genehmigungsverfahren – zu diesem Zweck Vorgespräche mit den örtlichen Behörden sowie mit fünf Grundstückseigentümern, deren Grundstücke für die favorisierte Trassenführung benötigt würden. Sowohl die Stadt S. als auch die Grundeigentümer sperren sich gegen das Projekt und kündigen ihren Widerstand an, den sie mit der von der Trasse ausgehenden Belastung der Umwelt und der Anwohner begründen. Die Eigentümer kündigen übereinstimmend an, in keinem Falle an den Bund verkaufen zu wollen. Da der Bau dieses Schienenabschnittes wegen der Vollendung des Gesamtprojektes drängt, beschließt der Bundestag ein „Gesetz über den Bau der Südumfahrung S.“ Es trifft in seinem § 1 Abs. 1 die Entscheidung über den Bau dieser „Umfahrung“ nach einem dem Gesetz in 12 Anlagen beigefügten sehr detaillierten Plan. In § 1 Abs. 2 sind die Rechtswirkungen der Zulassung des Vorhabens bestimmt. § 3 des Gesetzes bestimmt, dass die Grundeigentümer, deren Grundstücke von der Trasse berührt werden, gesetzlich enteignet werden; eine am Verkehrswert der Grundstücke orientierte Entschädigung wird in § 4 geregelt.

1116 Legalenteignungen sind nur in begrenztem Umfang zulässig. Der Grund liegt darin, dass mit ihnen sowohl der Grundsatz der Gewaltenteilung als auch die Rechtsschutzgarantie herausgefordert werden. Der Grundsatz der Gewaltenteilung, weil die Detailplanung und Durchführung einer Maßnahme nach der Konzeption des GG eigentlich Aufgabe der Verwaltung ist. Andererseits lässt die Verfassung in Art. 14 Abs. 3 Legalenteignungen explizit zu. Das BVerfG löst das Spannungsverhältnis dadurch auf, dass es die Enteignung durch Gesetz daran bindet, dass für diese Form der Enteignung im Einzelfall „triftige Gründe" bestehen.[91] Die zweite Herausforderung besteht darin, dass bei der Legalenteignung der Rechtsschutz verkürzt wird. Denn gegen förmliche Gesetz besteht – wie Art. 100 Abs. 1 GG und Art. 93 Abs. 3 BVerfGG zeigen – kein fachgerichtlicher Rechtsschutz; es bleibt aber die Möglichkeit der Verfassungsbeschwerde nach Art. 93 Abs. 1 Nr. 4a GG.

> Im Bahntrassenfall müsste also auch diskutiert werden, ob die detaillierte gesetzliche Planung mit der in Art. 20 Abs. 2 grundsätzlich vorgenommenen Teilung der Gewalten und der Überantwortung der vollziehenden Gewalt an Gubernative und Exekutive vereinbar ist. Das BVerfG lässt Legalenteignungen zu, wenn dafür, dass das Parlament eine solche Entscheidung durch Gesetz an sich zieht, im Einzelfall „gute Gründe" bestehen, etwa weil die schnelle Verwirklichung des Vorhabens von besonderer Bedeutung für das Gemeinwohl ist.

1117 b) **Die Inhalts- und Schrankenbestimmung, Art. 14 Abs. 1 S. 2.** Eine Inhalts- und Schrankenbestimmung liegt nach der jetzt herrschenden Auffassung vor,

---

[90] Näher dazu unten Rn. 1125 ff.
[91] BVerfGE 95, 1, 22 – *Südumfahrung Stendal*.

wenn die Eigentumsordnung durch abstrakt-generelle Regelungen gestaltet wird.[92] Sie wird durch den Gesetzgeber vorgenommen.

> **Bsp.**: In das BGB wird eine Regelung aufgenommen, die die Veräußerung von Grundstücken, die mit Wohngebäuden bebaut sind, verbietet.
> Hierdurch wird erheblich in die wirtschaftliche Verwertbarkeit von bestimmten Grundstücken eingegriffen. Da dies aber für eine unbestimmte Vielzahl von Grundstücken und eine unbestimmte Vielzahl von Grundeigentümern gilt (abstrakt-generell), liegt keine Enteignung, sondern eine Inhalts- und Schrankenbestimmung vor.

1118 Der Gesetzgeber will mit einer Inhalts- und Schrankenbestimmung nicht eine bestimmte Eigentumsposition entziehen, sondern objektiv-rechtliche Kriterien für die Ausgestaltung von Eigentum überhaupt regeln. Er will also *die Eigentumsordnung gestalten*.

1119 c) **Abgrenzung von Inhalts- und Schrankenbestimmung und Enteignung.** Seit der Nassauskiesungsentscheidung vertritt das BVerfG und mit ihm die h. L.[93] die sog. *Trennungstheorie*. Sie bedeutet, dass Inhalts- und Schrankenbestimmungen einerseits und Enteignungen andererseits zwei streng voneinander zu trennende Institute darstellen. Es besteht also – anders als nach früherer Auffassung – zwischen beiden *kein Kontinuum*. Unverhältnismäßige Inhalts- und Schrankenbestimmungen *schlagen* damit *nicht* in eine Enteignung *um*.[94] Überschreitet der eigentumsgestaltende Gesetzgeber die ihm vom GG gezogenen Grenzen des Art. 14 Abs. 1 S. 2, dann verwandelt sich die Regelung nicht in eine entschädigungspflichtige Enteignung, sondern stellt eine unzulässige, weil unverhältnismäßige Inhalts- und Schrankenbestimmung dar.[95]
Die damit erforderliche *Abgrenzung* zwischen beiden Eingriffsvarianten erfolgt ebenfalls seit der Naussauskiesungsentscheidung *in formaler Betrachtung*. Entscheidend ist, ob Intention des Gesetzgebers ist, Eigentumspositionen ganz oder teilweise zur Erfüllung öffentlicher Aufgaben zu entziehen (dann Enteignung) oder ob es „nur" darum geht, Rechte und Pflichten bzgl. der Ausübung der Eigentümerpositionen zu regeln (dann Inhalts- und Schrankenbestimmung).[96]

> **Hinweis**: In Fallbearbeitungen beginnt man die Abgrenzung sinnvollerweise mit der Prüfung der Enteignung, weil sie in der Rechtsprechung des BVerfG begrifflich präzise gefasst ist.[97] Inhalts- und Schrankenbestimmungen fungieren zudem als Auffangtatbestand, erfassen also alle Eigentumsbeeinträchtigungen, die keine Enteignung darstellen.[98]

1120 Die *Enteignung* stellt eine durch Rechtsakt erfolgende vollständige oder teilweise Entziehung konkreter Eigentumspositionen, um öffentliche Aufgaben zu erfüllen, dar. Demgegenüber stellt eine *Inhalts- und Schrankenbestimmung* eine generelle und abstrakte Festlegung von Rechten und Pflichten des Eigentümers dar.

1121 Als Faustformel wird häufig wie folgt formuliert: Die Enteignung erfolgt konkret-individuell, die Inhalts- und Schrankenbestimmungen dagegen abstrakt-generell.

---

92 BVerfGE 58, 300, 330 – *Nassauskiesung*.
93 *Gröpl*, in: StudKomm, GG, Art. 14 Rn. 49.
94 BVerfGE 58, 300, 320 – *Nassauskiesung*; BVerfGE 79, 174, 192 – *Erbbaurecht*; BVerfGE 100, 226, 240 – *Denkmalschutz*; BVerfGE 102, 1, 16 – *Altlasten*.
95 BVerfGE 52, 1, 27 – *Kleingarten*; BVerfGE 83, 201, 211 – *Vorkaufsrecht*.
96 *Sachs*, Verfassungsrecht II, Teil II Kap. 26 Rn. 30.
97 Vgl. BVerfG NJW 2017, 217 Rn. 252 – *Atomausstieg*.
98 Dazu schon oben Rn. 1107.

Das ist nicht unzutreffend, wie alle Faustformel birgt aber auch diese Gefahren. Denn wie bei Gesetzen üblich bedürfen auch die Inhalts- und Schrankenbestimmungen (konkreter) Umsetzungsakte, die dann das Gesetz im Einzelfall konkretisieren.

Bsp.: Ein Tanklastwagen verunfallt, wodurch das geladene Benzin auf das Grundstück des Eigentümers E gerät. Das ausgelaufene Benzin droht das Grundwasser zu verseuchen. Daraufhin gibt die zuständige Behörde dem E die Beseitigung des ausgelaufenen Öls auf.
Die polizeirechtlichen Regelungen zur Zustandshaftung – in MV beispielsweise § 70 SOG – stellen Inhalts- und Schrankenbestimmungen dar.[99] Wird im Fall dem E aufgegeben, das Grundstück zu entkontaminieren und damit die Gefahr zu beseitigen, werden die abstrakt-generellen Regelungen des SOG im Vollzug konkret-individuell angewandt. Gegenüber E ergeht dann ein Verwaltungsakt i. S. v. § 35 S. 1 VwVfG MV, also eine hoheitliche Maßnahme zur Regelung eines *Einzelfalles*. § 70 SOG bzw. die vergleichbaren Vorschriften bleiben aber trotz dieses konkret-individuellen Vollzugs Inhalts- und Schrankenbestimmungen.
Abwandlung: Angenommen, die Kosten für die Beseitigung des kontaminierten Erdreichs übersteigen den Wert des Grundstücks erheblich. Wird hier die Verpflichtung zur Gefahrenbeseitigung zu einer Enteignung? Nein, denn Inhalts- und Schrankenbestimmung einerseits und Enteignung andererseits sind klar voneinander zu trennen. Unverhältnismäßige Inhalts- und Schrankenbestimmungen schlagen nicht in Enteignungen um. Die Rechtsprechung hilft in diesen Fällen mit letztlich aus dem Verhältnismäßigkeitsgrundsatz abgeleiteten Begrenzung der grundsätzlich umfassenden Zustandshaftung.[100]

1122 Schwierig kann die Abgrenzung auch sein, wenn dem Betroffenen eine konkrete Eigentumsposition *nur teilweise* entzogen wird, was nach der Rechtsprechung des BVerfG für die Bejahung einer Enteignung ausreicht. Ein Teil der Literatur will dabei für die Abgrenzung zur Inhalts- und Schrankenbestimmung auf die Verselbstständigungsfähigkeit der in Frage stehenden rechtlichen Position abstellen.[101]

Bsp.: X ist Eigentümer eines Grundstücks. Die Gemeinde G will einen 10 cm breiten Streifen am Grundstücksrand für den Straßenbau nutzen. Hier handelt es sich um eine Enteignung, da Grundstücke grundsätzlich teilbar sind und damit das Eigentum an dem Streifen verselbstständigungsfähig ist. Dieser verselbstständigungsfähige Teil soll dem X hier entzogen werden.
Bei der Ausführung der Straßenbauarbeiten stellt sich heraus, dass das Grundstück des X mit schwer gesundheitsgefährdenden Stoffen belastet ist, die wohl illegal dort entsorgt wurden. Die G verbietet dem X daher auf unbestimmte Zeit, seinen Schrebergarten, der sich auf dem Grundstück befindet zu betreten, da akute Gesundheitsgefahren vorliegen würden. Hier wird dem X das Recht entzogen, den Schrebergarten zu nutzen. Dieses Recht ist aber keine vom Eigentumsrecht an sich verselbstständigungsfähige Rechtsposition, es liegt daher keine Enteignung, sondern eine Inhalts- und Schrankenbestimmung vor.

Klausurhinweis: Diese Beispiele zeigen erneut auf, dass nicht etwa von der Schwere des Eingriffs auf die Qualifizierung als Enteignung geschlossen werden darf: Das Nut-

---

99 BVerfGE 102, 1, 17 – *Altlasten*.
100 BVerfGE 102, 1, 19 ff. – *Altlasten*; zur ordnungsrechtlichen Behandlung solcher Fälle etwa *Lang*, Allgemeines Polizei- und Ordnungsrecht, in: Schütz/Classen, Landesrecht Mecklenburg-Vorpommern, 3. Aufl. 2014, § 3 Rn. 91 ff.
101 Vgl. etwa BVerfGE 134, 242 Rn. 162 – *Braunkohletagebau Garzweiler*; BVerfGE 104, 1, 9 – *Baulandumlegung*; BVerfGE 102, 1, 15 f. – *Altlasten*; BVerfGE 101, 239, 259 – *Verfassungsmäßigkeit des Restitutionsausschlusses*.

zungsverbot trifft den X ungleich härter als der Verlust eines 10cm breiten Streifens, dennoch liegt nur im letzteren Fall eine Enteignung vor.

Im Hinblick auf die *verschiedenen verfassungsrechtlichen Anforderungen* ist auch hinsichtlich der weiteren Eingriffsrechtfertigungsprüfung zu unterscheiden, ob es sich bei einer staatlichen Maßnahme um eine Inhalts- und Schrankenbestimmung oder eine Enteignung handelt. **1123**

2. Rechtmäßigkeitsprüfung bei Enteignungen

a) Qualifizierter Gesetzesvorbehalt. Enteignungen unterliegen gemäß Art. 14 Abs. 3 einem *qualifizierten Gesetzesvorbehalt*.[102] **1124**
Bei der Prüfung der verfassungsrechtlichen Rechtfertigung von Eingriffen in Gestalt von Enteignungen ist darauf zu achten, ob eine *Administrativenteignung* (*Normalfall*) oder eine *Legalenteignung* (*Ausnahmefall*) in Rede steht.
Eine Administrativenteignung ist eine Enteignung durch Verwaltungsakt, der seinerseits auf ein Parlamentsgesetz zurückführbar sein muss.
Die Legalenteignung darf nur durch ein förmliches Parlamentsgesetz erfolgen. Das Zitiergebot gemäß Art. 19 Abs. 1 S. 2 findet keine Anwendung,[103] da die Junktimklausel gemäß Art. 14 Abs. 3 S. 2 diese Funktion übernimmt und insofern lex specialis ist.[104] Auch das Verbot des Einzelfallgesetzes gilt nicht. Die Enteignung setzt eine Einzelfallregelung gerade voraus, Art. 14 Abs. 3 S. 2 ist daher auch lex specialis zu Art. 19 Abs. 1 S. 1. Allerdings muss die Legalenteignung auf Ausnahmefälle beschränkt sein.[105]

> **Klausurhinweis**: Den Ausnahmecharakter der Legalenteignung und die hierzu in der Rechtsprechung entwickelten Zulässigkeitskriterien[106] kann man in der Klausur in einer Prüfung des Verhältnismäßigkeitsprinzips übersichtlich „verpacken".

b) Gemeinwohlzweck. In jedem Fall muss der mit der Enteignung verfolgte Zweck *dem Allgemeinwohl dienen*. Es ist nicht jedes beliebige öffentliche – ggf. auch nur politische – Interesse ausreichend. Vielmehr muss ein besonders schwerwiegendes, dringendes Gemeinwohlbedürfnis die Enteignung rechtfertigen.[107] In keinem Fall aus Gemeinwohlgründen sind Enteignungen gedeckt, die aus rein fiskalischen Gründen erfolgen. Auch Enteignungen zugunsten von Privaten können verfassungsrechtlich zulässig sein, wenn das Gesetz zusätzlich Vorkehrungen für die dauerhafte Gemeinwohlsicherung des enteigneten Guts vorsieht.[108] **1125**

c) Junktimklausel. Zusätzlich zu den allgemeinen verfassungsrechtlichen Anforderungen an die gesetzlichen Regelungen kommt gemäß Art. 14 Abs. 3 S. 2 das *Erfordernis der Junktimklausel* hinzu. Eine Enteignung ist nach der Verfassung nur dann zulässig, wenn die enteignende Regelung zugleich eine Regelung über die Entschädigung enthält. Enteignungen sind damit *stets ausgleichspflichtig*, im Gegensatz zu Inhalts- und Schrankenbestimmungen. Ein enteignendes Gesetz ohne Entschädigungsregelung ist insgesamt verfassungswidrig.[109] Es stünde im Wider- **1126**

---

102 Qualifiziert ist der Gesetzesvorbehalt, weil nicht jedes Gesetz ausreicht; es muss vielmehr einen dem Allgemeinwohl dienenden Zweck verfolgen und zugleich eine Entschädigungsregelung enthalten.
103 BVerfGE 24, 367, 398 – *Hamburger Deichordnungsgesetz*.
104 Vgl. *Krebs*, in: v. Münch/Kunig, GG, Art. 19 Rn. 16 m. w. N.
105 *Hufen*, Staatsrecht II, § 38 Rn. 33.
106 S. oben Rn. 1116.
107 BVerfGE 74, 264, 289 – *Boxberg*.
108 BVerfGE 134, 242 Rn. 166 – *Braunkohletagebau Garzweiler*; BVerfGE 74, 264, 284 ff. – *Boxberg*.
109 Vgl. BVerfGE 24, 367, 418 – *Hamburger Deichordnungsgesetz*; BVerfGE 46, 269, 287 – *Bayerisches Bodenreformgesetz*; BVerfGE 58, 300, 319 – *Nassauskiesung*.

spruch zu Sinn und Zweck der Junktimklausel und dem Verwerfungsmonopol des BVerfG, wenn enteignende Gesetze ohne oder mit unzureichender Entschädigungsregelung von der fachgerichtlichen Rechtsprechung durch eine solche ergänzt werden könnten.[110]

1127 d) Keine Entschädigung unmittelbar aus Art. 14 (analog). Mit der schon mehrfach erwähnten *Nassauskiesungsentscheidung* hat das BVerfG die Dogmatik des Eigentumsgrundrechts neu gestaltet. Verkürzt lässt sich diese Neugestaltung in *drei Kernaussagen* zusammenfassen: Das BVerfG erteilte erstens dem *weiten Eingriffsbegriff* der Fachgerichte eine *Absage*. Es sieht in der Inhalts- und Schrankenbestimmung einerseits und der Enteignung andererseits zwei streng voneinander zu unterscheidende Institute, die je eigenen Rechtfertigungsvoraussetzungen unterliegen (sog. *Trennungsgrundsatz*). Das Gericht verlangt zweitens vom Eigentumsbeeinträchtigungen ausgesetzten Eigentümer, dass sich dieser gegenüber rechtswidrigen Zugriffen auf sein Eigentum wehrt, er hat insbesondere *nicht (mehr) die Wahl* zwischen Anfechtung und Entschädigung (sog. *Grundsatz vom Vorrang des Primärrechtsschutzes*). Schließlich hat das BVerfG drittens klargestellt, dass Entschädigungen nur dann möglich sind, wenn sie (einfach-)gesetzlich vorgesehen sind (sog. *Grundsatz der Gesetzlichkeit der Entschädigung*), insbesondere können sie nicht aus Art. 14 (analog) hergeleitet werden.

> Um zu verstehen, inwiefern das BVerfG mit der sog. Naussauskiesungsentscheidung mit der bis dato überkommenen Eigentumsdogmatik gebrochen hat, muss man sich die bis dahin praktizierte fachgerichtliche Rechtsprechung vor Augen halten. Bis zur Nassauskiesungsentscheidung im Jahre 1981 hatten *BGH* und *BVerwG* keine strukturelle Unterscheidung zwischen verschiedenen Eingriffen vorgenommen. Die fachgerichtliche Rechtsprechung differenzierte vielmehr innerhalb eines weiten Eingriffsbegriffs nach materiellen Kriterien zwischen entschädigungslos zulässigen Inhalts- und Schrankenbestimmungen und Eingriffen mit Enteignungsqualität, die nur unter den engen Voraussetzungen des Art. 14 Abs. 3 zulässig gewesen wären. Die Abgrenzung erfolgte nach der Schwere (*BVerwG*[111]) oder dem Sonderopfercharakter (*BGH*[112]) des Eingriffs. Die Rechtsprechung billigte dem Betroffenen Eigentümer zudem ein Wahlrecht zu. Dieser konnte bei einem rechtswidrigen Eigentumseingriff entweder gegen den Eingriff an sich vorgehen oder – gestützt auf Art. 14 Abs. 3 – vor den Zivilgerichten eine angemessene Entschädigung einklagen („dulde und liquidiere"). Als Rechtsgrundlage eines solchen Entschädigungsanspruchs fungierte Art. 14 analog.
>
> Diese Rechtsprechung war aus mehreren Gründen problematisch. Zunächst sah sie sich dem Vorwurf der *Kompetenzüberschreitung* ausgesetzt, weil der BGH nicht nur, wie in Art. 14 Abs. 3 S. 4 vorgesehen, über die *Höhe* der Entschädigung, sondern als Vorfrage auch über den *Grund* der Entschädigung judizierte. Damit zog die zivilgerichtliche Rechtsprechung gleichsam die gesamte Eigentumsdogmatik an sich.
>
> Zudem wurde diese Rechtsprechung der *Ratio der Eigentumsgarantie* nicht gerecht, die in erster Linie auf Bestandsschutz zielt.[113]
>
> Schließlich *verschob* die – betont eigentümerfreundliche Rechtsprechung – das *Haftungsrisiko* des Staates zu Gunsten des Eigentümers und konfrontierte ersteren mit kaum überschaubaren Haftungsrisiken.[114]

---

110 Vgl. *Bryde*, in: v. Münch/Kunig, GG, Art. 14 Rn. 86 m.w.N.; *Kingreen/Poscher*, Grundrechte, Rn. 1034.
111 Vgl. BVerwGE 5, 143, 145; BVerwGE 7, 297, 299; BVerwGE 84, 361, 365; BVerwGE 94, 1, 3 ff.
112 Vgl. BGHZ 6, 270, 280; BGHZ 15, 268, 271.
113 BVerfG NJW 2000, 1402 – *Vorrang des Primärrechtsschutzes*; BVerfGE 58, 300, 324 – *Nassauskiesung*; s.a. *Böhmer*, NJW 1988, 2561, 2564.
114 *Lege*, Jura 2011, 826, 827.

Die mit der „Nassauskiesung"[115] bewirkte Neugestaltung vollzog sich – wie erwähnt – auf drei Ebenen: Das BVerfG erteilte dem weiten Eingriffsbegriff der Fachgerichte eine Absage. Es scheidet mit der Trennungstheorie Inhalts- und Schrankenbestimmung und Enteignung. Es besteht insbesondere – anders als nach früherer Auffassung – zwischen beiden kein Kontinuum. Unverhältnismäßige Inhalts- und Schrankenbestimmungen schlagen damit nicht in eine Enteignung um.[116]

Der Eigentümer hat auch das früher bestehende Wahlrecht verloren. Er muss sich gegen rechtswidrige Eigentumsbeeinträchtigungen zur Wehr setzen.[117]

Vor allem aber hat das BVerfG klargestellt, dass Entschädigungen auf gesetzlicher Grundlage gewährt werden müssen.[118]

Die ursprünglich von den Obergerichten vorgenommenen Differenzierungen innerhalb eines weiten Eingriffsbegriffs, die wie erwähnt rein materieller Art gewesen sind und auf die Schwere und Intensität des vermeintlichen Eingriffs abstellten (*Sonderopfer- bzw. Schweretheorie des BGH und des BVerwG*) können namentlich auch mit ihrer *gesetzesfreien*[119] Zubilligung von Entschädigungsansprüchen infolge der Rechtsprechung des BVerfG *nicht mehr angewendet* werden.

Im Staatshaftungsrecht hält der BGH allerdings auch heute noch an den Haftungsinstituten des *enteignungsgleichen* und *enteignenden Eingriffs* fest.[120] Der Entschädigungsanspruch beim sog. enteignungsgleichen Eingriff knüpft an die Rechtswidrigkeit staatlichen Handelns an, der Anspruch aus enteignendem Eingriff an dessen Rechtmäßigkeit. **1128**

Hinweis: Auf dieser Grundlage wäre der oben dargestellte „Rabenfall"[121] haftungsrechtlich über den sog. enteignenden Eingriff zu lösen.[122]

Der BGH kann diese Institute nach der eindeutigen Stellungnahme des BVerfG normativ aber *nicht* mehr auf eine *analoge Anwendung von Art. 14 Abs. 3* stützen. Als Rechtsgrundlage zieht er deshalb nun die Einleitung zum Allgemeinen Preußischen Landrecht von 1794 und den dort in den §§ 74, 75 zum Ausdruck gebrachten *allgemeinen Aufopferungsgedanken* heran. Das BVerfG scheint diese Vorgehensweise zu billigen.[123] **1129**

3. Rechtmäßigkeitsprüfung bei Inhalts- und Schrankenbestimmungen

a) Überblick. Die Befugnis des Gesetzgebers, Inhalt und Schranken des Eigentums zu bestimmen (Art. 14 Abs. 1 S. 2), bedeutet letztlich, dass die Eigentumsgarantie einem *einfachen Gesetzesvorbehalt* unterliegt[124] und Beschränkungen damit insbesondere der Schranken-Schranke des Übermaßverbots unterliegen. Allerdings ist die erforderliche Verhältnismäßigkeitsprüfung durch Art. 14 Abs. 2 besonders konturiert. Der Gesetzgeber darf **1130**
– die Eigentumsfreiheit nur verhältnismäßig verkürzen,
– er darf zudem die Sozialbindung nicht unverhältnismäßig vernachlässigen

---

115 BVerfGE 58, 300 – *Nassauskiesung*.
116 BVerfGE 102, 1, 16 – *Altlasten;* BVerfGE 100, 226, 240- *Denkmalschutz;* BVerfGE 79, 174, 192 – *Erbbaurecht;* BVerfGE 58, 300, 320 – *Nassauskiesung*.
117 S.a. BVerfG NJW 2000, 1402 – *Vorrang des Primärrechtsschutzes*.
118 BVerfGE 58, 300 – *Nassauskiesung;* s.a. *Lege*, JA 2016, 81, 86.
119 *Lege*, NJW 1990, 864, 865 f.
120 Näher dazu *Grzeszick*, in: Baldus/Grzeszick/Wienhues, Staatshaftungsrecht, 5. Aufl. 2018, Rn. 446 ff.
121 Oben Rn. 1105.
122 Vgl. *Lege*, Jura 2011, 826, 832.
123 BVerfG (K), NJW 2000, 1402; *Gröpl*, in: StudKomm, GG, Art. 14 Rn. 106; differenzierend *Lege*, JA 2016, 81, 87.
124 Vgl. *Sachs*, Verfassungsrecht II, Teil II Kap. 26 Rn. 33.

- und er ist verpflichtet, die Interessen der Beteiligten in einen gerechten Ausgleich und ein ausgewogenes Verhältnis zu bringen

Besondere Beachtung verdienen dabei
- die personale und soziale Funktion des Eigentums[125]
- die Eigenart des Eigentumsobjektes/Situationsgebundenheit
- das gfls. bestehende Erfordernis von Härteklauseln und Übergangsregelungen[126] sowie
- eine gfls. bestehende „Ausgleichspflicht".[127]

1131 b) **Die Rechtfertigungsprüfung im Einzelnen.** Eine Inhalts- und Schrankenbestimmung kann grundsätzlich *nur im Wege eines Parlamentsgesetzes* erfolgen. Es handelt sich um eine normative Regelung, die entweder das Eigentum definiert oder die Ausübung des Eigentums einschränkt. Beide normativen Bestimmungen müssen einen *abstrakt-generellen Charakter* haben. Dies unterscheidet sie von einer Einzelmaßnahme, die in rechtmäßiger Weise regelmäßig nur als Enteignung durchgeführt werden kann.

> **Bsp.**: Ein Gesetz, das die Bebauung von Grundstücken verbietet, die zwischen hochwassergefährdeten Gewässern und den jeweiligen Dämmen liegen, ist abstrakt-generell und damit eine grundsätzlich zulässige Inhalts- und Schrankenbestimmung. Nennt das Gesetz dagegen die betroffenen Grundstücke mit ihren Flurstücknummern, handelt es sich um eine individuelle Regelung, die als Inhalts- und Schrankenbestimmung unzulässig wäre.

1132 Eine Inhalts- und Schrankenbestimmung ist zudem nicht grenzenlos zulässig. Sie muss sich vielmehr wie jede andere eigentumsrechtliche Regelung an dem *Kriterium der Sozialpflicht* messen lassen. Daher ist es die Aufgabe des Gesetzgebers die schutzwürdigen Interessen des Eigentümers mit den Gemeinwohlbelangen abzuwägen, sodass es zu einem gerechten Ausgleich dieser Interessen kommt.[128] Die Gestaltungsfreiheit des Gesetzgebers ist dabei „umso größer, je stärker der soziale Bezug des Eigentumsobjekts ist", wobei es entscheidend auf dessen Eigenart und Funktion bzw. Bedeutung ankommt.[129]

> **Bsp.**: Grund und Boden ist einerseits unvermehrbar und andererseits für die Entwicklung der Gesellschaft von enormer Bedeutung (z. B. zur Herstellung von Erholungsgebieten, zur Schaffung von Wohnraum und Infrastruktur usw.). Die Interessen der Allgemeinheit als Ausdruck der Sozialpflichtigkeit des Eigentums sind daher bei gesetzlichen Regelungen, die Grund und Boden betreffen, besonders zu berücksichtigen, der Gesetzgeber hat daher eine weite Gestaltungsfreiheit.[130]
> Eine private Puppensammlung berührt die Interessen der Allgemeinheit dagegen in der Regel nicht, so dass eingreifende Regelungen hier kaum möglich sind. (Anderes kann aber gelten, wenn der Sammlung besonderer historischer Wert zukommt.)

1133 Das Gesetz, das eine Inhalts- und Schrankenbestimmung vornimmt, unterliegt generell allen *formellen Anforderungen*, die an die Verfassungsmäßigkeit eines Gesetzes zu richten sind. Das Zitiergebot gemäß Art. 19 Abs. 1 S. 2 muss nicht beachtet werden.[131]

---

125 BVerfGE 100, 226, 241 – *Denkmalschutzgesetz Rheinland-Pfalz*.
126 BVerfGE 100, 226, 244 – *Denkmalschutzgesetz Rheinland-Pfalz*.
127 Dazu zuletzt etwa BVerfG NJW 2017, 217 Rn. 260 – *Atomausstieg*.
128 BVerfGE 100, 226, 240 – *Denkmalschutzgesetz Rheinland-Pfalz*.
129 Vgl. BVerfG NJW 2017, 217, Rn. 268 – *Atomausstieg*; BVerfGE 102, 1, 16 f. – *Altlasten*; BVerfGE 53, 257, 292 – *Versorgungsausgleich*; BVerfGE 100, 226, 241 – *Denkmalschutzgesetz Rheinland-Pfalz*.
130 Vgl. BVerfGE 21, 73, 82 f. – *Grundstücksverkehrsgesetz*; BVerfGE 52, 1, 32 f. – *Kleingärten*.
131 BVerfGE 21, 92, 93 – *landwirtschaftlicher Grundstücksverkehr*.

1134 *In materieller Hinsicht* muss das Gesetz vor allem dem *Grundsatz der Verhältnismäßigkeit* Rechnung tragen. „Die Einschränkung der Eigentümerbefugnisse muss zur Erreichung des angestrebten Ziels geeignet und notwendig sein, sie darf nicht übermäßig belastend und deshalb unzumutbar sein."[132] Schließlich muss das vom Gesetzgeber angestrebte Ziel ein Ziel sein, das von der Verfassung auch legitimiert ist.

1135 Hinsichtlich der Anforderungen an die Verhältnismäßigkeit ist der Prüfungspunkt der *Verhältnismäßigkeit im engeren Sinn* besonders hervorzuheben. Hier muss das Gesetz in einem angemessenen Verhältnis zu dem mit der Regelung verfolgten Ziel stehen. Die Grenze der *Zumutbarkeit* muss gewahrt bleiben. Dabei ist eine *Abwägung* vorzunehmen zwischen der grundgesetzlichen Anerkennung des Privateigentums auf der einen Seite und der Sozialpflicht des Eigentums auf der anderen Seite.[133] Eine inhalts- und schrankenbestimmende Regelung ist unverhältnismäßig im engeren Sinne, wenn sie eine Berücksichtigung von Eigentümerbelangen überhaupt nicht vorsieht. Es kann auch genügen, dass durch die in Frage stehende Regelung eine unverhältnismäßige Belastung des Eigentümers nicht ausgeschlossen ist und auch keine Maßnahmen beschrieben sind, die diese Belastung abmildern.[134]

1136 Häufig ließe sich die Verhältnismäßigkeit i. e. S. wohl dadurch herstellen, dass eine *Inhalts- und Schrankenbestimmungen* mit *Ausgleichszahlungen* für die damit verbundenen Belastungen kombinieren würde. Diese können jedoch nur der Ausnahme-, nicht aber der Regelfall sein – kurzum: Art. 14 Abs. 1 erfordert, dass die Eigentumsordnung grundsätzlich ohne Ausgleichsregelungen auskommt.[135] Der Gesetzgeber muss – will er die Verfassungswidrigkeit der entsprechenden Norm vermeiden – alle ihm zur Verfügung stehenden Möglichkeiten nutzen, um die Eigentumsbestandsgarantie zu wahren. Als derartige Maßnahmen kommen *Härteklauseln, Übergangsregelungen, Ausnahme- und Befreiungsvorschriften* als auch sonstige administrative und technische Vorkehrungen in Betracht.[136] Lediglich subsidiär bzw. als *ultima ratio* bleiben finanzielle Ausgleichsmaßnahmen möglich.[137] Auch hier gilt aber, dass die Entschädigung nicht unmittelbar aus Art. 14 folgt[138], sie muss vielmehr in dem inhalts- und schrankenbestimmenden Gesetz selbst fixiert sein. Fehlen derartige die Bestimmungen über eine Ausgleichszahlung bleibt es dabei, dass das Gesetz verfassungswidrig, weil unverhältnismäßig ist.

> **Bsp.:** Im oben angeführten „Keulungsfall" ließe sich diskutieren, ob eine solche Keulung nur gegen die Gewährung einer Entschädigung zulässig sein könnte. Da eine solche nach dem Sachverhalt nicht bestand – seit der „Nassauskießung" aber keine Entschädigungsansprüche ohne Gesetz und unter Rückgriff auf Art. 14 selbst mehr gewährt werden können –, stellte sich die Inhalts- und Schrankenbestimmung als unverhältnismäßig und damit verfassungswidrig dar. Auf der anderen Seite ließe sich aber auch auf die – prinzipiell unbegrenzte Zustandshaftung des Landwirts für sein Vieh hinweisen.[139]

---

132 So wörtlich BVerfGE 21, 150, 155 – *Weinwirtschaftsgesetz;* BVerfGE 74, 203, 214 f. – *Arbeitslosengeld.*
133 Vgl. BVerfGE 87, 114, 138 – *Kleingartenpachtvertrag.*
134 BVerfGE 100, 226, 243 – *Denkmalschutzgesetz Rheinland-Pfalz.*
135 BVerfG NJW 2017, 219, Rn. 260 – *Atomausstieg;* Külpmann, JuS 2000, 646, 64.
136 BVerfGE 100, 226, 245 – *Denkmalschutzgesetz Rheinland-Pfalz;* BVerfGE 83, 201, 212 f. – *Vorkaufsrecht.*
137 Erneut klargestellt in BVerfG NJW 2017, 217, Rn. 260 – *Atomausstieg;* zuvor etwa BVerfGE 100, 226, 245 f. – *Denkmalschutzgesetz Rheinland-Pfalz.*
138 *Lege,* Jura 2011, 826, 835.
139 Zu Fallkonstellationen der Begrenzung der prinzipiell unbegrenzten Zustandshaftung schon oben Rn. 1121.

4. Rechtmäßigkeitsprüfung bei Sozialisierungen, Art. 15

1137 Art. 15 enthält einen weiteren qualifizierten Gesetzesvorbehalt, der zu Eingriffen in die Eigentumsgarantie durch Überführung in Gemeinwirtschaft (Sozialisierung) ermächtigt. Von der Vorschrift wurde bislang kein Gebrauch gemacht. Sie weist zahlreiche Parallelen zur Enteignung auf.[140] Für die erforderliche Entschädigung gilt Art. 14 Abs. 3 S. 3 und 4 entsprechend.

V. Gewährleistung des Erbrechts

1138 Die Erbrechtsgarantie des Art. 14 Abs. 1 S. 1 gewährleistet das Rechtsinstitut der *Privaterbfolge* durch die Formulierung „Eigentum und Erbrecht werden gewährleistet". Die Gewährleistung besteht sowohl für das Rechtsinstitut als auch für das Individualrecht.[141] „Das Erbrecht hat die Funktion, das Privateigentum als Grundlage der eigenverantwortlichen Lebensgestaltung mit dem Tode des Eigentümers nicht untergehen zu lassen, sondern seinen Fortbestand im Wege der Rechtsnachfolge zu sichern. Die Erbrechtsgarantie *ergänzt insoweit die Eigentumsgarantie* und bildet zusammen mit dieser die Grundlage für die im Grundgesetz vorgegebene private Vermögensordnung.[142]

1139 Zum Erbrecht gehört notwendigerweise das Recht des Erblassers zu vererben. Damit ist seine *Testierfreiheit* grundsätzlich geschützt. Die Testierfreiheit umfasst die Erbrechtsgestaltungsfreiheit in positiver wie in negativer Hinsicht. Sie bezieht sich nicht nur auf die Möglichkeit, den Erben zu bestimmen, sondern auch darauf, Personen vom Nachlass auszuschließen oder in ihrem Erbumfang zu begrenzen.
Neben der Testierfreiheit wird auf der anderen Seite auch die *Freiheit des Erbens* verfassungsrechtlich abgesichert. Dem entspricht wiederum das Recht des Erben, kraft Erbfolge zu erwerben. „Auch der Erbe genießt daher den Schutz des Grundrechts und kann ihn, jedenfalls vom Eintritt des Erbfalls an, geltend machen. Andernfalls würde der Grundrechtsschutz mit dem Tod des Erblassers erlöschen und damit weitgehend entwertet werden."[143]

1140 Als Institutsgarantie gewährleistet Art. 14 nach h.M. die *Grundzüge des einfachgesetzlichen Erbrechts*. Hierzu zählen die Testierfreiheit, die sich an den Verwandtschaftsbeziehungen orientierende gesetzliche Privaterbfolge, aber auch das Pflichtteilsrecht.[144]

B. Die Gleichheitsrechte
§ 24 Vorbemerkung

1141 Der *allgemeine Gleichheitssatz* normiert die Gleichheit aller Menschen vor dem Gesetz (Art. 3 Abs. 1). Diese Formulierung, die sich bereits in Art. 137 Abs. 3 der Reichsverfassung von 1849 und in Art. 109 WRV findet, geht auf Art. 3 der Men-

---

140 Vgl. hierzu *Sachs*, Verfassungsrecht II, Teil II Kap. 26 Rn. 51.
141 Vgl. BVerfGE 67, 329, 340 – *Hoferben*; BVerfGE 91, 346, 358 – *Ertragswertabfindung*.
142 BVerfGE 91, 346, 358 – *Ertragswertabfindung*.
143 BVerfGE 91, 346, 360 – *Ertragswertabfindung*; *Leisner*, HStR VIII, § 174 Rn. 15.
144 Vgl. *Sachs*, Verfassungsrecht II, Teil II Kap. 26 Rn. 67; vgl. auch BVerfGE 112, 332 – *Pflichtteilsentziehung*.

Vorbemerkung

schen- und Bürgerrechtserklärung von 1789 zurück.[1] Die ideengeschichtlichen Wurzeln des Gleichheitsgedankens liegen im deutschen Rationalismus.[2] Im Grundgesetz hat Art. 3 Abs. 1 als Hauptgleichheitsrecht eine Parallelfunktion zu Art. 2 Abs. 1 als Hauptfreiheitsrecht.[3]

Die Aufnahme der *besonderen Gleichheitssätze* des Art. 3 Abs. 2 und 3 sind durch historische Entwicklungen, vor allem durch die Erfahrungen während der nationalsozialistischen Diktatur bedingt.[4]

1142

Weitere wichtige besondere Gleichheitssätze enthalten Art. 6 Abs. 5, Art. 33 Abs. 1-3 und Art. 38 Abs. 1 S. 1. Sie stehen außer Art. 6 Abs. 5 außerhalb des Grundrechtskatalogs, werden aber durch Art. 93 Abs. 1 Nr. 4a zu grundrechtsgleichen Rechten und verfassungsbeschwerdefähig.

1143

Bei den Gleichheitsrechten lassen sich formale und materielle Gleichheitsrechte unterscheiden. Die *formalen Gleichheitsrechte* (etwa Art. 3 Abs. 2, 3, 38 Abs. 1 S. 1) sind dadurch gekennzeichnet, dass sie an die Rechtfertigung von *Ungleichbehandlungen* besondere Anforderungen stellen. Da sie strikte Gleichbehandlung fordern, muss die Differenzierung auf „*zwingenden Gründen*" beruhen", um verfassungsrechtlich gerechtfertigt zu sein.[5] Demgegenüber sind die Anforderungen beim *materiellen Gleichbehandlungsgebot* des Art. 3 Abs. 1 insoweit geringer als die Vorschrift nur verlangt, dass wesentlich Gleiches gleich und wesentlich Verschiedenes verschieden behandelt wird und eine Ungleichbehandlung schon dann gerechtfertigt ist, wenn für sie ein *sachlicher Grund* angeführt werden kann bzw. sie sich als *verhältnismäßige Ungleichbehandlung* i. S. d. sog. neuen Formel darstellt.[6]

1144

Art. 3 bezweckt die rechtliche und tatsächliche Gleichbehandlung von Personen in vergleichbaren Sachverhalten. Damit ist keine ausnahmslose Gleichbehandlung gemeint. Art. 3 fordert jedoch einen *sachlichen Grund für eine Ungleichbehandlung vergleichbarer Sachverhalte*. Beruht die ungleiche Behandlung auf einem sachlichen Grund, ist sie verfassungsrechtlich gerechtfertigt.

1145

Die *Prüfung der Gleichheitsrechte* unterscheidet sich grundlegend von der Prüfung der Freiheitsgrundrechte. Die Falllösung unterliegt keiner Trennung nach Schutzbereich, Eingriff und verfassungsrechtlicher Rechtfertigung, sondern erfolgt in einem *zweistufigen Aufbau*. In einem ersten Schritt ist zu prüfen, ob eine rechtlich relevante Ungleichbehandlung bzw. Gleichbehandlung vorliegt. Anschließend ist zu fragen, ob diese (Un-)Gleichbehandlung verfassungsrechtlich gerechtfertigt ist.[7] Dabei kommt den besonderen Gleichheitssätzen systematischer Vorrang zu; nur soweit sie nicht einschlägig sind, ist Art. 3 Abs. 1 zu prüfen.

1146

---

1 „*Tous les hommes sont égaux par la nature et devant la loi.*"; vgl. zu Herkunft und Struktur der Gleichheitsformel des Art. 3 Abs. 1 *Starck*, in: v. Mangoldt/Klein/Starck, GG, Art. 3 Rn. 1 f.
2 Näher hierzu *Stein/Frank*, Staatsrecht, § 49 I.
3 *P. Kirchhof*, in: Maunz/Dürig, GG, Art. 3 Abs. 1 n. 85; *Gröpl*, in: StudKomm, GG, Art. 3 Rn. 1.
4 Vgl. *Boysen*, in: v. Münch/Kunig, GG, Art. 3 Rn. 116.
5 Vgl. für Art. 3 Abs. 3 S. 1 *Kischel*, in: BeckOK, GG, Art. 3 Rn. 214 „besonders schwerwiegende Gründe", zu Art. 3 Abs. 3 S. 2 etwa BVerfGE 128, 138, 156 f. – *Rentenkürzung Invalidenrente*; BVerfGE 99, 341, 357 – *Testierausschluß Taubstummer*, „zwingende Gründe", ähnlich BVerfGE 131, 316, 338 – *negatives Stimmgewicht, Überhangmandate*, durch die Verfassung legitimiert und von mindestens gleichem Gewicht wie die Wahlrechtsgleichheit; dazu auch *Lang*, in Grzeszick/Lang, Wahlrecht als materielles Verfassungsrecht, 2012, S. 78 ff.
6 Zur sog. neuen Formel näher unten Rn. 1157.
7 Vgl. *Pietzcker*, in: HGR V, § 125 Rn. 33; näher dazu unten Rn. 1154 ff.

§ 25 Der allgemeine Gleichheitssatz

➡ Prüfungsaufbau Anhang B Sch 2 Rn. 1319

Literatur:
Albers, M., Gleichheit und Verhältnismäßigkeit, JuS 2008, 945; *Bader, J.*, Gleichbehandlung von Kopftuch und Nonnenhabit?, NVwZ 2006, 1333; *Berg, W.*, Keine Gleichheit im Unrecht?, JuS 1980, 418; *Blome, T.*, Der allgemeine Gleichheitssatz (Art. 3 I GG) – ein ordentliches Grundrecht!, JA 2011, 486; *Bryde, B.-O./Kleindiek, R.*, Der allgemeine Gleichheitssatz, Jura 1999, 36; *Gusy, C.*, Der Gleichheitssatz des Grundgesetzes, JuS 1982, 30; *Hey, J.*, Anforderungen des allgemeinen Gleichheitssatzes an die Erbschaftsteuer, Jura 2007, 859; *Holz, W.*, Grundrechtsimmunes Gesetzesrecht, NVwZ 2007, 1153; *Jarass, H. D.*, Folgerungen aus der neuen Rechtsprechung des Bundesverfassungsgerichts für die Prüfung von Verstößen gegen Art. 3 Abs. 1 GG, NJW 1997, 2545; *Kirchhof, P.*, Der allgemeine Gleichheitssatz, in: Isensee, J./Kirchhof, P. (Hrsg.), Handbuch des Staatsrechts der Bundesrepublik Deutschland, Band V, 2. Auflage 2000, § 124; *ders.*, Gleichheit in der Funktionenordnung, in: Isensee, J./Kirchhof, P. (Hrsg.), Handbuch des Staatsrechts der Bundesrepublik Deutschland, Band V, 2. Auflage 2000, § 125; *Krüger, H.*, Grundgesetz versus SGB V, Jura 2008, 621; *Kluckert, S.*, Die Selbstbindung der Verwaltung nach Art. 3 I GG, JuS 2019, 536; *Lang, H.*, Krankenversicherungsfinanzierte Reproduktionsmedizin – Deutsche Rechtslage, in: Tag (Hrsg.), Lebensbeginn im Spiegel des Medizinrechts, 2011, 81 ff.; *Lehner, R.*, Diskriminierungen im alltäglichen Privatrecht als Grundrechtsproblem, JuS 2013, 410; *Michael, L.*, Folgerichtigkeit als Wettbewerbsgleichheit – Zur Verwerfung von Rauchverboten in Gaststätten durch das BVerfG, JZ 2008, 875; *Nußberger, A.*, Soziale Gleichheit – Voraussetzung oder Aufgabe des Staates?, DVBl. 2008, 1081; *Odendahl, K.*, Der allgemeine Gleichheitssatz. Willkürverbot und „neue Formel" als Prüfungsmaßstäbe, JA 2000, 170; *Riese, C./Noll, P.*, Europarechtliche und verfassungsrechtliche Aspekte der Inländerdiskriminierung, NVwZ 2007, 516; *Sachs, M.*, Die Auswirkungen des allgemeinen Gleichheitssatzes auf die Teilrechtsordnungen, in: Isensee, J./Kirchhof, P. (Hrsg.), Handbuch des Staatsrechts der Bundesrepublik Deutschland, Band V, 2. Auflage 2000, § 127; *ders.*, Die Maßstäbe des allgemeinen Gleichheitssatzes – Willkürverbot und sogenannte neue Formel, JuS 1997, 124; *Sachs/Jasper*, Der allgemeine Gleichheitssatz, JuS 2016, 769; *Zippelius, R.*, Der Gleichheitssatz, VVDStRL 47 (1989), 8; *Zuleeg, M.*, Ehegattensplitting und Gleichheit, DÖV 2005, 687.

Rechtsprechung:
BVerfGE 1, 14 – *Südweststaat*; BVerfGE 1, 264 – *Schornsteinfeger*; BVerfGE 3, 58 – *Willkürformel*; BVerfGE 4, 144 – *Abgeordnetenentschädigung Schleswig-Holstein*; BVerfGE 10, 234 – *Platow-Amnestie*; BVerfGE 13, 261 – *rückwirkende Steuergesetzgebung*; BVerfGE 18, 224 – *Pensionszusage*; BVerfGE 18, 353 – *Interzonenhandel*; BVerfGE 21, 54 – *Lohnsummensteuer*; BVerfGE 23, 135 – *Waisenrente I*; BVerfGE 34, 103 – *Aufsichtsratsvergütung*; BVerfGE 40, 121 – *Waisenrente II*; BVerfGE 42, 64 – *geringstes Gebot*; BVerfGE 49, 148 – *Revisionsrecht*; BVerfGE 50, 142 – *Unterhaltspflichtverletzung*; BVerfGE 55, 72 – *Präklusion I*; BVerfGE 62, 256 – *Kündigungsfristen*; BVerfGE 74, 182 – *Einheitswert I*; BVerfGE 76, 1 – *Familiennachzug*; BVerfGE 78, 104 – *Prozesskostenhilfe*; BVerfGE 80, 48 – *Räumungsklage*; BVerfGE 82, 60 – *Existenzminimum*; BVerfGE 84, 197 – *Mietrecht*; BVerfGE 84, 239 – *Zinsbesteuerung*; BVerfGE 86, 59 – *Zweckentfremdung von Wohnraum*; BVerfGE 86, 81 – *Bauakademie*; BVerfGE 87, 234 – *Arbeitslosenhilfe*; BVerfGE 88, 87 – *Transsexuelle II*; BVerfGE 89, 1 – *Besitzrecht des Mieters als Eigentum i. S. des Art. 14 GG*; BVerfGE 90, 226 – *Kirchensteuer-Hebesatz*; BVerfGE 91, 118 – *Kindergeld*; BVerfGE 91, 389 – *Vermögensanrechnung bei Getrenntlebenden*; BVerfGE 93, 121 – *Einheitswert II*; BVerfGE 93, 165 – *Erbschaftsteuer*; BVerfGE 94, 241 – *Kindererziehungszeiten, Rente*; BVerfGE 96, 189 – *Außerordentliche Kündigung wegen Tätigkeit für Stasi*; BVerfGE 96, 330 – *BAföG als Darlehen*; BVerfGE 97, 103 – *Kindererziehungszeiten, Sozialversicherung*; BVerfGE 97, 332 – *Kindergartenbeiträge*; BVerfGE 98, 365 – *Versorgungsanwartschaften im öffentlichen Dienst*; BVerfGE 99, 367 – *Montanmitbestimmung*; BVerfGE 100, 38 – *DDR-Rentenanwartschaften*; BVerfGE 102, 68 – *Gesundheitsstrukturgesetz*; BVerfGE 116, 229 – *Asylbewerberleistungsgesetz*; BVerfGE 116, 243 – *ausländischer Transsexueller*; BVerfGE 117, 1 – *Erbschaftsteuer*; BVerfGE 117, 163 – *Erfolgshonorar für Anwälte*; BVerfGE 117, 302 – *Verwaltungsakte DDR*; BVerfGE 117, 316 – *künstliche Befruchtung*; BVerfGE 118, 1 – *Rechtsanwaltsgebühren*; BVerfGE 118, 79 – *Emissionshandel*; BVerfGE 121, 317 – *Rauch-*

verbot zu Art. 12; BVerfGE 133, 59 – *Sukzessivadoption*; BVerfGE 138, 136 – *Erbschaftsteuer*; BVerfGE 148, 147 – *Unvereinbarkeit der Einheitsbewertung des Grundvermögens für die Erhebung der Grundsteuer mit Art. 3 I GG*; BVerfGE 148, 217 – *Vereinbarkeit des § 7 Satz 2 Nr. 2 Gewerbesteuergesetz mit Art. 3 I GG*; BVerfG, NJW 2008, 2409 – *Nichtraucherschutzgesetz*; BVerfG, NJW 2009, 48 – *Pendlerpauschale*; BVerwGE 22, 66 – *Schankerlaubnissteuer*; BVerwGE 65, 167 – *Klett-Passage*; BVerwGE 91, 159 – *Reisekostenpauschale bei Teilzeitbeschäftigung*; BAGE 87, 180 – *Eingruppierung von Lehrkräften an Fachhochschulen*; BVerfG, B. v. 14.4.2010, Az 1 BvL 8/08 – *Gleichbehandlung von Arbeitnehmern bei Privatisierungen, wo das Gericht ebenfalls auf die gleichzeitige Auswirkung im Schutzbereich des Art. 12 Abs. 1 hinweist*; BVerfG (K), NVwZ-RR 2016, 201 – *Verfassungsrechtliche Voraussetzungen einer Auslieferung*; BVerfG (K), NJW 2016, 3153 – *Diskriminierende Preisgestaltung durch kommunales Freizeitbad.*

I. Maßstab und Aufbau

Die Formulierung des Art. 3 Abs. 1 wirkt „schlicht"[1] und gleichzeitig doch verheißungsvoll, weil sie ein Sein feststellt und kein Sollen anordnet.[2] Man muss sich aber klarmachen, dass die Vorschrift keine absolute Gleichheit aller Menschen postuliert, sondern diejenige vor dem Gesetz.[3] Anders als die besonderen Gleichheitssätze der Absätze 2 und 3 meint Art. 3 Abs. 1 ein *materielles Gleichbehandlungsgebot*. Er zwingt also weder die Exekutive noch die Judikative oder den Gesetzgeber zu einer schematischen Gleichbehandlung. Der normative Gehalt des Art. 3 Abs. 1 lässt sich vielmehr damit umschreiben, dass der allgemeine Gleichheitssatz verbiete, „*wesentlich Gleiches willkürlich ungleich oder wesentlich Ungleiches willkürlich gleich zu behandeln.*"[4] In diesem Sinne gleiche Sachverhalte dürfen nicht unterschiedlich, unterschiedliche nicht gleich behandelt werden, es sei denn, ein abweichendes Vorgehen wäre sachlich gerechtfertigt.[5] Daraus ergibt sich für die gleichheitsrechtliche Prüfung ein Doppelschritt, der zuerst eine (Un-)Gleichbehandlung feststellt und sodann nach einer Rechtfertigung für die (Un-)Gleichbehandlung fragt.

Üblicherweise wird deshalb dafür plädiert, die freiheitsrechtliche und die gleichheitsrechtliche Grundrechtsprüfung unterschiedlich zu gestalten. Während die Prüfung bei Freiheitsgrundrechten dreistufig erfolgt (Schutzbereich/Eingriff/Rechtfertigung), gestaltet sich die gleichheitsrechtliche Prüfung zweistufig ([Un-]Gleichbehandlung/Rechtfertigung). Versuchen, die freiheits- und gleichheitsrechtliche Prüfung zu synchronisieren[6], ist zu Recht entgegengetreten worden. Denn da der Staat mit jeder Regelung differenziere und/oder nicht differenziere, bewirkte gleichsam jedes staatliche Handeln einen „Eingriff" in den Gleichheitssatz, so dass der Eingriffsbegriff drohte, seine Konturen und seine Funktion völlig zu verlieren.[7]

---

1 *Gröpl*, in: StudKomm,GG, Art. 3 Rn 9.
2 *P. Kirchhof*, in: Maunz/Dürig, GG, Art. 3 Abs. 1 Rn. 80.
3 Gebunden durch den Gleichheitssatz wird allerdings auch der Gesetzgeber (dazu näher unten Rn. 1169 ff.).
4 BVerfGE 49, 148; 165 – *Revisionsrecht*; *Pietzcker*, in: HGR V, § 125 Rn. 1.
5 Vgl. *Kischel* AöR 124 (1999), 174, 180, der deshalb zu Recht von einem einfachen und einleuchtenden Grundgedanken der Vorschrift spricht.
6 Etwa *Kloepfer*, Gleichheit als Verfassungsfrage, 1980, 54 ff.; *Jarass* AöR 120 (1995), 345, 358 ff. für die sich u. a. die Rationalisierungsfunktion der freiheitsrechtlichen Dogmatik und zwar insbesondere des Verhältnismäßigkeitsgrundsatzes anführen ließe, die ja immerhin in der sog. neuen Formel (dazu unten Rn. 1157 ff.) aufgegriffen wurde.
7 *Kischel*, BeckOK, GG, Art. 3 Rn. 14.2.

Hinweis: In der Fallbearbeitung sind derartige Aufbaufragen nicht zu erörtern. Man kann sich sowohl des zweistufigen Aufbaus als auch der Differenzierung nach Schutzbereich, Eingriff und Rechtfertigung bedienen. Letzteres ist aber angesichts der Tatsache, dass namentlich das BVerfG und die sonstige Rechtsprechung Gleichheitsverstöße nach dem zweistufigen Schema (Un-)Gleichbehandlung/Rechtfertigung prüft, kaum zu empfehlen.

II. Grundrechtsträger

1149 Ausweislich seines Wortlauts knüpft die Garantie des Art. 3 Abs. 1 nicht an die Staatsangehörigkeit an, sondern stellt ein Menschenrecht dar. Für *juristische Personen des Privatrechts* gilt Art. 19 Abs. 3. Dabei ist zunächst in Erinnerung zu rufen, dass der Begriff der juristischen Person im Sinne von Art. 19 Abs. 3 weiter ist als derjenige des Zivilrechts. Insbesondere werden auch solche Personenvereinigungen durch Art. 19 Abs. 3 erfasst, die nach zivilrechtlicher Dogmatik nicht als juristische Person anzusehen sind (wie insbesondere die oHG oder die GbR), entscheidend ist nur, dass sie zu einer gemeinschaftlichen Willensbildung und einem einheitlichen Auftreten fähig sind.[8] Die zur inhaltlichen Konturierung der Anforderungen des Art. 19 Abs. 3 entwickelten Kriterien (*Durchgriff* auf die hinter der juristischen Person stehenden Menschen, *grundrechtstypische Gefährdungslage*), mit denen letztlich die Frage nach der wesensmäßigen Anwendbarkeit beantwortet wird, sind im Rahmen einer an Art. 3 Abs. 1 zu messenden Ungleichbehandlung regelmäßig erfüllt, weil es bei der zu prüfenden Ungleichbehandlung nicht um spezifisch auf den Menschen bezogene Merkmale geht.[9] *Juristischen Personen des öffentlichen Rechts* steht eine subjektiv-rechtliche Berechtigung aus Art. 3 Abs. 1 nicht zu, sie werden aber jedenfalls durch das Verbot der Willkür geschützt.

III. Ungleichbehandlung

1150 Um eine Ungleichbehandlung an Art. 3 Abs. 1 messen zu können, müssen zunächst zwei *vergleichbare Sachverhalte* festgestellt werden, die rechtlich oder tatsächlich unterschiedlich behandelt werden. Von vornherein ausgeschlossen ist die Vergleichbarkeit zweier Sachverhalte nur, wenn diese unterschiedlichen „rechtlichen Ordnungsbereichen angehören und in anderen systematischen und sozialgeschichtlichen Zusammenhängen stehen."[10]

1151 Erste Voraussetzung für das Vorliegen vergleichbarer Sachverhalte ist, dass die *Ungleichbehandlung durch denselben Hoheitsträger* erfolgt, weil der Gleichheitssatz jeden Träger öffentlicher Gewalt allein in dessen Zuständigkeitsbereich bindet.[11] Das führt bisweilen zu kontraintuitiven Ergebnissen, ist aber Konsequenz der bundesstaatlichen Verfassung des GG. Werden also zwei vergleichbare Sachverhalte von verschiedenen Trägern öffentlicher Gewalt unterschiedlich gestaltet, fehlt es an einer Beeinträchtigung durch Ungleichbehandlung, die einer Rechtfertigung bedarf.

---

8 *Gröpl*, in: StudKomm, GG, Art. 3 Rn. 25.
9 Vgl. *Hufen*, Staatsrecht II, § 39 Rn. 7.
10 So wörtlich BVerfGE 40, 121, 139 f. – *Waisenrente II*; BAGE 87, 180, 184.
11 Siehe BVerfGE 21, 54, 68 – *Lohnsummensteuer*; BVerfGE 76, 1, 73 – *Familiennachzug*.

So liegt beispielsweise kein Verstoß gegen den Gleichheitssatz vor, wenn zwei Landesgesetzgeber eine Materie unterschiedlich regeln. **Beispiel**: Unterschiedliche Landesregeln über die Schulpflicht und ihrer flankierenden Ordnungsmaßnahmen.

Weiterhin müssen die beiden Sachverhalte unter einem *gemeinsamen Oberbegriff* („genus proximum") zu fassen sein, der als *gemeinsamer Bezugspunkt* („tertium comparationis") den Vergleich zulässt. Das „genus proximum" und der *spezifische Unterschied* („differentia specifica"), an dem sich die Ungleichbehandlung manifestiert, müssen beide exakt bezeichnet werden. Auch ist die Feststellung, dass zwei Sachverhalte vergleichbar sind, mit Schwierigkeiten verbunden, da kein Mensch dem anderen und keine Situation genau der anderen gleicht.

Der allgemeine Gleichheitssatz greift nicht, wenn eine Gruppe gegenüber einer anderen Gruppe in rechtswidriger Weise begünstigt oder belastet wird (*„keine Gleichheit im Unrecht"*). Art. 3 beinhaltet kein subjektives Recht auf eine rechtswidrige Begünstigung und auch keinen Anspruch darauf, die Rechtsposition eines anderen zu verschlechtern. Niemand kann unter Berufung auf den Gleichheitssatz verlangen, dass eine falsche Rechtsanwendung auch bei ihm Anwendung findet.[12]

IV. Rechtfertigung der Ungleichbehandlung

Die überkommene Prüfung der Rechtfertigung einer Ungleichbehandlung orientierte sich im Rahmen des Art. 3 Abs. 1 am *Willkürverbot*. Fand sich für die Ungleichbehandlung ein sachlicher Grund, verstieß die Differenzierung nicht gegen Art. 3 Abs. 1. Dieser sehr *zurückgenommene Kontrollmaßstab* führte dazu, dass der allgemeine Gleichheitssatz nur in Extremfällen einer Differenzierung Grenzen setzte. Deshalb ging der Erste Senat des BVerfG ab den 1980er Jahren dazu über, die Anforderungen des Verhältnismäßigkeitsgrundsatzes in die Prüfung des Art. 3 Abs. 1 hinein zu lesen.[13] Nachdem sich der Zweite Senat dem angeschlossen hat, *differieren* die *Anforderungen* an die verfassungsrechtliche Rechtfertigung von Ungleichbehandlungen *je nach* der *Intensität*, mit der eine Ungleichbehandlung die Betroffenen beeinträchtigt. Je nach Regelungsgegenstand und Differenzierungsmerkmalen ergeben sich dementsprechend aus dem allgemeinen Gleichheitssatz „unterschiedliche Grenzen, die vom bloßen Willkürverbot bis zu einer strengen Bindung an Verhältnismäßigkeitserfordernisse reichen". Daraus ergibt sich zunächst, dass das Willkürverbot nicht obsolet geworden ist, sondern beide Rechtfertigungsansätze nebeneinanderstehen. Damit wird aber zugleich die Frage aufgeworfen, wann welcher Maßstab zur Anwendung kommt.[14]

1. Willkürverbot

Das BVerfG bejaht in ständiger Rechtsprechung eine Verletzung des allgemeinen Gleichheitssatzes ohne weiteres dann, wenn „wesentlich Gleiches willkürlich ungleich und wesentlich Ungleiches willkürlich gleich" behandelt wird (sog. Willkürverbot).[15] Wesentlich Gleiches wird willkürlich ungleich behandelt, wenn

---

12 Vgl. BVerfGE 50, 142, 166 – *Unterhaltspflichtverletzung*; Jarass, in: Jarass/Pieroth, GG, Art. 3 Rn. 36.
13 BVerfGE 55, 72, 88 – *Präklusion I*.
14 Dazu unten Rn. 1160 ff.
15 BVerfGE 4, 144, 155 – *Abgeordnetenentschädigung Schleswig-Holstein*; BVerfGE 49, 148, 165 – *Revisionsrecht*.

> „die vom Gesetzgeber für einzelne Tatbestände getroffene Sonderregelung offensichtlich nicht am Gerechtigkeitsgedanken orientiert ist, wenn sich für sie also keine vernünftigen Erwägungen finden lassen, die sich aus der Natur der Sache ergeben oder sonstwie einleuchtend sind."[16]

1156 Voraussetzung ist, dass „die Unsachlichkeit der Differenzierung evident ist."[17] Maßstab ist dabei nicht subjektive Willkür, sondern die objektive Angemessenheit oder Unangemessenheit der Differenzierung.
Jede der drei Staatsgewalten kann willkürliche Differenzierungen vornehmen. Allerdings verstößt der *Gesetzgeber* nicht schon dann gegen das Willkürverbot, wenn er unter mehreren Lösungen nicht die zweckmäßigste, vernünftigste oder gerechteste wählt, sondern erst dann, wenn sich kein sachgerechter Grund für eine gesetzliche Bestimmung finden lässt.[18] Ausreichend für willkürliches Handeln ist, dass der Gesetzgeber objektiv eine in Bezug auf den zu ordnenden Gesetzgebungsgegenstand tatsächlich und evident unangemessene Regelung geschaffen hat.
Die *Rechtsprechung* handelt erst dann willkürlich, wenn sich für eine Entscheidung (Urteil, Beschluss) kein denkbarer rechtlicher Aspekt finden lässt, der die Entscheidung vertretbar erscheinen lässt.[19] Diese Grenze wird überschritten, wenn

> „die fehlerhafte Anwendung des einfachen Rechts bei verständiger Würdigung der das Grundgesetz beherrschenden Gedanken nicht mehr verständlich ist und sich daher der Schluss aufdrängt, dass sie auf sachfremden Erwägungen beruht."[20]

2. Neue Formel

1157 Die eng gefasste Willkürformel des BVerfG ist allerdings nur geeignet, um extreme Verstöße gegen den Gleichheitssatz zu ahnden. Deshalb hat das BVerfG die zwischenzeitlich durchaus in die Jahre gekommene, aber immer noch sogenannte „*neue Formel*" entwickelt, die einen strengeren Prüfungsmaßstab schafft. Danach ist der Gleichheitssatz

> „verletzt, wenn der Staat eine Gruppe von Normadressaten im Vergleich zu anderen Normadressaten anders behandelt, obwohl zwischen beiden Gruppen keine Unterschiede von solcher Art und solchem Gewicht bestehen, dass sie die ungleiche Behandlung rechtfertigen könnten."[21]

1158 Die rechtliche Unterscheidung muss also

> „in sachlichen Unterschieden eine ausreichende Stütze finden. Bei der Ordnung von Massenerscheinungen braucht der Gesetzgeber allerdings nicht um die differenzierende Berücksichtigung aller denkbaren Fälle besorgt zu sein. Er ist vielmehr berechtigt, von einem Gesamtbild auszugehen, das sich aus den ihm vorliegenden Erfahrungen ergibt. Auf dieser Grundlage darf er generalisierende, typisierende und pauschalierende Regelungen verwenden, ohne allein schon wegen der damit unvermeidlich verbundenen Härten gegen den allgemeinen Gleichheitssatz zu verstoßen. Die Typisierung setzt allerdings voraus, dass die durch sie eintretenden Härten und Ungerechtigkeiten nur eine verhältnismäßig kleine Zahl von Personen betreffen und der Verstoß gegen den Gleichheitssatz nicht sehr intensiv ist."[22]

1159 Im Gegensatz zur Willkürformel genügt für die verfassungsrechtliche Rechtfertigung einer Ungleichbehandlung nach der „neuen Formel" nicht das bloße Vorliegen eines sachlichen Grundes. Vielmehr muss der *Rechtfertigungsgrund* auch in

---

16 BVerfGE 10, 234, 246 – *Platow-Amnestie*.
17 Vgl. BVerfGE 88, 87, 97 – *Transsexuelle II*; BVerfGE 99, 367, 389 – *Montanmitbestimmung*.
18 BVerfGE 91, 118, 123 – *Kindergeld*.
19 BVerfGE 86, 59, 63 – *Zweckentfremdung von Wohnraum*.
20 BVerfGE 42, 64, 74 – *Geringstes Gebot*.
21 So BVerfGE 82, 60, 86 – *Existenzminimum*; ähnlich BVerfGE 55, 72, 88 ff. – *Präklusion I*.
22 BVerfGE 87, 234, 255 – *Arbeitslosenhilfe*.

angemessenem Verhältnis zum Grad der *Ungleichbehandlung* stehen.[23] Zwischen sachlichem Grund und Beeinträchtigung ist eine Abwägung durchzuführen.[24] Die Ungleichbehandlung muss einem legitimen Zweck dienen, zu seiner Verwirklichung geeignet und erforderlich sein und in angemessenem Verhältnis zum verfolgten Zweck stehen.[25] Diese Prüfung bewirkt, dass der rechtfertigende Grund für eine Ungleichbehandlung umso triftiger sein muss, je intensiver die Beeinträchtigung ihrer Art und ihrem Gewicht nach ist.

Fall 37:[26] A und B sind seit 10 Jahren ein Paar, haben aber bewusst nicht geheiratet. Da es ihnen nicht möglich ist, auf natürlichem Weg ein Kind zu zeugen, denken sie über eine künstliche Befruchtung nach. § 27a Abs. 1 Nr. 3 SGB V sieht vor, dass die Kosten einer künstlichen Befruchtung nur für Ehepaare übernommen werden. A und B erfüllen alle weiteren Kriterien, die § 27a SGB V für eine Kostenübernahme vorsieht und fühlen sich daher in ihrem Recht aus Art. 3 Abs. 1 verletzt. Zu Recht?

Lösung Fall 37: Da die Kosten einer künstlichen Befruchtung bei Ehepaaren übernommen werden und dies für Paare ohne Trauschein nicht gilt, liegt eine Ungleichbehandlung vor. Das BVerfG hat diese Differenzierung als verfassungsgemäß angesehen, weil die die Ehe als sachlicher Grund die Ungleichbehandlung trage. Als legitimer Zweck der Regelung kämen hier der Schutz der Partner und das Kindeswohl in Betracht. Diesbezüglich sei die Entscheidung insbesondere auch angemessen. Während eine nichteheliche Lebensgemeinschaft auf rein freiwilliger Basis beruhe, gebe es in einer Ehe nicht nur moralische, sondern auch rechtliche Verpflichtungen. Diese gelten auch gegenüber dem Partner und könnten in schweren Zeiten „eingefordert" werden. Da zu erwarten sei, dass mit einer künstlichen Befruchtung schwere Zeiten über ein Paar hereinbrechen (können), bedürfe es einer Absicherung des Partners und des Kindes. Dies sei bei einer Ehe sowohl durch die erschwerte Auflösbarkeit, als auch durch die Regelungen für die Zeit nach der Trennung geregelt. Im Rahmen einer nichtehelichen Lebensgemeinschaft fänden sich keine vergleichbaren – rechtlichen – Verpflichtungen.[27]

3. Gleitender Maßstab und Operationalisierung über Fallgruppen

Das BVerfG wendet die Willkürkontrolle und die „neue", strengere Formel in einem *gleitenden Maßstab* an: Die Willkürkontrolle gilt für die Fälle, in denen zwei Sachverhalte unterschiedlich behandelt werden, ohne dass die Person der Betroffenen eine Rolle spielt.[28] Für *Differenzierungen, die an persönliche Eigenschaften anknüpfen*, zieht das Gericht die *„neuere" strengere Formel* als Prüfungsmaßstab heran, weil die Gleichheitssätze als Menschenrechte vor allem die Gleichheit von Personen vor dem Gesetz sichern sollen.[29] In dem strengeren Prüfungsmaßstab kommt die Wertung der Gleichheitssätze zum Ausdruck, die bei personenbezogenen Merkmalen eine engere Bindung der öffentlichen Gewalt bis hin zu den ausdrücklichen Diskriminierungsverboten in Art. 3 Abs. 3 schaffen.[30] Die Recht-

---

23 BVerfGE 102, 68, 87 – *Gesundheitsstrukturgesetz* m. w. N.
24 Diese Abwägung gleicht einer Verhältnismäßigkeitsprüfung. Ob diese auch als solche zu bezeichnen ist, ist nicht unstrittig. Vgl. dazu sehr differenzierend *Hufen*, Staatsrecht II, § 39 Rn. 16.
25 BVerfGE 102, 68, 87 – *Krankenversicherung der Rentner*; s. a. auch *Jarass*, in: Jarass/Pieroth, GG, Art. 3 Rn. 22; *Kingreen/Poscher*, Grundrechte, Rn. 527.
26 Stark verkürzt nach BVerfGE 117, 316 – *künstliche Befruchtung*; vertiefend zu den problematischen Konsequenzen der Norm *Lang*, Krankenversicherungsfinanzierte Reproduktionsmedizin – Deutsche Rechtslage, in: Tag (Hrsg.), Lebensbeginn im Spiegel des Medizinrechts, 2011, 81 ff.
27 BVerfGE 117, 316, 327-329 – *künstliche Befruchtung*; zum Fragenkreis auch *Lang*, in: Becker/Kingreen, SGB V, 6. Aufl. 2018, § 27a Rn. 14; kritisch gegenüber der Rspr. des BVerfG auch *Huster*, NJW 2009, 1713, 1714.
28 Vgl. BVerfGE 55, 72, 89 – *Präklusion I*; BVerfGE 60, 329, 346 – *Vereinbarung über Versorgungsausgleich*.
29 Vgl. BVerfGE 133, 59, 87 – *Sukzessivadoption*; *Jarass*, in: Jarass/Pieroth, GG, Art. 3 Rn. 24.
30 BVerfGE 88, 87, 96 – *Transsexuelle II*.

sprechung des BVerfG ist dem Vorwurf der Inkonsequenz und fehlenden Einheitlichkeit ausgesetzt. Allerdings lässt sich das *Kontrollkontinuum* von einer sehr großzügigen bis hin zu einer sehr strengen Prüfung durchaus anhand von *Fallgruppen* inhaltlich *ausfüllen*. Der Sinn der Differenzierung im Kontrollmaßstab zwischen überkommener Willkürkontrolle und der Prüfung verhältnismäßiger Ungleichbehandlung besteht darin, die Gleichheitsprüfung keinem starren Schema zu unterwerfen, sondern sie je nach Intensität zu variieren. Insoweit kann man sich dann an (sonst anerkannten) Abwägungskriterien der Verfassung orientieren. In Art. 3 Abs. 3 werden bestimmte Differenzierungen untersagt und ausnahmsweise bei Vorliegen eines zwingenden Grundes toleriert. Im Bereich der Freiheitsrechte findet sich zudem mit den Bausteinen des Verhältnismäßigkeitsgrundsatzes ein vorzügliches Instrument zur Operationalisierung der Abwägung von notwendigem Eingriff und Freiheitsschutz.

1161 Vor diesem Hintergrund wird zu Recht vorgeschlagen[31], im Rahmen der Prüfung des Art. 3 Abs. 1 die exakte Fixierung des Kontrollmaßstabs im Kontinuum von Willkürkontrolle und neuer Formel davon abhängig zu machen, ob das konkret in Ansatz gebrachte Unterscheidungskriterium
(1) einem der nach Art. Abs. 3 *inkriminierten Differenzierungsmerkmale nahe* kommt;
(2) ob der von einer Differenzierung Betroffene das Differenzierungskriterium *beeinflussen* kann und
(3) ob die in Rede stehende Ungleichbehandlung sich zugleich *nachteilig* auf die Ausübung grundrechtlich geschützter *Freiheiten* auswirkt.[32]

> Bsp.: Das Alter stellt kein von Art. 3 Abs. 3 erfasstes Differenzierungsmerkmal dar, ähnelt den dort genannten Kriterien aber und kann überdies vom Betroffenen nicht beeinflusst werden.

In den skizzierten Fällen empfiehlt sich die Prüfung der Rechtfertigung der Ungleichbehandlung anhand der neuen Formel.

1162 Nur ein formell und materiell verfassungsmäßiges Gesetz kann eine Ungleichbehandlung von wesentlich Gleichem bzw. eine Gleichbehandlung von wesentlich Ungleichem rechtfertigen.[33]

> Hinweis für die Fallbearbeitung. In Klausuren und Hausarbeiten gilt regelmäßig der Aufbaugrundsatz „Freiheitsrechte vor Gleichheitsrechte". Dann kann man, was die Frage (namentlich) der formellen und (sonstigen) materiellen Vereinbarkeit des Gesetzes angeht, häufig nach oben verweisen.

V. Die Bindung der Exekutive an Art. 3 Abs. 1

1163 Nach Art. 3 Abs. 1 sind alle Menschen vor dem Gesetz gleich. Die Exekutive ist somit bereits nach dem Wortlaut der Vorschrift an den allgemeinen Gleichheitssatz gebunden.

---

31 *Kingreen/Poscher*, Grundrechte, Rn. 530; *Gröpl*, in: StudKomm, GG, Art. 3 Rn. 54.
32 BVerfGE 121, 317, 370 – *Rauchverbot* zu Art. 12; BVerfG, B. v. 14.4.2010, Az 1 BvL 8/08, Rn. 52 – *Gleichbehandlung von Arbeitnehmern bei Privatisierungen*, wo das Gericht ebenfalls auf die gleichzeitige Auswirkung im Schutzbereich des Art. 12 Abs. 1 hinweist.
33 BVerfG, B. v. 18. Dezember 2012, Az 1 BvL 8/11, 1 BvL 22/11, Rn. 43 – *Selbsttitulierungsrecht öffentlichrechtliche Kreditanstalt; Sachs/Jasper*, Der allgemeine Gleichheitssatz, JuS 2016, 769, 774.

Handlungsspielräume, die die Exekutive jenseits der strikten Gesetzesanwendung **1164** besitzt, muss sie unter Beachtung des Gleichheitssatzes ausfüllen. Dies gilt zum einen für die rechtsetzende Tätigkeit der Exekutive beim *Erlass von Rechtsverordnungen*.[34] Zum anderen spielt der Gleichheitssatz für die Rechtsanwendung eine Rolle, wenn er für *Ermessensentscheidungen*[35] oder Regelungen mit *Beurteilungsspielraum*[36] eine Selbstbindung der Verwaltung schafft.

Eine ständige Verwaltungspraxis kann in Verbindung mit dem Gleichheitssatz zu **1165** einer *Selbstbindung der Verwaltung* im Einzelfall führen.[37] Traf die Verwaltung bisher ihre Ermessensentscheidungen nach bestimmten Kriterien, darf sie von ihnen im Einzelfall nicht ohne sachliche Rechtfertigung abweichen.[38] Davon unberührt bleibt allerdings die Möglichkeit, zukünftig das Ermessen generell abweichend auszuüben und so eine neue Verwaltungspraxis zu schaffen. Die gleichen Grundsätze gelten, wenn die Verwaltung bei der Rechtsanwendung über einen Beurteilungsspielraum verfügt. Regelmäßig begründen Verwaltungsvorschriften, die Handlungsspielräume bei der Rechtsanwendung ausfüllen, im Zusammenspiel mit dem Gleichheitssatz eine Selbstbindung der Verwaltung.[39]

VI. Die Bindung der Judikative an Art. 3 Abs. 1

Auch der Judikative ist es nicht gestattet, bei der Rechtsanwendung ohne sachlichen Grund eine Ungleichbehandlung vorzunehmen. Die Rechtsprechung muss **1166** *bei der Auslegung der Gesetze und bei der Ausfüllung von Gesetzeslücken* den Gleichheitssatz beachten.[40] Die Gerichte dürfen geltendes Recht weder zugunsten noch zu Lasten Einzelner nicht anwenden.[41]

Allein die unzutreffende Rechtsanwendung ist für eine Verletzung des allgemeinen Gleichheitssatzes indes nicht ausreichend. Die Rechtsprechung verstößt erst **1167** dann gegen den Gleichheitssatz, wenn die Rechtsanwendung oder das Verfahren „unter keinem denkbaren Aspekt mehr rechtlich vertretbar" erscheint. Denn dann muss davon ausgegangen werden, dass dabei „sachfremde und somit willkürliche Erwägungen" herangezogen worden sind.[42] Ist das der Fall, kommt gegen eine solche Entscheidung auch eine auf Art. 3 Abs. 1 gestützte Urteilsverfassungsbeschwerde in Betracht. In derartigen Fallkonstellationen muss aber bedacht werden, dass das BVerfG keine Superrevisionsinstanz darstellt. Nicht jede gemessen am einfachen Recht fehlerhafte Entscheidung kann mit der Verfassungsbeschwerde angegriffen werden. Es kommt vielmehr darauf an, ob durch die Entscheidung spezifisches Verfassungsrecht verletzt wird. Dass ist auch dann der Fall, wenn eine fachgerichtliche Entscheidung als willkürlich i. S. v. Art. 3 Abs. 1 anzusehen ist. Willkür in diesem Sinne liegt vor, wenn die fachgerichtliche Entscheidung schlechterdings

---

34 BVerfGE 13, 248, 253 – *Rückwirkende Steuergesetzgebung*.
35 BVerfGE 18, 353, 363 f. – *Interzonenhandel*.
36 *Boysen*, in: v. Münch/Kunig, GG, Art. 3 Rn. 37.
37 BVerwGE 113, 373, 376.
38 Vgl. hierzu *Jarass*, in: Jarass/Pieroth, GG, Art. 3 Rn. 44.
39 Siehe BVerwGE 112, 63, 67; BVerwGE 113, 373, 376.
40 BVerfGE 84, 197, 199 – *Mietrecht*.
41 BVerfGE 66, 331, 335 f. – *Versorgungsausgleich*.
42 BVerfGE 86, 59, 63 – *Zweckentfremdung von Wohnraum*: ein Beispiel aus jüngerer Zeit bietet BVerfG (K), B. v. 21.12.2016 – 2 BvR 2530/16, Rn. 17, juris, wo eine landgerichtliche Entscheidung weder eine nachvollziehbare Begründung noch überhaupt die entscheidungserhebliche Norm (§ 114 Abs. 2 S. 2 StVollzG) enthielt.

unhaltbar ist, etwa weil das Gericht eine offensichtlich einschlägige Norm nicht berücksichtigt oder den Inhalt einer Norm in krasser Weise missverstanden oder sonst in nicht mehr nachvollziehbarer Weise angewendet hat.[43]

Fall 38: In der Universitätsstadt G in M-V befindet sich ein von der Gemeinde betriebenes Museum des berühmtesten Sohnes der Stadt, des Malers Caspar David Friedrich. Das Museum wird sowohl in der Lokalpresse als auch überregional als einmalig beworben. Die Eintrittspreise sind differenziert gestaltet. Bürger der Stadt G müssen 9,50 € entrichten, alle anderen Besucher 15,90 €. Als eine Besuchergruppe aus dem benachbarten Schweden nach G reist, ist man über die erhöhten Eintrittspreise verbittert und sieht von einem Besuch des Museums ab. Ein Mitglied der Reisegruppe, der aus Stockholm stammende S, will sich künftig Caspar David Friedrich zu einem „vernünftigen" Preis aber nicht entgehen lassen. Gespräche mit der Stadt über einen Nachlass auf den Eintrittspreis bleiben erfolglos. S ist empört. Er meint, die Preisgestaltung der Stadt sei nun wahrhaft „willkürlich" und außerdem differenziere die Regelung nach Staatsangehörigkeiten, was in Zeiten eines „vereinten Europas" wohl kaum zulässig sein dürfte. Die Stadt erwidert, die Begünstigung von Gemeindeeinwohnern sei rechtens. Der empörte S reicht gestützt auf § 812 BGB Klage vor dem zuständigen Amtsgericht in G ein mit dem Ziel, den Eintritt zum verbilligten Tarif (9,50 €) zu erstreiten. Die Preisgestaltung verstoße gegen § 134 BGB i. V. m. Art. 56 Abs. 1 AEUV und Art. 3 Abs. 1. Da der Vertrag nichtig sei, sei die Gemeinde ungerechtfertigt bereichert. Seine Klage bleibt in allen Instanzen erfolglos. S will nun Verfassungsbeschwerde erheben. Besteht hierfür die erforderliche Beschwerdebefugnis?[44]

Lösung Fall 38: Beschwerdebefugt ist S. nach Art. 93 Abs. 1 Nr. 4a, § 90 Abs. 1 BVerfGG, wenn die Möglichkeit besteht, dass er durch die verwaltungsgerichtlichen Entscheidungen in seinen Grundrechten verletzt ist. Eine solche Möglichkeit besteht nach der berühmten – auf die Rechtsprechung des BVerwG zurückgehenden – Konkretisierung der Möglichkeitstheorie dann, wenn nicht offensichtlich und eindeutig nach jeder in Betracht kommenden Sichtweise ausgeschlossen ist, dass dem Beschwerdeführer die behaupteten Rechte zustehen und durch die staatliche Maßnahme verletzt werden. In Betracht kommt die Möglichkeit der Verletzung des Art. 3 Abs. 1. S meint, die Entscheidung des Landgerichts sei willkürlich und verstoße gegen europäisches Recht. Damit macht er nach im Rahmen der Urteilsverfassungsbeschwerde zunächst geltend, die Auslegung und Anwendung des einfachen Rechts durch das Landgericht sei im Sinne einer Verletzung des Gleichheitssatzes (Art. 3 Abs. 1 GG) willkürlich. Willkürlich in diesem Sinne ist eine Entscheidung u. a. dann, wenn einschlägige Normen verkannt oder in krasser Weise in ihrem Bedeutungsgehalt verkannt werden. Es ist nicht offensichtlich und eindeutig ausgeschlossen, dass das Landgericht bei seiner Entscheidung die Bedeutung von Art. 3 Abs. 1 und Art. 56 Abs. 1 EUV für die Preisgestaltung verkannt hat. Somit ist S beschwerdebefugt i. S. v. Art. 93 Abs. 1 Nr. 4a GG; § 90 Abs. 1 BVerfGG. Die in der Rechtsprechung entwickelten weiteren Anforderungen, dass S auch selbst, gegenwärtig und unmittelbar betroffen sein muss, sind bei der Urteilsverfassungsbeschwerde regelmäßig unproblematisch.

Ihrem Inhalt nach könnte die Entscheidung des Landgerichts willkürlich sein, indem das Gericht verkannt hat, dass S ein Anspruch auf verbilligten Eintritt zusteht, wenn die Preisgestaltung gegen Art. 56 Abs. 1 AEUV bzw. Art. 3 Abs. 1 verstößt. Hierauf erstreckt sich auch die Prüfung des Bundesverfassungsgerichts im Rahmen der Urteilsverfassungsbeschwerde (dieser Prüfungsmaßstab ist bei gerügter fehlerhafter Anwendung des einfachen Rechts eingangs der Begründetheitsprüfung zu entfalten). Art. 3 Abs. 1 GG spielt also hier in doppelter Hinsicht eine Rolle. Die (mögliche) Verletzung des enthaltenen Willkürverbots führt dazu, dass die zivilgerichtlichen Entscheidungen spezifisches Verfassungsrecht verletzen können. Diese Frage ist schon im Rahmen der Prüfung der Be-

---

43 BVerfGE 89, 1, 13 f. – *Besitzrecht des Mieters als Eigentum i. S. des Art. 14 GG*; BVerfG (K), NVwZ-RR 2016, 201 Rn. 22 – *Verfassungsrechtliche Voraussetzungen einer Auslieferung*; BVerfGE 96, 189, 203 – *Außerordentliche Kündigung wegen Tätigkeit für Stasi*.
44 Fall nach BVerfG (K), NJW 2016, 3153 – *Diskriminierende Preisgestaltung durch kommunales Freizeitbad*.

schwerdebefugnis (und sodann eingangs der Begründetheitsprüfung bei der Entfaltung des Prüfungsmaßstabs) zu erörtern. Sodann ist Art. 3 Abs. 1 im Rahmen der Begründetheitsprüfung zu prüfen, denn die Preisgestaltung des Museums könnte gegen Art. 3 Abs. 1 verstoßen, wenn die Ungleichbehandlung zwischen ortsansässigen und anderen Besuchern nicht gerechtfertigt ist. Gleiches gilt für Art. 56 Abs. 1 AEUV. Sofern die Preisgestaltung gegen diese Vorschrift verstößt und das Landgericht die Vorschrift nicht in seine Prüfung einbezogen hat, ist die Entscheidung auch aus diesem Grund als willkürlich anzusehen.

Eine ständige Rechtsprechung führt nicht unter Berücksichtigung des Gleichheitssatzes zu einer Selbstbindung der Gerichte. Dies stünde im Widerspruch zur Aufgabe der Rechtsprechung, das geltende Recht fortzubilden und eine feste Rechtsprechung aufgrund neuerer Erkenntnisse und überzeugender Argumente zu ändern (vgl. Art. 97 Abs. 1). Der Gleichheitssatz kann aber verletzt sein, wenn

„einzelne Entscheidungen so sehr die Bahnen organischer Fortentwicklung der Rechtsprechung [...] [verlassen], dass sie als willkürlich bezeichnet werden müssten."[45]

1168

VII. Die Bindung der Legislative an Art. 3 Abs. 1

Art. 3 Abs. 1, nach dessen Wortlaut alle Menschen vor dem Gesetz gleich sind, verpflichtet zwar ausdrücklich nur die Judikative und die Exekutive (*Rechtsanwendungsgleichheit*). Nach allgemeiner Auffassung hat aber auch die Legislative als Teil der öffentlichen Gewalt i. S. d. Art. 1 Abs. 3 den allgemeinen Gleichheitssatz zu beachten (*Rechtsetzungsgleichheit*).[46] Jegliche Normsetzung ist an Art. 3 zu messen. Daher hat der Gesetzgeber bei der Schaffung von Normen die Gleichheitssätze zu beachten.

1169

Beispielsweise hat das BVerfG eine frühere Vorschrift aus dem Dienstvertragsrecht für nicht mit Art. 3 Abs. 1 vereinbar erklärt, weil die Vorschrift ohne einsichtigen Grund unterschiedliche Kündigungsfristen für Arbeiter und Angestellte vorsah.[47]

1170

Ein wichtiges Gebiet für die Anwendung des allgemeinen Gleichheitssatzes ist das *Steuerrecht*. Dort findet sich mit dem Grundsatz der Steuergerechtigkeit eine spezielle Ausprägung des Art. 3 Abs. 1. Natürlich führt dies nicht dazu, dass alle Bürger den gleichen Steuerbetrag zahlen müssen. Allerdings müssen alle Bürger hinsichtlich ihrer Leistungsfähigkeit sowohl rechtlich als auch tatsächlich gleich belastet werden.[48] Der Gesetzgeber hat bei der näheren Ausgestaltung einen erheblichen Spielraum, der aber nicht von den Vorgaben des Gleichheitssatzes befreit.[49]

1171

§ 26 Die besonderen Gleichheitssätze

Literatur:
Adomeit, K., Diskriminierung – Inflation eines Begriffs, NJW 2002, 1622; *Battis, U./Schulte-Trux, A./Weber, N.*, „Frauenquoten" und Grundgesetz, DVBl. 1991, 1165; *Beaucamp, G.*, Das Verbot der Diskriminierung Behinderter (Art. 3 III 2 GG), JA 2001, 36; *Ekardt, F.*, Wehrpflicht

---

45 BVerfGE 18, 224, 240 – *Pensionszusage*.
46 Vgl. BVerfGE 1, 14 52 – *Südweststaat*; *Kingreen/Poscher*, Grundrechte, Rn. 533.
47 BVerfGE 62, 256 – *Kündigungsfristen*.
48 Vgl. dazu BVerfGE 138, 136 – *Erbschaftsteuer*. Anhand dieser Entscheidung lässt sich leicht ein guter Überblick über die Auswirkung des allgemeinen Gleichheitssatzes auf das Steuerrecht verschaffen.
49 Vgl. insgesamt BVerfGE 138, 136 – *Erbschaftsteuer*.

nur für Männer – vereinbar mit der Geschlechteregalität aus Art. 79 III GG?, DVBl. 2001, 1171; *Holznagel, B./Schlünder, I.*, Zulässigkeit leistungsabhängiger Frauenquoten, Jura 1996, 519; *Huster, S.*, Frauenförderung zwischen individueller Gerechtigkeit und Gruppenparität, AöR 118 (1993), 109; *Kischel, U.*, Zur Frage der Berechnung des Ruhegehaltssatzes teilzeitbeschäftigter Beamter, JZ 2008, 1110; *Kokott, J.*, Zur Gleichstellung von Mann und Frau – Deutsches Verfassungsrecht und europäisches Gemeinschaftsrecht, NJW 1995, 1049; *Neumann, V.*, Der verfassungsrechtliche Begriff der Behinderung, NVwZ 2003, 897; *Sachs, M.*, Besondere Gleichheitsgarantien, in: Isensee, J./Kirchhof, P. (Hrsg.), Handbuch des Staatsrechts der Bundesrepublik Deutschland, Band V, 2. Auflage 2000, § 126; *Schmitt Glaeser, W.*, Die Sorge des Staates um die Gleichberechtigung der Frau, DÖV 1982, 381; *Spranger, T. M.*, Wen schützt Art. 3 III 2 GG?, DVBl. 1998, 1058; *Tischbirek, A./Wihl. T.*, Verfassungswidrigkeit des „Racial Profiling", JZ 2013, 219; *Welti, F.*, Rechtsgleichheit und Gleichstellung von Frauen und Männern, JA 2004, 310.

Rechtsprechung:
BVerfGE 3, 225 – *Gleichberechtigung*; BVerfGE 6, 389 – *Homosexuelle*; BVerfGE 7, 155 – *kommunale Zeitbeamte*; BVerfGE 9, 124 – *Armenrecht*; BVerfGE 10, 59 – *Stichentscheid des Vaters*; BVerfGE 25, 167 – *Gleichstellung nichtehelicher Kinder*; BVerfGE 37, 217 – *Staatsangehörigkeit von Kindern*; BVerfGE 39, 1 – *Abtreibung I*; BVerfGE 39, 334 – *Radikalenerlass*; BVerfGE 52, 369 – *Hausarbeitstag*; BVerfGE 63, 266 – *Anwaltszulassung*; BVerfGE 68, 384 – *Anknüpfung an die Staatsangehörigkeit des Mannes nach Art. 17 Abs. 1 EGBGB*; BVerfGE 74, 163 – *Rentenalter*; BVerfGE 75, 40 – *Privatschulförderung*; BVerfGE 82, 126 – *Kündigungsfristen für Arbeiter*; BVerfGE 85, 191 – *Nachtarbeitsverbot*; BVerfGE 87, 1 – *Trümmerfrauen*; BVerfGE 88, 203 – *Abtreibung II*; BVerfGE 89, 276 – *§ 611a BGB*; BVerfGE 92, 91 – *Feuerwehrabgabe*; BVerfGE 96, 288 – *integrative Beschulung*; BVerfGE 97, 35 – *Hamburger Ruhegeldgesetz*; BVerfGE 97, 186 – *Kleinbetriebsklausel*; BVerfGE 99, 341 – *Testierausschluss Taubstummer*; BVerfGE 102, 41 – *Beschädigtengrundrente*; BVerfGE 121, 241 – *Ruhegehalt für Teilzeitbeamte*; BVerfGE 126, 29 – *Beschränkung des Rückkehrrechts von Reinigungskräften*; BVerfGE 128, 282 – *medizinische Zwangsbehandlung*; BVerfG, JuS 2008, 1014 – *Teilzeitbeamter*; BVerfG, NJW 2016, 3013 – *Mitverschulden*; BVerfG, NJW 2017, 3643 – *Transsexualität II*; BVerfG NZA 2016, 939 – *Kündigung während der Elternzeit*; BVerwGE 19, 252 – *Konfessionszugehörigkeit*; EuGH, NJW 1995, 3109 – *Kalanke*; EuGH, NJW 1997, 3429 – *Marschall*; BerlVerfGH, NJW 1998, 3632 – *Behindertenfahrdienst*; OLG Köln, NJW 1998, 763 – *behindertentypischer Lärm*.

I. Die besonderen Gleichheitssätze des Art. 3 Abs. 3 S. 1

1172 Art. 3 Abs. 3 S. 1 zählt Merkmale auf, die der Rechtsordnung grundsätzlich für Unterscheidungen entzogen sind. Es handelt sich um *Differenzierungsverbote, die sowohl Bevorzugungen als auch Benachteiligungen gleichermaßen untersagen.* Die Diskriminierungsverbote gelten unabhängig davon, ob der Staat mit einer Regelung gerade die Ungleichbehandlung bezweckt oder ob er in erster Linie andere Ziele verfolgt. Maßgebend für einen Verstoß gegen die Diskriminierungsverbote ist nur, ob im Ergebnis ein Merkmal der besonderen Gleichheitssätze zum Tatbestandsmerkmal einer Regelung gemacht wird.[1]

1173 Art. 3 Abs. 3 verbietet damit in jedem Fall *direkte Diskriminierungen* als Rechtsfolge durch direkte tatbestandliche Anknüpfung an eines der aufgeführten Kriterien. Umstritten ist, ob Art. 3 Abs. 3 auch eine *indirekte Diskriminierung* dergestalt verbietet, dass zwar tatbestandlich nicht direkt an eines der aufgeführten Kriterien angeknüpft wird, die tatbestandliche Differenzierung aber im Ergebnis immer oder meistens auf eine indirekte Verwendung eines verbotenen Differenzierungskriteriums hinausläuft.

---

1 BVerfGE 85, 191, 206 – *Nachtarbeitsverbot*.

Richtigerweise erfasst Art. 3 Abs. 3 aufgrund seines Schutzauftrags auch diese *mittelbaren Diskriminierungen*.[2]

Die Aufzählung der Merkmale Geschlecht, Abstammung, Rasse, Sprache, Heimat und Herkunft, Glauben und religiöse oder politische Anschauungen in Art. 3 Abs. 3 ist abschließend.[3] Sie sind dadurch gekennzeichnet, dass der Einzelne auf deren Vorliegen bzw. Fehlen nur einen *bedingten oder sogar keinen Einfluss* hat.[4] *Geschlecht* meint die biologische Unterscheidung zwischen Mann und Frau.[5] Der Schutz des Art. 3 Abs. 3 S. 1 ist aber nicht auf die Geschlechter männlich und weiblich begrenzt, sondern erfasst auch Diskriminierungen wegen des Geschlechts, die *außerhalb* des *binären Codes* stehen, wie etwa Transsexuelle.[6] *Abstammung* bezeichnet „die natürliche biologische Beziehung eines Menschen zu seinen Vorfahren".[7] Den Begriff *Rasse* versteht man gemeinhin als Bezeichnung für eine Menschengruppe, die bestimmte vererbbare, in erster Linie äußerliche Eigenschaften besitzt.[8] *Sprache* ist die jeweilige Muttersprache eines Grundrechtsträgers; da Art. 3 Abs. 3 ein Menschenrecht ist, sind neben der deutschen Sprache nicht nur die in Deutschland seit jeher vorhandenen sprachlichen Minoritäten (Friesen, Dänen, Sorben), sondern alle Sprachen vom Diskriminierungsverbot umfasst.[9] Es ist deshalb unzulässig, eine Patientin von der Warteliste für eine Herztransplantation zu nehmen, weil sie der deutschen Sprache nicht hinreichend mächtig ist.[10] *Heimat* bezeichnet „die örtliche Herkunft eines Menschen nach Geburt oder Ansässigkeit".[11] *Herkunft* meint „die ständisch-soziale Abstammung und Verwurzelung".[12] *Glaube und religiöse Anschauung* sind die Schutzgüter, die Art. 4 Abs. 1 als Freiheitsrecht schützt.[13] Die *politischen Anschauungen* beinhalten die grundsätzlichen Einstellungen zu den Fragen des staatlichen Gemeinwesens.[14]

Schon nach ihrem Wortlaut („wegen") gelten die Diskriminierungsverbote nicht absolut; sie untersagen nur eine Ungleichbehandlung, deren Ursache in einer der in Art. 3 Abs. 3 aufgezählten Merkmale liegt, d. h. in *kausalem Zusammenhang* steht. Ob die Ungleichbehandlung und die daraus resultierende Belastung bezweckt sind oder in erster Linie andere Zwecke verfolgt werden, ist unerheblich.[15]

Ausnahmsweise kann eine grundsätzlich unzulässige Anknüpfung an ein Merkmal aus Art. 3 Abs. 3 *gerechtfertigt* sein. Da im Grundgesetz eine Eingriffsermächtigung für den Gesetzgeber fehlt, ist eine Rechtfertigung von Ungleichbehandlungen aufgrund der in Art. 3 Abs. 3 S. 1 genannten Merkmale nur durch kollidierendes

---

2 Ebenso *Jarass*, in: Jarass/Pieroth, GG, Art. 3 Rn. 137; a. A. *Boysen*, in: v. Münch/Kunig, GG, Art. 3 Rn. 1324; *Sachs*, HStR V, 2. Aufl. 2000, § 126 Rn. 88 ff.
3 Vgl. ausführlich zu den einzelnen Differenzierungskriterien *Nußberger*, in: Sachs, GG, Art. 3 Rn. 291 ff.; *Jarass*, in: Jarass/Pieroth, GG, Art. 3 Rn. 136 ff.
4 BVerfGE 96, 288, 302 – *integrative Beschulung*.
5 *Ipsen*, Staatsrecht II, Rn. 850.
6 BVerfG, NJW 2017, 3643, Rn. 58 – *Transsexualität II*.
7 BVerfGE 9, 124, 128 – *Armenrecht*.
8 *Ipsen*, Staatsrecht II, Rn. 850.
9 *Starck*, in: v. Mangoldt/Klein/Starck, GG, Art. 3 Rn. 389.
10 *Lang*, in: Höfling, TPG, 2. Aufl. 2013, § 10 Rn. 42; dazu auch BVerfG, NJW 2013, 1727 Rn. 17 – *Warteliste Herztransplantation*.
11 BVerfGE 102, 41, 53 – *Beschädigtengrundrente*.
12 BVerfGE 9, 124, 128 – *Armenrecht*.
13 *Kingreen/Poscher*, Grundrechte, Rn. 601.
14 *Ipsen*, Staatsrecht II, Rn. 850.
15 Siehe BVerfGE 97, 35, 43 – *Hamburger Ruhegeldgesetz*; BVerfGE 97, 186, 197 – *Kleinbetriebsklausel II*.

Verfassungsrecht möglich.[16] Die Verwendung eines Differenzierungskriteriums ist dann zulässig, soweit die daran anknüpfende Ungleichbehandlung zweier Gruppen zur Lösung von Problemen, die ihrer Natur nach allein bei den Personen der einen Gruppe vorliegen können, zwingend notwendig ist,[17] wenn also das differenzierende Kriterium „das konstituierende Element des zu regelnden Lebenssachverhalts bildet."[18] Die Verwendung des Differenzierungskriteriums muss zudem zwingend erforderlich sein,[19] wobei an diese Erforderlichkeit strenge Anforderungen zu stellen sind.

II. Die Gleichberechtigung von Mann und Frau, Art. 3 Abs. 2 und Abs. 3 S. 1

➡ Prüfungsaufbau Anhang B Sch 3 Rn. 1320

1177 Gemäß Art. 3 Abs. 2 S. 1 sind Männer und Frauen gleichberechtigt.[20] Die Vorschrift hebt zunächst die gemäß Art. 3 Abs. 3 S. 1 *verbotene Differenzierung nach dem Geschlecht* ausdrücklich hervor, ohne dass insoweit ein zusätzlicher Regelungsgehalt besteht. Diesen verlieh das BVerfG[21] dem Art. 3 Abs. 2 a. F. (der Art. 3 Abs. 2 S. 1 n. F. entspricht), indem es die Vorschrift als Gleichberechtigungsgebot auslegte und dabei die gesellschaftliche Wirklichkeit berücksichtigte.
Im Zuge der Verfassungsrevision nach der Wiedervereinigung ist Art. 3 Abs. 2 um einen zweiten Satz ergänzt worden, der nunmehr den zusätzlichen Regelungsgehalt des Art. 3 Abs. 2 a. F. enthält. Sachliche Änderungen sind damit nicht verbunden. Art. 3 Abs. 2 S. 2 enthält jetzt ausdrücklich als Staatsziel die *staatliche Verpflichtung, auf die Herstellung der faktischen Gleichstellung von Mann und Frau hinzuwirken*.[22] Die Lebensverhältnisse zwischen Männern und Frauen sollen angeglichen werden.[23]

1178 Umstritten ist insbesondere die Zulässigkeit sog. Quotenregelungen (in der Vergangenheit meist als *Frauenquoten* konzipiert). Eine solche „Quotenregelung" soll sicherstellen, dass bei Stellenausschreibungen (bereichsspezifisch) Angehörige einer bestimmten, dort bisher unterrepräsentierten Gruppe Vorrang erhält.[24] Starre Frauenquoten im öffentlichen Dienst, bei denen die individuelle Situation eines konkurrierenden männlichen Bewerbers außer Acht bleibt und Frauen gleichsam automatisch Vorrang eingeräumt wird, konfligieren mit der Rechtsprechung des EuGH.[25] Für das deutsche Verfassungsrecht ist die Wirkung, die Art. 3 Abs. 2, 3 auf Art. 33 Abs. 2 zukommt, nicht endgültig geklärt. Da Art. 33 Abs. 2 den Zugang zum öffentlichen Dienst anhand der Kriterien der Eignung und Leistung regelt, dürften eine Bevorzugung eines Geschlechts jedenfalls nur dann erforderlich sein, wenn dieses in dem in Rede stehenden Wirkungsfeld real unterrepräsen-

---

16 BVerfG, NVwZ 1999, 756 – *Ethik-Unterricht*; BVerfGE 92, 91, 109 – *Feuerwehrabgabe*; *Uerpmann-Wittzack*, in: HGR V, § 128 Rn. 45.
17 BVerfGE 85, 191, 207 – *Nachtarbeitsverbot*.
18 BVerfGE 7, 155, 171 – *Kommunale Zeitbeamte*.
19 BVerfGE 85, 191, 207 – *Nachtarbeitsverbot*.
20 Vgl. zur Bedeutung der Gleichbehandlung von Mann und Frau im Arbeitsrecht: *Frieling*, in: NK-GA, Art. 3 GG, Rn. 79 ff.
21 BVerfGE 85, 191, 207 – *Nachtarbeitsverbot*.
22 Vgl. *Schmidt*, in: ErfK, Art. 3 GG Rn. 82; *Jarass*, in: Jarass/Pieroth, GG, Art. 3 Rn. 100 f.
23 Siehe BVerfGE 85, 191, 207 – *Nachtarbeitsverbot*; BVerfGE 89, 276, 285 – § 611a BGB.
24 Zu dieser bewusst betont geschlechtneutralen Definition: *Richter*, in: HGR V, § 126, Rn. 102.
25 EuGH, NJW 1995, 3109, 3110.

tiert ist, es nur bei gleicher Eignung bevorzugt wird und letztlich Härtefallausnahmen zugunsten des je anderen Geschlechts bestehen.²⁶

Nach der Auslagerung der Staatszielbestimmung in Art. 3 Abs. 2 S. 2 enthält S. 1 nur noch das subjektive Recht von Männern und Frauen auf Gleichbehandlung. Das Grundrecht auf Gleichbehandlung entspricht dem rechtlichen Gehalt des Verbots in Art. 3 Abs. 3, wonach das Geschlecht nicht Anknüpfungspunkt einer rechtlichen Ungleichbehandlung sein darf. Es besteht dasselbe Diskriminierungsverbot. Die Stoßrichtung der Norm besteht daher vor allem darin, geschlechtsbezogene Diskriminierung zu Lasten von Frauen zu beseitigen.²⁷ Knüpft eine Regelung ausdrücklich an das Geschlecht als Tatbestandsmerkmal an, so handelt es sich um eine *unmittelbare (direkte) Diskriminierung*. Wie bei allen Merkmalen des Art. 3 Abs. 3 liegt eine Ungleichbehandlung aber auch vor, wenn eine Regelung nur indirekt an das Geschlecht als Differenzierungsmerkmal anknüpft. Das Diskriminierungsverbot gilt auch dann, wenn eine Regelung nicht auf eine verbotene Ungleichbehandlung angelegt ist, sondern in erster Linie – oder gänzlich – andere Ziele verfolgt.²⁸ Nicht entscheidend ist mithin, ob eine Ungleichbehandlung unmittelbar und ausdrücklich an das Geschlecht anknüpft.²⁹ Deshalb kann

> „(e)ine grundsätzlich unzulässige Anknüpfung an das Geschlecht ... auch dann vorliegen, wenn eine geschlechtsneutral formulierte Regelung überwiegend Frauen nachteilig trifft ..., denn Art. 3 II GG bietet Schutz auch vor faktischen Benachteiligungen."³⁰

Eine solche *mittelbare (indirekte) Diskriminierung* ist gegeben, wenn der Tatbestand einer Regelung äußerlich zwar an ein geschlechtsneutrales Merkmal anknüpft, sich faktisch aber zum Nachteil eines Geschlechts auswirkt, weil das Merkmal nur oder ganz überwiegend von Angehörigen dieses Geschlechts verwirklicht wird. Nach der Definition des europäischen Gesetzgebers³¹ liegt eine mittelbare Diskriminierung vor, wenn dem Anschein nach neutrale Vorschriften, Kriterien oder Verfahren einen wesentlich höheren Anteil der Angehörigen eines Geschlechts benachteiligen, es sei denn, die betreffenden Vorschriften, Kriterien oder Verfahren sind angemessen und notwendig und sind durch nicht auf das Geschlecht bezogene sachliche Gründe gerechtfertigt. So kann „eine Anknüpfung an das Geschlecht [...] [beispielsweise] vorliegen, wenn eine geschlechtsneutral formulierte Regelung überwiegend Frauen trifft und dies auf natürliche oder gesellschaftliche Unterschiede zwischen den Geschlechtern zurückzuführen ist."³²

Ein typisches Bespiel solcher indirekter Diskriminierungen sind Regelungen im Bereich der *Teilzeitarbeit*.

Nach der Rechtsprechung des BVerfG stellt Art. 3 Abs. 2 S. 1, Art. 3 Abs. 3 S. 1 *kein absolutes Diskriminierungsverbot* auf. Grundsätzlich sind Differenzierungen

---

26 Vertiefte Diskussion der „Quote" etwa bei *Richter*, in: HGR V, § 126 Rn. 102 ff., die in Rn. 105 für eine Einzelfallbetrachtung votiert und vollkommen zu Recht für eine geschlechtsneutrale Formulierung von Quoten eintritt, um keiner Versteinerung der Frauenquoten das Wort zu reden; s. a. *Jarass*, in: Jarass/Pieroth, GG, Art. 3 Rn. 118.
27 Vgl. BVerfG, NJW 2017, 3643, Rn. 50 – *Transsexualität II*; BVerfGE 85, 191, 207 – *Nachtarbeit*.
28 BVerfGE 85, 191, 206 – *Nachtarbeit*; BVerfGE 121, 241, 254 – *Ruhegehalt für Teilzeitbeamte*.
29 BVerfGE 126, 29, 53 – *Beschränkung des Rückkehrrechts von Reinigungskräften*.
30 BVerfG NZA 2016, 939, Rn. 22 – *Kündigung während der Elternzeit*; BVerfGE 121, 241, 254 f. – *Ruhegehalt für Teilzeitbeamte*.
31 Art. 2 Abs. 1 lit. b) der Richtlinie 2006/54/EG des Europäischen Parlaments und des Rates vom 5.6.2006 (Gleichbehandlungsrichtlinie), ABl. EG L 204/23.
32 BVerfGE 97, 35, 43 – *Hamburger Ruhegeldgesetz*.

aufgrund des Geschlechts zwar unzulässig. Eine Differenzierung nach dem Geschlecht kann aber ausnahmsweise verfassungsrechtlich gerechtfertigt sein, mangels Eingriffsermächtigung allerdings nur aufgrund kollidierenden Verfassungsrechts.[33] Die Zulässigkeit ist ausnahmsweise zu bejahen,

> *„wenn im Hinblick auf die objektiven biologischen oder funktionalen (arbeitsteiligen) Unterschiede nach der Natur des jeweiligen Lebensverhältnisses eine besondere Regelung erlaubt oder sogar geboten ist,"*[34]

oder

> *„soweit sie zur Lösung von Problemen, die ihrer Natur nach nur entweder bei Männern oder bei Frauen auftreten können, zwingend erforderlich sind."*[35]

1183 Dabei ist allerdings ein *strenger Maßstab* anzulegen. Zu denken ist vor allem an Regelungen, die an Schwangerschaft oder Geburt als frauenspezifisches Merkmal anknüpfen und Müttern besondere Schutzansprüche gewähren. Unzulässig sind Differenzierungen anhand vermeintlich existierender typischer Eigenschaften eines Geschlechts oder in Anknüpfung an hergebrachte Rollen von Mann und Frau.[36]

1184 Das verfassungsrechtliche Diskriminierungsverbot von Männern und Frauen hatte im *Arbeitsrecht* in den §§ 611a, 611b, 612 Abs. 3 BGB a. F. seinen einfachgesetzlichen Niederschlag gefunden. Nach der Neuregelung im AGG[37] enthält das einfache Gesetz jetzt eine unmittelbare Ausdehnung des verfassungsrechtlichen Regelungsgehalts auf das Arbeitsrecht.

III. Das Verbot der Benachteiligung von Menschen mit Behinderungen, Art. 3 Abs. 3 S. 2

1185 Im Zuge der Verfassungsrevision nach der Wiedervereinigung ist Art. 3 Abs. 3 durch das Verbot der Benachteiligung von Menschen mit Behinderungen gemäß Art. 3 Abs. 3 S. 2 ergänzt worden. Der *besondere Gleichheitssatz zugunsten von Menschen mit Behinderungen* und der aus dem Wortlaut des Art. 3 Abs. 3 S. 2 nicht ohne weiteres ableitbare Auftrag an den Gesetzgeber, auf die gleichberechtigte Teilhabe von Menschen mit Behinderungen am gesellschaftlichen Leben hinzuwirken, soll deren Stellung in Recht und Gesellschaft stärken. Es handelt sich um kein „Nischenrecht". Im Jahr 2013 lebten in Deutschland – auf Grundlage der Ergebnisse des Mikrozensus – 10,2 Millionen Menschen mit einer amtlich anerkannten Behinderung.[38]

1186 Unter Berufung auf die Entstehungsgeschichte des Art. 3 Abs. 3 S. 2 – in die Verfassung eingefügt im Jahre 1994 – sowie dessen Ratio wird angeführt, dass *Grundrechtsträger* des Diskriminierungsverbotes nur der geborene Mensch nicht aber der *nasciturus*, also der schon gezeugte, aber noch nicht geborene Mensch mit Behinderung sein könne.[39] Nun mag Motiv des verfassungsändernden Gesetzgebers die Stärkung des

---

33 Vgl. BVerfG 92, 91, 109 – *Feuerwehrabgabe*; Nußberger, in: Sachs, GG, Art. 3 Rn. 254.
34 BVerfGE 74, 163, 179 – *Rentenalter*.
35 BVerfGE 92, 91, 109 – *Feuerwehrabgabe*.
36 Vgl. BVerfGE 92, 91, 109 f. – *Feuerwehrabgabe*; BVerfGE 85, 191, 207 – *Nachtarbeitsverbot*; *Jarass*, in: Jarass/Pieroth, GG, Art. 3 Rn. 120 m. w. N.
37 Allgemeines Gleichbehandlungsgesetz vom 14.8.2006 (BGBl. I S. 1897), zuletzt geändert durch Art. 8 G v. 3.4.2013 (BGBl. I S. 610).
38 Statistisches Bundesamt: Behinderte Menschen, einsehbar unter https://www.destatis.de/DE/ZahlenFakten/GesellschaftStaat/Gesundheit/Behinderte/BehinderteMenschen.html#Tabellen.
39 *Hufen*, Staatsrecht II, § 40 Rn. 9.

Integrationsgedankens gewesen sein. Darin erschöpft sich aber nicht die Bedeutung des Art. 3 Abs. 3 S. 2, vielmehr zielt die Vorschrift auch auf eine Bestätigung der schon Art. 1 Abs. 1 zugrundeliegenden fundamentalen verfassungsrechtlichen Grundaussage der gleichen Würde allen menschlichen Lebens.[40] Im Übrigen stellt die Entstehungsgeschichte immer nur ein Auslegungsindiz dar – eben weil das „Gesetz weiser ist als der Gesetzgeber" – so dass es darauf ankäme, ob die Begrenzung auf geborene Menschen im Text des Art. 3 Abs. 3 S. 2 zum Ausdruck kommt. Der Auffassung, dass bei einer Unterschutzstellung des eine Behinderung aufweisenden Embryos unter Art. 3 Abs. 3 S. 2 die Abtreibung eines schwerstbehinderten Fötus nicht mehr möglich sei, weswegen Art. 3 Abs. 3 S. 2 zwingend auf geborene Menschen zu begrenzen sei[41], kann nicht gefolgt werden. Erstens ist die Abtreibung in Fällen, in denen der nasciturus eine Behinderung aufweist, keinesfalls nur auf „Schwerstbehinderungen" begrenzt. Zweitens: Eine restriktive Interpretation des Art. 3 Abs. 3 S. 2, die dazu führt, dass ungeborenes Leben sich nicht auf den Benachteiligungsschutz der Vorschrift berufen kann, mit Abtreibungserfordernissen zu begründen, die sich als Tötungshandlungen immerhin auch als stärkste Form der Benachteiligung fassen ließen, stellt wohl nur einen Evidenzappell dar und läuft Gefahr, das Verhältnis von Verfassungsrecht und einfachem Recht aus den Augen zu verlieren. Schließlich dürfte drittens eine Erstreckung der Schutzgarantie des Art. 3 Abs. 3 S. 2 auf ungeborenes Leben auch nicht dazu führen, dass jede Abtreibung schwerstgeschädigter Föten unzulässig wäre, weil das Benachteiligungsverbot des Art. 3 Abs. 3 S. 2 bei Vorliegen besonderer Rechtfertigungsgründe durchbrochen werden darf. Auch der nasciturus ist also Träger des Grundrechts aus Art. 3 Abs. 3 S. 2.[42]

Der Anwendungsbereich des Art. 3 Abs. 3 S. 2 ist eröffnet, wenn vergleichbare Sachverhalte in Abhängigkeit von der Behinderung unterschiedlich zu Lasten des Grundrechtsträgers behandelt werden. Die *Beurteilung*, wann eine Behinderung vorliegt, unterliegt dem *gesellschaftlichen Wandel*. Während zunächst eine defizitorientierte Betrachtung im Vordergrund stand, wonach unter einer Behinderung

> „die Auswirkung einer nicht nur vorübergehenden Funktionsbeeinträchtigung, die auf einem regelwidrigen körperlichen, geistigen oder seelischen Zustand beruht"[43]

zu verstehen war, hat sich unter dem Einfluss der amerikanischen Gleichstellungsbewegung und der UN-Behindertenrechtskonvention (BRK) ein Wandel hin zu einem *inklusiven Behinderungsbegriff* vollzogen. Der damit verbundene Perspektivenwechsel stellt weniger das (vermeintliche) Defizit des Menschen mit einer Behinderung in den Vordergrund, als vielmehr die externen Beschränkungen, denen er unterworfen ist. Paradigmatisch bestimmt nunmehr § 2 Abs. 1 S. 1 SGB IX:

> „Menschen mit Behinderungen sind Menschen, die körperliche, seelische, geistige oder Sinnesbeeinträchtigungen haben, die sie in *Wechselwirkung mit einstellungs- und umweltbedingten Barrieren* an der gleichberechtigten Teilhabe an der Gesellschaft mit hoher Wahrscheinlichkeit länger als sechs Monate hindern können."

---

40   Es gilt eben die in beiden Entscheidungen des BVerfG zum Schwangerschaftsabbruch herausgestellte Grundaussage, dass immer da, wo menschliches Leben existiert, ihm auch Würde zukommt; vgl. BVerfGE 39, 1, 41 – *Schwangerschaftsabbruch I*; BVerfGE 88, 203, 252 – *Schwangerschaftsabbruch II*; s. a. *Englisch*, in: Stern/Becker, GG, Art. 3 Rn. 99.
41   *Hufen*, Staatsrecht II, § 40 Rn. 9.
42   Ebenso *Umbach*, in: Umbach/Clemens, GG, Art. 3 Rn. 404; im Ergebnis auch *Englisch*, in: Stern/Becker, GG, Art. 3 Rn. 99, *Starck*, in: v.Mangoldt/Klein/Starck, GG, Art. 3 Rn. 421; differenzierend *Heun*, in: Dreier, GG, Art. 3 Rn. 137, jedenfalls ab Individuation.
43   BVerfGE 96, 288, 301 – *Integrative Beschulung*.

Plastisch wird die mit der Betonung der Wechselwirkung mit einstellungs- und umweltbedingten Barrieren verbundene *inklusive Akzentverschiebung* in die Formulierung gekleidet „Der Mensch ist nicht behindert, er wird behindert". Wieweit das BVerfG den in § 2 Abs. 1 S. 1 SGB IX angesprochenen Behinderungsbegriff vollständig rezipiert, ist derzeit offen. Schon bisher hat sich das BVerfG unter Aufnahme des Art. 1 Abs. 2 BRK[44] aber um einen inklusiven Behinderungsbegriff bemüht und ausgeführt, eine Behinderung liege vor:

> *wenn die Beeinträchtigung der körperlichen Funktionen, geistigen Fähigkeiten oder seelischen Gesundheit langfristig und von solcher Art ist, dass sie den Betroffenen an der vollen, wirksamen und gleichberechtigten Teilhabe an der Gesellschaft hindern kann.*[45]

1188 Der Grund der Behinderung ist unerheblich. Art. 3 Abs. 3 S. 2 schützt Menschen unabhängig davon, ob ihre Behinderung schwer oder leicht ist.[46]
Gleiches gilt für den Grad der Behinderung; der Begriff der Behinderung ist nicht ausfüllungsbedürftig in der Weise, dass beispielsweise nur ein einfachgesetzlich definierter Grad der (Schwer-)Behinderung den Schutz des Art. 3 Abs. 3 S. 2 genießen würde. Eine nur geringfügige Beeinträchtigung ist allerdings nicht ausreichend.[47] Maßgeblich sind die im Einzelfall gegebene Art und das Ausmaß der Hilfsbedürftigkeit.[48]

1189 Die Behinderung darf *weder direkt noch indirekt* eine Ungleichbehandlung nach sich ziehen. Es gilt das Gleiche wie bei den Differenzierungsmerkmalen in Art. 3 Abs. 3 S. 1. Art. 3 Abs. 3 S. 2 ist daher auch dann einschlägig, wenn eine Regelung nicht unmittelbar die Behinderteneigenschaft, sondern ein anderes Differenzierungskriterium wählt, das gewählte Kriterium aber im Ergebnis auch zu einer Benachteiligung von Menschen mit Behinderungen führt.[49]

1190 Eine *von der öffentlichen Gewalt bewirkte Benachteiligung* liegt zunächst vor bei Regelungen und Maßnahmen, die die Situation der Menschen mit Behinderung wegen ihrer Behinderung verschlechtern, indem ihnen etwa der tatsächlich mögliche Zutritt zu öffentlichen Einrichtungen verwehrt wird oder Leistungen, die grundsätzlich jedermann zustehen, verweigert werden. Darüber hinaus

> „kann eine Benachteiligung auch bei einem Ausschluss von Entfaltungs- und Betätigungsmöglichkeiten durch die öffentliche Gewalt gegeben sein, wenn dieser Ausschluss nicht durch eine auf die Behinderung bezogene Förderungsmaßnahme hinlänglich kompensiert wird."[50]

1191 Wie auch die anderen Diskriminierungsverbote kann das *Benachteiligungsverbot* des Art. 3 Abs. 3 S. 2 *nicht ohne jede Einschränkung* gelten. Fehlen einer Person gerade aufgrund ihrer Behinderung bestimmte geistige oder körperliche Fähigkei-

---

44 Vgl. das als völkerrechtlichen Vertrag konzipierte Übereinkommen der Vereinten Nationen über die Rechte von Menschen mit Behinderungen (BRK) vom 13. Dezember 2006. Dessen Art. 1 Abs. 2 lautet: Zu den Menschen mit Behinderungen zählen Menschen, die langfristige körperliche, seelische, geistige oder Sinnesbeeinträchtigungen haben, welche sie in Wechselwirkung mit verschiedenen Barrieren an der vollen, wirksamen und gleichberechtigten Teilhabe an der Gesellschaft hindern können.
45 Vgl. BVerfGE 128, 282, 306 f. – *medizinische Zwangsbehandlung*.
46 Menschen mit Behinderungen gelten als schwerbehindert, wenn ihnen von den Versorgungsämtern ein Grad der Behinderung (GdB) von 50 oder mehr zuerkannt worden ist.
47 Ebenso *Jarass*, in: Jarass/Pieroth, GG, Art. 3 Rn. 164.
48 *Schmidt*, in: ErfK, Art. 3 GG Rn. 78.
49 Vgl. BVerfGE 99, 341, 356 f. – *Testierausschluss Taubstummer*; *Sachs*, HStR VIII, § 182 Rn. 123 u. 127.
50 BVerfGE 96, 288, 303 – *integrative Beschulung*; vgl. auch BVerfG, NJW 2016, 3013 – *Mitverschulden*, zur Berücksichtigung der Situation eines Behinderten bei der Auslegung des § 254 BGB.

ten, die unerlässliche Voraussetzung für die Wahrnehmung eines Rechts sind, liegt in der Verweigerung dieses Rechts kein Verstoß gegen das Benachteiligungsverbot. Eine rechtliche Schlechterstellung von Menschen mit Behinderungen ist danach jedoch nur zulässig, wenn zwingende Gründe dafür vorliegen.[51] „Die nachteiligen Auswirkungen müssen *unerlässlich* sein, um behinderungsbezogenen Besonderheiten Rechnung zu tragen."[52]

Eine Ungleichbehandlung ist zudem erst dann gerechtfertigt, wenn der Staat zuvor Fördermaßnahmen ergriffen oder ermöglicht hat – in anderer Terminologie *Assistenzsysteme* etabliert wurden – um die Einschränkungen, denen Menschen mit Behinderungen unterliegen, zu beseitigen; erst wenn dies unmöglich oder unzumutbar ist, ist die Benachteiligung gerechtfertigt.[53]

Eine wesentliche Funktion des Art. 3 Abs. 3 S. 2 besteht damit darin, die öffentliche Gewalt *zum Schutz und zur Förderung von Menschen mit Behinderungen zu verpflichten*; diese Verpflichtung richtet sich erster Linie an den *Gesetzgeber*.[54] Über das Benachteiligungsverbot hinaus bezweckt die Vorschrift, der gesellschaftlichen Ausgrenzung von Menschen mit Behinderungen durch besondere Ausgleichsleistungen und Entfaltungsmöglichkeiten entgegenzuwirken.[55] Abweichend von Art. 3 Abs. 3 S. 1 *erlaubt das Grundrecht aus Art. 3 Abs. 3 S. 2, dass Menschen mit Behinderungen bevorzugt werden*. Gerade das Arbeitsrecht enthält gesetzliche Regelungen, die eine Besserstellung von Menschen mit Behinderungen vorsehen.[56]

§ 27 Die Rechtsfolgen von Gleichheitsverstößen

Die Entscheidung, wie ein Gleichheitsverstoß beseitigt werden soll, steht grundsätzlich dem jeweiligen Hoheitsträger zu, der den in Frage stehenden Gleichheitsverstoß begangen hat. Diesem steht dabei ein *Handlungsspielraum* zu, wie er den Gleichheitsverstoß beheben will.[1] Dies gilt lediglich dann nicht, wenn sich der Gleichheitsverstoß nur durch eine bestimmte Maßnahme oder Regelung beseitigen lässt. Welche Rechtsfolgen ein Gleichheitsverstoß hat, hängt davon ab, welcher Hoheitsträger im funktionalen Sinn (Legislative, Judikative, Exekutive) verantwortlich ist. Ein *Verstoß durch Rechtsprechung oder Verwaltung* führt regelmäßig zu einem Anspruch des Betroffenen auf *Rechtsanwendungsgleichheit*. Größeren Handlungsspielraum zur Beseitigung eines Gleichheitsverstoßes hat der Gesetzgeber. Das BVerfG erklärt ein Gesetz, das gegen den Gleichheitssatz verstößt, trotz seiner Verfassungswidrigkeit regelmäßig nicht für nichtig, sondern nur für mit dem Grundgesetz nicht vereinbar. Mit der *Unvereinbarkeitserklärung* verknüpft das Gericht die *befristete Aufforderung an den Gesetzgeber, eine Neuregelung zu schaffen*. Wie

---

51 BVerfGE 99, 341, 357 – *Testierausschluss Taubstummer*, „…nur zulässig, wenn zwingende Gründe dafür vorliegen"; aus dem Schrifttum etwa *Sachs*, HStR VIII, § 182 Rn. 128; *R. Uerpmann-Wittzack*, in: HGR V, § 128 Rn. 65.
52 So BVerfGE 99, 341, 357 – *Testierausschluss Taubstummer*.
53 Vgl. *Uerpmann-Wittzack*, in: HGR V, § 128 Rn. 6 sowie *Lang*, in: Bundesministerium für Arbeit und Soziales (Hrsg.), Studie zum aktiven und passiven Wahlrecht von Menschen mit Behinderungen, Forschungsbericht, 2016, S. 193 hinsichtlich der Ausübung des Wahlrechts und der dabei ggf. erforderlichen Assistenz.
54 *Sachs*, Verfassungsrecht II, Teil II Kap 15 Rn. 152.
55 BVerfGE 96, 288, 302 f. – *Integrative Beschulung*.
56 Vgl. zur Bedeutung des Art. 3 Abs. 3 S. 2 im Arbeitsrecht: *Frieling*, in: NK-GA, Art. 3 GG, Rn. 82 ff.
1 Vgl. zu den Einzelheiten etwa *Kingreen/Poscher*, Grundrechte, Rn. 535 ff.

der Gesetzgeber mit der Neuregelung den Gleichheitsverstoß beseitigt, steht in seinem Ermessen. Das alte Recht gilt regelmäßig bis zum Inkrafttreten einer Neuregelung oder dem Ablauf der vom BVerfG gesetzten Frist. Anhängige Gerichtsverfahren müssen bis zum Inkrafttreten der Neuregelung ausgesetzt werden.[2]

C. Die prozessualen Rechte

1194 Die prozessualen Grundrechte (*Justizgrundrechte*) stehen im Zusammenhang mit dem Rechtsstaatsprinzip, aus dem sich das *Gebot eines fairen rechtsstaatlichen (Straf-)Verfahrens* ergibt.[1] Zu den Verfahrensgrundrechten zählen insbesondere das Gebot des effektiven Rechtsschutzes (Rechtsschutzgarantie des Art. 19 Abs. 4) und der Anspruch auf rechtliches Gehör (Art. 103 Abs. 1). Prozessgrundrechte sind darüber hinaus das Recht auf den gesetzlichen Richter (Art. 101 Abs. 1 S. 2), der Bestimmtheitsgrundsatz und das Rückwirkungsverbot im Strafrecht („nulla poena sine lege", Art. 103 Abs. 2), das Verbot mehrfacher Bestrafung („ne bis in idem", Art. 103 Abs. 3) und die besonderen verfahrensrechtlichen Anforderungen an Freiheitsbeschränkungen und Freiheitsentziehungen (Art. 104). Obwohl diese Rechte – mit Ausnahme des Art. 19 Abs. 4 – nicht im 1. Abschnitt des Grundgesetzes („Die Grundrechte") geregelt sind, so handelt es sich dennoch um grundrechtliche Gewährleistungen, deren Verletzung mit der *Verfassungsbeschwerde* gerügt werden kann (vgl. Art. 93 Abs. 1 Nr. 4a). Man spricht hier von *grundrechtsgleichen Rechten*.

§ 28 Die Rechtsschutzgarantie gemäß Art. 19 Abs. 4

Literatur:
Bickenbach, C., Grundfälle zu Art. 19 IV GG, JuS 2007 813, 910; *Herzog, R.*, Verfassung und Verfassungsgerichte – Zurück zu mehr Kontrolldichte?, NJW 1992, 2601; *Hufen, F.*, Verwaltungsprozessrecht besteht, Verfassungsrecht vergeht? Rechtsschutzgarantie (Art. 19 Abs. 4 GG) und Grundrechte in der neueren verwaltungsprozessualen Rechtsprechung und Literatur, Verw 32 (1999), 519; *Kürschner, S.*, Rechtsschutz im Fraktionsrecht, JuS 1996, 306; *Lang*, Knappheitsentscheidungen im Sozialrecht – Zum Rechtsschutzdefizit gegenüber transplantationsrechtlichen Verteilungsentscheidungen –, VSSR 2002, S. 21 ff.; *ders.*, Zur Effizienz des Rechtsschutzes in getrennten Verfassungsräumen, DÖV 1999, S. 712 ff.; *Lorenz, D.*, Das Gebot des effektiven Rechtsschutzes des Art. 19 Abs. 4 GG, Jura 1983, 393; *Niestedt, M./Hölzl, F.*, Zurück aus der Zukunft? Verfassungsmäßigkeit der Primärrechtsschutzbeschränkung im Vergaberecht oberhalb bestimmter Schwellenwerte, NJW 2006, 3680; *Papier, H.-J.*, Rechtsschutzgarantie gegen die öffentliche Gewalt, in: Isensee, J./Kirchhof, P. (Hrsg.), Handbuch des Staatsrechts der Bundesrepublik Deutschland, Band VI, 2. Auflage 2000, § 154; *Pestalozza, C.*, Art. 19 IV GG – nur eine Garantie des Fachgerichtsweges gegen eine Verletzung von Bundesgrundrechten i. S. der Art. 1–17 GG, NVwZ 1999, 140; *Pitschas, R.*, Der Kampf um Art. 19 IV GG, ZRP 1998, 96; *Pöcker, M.*, Rechtsschutzfragen bei Verteilungsentscheidungen der öffentlichen Hand, NVwZ 2003, 688; *Remmert, B.*, Die Rechtsschutzgarantie des Art. 19 IV 1 GG, Jura 2014, 906; *Rennert, K.*, Effektivität des Rechtsschutzes und Vorabentscheidungsverfahren – Die Perspektive der nationalen Gerichtsbarkeit,

---

2 BVerfGE 82, 126 – *Kündigungsfristen für Arbeiter*.
1 Siehe zu den Anforderungen an ein rechtsstaatliches Strafverfahren *Jarass*, in: Jarass/Pieroth, GG, Art. 20 Rn. 137 ff.; zur Normstruktur der prozessualen Grundrechte *Stein/Frank*, Staatsrecht, § 53. Ausführlich zum Rechtsstaatsprinzip *Korioth*, Staatsrecht I, Rn. 152 ff.

EuGRZ 2008, 385; *Schmidt-Jortzig, E.*, Effektiver Rechtsschutz als Kernstück des Rechtsstaatsprinzips nach dem Grundgesetz, NJW 1994, 2569; *Schroeder, D.*, Die Justizgrundrechte des Grundgesetzes, JA 2010, 167; *Schwarz, K.*, Verfassungsgewährleistungen im Strafverfahren, Jura 2007, 334; *Siegel, T.*, Effektiver Rechtsschutz und der Vorrang des Primärrechtsschutzes, DÖV 2007, 237; *Voßkuhle, A./Kaiser, A.-B.*, Grundwissen – Öffentliches Recht: Der allgemeine Justizgewährungsanspruch, JuS 2014, 312; *Wahl, R.* Verwaltungsverfahren zwischen Verwaltungseffizienz und Rechtsschutzauftrag, VVDStRL 41 (1983), 151.

Rechtsprechung:
BVerfGE 10, 264 – *Kostenvorschuss*; BVerfGE 11, 232 – *Korntal*; BVerfGE 15, 275 – *Überprüfung eines Verwaltungsakts*; BVerfGE 24, 33 – *deutsch-niederländischer Finanzvertrag*; BVerfGE 25, 352 – *Gnadenentscheidung*; BVerfGE 30, 1 – *Abhörurteil*; BVerfGE 35, 382 – *Araberausweisung*; BVerfGE 37, 271 – *Solange I*; BVerfGE 45, 297 – *öffentliche Last*; BVerfGE 49, 329 – *erledigte Durchsuchungsanordnung I*; BVerfGE 57, 9, 22 – *Einlieferungsersuchen*; BVerfGE 60, 253 – *Anwaltsverschulden im Asylverfahren*; BVerfGE 61, 82 – *Sasbach*; BVerfGE 73, 339 – *Solange II*; BVerfGE 74, 228 – *fernschriftliche Berufungsbegründung*; BVerfGE 76, 93 – *Vorlagepflicht*; BVerfGE 79, 69 – *Eidespflicht*; BVerfGE 83, 182 – *Pensionistenprivileg*; BVerfGE 84, 34 – *juristische Prüfung*; BVerfGE 89, 155 – *Maastricht*; BVerfGE 93, 1 – *Kruzifix*; BVerfGE 96, 27 – *erledigte Durchsuchungsanordnung II*; BVerfGE 96, 100 – *Rechtsschutz gegen Überstellung*; BVerfGE 97, 298 – *„extra radio"*; BVerfGE 101, 106 – *Auskunftspflicht der Behörden*; BVerfGE 107, 395 – *fachgerichtlicher Rechtsschutz*; BVerfGE 109, 279 – *Großer Lauschangriff*; BVerfGE 113, 273 – *EU-Haftbefehl*; BVerfGE 113, 348 – *Telekommunikationsüberwachung*; BVerfGE 116, 1 – *Insolvenzverwalter*; BVerfGE 117, 244 – *CICERO*; BVerfG, NJW 1999, 3773 – *nachträglicher Rechtsschutz in Freiheitsentziehungsverfahren*; BVerfG, NJW 2006, 3680 – *Verfassungsmäßigkeit der Primärrechtsschutzbeschränkung auf oberschwellige Auftragsvergaben*; BVerfG, NJW 2008, 2099 – *Rasterfahndung, Steuergeheimnis*; BVerfG, NVwZ 1993, 465 – *Asylgerichtsverfahren*, BVerfG NZA 2017, 915 – *Tarifeinheitsgesetz*.

I. Überblick und Normstruktur

Art. 19 Abs. 4 stellt das sog. *formelle Hauptgrundrecht* dar. Seine Bedeutung, die gelegentlich in die plastische Formulierung, es handele sich um den *„Schlussstein im Gewölbe des Rechtsstaats"* gebracht wird, kann nicht hoch genug eingeschätzt werden. Ohne die Möglichkeit, etwaige Rechtsverletzungen des Staates von unabhängigen Gerichten überprüfen und ggf. auch sanktionieren zu lassen, drohte die freiheitssichernde Funktion der Grundrechte leerzulaufen.
Nach Art. 19 Abs. 4 S. 1 steht jedem, der durch die öffentliche Gewalt in seinen Rechten verletzt wird, der Rechtsweg offen. Die *Bedeutung der Vorschrift*

> „liegt vornehmlich darin, dass er die ‚Selbstherrlichkeit' der vollziehenden Gewalt im Verhältnis zum Bürger beseitigt; kein Akt der Exekutive, der in Rechte des Bürgers eingreift, kann richterlicher Nachprüfung entzogen werden."[1]

Art. 19 Abs. 4 S. 2 bestimmt, dass der ordentliche Rechtsweg gegeben ist, falls eine andere Zuständigkeit nicht eröffnet wird. Im Hinblick auf die umfangreichen Generalklauseln in den Prozessordnungen (vgl. etwa § 40 Abs. 1 VwGO; § 23 EGGVG) kommt der Vorschrift in der Praxis keine Bedeutung zu.[2]

Die Rechtsschutzgarantie ist *vorbehaltlos gewährleistet*. Einschränkungen sind durch *kollidierendes Verfassungsrecht*, also Grundrechte Dritter oder sonstige Rechtsgüter von Verfassungsrang, möglich, sofern diese eine gesetzliche Konkretisierung

---
1 BVerfGE 10, 264, 267 – *Kostenvorschuss*. Zur Bedeutung des Art. 19 Abs. 4 auch *Katz*, Staatsrecht, Rn. 664.
2 Siehe *Krebs*, in: v. Münch/Kunig, GG, Art. 19 Rn. 73.

erfahren haben. Dem Gesetzgeber kommt allerdings bei der Ausgestaltung des Rechtswegs ein erheblicher Spielraum zu.³

1198 Art. 19 Abs. 4 S. 3 stellt klar, dass *Art. 10 Abs. 2 S. 2 unberührt bleibt*. Mit Rücksicht auf die Rechtsschutzgarantie ist eine restriktive Auslegung dieser Vorschrift geboten.⁴

Art. 19 Abs. 4 GG stellt eine subjektives Recht dar, enthält aber auch eine objektive Wertentscheidung und eine institutionelle Garantie.

II. Ausübung öffentlicher Gewalt

1199 Art. 19 Abs. 4 S. 1 garantiert den Rechtsweg gegen Rechtsverletzungen, die durch die deutsche *öffentliche* Gewalt erfolgen. Den Rechtsweg in *zivilrechtlichen* Streitigkeiten erfasst Art. 19 Abs. 4 S. 1 nicht; hierfür greift der allgemeine Justizgewährungsanspruch aus Art. 2 Abs. 1 i. V. m. Art. 20 Abs. 1 (Rechtsstaatsprinzip).⁵

Im Gegensatz zu Art. 1 Abs. 3 erfasst der Begriff der „öffentlichen Gewalt" i. S. d. Art. 19 Abs. 4 *allein die Exekutive*.⁶ Die Vorschrift bietet damit Rechtsschutz gegen alle Maßnahmen der Regierung und der Verwaltung, unabhängig von ihrer Rechtsform.⁷ Insbesondere ist die Garantie des Art. 19 Abs. 4 nicht auf den Rechtsschutz gegen Verwaltungsakte beschränkt.

Die *Gesetzgebung gehört nicht zur* „öffentlichen Gewalt" i. S. d. Art. 19 Abs. 4.⁸ Dies ergibt sich daraus, dass die gerichtliche Überprüfung von Akten der Legislative in Art. 93 Abs. 1 Nr. 2 (abstrakte Normenkontrolle), Art. 93 Abs. 1 Nr. 4a (Verfassungsbeschwerde) und Art. 100 Abs. 1 (konkrete Normenkontrolle) ausschließlich dem BVerfG zugewiesen ist.⁹

> Vertiefungshinweise: Hintergrund dieser Zuweisung an Art. 100 ist der Schutz der Würde und Dignität des Parlaments. Eine im parlamentarischen Gesetzgebungsverfahren getroffene Entscheidung soll nicht durch die Fachgerichtsbarkeit verworfen werden können. Gegenüber förmlichen Gesetzen hat die Fachgerichtsbarkeit also keine „negative Gesetzgebungskompetenz". Diese Befugnis, förmliche Gesetze durch eine gerichtliche Entscheidung aufzuheben, ist dem BVerfG, das selbst ein Verfassungsorgan darstellt, überantwortet. Gesetze im materiellen Sinne, insbesondere also Rechtsverordnungen können dagegen nicht nach Art. 100 Abs. 1 dem BVerfG vorgelegt werden. Hier steht den Fachrichtern eine Nichtanwendungskompetenz zu, wenn sie in einem anhängigen Verfahren zu der Überzeugung gelangen, dass ein Gesetz im materiellen Sinne verfassungswidrig ist.

Auch *Akte der Judikative zählen nicht zur Ausübung öffentlicher Gewalt* i. S. d. Art. 19 Abs. 4.¹⁰ Denn die Vorschrift „gewährt *Schutz durch den Richter, nicht gegen den*

---

3 So auch *Jarass*, in: Jarass/Pieroth, GG, Art. 19 Rn. 52.
4 Vgl. *Krebs*, in: v. Münch/Kunig, GG, Art. 19 Rn. 74; *Schmidt-Aßmann*, in: Maunz/Dürig, GG, Art. 19 Abs. 4 Rn. 30.
5 BVerfG NZA 2017, 915, 926 Rn. 210 – *Tarifeinheitsgesetz*; *Lang*, in: BeckOK, GG, Art. 2 Rn. 6.
6 Vgl. ausführlich zum Begriff der öffentlichen Gewalt i. S. d. Art. 19 Abs. 4 *Schenke*, JZ 1988, 317, 318 ff.; näher zum Begriff der Exekutive *Korioth*, Staatsrecht I, Rn. 935 ff.
7 *Huber*, in: v. Mangoldt/Klein/Starck, GG, Art. 19 Rn. 429; siehe auch *Manssen*, Grundrechte, Rn. 782 ff.
8 BVerfGE 24, 33, 49 – *deutsch-niederländischer Finanzvertrag*.
9 Ebenso *Ipsen*, Staatsrecht II, Rn. 881; *Jarass*, in: Jarass/Pieroth, GG, Art. 19 Rn. 44; *Kingreen/Poscher*, Grundrechte, Rn. 1161; a. A. *Krebs*, in: v. Münch/Kunig, GG, Art. 19 Rn. 62; *Schenke*, JZ 1988, 317, 319 f.
10 BVerfGE 15, 275, 280 – *Überprüfung eines Verwaltungsakts*; *Jarass*, in: Jarass/Pieroth, GG, Art. 19 Rn. 44; *Sachs*, Verfassungsrecht II, Teil II Kap. 30 Rn. 8; *Ipsen*, Staatsrecht II, Rn. 880; *Schenke*, JZ 1988, 317, 319.

Richter"[11], letzterer ist vielmehr dem Verfassungsbeschwerdeverfahren überantwortet. Die Verwendung des Begriffs öffentlicher Gewalt weicht also auch von derjenigen des Art. 93 Abs. 1 Nr. 4a ab.
Darüber hinaus fordert das Rechtsstaatsprinzip, „dass jeder Rechtsstreit um der Rechtssicherheit und des Rechtsfriedens willen irgendwann ein Ende findet".[12] Art. 19 Abs. 4 garantiert daher die Öffnung des Zugangs zum Gericht, aber keinen unbegrenzten Rechtsweg und damit vor allem auch *keinen Instanzenzug*:[13]

> „Der Rechtsweg steht für Streitigkeiten zwischen Trägern öffentlicher Gewalt und Privatpersonen oder zwischen Privatpersonen offen. Dies ermöglicht die Entscheidung eines unabhängigen Gerichts über Rechte und Pflichten. Insofern reicht es grundsätzlich aus, ist in einem Rechtsstaat aber auch als Minimum zu sichern, dass die Rechtsordnung eine einmalige Möglichkeit zur Einholung einer gerichtlichen Entscheidung eröffnet. Es ist Aufgabe des Gesetzgebers, unter Abwägung und Ausgleich der verschiedenen betroffenen Interessen zu entscheiden, ob es bei einer Instanz bleiben soll oder ob mehrere Instanzen bereitgestellt werden und unter welchen Voraussetzungen sie angerufen werden können. Ein Instanzenzug ist von Verfassungs wegen nicht garantiert."[14]

III. Mögliche Rechtsverletzung

Obwohl der Wortlaut des Art. 19 Abs. 4 S. 1 dies nahe legt, setzt die Vorschrift nicht voraus, dass eine Rechtsverletzung tatsächlich vorliegt. Ob dies der Fall ist, soll gerade erst gerichtlich überprüft werden. Der Zugang zu Gericht ist daher bereits dann eröffnet, wenn der Betroffene geltend macht, in seinen Rechten verletzt zu sein, er die *mögliche Rechtsverletzung also schlüssig und plausibel vorträgt*.[15]
Als Rechtsverletzung in diesem Sinne kommt nicht nur die mögliche Beeinträchtigung von Grundrechten in Betracht. Die Rechtsschutzgarantie betrifft vielmehr *alle subjektiven Rechte*, die durch die Ausübung öffentlicher Gewalt verletzt werden können.[16] Wie auch im Rahmen der Klagebefugnis nach § 42 Abs. 2 VwGO ist erforderlich, dass die Rechtsnorm ausschließlich oder neben dem mit ihr verfolgten allgemeinen Interesse zumindest auch dem Schutz von Individualinteressen zu dienen bestimmt ist (sog. *Schutznormtheorie*).[17]
Da Art. 19 Abs. 4 die mögliche Verletzung eigener subjektiver Rechte durch die öffentliche Gewalt voraussetzt, werden *Popular- und Verbandsklagen* von der verfassungsrechtlichen Rechtsweggarantie *nicht erfasst*.[18] Ihrer einfachgesetzlichen Eröffnung, etwa im Umwelt- oder Wettbewerbsrecht, steht dies allerdings nicht entgegen.

---

11 Vom BVerfG übernommene Formulierung von *Dürig*, vgl. *Schmidt-Aßmann*, in: Maunz/Dürig, GG, Art. 19 Abs. 4 Rn. 96.
12 BVerfGE 107, 395, 401 – *fachgerichtlicher Rechtsschutz*.
13 Vgl. BVerfGE 107, 395, 401 – *fachgerichtlicher Rechtsschutz*; siehe auch *Papier*, HStR VIII, § 177 Rn. 43; *Sachs*, in: Sachs, GG, Art. 19 Abs. 4 Rn. 120; *Huber*, in: v. Mangoldt/Klein/Starck, GG, Art. 19 Rn. 443; *Manssen*, Grundrechte, Rn. 792; kritisch *Krebs*, in: v. Münch/Kunig, GG, Art. 19 Rn. 63.
14 BVerfGE 107, 395, 402 – *fachgerichtlicher Rechtsschutz*.
15 Vgl. *Ipsen*, Staatsrecht II, Rn. 882; *Kingreen/Poscher*, Grundrechte, Rn. 1165; *Krebs*, in: v. Münch/Kunig, GG, Art. 19 Rn. 67.
16 Vgl. *Jarass*, in: Jarass/Pieroth, GG, Art. 19 Rn. 36; *Krebs*, in: v. Münch/Kunig, GG, Art. 19 Rn. 65; *Sachs*, Verfassungsrecht II, II Kap 30 Rn. 13; BVerfGE 116, 1 – *Insolvenzverwalter*.
17 BVerfGE 27, 297, 307 – Zweitbescheid; ausführlich zur Schutznormtheorie Huber, in: v. Mangoldt/Klein/Starck, GG, Art. 19 Rn. 395 ff.; Kopp/Schenke, VwGO, § 42 Rn. 83 ff.; Wahl/Schütz, in: Schoch/Schneider/Bier, VwGO, § 42 Abs. 2 Rn. 45 ff.; Sodan, in: Sodan/Ziekow, VwGO, § 42 Rn. 386 ff.
18 So auch *Sachs*, in: Sachs, GG, Art. 19 Rn. 126.

IV. Rechtsweg

1201 *Rechtsweg i. S. d. Art. 19 Abs. 4* meint „den Weg zu einem staatlichen Gericht, das den Grundsätzen der Art. 92 und 97 genügen muss".[19]

1202 Ungeachtet des Wortlauts der Vorschrift ist nicht erforderlich, dass die geltend gemachte Rechtsverletzung bereits eingetreten ist. Auch ein *vorläufiger Rechtsschutz* kann nach Art. 19 Abs. 4 geboten sein, wenn der nachträgliche Rechtsschutz die Beeinträchtigung nicht mehr korrigieren könnte.[20] Dies ist der Fall,

> „wenn sonst dem Antragsteller eine erhebliche, über Randbereiche hinausgehende Verletzung in seinen Rechten droht, die durch die Entscheidung in der Hauptsache nicht mehr beseitigt werden kann, es sei denn, dass ausnahmsweise überwiegende, besonders gewichtige Gründe entgegenstehen."[21]

V. Effektivität des Rechtsschutzes

1203 Art. 19 Abs. 4 gewährleistet nicht nur den „Zugang zu den Gerichten, sondern darüber hinaus auch die *Wirksamkeit des Rechtsschutzes*".[22] Das bedeutet, dass neben dem formellen Recht, Gerichte anrufen zu können, auch das Recht auf eine tatsächlich wirksame gerichtliche Kontrolle gewährt wird.[23] Dazu gehört auch, dass der Rechtsschutz *innerhalb angemessener Zeit* gewährt wird.[24]

1204 Adressat des Gebots des effektiven Rechtsschutzes ist zum einem der Gesetzgeber, der die Verfahrensordnung ausgestaltet und zum anderen der Richter, der diese anwendet.[25] Der Richter

> „muss das Verfahrensrecht in einer Weise auslegen und anwenden, die dem Gebot des effektiven Rechtsschutzes Rechnung trägt."[26]

1205 Sache des Gesetzgebers ist es,

> „zu entscheiden, ob Rechtsmittel gegen Gerichtsentscheidungen statthaft sein sollen; das Grundgesetz selbst trifft dazu keine Bestimmungen. Sieht er allerdings ein Rechtsmittel vor, so ist er in der Ausgestaltung der Zugangs- und Zulässigkeitsvorschriften nicht völlig frei. Insbesondere darf er den Zugang zu den in den Verfahrensordnungen eingeräumten Instanzen nicht in unzumutbarer, aus Sachgründen nicht mehr zu rechtfertigender Weise erschweren."[27]

1206 Zwar gewährleistet Art. 19 Abs. 4 keinen Instanzenzug. Sehen jedoch prozessrechtliche Vorschriften *Rechtsbehelfe* oder die Möglichkeit vor, die Zulassung eines Rechtsmittels zu erstreiten, so verbietet die Rechtsschutzgarantie „eine Auslegung und Anwendung dieser Rechtsnormen, die die Beschreitung des eröffneten (Teil-)Rechtswegs in einer unzumutbaren, aus Sachgründen nicht mehr zu rechtfertigenden Weise erschwert".[28]

---

19 BVerfGE 11, 232, 233 – *Korntal*.
20 Vgl. *Jarass*, in: Jarass/Pieroth, GG, Art. 19 Rn. 55.
21 BVerfGE 93, 1, 14 – *Kruzifix*.
22 BVerfGE 84, 34, 49 – *juristische Prüfung*.
23 Vgl. BVerfGE 84, 34, 49 – *juristische Prüfung*; BVerfGE 93, 1, 13 f. – *Kruzifix*.
24 BVerfGE 93, 1, 13 f. – *Kruzifix*.
25 BVerfGE 97, 298, 315 – „*extra radio*". Zahlreiche Beispiele bei *Krebs*, in: v. Münch/Kunig, GG, Art. 19 Rn. 70 f.
26 BVerfGE 97, 298, 315 – „*extra radio*".
27 BVerfGE 74, 228, 234 – *fernschriftliche Berufungsbegründung*.
28 BVerfG, NVwZ 1993, 465 – *Asylgerichtsverfahren*.

Aus dem Gebot effektiven Rechtsschutzes resultiert für die Gerichte die Pflicht, die angefochtenen Verwaltungsakte in rechtlicher und tatsächlicher Hinsicht vollständig zu überprüfen.[29] Dies führt dazu, dass auch *unbestimmte Rechtsbegriffe* grundsätzlich der unbeschränkten gerichtlichen Nachprüfung unterliegen.[30] Die *Ermessensausübung* durch die Verwaltung kann hingegen nur eingeschränkt von den Gerichten überprüft werden (vgl. § 114 VwGO).

Der Grundsatz der Effektivität des Rechtsschutzes kann es gebieten, die *Möglichkeit eines vorläufigen Rechtsschutzes* zu eröffnen. Dies gilt jedenfalls dann, „wenn ohne ihn schwere und unzumutbare, anders nicht abwendbare Nachteile entstünden, zu deren nachträglicher Beseitigung die Entscheidung in der Hauptsache nicht mehr in der Lage wäre".[31] Vorschriften über vorläufigen Rechtsschutz finden sich im Verwaltungsrecht in den §§ 80, 80a und 123 VwGO.

Darüber hinaus kann Art. 19 Abs. 4 unter Umständen auch einen Informationsanspruch umfassen.[32] Schließlich kann sich der Betroffene nur wehren, wenn er von einem Eingriff auch weiß.
Zur Effizienz des Rechtsschutzes gehört schließlich das Gebot der Rechtswegklarheit.[33] Zu Recht hat das BVerfG klargestellt, dass die

> ... Klarheit und Bestimmtheit von Rechtswegvorschriften im Rahmen dessen, was generell-abstrakter Regelung praktisch möglich ist, ist unabdingbare Anforderung an eine rechtsstaatliche Ordnung, die dem Bürger die eigenmächtig-gewaltsame Durchsetzung behaupteter Rechtspositionen grundsätzlich verwehrt und ihn statt dessen auf den Rechtsweg verweist.[34]

In besonders krassen Fällen kann das Gebot dazu führen, dass eine bestimmte Regelungssituation als verfassungswidrig zu behandeln und der Gesetzgeber zur Schaffung klarer Regelungen zu verpflichten ist.[35] Eine solche Situation findet sich derzeit etwa im Transplantationsrecht hinschlich der gerichtlichen Überprüfung dort getroffener Verteilungsentscheidungen.[36]

§ 29 Das Recht auf den gesetzlichen Richter gemäß Art. 101 Abs. 1 S. 2

Literatur:
Bettermann, K. A., Der gesetzliche Richter in der Rechtsprechung des Bundesverfassungsgerichts, AöR 94 (1969), 263; *Britz, G.*, Das Grundrecht auf den gesetzlichen Richter in der Rechtsprechung des BVerfG, JA 2001, 573; *Degenhart, C.*, Gerichtsorganisation, in: Isensee, J./Kirchhof, P. (Hrsg.), Handbuch des Staatsrechts der Bundesrepublik Deutschland, Band III, 2. Auflage 2000, § 75; *ders.*, Gerichtsverfahren, in: Isensee, J./Kirchhof, P. (Hrsg.), Handbuch des Staatsrechts der Bundesrepublik Deutschland, Band III, 2. Auflage 2000, § 76; *Helm, M.*, Grundzüge des Strafverfahrensrechts: Die sachliche Zuständigkeit, JA 2006, 389; *Höfling, W./Roth, T.*, Ungesetzliche Bundesverfassungsrichter?, DÖV 1997, 67; *Niemöller, M./Schuppert, G. F.*, Die Rechtsprechung des Bundesverfassungsgerichts zum Strafverfahrensrecht, AöR 107 (1982), 387; *Otto, M. R.*, Grundfälle zu den Justizgrundrechten, JuS 2012, 21; *Pechstein, M.*,

---

29 BVerfGE 84, 34, 49 – *juristische Prüfung*.
30 BVerfGE 84, 34, 49 – *juristische Prüfung*.
31 BVerfGE 79, 69, 74 – *Eidespflicht*.
32 BVerfG, NJW 2008, 2099 – *Rasterfahndung, Steuergeheimnis*.
33 *Lang*, VSSR 2002, 21, 30.
34 BVerfGE 57, 9, 22 – *Einlieferungsersuchen*.
35 *Schmidt-Aßmann*, in: Maunz/Dürig, GG, Art. 19 Abs. 4 Rn. 231.
36 Vertiefend *Lang*, VSSR 2002, 22, 31 ff.

Der gesetzliche Richter, Jura 1998, 197; *Quarch, M.*, Zur Einführung: Das deutsche Recht der richterlichen Befangenheit, JA 2005, 450; *Rodi, M.*, Vorlageentscheidungen, gesetzliche Richter und Willkür, DÖV 1989, 750; *Schreiber, K.*, Die Verfahrensgrundsätze im Zivilprozess, Jura 2007, 500; *Schröder, F.*, Zur Verfassungsmäßigkeit des Rotationssystems in Geschäftsverteilungsplänen, DRiZ 2006, 291.

Rechtsprechung:
BVerfGE 3, 359 – *Willkürkontrolle*; BVerfGE 4, 412 – *Terminsanberaumung*; BVerfGE 17, 294 – *Geschäftsverteilungsplan*; BVerfGE 37, 271 – *Solange I*; BVerfGE 48, 246 – *ehrenamtliche Richter am BSG*; BVerfGE 61, 82 – *Sasbach*; BVerfGE 64, 1 – *National Iranian Oil Company*; BVerfGE 69, 112 – *Bindungswirkung von Normprüfungsentscheidungen*; BVerfGE 73, 339 – *Solange II*; BVerfGE 82, 159 – *Vorlagepflicht zum EuGH*; BVerfGE 82, 286 – *Richterbesetzung*; BVerfGE 87, 282 – *Vorlagepflicht*; BVerfGE 95, 173 – *Warnhinweise auf Tabakverpackungen*; BVerfGE 95, 322 – *Spruchgruppen*; BVerwGE 102, 7 – *Mitwirkung von Richtern auf Probe*; BVerfGE 109, 13 – *Lockspitzel I*; BVerfGE 109, 38 – *Lockspitzel II*; BVerfGE 118, 212 – *Strafzumessungsfehler*; BVerfGE 147, 364 – *Verfassungswidrigkeit einer gerichtlichen Entscheidung über Auslieferung*; BGHZ 126, 63 – *Geschäftsverteilung bei übersetzten Zivilsenaten des BGH*; BVerfGE 138, 64 – *Planungsschadensrecht*; ; BVerfG, NJW 2016, 3153, Rn. 52 – *Diskriminierende Preisgestaltung durch ein kommunales Freizeitbad.*

I. Überblick und Normstruktur

1210 Das Recht auf den gesetzlichen Richter nach Art. 101 Abs. 1 S. 2 ist die *„Grundnorm für die Gerichtsorganisation"* nach dem Grundgesetz.[1] Sie stellt eine Reaktion auf die geschichtlichen Erfahrungen mit Diktaturen und absoluten Staaten dar (*„Kabinettsjustiz"*).[2] Die Vorschrift

> „soll der Gefahr vorbeugen, dass die Justiz durch eine Manipulierung der rechtsprechenden Organe sachfremden Einflüssen ausgesetzt wird, insbesondere dass im Einzelfall durch die Auswahl der zur Entscheidung berufenen Richter ad hoc das Ergebnis der Entscheidung beeinflusst wird, gleichgültig, von welcher Seite die Manipulation ausgeht. Der Rechtsuchende hat einen Anspruch darauf, dass der Rechtsstreit, an dem er beteiligt ist, von seinem gesetzlichen Richter entschieden wird."[3]

1211 Die Garantien des Art. 101 verwirklichen im Wesentlichen das *Rechtsstaatsprinzip* auf dem Gebiet der Gerichtsverfassung:

> „Das Gebot: ‚Niemand darf seinem gesetzlichen Richter entzogen werden' soll ebenso wie die Gewährleistung der Unabhängigkeit der Gerichte Eingriffe Unbefugter in die Rechtspflege verhindern und das Vertrauen der Rechtsuchenden und der Öffentlichkeit in die Unparteilichkeit und Sachlichkeit der Gerichte schützen; das geschichtlich damit verbundene Verbot von Ausnahmegerichten soll einer Umgehung dieses Gebots entgegenwirken."[4]

1212 Das Recht auf den gesetzlichen Richter stellt ein klassisches *Abwehrrecht* dar, das gegen Eingriffe des nicht gesetzlich bestimmten Richters gerichtet ist. Darüber hinaus enthält Art. 101 Abs. 1 S. 2 ein *Leistungsrecht*, das den Staat verpflichtet, den gesetzlichen Richter bereit zu stellen.[5]

---

1 *Degenhart*, in: Sachs, GG, Art. 101 Rn. 1.
2 Vgl. zu Entstehungsgeschichte und geschichtlichem Hintergrund des Art. 101 *Kunig*, in: v. Münch/Kunig, GG, Art. 101 Rn. 2; *Classen*, in: v. Mangoldt/Klein/Starck, GG, Art. 101 Rn. 1.
3 BVerfGE 17, 294, 299 – *Geschäftsverteilungsplan*.
4 BVerfGE 4, 412, 416 – *Terminsanberaumung*.
5 Ebenso *Pieroth*, in: Jarass/Pieroth, GG, Art. 101 Rn. 8. Ausführlich zu den Anforderungen an den Gesetzgeber *Pechstein*, Jura 1998, 197, 198 f.

II. Tatbestandliche Voraussetzungen

1. Berechtigung

Aus Gründen der Rechtsstaatlichkeit steht das Recht auf den gesetzlichen Richter als *prozessuales Grundrecht* jedem zu, der von dem Verfahren eines Gerichts der Bundesrepublik Deutschland unmittelbar betroffen wird.[6] Art. 101 Abs. 1 S. 2 gilt somit nicht nur für natürliche Personen und juristische Personen i. S. d. Art. 19 Abs. 3, sondern *auch für ausländische juristische Personen[7] und juristische Personen des öffentlichen Rechts*.[8] Denn es handelt sich bei den prozessualen Grundrechten um objektive Verfahrensgrundsätze, auf die sich alle an einem gerichtlichen Verfahren Beteiligten berufen können.[9] Der Richter selbst kann sich allerdings nicht auf Art. 101 Abs. 1 S. 2 berufen.

2. Inhalt

Das Prinzip des gesetzlichen Richters verlangt, dass die Regelungen, zur Bestimmung des gesetzlichen Richters derart ausgestaltet sind, dass von Anfang an bestimmt ist, welches Gericht, welcher Spruchkörper und welcher Richter im Einzelfall entscheiden wird.[10] Es gehört zum *Begriff des gesetzlichen Richters,*

> „dass nicht für bestimmte Einzelfälle bestimmte Richter ausgesucht werden, sondern dass die einzelne Sache ‚blindlings' aufgrund allgemeiner, vorab festgelegter Merkmale an den entscheidenden Richter gelangt. Der rechtsstaatliche Grundsatz vom gesetzlichen Richter untersagt mithin die Auswahl des zur Mitwirkung berufenen Richters von Fall zu Fall im Gegensatz zu einer normativen, abstrakt-generellen Vorherbestimmung."[11]

Gesetzlicher Richter i. S. d. Art. 101 Abs. 1 S. 2 „ist nicht nur das Gericht als organisatorische Einheit oder das erkennende Gericht als Spruchkörper, vor dem verhandelt und von dem die einzelne Sache entschieden wird, sondern *auch der zur Entscheidung im Einzelfall berufene Richter*".[12]

Richter in diesem Sinne sind *auch ehren- und nebenamtliche Richter* (z. B. Schöffen), nicht aber die Richter privater Gerichte, etwa von Schiedsgerichten nach §§ 1025 ZPO.[13]

Gesetzlicher Richter i. S. d. Art. 101 Abs. 1 S. 2 ist *auch der EuGH*, sofern er durch die Zustimmungsgesetze zu den Gemeinschaftsverträgen Rechtssprechungsfunktionen übertragen bekommen hat.[14] Zu nennen ist dabei insbesondere die Kompetenz des Gerichtshofs zu Vorabentscheidungen gemäß Art. 267 AEUV.

„*Gesetzlich*" bedeutet nicht, dass zur Bestimmung des zuständigen Richters stets ein formelles Gesetz erforderlich wäre. Eines solchen bedarf es nur, um die fundamentalen Zuständigkeiten zu regeln. Der Gesetzgeber muss also durch Prozessgesetz selbst regeln, welche Gerichte mit welchen Spruchkörpern für welche Verfahren sachlich, ört-

---

6 Ständ. Rspr., vgl. etwa BVerfGE 12, 6 – *Societe Anonyme;* BVerfGE 64, 1 – *National Iranian Oil Company*.
7 BVerfGE 64, 1, 11 – *National Iranian Oil Company*; jüngst auch BVerfGE 138, 64 Rn. 54 ff. – *Planungsschadensrecht*, Beschwerdefähigkeit eine Behörde aus Art. 101 Abs. 1 S. 2.
8 BVerfGE 61, 82, 104 – *Sasbach*.
9 Vgl. BVerfGE 6, 45 – *Grundrechtsverletzung des Fiskus*.
10 BVerfGE 17, 294, 299 – *Geschäftsverteilungsplan*.
11 BVerfGE 95, 322, 329 – *Spruchgruppen*.
12 BVerfGE 17, 294, 298 f. – *Geschäftsverteilungsplan*.
13 So auch *Kingreen/Poscher*, Grundrechte, Rn. 1222.
14 BVerfGE 73, 339, 366 ff. – *Solange II;* BVerfG, NJW 2016, 3153, Rn. 52 – *Diskriminierende Preisgestaltung durch ein kommunales Freizeitbad*.

lich und instanziell zuständig sind. Um den Anforderungen des Art. 101 Abs. 1 S. 2 zu genügen, bedarf es weiterhin organisationsrechtlicher Normen, die die einzelnen Gerichte errichten und dessen Bezirke festlegen. Zudem müssen die Gerichte Geschäftsverteilungspläne aufstellen, welche die jeweiligen Spruchkörper bestimmen und diesen die erforderlichen Richter zuteilen.[15] Diese müssen jährlich im Voraus, also vor Beginn des Geschäftsjahres für dessen Dauer, schriftlich aufgestellt werden und sind in ihrer Rechtsnatur einer autonomen Satzung zumindest vergleichbar.[16] Bei einem überbesetzen Spruchkörper muss im Rahmen eines Mitwirkungsplans bestimmt werden, welcher Richter bei der Entscheidung welcher Verfahren teilhaben darf.[17]

1217 Aus der Regelung des Art. 101 Abs. 1 S. 2 ergibt sich ferner, dass der gesetzliche Richter in diesem Sinne allen *verfassungsrechtlichen Voraussetzungen, insbesondere der Art. 20, 92 und 97* genügen muss.[18] Somit ist ein Gericht dann „ungesetzlich", wenn es nicht den Anforderungen des Grundgesetzes gerecht wird und ein Richter ist es, wenn seine *Unabhängigkeit* und *Unparteilichkeit* nicht garantiert erscheint.[19] Über Art. 101 Abs. 1 S. 2 wird damit die Einhaltung der Anforderungen der Art. 92 und 97 verfassungsbeschwerdefähig.

III. Eingriffe

1218 Ein *Eingriff* in Art. 101 Abs. 1 S. 2, also ein Entzug des gesetzlichen Richters liegt vor, wenn die Verhandlung und Entscheidung einer Sache durch den gesetzlichen Richter verhindert oder beeinträchtigt wird; insb. bei der *Mitwirkung* eines *ausgeschlossenen* oder etwa *befangenen* Richters.[20] Ein Verstoß gegen den gesetzlichen Richter kann auch dann vorliegen, wenn die Festlegung des zuständigen Richters in untergesetzlichen Rechtsnormen mit vorrangigen formell-gesetzlichen Regelungen unvereinbar ist. Allerdings stellt nicht jede fehlerhafte Anwendung von Rechtsvorschriften durch das Gericht (*error in procedendo*) zugleich einen Verstoß gegen Art. 101 Abs. 1 S. 2 dar. Eine Verfassungswidrigkeit wird erst begründet, wenn die fehlerhafte Auslegung und Anwendung des einfachen Rechts willkürlich ist.[21] *Willkür* in diesem Sinne liegt vor, wenn die Entscheidung auf unsachlichen Erwägungen beruht, offensichtlich unhaltbar oder ohne Bezug zum gesetzlichen Maßstab ist.[22]

IV. Verfassungsrechtliche Rechtfertigung

1219 Das Recht auf den gesetzlichen Richter ist *vorbehaltlos gewährleistet*. Mit Rücksicht auf die Ausgestaltungsbefugnis des Gesetzgebers kommt der Eingriffsrechtfertigung durch kollidierendes Verfassungsrecht praktisch keine Bedeutung zu.[23]

---

15 Siehe BVerfGE 95, 322, 328 – *Spruchgruppen*.
16 Vgl. *Degenhart*, in: Sachs, GG, Art. 101 Rn. 7; *Pieroth*, in: Jarass/Pieroth, GG, Art. 101 Rn. 21.
17 BVerfGE 95, 322, 328 – *Spruchgruppen*. Vgl. zu dieser Frage ausführlich *Hill*, HStR VI, 2. Aufl. 2000, § 156 Rn. 53; *Pechstein*, Jura 1998, 197, 200 f.
18 Vgl. *Jachmann-Michel*, in: Maunz/Dürig, GG, Art. 101 Rn. 5, 18; *Degenhart*, in: Sachs, GG, Art. 101 Rn. 9; *Sachs*, Verfassungsrecht II, II 34 Rn. 8.
19 BVerfGE 82, 286, 298 – *Richterbesetzung*.
20 Vgl. *Kingreen/Poscher*, Grundrechte, Rn. 1231. Siehe zu den möglichen Eingriffen von Legislative, Exekutive und Judikative *Pieroth*, in: Jarass/Pieroth, GG, Art. 101 Rn. 9 ff.
21 BVerfGE 87, 282, 284 f. – *Vorlagepflicht*.
22 *Pechstein*, Jura 1998, 197, 201. Vgl. zur eingeschränkten Prüfungskompetenz des BVerfG *Manssen*, Grundrechte, Rn. 804 ff.
23 Ebenso *Pieroth*, in: Jarass/Pieroth, GG, Art. 101 Rn. 25.

§ 30 Der Anspruch auf rechtliches Gehör gemäß Art. 103 Abs. 1

Literatur:
Augsberg, I./Burkiczak, C., Der Anspruch auf rechtliches Gehör gemäß Art. 103 I GG als Gegenstand der Verfassungsbeschwerde, JA 2008, 59; *Degenhart, C.*, Gerichtsverfahren, in: Isensee, J./Kirchhof, P. (Hrsg.), Handbuch des Staatsrechts der Bundesrepublik Deutschland, Band III, 2. Auflage 2000, § 76; *Knemeyer, F.-L.*, Rechtliches Gehör im Gerichtsverfahren, in: Isensee, J./Kirchhof, P. (Hrsg.), Handbuch des Staatsrechts der Bundesrepublik Deutschland, Band VIII, 3. Auflage 2010, § 178; *v. Münch, I.*, Greise vor Gericht, JZ 2004, 184; *Otto, M. R.*, Grundfälle zu den Justizgrundrechten, JuS 2012, 412; *Rüping, H.*, Verfassungs- und Verfahrensrecht im Grundsatz des rechtlichen Gehörs, NVwZ 1985, 304; *Schmidt-Aßmann, E.*, Verfahrensfehler als Verletzung des Art. 103 Abs. 1 GG, DÖV 1987, 1029; *Schreiber, K.*, Die Verfahrensgrundsätze im Zivilprozess, Jura 2007, 500; *Ulrici, B.*, Das Anhörungsrügengesetz, Jura 2005, 368; *Voßkuhle, A.*, Bruch mit einem Dogma – Die Verfassung garantiert Rechtsschutz gegen den Richter, NJW 2003, 2193; *Zuck, R.*, Wann verletzt ein Verstoß gegen ZPO-Vorschriften zugleich den Grundsatz rechtlichen Gehörs?, NJW 2005, 3753; *ders.*, Nichtzulassungsbeschwerde und rechtliches Gehör, NJW 2008, 2078.

Rechtsprechung:
BVerfGE 9, 89 – *Untersuchungshaft*; BVerfGE 9, 124 – *Armenrecht*; BVerfGE 27 – Anspruch auf rechtliches Gehör BVerfGE 38, 105 – *Rechtsbeistand*; BVerfGE 39, 156 – *gemeinschaftliche Verteidigung*; BVerfGE 52, 203 – *Einreichung von Schriftsätzen*; BVerfGE 54, 117 – *Präklusion im Zivilprozess I*; BVerfGE 57, 346 – *Zwangsvollstreckung II*; BVerfGE 60, 175 – *Startbahn West*; BVerfGE 61, 82 – *Sasbach*; BVerfGE 64, 1 – *National Iranian Oil Company*; BVerfGE 69, 145 – *Präklusion*; BVerfGE 75, 302 – *Präklusion im Zivilprozess II*; BVerfGE 83, 24 – *Polizeigewahrsam*; BVerfGE 86, 133 – *Rückübertragungsanspruch*; BVerfGE 87, 363 – *Nachtbackverbot*; BVerfGE 89, 28 – *Selbstablehnung eines Richters*; BVerfGE 89, 381 – *Volljährigenadoption II*; BVerfGE 99, 145 – *gegenläufige Kindesrückführungsanträge*; BVerfGE 101, 397 – *Nachlasspfleger*; BVerfGE 107, 395 – *fachgerichtlicher Rechtsschutz*; BVerfGE 109, 279 – *großer Lauschangriff*; BVerfGE 118, 212 – *Strafzumessungsfehler*; BVerfGE 119, 292 – *Anhörungsrüge bei Zwischenentscheidungen*; BVerfGK 20, 187 – *Warteliste Organtransplantation*.

I. Überblick und Normstruktur

Der Anspruch auf rechtliches Gehör vor Gericht nach Art. 103 Abs. 1 steht in einem unmittelbaren Zusammenhang mit dem Schutz der Menschenwürde gemäß Art. 1 Abs. 1 und ist *Ausprägung des Rechtsstaatsprinzips*.[1] Das BVerfG hat den Anspruch auf rechtliches Gehör als „prozessuales Urrecht" bezeichnet.[2] Das Recht aus Art. 103 Abs. 1 gilt für *alle Verfahren vor staatlichen Gerichten*, dem eindeutigen Wortlaut zufolge jedoch nicht für Verfahren, die nicht „vor Gericht" durchgeführt werden, wie dies etwa beim Verwaltungsverfahren der Fall ist.[3]

II. Tatbestandliche Voraussetzungen

1. Berechtigung

Auf Art. 103 Abs. 1 kann sich jeder berufen, „der an einem gerichtlichen Verfahren als Partei oder in ähnlicher Stellung beteiligt ist oder unmittelbar rechtlich von dem Verfahren betroffen wird".[4]

---
1 Vgl. zur Bedeutung des Art. 103 Abs. 1 Kunig, in: v. Münch/Kunig, GG, Art. 103 Rn. 3 m.w.N.
2 BVerfGE 107, 395, 408 – *fachgerichtlicher Rechtsschutz*.
3 Vgl. BVerfGE 101, 397, 404 – *Nachlasspfleger*; Degenhart, in: Sachs, GG, Art. 103 Rn. 8.
4 BVerfGE 101, 397, 404 – *Nachlasspfleger*.

Art. 103 Abs. 1 gilt somit nicht nur für natürliche Personen und juristische Personen i. S. d. Art. 19 Abs. 3, sondern *auch für ausländische juristische Personen*[5] *und juristische Personen des öffentlichen Rechts.*[6]

2. Inhaltliche Anforderungen

1222 Der Anspruch auf rechtliches Gehör besagt, dass der Betroffene grundsätzlich die Möglichkeit haben muss, sich *vor Erlass einer Entscheidung in tatsächlicher und rechtlicher Hinsicht zur Sache zu äußern.*[7] Eine gerichtliche Entscheidung darf nur auf solchen Tatsachen und Beweisergebnissen basieren, hinsichtlich derer den Beteiligten die *Gelegenheit zur Stellungnahme* gegeben war.[8]
Das BVerfG fasst den Inhalt des Rechts aus Art. 103 Abs. 1 wie folgt zusammen:

"Der Einzelne soll nicht nur Objekt der richterlichen Entscheidung sein, sondern vor einer Entscheidung, die seine Rechte betrifft, zu Wort kommen, um als Subjekt Einfluss auf das Verfahren und sein Ergebnis nehmen zu können. Rechtliches Gehör sichert den Parteien ein Recht auf Information, Äußerung und Berücksichtigung mit der Folge, dass sie ihr Verhalten im Prozess eigenbestimmt und situationsspezifisch gestalten können. Insbesondere sichert es, dass sie mit Ausführungen und Anträgen gehört werden."[9]

1223 Der Anspruch auf rechtliches Gehör beinhaltet demnach ein *Recht auf Information, Äußerung und Berücksichtigung.* Allerdings ist der Schutzbereich nur eröffnet, wenn es sich um eigene Rechte handelt, bezüglich derer sich der Einzelne in diesem Sinne Gehör verschaffen will. *Nicht* einschlägig ist Art. 103 Abs. 1, wenn es sich um die Rechte anderer oder Gemeinwohlbelange handelt.[10]

1224 Das *Recht auf Information* verpflichtet das Gericht, die Beteiligten über den relevanten Verfahrensstoff zu informieren.[11] Hierzu zählen insbesondere alle Äußerungen der Gegenseite, von Amts wegen eingeführte Tatsachen und Beweismittel, Behördenauskünfte, beigezogene Gerichtsakten, polizeiliche Vernehmungsprotokolle und gutachtliche Stellungnahmen.[12] Das etwa in § 100 VwGO verankerte Akteneinsichtsrecht hat hier seine verfassungsrechtliche Wurzel.[13]

1225 Art. 103 Abs. 1 gewährt den Beteiligten eines gerichtlichen Verfahrens „ein Recht darauf, sich vor Erlass der Entscheidung zu dem zugrunde liegenden Sachverhalt zu äußern" (*Recht auf Äußerung*).[14] Grundsätzlich ist die Gewährung *vorherigen* rechtlichen Gehörs erforderlich.[15] Ist dies im Verfahren des vorläufigen Rechtsschutzes faktisch unmöglich oder gefährdete eine vorherige Anhörung den Zweck einer gerichtlichen Maßnahme, so muss die Gewährung rechtlichen Gehörs *unverzüglich nachgeholt* werden.[16]

---

5 BVerfGE 64, 1, 11 – *National Iranian Oil Company.*
6 BVerfGE 61, 82, 104 – *Sasbach.*
7 Vgl. *Kingreen/Poscher,* Grundrechte, Rn. 1240.
8 Vgl. *Remmert,* in: Maunz/Dürig, GG, Art. 103 Abs. 1 Rn. 76. Zu verbotenen Überraschungsentscheidungen *Pieroth,* in: Jarass/Pieroth, GG, Art. 103 Rn. 56.
9 BVerfGE 107, 395, 409 – *fachgerichtlicher Rechtsschutz.*
10 Vgl. *Hufen,* Staatsrecht II, § 21 Rn. 40.
11 Ebenso *Degenhart,* in: Sachs, GG, Art. 103 Rn. 16; vgl. auch *Stein/Frank,* Staatsrecht, § 54 V 1.
12 Siehe *Pieroth,* in: Jarass/Pieroth, GG, Art. 103 Rn. 22 f., und *Kingreen/Poscher,* Grundrechte, Rn. 1241, jeweils m. w. N.
13 *Lang,* in: Sodan/Ziekow, VwGO, 5. Aufl. 2018, § 100 Rn. 5.
14 BVerfGE 69, 145, 148 – *Präklusion.*
15 Vgl. BVerfGE 9, 89, 96 – *Untersuchungshaft;* BVerfGE 57, 346, 359 – *Zwangsvollstreckung II; Degenhart,* in: Sachs, GG, Art. 103 Rn. 20.
16 Vgl. *Pieroth,* in: Jarass/Pieroth, GG, Art. 103 Rn. 36 m. w. N.; *Sachs,* Verfassungsrecht II, Teil II Kap 35 Rn. 6.

Unter Umständen kann es auch geboten sein,

> „*die Verfahrensbeteiligten auf eine Rechtsauffassung hinzuweisen, die das Gericht der Entscheidung zugrunde legen will. Eine dem verfassungsrechtlichen Anspruch genügende Gewährung rechtlichen Gehörs setzt voraus, dass der Verfahrensbeteiligte bei Anwendung der von ihm zu verlangenden Sorgfalt zu erkennen vermag, auf welche Gesichtspunkte es für die Entscheidung ankommen kann. Es kann im Ergebnis der Verhinderung eines Vortrags zur Rechtslage gleichkommen, wenn das Gericht ohne vorherigen Hinweis auf einen rechtlichen Gesichtspunkt abstellt, mit dem auch ein gewissenhafter und kundiger Prozessbeteiligter selbst unter Berücksichtigung der Vielfalt vertretbarer Rechtsauffassungen nicht zu rechnen brauchte.*"[17]

In welcher Weise der Anspruch auf rechtliches Gehör gewährt wird, obliegt dem Gesetzgeber. Demnach ergibt sich aus Art. 103 Abs. 1 kein Anspruch auf eine persönliche Anhörung oder eine mündliche Verhandlung.[18] Sofern allerdings keine Normierung diesbezüglich besteht, steht die Entscheidung über die Gewährung des rechtlichen Gehörs im Ermessen des Gerichts.[19] Umstritten ist, ob der Anspruch auf rechtliches Gehör auch die *Heranziehung eines Rechtsanwalts* umfasst. Die h. L. bejaht einen aus Art. 103 Abs. 1 folgenden Grundsatz frei zulässiger Beiziehung und Vertretung durch eine rechtskundige Person, da sich Bürger gerade in komplexen Rechtsmaterien ohne anwaltliche Unterstützung kaum sachdienlich äußern können.[20] Demgegenüber leitet das BVerfG das Recht des Beschuldigten, sich im Strafverfahren von einem gewählten Anwalt seines Vertrauens vertreten lassen, aus dem Rechtsstaatsprinzip ab.[21]

Art. 103 Abs. 1 gewährt das Recht, sich vor Erlass der Entscheidung zu dem zugrundeliegenden Sachverhalt zu äußern; das beinhaltet auch die Befugnis, Anträge zu stellen. Diesen Rechten korrespondiert „die Pflicht des Gerichts, Anträge und Ausführungen der Prozessbeteiligten *zur Kenntnis zu nehmen und in Erwägung zu ziehen*" (*Recht auf Berücksichtigung*).[22] Daraus folgt allerdings nicht, dass „die Gerichte jedes Vorbringen der Beteiligten in den Gründen der Entscheidung ausdrücklich zu bescheiden [haben]".[23] Ein Verstoß gegen Art. 103 Abs. 1 liegt daher nur vor, wenn im Einzelfall besondere Umstände deutlich machen, dass das Gericht „das Vorbringen entweder überhaupt nicht zur Kenntnis genommen oder […] bei seiner Entscheidung ersichtlich nicht in Erwägung gezogen hat".[24] Die Kenntnisnahme durch das Gericht setzt dessen Aufnahmefähigkeit und Aufnahmebereitschaft voraus.[25]

Aus der Berücksichtigungspflicht folgt ferner eine *Begründungspflicht* für gerichtliche Entscheidungen, da nur dann der Betroffene Klarheit darüber gewinnen kann, ob sein Vorbringen berücksichtigt worden ist.[26]

---

17 BVerfGE 86, 133, 144 f. – *Rückübertragungsanspruch*.
18 BVerfGE 89, 381, 391 – *Volljährigenadoption II*; siehe auch BVerfGE 60, 175, 210 f. – *Startbahn West*.
19 BVerfGE 89, 381, 391 – *Volljährigenadoption II*.
20 Vgl. *Remmert*, in: Maunz/Dürig, GG, Art. 103 Abs. 1 Rn. 68 ff.; *Kingreen/Poscher*, Grundrechte, Rn. 1242 m. w. N.; *Sachs*, Verfassungsrecht II, Teil II Kap. 35 Rn. 8.
21 BVerfGE 39, 156, 168 – *gemeinschaftliche Verteidigung*.
22 Ständ. Rspr., vgl. BVerfGE 69, 145, 148 – *Präklusion* m. w. N.; BVerfGE 83, 24, 35 – *Polizeigewahrsam*.
23 BVerfGE 87, 363, 392 f. – *Nachtbackverbot*.
24 BVerfGE 27, 248, 252 – *Anspruch auf rechtliches Gehör*; *Pieroth*, in: Jarass/Pieroth, GG, Art. 103 Rn. 28 f. m. w. N.
25 Ausführlich *Pieroth*, in: Jarass/Pieroth, GG, Art. 103 Rn. 37 f. (fraglich etwa bei blindem oder schlafendem Richter).
26 Näher hierzu *Degenhart*, in: Sachs, GG, Art. 103 Rn. 40.

III. Eingriffe

1228 Der Anspruch auf rechtliches Gehör wird beeinträchtigt, wenn die Anforderungen an das Recht auf Information, Äußerung und Berücksichtigung nicht eingehalten werden. *Kein Eingriff in Art. 103 Abs. 1* liegt hingegen vor, wenn ausgeschlossen werden kann, dass das Gericht bei Gewährung rechtlichen Gehörs zu einer anderen, für den Betroffenen günstigeren Entscheidung gelangt wäre.[27] Gleiches gilt, wenn das zunächst fehlende rechtliche Gehör in derselben Instanz oder in der Rechtsmittelinstanz nachgeholt wird („*Heilung*"; vgl. dazu die Anhörungsrügen in §§ 321a ZPO, 33a StPO, 152a VwGO).[28]

IV. Verfassungsrechtliche Rechtfertigung

1229 Art. 103 Abs. 1 enthält *keinen Gesetzesvorbehalt*. Aufgrund der Ausgestaltungsbefugnis des Gesetzgebers kommt der Eingriffsrechtfertigung durch kollidierendes Verfassungsrecht praktisch wenig Bedeutung zu.[29] Um zulässige Einschränkungen handelt es sich etwa bei Bestimmungen über Fristen, die der Verfahrensbeschleunigung und der Rechtssicherheit dienen (Präklusionsvorschriften), wobei sich Grenzen vor allem aus dem Gebot effektiven Rechtsschutzes ergeben können; solche einschneidenden Regeln müssen Ausnahmefälle bleiben und dürfen nicht zu unbilligen Härten führen.[30]

§ 31 Der Grundsatz „nulla poena sine lege" gemäß Art. 103 Abs. 2

Literatur:
Appel, I., Grundrechtsgleiche Rechte, Prozessgrundrechte oder Schranken-Schranken? – Zur grundrechtsdogmatischen Einordnung von Art. 103 Abs. 2 und 3 GG, Jura 2000, 571; *Classen, C. D.*, Artikel 103 Abs. 2 GG – ein Grundrecht unter Vorbehalt?, GA 1998, 215; *Grefrath, H.*, Der Grundsatz der Normenklarheit in der Fallbearbeitung, JA 2008, 710; *Haft, F.*, Generalklauseln und unbestimmte Begriffe im Strafrecht, JuS 1975, 477; *Hartleb, T.*, Verstößt die Bestrafung des therapeutischen Klonens gegen Art. 103 II GG? – Zur verfassungskonformen Auslegung von § 8 I EschG, JR 2006, 98; *v. Heintschel-Heinegg, B.*, Noch einmal, weil es so wichtig ist: Der mögliche Wortsinn markiert im Strafrecht die äußerste Grenze zulässiger Auslegung, JA 2009, 68; *Hettinger, M.*, Die zentrale Bedeutung des Bestimmtheitsgrundsatzes (Art. 103 Abs. 2 GG), JuS 1997, L 17; *Hill, H.*, Verfassungsrechtliche Gewährleistungen gegenüber der staatlichen Strafgewalt, in: Isensee, J./Kirchhof, P. (Hrsg.), Handbuch des Staatsrechts der Bundesrepublik Deutschland, Band VI, 2. Auflage 2000, § 156; *Höpfner, C.*, Zur Praxis der Gesetzesauslegung in der Justiz, DÖV 2006, 820; *Kinzig, J.*, Als Bundesrecht gescheitert – als Landesrecht zulässig? – Das neue baden-württembergische Gesetz über die Unterbringung besonders rückfallgefährdeter Straftäter, NJW 2001, 1455; *ders.*, An den Grenzen des Strafrechts – Die Sicherungsverwahrung nach den Urteilen des BVerfG, NJW 2004, 911; *Kudlich, H.*, An den Grenzen des Strafrechts, JA 2007, 90; *Lasdowski, S.*, Unrecht – Strafrecht – Gerechtigkeit, Die Probleme des Rechtsstaats mit dem DDR-Unrecht, JA 1994,

---
27 Vgl. BVerfGE 89, 381, 392 – *Volljährigenadoption II*.
28 Vgl. *Kingreen/Poscher*, Grundrechte, Rn. 1245 m.w.N.
29 So auch *Pieroth*, in: Jarass/Pieroth, GG, Art. 103 Rn. 21. – Ausführlich zu den einfachgesetzlichen Ausgestaltungen des Anspruchs auf rechtliches Gehör in den verschiedenen Prozessordnungen *Knemeyer*, HStR VIII, § 178 Rn. 36 ff.
30 Näher hierzu *Pieroth*, in: Jarass/Pieroth, GG, Art. 103 Rn. 50 ff.

151; *Otto, H.*, Die Auslegung von Blankettstraftatbeständen, Jura 2005, 538; *Pieroth, B.*, Der rückwirkende Wegfall des Strafantragserfordernisses, JuS 1977, 394; *ders.*, Der Rechtsstaat und die Aufarbeitung der vor-rechtsstaatlichen Vergangenheit, VVDStRL 51 (1992), 92; *Rüthers, B./Höpfner, C.*, Analogieverbot und subjektive Auslegungsmethode, JZ 2005, 21; *Satzger, H.*, Gesetzlichkeitsprinzip und Rechtfertigungsgründe, Jura 2016, 154; *Schroeder, F.-C.*, Sitzblockade keine Gewalt – BVerfG, NJW 1995, 1141, JuS 1995, 875; *ders.*, Der Bundesgerichtshof und der Grundsatz „nulla poena sine lege", NJW 1999, 89; *Würdinger, M.*, Ausnahmevorschriften sind analogiefähig!, JuS 2008, 949.

Rechtsprechung:
BVerfGE 25, 269 – *Verfolgungsverjährung*; BVerfGE 26, 186 – *Ehrengerichte*; BVerfGE 73, 206 – *Sitzblockade I*; BVerfGE 75, 329 – *Bestimmtheitsgrundsatz*; BVerfGE 78, 374 – *Blankettstrafgesetz*; BVerfGE 87, 209 – *„Tanz der Teufel"*; BVerfGE 92, 1 – *Sitzblockade II*; BVerfGE 95, 96 – *Mauerschützen*; BVerfGE 109, 13 – *Lockspitzel I*; BVerfGE 109, 38 – *Lockspitzel I*; BVerfGE 109, 133 – *lebenslange Sicherungsverwahrung*; BVerfG, NJW 1993, 2167 – *Rückwirkungsverbot*; BVerfG, NJW 2006, 3483 – *nachträgliche Sicherungsverwahrung*; BayObLG, NJW 1990, 2833 – *Promillegrenze für absolute Fahruntüchtigkeit*; BVerfGE 128, 326 – *EGMR-Sicherungsverwahrung*.

I. Überblick und Normstruktur

Nach Art. 103 Abs. 2 kann eine Tat nur bestraft werden, wenn die Strafbarkeit gesetzlich bestimmt war, bevor die Tat begangen wurde. Die Vorschrift bezieht sich nicht nur auf *Kriminalstrafen*, sondern – mit gewissen Einschränkungen – auch auf *ehrengerichtliche und Disziplinarstrafen*; beide stimmen darin überein, dass sie „eine missbilligende hoheitliche Reaktion auf ein schuldhaftes Verhalten darstellen".[1] Darüber hinaus gilt Art. 103 Abs. 2 auch für das *Ordnungswidrigkeitenrecht*.[2] Für Regelungen, die die Voraussetzungen für eine Strafverfolgung betreffen (z. B. nachträgliche Verlängerung oder Streichung der Verjährung), gilt Art. 103 Abs. 2 nicht. Umstritten ist hingegen die Anwendung auf Maßnahmen der Besserung und Sicherung (§§ 61 ff. StGB).[3] Nach dem BVerfG ist die Sicherungsverwahrung nicht von Art. 103 Abs. 2 umfasst. Dies ergibt sich daraus, dass die Freiheitsstrafe dem Schuldausgleich dient, während die Sicherungsverwahrung präventive Zwecke verfolgt.[4]

1230

II. Tatbestandliche Gewährleistungen

Art. 103 Abs. 2 enthält mehrere verfassungsrechtliche Grundsätze für die Gesetzlichkeit bei Bestrafungen: das Gesetzlichkeitsprinzip, den Bestimmtheitsgrundsatz, das Analogieverbot und das Rückwirkungsverbot.[5]

1231

1. Das Gesetzlichkeitsprinzip

1232

Das *Gesetzlichkeitsprinzip* („gesetzlich") stellt einen Spezialfall des Gesetzesvorbehalts im Bereich des Strafrechts dar.[6]

---

1 BVerfGE 26, 186, 204 – *Ehrengerichte*; BVerfGE 109, 133, 167 – *lebenslange Sicherungsverwahrung*.
2 Ebenso *Pieroth*, in: Jarass/Pieroth, GG, Art. 103 Rn. 62 m. w. N.; *Kingreen/Poscher*, Grundrechte, Rn. 1251.
3 Vgl. hierzu *Sachs*, Verfassungsrecht II, Teil II Kap 35 Rn. 16; ausführlich zu dieser Frage *Kinzig*, NJW 2001, 1455 ff.; *Peglau*, NJW 2000, 179 ff.
4 BVerfGE 109, 133 – *lebenslange Sicherungsverwahrung*; BVerfG, NJW 2006, 3483, 3484 – *nachträgliche Sicherungsverwahrung*; zuletzt in Abgrenzung zur Auslegung des Art. 7 Abs. 1 EMRK BVerfGE 128, 326, 392 – *EGMR-Sicherungsverwahrung*.
5 Siehe *Radtke/Hagemeier*, in: BeckOK, GG, Art. 103 Rn. 18.
6 *Ipsen*, Staatsrecht II, Rn. 922.

> „Eine Strafe kann nach Art. 103 Abs. 2 GG nur aufgrund eines förmlichen Gesetzes oder aufgrund einer Rechtsverordnung verhängt werden, die im Rahmen einer nach Inhalt, Zweck und Ausmaß derart bestimmten gesetzlichen Ermächtigung ergangen ist. Die Voraussetzungen der Strafbarkeit und die Art der Strafe müssen für den Bürger schon aufgrund des Gesetzes, nicht erst aufgrund der hierauf gestützten Verordnung voraussehbar sein (Art. 80 Abs. 1 S. 2)."[7]

1233 Damit ist jede *gewohnheitsrechtliche oder richterrechtliche Begründung der Strafbarkeit ausgeschlossen.*[8]

Das Verbot der Bestrafung ohne gesetzliche Grundlage beinhaltet zugleich das Verbot rückwirkender Verhängung von Strafen für Taten, die zur Tatzeit nicht oder nicht so mit Strafe bedroht waren. Das soll aber dann ausnahmsweise nicht gelten, wenn Straflosigkeit dem Grundsatz materieller Gerechtigkeit eklatant widerspricht.[9]

2. Das Bestimmtheitsgebot

1234 Aus dem *Bestimmtheitsgebot* („bestimmt") folgt, dass der mögliche Wortsinn der Strafgesetze die äußerste Grenze zulässiger richterlicher Interpretation ist.[10] Durch Art. 103 Abs. 2 wird der Gesetzgeber verpflichtet,

> „die Voraussetzungen der Strafbarkeit so konkret zu umschreiben, dass Tragweite und Anwendungsbereich der Straftatbestände zu erkennen sind und sich durch Auslegung ermitteln lassen. Diese Verpflichtung dient einem doppelten Zweck. Es geht einerseits um den rechtsstaatlichen Schutz des Normadressaten: Jedermann soll vorhersehen können, welches Verhalten verboten und mit Strafe bedroht ist. Im Zusammenhang damit soll andererseits sichergestellt werden, dass der Gesetzgeber über die Strafbarkeit entscheidet."[11]

1235 „Der Gesetzgeber muss die Strafbarkeitsvoraussetzungen […] um so genauer festlegen und präziser bestimmen, je schwerer die von ihm angedrohte Strafe ist."[12] Die Verwendung von Generalklauseln und unbestimmten Rechtsbegriffen wird durch Art. 103 Abs. 2 indes nicht prinzipiell ausgeschlossen.[13]

3. Das Analogieverbot

1236 Das Analogieverbot wird aus dem Bestimmtheitsgrundsatz abgeleitet.[14] Es beinhaltet *Verbot analoger Anwendung* materieller Strafvorschriften durch das Gericht. Es bezieht sich auf die Strafbegründung oder Strafschärfung durch Analogie, eine analoge Anwendung von Strafvorschriften zur Strafmilderung ist zulässig.

4. Rückwirkungsverbot

1237 Als *Rückwirkungsverbot* („bevor") verbietet Art. 103 Abs. 2

> „die rückwirkende Anwendung neuen materiellen Rechts zuungunsten des Täters, und zwar sowohl die rückwirkende Strafbegründung als auch die rückwirkende Strafverschärfung".[15]

---

7 BVerfGE 75, 329, 342 – *Bestimmtheitsgrundsatz*.
8 *Degenhart*, in: Sachs, GG, Art. 103 Rn. 63.
9 Vgl. *BVerfGE* 95, 96 ff. – „Mauerschützen"; sehr str.
10 BVerfGE 92, 1, 12 – *Sitzblockade II*.
11 BVerfGE 73, 206, 234 – *Sitzblockade I*.
12 BVerfGE 75, 329, 342 – *Bestimmtheitsgrundsatz*.
13 Vgl. *Degenhart*, in: Sachs, GG, Art. 103 Rn. 68; *Hill*, HStR VI, 2. Aufl. 2000, § 156 Rn. 64.
14 Vgl. hierzu BVerfGE 25, 269, 285 – *Verfolgungsverjährung*; Kingreen/Poscher, Grundrechte, Rn. 1257 ff. Diskutiert wurde diese Frage etwa im Rahmen des Gewaltbegriffs des strafrechtlichen Nötigungstatbestandes bei Sitzblockaden; vgl. dazu Lesch, JA 1995, 889; Schroeder, JuS 1995, 875.
15 BVerfG, NJW 1993, 2167, 2168 – *Rückwirkungsverbot*. Insofern war die Verurteilung der sog. „Mauerschützen" verfassungsrechtlich nicht unumstritten. Siehe hierzu ausführlich BVerfGE 95, 96 – *Mauerschützen; Arnold*, JuS 1997, 400.

Nach h. M. soll das Rückwirkungsverbot nicht für die Änderung der höchstrichterlichen Rechtsprechung gelten.[16] Das ist zweifelhaft, da dieser Rechtsprechung in der Praxis eine erhebliche tatsächliche Bedeutung als Leitlinie für die Gesetzesauslegung zukommt.

§ 32 Der Grundsatz „ne bis in idem" gemäß Art. 103 Abs. 3

Literatur:
Fliedner, U., Die verfassungsrechtlichen Grenzen mehrfacher staatlicher Bestrafung aufgrund desselben Verhaltens, AöR 99 (1974), 242; *Grünewald, A.*, Die Wiederaufnahme des Strafverfahrens zuungunsten des Angeklagten, ZStW 120 (2008), 545; *Hill, H.*, Verfassungsrechtliche Gewährleistungen gegenüber der staatlichen Strafgewalt, in: Isensee, J./Kirchhof, P. (Hrsg.), Handbuch des Staatsrechts der Bundesrepublik Deutschland, Band VI, 2. Auflage 2000, § 156; *Kinzig, J.*, Umfassender Schutz vor dem gefährlichen Straftäter? – Das Gesetz zur Einführung der nachträglichen Sicherungsverwahrung, NStZ 2004, 655; *Kraatz, E.*, Strafklagebrauch beim Unterlassungsdauerdelikt, Jura 2007, 854; *Schroeder, F.-C.*, Die Rechtsnatur des Grundsatzes „ne bis in idem", JuS 1997, 227.

Rechtsprechung:
BVerfGE 3, 248 – *Mehrfachbestrafung*; BVerfGE 12, 62 – *ne bis in idem*; BVerfGE 23, 191 – *Dienstflucht*; BVerfGE 43, 101 – *Anrechnung der Erzwingungshaft*; BVerfGE 56, 22 – *kriminelle Vereinigung*; BVerfGE 65, 377 – *Strafbefehl*; BVerfGE 75, 1 – *ne bis in idem im Völkerrecht*.

Nach Art. 103 Abs. 3 darf niemand wegen derselben Tat auf Grund der allgemeinen Strafgesetze mehrmals bestraft werden. Das Verbot, einen verurteilten Straftäter ein zweites Mal vor Gericht zu stellen, folgt daraus, dass strafrechtliche Schuld rechtlich durch Strafe getilgt wird.[1]

Unter den *allgemeinen Strafgesetzen* in diesem Sinne sind die Kriminalstrafgesetze zu verstehen, nicht aber das Ordnungswidrigkeitenrecht und das Disziplinarrecht.[2] Der Begriff der *Tat* i. S. d. Art. 103 Abs. 3 ist nicht identisch mit dem materiell-rechtlichen Tatbegriff der §§ 52, 53 StGB.[3] Maßgeblich ist vielmehr

> „der geschichtliche Vorgang, auf welchen Anklage und Eröffnungsbeschluss hinweisen und innerhalb dessen der Angeklagte als Täter oder Teilnehmer einen Straftatbestand verwirklicht haben soll."[4]

Es ist also „auf einen nach natürlicher Auffassung zu beurteilenden *einheitlichen Lebensvorgang*" abzustellen.[5]

Art. 103 verbietet nicht nur die mehrfache Bestrafung, sondern auch die wiederholte Strafverfolgung.[6] Die Einleitung eines weiteren Strafverfahrens ist also ausge-

---
16 BayObLG, NJW 1990, 2833 – *Promillegrenze für absolute Fahruntüchtigkeit*; ablehnend *Pieroth*, in: Jarass/Pieroth, GG, Art. 103 Rn. 93, und *Degenhart*, in: Sachs, GG, Art. 103 Rn. 73.
1 Siehe zur Bedeutung des Verbots der Doppelbestrafung *Kunig*, in: v. Münch/Kunig, GG, Art. 103 Rn. 35.
2 Vgl. BVerfGE 43, 101, 105 – *Anrechnung der Erzwingungshaft*; *Ipsen*, Staatsrecht II, Rn. 934; a. A. *Pieroth*, in: Jarass/Pieroth, GG, Art. 103 Rn. 101.
3 Ebenso *Degenhart*, in: Sachs, GG, Art. 103 Rn. 78.
4 BVerfGE 23, 191, 202 – *Dienstflucht*.
5 BVerfGE 56, 22, 28 – *kriminelle Vereinigung*.
6 *Degenhart*, in: Sachs, GG, Art. 103 Rn. 79.

schlossen (*Verfahrenshindernis*).⁷ Dies gilt auch dann, wenn das erste Verfahren durch eine freisprechende Entscheidung beendet wurde („*Rechtskraft des Freispruchs*").⁸ Für den Fall der *Einstellung des Verfahrens* ist zu differenzieren. Bei gerichtlichen Einstellungsentscheidungen nach § 153 Abs. 2 StPO tritt Strafklageverbrauch ein, wohingegen den die Eröffnung des Hauptverfahrens ablehnenden Beschlüssen gemäß § 211 StPO nur eine eingeschränkte Sperrwirkung zukommt.⁹ Umstritten ist, ob Art. 103 Abs. 3 der *Wiederaufnahme des Verfahrens zuungunsten des Angeklagten* entgegensteht. Überwiegend wird das Institut der Wiederaufnahme gemäß § 362 ff. StPO bei restriktiver Handhabung für zulässig gehalten.¹⁰

D. Grundrechte im Verfassungsprozess

➡ Prüfungsaufbau Anhang B Sch 4 Rn. 1321

§ 33 Die Verfassungsbeschwerde

Literatur:
Borm, T., Der Anspruch auf angemessene Verfahrensdauer im Verfassungsbeschwerdeverfahren vor dem Bundesverfassungsgericht, 2005; *Brüning, C./Helios, M.*, Die verfassungsprozessuale Durchsetzung grundrechtlicher Schutzpflichten am Beispiel des Internets, Jura 2001, 155; *Classen, C. D.*, Zu den Anforderungen an eine Vorlage an das BVerfG, die sich auf Sekundärrecht der Gemeinschaft bezieht, und die Defizite im europäischen Grundrechtsschutz zum Inhalt hat, JZ 2000, 1159; *Görisch, C./Hartmann, B.*, Grundrechtsrüge und Prüfungsumfang bei der Verfassungsbeschwerde, NVwZ 2007, 1007; *Gusy, C.*, Die Verfassungsbeschwerde, in: FS 50 Jahre BVerfG, Bd I S. 641; *Häberle, P.*, Die Verfassungsbeschwerde im System der bundesdeutschen Verfassungsgerichtsbarkeit, JöR 1997, 89; *Hartmann, B.*, Schwerpunktbereichsklausur – Verfassungsprozessrecht: Die 90-II-93–I-Falle, JuS 2007, 657; *Jestaedt, M.*, Verfassungsrecht und einfaches Recht – Verfassungsgerichtsbarkeit und Fachgerichtsbarkeit, DVBl. 2001, 1309; *Kau, M.*, Keine Rosen für den Staatsanwalt, Jura 2007, 869; *Kenntner, M.*, Das BVerfG als subsidiärer Superrevisor?, NJW 2005, 785; *ders.*, Vom Hüter der Verfassung zum Pannenhelfer der Nation?, DÖV 2005, 269; *Klein, O./Sennekamp, C.*, Aktuelle Zulässigkeitsprobleme der Verfassungsbeschwerde, NJW 2007, 945; *Kleine-Cosack, M.*, Verfassungsbeschwerden und Menschenrechtsbeschwerden, 2007; *Kreuder, T.*, Praxisfragen zur Zulässigkeit der Verfassungsbeschwerde, NJW 2001, 1243; *Lang, H.*, Wo kein Kläger, da acht Richter – Zur Entscheidungsbefugnis des Bundesverfassungsgerichts nach Antragsrücknahme, DÖV 1999, S. 624 ff.; *ders.*, Der schwierige Ratschlag, JuS 1998, S. L 20 ff.; *Linke, T.*, Revolutionäres zur Subsidiarität der Verfassungsbeschwerde?, NJW 2005, 2190; *Niesler, A.*, Die einstweilige Anordnung nach § 32 BVerfGG in der Fallbearbeitung, Jura 2007, 362; *Robbers, G.*, Verfassungsprozessuale Probleme in der öffentlich-rechtlichen Arbeit, JuS 1993, 737 und 1022; *Scherzberg, A./Mayer, M.*, Die Prüfung des Gleichheitssatzes in der Verfassungsbeschwerde, JA 2004, 137; Die Zulässigkeit der Verfassungsbeschwerde, Jura 2004, 373, 513; *dies.*, Die Begründetheit der Verfassungsbeschwerde bei der Rüge von Freiheitsverletzungen, Jura 2004,

---

7 Vgl. *Kingreen/Poscher*, Grundrechte, Rn. 1280.
8 Siehe etwa *Nolte/Aust*, in: v. Mangoldt/Klein/Starck, GG, Art. 103 Rn. 217; *Degenhart*, in: Sachs, GG, Art. 103 Rn. 79; *Sachs*, Verfassungsrecht II, Teil II Kap 35 Rn. 27; *Kingreen/Poscher*, Grundrechte, Rn. 1280.
9 Ebenso *Pieroth*, in: Jarass/Pieroth, GG, Art. 103 Rn. 104 m. w. N.
10 Vgl. *Degenhart*, in: Sachs, GG, Art. 103 Rn. 84; *Hill*, HStR VI, 2. Aufl. 2000, § 156 Rn. 72; *Kingreen/Poscher*, Grundrechte, Rn. 1282.

663; *Schmidt, T.,* Die Kommunalverfassungsbeschwerde, JA 2008, 763; *Seegmüller, R.,* Praktische Probleme des Verfassungsbeschwerdeverfahrens, DVBl. 1999, 738; *Spranger, T. M.,* Die Verfassungsbeschwerde im Korsett des Prozessrechts, AöR 2002, 27; *Starke, T.,* Grundfälle zur Kommunalverfassungsbeschwerde, JuS 2008, 319; *Steinbeiß-Winkelmann, C.,* Die Verfassungsbeschwerde als Untätigkeitsbeschwerde?, NJW 2008, 1783; *Stelkens, U.,* Gegenstand der Verfassungsbeschwerde bei mehreren Entscheidungen in derselben Sache, DVBl. 2004, 403; *Terhechte, J.,* Der Grundsatz der Subsidiarität der Verfassungsbeschwerde auf dem Prüfstand des Unionrechts, EuR 2008, 567; *Vetter, A.,* Die Pflicht-Restmülltonne und die Subsidiarität der Verfassungsbeschwerde, NVwZ 2007, 1377; *Zuck, R.,* Das Recht der Verfassungsbeschwerde, 2006. Vgl. außerdem die Kommentare und Lehrbücher zum Verfassungsprozessrecht.

Rechtsprechung:
BVerfGE 1, 87 – *Antragsbefugnis*; BVerfGE 1, 97 – *Hinterbliebenenrente*; BVerfGE 7, 99 – *Sendezeitvergabe I*; BVerfGE 7, 198 – *Lüth*; BVerfGE 18, 85 – *spezifisches Verfassungsrecht*; BVerfGE 18, 315 – *Marktordnung*; BVerfGE 21, 362 – *Sozialversicherungsträger*; BVerfGE 25, 256 – *Blinkfüer*; BVerfGE 28, 243 – *Kriegsdienstverweigerung*; BVerfGE 34, 269 – *Soraya*; BVerfGE 37, 271 – *Solange I*; BVerfGE 43, 130 – *politisches Flugblatt*; BVerfGE 43, 291 – *Parkstudium*; BVerfGE 45, 63 – *Stadtwerke Hameln*; BVerfGE 51, 405 – *Beschwerdebefugnis*; BVerfGE 60, 360 – *gesetzliche Krankenversicherung*; BVerfGE 64, 367 – *Sonderschuloberlehrer*; BVerfGE 67, 157 – *G 10*; BVerfGE 73, 339 – *Solange II*; BVerfGE 79, 1 – *Urheberrecht*; BVerfGE 79, 365 – *Gegenstandswert*; BVerfGE 81, 70 – *Mietwagenunternehmer*; BVerfGE 84, 59 – *Multiple-Choice-Verfahren*; BVerfGE 89, 155 – *Maastricht*; BVerfGE 89, 276 – *geschlechtsbezogene Diskriminierung*; BVerfGE 91, 294 – *Mietpreisbindung*; BVerfGE 92, 26 – *Zweitregister*; BVerfGE 104, 65 – *Schuldnerspiegel im Internet*; BVerfGE 94, 268 – *wissenschaftliches Personal*; BVerfGE 97, 157 – *Saarländisches Pressegesetz*; BVerfGE 102, 197 – *Spielbankgesetz Baden-Württemberg*; BVerfGE 102, 147 – *Bananenmarktordnung*; BVerfGE 108, 370 – *Exklusivlizenz für Postdienstleistung*; BVerfG, NVwZ 2000, 1407; BVerfG, NVwZ 2019, 162 – *Unzulässigkeit des Einreichens einer Verfassungsbeschwerde per De-Mail*.

I. Allgemeines

Die Verfassungsbeschwerde vor dem BVerfG ist in Art. 93 Abs. 1 Nr. 4a, §§ 13 Nr. 8a, 90 ff. BVerfGG geregelt. Sie „ist ein dem Staatsbürger eingeräumter *außerordentlicher Rechtsbehelf*, mit dem er Eingriffe der öffentlichen Gewalt in seine Grundrechte abwehren kann".[1] Die Verfassungsbeschwerde steht also nicht als zusätzlicher Rechtsbehelf innerhalb der fünf Gerichtszweige (Ordentliche Gerichtsbarkeit, Sozial-, Verwaltungs-, Finanz- und Arbeitsgerichtsbarkeit) zur Verfügung, sondern ist ein daneben stehender außerordentlicher Rechtsbehelf. Ihr kommt *kein Suspensiveffekt* zu, insbesondere hemmt sie nicht die Rechtskraft des angegriffenen Urteils.[2] Das Verfahren der Verfassungsbeschwerde ist *nicht-kontradiktorisch*.[3] Das BVerfG umschreibt die Eigenarten des Verfassungsbeschwerdeverfahrens wie folgt:

> „Obwohl die Verfassungsbeschwerde dem individuellen Rechtsschutz dient und ein echter Rechtsbehelf ist, gehört sie nicht zum Rechtsweg. Sie eröffnet eine eigenständige Kontrolle, die sich auch auf die dritte Gewalt erstreckt. Obwohl es im formellen Sinne keinen Verfahrensgegner wie im kontradiktorischen Verfahren vor den Fachgerichten gibt, ist ‚eigentlicher' Passivbeteiligter immer der Staat, der Bund oder das Land, dessen Behörden, Gerichte oder Gesetzgebungsorgane die angegriffene Maßnahme oder Regelung zu verantworten haben. Jede dieser drei Gewalten wird der verfassungsgerichtlichen Kontrolle unterworfen."[4]

---

1 BVerfGE 18, 315, 325 – *Marktordnung*.
2 *Pieroth,* in: Jarass/Pieroth, GG, Art. 93 Rn. 75 m. w. N.
3 *Detterbeck,* in: Sachs, GG, Art. 93 Rn. 79.
4 BVerfGE 79, 365, 367 f. – *Gegenstandswert*.

1244 Die Verfassungsbeschwerde macht mit ca. 97 % den größten Anteil aller anhängigen Verfahren vor dem BVerfG aus.[5] Ihre Erfolgsquote liegt demgegenüber lediglich bei 1,9 bis 2,0 %.[6] Gleichwohl ist die Verfassungsbeschwerde für die Entfaltung der Grundrechte in der Rechtsordnung unentbehrlich.[7]

II. Die Zulässigkeit der Verfassungsbeschwerde

1245 Die Zulässigkeitsvoraussetzungen der Verfassungsbeschwerde sind in Art. 93 Abs. 1 Nr. 4a GG, §§ 13 Nr. 8a, 90 ff. BVerfGG geregelt. In diesem Abschnitt finden sich auch die Vorschriften zum *Annahmeverfahren* (§§ 93a ff. BVerfGG), das der Entlastung des BVerfG dient.

1246 Da das Annahmeverfahren weder eine Zulässigkeits- noch eine Begründetheitsvoraussetzung der Verfassungsbeschwerde ist, muss in der Falllösung regelmäßig nicht darauf eingegangen werden.[8]

1247 Des Weiteren sei darauf hingewiesen, dass in der Fallbearbeitung nicht alle der nachfolgend erläuterten Zulässigkeitsvoraussetzungen ausführlich darzustellen sind. Erforderlich ist dies nur in den Punkten, in denen der Sachverhalt Anlass für eine nähere Prüfung bietet. Im Übrigen genügt es, wenn die einzelnen Zulässigkeitsvoraussetzungen kurz erörtert werden.

1. Beteiligtenfähigkeit

1248 Gemäß Art. 93 Abs. 1 Nr. 4a GG, § 90 Abs. 1 BVerfGG kann „jedermann" die Verfassungsbeschwerde zum BVerfG erheben. *Jedermann* ist,

> „wer Träger der angeblich verletzten Grundrechte oder grundrechtsähnlichen Rechte sein und daher die Verletzung dieser Rechte durch die öffentliche Gewalt rügen kann."[9]

1249 Der Antragssteller muss also im Hinblick auf das als verletzt gerügte Grundrecht *grundrechtsfähig* sein.[10]

1250 Grundrechtsträger kann grundsätzlich *jede lebende natürliche Person* sein.[11] Für den Geltungsbereich der einzelnen Grundrechte muss zwischen Jedermann-Grundrechten und Deutschen-Grundrechten differenziert werden, da letztere ihrem ausdrücklichen Wortlaut zufolge nur für Deutsche i. S. d. Art. 116 Abs. 1 gelten. *Ausländer und Staatenlose* können sich insofern auf das Auffanggrundrecht der allgemeinen Handlungsfreiheit gemäß Art. 2 Abs. 1 berufen.[12]
Inländische juristische Personen des Privatrechts können Träger von Grundrechten sein, soweit sie ihrem Wesen nach auf diese anwendbar sind (Art. 19 Abs. 3). Besonderheiten gelten für juristische Personen des öffentlichen Rechts und für ausländische juristische Personen des Privatrechts.[13]

---

5 *Voßkuhle*, in: v. Mangoldt/Klein/Starck, GG, Art. 93 Rn. 166.
6 Siehe die Nachweise bei *Voßkuhle*, in: v. Mangoldt/Klein/Starck, GG, Art. 93 Rn. 166.
7 Näher hierzu *Detterbeck*, in: Sachs, GG, Art. 93 Rn. 80 m. w. N.
8 Siehe *Kingreen/Poscher*, Grundrechte, Rn. 1289.
9 BVerfGE 21, 362, 367 – Sozialversicherungsträger.
10 Vgl. *Erichsen*, Jura 1991, 585, 586.
11 Vgl. *Jarass*, in: Jarass/Pieroth, GG, Art. 19 Rn. 10; *Kingreen/Poscher*, Grundrechte, Rn. 1891.
12 Näher zur Grundrechtsfähigkeit natürlicher Personen oben Rn. 114 ff.
13 Näher zur Grundrechtsfähigkeit juristischer Personen oben Rn. 125 ff.

2. Beschwerdegegenstand

1251 Gegenstand der Verfassungsbeschwerde kann *jeder Akt der öffentlichen Gewalt* sein (vgl. Art. 93 Abs. 1 Nr. 4a GG, § 90 Abs. 1 BVerfGG).

1252 Zur öffentlichen Gewalt i. d. S. zählen alle Organe der Legislative, der Exekutive und der Judikative.[14] Der Begriff der „öffentlichen Gewalt" in Art. 93 Abs. 1 Nr. 4a entspricht der Verpflichtung „aller staatlichen Gewalt" in Art. 1 Abs. 1 S. 2 sowie der Grundrechtsbindung der gesamten öffentlichen Gewalt nach Art. 1 Abs. 3[15], erfasst also insbesondere auch die Judikative. Soweit sich die Verfassungsbeschwerde gegen eine fachgerichtliche Entscheidung wendet, gewährt sie damit auch *Schutz vor dem Richter*, im Unterschied zu Art. 19 Abs. 4, wo es um den *Schutz durch den Richter* geht. Namentlich bei der Urteilsverfassungsbeschwerde bereiten der Aufbau und die Kompetenzabgrenzung zwischen Fach- und Verfassungsgerichtsbarkeit Schwierigkeiten.[16]
Am Rande sei vermerkt, dass Entscheidungen des BVerfG – und zwar auch die sog. Kammerentscheidungen – keinen tauglichen Beschwerdegegenstand bilden.[17]

1253 „*Akte* der öffentlichen Gewalt sind alle nach außen rechtlich wirksamen Maßnahmen".[18] Als Beschwerdegegenstand kommt auch ein *Unterlassen* des Staates in Betracht (vgl. §§ 92, 95 Abs. 1 S. 1 BVerfGG). Somit kann auch die Verletzung staatlicher Schutzpflichten mit der Verfassungsbeschwerde gerügt werden. Dabei ist allerdings zu berücksichtigen, dass dem Gesetzgeber bei der Erfüllung der staatlichen Schutzpflichten ein weiter Einschätzungs-, Wertungs- und Gestaltungsspielraum zukommt.[19]

1254 Sind in der gleichen Angelegenheit *mehrere Akte der öffentlichen Gewalt* ergangen (z. B. Verwaltungsakt, Widerspruchsbescheid, Urteile in allen Instanzen), so hat der Beschwerdeführer die Wahl, ob er nur die letztinstanzliche Gerichtsentscheidung oder auch alle vorangegangenen Entscheidungen angreifen möchte.[20] Es handelt sich in jedem Fall *nur um eine Verfassungsbeschwerde*.[21]

1255 Zulässiger Beschwerdegegenstand der Verfassungsbeschwerde sind *Akte der deutschen Staatsgewalt*, aber auch *Akte supranationaler Organisationen* i. S. d. Art. 23 oder Art. 24 Abs. 1.[22] Für den Grundrechtsschutz gegenüber Rechtsakten der europäischen Einrichtungen und Organe beansprucht das BVerfG eine Wächterfunktion, die das Gericht in einem „Kooperationsverhältnis zum EuGH"[23] ausübt.[24] Die dabei entstehenden Abgrenzungsfragen wurden bereits oben ausführlich bei der Darstellung der Grundrechtsbindung und der Reichweite des Art. 1 Abs. 3 erörtert; darauf kann hier verwiesen werden.[25]

---

14 So auch *Detterbeck*, in: Sachs, GG, Art. 93 Rn. 85.
15 Siehe hierzu oben Rn. 145 ff.
16 Näher dazu unter Rn. 1297.
17 BVerfGE 1, 889 LS 1; BVerfGE 19, 88, 90 – *Unanfechtbarkeit des Nichtannahmebeschlusses*; *Voßkuhle*, in: v. Mangoldt/Klein/Starck, GG, Art. 93 Rn. 175, Vermeidung eines Rechtsschutzes ad infinitum.
18 *Detterbeck*, in: Sachs, GG, Art. 93 Rn. 86.
19 Vgl. dazu bereits ausführlich oben Rn. 79 ff.
20 Siehe *Pieroth*, in: Jarass/Pieroth, GG, Art. 93 Rn. 87; *Kingreen/Poscher*, Grundrechte, Rn. 1296.
21 Ebenso *Kingreen/Poscher*, Grundrechte, Rn. 1296.
22 Näher *Detterbeck*, in: Sachs, GG, Art. 93 Rn. 85.
23 BVerfGE 89, 155, 174 f. – *Maastricht*.
24 Vgl. *Detterbeck*, in: Sachs, GG, Art. 93 Rn. 26.
25 Oben Rn. 170 ff.

3. Beschwerdebefugnis

1256 Der Beschwerdeführer muss die Behauptung erheben, durch die öffentliche Gewalt in einem seiner Grundrechte oder grundrechtsgleichen Rechte verletzt zu sein (vgl. Art. 93 Abs. 1 Nr. 4a GG, § 90 Abs. 1 BVerfGG).

1257 a) **Möglichkeit der Rechtsverletzung.** Für die Beschwerdebefugnis genügt – wie das Gesetz durch die Formulierung „*behaupten*" zu erkennen gibt – die Möglichkeit einer Grundrechtsverletzung. Im Rahmen der Zulässigkeit ist also nicht zu erörtern, ob die Behauptung des Beschwerdeführers tatsächlich zutrifft, die *Möglichkeit*, dass die staatliche Maßnahme Grundrechte oder grundrechtsgleiche Rechte des Beschwerdeführers verletzt, reicht aus (sog. *Möglichkeitstheorie*). Diese Möglichkeit muss „hinreichend substantiiert dargelegt" werden;[26] sie muss sich dem Vorbringen „mit hinreichender Klarheit entnehmen" lassen.[27]

1258 Schwierigkeiten kann in der Fallbearbeitung bereiten, wie umfangreich die Ausführungen zur Möglichkeit der Grundrechtsverletzung sein müssen. Klar ist, dass die in Übungsarbeiten häufig zu findenden rein tautologischen Darlegungen („Nach § 90 Abs. 1 BVerfGG muss die Möglichkeit der Rechtsverletzung bestehen. Hier besteht die Möglichkeit der Grundrechtsverletzung, also ist X beschwerdebefugt") ohne jeden Erkenntniswert sind. Vielmehr müssen zunächst die Anforderungen konkretisiert werden, die die Möglichkeitstheorie stellt. Nach der in der Rechtsprechung entwickelten Formel besteht die Möglichkeit der Grundrechtsverletzung, wenn *nicht offensichtlich und eindeutig* nach jeder in Betracht kommenden Sichtweise *ausgeschlossen* ist, dass die vom Beschwerdeführer in Anspruch genommenen Grundrechte dem Beschwerdeführer zustehen und durch die staatliche Maßnahme verletzt werden können.[28] Anschließend muss unter dieser Definition subsumiert werden. Dazu bieten sich kurze Ausführungen an, welches Verhalten in den Schutzbereich welchen Grundrechts fällt und warum eine Verletzung dieses Grundrechts als möglich erscheint. Das BVerfG jedenfalls nimmt das Erfordernis der Beschwerdebefugnis ernst und nicht wenige Verfassungsbeschwerden scheitern schon an der insoweit fehlenden Substantiierung.

1259 Der Beschwerdeführer muss die Verletzung eines *Grundrechts oder grundrechtsgleichen Rechts* rügen. Die Möglichkeit der Verletzung eines sonstigen Rechts reicht nicht aus, um die Beschwerdebefugnis zu begründen. Denn das BVerfG, das keine Superrevisionsinstanz gegen Urteile der obersten Bundesgerichte ist, prüft im Rahmen der Verfassungsbeschwerde nur die Verletzung spezifischen Verfassungsrechts.[29]

1260 b) **Selbst, gegenwärtig, unmittelbar.** Darüber hinaus muss der Beschwerdeführer geltend machen, durch den angegriffenen Akt der öffentlichen Gewalt „selbst, gegenwärtig und unmittelbar" betroffen zu sein.[30] Diese drei Erfordernisse finden sich weder in Art. 93 Abs. 1 Nr. 4 noch in § 90 Abs. 1 BVerfGG. Sie sind in der Rechtsprechung des BVerfG im Wesentlichen im Interesse der Entlastung des Gerichts zunächst bei Verfassungsbeschwerden gegen Gesetze entwickelt worden, finden heute aber bei *allen Verfassungsbeschwerden* Anwendung.

---

26 BVerfGE 92, 26, 37 f. – *Zweitregister*.
27 BVerfGE 94, 268, 282 – *wissenschaftliches Personal*.
28 Dazu etwa BVerwG, NVwZ 2014, 1097, Rn. 8.
29 Hierzu sogleich unter Rn. 1296.
30 Ständ. Rspr. seit BVerfGE 1, 97, 101 f. – *Hinterbliebenenrente*.

Hinweis: In studentischen Fallbearbeitungen findet sich immer wieder eine Gleichsetzung der Möglichkeit der Grundrechtsverletzung mit den Erfordernissen, dass der Beschwerdeführer selbst, gegenwärtig und unmittelbar betroffen sein muss. Das ist, wie schon die Gesetzessystematik zeigt, unrichtig. Denn die Möglichkeit der Grundrechtsverletzung stellt ein gesetzlich fixiertes Tatbestandsmerkmal („behaupten") dar, während die Erfordernisse selbst, gegenwärtig, unmittelbar erst nachträglich entwickelt wurden, um das Gericht zu entlasten. Anders gesagt: Selbst, gegenwärtig, unmittelbar stellen keine Konkretisierung der Möglichkeitstheorie dar, sondern bezeichnen eine im Rahmen der Beschwerdebefugnis eigenständig abzuarbeitende Zulässigkeitsvoraussetzung.

1261 Der Grundsatz, dass der Beschwerdeführer durch den angegriffenen Hoheitsakt selbst betroffen sein muss, dient – wie die Möglichkeitstheorie – dem *Ausschluss von Popularklagen*.[31] Eine gewillkürte Prozessstandschaft ist im Verfassungsbeschwerdeverfahren nicht zulässig.[32] *Selbstbetroffenheit* ist zum einen zu bejahen, wenn der Beschwerdeführer Adressat des angegriffenen Aktes der öffentlichen Gewalt ist.[33] Zum anderen liegt diese vor, „wenn der Akt an Dritte gerichtet ist und eine hinreichend enge Beziehung zwischen der Grundrechtsposition des Beschwerdeführers und der Maßnahme besteht".[34] So beträfe etwa die Ausweisung eines verheirateten Ausländers auch dessen Ehefrau. Voraussetzung ist allerdings eine rechtliche Betroffenheit des Beschwerdeführers; eine nur faktische oder wirtschaftliche Beeinträchtigung reicht nicht aus.[35]

1262 Eine *gegenwärtige Betroffenheit* liegt vor, wenn der angegriffene Akt der öffentlichen Gewalt „aktuell", d.h. im Zeitpunkt der Entscheidung des BVerfG, auf die geschützte Grundrechtsposition des Beschwerdeführers einwirkt.[36] „Der Beschwerdeführer muss *schon oder noch betroffen* sein."[37] Ist die Verfassungsbeschwerde unmittelbar gegen ein Gesetz gerichtet, „so genügt es nicht, dass [dieser] [...] irgendwann einmal in der Zukunft („virtuell") von der beanstandeten Gesetzesvorschrift betroffen sein [könnte]".[38] Eine gegenwärtige Betroffenheit bejaht das BVerfG ausnahmsweise auch dann, wenn das Gesetz die Normadressaten bereits jetzt „zu später nicht mehr korrigierbaren Entscheidungen" zwingt oder die Adressaten „jetzt schon zu Dispositionen veranlasst, die sie nach dem späteren Gesetzesvollzug nicht mehr nachholen" können.[39]

Beispielsweise würde die gesetzliche Verpflichtung der Autoindustrie, ab dem Jahre 2022 nur noch Autos mit einem Spritverbrauch von durchschnittlich 3 Liter pro 100 Kilometer auf den Markt zu bringen, die Industrie bereits heute zu solchen Dispositionen zwingen, die eine gegenwärtige Betroffenheit auslösten.

Eine *unmittelbare* Betroffenheit ist zu bejahen,

„wenn die angegriffene Vorschrift, ohne eines weiteren Vollzugsaktes zu bedürfen, die Rechtsstellung des Beschwerdeführers verändert. Der Beschwerdeführer muss also geltend machen können, dass er gerade durch die Norm und nicht erst durch ihren Vollzug in seinen Grundrechten betroffen ist."[40]

---

31 BVerfGE 79, 1, 14 – *Urheberrecht*.
32 Siehe *Pieroth*, in: Jarass/Pieroth, GG, Art. 93 Rn. 88 m.w.N.
33 BVerfGE 97, 157, 164 – *Saarländisches Pressegesetz*.
34 BVerfGE 108, 370, 384 – *Exklusivlizenz für Postdienstleistung*.
35 Vgl. BVerfGE 108, 370, 384 – *Exklusivlizenz für Postdienstleistung*; Kingreen/Poscher, Grundrechte, Rn. 1308.
36 Vgl. *Meyer*, in: v. Münch/Kunig, GG, Art. 93 Rn. 57.
37 *Kingreen/Poscher*, Grundrechte, Rn. 1312.
38 BVerfGE 60, 360, 371 – *gesetzliche Krankenversicherung*.
39 BVerfGE 60, 360, 372 – *gesetzliche Krankenversicherung*.
40 BVerfGE 97, 157, 164 - *Saarländisches Pressegesetz*.

1263 Der Hoheitsakt muss somit „*self-executing*" sein.[41] Die Einwirkung auf den Bürger darf also nicht von einem Vollzugsakt abhängig sein. Der Regelfall ist das nicht. Üblicherweise wirken Gesetze dann auf den Bürger ein, wenn sie ihm gegenüber zur Anwendung kommen.

> Bspl. StVG und StVO enthalten die Verpflichtung, nicht bei „rot" eine Kreuzung zu befahren. In dem Moment, in dem ein Autofahrer dagegen verstößt und deswegen ein Bußgeld erhält, wird das Gesetz ihm gegenüber zur Anwendung gebracht.

Eine *Ausnahme* vom Erfordernis der Unmittelbarkeit gilt allerdings für die Sanktionen des Straf- und Ordnungswidrigkeitenrechts. Denn es kann dem Beschwerdeführer nicht zugemutet werden, „vor der Erhebung der Verfassungsbeschwerde gegen eine straf- oder bußgeldbewehrte Rechtsnorm zunächst eine Zuwiderhandlung zu begehen, um dann im Straf- oder Bußgeldverfahren die Verfassungswidrigkeit der Norm geltend zu machen".[42]

1264 Die Frage, ob der Beschwerdeführer „selbst, gegenwärtig und unmittelbar" betroffen ist, wurde – wie erwähnt – zunächst für *Verfassungsbeschwerden gegen Gesetze* entwickelt. Sie gelten heute aber auch für Verfassungsbeschwerden, die sich gegen Akte der Exekutive oder Judikative richten. Bei diesen sind diese Voraussetzungen allerdings ohne weiteres zu bejahen.

4. Rechtswegerschöpfung

1265 Gemäß § 90 Abs. 2 BVerfGG kann die Verfassungsbeschwerde erst nach Erschöpfung des Rechtswegs erhoben werden. *Rechtsweg* i.d.S. „ist jede gesetzlich normierte Möglichkeit der Anrufung eines Gerichts".[43] Nicht hierzu zählen die Dienstaufsichtsbeschwerde, außerordentliche Rechtsbehelfe sowie Prozesse vor ausländischen oder internationalen Gerichten.[44]

1266 *Erschöpfung* des Rechtswegs bedeutet, „dass der Beschwerdeführer alle [zulässigen] prozessualen Möglichkeiten zur Beseitigung der behaupteten Grundrechtsverletzung in Anspruch genommen haben muss."[45] Er darf keine prozessuale Möglichkeit versäumt haben, z.B. indem er ein zulässiges Rechtsmittel nicht eingelegt oder zurückgenommen hat.[46] Dabei sind sich hinsichtlich der denkbaren Beschwerdegegenstände die nachfolgenden Unterschiede zu beachten.

1267 Richtet sich die Verfassungsbeschwerde unmittelbar gegen ein *förmliches Gesetz*, steht ein dagegen gerichteter fachgerichtlicher Rechtsbehelf nicht zur Verfügung (vgl. § 90 Abs. 3 BVerfGG, Art. 100 Abs. 1).[47] Insoweit ist aber besonders auf das Erfordernis der Subsidiarität zu achten.[48]

1268 Geht es um ein *Gesetz im materiellen Sinne* – etwa eine *Rechtsverordnung* – ist im Rahmen der Prüfung der Rechtswegerschöpfung § 47 VwGO zu beachten. Nach § 47 Abs. 1 Nr. 2 VwGO kann das Landesrecht bestimmen[49], dass für im Rang

---

41 Vgl. *Erichsen*, Jura 1991, 638, 640.
42 BVerfGE 81, 70, 82 f. – *Mietwagenunternehmer*.
43 BVerfGE 67, 157, 170 – *G 10*.
44 Siehe die Beispiele bei *Pieroth*, in: Jarass/Pieroth, GG, Art. 93 Rn. 106 m.w.N.
45 *Kingreen/Poscher*, Grundrechte, Rn. 1321 f.
46 Siehe *Pieroth*, in: Jarass/Pieroth, GG, Art. 93 Rn. 107 m.w.N.
47 Dazu schon oben R. 1116.
48 Dazu noch Rn. 1274.
49 In M-V etwa durch § 13 des Ausführungsgesetzes zum Gerichtsstrukturgesetz (AGGerStrG).

unter dem Landesgesetz stehende Rechtsvorschriften ein Normenkontrollantrag vor dem OVG möglich ist.

Schließlich kann sich eine Verfassungsbeschwerde direkt gegen einen *Einzelakt* – etwa einen VA – und mittelbar gegen das Gesetz richten, auf dem dieser VA beruht. Dann muss zur Erschöpfung des Rechtswegs zunächst der Einzelakt vor der Fachgerichtsbarkeit angefochten werden. Kommt hier im Ausgangsverfahren der Fachrichter zu der Überzeugung, dass die zugrundeliegende Vorschrift (also ein Gesetz im formellen Sinne) verfassungswidrig ist, steht ihm zwar eine Prüfungs-, aber keine Verwerfungskompetenz zu, er muss dann das Verfahren nach Art. 100 Abs. 1 aussetzen und dem BVerfG die Frage der Verfassungsmäßigkeit der Norm vorlegen.[50]

1269

Ist der Fachrichter des Ausgangsverfahrens der Überzeugung, dass ein anzuwendendes materielles Gesetz gegen die Verfassung verstößt, steht ihm eine Prüfungs- und Verwerfungskompetenz zu.[51]

Ausnahmen zum Erfordernis der Rechtswegerschöpfung sieht § 90 Abs. 2 S. 2 BVerfGG vor. Danach kann das BVerfG über eine vor Erschöpfung des Rechtswegs eingelegte Verfassungsbeschwerde sofort entscheiden, wenn sie von allgemeiner Bedeutung ist oder wenn dem Beschwerdeführer ein schwerer und unabwendbarer Nachteil entstünde, falls er zunächst auf den Rechtsweg verwiesen würde.

1270

Die erste Alternative (*„allgemeine Bedeutung"*) soll über den Einzelfall hinaus Klarheit über die Rechtslage schaffen.[52] Eine Verfassungsbeschwerde ist von allgemeiner Bedeutung, wenn sie grundsätzliche Fragen vorbringt, „die eine Vielzahl gleich gelagerter Fälle betreffen".[53]

Bsp.: Fortgeltung der Mietpreisbindung in den neuen Bundesländern[54]

Die zweite Alternative (*„schwerer und unabwendbarer Nachteil"*) erfordert einen besonders intensiven Grundrechtseingriff. Dieser muss irreparabel sein, das heißt, er darf selbst durch einen Erfolg auf dem Rechtsweg nicht mehr beseitigt werden können.[55]

1271

Bsp.: Sendezeitvergabe an politische Parteien im Wahlkampf[56]

Über die beiden in § 90 Abs. 2 S. 2 BVerfGG geregelten Ausnahmen hinaus verzichtet das BVerfG auf die Erschöpfung des Rechtswegs auch dann, wenn sie dem Beschwerdeführer *nicht zumutbar* ist. Dies kann etwa im Hinblick auf eine dem Begehren entgegenstehende höchstrichterliche Rechtsprechung der Fall sein.[57]

1272

Bsp.: Anforderungen an die zentralen Prüfungen für Medizinstudenten in der Form des Multiple-Choice-Verfahrens[58]

An die Unzumutbarkeit vorheriger fachgerichtlicher Klärung stellt das BVerfG allerdings strenge Anforderungen.[59]

1273

---

50 BVerfGE 1, 184, 195 ff. – *Normenkontrolle I*; BVerfGE 114, 303, 310 – *Kostendämpfungspauschale*; Detterbeck, in: Sachs, GG, Art. 100 Rn. 7.
51 *Hillgruber/Goos*, Verfassungsprozessrecht, 4. Aufl. 2015 Rn. 584a.
52 Vgl. *Pieroth*, in: Jarass/Pieroth, GG, Art. 93 Rn. 109 m. w. N.
53 Vgl. *Voßkuhle*, in: v. Mangoldt/Klein/Starck, GG, Art. 93 Rn. 189 m. w. N.
54 BVerfGE 91, 294, 306 – *Mietpreisbindung*.
55 Vgl. *Voßkuhle*, in: v. Mangoldt/Klein/Starck, GG, Art. 93 Rn. 189 m. w. N.
56 BVerfGE 7, 99, 105 – *Sendezeitvergabe I*.
57 BVerfGE 84, 59, 72 – *Multiple-Choice-Verfahren*.
58 BVerfGE 84, 59, 72 – *Multiple-Choice-Verfahren*.
59 Siehe BVerfGE 79, 1, 24 – *Urheberrecht*.

5. Subsidiarität

1274 Das BVerfG hat aus § 90 Abs. 2 S. 1 BVerfGG den Grundsatz der *Subsidiarität der Verfassungsbeschwerde* hergeleitet. Dadurch soll zum einen das BVerfG entlastet werden, und zum anderen soll „erreicht werden, dass dieses nicht auf ungesicherter Tatsachen- und Rechtsgrundlage entscheiden muss".[60]

1275 In ständiger Rechtsprechung fordert das Gericht,

> „dass der Beschwerdeführer über das Gebot der Rechtswegerschöpfung im engeren Sinne hinaus die ihm zur Verfügung stehenden weiteren Möglichkeiten ergreift, um eine Korrektur der geltend gemachten Verfassungsverletzung zu erreichen oder diese gar zu verhindern."[61]

1276 Zu den sonstigen Rechtsschutzmöglichkeiten zählen *auch formlose Rechtsbehelfe* wie die Gegenvorstellung, die außerordentliche Beschwerde wegen greifbarer Gesetzwidrigkeit, die Hauptsacheentscheidung im vorläufigen Rechtsschutz und die Nebenintervention im Zivilprozess.[62]

1277 Nach Auffassung des BVerfG soll der Grundsatz der Subsidiarität auch dann zur Anwendung kommen, wenn sich die Verfassungsbeschwerde unmittelbar gegen eine Rechtsnorm richtet.[63] Der Beschwerdeführer muss also den Vollzug des Gesetzes abwarten, die Fachgerichte anrufen und im Prozess auf eine *inzidente Normenkontrolle* hinwirken.[64] Dies gilt

> „allerdings dann ausnahmsweise nicht, wenn die angegriffene Regelung den Beschwerdeführer zu Dispositionen zwingt, die später nicht mehr korrigiert werden können, oder wenn die Beschreitung dieses Wegs dem Beschwerdeführer nicht zuzumuten ist. Kann der mit dem Subsidiaritätsgrundsatz insbesondere verfolgte Zweck, eine Klärung der verfassungsrechtlich relevanten Sach- und Rechtsfragen herbeizuführen, im einschlägigen Rechtsweg nicht erreicht werden, ist die vorherige Anrufung der dafür zuständigen Gerichte gleichfalls entbehrlich."[65]

6. Beschwerdefrist

1278 Grundsätzlich ist die Verfassungsbeschwerde *binnen eines Monats* zu erheben und zu begründen (vgl. § 93 Abs. 1 BVerfGG zum Fristbeginn). Versäumt der Beschwerdeführer diese Frist ohne Verschulden, ist ihm auf Antrag Wiedereinsetzung in den vorigen Stand zu gewähren, § 93 Abs. 2 BVerfGG.

1279 Richtet sich die Verfassungsbeschwerde gegen ein (formelles) Gesetz, muss sie *binnen eines Jahres* seit dem Inkrafttreten des Gesetzes erhoben werden, § 93 Abs. 3 BVerfGG. Gleiches gilt für die Verfassungsbeschwerde gegen „einen sonstigen Hoheitsakt, gegen den ein Rechtsweg nicht offen steht". Damit sind materielle Rechtsnormen gemeint, die nicht dem Normenkontrollverfahren nach § 47 VwGO unterliegen.[66]

> Anm.: Die Formulierung des § 93 Abs. 3 BVerfGG zeigt, dass es gegen förmliche Gesetze keinen einfachgesetzlichen Rechtsbehelf gibt. Darauf kann im Rahmen der Prü-

---

60 BVerfGE 102, 197, 207 – *Spielbankgesetz Baden-Württemberg*.
61 BVerfGE 104, 65, 70 – *Schuldnerspiegel im Internet*.
62 Näher zu den möglichen Rechtsbehelfen *Voßkuhle*, in: v. Mangoldt/Klein/Starck, GG, Art. 93 Rn. 191.
63 Vgl. BVerfG, NVwZ 2000, 1407, 1408; *Pieroth*, in: Jarass/Pieroth, GG, Art. 93 Rn. 102 m. w. N.
64 So auch *Kingreen/Poscher*, Grundrechte, Rn. 1324.
65 BVerfG, NVwZ 2000, 1407, 1408 – *Unzulässige Verfassungsbeschwerde gegen Landeshundeverordnung*.
66 Ebenso *Detterbeck*, in: Sachs, GG, Art. 93 Rn. 98.

fung der Rechtswegerschöpfung zurückgegriffen werden, wenn sich die Verfassungsbeschwerde gegen ein förmliches Gesetz richtet.

Hinweis für die Fallbearbeitung: Die Zulässigkeitsstationen 1-6 sind bei jeder Verfassungsbeschwerde zu prüfen. Auf die nachfolgenden Zulässigkeitsaspekte geht man in der Fallbearbeitung nur dann ein, wenn der Sachverhalt dazu Anlass bietet (etwa, weil eine Verfassungsbeschwerde per Email erhoben ist (vgl. 7. Ordnungsgemäßer Antrag) oder sie von einem Minderjährigen erhoben wurde (vgl. 8. Prozessfähigkeit)).

7. Ordnungsgemäßer Antrag

Gemäß § 23 Abs. 1 BVerfGG ist die Verfassungsbeschwerde *schriftlich* beim BVerfG einzureichen und unter Angabe der Beweismittel *zu begründen*. Die Begründung muss das Recht bezeichnen, das verletzt sein soll, sowie die Handlung oder Unterlassung des Organs oder der Behörde, durch die der Beschwerdeführer sich verletzt fühlt (§ 92 BVerfGG).

8. Prozessfähigkeit

Unter *Prozessfähigkeit* versteht man die Fähigkeit, die erforderlichen Verfahrenshandlungen rechtswirksam vorzunehmen.[67]

Das BVerfGG enthält keine Bestimmungen über die Prozessfähigkeit. Eine Analogie zu den entsprechenden Bestimmungen anderer Verfahrensgesetze, insbesondere zu §§ 51 ff. ZPO, liegt zwar nahe. Das BVerfG betont allerdings, diese Bestimmungen wegen der Eigenart der verschiedenen verfassungsgerichtlichen Verfahren nicht ohne weiteres entsprechend anwenden und den ihnen zugrunde liegenden Rechtsgedanken *nicht allgemein auf das Verfassungsbeschwerdeverfahren übertragen* zu können.[68] Daher richtet sich die Prozessfähigkeit im Verfassungsbeschwerdeverfahren

> „nach der Ausgestaltung der in Anspruch genommenen Grundrechte und deren Beziehung auf das im Ausgangsverfahren streitige Rechtsverhältnis."[69]

Für *Minderjährige* gilt nach der Rechtsprechung des BVerfG, dass

> „die Prozessfähigkeit zur Erhebung einer Verfassungsbeschwerde [...] auch bei einem noch nicht Volljährigen gegeben [ist], wenn er die nötige Einsicht in die Voraussetzungen und den Zweck einer Verfassungsbeschwerde gegen die ergangenen Entscheidungen und an der Fähigkeit zur ordnungsgemäßen und selbstständigen Führung des Verfassungsbeschwerdeverfahrens hat."[70]

9. Beschwerdehindernis der Rechtskraft

Genauso wie die Entscheidung anderer Gerichte, erwachsen die des BVerfGE in materielle Rechtskraft.[71] Daraus folgt, dass *bei gleicher Sach- und Rechtslage* nicht noch einmal über dasselbe Begehren desselben Beschwerdeführers geurteilt werden darf.[72]

10. Rechtsschutzbedürfnis

Auch die Verfassungsbeschwerde setzt das Rechtsschutzbedürfnis des Beschwerdeführers voraus. Eine Verfassungsbeschwerde ist daher unzulässig, wenn sie nicht

---

67 BVerfGE 1, 87, 88 – *Antragsbefugnis*.
68 BVerfGE 51, 405, 407 – *Beschwerdebefugnis*.
69 BVerfGE 51, 405, 407 – *Beschwerdebefugnis*.
70 BVerfGE 28, 243 – *Kriegsdienstverweigerung*.
71 Siehe hierzu *Pieroth*, in: Jarass/Pieroth, GG, Art. 93 Rn. 112.
72 *Kingreen/Poscher*, Grundrechte, Rn. 1329 f.

oder nicht mehr erforderlich ist.[73] Das Rechtsschutzbedürfnis fehlt, wenn eine *einfachere Möglichkeit des Grundrechtsschutzes* besteht oder wenn sich die *Beschwer erledigt* hat.[74]

> In der Fallbearbeitung ist diese Voraussetzung mit Rücksicht auf das Erfordernis der Rechtswegerschöpfung und die Subsidiarität der Verfassungsbeschwerde regelmäßig nicht zu problematisieren.

III. Die Begründetheit der Verfassungsbeschwerde

1. Überblick

1286 Die Verfassungsbeschwerde ist begründet, wenn der Beschwerdeführer durch einen Akt der öffentlichen Gewalt in einem seiner Grundrechte oder grundrechtsgleichen Rechte verletzt ist (vgl. Art. 93 Abs. 1 Nr. 4a GG, §§ 90 Abs. 1, 95 BVerfGG). Dies ist der Fall, wenn ein verfassungsrechtlich nicht gerechtfertigter Eingriff in den Schutzbereich des Grundrechts oder grundrechtsgleichen Rechts vorliegt. Der Aufbau der Begründetheitsprüfung folgt damit in der Regel dem gewohnten grundrechtlichen Prüfungsaufbau von Schutzbereich, Eingriff und verfassungsrechtlicher Rechtfertigung des Eingriffs.

> Anmerkung: Das gilt auch dann, wenn sich die Verfassungsbeschwerde gegen ein Gesetz richtet und damit in der Stoßrichtung eine Parallele zur abstrakten Normenkontrolle aufweist. *Falsch* wäre es in diesen Fällen als Obersatz zu formulieren: Die Verfassungsbeschwerde ist begründet, wenn das XY-Gesetz formell und materiell verfassungswidrig ist. Dieser für die abstrakte Normenkontrollklage zutreffende Obersatz verfehlt den grundrechtlichen Anknüpfungspunkt der Verfassungsbeschwerde. *Richtig* ist daher zu formulieren: Die Verfassungsbeschwerde ist begründet, wenn die staatliche Maßnahme (etwa das Gesetz) Grundrechte des Beschwerdeführers verletzt. Im Rahmen der verfassungsrechtlichen Eingriffsrechtfertigungsprüfung ist dann allerdings auch die formelle und materielle Verfassungsmäßigkeit des eingreifenden Gesetzes zu untersuchen.

2. Umfassender grundrechtlicher Prüfungsmaßstab des BVerfG

1287 *Prüfungsmaßstab der Verfassungsbeschwerde* sind die Grundrechte des 1. Abschnitts sowie die in Art. 93 Abs. 1 Nr. 4a genannten grundrechtsgleichen Rechte. Dies gilt unabhängig davon, ob die Rechte als verletzt gerügt worden sind („iura novit curia").[75] Das BVerfG beschränkt sich nicht darauf, die hoheitliche Maßnahme anhand des als verletzt gerügten Grundrechts zu prüfen. Vielmehr bezieht das Gericht in die Prüfung auch die weiteren Grundrechte des Beschwerdeführers, Grundrechte Dritter sowie die Verletzung sonstigen Verfassungsrechts ein.[76] Das BVerfG prüft die angegriffene Maßnahme *unter jedem verfassungsrechtlichen Gesichtspunkt* nach.[77] Der Verfassungsbeschwerde kommt damit eine *doppelte Rechtsschutzfunktion* zu. Sie

> „ist nicht nur ein Rechtsbehelf zur Sicherung und Durchsetzung grundgesetzlich garantierter individueller Rechtspositionen, sondern in gleicher Weise ein ‚spezifisches Rechtsschutzmittel des objektiven Verfassungsrechts'."[78]

---

73 *Voßkuhle*, in: v. Mangoldt/Klein/Starck, GG, Art. 93 Rn. 192.
74 *Pieroth*, in: Jarass/Pieroth, GG, Art. 93 Rn. 114 m. w. N.
75 *Pieroth*, in: Jarass/Pieroth, GG, Art. 93 Rn. 128 m. w. N.
76 Siehe im Einzelnen *Kingreen/Poscher*, Grundrechte, Rn. 1339.
77 Vgl. *Erichsen*, Jura 1992, 142.
78 BVerfGE 45, 63, 74 – *Stadtwerke Hameln*; zum sog. doppelfunktionalen Verfahrensgegenstand der Verfassungsbeschwerde vgl. *Lang*, DÖV 1999, S. 624 ff.

3. Verstoß gegen sonstiges Verfassungsrecht

Eine Grundrechtsverletzung kann auch dadurch bewirkt werden, dass die das jeweilige Grundrecht beschränkende Maßnahme gegen *sonstiges Verfassungsrecht* verstößt, also mit außerhalb des Grundrechtskatalogs stehenden Regelungen unvereinbar ist.[79]

1288

> Anm.: Nicht gemeint sind damit Verstöße gegen die grundrechtsgleichen Rechte.

Das erschließt sich nicht auf den ersten Blick, weil etwa die Vorschriften über das Gesetzgebungsverfahren (Art. 76 ff.) oder die Wahrung der Gesetzgebungskompetenzen (Art. 70 ff.) außerhalb des Grundrechtskatalogs stehen und auch nicht durch Art. 93 Abs. 1 Nr. 4a in Bezug genommen sind. Wieso kann ein Verstoß gegen Kompetenz- oder Verfahrensvorschriften oder eine Missachtung der Beteiligungsrechte des Bundesrates im Gesetzgebungsverfahren zugleich einen Grundrechtsverstoß bewirken? Hintergrund ist, dass das BVerfG zunächst für Eingriffe in die allgemeine Handlungsfreiheit des Art. 2 Abs. 1 bei der Auslegung des Begriffs der verfassungsmäßigen Ordnung den Grundsatz entwickelt hatte, dass nur ein *Gesetz*, dass selbst *in jeder Hinsicht verfassungsgemäß* ist, eine *wirksame Schranke* der Handlungsfreiheit bilden kann. Dieser Gedanke wird heute aber auf alle Grundrechte übertragen. Deshalb muss im Rahmen der Prüfung der Begründetheit der Verfassungsbeschwerde trotz des auf die Grundrechtsprüfung bezogenen Obersatzes auch die formelle Verfassungsmäßigkeit des eingreifenden Gesetzes geprüft werden.

Der Eingriff in den Schutzbereich eines Grundrechts stellt eine Grundrechtsverletzung dar, wenn das staatliche Handeln nicht verfassungsrechtlich gerechtfertigt ist. Das grundrechtseinschränkende Gesetz muss also seinerseits formell und materiell verfassungsmäßig sein (sog. Schranken-Schranken oder *Gegenschranken*). So muss das Gesetz *formell ordnungsgemäß zustande gekommen* sein, d. h. unter Einhaltung der Kompetenzordnung des Grundgesetzes (Art. 70 ff.)[80] und des Gesetzgebungsverfahrens (Art. 76 ff. bei Bundesgesetzen).[81] *In materieller Hinsicht* sind insbesondere das Verhältnismäßigkeitsprinzip, der Bestimmtheitsgrundsatz und das Rückwirkungsverbot zu beachten,[82] des Weiteren die in Art. 19 verankerten Anforderungen an Grundrechtseinschränkungen (Verbot des Einzelfallgesetzes, Zitiergebot und Wesensgehaltsgarantie).[83]

> Hinweis für die Fallbearbeitung: In grundrechtlichen Übungsarbeiten richtet sich die Verfassungsbeschwerde nicht immer gegen ein Gesetz, sondern häufig auch oder nur gegen ein auf Grundlage dieses Gesetzes ergangenen Einzelakt. Dann muss man im Gutachten auf eine doppelte Prüfung achten. Zuerst muss die Verfassungsmäßigkeit des Gesetzes geprüft werden (Merksatz: Auf einem verfassungswidrigen Gesetz kann kein verfassungsgemäßer Eingriffsakt beruhen). Im zweiten Schritt muss dann die Verfassungsmäßigkeit (in aller Regel die Verhältnismäßigkeit) des auf das Gesetz gestützten Einzelakts untersucht werden.

IV. Sonderfall Urteilsverfassungsbeschwerde

Urteilsverfassungsbeschwerden bereiten sowohl inhaltlich als auch im Aufbau der Zulässigkeits- und Begründetheitsprüfung besondere Schwierigkeiten.

1289

---

79 Vgl. hierzu *Kingreen/Poscher*, Grundrechte, Rn. 1336.
80 Vgl. zu den Gesetzgebungskompetenzen *Korioth*, Staatsrecht I, Rn. 269 ff.
81 Vgl. zum Gesetzgebungsverfahren für Bundesgesetze *Korioth*, Staatsrecht I, Rn. 845 ff.
82 Siehe zum Verhältnismäßigkeitsprinzip im Rahmen der Grundrechtsprüfung oben Rn. 265 ff.
83 Ausführlich hierzu oben Rn. 290 ff. (Bestimmtheitsgrundsatz), Rn. 278 ff. (Art. 19 Abs. 2), Rn. 281 ff. (Art. 19 Abs. 1 S. 2), Rn. 285 ff. (Art 19 Abs. 1 S. 1).

1. Typische Fragestellungen im Rahmen der Prüfung der Zulässigkeit von Urteilsverfassungsbeschwerden

1290 a) **Beschwerdegegenstand.** Klar werden muss man sich in Urteilsverfassungsbeschwerdeverfahren zunächst über den Beschwerdegegenstand. Diesen bildet die fachgerichtliche Entscheidung bzw. die fachgerichtlichen Entscheidungen, wobei jedenfalls die letztinstanzliche Entscheidung anzugreifen ist.[84] Hilfreich ist es gleichwohl folgende Konstellationen auseianandern zu halten.

Judiziert ein *Fachgericht* über einen *Akt öffentlicher Gewalt* – etwa ein Demonstrationsverbot – liegen mehrere Akte öffentlicher Gewalt vor. Einmal die Entscheidungen der Verwaltung und zum anderen die diese bestätigenden fachgerichtlichen Entscheidungen. Aus Sorge, dass hier versehentlich nicht angegriffene Teilakte in Bestandskraft erwachsen könnten, richtet die Praxis in aller Regel die Verfassungsbeschwerde gegen alle Akte öffentlicher Gewalt. Jedenfalls auf den Exekutivakt darf sich die Beschwerde nicht begrenzen, weil andernfalls die fachgerichtlichen Entscheidungen in Rechtskraft erwachsen könnten.[85]

Setzt die *Fachgerichtsbarkeit* erstmals einen *Akt öffentlicher Gewalt* – etwa wenn ein Arbeitsgericht über die Rechtmäßigkeit einer arbeitsrechtlichen Kündigung entscheidet – richtet sich die Verfassungsbeschwerde allein gegen die fachgerichtlichen Entscheidungen. Die zivilrechtliche Kündigungserklärung des Arbeitgebers stellt selbstredend keinen Akt öffentlicher Gewalt dar.

1291 b) **Gerügte Grundrechtsverletzung.** Auch hinsichtlich der gerügten Grundrechtsverletzung bieten sich Differenzierungen an.

Wird die Urteilsverfassungsbeschwerde auf die Verletzung von *Prozessgrundrechten* gestützt, ergeben sich *keine Besonderheiten*.

Wird die Verfassungsbeschwerde auf eine Verletzung sonstiger Grundrechte gestützt, ist entscheidend, ob sich die Rüge gegen das der Entscheidung *zugrundliegende Gesetz* richtet (der Beschwerdeführer also behauptet, das die Einzelfallanwendung tragende Gesetz selbst sei verfassungswidrig) oder ob die *verfassungswidrige Anwendung* an sich verfassungsgemäßen Rechts in Rede steht.

Soweit der Beschwerdeführer mit seiner Verfassungsbeschwerde die Anwendung eines von ihm als *verfassungswidrig* behaupteten *Gesetzes* rügt, ergeben sich wieder *keine großen Besonderheiten*.

Erhebliche *Schwierigkeit* bereiten indes Fallkonstellationen, bei denen die Verfassungsbeschwerde nicht die Verfassungswidrigkeit des angewendeten Gesetzes behauptet, sondern eine *verfassungswidrige Anwendung an sich verfassungsgemäßer Gesetze* rügt. Das gilt vor allem dann, wenn es sich im Ausgangsverfahren um eine zivilrechtliche Streitigkeit handelt. Hier werden die Abgrenzungsfragen zwischen Fach- und Verfassungsgerichtsbarkeit noch zusätzlich angereichert durch Fragen der Drittwirkung der Grundrechte.

Die damit zusammenhängenden Probleme sind in einer Fallbearbeitung an zwei Stellen zu prüfen. Sie beeinflussen einerseits die Prüfung der Zulässigkeit, haben aber vor allem auf den im Verfahren zur Geltung zu bringenden Prüfungsmaßstab im Rahmen der Begründetheitsprüfung Bedeutung.

1292 c) **Prüfung der Beschwerdebefugnis.** Schwierigkeiten bei der Prüfung der Beschwerdebefugnis werden vor allem virulent, wenn dem Ausgangsverfahren eine

---

[84] Zur Frage, wann es geboten ist, auch die Entscheidungen der Vorinstanz anzugreifen vgl. etwa *Grünewald*, in: BeckOK, BVerfGG, § 90 Rn. 55.
[85] Vgl. *Pestalozza*, Verfassungsprozessrecht, 3. Aufl. 1991, § 12 Rn. 26.

zivil- oder arbeitsrechtliche Streitigkeit zugrunde liegt. Aufbaumäßig könnten bereits im Rahmen der Zulässigkeitsprüfung zwei Hauptprobleme derartiger Fälle (*Drittwirkung der Grundrechte* sowie die *Überprüfungskompetenz* des BVerfG bei fachgerichtlichen Entscheidungen) angesprochen werden.
Im Hinblick auf die Drittwirkungsproblematik könnte man sich auf den Standpunkt stellen, eine Grundrechtsverletzung sei offensichtlich und eindeutig nach jeder in Betracht kommenden Sichtweise ausgeschlossen, wenn eine Drittwirkung der Grundrechte zu verneinen wäre.
Vergleichbar könnte hinsichtlich der Frage des Prüfungsumfangs des BVerfG argumentiert werden, sofern die Entscheidung des Fachgerichts lediglich einfachrechtlich fehlerhaft sei, komme ein Erfolg der Verfassungsbeschwerde unter keinem Gesichtspunkt in Betracht, weil das BVerfG eben *keine Superrevisionsinstanz* darstelle.
In beiden Fällen würde allerdings die Falllösung sehr „kopflastig" gestaltet, weil bereits in der Zulässigkeitsprüfung inzident wesentliche Probleme des Falles angesprochen werden müssten.

Die Frage, ob die Grundrechte *Drittwirkung* entfalten, sollte darüber hinaus im Rahmen der Beschwerdebefugnis zwar angesprochen, aber nicht *vertieft* diskutiert werden, weil nach keiner in Betracht kommenden Sichtweise die Zivilgerichte nicht an die Grundrechte gebunden ist. Strittig ist vielmehr allein, ob die Grundrechte Privatrechtsbeziehungen unmittelbar oder mittelbar beeinflussen. Auch das BVerfG geht in seinen Leitentscheidungen zur Drittwirkung ohne weiteres von der Zulässigkeit der Verfassungsbeschwerden aus und erörtert das Drittwirkungsproblem erst in der Begründetheit.[86] Wörtlich heißt es im Lüth-Urteil unter II. eingangs der Begründetheitsprüfung:

„1. Das Urteil des Landgerichts, ..., kann durch seinen Inhalt ein Grundrecht des Beschwerdeführers nur verletzen, wenn dieses Grundrecht bei der Urteilsfindung zu beachten war."[87]

Ebenso verfährt das Gericht im „Blinkfüer-Beschluss, dort heißt es:

„Die Verfassungsbeschwerde ist begründet. Das Verfahren vor den Landgerichten war ein bürgerlich-rechtlicher Rechtsstreit, der nach der Privatrechtsordnung zu entscheiden war. Die vom Grundgesetz in seinem Grundrechtsabschnitt aufgerichtete objektive Wertordnung wirkt jedoch auf die Auslegung dieser Vorschriften ein, soweit sie einer solchen im Lichte der verfassungsrechtlichen Normen fähig sind".[88]

In Bezug auf das Problem „Superrevisionsinstanz" kann es sich allenfalls dann, wenn ersichtlich lediglich einfaches Recht verletzt ist, nahelegen, bereits die *Möglichkeit* einer Grundrechtsverletzung auszuschließen. Man muss aber beachten, dass eine solche Vorgehensweise wegen der weiten Interpretation des Art. 2 Abs. 1 GG nicht ohne Gefahren ist. In der Regel ist die Problematik der Verletzung spezifischen Verfassungsrechts in Fällen, in denen die Verfassungsbeschwerde die verfassungswidrige Anwendung verfassungsgemäßen Rechts rügt, also eingangs der Begründetheitsprüfung zu erörtern.[89]

2. Typische Probleme in Urteilsverfassungsbeschwerdeverfahren

Solche Verfassungsbeschwerden weichen vom gewohnten Prüfungsaufbau Schutzbereich/Eingriff/Rechtfertigung ab. Denn eingangs der Begründetheitsprüfung

---
86 Vgl. BVerfGE 25, 256, 263 – *Blinkfüer*; BVerfGE 7, 198, 203 – *Lüth*.
87 BVerfGE 7, 198, 203 – *Lüth*, Hervorhebung im Original.
88 Vgl. BVerfGE 25, 256, 263 – *Blinkfüer*.
89 Wie hier *Michael/Morlok*, Grundrechte, Rn. 979.

muss zunächst der Prüfungsmaßstab im Urteilsverfassungsbeschwerdeverfahren entfaltet und sodann in der weiteren Prüfung auch an diesen entfalteten Maßstab angeknüpft werden.

1296 a) **Prüfungsmaßstab in Urteilsverfassungsbeschwerdeverfahren.** Die Entscheidung über einfachrechtliche Streitsachen ist der jeweiligen Fachgerichtsbarkeit anvertraut. Dies gilt, wie Art. 1 Abs. 3 zeigt, auch, soweit es in dortigen Verfahren um die Durchsetzung und den Schutz grundrechtlich gewährter Rechtspositionen geht. Damit ist es in erster Linie Aufgabe der Fachgerichte, die Beachtung der Grundrechte der Bürger zu sichern. Wenn aber die Durchsetzung der Beachtung der Grundrechte durch das Grundgesetz einerseits als Aufgabe der Fachgerichtsbarkeit konstituiert wird, das BVerfG sich aber andererseits als Hüter der Verfassung und damit auch der Grundrechte begreift, wird die Frage aufgeworfen, in welchem Verhältnis die Kompetenzen der Fachgerichte zu denen des BVerfG stehen. Das BVerfG versteht sich hierbei nicht als „Superrevisionsinstanz" gegenüber den Entscheidungen der (obersten Bundes)Gerichte.[90] Es steht also nicht als weitere Instanz über den jeweiligen Fachgerichten. Deshalb gewährt die Verfassungsbeschwerde auch keinen weiteren, sondern einen außerordentlichen Rechtsbehelf, der dem Bürger nur gegeben ist, wenn alle anderen Möglichkeiten zur Beseitigung der gerügten Grundrechtsverletzung erschöpft sind. Infolgedessen ist das BVerfG nicht dazu aufgerufen, die Entscheidungen der Fachgerichte erneut in vollem Umfang zu untersuchen.

1297 Vielmehr sind die *Gestaltung des Verfahrens*, die *Feststellung* und *Würdigung* des *Tatbestandes*, die *Auslegung* des *einfachen Rechts* sowie seine *Anwendung* auf den einzelnen *Fall* allein *Sache der Fachgerichte*.[91]
Das *BVerfG* wird also nicht bereits dann tätig, wenn eine am einfachen Recht gemessene Entscheidung der Fachgerichtsbarkeit fehlerhaft ist. Seine Aufgabe besteht im Rahmen von Verfassungsbeschwerdeverfahren nur darin, die Grundrechte der Bürger vor Verletzungen durch fachgerichtliche Entscheidungen zu schützen. Das Gericht kann daher nur eingreifen, wenn die zur Überprüfung gestellte Entscheidung *spezifisches Verfassungsrecht* verletzt.[92]

1298 Wann eine solche Verletzung spezifischen Verfassungsrechts vorliegt, lässt sich nicht nach allgemeinen Kriterien beantworten, sondern stellt eine Frage des Einzelfalles dar. Entwickelt wurden aber *Fallgruppen*, die eine Verletzung *spezifischen Verfassungsrechts* indizieren. Danach ist spezifisches Verfassungsrecht verletzt, wenn
- das Fachgericht bei der Feststellung und Würdigung des Tatbestandes sowie der Auslegung und Anwendung einfachen Rechts den *Einfluss der Grundrechte grundlegend verkannt* hat;[93]
- die fachgerichtliche Entscheidung *grob und offensichtlich willkürlich* ist (Willkür bei der Gestaltung des Verfahrens, der Feststellung des Sachverhalts oder der Rechtsanwendung);[94]
- das Fachgericht die bei der Rechtsfindung gezogenen verfassungsrechtlichen Grenzen missachtet hat (*unzulässige richterliche Rechtsfortbildung*).[95]

---

90 BVerfGE 7, 198, 207 – *Lüth*; ständ. Rspr.; aus neuerer Zeit BVerfG, NVwZ 2016, 1804, Rn. 45 – *Krypta*.
91 BVerfGE 18, 85, 92 – *spezifisches Verfassungsrecht*; ständ. Rspr.
92 *Bethge*, in: Maunz/Schmidt-Bleibtreu/Klein/Bethge, BVerfGG, § 90 Rn. 316.
93 Vgl. BVerfGE 89, 276, 285 – *geschlechtsbezogene Diskriminierung*; BVerfGE 43, 130, 136 – *politisches Flugblatt*.
94 Vgl. *Pieroth*, in: Jarass/Pieroth, GG, Art. 93 Rn. 131; *Kingreen/Poscher*, Grundrechte, Rn. 1354 f. m. w. N.
95 BVerfGE 34, 269, 280 – *Soraya*.

Dabei kann sich die Fehlanwendung auf den Schutzbereich, auf die Rechtfertigung eines Eingriffs in den Schutzbereich und auf jede andere Grundrechtswirkung beziehen.[96]

Diese Grundsätze zum besonderen Prüfungsumfang bei Urteilsverfassungsbeschwerdeverfahren gelten an sich für jede Verfassungsbeschwerde gegen fachgerichtliche Entscheidungen, gleichgültig, in welchem der fünf Rechtszweige die angefochtene fachgerichtliche Entscheidung ergangen ist. Sie sind aber besonders zu akzentuieren, wenn die gerichtliche Entscheidung des Ausgangsverfahrens in einem Rechtsgebiet ergangen ist, in dem Grundrechten grundsätzlich keine direkte Geltung zukommt.

1299

> Beispiel[97]: Wird etwa Drucker A vom Arbeitgeber B gekündigt, weil er sich aus Gewissensgründen weigert, einen den Krieg verharmlosenden Bildband über den zweiten Weltkrieg zu drucken und bestätigen die Arbeitsgerichte diese Kündigung, wäre im Rahmen der Begründetheitsprüfung einer gegen die fachgerichtlichen Entscheidungen gerichteten Verfassungsbeschwerde in etwa wie folgt vorzugehen:
>
> Nach Entfaltung des Prüfungsmaßstabes (BVerfG keine Superrevisionsinstanz/Erfordernis der Verletzung spezifischen Verfassungsrechts) müsste an die dort entwickelten Fallgruppen anknüpfend (etwa Grundrechte übersehen) klargestellt werden, dass ein Übersehen der Grundrechte nur dann gegeben sein kann, wenn bei der Kündigung Grundrechte zu beachten waren. Ob Grundrechte in der zu entscheidenden arbeitsrechtlichen Streitigkeit zur Geltung zu bringen sind, hängt ja nicht davon ab, dass ein Arbeitsgericht darüber judiziert, sondern davon, ob die Grundrechte die materiellen Rechtsbeziehungen durchziehen. Diese Frage ist dann nach Maßgabe der Lehre von der mittelbaren Drittwirkung der Grundrechte zu beantworten.[98]

b) Weiterer Aufbau. Der weitere Prüfungsaufbau sollte auf die Entfaltung des Prüfungsmaßstabs in Urteilsverfassungsbeschwerdeverfahren Bedacht nehmen. Wurde etwa als relevante Fallgruppe die Nichtbeachtung einschlägiger Grundrechte angeführt, sollte die weitere Prüfung daran anknüpfen. Im Rahmen der Prüfung der Nichtbeachtung einschlägiger Grundrechte kann dann zunächst die mittelbare Drittwirkungslehre entfaltet und nach Klarstellung, dass Grundrechte hier gelten, untersucht werden, ob einschlägige Grundrechte übersehen wurde.

1300

> Bei der in Prüfungsarbeiten häufig vorkommenden Darstellung, bei der sich unmittelbar an die Ausführungen zum Prüfungsmaßstab die „klassische" Prüfung Schutzbereich/Eingriff/Rechtfertigung anschließt, fragt sich der Leser, warum eigentlich die Maßstabsentfaltung erfolgte, wenn anschließend in einer davon losgelösten Weise weitergeprüft wird.

§ 34 Die einstweilige Anordnung im Verfassungsbeschwerdeverfahren

§ 32 BVerfGG sieht vor, dass das BVerfG bis zur endgültigen Entscheidung in der Hauptsache eine *vorläufige Regelung* durch den Erlass einer einstweiligen Anordnung treffen kann. Voraussetzung ist, dass dies *zur Abwehr schwerer Nachteile, zur Verhinderung drohender Gewalt* oder aus einem anderen wichtigen Grund zum gemeinen Wohl *dringend geboten* ist (vgl. § 32 Abs. 1 BVerfGG). Mit der einstweiligen

1301

---

96 *Kingreen/Poscher*, Grundrechte, Rn. 1351.
97 Vgl. dazu auch bereits oben Fall 16 Rn. 525 ff.
98 Fallbearbeitung mit Musterlösung dazu bei *Lang*, JuS 1998, S. L 20 ff.

Anordnung soll verhindert werden, dass ein irreparabler Zustand geschaffen wird, der die Verwirklichung der späteren Entscheidung in der Hauptsache vereitelt oder erschwert.[1]

1302 Ist der Antrag im Hauptsacheverfahren bereits von vornherein unzulässig oder offensichtlich unbegründet, weist das BVerfG den Antrag auf Erlass einer einstweiligen Anordnung als unbegründet ab.[2] Im Übrigen tritt das Gericht in die *Folgenabwägung* ein: Nach ständiger Rechtsprechung hat das BVerfG im Verfahren des einstweiligen Rechtsschutzes

> „die Folgen, die eintreten würden, wenn eine einstweilige Anordnung nicht erginge, die Verfassungsbeschwerde aber Erfolg hätte, gegenüber den Nachteilen abzuwägen, die entstünden, wenn die begehrte einstweilige Anordnung erlassen würde, der Verfassungsbeschwerde aber der Erfolg zu versagen wäre."[3]

1303 Die einstweilige Anordnung kann *ohne mündliche Verhandlung* ergehen (§ 32 Abs. 2 S. 1 BVerfGG). Wird die einstweilige Anordnung durch Beschluss erlassen oder abgelehnt, so kann *Widerspruch* erhoben werden, der allerdings keine aufschiebende Wirkung hat. Über den Widerspruch entscheidet das BVerfG nach mündlicher Verhandlung, die binnen zwei Wochen nach Eingang der Begründung des Widerspruchs stattfinden muss (Einzelheiten: § 32 Abs. 3–5 BVerfGG).

§ 35 Weitere Verfahrensarten

1304 Einen Sonderfall der Verfassungsbeschwerde regelt Art. 93 Abs. 1 Nr. 4b. Nach dieser Vorschrift entscheidet das BVerfG über Verfassungsbeschwerden von Gemeinden und Gemeindeverbänden, die wegen Verletzung des Rechts auf Selbstverwaltung nach Art. 28 durch ein Gesetz erhoben werden (*kommunale Verfassungsbeschwerde*). Bei Landesgesetzen gilt dies jedoch nur, soweit nicht Beschwerde beim Landesverfassungsgericht erhoben werden kann.
Der Rechtsbehelf der Kommunalverfassungsbeschwerde ist in Anlehnung an die Individualverfassungsbeschwerde ausgestaltet (vgl. §§ 13 Nr. 8a, 91 ff. BVerfGG zu den Zulässigkeitsvoraussetzungen).[1] *Beschwerdegegenstand* sind alle „Rechtsnormen des Bundes- und Landesrechts, die Außenwirkung gegenüber Gemeinden haben, also Gesetze im formellen und im materiellen Sinn".[2] Die *Beschwerdebefugnis* kann ausschließlich auf die Verletzung des Selbstverwaltungsrechts nach Art. 28 gestützt werden. Auch im Rahmen der kommunalen Verfassungsbeschwerde gilt der Grundsatz, dass der Beschwerdeführer selbst, gegenwärtig und unmittelbar betroffen sein muss.[3]

1305 Weitere Verfahren vor dem BVerfG, die einen Zusammenhang zu den Grundrechten oder grundrechtsgleichen Rechten des Grundgesetzes aufweisen, sind das Verfahren der *Grundrechtsverwirkung* (Art. 18 S. 2, §§ 13 Nr. 1, 36 ff. BVerfGG),[4] das

---

1 Vgl. *Maurer*, Staatsrecht I, § 20 Rn. 35.
2 Vgl. *Degenhart*, Staatsorganisationsrecht, Rn. 863 m. w. N.
3 BVerfGE 96, 120, 128 f. – *Bayerisches Schwangerenhilfeergänzungsgesetz*.
1 Zu den Voraussetzungen im Einzelnen *Maurer*, Staatsrecht, § 20 Rn. 139 f.
2 *Pieroth*, in: Jarass/Pieroth, GG, Art. 93 Rn. 132.
3 *Pieroth*, in: Jarass/Pieroth, GG, Art. 93 Rn. 133.
4 Zur Grundrechtsverwirkung bereits oben Rn. 133 ff.

Parteiverbot (Art. 21 Abs. 2, §§ 13 Nr. 2, 43 ff. BVerfGG),[5] aber auch das *Wahlprüfungsverfahren* (Art. 41 Abs. 2, §§ 13 Nr. 3, 48 BVerfGG[6], das im Jahr 2012 neu geschaffene Beschwerdeverfahren von Vereinigungen gegen ihre Nichtanerkennung als Partei für die Wahl zum Bundestag (Art. 93 Abs. 1 Nr. 4c, § 13 Nr. 3a BVerfGG) und das Verfahren über den Ausschluss von Parteien von der staatlichen Finanzierung (Art. 21 Abs. 4 i. V. m. Art. 21 Abs. 3; §§ 13 Nr. 2a, 43 ff BVerfGG). Darüber hinaus können Grundrechtsverstöße auch in den Verfahren der *abstrakten Normenkontrolle* (Art. 93 Abs. 1 Nr. 2) und der *konkreten Normenkontrolle* (Art. 100) relevant werden.[7]

---

5 Vgl. zum Parteiverbot Korioth, Staatsrecht I, Rn. 828 ff.
6 Ausführlich hierzu *Lang*, Subjektiver Rechtsschutz im Wahlprüfungsverfahren, 1997, passim.
7 Siehe *Manssen*, Grundrechte, Rn. 911.

Teil III: Übersichten – Schemata – Definitionen

A. Übersichten

➡ Kapitel §§ 3–6 Rn. 62 ff.

Übersicht 1: Grundrechte

1306
- Schutz der Menschenwürde, Art. 1 Abs. 1
- allgemeines Persönlichkeitsrecht, Art. 2 Abs. 1 i. V. m. Art. 1 Abs. 1
- allgemeine Handlungsfreiheit, Art. 2 Abs. 1
- Recht auf Leben, Art. 2 Abs. 2 S. 1
- Recht auf körperliche Unversehrtheit, Art. 2 Abs. 2 S. 1
- Freiheit der Person, Art. 2 Abs. 2 S. 2 i. V. m. Art. 104
- allgemeiner Gleichheitssatz, Art. 3 Abs. 1
- besondere Gleichheitssätze, Art. 3 Abs. 2 und 3, Art. 6 Abs. 5
- Glaubens- und Bekenntnisfreiheit, Art. 4 Abs. 1 und 2
- Gewissensfreiheit, Art. 4 Abs. 1
- Recht der Kriegsdienstverweigerung, Art. 4 Abs. 3
- Meinungsfreiheit, Art. 5 Abs. 1 S. 1
- Informationsfreiheit, Art. 5 Abs. 1 S. 1
- Pressefreiheit, Art. 5 Abs. 1 S. 2
- Rundfunkfreiheit, Art. 5 Abs. 1 S. 2
- Filmfreiheit, Art. 5 Abs. 1 S. 2
- Kunstfreiheit, Art. 5 Abs. 3 S. 1
- Wissenschaftsfreiheit, Art. 5 Abs. 3 S. 1
- Schutz der Ehe, Art. 6 Abs. 1
- Schutz der Familie, Art. 6 Abs. 1
- Elternrecht, Art. 6 Abs. 2 und 3
- Schutz- und Fürsorgeanspruch der Mutter, Art. 6 Abs. 4
- Versammlungsfreiheit, Art. 8 Abs. 1
- Vereinigungsfreiheit, Art. 9 Abs. 1
- Koalitionsfreiheit, Art. 9 Abs. 3
- Brief-, Post- und Fernmeldegeheimnis, Art. 10 Abs. 1
- Freizügigkeit, Art. 11 Abs. 1
- Berufsfreiheit, Art. 12 Abs. 1
- Schutz vor Arbeitszwang und Zwangsarbeit, Art. 12 Abs. 2 und 3
- Unverletzlichkeit der Wohnung, Art. 13 Abs. 1
- Schutz des Eigentums, Art. 14 Abs. 1 S. 1
- Schutz des Erbrechts, Art. 14 Abs. 1 S. 1
- Schutz vor Entziehung der deutschen Staatsangehörigkeit, Art. 16 Abs. 1 S. 1
- Schutz vor Auslieferung, Art. 16 Abs. 2 S. 1
- Asylrecht, Art. 16a Abs. 1

Übersichten   1307–1310

- Petitionsrecht, Art. 17
- Rechtsschutz gegen die öffentliche Gewalt, Art. 19 Abs. 4

Übersicht 2: Grundrechtsgleiche Rechte

- Widerstandsrecht, Art. 20 Abs. 4   **1307**
- Recht auf Chancengleichheit beim Zugang zu öffentlichen Ämtern, Art. 33 Abs. 1–3
- Berücksichtigung hergebrachter Grundsätze des Berufsbeamtentums, Art. 33 Abs. 5
- aktives Bundestagswahlrecht, Art. 38 Abs. 1 und 2
- passives Bundestagswahlrecht, Art. 38 Abs. 1 und 2
- Recht auf den gesetzlichen Richter, Art. 101 Abs. 1 S. 2
- Anspruch auf rechtliches Gehör, Art. 103 Abs. 1
- nulla poena sine lege, Art. 103 Abs. 2
- ne bis in idem, Art. 103 Abs. 3
- Rechtsgarantien bei Freiheitsbeschränkung und -entziehung, Art. 104

Übersicht 3: Grundrechtsähnliche Rechte

- Freiheit der Gründung von Parteien, Art. 21   **1308**
- Wahlrechtsgrundsätze auf Landes- und Kommunalebene, Art. 28 Abs. 1 S. 2
- Freiheit der Berichterstattung über öffentliche Sitzungen des Bundestages und seiner Ausschüsse, Art. 42 Abs. 3
- Rechte des Wahlkreisbewerbers, Art. 48 Abs. 1 und 2
- Unzulässigkeit der Todesstrafe, Art. 102
- Kirchenrechtsartikel, Art. 140 i. V. m. Art. 136–141 WRV

Übersicht 4: Grundrechte mit einfachem Gesetzesvorbehalt

➡ Kapitel § 7 III Rn. 251 f.   **1309**
- allgemeine Handlungsfreiheit, vgl. Art. 2 Abs. 1
- Recht auf Leben, Art. 2 Abs. 2 S. 3
- Recht auf körperliche Unversehrtheit, Art. 2 Abs. 2 S. 3
- Freiheit der Person, Art. 2 Abs. 2 S. 3
- Freiheit der Versammlung unter freiem Himmel, Art. 8 Abs. 2
- Brief-, Post- und Fernmeldegeheimnis, Art. 10 Abs. 2 S. 1
- Berufsfreiheit, vgl. Art. 12 Abs. 1 S. 2
- Eigentumsgarantie, vgl. Art. 14 Abs. 1 S. 2

Übersicht 5: Grundrechte mit qualifiziertem Gesetzesvorbehalt

➡ Kapitel § 7 III Rn. 253 f.   **1310**
- Kommunikationsfreiheiten des Art. 5 Abs. 1, vgl. Art. 5 Abs. 2; Art. 17a Abs. 1
- Elternrecht des Art. 6 Abs. 2, vgl. Art. 6 Abs. 3
- Vereinigungsfreiheit, vgl. Art. 9 Abs. 2
- Brief-, Post- und Fernmeldegeheimnis, vgl. Art. 10 Abs. 2 S. 2
- Freizügigkeit, vgl. Art. 11 Abs. 2; Art. 17a Abs. 2

- Unverletzlichkeit der Wohnung, vgl. Art. 13 Abs. 2–7; Art. 17a Abs. 2
- Eigentumsgarantie, vgl. Art. 14 Abs. 3 S. 2; Art. 15
- Schutz der deutschen Staatsangehörigkeit, vgl. Art. 16 Abs. 1 S. 2
- Schutz vor Auslieferung, vgl. Art. 16 Abs. 2 S. 2
- Freiheit der Person, vgl. Art. 104

Übersicht 6: Grundrechte ohne Gesetzesvorbehalt

1311 ➡ Kapitel § 7 III Rn. 255 ff.
- vorbehaltlos gewährleistete Grundrechte:
- Glaubens- und Bekenntnisfreiheit, Art. 4 Abs. 1 und 2
- Gewissensfreiheit, Art. 4 Abs. 1
- Recht der Kriegsdienstverweigerung, Art. 4 Abs. 3
- Kunstfreiheit, Art. 5 Abs. 3 S. 1
- Wissenschaftsfreiheit, Art. 5 Abs. 3 S. 1
- Schutz der Ehe, Art. 6 Abs. 1
- Schutz der Familie, Art. 6 Abs. 1
- Freiheit der Versammlung in geschlossenen Räumen, Art. 8 Abs. 2
- Koalitionsfreiheit, Art. 9 Abs. 3
- ausnahmslos gewährleistete Grundrechte und grundrechtsgleiche Rechte:
- Schutz der Menschenwürde, Art. 1 Abs. 1
- Unzulässigkeit der Todesstrafe, Art. 102
- nulla poena sine lege, Art. 103 Abs. 2
- ne bis in idem, Art. 103 Abs. 3

Übersicht 7: Arten von Grundrechten

1312 ➡ Kapitel § 4 II Rn. 103 ff.
- *Freiheitsgrundrechte* dienen der Abwehr staatlicher Eingriffe in bestimmte Handlungsfreiheiten, Freiräume, Freiheitsrechte oder Rechtsgüter des Einzelnen.[1]
Bsp.: Art. 2 Abs. 2 S. 1; Art. 2 Abs. 2 S. 2; Art. 4 Abs. 1 und 2; Art. 5 Abs. 1; Art. 5 Abs. 3; Art. 6 Abs. 1; Art. 8 Abs. 1; Art. 9 Abs. 1; Art. 9 Abs. 3; Art. 10 Abs. 1; Art. 11 Abs. 1; Art. 12 Abs. 1; Art. 13 Abs. 1; Art. 14 Abs. 1 S. 1; Art. 16 Abs. 1 S. 1; Art. 16 Abs. 2 S. 1 sowie das Auffanggrundrecht des Art. 2 Abs. 1.

➡ Anhang B Sch 1 Rn. 1318
- *Gleichheitsgrundrechte* zielen auf Gleichbehandlung und Nichtdiskriminierung durch die staatliche Gewalt; sie führen zu einer relativen Verpflichtung des Staates.[2] Der allgemeine Gleichheitssatz des Art. 3 Abs. 1 gebietet, Gleiches gleich und Ungleiches seiner Eigenart entsprechend ungleich zu behandeln.[3] Die Dif-

---

1 Vgl. *Kingreen/Poscher*, Grundrechte, Rn. 96.
2 Vgl. zu den Auswirkungen des Gleichheitssatzes auf die Teilrechtsordnungen, Sachs, HStR VIII, § 183 Rn. 2 ff.
3 Vgl. bereits BVerfGE 3, 58, 135 f. – *Beamtenurteil*. Die Formel („Gleiches ist gleich, Verschiedenes dem Unterschied entsprechend verschieden zu behandeln") geht schon auf die Antike zurück, *Pietzcker*, HGR V, § 125 Rn. 1; aus der aktuellen Rechtsprechung etwa BVerfG, B. v. 18. Juli 2019, Az 1 BvL 1/18,
Rn. 92 – *Mietpreisbremse*; BVerfGE 148, 147, Rn. 94 – *Einheitsbewertung*.

ferenzierungsverbote der speziellen Gleichheitssätze knüpfen an bestimmte Merkmale oder Eigenschaften des Grundrechtsträgers an.
Bsp.: Art. 3 Abs. 2; Art. 3 Abs. 3 S. 1; Art. 3 Abs. 3 S. 2; Art. 6 Abs. 5.

➧ Anhang B Sch 2, 3 Rn. 1319, 1320
- *Leistungsgrundrechte* sind nicht auf ein staatliches Unterlassen gerichtet, sondern fordern gerade ein positives Handeln des Staates.[4] Im Grundgesetz sind Leistungsgrundrechte die Ausnahme.
Bsp.: Art. 6 Abs. 4; Art. 17.
- *Justizgrundrechte* (prozessuale Grundrechte, Verfahrensgrundrechte) stehen im Zusammenhang mit dem Rechtsstaatsprinzip, aus dem sich das Gebot eines fairen rechtsstaatlichen (Straf-)Verfahrens ergibt.[5]
Bsp.: Art. 19 Abs. 4; Art. 101 Abs. 1 S. 2; Art. 103 Abs. 1; Art. 103 Abs. 2; Art. 103 Abs. 3; Art. 104.
- *Staatsbürgerliche Rechte* (Aktivbürgerrechte, politische Rechte) betreffen die Rechte des Einzelnen auf Mitwirkung im demokratischen Staat.[6]
Bsp.: Art. 20 Abs. 4; Art. 33 Abs. 2; Art. 38 Abs. 1 und 2.

Übersicht 8: Funktionen von Grundrechten

➧ Kapitel § 4 I Rn. 70 ff.
- Grundrechte als subjektive Abwehrrechte:
Historisch sind die Grundrechte als Abwehrrechte des Bürgers gegen den Staat entwickelt worden; hierin liegt auch heute noch ihre vorrangige Funktion.[7] Sie sind in erster Linie dazu bestimmt, die Freiheitssphäre des Einzelnen vor Eingriffen der öffentlichen Gewalt zu sichern,[8] und garantieren dem Bürger dadurch einen Bereich eigener Entscheidungsfreiheit.[9] Als unmittelbar geltendes Recht begründen sie Unterlassungs- und Beseitigungsansprüche gegen den Staat.[10]
- Grundrechte als Elemente objektiver Wertordnung:
Nach ständiger Rechtsprechung des BVerfG stellen die grundrechtlichen Verbürgungen zugleich objektiv-rechtliche Wertentscheidungen der Verfassung dar, die für alle Bereiche der Rechtsordnung gelten und als Richtlinien für Gesetzgebung, Verwaltung und Rechtsprechung dienen.[11]
- Ausstrahlungswirkung der Grundrechte:
Der objektiv-rechtliche Gehalt der Grundrechte, die als wertentscheidende Grundsatznormen verstanden werden, entfaltet eine Ausstrahlungswirkung auf die gesamte Rechtsordnung.[12] Bei der Anwendung des gesamten Rechts

---

4 Vgl. zu den Funktionen der Leistungsgrundrechte *Jarass*, in: Jarass/Pieroth, GG, Vorb. vor Art. 1 Rn. 4, 15a.
5 Siehe zu den Anforderungen an ein rechtsstaatliches Strafverfahren *Jarass*, in: Jarass/Pieroth, GG, Art. 20 Rn. 137 ff.; zur Normstruktur der prozessualen Grundrechte *Stein/Frank*, Staatsrecht, § 53.
6 „Status activus", vgl. *Kingreen/Poscher*, Grundrechte, Rn. 99 ff.
7 Vgl. *v. Münch/Kunig*, in: v. Münch/Kunig, GG, Vorb. Art. 1–19 Rn. 21. Ausführlich zu den Grundrechten als Abwehrrechte *Stern*, Staatsrecht III/1, S. 619 ff.
8 BVerfGE 7, 198, 204 – *Lüth*. Siehe hierzu *Stern*, Staatsrecht III/1, S. 558 ff., 899 ff.
9 Zur Funktion der Grundrechte als Eingriffsabwehrrechte *Müller-Franken*, in: Schmidt-Bleibtreu/Hofmann/Henneke, GG, Vorb. v. Art. 1 Rn. 17; *Starck*, in: v. Mangoldt/Klein/Starck, GG, Art. 2 Rn. 182 ff.
10 Vgl. *Maurer*, Staatsrecht, § 9 Rn. 23; *Kingreen/Poscher*, Grundrechte, Rn. 118 ff.
11 BVerfGE 49, 89, 141 f. – *Kalkar*; siehe auch BVerfGE 7, 198, 205 – *Lüth*.
12 Siehe zur Bedeutung der Grundrechte als Wertordnung *Herdegen*, in: Maunz/Dürig, GG, Art. 1 Abs. 3 Rn. 57.

1313

durch Rechtsprechung und Verwaltung ist das Gebot der grundrechtskonformen Auslegung zu beachten.[13] Auch die Normen des bürgerlichen Rechts sind im Lichte der besonderen Bedeutung der Grundrechte auszulegen (mittelbare Drittwirkung der Grundrechte im Privatrecht).[14] Dies gilt vor allem für die zivilrechtlichen Generalklauseln (§§ 138, 242, 826 BGB) und unbestimmte Rechtsbegriffe (§ 315 BGB).[15]

- Schutzfunktion der Grundrechte:
Aus dem objektiv-rechtlichen Gehalt der Grundrechte hat das BVerfG staatliche Schutzpflichten entwickelt, die den Staat verpflichten, die grundrechtlichen Positionen der Bürger vor rechtswidrigen Beeinträchtigungen und Gefährdungen durch private Dritte zu schützen.[16] So besteht z. B. eine umfassende Schutzverpflichtung des Staates für Leben und Gesundheit.[17] Bei der Erfüllung der staatlichen Schutzpflichten kommt dem Gesetzgeber ein weiter Einschätzungs-, Wertungs- und Gestaltungsspielraum zu.[18] Bei der Wahl der Schutzvorkehrungen darf ein bestimmtes Maß allerdings nicht unterschritten werden (Untermaßverbot).[19]

- Organisations- und verfahrensrechtliche Wirkungen:
Das BVerfG hat nicht nur den Justizgrundrechten, sondern auch den materiellen Grundrechten verfahrensrechtliche Wirkungen zuerkannt, wonach die Grundrechte zugleich Maßstäbe für die Organisations- und Verfahrensgestaltung sowie für eine grundrechtsfreundliche Anwendung vorhandener Verfahrensvorschriften setzen.[20] Die materiellen Grundrechte haben somit eine organisations- und verfahrensrechtliche Dimension, die sich auf die Anwendung und Auslegung, aber auch auf die Ausgestaltung des Organisations- und Verfahrensrechts auswirkt.[21]

- Leistungs- und Teilhabefunktion der Grundrechte:
Aus Grundrechten, die nicht ausdrücklich als Leistungsgrundrechte normiert sind, können sich unter bestimmten Voraussetzungen im Wege der Auslegung Leistungs- und Teilhabeansprüche herleiten lassen.[22] Derivative Teilhabeansprüche betreffen die gleiche Beteiligung an bereits bestehenden staatlichen Einrichtungen und Leistungssystemen.[23] Sie ergeben sich aus Art. 3 Abs. 1 (Bsp.: Zulassung zum Hochschulstudium im Rahmen der vorhandenen Ausbildungseinrichtungen).[24] Ob darüber hinaus auch ein originärer Leistungsanspruch auf Erweiterung nicht ausreichender Kapazitäten in Betracht kommt, hatte das BVerfG zunächst offen gelassen, in seiner jüngsten Entscheidung

---

13 Vgl. *Kingreen/Poscher*, Grundrechte, Rn. 113 ff.
14 Vgl. BVerfGE 7, 198, 205 – *Lüth*.
15 Vgl. *Herdegen*, in: Maunz/Dürig, GG, Art. 1 Abs. 3 Rn. 65; BVerfGE 7, 198, 205 – *Lüth*.
16 Siehe zu den grundrechtlichen Schutzpflichten *Sachs*, in: Sachs, GG, Art. 1 Rn. 35 ff.; *Maurer*, Staatsrecht, § 9 Rn. 25; vertiefend *Stern*, Staatsrecht III/1, S. 931 ff.; grundlegend *Isensee*, Das Grundrecht auf Sicherheit, 1983.
17 Vgl. etwa BVerfGE 39, 1 – *Schwangerschaftsabbruch I*; BVerfGE 53, 30 – *Mülheim-Kärlich*.
18 Vgl. BVerfG-K, NJW 1997, 2509 – *Elektrosmog* m. w. N.
19 Siehe zum Untermaßverbot *Ipsen*, Staatsrecht II, Rn. 105 ff.
20 BVerfGE 69, 315, 355 – *Brokdorf II*.
21 Vgl. *Maurer*, Staatsrecht, § 9 Rn. 27; *Sachs*, in: Sachs, GG, Art. 1 Rn. 34 ff.; *v. Münch/Kunig*, in: v. Münch/Kunig, GG, Vorb. Art. 1–19 Rn. 25. Ausführlich zu den Grundrechtswirkungen für Organisation und Verfahren *Stern*, Staatsrecht III/1, S. 953 ff.
22 Ausführlich zu den Grundrechten als Leistungsrechte *Rüfner*, HGR II, § 40.
23 Vgl. *v. Münch/Kunig*, in: v. Münch/Kunig, GG, Vorb. Art. 1–19 Rn. 22; *Maurer*, Staatsrecht, § 9 Rn. 28.
24 Vgl. BVerfGE 33, 303, 330 f. – *numerus clausus I*.

zum numerus clausus aber verneint.²⁵ In jedem Fall steht ein solches Teilhaberecht unter dem Vorbehalt des Möglichen im Sinne dessen, was der Einzelne vernünftigerweise von der Gesellschaft beanspruchen kann.²⁶

Übersicht 9: Jedermann-Grundrechte und Deutschengrundrechte

➡ Kapitel § 5 II Rn. 114 ff. **1314**

Jedermann-Grundrechte (Menschenrechte):
Grundrechte, die jeder natürlichen Person unabhängig von ihrer Staatsangehörigkeit zustehen. Ersichtlich ist dies aus Formulierungen wie „jeder", „jedermann", „alle Menschen" oder „niemand". Gleiches gilt, wenn der Verfassungstext einen unpersönlichen Begriff verwendet, um den Schutzbereich eines Grundrechts zu umschreiben.²⁷
Beispiele:
- Schutz der Menschenwürde, Art. 1 Abs. 1
- allgemeines Persönlichkeitsrecht, Art. 2 Abs. 1 i. V. m. Art. 1 Abs. 1
- allgemeine Handlungsfreiheit, Art. 2 Abs. 1
- Recht auf Leben und körperliche Unversehrtheit, Art. 2 Abs. 2 S. 1
- Freiheit der Person, Art. 2 Abs. 2 S. 2 i. V. m. Art. 104
- allgemeiner Gleichheitssatz, Art. 3 Abs. 1
- besondere Gleichheitssätze, Art. 3 Abs. 2 und 3
- Glaubens-, Bekenntnis- und Gewissensfreiheit, Art. 4
- Kommunikationsgrundrechte des Art. 5 Abs. 1
- Kunst- und Wissenschaftsfreiheit, Art. 5 Abs. 3
- Schutz von Ehe und Familie, Art. 6
- Koalitionsfreiheit, Art. 9 Abs. 3
- Brief-, Post- und Fernmeldegeheimnis, Art. 10 Abs. 1
- Unverletzlichkeit der Wohnung, Art. 13 Abs. 1
- Schutz von Eigentum und Erbrecht, Art. 14 Abs. 1
- Asylrecht, Art. 16a
- Petitionsrecht, Art. 17
- Rechtsschutz gegen die öffentliche Gewalt, Art. 19 Abs. 4
- Justizgrundrechte, Art. 101–104

Deutschengrundrechte (Bürgerrechte):
Grundrechte, die ihrem ausdrücklichen Wortlaut zufolge ausschließlich Deutschen i. S. d. GG, d. h. deutschen Staatsangehörigen und sog. Statusdeutschen (vgl. Art. 116 Abs. 1),²⁸ vorbehalten sind.
Beispiele:
- Versammlungsfreiheit, Art. 8 Abs. 1
- Vereinigungsfreiheit, Art. 9 Abs. 1
- Freizügigkeit, Art. 11 Abs. 1
- Berufsfreiheit, Art. 12 Abs. 1
- Schutz vor Entziehung der Staatsangehörigkeit, Art. 16 Abs. 1 S. 1
- Schutz vor Auslieferung, Art. 16 Abs. 2 S. 1

---

25 BVerfG, NJW 2018, 361, Rn. 105 – *numerus clausus III*.
26 BVerfGE 33, 303, 333 – *numerus clausus I*.
27 Siehe hierzu *Kingreen/Poscher*, Grundrechte, Rn. 167; *Ipsen*, Staatsrecht II, Rn. 61.
28 Vgl. zum Begriff des Statusdeutschen *Hillgruber*, HStR II, § 32 Rn. 32.

- Widerstandsrecht, Art. 20 Abs. 4
- Recht auf gleichen Zugang zu öffentlichen Ämtern, Art. 33 Abs. 1–3
- aktives und passives Bundestagswahlrecht, Art. 38 Abs. 1 i. V. m. Art. 20 Abs. 2

Übersicht 10: Natürliche Personen als Grundrechtsträger

1315 ➡
- Kapitel § 5 II Rn. 114 ff.
- Träger von Grundrechten kann grundsätzlich, unabhängig von Alter und Fähigkeiten, *jede lebende natürliche Person* sein. Die natürliche Person ist also der „idealtypische und eigentliche Träger der Grundrechte".[29] Von wenigen Ausnahmen abgesehen, ist anerkannt, dass die Grundrechtsfähigkeit ab der Geburt (vgl. § 1 BGB) besteht. Die Menschenwürde und das Recht auf Leben stehen auch dem vorgeburtlichen Leben zu, das sich – wie das BVerfG zu Recht festgestellt hat – als Leben und nicht zum Leben entwickelt.[30] Der Grundrechtsschutz endet mit dem Tod (nach zutreffender Ansicht wird dieser Zeitpunkt durch den irreversiblen Zusammenbruch des Herz-Kreislaufsystems markiert, nach a. A. durch den sog. Hirntod).
- Anerkannt ist darüber hinausreichend ein allgemeiner Achtungsanspruch des Verstorbenen (*postmortaler Persönlichkeitsschutz;* str., ob Grundlage Art. 2 Abs. 1 oder Art. 1 Abs. 1 ist).[31]
- Vgl. zu Jedermann-Grundrechten und Deutschengrundrechten Übersicht 9. Soweit der Geltungsbereich einzelner Grundrechte auf Deutsche beschränkt ist, sind *Ausländer und Staatenlose* über das Auffanggrundrecht der allgemeinen Handlungsfreiheit geschützt.[32] Auch die Schranken des Art. 2 Abs. 1 (verfassungsmäßige Ordnung!) finden Anwendung.[33] Über Art. 2 Abs. 1 lässt sich außerdem ein gleichwertiger Grundrechtsschutz von *Unionsbürgern* erreichen (Gleichstellung erforderlich wegen Diskriminierungsverbot des Art. 18 AEUV).[34]
- Grundrechtsfähig sind auch *Minderjährige.* Fraglich kann jedoch ihre *Grundrechtsmündigkeit* sein, d. h. die Fähigkeit, Grundrechte selbstständig ausüben zu dürfen.[35] Str., ob insoweit auf die natürliche Einsichtsfähigkeit des Minderjährigen oder auf bestimmte Altersgrenzen abzustellen ist (Bsp.: § 5 RelKErzG für Art. 4; Volljährigkeit für Art. 12 und 14).[36] Nach Auffassung des BVerfG soll es für die Prozessfähigkeit auf die *Einsichtsfähigkeit* in die Voraussetzungen und den Zweck einer Verfassungsbeschwerde ankommen.[37]

---

29 So die Formulierung bei *Huber,* HGR I, § 49 Rn. 4.
30 Siehe BVerfGE 39, 1, 37 – *Schwangerschaftsabbruch I;* BVerfGE 88, 203, 251 – *Schwangerschaftsabbruch II.*
31 Vgl. BVerfGE 30, 173, 194 – *Mephisto;* BGHZ 50, 133, 136 f.; BGHZ 143, 214, 218.
32 Vgl. BVerfGE 35, 382, 393 – *Ausländerausweisung;* BVerfGE 49, 169, 180 – *Aufenthaltserlaubnis;* BVerfGE 78, 179, 196 f. – *Heilpraktikergesetz.* Ausführlich zur Reservefunktion der allgemeinen Handlungsfreiheit für Ausländer Maunz/Dürig/*Di Fabio,* GG, Art. 2 Abs. 1 Rn. 28 ff.; s. a. *Lang,* BeckOK, GG, Art. 2 Rn. 20 ff.
33 Siehe BVerfGE 35, 382, 393 – *Ausländerausweisung;* BVerfGE 49, 169, 180 – *Aufenthaltserlaubnis.*
34 Vgl. etwa im Einzelnen *Starck,* in: v. Mangoldt/Klein/Starck, GG, Art. 2 Rn. 208 m. w. N.
35 Vgl. die Begriffsbestimmung bei *Herdegen,* in: Maunz/Dürig, GG, Art. 1 Abs. 3 Rn. 49.
36 Zum Streitstand *Herdegen,* in: Maunz/Dürig, GG, Art. 1 Abs. 3 Rn. 49; im Einzelnen *Starck,* in: v. Mangoldt/Klein/Starck, GG, Art. 2 Rn. 210; *v. Münch/Kunig,* in: v. Münch/Kunig, GG, Vorb. Art. 1–19 Rn. 31; *Jarass,* in: Jarass/Pieroth, GG, Art. 19 Rn. 13; *Kingreen/Poscher,* Grundrechte, Rn. 184 f.; *Stein/Frank,* Staatsrecht, § 27 II.
37 Vgl. BVerfGE 28, 243 – *Kriegsdienstverweigerung.*

Übersicht 11: Juristische Personen als Grundrechtsträger

➡ Kapitel § 5 III Rn. 125 ff.

Die Grundrechte und grundrechtsgleichen Rechte gelten auch für inländische juristische Personen und Personenvereinigungen, soweit sie ihrem Wesen nach auf diese anwendbar sind (vgl. Art. 19 Abs. 3).

juristische Personen des Privatrechts:
Alle Personenmehrheiten und Organisationen, denen die Rechtsordnung Rechtspersönlichkeit und Rechtsfähigkeit zuerkennt (Bsp.: AG, GmbH, e. V., Stiftung); auch nichtrechtsfähige Personenvereinigungen, soweit diese teilrechtsfähig und organisatorisch hinreichend verfestigt sind (Bsp.: OHG, KG, GbR).[38] Keine Grundrechtsberechtigung, wenn die juristische Person von einem Träger öffentlicher Verwaltung zur Durchführung öffentlicher Aufgaben gegründet wurde (str. für gemischt-wirtschaftliche Unternehmen), von Grundrechtsfähigkeit ist regelmäßig dann auszugehen, wenn mehr als die Hälfte der Anteile im Eigentum der öffentlichen Hand stehen.[39] Unterhalb dieser Beteiligungsschwelle bleibt dem Träger öffentlicher Verwaltung nur die Möglichkeit, seinen rechtlichen Einfluss auf das Unternehmen so auszuüben, dass durch dieses keine Grundrechtsverstöße begangen werden, gelingt dies nicht, muss er seine Anteile veräußern.[40]

- *juristische Personen des öffentlichen Rechts:*
  Sie können sich – mit Ausnahme der Verfahrensgrundrechte – prinzipiell nicht auf die Grundrechte berufen. Eine Ausnahme besteht, wenn die betreffende juristische Person des öffentlichen Rechts unmittelbar dem durch die Grundrechte geschützten Lebensbereich zuzuordnen ist (Bsp.: Universitäten als Träger der Wissenschaftsfreiheit; öffentlich-rechtliche Rundfunkanstalten als Träger der Rundfunkfreiheit; Kirchen für die Religionsgrundrechte).[41]

- *inländische juristische Person:*
  Eine juristische Person ist inländisch, wenn sich ihr Sitz in Deutschland befindet.[42] Entscheidend ist nicht der rechtliche, sondern der effektive, tatsächliche Sitz der juristischen Person.[43] Für (nicht EU-) ausländische juristische Personen gelten nur die Verfahrensgrundrechte.[44]

- *Anwendbarkeit der Grundrechte „dem Wesen nach":*
  Sie ist gegeben, wenn das jeweilige Grundrecht auch korporativ ausgeübt werden kann.[45] Dies setzt voraus, dass der Grundrechtsschutz nicht an Eigenschaften, Äußerungsformen oder Beziehungen anknüpft, die nur natürlichen Personen wesenseigen sind[46] (Bsp.: bejaht für Art. 2 Abs. 1; Art. 3 Abs. 1; Art. 12 Abs. 1; Art. 14 Abs. 1; verneint für Art. 1 Abs. 1; Art. 2 Abs. 2; Art. 6).

---

38 Siehe *Kingreen/Poscher*, Grundrechte, Rn. 205 f.; *Jarass*, in: Jarass/Pieroth, GG, Art. 19 Rn. 17 ff.; im Einzelnen *Starck*, in: v. Mangoldt/Klein/Starck, GG, Art. 2 Rn. 234 f.
39 Hierzu BVerfGE 45, 63, 78 ff. – *Stadtwerke Hameln;* zur privatwirtschaftlichen Betätigung auch BVerfGE 75, 192, 195 – *Sparkasse* sowie BVerfGE 128, 226, 246 f. – *Fraport;* kritisch *Höfling*, in: Sachs, GG, Art. 1 Rn. 109.
40 *Höfling*, in: Sachs, GG, *Kingreen/Poscher*, Grundrechte, Art. 1 Rn. 104; Rn. 235.
41 BVerfGE 21, 362, 373 – *Sozialversicherungsträger*. Siehe auch BVerfGE 15, 256 – *universitäre Selbstverwaltung;* BVerfGE 78, 101 – *Grundrechtsfähigkeit der Rundfunkanstalten.*
42 Sog. Sitztheorie, vgl. etwa *Ipsen*, Staatsrecht II, Rn. 63 m. w. N.
43 Vgl. *Sachs*, in: Sachs, GG, Art. 1 Rn. 54; *Enders*, BeckOK, GG, Art. 19 Rn. 36.
44 Hierzu BVerfGE 12, 6 – *Societe Anonyme;* BVerfGE 61, 1 – *National Iranian Oil Company.*
45 *Katz*, Staatsrecht, Rn. 604.
46 BVerfGE 95, 220, 242 – *Aufzeichnungspflicht.;* BVerfGE 106, 28, 42 – *Mithörvorrichtung.*

Übersicht 12: Grundrechtsadressaten

1317 ➡ Kapitel § 6 Rn. 145 ff.

Grundrechtsadressaten sind diejenigen, die durch die Grundrechte verpflichtet werden. Nach Art. 1 Abs. 3 binden die Grundrechte die Legislative, die Exekutive und die Judikative als unmittelbar geltendes Recht (lückenlose Grundrechtsbindung[47]).

– *Grundrechtsbindung der Gesetzgebung:*
  Sie hat zur Folge, dass die Legislative beim Normerlass die Grundrechte nicht missachten darf. Art. 1 Abs. 3 verbietet das grundrechtswidrige Gesetz.[48]

– *Grundrechtsbindung der vollziehenden Gewalt:*
  Die Grundrechtsbindung ist unzweifelhaft, soweit es um öffentlich-rechtliches Handeln der Exekutive geht.[49] Nimmt der Staat hingegen Verwaltungsaufgaben in den Handlungs- oder Organisationsformen des Privatrechts wahr, wurde früher danach differenziert, ob es sich um sog. Verwaltungsprivatrecht oder um sog. privatrechtliche Hilfsgeschäfte und erwerbswirtschaftliche Betätigung handelte. Davon hat sich das BVerfG in seiner Fraport-Entscheidung gelöst und eine umfassende Bindung der Verwaltung an die Grundrechte für alle drei Fallgruppen, also unabhängig von den Zielen des Verwaltungshandelns, anerkannt.[50] Damit liegt nicht nur Grundrechtsbindung vor, *wenn* Gemeinwohlzwecke verfolgt werden, sondern *weil* solche Zwecke verfolgt werden.[51]

– *Grundrechtsbindung der Rechtsprechung:*
  Die Gerichte haben im Prozess nicht nur die Verfahrensgrundrechte der Beteiligten zu beachten, sondern sind darüber hinaus auch an die materiellen Grundrechte gebunden, die für den Verlauf des gerichtlichen Verfahrens und das inhaltliche Ergebnis der Entscheidung von Bedeutung sein können.[52]

---

[47] Siehe *Herdegen*, in: Maunz/Dürig, GG, Art. 1 Abs. 3 Rn. 92.; *Höfling*, in: Sachs, GG, Art. 1 Rn. 85.
[48] *Höfling*, in: Sachs, GG, Art. 1 Rn. 95 ff.
[49] Siehe zur Grundrechtsbindung der Exekutive bei öffentlich-rechtlichem Verwaltungshandeln *Höfling*, in: Sachs, GG, Art. 1 Rn. 104.; zur Bindung der vollziehenden Gewalt im Allgemeinen *Stern*, Staatsrecht III/1, S. 1318 ff.
[50] BVerfGE 128, 226, 246 f. – *Fraport*; s.a. BVerfG NJW 2016, 3153 Rn. 24 ff., 27 – *diskriminierende Preisgestaltung durch ein kommunales Freizeitbad*; *Sachs*, Verfassungsrecht II, Teil I Kap 5 Rn. 17; *Kingreen/Poscher*, Grundrechte, Rn. 235; ausführlich hierzu oben Rn. 148 ff.
[51] BVerfGE 128, 226, 244 – *Fraport*.
[52] Vgl. *Kunig*, in: v. Münch/Kunig, GG, Vorb. Art. 1 Rn. 62.

B. Schemata

Schema 1: Prüfungsaufbau bei Verletzung eines Freiheitsrechts
➡ Rn. 185 ff.

I. Schutzbereich
➡ Rn. 186 ff.

1. Persönlicher Schutzbereich
Grundrechtsträger (Grundrechtsfähigkeit):
- Jedermann-Grundrechte/Deutschengrundrechte
- juristische Personen unter den Voraussetzungen des Art. 19 Abs. 3

2. Sachlicher Schutzbereich
- Bestimmung des Schutzbereichs/ggf. Schutzbereichsbegrenzungen

3. Ggf. Grundrechtskonkurrenzen
➡ Rn. 291 ff.

II. Eingriff
➡ Rn. 201 ff.
- Benennung des konkreten Eingriffsaktes
- Ermittlung der Eingriffsart:
  - klassischer Eingriff (final, unmittelbar, rechtsförmlich, Zwang)
  - faktische Beeinträchtigungen (Realakte)
  - mittelbare Beeinträchtigungen
- ggf. Abgrenzung zur rechtlichen Ausgestaltung durch den Gesetzgeber
- ggf. wirksame Einwilligung des Grundrechtsträgers („Grundrechtsverzicht")

III. Verfassungsrechtliche Rechtfertigung
➡ Rn. 235 ff.

a. bei Grundrechten mit Gesetzesvorbehalt

1. Schranken
Ermittlung der Schrankenart:
- einfacher Gesetzesvorbehalt
- qualifizierter Gesetzesvorbehalt

2. Formelle Verfassungsmäßigkeit des Schrankengesetzes
a) Gesetzgebungskompetenz
b) Gesetzgebungsverfahren
c) Zitiergebot, Art. 19 Abs. 1 S. 2

3. Materielle Verfassungsmäßigkeit des Schrankengesetzes/Schranken-Schranken
a) allgemeine Anforderungen an die materielle Verfassungsmäßigkeit:
  - Bestimmtheit, Rückwirkungsverbot etc.
b) besondere Voraussetzungen eines qualifizierten Gesetzesvorbehalts
c) Grundsatz der Verhältnismäßigkeit
  aa) Verfassungslegitimer Zweck
  bb) Geeignetheit

  cc) Erforderlichkeit
  dd) Angemessenheit (Zumutbarkeit, Verhältnismäßigkeit i. e. S.)
 d) Wesensgehaltsgarantie, Art. 19 Abs. 2
 e) Verbot des Einzelfallgesetzes, Art. 19 Abs. 1 S. 1

4. Ggf. Verfassungsmäßigkeit des Einzelaktes
- Ermächtigungsgrundlage
- formelle Verfassungsmäßigkeit
- materielle Verfassungsmäßigkeit, insbesondere Verhältnismäßigkeit

b. bei Grundrechten ohne Gesetzesvorbehalt

1. Schranken
Ermittlung der verfassungsimmanenten Schranken:
- Grundrechte Dritter
- sonstige Rechtsgüter von Verfassungsrang

gesetzliche Konkretisierung des kollidierenden Verfassungsrechts erforderlich

2. Formelle Verfassungsmäßigkeit des Schrankengesetzes
a) Gesetzgebungskompetenz
b) Gesetzgebungsverfahren

3. Materielle Verfassungsmäßigkeit des Schrankengesetzes/Schranken-Schranken
a) allgemeine Anforderungen an die materielle Verfassungsmäßigkeit:
 – Bestimmtheit, Rückwirkungsverbot etc.
b) Grundsatz der Verhältnismäßigkeit
 aa) Verfassungslegitimer Zweck
 bb) Geeignetheit
 cc) Erforderlichkeit
 dd) Angemessenheit (Zumutbarkeit, Verhältnismäßigkeit i. e. S.): einschließlich Güterabwägung und Ausgleich der kollidierenden Interessen durch Herstellung praktischer Konkordanz
c) Wesensgehaltsgarantie, Art. 19 Abs. 2
d) Verbot des Einzelfallgesetzes, Art. 19 Abs. 1 S. 1

4. Ggf. Verfassungsmäßigkeit des Einzelaktes
- Ermächtigungsgrundlage
- formelle Verfassungsmäßigkeit
- materielle Verfassungsmäßigkeit, insbesondere Verhältnismäßigkeit

Schema 2: Prüfungsaufbau bei Verletzung des allgemeinen Gleichheitssatzes

➡ Rn. 1147 ff.; Anhang C Rn. 1331

I. Anwendbarkeit des Art. 3 Abs. 1

1. Vorrang besonderer Gleichheitssätze und Diskriminierungsverbote
Art. 3 Abs. 2, Art. 3 Abs. 3, Art. 6 Abs. 5, Art. 21, Art. 33 Abs. 1–3, Art. 38 Abs. 1 S. 1

2. Grundrechtsträger
- alle natürlichen Personen
- juristische Personen nach Maßgabe des Art. 19 Abs. 3

3. Grundrechtsverpflichtete
- Exekutive und Judikative
Rechtsanwendungsgleichheit: „Gleichheit vor dem Gesetz"
- Legislative
Rechtsetzungsgleichheit: „Gleichheit des Gesetzes"

II. Beeinträchtigung durch Ungleichbehandlung

1. Vergleichbare Sachverhalte
- Bestimmung der betroffenen Personengruppe
- Bestimmung einer Vergleichsgruppe (gemeinsamer Oberbegriff)

2. Ungleichbehandlung
- Vorliegen einer Ungleichbehandlung: Verbot,
  - wesentlich Gleiches ungleich oder
  - wesentlich Ungleiches gleich zu behandeln
- die Ungleichbehandlung muss durch denselben Hoheitsträger erfolgen
- kein Recht auf Gleichbehandlung, wenn eine Gruppe gegenüber einer anderen Gruppe in rechtswidriger Weise begünstigt wird („keine Gleichheit im Unrecht")

III. Verfassungsrechtliche Rechtfertigung der Ungleichbehandlung
➡ Rn. 1154 ff.

1. Willkürverbot
Verletzung des allgemeinen Gleichheitssatzes, wenn wesentlich Gleiches willkürlich ungleich oder wesentlich Ungleiches willkürlich gleichbehandelt wird
- die Differenzierung darf nicht ohne sachlichen Grund erfolgen
- die Unsachlichkeit der Differenzierung muss evident sein

2. „Neue Formel" des BVerfG
Verletzung des allgemeinen Gleichheitssatzes, wenn zwischen den Vergleichsgruppen keine Unterschiede von solcher Art und solchem Gewicht bestehen, dass sie die ungleiche Behandlung rechtfertigen könnten
Verhältnismäßigkeitsprüfung:
- zulässiges Differenzierungsziel (verfassungsmäßiger Regelungszweck),
- das mit einem zulässigen Differenzierungskriterium verfolgt wird
- das Differenzierungskriterium muss zur Erreichung des Differenzierungsziels geeignet, erforderlich und angemessen sein

IV. Rechtsfolgen von Gleichheitsverstößen
- nur selten (Teil-)Nichtigerklärung verfassungswidriger belastender Regelung
- regelmäßig Feststellung der Verfassungswidrigkeit und befristete Aufforderung an den Gesetzgeber, eine verfassungsmäßige Neuregelung zu erlassen
- ev. Ausdehnung vorenthaltener Begünstigung, soweit erforderlich und geboten
- bei Gleichheitsverstoß durch Exekutive ggf. Selbstbindung der Verwaltung

Schema 3: Besondere Gleichheitssätze

➡ Rn. 1177 ff.

1. **Gleichberechtigung von Mann und Frau, Art. 3 Abs. 2, Art. 3 Abs. 3 S. 1**
   – Verbot der Differenzierung wegen des Geschlechts und
   – Gebot der staatlichen Förderung der Gleichberechtigung
   – *unmittelbare (direkte) Diskriminierung*, wenn eine Regelung ausdrücklich an das Geschlecht als Tatbestandsmerkmal anknüpft
   – *mittelbare (indirekte) Diskriminierung*, wenn der Tatbestand einer Regelung äußerlich zwar an ein geschlechtsneutrales Merkmal anknüpft, sich faktisch aber zum Nachteil eines Geschlechts auswirkt, weil das Merkmal nur oder ganz überwiegend von Angehörigen dieses Geschlechts verwirklicht wird
   – Differenzierung ausnahmsweise gerechtfertigt, wenn sie im Hinblick auf die objektiven biologischen oder funktionalen (arbeitsteiligen) Unterschiede nach der Natur des jeweiligen Lebensverhältnisses erlaubt oder sogar geboten ist, oder soweit sie zur Lösung von Problemen, die ihrer Natur nach nur entweder bei Männern oder bei Frauen auftreten können, zwingend erforderlich ist

2. **Besondere Diskriminierungsverbote, Art. 3 Abs. 3 S. 1 und 2**
   – Verbot der Differenzierung wegen des Geschlechts, der Abstammung, der Rasse, der Sprache, der Heimat und Herkunft, des Glaubens, der religiösen oder politischen Anschauungen, Art. 3 Abs. 3 S. 1
     – untersagt sind sowohl Bevorzugungen als auch Benachteiligungen
     – unerheblich, ob der Staat die Ungleichbehandlung gerade bezweckt oder ob er in erster Linie andere Ziele verfolgt
     – Schutz vor direkter und (str.) indirekter Diskriminierung
   – Verbot der Benachteiligung wegen einer Behinderung, Art. 3 Abs. 3 S. 2

3. **Gleichbehandlung nichtehelicher Kinder, Art. 6 Abs. 5**

4. **Chancengleichheit der Parteien, Art. 21**

5. **Gleichbehandlung bezüglich staatsbürgerlicher Rechte und öffentlicher Ämter, Art. 33 Abs. 1–3**
   – staatsbürgerliche Gleichstellung, Art. 33 Abs. 1
   – Chancengleichheit beim Zugang zu öffentlichen Ämtern, Art. 33 Abs. 2
   – Differenzierungsverbot beim Zugang zu öffentlichen Ämtern, Art. 33 Abs. 3

6. **Wahlrechtsgleichheit, Art. 38 Abs. 1 S. 1**

Schema 4: Prüfungsaufbau der Verfassungsbeschwerde

Art. 93 Abs. 1 Nr. 4a GG, §§ 13 Nr. 8a, 90 ff. BVerfGG
➡ Rn. 1244 ff.

I. Zulässigkeit der Verfassungsbeschwerde

1. Beschwerdefähigkeit
- *„jedermann"* (Grundrechtsfähigkeit): wer Träger der angeblich verletzten Grundrechte oder grundrechtsgleichen Rechte sein kann[1]
- alle lebenden natürlichen Personen (Jedermann-/Deutschen-Grundrechte)
- juristische Personen nach Maßgabe des Art. 19 Abs. 3[2]

2. Beschwerdegegenstand
- *alle Akte der öffentlichen Gewalt*: alle nach außen rechtlich wirksamen Maßnahmen der Legislative, Exekutive oder Judikative[3]
- Bsp.: Parlamentsgesetze des Bundes und der Länder, Rechtsverordnungen, Satzungen, Verwaltungsakte, Realakte, fachgerichtliche Urteile, Beschlüsse
- auch staatliches Unterlassen, vgl. §§ 92, 95 Abs. 1 S. 1 BVerfGG
- BVerfG verzichtet auf die Überprüfung von Rechtsakten der europäischen Einrichtungen und Organe, solange ein gleichwertiger Grundrechtsstandard auf europäischer Ebene generell gewährleistet ist (Solange I und II; Maastricht-Entscheidung: „Kooperationsverhältnis zum EuGH")

3. Beschwerdebefugnis

a) Möglichkeit der Rechtsverletzung
- der Beschwerdeführer muss die Behauptung erheben, durch die öffentliche Gewalt in einem seiner Grundrechte oder grundrechtsgleichen Rechte verletzt zu sein, vgl. Art. 93 Abs. 1 Nr. 4a, § 90 Abs. 1 BVerfGG
- Möglichkeit einer Grundrechtsverletzung genügt
- diese Möglichkeit muss hinreichend substantiiert dargelegt werden[4]
- die Möglichkeit einer Grundrechtsverletzung darf also *nicht von vornherein ausgeschlossen* sein[5]
- nur bei behaupteter Verletzung eines Grundrechts oder grundrechtsgleichen Rechts; die Möglichkeit der Verletzung eines sonstigen Rechts genügt nicht

b) Betroffenheit („selbst, gegenwärtig und unmittelbar")
- der Beschwerdeführer muss geltend machen, durch den angegriffenen Akt der öffentlichen Gewalt „selbst, gegenwärtig und unmittelbar" betroffen zu sein[6]
- *selbst*: eigene Rechtsverletzung (Ausschluss der Popularbeschwerde): wenn der Beschwerdeführer Adressat des angegriffenen Aktes der öffentlichen Gewalt ist,[7] aber auch dann, wenn der Akt an Dritte gerichtet ist und eine hinreichend enge Beziehung zwischen der Grundrechtsposition des Beschwerdeführers und der Maßnahme besteht[8] (rechtliche Betroffenheit)
- *gegenwärtig*: wenn der angegriffene Akt der öffentlichen Gewalt „aktuell", d. h. im Zeitpunkt der Entscheidung des BVerfG, auf die geschützte Grund-

---

[1] BVerfGE 21, 362, 368 – *Sozialversicherungsträger*.
[2] Siehe zur Grundrechtsfähigkeit natürlicher und juristischer Personen Übersicht 10 und 11.
[3] Vgl. *Detterbeck*, in: Sachs, GG, Art. 93 Rn. 85 ff.
[4] BVerfGE 92, 26, 38 – *Zweitregister*.
[5] Ebenso *Kingreen/Poscher*, Grundrechte, Rn. 1298 m. w. N.
[6] Ständige Rspr. seit BVerfGE 1, 97, 101 f. – *Hinterbliebenenrente*.
[7] BVerfGE 97, 157, 164 – *Saarländisches Pressegesetz*.
[8] BVerfGE 108, 370, 384 – *Exklusivlizenz für Postdienstleistung*.

rechtsposition des Beschwerdeführers einwirkt;[9] der Beschwerdeführer muss schon oder noch betroffen sein[10]
- bei Verfassungsbeschwerde gegen ein Gesetz: nicht ausreichend, dass der Beschwerdeführer irgendwann einmal in der Zukunft („virtuell") von der Norm betroffen sein könnte;[11] Ausnahme, wenn das Gesetz die Normadressaten bereits jetzt zu später nicht mehr korrigierbaren Entscheidungen zwingt[12] oder sie jetzt schon zu Dispositionen veranlasst, die sie nach dem späteren Gesetzesvollzug nicht mehr nachholen können[13]
- *unmittelbar*: wenn kein weiterer Vollzugsakt erforderlich ist; der Beschwerdeführer muss also geltend machen können, dass er gerade durch die Norm und nicht erst durch ihren Vollzug in seinen Grundrechten betroffen ist[14] (Ausnahme: Sanktionen des Straf- und Ordnungswidrigkeitenrechts)

4. Rechtswegerschöpfung
- *Rechtsweg*: jede gesetzlich normierte Möglichkeit der Anrufung eines Gerichts[15]
- *Erschöpfung des Rechtswegs* bedeutet, dass der Beschwerdeführer alle zulässigen prozessualen Möglichkeiten zur Beseitigung der behaupteten Grundrechtsverletzung in Anspruch genommen haben muss[16]
- Ausnahmen, § 90 Abs. 2 S. 2 (Vorabentscheidung durch BVerfG):
  - *allgemeine Bedeutung* der Verfassungsbeschwerde: wenn sie grundsätzliche verfassungsrechtliche Fragen aufwirft, die eine Vielzahl gleich gelagerter Fälle betreffen[17]
  - *schwerer und unabwendbarer Nachteil* für den Beschwerdeführer: besonders intensiver Grundrechtseingriff, der selbst bei späterem Erfolg auf dem Rechtsweg nicht mehr beseitigt werden könnte, also irreparabel ist[18]
  - dem Beschwerdeführer ist die Erschöpfung des Rechtswegs *nicht zumutbar* (z. B. entgegenstehende höchstrichterliche Rechtsprechung)[19]

5. Subsidiarität
- der Beschwerdeführer muss über die Rechtswegerschöpfung i. e. S. hinaus *alle ihm zur Verfügung stehenden weiteren Möglichkeiten* ergriffen haben, um eine Korrektur der geltend gemachten Verfassungsverletzung zu erreichen oder diese gar zu verhindern[20]
- auch formlose Rechtsbehelfe wie die Gegenvorstellung
- auch Hauptsacheentscheidung im vorläufigen Rechtsschutz
- nach h. M. auch inzidente Normenkontrolle im fachgerichtlichen Verfahren

---

9 Vgl. *Meyer*, in: v. Münch/Kunig, GG, Art. 93 Rn. 58.
10 *Kingreen/Poscher*, Grundrechte, Rn. 1312.
11 BVerfGE 60, 360, 371 – *gesetzliche Krankenversicherung*.
12 BVerfGE 43, 291, 387 – *Parkstudium*.
13 BVerfGE 60, 360, 372 – *gesetzliche Krankenversicherung*.
14 BVerfGE 97, 157, 164 – *Saarländisches Pressegesetz*.
15 BVerfGE 67, 157, 170 – *G 10*.
16 *Kingreen/Poscher*, Grundrechte, Rn. 1321.
17 Vgl. *Voßkuhle*, in: v. Mangoldt/Klein/Starck, GG, Art. 93 Rn. 189 m. w. N.
18 Vgl. *Voßkuhle*, in: v. Mangoldt/Klein/Starck, GG, Art. 93 Rn. 190 m. w. N.; *Detterbeck*, in: Sachs, GG, Art. 94 Rn. 19.
19 Siehe etwa BVerfGE 79, 1, 24 – *Urheberrecht*; BVerfGE 84, 59, 72 – *Multiple-Choice-Verfahren*.
20 BVerfGE 92, 245, 256 – *Schuldnerspiegel im Internet*.

6. **Form**
   - schriftlich und mit Begründung, § 23 Abs. 1 BVerfGG
   - Bezeichnung des verletzten Rechts und des Beschwerdegegenstands, § 92 BVerfGG

7. **Frist**
   - *ein Monat*, § 93 Abs. 1 S. 1 BVerfGG (Akte der Exekutive oder Judikative)
   - *ein Jahr* bei Verfassungsbeschwerde gegen formelle Gesetze oder sonstige Hoheitsakte, gegen die ein Rechtsweg nicht offensteht, § 93 Abs. 3 BVerfGG

8. **Prozessfähigkeit**
   - Fähigkeit, erforderliche Verfahrenshandlungen rechtswirksam vorzunehmen[21]
   - richtet sich nach der Ausgestaltung der in Anspruch genommenen Grundrechte und deren Beziehung auf das im Ausgangsverfahren streitige Rechtsverhältnis (keine Analogie zum allgemeinen Verfahrensrecht)[22]
   - *Grundrechtsmündigkeit Minderjähriger* bei nötiger Einsicht in die Voraussetzungen und den Zweck einer Verfassungsbeschwerde und Fähigkeit zur ordnungsgemäßen und selbstständigen Führung des Verfahrens[23]

9. **Keine entgegenstehende Rechtshängigkeit oder Rechtskraft**
   - bei gleicher Sach- und Rechtslage darf über dasselbe Begehren desselben Beschwerdeführers nicht erneut entschieden werden[24]

10. **Allgemeines Rechtsschutzbedürfnis**
    - fehlt, wenn eine einfachere Möglichkeit des Grundrechtsschutzes besteht oder wenn sich die Beschwer erledigt hat[25]

II. **Begründetheit der Verfassungsbeschwerde**

wenn der Beschwerdeführer durch einen Akt der öffentlichen Gewalt in einem seiner Grundrechte oder grundrechtsgleichen Rechte verletzt ist (vgl. Art. 93 Abs. 1 Nr. 4a, §§ 90 Abs. 1, 95 BVerfGG)
- Prüfung durch BVerfG ist nicht auf das als verletzt gerügte Grundrecht beschränkt (doppelte Rechtsschutzfunktion der Verfassungsbeschwerde)
- Grundrechtsverletzung kann auch in einem Verstoß gegen sonstiges Verfassungsrecht bestehen (umfassende Prüfungsbefugnis des BVerfG)[26]
- bei Verfassungsbeschwerde gegen Urteil prüft BVerfG nur, ob spezifisches Verfassungsrecht verletzt ist (BVerfG keine Superrevisionsinstanz!)

Verletzung spezifischen Verfassungsrechts liegt vor, wenn
- das Fachgericht bei der Feststellung und Würdigung des Tatbestandes sowie der Auslegung und Anwendung einfachen Rechts den Einfluss der Grundrechte grundlegend verkannt hat;[27]

---

21 BVerfGE 1, 87, 88 – *Antragsbefugnis*.
22 BVerfGE 51, 405, 407 – *Beschwerdebefugnis*.
23 BVerfGE 28, 243 – *Kriegsdienstverweigerung*.
24 *Kingreen/Poscher*, Grundrechte, Rn. 1329 f.
25 *Pieroth*, in: Jarass/Pieroth, GG, Art. 93 Rn. 66 m. w. N.
26 Siehe hierzu *Kingreen/Poscher*, Grundrechte, Rn. 1336.
27 Vgl. BVerfGE 89, 276, 285 – *geschlechtsbezogene Diskriminierung*; BVerfGE 43, 130, 136 – *politisches Flugblatt*.

- die fachgerichtliche Entscheidung grob und offensichtlich willkürlich ist (Willkür bei der Gestaltung des Verfahrens, der Feststellung des Sachverhalts oder der Rechtsanwendung);[28]
- das Fachgericht die bei der Rechtsfindung gezogenen verfassungsrechtlichen Grenzen missachtet hat (unzulässige richterliche Rechtsfortbildung);[29]
- die fachgerichtliche Entscheidung auf einer verfassungswidrigen Norm beruht.

---

[28] Vgl. *Pieroth*, in: Jarass/Pieroth, GG, Art. 93 Rn. 73; *Kingreen/Poscher*, Grundrechte, Rn. 1354 f. m. w. N.
[29] BVerfGE 34, 269, 280 – *Soraya*.

C. Problemkreise

1. Schutzbereich

➡ Rn. 186 ff.

Im Rahmen des Schutzbereichs eines Freiheitsrechts ist zwischen dem persönlichen und dem sachlichen Schutzbereich des Grundrechts zu unterscheiden.

Der *persönliche Schutzbereich* betrifft die Frage der Grundrechtsträgerschaft. Erfasst werden alle Personen, die hinsichtlich des möglicherweise verletzten Grundrechts grundrechtsfähig sind.

Der *sachliche Schutzbereich* beschreibt den grundrechtlich geschützten Lebensbereich,[1] also die menschlichen Verhaltensweisen, Rechtsgüter oder Eigenschaften des Grundrechtsträgers, die ihm das Grundrecht verbürgt.[2] Dieser Gewährleistungsinhalt ist durch *Auslegung der Grundrechtsnorm* zu ermitteln. In Zweifelsfällen ist diejenige Auslegung zu wählen, welche die juristische Wirkungskraft der Grundrechtsnorm am stärksten entfaltet.[3]

Zahlreiche Grundrechtsnormen sind *sachlich bestimmt*, knüpfen also an natürliche Verhaltensweisen oder Rechtsgüter an (Bsp.: Art. 2 Abs. 2).[4] Darüber hinaus kennt das Grundgesetz auch *Grundrechte mit normgeprägtem Schutzbereich*, deren Schutzgut der rechtlichen Ausgestaltung durch den Gesetzgeber bedarf (Bsp.: Art. 6 Abs. 1).[5]

Einschränkungen des sachlichen Schutzbereichs eines Grundrechts können sich bereits aus dem Verfassungstext ergeben (Bsp.: „friedlich und ohne Waffen", Art. 8 Abs. 1).[6] Überdies haben Rechtsprechung und Schrifttum für einzelne Grundrechte weitere Schutzbereichsbegrenzungen angenommen (Bsp.: erwiesen oder bewusst unwahre Tatsachenbehauptungen, Art. 5 Abs. 1; „unfriedliche Kunst", Art. 5 Abs. 3).

2. Eingriff

➡ Rn. 201 ff.

Ein „klassischer" *Grundrechtseingriff* liegt nach der Rechtsprechung des BVerfG vor bei einem staatlichen Rechtsakt, der unmittelbar und gezielt (final) durch ein erforderlichenfalls zwangsweise durchzusetzendes Ge- oder Verbot zu einer Verkürzung grundrechtlicher Freiheiten führt.[7] Der klassische Begriff des Grundrechtseingriffs wird somit durch die vier Kriterien *Finalität, Unmittelbarkeit, Rechtsförmlichkeit und Zwang* bestimmt.[8] Der Eingriff besteht in einem *Befehl, Gebot oder Verbot*, wobei rechtliche Einzelakte (Urteil, Verwaltungsakt), aber auch Rechtsnormen (Gesetz, Rechtsverordnung, Satzung) in Frage kommen können.[9]

Der Begriff des Grundrechtseingriffs ist im Lauf der Zeit auf faktische und mittelbare Beeinträchtigungen ausgedehnt worden. *Faktische Eingriffe* erfolgen durch ein

---

1 *Kingreen/Poscher*, Grundrechte, Rn. 285 ff. f.
2 Vgl. *Jarass*, in: Jarass/Pieroth, GG, Vorb. vor Art. 1 Rn. 19.
3 Vgl. BVerfGE 39, 1, 38 – *Schwangerschaftsabbruch I*; BVerfGE 51, 97, 110 – *Zwangsvollstreckung I*.
4 Siehe zu den sachgeprägten Grundrechten *Maurer*, Staatsrecht, § 9 Rn. 44.
5 Siehe zu den normgeprägten Grundrechten *Ipsen*, Staatsrecht II, Rn. 162 ff.
6 Vgl. *Kunig*, in: v. Münch/Kunig, GG, Art. 8 Rn. 22; *Depenheuer*, in: Maunz/Dürig, GG, Art. 8 Rn. 78. Zur umstrittenen Frage, ob insofern Art. 2 Abs. 1 anwendbar ist, oben Rn. #.
7 BVerfGE 105, 279, 299 f. – *Osho*.
8 Vgl. zu den Kriterien des klassischen Eingriffsbegriffs auch *v. Münch*, in: v. Münch/Kunig, GG, Vorb. Art. 1–19 Rn. 34; *Ipsen*, Staatsrecht II, Rn. 143; *Maurer*, Staatsrecht, § 9 Rn. 46.
9 Vgl. den Überblick bei *Starck*, in: v. Mangoldt/Klein/Starck, GG, Art. 1 Rn. 265; *Sachs*, in: Sachs, GG, vor Art. 1 Rn. 80; *Maurer*, Staatsrecht, § 9 Rn. 46.

tatsächliches Verwaltungshandeln (*Realakte*) wie z. B. staatliche Warnungen, Informationen oder geschäftsschädigende Äußerungen der öffentlichen Gewalt[10] (str., ob die Informationstätigkeit der Bundesregierung eine besondere gesetzliche Ermächtigungsgrundlage erfordert; nach Auffassung des BVerfG entbehrlich, da das staatliche Informationshandeln von der Aufgabe der Staatsleitung gedeckt sei[11]). Um *mittelbare Eingriffe* handelt es sich bei Regelungen, die zwar nicht auf eine Grundrechtseinschränkung gerichtet sind, aber sich dennoch in vergleichbarer Weise negativ auf die Grundrechtsausübung auswirken.[12] Die Grundrechtsbeeinträchtigung muss der öffentlichen Gewalt jedoch mindestens *zurechenbar* sein.[13] Die h. M. bejaht außerdem einen Bagatellvorbehalt.[14]

3. Verfassungsrechtliche Rechtfertigung
➡ Rn. 235 ff.

a) Notwendigkeit eines Schrankengesetzes
Wegen des aus dem Rechtsstaatsprinzip folgenden Grundsatzes des Vorbehalts des Gesetzes ist stets erforderlich, dass der Grundrechtseingriff auf einer *gesetzlichen Grundlage* beruht. Über die allgemeinen verfassungsrechtlichen Regeln hinaus muss das beschränkende Gesetz auch die speziellen Anforderungen des jeweiligen Grundrechts erfüllen, also entweder den besonderen Voraussetzungen eines qualifizierten Gesetzesvorbehalts genügen oder, bei vorbehaltlos gewährleisteten Grundrechten, der Konkretisierung kollidierenden Verfassungsrechts dienen.

aa) Grundrechte mit Gesetzesvorbehalt
Grundrechte enthalten vielfach einen Gesetzesvorbehalt, können also durch Gesetz oder aufgrund eines Gesetzes beschränkt werden. Falls an das Schrankengesetz über die allgemeinen Regeln hinaus keine weiteren Anforderungen gestellt werden, handelt es sich um einen *einfachen Gesetzesvorbehalt*.[15] Sofern das Grundgesetz außerdem verlangt, dass das einschränkende Gesetz an bestimmte Situationen anknüpft, bestimmten Zwecken dient oder bestimmte Mittel benutzt, liegt ein *qualifizierter Gesetzesvorbehalt* vor.[16]

bb) Grundrechte ohne Gesetzesvorbehalt
Andere Grundrechte enthalten keinen Gesetzesvorbehalt.[17] Dies bedeutet allerdings nicht, dass in diese *vorbehaltlos gewährleisteten Grundrechte* nicht eingegriffen werden darf. Einschränkungen können aufgrund *kollidierenden Verfassungsrechts* gerechtfertigt sein. Als *verfassungsimmanente Schranken* kommen Grundrechte Dritter und andere Rechtsgüter von Verfassungsrang in Betracht. Voraussetzung ist jedoch stets eine gesetzliche Eingriffsermächtigung. Erforderlich sind ferner eine *Güterabwägung* und ein *Interessenausgleich durch Herstellung praktischer Konkordanz*. Ziel ist ein schonender

---

10 Siehe hierzu die Nachweise bei *v. Münch*, in: v. Münch/Kunig, GG, Vorb. Art. 1–19 Rn. 34; *Maurer*, Staatsrecht, § 9 Rn. 47.
11 Vgl. BVerfGE 105, 279, 299 f. – *Osho*.
12 Siehe *Maurer*, Staatsrecht, § 9 Rn. 47.
13 Vgl. BVerfGE 66, 39 – *Pershing II*.
14 Vgl. *Kingreen/Poscher*, Grundrechte, Rn. 301 f.; *Katz*, Staatsrecht, Rn. 638 m. w. N.; *Manssen*, Grundrechte, Rn. 147; a. A. *Stern*, Staatsrecht III/2, S. 204 ff.; keine allgemeine Geringfügigkeitsgrenze für Grundrechtsbeeinträchtigungen; vgl. auch *Sachs*, in: ders., GG, vor Art. 1 Rn. 94: nicht gemeinte Bagatellfälle sollen bereits vom Schutzbereich her ausgeschlossen werden.
15 Vgl. *Kingreen/Poscher*, Grundrechte, Rn. 305; *Manssen*, Grundrechte, Rn. 161; Überblick über die Grundrechte mit einfachem Gesetzesvorbehalt in Übersicht 4.
16 Vgl. *Kingreen/Poscher*, Grundrechte, Rn. 307.
17 Überblick über die Grundrechte ohne Gesetzesvorbehalt in Übersicht 6.

Ausgleich in dem Sinne, dass alle beteiligten Verfassungsgüter zu optimaler Wirksamkeit gelangen können.[18]

b) **Schranken-Schranken**
Die Begriffe bezeichnen die Beschränkungen, denen der Gesetzgeber unterworfen ist, wenn er der Grundrechtsausübung Schranken zieht.[19]
Das grundrechtseinschränkende Gesetz muss seinerseits *formell und materiell mit der Verfassung in Einklang stehen*. So muss das Gesetz formell ordnungsgemäß zustande gekommen sein, d. h. unter Einhaltung der Kompetenzordnung des Grundgesetzes und des Gesetzgebungsverfahrens (Art. 70 ff., Art. 76 ff.). In materieller Hinsicht sind insbesondere das *Verhältnismäßigkeitsprinzip*, der Bestimmtheitsgrundsatz und das Rückwirkungsverbot zu beachten.
Darüber hinaus muss das Schrankengesetz den Anforderungen des Art. 19 genügen:
- *Wesensgehaltsgarantie*, Art. 19 Abs. 2 (absoluter/relativer Wesensgehalt; außerdem str., ob Wesensgehalt generell oder individuell zu bestimmen ist)[20]
- *Zitiergebot*, Art. 19 Abs. 1 S. 2 (restriktive Handhabung durch BVerfG: nicht anwendbar auf vorkonstitutionelle Gesetze, auf vorbehaltlos gewährleistete Grundrechte sowie im Rahmen der Art. 2 Abs. 1, Art. 5 Abs. 2, Art. 12 Abs. 1 S. 2 und Art. 14 Abs. 1 S. 2)[21]
- *Verbot des Einzelfallgesetzes*, Art. 19 Abs. 1 S. 1 (Verstoß auch im Falle des getarnten Individualgesetzes, nicht aber bei Maßnahme-/Anlassgesetz)[22]

4. Konkurrenz und Kollision von Grundrechten
➡ Rn. 255 ff; 291 ff.
a) Eine *Grundrechtskonkurrenz* liegt vor, wenn ein Verhalten in den Schutzbereich mehrerer Grundrechte desselben Grundrechtsträgers fällt.[23] Sie ist wie folgt zu lösen:
- Das speziellere Grundrecht geht dem allgemeinen Grundrecht vor (*allgemeine Spezialität*).[24]
- Sind beide Grundrechte gleichrangig, ist das Grundrecht anzuwenden, welches dem zu prüfenden Sachverhalt näher steht (*Einzelfallspezialität*).[25]
- Liegt kein deutlich stärkerer Bezug eines Grundrechts zum Sachverhalt vor, sind beide Grundrechte nebeneinander anzuwenden (*Idealkonkurrenz*).[26]

b) Eine *Grundrechtskollision* ist gegeben, wenn eines oder mehrere Grundrechte verschiedener Grundrechtsträger miteinander in Widerstreit geraten.[27] Dieser

---
18 Siehe *v. Münch*, in: v. Münch/Kunig, GG, Vorb. Art. 1–19 Rn. 41 m. w. N.
19 Vgl. *Kingreen/Poscher*, Grundrechte, Rn. 326; *Katz*, Staatsrecht, Rn. 646; kritisch *Ipsen*, Staatsrecht II, Rn. 183.
20 Ausführlich hierzu oben Rn. 278 ff.
21 Ausführlich hierzu oben Rn. 281 ff.
22 Ausführlich hierzu oben Rn. 285 ff.
23 Vgl. *Jarass*, in: Jarass/Pieroth, GG, Vorb. vor Art. 1 Rn. 17; *v. Münch*, in: v. Münch/Kunig, GG, Vorb. Art. 1–19 Rn. 47; *Sachs*, in: Sachs, GG, vor Art. 1 Rn. 136. Ausführlich zum Problem der Grundrechtskonkurrenzen *Stern*, Staatsrecht III/2, S. 1366 ff.
24 Siehe *Jarass*, in: Jarass/Pieroth, GG, Vorb. vor Art. 1 Rn. 17 m. w. N.
25 So auch *Jarass*, in: Jarass/Pieroth, GG, Vorb. vor Art. 1 Rn. 17a m. w. N.
26 Ebenso *Jarass*, in: Jarass/Pieroth, GG, Vorb. vor Art. 1 Rn. 17b m. w. N.
27 Vgl. *v. Münch*, in: v. Münch/Kunig, GG, Vorb. Art. 1–19 Rn. 42; *Jarass*, in: Jarass/Pieroth, GG, Vorb. vor Art. 1 Rn. 18.

Konflikt ist im Rahmen der verfassungsrechtlichen Rechtfertigung zu erörtern.[28]

5. Drittwirkung von Grundrechten

1326 ➡ Rn. 163 ff.

Die Grundrechte binden Gesetzgebung, vollziehende Gewalt und Rechtsprechung als unmittelbar geltendes Recht (vgl. Art. 1 Abs. 3). Die Reichweite ihrer Geltung unter privaten Dritten war in der Rechtsprechung hingegen lange Zeit umstritten. Das BAG folgte in seinen frühen Entscheidungen der von *Nipperdey*[29] begründeten *Lehre von der unmittelbaren Drittwirkung*, wonach die Grundrechte nicht nur den Staat verpflichten, sondern auch eine unmittelbare privatrechtliche Wirkung entfalten sollen.[30] Danach sollten sich auch die Bürger untereinander im Privatrechtsverkehr auf die verfassungsrechtlich gewährleisteten Grundrechte berufen können.[31]

Das BAG hat diese Lehre alsbald wieder aufgegeben.[32] Das BVerfG vertritt seit der *Lüth*-Entscheidung in ständiger Rechtsprechung die *Lehre von der mittelbaren Drittwirkung der Grundrechte*.[33] Danach entfalten die Grundrechte als Elemente einer objektiven Wertordnung, die als verfassungsrechtliche Grundentscheidung für alle Bereiche des Rechts gilt, eine mittelbare Wirkung im Privatrecht.[34] Die Ausstrahlungswirkung der Grundrechte auf das bürgerliche Recht hat zur Folge, dass das einfache Gesetzesrecht im Lichte der besonderen Bedeutung der Grundrechte auszulegen ist.[35] Daraus können sich grundrechtliche Schutzpflichten ergeben.[36] Als „Einbruchstellen" der Grundrechte dienen vor allem unbestimmte Rechtsbegriffe (vgl. § 315 BGB) sowie die zivilrechtlichen Generalklauseln (§§ 138, 242, 826 BGB).[37] Eine unmittelbare Grundrechtsbindung Privater lehnt die h. M. demgegenüber ab, sofern eine solche nicht, wie in Art. 9 Abs. 3 S. 2, ausdrücklich im Grundgesetz vorgesehen ist.[38]

6. Begriff der Menschenwürde

1327 ➡ Rn. 308 ff.

Verschiedene im Schrifttum vertretene Auffassungen versuchen, den Begriff der Menschenwürde positiv zu umschreiben.[39] So versteht die *Mitgifttheorie* die Menschenwürde als den Eigenwert des Menschen, der ihm von Gott oder der Natur mitgegeben wurde.[40] Nach der *Leistungstheorie* soll hingegen die Leistung der Identitätsbildung, also das eigene selbst bestimmte Verhalten des Menschen entscheidend sein.[41]

---

28 Zur Eingriffsrechtfertigung durch kollidierendes Verfassungsrecht oben Rn. 255 ff.
29 *Enneccerus-Nipperdey*, Allgemeiner Teil des Bürgerlichen Rechts, 1. Band, 1. Halbband, S. 91 ff.
30 Vgl. BAGE 1, 185, 191 ff.; bestätigt von BAGE 4, 274, 276 f.
31 Siehe *Enneccerus-Nipperdey*, Allgemeiner Teil des Bürgerlichen Rechts, 1. Band, 1. Halbband, S. 93.
32 Siehe etwa BAGE 48, 122, 138 f.
33 BVerfGE 7, 198, 205 f. – *Lüth*.
34 BVerfGE 7, 198, 205 f. – *Lüth*.
35 Vgl. BVerfGE 7, 198, 205 – *Lüth*.
36 Siehe etwa *Herdegen*, in: Maunz/Dürig, GG, Art. 1 Abs. 3 Rn. 65 m. w. N.
37 Vgl. *Herdegen*, in: Maunz/Dürig, GG, Art. 1 Abs. 3 Rn. 65; BVerfGE 7, 198, 205 – *Lüth*.
38 Vgl. hierzu *Höfling*, in: Sachs, GG, Art. 1 Rn. 116; *Schmidt*, in: ErfK, Einl. GG Rn. 15 ff.
39 Siehe zu den verschiedenen Ansätzen *Herdegen*, in: Maunz/Dürig, GG, Art. 1 Abs. 1 Rn. 31 f.; *Stein/Frank*, Staatsrecht, § 29 III 2.
40 Vertreten von *Nipperdey*, Grundrechte II, S. 1; *Hofmann*, AöR 118 (1993), 353, 357; siehe hierzu die Darstellung bei *Kingreen/Poscher*, Grundrechte, Rn. 412 m. w. N.
41 Vertreten von *Luhmann*, Grundrechte als Institution, S. 53 ff.; *Podlech*, in: AK-GG, Art. 1 Rn. 17 ff.; siehe hierzu die Darstellung bei *Kingreen/Poscher*, Grundrechte, Rn. 413 m. w. N.

Das BVerfG versteht die Menschenwürde als den *„sozialen Wert- und Achtungsanspruch des Menschen, der es verbietet, ihn zum bloßen Objekt des Staates zu machen oder ihn einer Behandlung auszusetzen, die seine Subjektqualität prinzipiell in Frage stellt"* (sog. *Objektformel*).[42] Einen Verstoß gegen die Menschenwürde hat das Gericht weiterhin angenommen, wenn „in der Behandlung im konkreten Fall eine *willkürliche Missachtung der Würde des Menschen* liegt", wenn seine Behandlung durch die öffentliche Hand „Ausdruck der Verachtung des Wertes, der dem Menschen kraft seines Personseins zukommt, also in diesem Sinne eine ‚verächtliche Behandlung' ist."[43]
Aus der Unantastbarkeit der Menschenwürde folgt, dass jeder Eingriff zugleich eine Verletzung der ausnahmslos gewährleisteten Menschenwürde darstellt.[44] Da jede verfassungsrechtliche Rechtfertigung ausgeschlossen ist, ist jeder Eingriff in den Schutzbereich des Art. 1 Abs. 1 verfassungswidrig.[45]

7. Schutzbereich des allgemeinen Persönlichkeitsrechts
➡ Rn. 394 ff.

1328

Der Schutz des allgemeinen Persönlichkeitsrechts wurde von den Zivilgerichten im Wege richterlicher Rechtsfortbildung entwickelt und später vom BVerfG als aus Art. 2 Abs. 1 i. V. m. Art. 1 Abs. 1 folgende grundrechtliche Gewährleistung anerkannt.[46] Grundrechtsträger ist *jede natürliche Person*, auch Ausländer und Staatenlose, Kinder und Minderjährige, *nicht aber der Nasciturus*.[47] Darüber hinaus besteht ein allgemeiner Achtungsanspruch des Verstorbenen (*postmortaler Persönlichkeitsschutz*).[48] Bei juristischen Personen ist nach dem Gegenstand des Schutzbegehrens zu differenzieren (Betroffenheit des sozialen Geltungsanspruchs im Wirtschaftsleben).[49]

Das BVerfG hat als Ausprägung des allgemeinen Persönlichkeitsrechts bestimmte *Fallgruppen* herausgearbeitet, die nicht als abschließend anzusehen sind:
- *Recht auf Privatsphäre*: Schutz der engeren persönlichen Lebenssphäre und der Erhaltung ihrer Grundbedingungen;[50] Schutz eines autonomen Bereichs privater Lebensgestaltung[51]
- *Recht auf selbst bestimmte Persönlichkeitsentfaltung*: Schutz der Identität des Individuums,[52] der Integrität des Selbstverständnisses[53] und der Grundbedingungen der Persönlichkeitsentwicklung[54]
- *Recht auf informationelle Selbstbestimmung*: Schutz des Einzelnen gegen unbegrenzte Erhebung, Speicherung, Verwendung und Weitergabe seiner persönlichen Daten;[55] Befugnis des Einzelnen, grundsätzlich selbst über die Preisgabe und Verwendung seiner persönlichen Daten zu bestimmen[56]

---

42 BVerfGE 87, 209, 228 – *„Tanz der Teufel"*.
43 BVerfGE 30, 1, 16 – *Abhörurteil*.
44 Vgl. *Kingreen/Poscher*, Grundrechte, Rn. 430.
45 Siehe *Kunig*, in: v. Münch/Kunig, GG, Art. 1 Rn. 4.
46 Vgl. BVerfGE 34, 269, 281 f. – *Soraya*.
47 Siehe zum persönlichen Schutzbereich *Starck*, in: v. Mangoldt/Klein/Starck, GG, Art. 2 Rn. 43; *Kunig*, in: v. Münch/Kunig, GG, Art. 2 Rn. 5; *Jarass*, in: Jarass/Pieroth, GG, Art. 2 Rn. 9.
48 Vgl. etwa BVerfGE 30, 173 – *Mephisto*; BGHZ 50, 133; BGHZ 143, 214.
49 So z. B. BGHZ 98, 94, 97 f.; BVerfGE 95, 220, 242 – *Aufzeichnungspflicht*.
50 BVerfGE 54, 148, 153 – *Eppler*; BVerfGE 72, 155, 170 – *elterliche Vertretungsmacht*.
51 BVerfGE 35, 202, 220 – *Lebach*; BVerfGE 79, 256, 268 – *Abstammung*.
52 *Murswiek/Rixen*, in: Sachs, GG, Art. 2 Rn. 75a m. w. N.
53 *Starck*, in: v. Mangoldt/Klein/Starck, GG, Art. 2 Rn. 107 ff. m. w. N.
54 *Di Fabio*, in: Maunz/Dürig, GG, Art. 2 Abs. 1 Rn. 207 ff. m. w. N.
55 BVerfGE 65, 1, 43 – *Volkszählung*.
56 BVerfGE 65, 1, 43 – *Volkszählung*.

- *Recht auf Vertraulichkeit und Integrität informationstechnischer Systeme:*[57]
  Schutz aller informationstechnischen Systeme, die personenbezogene Daten des Betroffenen in einem Umfang und in einer Vielfalt enthalten, dass ein Zugriff auf das System es ermöglicht, einen Einblick in wesentliche Teile der Lebensgestaltung einer Person zu gewinnen oder gar ein aussagekräftiges Bild der Persönlichkeit zu erhalten;
  Schutz der Vertraulichkeit des Systems: die dort gespeicherten, erzeugten oder verarbeiteten Inhalte sind vor jedem (staatlichen) Zugriff geschützt, der nicht vom jeweiligen Nutzer autorisiert ist;
  Schutz der Integrität des Systems: Vertrauen des Nutzers darauf, exklusiv auf die Speicher und die Systemleistung zugreifen zu können (z. B. Schutz vor Installierung von Viren oder sog. Trojanern)
- *Recht auf Selbstdarstellung in der Öffentlichkeit:* Schutz des Einzelnen vor verfälschenden oder entstellenden Darstellungen seiner Person in der Öffentlichkeit, insbesondere Recht am eigenen Bild und am eigenen Wort, das Recht auf Gegendarstellung, das Recht am Namen und der Schutz der persönlichen Ehre.[58]

8. Schutzbereich der allgemeinen Handlungsfreiheit

1329 ➡ Rn. 358 ff.

Art. 2 Abs. 1 wird als *Auffanggrundrecht* ausgelegt, das *jedes menschliche Tun und Unterlassen* schützt, welches nicht von den anderen Freiheitsrechten erfasst wird.[59] Fällt eine Handlung hingegen in den Schutzbereich eines speziellen Grundrechts, so tritt Art. 2 Abs. 1 als *subsidiär* zurück.[60]
Als Generalklausel schützt die allgemeine Handlungsfreiheit *jegliches menschliches Verhalten.*[61] Dies gilt unabhängig davon, welches Gewicht der Betätigung für die geistig-sittliche Entfaltung der menschlichen Persönlichkeit zukommt (anders die heute nicht mehr vertretene Persönlichkeitstheorie). Auch nach Auffassung des BVerfG gewährleistet Art. 2 Abs. 1 die *Handlungsfreiheit im umfassenden Sinne.*[62]
Verfassungsgerichtliche Entscheidungen ergingen vor allem zu folgenden Fragen:
- Recht auf Ausreise aus der Bundesrepublik Deutschland
- wirtschaftliche Handlungsfreiheit, unternehmerische Entscheidungsfreiheit
- Vertragsfreiheit, Privatautonomie
- Zwangsmitgliedschaft in öffentlich-rechtlichen Verbänden
- Belastung mit Steuern und sonstigen Abgaben
- Teilnahme am Gemeingebrauch

Grundrechtsträger sind alle lebenden natürlichen Personen sowie juristische Personen und Personenvereinigungen i. S. d. Art. 19 Abs. 3. *Ausländer und Staatenlose* sind im Geltungsbereich der Deutschengrundrechte über Art. 2 Abs. 1 geschützt. Dies betrifft insbesondere die thematischen Bereiche der Versammlungsfreiheit, des Freizügigkeitsrechts und der Berufsfreiheit.[63]

---

57 Hierzu BVerfGE 120, 274 – *Online-Durchsuchung.*
58 Siehe z. B. BVerfGE 99, 185 – *Scientology;* BVerfGE 97, 125 – *Caroline v. Monaco I;* BVerfGE 101, 361 – *Caroline v. Monaco II.*
59 Vgl. etwa *Jarass,* in: Jarass/Pieroth, GG, Art. 2 Rn. 3; *Kunig,* in: v. Münch/Kunig, GG, Art. 2 Rn. 12; *Murswiek/Rixen,* in: Sachs, GG, Art. 2 Rn. 66. Kritisch zur Bezeichnung als „Auffanggrundrecht" *Di Fabio,* in: Maunz/Dürig, GG, Art. 2 Abs. 1 Rn. 7.
60 Vgl. *Kingreen/Poscher,* Grundrechte, Rn. 437.
61 Vgl. *Kingreen/Poscher,* Grundrechte, Rn. 436.
62 BVerfGE 6, 32, 36 – *Elfes.*
63 Näher hierzu *Kunig,* in: v. Münch/Kunig, GG, Art. 2 Rn. 3.

9. Schranken der allgemeinen Handlungsfreiheit

➡ Rn. 381 ff.

Art. 2 Abs. 1 gewährt jedem das Recht auf die freie Entfaltung seiner Persönlichkeit, soweit er nicht die Rechte anderer verletzt und nicht gegen die verfassungsmäßige Ordnung oder das Sittengesetz verstößt (*Schrankentrias*). Von praktischer Bedeutung ist allein die Schranke der verfassungsmäßigen Ordnung, da sie die beiden anderen Schranken inhaltlich miteinschließt.

- *verfassungsmäßige Ordnung*: die Gesamtheit der Rechtsnormen, die formell und materiell mit der Verfassung in Einklang stehen,[64] also die gesamte verfassungsmäßige Rechtsordnung;[65] dies entspricht einem einfachen Gesetzesvorbehalt
- *Rechte anderer*: alle durch die Rechtsordnung geschützten privaten oder subjektiv-öffentlichen Rechte, einschließlich der Grundrechte[66]
- *Sittengesetz*: allgemein anerkannte Wert- und Moralvorstellungen i. S. d. Begriffe „gute Sitten" oder „Treu und Glauben" nach §§ 138, 242, 826 BGB[67]

10. Verletzung des allgemeinen Gleichheitssatzes

➡ Rn. 1147 ff.; Anhang B Rn. 1319

Das BVerfG bejaht in ständiger Rechtsprechung eine Verletzung des allgemeinen Gleichheitssatzes ohne weiteres dann, wenn „wesentlich Gleiches willkürlich ungleich oder wesentlich Ungleiches willkürlich gleich behandelt wird" (sog. *Willkürverbot*).[68] Wesentlich Gleiches wird willkürlich ungleich behandelt, wenn „die vom Gesetzgeber für einzelne Tatbestände getroffene Sonderregelung offensichtlich nicht am Gerechtigkeitsgedanken orientiert ist, wenn sich für sie also keine vernünftigen Erwägungen finden lassen, die sich aus der Natur der Sache ergeben oder sonst wie einleuchtend sind."[69] Die Unsachlichkeit der Differenzierung muss *evident* sein.[70]

Die eng gefasste Willkürformel des BVerfG ist allerdings nur geeignet, um extreme Verstöße gegen den Gleichheitssatz zu korrigieren. Deshalb hat die jüngere Rechtsprechung des BVerfG eine *„neue Formel"* entwickelt, die einen strengeren Prüfungsmaßstab schafft. Danach ist der Gleichheitssatz verletzt, wenn „der Staat eine Gruppe von Normadressaten im Vergleich zu anderen Normadressaten anders behandelt, obwohl zwischen beiden Gruppen *keine Unterschiede von solcher Art und solchem Gewicht* bestehen, dass sie die ungleiche Behandlung rechtfertigen könnten."[71]

Im Gegensatz zur Willkürformel genügt für die verfassungsrechtliche Rechtfertigung einer Ungleichbehandlung nach der „neuen Formel" nicht das bloße Vorliegen eines sachlichen Grundes. Zwischen Beeinträchtigung und sachlichem Grund ist vielmehr eine Abwägung i. S. einer *Verhältnismäßigkeitsprüfung* durchzuführen. Die Ungleichbehandlung muss einem legitimen Zweck dienen,

---

64 Ständ. Rspr. seit BVerfGE 6, 32, 37 f. – *Elfes*.
65 Vgl. *Jarass*, in: Jarass/Pieroth, GG, Art. 2 Rn. 16; *Murswiek/Rixen*, in: Sachs, GG, Art. 2 Rn. 89.
66 Vgl. *Ipsen*, Staatsrecht II, Rn. 779; *Kingreen/Poscher*, Grundrechte, Rn. 462.
67 Siehe *Kingreen/Poscher*, Grundrechte, Rn. 463 ff.
68 BVerfGE 4, 144, 155 – *Abgeordnetenentschädigung Schleswig-Holstein*; BVerfGE 49, 148, 165 – *Revisionsrecht*.
69 BVerfGE 10, 234, 246 – *Platow-Amnestie*.
70 Vgl. BVerfGE 88, 87, 97 – *Transsexuelle II*; BVerfGE 99, 389 – *Montanmitbestimmung*.
71 So BVerfGE 82, 60 – *Existenzminimum*; ähnlich BVerfGE 55, 72, 88 ff. – *Präklusion I*.

zu seiner Verwirklichung geeignet und erforderlich sein und in angemessenem Verhältnis zum verfolgten Zweck stehen.[72]

Das BVerfG wendet die Willkürkontrolle und die strengere „neue Formel" nebeneinander an. Die Willkürformel gilt für die Fälle, in denen zwei Sachverhalte unterschiedlich behandelt werden, ohne dass die Person der Betroffenen eine Rolle spielt.[73] Für *Differenzierungen, die an persönliche Eigenschaften* anknüpfen, zieht das Gericht die strengere *„neue Formel"* als Prüfungsmaßstab heran, weil die Gleichheitssätze als Menschenrechte vor allem die Gleichheit von Personen vor dem Gesetz sichern sollen.[74]

11. Begriff der Meinung

➡ Rn. 619 ff.

Der Begriff der Meinung i. S. d. Art. 5 Abs. 1 ist grundsätzlich weit auszulegen. Kennzeichnend ist „das *Element der Stellungnahme, des Dafürhaltens, des Meinens* im Rahmen einer geistigen Auseinandersetzung; auf den Wert, die Richtigkeit, die Vernünftigkeit der Äußerung kommt es nicht an."[75]

Meinungen sind demnach Ansichten, Auffassungen, Überzeugungen, Wertungen, Urteile, Einschätzungen oder Stellungnahmen.[76] Erfasst sind auch abwertende Äußerungen über Ereignisse oder Personen, nicht aber die *Schmähkritik*, die jenseits auch polemischer und überspitzter Kritik in der Herabsetzung der Person besteht.[77] Ein *Boykottaufruf*, der auf geistige Argumente gestützt wird, kann hingegen nach Art. 5 Abs. 1 geschützt sein.[78]

Umstritten ist, inwieweit *Tatsachenbehauptungen* vom Schutzbereich der Meinungsfreiheit erfasst werden. Im Gegensatz zu Werturteilen kann eine Tatsachenmitteilung „wahr" oder „falsch" sein.[79] Da eine klare Abgrenzung indes praktisch unmöglich ist,[80] soll Art. 5 Abs. 1 auch für Tatsachenbehauptungen gelten, wenn und soweit sie Voraussetzung der Bildung von Meinungen sind.[81]

Nicht in den Schutzbereich der Meinungsfreiheit fallen nach h. M. *bewusst unwahre Tatsachenbehauptungen* und solche, deren Unwahrheit bereits im Zeitpunkt der Äußerung unzweifelhaft feststeht.[82] Gleiches gilt für unrichtige Zitate.[83] Auch rein statistische Angaben sind vom Schutzbereich ausgenommen.[84]

Für *kommerzielle Werbung* kann Art. 5 Abs. 1 hingegen in Anspruch genommen werden, wenn die Werbung einen wertenden, meinungsbildenden Inhalt hat oder Angaben enthält, die der Meinungsbildung dienen.[85]

---

72 Vgl. BVerfGE 102, 68, 87 – *Gesundheitsstrukturgesetz* m. w. N.; ebenso *Jarass*, in: Jarass/Pieroth, GG, Art. 3 Rn. 27; *Kingreen/Poscher*, Grundrechte, Rn. 527 ff.
73 Vgl. hierzu BVerfGE 55, 72, 89 – *Präklusion I*; BVerfGE 60, 329, 346 – *Vereinbarung über Versorgungsausgleich*.
74 Vgl. BVerfGE 88, 87, 96 f. – *Transsexuelle II; Jarass*, in: Jarass/Pieroth, GG, Art. 3 Rn. 20.
75 BVerfGE 61, 1, 8 – *Meinungsäußerung im Wahlkampf*.
76 Vgl. *Starck/Paulus*, in: v. Mangoldt/Klein/Starck, GG, Art. 5 Rn. 73; *Wendt*, in: v. Münch/Kunig, GG, Art. 5 Rn. 8.
77 Siehe zur Schmähkritik BVerfGE 82, 272 – *„Zwangsdemokrat Strauß"*.
78 Vgl. zum Boykottaufruf BVerfGE 25, 256 – *Blinkfüer*.
79 Siehe zur Abgrenzung *Starck/Paulus*, in: v. Mangoldt/Klein/Starck, GG, Art. 5 Rn. 80.
80 Überzeugend *Herzog*, in: Maunz/Dürig, GG, Art. 5 Abs. 1, 2 Rn. 50 ff.
81 So auch *Bethge*, in: Sachs, GG, Art. 5 Rn. 27; vgl. auch BVerfGE 61, 1, 9 – *Meinungsäußerung im Wahlkampf*.
82 BVerfGE 99, 185, 187 – *Bezeichnung als Scientology-Mitglied*.
83 Siehe *Bethge*, in: Sachs, GG, Art. 5 Rn. 28 m. w. N.
84 Vgl. BVerfGE 65, 1, 40 f. – *Volkszählung*.
85 BVerfGE 95, 173, 182 – *Warnhinweise auf Tabakverpackungen*.

Für die Einbeziehung von Fragen in den Schutzbereich der Meinungsfreiheit gilt, dass *echte Fragen* Werturteilen gleich stehen, während *rhetorische Fragen* Aussagen bilden, die entweder wie ein Werturteil oder wie eine Tatsachenbehauptung zu behandeln sind.[86] Im Interesse eines wirksamen Grundrechtsschutzes ist im Zweifel von einem weiten Fragebegriff auszugehen.[87]

12. Allgemeine Gesetze i. S. d. Art. 5 Abs. 2
➡ Rn. 707 ff.   **1333**

Die „allgemeinen Gesetze" des Art. 5 Abs. 2 bilden die wichtigste Schranke der Kommunikationsfreiheiten. Der Begriff war bereits unter der Geltung des gleich lautenden Art. 118 Abs. 1 S. 1 WRV umstritten.

Nach der *Sonderrechtslehre* zeichnen sich allgemeine Gesetze dadurch aus, dass sie kein „Sonderrecht gegen die Meinungsfreiheit" darstellen, welches eine Meinung allein wegen ihrer geistigen Zielrichtung verbietet.[88]

Dagegen soll es sich nach der *Abwägungslehre* um ein allgemeines Gesetz handeln, wenn das Gesetz nicht zum Schutz der Meinungsfreiheit, sondern eines bestimmten anderen Rechtsguts erlassen wurde, dem im Konfliktfall aufgrund einer Abwägung der Vorrang zukommt.[89] Gegen die Abwägungslehre spricht indes das systematische Verhältnis der „allgemeinen Gesetze" zu den Schranken des Jugendschutzes und des Rechts der persönlichen Ehre, die gerade keine allgemeinen Gesetze, sondern die Kommunikationsfreiheiten einschränkendes Sonderrecht darstellen.[90]

Das *BVerfG* hat die *Abwägungs- und die Sonderrechtslehre miteinander verbunden*. Nach ständiger Rechtsprechung des Gerichts sind *allgemeine Gesetze* solche, „die nicht eine Meinung als solche verbieten, die sich nicht gegen die Äußerung der Meinung als solche richten, die vielmehr dem Schutze eines schlechthin, ohne Rücksicht auf eine bestimmte Meinung, zu schützenden Rechtsguts dienen, dem Schutze eines Gemeinschaftswerts, der gegenüber der Betätigung der Meinungsfreiheit den Vorrang hat".[91] Die Rechtsprechung hat damit die Sonderrechtslehre übernommen und sie um das Erfordernis einer Abwägung ergänzt, deren Bedeutung derjenigen der *Angemessenheit im Rahmen der Verhältnismäßigkeitsprüfung* entspricht.[92]

13. Schutzbereich der Kunstfreiheit
➡ Rn. 723 ff.   **1334**

Art. 5 Abs. 3 S. 1 garantiert die Freiheit der Kunst. Die Bestimmung des sachlichen Schutzbereichs der Kunstfreiheit stellt sich als äußerst schwierig dar. Das BVerfG spricht von der „*Unmöglichkeit, Kunst generell zu definieren*".[93] Zur Begriffsbestimmung hat das BVerfG drei Kunstbegriffe herausgearbeitet, die sich nicht gegenseitig ausschließen, sondern nebeneinander Anwendung finden.

---

86 Vgl. BVerfGE 85, 23, 32 – *echte und rhetorische Fragen;* BVerfG, NJW 2003, 660, 661 – *Meinungsfreiheit und strafgerichtliche Verurteilung wegen Volksverhetzung.*
87 BVerfG, NJW 2003, 660, 661 – *Meinungsfreiheit und strafgerichtliche Verurteilung wegen Volksverhetzung.*
88 Siehe zur Entstehung und Begründung der Sonderrechtslehre *Wendt,* in: v. Münch/Kunig, GG, Art. 5 Rn. 69 m. w. N.
89 Ausführlich zu den einzelnen Varianten der Abwägungslehre *Grabenwarter,* in: Maunz/Dürig, GG, Art. 5 Abs. 1, 2 Rn. 148 f. m. w. N.
90 So *Ipsen,* Staatsrecht II, Rn. 472.
91 BVerfGE 7, 198, 209 f. – *Lüth;* ständige Rspr.
92 Vgl. *Kingreen/Poscher,* Grundrechte, Rn. 695 ff.
93 BVerfGE 67, 213, 225 – *anachronistischer Zug.*

- *formaler Kunstbegriff*: Das Wesentliche eines Kunstwerks besteht darin, „dass bei formaler, typologischer Betrachtung die Gattungsanforderungen eines bestimmten Werktyps erfüllt sind;" es wird also „nur an die Tätigkeit und die Ergebnisse etwa des Malens, Bildhauens, Dichtens angeknüpft".[94]
- *materieller Kunstbegriff*: „Das Wesentliche der künstlerischen Betätigung ist die freie schöpferische Gestaltung, in der Eindrücke, Erfahrungen, Erlebnisse des Künstlers durch das Medium einer bestimmten Formensprache zu unmittelbarer Anschauung gebracht werden."[95]
- *offener Kunstbegriff*: „Das kennzeichnende Merkmal einer künstlerischen Äußerung ist, dass es wegen der Mannigfaltigkeit ihres Aussagegehalts möglich ist, der Darstellung im Wege einer fortgesetzten Interpretation immer weiterreichende Bedeutungen zu entnehmen, sodass sich eine praktisch unerschöpfliche, vielstufige Informationsvermittlung ergibt."[96]

Kunst ist *einer staatlichen Stil- oder Niveaukontrolle nicht zugänglich*.[97] Die Anstößigkeit einer Darstellung nimmt ihr daher nicht die Eigenschaft als Kunstwerk (Bsp.: Satire, Karikatur).[98] Auch Pornografie schließt die Kunsteigenschaft nicht zwingend aus.[99] Der Schutzbereich der Kunstfreiheit erfasst auch ungewöhnliche und überraschende Ausdrucksformen (Bsp.: Happening),[100] *nicht aber die „unfriedliche Kunst"*, die mit Gewaltanwendung verbunden ist (Bsp.: Besprühen eines Bauwerks mit Graffiti).[101]

Die Kunstfreiheit schützt den Werkbereich und den Wirkbereich des künstlerischen Schaffens. Der *Werkbereich* betrifft die künstlerische Betätigung selbst, das Herstellen des Kunstwerks (Bsp.: Verfassen eines Romans, Malen eines Bildes).[102] Der *Wirkbereich* erfasst die Darbietung und Verbreitung des Kunstwerks, durch die der Öffentlichkeit Zugang zu dem Kunstwerk verschafft wird (Bsp.: Ausstellung eines Gemäldes, Theateraufführung).[103]

14. Schutzbereich der Versammlungsfreiheit

➡ Rn. 837 ff.

Art. 8 Abs. 1 gewährleistet das Recht, sich ohne Anmeldung oder Erlaubnis friedlich und ohne Waffen zu versammeln.[104]

Eine *Versammlung* ist eine Zusammenkunft mehrerer Menschen, die einen gemeinsamen Zweck verfolgen.[105]

Es ist umstritten, *wie viele Teilnehmer* eine Versammlung haben muss. Teilweise wird gefordert, dass sich mindestens drei Personen[106] oder, in Anlehnung an den

---

94 BVerfGE 67, 213, 226 f. – *anachronistischer Zug*.
95 BVerfGE 30, 173, 188 f. – *Mephisto*.
96 BVerfGE 67, 213, 226 f. – *anachronistischer Zug*.
97 BVerfGE 81, 278, 291 – *Bundesflagge*.
98 Vgl. zur Satire BVerfGE 81, 278, 291 – *Bundesflagge*; zur Karikatur BVerfGE 75, 369, 377 – *„Konkret/Strauß-Karikatur"*.
99 Siehe BVerfGE 83, 130, 138 f. – *Josephine Mutzenbacher*.
100 Vgl. *Kingreen/Poscher*, Grundrechte, Rn. 721.
101 Ebenso *Bethge*, in: Sachs, GG, Art. 5 Rn. 198c; siehe hierzu auch BVerfG, NJW 1984, 1293, 1294 – *Sprayer von Zürich*.
102 Vgl. BVerfGE 30, 173, 189 – *Mephisto*; BVerfGE 67, 213, 226 f. – *anachronistischer Zug*.
103 Vgl. BVerfGE 30, 173, 189 – *Mephisto*; BVerfGE 67, 213, 226 f. – *anachronistischer Zug*.
104 Zu den Begriffen „friedlich" und „ohne Waffen" sogleich im Definitionskalender.
105 Vgl. *Kingreen/Poscher*, Grundrechte, Rn. 807.
106 Vgl. BayObLG, BayVBl. 1987, 378, 379 m.w.N.; *Müller-Franken*, in: Schmidt-Bleibtreu/Hofmann/Henneke, GG, Art. 8 Rn. 10.

bürgerlich-rechtlichen Vereinsbegriff, mindestens sieben Personen[107] versammeln müssen. Richtigerweise genügen bereits zwei Teilnehmer (Schutz vor systematischer Isolierung missliebiger Personen).[108]

Umstritten ist ferner, welche Anforderungen an die *gemeinsame Zweckverfolgung* zu stellen sind. Das BVerfG versteht Versammlungen als „örtliche Zusammenkünfte mehrerer Personen zur gemeinschaftlichen, auf die *Teilhabe an der öffentlichen Meinungsbildung* gerichteten Erörterung oder Kundgebung".[109] Im Schrifttum wird teilweise vertreten, der gemeinsame Zweck müsse in der Meinungsäußerung in einer öffentlichen, z. B. politischen Angelegenheit bestehen;[110] andere wollen hingegen auf einen bestimmten Inhalt des Versammlungszwecks ganz verzichten, sodass *jeder beliebige Zweck* genügen soll.[111] Die h. L. geht davon aus, dass der Zweck der Versammlung in der *gemeinsamen Bildung oder Äußerung einer Meinung* liegen muss,[112] wobei es richtiger Ansicht nach auf den Gegenstand der Meinungsbildung oder -äußerung nicht ankommt.[113]

Die bloße *Ansammlung* von Personen fällt nicht in den Schutzbereich des Art. 8. Hierbei kommen mehrere Menschen zufällig zusammen, ohne dass eine gewisse innere Verbindung zwischen ihnen besteht.[114] Sie verfolgen vielmehr einen eigenen, wenn auch zufällig gleichen Zweck (Bsp.: Schaulustige nach einem Verkehrsunfall).[115] Allerdings kann eine bloße Ansammlung zu einer Versammlung i. S. d. Art. 8 werden, wenn sich im Laufe der Zeit eine innere Verbindung der Anwesenden einstellt.[116]

Art. 8 erfasst auch *Spontanversammlungen*, die ohne Einladung und Vorbereitung aufgrund eines aktuellen Ereignisses spontan stattfinden.[117] Gleiches gilt für *Eilversammlungen*, bei denen die Anmeldefrist nicht eingehalten werden kann.[118]

15. Schutz von Arbeits-, Betriebs- und Geschäftsräumen
➡ Rn. 1041 ff.

1336

Die h. M. geht davon aus, dass auch Arbeits-, Betriebs- und Geschäftsräume *in den Schutzbereich des Art. 13 Abs. 1 einbezogen* sind. Besondere Grundsätze gelten für die verfassungsrechtliche Rechtfertigung *behördlicher Betretungs- und Besichtigungsrechte*, die zu anderen Zwecken als zur Durchsuchung der Räumlichkeiten erfolgen. So sollen diese Maßnahmen nach Auffassung des BVerfG bei reinen Betriebs- und Geschäftsräumen *nicht als „Eingriffe und Beschränkungen" i. S. d. Art. 13 Abs. 7 zu qualifizieren* sein. Unter Beachtung des Art. 2 Abs. 1 stellt das Gericht folgende Anforderungen an ihre Zulässigkeit:[119]

---

107 Vgl. §§ 56, 73 BGB.
108 So auch *Kloepfer*, in: Isensee/Kirchhof, HStR VI, § 164 Rn. 24 f.; *Höfling*, in: Sachs, GG, Art. 8 Rn. 13; *Kingreen/Poscher*, Grundrechte, Rn. 807; a. A. nunmehr *Depenheuer*, in: Maunz/Dürig, GG, Art. 8 Rn. 44.
109 BVerfGE 104, 92, 104 – *Wackersdorf*.
110 Vertreter des engen Versammlungsbegriffs finden sich bei *Kloepfer*, in: Isensee/Kirchhof, HStR VI, § 164, Rn 26 ff.
111 Siehe etwa *Kingreen/Poscher*, Grundrechte, Rn. 808 ff. m. w. N.; *Manssen*, Grundrechte, Rn. 503 ff.
112 Vgl. *Kunig*, in: v. Münch/Kunig, GG, Art. 8 Rn. 14; *Jarass*, in: Jarass/Pieroth, GG, Art. 8 Rn. 3; *Kloepfer*, in: Isensee/Kirchhof, HStR VI, § 164 Rn. 25.
113 So auch *Kunig*, in: v. Münch/Kunig, GG, Art. 8 Rn. 17; vgl. auch *Ipsen*, Staatsrecht II, Rn. 565.
114 Siehe zur Abgrenzung etwa *Depenheuer*, in: Maunz/Dürig, GG, Art. 8 Rn. 46 f.
115 Vgl. *Gusy*, in: v. Mangoldt/Klein/Starck/, GG, Art. 8 Rn. 19.
116 Näher *Höfling*, in: Sachs, GG, Art. 8 Rn. 15; *Kunig*, in: v. Münch/Kunig, GG, Art. 8 Rn. 14.
117 Vgl. BVerfGE 69, 315 – *Brokdorf*; *Kunig*, in: v. Münch/Kunig, GG, Art. 8 Rn. 15.
118 Vgl. BVerfGE 85, 69 – *Eilversammlung*; *Höfling*, in: Sachs, GG, Art. 8 Rn. 23 f.
119 BVerfGE 32, 54, 76 f. – *Schnellreinigung*.

- Eine besondere gesetzliche Vorschrift muss zum Betreten der Räume ermächtigen.
- Das Betreten der Räume, die Vornahme der Besichtigungen und Prüfungen müssen einem erlaubten Zweck dienen und für dessen Erreichung erforderlich sein.
- Das Gesetz muss den Zweck des Betretens, den Gegenstand und den Umfang der zugelassenen Besichtigung und Prüfung deutlich erkennen lassen.
- Das Betreten der Räume und die Vornahme der Besichtigung und Prüfung ist nur in den Zeiten statthaft, zu denen die Räume normalerweise für die jeweilige geschäftliche oder betriebliche Nutzung zur Verfügung stehen.

Im *Schrifttum* wird die *Eingriffsqualität* der behördlichen Betretungs- und Besichtigungsrechte hingegen überwiegend bejaht.[120]

---

[120] Vgl. *Gornig*, in: v. Mangoldt/Klein/Starck, GG, Art. 13 Rn. 152; *Kingreen/Poscher*, Grundrechte, Rn. 1010; siehe auch *Kunig*, in: v. Münch/Kunig, GG, Art. 13 Rn. 60; *Sachs*, Verfassungsrecht II, Teil II, Kap 13 Rn. 16 ff.

D. Theorien

Sphärentheorie

Bei staatlichen Eingriffen in die freie Entfaltung der Persönlichkeit ist das *Verhältnismäßigkeitsprinzip* von erheblicher Bedeutung. Als besondere Ausprägung dieses Grundsatzes hat das BVerfG für das allgemeine Persönlichkeitsrecht die sog. *Sphärentheorie* entwickelt. **1337**

- Eingriffe in die *Intimsphäre* sind demnach stets unzulässig.[1] Hierbei handelt es sich um einen letzten unantastbaren Bereich privater Lebensgestaltung, der der öffentlichen Gewalt schlechthin entzogen ist.[2] Selbst schwerwiegende Interessen der Allgemeinheit können Eingriffe in diesen Bereich nicht rechtfertigen; eine Abwägung nach Maßgabe des Verhältnismäßigkeitsgrundsatzes findet nicht statt.[3]
- Die *Privatsphäre* kennzeichnet den engeren persönlichen Lebensbereich, in dem der Einzelne allein zu bleiben, seine Entscheidungen in eigener Verantwortung zu treffen und von Eingriffen jeder Art nicht behelligt zu werden wünscht.[4] Staatliche Maßnahmen, die im überwiegenden Interesse der Allgemeinheit unter strikter Wahrung des Grundsatzes der Verhältnismäßigkeit getroffen werden, sollen zulässig sein, soweit sie nicht den unantastbaren Bereich privater Lebensgestaltung beeinträchtigen.[5]
- Einen geringeren Schutz genießt die *Sozialsphäre*, die die gesamten sozialen Beziehungen des Grundrechtsträgers, also seine Individualsphäre in der Öffentlichkeit erfasst. Eingriffe in die Sozialsphäre können unter weniger strengen Voraussetzungen verfassungsrechtlich gerechtfertigt sein.

➡ Rn. 401 ff.

Überlagerungstheorie

Art. 4 Abs. 1 und 2 enthalten keinen Gesetzesvorbehalt. Umstritten ist, ob die Schrankenregelungen anderer Grundrechtsbestimmungen auf die Glaubens- und Bekenntnisfreiheit übertragen werden können. **1338**

Eine Übertragung der Schranken des Art. 2 Abs. 1 oder des Art. 5 Abs. 2 („Schrankenleihe") kommt aus systematischen Gründen nicht in Frage, da das Grundgesetz vom *Prinzip der Schrankenspezialität* ausgeht.[6] Eine beachtliche Literaturmeinung sieht jedoch Art. 136 Abs. 1 WRV, wonach „die bürgerlichen und staatsbürgerlichen Rechte und Pflichten durch die Ausübung der Religionsfreiheit weder bedingt noch beschränkt werden", als einen für die Glaubens- und Bekenntnisfreiheit des Art. 4 Abs. 1 und 2 geltenden Gesetzesvorbehalt an.[7]

Demgegenüber lehnt die Rechtsprechung die Heranziehung des Art. 136 Abs. 1 WRV als Schranke der Glaubens- und Bekenntnisfreiheit ab. Zur Begründung führt das BVerfG verfassungssystematische sowie entstehungsgeschichtliche Argu-

---

1 Vgl. BVerfGE 80, 367, 373 f. – *Tagebuch*.
2 BVerfGE 6, 32, 41 – *Elfes*; BVerfGE 101, 361, 381 – *Caroline v. Monaco II*.
3 BVerfGE 34, 238, 245 – *heimliche Tonbandaufnahme*; BVerfGE 80, 367, 373 – *Tagebuch*.
4 BVerfGE 27, 1, 6 – *Mikrozensus*; BVerfGE 34, 269, 282 f. – *Soraya*; BVerfGE 54, 148, 153 – *Eppler*.
5 Vgl. BVerfGE 35, 35, 39 – *Untersuchungshaft*.
6 So nunmehr auch *Starck*, in: v. Mangoldt/Klein/Starck, GG, Art. 4 Rn. 85 f.; ablehnend auch BVerfGE 32, 98, 107 – *Gesundbeter*. Näher zur Schrankenspezialität *v. Campenhausen*, in: Isensee/Kirchhoff, HStR VII, § 157 Rn. 81 m. w. N.
7 Vertreten von *Ehlers*, in: Sachs, GG, Art. 140 Rn. 4; *Mager*, in: v. Münch/Kunig, GG, Art. 4 Rn. 47 f.; *Starck*, in: v. Mangoldt/Klein/Starck, GG, Art. 4 Rn. 87 f.; *Jarass*, in: Jarass/Pieroth, GG, Art. 4 Rn. 31; jeweils m. w. N.

mente an. Nach Auffassung des Gerichts wird Art. 136 WRV nach Bedeutung und innerem Gewicht im Zusammenhang der grundgesetzlichen Ordnung von Art. 4 Abs. 1 überlagert („*Überlagerungstheorie*").[8] Demnach handelt es sich bei Art. 4 Abs. 1 und 2 um ein vorbehaltlos gewährleistetes Grundrecht, das nur durch die verfassungsimmanente Schranke kollidierenden Verfassungsrechts eingeschränkt werden kann, wobei ein Ausgleich der kollidierenden Güter nach dem Grundsatz der praktischen Konkordanz herzustellen ist.[9]

➡ Rn. 578

Wechselwirkungslehre

1339 Für das Verhältnis zwischen den Kommunikationsgrundrechten und den allgemeinen Gesetzen i. S. d. Art. 5 Abs. 2 hat das BVerfG die Wechselwirkungslehre entwickelt. Danach sei die gegenseitige Beziehung zwischen Grundrecht und „allgemeinem Gesetz" nicht als eine einseitige Beschränkung aufzufassen; es finde vielmehr eine „*Wechselwirkung*" in dem Sinne statt, dass die „allgemeinen Gesetze" zwar dem Wortlaut nach dem Grundrecht Schranken setzen, ihrerseits aber aus der Erkenntnis der wertsetzenden Bedeutung dieses Grundrechts im freiheitlich-demokratischen Staat ausgelegt und so *in ihrer das Grundrecht begrenzenden Wirkung selbst wieder eingeschränkt werden müssen*.[10] Die allgemeinen Gesetze sind also in ihrer das Grundrecht beschränkenden Wirkung *ihrerseits im Lichte des eingeschränkten Grundrechts auszulegen*.[11] Demgegenüber wird im Schrifttum darauf hingewiesen, dass eine verfassungskonforme Gesetzesinterpretation ohnehin erforderlich sei.[12]

➡ Rn. 715 f.

Drei-Stufen-Theorie

1340 Das BVerfG hat im Apothekenurteil[13] eine Stufenlehre als *besondere Ausprägung des Verhältnismäßigkeitsgrundsatzes im Bereich der Berufsfreiheit* entwickelt, die an die Unterscheidung zwischen Berufsausübungsregelungen, subjektiven Zulassungsvoraussetzungen und objektiven Berufswahlbeschränkungen anknüpft. Einschränkungen der Berufsfreiheit dürfen stets nur auf der Stufe erfolgen, die mit den geringsten Grundrechtseinschränkungen verbunden ist. Eine Maßnahme auf der folgenden Stufe ist erst zulässig, wenn eine Beschränkung auf der geringeren Stufe das gesetzgeberische Ziel nicht erreichen kann. Darüber hinaus folgen aus der Drei-Stufen-Theorie *besondere Anforderungen an die Verhältnismäßigkeit* der die Berufsfreiheit beeinträchtigenden Maßnahmen.

– *Berufsausübungsregelungen* betreffen lediglich die Art und Weise der Berufsausübung, also das „Wie" der beruflichen Tätigkeit (Bsp.: Regelungen zum Ladenschluss; Werbeverbote).[14]
Auf dieser Stufe sind die weitestgehenden Einschränkungen der Berufsfreiheit zulässig. Voraussetzung ist, dass sie durch *vernünftige Erwägungen des Gemeinwohls* gerechtfertigt erscheinen. Der Gesetzgeber darf dabei Gesichtspunkte der *Zweckmäßigkeit* in den Vordergrund stellen.[15]

---

8 Vgl. BVerfGE 33, 23, 30 f. – *Eidesverweigerung aus Glaubensgründen*.
9 Siehe auch BVerfGE 32, 98, 107 f. – *Gesundbeter*.
10 BVerfGE 7, 198, 208 f. – *Lüth*.
11 BVerfGE 7, 198, 208 f. – *Lüth*.
12 So die Kritik von *Grabenwarter*, in: Maunz/Dürig, GG, Art. 5 Abs. 1, 2 Rn. 139.
13 BVerfGE 7, 377 – *Apothekenurteil*.
14 Vgl. *Sachs*, Verfassungsrecht II, Teil II Kap. 24 Rn. 15 und 17 ff.
15 BVerfGE 7, 377, 405 f. – *Apothekenurteil*.

- *Subjektive Zulassungsvoraussetzungen* sind solche, die die Aufnahme eines Berufs an das Vorliegen persönlicher Eigenschaften, Fähigkeiten oder Leistungsnachweise knüpfen (Bsp.: Altersgrenze; Berufserfahrung).[16] Ob der Betreffende Einfluss auf diese Eigenschaften hat, ist unerheblich.[17]
Subjektive Zulassungsvoraussetzungen sind nur zulässig, soweit sie *zum Schutz besonders wichtiger Gemeinschaftsgüter zwingend erforderlich* sind.[18] Schutzwürdig können nicht nur allgemein anerkannte, sondern auch solche Gemeinschaftswerte sein, die sich aus besonderen wirtschafts-, sozial- und gesellschaftspolitischen Zielen des Gesetzgebers ergeben.[19]
- *Objektive Berufswahlbeschränkungen* sind solche, die für die Aufnahme eines Berufs die Erfüllung objektiver, dem Einfluss des Bewerbers entzogener und von seiner Qualifikation unabhängiger Kriterien verlangen (Bsp.: Festlegung von Höchstzahlen; Bedürfnisklauseln; staatliche Monopole).[20]
An den Nachweis der Notwendigkeit objektiver Zulassungsvoraussetzungen sind besonders strenge Anforderungen zu stellen. Im Allgemeinen wird nur die *Abwehr nachweisbarer oder höchstwahrscheinlich schwerer Gefahren für ein überragend wichtiges Gemeinschaftsgut* diese Maßnahme rechtfertigen können.[21] Um überragend wichtige Gemeinschaftsgüter handelt es sich nur bei Gemeinwohlinteressen, die verfassungsrechtlichen Grundentscheidungen entsprechen (Bsp.: Volksgesundheit, Verringerung der Arbeitslosigkeit).[22]

➡ Rn. 1012 ff.

---

16 Vgl. *Mann,* in: Sachs/, GG, Art. 12 Rn. 130; *Kingreen/Poscher,* Grundrechte, Rn. 860 ff.
17 So auch *Jarass,* in: Jarass/Pieroth/, GG, Art. 12 Rn. 35.
18 BVerfGE 7, 377, 406 – *Apothekenurteil.*
19 BVerfGE 13, 97, 110 ff. – *Handwerksordnung.*
20 *Kingreen/Poscher,* Grundrechte, Rn. 854 ff.
21 BVerfGE 7, 377, 407 f. – *Apothekenurteil.*
22 Ebenso *Kämmerer,* in: v. Münch/Kunig, GG, Art. 12 Rn. 76.

E. Definitionskalender

Abstammung (Art. 3 Abs. 3 S. 1)	Die natürliche biologische Beziehung eines Menschen zu seinen Vorfahren.[1]
Administrativenteignung	Enteignung durch einen Verwaltungsakt, der seinerseits auf ein Parlamentsgesetz zurückführbar sein muss.
Allgemeine Gesetze i. S. d. Art. 5 Abs. 2	Gesetze, die sich nicht gegen eine bestimmte Meinung als solche richten, sondern dem Schutz eines schlechthin zu schützenden Rechtsguts dienen, dem gegenüber der Meinungsfreiheit der Vorrang zukommt (Kombination von Sonderrechts- und Abwägungslehre).[2]
Allgemeine Handlungsfreiheit	Art. 2 Abs. 1 wird als Auffanggrundrecht ausgelegt, das jedes menschliche Tun und Unterlassen schützt, welches nicht von den speziellen Freiheitsrechten erfasst wird. Als Generalklausel gewährleistet Art. 2 Abs. 1 die Handlungsfreiheit im umfassenden Sinne.[3]
Allgemeines Persönlichkeitsrecht	Das aus Art. 2 Abs. 1 i. V. m. Art. 1 Abs. 1 hergeleitete allgemeine Persönlichkeitsrecht schützt die engere persönliche Lebenssphäre und die Erhaltung ihrer Grundbedingungen.[4] Weitere Fallgruppen sind das Recht auf selbst bestimmte Persönlichkeitsentfaltung, das Recht auf Vertraulichkeit und Integrität informationstechnischer Systeme, das Recht auf informationelle Selbstbestimmung und das Recht auf Selbstdarstellung in der Öffentlichkeit, wozu das Recht am eigenen Bild und am eigenen Wort, das Recht auf Gegendarstellung, das Namensrecht und der Schutz der persönlichen Ehre zählen
Allgemein zugänglich	Eine Informationsquelle ist allgemein zugänglich, wenn sie technisch geeignet und bestimmt ist, der Allgemeinheit, d. h. einem individuell nicht bestimmbaren Personenkreis, Informationen zu verschaffen.[5] Entscheidend ist die tatsächliche, nicht die rechtliche Zugänglichkeit. Unerheblich ist, ob die Informationsquelle aus dem In- oder Ausland stammt.
Asyl	Gemäß Art. 16a Abs. 1 genießen politisch Verfolgte Asyl. Einem Ausländer, der um Asyl nachsucht, ist zur Durchführung des Asylverfahrens der Aufent-

---

[1] BVerfGE 9, 124, 128 – *Armenrecht*.
[2] Vgl. BVerfGE 7, 198, 209 f. – *Lüth*; ständige Rspr.
[3] So auch BVerfGE 6, 32, 36 – *Elfes*.
[4] BVerfGE 54, 148, 153 – *Eppler*; BVerfGE 72, 155, 170 – *elterliche Vertretungsmacht*.
[5] BVerfGE 27, 71, 83 – *Einfuhrverbot Leipziger Volkszeitung*.

	halt im Bundesgebiet gestattet (§ 55 Abs. 1 S. 1 AsylG). Über den Asylantrag entscheidet das Bundesamt für Migration und Flüchtlinge. Anerkannte Asylberechtigte genießen im Bundesgebiet die Rechtsstellung nach der Genfer Flüchtlingskonvention vom 28.7.1951.[6]
Aufenthalt (Art. 11 Abs. 1)	Der Schutz des Aufenthalts umfasst die Freiheit, an einem bestimmten Ort vorübergehend oder längerfristig zu verweilen, ohne dort einen Wohnsitz zu nehmen.[7] Die Anforderungen an das „Verweilen" sind im Einzelnen umstritten (Mindestmaß an Dauer und Bedeutung des Aufenthalts).
Auslieferung	Eine Person wird auf Ersuchen zwangsweise aus dem Bereich der inländischen Hoheitsgewalt entfernt und einer ausländischen Hoheitsgewalt überstellt, damit ein dort betriebenes Strafverfahren abgeschlossen oder eine dort verhängte Strafe vollstreckt werden kann.[8]
Ausnahmegerichte	Gerichte, die in Abweichung von der gesetzlichen Zuständigkeit besonders gebildet und zur Entscheidung einzelner konkreter oder individuell bestimmter Fälle berufen sind.[9]
Behinderung (Art. 3 Abs. 3 S. 2)	Eine Behinderung liege vor, wenn die Beeinträchtigung der körperlichen Funktionen, geistigen Fähigkeiten oder seelischen Gesundheit langfristig und von solcher Art ist, dass sie den Betroffenen an der vollen, wirksamen und gleichberechtigten Teilhabe an der Gesellschaft hindern kann.[10]
Bekenntnisfreiheit	Die Freiheit des religiösen und weltanschaulichen Bekenntnisses beinhaltet die äußere Freiheit, den Glauben zu manifestieren, zu bekennen und zu verbreiten. Dazu gehört auch das Recht des Einzelnen, sein gesamtes Verhalten an den Lehren des Glaubens auszurichten und seiner inneren Glaubensüberzeugung gemäß zu handeln.[11]
Benachteiligung (Art. 3 Abs. 3 S. 2)	Regelungen oder Maßnahmen, die die Situation eines Menschen mit Behinderung wegen dessen Einschränkung verschlechtern, aber auch der Ausschluss von Entfaltungs- und Betätigungsmöglichkeiten durch die öffentliche Gewalt, wenn dieser Ausschluss nicht durch eine auf die Beeinträchti-

---

[6] BGBl. 1953 II, S. 559.
[7] Vgl. *Pagenkopf,* in: Sachs, GG, Art. 11 Rn. 16.
[8] BVerfGE 113, 273 – *EU-Haftbefehl.*
[9] BVerfGE 3, 213, 223 – *richterliche Unabhängigkeit.*
[10] Vgl. BVerfGE 128, 282, 306 f. – *medizinische Zwangsbehandlung.*
[11] BVerfGE 32, 98, 106 – *Gesundbeter.*

	gung bezogene Förderungsmaßnahme hinlänglich kompensiert wird.[12]
Berichterstattung durch Rundfunk	Möglichkeit, ein Ereignis den Zuhörern und Zuschauern akustisch und optisch in voller Länge oder in Ausschnitten, zeitgleich oder zeitversetzt zu übertragen.[13]
Beruf	Jede auf Erwerb gerichtete Tätigkeit, die auf Dauer angelegt ist und der Schaffung und Aufrechterhaltung einer Lebensgrundlage dient.[14] Der Begriff ist weit auszulegen, sodass nicht nur typische Berufsbilder erfasst werden. Unerheblich ist auch, ob es sich eine selbstständige oder unselbstständige Tätigkeit, Zweit- und Nebenberufe, freie Berufe, staatliche oder staatlich gebundene Berufe (hierzu Spezialvorschrift in Art. 33) handelt. Umstritten ist, ob die Tätigkeit erlaubt sein muss (a. A.: nicht schlechthin gemeinschaftsschädlich; Verhalten darf nicht evident dem Menschenbild des Grundgesetzes widersprechen). Art. 12 schützt sowohl die Berufswahl als auch die Berufsausübung (einheitliches Grundrecht der Berufsfreiheit, auf das sich der Regelungsvorbehalt des Art. 12 Abs. 1 S. 2 insgesamt bezieht).
Berufsausübung	Die Freiheit der Berufsausübung schützt die gesamte berufliche Tätigkeit, vor allem Form, Mittel und Umfang sowie Inhalt der Betätigung.[15]
Berufswahl	Die Freiheit der Berufswahl schützt die Entscheidung, einen Beruf zu ergreifen, die Wahl eines bestimmten Berufs und den Berufswechsel,[16] sowie die negative Berufsfreiheit als das Recht, darauf zu verzichten, irgendeinen Beruf zu ergreifen und auszuüben.[17]
Briefgeheimnis	Das Briefgeheimnis schützt den brieflichen Verkehr der Einzelnen untereinander gegen eine Kenntnisnahme der öffentlichen Gewalt von dem Inhalt des Briefes; Schutz des vor den Augen der Öffentlichkeit verborgenen Austauschs von Nachrichten, Gedanken und Meinungen (Informationen).[18]

---

12 BVerfGE 96, 288, 303 – *integrative Beschulung.*
13 BVerfGE 103, 44, 59 – *Fernsehaufnahmen im Gerichtssaal.*
14 BVerfGE 111, 10, 28 – *Ladenschluss.*
15 Vgl. *Jarass*, in: Jarass/Pieroth, GG, Art. 12 Rn. 10.
16 Siehe *Kämmerer*, in: v. Münch/Kunig, GG, Art. 12 Rn. 26.
17 BVerfGE 58, 358, 364 f. – *Bewährungsauflage.*
18 BVerfGE 67, 157, 171 – *G 10.*

Deutschengrundrechte	Grundrechte, die ihrem ausdrücklichen Wortlaut zufolge nur Deutschen i. S. d. GG zustehen, also deutschen Staatsangehörigen und sog. Statusdeutschen (vgl. Art. 116 Abs. 1). Ausländer aus Staaten außerhalb der Europäischen Union sind im Geltungsbereich dieser Grundrechte (nur) über das subsidiäre Grundrecht der allgemeinen Handlungsfreiheit gemäß Art. 2 Abs. 1 geschützt. Hinsichtlich des Grundrechtsschutzes von *Staatsangehörigen der EU-Mitgliedstaaten besteht mit* Rücksicht auf das allgemeine Diskriminierungsverbot des Art. 18 AEUV Einigkeit, dass eine Gleichbehandlung von Unionsbürgern und Deutschen erforderlich ist.[19] Die dogmatische Begründung für diese Schutzangleichung erfolgt allerdings unterschiedlich.
Drei-Stufen-Theorie	Besondere Ausprägung des Verhältnismäßigkeitsgrundsatzes im Bereich der Berufsfreiheit, die an die Unterscheidung zwischen Berufsausübungsregelungen, subjektiven Zulassungsvoraussetzungen und objektiven Berufswahlbeschränkungen anknüpft.
Durchsuchung (Art. 13 Abs. 2)	Das ziel- und zweckgerichtete Suchen staatlicher Organe nach Personen oder Sachen oder zur Ermittlung eines Sachverhalts, um etwas aufzuspüren, was der Inhaber der Wohnung von sich aus nicht offen legen oder herausgeben will.[20] Voraussetzung ist ein körperliches Betreten der Räumlichkeiten zur ziel- und zweckgerichteten Suche (handwerkliche Betretungs- und Besichtigungsrechte daher keine Durchsuchung i. d. S.). Die Anordnung einer Durchsuchung unterliegt einem Richtervorbehalt (Ausnahme: Gefahr im Verzug).
Effektivität des Rechtsschutzes (Art. 19 Abs. 4)	Anspruch auf eine tatsächlich wirksame gerichtliche Kontrolle.[21] Dazu gehört auch, dass der Rechtsschutz innerhalb angemessener Zeit gewährt wird. Ggf. muss die Möglichkeit eines vorläufigen Rechtsschutzes eröffnet sein. Ein Instanzenzug ist nicht garantiert.
Ehe	Verweltlichte bürgerlich-rechtliche Ehe. Darunter wurde bisher die Vereinigung eines Mannes und einer Frau zu einer umfassenden, grundsätzlich unauflösbaren Lebensgemeinschaft, begründet auf freiem Entschluss unter Mitwirkung des Staates, in

---

19 Siehe aus der Rechtsprechung des EuGH das Urteil vom 13.2.1985, Rs 293/83, Slg. 1985, 593, 606 ff. – *Gravier*.
20 BVerfGE 51, 97, 106 f. – *Zwangsvollstreckung I*.
21 Vgl. BVerfGE 84, 34, 49 – *juristische Prüfung*; BVerfGE 93, 1, 13 f. – *Kruzifix*.

	der Mann und Frau in gleichberechtigter Partnerschaft zueinander stehen und über die Ausgestaltung ihres Zusammenlebens frei entscheiden können.[22] Art. 6 Abs. 1 erfasst auch die sog. hinkende Ehe, nicht aber die Aufenthalts- oder Scheinehe, Namensehe, Mehrehe und nichteheliche Lebensgemeinschaften. Hinsichtlich gleichgeschlechtlicher Partnerschaften knüpft § 1363 BGB nicht mehr an die Verbindung zwischen Frau und Mann an („Ehe für Alle"). Ob dies mit der bisherigen Rechtsprechung des BVerfG vereinbar ist, die die Ehe als allein der Verbindung zwischen Mann und Frau vorbehaltenes Institut qualifizierte,[23] ist derzeit offen.
Eigentum	Die rechtliche Zuordnung eines vermögenswerten Gutes an einen Rechtsträger.[24] Eigentumsfähig ist jede vermögenswerte Rechtsposition, die dem Einzelnen zu seiner ausschließlichen Bestimmung zugeordnet ist.[25] Hierzu zählen alle vermögenswerten Rechte des Privatrechts (Sacheigentum, Besitz, beschränkt dingliche Rechte, schuldrechtliche Forderungen, gewerbliche Schutzrechte) sowie vermögenswerte subjektiv-öffentliche Rechte, wenn sie vorwiegend ein Äquivalent eigener Leistung sind. Art. 14 schützt hingegen nicht das Vermögen als solches, bloße Gewinnchancen, Aussichten und Erwartungen.
Einfacher Gesetzesvorbehalt	An das Schrankengesetz werden über die allgemeinen verfassungsrechtlichen Regeln hinaus keine weiteren Anforderungen gestellt.[26]
Eingriff	Zu unterscheiden sind der klassische und der sog. weite Eingriffsbegriff. Nach dem „klassischen" Eingriffsbegriff stellt ein finales staatliches Handeln durch Rechtsakt, das mit Befehl und Zwang gegen den Betroffenen durchgesetzt werden kann, einen Eingriff in den Schutzbereich eines Grundrechts dar.[27] Der sog. weite Eingriffsbegriff erfasst jedes staatliche Handeln, das dem Einzelnen ein Verhalten, das in den Schutzbereich eines Grundrechts fällt, ganz oder teilweise unmöglich macht, unab-

---

22 Vgl. BVerfGE 62, 323, 330 – *hinkende Ehe*; BVerfGE 105, 313, 345 – *Lebenspartnerschaftsgesetz.*
23 BVerfGE 131, 239, 259 – *Verfassungswidrige Ungleichbehandlung eingetragener Lebenspartnerschaften beim beamtenrechtlichen Familienzuschlag.*
24 Vgl. *Böhmer*, NJW 1988, 2561, 2566.
25 Siehe BVerfGE 24, 367, 396 – *Hamburger Deichordnungsgesetz;* BVerfGE 53, 257, 290 – *Versorgungsausgleich;* BVerfGE 58, 300, 336 – *Nassauskiesung.*
26 Vgl. *Kingreen/Poscher*, Grundrechte, Rn. 305; *Manssen*, Grundrechte, Rn. 136.
27 Siehe etwa *Sachs*, Verfassungsrecht II, Teil I, Kap. 8 Rn. 6 ff.; *Kingreen/Poscher*, Grundrechte, Rn. 294 ff. Ausführlich zum Begriff des „klassischen" Grundrechtseingriffs *Sachs*, in: Stern, Staatsrecht III/2, S. 82 ff.

	hängig davon, ob diese Wirkung final oder unbeabsichtigt, unmittelbar oder mittelbar, durch Rechtsakt oder Realakt, mit oder ohne Befehl und Zwang erfolgt (erweiterter Eingriffsbegriff).[28]
Einzelfallgesetz	Gesetz, das nur für einen abschließend bestimmten Adressatenkreis gilt und dessen Anwendung auf weitere, zukünftige Fälle von vornherein ausgeschlossen ist.[29]
Elternrecht	Sorge für das körperliche Wohl (Pflege), die seelische und geistige Entwicklung, die Bildung und Ausbildung des Kindes (Erziehung).[30]
Enteignung	Eine Enteignung ist auf die vollständige oder teilweise Entziehung konkreter subjektiver Eigentumspositionen i. S. d. Art. 14 Abs. 1 S. 1 zur Erfüllung bestimmter öffentlicher Aufgaben gerichtet.[31] Sie ist nur zum Wohl der Allgemeinheit zulässig und darf nur durch oder aufgrund eines Parlamentsgesetzes erfolgen, das Art und Ausmaß der Entschädigung regelt.
Entziehung der deutschen Staatsangehörigkeit	Der Verlust der deutschen Staatsangehörigkeit, den der Betroffene nicht beeinflussen kann. Der Verlust durch Entziehung ist also die Folge eines allein auf dem Willen des Staates zur Wegnahme der deutschen Staatsangehörigkeit beruhenden Aktes.[32]
Entzug des gesetzlichen Richters	Verhinderung oder Beeinträchtigung der Verhandlung und Entscheidung einer Sache durch den gesetzlichen Richter.[33]
Familie	Die umfassende Gemeinschaft von Eltern und Kindern, in der den Eltern vor allem Recht und Pflicht zur Pflege und Erziehung der Kinder erwachsen.[34] Neben der durch Geburt entstandenen Familie schützt Art. 6 Abs. 1 grundsätzlich auch jede andere von der staatlichen Rechtsordnung anerkannte Gemeinschaft von Eltern und Kindern.[35] Zu den Kindern i. d. S. zählen daher auch Stief-, Adoptiv- und Pflegekinder. Unerheblich ist auch, ob die Eltern verheiratet sind oder nicht.
Fernmeldegeheimnis	Schutz des privaten und geschäftlichen Fernmeldeverkehrs vor Eingriffen der öffentlichen Gewalt.

---

28 Siehe *Kingreen/Poscher*, Grundrechte, Rn. 294 m. w. N.; *Katz*, Staatsrecht, Rn. 637a.
29 Vgl. *Sachs*, Verfassungsrecht II, Teil 1 Kap. 10 Rn. 10.
30 Vgl. *Kingreen/Poscher*, Grundrechte, Rn. 757.
31 Vgl. BVerfGE 70, 191, 199 f. – *Fischereirechte*; BVerfGE 72, 66, 76 – *Flughafen Salzburg*.
32 BVerfG-K, NJW 1990, 2193.
33 Vgl. *Kingreen/Poscher*, Grundrechte, Rn. 1227.
34 BVerfGE 10, 59, 66 – *Stichentscheid des Vaters*.
35 BVerfGE 80, 91, 90 – *Ausländeradoption*.

	Die grundrechtliche Gewährleistung umfasst nicht nur den Inhalt geführter Telefongespräche, sondern auch die näheren Umstände des Fernmeldeverhältnisses, insbesondere die Tatsache, ob und wann zwischen welchen Personen und Fernmeldeanschlüssen Fernmeldeverkehr stattgefunden hat oder versucht worden ist.[36]
Film	Übermittlung von Gedankeninhalten durch zur Projektierung bestimmte Bilderreihen (ortsgebundene Projektion von Bewegtbildern für Anwesende).[37] Hinzukommen muss das Merkmal des Abspielens in der Öffentlichkeit. Trägermaterial und Inhalt des Films sind hingegen unerheblich.
Filmfreiheit	Verbot staatlicher Einflussnahme auf die Herstellung und Verbreitung von Filmen einschließlich der Erstellung des Drehbuchs und der Aufnahmen, des Filmverleihs und des Abspielens der Filme.[38]
Formaler Kunstbegriff	Das Wesentliche eines Kunstwerks besteht darin, dass bei formaler, typologischer Betrachtung die Gattungsanforderungen eines bestimmten Werktyps erfüllt sind; es wird also nur an die Tätigkeit und die Ergebnisse etwa des Malens, Bildhauens, Dichtens angeknüpft.[39]
Forschung	Geistige Tätigkeit mit dem Ziel, in methodischer, systematischer und nachprüfbarer Weise neue Erkenntnisse zu gewinnen.[40]
Freiheit der Person (Art. 2 Abs. 2)	Die tatsächliche körperliche Bewegungsfreiheit, also die körperliche Fortbewegungsfreiheit als das Recht, einen Ort aufzusuchen oder ihn zu verlassen.[41]
Freiheitsbeschränkung	Jemand wird durch die öffentliche Gewalt gegen seinen Willen daran gehindert, einen Ort oder Raum aufzusuchen oder sich dort aufzuhalten, der ihm an sich tatsächlich und rechtlich zugänglich ist.[42]
Freiheitsentziehung	Die tatsächlich und rechtlich an sich gegebene körperliche Bewegungsfreiheit wird durch staatliche Maßnahmen nach jeder Richtung hin aufgehoben;

---

36 BVerfGE 67, 157, 172 – *G 10*.
37 Vgl. *Jarass*, in: Jarass/Pieroth, GG, Art. 5 Rn. 61.
38 Vgl. *Jarass*, in: Jarass/Pieroth, GG, Art. 5 Rn. 62.
39 BVerfGE 67, 213, 226 f. – *anachronistischer Zug*.
40 BVerfGE 35, 79, 112 – *Hochschulurteil/Gruppen-Universität*.
41 Vgl. BVerfGE 94, 166, 198 – *Flughafenverfahren*; Starck, in: v. Mangoldt/Klein/Starck, GG, Art. 2 Rn. 196 m. w. N.; *Kunig*, in: v. Münch/Kunig, GG, Art. 2 Rn. 74 m. w. N.; *Murswiek/Rixen*, in: Sachs, GG, Art. 2 Rn. 228 f.
42 BVerfGE 94, 166, 198 – *Flughafenverfahren*; BVerfGE 105, 239, 248 – *Abschiebung*.

	dies ist der Fall, wenn der Betroffene ohne oder gegen seinen Willen an einem eng umgrenzten Raum festgehalten wird.[43]
Freiheitsgrundrechte	Überwiegend handelt es sich bei den Grundrechten um Freiheitsrechte. Diese schützen bestimmte Handlungsfreiheiten, Freiräume, Freiheitsrechte oder Rechtsgüter des Einzelnen gegen staatliche Eingriffe oder Verletzungen.[44] Die speziellen Freiheitsrechte werden durch das Auffanggrundrecht der allgemeinen Handlungsfreiheit ergänzt.
Freizügigkeit	Das Recht, unbehindert durch die deutsche Staatsgewalt an jedem Ort innerhalb des Bundesgebietes Aufenthalt und Wohnsitz zu nehmen, auch zu diesem Zweck in das Bundesgebiet einzureisen.[45]
Friedlichkeit (Art. 8 Abs. 1)	Eine Versammlung ist unfriedlich, wenn sie einen gewalttätigen oder aufrührerischen Verlauf nimmt.[46] Sie nimmt einen gewalttätigen Verlauf, wenn Versammlungsteilnehmer körperlich auf Personen oder Sachen aktiv einwirken (nicht: Sitzblockade).[47] Einen aufrührerischen Verlauf nimmt eine Versammlung, wenn ihr Ziel in einem Umsturz liegt oder sich aktiver gewaltsamer Widerstand gegen rechtmäßig handelnde Vollstreckungsbeamte richtet.[48]
Gefahr im Verzug (Art. 13 Abs. 2)	Ausnahme zum Richtervorbehalt bei Anordnung einer Durchsuchung. Gefahr im Verzug liegt vor, wenn die vorherige Einholung der richterlichen Anordnung den Erfolg der Durchsuchung gefährden würde.[49]
Gegenwärtige Betroffenheit (Art. 93 Abs. 1 Nr. 4a)	Der mit der Verfassungsbeschwerde angegriffene Akt der öffentlichen Gewalt wirkt „aktuell", d. h. im Zeitpunkt der Entscheidung des BVerfG, auf die geschützte Grundrechtsposition des Beschwerdeführers ein.[50] Es genügt nicht, dass er irgendwann einmal in der Zukunft („virtuell") von der beanstandeten Regelung betroffen sein könnte.[51]
Gesetzesvorbehalt	Grundrechtseinschränkungen bedürfen stets einer gesetzlichen Ermächtigungsgrundlage. Man unter-

---

43 BVerfGE 94, 166, 198 – *Flughafenverfahren;* BVerfGE 105, 239, 248 – *Abschiebung.*
44 Vgl. *Kingreen/Poscher,* Grundrechte, Rn. 43.
45 Ständige Rspr. seit BVerfGE 2, 266, 273 – *Notaufnahmegesetz.*
46 Ebenso *Jarass,* in: Jarass/Pieroth, GG, Art. 8 Rn. 8; *Kunig,* in: v. Münch/Kunig, GG, Art. 8 Rn. 23; *Depenheuer,* in: Maunz/Dürig, GG, Art. 8 Rn. 84.
47 Siehe *Kingreen/Poscher,* Grundrechte, Rn. 815 f.
48 Vgl. *Kingreen/Poscher,* Grundrechte, Rn. 816.
49 BVerfGE 51, 97, 111 – *Zwangsvollstreckung I.*
50 Vgl. *Meyer,* in: v. Münch/Kunig, GG, Art. 93 Rn. 57.
51 BVerfGE 60, 360, 371 – *gesetzliche Krankenversicherung.*

	scheidet den einfachen und den qualifizierten Gesetzesvorbehalt.
Gesetzlicher Richter	Das Gericht als organisatorische Einheit oder das erkennende Gericht als Spruchkörper, vor dem verhandelt und von dem die einzelne Sache entschieden wird, aber auch der zur Entscheidung im Einzelfall berufene Richter.[52] Die Zuständigkeit muss im Voraus abstrakt-generell bestimmt werden.[53]
Gewissen	Ein real erfahrbares seelisches Phänomen, dessen Forderungen, Mahnungen und Warnungen für den Menschen unmittelbar evidente Gebote unbedingten Sollens sind.[54]
Gewissensentscheidung	Jede ernste sittliche, d. h. an den Kategorien von „Gut" und „Böse" orientierte Entscheidung, die der Einzelne in einer bestimmten Lage als für sich bindend und unbedingt verpflichtend innerlich erfährt, sodass er gegen sie nicht ohne ernste Gewissensnot handeln könnte.[55]
Gewissensfreiheit	Sie schützt den Bereich der Bildung und des Innehabens eines Gewissens (forum internum) sowie das Äußern und das Handeln nach der Gewissensentscheidung (forum externum).[56]
Glaube	Schutzgut der Glaubensfreiheit sind religiöse und weltanschauliche Überzeugungen. Unter Religion oder Weltanschauung ist eine mit der Person des Menschen verbundene Gewissheit über bestimmte Aussagen zum Weltganzen sowie zur Herkunft und zum Ziel des menschlichen Lebens zu verstehen; dabei legt die Religion eine den Menschen überschreitende und umgreifende („transzendente") Wirklichkeit zugrunde, während sich die Weltanschauung auf innerweltliche („immanente") Bezüge beschränkt.[57]
Glaubensfreiheit	Die h. M. versteht Art. 4 Abs. 1 und 2 als ein einheitliches Grundrecht der Glaubens- und Bekenntnisfreiheit. Geschützt sind die innere Freiheit, einen Glauben zu bilden und zu haben (forum internum; Freiheit des Denkens) sowie die Freiheit, einen Glauben zu äußern und dem Glauben entsprechend zu handeln (forum externum; Freiheit des Äußerns und des kultischen Handelns: Be-

---

52 BVerfGE 17, 294, 298 f. – *Geschäftsverteilungsplan*.
53 BVerfGE 95, 322, 328 f. – *Spruchgruppen*.
54 BVerfGE 12, 45, 55 – *Kriegsdienstverweigerung I*.
55 BVerfGE 12, 45, 55 – *Kriegsdienstverweigerung I*.
56 Vgl. *Kokott*, in: Sachs, GG, Art. 4 Rn. 99 f.; *Kingreen/Poscher*, Grundrechte, Rn. 623.
57 BVerwGE 90, 112, 115.

	kenntnisfreiheit und Freiheit der ungestörten Religionsausübung).[58]
Gleichbehandlung	Der allgemeine Gleichheitssatz des Art. 3 Abs. 1 verbietet, wesentlich Gleiches willkürlich ungleich oder wesentlich Ungleiches willkürlich gleich zu behandeln.[59]
Gleichheitsgrundrechte	Gleichheitsgrundrechte zielen auf Gleichbehandlung und Nichtdiskriminierung durch die staatliche Gewalt. Der allgemeine Gleichheitssatz des Art. 3 Abs. 1 gebietet, Gleiches gleich und Ungleiches seiner Eigenart entsprechend ungleich zu behandeln.[60] Die Differenzierungsverbote der speziellen Gleichheitssätze knüpfen an bestimmte Merkmale oder Eigenschaften des Grundrechtsträgers an (vgl. Art. 3 Abs. 2 und 3).
Grundrechte	Diejenigen Rechte des Einzelnen, die ihm – in der Regel durch die Verfassung – als Elementarrechte verbürgt werden.[61] Grundrechte sind Rechte des Individuums, die die Ausübung staatlicher Gewalt begrenzen.[62] Ihrer Rechtsnatur nach sind die Grundrechte subjektiv-öffentliche Rechte.
Grundrecht i. S. d. GG	Der 1. Abschnitt des Grundgesetzes trägt die Überschrift „Die Grundrechte". Art. 1–19 garantieren dem Einzelnen wesentliche subjektiv-öffentliche Rechte, die er mit der Verfassungsbeschwerde durchsetzen kann (vgl. Art. 93 Abs. 1 Nr. 4a).
Grundrechtsähnliche Rechte	Individualrechte, die subjektive Rechtspositionen des Einzelnen begründen und auch gerichtlich geltend gemacht werden können, aber nicht zur Erhebung der Verfassungsbeschwerde berechtigen. Hierzu zählen etwa das Recht auf Gründung von Parteien aus Art. 21, die Rechte des Wahlkreisbewerbers aus Art. 48 und die Unzulässigkeit der Todesstrafe nach Art. 102.[63]
Grundrechtsbindung	Gemäß Art. 1 Abs. 3 binden die Grundrechte die Gesetzgebung, vollziehende Gewalt und Rechtsprechung als unmittelbar geltendes Recht. Dadurch wird eine lückenlose Grundrechtsbindung der gesamten öffentlichen Gewalt gewährleistet.[64]

---

58 Vgl. BVerfGE 24, 236, 245 – *Rumpelkammer*.
59 Siehe BVerfGE 4, 144, 155 – *Abgeordnetenentschädigung Schleswig-Holstein*; BVerfGE 49, 148, 165 – *Revisionsrecht*.
60 BVerfGE 3, 58, 135 f. – *Beamtenurteil*.
61 Ähnlich *Creifelds*, Rechtswörterbuch, 22. Aufl., München 2017.
62 *Kingreen/Poscher*, Grundrechte, Rn. 43 f.
63 Siehe die Beispiele bei *Sachs*, Verfassungsrecht II, Teil 1 Kap. 2 Rn. 11.
64 Siehe *Herdegen*, in: Maunz/Dürig, GG, Art. 1 Abs. 3 Rn. 3; *Höfling*, in: Sachs, GG, Art. 1 Rn. 84.

Grundrechtsfähigkeit	Fähigkeit einer natürlichen oder juristischen Person, Träger von Grundrechten zu sein.[65] Grundrechtsträger und damit Grundrechtsberechtigter ist derjenige, dem das Grundrecht zusteht.[66] Die Grundrechtsfähigkeit ist mit der zivilrechtlichen Rechtsfähigkeit vergleichbar, aber nicht identisch.[67] Vgl. Art. 19 Abs. 3 zur Geltung der Grundrechte für inländische juristische Personen.
Grundrechtsgleiche Rechte	Grundrechtsgewährleistungen außerhalb der Art. 1–19, bei deren Verletzung Verfassungsbeschwerde erhoben werden kann.[68] Art. 93 Abs. 1 Nr. 4a nennt das Widerstandsrecht (Art. 20 Abs. 4), das Recht auf Zugang zu öffentlichen Ämtern (Art. 33), das aktive und passive Wahlrecht nach Art. 38 sowie die prozessualen Rechte der Art. 101, 103 und 104.
Grundrechtskollision	Eines oder mehrere Grundrechte verschiedener Grundrechtsträger geraten miteinander in Konflikt.[69]
Grundrechtskonkurrenz	Ein Verhalten fällt in den Schutzbereich mehrerer Grundrechte oder grundrechtsgleicher Rechte desselben Grundrechtsträgers.[70]
Grundrechtsmündigkeit	Fähigkeit natürlicher Personen, Grundrechte selbstständig ausüben zu dürfen.[71] Wenngleich Parallelen zur Geschäftsfähigkeit und zur Prozessfähigkeit bestehen, können diese Begriffe mit der Grundrechtsmündigkeit nicht generell gleichgesetzt werden.[72] Str., ob auf die natürliche Einsichtsfähigkeit des Minderjährigen oder auf bestimmte Altersgrenzen abzustellen ist (Bsp.: § 5 RelKErzG für Art. 4; Volljährigkeit für Art. 12). Nach Auffassung des BVerfG soll es für die Prozessfähigkeit auf die Einsichtsfähigkeit in die Voraussetzungen und den Zweck einer Verfassungsbeschwerde ankommen.[73]
Grundrechtsverwirkung	Bestimmte in Art. 18 abschließend genannte Grundrechte, vor allem Kommunikationsgrund-

---

65 *v. Münch/Kunig*, in: v. Münch/Kunig, GG, Vorb. Art. 1–19 Rn. 27 m. w. N.
66 Vgl. auch *Stein/Frank*, Staatsrecht, § 27 vor I.
67 Vgl. zu den Unterschieden im Einzelnen *v. Münch/Kunig*, in: v. Münch/Kunig, GG, Vorb. Art. 1–19 Rn. 28 f.
68 Siehe *Jarass*, in: Jarass/Pieroth, GG, Vorb. vor Art. 1 Rn. 1 m. w. N.
69 Siehe *v. Münch/Kunig*, in: v. Münch/Kunig, GG, Vorb. Art. 1–19 Rn. 49; *Starck*, in: v. Mangoldt/Klein/Starck, GG, Art. 1 Rn. 319.
70 Vgl. *Jarass*, in: Jarass/Pieroth, GG, Vorb. vor Art. 1 Rn. 16; *Sachs*, in: Sachs, GG, vor Art. 1 Rn. 136.
71 Vgl. die Begriffsbestimmung bei *Sachs*, in: ders., vor Art. 1 Rn. 75.
72 Ebenso *v. Münch/Kunig*, in: v. Münch/Kunig, GG, Vorb. Art. 1–19 Rn. 31.
73 BVerfGE 28, 243 – *Kriegsdienstverweigerung*.

	rechte wie die Meinungs- und Pressefreiheit, die Versammlungs- und Vereinigungsfreiheit, aber auch das Eigentum können verwirkt werden, wenn sie zum Kampf gegen die freiheitliche demokratische Grundordnung missbraucht werden (Prinzip der „streitbaren Demokratie"). Die Verwirkung und ihr Ausmaß werden durch das BVerfG ausgesprochen (Entscheidungsmonopol).
Grundrechtsverzicht	Kein Eingriff in den Schutzbereich eines Grundrechts, wenn eine wirksame Einwilligung des Grundrechtsberechtigten in eine staatliche Maßnahme vorliegt.[74] Ein wirksamer Grundrechtsverzicht setzt voraus, dass das jeweilige Grundrecht zur Disposition des Einzelnen steht und dass der Grundrechtsträger eine wirksame Verzichtserklärung abgegeben hat.
Heimat (Art. 3 Abs. 3 S. 1)	Die örtliche Herkunft eines Menschen nach Geburt oder Ansässigkeit.[75]
Herkunft (Art. 3 Abs. 3 S. 1)	Gemeint ist die ständisch-soziale Abstammung und Verwurzelung.[76]
Individuelle Glaubensfreiheit	Freiheit des Einzelnen zum privaten und öffentlichen Bekenntnis seiner Religion oder Weltanschauung.[77]
Individuelle Koalitionsfreiheit	Recht der einzelnen Arbeitnehmer und Arbeitgeber, Koalitionen zu bilden. Geschützt sind die Gründung neuer Koalitionen, der Beitritt zu und der Verbleib in einer bereits bestehenden Koalition, sowie die spezifisch koalitionsmäßige Betätigung ihrer Mitglieder.[78]
Individuelle Vereinigungsfreiheit	Recht des Einzelnen, Vereinigungen zu bilden. Neben der Gründung neuer Vereinigungen sind auch der Beitritt, die Betätigung und der Verbleib in einer bereits bestehenden Vereinigung geschützt.[79]
Informationsfreiheit	Art. 5 Abs. 1 schützt die Freiheit, sich aus allgemein zugänglichen Quellen ungehindert zu unterrichten. Geschützt ist nicht nur die Unterrichtung aus der Informationsquelle, sondern auch die Informationsaufnahme an der Quelle, des Weiteren die Beschaffung und Nutzung technischer Anlagen,

---

74 Siehe hierzu *Jarass*, in: Jarass/Pieroth, GG, Vorb. vor Art. 1 Rn. 35.
75 BVerfGE 102, 41, 53 – *Beschädigtengrundrente*.
76 BVerfGE 9, 124, 128 – *Armenrecht*.
77 BVerfGE 105, 279, 293 – *Osho*.
78 Vgl. BVerfGE 84, 212, 224 – *Aussperrung*; BVerfGE 55, 7, 21 – *Allgemeinverbindlichkeitserklärung II*.
79 Siehe *Löwer*, in: v. Münch/Kunig, GG, Art. 9 Rn. 35; *Kingreen/Poscher*, Grundrechte, Rn. 846 ff.

	die für den Informationszugang erforderlich sind.[80]
Informationsquelle	Jeder denkbare Träger von Informationen, aber auch der Gegenstand der Information selbst, unabhängig davon, ob dieser sich auf private oder öffentliche Angelegenheiten bezieht und ob er überwiegend Meinungen oder eher Tatsachen enthält.[81]
Inhalts- und Schrankenbestimmung (Art. 14 Abs. 1 S. 2)	Inhalts- und Schrankenbestimmungen legen abstrakt und generell die Rechte und Pflichten des Eigentümers fest. Der Gesetzgeber will nicht in eine bestimmte Eigentumsposition eingreifen, sondern objektiv-rechtliche Kriterien für die Ausgestaltung von Eigentum überhaupt regeln. Er will also die Eigentumsordnung gestalten.
Jedermann-Grundrechte	Grundrechte, die jeder natürlichen Person unabhängig von ihrer Staatsangehörigkeit zustehen. Ersichtlich ist dies aus Formulierungen wie „jeder", „jedermann", „alle Menschen" oder „niemand". Gleiches gilt, wenn der Verfassungstext einen unpersönlichen Begriff verwendet, um den Schutzbereich eines Grundrechts zu umschreiben.
Junktimklausel	Eine Enteignung ist nach Art. 14 Abs. 3 S. 2 nur zulässig, wenn das enteignende Gesetz zugleich eine Regelung über Art und Ausmaß der Entschädigung enthält. Enteignungen sind damit stets ausgleichspflichtig. Ein enteignendes Gesetz ohne Entschädigungsregelung ist insgesamt verfassungswidrig.
Justizgrundrechte	Justizgrundrechte (prozessuale Grundrechte, Verfahrensgrundrechte) stehen im Zusammenhang mit dem Rechtsstaatsprinzip, aus dem sich das Gebot eines fairen rechtsstaatlichen (Straf-)Verfahrens ergibt (Bsp.: Art. 19 Abs. 4; Art. 101–104).[82]
Koalitionen	Vereinigungen, die zur Wahrung und Förderung der Arbeits- und Wirtschaftsbedingungen gebildet werden (vgl. Art. 9 Abs. 3). Arbeitsbedingungen beziehen sich auf das Arbeitsverhältnis selbst (Bsp.: Lohn, Arbeitszeit, Urlaub), wohingegen Wirtschaftsbedingungen überdies wirtschafts- und sozialpolitischen Charakter haben (Bsp.: Maßnahmen zur Verringerung der Arbeitslosigkeit).[83] Koalitio-

---

80 Vgl. BVerfGE 103, 44, 60 – *Fernsehaufnahmen im Gerichtssaal*; BVerfGE 90, 27, 36 – *Parabolantenne*.
81 Siehe *Jarass*, in: Jarass/Pieroth, GG, Art. 5 Rn. 12.
82 Siehe zu den Anforderungen an ein rechtsstaatliches Strafverfahren *Jarass*, in: Jarass/Pieroth, GG, Art. 20 Rn. 128 ff.; zur Normstruktur der prozessualen Grundrechte *Stein/Frank*, Staatsrecht, § 53.
83 Vgl. *Kingreen/Poscher*, Grundrechte, Rn. 853.

	nen müssen frei gebildet, gegnerfrei und auf überbetrieblicher Grundlage organisiert, ihrer Struktur nach unabhängig genug sein, um die Interessen ihrer Mitglieder auf arbeits- und sozialrechtlichem Gebiet nachhaltig zu vertreten, und das geltende Tarifrecht als für sich verbindlich anerkennen.[84]
Kollektive Glaubensfreiheit	Freiheit, sich mit anderen aus gemeinsamer religiöser oder weltanschaulicher Überzeugung zusammenzuschließen.[85] Träger der kollektiven Glaubensfreiheit ist die durch den Zusammenschluss gebildete Vereinigung, deren Zweck die Pflege und Förderung eines religiösen Bekenntnisses und die Verkündung des Glaubens ihrer Mitglieder ist.[86]
Kollektive Koalitionsfreiheit	Sie schützt die Koalition selbst in ihrem Bestand, ihrer organisatorischen Ausgestaltung und ihrer Betätigung, soweit diese gerade in der Wahrung und Förderung der Arbeits- und Wirtschaftsbedingungen besteht.[87] Bsp.: Arbeitskampfmaßnahmen, die auf Abschluss eines Tarifvertrages gerichtet sind.
Kollektive Vereinigungsfreiheit	Sie schützt die Tätigkeiten einer Vereinigung zur Sicherung ihrer Existenz- und Funktionsfähigkeit[88] sowie die Selbstbestimmung über die eigene Organisation, das Verfahren ihrer Willensbildung und die Führung der Geschäfte.[89] Bsp.: Aufnahme und Ausschluss von Mitgliedern; Mitgliederwerbung.
Körperliche Unversehrtheit	Die körperliche Integrität, d. h. die menschliche Gesundheit im biologisch-physiologischen Sinn. Geschützt ist auch die Gesundheit im geistig-seelischen Bereich, also das psychische Wohlbefinden, sofern die Einwirkung körperlichen Schmerzen vergleichbar ist.[90]
Kriegsdienst mit der Waffe	Teilnahme an bewaffneten Konflikten zwischen Staaten, aber auch an bewaffneten Kampfeinsätzen internationaler Friedenstruppen und in Bürgerkriegssituationen.[91] Darunter fällt auch der Dienst mit der Waffe im Frieden, also die Ausbildung mit der Waffe.[92] Nicht durch Art. 4 Abs. 3 geschützt sind die situationsbedingte Kriegsdienstverweigerung und die Totalverweigerung.

---

84 Ebenso BVerfGE 50, 290, 367 f. – *Mitbestimmung*; BVerfGE 58, 233, 247 – *Koalitionsbegriff II*.
85 BVerfGE 105, 279, 293 – *Osho*.
86 BVerfGE 102, 370, 383 – *Zeugen Jehovas*.
87 BVerfGE 84, 212, 224 – *Aussperrung*.
88 *Jarass*, in: Jarass/Pieroth, GG, Art. 9 Rn. 8.
89 BVerfGE 50, 290, 354 – *Mitbestimmung*; BVerfGE 80, 244, 253 – *vollziehbares Vereinsverbot*.
90 Vgl. BVerfGE 56, 54, 73 ff. – *Fluglärm*; *Jarass*, in: Jarass/Pieroth, GG, Art. 2 Rn. 83.
91 Ebenso *Sachs*, Verfassungsrecht II, Teil 2 Kap. 4 Rn. 66.
92 BVerfGE 12, 45, 56 – *Kriegsdienstverweigerung I*.

Kunst	Das BVerfG spricht von der „Unmöglichkeit, Kunst generell zu definieren",[93] und wendet mehrere Kunstbegriffe nebeneinander an (siehe formaler, materieller und offener Kunstbegriff).
Lauschangriff	Einschränkung des Art. 13 bei der akustischen oder optischen Überwachung von Wohnungen mit Hilfe technischer Mittel zum Zwecke der Strafverfolgung, der Gefahrenabwehr oder zum Schutz verdeckter Ermittler (vgl. Art. 13 Abs. 3–6).
Leben	Körperliches Dasein im Sinne der biologisch-physischen Existenz.[94] Der grundrechtliche Lebensschutz beginnt nach der Rechtsprechung des BVerfG jedenfalls mit der Nidation (etwa 14 Tage nach der Empfängnis; nach h. L. bereits mit Vorkernverschmelzung von Ei- und Samenzelle) und endet mit dem irreversiblen Zusammenbruch des Herz-Kreislauf-Systems, nach a. A. mit dem Erlöschen sämtlicher Hirnströme (Hirntod). Das Recht auf Leben beinhaltet nach h. M. nicht die „negative Freiheit", Selbstmord zu begehen.[95]
Legalenteignung	Enteignung durch ein Gesetz: das Gesetz selbst nimmt die Enteignung vor.
Lehre	Wissenschaftlich fundierte Übermittlung der durch die Forschung gewonnenen Erkenntnisse.[96] Die Freiheit der Lehre umfasst die freie Wahl von Gegenstand, Form, Methode, Inhalt, Zeit und gegebenenfalls auch Ort der Lehre.[97]
Leistungsgrundrechte	Leistungsgrundrechte sind nicht auf ein staatliches Unterlassen gerichtet, sondern fordern gerade ein positives Handeln des Staates.[98] Im Grundgesetz sind Leistungsgrundrechte die Ausnahme (Bsp.: Art. 6 Abs. 4; Art. 17).
Materieller Kunstbegriff	Das Wesentliche der künstlerischen Betätigung ist die freie schöpferische Gestaltung, in der Eindrücke, Erfahrungen, Erlebnisse des Künstlers durch das Medium einer bestimmten Formensprache zu unmittelbarer Anschauung gebracht werden.[99]
Meinung	Der Begriff der Meinung i. S. d. Art. 5 Abs. 1 ist grundsätzlich weit zu verstehen. Charakteristisch

---

[93] BVerfGE 67, 213, 225 – *anachronistischer Zug*.
[94] Vgl. *Jarass*, in: Jarass/Pieroth, GG, Art. 2 Rn. 81.
[95] Ebenso *Jarass*, in: Jarass/Pieroth, GG, Art. 2 Rn. 81; a. A. *Kingreen/Poscher*, Grundrechte, Rn. 471: *Lang*, in: BeckOK, GG, Art. 2 Rn. 58.
[96] BVerfGE 35, 79, 112 – *Hochschulurteil/Gruppen-Universität*.
[97] *Scholz*, in: Maunz/Dürig, GG, Art. 5 Abs. 3 Rn. 111 m. w. N.
[98] Vgl. zu den Funktionen der Leistungsgrundrechte *Jarass*, in: Jarass/Pieroth, GG, Vorb. vor Art. 1 Rn. 9.
[99] BVerfGE 30, 173, 188 f. – *Mephisto*.

	ist das Element der Stellungnahme, des Dafürhaltens, des Meinens im Rahmen einer geistigen Auseinandersetzung; auf den Wert, die Richtigkeit, die Vernünftigkeit der Äußerung kommt es nicht an.[100] Meinungen sind demnach Ansichten, Auffassungen, Überzeugungen, Wertungen, Urteile, Einschätzungen oder Stellungnahmen.[101] Geschützt sind auch Tatsachenbehauptungen, wenn und soweit sie Voraussetzung der Bildung von Meinungen sind (mit Ausnahme erwiesen oder bewusst unwahrer Tatsachenbehauptungen).
Meinungsfreiheit	Art. 5 Abs. 1 schützt das Recht des Einzelnen, seine Meinung frei zu äußern und zu verbreiten; über den Verfassungstext hinaus nicht nur in Wort, Schrift und Bild, sondern in jeder Form der Meinungskundgabe. Geschützt sind auch die Wahl des Ortes und der Zeit der Kundgabe sowie das Recht des Meinungsäußernden, dass seine Äußerung beim Empfänger ankommt.[102]
Menschenwürde	Das BVerfG versteht die Menschenwürde als den sozialen Wert- und Achtungsanspruch des Menschen, der es verbietet, ihn zum bloßen Objekt des Staates zu machen oder ihn einer Behandlung auszusetzen, die seine Subjektqualität prinzipiell in Frage stellt (sog. Objektformel).[103] Sie ist verletzt, wenn seine Behandlung durch die öffentliche Hand Ausdruck der Verachtung des Wertes ist, der dem Menschen kraft seines Personseins zukommt.[104] Im Schrifttum werden zur Begriffsbestimmung die Mitgifttheorie, die Leistungstheorie und die Anerkennungstheorie vertreten.
Mittelbare Drittwirkung der Grundrechte	Als Elemente einer objektiven Wertordnung entfalten die Grundrechte eine mittelbare Wirkung im Privatrecht.[105] Die Ausstrahlungswirkung der Grundrechte auf das bürgerliche Recht hat zur Folge, dass das einfache Gesetzesrecht im Lichte der besonderen Bedeutung der Grundrechte auszulegen ist.[106] Als „Einbruchstellen" der Grundrechte als Auslegungsdirektiven dienen vor allem unbestimmte Rechtsbegriffe (vgl. § 315 BGB) sowie die

---

100 BVerfGE 61, 1, 8 – *Meinungsäußerung im Wahlkampf.*
101 Vgl. *Starck*, in: v. Mangoldt/Klein/Starck, GG, Art. 5 Rn. 22; *Wendt*, in: v. Münch/Kunig, GG, Art. 5 Rn. 8.
102 Siehe BVerfGE 93, 266, 289 – *Soldaten sind Mörder; Jarass*, in: Jarass/Pieroth, GG, Art. 5 Rn. 6.
103 BVerfGE 87, 209, 228 – „*Tanz der Teufel*".
104 BVerfGE 30, 1, 16 – *Abhörurteil.*
105 Vgl. BVerfGE 7, 198, 205 – *Lüth.*
106 Vgl. BVerfGE 7, 198, 205 – *Lüth.*

		zivilrechtlichen Generalklauseln (§§ 138, 242, 826 BGB).[107]
Nasciturus		Das BVerfG spricht auch dem ungeborenen Leben den Schutz aus Art. 1 Abs. 1 und Art. 2 Abs. 2 zu.[108] Ob der Nasciturus Grundrechtsträger oder „nur" Begünstigter einer objektiven staatlichen Schutzpflicht ist, hat das Gericht bislang offengelassen.
Ne bis in idem		Verbot der Doppelbestrafung, vgl. Art. 103 Abs. 3.
Negative Freiheit		Freiheit, das im Verfassungstext eines Grundrechts umschriebene Handeln zu unterlassen.
Negative Glaubensfreiheit		Freiheit, nicht zu glauben, das Recht, seine Glaubensüberzeugung verschweigen zu dürfen, und die Freiheit, glaubensgeleitete Handlungen zu unterlassen.[109]
Negative Koalitionsfreiheit		Freiheit des Einzelnen, einer Koalition fernzubleiben oder sie zu verlassen (Bsp: Austritt aus einer Gewerkschaft).
Negative Vereinigungsfreiheit		Recht, einer Vereinigung fernzubleiben oder aus ihr auszutreten (gilt nicht für Zwangsmitgliedschaft in öffentlich-rechtlichen Verbänden).
Neue Formel		Der Gleichheitssatz ist verletzt, wenn der Staat eine Gruppe von Normadressaten im Vergleich zu anderen Normadressaten anders behandelt, obwohl zwischen beiden Gruppen keine Unterschiede von solcher Art und solchem Gewicht bestehen, dass sie die ungleiche Behandlung rechtfertigen könnten.[110]
Nulla poena sine lege		Keine Strafe ohne Gesetz, vgl. Art. 103 Abs. 2. Dies beinhaltet das Gesetzlichkeitsprinzip, das Rückwirkungsverbot und den Bestimmtheitsgrundsatz einschließlich des Analogieverbots zu Lasten des Täters.
Offener Kunstbegriff		Das kennzeichnende Merkmal einer künstlerischen Äußerung ist, dass es wegen der Mannigfaltigkeit ihres Aussagegehalts möglich ist, der Darstellung im Wege einer fortgesetzten Interpretation immer weiterreichende Bedeutungen zu entnehmen, sodass sich eine praktisch unerschöpfliche, vielstufige Informationsvermittlung ergibt.[111]

---

107 Vgl. *Herdegen*, in: Maunz/Dürig, GG, Art. 1 Abs. 3 Rn. 65; BVerfGE 7, 198, 205 – *Lüth*.
108 BVerfGE 88, 203, 383 – *Schwangerschaftsabbruch II*.
109 Siehe BVerfGE 52, 223, 238 – *Schulgebet*; BVerfGE 65, 1, 39 – *Volkszählung*; BVerfGE 93, 1, 16 – *Kruzifix*; *Kingreen/Poscher*, Grundrechte, Rn. 617.
110 So BVerfGE 82, 60 – *Existenzminimum*; ähnlich BVerfGE 55, 72, 88 ff. – *Präklusion I*.
111 BVerfGE 67, 213, 226 f. – *anachronistischer Zug*.

Öffentliche Gewalt (Art. 19 Abs. 4)	Erfasst wird nur die Exekutive, nicht aber auch Judikative und Legislative. Art. 19 Abs. 4 bietet Rechtsschutz gegen alle Maßnahmen der Regierung und der Verwaltung, unabhängig von ihrer Rechtsform.[112]
Öffentliche Gewalt (Art. 93 Abs. 1 Nr. 4a)	Alle Organe der Legislative, der Exekutive und der Judikative.[113] Der Begriff entspricht somit der Verpflichtung „aller staatlichen Gewalt" in Art. 1 Abs. 1 S. 2 sowie der Grundrechtsbindung der gesamten öffentlichen Gewalt nach Art. 1 Abs. 3.
Persönlicher Schutzbereich	Einbezogen sind alle Personen, die hinsichtlich des möglicherweise verletzten Grundrechts grundrechtsfähig sind (Frage der Grundrechtsträgerschaft).
Petitionen	Bitten und Beschwerden i. S. d. Art. 17. Hierzu zählen nicht nur die formlosen Rechtsbehelfe der Gegenvorstellung, Aufsichtsbeschwerde und Dienstaufsichtsbeschwerde, sondern alle Bitten und Beschwerden bezüglich der Ausübung öffentlicher Gewalt.[114] Bitten richten sich auf künftiges, Beschwerden gegen vergangenes Verhalten.[115] Petitionen sind schriftlich einzulegen (vgl. Art. 17).
Politische Anschauungen (Art. 3 Abs. 3 S. 1)	Die Grundeinstellungen zu den Fragen des staatlichen Gemeinwesens.[116]
Politische Verfolgung	Politisch verfolgt i. S. d. Art. 16a Abs. 1 ist jeder, der wegen seiner Rasse, Religion, Nationalität, Zugehörigkeit zu einer bestimmten sozialen Gruppe oder wegen seiner politischen Überzeugung Verfolgungsmaßnahmen mit Gefahr für Leib und Leben oder Beschränkungen seiner persönlichen Freiheit ausgesetzt ist oder solche Verfolgungsmaßnahmen begründet befürchtet.[117]
Positive Freiheit	Freiheit, das im Verfassungstext eines Grundrechts umschriebene Handeln auszuüben.
Postgeheimnis	Das Postgeheimnis erstreckt sich auf den konkreten Inhalt der übermittelten Sendung und schützt vor der Offenbarung (Übermittlung, Weitergabe), wer mit wem durch die Post Briefe und Sendungen wechselt, vor der Öffnung verschlossener Sen-

---

[112] *Huber*, in: v. Mangoldt/Klein/Starck, GG, Art. 19 Rn. 426; siehe auch *Manssen*, Grundrechte, Rn. 725 ff.
[113] So auch *Detterbeck*, in: Sachs, GG, Art. 93 Rn. 77.
[114] *Kingreen/Poscher*, Grundrechte, Rn. 1145 f.
[115] *Kingreen/Poscher*, Grundrechte, Rn. 1145 f.
[116] *Ipsen*, Staatsrecht II, Rn. 850.
[117] BVerwGE 67, 184, 186 – *Folter als Asylgrund*.

	dungen, vor Nachforschungen nach ihrem Inhalt und vor Eingriffen postfremder Stellen.[118]
Postmortaler Persönlichkeitsschutz	Allgemeiner Achtungsanspruch des Verstorbenen (Rechtsgrundlage str., BGH: Art. 2 Abs. 1; BVerfG: Art. 1 Abs. 1). Die Intensität des Schutzes wird allerdings durch Zeitablauf geringer.
Praktische Konkordanz	Die Einschränkung vorbehaltlos gewährleisteter Grundrechte durch kollidierendes Verfassungsrecht erfordert eine Güterabwägung, deren Ziel die Herbeiführung eines angemessenen Interessenausgleichs durch Herstellung praktischer Konkordanz ist, d. h. ein schonender Ausgleich in dem Sinne, dass alle beteiligten Verfassungsgüter zu optimaler Wirksamkeit gelangen können.[119]
Presse	Alle zur Verbreitung geeigneten und bestimmten Druckerzeugnisse und Informationsträger, die nicht unter den Film- und den Rundfunkbegriff fallen.[120] Unerheblich ist, ob es sich um eine allgemein zugängliche oder eine gruppeninterne Publikation handelt, und ob das Druckerzeugnis einmalig oder periodisch erscheint. Auf den Inhalt und das Niveau der Berichterstattung kommt es ebenfalls nicht an.
Pressefreiheit	Art. 5 Abs. 1 gewährleistet die Pressefreiheit als subjektives Grundrecht für die im Pressewesen tätigen Personen und Unternehmen und garantiert objektivrechtlich das Institut „freie Presse".[121] Der Schutz reicht von der Informationsbeschaffung bis zur Verbreitung der Nachrichten und Meinungen, erfasst also alle wesensmäßig mit der Pressearbeit zusammenhängenden Tätigkeiten einschließlich presseinterner Hilfstätigkeiten. In den Schutzbereich einbezogen sind auch der Schutz der Informationsquelle und die Vertraulichkeit der Redaktionsarbeit.
Qualifizierter Gesetzesvorbehalt	Das Grundgesetz verlangt über die allgemeinen verfassungsrechtlichen Regeln hinaus, dass ein grundrechtseinschränkendes Gesetz an bestimmte Situationen anknüpft, bestimmten Zwecken dient oder bestimmte Mittel benutzt.[122]

---

118 BVerfGE 67, 157, 172 – *G 10*.
119 Vgl. *v. Münch/Kunig*, in: v. Münch/Kunig, GG, Vorb. Art. 1–19 Rn. 41 m. w. N.
120 So auch *Starck*, in: v. Mangoldt/Klein/Starck, GG, Art. 5 Rn. 59; *Wendt*, in: v. Münch/Kunig, GG, Art. 5 Rn. 30.
121 BVerfGE 20, 162, 174 – *Spiegel*.
122 Vgl. *Kingreen/Poscher*, Grundrechte, Rn. 307.

Rasse (Art. 3 Abs. 3 S. 1)	Bezeichnung für eine Gruppe, die bestimmte wirklich oder vermeintlich biologisch vererbbare, in erster Linie äußerliche Eigenschaften besitzt.[123]
Rechtliches Gehör	Der an einem gerichtlichen Verfahren Beteiligte oder unmittelbar Betroffene muss grundsätzlich die Möglichkeit haben, sich vor Erlass einer Entscheidung in tatsächlicher und rechtlicher Hinsicht zur Sache zu äußern.[124] Dies beinhaltet ein Recht auf Information, Äußerung und Berücksichtigung.[125]
Rechtsanwendungsgleichheit	Bindung der Exekutive und der Judikative an den Gleichheitssatz („Gleichheit vor dem Gesetz"), vgl. Art. 3 Abs. 1.
Rechtsetzungsgleichheit	Bindung der Legislative an den Gleichheitssatz („Gleichheit des Gesetzes"), vgl. Art. 3 Abs. 1 i. V. m. Art. 1 Abs. 3.
Rechtsschutz (Art. 19 Abs. 4)	Der Rechtsweg darf weder ausgeschlossen noch in unzumutbarer, aus Sachgründen nicht mehr zu rechtfertigender Weise erschwert werden.[126] Dies gilt nicht nur für den ersten Zugang zum Gericht, sondern auch für die Wahrnehmung aller Instanzen, die eine Prozessordnung jeweils vorsieht.
Rechtsweg (Art. 19 Abs. 4)	Weg zu einem staatlichen Gericht, das den Grundsätzen der Art. 92 und 97 genügen muss.[127]
Rechtsweg (Art. 93 Abs. 1 Nr. 4a)	Jede gesetzlich normierte Möglichkeit der Anrufung eines Gerichts.[128]
Rechtswegerschöpfung (Art. 93 Abs. 1 Nr. 4a)	Der Beschwerdeführer muss alle zulässigen prozessualen Möglichkeiten zur Beseitigung der behaupteten Grundrechtsverletzung in Anspruch genommen haben.[129] Er darf keine prozessuale Möglichkeit versäumt haben, indem er etwa ein zulässiges Rechtsmittel nicht eingelegt oder zurückgenommen hat.[130]
Religion (siehe auch Glaube)	Der Schutz des Art. 4 ist nicht auf die überlieferten Religionen, insbesondere des christlich-abendländischen Kulturkreises, beschränkt (Grundsatz der religiösen und weltanschaulichen Neutralität des Staates).[131] Daher können sich auch Sekten

---

123 Vgl. *Jarass*, in: Jarass/Pieroth, GG, Art. 3 Rn. 122; *Ipsen*, Staatsrecht II, Rn. 850.
124 Vgl. *Kingreen/Poscher*, Grundrechte, Rn. 1240.
125 BVerfGE 107, 395, 409 – *fachgerichtlicher Rechtsschutz*.
126 BVerfGE 40, 272, 274 f. – *effektiver Rechtsschutz*.
127 BVerfGE 11, 232, 233 – *Korntal*.
128 BVerfGE 67, 157, 170 – *G 10*.
129 *Kingreen/Poscher*, Grundrechte, Rn. 1318.
130 Siehe *Pieroth*, in: Jarass/Pieroth, GG, Art. 93 Rn. 100 m. w. N.
131 Vgl. VGH Mannheim, NVwZ 1989, 279; *Sachs*, Verfassungsrecht II, Teil 2 Kap. 4 Rn. 5.

	und fremde Glaubensgemeinschaften auf die Freiheit der Religionsausübung berufen. Es muss sich allerdings auch tatsächlich, nach geistigem Gehalt und äußerem Erscheinungsbild, um eine Religionsgemeinschaft handeln.[132] Dies ist nicht der Fall, wenn einer Organisation die Verfolgung religiöser oder weltanschaulicher Ziele nur als Vorwand für wirtschaftliche Aktivitäten dient.[133]
Religionsausübung	Die Religionsausübung erfasst kultische Handlungen und Ausübung sowie Beachtung religiöser Gebräuche, die religiöse Erziehung, freireligiöse und atheistische Feiern sowie andere Äußerungen des religiösen und weltanschaulichen Lebens.[134] Es besteht ein Recht des Einzelnen, sein gesamtes Verhalten an den Lehren seines Glaubens auszurichten und seiner inneren Glaubensüberzeugung gemäß zu handeln.[135]
Rundfunk	Die an eine unbestimmte Vielzahl von Personen gerichtete Übermittlung von Gedankeninhalten durch physikalische, insbesondere elektromagnetische Wellen, unabhängig davon, ob diese drahtlos oder über Leitungen erfolgt.[136] In den Schutzbereich einbezogen sind auch rundfunkähnliche Kommunikationsdienste.
Rundfunkordnung	Die von Art. 5 Abs. 1 verlangte Rundfunkordnung muss ein Mindestmaß an pluralistischer Struktur aufweisen. Infolge der neuen Mediengesetze ist ein „duales System" aus öffentlich-rechtlichen Rundfunkanstalten und privaten Veranstaltern entstanden. Die unerlässliche „Grundversorgung" ist Sache der öffentlich-rechtlichen Anstalten (Gebührenfinanzierung). Hinsichtlich der Programmausgewogenheit gelten für den werbefinanzierten privaten Rundfunk geringere Anforderungen. Die Meinungsvielfalt kann entweder durch die Zulassung einer Vielzahl voneinander unabhängiger Veranstalter (Außenpluralismus) oder durch eine binnenpluralistische Organisation des privaten Rundfunks sichergestellt werden.[137]
Sachlicher Schutzbereich	Der grundrechtlich geschützte Lebensbereich,[138] also die menschlichen Verhaltensweisen, Rechtsgüter oder Eigenschaften des Grundrechtsträgers, die

---

132 BVerfGE 83, 341, 353 – *Baha'i*.
133 Vgl. BVerfGE 105, 279, 293 – *Osho*.
134 BVerfGE 24, 236, 246 – *Rumpelkammer*.
135 BVerfGE 24, 236, 246 – *Rumpelkammer*.
136 Vgl. *Kingreen/Poscher*, Grundrechte, Rn. 675.
137 Näher hierzu *Kingreen/Poscher*, Grundrechte, Rn. 680; *Manssen*, Grundrechte, Rn. 352 ff.
138 *Kingreen/Poscher*, Grundrechte, Rn. 165 f.

	ihm das Grundrecht verbürgt (Ermittlung durch Auslegung der Grundrechtsnorm).[139]
Schranken	Wegen des Grundsatzes des Vorbehalts des Gesetzes ist stets erforderlich, dass der Grundrechtseingriff auf einer gesetzlichen Grundlage beruht. Man unterscheidet Grundrechte unter (einfachem/qualifiziertem) Gesetzesvorbehalt und vorbehaltlos gewährleistete Grundrechte (kollidierendes Verfassungsrecht als verfassungsimmanente Schranke).
Schranken-Schranken	Beschränkungen, denen der Gesetzgeber unterworfen ist, wenn er der Grundrechtsausübung Schranken zieht.[140]
Schulhoheit	Die Befugnis des Staates zur zentralen Ordnung und Organisation des Schulwesens, zur Schulplanung und Schulaufsicht.[141]
Selbstbetroffenheit (Art. 93 Abs. 1 Nr. 4a)	Der Beschwerdeführer muss durch den mit der Verfassungsbeschwerde angegriffenen Hoheitsakt selbst betroffen sein (Ausschluss der Popularbeschwerde). Dies ist der Fall, wenn der Beschwerdeführer Adressat des angegriffenen Aktes der öffentlichen Gewalt ist,[142] aber auch dann, wenn der Akt an Dritte gerichtet ist und eine hinreichend enge Beziehung zwischen der Grundrechtsposition des Beschwerdeführers und der Maßnahme besteht.[143]
Sondergerichte	Gerichte für besondere Sachgebiete (Bsp.: Disziplinargerichte, Jugendgerichte). Sie können nur durch Gesetz errichtet werden (Art. 101 Abs. 2).
Sonderstatusverhältnis (besondere Gewaltverhältnisse)	Gerichte für besondere Sachgebiete (Bsp.: Disziplinargerichte, Jugendgerichte). Sie können nur durch Gesetz errichtet werden (Art. 101 Abs. 2).
Sonderstatusverhältnis (besondere Gewaltverhältnisse)	Rechtsverhältnisse, in denen der Einzelne in einer besonders engen Rechts- und Pflichtenbeziehung zum Staat steht (Beamte, Soldaten, Schüler, Strafgefangene).[144] Heute besteht Einigkeit darüber, dass auch in diesen Rechtsverhältnissen eine Grundrechtseinschränkung stets eine gesetzliche Grundlage oder Ermächtigung erfordert (vgl. Art. 1 Abs. 3).

---

139 Vgl. *Jarass*, in: Jarass/Pieroth, GG, Vorb. vor Art. 1 Rn. 19.
140 Vgl. *Kingreen/Poscher*, Grundrechte, Rn. 326; *Katz,* Staatsrecht, Rn. 646; kritisch *Ipsen*, Staatsrecht II, Rn. 183.
141 Vgl. BVerfGE 26, 228, 238 – *Schulzweckverbandsausschluss.*
142 BVerfGE 97, 157, 164 – *Saarländisches Pressegesetz.*
143 BVerfGE 108, 370, 384 – *Exklusivlizenz für Postdienstleistung.*
144 Siehe zur früher vertretenen Lehre vom besonderen Gewaltverhältnis die Darstellung bei *Herdegen*, in: Maunz/Dürig, GG, Art. 1 Abs. 3 Rn. 47 m. w. N.

Sphärentheorie	Besondere Ausprägung des Verhältnismäßigkeitsgrundsatzes für Eingriffe in das allgemeine Persönlichkeitsrecht (Abstufung nach Intim-, Privat- und Sozialsphäre).
Sprache (Art. 3 Abs. 3 S. 1)	Die jeweilige Muttersprache des Grundrechtsträgers.[145]
Staatsbürgerliche Rechte	Staatsbürgerliche Rechte (Aktivbürgerrechte, politische Rechte) betreffen die Rechte des Einzelnen auf Mitwirkung im demokratischen Staat (Bsp.: Art. 20 Abs. 4; Art. 33 Abs. 2; Art. 38).
Subsidiarität der Verfassungsbeschwerde	Der Beschwerdeführer muss über das Gebot der Rechtswegerschöpfung i. e. S. hinaus alle ihm zur Verfügung stehenden weiteren Möglichkeiten ergreifen, um eine Korrektur der geltend gemachten Verfassungsverletzung zu erreichen oder diese zu verhindern.[146]
Unmittelbare Betroffenheit (Art. 93 Abs. 1 Nr. 4a)	Die mit der Verfassungsbeschwerde angegriffene Vorschrift erfordert keinen weiteren Vollzugsakt. Der Beschwerdeführer macht also geltend, dass er gerade durch die Norm und nicht erst durch ihren Vollzug in seinen Grundrechten betroffen ist.[147]
Vereinigung (Art. 9 Abs. 1)	Personenvereinigungen aller Art, zu der sich eine Mehrheit natürlicher oder juristischer Personen für längere Zeit zu einem gemeinsamen Zweck freiwillig zusammengeschlossen und einer organisierten Willensbildung unterworfen hat, ohne Rücksicht auf die Rechtsform.[148]
Verfassungsmäßige Ordnung (Art. 2 Abs. 1)	Die Gesamtheit der Rechtsnormen, die formell und materiell mit der Verfassung in Einklang stehen, also die gesamte verfassungsmäßige Rechtsordnung.[149]
Verfassungsmäßige Ordnung (Art. 9 Abs. 2)	Gemeint ist die freiheitlich-demokratische Grundordnung (vgl. Art. 18 S. 1 und 21 Abs. 2 S. 1).
Verhältnismäßigkeitsprinzip (Übermaßverbot)	Der Zweck jedes staatlichen Handelns muss in angemessenem Verhältnis zu dem gewählten Mittel stehen. Ein Mittel ist nur verhältnismäßig, wenn es zur Verwirklichung des angestrebten legitimen Zwecks geeignet, erforderlich und angemessen ist.

---

[145] Vgl. *Starck*, in: v. Mangoldt/Klein/Starck, GG, Art. 3 Rn. 389.
[146] BVerfGE 92, 245, 256 – *Schuldnerspiegel im Internet*.
[147] BVerfGE 97, 157, 164 – *Saarländisches Pressegesetz*.
[148] Vgl. die Legaldefinition des § 2 Abs. 1 VereinsG; ebenso *Kemper*, in: v. Mangoldt/Klein/Starck, GG, Art. 9 Rn. 12; *Löwer*, in: v. Münch/Kunig, GG, Art. 9 Rn. 35; ähnlich *Höfling*, in: Sachs, GG, Art. 9 Rn. 8.
[149] Ständ. Rspr. seit BVerfGE 6, 32, 37 f. – *Elfes*; siehe auch *Jarass*, in: Jarass/Pieroth, GG, Art. 2 Rn. 16; *Murswiek/Rixen*, in: Sachs, GG, Art. 2 Rn. 89.

Verlust der deutschen Staatsangehörigkeit	Der Verlust der deutschen Staatsangehörigkeit ist nicht die Folge eines allein auf dem Willen des Staates zur Wegnahme der deutschen Staatsangehörigkeit beruhenden Aktes, sondern er tritt aufgrund von Handlungen des Betroffenen ein, die auf einem selbstverantwortlichen und freien Willensentschluss gegründet sind.[150] Der Betroffene hat es also selbst in der Hand, die deutsche Staatsangehörigkeit zu behalten.
Versammlung	Zusammenkunft mehrerer Menschen, die einen gemeinsamen Zweck verfolgen (BVerfG: Teilhabe an der öffentlichen Meinungsbildung; h. L.: gemeinsame Meinungsbildung oder -äußerung; m. M.: jeder beliebige Zweck).[151]
Vorbehaltlos gewährleistete Grundrechte	Grundrechte ohne Gesetzesvorbehalt, die aufgrund kollidierenden Verfassungsrechts eingeschränkt werden können. Als verfassungsimmanente Schranken kommen Grundrechte Dritter und sonstige Rechtsgüter von Verfassungsrang in Betracht.
Waffen (Art. 8 Abs. 1)	Waffen im technischen Sinn (Schusswaffen, Hieb- und Stoßwaffen), aber auch sonstige Gegenstände, die ihrer Art nach zur Verletzung von Personen oder zur Beschädigung von Sachen geeignet und bestimmt sind (nicht: „passive Bewaffnung", d. h. bloße Schutzgegenstände).[152]
Wechselwirkungslehre	Besondere Ausprägung des Verhältnismäßigkeitsgrundsatzes bei Eingriffen in die Kommunikationsfreiheiten. Die allgemeinen Gesetze i. S. d. Art. 5 Abs. 2 sind in ihrer das Grundrecht beschränkenden Wirkung ihrerseits im Lichte der Bedeutung des eingeschränkten Grundrechts auszulegen. Es findet eine „Wechselwirkung" in dem Sinne statt, dass das einschränkende Gesetz in seiner das Grundrecht begrenzenden Wirkung selbst wieder eingeschränkt werden muss.[153]
Weltanschauung (siehe auch Glaube)	Eine Weltanschauung i. S. d. Art. 4 muss im Hinblick auf ihre Geschlossenheit und Sinngebungskraft mit Religionen vergleichbar sein.[154] Auch Sekten und fremde Glaubensgemeinschaften können sich auf die Freiheit der Religionsausübung berufen (Grundsatz der religiösen und weltanschauli-

---

150 BVerfG-K, NJW 1990, 2193.
151 Vgl. *Kingreen/Poscher*, Grundrechte, Rn. 807.
152 Vgl. § 2 Abs. 3 VersG. Ebenso *Depenheuer*, in: Maunz/Dürig, GG, Art. 8 Rn. 89 ff.; *Höfling*, in: Sachs, GG, Art. 8 Rn. 38.
153 Siehe BVerfGE 7, 198, 208 f. – *Lüth*; ständ. Rspr.
154 Vgl. *Mager*, in: v. Münch/Kunig, GG, Art. 4 Rn. 12 f.; *Jarass*, in: Jarass/Pieroth, GG, Art. 4 Rn. 8.

	chen Neutralität des Staates). Dies gilt allerdings nicht, wenn einer Organisation die Verfolgung religiöser oder weltanschaulicher Ziele nur als Vorwand für wirtschaftliche Aktivitäten dient.[155]
Werk- und Wirkbereich	Der *Werkbereich* betrifft die künstlerische Betätigung selbst, das Herstellen des Kunstwerks; der *Wirkbereich* erfasst die Darbietung und Verbreitung des Kunstwerks, durch die der Öffentlichkeit Zugang zu dem Kunstwerk verschafft wird.[156]
Wesensgehalt	Unantastbarer Kernbereich eines Grundrechts (vgl. Art. 19 Abs. 2).
Wesensmäßige Anwendbarkeit (Art. 19 Abs. 3)	Ein Grundrecht ist seinem Wesen nach auf juristische Personen anwendbar, wenn der Grundrechtsschutz nicht an Eigenschaften, Äußerungsformen oder Beziehungen anknüpft, die nur natürlichen Personen wesenseigen sind.[157]
Willkürverbot	Der allgemeine Gleichheitssatz ist verletzt, wenn wesentlich Gleiches willkürlich ungleich oder wesentlich Ungleiches willkürlich gleich behandelt wird.[158]
Wissenschaft	Oberbegriff für „Forschung" und „Lehre". Die Wissenschaft betrifft die auf wissenschaftlicher Eigengesetzlichkeit beruhenden Prozesse, Verhaltensweisen und Entscheidungen beim Auffinden von Erkenntnissen, ihre Deutung und Weitergabe.[159] Die Garantie der Wissenschaftsfreiheit erstreckt sich auf jede wissenschaftliche Tätigkeit, die nach Inhalt und Form als ernsthafter und planmäßiger Versuch zur Ermittlung der Wahrheit anzusehen ist.[160]
Wohnsitz (Art. 11 Abs. 1)	Der Wohnsitz wird durch die tatsächliche Niederlassung verbunden mit dem Willen, den Ort zum ständigen Schwerpunkt der Lebensverhältnisse zu machen, begründet (vgl. § 7 BGB).[161]
Wohnung	Alle Räume, die der allgemeinen Zugänglichkeit durch eine räumliche Abschottung entzogen und zur Stätte privaten Lebens und Wirkens gemacht sind.[162] Der Schutzbereich des Art. 13 erfasst nach

---

155 Vgl. BVerfGE 105, 279, 293 – *Osho*.
156 Vgl. BVerfGE 30, 173, 189 – *Mephisto*; BVerfGE 67, 213, 226 f. – *anachronistischer Zug*.
157 BVerfGE 95, 220, 242 – *Aufzeichnungspflicht*.
158 BVerfGE 4, 144, 155 – *Abgeordnetenentschädigung Schleswig-Holstein*; BVerfGE 49, 148, 165 – *Revisionsrecht*.
159 BVerfGE 47, 327, 367 – *Hessisches Universitätsgesetz*.
160 BVerfGE 47, 327, 367 – *Hessisches Universitätsgesetz*.
161 Vgl. *Heinrichs*, in: Palandt, BGB, § 7 Rn. 6 m. w. N.
162 Vgl. *Jarass*, in: Jarass/Pieroth, GG, Art. 13 Rn. 4; *Gornig*, in: v. Mangoldt/Klein/Starck, GG, Art. 13 Rn. 13.

	h. M. auch Arbeits-, Betriebs- und Geschäftsräume (so auch BVerfG; das Schrifttum geht allerdings überwiegend von einer abgestuften Schutzintensität aus).
Zensur	Inhaltliche Kontrolle von Geistesäußerungen.[163] Art. 5 Abs. 1 S. 3 untersagt nur die Vorzensur, also die Vorschaltung eines präventiven Verfahrens, vor dessen Abschluss ein Werk nicht veröffentlicht werden darf.[164] Nachträgliche Kontrollmaßnahmen sind hingegen zulässig.

---

163 Vgl. *Schmidt-Jortzig*, HStR VI, § 141 Rn. 45.
164 BVerfGE 87, 209, 230 – „*Tanz der Teufel*".

F. Leitentscheidungen

1. Grundsatzentscheidungen des Bundesverfassungsgerichts (nach Stichworten geordnet)

Abhörurteil – BVerfGE 30, 1
Abschiebung – BVerfGE 105, 239
Abstammung I – BVerfGE 79, 256
Abstammung II – BVerfGE 90, 263
Akademieauflösung – BVerfGE 85, 360
Akkreditierung von Studiengängen – BVerfGE 141, 143
Allgemeinverbindlichkeitserklärung von Tarifverträgen I – BVerfGE 44, 322
Allgemeinverbindlichkeitserklärung von Tarifverträgen II – BVerfGE 55, 7
Alternativmedizin – BVerfGE 115, 25
Altersgrenze für Kassenärzte – BVerfGE 103, 172
Anachronistischer Zug – BVerfGE 67, 213
Anti-Atom-Plakette – BVerfGE 71, 108
Antiterrordateigesetz – BVerfGE 133, 277
Antragsbefugnis – BVerfGE 1, 87
Anwalts-GmbH – BVerfGE 135, 90
Anwaltsnotare – BVerfGE 112, 255
Apothekenurteil – BVerfGE 7, 377
Arbeitslosenhilfe – BVerfGE 87, 234
Arbeitslosenhilfe – BVerfGe 128, 90
Armenrecht – BVerfGE 9, 124
Asylbewerberleistungsgesetz – BVerfGE 116, 229
Asylbewerberleistungsgesetz – BVerfGE 132, 134
Asylnovelle – BVerfGE 94, 49
Atomausstieg 2011 – BVerfGE 143, 246
Aufenthaltserlaubnis – BVerfGE 49, 169
Aufsichtsgremien Rundfunkanstalten/ZDF-Staatsvertrag – BVerfGE 136, 9
Aufzeichnungspflicht – BVerfGE 95, 220
Auschwitzlüge – BVerfGE 90, 241
Ausländerausweisung – BVerfGE 35, 382

Ausländischer Transsexueller – BVerfGE 116, 243
Auslieferung – BVerfGE 18, 112
Auslieferung (gerichtliche Entscheidung) – BVerfGE 147, 364
Aussperrung – BVerfGE 84, 212

Baha'i – BVerfGE 83, 341
Bananenmarktverordnung – BVerfGE 102, 147
Basistarif – BVerfGE 124, 25
Bayer-Aktionäre – BVerfGE 85, 1
Beamtenrechtlicher Familienzuschlag bei eingetragenen Lebenspartnerschaften – BVerfGE 131, 239
Beamtenurteil – BVerfGE 3, 58
Behördliche Vaterschaftsanerkennung – BVerfGE 135, 48
Benetton-Schockwerbung I – BVerfGE 102, 347
Benetton-Schockwerbung II – BVerfGE 107, 275
Beschlagnahme von Datenträgern – BVerfGE 113, 29
Beschränkung des Rückkehrrechts von Reinigungskräften – BVerfGE 126, 29
Beschwerdebefugnis – BVerfGE 51, 405
Besitzrecht des Mieters – BVerfGE 89, 1
Bestimmtheitsgrundsatz – BVerfGE 75, 329
Betreuungsgeld – BVerfGE 140, 65
Biologischer Vater – BVerfGE 108, 82
BKA-Gesetz – BVerfGE 141, 220
Blinkfüer – BVerfGE 25, 256
Bodenreform – BVerfGE 84, 90
Brokdorf – BVerfGE 69, 315
Bundesflagge – BVerfGE 81, 278
Bürgschaft Familienangehöriger – BVerfGE 84, 239

C-Waffen – BVerfGE 77, 170
Cannabis I – BVerfGE 89, 69
Cannabis II – BVerfGE 90, 145

Caroline v. Monaco I – BVerfGE 97, 125
Caroline v. Monaco II – BVerfGE 101, 361
Caroline v. Monaco IV – BVerfGE 120, 180
CICERO – BVerfGE 117, 244

Delisting – BVerfGe 132, 99
Denkmalschutzgesetz Rheinland-Pfalz – BVerfGE 100, 226
Deutsch-niederländischer Finanzvertrag – BVerfGE 24, 33
Dienstpflichtverweigerung – BVerfGE 28, 243

EGMR-Sicherungsverwahrung – BVerfGE 128, 326
Eheschließungsfreiheit – BVerfGE 31, 58
Eidespflicht – BVerfGE 79, 69
Eidesverweigerung aus Glaubensgründen – BVerfGE 33, 23
Eilkompetenz Ermittlungsbehörde – BVerfGE 139, 245
Einheitsbewertung des Grundvermögens bei Erhebung Grundsteuer – BVerfGE 148, 147
Einziehung „Der Demokrat" – BVerfGE 27, 88
Elfes – BVerfGE 6, 32
Elterliche Vertretungsmacht – BVerfGE 72, 155
Elternunterhalt – BVerfGE 113, 88
Emissionshandel – BVerfGE 118, 79
Eppler – BVerfGE 54, 148
Erbschaftsteuer – BVerfGE 117, 1
Erbschaftsteuer – BVerfGE 138, 136
Erbschaftssteuer- und Schenkungssteuergesetz (Ehe/eingetragene Lebenspartnerschaft) – BVerfGE 126, 400
Erdölbevorratung – BVerfGE 30, 292
Erfolgshonorar für Anwälte – BVerfGE 117, 163
Erftverband – BVerfGE 10, 89
Erwachsenenadoption – BVerfGE 80, 81
ESM, Fiskalpakt – BVerfGE 135, 317
Esra – BVerfGE 119, 1
Ethikunterricht – BVerfGE 107, 75
EU-Haftbefehl – BVerfGE 113, 273

Existenzminimum – BVerfGE 82, 60
Exklusivlizenz für Postdienstleistung – BVerfGE 108, 370
„Extra Radio" – BVerfGE 97, 298

Fachgerichtlicher Rechtsschutz – BVerfGE 107, 395
Familiennachzug – BVerfGE 76, 1
Familienname – BVerfGE 78, 38
Fernsehaufnahmen im Gerichtssaal/ Honecker – BVerfGE 87, 334
Fernsehberichterstattung, Sitzungspolizei – BVerfGE 119, 309
Feuerwehrabgabe – BVerfGE 92, 91
Fischereirechte – BVerfGE 70, 191
Flughafenverfahren – BVerfGE 94, 166
Fluglärm – BVerfGE 56, 54
Fraport – BVerfGE 128, 226
Freier Rundfunkmitarbeiter – BVerfGE 59, 231

G 10 – BVerfGE 67, 157
Garzweiler – BVerfGE 134, 242
„Gefahr in Verzug" – BVerfGE 103, 142
Gigaliner – BVerfGE 136, 69
Gegendarstellung – BVerfGE 63, 131
Gentechnikgesetz – BVerfGE 128, 1
Geschäfts- und Betriebsgeheimnis – BVerfGE 115, 205
Geschäftsverteilungsplan – BVerfGE 17, 294
Geschiedenenunterhalt – BVerfGE 128, 193
Geschlechtsbezogene Diskriminierung – BVerfGE 89, 276
Gesetzliche Krankenversicherung – BVerfGE 60, 360
Gesundbeter – BVerfGE 32, 98
Gewerbesteuergesetz – BVerfGE 148, 217
Glykolwarnung – BVerfGE 105, 252
Griechenlandhilfe Euro-Rettungsschirm, EFS – BVerfGE 129, 124
Großer Lauschangriff – BVerfGE 109, 279
Grundrechtsfähigkeit der Rundfunkanstalten – BVerfGE 78, 101

Hamburger Deichordnungsgesetz – BVerfGE 24, 367

Hamburgisches Hochschulgesetz –
   BVerfGE 127, 87
Handwerksordnung – BVerfGE 13, 97
Handy-Überwachung – BVerfGE 107,
   299
Hartz IV – BVerfGE 125, 175
Häusliches Arbeitszimmer – BVerfGE
   126, 268
Heilpraktikergesetz – BVerfGE 78, 179
Heimliche Tonbandaufnahmen –
   BVerfGE 34, 238
Heimlicher Vaterschaftstest – BVerfGE
   117, 202
Heinrich Böll – BVerfGE 54, 208
Herrnburger Bericht – BVerfGE 77,
   240
Hessisches Universitätsgesetz –
   BVerfGE 47, 327
„Hinkende Ehe" – BVerfGE 62, 323
Hinterbliebenenrente – BVerfGE 1, 97
Hirnkammerluftfüllung – BVerfGE 17,
   108
Hochschulfusion – BVerfGE 139, 148
Hochschulurteil/Gruppen-Universität
   – BVerfGE 35, 79
Hoferben – BVerfGE 67, 329
Honeywell – BVerfGE 126, 286
Hufbeschlaggesetz – BVerfGE 119, 59

Insolvenzverwalter – BVerfGE 116, 1
Integrative Beschulung – BVerfGE 96,
   288
Inzestverbot – BVerfGE 120, 224

Josephine Mutzenbacher – BVerfGE
   83, 130
Jugendstrafvollzug, Postkontrolle –
   BVerfGE 116, 69
Juristische Staatsprüfung – BVerfGE
   84, 34

Kalkar I – BVerfGE 49, 89
Kalkar II – BVerfGE 81, 310
Kennzeichenerfassung – BVerfGE 120,
   378
Kirchenbausteuer – BVerfGE 19, 206
Koalitionsbegriff I – BVerfGE 18, 18
Koalitionsbegriff II – BVerfGE 58, 233
„Konkret"/Strauß-Karikatur – BVerfGE
   75, 369

Kontenabfrage durch Strafverfolgungs-
   und Finanzbehörden – BVerfGE
   118, 168
Kopftuch Ludin – BVerfGE 108, 282
Kopftuchverbot (pauschales) –
   BVerfGE 138, 296
Korntal – BVerfGE 11, 232
Kriegsdienstverweigerung I – BVerfGE
   12, 45
Kriegsdienstverweigerung II –
   BVerfGE 69, 1
Kriegsschuld – BVerfGE 90, 1
Kruzifix – BVerfGE 93, 1
Kündigungsfristen für Arbeiter –
   BVerfGE 82, 126
Künstlersozialversicherung – BVerfGE
   75, 108
Künstliche Befruchtung –
   BVerfGE 117, 316
Kurzberichterstattung im Fernsehen –
   BVerfGE 97, 228

Ladenschluss – BVerfGE 111, 10
Landesverfassungsgerichte – BVerfGE
   96, 345
Lebach – BVerfGE 35, 202
Lebenslange Freiheitsstrafe I –
   BVerfGE 45, 187
Lebenslange Freiheitsstrafe II –
   BVerfGE 72, 105
Lebenslange Freiheitsstrafe; Strafrest-
   aussetzung – BVerfGE 117, 71
Lebenspartnerschaft, Ehegattensplit-
   ting – BVerfGE 133, 377
Lebenspartnerschaftsgesetz – BVerfGE
   105, 313
Leipziger Volkszeitung – BVerfGE 27,
   71
Lex Rheinstahl – BVerfGE 25, 371
Liquorentnahme – BVerfGE 16, 194
Lockspitzel I – BVerfGE 109, 13
Lockspitzel II – BVerfGE 109, 38
Luftsicherheitsgesetz – BVerfGE 115,
   118
Lüth – BVerfGE 7, 198

Maastricht – BVerfGE 89, 155
Marktordnung – BVerfGE 18, 315
Mauerschützen – BVerfGE 95, 96
Medizinische Zwangsbehandlung I –
   BVerfGE 128, 282

Leitentscheidungen **1341**

Medizinische Zwangsbehandlung II – BVerfGE 129, 269
Medizinische Zwangsbehandlung III – BVerfGE 133, 112
Meinungsäußerung im Wahlkampf – BVerfGE 61, 1
Mephisto – BVerfGE 30, 173
Mietpreisbindung – BVerfGE 91, 264
Mitbestimmung – BVerfGE 50, 290
Mitgliederwerbung I – BVerfGE 28, 295
Mitgliederwerbung II – BVerfGE 93, 352
Mithörvorrichtung – BVerfGE 106, 28
Montanmitbestimmung – BVerfGE 99, 367
Mülheim-Kärlich – BVerfGE 53, 30
Multiple-Choice-Verfahren I – BVerfGE 80, 1
Multiple-Choice-Verfahren II – BVerfGE 84, 59

Nachlasspfleger – BVerfGE 101, 397
Nachtarbeitsverbot – BVerfGE 85, 191
Nachtbackverbot – BVerfGE 87, 363
Nassauskiesung – BVerfGE 58, 300
Nationalhymne – BVerfGE 81, 298
National Iranian Oil Company – BVerfGE 64, 1
Ne bis in idem – BVerfGE 75, 1
Negatives Stimmengewicht – BVerfGE 131, 316
Neue Heimat – BVerfGE 77, 1
Nichtraucherschutzgesetz – BVerfGE 121, 317
Numerus clausus I – BVerfGE 33, 303

OMT-Beschluss – BVerfGE 134, 366
Online-Durchsuchung – BVerfGE 120, 274
Osho – BVerfGE 105, 279

Parabolantenne – BVerfGE 90, 27
Parkstudium – BVerfGE 43, 291
Pershing II – BVerfGE 66, 39
Pflichtexemplar – BVerfGE 58, 137
Planungsschadensrecht – BVerfGE 138, 64
Platow-Amnestie – BVerfGE 10, 234
Politbüro-Prozess – BVerfGE 103, 44
Präklusion I – BVerfGE 55, 72

Präklusion II – BVerfGE 69, 145
Presse-Grossist – BVerfGE 77, 346
Privatisierung Universitätsklinikum – BVerfGE 128, 157
Privatschulfinanzierung – BVerfGE 75, 40
Professorenbesoldung – BVerfGE 130, 263
Prüfingenieur – BVerfGE 64, 72

Rasterfahndung, Schläfer – BVerfGE 115, 320
Rechtliches Gehör – BVerfGE 52, 203
Rechtsanwaltsgebühren – BVerfGE 118, 1
Rechtschreibreform – BVerfGE 98, 218
Reiten im Wald – BVerfGE 80, 137
Revisionsrecht – BVerfGE 49, 148
Rumpelkammer – BVerfGE 24, 236
Rundfunkgebühren – BVerfGE 119, 181
Rundfunkurteil I (Deutschland-Fernsehen) – BVerfGE 12, 205
Rundfunkurteil II (Umsatzsteuer) – BVerfGE 31, 314
Rundfunkurteil III (FRAG) – BVerfGE 57, 295
Rundfunkurteil IV (Privatfunk) – BVerfGE 73, 118
Rundfunkurteil V (Landesmediengesetz Baden-Württemberg) – BVerfGE 74, 297
Rundfunkurteil VI (WDR-Gesetz) – BVerfGE 83, 238
Rundfunkurteil VII (Werbeverbot) – BVerfGE 87, 181
Rundfunkurteil VIII (Rundfunkgebührenstaatsvertrag) – BVerfGE 90, 60

Saarländisches Pressegesetz – BVerfGE 97, 157
Sampling – BVerfGE 142, 74
Sasbach – BVerfGE 61, 82
Schächterlaubnis – BVerfGE 104, 337
Schleyer – BVerfGE 46, 160
Schnellreinigung – BVerfGE 32, 54
Schuldnerspiegel im Internet – BVerfGE 92, 245
Schulgebet – BVerfGE 52, 223
Schwangerschaftsabbruch I – BVerfGE 39, 1

Schwangerschaftsabbruch II – BVerfGE 88, 203
Scientology – BVerfGE 99, 185
Sendezeitvergabe I – BVerfGE 7, 99
Sexualkundeunterricht – BVerfGE 47, 46
Sicherungsverwahrung – BVerfGE 109, 133
Sicherungsverwahrung – BVerfGE 131, 268
Simultanschule – BVerfGE 41, 29
Sitzblockade I – BVerfGE 73, 206
Sitzblockade II – BVerfGE 92, 1
Solange I – BVerfGE 37, 271
Solange II – BVerfGE 73, 339
Soldaten sind Mörder – BVerfGE 93, 266
Soraya – BVerfGE 34, 269
Sorgerechtsentzug – BVerfGE 72, 122
Sozialversicherungsträger – BVerfGE 21, 362
Sozietätsverbot – BVerfGE 141, 82
Spanier – BVerfGE 31, 58
Spezifisches Verfassungsrecht – BVerfGE 18, 85
Spielbankgesetz Baden-Württemberg – BVerfGE 102, 97
Spiegel – BVerfGE 20, 162
Sportwettenmonopol – BVerfGE 115, 276
Spruchgruppen – BVerfGE 95, 322
Staatliches Informationshandeln – BVerfGE 148, 40
Staatsschuldenkrise im Euro-Währungsgebiet – BVerfGE 132, 287
Stadtwerke Hameln – BVerfGE 45, 63
Startbahn West – BVerfGE 60, 175
Stichentscheid des Vaters – BVerfGE 10, 59
Strafgefangene – BVerfGE 33, 1
Streikarbeit durch Beamte – BVerfGE 88, 103
Streikverbot für Beamte – BVerfGE 148, 296
Studiengebühr, Landeskinderregelung – BVerfGE 134, 1
Südkurier – BVerfGE 21, 271
Südweststaat – BVerfGE 1, 14
Sukzessivadoption – BVerfGE 133, 59

Tabak für Kirchenaustritt – BVerfGE 12, 1
Tagebuch – BVerfGE 80, 367
Tanz der Teufel – BVerfGE 87, 209
Tarifbegrenzung für gewerbliche Einkünfte – BVerfGE 116, 164
Tariftreueregelung – BVerfGE 116, 202
Telekommunikationsüberwachung I – BVerfGE 100, 313
Telekommunikationsüberwachung II – BVerfGE 113, 348
Telekommunikationsüberwachung III – BVerfGE 115, 166
Testierausschluss Taubstummer – BVerfGE 99, 341
Therapieunterbringungsgesetz – BVerfGE 134, 33
Totalverweigerung – BVerfGE 80, 354
Transsexuelle I – BVerfGE 49, 286
Transsexuelle II – BVerfGE 88, 87
Trennung eines Kindes von seiner Familie – BVerfGE 60, 79
Trümmerfrauen – BVerfGE 87, 1

Übertragung elterlicher Sorge für nichteheliche Kinder auf Vater – BVerfGE 127, 132
Universitäre Selbstverwaltung – BVerfGE 15, 256
Untersuchungsgefangene – BVerfGE 35, 35
Untersuchungshaft – BVerfGE 19, 342
Urheberrecht – BVerfGE 79, 1
Urheberrechtliche Vergütungsvereinbarung – BVerfGE 134, 204

Veränderung der Haar- und Barttracht – BVerfGE 47, 239
Vereinsverbot – BVerfGE 13, 174
Verkehrslärm – BVerfGE 51, 15
Verkehrsunterricht – BVerfGE 22, 21
Versorgungsausgleich – BVerfGE 53, 257
Verwaltungsakte DDR, Wegeunfall – BVerfGE 117, 302
Volkszählung – BVerfGE 65, 1
Volljährigenadoption – BVerfGE 89, 381
Vollziehbares Vereinsverbot – BVerfGE 80, 244

Leitentscheidungen **1341**

Vormundsauswahl/Großeltern – BVerfGE 136, 382
Vorratsdatenspeicherung – BVerfGE 121, 1
Vorratsdatenspeicherung – BVerfGE 125, 260

Wackersdorf – BVerfGE 104, 92
Waisenrente I – BVerfGE 23, 135
Waisenrente II – BVerfGE 40, 121
Wallraff/Springer – BVerfGE 66, 116
Warnhinweise auf Tabakverpackungen – BVerfGE 95, 173
Warteschleifenregelung – BVerfGE 84, 133
Wehrdienst – BVerfGE 48, 127
Wettbewerbsverbot des Handelsvertreters – BVerfGE 81, 242
Wissenschaftliches Personal – BVerfGE 94, 268
Wissenschaftsfreiheit für Hochschullehrer – BVerfGE 126, 1
Wunsiedel – BVerfGE 124, 300

Zahntechnikerinnung – BVerfGE 68, 193
Zerrüttungsprinzip – BVerfGE 53, 224

Zeugen Jehovas – BVerfGE 102, 370
Zitiergebot I – BVerfGE 5, 13
Zitiergebot II – BVerfGE 28, 36
Zivildienstverweigerung durch Zeugen Jehovas – BVerfGE 23, 127
Zwangsadoption – BVerfGE 24, 119
„Zwangsdemokrat Strauß" – BVerfGE 82, 272
Zwangsversteigerung I – BVerfGE 40, 294
Zwangsversteigerung II – BVerfGE 46, 325
Zwangsversteigerung III – BVerfGE 49, 220
Zwangsvollstreckung I – BVerfGE 51, 97
Zwangsvollstreckung II – BVerfGE 57, 346
Zwangsvollstreckung III – BVerfGE 76, 83
Zweckentfremdung von Wohnraum – BVerfGE 86, 59
Zweitregister – BVerfGE 92, 26
Zweitwohnungsteuer – BVerfGE 114, 316

2. Grundsatzentscheidungen des Bundesverfassungsgerichts (nach Register geordnet)

BVerfGE 1, 14 – Südweststaat
BVerfGE 1, 87 – Antragsbefugnis
BVerfGE 1, 97 – Hinterbliebenenrente
BVerfGE 3, 58 – Beamtenurteil
BVerfGE 5, 13 – Zitiergebot I
BVerfGE 6, 32 – Elfes
BVerfGE 7, 99 – Sendezeitvergabe I
BVerfGE 7, 198 – Lüth
BVerfGE 7, 377 – Apothekenurteil
BVerfGE 9, 124 – Armenrecht
BVerfGE 10, 59 – Stichentscheid des Vaters
BVerfGE 10, 89 – Erftverband
BVerfGE 10, 234 – Platow-Amnestie
BVerfGE 11, 232 – Korntal
BVerfGE 12, 1 – Tabak für Kirchenaustritt
BVerfGE 12, 45 – Kriegsdienstverweigerung I
BVerfGE 12, 205 – Rundfunkurteil I (Deutschland-Fernsehen)
BVerfGE 13, 97 – Handwerksordnung
BVerfGE 13, 174 – Vereinsverbot
BVerfGE 15, 256 – Universitäre Selbstverwaltung
BVerfGE 16, 194 – Liquorentnahme
BVerfGE 17, 108 – Hirnkammerluftfüllung
BVerfGE 17, 294 – Geschäftsverteilungsplan
BVerfGE 18, 18 – Koalitionsbegriff I
BVerfGE 18, 85 – Spezifisches Verfassungsrecht
BVerfGE 18, 112 – Auslieferung
BVerfGE 18, 315 – Marktordnung
BVerfGE 19, 206 – Kirchenbausteuer
BVerfGE 19, 342 – Untersuchungshaft
BVerfGE 20, 162 – Spiegel
BVerfGE 21, 271 – Südkurier
BVerfGE 21, 362 – Sozialversicherungsträger
BVerfGE 22, 21 – Verkehrsunterricht

BVerfGE 23, 127 – Zivildienstverweigerung durch Zeugen Jehovas
BVerfGE 23, 135 – Waisenrente I
BVerfGE 24, 33 – Deutsch-niederländischer Finanzvertrag
BVerfGE 24, 119 – Zwangsadoption
BVerfGE 24, 236 – Rumpelkammer
BVerfGE 24, 367 – Hamburger Deichordnungsgesetz
BVerfGE 25, 256 – Blinkfüer
BVerfGE 25, 371 – Lex Rheinstahl
BVerfGE 27, 71 – Leipziger Volkszeitung
BVerfGE 27, 88 – Einziehung „Der Demokrat"
BVerfGE 28, 36 – Zitiergebot II
BVerfGE 28, 243 – Dienstpflichtverweigerung
BVerfGE 28, 295 – Mitgliederwerbung I
BVerfGE 30, 1 – Abhörurteil
BVerfGE 30, 173 – Mephisto
BVerfGE 30, 292 – Erdölbevorratung
BVerfGE 31, 58 – Spanier
BVerfGE 31, 314 – Rundfunkurteil II (Umsatzsteuer)
BVerfGE 32, 54 – Schnellreinigung
BVerfGE 32, 98 – Gesundbeter
BVerfGE 33, 1 – Strafgefangene
BVerfGE 33, 23 – Eidesverweigerung aus Glaubensgründen
BVerfGE 33, 303 – Numerus Clausus I
BVerfGE 34, 238 – Heimliche Tonbandaufnahmen
BVerfGE 34, 269 – Soraya
BVerfGE 35, 35 – Untersuchungsgefangene
BVerfGE 35, 79 – Hochschulurteil/Gruppen-Universität
BVerfGE 35, 202 – Lebach
BVerfGE 35, 382 – Ausländerausweisung
BVerfGE 37, 271 – Solange I
BVerfGE 39, 1 – Schwangerschaftsabbruch I
BVerfGE 40, 121 – Waisenrente II
BVerfGE 40, 294 – Zwangsversteigerung I
BVerfGE 41, 29 – Simultanschule
BVerfGE 43, 291 – Parkstudium
BVerfGE 44, 322 – Allgemeinverbindlichkeitserklärung von Tarifverträgen I
BVerfGE 45, 63 – Stadtwerke Hameln
BVerfGE 45, 187 – Lebenslange Freiheitsstrafe I
BVerfGE 46, 160 – Schleyer
BVerfGE 46, 325 – Zwangsversteigerung II
BVerfGE 47, 46 – Sexualkundeunterricht
BVerfGE 47, 239 – Veränderung der Haar- und Barttracht
BVerfGE 47, 327 – Hessisches Universitätsgesetz
BVerfGE 48, 127 – Wehrdienst
BVerfGE 49, 89 – Kalkar I
BVerfGE 49, 148 – Revisionsrecht
BVerfGE 49, 169 – Aufenthaltserlaubnis
BVerfGE 49, 220 – Zwangsversteigerung III
BVerfGE 49, 286 – Transsexuelle I
BVerfGE 50, 290 – Mitbestimmung
BVerfGE 51, 15 – Verkehrslärm
BVerfGE 51, 97 – Zwangsvollstreckung I
BVerfGE 51, 405 – Beschwerdebefugnis
BVerfGE 52, 203 – Rechtliches Gehör
BVerfGE 52, 223 – Schulgebet
BVerfGE 53, 30 – Mülheim-Kärlich
BVerfGE 53, 224 – Zerrüttungsprinzip
BVerfGE 53, 257 – Versorgungsausgleich
BVerfGE 54, 148 – Eppler
BVerfGE 54, 208 – Heinrich Böll
BVerfGE 55, 7 – Allgemeinverbindlichkeitserklärung von Tarifverträgen II
BVerfGE 55, 72 – Präklusion I
BVerfGE 56, 54 – Fluglärm
BVerfGE 57, 295 – Rundfunkurteil III (FRAG)
BVerfGE 57, 346 – Zwangsvollstreckung II
BVerfGE 58, 137 – Pflichtexemplar
BVerfGE 58, 233 – Koalitionsbegriff II
BVerfGE 58, 300 – Nassauskiesung
BVerfGE 59, 231 – Freier Rundfunkmitarbeiter

BVerfGE 60, 79 – Trennung eines Kindes von seiner Familie
BVerfGE 60, 175 – Startbahn West
BVerfGE 60, 360 – Gesetzliche Krankenversicherung
BVerfGE 61, 1 – Meinungsäußerung im Wahlkampf
BVerfGE 61, 82 – Sasbach
BVerfGE 62, 323 – „Hinkende Ehe"
BVerfGE 63, 131 – Gegendarstellung
BVerfGE 64, 1 – National Iranian Oil Company
BVerfGE 64, 72 – Prüfingenieur
BVerfGE 65, 1 – Volkszählung
BVerfGE 66, 39 – Pershing II
BVerfGE 66, 116 – Wallraff/Springer
BVerfGE 67, 157 – G 10
BVerfGE 67, 213 – Anachronistischer Zug
BVerfGE 67, 329 – Hoferben
BVerfGE 68, 193 – Zahntechnikerinnung
BVerfGE 69, 1 – Kriegsdienstverweigerung II
BVerfGE 69, 145 – Präklusion II
BVerfGE 69, 315 – Brokdorf
BVerfGE 70, 191 – Fischereirechte
BVerfGE 71, 108 – Anti-Atom-Plakette
BVerfGE 72, 105 – Lebenslange Freiheitsstrafe II
BVerfGE 72, 122 – Sorgerechtsentzug
BVerfGE 72, 155 – Elterliche Vertretungsmacht
BVerfGE 73, 118 – Rundfunkurteil IV (Privatfunk)
BVerfGE 73, 206 – Sitzblockade I
BVerfGE 73, 339 – Solange II
BVerfGE 74, 297 – Rundfunkurteil V (Landesmediengesetz Baden-Württemberg)
BVerfGE 75, 1 – Ne bin in idem
BVerfGE 75, 40 – Privatschulfinanzierung
BVerfGE 75, 108 – Künstlersozialversicherung
BVerfGE 75, 329 – Bestimmtheitsgrundsatz
BVerfGE 75, 369 – „Konkret"/Strauß-Karikatur
BVerfGE 76, 1 – Familiennachzug

BVerfGE 76, 83 – Zwangsvollstreckung III
BVerfGE 77, 1 – Neue Heimat
BVerfGE 77, 170 – C-Waffen
BVerfGE 77, 240 – Herrnburger Bericht
BVerfGE 77, 346 – Presse-Grossist
BVerfGE 78, 38 – Familienname
BVerfGE 78, 101 – Grundrechtsfähigkeit der Rundfunkanstalten
BVerfGE 78, 179 – Heilpraktikergesetz
BVerfGE 79, 1 – Urheberrecht
BVerfGE 79, 69 – Eidespflicht
BVerfGE 79, 256 – Abstammung I
BVerfGE 80, 1 – Multiple-Choice-Verfahren I
BVerfGE 80, 81 – Erwachsenenadoption
BVerfGE 80, 137 – Reiten im Wald
BVerfGE 80, 244 – Vollziehbares Vereinsverbot
BVerfGE 80, 354 – Totalverweigerung
BVerfGE 80, 367 – Tagebuch
BVerfGE 81, 242 – Wettbewerbsverbot des Handelsvertreters
BVerfGE 81, 278 – Bundesflagge
BVerfGE 81, 298 – Nationalhymne
BVerfGE 81, 310 – Kalkar II
BVerfGE 82, 60 – Existenzminimum
BVerfGE 82, 126 – Kündigungsfristen für Arbeiter
BVerfGE 82, 272 – „Zwangsdemokrat Strauß"
BVerfGE 83, 130 – Josephine Mutzenbacher
BVerfGE 83, 238 – Rundfunkurteil VI (WDR-Gesetz)
BVerfGE 83, 341 – Baha'i
BVerfGE 84, 34 – Juristische Staatsprüfung
BVerfGE 84, 59 – Multiple-Choice-Verfahren II
BVerfGE 84, 90 – Bodenreform
BVerfGE 84, 133 – Warteschleifenregelung
BVerfGE 84, 212 – Aussperrung
BVerfGE 84, 239 – Bürgschaft Familienangehöriger
BVerfGE 85, 1 – Bayer-Aktionäre
BVerfGE 85, 191 – Nachtarbeitsverbot

BVerfGE 85, 360 – Akademieauflösung
BVerfGE 86, 59 – Zweckentfremdung von Wohnraum
BVerfGE 87, 1 – Trümmerfrauen
BVerfGE 87, 181 – Rundfunkurteil VII (Werbeverbot)
BVerfGE 87, 209 – „Tanz der Teufel"
BVerfGE 87, 234 – Arbeitslosenhilfe
BVerfGE 87, 334 – Fernsehaufnahmen im Gerichtssaal/Honecker
BVerfGE 87, 363 – Nachtbackverbot
BVerfGE 88, 87 – Transsexuelle II
BVerfGE 88, 103 – Streikarbeit durch Beamte
BVerfGE 88, 203 – Schwangerschaftsabbruch II
BVerfGE 89, 1 – Besitzrecht des Mieters
BVerfGE 89, 69 – Cannabis I
BVerfGE 89, 155 – Maastricht
BVerfGE 89, 276 – Geschlechtsbezogene Diskriminierung
BVerfGE 89, 381 – Volljährigenadoption
BVerfGE 90, 1 – Kriegsschuld
BVerfGE 90, 27 – Parabolantenne
BVerfGE 90, 60 – Rundfunkurteil VIII (Rundfunkgebührenstaatsvertrag)
BVerfGE 90, 145 – Cannabis II
BVerfGE 90, 241 – Auschwitzlüge
BVerfGE 90, 263 – Abstammung II
BVerfGE 91, 264 – Mietpreisbindung
BVerfGE 92, 1 – Sitzblockade II
BVerfGE 92, 26 – Zweitregister
BVerfGE 92, 91 – Feuerwehrabgabe
BVerfGE 92, 245 – Schuldnerspiegel im Internet
BVerfGE 93, 1 – Kruzifix
BVerfGE 93, 266 – Soldaten sind Mörder
BVerfGE 93, 352 – Mitgliederwerbung II
BVerfGE 94, 49 – Asylnovelle
BVerfGE 94, 166 – Flughafenverfahren
BVerfGE 94, 268 – Wissenschaftliches Personal
BVerfGE 95, 96 – Mauerschützen
BVerfGE 95, 173 – Warnhinweise auf Tabakverpackungen
BVerfGE 95, 220 – Aufzeichnungspflicht
BVerfGE 95, 322 – Spruchgruppen
BVerfGE 96, 288 – Integrative Beschulung
BVerfGE 96, 345 – Landesverfassungsgerichte
BVerfGE 97, 125 – Caroline v. Monaco I
BVerfGE 97, 157 – Saarländisches Pressegesetz
BVerfGE 97, 228 – Kurzberichterstattung im Fernsehen
BVerfGE 97, 298 – „Extra Radio"
BVerfGE 98, 218 – Rechtschreibreform
BVerfGE 99, 185 – Scientology
BVerfGE 99, 341 – Testierausschluss Taubstummer
BVerfGE 99, 367 – Montanmitbestimmung
BVerfGE 100, 226 – Denkmalschutzgesetz Rheinland-Pfalz
BVerfGE 100, 313 – Telekommunikationsüberwachung I
BVerfGE 101, 361 – Caroline v. Monaco II
BVerfGE 101, 397 – Nachlasspfleger
BVerfGE 102, 97 – Spielbankgesetz Baden-Württemberg
BVerfGE 102, 147 – Bananenmarktverordnung
BVerfGE 102, 347 – Benetton-Schockwerbung I
BVerfGE 102, 370 – Zeugen Jehovas
BVerfGE 103, 44 – Politbüro-Prozess
BVerfGE 103, 142 – „Gefahr in Verzug"
BVerfGE 103, 172 – Altersgrenze für Kassenärzte
BVerfGE 104, 92 – Wackersdorf
BVerfGE 104, 337 – Schächterlaubnis
BVerfGE 105, 239 – Abschiebung
BVerfGE 105, 252 – Glykolwarnung
BVerfGE 105, 279 – Osho
BVerfGE 105, 313 – Lebenspartnerschaftsgesetz
BVerfGE 106, 28 – Mithörvorrichtung
BVerfGE 107, 75 – Ethikunterricht
BVerfGE 107, 275 – Benetton-Schockwerbung II

BVerfGE 107, 395 – Fachgerichtlicher Rechtsschutz
BVerfGE 108, 82 – Biologischer Vater
BVerfGE 108, 282 – Kopftuch Ludin
BVerfGE 108, 370 – Exklusivlizenz für Postdienstleistung
BVerfGE 109, 13 – Lockspitzel I
BVerfGE 109, 38 – Lockspitzel II
BVerfGE 109, 133 – Sicherungsverwahrung
BVerfGE 109, 279 – Großer Lauschangriff
BVerfGE 111, 10 – Ladenschluss
BVerfGE 112, 255 – Anwaltsnotare
BVerfGE 113, 29 – Beschlagnahme von Datenträgern
BVerfGE 113, 88 – Elternunterhalt
BVerfGE 113, 273 – EU-Haftbefehl
BVerfGE 113, 348 – Telekommunikationsüberwachung II
BVerfGE 114, 316 – Zweitwohnungsteuer
BVerfGE 115, 25 – Alternativmedizin
BVerfGE 115, 118 – Luftsicherheitsgesetz
BVerfGE 115, 166 – Telekommunikationsüberwachung III
BVerfGE 115, 205 – Geschäfts- und Betriebsgeheimnis
BVerfGE 115, 276 – Sportwettenmonopol
BVerfGE 115, 320 – Rasterfahndung, Schläfer
BVerfGE 116, 1 – Insolvenzverwalter
BVerfGE 116, 69 – Jugendstrafvollzug, Postkontrolle
BVerfGE 116, 164 – Tarifbegrenzung für gewerbliche Einkünfte
BVerfGE 116, 202 – Tariftreueregelung
BVerfGE 116, 229 – Asylbewerberleistungsgesetz
BVerfGE 116, 243 – Ausländischer Transsexueller
BVerfGE 117, 1 – Erbschaftsteuer
BVerfGE 117, 71 – Lebenslange Freiheitsstrafe; Strafrestaussetzung
BVerfGE 117, 163 – Erfolgshonorar für Anwälte
BVerfGE 117, 202 – Heimlicher Vaterschaftstest
BVerfGE 117, 244 – CICERO
BVerfGE 117, 302 – Verwaltungsakte DDR, Wegeunfall
BVerfGE 117, 316 – Künstliche Befruchtung
BVerfGE 118, 1 – Rechtsanwaltsgebühren
BVerfGE 118, 79 – Emissionshandel
BVerfGE 118, 168 – Kontenabfrage durch Strafverfolgungs- und Finanzbehörden
BVerfGE 119, 1 – Esra
BVerfGE 119, 59 – Hufbeschlaggesetz
BVerfGE 119, 181 – Rundfunkgebühren
BVerfGE 119, 309 – Fernsehberichterstattung, Sitzungspolizei
BVerfGE 120, 180 – Caroline v. Monaco IV
BVerfGE 120, 224 – Inzestverbot
BVerfGE 120, 274 – Online-Durchsuchung
BVerfGE 120, 378 – Kennzeichenerfassung
BVerfGE 121, 1 – Vorratsdatenspeicherung
BVerfGE 121, 317 – Nichtraucherschutzgesetz
BVerfGE 124, 25 – Basistarif
BVerfGE 124, 300 – Wunsiedel
BVerfGE 125, 175 – Hartz IV (1)
BVerfGE 125, 260 – Vorratsdatenspeicherung
BVerfGE 126, 1 – Wissenschaftsfreiheit für Fachhochschullehrer
BVerfGE 126, 29 – Beschränkung des Rückkehrrechts von Reinigungskräften
BVerfGE 126, 286 – Honeywell
BVerfGE 126, 268 – Häusliches Arbeitszimmer
BVerfGE 126, 400 – Ungleichbehandlung von Ehe und eingetragener Lebenspartnerschaft im Erbschaftsteuer- und Schenkungssteuergesetz
BVerfGE 127, 87 – Hamburgisches Hochschulgesetz
BVerfGE 127, 132 – Übertragung der elterlichen Sorge für nichteheliche Kinder auf Vater

BVerfGE 128, 1 – Gentechnikgesetz
BVerfGE 128, 90 – Arbeitslosenhilfe
BVerfGE 128, 157- Privatisierung Universitätsklinikum
BVerfGE 128, 193 – Geschiedenenunterhalt
BVerfGE 128, 226 – Fraport
BVerfGE 128, 282 – Medizinische Zwangsbehandlung I
BVerfGE 128, 326 – Zwangsbehandlung zur Erreichung des Vollzugsziels/ EGMR-Sicherungsverwahrung
BVerfGE 129, 124 – Griechenlandhilfe Euro-Rettungsschirm, EFS
BVerfGE 129, 269 – Medizinische Zwangsbehandlung II
BVerfGE 130, 263 – Professorenbesoldung
BVerfGE 131, 268 – Sicherungsverwahrung
BVerfGE 131, 239 – Ungleichbehandlung eingetragener Lebenspartnerschaften beim beamtenrechtlichen Familienzuschlag
BVerfGE 131, 316 – Negatives Stimmgewicht, Überhangmandate
BVerfGE 132, 99 – Delisting
BVerfGE 132, 134 – Asylbewerberleistungsgesetz
BVerfGE 132, 287 – Staatsschuldenkrise im Euro-Währungsgebiet
BVerfGE 133, 59 – Sukzessivadoption
BVerfGE 133, 112 – Medizinische Zwangsbehandlung III
BVerfGE 133, 277 – Antiterrordateigesetz
BVerfGE 133, 377 – Lebenspartnerschaft, Ehegattensplitting
BVerfGE 134, 1 – Studiengebühr, Landeskinderregelung
BVerfGE 134, 33 – Therapieunterbringungsgesetz;
BVerfGE 134, 204 – Urheberrechtliche Vergütungsvereinbarung
BVerfGE 134, 242 – Garzweiler
BVerfGE 134, 366 – OMT-Beschluss
BVerfGE 135, 48 – Behördliche Vaterschaftsanfechtung
BVerfGE 135, 90 – Anwalts-GmbH
BVerfGE 135, 317 – ESM, Fiskalpakt
BVerfGE 136, 9 – Aufsichtsgremien Rundfunkanstalten/ZDF-Staatsvertrag
BVerfGE 136, 69 – Gigaliner
BVerfGE 136, 382 – Pflicht zur Berücksichtigung der Großeltern bei Auswahl eines Vormunds
BVerfGE 138, 64 – Planungsschadensrecht
BVerfGE 138, 136 – Erbschaftsteuer
BVerfGE 138, 296 – Pauschales Kopftuchverbot
BVerfGE 139, 148 – Hochschulfusion
BVerfGE 139, 245 – Eilkompetenz Ermittlungsbehörde
BVerfGE 140, 65 – Betreuungsgeld
BVerfGE 141, 82 – Sozietätsverbot
BVerfGE 141, 143 – Akkreditierung von Studiengängen
BVerfGE 141, 220 – BKA-Gesetz
BVerfGE 142, 74 – Sampling
BVerfGE 143, 246 – Atomausstieg 2011
BVerfGE 147, 364 – Verfassungswidrigkeit einer gerichtlichen Entscheidung über Auslieferung
BVerfGE 148, 40 – Art. 12 als Maßstab für staatliches Informationshandeln
BVerfGE 148, 147 – Unvereinbarkeit der Einheitsbewertung des Grundvermögens für die Erhebung der Grundsteuer mit Art. 3 I GG
BVerfGE 148, 217 – Vereinbarkeit des § 7 Satz 2 Nr. 2 Gewerbesteuergesetz mit Art. 3 I GG
BVerfGE 148, 296 – Streikverbot für Beamte

Stichwortverzeichnis

Das Sachverzeichnis verweist auf die Randnummern

A
Abreise
- und Versammlungsfreiheit 852

Abstammung
- als besonderes Diskriminierungsverbot 1174, *siehe auch besondere Gleichheitssätze*
- Kenntnis der eigenen Abstammung 417, *siehe auch allgemeines Persönlichkeitsrecht*

Abwägungslehre 708 f.
Abwehrrechte 71 ff.
- Grundrechte als subjektive Abwehrrechte 71 ff.

Administrativenteignung 1109, 1114, 1124, *siehe auch Enteignung*
Adressatentheorie 379
Aktivbürgerrechte 108
Allgemein zugängliche Informationsquelle 644 ff.
Allgemeine Gesetze als Schranke der Kommunikationsfreiheiten 707 ff., 1333
- Abwägungslehre 708
- Lüth-Entscheidung 709 f., 715
- Sonderrechtslehre 708
- Wechselwirkungslehre 715 f.

Allgemeine Handlungsfreiheit 358 ff., 1329
- als Auffanggrundrecht 360, 376, 378
- Auffang- und Reservefunktion 366
- Grundrechtsschutz von Ausländern 359
- Lückenloser Grundrechtsschutz 374
- persönlicher Schutzbereich 358 f.
- Persönlichkeitsthese 376
- sachlicher Schutzbereich 360, 376, 378
- Schrankentrias 381 ff., 1330

Allgemeiner Gleichheitssatz 1150, 1152, 1331
- Bindung der Exekutive 1163 ff.
- Bindung der Judikative 1166 ff.
- Bindung der Legislative 1169 ff.
- gemeinsamer Bezugspunkt 1152
- „keine Gleichheit im Unrecht" 1153
- „neue Formel" 1158 f.
- Rechtsanwendungsgleichheit 1169
- Rechtsetzungsgleichheit 1169
- Selbstbindung der Verwaltung 1164 f.
- Ungleichbehandlung 1150, 1152
- vergleichbare Sachverhalte 1150
- Willkürverbot 1156

Allgemeines Persönlichkeitsrecht 391 f., 1328
- dogmatische Herleitung 392 f.
- Kenntnis der eigenen Abstammung 417
- lückenschließende Gewährleistungsfunktion 399
- persönlicher Schutzbereich 394 f., 397, 1328
- Recht auf informationelle Selbstbestimmung 419 f.
- Recht auf Privatsphäre 405 ff.
- Recht auf selbst bestimmte Persönlichkeitsentfaltung 417 f.
- Recht auf Selbstdarstellung in der Öffentlichkeit 436 f.
- Recht auf Vertraulichkeit und Integrität informationstechnischer Systeme 426 ff.
- sachlicher Schutzbereich 405, 1328
- Schutz vor Selbstbezichtigung 413
- Sphärentheorie 451 f., 1337
- Trans- und Intersexualität 410

Amerikanische Unabhängigkeitserklärung 35
Analogieverbot zu Lasten des Täters 1235
Anerkennungstheorie 328
Anreise
- und Schutz der Versammlungsfreiheit 852

Arten von Grundrechten 103 ff.
- Freiheitsrechte 104
- Gleichheitsrechte 105
- Justizgrundrechte 107
- Leistungsrechte 106
- staatsbürgerliche Rechte 108

Aufenthalt 969
Aufenthaltsverbote
- und Freizügigkeit 973
Auffanggrundrecht 104
- Art. 2 Abs. 1 als 364
Ausgleichszahlungen
- ausgleichspflichtige Inhalts- und Schrankenbestimmungen 1136
Ausländer 114 f.
- Grundrechtsschutz von Ausländern 114, 394
- Grundrechtsschutz von Ausländern im Bereich der Deutschengrundrechte 359
- Grundrechtsschutz von Unionsbürgern 115

Stichwortverzeichnis

Auslieferung 468
- Auslieferungsverträge 468
- Begriff der Auslieferung 468
- Gesetz über die Internationale Rechtshilfe in Strafsachen 468
- Schutz vor Auslieferung 468

Ausnahmegerichte 1211
Ausnahmetrias
- des Art. 19 Abs. 3 133
Ausnahmslos gewährleistete Grundrechte 241
Ausreisefreiheit 362
Ausstrahlungswirkung der Grundrechte 77 f., 163 ff., *siehe auch mittelbare Drittwirkung*
- grundrechtskonforme Auslegung 77, 168

B

Beantwortungsspielraum des Prüflings 985
Behinderte 1185, 1187 f., *siehe auch besondere Gleichheitssätze*
- Begriff der Behinderung 1187 f.
- Begriff der Benachteiligung 1190
- Verbot der Benachteiligung Behinderter 1190

Bekenntnisfreiheit 557 ff., *siehe auch Glaubensfreiheit*
Berichterstattung durch Rundfunk 684, *siehe auch Rundfunk*
Berufsbeamtentum, hergebrachte Grundsätze des 258, 766, 937, 993
Berufsfreiheit 977 ff.
- Apotheken-Urteil 1012 ff.
- Arbeitszwang 1030 f., 1033
- Bedeutung der Berufsfreiheit 977 ff.
- Begriff der Ausbildungsstätte 995
- Begriff des Berufes 989 ff.
- Berufsausübungsregelungen 1014 f.
- Drei-Stufen-Theorie 1012 ff.
- einheitliches Grundrecht der Berufsfreiheit 981, 1009
- Freiheit der Berufsausübung 996
- Freiheit der Berufswahl 996
- Funktionen der Berufsfreiheit 982 f.
- negative Berufsfreiheit 996
- objektive Zulassungsvoraussetzungen 1020 ff.
- Regelungen mit subjektiv berufsregelnder Tendenz 998
- Regelungsvorbehalt 1009 ff.
- subjektive Zulassungsvoraussetzungen 1016 ff.
- Teilhabe- und Leistungsrechte 982
- Zulassung zum Hochschulstudium 982
- Zwangsarbeit 1030 f., 1033

Berufsfreiheit: Begriff des Arbeitsplatzes 994
Berufsfreiheit: Prüfungsrecht 985
Beschwerdebefugnis bei Verfassungsbeschwerde 1256 f., 1259
Beschwerdegegenstand bei Verfassungsbeschwerde 1251 ff.
Besondere Gleichheitssätze 1172 ff., 1320
- Abstammung 1174
- direkte Diskriminierung 1173, 1179
- Diskriminierung wegen des Geschlechts 1174, 1177 ff.
- Diskriminierung wegen des Glaubens 1174
- Heimat und Herkunft 1174
- indirekte Diskriminierung 1173, 1179
- politische Anschauungen 1174
- Rasse 1174
- religiöse Anschauungen 1174
- Sprache 1174
- Verbot der Benachteiligung behinderter Menschen 1185, 1187 f.

Besonderes Gewaltverhältnis 143 f., *siehe auch Sonderstatusverhältnis*
Bestimmtheitsgrundsatz 107, 1234 f.
Betreuerbestellung
- Erfordernis vorheriger Anhörung 412
Bewertungsspielraum des Prüfers 985
Bewusst unwahre Tatsachenbehauptungen und Meinungsfreiheit 628
Bierdosen-Flashmob
- und Schutz der Versammlungsfreiheit 846

Bill of Rights 23
Boykottaufruf
- und Meinungsfreiheit 624
Briefgeheimnis 940 ff., 946 ff.
- Einschränkungen 959 f.
- G 10 960
- Schutzbereich 946 ff.

Brüderlichkeit 42
Bundestagswahlrecht 66, 108
Bürgerrechte 114, 1314, *siehe auch Deutschen-Grundrechte*

D

Demokratieprinzip 244
Deutschen-Grundrechte 114
Diskriminierung
- besondere Diskriminierungsverbote 1172 ff.
- mittelbare Diskriminierung 1173, 1179
- unmittelbare Diskriminierung 1173, 1179

Dreiklassenwahlsystem 58

Stichwortverzeichnis

Drei-Stufen-Theorie 1012 ff.
- als Ausprägung des Verhältnismäßigkeitsgrundsatzes 1012
- Berufsausübungsregelungen 1014 f., 1340
- besonders wichtige Gemeinschaftsgüter 1017 ff.
- objektive Berufswahlbeschränkungen 1020 ff., 1340
- subjektive Zulassungsvoraussetzungen 1016 ff., 1340
- überragend wichtige Gemeinschaftsgüter 1021 ff.
- vernünftige Erwägungen des Gemeinwohls 1015

Drogenscreenings 423
Durchsuchung 1046, 1050 ff., *siehe auch Wohnung*

E
Effektiver Rechtsschutz 1195 ff.
- Effektivität des Rechtsschutzes 1203 ff.
- kein Instanzenzug 1199, 1206
- Rechtsschutz gegen die öffentliche Gewalt 1199
- Schutznormtheorie 1200
- vorläufiger Rechtsschutz 1202

Effektiver Rechtsschutz: Rechtsweg 1201
EGMR 303
Ehe, Schutz der 787, 789
- Aufenthaltsehe 796
- Ausweisung des ausländischen Ehepartners 805
- Begriff der Ehe 787, 789
- eheähnliche Gemeinschaften 796, 799
- Ehescheidung 802
- Eheschließungsfreiheit 801
- Familiennachzug 805
- „hinkende Ehe" 790, 806
- Mehrehe 800
- Namensehe 796
- normgeprägter Schutzbereich 806 f.
- Scheinehe 796
- staatliche Schutzpflichten 776 ff.

Eigentum 1070, 1073, 1075
- Administrativenteignung 1109
- ausgleichspflichtige Inhalts- und Schrankenbestimmung 1134
- Begriff des Eigentums 1082 f.
- Besitzrecht des Mieters 1087
- eingerichteter und ausgeübter Gewerbebetrieb 1096
- Eingriff 1103
- Enteignung 1109
- Inhalts- und Schrankenbestimmung 1118, 1122

- Junktimklausel 1126
- Legalenteignung 1109
- Nassauskiesungs-Entscheidung 1083
- schutzfähige Vermögenspositionen 1083, 1085
- Sozialpflichtigkeit des Eigentums 1132
- vermögenswerte Rechte 1085 f.

Eigentum: schutzfähige Vermögenspositionen 1084
Eigentum: vermögenswerte Rechte 1084
Einehe 800
Einfacher Gesetzesvorbehalt 251 f., *siehe auch Vorbehalt des Gesetzes*
Eingriff 201 ff., 1323
- Abgrenzung zur rechtlichen Ausgestaltung durch den Gesetzgeber 195
- Bagatellvorbehalt 225
- erweiterter Eingriffsbegriff 209 f., 212
- faktische Eingriffe 210
- Glykol-Entscheidung 220 f.
- „klassischer" Eingriffsbegriff 202 ff.
- mittelbare Eingriffe 210
- Osho-Entscheidung 218
- staatliches Informationshandeln 217 ff.

Eingriffsrechtfertigungslast 377
Einschätzungsspielraum des Gesetzgebers 88 ff., 496
Einstweilige Anordnung 1301 ff.
- Folgenabwägung 1302
- Voraussetzungen 1301
- Widerspruch 1303

Einzelfallgesetz 285 ff., *siehe auch Verbot des Einzelfallgesetzes*
Elemente objektiver Wertordnung
- Grundrechte als 74
Elternrecht 821 ff.
- Erziehung des Kindes 823
- Pflege des Kindes 823
- staatliche Schulhoheit 833
- Trennung eines Kindes von seiner Familie 829
- Wächteramt des Staates 830

EMRK 303 f.
Enteignung 1109
- Administrativenteignung 1109
- Junktimklausel 1126
- Legalenteignung 1109

Entzug des gesetzlichen Richters 1218, *siehe auch gesetzlicher Richter*
Erbrecht 1138 ff., *siehe auch Eigentum*
- Schutz der Privaterbfolge 1138
- Schutz der Testierfreiheit 1139

Erdrosselungsverbot 1090
erweiterte Zustimmungslösung 482a

Stichwortverzeichnis

EuGH und BVerfG 169 ff., 305 ff.
- Bananenmarktverordnung-Entscheidung 305
- Maastricht-Entscheidung 178
- Solange I- und II-Entscheidung 173, 178

Europäische Union 169 ff., 305 ff.
- Rangverhältnis von Europarecht und nationalem Verfassungsrecht 170 ff.
- ungeschriebener Grundrechtsstandard 306

Europäisches Primärrecht 174
Existenzminimum 350, *siehe auch Menschenwürde*

F

Familie, Schutz der 812 ff.
- Adoption 813, 822
- Begegnungsgemeinschaft 815
- Begriff der Familie 812 ff.
- Gleichstellung nichtehelicher Kinder 780
- Hausgemeinschaft 815
- Lebensgemeinschaft 815
- normgeprägter Schutzbereich 818
- staatliche Schutzpflichten 826

Fangschaltung 958
Fernmeldegeheimnis 940 ff., 953 f.
- Einschränkungen 959 f.
- G10 960
- Schutzbereich 953 f.

Film
- Definition 613

Filmfreiheit 694, 697 f.
- Begriff des Films 694, 697
- Filmkunst 698
- Gewährleistungsinhalt 699

Finalität
- klassischer Grundrechtseingriff 204

Flugzeugentführung 325
Folter 335 ff., *siehe auch Menschenwürde*
Formalbeleidigung 623
Förmliche Gesetze 247
Forschung 757 ff., *siehe auch Wissenschaftsfreiheit*
Forum externum 521
Forum internum 521
Französische Menschen- und Bürgerrechtserklärung 39
Frauen- und Kinderhandel 347
Freiheit der Person 499 f.
- Begriff der Freiheit der Person 500
- Freiheitsbeschränkung 502
- Freiheitsentziehung 503 f.
- Reichweite des Schutzbereichs 500
- Richtervorbehalt bei Freiheitsentziehung 513 ff.

- Untersuchungshaft 516

Freiheitlich demokratische Grundordnung 912
Freiheitsgrundrechte 104
Freizügigkeit 964
- Aufenthalt 969
- Begriff der Freizügigkeit 967 ff.
- Einreisefreiheit 971
- negative Freizügigkeit 970
- persönlicher Schutzbereich 964 f.
- qualifizierter Gesetzesvorbehalt 974 f.
- Wohnsitz 968

Funktionen von Grundrechten 70 ff.
- Abwehrrechte 71 ff.
- Ausstrahlungswirkung auf das einfache Recht 76 ff.
- Elemente objektiver Wertordnung 74 ff., 109, 167
- Leistungs- und Teilhaberechte 96 ff.
- organisations- und verfahrensrechtliche Wirkungen 91 ff.
- Schutzfunktion der Grundrechte 79 ff.

Funktionsfähigkeit der Bundeswehr
- als Rechtsgut von Verfassungsrang 610

G

G 10 960
Gefahr im Verzug 1056
Gegenschranken
- Begriff und Allgemeines 264, 1324
- formelle Verfassungsmäßigkeit des Schrankengesetzes 264, 1324
- materielle Verfassungsmäßigkeit des Schrankengesetzes 264 ff., 1324

Gemischt-wirtschaftliche Unternehmen
- als Grundrechtsträger 132

Genetische Identität 461
Genetischer Fingerabdruck 423
Geschäftsfähigkeit 112
Geschichte der Grundrechte 5 ff.
- Entwicklung in Deutschland 45 ff.
- Entwicklung in England 23 ff.
- Entwicklung in Frankreich 38 ff.
- Entwicklung in Nordamerika 28 ff.
- Habeas-Corpus-Akte 25, 499
- Magna Charta 17 ff.
- Petition of Right 24
- Virginia Bill of Rights 32 ff.

Gesellschaftsvertrag 11, 13
Gesetzesvorbehalt 235, 239 f., 244 ff.
- einfacher Gesetzesvorbehalt 239, 251 f.
- Grundsatz des Vorbehalts des Gesetzes 235, 244
- qualifizierter Gesetzesvorbehalt 239, 253 f.

Stichwortverzeichnis

Gesetzlicher Richter 1210 ff.
– Begriff des gesetzlichen Richters 1215 f.
– Entzug des gesetzlichen Richters 1218
– error in procedendo 1218
– Geschäftsverteilungsplan 1216
– Mitwirkungsplan 1216
Gestaltungsspielraum des Gesetzgebers 88 ff., 496
Gewaltenteilung 244
Gewerbebetrieb
– als Schutzgegenstand der Eigentumsgarantie 1091
Gewerbefreiheit 977
Gewissensfreiheit 587 ff.
– Begriff der Gewissensentscheidung 589 ff.
– Begriff des Gewissens 589 ff.
– forum externum 595, 599
– forum internum 594, 599
Gewohnheitsrecht 18
Glaubensfreiheit 518 f.
– Begriff der Religion 541
– Begriff der Weltanschauung 541 f.
– Begriff des Glaubens 537 ff.
– Bekenntnisfreiheit 557 ff.
– einheitliches Grundrecht der Glaubens- und Bekenntnisfreiheit 521, 535 f.
– forum externum 557 ff.
– forum internum 543, 567
– Freiheit der ungestörten Religionsausübung 545 ff.
– Glaubensfreiheit 543 f.
– Grundsatz der religiösen und weltanschaulichen Neutralität des Staates 526
– islamisches Kopftuch 583
– koedukativer Sportunterricht 553
– kollektive Glaubens- und Bekenntnisfreiheit 530 f., 561 ff.
– Kruzifix-Entscheidung 567, 572
– negative Glaubens- und Bekenntnisfreiheit 564 f.
– Osho-Entscheidung 218, 573 f.
– Schächterlaubnis 569
– staatliche Warnung vor Jugendsekten 571 ff.
– Staatskirchenrecht 524 ff.
– Überlagerungstheorie 577
Gleichbehandlung nichtehelicher Kinder 780
Gleichberechtigung von Mann und Frau 1177 ff., *siehe auch besondere Gleichheitssätze*
Gleichgeschlechtliche Partnerschaften 796
– Lebenspartnerschaftsgesetz 796
Gleichheitsrechte
– Begriff der Gleichheitsrechte 105, 1145 f.

Goldene Bulle 48
Großer Lauschangriff 1049, 1059 f., *siehe auch Wohnung, technische Überwachung*
Größtmögliche Grundrechtseffektivität
– als Auslegungsgrundsatz 192
„Grund-" oder „Basisnorm"
– Art. 2 Abs. 1 als 357
Grundrechte
– als unmittelbar geltendes Recht 63
– Arten von Grundrechten 103 ff.
– Begriff der Grundrechte 1 ff., 65
– Funktionen von Grundrechten 70 ff.
– Grundrechte im Völkerrecht 301 f.
– Grundrechte und das Recht der Europäischen Gemeinschaften 169 ff., 305 ff.
– i. S. d. Grundgesetzes 62 ff.
– Rechtsnatur der Grundrechte 4, 109 f.
Grundrechtsähnliche Rechte 67
Grundrechtsausübungsverzicht
– Zulässigkeit 329
Grundrechtsberechtigter 187
Grundrechtsbindung 145 ff.
– Bindung Privater 163 ff., *siehe auch mittelbare Drittwirkung*
– der gesamten öffentlichen Gewalt 145 ff.
– der Gesetzgebung 148 ff.
– der Rechtsprechung 159 ff.
– der vollziehenden Gewalt 152 ff.
– erwerbswirtschaftliche Tätigkeit 157
– Hilfsgeschäfte der Verwaltung 156
– lückenlose 72
– Verwaltungsprivatrecht 155
Grundrechtsfähigkeit
– Bedeutung für Verfassungsbeschwerde 113
– Begriff der Grundrechtsfähigkeit 111, 187
Grundrechtsgleiche Rechte 66, 1194
Grundrechtskollision 292, 1325
Grundrechtskonforme Auslegung 77
Grundrechtskonkurrenz 291 ff., 1325
– Begriff der Grundrechtskonkurrenz 291
– echte Grundrechtskonkurrenz 295
– Idealkonkurrenz 295
– Spezialität 294
– Tatbestandsabgrenzung 293
– unechte Grundrechtskonkurrenz 294
Grundrechtsmündigkeit
– Altersgrenzen 120, 529
– Begriff der Grundrechtsmündigkeit 112, 118 f.
– Einsichtsfähigkeit 120
– im Verfassungsbeschwerdeverfahren 123 f.
– Religionsmündigkeit 122, 529

477

Stichwortverzeichnis

Grundrechtsprüfung
– Aufbau bei Verletzung eines Freiheitsrechts 185 ff., 1318
– Aufbau bei Verletzung eines Gleichheitsrechts 1146, 1319
Grundrechtsschutz von Unionsbürgern
– im Bereich der Deutschengrundrechte 359
Grundrechtsträgerschaft 187
Grundrechtsverwirkung 139 ff.
Grundrechtsverzicht 226 f., 229
– Begriff des Grundrechtsverzichts 226 f.
– Dispositionsbefugnis des Grundrechtsberechtigten 230 ff.
– wirksame Einwilligungserklärung 233 f.
Grundsatz praktischer Konkordanz
– Operationalisierung in der Fallbearbeitung 262

H
Habeas-Corpus-Akte 23
Crafträume
– und Wohnungsgrundrecht 1040
Handlungsspielräume
– bei der Umsetzung europäischen Rechts 179
Härtefallregelungen 181
Heimat und Herkunft als besonderes Diskriminierungsverbot 1174, *siehe auch besondere Gleichheitssätze*
Hirntod 463
Höchstwert
– Grundrecht auf Lebens als 80
Hygiene-Ampeln 423

I
Identitätskontrolle 183
Imam-Ehen
– kein Schutz durch Art. 6 Abs. 1 798
Imperativität
– klassischer Grundrechtseingriff 207
Individuelle Freiheiten
– individuelle Glaubensfreiheit 543 f., 557
– individuelle Koalitionsfreiheit 925 ff.
– individuelle Vereinigungsfreiheit 887
Informationsfreiheit 641 ff.
– allgemeine Zugänglichkeit der Quelle 645 ff.
– Informationsquelle 644
– negative Informationsfreiheit 652
– Parabolantenne 649 f.
Informationskompetenz 584
Informationsquelle
– Definition 613
Informed consent 486

Informierte Einwilligung 486
Inhalts- und Schrankenbestimmung 1208 ff., *siehe auch Eigentum*
Intimsphäre 403
– Schutz der und digitale Sprachassistenten 403
Irreversibler Herz-Kreislauf-Tod 463

J
Jedermann-Grundrechte 114, 1314
Jugendschutz 712 f.
Junktimklausel 1126, *siehe auch Enteignung*
Juristische Personen als Grundrechtsträger 125 ff.
– Anwendbarkeit der Grundrechte „dem Wesen nach" 137 f.
– ausländische juristische Personen 133, 136
– gemischt-wirtschaftliche Unternehmen 132
– Grundrechtsberechtigung der Kirchen 133
– Grundrechtsberechtigung der Rundfunkanstalten 133
– Grundrechtsberechtigung der Universitäten 133
– inländische juristische Personen 134
– juristische Personen des öffentlichen Rechts 129 ff.
– juristische Personen des Privatrechts 126 ff.
Justizgrundrechte 107, 1194 ff.
– Anforderungen an Freiheitsbeschränkungen und -entziehungen 502 ff.
– effektiver Rechtsschutz 1195 ff.
– gesetzlicher Richter 1210 ff.
– ne bis in idem 1239 ff.
– nulla poena sine lege 1231 f.
– rechtliches Gehör 339 f.

K
Kernbereich privater Lebensgestaltung 403
Kind als Schaden 352
Kirchenasyl 1038
Klassischer Grundrechtseingriff
– Kriterien 203
Knabenbeschneidung 556
Koalitionsfreiheit 882 f.
– Begriff der Koalition 923
– gesetzliche Ausgestaltung 932
– individuelle Koalitionsfreiheit 925 ff., 934
– koalitionsspezifische Verhaltensweisen 930
– kollektive Koalitionsfreiheit 928 ff., 934
– negative Koalitionsfreiheit 926 f.

Stichwortverzeichnis

– unmittelbare Drittwirkungsklausel 885
Koalitionsfreiheit: Begriff der Koalition 923
Koalitionsfreiheit: Gegnerfreiheit der Koalition 923
Koalitionsfreiheit: Unabhängigkeit der Koalition 923
Koedukativer Schwimmunterricht 553
Koedukativer Sportunterricht 553
Kollektive Freiheiten
– kollektive Glaubens- und Bekenntnisfreiheit 530 f., 561 ff.
– kollektive Koalitionsfreiheit 928 ff., 934
– kollektive Vereinigungsfreiheit 887, 895 ff.
Kollidierendes Verfassungsrecht als Eingriffsrechtfertigung 255 ff.
– Beispiele für kollidierende Verfassungsnormen 258
– gesetzliche Konkretisierung 259 f.
– Güterabwägung 261
– praktische Konkordanz 261 ff.
Kommunalverfassungsbeschwerde 1304 f.
– Beschwerdebefugnis 1304
– Beschwerdegegenstand 1304
– weitere Zulässigkeitsvoraussetzungen 1304 f.
Kooperationsverhältnis 183
– zwischen EuGH und BVerfG 182
Körperliche Unversehrtheit 478, 480 f.
– ärztliche Heilbehandlung 486
– Gesundheitsgefährdung 484
– psychisches Wohlbefinden 480
– Reichweite des Schutzbereichs 478, 480 f.
– Verbot der Misshandlung festgehaltener Personen 490
Korridor zwischen Unter- und Übermaßverbot 85
Kriegsdienstverweigerung 602, 604 f.
– Begriff des Kriegsdienstes mit der Waffe 604 f.
– Länge des Zivildienstes 612
– situationsbedingte Kriegsdienstverweigerung 607
– Totalverweigerung 608
– Verpflichtung zur Leistung des Ersatzdienstes 612
Kunstfreiheit 722, 724 f., 1334
– Begriff der Kunst 725 ff., 1334
– formaler Kunstbegriff 726
– Jugendschutz 743
– Karikatur 732
– kollidierendes Verfassungsrecht 742
– materieller Kunstbegriff 727
– offener Kunstbegriff 728
– persönlicher Schutzbereich 722, 724

– Satire 730, 732
– staatliche Kunstförderung 748
– Straßenkunst 743
– „unfriedliche" Kunst 733 f.
– Verunglimpfung von Staatssymbolen 745
– Werkbereich 738
– Wirkbereich 739
Kunstfreiheit: Kunstkritik 737

L
Landesgrundrechte 296 ff.
– Grundrechte in den Landesverfassungen 296 ff.
– Prüfungskompetenz der Landesverfassungsgerichte 300
– Verhältnis zu den Grundrechten des GG 298
– Verhältnis zu einfachgesetzlichem Bundesrecht 299
Leben 457
– Beginn des menschlichen Lebens 460
– Ende des menschlichen Lebens 462
– finaler Rettungsschuss 472 ff.
– staatliche Schutzpflichten 494 f., *siehe auch Schutzpflichten*
– Verbot der Todesstrafe 334, 471
Lebenslange Freiheitsstrafe 333, 517, *siehe auch Menschenwürde*
Legalenteignung 1109, 1115, 1124, *siehe auch Enteignung*
Lehre 761 ff., *siehe auch Wissenschaftsfreiheit*
Leistungs- oder Teilhaberechte
– als Grundrechtsfunktionen 76
Leistungsgrundrechte 96 ff., 106, *siehe auch Teilhabeansprüche*
– derivative Leistungsansprüche 98 f.
– originäre Leistungsansprüche 100 ff.
Leistungstheorie 328
Luftsicherheitsgesetz 325

M
Materielle Gesetze 247
Materielles Verfassungsrecht 60
Mehrehe 800
Meinung
– Defintion 619
Meinungsäußerungen
– Definition 613
Meinungsfreiheit 615 ff., 1332
– Begriff der Meinung 619 ff., 1332
– Boykottaufruf 624 f.
– echte und rhetorische Fragen 632
– negative Meinungsfreiheit 635
– Produkthinweispflichten 636 f.
– Recht auf Gegenschlag 622

Stichwortverzeichnis

- Schmähkritik 623
- Tatsachenbehauptungen 620, 626 ff.
- und abwertende Äußerungen 622

Meinungsfreiheit: geschäftliche Werbung 633

Menschenrechte 114
- Begriff im Allgemeinen 6 f.

Menschenwürde 308 ff., 1327
- Abwägungsfestigkeit 354
- Achtungs- und Schutzpflichten 355 f.
- als Konstitutionsprinzip des Grundgesetzes 310, 313
- Bedeutung der Menschenwürdegarantie 308 ff.
- elementare Rechtsgleichheit 347
- Grundrechtsverzicht 329
- Haftraumgröße 343
- Leistungstheorie 328
- Mitgifttheorie 328
- Objektformel 324, 326 f.
- persönlicher Schutzbereich 318 f.
- Qualifikation als Grundrecht 316 f.
- sachlicher Schutzbereich 324, 326, 1327
- typische Anwendungsfälle 331 ff.
- und nulla poene sine culpa 332
- Unvereinbarkeit mit Rassismus 348
- Verhältnis zu den anderen Grundrechtsbestimmungen 317

Menschenwürdegarantie
- kein Verlust durch „würdeloses" Verhalten 328
- typische Gefährdungslagen 327

Menschenwürdiges Existenzminimum 349
- als soziokulturelles Existenzminimum 349

Menschliche Körper
- nicht eigentumsfähig 1096

Minderjährige 112, 528
- Prozessfähigkeit im Verfassungsbeschwerdeverfahren 123 f.
- Verhältnis zu den Eltern 121 f.
- Verhältnis zur Staatsgewalt 120

Mindestlohn 934
Mitgifttheorie 328
Mittelbare Drittwirkung der Grundrechte 163 ff., 1326
- Generalklauseln 168
- im Privatrechtsverkehr 78, 168
- Lehre von der mittelbaren Drittwirkung der Grundrechte 165, 167 f.
- Lehre von der unmittelbaren Drittwirkung der Grundrechte 164
- Lüth-Entscheidung 165
- unbestimmte Rechtsbegriffe 168

Mittelbare Eingriffe 211

Möglichkeitstheorie 378

N

Nasciturus 117, 319, 394
- und Allgemeines Persönlichkeitsrecht 396
- Würdeschutz des 319

Natürliche Personen als Grundrechtsträger 114 ff.
- Ausländer 114 f.
- Beginn der Grundrechtsfähigkeit 116 f.
- Ende der Grundrechtsfähigkeit 116 f.
- Minderjährige 118 ff.
- Unionsbürger 115

Natürlicher Wille
- und Zwangsbehandlung 487

Naturrechtslehre 13

Ne bis in idem 1239 ff.
- allgemeine Strafgesetze 1240 f.
- „Rechtskraft des Freispruchs" 1242
- Verbot der Mehrfachbestrafung 1239
- Verbot mehrfacher Bestrafung 107
- Verfahrenshindernis 1242
- Wiederaufnahme des Verfahrens 1242

Negative Berufsfreiheit 996

Negative Freiheiten 189
- Begriff der negativen Freiheit 189
- negative Berufsfreiheit 996
- negative Glaubens- und Bekenntnisfreiheit 564 f.
- negative Koalitionsfreiheit 926 f.
- negative Meinungsfreiheit 635
- negative Vereinigungsfreiheit 893, 898

Neue Formel 1158 f., 1331

Neutralität des Staates 538

Nichteheliche Lebensgemeinschaften 796, 799

Notverordnungen des Reichspräsidenten 61

Nulla poena sine lege 1231 f.
- Analogieverbot zu Lasten des Täters 1235
- Bestimmtheitsgrundsatz 1234 f.
- Gesetzlichkeitsprinzip 1232 f.
- Rückwirkungsverbot 1238

O

Objektformel 324, 326 f., *siehe auch* Menschenwürde

Objektive Grundrechtsfunktionen
- Ausstrahlungswirkung der Grundrechte 77 f.
- Grundrechte als Elemente objektiver Wertordnung 74 ff., 109, 167

Öffentlich-rechtliche Unterbringung 487

Stichwortverzeichnis

Online-Durchsuchung 426 ff., *siehe auch Recht auf Vertraulichkeit und Integrität informationstechnischer Systeme*
Organisations- und verfahrensrechtliche Dimension der Grundrechte 91 ff.

P
Parlamentsvorbehalt 247 ff.
Patientenautonomie 486
Paulskirchenverfassung 7, 55
Peep-Show 329
Personale Selbstbestimmung 409
- und Betreuungsrecht 412
Persönlicher Schutzbereich 187, 1322, *siehe auch Grundrechtsfähigkeit*
Persönlichkeitskerntheorie 361
Petition of Right 23
Petitionsrecht 106
Plausibilitätskontrolle
- und Glaubensfreiheit 538
Politische Anschauungen als besonderes Diskriminierungsverbot 1174, *siehe auch besondere Gleichheitssätze*
Polizeilicher Notstand
- und Versammlungsfreiheit 879
Polizeistaat 56
Positive Freiheit 189
Postgeheimnis 940 ff., 949 ff.
- Einschränkungen 959 f.
- G 10 960
- Schutzbereich 949 f.
Postmortaler Persönlichkeitsschutz 117, 319 f., 395
Postmortales Persönlichkeitsrecht
- prämortale Geltendmachung 320
Praktische Konkordanz 261 ff., *siehe auch kollidierendes Verfassungsrecht*
Pränataler Persönlichkeitsschutz 396
Presse
- Definition 613
Pressefreiheit 654 ff.
- Abgrenzung zur Meinungsfreiheit 671
- Begriff der Presse 659 ff.
- gruppeninterne Publikationen 661 f.
- Institutsgarantie 654 f.
- presseinterne Hilfstätigkeiten 667
- Schutz der Informationsquelle 668
- Vertraulichkeit der Redaktionsarbeit 668
Privatautonomie 362
Privatschulfreiheit 69
Privatsphäre 404
Protestcamps
- und Versammlungsfreiheit 853
Prozessfähigkeit 112
- im Verfassungsbeschwerdeverfahren 113

Prozessgrundrechte 107

Q
Qualifizierter Gesetzesvorbehalt 253 f., *siehe auch Vorbehalt des Gesetzes*

R
Rasse als besonderes Diskriminierungsverbot 1174, *siehe auch besondere Gleichheitssätze*
Rasterfahndung 423
Recht auf den Tod
- als negative Seite des Lebensgrundrechts 464
Recht auf informationelle Selbstbestimmung 418 ff.
Recht auf Resozialisierung 413
Recht auf Selbstdarstellung in der Öffentlichkeit 436 f., *siehe auch allgemeines Persönlichkeitsrecht*
- Recht am eigenen Bild 438
- Recht am eigenen Wort 439 f.
- Recht am Namen 437
- Recht auf Gegendarstellung 441 f.
- Schutz der persönlichen Ehre 437, 714
Recht auf Vertraulichkeit und Integrität informationstechnischer Systeme 426 ff., *siehe auch Online-Durchsuchung*
Rechte anderer
- Definition 386
Rechtliches Gehör 1220 ff.
- Grundrechtsträger 1221
- Heilung eines Verstoßes 1228
- Heranziehung eines Rechtsanwalts 1226
- Recht auf Äußerung 1225
- Recht auf Berücksichtigung 1227
- Recht auf Information 1224
Rechtsanwendungsgleichheit 1169, *siehe auch allgemeiner Gleichheitssatz*
Rechtsetzungsgleichheit 1169, *siehe auch allgemeiner Gleichheitssatz*
Rechtsfähigkeit 116, 126
Rechtsförmlichkeit
- klassischer Grundrechtseingriff 206
Rechtspersönlichkeit 126
Rechtsschutz gegen die öffentliche Gewalt 1199, *siehe auch effektiver Rechtsschutz*
Rechtswegerschöpfung vor Verfassungsbeschwerde 1265 f., 1270
Reichsverfassung 59
Religion
- Begriff der Religion 541
- Begriff der Religionsgemeinschaft 530 f., 561 ff.

Stichwortverzeichnis

– Freiheit der ungestörten Religionsausübung 545 ff.
Richterliche Rechtsfortbildung 391
Richtervorbehalt
– bei Anordnung einer Durchsuchung 1054 f.
– bei Freiheitsentziehung 513 ff.
– „Gefahr im Verzug" 1056
Risikoabschätzung 89
Rückwirkungsverbot 107, 1238
Rundfunk
– Definition 613
Rundfunkfreiheit 672 ff.
– Außenpluralismus 693
– Begriff des Rundfunks 678 ff.
– Berichterstattung durch Rundfunk 684
– binnenpluralistische Organisation 693
– Gebührenfinanzierung 691
– Meinungsvielfalt 692 f.
– öffentlich-rechtliche Rundfunkveranstalter 676
– private Rundfunkveranstalter 675
– Programmfreiheit 674, 686
– rundfunkähnliche Kommunikationsdienste 681 f.
– Rundfunkordnung 689
– Werbefinanzierung 686

S
Sachlicher Schutzbereich 188 ff., 1322
– Begriff des sachlichen Schutzbereichs 188
– Grundrechte mit normgeprägtem Schutzbereich 195
– Grundrechte mit sachlich bestimmtem Schutzbereich 194
– Normbereich 188
– Regelungsbereich 188
– Schutzbereichsbegrenzungen 197 ff.
Sachlichkeitsgebot 220
Schächten 556
Schmähkritik
– Definition 623
– und Meinungsfreiheit 623
Schrankentrias der allgemeinen Handlungsfreiheit 357, 381 ff.
– Rechte anderer 386 f.
– Sittengesetz 388 f.
– verfassungsmäßige Ordnung 383 ff.
Schulhoheit 258, 833
Schutz der Privatheit 402
– und digitale Sprachassistenten 402
Schutz- und Fürsorgeanspruch der Mutter 97, 106, 778 f.
Schutzpflicht
– zugunsten des ungeborenen Lebens 492

Schutzpflichten 79 ff., 494 f.
– Gefahrenvorsorge im Umweltrecht 81, 495
– Risikoabschätzung 89, 497
– Schutz des ungeborenen Lebens 80
– Schutzpflichten gegenüber Eingriffen Dritter 79 f.
– Untermaßverbot 90
Schutzpflichtenlehre 457
Sekundärrecht 175
Selbstbindung der Verwaltung 1164 f.
Selbstmord 464
Selbstverständnis
– des Grundrechtsträgers 531
Sexualkundeunterricht 833
Sexuelle Selbstbestimmung
– als Gegenstand des Allgemeinen Persönlichkeitsrechts 410
Sicherungsverwahrung 517
Sittengesetz
– Inhalt 388
Sitzblockade 859, *siehe auch Versammlungsfreiheit*
Skinheadkonzerte
– und Schutz der Versammlungsfreiheit 846
Social Bots
– und Meinungsfreiheit 630
Solange-Rechtsprechung 177
Sonderabgabenjudikatur 376
Sonderrechtslehre 708 ff.
Sonderstatusverhältnis 143 f., *siehe auch besonderes Gewaltverhältnis*
Soziale Gerechtigkeit 42
Sphärentheorie 401, 451 ff., 1337, *siehe auch allgemeines Persönlichkeitsrecht*
– Intimsphäre 452 f., 1337
– Privatsphäre 454, 1337
– Sozialsphäre 455, 1337
Sprache als besonderes Diskriminierungsverbot 1174, *siehe auch besondere Gleichheitssätze*
Staatlich gebundener Beruf 993
Staatliche Schulhoheit 258, 833
Staatliche Schutzpflichten 76
Staatliches Informationshandeln 584
Staatsbürgerliche Rechte 108, *siehe auch Aktivbürgerrechte*
Staatskirchenrecht 524 ff.
– Grundsatz der religiösen und weltanschaulichen Neutralität des Staates 526
– Kirchen als Körperschaften öffentlichen Rechts 526, 532 ff.
– Verhältnis der „hinkenden Trennung" zwischen Staat und Kirche 526

Stichwortverzeichnis

Sterbegleitung 482
Steuerverweigerung aus Gewissensgründen 554
Subjektive Rechte
– Definition 4
– Grundrechte als subjektiv-öffentliche Rechte 4, 110
Subsidiarität der Verfassungsbeschwerde 1274 ff.
Superrevisionsinstanz
– BVerfG keine 379

T

Tarifeinheitsgesetz 883
Tatsachenbehauptungen
– Definition 626
Teilhabeanspruch 96 ff., *siehe auch Leistungsrechte*
– bei Zulassung zum Hochschulstudium 982, *siehe auch Berufsfreiheit*
Therapiezieländerung 488
Todesstrafe, Verbot der 334
Transsexuelle 345, 418, *siehe auch allgemeines Persönlichkeitsrecht; Menschenwürde*
Trennungstheorie 1119

U

Überlagerungstheorie 577 f., 1338
Übermaßverbot 82, 265 ff., *siehe auch Verhältnismäßigkeitsprinzip*
Überwachungsmaßnahme
– optische und akustische 1046
Ultra-Vires-Kontrolle 182 f.
Unionsbürger 115, 964, 987
– Grundrechtsschutz für EU-Ausländer 115
Unmittelbarkeit
– klassischer Grundrechtseingriff 205
Unschuldsvermutung 516
Unterlassungs- und Beseitigungsansprüche
– als Grundrechtsfunktionen 72
Untermaßverbot 90, 457
– Inhalt des 84

V

Verbot des Einzelfallgesetzes 285 ff.
– Anwendungsbereich 285 f.
– Begriff des Einzelfallgesetzes 287 f.
– Maßnahmegesetz, Anlassgesetz 289
Verbot von Vereinigungen 908
– allgemeine Strafgesetze 911
– Gedanke der Völkerverständigung 913
– Verbotsverfügung 908
– verfassungsmäßige Ordnung 912
Vereinigungsbegriff
– Definition 889
Vereinigungsfreiheit 880 f.
– Begriff der Vereinigung 890 f.
– geschützte Tätigkeiten 894 ff.
– gesetzliche Ausgestaltung 902 ff.
– individuelles und kollektives Doppelgrundrecht 887
– kollektive Vereinigungsfreiheit 887, 895 ff.
– negative Vereinigungsfreiheit 893, 898
– Verbot von Vereinigungen 908
– Zwangsvereinigungen 893, 898, *siehe auch Zwangsmitgliedschaft in öffentlich-rechtlichen Verbänden*
Verfahrens- und organisationsrechtliche Dimension der Grundrechte 91 ff.
Verfahrensgrundrechte 107
Verfassung des Norddeutschen Bundes 59
Verfassungsänderung
– Art. 19 Abs. 2 kein Prüfungsmaßstab 312
– Art. 79 III als Prüfungsmaßstab 312
Verfassungsbeschwerde 1243 ff., 1321
– Akte der öffentlichen Gewalt 1253 ff.
– Akte supranationaler Organisationen 1255
– Allgemeines 1243 f.
– Annahmeverfahren 1245 f.
– Beschwerdebefugnis 1256 f., 1259
– Beschwerdefähigkeit 1248 ff.
– Beschwerdefrist 1279
– Beschwerdegegenstand 1251 ff.
– Beschwerdehindernis der Rechtskraft 1284
– Betroffenheit des Beschwerdeführers („selbst, gegenwärtig, unmittelbar") 1260 ff.
– doppelte Rechtsschutzfunktion 1287
– einstweilige Anordnung 1301 ff.
– gegenwärtige Betroffenheit 1262
– Möglichkeit der Rechtsverletzung 1257, 1259
– ordnungsgemäßer Antrag 1278
– Prozessfähigkeit (1281 ff., *siehe auch Grundrechtsmündigkeit, Minderjährige)*
– Prüfungsaufbau 1247 ff., 1321
– Rechtsschutzbedürfnis 1285
– Rechtswegerschöpfung 1265 f., 1270
– Selbstbetroffenheit 1261
– Solange-Rechtsprechung des BVerfG 1255
– Subsidiarität der Verfassungsbeschwerde 1274 ff.
– unmittelbare Betroffenheit 1263
– Verstoß gegen sonstiges Verfassungsrecht 1288
Verfassungsidentität 183

483

Stichwortverzeichnis

Verfassungsmäßige Ordnung 383 ff.
- Definition 383

Verfassungsrechtliche Rechtfertigung von Grundrechtseingriffen 235, 239 f., 1324
- Allgemeines 235, 239 f., 264 ff.
- durch kollidierendes Verfassungsrecht 255 ff.

Verfassungsunmittelbare Schranken 242 f.

Verfassungsunmittelbarer Anspruch auf Krankenbehandlung 363

Verfassungswandel 792

Verhältnismäßigkeitsgrundsatz
- Geschichte des 52

Verhältnismäßigkeitsprinzip 265 ff.
- Angemessenheit 276 f.
- Erforderlichkeit 274 f.
- Geeignetheit 272 f.
- legitimer Zweck 269 ff.

Verletzung der Schutzpflicht
- Maßstab einer 90

Verlust der deutschen Staatsangehörigkeit 1340

Versammlungsfreiheit 836 f., 1335
- Anmeldepflicht 873 f.
- Ansammlung 842
- aufrührerischer Verlauf 860
- Begriff der Versammlung 839 ff.
- Eilversammlung 848, 874
- Friedlichkeit der Versammlung 857 ff.
- Gegendemonstration 879
- gemeinsamer Zweck der Versammlung 844, 846
- gewalttätiger Verlauf 858
- Mindestteilnehmerzahl 841
- negative Versammlungsfreiheit 855
- nichtöffentliche Versammlungen 869
- öffentliche Versammlungen 869
- passive Bewaffnung 865
- Sitzblockade 859
- Spontandemonstration 848, 874
- Versammlungen in geschlossenen Räumen 867, 869, 877
- Versammlungen unter freiem Himmel 867, 869 f., 872 f.
- Versammlungsgesetz 870, 872 f.
- Waffenlosigkeit der Versammlung 862 f.

Versammlungsfreiheit: gemeinsamer Zweck der Versammlung 843

Versammlungsfreiheit: passive Bewaffnung 864

Versammlungsfreiheit: Waffenlosigkeit der Versammlung 864

Verschiedengeschlechtlichkeit
- als Konstitutionsmerkmal einer Ehe 792

Verselbstständigte Körperteile
- als Gegenstände der Eigentumsgarantie 1098

Vertragsfreiheit 362

Virginia Bill of Rights 33

Vitalzeichen
- und Hirntod 463

Völkerrecht und Grundrechte 301 f., *siehe auch EMRK*

Volkszählungsurteil 418

Voraussetzungsgrundrecht
- Grundrecht auf Lebens als 80

Vorbehalt des Gesetzes 235, 239 f., 244 ff., 376

Vorbehaltlos gewährleistete Grundrechte 240, 255 ff., *siehe auch kollidierendes Verfassungsrecht*

Vorkernverschmelzung
- als Beginn des verfassungsrechtlichen Lebensschutzes 461

Vorratsdatenspeicherung 423

W

Warnungen
- als Grundrechtseingriff 209
- als mittelbarer Grundrechtseingriff 214

Wechselwirkungslehre 715 f., 718, 1339

Weimarer Reichsverfassung 61

Weiter Eingriffsbegriff
- Definition 212

Weltanschaulich-religiöser Toleranz 538

Weltanschauung
- Begriff der Weltanschauung 541 f.
- Begriff der Weltanschauungsgemeinschaft 541 f., 563
- staatliche Warnung vor Jugendsekten 571 ff.

Wesensgehaltsgarantie 278 ff.
- generelle Interpretation 280
- individuelle Interpretation 280
- Theorie vom absoluten Wesensgehalt 279
- Theorie vom relativen Wesensgehalt 279

Wesensmäßige Anwendbarkeit der Grundrechte 137 f., *siehe auch juristische Personen*

Wesentlichkeitstheorie 247 f.

Widerspruchslösung im Organtransplantationsrecht 482a

Widerstandsrecht 66, 108

Willkürverbot 1156, 1331

Wissenschaftsfreiheit 749 ff.
- Begriff der Forschung 757 ff.
- Begriff der Lehre 761 ff.
- Begriff der Wissenschaft 752 ff.
- Evaluation von Forschung und Lehre 767
- kollidierendes Verfassungsrecht 766 f.

- private Hochschulen 751
- staatliche Hochschulen 750
- Teilhabeberechtigung 771
- Tierversuche 767

Wohnsitz 968

Wohnung, Unverletzlichkeit der 1039, 1041
- akustische Überwachung 1046, 1061
- Arbeits-, Betriebs- und Geschäftsräume 1041 f., 1066 ff., 1336
- Begriff der Wohnung 1039
- Betretungs- und Besichtigungsrechte 1053, 1066 ff.
- Durchsuchung 1046, 1051 ff.
- „Gefahr im Verzug" 1056
- Großer Lauschangriff 1049, 1059 ff.
- optische Überwachung 1046
- qualifizierter Gesetzesvorbehalt 1065
- Richtervorbehalt für Anordnung einer Durchsuchung 1054 f.
- technische Überwachung zum Schutz von Ermittlern 1063
- technische Überwachung zur Gefahrenabwehr 1062
- technische Überwachung zur Strafverfolgung 1060 f.

Wohnungsverweisungen
- und Freizügigkeit 973

Wormser Konkordat 48

Z

Zensurverbot 719 ff.

Zitiergebot 281 ff.
- Anwendungsbereich 283 f.
- Funktionen 281 f.

Zugang zu öffentlichen Ämtern 66, 108, 993

Zwangsbehandlungen 487

Zwangsmitgliedschaft in öffentlich-rechtlichen Verbänden 893, 898

Zwergenweitwurf 329

5

5-Punktfixierung als Freiheitsentziehung 505

7

7-Punkt-Fixierung
- als Freiheitsentziehung 505

Studienreihe Rechtswissenschaften

Winfried Boecken
BGB – Allgemeiner Teil
3., überarb. Auflage 2019
XXVI, 472 Seiten. Kart. € 34,-
ISBN 978-3-17-029903-0

Jacob Joussen
Schuldrecht I – Allgemeiner Teil
5., überarb. Auflage 2018
XXVIII, 460 Seiten. Kart.
€ 35,-
ISBN 978-3-17-035537-8

Löhnig/Gietl
Schuldrecht II – Besonderer Teil 1: Vertragliche Schuldverhältnisse
2., überarb. Auflage 2018
XXIII, 183 Seiten. Kart.
€ 22,-
ISBN 978-3-17-031438-2

Jochen Glöckner
Kartellrecht – Recht gegen Wettbewerbsbeschränkungen
2., überarb. Auflage 2017
XXIX, 397 Seiten. Kart.
€ 37,-
ISBN 978-3-17-032157-1

Bernd Heinrich
Strafrecht – Allgemeiner Teil
6., überarb. Auflage 2019
XXXVIII, 725 Seiten. Kart.
€ 52,-
ISBN 978-3-17-033959-0

Jörg Eisele
Strafrecht – Besonderer Teil I
Straftaten gegen die Person und die Allgemeinheit
5., überarb. Auflage 2019
XXXVIII, 536 Seiten. Kart.
€ 39,-
ISBN 978-3-17-035524-8

Jörg Eisele
Strafrecht – Besonderer Teil II
Eigentumsdelikte und Vermögensdelikte
5., überarb. Auflage 2019
XXVI, 435 Seiten. Kart.
€ 38,-
ISBN 978-3-17-035528-6

Jörg Eisele
Strafrecht – Besonderer Teil I+II
5., überarb. Auflage 2019
Paketpreis € 62,-
ISBN 978-3-17-035532-3

Heger/Pohlreich
Strafprozessrecht
2., überarb. Auflage 2018
XX, 213 Seiten. Kart. € 25,-
ISBN 978-3-17-035520-0

Stefan Korioth
Staatsrecht I
Staatsorganisationsrecht unter Berücksichtigung europäischer und internationaler Bezüge
4., überarb. Auflage 2018
XXIII, 346 Seiten. Kart.
€ 29,-
ISBN 978-3-17-035172-1

Georg Jochum
Europarecht
3., überarb. Auflage 2018
XXII, 450 Seiten. Kart.
€ 36,-
ISBN 978-3-17-032882-2

Kay Hailbronner
Asyl- und Ausländerrecht
4., überarb. Auflage 2017
XX, 587 Seiten. Kart. € 38,-
ISBN 978-3-17-029899-6

 Neben der Printausgabe sind die Bücher der Studienreihe Rechtswissenschaften auch in den gängigen E-Book-Formaten lieferbar.

Leseproben und weitere Informationen unter www.kohlhammer.de

W. ohlhammer GmbH · 70549 Stuttgart
vertrieb@kohlhammer.de

Kohlhammer